交通与运载工程学科：
前沿技术发展与科学问题

|第四册|

张　军　田红旗　侯　晓　**总　主　编**
　　　　严新平　王云鹏
赵祥模　史忠科　安毅生　**执行总主编**

侯　晓　陈志杰　何国强　**主　　　编**
龙　腾　胡明华　索　涛　**执 行 主 编**

人民交通出版社股份有限公司
北　京

内 容 提 要

本册主要阐述航空交通与航天运载工程学科方向的科学问题,共分两篇;第一篇包括航空器设计,航空器试验与适航,航空器飞行动力学与飞行控制,航空器能源与推进系统,航空器机电与航电,航空器人机与环境,航空器可靠性与运维,机场规划、建养与运行,航空交通管理与信息控制,航空运行安全与应急管理等方向问题;第二篇包括航天器系统设计,航天器动力学与控制,航天推进与空间能源,航天发射,航天器可靠性与寿命,航天器人机与环境工程,空间运输与在轨服务等方向问题。

本书可供航空与航天工程领域科研人员以及相关专业高年级研究生工作学习参考。

图书在版编目(CIP)数据

交通与运载工程学科：前沿技术发展与科学问题.
第四册/侯晓,陈志杰,何国强主编. — 北京：人民
交通出版社股份有限公司,2023.11
ISBN 978-7-114-18983-8

Ⅰ.①交… Ⅱ.①侯… ②陈… ③何… Ⅲ.①交通工
程—文集 Ⅳ.①U491-53

中国国家版本馆 CIP 数据核字(2023)第 173417 号

Jiaotong yu Yunzai Gongcheng Xueke Qianyan Jishu Fazhan yu Kexue Wenti(Di-si Ce)

书　　　名：交通与运载工程学科:前沿技术发展与科学问题(第四册)
著 作 者：侯　晓　陈志杰　何国强
责 任 编 辑：刘永超　石　遥　周佳楠　李　农
责 任 校 对：孙国靖　魏佳宁
责 任 印 制：张　凯
出 版 发 行：人民交通出版社股份有限公司
地　　　址：(100011)北京市朝阳区安定门外外馆斜街 3 号
网　　　址：http://www.ccpcl.com.cn
销 售 电 话：(010)59757973
总 经 销：人民交通出版社股份有限公司发行部
经　　　销：各地新华书店
印　　　刷：北京印匠彩色印刷有限公司
开　　　本：787×1092　1/16
印　　　张：43.75
字　　　数：878 千
版　　　次：2023 年 11 月　第 1 版
印　　　次：2023 年 11 月　第 1 次印刷
书　　　号：ISBN 978-7-114-18983-8
定　　　价：230.00 元

咨询委员会
Consulting Committee

审定委员会
Review Committee

编写委员会
Editorial Committee

序
Preface

　　科学的发展本质就是不断地发现问题和解决问题的过程,也是科学内涵、科学规律和科学理论不断形成和增长的过程。科学问题的提出、确认和求解构成了科学发展的内生驱动力,也是开启未知世界的一把钥匙。爱因斯坦在《物理学的进化》中说:"提出一个问题往往比解决一个问题更为重要。因为解决一个问题也许是一个数学上或实验上的技巧,而提出新的问题、新的可能性,从新的角度看旧问题,却需要创造性的想象力,并且标志着科学的真正进步。"1900 年,德国著名数学家希尔伯特在巴黎召开的国际数学家大会上提出了 23 个数学难题,激发了众多数学家的热情,引领了数学研究的方向,对数学发展产生了难以估量的影响。由此可见,科学问题的提出,尤其是系统、清晰的科学难题更能推动科学的真正进步。

　　一个国家基础科学研究的深度和广度,决定着这个国家原始创新的动力和活力。不断深入探究各个领域的基础科学难题,抢占科技创新发展先机,已经成为世界各大强国的普遍共识。21 世纪初,中国科学院编辑了《21 世纪 100 个交叉科学难题》,在宇宙起源、物质结构、生命起源和智力起源四大探索方向上提出和整理了 100 个科学难题,推动了我国科学技术的前进。2015 年,教育部、科学技术部、中国科学院和国家自然科学基金委员会联合编制《10000 个科学难题》系列丛书,归纳、整理和汇集了多个学科领域当时尚未解决的科学难题,引起了广大研究人员的高度关注。由中共中央、国务院发布的《国家创新驱动发展战略纲要》指出,科技创新是提高社会生产力和综合国力的战略支撑。科学技术部联合教育部、中国科学院、国家自然科学基金委员会共同制定的《"十三五"国家基础研究专项规划》指出"基础研究是整个科学体系的源头,是所有技术问题的总机关",这再次强调了解决基础研究问题的重要作用。

在国家自然科学基金委员会工程与材料科学部的大力支持下,交通与运载工程学科紧密结合国内外科技和交通运输领域发展趋势,面向"交通强国"等国家重大战略,开展了学科科学问题征集活动,系统归纳、整理和汇集交通与运载工程学科目前尚未解决的科学问题。在这个过程中,回顾了交通与运载工程学科的发展历程,厘清了学科内涵与外延,明确了学科发展的重大需求,研判了学科未来发展趋势及新兴学科生长点。这项工作可启迪我国交通与运载工程的广大科研工作者,引导学科研究人员尤其是青年学者和研究生聚焦关键基础理论问题和"卡脖子"技术,从源头上解决科学难题,实现关键问题和核心技术的自立自强。这项工作对于加强本学科基础科学研究的导向作用,加速学科发展的理论创新与技术突破,响应国家战略、助力国家发展,具有十分重要的意义。

一、交通与运载工程学科发展与科学问题征集

在科学技术发展的进程中,衣食住行始终是人类赖以生存和发展的基础,而交通则是人类科技文明的重要标志。伴随着历次工业革命,汽车、火车、飞机、轮船、航天飞船等交通运载工具的发展极大地提高了人类生活质量、推动了科技进步。

交通行业的快速演变发展,在全球范围内有力地催生了交通运输工程学科的诞生。20世纪30年代,当汽车逐渐开始普及,美国、日本、欧洲等国家和地区以探索交通流运行规律为切入点,开始了交通工程研究。交通学科初期主要是应用科学原理和工程技术探讨有关减缓交通拥堵、保障交通安全的交通工程科学技术和方法等。20世纪60年代,随着电子信息和计算机科技的应用,开始开展交通信号控制、数据分析和交通规划与管理研究,并关注交通环境问题。70年代起,发达国家在大规模开展交通基础设施建设的同时,在交通工程领域引入系统工程理论与方法。80年代末,世界各地的交通问题再次呈现尖锐化的趋势,基于信息科技改善交通的智能交通运输系统被提出。

20世纪80年代以前,我国交通工程相关学科的发展相对滞后。伴随着改革开放,各类交通基础设施大规模建设,多种运载工具逐步实现自主研发制造。20世纪90年代,伴随着我国大规模交通基础设施建设以及城镇化、机动化进程的不断加快,交通学科进入快速发展时期。2019年,

中共中央、国务院印发《交通强国建设纲要》,指明了新时代我国交通发展的战略方针。为积极响应"交通强国"国家战略,适应交通系统与运载工具变革及多学科交叉融合发展需要,2020年1月,国家自然科学基金委员会工程与材料科学部率先落实改革方案,遵循知识体系结构和逻辑演化规律及趋势,优化学科布局调整,设立了"交通与运载工程"学科。

2021年以来,为了解决我国交通与运载工程领域"卡脖子"技术背后的基础科学问题和关键技术难题,遵循"需求牵引、问题导向"原则,在国家自然科学基金委员会工程与材料科学部交通与运载工程学科处的指导下,交通与运载工程学科学术共同体发起倡议,在全国近140所相关高校、科研院所、国家级学会和行业学会开展了"交通与运载工程学科前沿技术发展与科学问题"(简称"科学问题百问")征集活动。此次征集活动历时两年,最终遴选出涵盖七大交通方式和八个二级学科领域的科学问题共557个,内容包括重大基础研究、前沿瓶颈研究、关键共性技术、颠覆性技术、"卡脖子"技术等多个类型。

二、交通与运载工程学科内涵与重大需求

"科学问题百问"的征集与编撰工作是解析当今科学技术飞速发展对交通与运载工程学科的影响机理,引领未来交通与运载工程学科发展的重要学术活动,其编目体系的科学性、系统性、可操作性对于顺利完成此项工作意义重大。编目体系的确立与学科内涵的挖掘和提炼紧密相关。在交通与运载工程学科处统筹安排下,借助学科发展论坛、青年学者论坛、广泛调研等多种形式,凝练出本学科的内涵为:交通与运载工程学科针对道路、轨道、水路、航空、航天、管道运输、作业运输、综合与新型交通等交通运输方式(体系),研究交通参与者、运载工具、交通设施、空间资源、环境与信息等要素构成的系统,及系统与各要素之间的相互作用和内在规律;研究系统的规划与设计、运行与控制、集成与匹配、运维与管养,实现各种交通运输方式和综合交通系统的安全、经济、高效、节能、环保。

"科学问题百问"的征集过程中,坚持"需求牵引、问题导向",重视引导专家学者瞄准制约我国交通与运载工程领域发展的基础理论和关键核心技术瓶颈提出科学问题。具体来讲,当前学科发展面临的科学难题主要来自以下一些方面：综合立体交通多网融合给综合运输服务品质、综合交通系统整体效能带来的挑战；变革性技术和第四次工业革命给交通行业带来的新问题与新挑战；新型交通运载体系与原创关键技术对交通与运载工程学科基础理论的挑战；地面运载工具的功能与性能测试评价理论与关键技术带来的挑战；资源约束条件下交通与运载工具的可持续发展问题等。

三、交通与运载工程学科未来趋势

通过对学科发展现状的调研、对学科发展方向的梳理和对科学难题演化趋势的研判，交通与运载工程学科的未来将呈现出技术集成、交叉融通等特征。本学科与材料科学、制造科学、电气科学、自动化与控制、信息科学与人工智能、土木建筑，以及经济与管理等学科高度交叉、深度融合，是以行业需求为牵引的技术科学学科，具有鲜明的工程应用特征。基于学科特征和战略发展趋势，交通与运载工程学科未来主要工作应强化基础科学和面向重大需求领域的共性难题研究，将立足国防安全、国家重大任务及行业发展的现实需求，加强顶层设计与战略布局；深度挖掘亟须解决的行业"卡脖子"难题与工程技术背后的科学问题；围绕学科基础理论与关键技术，增强重点及重大科学项目部署；加强多学科领域协同合作、交叉融通；加快研究成果落地应用，促进交通运输行业科技进步。基于学科未来多元发展方向，瞄准世界科技前沿，服务国家重大发展战略需求，交通与运载工程学科未来将着力于交通运输系统的高度智能网联化、数字交通基础设施推动的自动驾驶的车路系统、智能电动化运载工具的设计与控制、磁浮组网、智慧码头、军民融合的航空运输网络、空天飞行器可重复使用可靠性与寿命评估、管道关键装备自主研发、城市群综合交通网络协同规划设计与运行管控、临近空间飞行器等重点领域的基础理论和关键技术研究。

总而言之，挖掘学科研究难题，探明学科发展趋势，为交通与运载工程学科健康稳定发展奠定坚实的科学基础，促进交通与运载工程学科在支撑国家重大需求、产生原创性基础研究成果等方面做出应有的贡献是本书的初心和使命。本书是全国交通与运载工程广大科研工作者的集体智慧结晶，期盼此项工作能对我国交通与运载工程相关研究产生有益的引导，激发科研工作者探索未知、努力创新的研究热情，引导广大研究人员从源头上破解学科难题,有力支撑并引领我国交通与运载工程科技和学科的发展。

中国工程院机械与运载工程学部主任

2023 年 9 月 12 日

前　言
Foreword

　　新一轮科技革命深入发展,科学研究的范式和组织方式正在经历深刻变革,应对全球性挑战和满足国家经济社会高质量发展对源头创新的需求愈加迫切。党的二十大报告明确了实现高水平科技自立自强和加快建设科技强国的奋斗目标,提出了社会主义现代化建设对基础研究和核心关键技术创新的新任务新要求。

　　基础科学研究是创新的基石,科学问题的提出和解决是推动基础科学研究不断发展的源泉。2021年初,在国家自然科学基金委工程与材料科学部大力支持下,在交通与运载工程学科处的指导帮助下,依托科学基金专项项目,全国交通与运载工程学科有关高校、科研院所、国家级学会和行业协会共同发起了"交通与运载工程学科前沿技术发展与科学问题"(简称"科学问题百问")征集活动,旨在凝练交通与运载工程学科关键科学问题和国家重大工程中蕴含的科学技术难题。在整个科学问题百问征集过程中,始终坚持"需求牵引、问题导向",通过汇聚行业共识,夯实学科基础,激发科研人员从源头破解科学难题的热情,以促进交通与运载工程学科健康发展,有力支撑"交通强国"建设。

　　科学问题百问工作由长安大学和西北工业大学牵头,同济大学、清华大学、中南大学、武汉理工大学、东南大学、北京理工大学、中国石油大学(北京)、北京航空航天大学、中国铁道学会、中国汽车工程学会等高校和学会发挥了主力军作用,包括西南交通大学、北京交通大学、哈尔滨工业大学、重庆理工大学、浙江理工大学等在内的140个依托单位的4200余名专家学者积极参与编撰工作,实现了产学研用的有机结合,形成了全国交通与运载工程学科基础研究的强大合力。

科学问题百问工作自启动以来,完成了自下而上广泛征集和自上而下顶层设计查漏补缺两个阶段的工作。由领军学者掌舵把关,优秀学者亲力亲为,按照道路、轨道、水路、航空、航天、管道运输、作业运输、综合与新型交通等各交通运输方式进行顶层设计,综合考虑覆盖度、关联度、发展历程等因素,设计科学问题百问总体架构,对最初征集的812个科学问题,通过分类、合并、提炼,经层层筛选、螺旋递进,最终确定了557个科学问题。编委会邀请交通运输各领域的领军学者为本领域的科学问题撰写综述,"学史明理、展望未来",梳理相关领域科学问题的前世今生,总结研究热点,预判未来发展趋势及新兴学科生长点。

全书共分五册:第一册包括道路交通篇和综合与新型交通系统篇,共108个科学问题;第二册包括轨道交通篇和磁浮运载系统篇,共74个科学问题;第三册包括水路交通篇和管道运输篇,共136个科学问题;第四册包括航空交通篇和航天运载工程篇,共131个科学问题;第五册包括地面运载工程篇和移动作业装备与作业工程篇,共108个科学问题。

科学问题百问征集、编撰、审稿全过程得到了国家自然科学基金委员会工程与材料科学部交通与运载工程学科处王之中主任的悉心指导和热情帮助,在此表示诚挚的感谢!在科学问题百问的征集、审定和成书过程中得到了张军院士、翟婉明院士、田红旗院士、侯晓院士、项昌乐院士、严新平院士、王云鹏院士、李克强院士、黄维和院士、陈志杰院士等战略科学家的指导,对他们的关心和帮助表达真诚的感谢!最后,我们代表本书编写组衷心感谢参加此项工作的全国交通与运载工程学科领域的专家学者及相关工作人员。

本书凝聚了全国交通与运载工程学科专家学者的智慧和心血,是国内外最新的对该学科领域科学问题较为全面的总结和凝练,期盼能对我国交通与运载工程广大学者的科学研究和技术创新产生有益启发,引导学科研究人员尤其是青年学者和研究生聚焦共性科学问题和"卡脖子"技术,从源头上解决科学难题,实现关键问题和核心技术的自立自强。希望本书能有力支撑我国交通与运载工程学科的发展,破解我国交通与运载工程行业在高质量发展中遇到的科学问题和技术难题,引领学科研究前沿,为我国"科技强国"和"交通强国"建设做出应有的贡献。作为交通与运载工程学科科学问题的初次探索,在科学问题征集和凝练过程中虽然努力涵盖各个方向,但难免存在疏漏,各个科学问题的内涵描述也不一定十分准确,希望广大读者批评指正,以便在再版更新时进行补充和修正。

《交通与运载工程学科:前沿技术发展与科学问题》编撰工作总召集人

2023 年 9 月 12 日

目　录
Contents

第二篇
航天运载工程

第一篇

航 空 交 通

绪　　论

　　航空交通与运载工程面向空气空间内固定翼飞机、直升机、多旋翼飞行器、仿生飞机、飞艇、气球等多类型运载工具,规划者、出行者、运输者、管理者等多层次交通参与及运行主体,通信、导航、监视、气象等"空天地"基础设施,开展人、机、物、环境、信息等多元要素构成的复杂航空交通系统的设计适航、规划管理、运行控制、运维保障等理论方法研究、技术装备研制与综合验证应用。本学科领域旨在增强航空交通运载工具的设计、制造、运营、服务等全寿命周期管理能力,探究航空交通各要素内在作用机制与最优配置策略,进而提升航空交通系统的数字化、网络化、协同化、自主化和智能化水平,实现航空交通安全、高效、绿色和经济运行,支撑"水陆空天"立体化交通学科体系建设发展。

　　航空交通与运载工程涵盖设计、制造、能源、材料、机器人等技术领域,相关产业均为技术密集型、高关联度的大规模产业,无一例外地成为世界各国战略布局的重点领域。航空交通作为体现军民融合深度发展的重点领域,在保障国家政治和经济安全方面具有特殊地位,在服务国家战略、服务国防建设和服务行业发展中发挥着无可替代的作用。未来,航空交通与运载工程领域必将是全球航空大国博弈的焦点,亦是航空产业由大做强的关键发力点,其发展水平不仅体现一个国家的综合国力,亦反映国家科技、国防和经济的现代化水平。

1　航空交通与运载工程发展历史

　　航空交通与运载工程的发展以航空器在民用领域的逐步推广、使用和升级为基石,以航空运输需求的多元化增长为驱动,不断促动航空交通运行模式与技术装备迭代演进。

　　航空运载方面。1903年,美国莱特兄弟实现人类第一次持续性、有动力可操控的飞行。在两次"世界大战"期间,军用飞机性能快速提升,发展出硬壳式轻型合金结构、可收放式起落架、密封座舱、发动机增压器,以及包括自动驾驶仪在内的一系列供飞行和导航使用的设备等。第二次世界大战之后,随着喷气式飞机的诞生,飞机冲破声障,实现重大突破。高性能的超声速军用飞机又进一步对现代军事产生了重大影响。经济、安全和舒适的喷气式客机成为航空运输的主力。新型的材料技术和电子科技发展也不断推动航空器的持续革新。

航空交通方面。1918年，纽约—华盛顿—芝加哥首条运输航线的出现，标志着航空交通的正式诞生。1920年，我国京沪航线京津段正式通航。历经百余年发展，航空交通实现了从少量航空器沿地标目视短距飞行向新航行系统(ATM/CNS)支撑下安全、高效、灵活的全球化运输服务的发展。2003年，国际民航组织(ICAO)提出了全球空中交通管理运行概念，明确了未来航行系统的发展愿景与能力需求，致力于在全球范围内建立一体化的空中交通管理运行模式。21世纪以来，以先进信息技术为驱动的数据通信、卫星导航、自动相关监视、管制自动化等技术革新，为航空交通管理与运输服务注入了全新动力。纵观我国航空交通与运载工程发展的历史，虽发展时间相对较短，但仍立足我国航空领域发展特征和特色需求，坚持目标/问题"双导向"、服务/科技"双引领"、改革/创新"双驱动"，经过几代人接续奋斗，创造了以"C919"干线客机、"ARJ21"支线客机、"运-20"大型运输机、"AG600"大型水陆两栖飞机、"直20"直升机、全国流量管理系统、大区域多层级空管自动化系统、先进场面活动引导控制系统、北京大兴/成都天府国际机场等为代表的辉煌成就，走出了一条自力更生、自主创新的发展道路。

2　航空交通与运载工程发展现状和趋势

目前，航空交通与运载工程学科已初步形成了一套较为系统的理论、方法与技术体系，呈现与数学、物理、机械、信息、安全、管理等学科之间的交叉融合，研究方向包括航空运载工具设计、系统动力学、运用工程，以及航空交通系统分析、规划设计、运行控制、安全与环境等领域，问题研究视角涵盖航空运载工具的"设计→制造→验证→适航→运维"和航空交通系统的"规划→建养→运行→管理→服务"。根据学科内涵、研究方向与问题属性，航空交通与运载工程学科分为10个子方向，具体包括：航空器设计，航空器试验与适航，航空器飞行动力学与飞行控制，航空器能源与推进系统，航空器机电与航电，航空器人机与环境，航空器可靠性与运维，机场规划、建养与运行，航空交通管理与信息控制、航空运行安全与应急管理。

随着全球新一轮产业变革的加速演进，颠覆性技术不断涌现，面向国家重大战略需求、国际前沿发展趋势以及本领域发展实际，航空交通与运载工程呈现"绿色化、高速化、自主化、协同化、一体化、智能化"的新特征。各方向的发展趋势分别如下：航空器设计面向跨域型、环保型、多学科等发展趋势，未来将重点突破新一代环保型/超声速客机、新概念先进无人机、高超声速飞行器、新能源飞行器、空天飞行器，以及"CR929""C919""MA700"等重点型号所涉及的基础理论和关键技术。航空器试验与适航面向虚拟化和持续性发展趋势，未来将重点突破航空器安全与高效试飞、基于模型的试验与适航、高保真航空器飞行模拟、可迁移的飞行训练、虚拟飞行试验和持续适航等所涉及的基础理论方法和关键技术。航空器飞行动力学与飞行控制面向信息化、虚拟化、智能化等发展趋势,未来将重点突破航空器力学基础、航空器信息空间动力学与智能控制、航空器复杂飞行环境感知与容错控制,以及航空器与特种机械、数字孪生、人工智能等融合所涉及的基础理论和关键技术。航空器能源与推进系统面向高速化、智能化、一体化、绿色化等发展趋势,未来将重点突破推进系统智能传感与控制、推进系统自主诊断与修复、飞/发一体化与发动机本体一体化、高速涡轮动力系统、组合动力系统、绿色能源动力、推进新原理及新概念推进所涉及的基础理论和关键技术。航空器机电与航电面向总体性能、可靠性、维护性、保障性和安全性目标,未来将重点突破分布式综合模块化航电系统(DIMA)、多功能综合一体化技术、分布式协同航空电子信息系统、机电系统综合技术、机载维护与健康管理技术等所涉及的基础理论和关键技术。航空器人机与环境面向系统的安全、高效、舒适等目标,未来将重点突破航空器人机工效、航空器环境控制与模拟、生命保障与安全救生、飞行员心理生理认知与操控、航空器人机协同与作战效能、"人机环"系统模拟与仿真等所涉及的基础理论和关键技术。航空器可靠性与运维面向适应性、精准化、自动化、智能化等发展趋势,未来将重点突破以可靠性为中心的精确维修、数据驱动的维修决策、飞机及其系统自主诊断与健康管理所涉及的基础理论和关键技术。机场规划、建养与运行面向全域化、一体化、协同化、绿色化、智能化等发展趋势,未来将重点突破机场基础设施韧性提升、复杂机场建养、机场数字孪生、机场全域态势智能感知、机场全局风险精细预警、机场全域运行协同决策所涉及的基础理论和关键技术。航空交通管理与信息控制面向网联化、一体化、协同化、自主化、智能化等发展趋势,未来将重点突破航空智联网、空域柔性管理、基于航迹运行、空地一体运行、军民融合运行、有人机/无人机混合运行所涉及的基础理论和关键技术。航空运行安全与应急面向全流程、立体化、主动化、协同化等发展趋势,未来将重点突破航空事故机理与防控、航空人为因素、民用飞机安全管理、航空器运行风险监测与预警、航空应急救援与特情处置所涉及的基础理论和关键技术。

3 航空交通与运载工程科学问题梳理

航空交通与运载工程学科领域的科学问题征集是在国家自然科学基金委员会指导下的尝试性工作,旨在为本领域科研人员开展学术研究与技术攻关工作提供方向指引。此次共收集航空交通与运载工程领域65个科学问题。问题征集过程难免存在疏漏和不足,部分方向的难题数量仍偏少。希望广大科研人员持续关注该项工作,在学术共同体的推动下,形成常态化问题征集、共享与发布机制,借此希望我国航空交通与运载工程领域的科研人员能够围绕相关科学问题开展攻关,攻占本领域的国际学术高地和技术前沿,强力支撑我国交通强国建设。

CHAPTER ONE

第1章
航空器设计

　　航空器设计是以各类航空飞行器(主要包括各类飞机、直升机、地效飞行器)为对象，针对飞行器在全寿命周期条件下所面临的复杂工况条件，对关键与核心问题进行解构与剖析；瞄准飞行器在设计原理、设计方法与使用、维护维修工程实践过程中所存在的基础科学问题，研究飞行器表现出的物理原理和规律，建立飞行器设计、制造、验证、操作所需的专门知识体系；运用系统工程基本原理、数学工具和信息化技术，综合飞行器物理原理和知识，建立飞行器设计方法和系统工程实施方法；面向空天安全和人类社会不断增长的物质和精神需求，引领新型飞行器发展。航空器设计的研究方向主要包括：飞行器体系与系统工程(含体系设计与需求工程、可靠性工程、安全性工程)、飞行器总体设计、飞行器结构/电气/能源动力/信息控制/生命保障/健康监测等分系统设计、飞行力学与控制等。

　　航空器设计的发展对航空技术的进步具有十分重要的作用。从20世纪中叶追求的"更高、更快、更远"发展到21世纪全球一体化所追求的"更好、更廉、更快"，飞行器设计已经走过了传统的结构设计(20世纪70年代)、气动设计(20世纪90年代)、电子系统设计(20世纪末)以及人机功效设计(20世纪末)等单独系统引领发展的多个阶段，并以此带动了新材料技术、新制造技术、新能源技术、信息技术、系统工程等学科领域的快速发展。进入21世纪以来，航空科技紧密围绕提高飞机经济性、安全性和环保性的需要开展科技攻关。飞机的经济性对于航空交通的普及和航空经济的发展至关重要。为了提高飞机的经济性，需要在飞机油耗、结构轻量化和制造成本方面开展技术创新、新理论和新设计理念研究，涉及低阻力气动布局设计、大涵道比发动机、零部件和系统的通用性设计、结构和设备的寿命及可靠性等方面的研究。飞机的环保性已成为民航行业的共识，在某种程度上正变成一种技术壁垒，其中污染物排放降低涉及飞机降阻、航路优化、发动机燃烧控制技术和新能源推进技术等方面的研究，噪声降低的主要措施包括气动设计优化、结构振动特性改进、使用新型降噪材料和主动噪声控制技术等。

从未来飞行器的智能化发展趋势和航空器设计的长远发展来看,针对未来"更好、更廉、更快"的需求,需要发展基于全新的人工智能与数据挖掘的新技术和新方法,以解决飞行器流场、结构、电子等一些系统的复杂模拟,以及通过多学科优化方法寻找现有技术组合的最优解,采用基于机器学习建立安全可信的无人驾驶策略,最终,通过问题导向性思维,建立不同需求条件下的飞行器设计原则,在多维层面重新定义飞行器设计方法。本学科方向重点解决大型变弯度机翼低碳设计,大型客机尾涡不稳定性机理与控制,仿生飞行器高效气动设计,飞机体系能力涌现机制与体系架构优化设计,飞行器多物理场多学科智能融合设计,高速直升机噪声机理分析与驾驶舱声学设计,高速旋翼飞行器低振动低噪声智能控制,航空发动机短舱一体化设计,考虑高速冲击威胁的飞机结构生存力设计,高性能变刚度复合材料结构设计、制造与测试技术,体系运营场景驱动的超声速民用飞机需求辨识与装备概念设计,超声速民用飞机激波/膨胀波系冻结效应与最小化声爆理论研究等12项基础科学和关键技术问题。

大型变弯度机翼低碳设计

Low carbon design of large variable camber wing

1　科学问题概述

机翼高升阻比设计是大型飞机实现低碳飞行的重要核心技术。提高机翼升阻比,可减少飞机燃油消耗,从而减少二氧化碳排放。在当前"双碳"目标背景下,节能降碳已成为我国航空运输业的重中之重,因此如何实现机翼高升阻比设计,达到减阻、降噪、节油、降碳的目的,是当前绿色航空需要解决的重要问题。

机翼变弯度是目前提高大型机翼升阻比最具潜力的技术手段。变弯度机翼在多任务下均有较好的气动性能。美国研究表明,机翼自适应变弯度可提高民用飞机巡航升阻比12%,减少起飞和着陆噪声30%。根据国际民航组织统计,全球商业航空二氧化碳年排放9.18亿t,变弯度机翼可降低二氧化碳排放约6.5%(0.6亿t)。

目前,变弯度机翼规模化商用,需突破以下技术瓶颈:①变形机理复杂,变形过程中飞行器受力情况复杂,气动特性复杂。②难以实现高效变形,变形机构的分布式驱动特性、模型不确定性和非线性增加了变弯度机翼的高效变形控制的难度。③试验验证困难,由于大型变弯度机翼技术复杂,在驱动和控制等方面与传统机翼相比有较大差异,给变弯度机翼大型飞机地面强度和飞行验证带来新的挑战。

因此,需开展大型变弯度机翼低碳设计关键问题研究,提升大型飞机升阻比,实现大型飞机的低碳飞行。具体包括:开展大型机翼变形机理与设计方法研究,创新变形形式;开展变弯度机翼低碳设计方法研究,实现高效变形;开展大型变弯度机翼试验技术研究,进行低碳飞行验证。

2 科学问题背景

针对变弯度机翼,美国、欧盟相继开展了任务自适应机翼(MAW)、自适应柔性后缘(ACTE)、后缘连续变弯项目(VCCTEF)、洁净天空计划(Clean-Sky)、智能高升力装置(SADE)、智能飞机结构(SARISTU)、智能变形与传感技术(SMS)等多个研究计划。1985年,美国国家航空航天局(NASA)在军用飞机"F-111"战斗机上通过飞行试验验证了连续光滑变弯度和可变后掠角结合机翼在提高飞机气动效率和操纵性等方面的作用。2014年NASA开展了柔性后缘(ACTE)项目,将"湾流Ⅲ"公务机襟翼改装成柔性后缘,在阿姆斯特朗飞行研究中心进行飞行试验。NASA和波音公司联合,开展了基于"B757"的后缘连续变弯项目(VCCTEF),风洞试验验证阻力减少6.31%,升阻比提高4.85%。2018年,欧盟开展智能变形与传感技术(SMS)项目,成功进行了缩比机翼翼段变形风洞试验。欧盟在欧洲层流飞机验证机(BLADE)项目中,从2017年开始以"A340-300"飞机为验证机进行了层流机翼的飞行验证,结果表明连续光滑的层流机翼可降低10%的全机阻力。欧盟计划将层流机翼和变弯度机翼进行组合,以获得超过50%弦向层流区域,达到节省燃油消耗的目的。

随着我国航空武器装备及国产大飞机的快速发展,复杂多变的服役环境和绿色航空的发展目标对军、民用航空器结构提出了更高的性能要求。

军用航空器方面,传统不可变体的军用飞机在作战半径、隐身等性能方面已接近设计极限。例如作战飞机在执行远距离定点作战任务时,仍存在航程不足的问题。此外,现代隐身飞机的雷达波强反射源已基本消除,飞机结构上的次级散射源已成为影响其雷达反射面积的决定因素。解决上述问题的关键途径之一,是飞机机翼通过主动、光滑连续地改变气动外形,实现在不同飞行工况下始终保持最优气动外形的功能,从而提高飞行效率、增大航程,并保持较高的隐身性能。因此,实现光滑连续的变弯度机翼是保障军用航空器远航能力和高隐身性能的重要途径。

民用航空器方面,传统民用飞机结构采用了固定的气动外形,仅能实现某个特定的飞行工况下气动最优,无法满足大飞机远航条件下高气动效率的要求。这种非变体的结构不仅限制了民用飞机的气动效率,而且要求大飞机在远航时要不断地改变高度,以平衡重力的变化,降低了空域利用率。大型变弯度机翼通过调节每个展向截面的弯度并且满足光顺性,实现比刚性机翼更为合理的压力分布,从而降低诱导阻力。通过调整压力分布将外侧机翼升力转移至内侧,减少翼根弯矩,降低结构重量。对比副翼、襟翼等活动舵面,大型变弯度机翼气动外形光滑连续,对降低噪声也有较大的作用。大型变弯度机翼全展长形状均可调节,整个机翼都可视为控制舵面,有利于控制效率和飞行安全性的提升。大型变弯度机翼还可以应用于改变翼梢的弯度,形成类似翼梢小翼结构的功能,进而控制展向流动以及翼梢涡。因此,设计光滑连续的变弯度机翼是保障大飞机高气动效率、高空域利用率和低噪声的重要手段,对提高我国新一代民用飞机市场竞争力和"双碳"目标的实现等具有重要作用。

综上,开展低碳设计是提高大型军、民用飞行器升阻比最具潜力的技术手段,对提高我国军民用飞行器综合性能具有重要意义。

3　科学问题研究进展

大型变弯度机翼低碳设计关键问题研究主要包括大型变弯度机翼变形机理与设计方法研究、大型变弯度机翼控制方法研究、大型变弯度机翼试验技术研究。

3.1　大型变弯度机翼变形机理与设计方法研究

3.1.1　大型变弯度机翼变形机理研究

变弯度机翼采用的结构方案主要包括指节型、"机构 + 蒙皮"型、偏心梁型、蜂窝型等结构形式,驱动方案以传统电机、压电纤维复合材料驱动器、形状记忆合金丝、形状记忆聚合物等为主,可实现结构变形功能,但存在变形自由度单一、结构重量大、承载能力小等实际问题,制约了可变体结构的工程化。为满足变弯度机翼结构工程适用性,需创新变弯度机翼方案,开展全周期气动效率、变形机理研究,解决轻量化/多模态可变体结构变形机理和方案设计、大变形/高承载/低迟延驱动系统设计、集成化变形监测和变形重构等核心问题。

3.1.2　大型变弯度机翼高升阻比优化设计研究

变弯度机翼需实现在多种飞行状态下均具有较高的升阻比,因此通常采用计算效率高的气动分析方法。目前已有的气动分析方法分为线性方法和计算流体力学(CFD)方法两类。线性方法适用于小迎角(如巡航飞行)的薄升力面。非定常涡格法可模拟时域变弯度机翼变形过程气动力,对于变弯度机翼,影响系数矩阵随变形过程发生变化,在每个时间步更新和求解。偶极子网格法可对气动力进行频域建模,用于变弯度机翼的频域气弹分析。CFD方法比线性方法计算量大,但具有更高的预测精度,适用于变弯度机翼复杂变形气动性能分析。

3.1.3　大型变弯度机翼气动噪声优化设计研究

变弯度机翼气动噪声计算可采用CFD和声类比理论相结合的方法,计算成本低,广泛应用于噪声预测。现在的大型客机在着陆进场阶段,前缘缝翼和后缘襟翼全部打开,气动噪声最大。客机增升装置翼型有缝道、拐点等不规则部分存在,几何十分复杂,导致了流场和气动噪声的复杂性。变弯度机翼具有光滑连续的密封外形,对降低噪声有较大的作用。

3.2 大型变弯度机翼控制方法研究

3.2.1 大型变弯度机翼气动外形控制

由于变弯度机翼具有多个飞行状态,不同状态之间转换过程的稳定和控制至关重要。针对变体飞行器快速变形过程中的飞行控制系统设计问题,主要采用鲁棒控制、自适应控制和滑模变结构等方法。变弯度机翼是一个复杂的非线性系统,且变形过程存在严重的外部干扰,致使其控制器设计异常复杂。针对变弯度机翼变形过程的控制问题,将切换系统理论与多变量自适应控制理论相结合,降低飞控系统的复杂度,为解决变弯度机翼控制系统设计问题提供了有效途径。

3.2.2 大型变弯度机翼飞机飞行控制

由于变形控制具有替代传统控制舵面的潜力,因此有必要对变弯度机翼飞机的飞行力学稳定性和控制进行研究。对于可变翼型机翼,需考虑变弯度机翼飞机气动导数的气动弹性效应,基于极点配置,采用主动控制变弯度机翼前后缘控制面的控制器,进行变弯度机翼飞机增稳系统设计,提升变弯度机翼飞机飞行品质,增强飞行稳定性。

3.3 大型变弯度机翼试验技术研究

3.3.1 大型变弯度机翼地面试验

通过地面强度试验,可验证变弯度机翼结构在精确大变形条件下的静强度和动强度,获得结构动力学特性。通过风洞试验,可测量变弯度机翼气动和气弹特性,完善设计方案。2020年初,马里兰大学帕克分校设计了仿鱼骨可变弯度机翼结构,风洞试验原理样机实现了预期的变形,结构未发生颤振,证明了变弯度结构概念的可行性。2020年8月,代尔夫特理工大学完成了SmartX-Alpha主动变形机翼原理样机的风洞测试,机翼后缘实现了分布式弦向和展向无缝变形。

3.3.2 大型变弯度机翼飞行试验

通过飞行试验,可验证变弯度机翼结构和驱动控制系统的可靠性,验证减阻、节油、降碳效果。2015年,NASA完成了环境自适应后缘(ACTE)技术的初始飞行测试,对带该后缘飞行控制面的飞机进行了22次研究性试飞,该技术将有潜力使飞机年度燃油成本节省达数百万美元,以及减轻机身重量、降低起降噪声。苏黎世联邦理工学院提出了模拟北苍鹰翅膀和尾部形状的仿生变形策略,通过风洞试验和飞行试验,对该变弯度机翼在不同飞行状态下的敏捷性、机动性、稳定性和飞行速度进行了验证。

3.4　总结与展望

变弯度机翼技术深度融合了时变结构力学、非定常空气动力学、伺服气动弹性力学、智能感知与控制等多个学科前沿核心技术，是大型飞机实现低碳飞行的关键。为实现飞行器高效变体飞行，达到飞行器减阻、降噪、节油、降碳的目的，需开展变弯度机翼变形机理与设计方法研究、大型变弯度机翼控制方法研究、大型变弯度机翼试验技术研究，主要结论如下：

（1）当前缺乏满足大型飞机高承载、大变形、轻量化等要求的变弯度机翼方案，需进一步研究变弯度机翼变形机理、高升阻比优化设计方法、气动噪声优化设计方法。

（2）多数变弯度机翼气动弹性分析方法研究考虑了结构非线性，气动和控制非线性研究较少，需开展考虑结构和气动非线性的气动弹性分析方法与伺服气动弹性分析方法研究，实现变弯度机翼的高效变形控制。

（3）多数变弯度机翼研究以数值计算为主，风洞测试、飞行测试较少。需开展变弯度机翼的风洞、飞行测试研究，验证机翼变形机理、气动特性、气动噪声特性。分析模型可根据试验数据更新，并在此基础进行优化设计，进一步提高大型飞机升阻比，实现低碳飞行。

主要参考文献

［1］ LI D，ZHAO S，RONCH A D，et al. A review of modelling and analysis of morphing wings ［J］. Progress in Aerospace Sciences，2018，100：46-62.

［2］ LI L，LIU P Q，XING Y，et al. Wavelet analysis of the far-field sound pressure signals generated from a high-lift configuration ［J］. AIAA Journal，2018，V56（1）：432-437.

［3］ AJAJ R M，PARANCHEERIVILAKKATHIL M S，AMOOZGAR M，et al. Recent developments in the aeroelasticity of morphing aircraft ［J］. Progress in Aerospace Sciences，2021，120：100682. 1-100682. 29

［4］ 白鹏，陈钱，徐国武，等. 智能可变形飞行器关键技术发展现状及展望［J］. 空气动力学学报，2019（3）：426-443.

［5］ 中国民用航空总局. 航空器型号和适航合格审定噪声规定：CCAR-36-R1［S］. 北京：中国民用航空总局，2007.

［6］ KAN Z，LI D，XIANG J. et al. Delaying stall of morphing wing by periodic trailing-edge deflection ［J］. Chinese Journal of Aeronautics，2020，167（02）：108-115.

［7］ WU M，SHI Z，XIAO T，et al. Energy optimization and investigation for Z-shaped sun-tracking morphing-wing solar-powered UAV[J]. Aerospace Science and Technology, 2019, 91: 1-11.

[8] GU X J, YANG K K, WU M Q, et al. Integrated optimization design of smart morphing wing for accurate shape control [J]. Chinese Journal of Aeronautics, 2021, 34(1): 135-147.

[9] LI D, GUO S, ABURASS T O, et al. Active control design for an unmanned air vehicle with a morphing wing [J]. Aircraft Engineering and Aerospace Technology, 2016, 88(1): 168-177.

[10] 刘沛清,李玲,邢宇,等. 大型飞机增升装置气动噪声研究进展 [J]. 空气动力学学报, 2017, 35(4): 472-484.

撰稿人：李道春(北京航空航天大学)

大型客机尾涡不稳定性机理与控制

Mechansim and control of the instability of wake vortex system for commercial jet

1 科学问题概述

大型客机作为一款面向客户的商业性产品,保证其国际市场竞争力的关键因素很大程度上依赖于客机的"经济性"和"环保性"。例如,如果远程宽体客机总阻力降低1%,即可给航空运营商带来降低运营空重1.6t,或者增加10位乘客的经济效益,相应地减少污染物(特别是碳)排放约1.3%。飞机尾涡是在飞机后方脱落所形成的流向旋涡对,是飞机飞行产生的最主要流动结构,对周围空气产生强烈的诱导作用。特别地,在飞机起飞降落过程中所拖出的尾涡,强度高、生命周期长,可在机场跑道上空演化数分钟,既决定了前后飞机之间的起降安全距离,制约机场运营效率,影响飞机的经济性,还会导致诱导阻力,制约飞机的阻力性能,影响飞机的环保性。

在其全生命周期中,尾涡会依次经历卷起过程、线性演化过程、(弱)非线性演化过程、失稳破碎过程、湍流过程以及最终的湮灭过程。这些过程虽然会彼此有些交叉或反复,但是尾涡的生长演化总体上是一个逐渐熵增的过程。在这个过程中,不稳定演化既是它的本质特征,也是它的最终归宿。为此,在近地条件下研究尾涡生长演化和失稳机理以及复杂气象/地形环境对尾涡不稳定性演化的影响规律,在此基础上发展加速尾涡衰减的流动控制技术,形成弱尾涡气动设计方法,建立尾涡强度动态监测系统,更新尾涡撞击风险评估准则,对于提升我国下一代客机的产品竞争力、提高大型枢纽机场的起降容限、降低飞机起降阶段的碳排放等都具有重要的科学意义和现实需求。

2　科学问题背景

在"碳达峰、碳中和"背景下,民用航空业是全球第一个限制碳排放的行业。国际清洁运输理事会(ICCT)的研究表明,航空碳排放的年均增速居各行业之首,到 2050 年更将达到全球温室气体总排放量的 22%,二氧化碳排放规则已成为限制民用航空发展最主要的绿色壁垒。建立尾涡的高效耗散与控制策略,通过降低大型客机的诱导阻力,提升其阻力性能,缩短飞机起降间隔,增加机场起降容限以降低碳排放,对尽早实现我国航空产业的节能减排目标大有裨益。

对于大型客机实际运营来说,飞机尾涡在机场跑道上缓慢发展,决定前后飞机之间的起降间隔。为此,国际民航组织(ICAO)自 20 世纪 70 年代开始就对飞机的起飞间距和起降间隔做了严格限制。以起飞重量超过 136000kg 的重型飞机为例,当后续飞机的起飞重量小于 7000kg 时,两者的起飞间隔时间不得少于 159s,间隔距离不得低于 6n mile,在其他条件下的间隔距离也均在 4~5n mile。毫无疑问,这些规定限制了机场的起降容限和运营效率。当前,我国民航市场的年均增长率超过 5%,枢纽机场的航班吞吐量将在十几年后翻倍,民航市场的快速增长和固定的机场起降容限之间的矛盾将日益激化。如果机场起降容限得不到实质性提高,将会有更多的城市新建第二机场。通过适当的流动控制技术加速尾涡系统的衰减,从而减少其对后续飞机飞行安全的不利影响,是缩短起降安全距离、减少乘客等待时间、提高机场容限最直接的方法。此外,尾涡控制还能够通过减少飞机的起降等待时间,来获得在极端气象条件下更加灵活的流量控制策略。

3　科学问题研究进展

在国际知名的学术机构中,美国国家航空航天局(NASA)的兰利实验室(Langley Lab)、德国宇航中心(DLR)、法国中央研究院(CNRS)和俄罗斯中央空气流体力学研究院(TsAGI)等机构都针对尾涡开展了持续的追踪和研究。尾涡结构的参数化表征、物理特性和减阻机理作为它们日常工作的一部分,一直是它们研究的重点和热点。已有风洞试验和数值模拟等技术手段均表明,尾涡自机翼尾缘处脱落后,在其依次所经历的近尾迹区域、近场及其外延区域、中远场区域和耗散区域等演化区域内呈现出不同的特征。

3.1　近尾迹区域

由于机翼上下表面的压力差,对于有限展长的机翼来说,翼尖处的气流将由机翼的下表面向上表面卷起,从而形成一系列流向涡结构。根据亥姆霍兹定理解释,由于涡管必须终止于壁面或者无穷远处,因此机翼产生的涡量在翼尖处将随来流向远场延伸。根据不同的翼尖构型,在近场区域可能存在一个主涡及二级涡、三级涡等涡结构,以及机翼尾缘产生的尾迹。此时的尾涡具有显著的非对称性,其中主涡的环量最强,也将随着尾涡系沿下游发展;而二级涡、三级涡和机翼的尾迹将在主涡诱导下绕主涡产生螺旋状的运动并与主涡发生融合,逐渐形成一个孤立尾涡结构。

3.2 近场及其外延区域

尾涡在这一区域内将继续吸收涡量,并逐渐形成一个充分发展的轴对称涡,充分发展的尾涡可以由 Batchelor 涡表征。在该过程中,尾涡存在明显的涡量扩散现象,其涡核半径 r_c 与传输时间 t 存在 $r_c^2 = r_{c0}^2 + 4\nu t$ 的关系,其中 r_{c0} 是 $t=0$ 时刻的涡核半径, ν 是空气的运动黏性系数, t 是涡核从 $t=0$ 开始发展的时间;尾涡的环量和最大旋向速度随着机翼的展弦比、根梢比和攻角的增加而增大。国内研究人员也对尾涡演化过程中的参数化特性开展了较为详尽的研究。然而,在尾涡向下游演化的过程中,它不会无限制地从外界吸收环量,其环量的增长将在此区域逐渐逼近一个稳定的数值。此外,尾涡在这一区域诱导流经机翼的气流产生下洗,导致了我们所熟知的诱导阻力。

3.3 中远场区域

随着尾涡向下游发展,不稳定性将起主导作用。对于孤立尾涡而言,其不稳定性表现为一种摇摆现象,瞬时涡核在流向平面内做拟序运动。研究发现,摇摆现象由尾涡本身固有的不稳定性导致,其以脉动速度绕涡心做周期性旋转进而引起尾涡摇摆。对于客机涡系中的对转涡对,例如襟翼和翼尖产生的涡对,其不稳定性表现为一种波长近似为展长尺度的长波不稳定性,其最不稳定波长通常为涡间距的 6 ~ 10 倍。发生长波不稳定性目前来说可归结为由涡的自诱导运动、涡对施加的应变场和涡对的线性扰动三者互相抵消而导致。对于两侧机翼产生的同转涡对,不稳定性则表现为短波不稳定性,其波长与涡核尺度可比。短波不稳定性由相邻涡的应变场和两个涡的线性模态(开尔文模态)共振导致。

3.4 耗散区域

随着长波/短波不稳定性的振幅在下游逐渐增大,两侧机翼的尾涡对将交叉并进而夹止,尾涡由此进入非线性阶段,并加速破碎耗散。对于孤立的尾涡,当其扰动幅度超过阈值后,将发生泡状和螺旋状涡破碎。对于对转涡对,在耗散阶段,长波不稳定与短波不稳定会发生相互作用,从而对短波不稳定性表现出调控作用,并导致两个涡管发生重连。一般来说,尾涡在其完整的生命周期内将发生"不稳定—破碎—重连……"的多个周期性过程,直至耗散成湍流状态下的小涡结构。对于同转涡对,由于涡的相互诱导作用,涡对的短波不稳定性沿流向在逐渐增强,同时,两个涡的间距在逐渐减小。当它们的涡核半径与涡间距之比大于0.15时,就会发生融合现象,两个涡核之间产生涡量进而发生交换并融合为单独的尾涡并继续向下游区域发展直至完全耗散。

从当前的研究可以看出,尾涡在其全生命周期中的演化过程中,不稳定演化特性既是它的本质特征,也是它最终的归宿。为此,当前各学术机构将尾涡不稳定性作为重点研究方向和突破目标。尽管当前对尾涡各阶段演化及不稳定性的研究取得许多重要的新成果和新认识,但是,在形成适用于工程实际的尾涡控制策略和方法之前,至少还有以下问题需要解决:

(1)大型客机尾涡系统的不稳定性演化机理。飞机在起降期间,由于襟翼打开,机翼尾缘会与两侧机翼的尾缘各自脱落的尾涡形成典型的四涡系统的尾涡结构。相比于孤立尾涡和双涡结构而言,四涡系统更贴近飞机真实产生的飞机尾涡,同时由于其本身结构复杂,以及近地表复杂气候和地形环境的影响而表现出更为复杂的演化行为。然而,目前学界对这方面的认识和探索仍显不足,明晰贴近真实飞机尾涡系统的不稳定性演化机理是发展下一代客机尾涡控制技术首先要解决的科研难题之一。

(2)大型客机尾涡流场特征的模态分解与降阶模型。大型客机的尾涡系统处于多尺度、高雷诺数的复杂三维流场环境中,开发不同尾涡系统协同不稳定性的实验研究方法或高保真计算流体力学(CFD)预测技术,发展适于尾涡流场的模态分解方法,掌握最不稳定模态或/和最主要模态的特征机理,据此建立合适的降维模型,既是科学研究的合理路径,也是发展下一代客机尾涡控制技术的科研难题之一。

(3)复杂气象/地形环境中的尾涡撞击风险动态评估准则。机场跑道上空的风切变、阵雨阵风等复杂气象条件和机场附近的复杂地形地貌环境会造成前后飞机的尾涡撞击风险,影响航空流量管制。考虑不同天气条件下的尾涡不稳定性,提出新的尾涡衰减模型,据此开发新的尾涡遭遇评估方法,纳入考虑了尾涡不稳定性、涡控制技术和环境变化的弹性安全裕度规定的制定中,形成复杂气象/地形环境中的尾涡撞击风险动态评估准则,是我国占据航空规章高地话语权的需要,对于提高机场起降容限、保障起降安全具有重要的意义。

(4)基于不稳定性的大型客机尾涡控制理论、系统开发与工程应用。融合当前商用飞机的最新气动设计理念与手段,突破当前民用飞机气动设计边界,寻找最有效的方法,激发尾涡系统的最强协同不稳定性模态,考察可能实现的控制方法的效率,形成基于不稳定性的大型客机尾涡控制理论。在此基础上,合理高效地确定控制系统中的物理变量,融合信息控制学科的设计思想,建立有效的控制传递函数,开发出尾涡控制的微电子机械系统(MEMS)机载系统,实地实时动态监测尾涡耗散情况,据此安全快捷地安排航班流量,是检验尾涡控制理论和工业产品技术成熟度的有效方式,也是发展下一代客机尾涡控制技术的科研难题之一。

主要参考文献

［1］ SPALART P R. Airplane trailing vortices［J］. Annual Review of Fluid Mechanics,1998,30（1）:107-138.

［2］ BREITSAMTER C. Wake vortex characteristics of transport aircraft［J］. Progress in Aerospace Sciences,2011,47:89-134.

［3］ CROW S C. Stability theory for a pair of trailing vortices［J］. AIAA Journal,1970,8:2172-2179.

［4］ EDSTRAND A M,DAVIS T B,SCHMID P J,et al. On the mechanism of trailing vortex wandering［J］. Journal of Fluid Mechanics,2016,801（R1）:1-11.

［5］ THEOFILIS V. Global linear instability［J］. Annual Review of Fluid Mechanics,2011,43:319-352.

［6］ 薛栋,潘翀,李广超. 基于流动显示的翼尖涡不稳定频率测量［J］. 北京航空航天大学学报,2016,42（4）:837-843.

［7］ 程泽鹏,邱思逸,向阳,等. 基于全局线性稳定性分析的翼尖双涡不稳定特征演化机理研究［J］. 航空学报,2020,41（9）:53-66.

［8］ CHENG Z P,QIU S Y,XIANG Y,et al. Instability characteristics of a co-rotating wingtip vortex pair based on bi-global linear stability analysis［J］. Chinese Journal of Aeronautics,2021,34（5）:1-16.

［9］ GURSUL I,WANG Z J. Flow control of tip/edge vortices［J］. AIAA Journal,2018,56（5）:1731-1749.

［10］ TAIRA K,HEMATI M S,BRUNTON S L,et al. Modal analysis of fluid flows:applications and outlook［J］. AIAA Journal,2020,58（3）:998-1022.

撰稿人:潘翀(北京航空航天大学)

仿生飞行器高效气动设计

Efficient aerodynamic design of bionic-inspired aerial vehicles

1 科学问题概述

生物经过亿万年适应、进化和发展,生物特性趋于完美,具有最优化的结构特点、灵活的运动特性以及良好的适应性和生存能力。仿生扑翼飞行器是一种基于仿生原理设计的微型飞行器,其与固定翼和旋翼飞行器相比具有独特的优势。它将升力、推力集于一个扑动系统中,在小尺度下具备更高的气动效率,可以用很小的能量进行长距离飞行,能实现原地或小场地起降,具备良好的飞行机动性和一定的空中悬停能力。仿生扑翼飞行器通常还具有尺度适中、便于携带、隐蔽性好等优点,因此,在民用巡检救援与国防领域有着十分重要且广泛的应用前景,其能够完成许多其他飞行器所无法执行的任务。但目前仿生飞行器气动效率与真实生物差距较大,导致续航时间短、负载能力差,无法与实际任务应用需求相匹配。

导致仿生扑翼飞行器气动效率差的主要瓶颈性问题来自三个方面:①仿生学原理研究不足。已有仿生飞行器总体方案的仿生程度较低,尽管现有仿生飞行器已经能够实现稳定的飞行,但在飞行姿态上与自然界中的飞行生物仍有较大的差距,且通过机械传动实现的扑动飞行效率较低。②气动优化机理研究不足。目前仿生扑翼气动特性方面研究主要关注不同刚度条件下,展向、弦向被动柔性变形对飞行器带来的影响。在气动优化方面,大部分研究依然停留在二维翼型在扑动过程中的主动变形仿真以及刚体模型的水洞试验等,距离实用还有一定的差距。③扑动控制策略与算法简单。真实的飞行生物会根据环境不同采用不同的翅翼扑动轨迹,以保证在各种飞行环境下都能以最优气动效率的姿态飞行。现有仿生扑翼飞行器扑动控制算法对外界环境扰动的鲁棒性不高,无法匹配仿生扑翼飞行器在飞行过程中姿态的强非线性特征,不具备根据不同飞行环境改变扑动姿态的能力。

2　科学问题背景

仿生扑翼飞行器是一种模仿飞行生物,基于仿生学原理设计的特种飞行器,具有体积小、重量轻、机动性强,以及在低雷诺数领域具有优秀的气动性能等优势,能够极大地提升微型飞行器在未来救援、巡检、侦查和监视等领域的应用。自20世纪80年代起,随着实验观测手段的进步以及计算流体力学(CFD)的发展,研究人员开始从非定常角度研究扑翼空气动力学,并取得了一系列卓越成果。经过以上阶段发展,扑翼空气动力学逐渐形成了一套较完备的体系构架。当前扑翼仿生研究多数集中在简化模型的气动分析角度,这可能是因为生物观测水平的限制,由于存在太多的诸如羽毛开裂、骨骼与翼膜主被动变形等特殊操纵模式,研究者难以得到飞行生物闭环的飞行控制数据。CFD数值计算与风洞试验一般也会对生物外形与运动模式进行大量的简化,而较难得到完备的导数数据。

相关仿生学原理与气动机理研究的不足导致仿生扑翼飞行器在飞行姿态与性能上无法比拟真实飞行生物的高气动效率,具体到应用层面体现在仿生扑翼飞行器航程、航时与载荷能力方面的不足。因此,针对如何提高仿生扑翼飞行器的气动效率开展进一步研究,对未来微型仿生飞行器的发展与应用具有重要意义。

3 科学问题研究进展

3.1 扑翼飞行器仿生设计研究

目前仿生扑翼飞行器按形态分类可分为仿鸟、仿昆虫和仿蝙蝠扑翼三类,这些飞行器类型有着各自不同的优点和缺点,相应地,不同飞行器类型所擅长的任务种类也有所不同。大尺度的鸟类巡航段飞行趋于水平,原理更接近于固定翼。相应的仿鸟飞行器能够实现较为稳定的巡航,且气动效率最高,但机动性较差,适合室外环境中长时间的、一定范围区域的巡检与侦察、监视等任务。蝙蝠与鸟类相比,翼面具有更多的驱动自由度,能够在翅膀的展向和弦向上进行自由的形态变化。仿蝙蝠飞行器具备更加灵活的飞行姿态,但为实现多自由度驱动会导致负载增加,使其航时和载荷能力受到一定的限制。仿蝙蝠飞行器能够执行室外飞行任务,且能够实现一定程度的室内避障飞行,完成如搜救、寻物等室内飞行任务。与鸟类和蝙蝠相比,昆虫飞行过程中翅翼扑动频率较高,能够实现灵活的大机动和悬停等飞行模式。相应的仿昆虫飞行器具有体积小、机动性能好等特点,但高频扑动消耗功率较大,导致其航时较短,且由于体积较小,抗风能力较差,因此更适合室内的快速搜索、侦察、打击等任务。

从飞行器总体设计的角度分析,需基于特定的任务目标,对飞行器气动外形和结构进行匹配设计,实现高效任务飞行。在仿生运动方面,当前可实用的仿生扑翼飞行器通常只具有简单的上下扑动运动,少数具备简单的前后或展向运动,但与真实生物扑动姿态相比依然相去甚远。机翼主要以碳纤维骨架和覆盖薄膜的形式构成,与鸟类的骨骼肌肉组成形式相比,在运动能力上具有本质的差距。因此,需要对扑动机构设计和扑动翼设计两方面进行研究,对真实飞行生物的运动形式进行建模。在骨骼肌肉系统的解剖和全飞行过程的数学建模等方面进行深入研究,是提高仿生扑翼飞行器仿生程度最基础的方法。

3.2 仿生扑翼飞行器气动机理研究

提高仿生飞行器气动效率的另一种主要方式是在气动上实现增升、减阻。近年来,国内外学者在仿生飞行器气动增升、减阻机理与优化设计方面开展了大量研究。研究人员从活体飞行观测、模型实验、数值仿真等多方面分析了生物飞行的气动机理,并提出了不失速机制、附加质量效应、尾迹捕获机制等多种扑翼高升力机制。近年来对于昆虫扑翼升力机理的研究,从注重分析升阻力特性逐渐转向对扑翼近场及远场涡结构与演变过程的分析,前缘涡的稳定性问题是其中一个重要研究方向。以往研究表明,昆虫翅膀在扑动过程中存在从翅根到翅尖的轴向流,这一流动受离心力及科氏力驱动,不断将前缘涡中的涡量向翅尖输送并最终汇入下游。这种涡量输送避免了前缘涡增长过大以至于破裂、脱落,从而起到稳定前缘涡的作用。但仿真分析表明,展向流强度受雷诺数影响,当雷诺数小于120时,展向流非常微弱。同时,基于对旋转平板的前缘涡涡量输运的定量分析表明,尽管存在明显轴向流,但其作用并不足以完成所需的涡量输运。新的前缘涡稳定性机制仍有待发掘。得益于高速摄影技术的进步,昆虫飞行时的扑翼运动近年来得到了更多的研究。昆虫移动飞行的运动模式与悬停飞行不同,有的果蝇甚至会采用类似划桨的方式在空气中飞行,昆虫在不同移动速度下的扑翼运动模式也会有所不同。昆虫移动飞行过程中的气动机理仍有待进一步发现。

鸟类与蝙蝠在快速飞行时经常采用滑翔的方式,而在慢飞时,会扑动翼面以获取足够支撑自重的升力。主动变形是鸟类和蝙蝠在扑翼飞行过程中提高升力与推力的一种常见方式。主动变形主要有两种形式:一类是变翼展,在下扑时伸展翅膀提高下扑升力,上扑过程中收缩翅膀降低上扬阻力,完整周期内产生正向升力和推力。低展弦比鸟类一般通过翅膀弯曲折叠来实现变翼展,蝙蝠则可以通过关节折叠加伸缩翼膜实现。近年来也有学者通过数值和实验方法研究了生物变翼展飞行的气动特性。另一类是翅膀扭转,钻石鸼等大展弦比鸟类会以较大迎角下扑翅膀,在上扑时扭转翼尖以降低迎角,同时初级飞羽散开使气流从羽间缝隙穿过,升力与推力主要由下扑过程提供。

3.3　仿生扑翼飞行器扑动控制策略研究

通过仿生飞行扑动控制策略也能够实现仿生扑翼飞行器气动效率的提高。真实的鸟类、昆虫等生物会根据飞行环境的不同,采用不同的翅翼扑动轨迹,以保证在各种飞行环境下都能以最优气动效率的姿态飞行。目前,能够实现可控飞行的仿生扑翼飞行器在飞行控制算法上主要采用比例积分微分(PID)及其相关的变形算法,不具备根据不同飞行环境改变扑动姿态的能力,且对外界环境扰动的鲁棒性不高。另外,对真实鸽子飞行过程的研究发现,鸽子在飞行过程中都会采取首先保证扑频不变进行飞行,通过调整俯仰角控制飞行高度,在爬升、下降等不同姿态下会有不同的飞行速度,这种与常规无人机控制过程中保持恒定姿态和飞行速度的方式有所不同。通过采用仿生飞行策略对仿生扑翼飞行器进行控制,能够在一定程度上提升仿生扑翼飞行器的飞行效率。

除此之外,还可基于一些候鸟在迁徙过程中的飞行模式,通过编队的方法提升仿生飞行器集群的整体气动效率。如模仿鸿雁的"人"字形或"一"字形队形编队排列飞行,后雁可以利用队伍中前雁飞行产生的翼尖上升涡旋气流提高升力。后雁会在一定条件下与前雁交换位置,这样会降低整个群体的总体能耗,提高群体在飞行过程中的气动效率。

3.4　总结与展望

对现阶段仿生飞行器相关研究进行总结,要提高仿生飞行器气动效率,主要存在以下研究难点需要攻克：

(1)翅翼扑动仿生设计研究。目前,可实用的仿生扑翼飞行器只具有简单的上下扑动运动,机翼主要以碳纤维骨架和覆盖薄膜的形式构成,与鸟类的骨骼肌肉组成形式相比,在运动能力上具有本质的差距。因此,需要对扑动机构设计和扑动翼设计两方面进行研究。对典型飞行生物进行研究,对其运动形式进行建模,对骨骼肌肉系统的解剖和全飞行过程进行数学建模研究,通过提高仿生扑翼飞行器仿生程度,提升仿生扑翼飞行器的效率。

(2)仿生扑翼气动增升、减阻机理研究。目前仿生扑翼气动特性方面的研究主要关注展向、弦向被动柔性变形对飞行器带来的影响,深入的机理性研究不足。在气动优化方面,大部分研究依然停留在二维翼型在扑动过程中的主动变形仿真以及刚体模型的水洞试验等,距离实用还有一定的差距。需要在微流动控制、三维仿生复杂扑动方式、主被动变形等方面对高效的仿生机理开展研究,进而实现扑动翼复杂运动,提高扑翼气动效率。

(3)仿生扑动控制策略研究。目前仿生扑翼飞行器在控制算法上主要采用PID及其相关的变形算法,不具备根据不同飞行环境改变扑动姿态的能力,且对外界环境扰动的鲁棒性不高。需开展仿生扑翼飞行器高精度飞行动力学建模研究,基于高精度模型,可采用适应性更强的控制算法来改善其扑动姿态。另外,可进一步研究鸟类、昆虫等飞行生物在各类环境中的飞行策略,在仿生扑翼飞行器控制过程中采用仿生控制策略,提高飞行效率。

主要参考文献

[1] 向锦武,孙毅,申童,等.扑翼空气动力学研究进展与应用[J].工程力学,2019,36(04):8-23.

[2] BIE D,LI D,XIANG J,et al. Design,aerodynamic analysis and test flight of a bat-inspired tailless flapping wing unmanned aerial vehicle[J]. Aerospace Science and Technology,2021,112:106557.1-106557.10.

[3] DONG X,LI D,XIANG J,et al. Design and experimental study of a new flapping wing rotor micro aerial vehicle [J]. Chinese Journal of Aeronautics,2020,33(12):3092-3099.

[4] ABAS M,RAFIE A,YUSOFF H,et al. Flapping wing micro-aerial-vehicle:Kinematics,membranes,and flapping mechanisms of ornithopter and insect flight[J]. Chinese Journal of Aeronautics,2016,29(5):1159-1177.

[5] YANG W,WANG L,SONG,B. Dove:A biomimetic flapping-wing micro air vehicle[J]. International Journal of Micro Air Vehicles,2018,10(1):70-84.

[6] DENG S,PERCIN M,OUDHEUSDEN B. Aerodynamic characterization of 'DelFly Micro'

in forward flight configuration by force measurements and flow field visualization [J]. Procedia Engineering,2015,99(32):925-929.

[7] RAMEZANI A,CHUNG S,HUTCHINSON S. A biomimetic robotic platform to study flight specializations of bats[J]. Science Robotics,2017,2,eaal2505.

[8] KARÁSEK M,MUIJRES F,REMES B,et al. A tailless aerial robotic flapper reveals that flies use torque coupling in rapid banked turns[J]. Science,2018,36(6407):1089-1094.

[9] MA K Y,CHIRARATTANANON P,FULLER S B,et al. Controlled flight of a biologically inspired,insect-scale robot[J]. Science,2013,340(6132):603-607.

撰稿人:李道春(北京航空航天大学)

飞机体系能力涌现机制与体系架构优化设计

Emergence mechanism of systems capability and architecture design optimization of aircraft

1 科学问题概述

飞机总体设计作为实现从飞机需求到概念架构再到完整方案的关键,是需求牵引与技术进步共同驱动、多学科交叉渗透融合的高技术领域。传统飞机总体设计受技术水平和总体设计理论、方法与工具限制,往往陷入对平台技战术指标的局部性目标追求上。在体系化作战/运行环境下,现代飞机总体设计强调体系能力需求和跨学科的复杂系统权衡设计,具有兼顾创造性与科学性、过程反复迭代与多轮逼近、综合权衡与全面协调等特点,总体设计内涵和概念范畴正在发生深刻变化。从经验论主导到方法论主导、从平台设计牵引到体系架构设计牵引,对传统飞机总体设计理念模式提出了严峻挑战。

体系化条件下现代飞机总体设计在工程中表现出体系需求辨识的不确定性、体系能力涌现机理的非线性、体系架构设计多层级跨学科的强耦合性等显性问题。其背后涉及的亟待解决的机理性科学问题包括:

1.1 飞机体系不确定需求辨识表征与体系能力涌现机理

飞机在体系作战/运行条件下,动态的任务需求、复杂的运行环境和不断出现的赋能技术,导致在体系设计源头面临不确定性带来的体系需求辨识与表征特殊问题。需要探究针对不确定需求,体系能力的聚合涌现机理问题。

1.2　飞机体系结构、行为特征度量与变颗粒度设计知识融合

作为特殊的复杂系统,需解决飞机体系结构和行为模型的构建以及其关键特征的表征度量问题。由于体系一体化设计的要求,需要实现不同领域、不同颗粒度模型的协同分析处理,解决体系设计知识的跨领域融合问题。

1.3　飞机体系设计参数跨层级耦合机制与体系架构权衡优化

飞机体系设计纵向上跨越了从装备体系到飞机平台再到功能系统的不同层级,体系的整体设计及优化需研究解决不同设计参数跨层级耦合的机制问题。基于体系架构权衡空间,研究解决体系架构的优化设计问题。

2　科学问题背景

2.1　工程背景

随着现代科技发展,信息空间与物理空间日趋交叉耦合,工程系统间的联系和交互变得越发频繁和紧密,出现了越来越多的围绕特定整体目标由多个复杂组分系统组合而成的体系,即系统之系统(SoSs)。在飞机设计领域,以军、民用飞机为典型代表,无论是军用飞机的作战样式,还是民用飞机的运行环境,都越来越显著地呈现体系化的特征,在设计思维上由传统的强调平台性能向重视体系能力转变。相关工程问题的解决思路和方法,相应地从传统的系统工程向以复杂自适应系统为理论指导的体系工程转变。

在体系工程背景下,传统的飞机设计学科需要从过去的平台总体向体系总体转变,遵循"部件服从系统,系统服从平台,平台服从体系"的逻辑约束关系,飞机总体设计涵盖的范围需要上升到"飞机作战/运行及装备体系"层面,拓展为"大总体"设计概念,支撑对未来航空装备作战/运行概念的创新性设计和综合权衡优化,满足飞机发展顶层决策和研制需要。

2.2　问题与困扰

体系化运行/作战环境下,强调飞机平台综合效能和对体系的贡献。新一代飞机设计面临不确定的需求与赋能技术、体系能力与设计指标跨层级传递、各专业界面渗透交融等复杂问题,传统"平台中心"的总体设计理念难以有效集成不同学科的优势,满足极端复杂和严苛的设计需求。为实现未来航空装备基于能力的正向设计,急需突破飞机体系需求的不确定性表征方法,揭示体系能力的涌现生成机制,发展适应体系化运行/作战环境、充分利用体系科学支撑的创新性飞机总体设计理论。

飞机总体设计中,各学科特点和发展程度不一,各专业模型具有不同的颗粒度,存在各学科模型颗粒度不匹配而导致难以集成和综合建模与仿真的问题。此外,各学科模型具有不同的标准,很难做到或无法做到统一分析,也限制了多学科综合优化设计,例如对飞机专用性能指标与可靠性、维修性等通用性能指标的一体化设计的困难。为此,需研究各学科不同颗粒度模型的集成机理,实现不同颗粒度、不同建模标准模型的相互协调,构建学科设计知识构件和协同分析机制,实现飞机体系设计知识跨领域的有效融合。

飞机总体设计涵盖飞机运行/作战体系、平台设计与系统设计的多个层级,贯穿从需求论证到使用维护的全寿命周期过程。从系统工程角度看,现代飞机是集结构、气动、控制、隐身等多学科的强耦合、非线性、多变量复杂系统。飞机总体设计追求的是整体设计目标的达成,而非单一学科的局部寻优。飞机总体设计存在体系能力层级聚合涌现,各专业领域之间指标参数交互影响、耦合作用机制不清晰等问题,导致传统总体综合优化设计时大量基于经验进行。为此,需梳理多学科跨层级设计参数的底层耦合机制,并在考虑多学科参数耦合机制的基础上研究体系架构优化机制,继而基于优化的体系架构开展飞机平台和系统设计。

2.3　研究价值与意义

开展飞机体系能力涌现机制与体系架构优化设计研究,可以有效承接体系与装备的设计需求,反向牵引对飞机设计的具体技术要求,科学提出飞机设计的具体技战术指标,指导平台和系统的综合化、精细化设计,推动未来航空装备的平台设计方式方法的变革。该问题的研究将有力支撑对下一代新型民用客机、新一代战斗机、轰炸机、临近空间飞行器、无人飞行器集群等未来飞行器进行概念研究、体系能力设计、体系贡献度评估和演示验证,促进我国军、民用航空装备研发向基于体系能力的正向创新设计模式转变。

3　科学问题研究进展

3.1　研究基础

目前针对该领域的需求,世界先进国家整体上发展了基于模型的系统工程(MBSE)方法。围绕体系运行/作战概念创新设计、体系能力涌现机理揭示、体系架构建模与优化、综合仿真与评估验证等关键问题,结合飞机研制开展了广泛的科学研究和工程实践。针对多学科间的耦合交叉、影响机理及一体化集成优化方面开展了系统性研究,形成了较为成熟的应用模式和配套的体系化设计方法及工具平台。

我国结合飞机型号研制工作,初步构建了指导概念和基本方法框架,但关于该领域的理论方法体系构建和基础科学问题研究仍较为薄弱,在体系不确定性需求辨识与建模分析、体系创新概念设计方法、体系架构设计与优化、验证测试工具平台开发及结合型号的实际应用等方面存在较大差距。多学科跨层级参数间耦合机制底层机理相关研究较少，缺乏系统性的飞机体系架构优化设计基础理论体系。

3.2 难点与挑战

在研究揭示飞机体系能力涌现机制的基础上，考虑多学科跨层级参数耦合问题的条件下，飞机体系架构优化设计的挑战主要体现在：

(1)需求复杂性。如何科学处理由于体系需求复杂多样带来的高度不确定性问题，是牵引体系架构优化设计的源头性问题。

(2)协同复杂性。如何针对各个领域知识模型的不同颗粒度差异，结合飞机总体设计工程实际和学科队伍分散自治的特点，对学科分析和体系架构优化进行解耦合协同的问题。

(3)计算复杂性。各学科高精度模型本身的计算量和多学科协同优化参数的组合繁多，以及体系架构设计权衡空间的特殊性，使得体系综合优化问题的求解异常复杂，表现出突出的计算复杂性。

3.3 技术路线与重点突破领域

技术路线上拟采取交叉融合的技术思路，针对科学问题的具体特点，以体系能力为核心牵引，以体系科学、复杂自适应理论、网络科学和智能科学为基础支撑理论，构建基本理论方法体系。

(1)针对体系需求复杂性，以形式化和不确定处理方法实现体系需求及体系能力的量化表征分析。

在需求分析与辨识问题上，面向飞机全寿命周期和体系级、平台级、系统级的全设计流程，挖掘、定义和形式化表征各类需求，保证体系设计需求辨识完整和不确定性问题的科学处理。从结构和行为两方面入手研究体系的结构特征度量和行为特征度量，提出表征体系特点的度量指标。基于复杂网络等理论研究体系的结构和行为特征度量计算方法，分析体系的结构和行为特征度量的可组合性，针对体系的结构特征度量，提出结构合成时保持结构特性可组合计算的方法和算法。

采用结构化描述语言将体系中的层级能力进行抽象化描述，对约束进行抽象描述，通过节点聚合和通道聚合实现体系分层结构。针对面向任务的体系动态适应行为，借鉴复杂适应系统中个体适应的刺激-反应模型，探索体系"自同步、自适应"过程和机理，分析多Agent 系统的宏观能力涌现与微观层面自组织作用的联系机理，揭示体系能力导向性涌现机制。

（2）针对协同复杂性，以 MBSE 方法论为整体框架，实现基于模型和数据驱动的一体化设计知识融合。

以 MBSE 方法论和体系工程"V"形模型为结构框架，以体系能力涌现机制及体系贡献聚合模型为关联纽带，围绕体系效能、体系可靠性、体系生存力等关键属性，按照"体系层级""平台层级"和"系统层级"逐级分解和聚合，围绕多能力需求组合，研究基于多学科联合仿真驱动的体系综合设计方法，解决传统单学科/少量学科综合存在的优化不充分、问题暴露晚、迭代周期长等问题。

以模型和数据为驱动，以代数学和复杂适应系统理论为基础，利用一体化建模方法和人工智能技术，通过智能化方式构建多学科复杂交互模型，厘清多学科参数耦合机制，实现跨层级各学科不同颗粒度模型与飞机体系架构设计过程的高度耦合及设计知识跨领域融合。

（3）针对计算复杂性，以启发式寻优和深度学习算法为核心，实现体系架构优化设计的智能化和自动化。

面向未来飞机平台体系设计的复杂性，以体系关键属性为设计指标和优化目标，采取第四研究范式，即充分发挥计算机高性能计算的作用，通过持续的体系仿真推演，不断产生新的试验数据。利用大量试验、仿真数据进行数据挖掘，提取其特征并融合人的知识经验，以此为基础构建体系设计智能元模型库，包括元动作、元规则、元条件等。

借鉴仿生学思想及生物群体协同机制，探索高效高维优化算法，解决体系架构权衡空间探索性优化设计问题。运用架构评价与机器学习方式，构建飞机体系架构智能生成平台，综合深度学习、强化学习、仿生智能等方法，采用"发散、变异、进化、学习"等体系结构优化演化机制手段，以体系能力导向性涌现为牵引，形成体系架构设计方案的智能化和自动化寻优，并形成成熟的理论方法体系和配套的支撑工具平台。

主要参考文献

［1］SOYEZ J B，MORVAN G，MERZOUKI R，et al. Multilevel agent-based modeling of system of systems［J］. IEEE Systems Journal，2017，11（4）：2084-2095.

［2］GE B，HIPEL K W，YANG K，et al. A novel executable modeling approach for system-of-systems architecture［J］. IEEE Systems Journal，2014，8（1）：4-13.

［3］顾基发. 系统工程新发展——体系［J］. 科技导报，2018，36（20）：10-19.

［4］PETRI G，MUSSLICK S，DEY B，et al. Topological limits to the parallel processing capability of network architectures［J］. nature physics，2021，17：646-651.

［5］WATTS D J，STROGATZ S H. Collective dynamics of 'small world' network［J］. Nature，1998，393：440-442.

［6］ BARABASI A L, ALBERT R. Emergence of scaling in random networks［J］. Science, 1999,286:509-512.

［7］ STROGATZ S H. Exploring complex networks［J］. Nature,2001,410:268-276.

［8］ NIELSEN C B,LARSEN P G,FITZGERALD J,et al. Systems of systems engineering:Basic concepts,model-based techniques, and research directions［J］. ACM Computing Surveys, 2015,48(2):1-41.

［9］ KINNEBREW J S,SEGEDY J R,BISWAS G,et al. Integrating model-driven and data-driven techniques for analyzing learning behaviors in open-ended learning environments［J］. IEEE Transactions on Learning Technologies,2017,10(2):140-153.

［10］ HOLT J,PERRY S,PAYNE R,et al. A model-based approach for requirements engineering for systems of systems［J］. IEEE Systems Journal,2015,9(1):252-262.

撰稿人:尚柏林(西北工业大学)　宋笔锋(西北工业大学)

飞行器多物理场多学科智能融合设计

Intelligent fusion multi-disciplinary design of aircraft's multi-physical field

1　科学问题概述

飞行器设计是多学科/多部门协调决策的过程,要求结构、气动、控制、隐身等综合能力达到最优。在传统飞行器的研发中,首先,需要根据任务要求确定飞机总重,选定可供设计参考的原型机;其次,根据飞机重量设计预期的气动特性和翼载;最后,根据所需气动特性选择气动布局,分别对机翼、尾翼等关键部件进行设计。这种传统设计思路以完成作战任务为驱动,设计目标清晰明确,各部件设计的独立性较强、耦合度不高,涉及的学科之间有明显的专业界线,可明确分工,在有原型机作为参考的逆向设计中具有较大优势。然而,我国军用飞行器的设计正由过去的"跟跑"向"并跑"转变,并且在未来还要实现"领跑"目标。在飞行器的设计中很可能面临需求模糊、无原型机和无明确设计指标的困境;其次,随着飞行器的飞行状态趋向于极端状态(高超声速、高隐身、高机动性等),诸多学科耦合度不高而导致的新问题逐一浮现。

传统的飞行器设计方法无法同时满足多组、多层级指标要求,因此需要引入智能方法寻求更优的设计方案。按照目前技术发展来看,飞行器智能化设计应以体系需求和能力为顶层指导,通过知识表达、推理和应用等核心手段支撑,将智能方法融合到全生命周期的各个设计环节,再利用实体与虚拟结合的方式实现自身与外部的感知与预测,最后通过知识库与数字孪生系统实现飞行器设计的迭代与自演进优化。智能化设计是多学科/多目标设计的综合体现,追求整体任务综合性能的最大化急需解决飞行器多物理场、多学科智能融合设计这一关键技术。

2　科学问题背景

未来战争将是高强度的对抗,这对飞行器的性能提出了非常高的要求,传统的飞行器设计方法无法同时满足多组、多层级指标要求,因此需要引入智能方法寻求更优的设计方案。主要包含如下方面的问题:

2.1　飞行器设计的多元化要求

随着飞行器精细化设计需求越来越复杂,气动设计所面临的复杂度也不断提升,单独考虑气动性能指标的设计已远远不能满足当下的工程需求。下一代飞行器的设计需要考虑多学科、多物理场之间的耦合作用,如气动结构耦合设计、气动噪声耦合设计、飞行器发动机耦合一体化设计、气动隐身耦合设计等。这些工程需求势必会大幅增加气动优化设计难度,因此,基于人工智能的气动多学科设计亟须从智能设计的角度寻求突破。

2.2　多源气动数据的融合问题

飞行器气动数据的主要获取途径包括数值计算、风洞试验和飞行试验(模型和飞行试验)三大手段。然而,在实际应用中利用三大手段获取的气动数据往往具有显著的差异,而且误差来源和数据特性也不尽相同。虽然获取准确可靠的气动力数据可以通过建造更先进的风洞、采用更高性能的数值模拟系统以及进行更多更精细的飞行试验,但在短时间内采用单一方式提高气动力数据精准度的程度有限,不能完全满足新一代飞行器研制的需要,并且将付出高昂的成本。如何充分利用这些数据,降低气动数据获取成本,并且最大程度地提升气动力数据库的整体精度和一致性,是气动力多源数据智能融合和关联研究的核心。

2.3　气动性能的多场耦合难题

高超声速飞行器研制需要直面的流-固-热耦合难题是典型的多场耦合问题。传统的直接耦合仿真方法计算量巨大,难以在型号研制中被广泛采用。笼统、海量的多场耦合大数据无法为工程师提供清晰、准确的设计思路,很难为工程设计提供有力的技术支撑。

3　科学问题的研究进展

目前,本领域的主要研究进展包括以下四方面。

3.1 智能气动与多学科设计

首先,气动与多学科优化设计面临高维和高精度的海量计算,如何提升优化设计效率以满足工程设计需求十分关键。可采用人工智能相关的机器学习技术,开展基于集成学习、强化学习等手段的气动外形优化设计方法。对于高维设计,可从稀疏学习、特征分析的角度进行设计空间分解或设计分层以提升优化效率。

其次,复杂的工程气动设计依然非常依赖专家或设计师的经验,需要大量"人在回路"干预。在气动设计自动化的基础上,如何进一步减弱"人在回路"干预,从而提升设计的智能化程度,是另一个值得关注的难题。针对该问题,有望利用人工智能技术替代专家经验,减弱"人在回路"作用,提升智能化气动设计水平。此外,开展多目标、多约束的自主智能化分配技术,也有利于实现根据实际需求自主变更目标及约束的优化进程。

3.2 气动数据智能融合与天地一致性关联

数据融合技术,是指通过数据估计、建模、采集管理等手段,将多种来源的测量结果在时间或空间上冗余或互补的信息依据某种准则进行综合,产生关于被测对象更准确的信息和更一致的解释或描述,从而获得具有最大可信度的结果。在该领域的工作包括天地一致性研究,针对高、低精度数据的气动力融合方法,以及不同状态数据的气动力融合方法等。未来还需要在数据融合准则和算法上进一步深入,尤其需要将智能融合方法和流体力学误差来源理论进行有机结合,找到手段、状态等不同数据间的信息融合方法。

对于高超声速飞行器而言,目前国内外的研究表明,能反映高超声速流动特性的气动力/热天地相关性理论与关联方法仍然缺乏。关键难题在于高超声速流动的特殊性:一方面,受高温真实气体效应、黏性干扰效应和尺度效应等影响,高超声速地面试验比传统低焓气体动力学试验需要保证的相似参数更多;另一方面,高超声速飞行条件的极端要求,使得目前的风洞地面试验技术不能完全满足实际飞行状态模拟的需求,导致飞行器气动特性的试验参数不能覆盖整个飞行走廊。因此,针对气动数据天地一致性的分析目标主要包括:如何构建自适应关联函数以实现气动数据匹配,如何发展合适的数据融合架构以提高全速域气动数据模拟精度。

3.3 多物理量试验数据融合方法

近年来,数据融合技术的理论和方法在军事、航天、智能机器人控制等领域得到了广泛的应用和发展,该理论与方法已成为智能信息处理的一个重要研究领域。简单说就是将多种数据来源的气动信息进行充分考虑,获得气动数据的关联融合准则,目的是将获得的信息进行关联及识别,并据此做出决策和评估。通过多源数据融合,可以增加气动数据全局置信度、减少模糊性、提高系统可靠性。

多源信息融合即根据多种信息来源（同质或异质），根据某标准在空间或时间上进行组合，获得被测对象的一致性描述，并使得该信息系统具有更好的性能。其可以看作为一个形式框架，根据待解决问题信息源数据特征的差异，可单独采用不同层次的融合方法或组合某两个层次的递进融合方法，从而提高模型的可探测度和可信度以及降低推理模糊程度，增强系统容错能力。

3.4　数据驱动的飞行器多场耦合模型

随着机器学习方法的快速发展，基于数据驱动的多场耦合分析建模成为可能。目前学术界已经在非定常气动力建模、气动热建模和非线性结构建模等独立学科的模型化方面取得了一定的进展。这些工作为多场耦合仿真提供了"化整为零"的新思路，能有针对性地提高计算效率和精度，这是传统计算方法（如工程方法和数值模拟）所不能兼顾的。在子学科建模的基础上进行"化零为整"的耦合架构设计，不仅可以提升分析效率，还能极大提升多学科、多场耦合复杂问题的可分析性和可设计性。Ladicky 等采用回归森林方法成功地对非定常流场进行预测，数值计算效率提高至少 10 倍。Guo 等通过卷积神经网络方法对气流场进行预测，在保证精度相当的情况下，计算效率提升了 2~4 个数量级。

在未来，该领域可以进一步关注非均分布物理场降阶方法，动态、非线性、时变/变参系统的模型化，复杂多场/多学科问题耦合特征的定量评估与简化策略和基于数据驱动模型的多场耦合问题的机理等方面的研究。

主要参考文献

[1] 李霓，布树辉，尚柏林，等.飞行器智能设计愿景与关键问题[J].航空学报,2021,42(4):213-230.

[2] 张伟伟，寇家庆，刘溢浪.智能赋能流体力学展望[J].航空学报,2021,42(4):26-71.

[3] 陈海昕，邓凯文，李润泽.机器学习技术在气动优化中的应用[J].航空学报,2019,40(1):52-68.

[4] 韩忠华，许晨舟，乔建领，等.基于代理模型的高效全局气动优化设计方法研究进展[J].航空学报,2020,41(5):30-70.

[5] 张天姣，钱炜祺，周宇，等.人工智能与空气动力学结合的初步思考[J].航空工程进展,2019,10(1):5-15.

[6] 何开锋，钱炜祺，汪清，等.数据融合技术在空气动力学研究中的应用[J].空气动力学学报,2014,32(6):777-782.

[7] LUO C,HU Z,ZHANG S L,et al. Adaptive space transformation：An invariant based meth-

od for predicting aerodynamic coefficients of hypersonic vehicles[J]. Engineering Applications of Artificial Intelligence,2015,46:93-103.

[8] KOU J,ZHANG W. Multi-fidelity modeling framework for nonlinear unsteady aerodynamics of airfoils [J]. Applied Mathematical Modelling,2019,76:832-855.

[9] LI K,KOU J,ZHANG W. Deep neural network for unsteady aerodynamic and aeroelastic modeling across multiple Mach numbers[J]. Nonlinear Dynamics,2019,96(3):2157-2177.

[10] WANG Z,ZHANG W,WU X,et al. A novel unsteady aerodynamic reduced-order modeling method for transonic aeroelastic optimization [J]. Journal of Fluids and Structures,2018, 82:308-328.

撰稿人:张伟伟(西北工业大学)　布树辉(西北工业大学)

高速直升机噪声机理分析与驾驶舱声学设计

Noise mechanism analysis and cockpit acoustics design of high speed helicopter

1　科学问题概述

速度超过 400 km/h 的高速直升机是国家重大需求。共轴刚性旋翼高速直升机打破了常规直升机的工作原理和速度限制,是极具发展前景的新一代直升机。

共轴刚性旋翼高速直升机的旋翼与机身以及尾推力桨之间存在强烈的气动干扰,导致旋翼和尾推的气动力变化加剧,气动噪声水平随之升高,舱内噪声环境恶化,严重影响直升机的安全性、舒适性、使用寿命和机载设备工作可靠性。美国在"未来直升机计划"中明确提出直升机振动和噪声水平降低 50% 的要求,陆续研发了"S-97""SB-1""V-280""X-2"等新一代直升机,整体技术国际领先。空中客车直升机公司也在其"未来十年发展计划"中提出使直升机外部噪声达到低于 IACO 标准 10 EPN dB,舱内噪声达到 80 dB 以下的要求。我国现役直升机未进行声学改造时的舱内噪声高达 110~120 dB,振动和噪声水平显著落后于欧美先进直升机。长期暴露在强噪声环境中,高速直升机驾驶员的听觉系统不仅会受到不可逆的损伤,还会丧失听觉机能。强噪声还直接影响驾驶员的神经系统和内分泌系统,使其出现注意力分散和疲劳等症状,容易滋生焦躁和厌烦情绪,对飞行突发状况的处置效率下降。此外,在强噪声持续作用下,微电子设备连接件会发生松动或分离,继而失效停止工作。

直升机的噪声主要来自旋翼噪声,包括桨叶旋转过程中与空气作用引发的低频旋转噪声、涡轮轴发动机进气部分产生的压缩机噪声、排气部分随机产生的排气噪声、减速器及传动系统产生的高频谐波噪声等。直升机高速前行时产生150~1000 Hz范围内的脉冲噪声,是噪声防护的关键频率区间。目前,国内外尚未深入分析共轴刚性旋翼高速直升机的噪声机制,尚未掌握旋翼结构及气动布局对旋翼振动载荷及噪声特性的影响规律,相应的驾驶舱噪声防护设计技术较为滞后,制约了高速直升机的研制及应用。

2 科学问题背景

随着世界多极化和经济全球化的不断发展,地缘政治和局势错综复杂,恐怖主义活动出现新的动向,安全形势面临多元化、综合化的威胁。为应对现实威胁,实现由"区域防卫"向"全域机动"的转变,高速直升机具有不可替代的战略作用。现有某型直升机试验数据显示,未进行声学改造前,座舱噪声为108~122dB,平均值为115dB,改造后为83~90 dB,平均值为87dB,平均降低了28dB,效果显著。目前,共轴刚性旋翼高速直升机的噪声机制尚不明晰,亟须加强直升机旋翼振动噪声控制技术基础研究,掌握旋翼结构及气动布局对旋翼振动载荷及噪声特性的影响规律,构建直升机旋翼气动噪声分析理论体系,建立高效的直升机噪声控制和驾驶舱声学优化技术。

3 科学问题研究进展

旋翼气动理论最早的研究方法是滑流理论,该方法采用高度简化的旋翼参数和流场特征来研究旋翼气动特性,故仅可作为一种宏观分析方法。有鉴于此,国外学者建立了适合于共轴旋翼计算流体力学(CFD)计算的扭矩配平方法,重点研究涡尾迹干扰机理和气动特性:上旋翼桨叶网格和下旋翼桨叶网格之间通过滑移交界面交换信息,桨叶贴体网格和背景网格之间则通过运动嵌套关系进行信息传递。但是,由于采用了上、下旋翼交界面的滑移网格方法,损失了部分通量的守恒性质,而且这种网格系统仅适用于悬停状态计算。国内学者尝试采用CFD方法求解共轴旋翼流场,将旋翼对流场的影响用桨叶施于流体的动量来计及,在N-S方程中引入动量源项,进而分析旋翼轴间距、前进比等参数对流场的影响。动量源法基于流场解,可较好地描述旋翼尾迹的干扰,但无法模拟桨叶附近的细致流动和尾迹中的旋翼涡系。为准确分析噪声特性,需建立一套适用于共轴刚性旋翼非定常流场的高效、高精度的CFD模拟方法,针对共轴双旋翼非定常流动干扰,系统开展机理分析、气动特性计算及验证。

为提升机组人员的舒适性,保障机载仪器设备的稳定运行,需对高速直升机舱外气动噪声及结构振动引起的噪声进行主动及被动控制。主动控制是指在降噪区域跟踪噪声源及环境参数的变化,通过控制器实时调整次级声源,确保可有效地抵消噪声信号。整个降噪过程涉及的环节较多,技术成熟度低,价格昂贵,应用于直升机的可靠性有待验证。被动控制是指利用材料和结构将声波的能量转化为其他形式的能量,从而达到降噪的目的。

一般将多孔材料、隔声结构和阻尼材料组合形成声学包，集成各种材料和结构的特点，以求在多个工况下均有良好的控制效果。此外，复合材料加筋壁板结构具有整体成型性好、承载效率高、连接件数量少等诸多优势，因此广泛应用于直升机的结构，有效地减轻直升机的重量，提高其技战术性能。采用先进复合材料的多寡已成为衡量直升机是否先进的重要标志之一。国外直升机复合材料的用量占结构总量的 60% 以上，甚至出现了全复合材料的轻型直升机。国内复合材料在直升机上的应用，已从试用逐步转向批量生产，在研型号、在役改进机型均将扩大复合材料用量。

高速直升机舱外噪声声压级能高达 120dB 以上，超出了线性声学研究的范围。在高声压级噪声激励下，除空气与空隙壁面的摩擦和热交换外，吸声材料的骨架也会发生振动，故材料自身的阻尼特性对声波能量的耗散有重要影响。声学包具有典型的多材料、多层级复合结构，其吸隔声特性分析涉及声学、振动力学、弹性动力学、流固耦合和复合材料力学等多学科交叉。目前，声波在声学包中的传播及耗散机理尚未明晰，限制了声学包的设计和应用。

高速直升机驾驶舱内部的声场分布是一个声-振耦合作用的结果。外界噪声载荷激励结构振动，结构振动产生噪声载荷，因而研究声-振耦合特性对驾驶舱降噪意义重大。驾驶舱由多个板件构成，其材料、厚度、位置的不同，决定了每一部分的振动对总声压的贡献量也不同。根据声-振耦合分析结果，计算具体板件引起驾驶舱内声压的正负贡献度，进而有针对性地对板件进行修改，可大幅提高效率，减小工作量。

综上，高速直升机驾驶舱的噪声控制，涉及气动声源的产生及传播、驾驶舱的声振耦合效应、声波在声学包的传播和耗散等关键科学问题。虽然相关的研究一直在开展，但仍旧存在以下难点需逐渐攻克：

3.1　高速直升机驾驶舱表面气动噪声形成机理及特性

高速直升机共轴刚性旋翼、尾推、机身之间存在强烈的气动干扰，导致旋翼与尾推的气动力变化更为剧烈，开展共轴刚性旋翼地面开车、悬停状态和高速前飞状态的气动噪声计算，分析共轴刚性旋翼气动噪声声压时间历程、频谱和传播等特性，获得共轴刚性旋翼的噪声特性，是实现高速直升机噪声控制的前提条件。

3.2　高速直升机驾驶舱声-振耦合特性分析

声-振耦合直接影响高速直升机驾驶舱内部的声场分布。外界噪声载荷激励结构振动，结构振动产生噪声载荷，而驾驶舱结构和内部封闭空腔发生共振会放大局部区域的噪声响应，恶化驾驶舱声学环境。根据气动噪声载荷分布对驾驶舱进行声-振耦合特性分析，得到声-振耦合模态及频率数据，为后续声学包区域化设计提供依据，是准确预测驾驶舱辐射噪声的关键步骤。

3.3 高声压级下多孔吸声材料中跨尺度传播特性

低声压级下,多孔材料的骨架可视作刚性,噪声进入材料内部与孔隙壁面发生摩擦和热传导,部分声波能量转化为热能而耗散,需根据多尺度近似展开法数值求解输运参数;高声压级下,流体质点速度显著增大,流阻率不再满足达西定律,如何考虑空气与多孔骨架的相互作用得到声波传播准确的宏观特性,是实现高速直升机驾驶舱噪声被动控制的基础理论难点之一。

3.4 驾驶舱壁板声学包复合结构隔声性能预估建模技术

高速直升机驾驶舱壁板声学包是由多种材料组成的多层级复合结构。如何对单个材料进行建模,考虑边界条件及各组分之间的相互关系,得到整体结构的吸隔声特性,然后考虑壁板结构的局部响应特性,关注中高频段局部模态对整体声学特性的影响规律,最终获得结构整体的有效声学特性,进而建立声学包吸隔声性能预估模型,是开展复合结构声学包优化设计的基础理论难点。

主要参考文献

[1] 吴希明.我国直升机外部噪声控制技术发展思路研究[J].直升机技术,2014(3):1-6.

[2] 傅雅慧,祖媛媛,蒋毅.典型直升机噪声特点及其防护需求分析[J].中国个体防护装备,2014(6):17-19.

[3] 刘孝辉,徐新喜,白松,等.军用直升机振动与噪声控制技术[J].直升机技术,2013(1):67-72.

[4] LEISHMAN J G. Principles of helicopter aerodynamics with CD extra[J].New York:Cambridge University Press,2006.

[5] 宋文萍,韩忠华,王立群,等.旋翼桨尖几何形状对旋翼气动噪声影响的定量计算分析[J].计算物理,2001,18(6):569-572.

[6] 朱正,招启军,李鹏.悬停状态共轴刚性双旋翼非定常流动干扰机理[J].航空学报,2016,37(2):568-578.

[7] 潘凯,黄文超,秦浩明.飞机舱内噪声预计方法及验证实验[J].民用飞机设计与研究,2007(3):1-7.

[8] 辛锋先,张钱城,卢天健.轻质夹层材料的制备和振动声学性能[J].力学进展,2010,40(4):375-399.

[9] CAO X,HUA H,ZHANG Z. Sound radiation from shear deformable stiffened laminated

plates[J]. Journal of Sound and Vibration,2011,330(16):4047-4063.

[10] MENG H,AO Q B,REN S W,et al. Anisotropic acoustical properties of sintered fibrous metals[J]. Composites Science and Technology,2015,107:10-17.

撰稿人：卢天健(南京航空航天大学)

高速旋翼飞行器低振动低噪声智能控制

Intelligent control of low vibration and low noise for high-speed rotorcraft

1 科学问题概述

高速化是旋翼飞行器最重要的发展方向之一。高速旋翼飞行器在保留传统直升机垂直起降、高效悬停等特性的基础上，能够突破传统直升机平飞速度限制，将平飞速度提高到450km/h以上，如以"S-97"为代表的共轴刚性旋翼直升机、以"X3"为代表的常规旋翼构型复合式直升机和以"V-280"为代表的倾转旋翼机。高速旋翼飞行器的共同特点是在不同飞行速度，不同旋翼工作转速下，旋翼的桨叶频率、气弹耦合特性随转速变化。因此，高速旋翼飞行器具有更加复杂的气动/结构耦合动力学问题，给传统的旋翼振动抑制技术带来挑战。提高飞行速度势必显著提高旋翼飞行器的振动水平，给高速旋翼飞行器的极限性能、使用维护和飞行安全带来负面影响。

直升机旋翼工作在复杂的气动环境中，旋翼桨叶在不同的方位角和径向位置的气流速度和迎角差异较大，前行侧桨叶的气流压缩、后行侧桨叶的动态失速和反流区，以及桨-涡干扰等现象，使得直升机桨叶产生较大的交变载荷，部分交变载荷可通过旋翼桨毂传递到机身上，引起直升机机体严重的振动问题。在高速飞行状态下，直升机的振动问题尤为明显，尤其高速旋翼飞行器在不同前飞速度下旋翼转速是变化的，因而旋翼的气动/结构耦合特性也有显著变化，旋翼载荷及振动传递到机体的特性也显著变化。以共轴刚性旋翼直升机为例，在高速前飞时，桨毂传递至机身的桨叶片数整数倍通过频率振动载荷成分过大，振动载荷水平显著超出相同尺寸下的铰接式旋翼。这一方面是由于升力偏置造成的桨叶根部弯矩增大；另一方面，旋翼之间的桨毂力叠加也会增加旋翼振动载荷。此外，上下旋翼桨叶之间的相对相位角也会对桨毂载荷产生影响。最主要的是，旋翼转速随飞行速度的变化而变化，使得旋翼振动载荷的幅值与频率都会产生明显改变。而传统的只针对固定旋翼转速设计的振动被动控制技术，已无法适应高速旋翼飞行器的变转速特性，因此，需要在现有的针对旋翼单一通过频率的振动主被动控制技术基础上，开展具有高动态特性的分布式多翼面气动/结构/控制耦合减振方法及控制策略研究，有效实现高速旋翼飞行器变转速振动主动控制。

2　科学问题背景

高速旋翼飞行器的振动问题相比于传统构型直升机更加复杂。传统构型直升机旋翼工作在恒定转速下,旋翼交变振动载荷传递到机身的规律与特性是恒定的;高速旋翼飞行器的旋翼工作在不同的转速下,旋翼振动载荷特性随飞行速度而变化。传统的直升机振动抑制技术都是针对若干固定频率点进行设计,旋翼转速变化使得旋翼通过频率发生改变,使得针对固定旋翼转速的传统直升机隔振系统隔振效率大幅降低或失效,而采用多套针对不同频率点设计的隔振系统会显著增加附加质量和系统复杂度,难以满足高速旋翼飞行器在不同旋翼工作转速下的振动抑制要求。而采用分布式多翼面协同主动控制可以针对高速旋翼飞行器旋翼在不同转速和气弹耦合特性下,通过多翼面协同控制实现不同转速、不同通过频率下的振动控制目标。因此,必须开展高速飞行器多翼面气动/结构/控制耦合减振方法研究,进而使高速旋翼飞行器不同飞行速度下各种旋翼转速通过频率振动都能得到有效抑制。

3　科学问题研究进展

为了抑制旋翼产生的振动载荷,在直升机的发展过程中出现了不同形式的振动控制措施。其中,直接应用于旋翼上的振动控制措施可以分为两类:被动式振动控制和主动式振动控制。以离心摆式动力吸振器和双线摆式动力吸振器为代表的被动式振动控制措施,其本质是基于质量-阻尼-弹簧系统设计,利用吸振器惯性质量的摆动吸收桨叶振动,达到部分抵消旋翼振动载荷的目的,从而实现对振动载荷的抑制。但是被动式振动控制措施存在一定的不足,如工作频率单一、附加质量大等,无法满足高速旋翼飞行器的变转速应用场景。相比于被动式振动控制措施,基于高动态特性智能驱动的主动式振动控制措施具有工作带宽大、附加质量小等优点,并且其振动控制效果更为优异,尤其适合高速旋翼飞行器的变转速应用场景,同时由于变转速的原因,旋翼气动/结构耦合复杂、动态可变,需要对多翼面实现精确控制,并对不同转速下的旋翼桨叶气弹耦合实施更准确地变形控制,以满足高速旋翼飞行器不同飞行速度和工作转速下的精细化旋翼振动控制。因此,基于多翼面的旋翼气动/结构/控制耦合的主动式振动控制措施具有良好的发展前景,如后缘襟翼智能旋翼、主动变形桨尖旋翼等。

后缘襟翼智能旋翼是一种行之有效的直升机振动主动控制技术,通过安装在旋翼后缘的襟翼动态偏转运动,主动改变旋翼的气动载荷分布和旋翼气动-弹性耦合响应,从而可以实现大幅降低旋翼振动载荷的目标。利用后缘襟翼的主动偏转降低旋翼振动载荷技术的有效性,已经在单旋翼常规构型直升机上获得证明。德国宇航中心与空中客车直升机公司合作,在 2006 年以"BK-117"直升机作为飞行试验平台,成功进行了后缘襟翼智能旋翼的装机试飞,进行了相关的开环和闭环控制试验。飞行实测结果显示,后缘襟翼可以有效抑制桨毂通过频率上的垂向振动载荷。与之前的基于自动倾斜器和变距拉杆的 HHC 及 IBC 旋翼振动主动控制方法相比,在取得相当的控制效果条件下,主动偏转后缘襟翼控制方法具有重量代价低、对旋翼飞行安全影响小的优点,更具有工程应用的潜力。

为了提高智能旋翼的振动抑制功效,并且使智能旋翼在不同的飞行状态下均能有效降低旋翼带来的振动载荷,可以采用多翼面的配置方案,在一片桨叶上安装多片后缘襟翼及可变桨尖等可控翼面。虽然多翼面智能旋翼技术可以大幅降低旋翼振动载荷,但是其在高速旋翼飞行器上的应用仍存在以下技术难点需要攻克:

3.1 高速旋翼飞行器旋翼变转速下引入多翼面精确控制的气动/结构/控制强耦合作用机制

高精度的变转速旋翼气动/结构/控制耦合计算能力是多翼面智能旋翼在高速旋翼飞行器上工程应用的前提,其不仅可以用于高速旋翼飞行器振动控制机理研究,为旋翼以及后缘襟翼的设计与优化提供依据,还可为多翼面协同控制系统的搭建和仿真测试提供支撑。在建立旋翼气动/结构/控制耦合分析模型时,不仅需要考虑旋翼桨叶的弹性变形、作用在旋翼及后缘襟翼上的非定常气动载荷,还需要考虑结构变形与气动载荷之间的相互影响,以及后缘襟翼控制输入对旋翼气动/弹性耦合的影响。因此,高速旋翼飞行器旋翼变转速下引入多翼面精确控制的气动/结构/控制强耦合作用机制是研究难点之一。

3.2 旋翼特性变化情况下高速旋翼飞行器旋翼气动/结构/控制强耦合振动控制机理研究

高速旋翼飞行器在不同的飞行速度下的旋翼转速存在显著差异,造成旋翼的动特性及控制翼面变形与旋翼气动/弹性耦合响应之间的非线性映射关系产生明显变化,需要借助高精度的变转速旋翼气动/结构/控制耦合分析方法,考虑旋翼桨叶结构非线性响应与控制翼面驱动器迟滞特性,以布置在旋翼桨叶上的应力、应变传感器所获得的桨叶变形信号为基础,实时计算桨叶在当前工作状态下的形状变化,采用基于前馈控制和反馈控制的复合控制策略,实现对旋翼桨叶气弹响应的精确控制,以满足旋翼振动载荷控制对桨叶气弹响应的需求。因此,旋翼特性变化情况下高速旋翼飞行器旋翼气动/结构/控制强耦合振动控制机理研究是难点之一。

3.3　不同飞行速度、不同旋翼转速下高速旋翼飞行器多向振动特性、噪声、稳定性、飞行性能之间多目标优化及多翼面协同控制策略

多个控制翼面在提高后缘襟翼智能旋翼性能的同时,也带来了多翼面多目标协同控制问题,即针对不同飞行状态下不同振动控制目标下,多个翼面的任务分配以及协同控制问题。针对多翼面多目标协同控制问题,需要采用内外双层控制技术:内层控制系统具有计算速度快、实时性强的特点,通过前馈控制与反馈控制相结合的复合控制方法,实现对旋翼气动/结构耦合响应的快速精确控制以及对旋翼振动载荷的快速响应;外层控制系统基于深度学习等智能控制方法,能够针对当前直升机的飞行状态和设定的振动控制目标,实现对不同控制翼面的任务分配与协调统一,充分发挥不同展向位置处后缘襟翼的潜力。因此,不同飞行速度、不同旋翼转速下高速旋翼飞行器多向振动特性、噪声、稳定性、飞行性能之间多目标优化及多翼面协同控制策略也是研究难点之一。

3.4　高速旋翼飞行器分布式多翼面高动态精确控制旋翼一体化工程实现技术

针对高速旋翼飞行器变转速旋翼在不同工作转速下旋翼动特性的变化规律,开展复合材料桨叶一体化集成设计技术及面向不同工作频率下的结构参数综合优化研究。针对旋翼在不同工作转速下主动控制翼面的驱动需求,开展高能量密度压电驱动机构的设计与优化工作,实现各翼面的独立、精确控制,充分发挥多翼面在振动、噪声控制方面的技术优势,为多翼面多目标协同控制奠定基础。当高速旋翼飞行器的飞行速度发生变化时,其旋翼转速也随之发生改变,在这种情况下旋翼的动特性也会产生显著变化。传统的桨叶结构优化设计针对的是单一固定的旋翼转速,难以满足高速旋翼飞行器变转速旋翼的设计需求。如何实现面向不同工作转速的复合材料桨叶一体化集成设计与桨叶结构特性综合优化,是高速旋翼飞行器分布式多翼面高动态精确控制旋翼工程实现的难点。

主要参考文献

[1]　吴希明,牟晓伟.直升机关键技术及未来发展与设想[J].空气动力学报,2021,39(3):1-10.

[2]　BURGESS R K. The ABC rotor:historical perspective[C]. Washington,D. C. :57th American Helicopter Society Annual Forum,2001.

[3]　BLACKWELL R,MILLOTT T. Dynamics design characteristics of the Sikorsky X2 Technology TM demonstrator aircraft[C]. Montreal:64th American Helicopter Society Annual Forum,2008.

[4]　YEO H,JOHNSON W. Investigation of maximum blade loading capability of lift-offset ro-

tors[J]. Journal of the American Helicopter Society,2014,59(1):1-12.

[5] SCHMAUS J,CHOPRA I. Aeromechanics for a high advance ratio coaxial helicopter[C]// American Helicopter Society 71st Annual Forum,Virginia Beach:[s. n.],2015:1139-1153.

[6] SINGH R,KANG H,BHAGWAT M,et al. Computational and Experimental Study of Coaxial Rotor Steady and Vibratory Loads[C]. San Diego:54th AIAA Aerospace Sciences Meeting,2015.

[7] DIETERICH O,ENENKL B,ROTH D. Trailing Edge Flaps for Active Rotor Control Aeroelastic Characteristics of the ADASYS Rotor System[C]. Phoenix:American Helicopter Society 62nd Annual Forum,2006.

[8] RABOURDIN A,MAURICE J B,DIETERICH O,et al. Blue Pulse Active Rotor Control at Airbus Helicopters-New EC145 demonstrator & flight test results[C]. Montreal:70th Annual Forum of the American Helicopter Society,2014.

[9] FRIEDMANN P P. On-blade control of rotor vibration,noise,and performance:Just around the corner? The 33rd Alexander Nikolsky honorary lecture[J]. Journal of the American Helicopter Society,2014,59(4):41001. 1-41001. 37.

撰稿人：杨卫东(南京航空航天大学)

航空发动机短舱一体化设计

Integrated design for aeroengine nacelle systems

1 科学问题概述

现代民用涡扇飞机的动力装置或推进系统主要是由发动机、发动机安装系统和短舱所组成。通俗地讲，推进系统的短舱就是飞机上安放发动机的舱室，也可称为"发动机舱"。可将短舱看作发动机的"房子"，外形模样类似整流罩，主要由发动机进气道、风扇罩、反推装置、尾喷口和防除冰、防火等系统组成，起整流、降噪、保护和为安装发动机部分附件提供平台的作用。虽然短舱看似简单，与人们熟知的在高温、高压、高速等极端工况下工作的航空发动机热端部件相比，短舱系统属于'低温部件'技术，但其系统复杂，功能齐全，是航空推进系统最重要的核心部件之一，所需的技术难度极高，研制难度不亚于飞机或发动机。

近年来，涡扇飞机推进系统的短舱已经发展为独立于发动机和飞机制造商的高度专门化航空技术领域。目前世界上仅有美国古德里奇(Goodrich)、中河(MRAS)与欧洲奈赛

（Nexcelle）等几家专业化公司生产完整的短舱系统，而我国涡扇飞机短舱产品全部依赖进口。美国古德里奇公司几乎垄断了世界宽体客机短舱的市场，包括"A350"和"B787"在内的新一代宽体客机都使用它提供的短舱系统。美国中河公司（现在隶属于新加坡科技工程公司）的短舱产品应用于空中客车"A320neo""A330""B747-8"以及巴西安博威的支线飞机。奈塞公司是赛峰和中河的合资公司，其产品主要被用于匹配CFMLEAP系列发动机，也为庞巴迪新型公务机提供短舱。中国商飞研制的"ARJ"和"C919"客机的短舱分别由美国中河公司和欧洲奈塞公司提供。

从经济性上来说，根据中国商飞发布的《2019—2038年民用飞机市场预测》，未来二十年，我国将交付客机9205架，价值约1.4万亿美元。推进系统占客机总价值的1/4，短舱成本占推进系统的1/4左右，相应的短舱市场价值约875亿美元。我国目前自主航空产业发展态势良好，"ARJ 21"支线飞机和C919干线客机已经服役。此外，"CR929"宽体客机的研制工作已经全面展开。综上所述，我国民用航空推进系统短舱市场价值高，需求量大。此外，我国各类国防用大涵道比涡扇飞机也同样需要自主开发的短舱。所以，我国自主研制的短舱系统不仅能解决"卡脖子"问题，而且可创造可观的工业产值和利润。

一般研究基础科学问题是为了去发现新现象、新物质和新原理。但以涡扇发动机为动力的传统构型民航飞机已有近60多年的服役历史，所依据的理论基础和原理比较完善，有待解决的基础科学问题在传统航空推进系统领域很少。鉴于我国在短舱研制领域与国际先进水平差距较大，短舱一体化设计与集成方法包括发明新技术和新工具的研究课题，这些课题虽然不属于基础科学问题，但属于应用科学问题。所以本文所涉及的科学问题主要是针对短舱一体化设计方法与关键技术所涉及的有待攻克的应用科学技术问题。

2　科学问题背景

如前所述，短舱结构主要由进气道、风扇罩、反推装置和尾喷管组成，这些部件通常由轻质金属或碳纤维复合材料薄壁结构制造。位于短舱前部的进气道将空气引入发动机的风扇和压缩机叶片；进气道前缘（称为唇口）通常是金属合金材料，具有内置的除防冰系统；后部是碳纤维夹层蜂窝结构，内侧具有降噪声衬。短舱中部是风扇罩，覆盖发动机的风扇和核心机部分，它可以开启，用于发动机检查和维护。短舱的后部比较复杂，主要由反推装置和耐高温钛合金或钢结构尾喷管组成。反推装置是短舱系统最复杂的系统，它将喷气发动机所排出空气的流动从后向前重新定向，以在着陆或中断起飞期间减速。

短舱的主要功能是包覆发动机，减少飞行阻力，降低噪声，并保障发动机被异物撞击后的飞行安全性。短舱还具有防除冰、灭火、排液等特定功能，以保障发动机在各种飞行条件下不受干扰正常工作。所以,短舱系统对提高飞行效率和保障飞行安全至关重要。推进系统短舱的设计要求与其所匹配的飞机设计要求一致,即要求短舱系统能够在飞机的飞行包线内和各种不同温度环境下安全运行。对于匹配干、支线民用客机动力装置的短舱而言,短舱的设计必须符合《中国民用航空规章　第25部　运输类飞机适航标准》相关条款的要求。

短舱设计技术要求涉及结构在各种极限载荷作用下的安全性以及损伤容限设计要求,包括考虑叶片分离、承受鸟撞击或其他异物冲击等载荷以及各种飞行动作的气动载荷;进气道前缘防除冰能力、整流罩抵抗冰雹能力、短舱内灭火和排除可燃液体的能力、短舱门抗压能力、声波疲劳寿命;空气启动系统、发电系统以及燃油和滑油系统、反推装置空中误操作预防系统等多个部件和系统。例如,短舱设计中必须考虑短舱惯性载荷、应急着陆载荷、陀螺载荷、侧向载荷、叶片分离载荷等多种不同状态下的载荷,以保证短舱系统在全部飞行包线范围内的适航性和安全性,而通常满足适航要求的短舱一体化设计是在完全掌握关键技术的基础上进行的,所以提高短舱研制能力首先要解决一体化设计方法和关键技术及所涉及的短舱系统多学科集成优化方法和工具的科学问题。

短舱关键技术涉及复杂系统有限空间内材料、气动、结构、电气控制系统多学科集成和优化,短舱研制团队只有掌握这些必不可少的关键技术,并构建多学科系统集成与优化设计体系,才能有效地按照我国适航标准和要求开展航空推进系统短舱的研制工作,确保研发出的短舱系统满足适航性要求。所以,解决航空发动机短舱关键技术问题是实现我国民用飞机短舱国产化过程中必不可少的关键一步。

近年来,我国在碳纤维复合材料及结构成型领域取得了突破性进展,已完全具备独立制造各类航空复合材料承力结构件的能力,在航空铝合金薄壁结构成型制造领域,也已经完全达到国际水平。此外,我国一些航空院校在流固耦合多学科优化及数字仿真领域也取得了很大进步。这些都为我国开展具有自主知识产权的短舱系统研制奠定了基础。然而,我国在短舱气动外形层流设计、反推装置设计、多学科协同结构设计、降噪声衬和降噪尾喷管设计、防除冰系统设计以及电气系统多参数耦合优化等关键技术领域与国际先进水平相比,仍有较大差距。开展新一代航空发动机短舱系统集成与优化设计方法的研究,攻克相关应用科学问题,对我国民用飞机产业发展具有重要工程意义。

3　科学问题研究进展

近年来,国外在短舱领域的研制中取得了较大进步,特别是在层流气动设计、复合材料轻结构一体化成型、电力防除冰等领域进步比较显著,多项一体化设计与集成方法在"B787"和"A350"等新一代大型客机短舱研制中得到成功应用。我国在短舱关键技术领域,包括短舱系统的集成设计方法等方面,发展不够均衡,理论研究工作缺少应用数据支撑和验证,尤其缺少可供工程设计应用的方法和工具。由于我国过去多年来没有自主研制大涵道比涡扇发动机的成功经验,所以很多短舱技术项目聚焦于气动、噪声抑制、复合材料结构件等单一技术领域,不仅缺少开展短舱一体化设计方法与关键技术研究,更缺少针对构成短舱设计理论基础的多学科集成优化方法等应用科学问题的研究。

短舱设计研制原则上同航空发动机的设计研制类似,是一项复杂的系统工程。一方面,短舱工作条件恶劣而且适航安全性要求极高;另一方面,短舱设计属于多学科、多领域交织融合的技术领域。国外主要短舱供应商在短舱设计研制中主要是通过多年的部件技术开发、部件测试、发动机服役经验等方面的技术积累,建立短舱研制数据库。在此基础上,开发和不断完善短舱设计方法和设计工具。如果走这样的短舱研制道路,国家和企业要投入大量技术开发与验证资金,大量的工程技术人员,要不断积累产品服役数据与经验。考虑到我国在短舱研制领域基础薄弱,投入的资金与人力极为有限,特别是缺少产品辅以数据和经验,本文建议采取以理论探讨为主的方针,构建多学科优化模型,通过计算机模拟开展设计方法的研究。

短舱设计属于复杂系统设计问题。复杂系统所涉及的各子系统及各学科存在强耦合,通常需要反复迭代才能完成一次可行设计,其结果可能因没有参考试验数据比较,较难判断是否可行。所以,必须对短舱设计这样的复杂工程系统设计优化过程进行分解,转化为多个子系统问题进行优化,在解决子系统优化的基础上,利用试验数据的支持,开展短舱完整系统的设计优化研究。重点提出以下三个方面的短舱设计优化与关键技术相关科学问题:

3.1　短舱系统多学科集成设计方法

构建短舱结构、重量、功能多维度交叉设计流程,建立飞/发一体化的短舱结构、气动、电气系统的多学科协同设计方法;以短舱复合材料结构轻量化和高损伤容限为优化设计目标,发展新型复合材料蜂窝结构多功能一体化设计方法。

3.2　短舱系统气动及噪声优化设计方法

提出层流降噪短舱外形综合设计方法,解决复杂结构约束下短舱气动减阻降噪优化设计问题;开展叶栅式反推装置反推气流与机翼、机身耦合机理及流动控制规律研究,发展高效叶栅式反推装置的一体化设计方法。

3.3　多变量电气系统集成方法

探究机械结构、流体场、温度场对短舱内部传感器精度和电气控制系统可靠性的影响机理,并提出综合考虑多种限制因素的电气系统集成设计方法;确立短舱电气控制系统多变量输入输出关系,开展高可靠性和鲁棒性最优控制系统方法研究。

开展以上三个领域的研究工作,应在充分理解相关短舱部件和系统特点和功能的基础上,构建理论模型,开展数值仿真和计算分析,并尽可能通过实验验证理论模型和方法,在此基础上完成设计工具的开发。

<h2 style="text-align:center">主要参考文献</h2>

[1] 詹媛.中国科协 2021 年度重大科学问题、工程技术难题和产业技术问题[N].光明日报,2021-07-29(9).

[2] 王光秋,杨晓宇.现代涡轮喷气航空发动机简明手册[M].上海:上海交通大学出版社,2020.

[3] 《飞机设计手册》总编委会.飞机设计手册 第 9 册 载荷、强度和刚度[M].北京:航空工业出版社,2002.

[4] MEO M,VIGNJEVIC R,MARENGO G. The response of honeycomb sandwich panels under low-velocity impact [J]. International Journal of Mechanical Sciences,2005,47(9):1301-1325.

[5] LEFEBVRE T,BARTOLI N,DUBREUIL S,et al. Enhancing optimization capabilities using the AGILE collaborative MDO framework with application to wing and nacelle design[J]. Progress in Aerospace Sciences,2020,119(9):100649.1-100649.21.

[6] ROBINSON M,MACMANUS D,CHRISTIE R,et al. Nacelle design for ultra-high bypass ratio engines with CFD based optimisation [J]. Aerospace Science and Technology,2021,113:106191.1-106191.13.

[7] WANG S,CAO C,WANG C,et al. A Nacelle Inlet Design Approach with More Three-dimensional Geometric Consideration [J]. Aerospace Science and Technology,2021,112:106624.1-106624.11.

[8] TEJERO F,CHRISTIE R,MACMANUS D,et al. Non-axisymmetric aero-engine nacelle design by surrogate-based methods [J]. Aerospace Science and Technology,2021,117:106890.

[9] 王莹,肖光明,贺韡.大型双曲蜂窝夹层结构短舱成型工艺研究[J].复合材料科学与工程,2021(07):99-104.

撰稿人:王光秋(西北工业大学)

考虑高速冲击威胁的飞机结构生存力设计

Aircraft structural survivability design considering high velocity impact

1　科学问题概述

民用飞机在服役过程中可能遭遇多种高速冲击,由此造成的结构毁伤严重影响飞行安全。例如,民用飞机可能遭遇发动机非包容性破坏产生的碎片撞击、客舱安保问题中的枪弹攻击,以及鸟撞、冰撞等离散源撞击。这类问题中威胁物的冲击速度可达 300 ~ 1000m/s,可能击伤机舱、油箱、控制管路和电器控制线路等关键部件,造成严重的航空事故。因此,在飞机设计过程中必须考虑高速冲击的威胁,并通过机身结构设计提高飞机的生存能力。

然而,考虑高速冲击威胁的飞机结构生存力设计一直是航空领域的研究难点。当前的飞机结构生存力设计方法还存在诸多问题,如高速冲击对结构的威胁难以定量评估,结构设计过程中缺乏综合考虑结构承载、飞机性能和防护功能的一体化设计思想,以及关键部位的防护单元设计难以平衡防护/重量/成本之间的矛盾等。因此,为了提高我国飞机结构生存力设计水平,降低高速冲击对飞机结构的威胁,保证飞行安全,当前亟待解决的难点问题可归纳为:如何对飞机进行高速冲击毁伤评估,在此基础上开展机身结构的生存力设计,提高飞机结构的抗高速冲击能力,并针对关键部位的具体防护需求设计新型防护单元。

易损性是衡量飞机生存力的重要指标,用于定量分析飞机结构在冲击威胁下的毁伤概率。易损性分析和易损性减缩设计方法是解决以上问题的潜在途径。为此,需要攻克以下关键科学和技术问题:如何在易损性分析中考虑新型材料和多次冲击复合损伤的影响;如何在提高飞机生存力的同时尽量减小为此付出的代价(包括结构承载能力和飞机性能);如何通过防护单元的结构设计平衡防护性能和重量、成本之间的矛盾。

2　科学问题背景

在民用航空领域,发动机非包容性破坏产生的碎片撞击、客舱安保问题中的枪弹攻击等高速冲击威胁,严重影响飞机飞行安全。非包容性破坏指航空发动机破坏产生的高速高能碎片击穿机匣,并对机身结构造成冲击破坏,这类事故时有发生。例如,2016 年 10 月,美国航空的一架波音"767-323"型客机在起飞阶段发生发动机非包容性破坏,碎片击穿机翼并击伤供油管和油箱,由此引发大火,事故导致 1 人受重伤和 20 人受轻伤。2018 年 4 月,美国西南航空的一架波音"737-700"型客机在起飞 20min 后发动机发生非包容性破坏,碎片击伤机身并导致客舱急剧失压,事故导致 1 人丧生和 8 人受轻伤。为了提高飞机在此类事故中的生存力,必须通过结构设计提高机身结构抗发动机碎片冲击的能力。然而,虽然可以根据事故调查和理论计算等方法分析发动机碎片穿透机匣后可能的飞行轨迹,但民用航空设计中还未广泛采用易损性分析方法,难以定量分析这些潜在碎片的撞击对机身结构的毁伤情况。

劫机事件中的枪弹打击是民用飞机可能遭遇的另一种高速冲击威胁。恐怖分子在劫持飞机时可能使用包括枪械在内的常规武器,尽管美国"9·11"事件以来世界各国都加强了机场安检力度,但持枪劫机事件仍然时有发生。例如,2009 年一架从牙买加飞往加拿大的波音"737-800"型客机被一名持枪歹徒劫持。尽管最终歹徒被成功制服,未造成人员伤亡,但事件仍然说明飞机结构设计中不能忽视枪弹打击的威胁。虽然普通枪弹攻击不会对大部分机舱结构造成严重损伤,但如果劫机事件中驾驶员因枪伤失去驾驶能力,或驾驶舱的关键仪器设备因弹击破坏而无法工作,仍然可能威胁飞行安全。

此外,飞机高速飞行中的鸟撞、冰撞等离散源撞击,冲击速度也可达 300m/s 以上,适航规章中对于此类离散源冲击作用下的结构强度皆有相关规定。因此,必须在民用飞机的机身设计过程中考虑高速冲击威胁的影响,而相应的飞机结构生存力设计是一项重要且具有挑战性的工作。虽然飞机结构生存力设计已经在军用航空领域受到广泛的关注和重视,但我国民用飞机设计领域还没有形成成熟的结构生存力设计原理和方法。如何综合考虑民用飞机结构特点、服役工况和可能遭遇的高速冲击威胁,开发适用于民用飞机结构的生存力设计方法,是我国飞机设计领域迫切需要解决的技术难题。

3　科学问题研究进展

易损性分析和易损性减缩设计是提高飞机在高速冲击威胁下生存力的关键。相关分析和设计方法的研究主要包括高速冲击毁伤评估、结构-防护一体化的飞机结构生存力设计和新型防护单元结构设计。

3.1　高速冲击毁伤评估

对于高速冲击毁伤评估,军用飞机设计领域已经形成一套比较成熟的易损性评估方法。但该方法并没有被广泛应用于民用飞机设计中,且该方法还存在一些不足。首先,该方法没有考虑不同材料在抗冲击过程中物理机制的差异,而是把纤维复合材料、高分子材料、陶瓷材料等航空材料简单地等效为金属进行计算。此外,飞机结构在多次打击下可能存在复合损伤机制,当前的易损性分析方法也没有考虑这方面的影响。因此,当前易损性分析的结果可能与实际冲击毁伤存在一定的偏差。

解决上述问题的一个技术途径是进行一系列飞机结构典型冲击问题的模拟试验,深入研究不同材料抗冲击的物理机制和结构在多次冲击下的响应,并对冲击后结构的毁伤情况进行评估,从而获得易损性分析所需的信息。然而,在模拟试验中观测冲击的整个物理过程通常是比较困难的,仅仅通过试验难以对高速冲击的复杂物理机制进行深入的研究。为此,需要采用数值仿真技术对冲击过程进行模拟仿真,并结合试验观测和仿真结果对真实的物理过程和机制进行分析和研究。但是,当前常用的数值仿真方法在模拟高速冲击下材料复杂的变形、断裂和破碎问题时仍然不足(如有限元法的网格畸变问题),难以对相关问题进行准确模拟。如何突破数值仿真技术在结构复杂冲击破坏模拟方面的技术瓶颈是需要解决的关键问题。

3.2　结构-防护一体化的飞机结构生存力设计

考虑高速冲击威胁的飞机结构生存力设计的主要难点在于,既要通过机身防护设计提高飞机抵御高速冲击的能力,又必须尽可能降低为此付出的性能和承载等方面的代价。

在防护设计中,首先需要根据易损性评估结果确定机身各部分结构的防护需求。对于机身结构强度较高的部分,如果易损性分析表明机身结构已经可以实现对潜在高速冲击威胁的防护,则不需要再进行防护设计,而对于影响易损性的关键部位,则必须优先进行防护设计。同时,还应该根据相应部位的具体功能,确定所采用的防护设计方法。比如,人员座舱等关键部位的防护,必须采用安装防护单元的设计,保证冲击威胁不会对相关部位造成毁伤,而对于机身的承载结构的防护,则应当采用损伤容限设计,即允许冲击威胁对相关部位造成毁伤,但结构的剩余承载能力必须满足设计要求。

鉴于飞机结构防护设计需要综合考虑多方面因素的影响,必须将防护设计和机身结构设计绑定在一起,设计师对机身结构设计进行改进的同时,防护设计也必须同步更新,以保证机身结构设计中兼顾性能、承载和防护的需求,实现结构防护一体化的飞机结构生存力设计。

3.3　新型防护单元设计

为了提高生存力,通常需要在飞机的关键部位安装防护单元。在防护单元的设计中,不仅要考虑防护需求,还要考虑重量和成本的限制。当前常用的防护材料各有优劣,如金属材料重量较大、纤维复合材料防护能力较弱、陶瓷材料成本较高且容易脆断,均难以同时满足防护、重量和成本三方面需求。因此,采用多种材料复合的防护单元设计是必然的选择。

当前的复合式防护单元通常采用层合结构,主要通过厚度配比和组分材料性能的提升来提高结构的防护能力。然而,金属、陶瓷等防护材料的研究已经比较成熟,材料的力学性能难以大幅度提高,如果不能改变冲击破坏机制,仅仅依靠改进材料性能已经难以进一步提高防护能力。因此,需要研究新的结构设计思想,在结构设计中考虑各组分材料破坏机制的差异,通过合理的结构设计使组分材料间形成"取长补短"的机制,相互抑制单一组分材料"短板式"的破坏机制,从而提高防护单元整体的防护能力。同时,新的防护单元结构设计思想提高了结构设计的灵活性,为实现防护、重量和成本之间的平衡提供了可能的技术途径。

3.4 总结与展望

综上所述,机身结构设计阶段进行易损性分析和冲击防护设计是保证飞机在高速冲击威胁下生存力的有效手段。如何在易损性分析中考虑新型材料和复合损伤机制的影响,如何在提高飞机生存力的同时尽量减小由此对结构承载能力和飞机性能造成的影响,如何通过防护单元的结构设计平衡防护、重量、成本之间的矛盾,是三个需要攻克的关键科学与技术难题。

主要参考文献

[1] National Research Council. Vulnerability Assessment of Aircraft:A Review of the Department of Defense Live Fire Test and Evaluation Program[M]. Washington,D. C. :The National Academies Press,1993.

[2] Federal Aviation Administration. Advanced Armor Technology:Application Potential for Engine Fragment Barriers for Commercial Aircraft [R]. Washington,D. C. :Federal Aviation Administration,1997.

[3] BALL R E. The Fundamentals of Aircraft Combat Survivability Analysis and Design [M]. Reston:AIAA,2003.

[4] 宋笔锋,裴扬,郭晓辉,等.飞机作战生存力计算理论与方法[M].北京:国防工业出版社,2007.

[5] Federal Aviation Administration. Flightdeck penetration resistance[R]. Washington,D. C. :Federal Aviation Administration,2008.

[6] CROUCH I G. The Science of Armour Materials [M]. Cambridge:Woodhead Publishing,2016.

撰稿人:李明净(北京航空航天大学) 董雷霆(北京航空航天大学)

高性能变刚度复合材料结构设计、制造与测试技术

Design, manufacturing and testing technology of high performance variable stiffness composite structure

1　科学问题概述

碳纤维增强复合材料以其高比刚度、高比强度等优异性能在航空结构中得到广泛应用,为飞机结构减重、承载效率提升做出了重要贡献。但是受限于制造水平,目前仍以0°、±45°、90°定角度纤维直线铺放的常刚度设计为主,导致其可设计性的优势还远未得到充分发挥,限制了现代飞机进一步的结构减重与承载效率提升,无法满足未来军、民用飞机对于轻质量、高效率的需求。

复合材料已在飞机机体结构中大量使用,进一步提升复合材料结构的承载效率成为解决航空结构轻量化需求的一条重要途径。实际上,受飞机多样结构形式与复杂载荷类型影响,各承力结构内部传力路径复杂,对结构的局部刚度与承载要求各不相同,而目前直线铺放的常刚度设计无法满足这种精细化需求,造成局部承载能力富余。要解决该问题,就需要从传载需求入手,开展变刚度复合材料结构承载机理研究。采用纤维曲线铺放的形式实现结构变刚度设计,根据结构局部刚度与承载需求设计纤维铺放角,实现局部刚度随承载需求而变化。

随着制造技术的发展,尽管纤维曲线铺放成为可能,但是由于变刚度复合材料结构是一个集设计-制造-分析-试验测试于一体的综合技术,目前研究中仍然存在着载荷需求与曲线路径匹配性差、分析方法精度低、制造缺陷不可控以及性能表征与测试方法缺乏等一系列问题。只有解决以上重大科学问题,突破制造工艺约束下的高性能变刚度复合材料结构相关的设计、制造与测试等核心关键技术,才能实现变刚度复合材料结构技术的应用,进一步提升未来飞行器承载效率。

2　科学问题背景

"碳达峰、碳中和"国家战略和"绿色航空"发展愿景下的低碳、低成本民用飞机市场需求,以及军用飞机高机动性、高运载以及长续航的作战能力需求,均对现代飞机结构减重与综合性能提升提出了很高要求。轻质量、高效率成为航空结构设计的永恒追求。碳纤维增强复合材料以其高比刚度、高比强度等优异性能在航空结构中得到广泛应用。以民用飞机为例,波音"787"、空中客车"A350"复合材料用量占全机结构重量均在50%以上,中俄联合研制的"CR929"目标用量也将达到50%,为飞机结构减重、承载效率提升做

出了重要贡献。

复合材料的大量应用使结构减重10%以上的同时，给复合材料的高效设计与充分应用提出了更苛刻的挑战。但是实际上受限于制造水平，复合材料可设计性的优势还远未得到充分发挥，其力学潜能也远未得到充分开发。由于复合材料机体用量占比大，其结构承载效率的优化提升成为提高飞机结构先进性的重要途径。为了实现该目标，基于纤维曲线铺放的变刚度复合材料结构设计成为一条重要途径。受复杂的结构形式与载荷影响，结构各部分的载荷水平和传力路径对局部刚度的需求各不相同，采用传统以0°、±45°、90°定角度纤维直线铺放的常刚度结构很难满足这一需求。随着制造技术的发展，纤维曲线铺放成为可能，可以根据刚度需求设计纤维铺放角，实现局部刚度随承载需求而变化，从而达到提高承载效率的目的。

但是区别于传统复合材料的设计与制造，基于曲线铺放的变刚度复合材料结构的设计、分析与制造融合度更高，从而带来更多亟待解决的关键科学问题。首先，变刚度复合材料结构在制造过程中更容易出现褶皱、间隙、重叠、孔隙等缺陷，其中部分缺陷是由于工艺约束引起的，通过合理设计可以有效减小缺陷的产生[以褶皱缺陷为例，通过优化铺丝预浸带宽度(常用6.35mm，最小3.175mm)，可有效减少缺陷产生]，而部分缺陷则与工艺参数密切相关，然而目前对于这些缺陷尚未形成深入的理解，缺乏系统的成型机理研究，无法实现工艺约束向设计边界的转化，造成缺陷的难以有效控制；其次，限于目前的制造水平，部分缺陷是无法避免的，但是缺陷影响可控、失效机理清晰是实现设计有效的重要一步。因而，开展各类缺陷对结构性能的影响规律也成为亟待解决的重要问题。此外，还存在着载荷需求与曲线路径匹配性差、分析方法精度低以及性能表征与测试方法缺乏等一系列亟待解决的科学问题，造成变刚度复合材料结构无法满足航空质量要求同时，限制了现代飞行器性能进一步的提升。

在该技术方面，国外已经开展了大量研究工作，美国国家航空航天局(NASA)开展的变刚度复合材料被动气弹剪裁机翼(PAT)项目，完成了一系列变刚度复合材料相关科学问题的突破，开展了全尺寸变刚度结构的设计、制造和试验验证。结果表明，采用变刚度设计的机翼具有明显的减重优势和极佳的气动性能。但是，目前国内在以上关键科学问题方面尚处于初步探索阶段。

因而，亟待解决高性能变刚度复合材料结构的设计、制造与测试相关基础科学问题，促进该技术的应用，进一步提升复合材料在结构减重方面的作用，为我国先进军、民用飞机的快速发展提供技术支持。

3 科学问题研究进展

复合材料在现代飞行器上的应用大大提高了结构效率，其经历了从非承力件、次承力件到主承力件的发展历程,在这个过程中,以蒙皮及加筋壁板为代表的复合材料结构变刚度设计作为一个重要发展方向。由直线铺放的常刚度设计到丢层变厚度、曲线铺放等变刚度设计,使复合材料的可设计性进一步得到充分发挥。尤其对于复杂结构和复杂载荷情况,曲线形式能够依据载荷需求,变化传力路径,满足承载需求。

在变刚度复合材料结构设计方面,目前纤维曲线的定义包括函数参数法、离散法以及刚度法。以最具可行性的函数参数法为例,其设计流程包括定义基准参考路径、平移生成多条曲线路径、设计层合板对称布局等步骤。

函数参数法进行曲线路径规划最早由 Gürdal 和 Olmedo 提出线性函数,随后,Kim 等采用 Bezier 曲线,Honda 和 Narita 采用三次函数,Blom 等采用流线,Marouene 等采用圆弧等形式定义了层合板的丝束路径。在此基础上,Blom 等将函数参数法扩展应用于壳体结构丝束路径的定义。函数参数法的最大优点是定义方式简单直接,丝束的连续性与对称性也得到了保证。但是,该方法使铺层设计空间限定于某类函数族,无法使结构的力学性能达到理论最优。

变刚度结构纤维铺放路径设计中,除了需要考虑单个丝束路径的函数表达方法,还需要考虑整体丝束的铺放,即铺层偏移方法。铺层偏移有平移法和平行法。平移法是将丝束带沿特定方向进行等距平移;平行法则是使相邻的纤维路径互相平行,即丝束沿法向平移。平行法铺放会导致面内及整体刚度均衡性较差,因此目前普遍采用平移法进行曲线偏移。

离散法是将整个铺层划分为若干区域,每块区域具有不同的纤维角度和(或)几何形状。研究人员基于该方法对开孔板进行优化设计,通过使丝束轨迹尽可能与每个单元主应力方向一致来提高结构强度,屈曲载荷较常规开孔板有显著提高。离散法中每个区域的角度值都是设计变量,在扩大设计空间的同时,也使优化计算量极大增加,优化结果表达也更为复杂。不仅如此,相邻单元间急剧变化的纤维角度严重制约制造性。因此,在工程上离散法较少被直接使用。

除了以上两种定义方式外,还可以直接用刚度作为参数,即刚度法。其严格来说也是离散法的一种,特点在于定义在整个铺层上,因此设计变量与层数无关,计算效率大大提高。但缺点也很明显,铺层参数对应的铺层角度并不唯一,不能直接用于制造,需要通过复杂的后处理转化。

对于加筋板结构目前的研究较少,Coburn 等用半解析法研究了筋条为常规铺层、蒙皮为变刚度铺层的加筋板的屈曲问题。哈尔滨工业大学考虑了材料刚度退化及筋条与蒙皮之间的界面损伤,预测了变刚度蒙皮加筋板在压缩和压剪组合载荷下的承载能力。而在加筋板结构中,仅开展了部分理论与仿真分析工作。Alhajahmad A 和 Mittelstedt C 等先后基于变刚度加筋板结构开展了考虑工艺约束的曲线网格加筋复合材料平板、圆柱曲面板的屈曲性能设计,以及使用连续流线型纤维的带切口复合材料机身面板的屈曲和后屈曲性能分析,同时开展了考虑屈曲和制造约束的曲线网格加筋变刚度复合材料机身壁板的最小重量设计,对变刚度加筋板结构的剪裁设计与分析做出了贡献。但是在其研究中,一方面主要以仿真分析为主,缺乏系统的试验验证,并由此导致对于工艺与成型缺陷的忽视,不具有工程可实施性;另一方面仿真分析中未考虑复合材料的渐进损伤特性,从而导致其分析仅限于结构稳定性分析,而无法进一步扩展到结构后屈曲阶段直至完整的承载能力评估。

在变刚度复合材料结构制造工艺方面,变刚度复合材料结构仅关注设计端问题,而忽略工程端的制造可行性问题,将会给制造带来巨大挑战,因此工艺约束问题必须要考虑。目前普遍认可的适用于变刚度复合材料结构制造的纤维曲线铺放技术主要有自动铺丝和连续纤维三维打印(3D打印)技术。自动铺丝技术采用多自由度铺放头将多组纤维预浸纱束/窄带自动铺放在芯模表面,铺放过程中同时加热软化预浸纱束/带,压实形成制品型面。自动铺丝技术纤维变形较铺带技术具有更大的自由度,对于小曲率的曲线铺设具有较高效率,但难以实现任意角度的纤维曲线铺放。该技术在国内外已广泛应用于军、民用飞机复合材料直线铺放的常刚度结构制造。针对小曲率的纤维铺设需求,以及加筋壁板变刚度长桁等复杂结构,基于自动铺丝的纤维曲线铺放技术无法满足要求,会生成大量褶皱或间隙制造缺陷,性能大幅降低。基于连续纤维的3D打印技术理论上可实现任意角度的纤维铺放,可实现经拓扑优化设计的变刚度复杂构型结构制造,从而大幅提升结构承载效率。复合材料得益于长纤维复合材料的特性(纤维连续,完好无缺陷,纤维沿着主传力路径),其曲线变刚度筋条设计相较于金属更具优势。国内外已有学者基于3D打印技术开展了变刚度复合材料结构的相关工作,发掘出该方向的发展前景。日本的Kentaro Sugiyama团队对开孔板孔边弯曲纤维轨迹进行了优化,设计了路径间距可变的变刚度开孔板及直线铺放的开孔板,并使用3D打印机对优化前后的结构进行了成型,试验评估表明,路径间距可变的变刚度开孔板刚度重量比和强度重量比分别是传统开孔板的9.4倍和1.6倍。西安交通大学团队研究了连续纤维复合材料3D打印技术,实现了纤维增强复合材料曲线结构的3D打印。但目前复合材料连续纤维3D打印技术还处于初步探索阶段,但已有研究结果表明该技术用于大曲率结构和复杂结构是可行的,将其应用于经拓扑优化的异形加筋变刚度复合材料壁板结构的筋条打印不失为一种理想的解决方案。

主要参考文献

[1] SMITH B,BROOKS T,LEADER M,et al. Passive aeroelastic tailoring[R]. Washington, D. C. ;NASA Technical Reports Server,2020.

[2] 孔斌,顾杰斐,陈普会,等. 变刚度复合材料结构的设计、制造与分析[J]. 复合材料学

报,2017,34(10):2121-2133.

[3] MAROUENE A,BOUKHILI R,CHEN J,et al. Effectsofgaps and overlaps on the buckling behavior of an optimallydesigned variable-stiffness composite laminates-A numericaland experimental study[J]. Composite Structures,2016,140:556-566.

[4] COBURN B H,WU Z,WEAVER P M. Buckling analysis ofstiffened variable angle tow panels[J]. Composite Structures,2014,111(11):259-270.

[5] 白瑞祥,佟凯旋,刘琛. 自动铺丝变刚度加筋板结构承载能力分析[J]. 哈尔滨工程大学学报,2019,40(08):1480-1487.

[6] ALHAJAHMAD A,MITTELSTEDT C. Buckling performance of curvilinearly grid-stiffened tow-placed composite panels considering manufacturing constraints[J]. Compos Struct,2021,260:113271. 1-113271. 15.

[7] ALHAJAHMAD A,MITTELSTEDT C. Buckling and postbuckling performance of composite fuselage panels with cutouts using continuous streamline fibres[J]. Int J Mech Sci,2021,212:106841. 1-106841. 14.

[8] 陈向明,姚辽军,果立成,等. 3D打印连续纤维增强复合材料研究现状综述[J]. 航空学报,2021,42(10):174-198.

[9] HOU Z H,TIAN X Y,ZHANG J K,et al. Optimization design and 3D printing of curvilinear fiber reinforced variable stiffness composites[J]. Composites Science and Technology,2021,201:108502. 1-108502. 9.

撰稿人:陈向明(中国飞机强度研究所) 王文智(西北工业大学)

体系运营场景驱动的超声速民用飞机需求辨识与装备概念设计

Requirements identification and equipment conceptual design of supersonic transports driven by system of systems operation scenarios

1 科学问题概述

运营场景分析是装备发展建设的基础、需求导向和前置条件,主要体现运营的理念与需求,反应装备中各系统之间的联动关系。为了更合理、高效、全面地设计装备,需结合任务需求对装备运营场景进行系统的分析研究。但目前对运营场景的分析主要停留在定性分析层面,缺乏使用合理的体系结构建模工具对运营场景从体系层面进行整体性规范化建模。

能力需求辨识可以划分为运营能力需求、装备能力需求和非装备能力需求，它们三者之间在生成顺序上是一种递进关系。其中，运营能力需求是初始能力需求，装备能力需求和非装备能力需求是为满足运营能力需求而进一步提出的能力需求，可从装备与非装备两种解决途径分类得到。能力需求分析针对装备的运营能力域，以装备运营能力目标为依据，构建装备运营能力指标体系，并通过运营能力与运营活动的关联映射分析确定装备的运营能力需求，为进行装备系统功能分析提供基础。

装备概念设计应体现装备的使命，其基本构成要素应涵盖创造性地构想出的新型装备在未来应用中的任务背景、运用方式、能力需求、系统需求和技术需求等方面。通过装备概念设计可尽可能地构想出新型装备体系在未来运营中的任务背景、适用方式及体系构成与交互关系等要素，有助于指导装备概念开发，为后续开发装备概念、形成装备概念文件奠定良好的基础。

2 科学问题背景

2.1 工程背景

历经数十年发展，高亚声速民用飞机已经相当成熟，在安全性、经济性、环保性等方面均达到了高水平。但对于跨大洲、大洋的长距离航线，现役民用飞机飞行时间一般均在10h以上，成为长距离航线在快捷性、舒适性方面难以突破的瓶颈。相比之下，超声速民用飞机飞行速度至少可达现役亚声速民用飞机的2倍以上，极大缩短空中飞行时间，很大程度上缓解上述问题，但强声爆、高油耗、高污染等三大致命弱点严重削弱了其市场竞争力，并导致其曾有过的装备最终退出商业运营。

瞄准我国新一代超声速民用飞机发展，面向超声速民用飞机市场新需求、适航新要求，针对超声速民用飞机典型运营场景，需要系统开展我国自主可控的超声速民用飞机研究技术体系梳理，总结超声速民用飞机配套技术体系化发展路线及牵引性技术指标，研究技术解决方案和超声速民用飞机自主配套体系建设需求，完成超声速民用飞机需求研究。

以运营场景为驱动进行装备的需求辨识与装备概念设计是从顶层设计角度对装备进行任务需求、能力需求和牵引性指标的分析，涵盖场景建模方法、需求辨识方法和装备图像映射方法等重要问题，为装备的发展规划和能力需求提供指导。

2.2 问题与困扰

超声速民用飞机典型运营场景数量多、类别广，对典型运营场景进行体系结构建模和分析相对困难。近年来，虽然针对超声速民用飞机的运营场景和运营任务进行了诸多分析，但目前对运营场景的分析主要停留在定性分析层面，缺乏使用合理的体系结构建模工具对运营场景从体系层面进行整体性规范化建模,缺乏对超声速民用飞机典型运营场景体系结构进行梳理,对不同典型场景下超声速民用飞机应具备的能力分析。

我国缺乏超声速民用飞机设计和运营经验,对于超声速民用飞机发展尚处于探索阶段,对于超声速民用飞机牵引性技术尚不明确。同时,新一代超声速民用飞机除了在经济性、安全性、适航性方面期待提高之外,在整个民用航空运输体系中的定位也非常关键,如果新一代超声速民用飞机的市场定位不够准确的话,权衡各利益相关方的利益并取得决策平衡点将十分困难。

2.3 研究价值与意义

开展基于体系运营场景驱动的超声速民用飞机需求辨识与装备概念设计,能有效地将超声速民用飞机的不同典型运营场景从体系层面进行整体性规范化建模,将梳理出的任务需求映射成装备能力需求,进而科学地提出超声速民用飞机设计的牵引性技术指标。该问题的研究将有力支撑下一代民用航空运输体系的整体架构布局和优化,使得下一代超声速民用飞机的技术预先研究路径朝向正确的方向突破,在牵引性技术指标的指导下,准确识别支撑未来超声速民用飞机研制发展的关键技术,促进我国的民用航空装备自主研发向运营场景驱动和体系能力牵引的正向创新设计模式转变。

3 科学问题研究进展

3.1 研究基础

在基于能力的装备需求分析领域,军用装备具有相对完整的方法论基础,可以为民用航空装备发展借鉴。在装备需求分析建模方面,目前比较有影响力的体系结构描述方法是由美国国防部制定的体系结构框架 DoDAF。为将其使用范围扩展至所有国防任务领域,DoDAF 进行了多个版本的迭代,逐渐成为行业的建模规范,是科学合理、广泛认可的体系结构建模工具。DoDAF 是较为成熟合理的体系建模工具,可以有效支撑超声速民用飞机基于运营场景的体系需求建模分析。

对运营场景体系建模后,需要基于辨识清楚的体系需求,构建装备概念图像,并将其映射到技术维度,实现对超声速民用飞机牵引性技术指标的提取。在系统概念建模方面,以基于模型的系统工程(MBSE)为方法论指导,采用 SysML、OPM 等系统建模语言构建装备系统概念模型。为实现对其运行效用的预先测试与评估,基于 Agent 的建模和仿真方法已成为解决装备早期概念设计验证中的一种广泛使用的方法。Agent 的仿真建模(ABMS)方法将复杂系统中各个仿真实体用 Agent 的方式/思想"自底向上"对整个系统进行建模,试图通过对 Agent 的行为及其之间的交互关系、社会性进行刻画,来描述复杂系统的行为。基于该方法搭建的验证平台可用于仿真典型运营场景下超声速民用飞机运营效能、收益及社会效应,为牵引性技术指标确定提供早期设计验证工具手段。

3.2 难点与挑战

在研究未来超声速民用飞机典型运营场景的基础上,进行超声速民用飞机需求辨识与装备概念设计的挑战主要体现在:

(1)运营场景的复杂多样性导致的体系建模繁杂困难。超声速民用飞机典型运营场景数量多、类别广,对典型运营场景进行体系结构建模和分析相对困难。

(2)利益相关方多维的特点导致体系需求准确辨识确认的困难。考虑到新一代超声速民用飞机新需求和不同利益相关方的需求后,超声速民用飞机能力需求辨识需要更加深入且全面。

(3)能力导向性涌现和跨层级传递导致装备牵引性设计指标确定的困难。我国对于超声速民用飞机尚处于探索阶段,缺乏超声速民用飞机设计和运营经验,对于相关设计指标的确定还需要开展深入研究。

3.3 技术路线与重点突破领域

针对科学问题的具体特点,以体系运营场景规范化模型构建为牵引,以任务建模方法、需求辨识表征方法和装备图像映射方法为核心方法支撑,构建超声速民用飞机体系需求研究的基本理论方法体系。

(1)针对运营场景的复杂多样性导致的体系建模繁杂困难,借鉴 DoDAF 体系结构框架对超声速民用飞机典型运营场景体系结构进行规范化建模。

基于 MBSE 的总体方法框架指导,根据超声速民用飞机典型运营场景自身的特点和 DoDAF 2.0 各模型之间的关系,将采用"自顶向下"的方法,主要构建全景视角、运营视角、能力视角、标准视角的 DoDAF 模型。

首先,进行体系总体描述,在运营场景和需求分析的基础上,通过 AV-1 描述超声速民用飞机典型运营场景体系结构所处的背景、目的、对象、约束等信息,通过 AV-2 明确相关术语的含义,两者结合共同界定超声速民用飞机典型运营场景体系结构的总体信息。

其次,从运营视角对超声速民用飞机典型运营场景体系结构进行描述,通过 OV-1 描述全部典型运营场景的运营过程,通过 OV-5 进行典型运营场景下超声速民用飞机运营活动建模,通过 OV-6 进行相应的运营规则、运营状态转换、运营事件跟踪模型的构建,通过 OV-2 描述典型运营场景内的信息流、保障流等运营资源流的交互关系。从标准视角对超声速民用飞机典型运营场景体系进行描述,通过 stdV-1 生成超声速民用飞机典型运营场景中要遵守的标准、条令和规章制度的标准概况。通过 stdV-2 列出未来可能发布的,且可能影响超声速民用飞机典型运营场景的标准、条令和规章制度的标准预测。

最后,从超声速民用飞机典型运营场景体系的能力视角模型出发,分析给出超声速民用飞机需要的能力,通过 CV-1 描述能力与设计目的和构想的关联,通过 CV-2 描述能力的分类,通过 CV-4 描述各种能力之间的依赖关系,通过 CV-6 描述相应能力和运营活动之间的关系。

(2)针对利益相关方多维的特点导致体系需求准确辨识确认的困难,采用基于 QFD 结构的任务分解法,研究超声速民用飞机能力的设计方法,梳理构建超声速民用飞机的能力目录。

根据运营场景对相应的运营任务剖面进行分解,分解为多个运营任务阶段,再将任务阶段进一步分解为运营活动,完成运营任务-运营活动的映射,并通过映射矩阵加以反映。然后,根据不同运营活动对于超声速民用飞机运营能力的要求,完成运营活动-运营能力的映射,也通过映射矩阵加以反映,从而建立初步的超声速民用飞机能力目录。

在用以上方法构建完超声速民用飞机的能力目录后,采用德尔菲法、依靠专家经验对能力目录的合理性与完整性进行校核,在不断的迭代过程中最终得到超声速民用飞机能力的需求。

(3)针对能力导向性涌现和跨层级传递导致装备牵引性设计指标确定的困难,结合能力目录、技术清单,搭建超声速民用飞机运营平台,获取技术指标数据,分析其效能和参数灵敏度,开发牵引性设计需求。

根据梳理的超声速民用飞机在典型运营场景体系中的能力目录,采用基于 QFD 结构的能力分解法和树状分解法来构建技术评估指标体系。能力分解法主要是将相应的超声速民用飞机在典型场景下的能力映射为超声速民用飞机技术指标,通过此种方法可以获得体系级的技术评估指标体系;树状分解法则是将系统级的能力评估指标再次进行分解,得到层次性的指标体系,由此获得超声速民用飞机适应全部典型运营场景的系统级、平台级的技术指标体系。

采用基于 ABMS 方法,搭建包含关键运营主体(社区、适航、运营、客户)在内的多 A-gent 仿真实验平台。初步构想为根据超声速民用飞机的设计参数设定模型参数,将经济性、安全性、适航性三方面作为仿真模型的输入,基于典型运营场景特征设定建模环境,构建包含飞机机载系统智能体、保障智能体、客户智能体、运营指挥智能体等,对超声速民用飞机运营过程进行仿真实验。通过较为成熟的仿真实验设计方法(析因实验设计、正交实验设计、拉丁超立方实验设计等)设计仿真模型。确定超声速民用飞机运营场景后,该平台可用于仿真典型运营场景超声速民用飞机收益、运营效能,为后续牵引性技术开发提供平台。

采用模糊层次分析法和基于 Agent 运营仿真评估方法从经济性、安全性、适航性对超声速民用飞机进行效能评估,为超声速民用飞机的开发与市场定位提供参考。结合 Agent 仿真模型对技术指标进行灵敏度分析,获取灵敏度高的技术指标,确定牵引性技术需求。

主要参考文献

[1] 陈光.常导高速磁浮铁路运营场景分析探讨[J].机车电传动,2020(6):56-60.

[2] 樊延平,郭齐胜,柏杰.装备需求论证规范化理论与方法[J].装甲兵工程学院学报,2015,29(1):1-5.

[3] 郭齐胜.装备需求论证理论与方法[M].北京:电子工业出版社,2017.

[4] 郭齐胜,田明虎,穆歌,等.装备作战概念及其设计方法[J].装甲兵工程学院学报,2015,29(2):7-10.

[5] 徐悦,韩忠华,尤延铖,等.新一代绿色超声速民机的发展现状与挑战[J].科学通报,2020,65(Z1):127-133.

[6] XU X H,SHANG T F,LI B. Research on Synchronization Mechanism of Parallel Time Propulsion Based on ABMS Overlap Area [J]. Procedia Computer Science, 2020, 166: 381-384.

撰稿人:尚柏林(西北工业大学)

超声速民用飞机激波/膨胀波系冻结效应与最小化声爆理论研究

Research on shock/expansion waves frozen effect and sonic boom minimization theory for supersonic transports

1 科学问题概述

自 2003 年以"协和号"为代表的第一代超声速客机结束商业飞行以来,人们一直在为让超声速民用飞机重返蓝天而不懈努力。声爆问题是新一代超声速民用飞机设计必须解决的瓶颈问题之一。但是,声爆抑制的机理尚不清晰,低声爆设计理论尚不完善,使得目前的设计技术能达到的声爆水平与适航要求还有较大差距。因此,激波/膨胀波系"冻结效应"的声爆抑制机理与兼顾气动性能的声爆最小化理论,成为发展绿色超声速民用飞机设计必须突破的关键基础问题。从而为发展地面声爆强度不超过有感声压级 70 PLdB 的绿色超声速民用飞机设计技术提供理论支撑。

2 科学问题背景

随着全球化进程的不断加快和人们生活水平的持续提高,传统高亚声速民用飞机已越来越无法满足人们对于出行的需求,而超声速民用飞机能够极大地缩短空中飞行时间,在民航运输领域可起到类似于公路系统中"高速公路"、铁路系统中"高铁"的作用,成为下一代民用飞机发展的主要方向之一。2019 年,中国科学技术协会将"绿色超声速民机设计技术"列为 20 个重大科学问题和工程技术难题之一,而低声爆是"绿色"的一个主要内涵。由于声爆对人们生活和生态环境危害严重,因而只有将超声速民用飞机的声爆强度降低到可接受水平,才能被允许在陆地上空飞行。因此,声爆问题是制约新一代绿色超声速民用飞机技术发展的核心瓶颈问题之一。

经过近 70 年发展,国际学术界在声爆研究方面取得了重要进展,目前已经能够较准确地预测复杂飞机外形在巡航/机动飞行状态和大气湍流效应影响下的地面声爆波形。美国国家航空航天局(NASA)制定的"N + X"代超声速民用飞机发展规划中规定,巡航时的地面有感声压级不应超过 70PLdB,而目前世界上最先进的低声爆设计也只能将声爆降低到 80PLdB 左右。存在此差距的重要原因是对声爆的抑制机理尚不完全明晰,最小化声爆理论尚不完善。因此,为了将声爆强度降低至可接受水平,必须加强基础科学问题的攻关,探索降低声爆强度的新原理,提出新的设计理论与方法,为发展更先进的低声爆设计基础提供支撑。突破声爆抑制机理与最小化声爆理论的科学问题,不仅对于发展新一代绿色超声速民用飞机技术具有重要的引领性价值,对我国在超声速民用飞机技术领域"弯道超车",抢占航空领域这一新的战略高地,实现"航空强国"的目标具有重要战略意义。

3　科学问题研究进展

3.1　研究进展与难点

在声爆抑制机理方面,研究表明,可以通过减少从高空向地面传播过程中激波的汇聚来降低声爆强度。早期研究表明,可以通过声爆波形设计,以多道弱激波代替强激波,利用弱激波传播中不发生汇聚的特点,实现对声爆强度的抑制,由此研究人员提出了低声爆多激波结构的波形。Koegler 提出削弱头激波,并增强第二道激波的方法,使得在传播过程中两道激波之间的膨胀波能够限制第二道激波的位置,避免激波发生合并。由于膨胀波"冻结"了两道激波的相对位置,这种效应被为"冻结效应"。Jung 等人开展了激波/膨胀波系排列位置对声爆"冻结效应"的研究。虽然对激波/膨胀波系"冻结效应"有了初步认识,但还存在如下两个关键问题:一是"冻结效应"背后的深层次机理尚不明晰;二是已有研究基于修正线化理论,没有充分考虑非线性效应。

在最小化声爆理论方面,Jones 基于声爆线化理论,研究发现可以通过调节体积和升力分布,使地面声爆强度达到理论上的最小值。Seebass 推导了最小头激波超压值理论。Seebass 和 George 提出了中场最小化理论,并对头激波和尾激波强度进行了设计。Darden

进一步提出将飞机头部设计成钝头形状,改进了低声爆 F 函数。该理论被称为 JSGD 最小化声爆理论,迄今为止仍被广泛应用于低声爆设计中。但是,该理论也是基于修正线化理论,忽略了非线性效应的细节,低声爆设计的效果无法满足绿色超声速民用飞机设计的精细化要求。同时,在实际设计中该理论也无法兼顾声爆特性与气动性能,无法工程实用。

在声爆抑制机理与最小化声爆理论研究中,存在以下两个主要难点:

(1)激波/膨胀波系"冻结效应"的内在机理难以探究。从波形传播的角度来看,由于激波/膨胀波附近压力幅值不同,波系的运动速度不同,从一万多米高空向地面传播的过程中,波系之间的相互作用会受到真实大气环境的衍射和耗散等复杂效应影响。目前广泛采用的非线性 Burgers 方程,是一个沿着声射线的一维方程,对于激波/膨胀波系相互作用的细节描述不够,而采用 Navier-Stokes 方程,有面临耗散和色散以及全场模拟计算量过大的问题。因此,精确捕捉波系,探究激波/膨胀波系的演化规律,是难点之一。

(2)难以将气动性能融入最小化声爆理论。现有的 JSGD 最小化声爆理论,不仅由于基于线化理论,导致可信度低的问题,而且没有考虑气动性能,无法实现满足升力要求条件下的低声爆/低阻设计。国际上有学者提出了使用多段 F 函数权衡低阻的要求,但对低阻和低声爆之间的内在关联机制尚不完全清晰,无法从原理上解决兼顾气动性能的低声爆设计问题。因此,兼顾气动特性的最小化声爆理论,是另外一个研究难点。

3.2 拟采用的技术路线

拟采用高精度数值模拟与精细化风洞试验相结合的方法,开展超声速声爆抑制机理与最小化声爆理论研究。

针对利用激波/膨胀波系"冻结效应"的声爆抑制机理这一科学问题:首先,拟采用高精度、低耗散和低色散 CFD 方法,对声爆近场非线性流场进行高保真度数值模拟;对于远场声爆传播,发展改进的全流场数值模拟方法,实现激波/膨胀波系的精确捕捉,从而研究传播过程中波系演化的"冻结效应"机理。然后,利用国内大型超声速风洞、激波风洞和弹道靶等先进试验设施,模拟声爆波生成、演化过程,综合采用并改进无反射测压技术、超声速压力敏感漆技术、背景纹影技术等精细化流场测量与显示手段,清晰反映离体空间波系结构,明晰激波/膨胀波系演化规律,为"冻结效应"的机理研究提供技术支持。

针对兼顾气动性能的最优声爆理论这一科学问题:拟通过对阻力与声爆来源分解,从理论上探索阻力与声爆之间的联系。首先,对全机阻力进行分解,获得由于体积效应引起的激波阻力以及由于升力效应引起的诱导阻力。然后,探索激波阻力和诱导阻力分别与声爆线化理论当中体积效应(单极子效应)与升力效应(偶极子效应)之间的内在关联,获得低声爆/低阻 F 函数。最后,利用发展的兼顾气动性能的最小化声爆理论设计典型超声速民用飞机模型,借助国内大型超声速风洞和激波风洞进行方法可靠性的验证。

主要参考文献

[1] 韩忠华,乔建领,丁玉临,等.新一代环保型超声速客机气动相关关键技术与研究进展[J].空气动力学学报,2019,37(4):16.

[2] 韩忠华,钱战森,乔建领.声爆预测与低声爆设计方法[M].北京:科学出版社,2022.

[3] 张力文,宋文萍,韩忠华,等.声爆产生、传播和抑制机理研究进展[J].航空学报,2022,43:625-649.

[4] PLOTKIN K , SIZOV N , MORGENSTERN J . Examination of Sonic Boom Minimization Experienced Indoors[C]// 46th AIAA Aerospace Sciences Meeting and Exhibit. 2008.

[5] KOEGLER R K. Possible means of reducing sonic booms and effects through shock decay phenomena and some comments on aural response[J]. Sonic Boom Research, 1967:95-102.

[6] JUNG T P,STARKEY R P,ARGROW B. Lobe Balancing Design Method to Create Frozen Sonic Booms Using Aircraft Components[J]. Journal of Aircraft,2012,49(6):1878-1893.

[7] JONES L B. Lower bounds for sonic bangs[J]. The Aeronautical Journal,1961,65(606):433-436.

[8] SEEBASS R. Minimum sonic boom shock strengths and overpressures[J]. Nature,1969,221(5181):651-653.

[9] GEORGE A R,SEEBASS R. Sonic boom minimization including both front and rear shocks[J]. AIAA Journal,1971,9(10):2091-2093.

[10] DARDEN C M. Sonic-boom minimization with nose-bluntness relaxation[R]. Washington,D. C.:NASA,1979.

撰稿人:韩忠华(西北工业大学)
　　　　钱战森(中国航空工业集团有限公司空气动力研究院)

CHAPTER TWO

第2章
航空器试验与适航

　　航空器试验与适航主要针对航空器在设计与使用过程中的实际需求，探究贯穿于航空器发展的全寿命周期的试验与适航方法。航空器在真实环境中进行的科学技术研究或产品试验，称为航空器试验。现代航空理论、航空器设计与制造水平都达到了前所未有的高度，针对新概念、新原理、新技术、新材料等进行试验与适航研究和验证，进而推动航空器发展；对新研制航空器进行试验与鉴定，进而验证设计计算和地面试验结果，完善和优化航空器研制，促进航空器可靠性和技术成熟度增长。航空器试验与适航的研究方向主要包括：航空器试验与适航需求分析、航空器安全与高效试飞理论和方法、基于模型的试验与适航、高保真航空器飞行模拟方法、可迁移的飞行训练理论与方法等。

　　在航空器地面试验方面，风洞广泛用于研究空气动力学的基本规律，以验证和发展有关理论，直接为各种航空器的研制服务，并通过风洞试验来确定航空器的气动布局以及评估其气动性能。此外，萌芽于20世纪80年代的航空器结构强度虚拟试验主要是利用分析技术对结构力学行为进行数值模拟，后来随着分析技术和计算机图形技术的发展，采用试验数据支持的虚拟试验模型校核与验证方法以及积木式验证策略，推动了虚拟试验技术的发展。近年来，随着虚拟现实技术的出现，将试验环境和试验件虚拟化，引入三维可视化和实时交互技术，使人们在可模拟真实环境的虚拟环境中，完成各项预定的试验验证。在航空器适航方面，我国将适航管理体系分为静态和动态两部分。静态环节和动态环节协同作用，实现了适航管理的闭环控制过程。当前，我国适航管理体系的建设已经具有一定基础，但还需要进一步提高对持续适航管理重要性的认识，切实投入资源、加大适航维修管理和机务人员的培养力度，建立并加强与适航当局、制造厂家以及运营机构的沟通和联系。在地面风洞试验方面，为了减少雷诺数效应和洞壁干扰的影响，未来需要建造大尺寸风洞、高雷诺数风洞和自适应壁风洞，其中高雷诺数风洞(增压风洞或低温风洞)和自适应壁风洞更具发展潜力。风洞试验技术和计算流体力学（CFD）将进一步密切结合，互为补充、相互促进。在航空器结构强度试验方面，随着航空器性能的提高和新材料、新结构的应用，航空器结构复合材料的大量应用而引起的冲击动力学问题日益突出，对航空器动强度设计带来了新的挑战。同时，随着航空技术的进步，民用航空器的舒适性、环保性对振动噪声提出了更加严格的要求。此外，虚拟试验与物理试验相结合，可实现物理试验与虚拟试验的快速迭代，为结构设计提供可靠的响应反馈，也是一种新的试验模式。随着航空器设计制造技术的发展，新的技术不断在飞机设计和符合性验证工作中应用。为应对这些新技术的安全应用，保持适航规章原有的安全水平，提出"适航规章＋工业标准"的模式，希望能够降低飞机的审定成本，同时提高安全性水平。同时，电动航空器和无人航空器的适航也是当前发展的重要方向。但是这也带来了相关的机遇与挑战，新的规章模式需要有熟悉的过程，新的规章更利于新技术的应用，但对传统飞机设计和审定的优势不明显。新规章降低了电动航空器和无人航空器的审定成本，这会刺激这类航空器的研发，带来新的发展机遇。

针对上述发展需求与难点挑战，本学科方向重点聚焦变雷诺数试验的气动特性关联理论与方法、基于多因素耦合的试飞安全风险/事故前兆分析与评估问题、机动飞行试验的数字孪生与智能控制、复合材料飞机结构坠撞安全与适航验证、复杂结冰气象条件下的飞行安全防护及适航评估等5项基础科学问题和共性技术问题。

变雷诺数试验的气动特性关联理论与方法

Correlation study of aerodynamic characteristics based on varying reynolds number tests

1 科学问题概述

未来先进战斗机必然具有高速度、强机动、超远程、强突防等特点，要求在宽速域、大攻角范围内都能具有良好的作战性能和安全性，是当前世界航空航天强国研究的重点方向。其设计往往面临着大空域、超高速、长距离、高精度的综合挑战。未来先进战斗机的设计是一个极为复杂的系统工程，存在众多亟须解决的关键问题，难点之一即大量气动数据的精准获取。目前在航空航天工程领域，目标飞行器气动数据的获取途径主要包括数值计算、风洞试验与飞行试验三大类。一个多世纪以来，风洞试验在先进飞行器研制中扮演着至关重要的推动性作用，目前仍是开展飞行器设计、性能评估和流动机理研究的关键手段。

风洞试验的数据精度相对较高，但也存在亟待解决的关键问题。目前大多常规的风洞试验雷诺数难以达到真实的飞行雷诺数,使得风洞测量的气动数据与真实飞行条件存在很大的差别。地面风洞试验雷诺数与飞行雷诺数的不同,会导致地面试验得到的边界层转捩、分离位置、激波位置、强度等气动特性与实际飞行状态差异明显,使试验数据的可信度及工程应用价值大大降低。飞行试验虽可以获取真实飞行雷诺数下的精准气动数据,但其试验成本高,具有破坏性、不可重复等特点,进行大量、重复的飞行试验,只能是空中楼阁。真实飞行雷诺数下的精确气动数据获取难、成本巨大的问题成为未来先进战斗机发展的"卡脖子"难题。

2 科学问题背景

高精准度的气动数据能够有效降低设计风险、缩短研制周期以及挖掘飞行器设计潜能,如何获取高精准的气动数据,是先进飞行器设计及性能评估的关键之一。随着地面风洞试验技术的快速发展,目前风洞雷诺数提高的方法主要分为三种:采用重气体作为试验介质;增大风洞尺寸与运行压力;降低风洞内的气流温度,以此方法可获得少量单批次状态下的飞行雷诺数数据,但获取成本巨大。计算流体力学(CFD)仿真技术手段的飞速发展已解决部分高雷诺数飞行模拟的问题,但是由于湍流模型、转捩模型及流动分离等复杂流动问题的技术难题尚未完全攻关,因而其在真实飞行条件下的高雷诺数仿真计算的可靠性仍需要试验数据加以证实和校准。地面风洞试验作为兼顾成本和精度的折中气动特性获取途径,已经广泛应用于飞行器设计领域,其存在洞壁干扰、支架干扰、雷诺数、气动弹性、真实气体效应等影响,不能完全模拟真实飞行情况,还需要天地相关性研究提供进一步的修正。雷诺数是描述飞行器气动特性的一个极其重要的参数,用来表征惯性力与黏性力的比值。长时间以来,虽然"雷诺数会影响先进飞行器的众多气动特性"是一种普遍认知,但在实际飞行器工程设计过程中,通常认为雷诺数对升力和俯仰力矩随攻角变化曲线的斜率影响不大,在设计中直接使用缩尺模型低雷诺数的风洞试验数据,仅仅修正阻力系数即可。

目前,随着国内大型飞机研制工作的逐渐深入,以及未来先进飞行器的高性能指标要求,对于雷诺数影响的认识也在逐步深化,常规地面风洞试验雷诺数与真实飞行雷诺数不同带来的气动差异,迫使研究人员越发重视雷诺数效应所带来的影响。例如,在高速风洞试验中,由于试验段尺寸和模型缩比的影响,试验雷诺数通常要比真实飞行雷诺数低 $1 \sim 3$ 个量级。早期由于条件限制,飞行器的风洞试验主要模拟马赫数,较少考虑雷诺数的影响,为此付出过沉重的代价。在工程设计中,因忽视雷诺数的影响而造成的事故屡见不鲜。由于地面风洞试验雷诺数与真实飞行雷诺数的差异,美国的"C-141"飞机在飞行过程中,机翼上表面激波出现的位置和试验中激波出现的位置相差甚远,激波位置前移了20%左右,压力分布和俯仰力矩系数严重失真,差点发生机毁人亡的悲剧。低温风洞是工程上实现高雷诺数模拟试验的最佳途径,将风洞流体介质降低到低温温区,可以使风洞运行雷诺数显著提高。为了最大限度地提高风洞试验雷诺数,航空发达国家相继建造了低温高雷诺数风洞 NTF 和 ETW 等,力求改进常规风洞雷诺数模拟方法,大幅度拓展雷诺数模拟范围,并针对大型运输类飞机如"C-141""MD-11""B767"等型号开展了大量的变雷诺数风洞试验研究。

对于变雷诺数的研究,我国在运行的增压风洞为我们提供了试验技术支持。增压风洞又称压力风洞或变密度风洞,为了提高风洞试验的雷诺数,通过提高压力从而提高了密度。我国的 FL-9 低速增压风洞,是亚洲唯一具备低速高/变雷诺数试验能力的风洞,可承担相应的低速高雷诺数风洞试验任务,对我国航空运输类飞机的发展起到积极的促进作用。目前可以利用低速增压风洞取得不同构型变雷诺数研究结果,这些结果具有重要的参考价值,可以将地面风洞中的低雷诺数试验数据外推到高雷诺数范围(对于传统构型的飞行器,中小攻角下的静态试验结果甚至可以外插到飞行雷诺数下)。但是该类型的风洞无论是运行效率还是运行成本上都难以完全满足飞行器的研制要求。

3　科学问题研究进展

在基于增压风洞的变雷诺数试验的气动特性关联研究中,存在以下研究难点:

(1)自风洞建成百余年以来,风洞试验结果外推到飞行条件下的雷诺数影响修正问题,或者说风洞缩尺模型试验结果的外推问题一直是飞行器设计人员关心的焦点问题。不同于传统的雷诺数经验修正,在大数据和人工智能盛行的时代,数据驱动的方法也为雷诺数的可靠外推带来了新的途径。但飞行雷诺数试验样本少之又少,样本数据极为稀疏,构建数据驱动的多尺度雷诺数效应智能预测模型的效果往往大打折扣,在训练样本少的情况下机器学习会出现过拟合、模型预测精度较低等问题,属于典型的小样本建模问题。在此条件下,模型不具备将地面风洞中的低雷诺数试验数据可靠外推到高雷诺数范围的能力。如何充分利用少量飞行雷诺数试验数据,构建精准的数据驱动智能化雷诺数效应预测模型,并使其具有一定的泛化性,是一个亟待解决的难题。

(2)机器学习方法的兴起为挖掘雷诺数效应与气动载荷关联关系注入新活力,为雷诺数修正方程的构建提供了新的有效途径。将不同雷诺数样本间潜在关联关系进行挖掘,构建一个以具象化方程为目标的白箱模型,并期望其具有一定的物理可解释性。考虑到实际数据噪声对显式方程识别带来的极端不稳定以及方程项冗余度增加的困境,如何消除气动数据噪声对挖掘雷诺数效应关联参数的影响,是该方法能否投入实际工程应用所面临的重点核心问题,也是难点问题。

现有基于增压风洞的变雷诺数试验的气动特性关联研究的技术路线如下:

(1)现有工作主要通过利用机器学习等人工智能手段,综合多尺度雷诺数条件下的风洞试验数据和 CFD 数值仿真数据,构建高精度的气动特性预测模型。该方法利用多源异构数据融合的思想,以较低精度的计算仿真数据辅助建模,降低了建模所需高精度飞行雷诺数样本数量。但是该方法是一种纯数据驱动方法,在飞行雷诺数样本极少量的变雷诺数建模中,外推特性无法得到保证。

(2)针对雷诺数效应的关联参数挖掘,现有的工作主要有两大类:一是以量纲分析为基础发展的智能量纲分析方法;二是以遗传算法或神经网络为基础符号回归技术。智能量纲技术将传统的量纲分析与机器学习智能化方法有机结合,可得到该复杂物理问题的唯一无量纲组以及无量纲组中的重要性排序。但是该方法目前针对无噪数据效果较好,对于变雷诺数风洞试验数据这类含噪数据,效果会大打折扣。符号回归技术应用于变雷诺数效应问题,根据边界层理论等物理先验信息对雷诺数效应问题进行简单的变量筛选,将数学运算符整理为一个备选库,将该库中的运算符以特定的形式加入建模中,同时 CFD 仿真计算可获取流场基本变量的数据信息,用以构造备选库中各个运算符的样本数据信息。通过模型迭代更新,来获得运算符和输入变量之间自由结合形成的白箱代数方程,从而达到物理公式反演的效果,是一种行之有效的数据驱动知识挖掘方法。对于所获取的白箱代数方程,可根据预测值与真实值之间的统计特征进行对比验证,但是该方法针对噪声数据无法得到简洁、可靠的关联关系,对于含噪变雷诺数关联参数挖掘,如何剔除噪声所产生的干扰项,也是待解决的关键问题。

主要参考文献

[1] SALTZMAN E J, AYERS T G. A Review of flight-to wind tunnel drag correlation[C]// Proceedings of the 1st Flight Test Conference. Las Vegas: AIAA, 1981.

[2] 张伟伟,寇家庆,刘溢浪.智能赋能流体力学展望[J].航空学报,2021,42(04):26-71.

[3] TRAUB L W. Drag extrapolation to higher Reynolds number[J]. Journal of aircraft, 2010, 47(1):1458-1461.

[4] 周林,杨钊,李杰.雷诺数对运输类飞机气动特性影响的试验研究[J].应用力学学报,2019,36(04):966-970+1005.

[5] CONSTANTINE P G, ROSARIO Z D, IACCARINO G. Data-driven dimensional analysis: algorithms for unique and relevant dimensionless groups:1708.04303[P].2017-08-16.

[6] LUO C, HU Z, ZHANG S L, et al. Adaptive space transformation: An invariant based method for predicting aerodynamic coefficients of hypersonic vehicles[J]. Engineering Applications of Artificial Intelligence, 2015, 46:93-103.

撰稿人:张伟伟(西北工业大学)　徐来武(中国空气动力研究与发展中心)

基于多因素耦合的试飞安全风险/事故前兆分析与评估问题

Analysis and evaluation of flight test safety risk/accident precursor based on multi-factor coupling

1 科学问题概述

飞行试验是在真实或虚拟飞行条件下进行的科学研究和产品试验活动,是飞行器新概念探索和新技术验证的必需手段,是国防装备研制与鉴定和民用航空适航的关键环节,是集科学性、工程性和风险性于一体的复杂系统工程。飞行试验贯穿于航空装备的预研、设计、研制、定型、生产、使用等各个环节,是验证航空产品设计指标、适航条款以及安全性要求能否被满足的重要手段,也是进行航空基础理论研究与新技术研究的重要途径。

试飞阶段是航空产品整个生命周期中风险最高的阶段,飞行试验具有任务复杂性、风险频发性、风险未知性等特征,具有高风险的特点。

飞行试验具有任务复杂性。试飞工作任务非常复杂,以国内某民用客机试飞为例,试飞内容分为研发和合格审定试飞两大类。其中,合格审定试飞内容共涉及性能、操稳、动力等30多个专业。试飞任务由相应的试飞课题专业提出,合格审定试飞任务通过30多份试飞任务单定义,共含300个科目、3000个初始试验点,如果考虑局方试飞任务,合格审定试飞实际任务工作总量将达到5000个试验点。试飞过程任务复杂,若不采取有效的风险安全技术,会导致大量风险事故的发生。

飞行试验具有风险频发性。飞行试验所验证的被试飞机及设备,绝大多数在完成飞行试验前技术成熟度水平只在6~7,与目标技术成熟度差距较大,导致即便飞行试验在飞行包线内、非极端气象条件下进行,也可能频繁发生因飞机故障导致的不安全事件。而当试飞在诸如飞行控制系统故障模拟、动力装置、液压系统失效下飞行能力验证等专门模拟故障情况的试飞科目下,或在飞行包线边界进行临界操纵品质试飞、俯冲拉起最大过载试飞等专门模拟故障情况的试飞科目下,更是存在明确的风险。因此,在飞行试验阶段必须系统地开展风险识别、分析与评估工作,并采取有效措施以降低试飞风险。

飞行试验具有风险未知性。长久以来,风险安全技术的发展往往是滞后于所评价的对象系统的技术发展,导致的后果是面对新技术,现有的风险安全技术的充分性往往未知或者不足,从而无法有效地开展针对新型复杂社会技术系统或者相关过程的安全工作。而飞行试验工作往往面对的是使用了最先进技术的航空器,同时试验过程具有高度的风险性,如果所采用的风险安全技术与试验航空器技术之间存在脱节,那么造成事故的可能性将大大提高。

面对飞行试验高风险的特点,试飞风险分析评估成为试飞实施和安全保障工作的基本前提。试飞实施前必须进行充分的安全风险评估,识别潜在危险源,并制定相应的风险降低措施,规划应急处理措施等。对于试飞工作的风险评估过程,体现在整个试飞流程中。在试飞准备阶段中,需要进行初步安全性评估,查找试飞过程可能出现的安全隐患,进而采取合理有效的防范措施;在试飞任务完成后,针对试飞过程中出现的一些问题,及时调查事故原因,总结试飞经验。

而试飞风险分析评估的科学问题难点,在于未知风险识别、多因素耦合风险识别、事故前兆分析等问题。

根据近些年试飞中发生的事故、事件、事故症候分析发现,大多数没有出现在已经识别到的风险点上,说明未知的试飞风险现象突出。而无法识别未知试飞风险,就无法采取针对性的降低风险措施,无法设计针对性的紧急处置措施和预案,飞行试验的实施将始终笼罩在突发风险的阴云里。因此,需开展研究,寻求系统性、全面性的试飞风险分析识别理论和方法,最大可能地分析和识别试飞风险。

基于近些年的试飞事故,进行事故链分析后发现事故大多不是因为单个因素或故障所导致的,而是多个因素耦合在一起的。在目前的试飞风险分析识别中,对于试飞包线限制、飞机系统限制等单因素导致的试飞风险已基本得到识别,但是对于多因素耦合导致的试飞风险,尚无有效的分析识别方法。因此需要基于真实的试飞过程,研究多因素耦合的试飞风险分析理论和方法。

现有的风险防控理念是基于已发生的事实,在吸取经验教训后去丰富迭代以前的技术,而在这样的理念下,技术只能通过发生飞行安全事故才能得到进步,其代价是惨痛的。随着人工智能等算法技术的不断进步,让基于事故前兆的风险分析识别成为可能。为了尽可能地避免飞行事故发生,开展正向的事故前兆分析研究也势在必行。

2 科学问题背景

安全作为技术发展永恒的主题,在 20 世纪以来面对着巨大的挑战,也有了长足的进步。美国民兵导弹的事故催生了应用系统思维解决复杂装备系统安全的新理论——系统安全工程,之后以 MIL-STD-882 为代表,其引领了现代安全性理论的发展,改变了传统安全工程以使用安全为主体的思维,建立了以"危险为核心"、从源头抓起(固有安全性),全寿命周期解决复杂系统安全性问题的理论体系。

美国国家航空航天局(NASA)和美国联邦航空管理局(FAA)在试飞安全与风险管理领域积累了丰富的经验,建立了完善的风险评估文件体系。其中,《NASA 系统安全手册》《NASA 事故前兆分析手册》《NASA 飞行试验安全数据库》,以及 FAA/EUROCONTROL 的《ATM 系统安全技术与工具》(安全行动计划-15)等文件对于指导飞行试验的风险识别、分析与评估,保障飞行试验的安全性具有重要的工程应用价值。

目前,我国飞行试验安全性风险评估体系还不够完善,民用飞机的试飞风险管理主要依据中国民用航空局(CAAC)航空器适航审定司颁布的管理程序《航空器型号合格审定试飞安全计划》(AP-21-AA-2014-31R1),其依据美国联邦航空局指令"Aircraft Certification Service Flight Safety Program"(Order 4040.26A)制定,其早期版本专门针对"ARJ21-700"飞机的试飞安全管理,在"ARJ21-700"飞机试飞安全管理中起到了重要作用。

在现有技术水平下,常见的保证试飞安全的工作有以下几个方面:

(1)试飞安全和风险评估

主要根据专家经验,利用风险评估矩阵进行风险等级、控制措施等方面的评估。

(2)试飞安全管理

建立完整的试飞安全管理体系,要求所有参试人员明确和落实自己的安全责任,由试飞安全办公室进行跟踪和落实确认。

(3)提升试飞队伍能力水平

通过制度保证,提升试飞队伍的整体素质能力。首先,要确保飞机研制方给试飞队伍进行详细的技术交底,提供足够的资料和信息;其次,试飞员和试飞工程师要参与研制活动,进行专题试飞培训;最后,要严格每一个试飞架次的运作,严格规范程序。

(4)试飞顺序选择安全

强调从试飞安全逻辑出发合理安排试飞顺序。

(5)试飞限制要求

试飞工程师应结合具体试飞对象和试飞环境条件提出合理的试飞限制要求,保证试飞的安全性。

(6)地面遥测监控

通过地面遥测监控系统实时监控试验机状态,保证试飞安全和提高试飞效率。

(7)专业试飞安全技术

在一些试飞科目中,还需要考虑颤振、飞控、飞行品质、大迎角、发动机、航电、武器、人为因素等专业试飞安全技术的实行。

(8)试飞安全措施

为保障试飞安全,试飞基地应当配备完善的试飞安全保障设施,如试飞员学院、遥测监控站、地面飞行模拟器、反尾旋装置、试飞现场安全保障措施等。

未来航空器系统的安全性在很大程度上取决于安全性方法、工具、过程和法规的充分性,一些较新的方法和工具(例如STPA、SD、FRAM、TOPAZ)可能比传统的更好一些,但需要结合使用对象的安全性等级要求来验证。现有的安全性过程安全充分性还存在不足,因为各个组成部分是经过单独评估和批准的,即单个组成部分的安全性得到了验证,但并不代表系统整体的安全性满足了要求。此外,其中一些甚至对于单个组成部分来说安全性都是不够的。同样,安全性相关的法规以及标准也存在不足,需要更新以及开发新的安全标准。从系统和控制理论的角度,不充分的方法、工具、过程和法规本身可能会对未来航空器系统的安全性造成重大危害。此外,从长远来看,不充分的方法、工具、过程和法规可能导致难以忍受的高昂成本,包括未达到所需的未来航空器系统安全级别的成本。另一方面,由于开发、验证和实施所需的时间和资源不确定,充分的方法也可能会成本很高,应将其成本与不充分方法的成本进行权衡。

虽然,目前建立了较为完善的试飞安全体系,通过系统安全的角度提升了试飞安全,但在技术工具结合试飞实际应用方面仍处于薄弱环节,对于研究试飞中多因素耦合风险分析和事故前兆分析仍处于空白。

3 科学问题研究进展

美国联邦航空管理局和欧洲航行安全组织对9个不同行业使用的500多种安全技术进行了审查,总结了27种应用广泛、成熟的风险评估技术和方法,在试飞风险评估的过程中可以根据需要选用合适的分析方法,使试飞风险评估过程更加高效、评估结果更加准确。比如在飞行试验的风险识别阶段,可用的方法有:航空安全数据库、航空安全报告系统、共因分析、FMECA(Failure Mode Effects and Criticality Analysis)、HAZOP(Hazard and Operability)等。在飞行试验的风险评估阶段,可用的方法有:人为错误数据库、偏差和不确定度评估、碰撞风险模型、共因分析等;在飞行试验的确定风险降低措施阶段,可用的方法有:HAZOP、人为因素案例、领结分析法、TOPAZ事故风险评估方法等。

上述方法具备普遍性,但是和具体的试飞动作关联较弱,而真实的飞行事故发生时是人的操作、环境和飞机的耦合,不可使用飞行验证的方式去试验飞行,多依靠人的经验进行定性分析。徐浩军等基于系统仿真给出了一般的建模理论方法、复杂气流条件下的飞行风险评估、结冰对气动力模型的影响,理论比较完备,科学性较高,但多停留在理论方法层面,对于研究结合试飞实际过程和驾驶技术的鲜有见到,工程应用仍有距离。IVAN等的ISAFE-VATES技术提供了上述理论技术的应用平台,使得理论在工程中的应用成为可能。因此,将基于该技术平台和试飞风险科目实际建立基于多因素耦合的试飞安全风险/事故前兆分析和评估方法体系,可真正将风险识别理论应用在飞行试验的工程实际当中。

同时,飞行试验飞机的构型最接近最终使用,其试飞过程中发现的异常信息对于研究风险/事故的发生有重大的意义。NASA的事故前兆分析技术针对航天应用提供了通用的方法,但航空应用还未见到。因此,将基于NASA的事故前兆分析技术和试飞中的异常信息,研究试飞中基于多证据因素的异常风险/事故前兆分析方法,推导其空缺的评估公式,研究方法的不确定性,并探索其在试飞工程中的应用案例。

主要参考文献

[1] SAE. Safety Assessment of Transport Airplanes in Commercial Service：SAE ARP 5150 [S].［S. l.：s. n.］,2003.

[2] Federal Aviation Administration. Monitor Safety/Analyze Data［Z］. Washington, D. C.：Federal Aviation Administration Order 8110. 107A,2012.

[3] Federal Aviation Administration. Transport Airplane Risk Assessment Methodology（TAR-AM）Handbook［Z］. Washington, D. C.：Federal Aviation Administration Policy Statement PSANM-25-05,2011.

[4] NASA. System Safety Handbook, Volume 1：System Safty Framework and Concepts for Implementation（NASA/SP-2010-580）［Z］. Washington, D. C.：NASA,2011.

[5] 徐浩军,刘东亮,孟捷,等. 基于系统仿真的飞行安全评估理论与方法［M］. 北京：国防工业出版社,2011.

[6] 徐浩军,裴彬彬,王国智,等. 基于动力学仿真的结冰飞行安全防护理论与方法［M］. 北京：科学出版社,2022.

[7] 薛源,徐浩军,裴彬彬,等. 复杂气流下的飞行试验评估［M］. 西安：西北工业大学出版社,2018.

[8] NASA. Accident Precursor Analysis Handbook（NASA/SP-2011-3423）［Z］.［S. l.：s. n.］,2011.

撰稿人：赵洪森（中国飞行试验研究院）

机动飞行试验的数字孪生与智能控制

Digital twin and intelligent control of maneuver flight test

1　科学问题概述

目前,随着信息化程度的提升,我国以第四代战斗机以及预警机编队为代表的协同空战体系正在逐步形成。然而,随着人工智能时代的到来,以美国为首的西方国家已经开展了基于大数据的智能空战研究,美国国防高级研究计划局的 ACE 计划,侧重研究人机协同作战;俄罗斯"苏-35"战斗机则使用了"决战"辅助空战决策系统;"智能、无人、自主、分布、协同"空战新特征日益显著。我国空军目前还欠缺此方面的研究工作,需要抓紧时间研究,用以打造低战损、高作战效能以及高容错率的智能空战系统。

在当前现代化战争布局中，快速获取空战优势是保护国家安全与主权领土完整的重要手段。当前国际安全环境动荡不安，大国博弈导致局部冲突难以避免，尽管目前我国国家安全形势较为平稳，但是与邻国地区之间的摩擦和冲突却时有发生，特别是远洋作战和跨地域作战需要空军指挥系统快速决策和果断处理。因此，建立一套智能作战评估与虚拟仿真平台，对机群协同作战体系智能系统构建大有裨益。

对于现代化空战体系来说，由于战场形势复杂多变，作战环境信息复杂等难题，如何利用有限信息进行快速编队与机动飞行是限制智能化空战体系发展的主要阻碍。在这一背景下，需要对战斗机飞行状态与指令所能产生预期效能进行精确仿真与评估，以做出快速应对与合理决策。在传统空战编队下，这些指令与决策，往往由编队作战的经验丰富的指挥飞行员完成，然而对于情报、监视、目标获取和侦察系统产生大量的实时数据加以判断进而能够协同作战来讲，飞行员要想快速决策，没有智能辅助系统同时完成编队改变与战场调配是不可能的。因此，必须建立虚拟仿真空战平台，并利用这一平台进行空战模拟与现代化战争体系研究，尽快构建这一系统。机动性是评价空战武器性能优劣的核心指标，在反隐身和智能化时代，其重要性将进一步强化。因此，合理利用机动飞行仿真系统，构建全速域虚拟飞行与控制技术成为当前研究的重中之重。其中，最为关键的问题是飞机和导弹的机动飞行过程中伴随的复杂涡系结构和分离产生的非线性气动力预测，这也是空气动力学领域一直以来悬而未决的难题。

2　科学问题背景

近些年来，美国早已经开始了智能作战体系的研究计划，由于我国的研究起步时间较晚，想要在制空权争夺中不落下风，就必须实行弯道超车。因此，需要加大研发力度，构建用于虚拟飞行的仿真平台，以快速模拟战场形势与决策影响，做到先知先觉的空战战场态势感知能力。无论是单机智能辅助系统，机群搭配协同作战，还是更复杂的空天一体化作战体系，都是下一个空战战略的制高点。这都需要一个可仿真的智能空战研究平台，以做到单机高机动下的精确打击，系统被突防时的快速反应以及实现更高层面的智能化协同体系作战战略布局。与此同时，自适应、自抗扰控制等先进控制手段快速发展，给在线飞行控制与飞行对抗提供了重要保障。

基于计算流体力学(CFD)的虚拟飞行技术面临的瓶颈主要是流动物理模型的准确性，依靠现有的数值模拟手段不能为机动飞行提供准确、高效的气动数据输入。风洞虚拟飞行只能满足常规飞行状态的品质分析，面临相似参数无法同时满足、模型设计难度大，成本高、仿真平台设计难度大，模型的6个自由度很难同时释放等固有局限性，无法满足机动飞行过程的变速性和大空域运动的关键要求。从第三代战斗机设计开始，机动性能和飞行包线边界的评估中，设计师还是依赖于缩比飞机/样机的飞行试验，数值模拟和风洞虚拟飞行的结果仅供参考,风险大、周期长、成本高。对于一些极限飞行状态,非定常气动力影响不可忽略,气动数据库构建复杂,现有的地面模拟器往往只能事后分析,只是对已有机动飞行试验结果的拟合,因此迫切需要在设计初期就能指导控制律设计和安全评估的模拟系统。

风洞虚拟飞行的局限性不是在于流动模拟的客观性和准确性,而是在机构自由度及幅度释放受限,以及质量和控制律等参数相似方面的技术瓶颈。而数值虚拟飞行面临的技术瓶颈主要是复杂非定常流动模拟的准确性。由此可见,风洞虚拟飞行和数值虚拟飞行的优势互补特征明显,因此需要提出利用数据融合思路,发展一种新的非定常气动力的高精度预测方法,解决飞行器机动飞行品质分析和控制律设计中面临的气动数据准确输入的国际难题。

目前来看,无论是高成本的非定常风洞试验,还是低精度的传统数值仿真方法,都难以直接解决工程设计中战斗机大迎角非定常机动问题所面临的时域气动力输入困境。需要研究人员从数据融合方法与人工智能角度出发,将两者的优势结合起来,基于少量简谐运动下的风洞试验结果,构建自由运动战斗机动态失速气动力预测框架,实现时域动态非线性、非定常气动力的低成本高精度仿真。相关成果不仅可以直接用于先进战斗机的复杂动力学特性分析与飞行控制律设计,也将为飞行器的动态气动特性预示提供新的研究思路。

3　科学问题研究进展

大迎角机动能力作为现代战斗机的重要性能指标,在近距离空战中对战斗机快速改变机头指向以提高作战效能和生存概率具有重要意义。在现代高性能飞行器机动过程中,往往面临非线性、非定常的气动力问题。气动力的难以预测给飞行器稳定性分析、控制率设计带来很大阻力。在风洞试验条件下,由于试验尺寸、风洞条件的限制,往往只能在频域状态下模拟较小的机动幅值与减缩频率,难以适应时域高精度气动力评估需求。与此同时,传统的数值模拟手段又很难精确捕捉转捩位置与漩涡运动过程,这也给飞行器动态机动力的评测带来了很大困难。因此,需要针对飞行器机动过程,开发出适用于数据融合环境下的小样本气动力预测框架,结合少量给定运动形式的非定常风洞试验数据与低精度 CFD 求解器,实现对时域机动响应过程的精确评估与仿真模拟。基于数据融合的数字孪生虚拟飞行技术框架如图 1 所示。

综上所述,在机动飞行试验的数字孪生与智能控制研究中,存在以下研究难点:

(1)对于小样本下的气动数据融合问题,其预测模型的精度主要取决于高精度样本的数量、数据融合模型的构造方式以及对高精度和低精度数据之间的关联性挖掘。在非定常气动力预测等实际的工程问题中,往往由于试验条件的限制,难以获得大量数据。因此,如何挖掘高精度与低精度数据之间的关联性与一致性,并构造合理的数据融合模型,成为数据融合技术的首要问题。

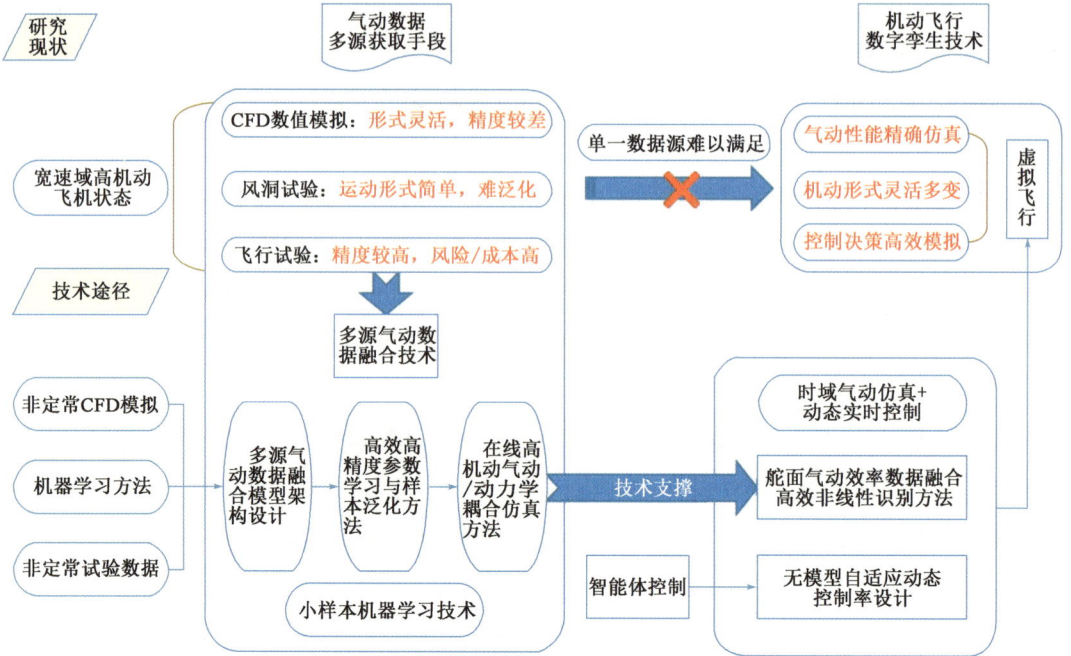

图1 基于数据融合的数字孪生虚拟飞行技术框架

(2)机动飞行过程覆盖较大的飞行迎角,大尺度分离流与附着流状态的共存导致单一模型难以实现统一建模。需要着手解决流动状态与飞行力之间的对应关系,获取分离流下自适应流态分析判据,从而能够有效建立基于气动数据智能融合方法的机动飞行数字孪生系统,并通过现有型号夯实虚拟飞行的精准度和可信度,加快在研型号的研制效率,降低试飞风险和成本。

(3)深度学习模型受到训练样本的影响,其泛化能力往往难以保证,特别是针对时域的非定常问题,训练样本的数量与模型泛化精度所体现的关系难以明确。为了解析模型的预测依赖的主要参数,需要针对模型的收敛性进行参数分析,从而实现有限空间内的建模精度验证与评估。模型泛化能力影响因素复杂,超参数分析又同时受限于模型架构,因此针对数据融合模型的参数评判标准是否精确成为限制模型外推与应用的最后一道难题。

与之对应的,机动飞行试验的数字孪生与智能控制系统构建的技术路径如下:

(1)结合数据融合与深度学习神经网络框架,构建支持小样本试验数据的非定常时域气动力预测模型。针对大迎角非定常试验条件下极少样本量的强迫试验气动力结果,利用动导数模型作为初始数值解的约束,构建多精度非定常模型间的传递关系。结合模糊神经网络的融合与泛化特性,可以实现对任意非定常运动形式的泛化与外推,为机动虚拟飞行试验的响应预测提供气动力的实时预测框架。

(2)数字孪生的机动飞行仿真还需要构建结合专家经验的神经网络集成模型架构,利用分离流分离度理论与分离关系判据,实现模型在大失速与小扰动条件下的精确判断。结合神经网络模型的加权层,有效避免分类模型在交界处的差异,从而实现机动飞行动态失速过程的平缓表征。

(3)深度学习模型泛化能力受到输入参数状态空间的范围与训练样本数量的影响,为了精确评估模型对非训练状态下的预测能力来源,需要对模型的收敛性与神经网络关联层参数进行解析。首先,通过验证模型对训练数据量的收敛精度与收敛范围,判断模型的泛化成本,进一步针对融合过程中传统物理模型的参与参数进行分析,判断模型的预测偏离程度。结合以上两种分析结果,实现对模型预测过程中参数泛化能力的精确解析。

机动飞行试验的数字孪生与智能控制是我国先进战斗机研制与试飞阶段不可或缺的重要保障,研究需要结合小样本给定运动形式的试验测量结果作为标定数据,构建传统数值仿真方法与飞行试验数据的关联映射关系,利用集成神经网络模型,降低对样本数据的依赖性,同时结合低精度求解算法,实现强泛化性能的参数寻优。在机动状态下,可以借此映射系统实现非定常时域同步推进求解,利用神经网络模型的泛化能力,实现高性能先进飞行器复杂机动形式下的高精度气动力预示能力。

主要参考文献

[1] 杨伟.关于未来战斗机发展的若干讨论[J].航空学报,2020,41(6):8-19.

[2] WINTER M,CHRISTIAN B. Neurofuzzy-model-based unsteady aerodynamic computations across varying freestream conditions[J]. AIAA Journal,2016,9:2705-2720.

[3] KOU J,ZHANG W. Data-driven modeling for unsteady aerodynamics and aeroelasticity [J]. Progress in Aerospace Sciences,2021,125:100725.1-100725.35.

[4] 沈霖,黄达,吴根兴,等.战斗机大迎角非定常气动力建模[J].航空学报,2020,41(6):193-210.

[5] 张伟伟,寇家庆,刘溢浪.智能赋能流体力学展望[J].航空学报,2021,42(4):26-71.

[6] TIRPAK J A. Air force creates new PEO forNGAD,applying" Digital Century Series" idea [Z].[S.l.:s.n.],2019

[7] CROFT J W. Refuse-to-crash:NASA tackles loss of control[J]. Aerospace America,2003,41(3):42.

[8] MURUA J,PALACIOS R,GRAHAM J M R. Applications of the unsteady vortex-lattice method in aircraft aeroelasticity and flight dynamics[J].Progress in Aerospace Sciences,2012(55):46-72.

撰稿人:蔡广平(中国航空工业集团有限公司成都飞机设计研究所)
　　　　张伟伟(西北工业大学)

复合材料飞机结构坠撞安全与适航验证

Crash safety and airworthiness verification of composite aircraft structure

1 科学问题概述

受复杂气象环境、人为失误、机械故障等因素影响，飞机发生坠撞事故是难以完全避免的，严重威胁着机上人员的生命安全。根据全球民航事故统计，飞机在起飞和着陆阶段的事故数约占事故总数的70%，其中大部分事故属于可生存坠撞事故。

在民用飞机设计与适航验证中，常用适坠性来评价飞机在坠撞事故中保护乘员安全的能力。适坠性是指飞机在应急着陆条件下机身结构及其内部设施具有的保护乘员免受致命伤害的固有特性，是飞机安全性的重要组成部分。基于长期的民用航空实践，常规布局金属飞机具有良好的适坠性能。目前，先进复合材料已经大量应用于飞机结构中，如波音"787"的复合材料用量达到50%，空中客车"A350-900"的复合材料用量达到52%，中俄远程宽体客机"CR929"的复合材料用量也将超过50%。复合材料结构在坠撞条件下的失效模式及吸能机理与金属结构存在显著差异。因此，复合材料结构在飞机中的大量应用必然对其坠撞安全特性产生重要影响，并给其适坠性符合性验证及适航审定带来严重挑战。

面向我国复合材料宽体客机坠撞安全这一重大现实需求，应加强复合材料飞机结构坠撞与乘员保护符合性验证及适航审定关键技术研究，急需突破的重点关键技术问题包括：复合材料机身下部结构坠撞动力学行为研究，高过载条件下的乘员冲击响应机理及安全分析，复合材料机身适坠性高精度分析模型建立技术及基于数值分析的验证方法研究，基于乘员冲击响应的复合材料机身结构坠撞安全设计与评估。

2 科学问题背景

2019年，俄罗斯航空U6178次航班("A321"飞机)在发动机关闭并失去推力的情况下成功迫降在玉米地内，机身结构保持完整，机上234人全部生还。此次"A321"飞机能够成功迫降，离不开飞机良好的适坠性设计保障，"A321"飞机是"A320"飞机的加长型，在飞机设计时充分考虑了机体结构的坠撞安全性能，并通过全尺寸机身框段坠撞试验进行充分验证，从而能够有效保证飞机坠撞过程中的乘员安全。

适航规章是保证航空安全的最低标准。在当前有效的适航规章中没有专门条款来定义飞机结构的适坠性要求，其适坠性要求分散在多个相关条款中。基于运输类飞机坠撞事故调查，以及典型机身框段甚至整机抗坠撞性能研究，结合航空科技发展，适航当局不断制定并修改完善适坠性相关要求,以提升飞机整体坠撞安全水平。研究表明,对于具有新颖或独特设计特征的复合材料飞机来说,如果仅仅考虑常规构型金属飞机适坠性相关要求,将不能保证其具有足够的坠撞安全水平。因此,美国联邦航空管理局针对复合材料飞机制定了适坠性专用条件,如"25-362-SC"(波音"787")和"25-537-SC"(空中客车"A350")。针对波音"787"飞机适坠性,波音公司制定"积木式"试验方案来验证数值分析方法,最终通过经严格的试验验证分析方法说明了"787"飞机坠撞安全水平。空中客车公司同样是通过试验支持的分析方法说明了"A350"坠撞安全水平。

我国支线飞机"ARJ21-700"的复合材料用量为2%,大型客机"C919"复合材料的用量达到12%,而中俄远程宽体客机"CR929"的复合材料用量将超过50%。宽体客机"CR929"的复合材料机身结构适坠性是无法回避的适航验证项目,而复合材料用量的跨越式增长,给飞机结构适坠性设计、验证及适航审定带来了巨大挑战。我国在复合材料民用飞机结构适坠性设计、验证与适航审定方面几乎没有任何型号经验和技术储备,是宽体客机"CR929"型号取证中绝对的短板和弱项。其中,坠撞动力学模型的建立、"积木式"试验矩阵的选取、严酷构型和严酷工况的确定,以及适坠性安全判据的制定等都是适航取证中的关键技术,也是适坠性审定关注的核心问题。依靠国外制造商和适航当局分享关键核心技术不切实际,独立自主开展技术攻关是我国民用飞机研发和适航审定的刚性需求。

民用飞机发展,适航先行。我国迫切需要开展复合材料机身结构适坠性符合性验证及适航审定关键技术研究,形成基于数值分析的适坠性验证方法及基于乘员冲击响应的复合材料机身结构坠撞安全设计与评估技术,支撑复合材料机身结构坠撞安全与乘员保护相关适航法规、符合性验证方法和审定方法的建立,支持复合材料宽体客机型号研制,保障复合材料机身结构坠撞安全与乘员保护符合性验证及适航审定工作的顺利开展。

3　科学问题研究进展

适坠性是飞机结构设计中的重要和关键问题之一。美国、欧洲等国家和地区开展了大量的机身框段和整机坠撞试验研究,如波音"707"、波音"737"、波音"787"、空中客车"A320"等,在飞机结构坠撞安全方面取得了显著成果。同时,美国、欧洲等国家和地区科研院所及高校等开展了较多的飞机结构适坠性试验和分析工作,其中,威奇塔州立大学开展了Hawker 4000复合材料机身框段的坠撞试验与仿真分析;法国国家航空航天研究中心(ONERA)设计了新一代CFRP商用飞机典型货舱地板下部吸能结构,并开展了落重冲击及仿真分析;意大利航空航天研究中心(CIRA)开展了"A321"复合材料货舱地板下部框段结构的倒置坠撞试验与仿真分析,以及运输类飞机复合材料机身框段坠撞试验与仿真分析。

我国在飞机结构适坠性方面的研究起步较晚,对金属飞机机身结构适坠性开展了一定的研究。在 2012 年和 2020 年,中国飞机强度研究所分别进行了支线客机和典型民用飞机金属机身框段坠撞试验,研究了民用飞机应急着陆过程中的结构破损模式和乘员载荷等。在 2019 年,中国民航大学在国内首次开展了大型运输类飞机货舱地板下部结构落重冲击试验,以及客舱地板下部结构(含座椅及假人)坠撞试验,研究了其坠撞特性、数值模拟及适航审定关键技术等;研制了国内首台乘员头部伤害模拟装置,开展了航空座椅/乘员约束系统动态冲击试验及数值模拟,研究了航空座椅/乘员约束系统动态响应特性的影响因素及规律。北京航空航天大学、西北工业大学、南京航空航天大学等针对飞机金属机身框段适坠性及航空座椅/乘员约束系统开展了相关的仿真分析,但国内对于复合材料飞机结构坠撞安全适航验证及审定方面的研究还基本空白。

复合材料机身结构坠撞破坏机理和多级吸能模式研究、基于验证和确认(V&V)的复合材料机身适坠性建模技术研究等,已经成为当前复合材料飞机结构坠撞安全的重要研究课题。因此,为了保障复合材料飞机结构坠撞安全与乘员安全,需要攻克的重难点技术包括:

3.1 复合材料机身结构坠撞安全要求及坠撞动力学响应研究

包括复合材料机身结构坠撞安全要求研究、复合材料机身结构坠撞载荷传递及关键结构破坏行为研究、复杂应力条件下复合材料连接结构的破坏模式及失效机理研究、复合材料元件动态压缩失效机理及一体化技术研究、复合材料加筋壁板及细节结构动态冲击响应及能量耗散机理研究。

3.2 高过载条件下的乘员冲击响应及安全分析

包括高过载条件下乘员承受的冲击载荷识别及特征分析、高过载条件下乘员生物力学响应和伤害机理分析、高过载条件下乘员伤害风险分析及安全判据研究、复合材料飞机"可生存坠撞"边界研究。

3.3 复合材料机身适坠性高精度分析模型建立技术及基于数值分析的验证方法研究

包括复合材料机身适坠性高精度分析模型建立技术及建模策略研究、适坠性分析模型的验证与确认技术研究、适坠性分析模型关键建模参数的灵敏度分析及不确定参数评估技术研究、基于数值分析的适坠性符合性验证方法研究。

3.4 基于乘员冲击响应的复合材料机身结构坠撞安全设计与评估

包括机身框段坠撞特性与全机坠撞特性的等效性研究、乘员冲击响应与复合材料机身下部关键结构特征的关联机制研究、复合材料机身结构及座椅结构在高过载坠撞工况下的安全设计技术研究、基于机身结构冲击响应和乘员伤害的评估技术研究。

　　面向国家重点型号宽体客机坠撞安全这一重大现实问题,亟须突破复合材料飞机结构坠撞与乘员保护符合性验证及审定关键技术瓶颈,明确复合材料机身结构坠撞动力学行为及高过载条件下的乘员冲击响应,发展复合材料机身结构适坠性高精度模型建立技术,突破基于数值分析的适坠性验证方法,形成基于乘员冲击响应的复合材料机身结构坠撞安全设计与评估技术,支撑适坠性相关法规和符合性方法的建立,为复合材料机身结构坠撞安全与乘员保护符合性验证及适航审定工作提供指导。

主要参考文献

［1］ MOU H L,XIE J,FENG Z Y. Research status and future development of crashworthiness of civil aircraft fuselage structures:An overview［J］. Progress in Aerospace Sciences,2020, 119:1-22.

［2］ GUIDA M,MARULO F,ABRATE S. Advances in crash dynamics for aircraft safety［J］. Progress in Aerospace Sciences,2018,98:106-123.

［3］ RASSAIAN M. Virtual test & simulation ［C］// AIAA. AIAA Complex Aerospace Systems Exchange. Washington,D. C. :AIAA,2013:1-25.

［4］ HACHENBERG D,LAVINGE V,MAHE M. Crashworthiness of fuselage hybrid structure ［C］// FAA. 8th Triennial International Aircraft Fire and Cabin Safety Research Conference. Washington,D. C. :FAA,2016:1-16.

［5］ JACKSON K E,LITTELL J D,Annett M S,et al. Finite element simulations of two vertical drop tests of F-28 fuselage sections［R］. Washington,D. C. :National Aeronautics and Space Administration,2018.

［6］ PALMA L D,CAPRIO F D,CHIARIELLO A,et al. Vertical drop test of composite fuselage section of a regional aircraft［J］. AIAA Journal,2019,58(4):1-14.

［7］ 刘小川,郭军,孙侠生,等.民机机身段和舱内设施坠撞试验及结构适坠性评估［J］.航空学报,2013,34(9):2130-2140.

［8］ 冯振宇,程坤,赵一帆,等.运输类飞机典型货舱地板下部结构冲击吸能特性［J］.航空学报,2019,40(9):208-220.

［9］ MOU H L,XIE J,LIU Y,et al. Impact test and numerical simulation of typical sub-cargo fuselage section of civil aircraft［J］. Aerospace Science and Technology,2020,107:1-15.

［10］ 冯振宇,刘旭,林岚辉,等.安全带对航空座椅及乘员冲击响应的影响［J］.航空学报, 2022,43(1):365-380.

　　撰稿人:冯振宇(中国民航大学)　牟浩蕾(中国民航大学)

复杂结冰气象条件下的飞行安全防护及适航评估

Aircraft ice protection and airworthiness evaluation under complex icing conditions

1 科学问题概述

飞机在结冰气象条件下飞行时,云层中的过冷水滴(温度低于 0℃ 仍保持液态)撞击到部件的迎风表面,发生结冰现象。飞机外表面的结冰会破坏其气动外形,影响空气动力特性。而过冷水滴及冰晶被发动机吸入后,在发动机内流道、叶片等发生结冰与冰层聚集,造成核心机流道的堵塞,影响发动机运行。当积冰严重时,飞机内外部的结冰都会引发飞行事故。鉴于飞机结冰对飞行安全的严重威胁,必须采用结冰防护系统避免或控制结冰过程。适航审定规章也对飞机和发动机的结冰防护提出了具体的要求,飞机关键部位(包括机翼、尾翼、发动机等)必须安装防除冰系统。掌握结冰对飞机及其发动机的影响机理、采用有效的防除冰系统来进行结冰防护,是安全飞行的要求,也是适航审定的关注重点。

随着航空运输业的发展,飞机过冷水滴结冰的基本原理逐渐清晰,结冰防护方法逐渐成熟。然而,结冰引发的飞行事故仍然偶有发生。随着适航审定条例中过冷大水滴、冰晶及混合相结冰的加入,复杂结冰气象条件下的飞机与发动机结冰安全防护及适航评估的研究机理与方法都存在不足,直接给我国大飞机的适航取证带来了挑战。主要体现在:①复杂气象条件下飞机的结冰与防除冰机理,包括过冷大水滴、冰晶等的存在条件与原因,水撞击固壁形态和相态,冰层的形成机理,结冰-融冰耦合相变机理;②结冰危害及对飞机的影响机制,包括飞机结冰冰形预测,结冰对气动特性的影响,结冰对飞机操纵特性的影响及容冰飞行控制,飞机及发动机的适航审定方法;③飞机结冰与防除冰高精度模拟方法,包括过冷水滴、大水滴及冰晶的运动与撞击模拟,水膜流动相变的传热传质过程,加热防除冰的共轭传热模拟,流-固-热耦合的多物理场仿真;④高效防除冰机理和方法,包括传统防除冰方法的优化,防除冰系统的智能控制,新型低能耗防除冰方法,组合式防除冰方法。以上针对飞机结冰防护与适航评估相关的科学问题研究,可以采用数值模拟、地面试验和飞行试验等手段来开展。数值模拟方法具有经济性好、执行周期短等优点,且可以模拟在冰风洞中无法进行的试验,已经被广泛应用于飞机的设计及辅助适航认证。地面试验是结冰和防除冰机理研究的必要手段,而飞行试验则是飞机与发动机防除冰适航审定的重要及必要手段。

2　科学问题背景

结冰的问题很早就受到航空业人员的重视,但飞机结冰导致的严重飞行事故仍不胜枚举。根据美国国家运输安全委员会统计,1987 年至 2003 年期间,结冰导致的致命飞机安全事故共 26 起。2009 年 2 月 12 日,美国纽约州布法罗市一架"冲 8"飞机由于机翼结冰,导致飞机失速坠毁,造成 50 人死亡。飞机结冰引发的飞行事故在国内亦不鲜见,2004 年 11 月 21 日,我国某航空公司由包头市飞往上海市的 MU5210 航班("CRJ-200"飞机),起飞 1min 后,在距机场 1 km 处的包头市南海公园坠毁,机上 47 名乘客和 6 名机组人员全部遇难;2006 年 6 月 3 日,一架预警机在执行任务途中,由于飞机结冰在安徽省广德县柏垫镇姚村上空失事,机上包括机组人员在内的 40 人全部罹难。2014 年,美国联邦航空管理局将过冷大水滴、冰晶及混合相结冰适航纳入其规章。飞机结冰造成的严重后果引起了民航及军事航空从业人员及社会各界的广泛重视,我国、美国及欧洲等国家和地区都把结冰适航作为商用客机取证及军用运输机验收的重要组成部分。目前,我国的大型运输机已完成了结冰气象条件的验证。而"ARJ21-700"则是国内第一次严格按照中国民航 CCAR25 和美国航空 FAR25 规章进行的适航,历经艰难险阻,最终在加拿大完成了自然结冰气象条件下的验证。虽然通过"大运"与"ARJ21-700"的结冰适航取得了一系列的成果,但"C919"的结冰适航仍面临多方面的困难。国际上的海外适航取证只有通过美国与欧盟,且对于修正后适航规章中的复杂结冰气象条件,适航取证方法,国内外都尚未研究透彻,我国的结冰适航评估技术与方法亟待加强。

近年来,随着我国民用航空业的发展及国家对军用航空业重视程度的增加,多种型号的运输类飞机、无人机与直升机纷纷进入设计、研制与生产阶段,自主研发的航空发动机也进入了国家重大发展规划中。随着国家交通需求的增加,民用航空逐渐开放,小型螺旋桨飞机及其他通用飞机也将逐年增多。飞机结冰与防除冰的研究,一方面能保障飞机的飞行安全,另一方面可解决适航审定的"卡脖子"问题。新型号的设计验证包括了运输类飞机、直升机、无人机、航空发动机等,该问题的涉及面广,而商用发动机与客机及其改装的结冰适航审定方法与手段等易受美国与欧盟"卡脖子",解决该问题的迫切性十分突出。

3　科学问题研究进展

对于飞机结冰带来的危害与防除冰系统的重要作用,我国各科技部门及研究单位都较为重视,获得了国家重点基础研究发展计划、国家安全重大基础研究计划、"两机"重大专项基础研究、国家自然基金委各项基金等的支持,已开展了一系列的研究,研究方向包括:飞机结冰机理、结冰与防除冰的数值仿真方法、飞机结冰的地面模拟方法、新型防除冰方法及其机理等。然而,近年来的研究越来越基础化,与实际的工程应用有一定的脱节,对航空运输行业发展的支持不足,主要体现在冰晶运动融化-空气特性-压气机热力学特性相互耦合评估方法、冰晶结冰分析建模及结冰对发动机特性动态响应分析方法、发动机内部环境下冰脱落机制及风险评估方法等的研究不足,结除冰机理研究与工程计算脱节,适航审定模型较老且依赖国外仿真软件(如 LEWICE 与 FENSAP-ICE)。

为将国内外结冰与防除冰的基础理论成果应用于航空工程实际,探究结冰气象条件下的涡扇发动机结冰机理,解决飞机结冰防护与适航评估问题,需开展基础应用研究,主要需要攻克的重难点技术包括:

3.1 复杂情况下的水颗粒运动及撞击特性计算方法研究

包括复杂旋转部件表面的水滴撞击特性、部件遮挡效应下的水滴运动及撞击特性、气膜出流吹袭影响下的水滴运动及撞击特性、大水滴变形及冰晶融化情况带来的空气-液滴耦合运动特性。

3.2 结/融冰机理及基于相变与传热的耦合方法研究

发动机内部环境温度相对较高,冰晶结冰和部件之间的热固耦合特性与冷环境下过冷水结冰有较大不同,过冷水在表面结冰后,由于环境温度和壁面温度的升高,冰晶会发生升华、融化等相变过程。因此,需要对复杂力系作用下的结/融冰机理进行研究,考虑过程中的相变、传热等影响,建立水膜流动模型、湿空气速度-温度-湿度多场耦合的表面水蒸发模型等的耦合计算方法。

3.3 冰晶结冰建模分析及冰脱落评估方法

由于冰晶结冰中存在很多与过冷水结冰不同之处,如何考虑这些物理现象并建立结冰分析模型,进一步获得发动机内部不同位置处的结冰以及结冰程度,如何进一步根据当地环境特征以及结冰特征建立冰脱落评估方法,是涡扇发动机冰晶结冰机理与安全风险评估的难点之一。

3.4 结/融冰对发动机动态响应特性评估方法

发动机风扇增压级、高压压气机级等部件发生结冰或脱冰时,势必对发动机各部件造成影响,发动机吸入冰晶后,典型的冰晶结冰故障模式有压缩系统喘振、流道堵塞引起的发动机降转、燃烧室熄火等,如何考虑结冰或脱冰因素,构建发动机特性动态响应预测方法,从而评估发动机安全风险,是涡扇发动机冰晶结冰机理与安全风险评估的难点之一。

3.5 面向适航的飞机结冰与防除冰数值仿真软件

包括完整的结冰与防除冰软件开发、结冰与防除冰的预测误差分析与修正方法、数值仿真的验证方法研究及大量的数据验证、面向适航的结冰与防除冰系统评估方法。该问题的研究需将理论与实际紧密结合,可为飞机在结冰气象条件下的飞行安全提供分析手段,为结冰与防除冰适航技术的发展提供支撑,进而推动航空工业与民用航空业的提升。

主要参考文献

[1] 林贵平,卜雪琴,申晓斌,等.飞机结冰与防冰技术[M].北京:北京航空航天大学出版社,2016.

[2] 朱春玲,朱程香.飞机结冰及其防护[M].北京:科学出版社,2016.

[3] CAO Y,TAN W,WU Z. Aircraft icing:An ongoing threat to aviation safety[J]. Aerospace Science and Technology,2018,75:353-385.

[4] 沈浩,韩冰冰,张丽芬.航空发动机中冰晶结冰的研究进展[J].实验流体力学,2020,34(6):1-7.

[5] 黄平,卜雪琴,刘一鸣,等.混合相/冰晶条件下的结冰研究综述[J].航空学报,2022(5):112-130.

[6] BAUMERT A,BANSMER S,TRONTIN P,et al. Experi-mental and numerical investigations on aircraft icing at mixed phase conditions[J]. International Journal of Heat and Mass Transfer,2018,123:957-978.

[7] KINTEA D M,ROISMAN I V,TROPEA C. Transport process-es in a wet granular ice layer:Model for ice accretion and shedding[J]. International Journal of Heat and Mass Transfer,2016,97:461-472.

[8] TRONTIN P,VILLEDIEU P. A comprehensive accretion model for glaciated icing conditions[J]. International Journal of Multiphase Flow,2018,108:105-123.

[9] KUNDU R,PRASAD J V R,TIWARI P,et al. Impact of engine icing on jet engine compressor flow dynamics[R]. Washington,D.C.:AIAA,2012.

[10] KUNDU R,PRASAD J V R,SAXENA S,et al. Analysis of stall onset in a multistage axial flow compressor in response to engine icing[R]. Washington,D.C.:AIAA,2014.

撰稿人:申晓斌(北京航空航天大学)

CHAPTER THREE

第3章
航空器飞行动力学与飞行控制

航空器飞行动力学与飞行控制以有人/无人航空器及其集群飞行过程中的飞行动力学及控制问题为对象，以提升航空器飞行性能、飞行品质、飞行效率、飞行自主能力、飞行协同能力等为目标，针对先进布局航空器、多用途航空器、面向特殊场景航空器的快速发展，开展多模式不确定飞行条件下航空器飞行动力学原理分析与建模、极端使用环境下航空器安全飞行能力量化与评估及其主动安全控制、复杂环境下集群航空器自主环境感知及协同航路规划与控制等研究。航空器飞行动力学与飞行控制的研究方向主要包括：航空器飞行动力学、航空器多模式飞行与控制、飞行员行为与模拟、飞行环境感知与决策、航空器集群飞行与协同、航空器安全飞行控制等。

飞行动力学是研究飞行器在外力和外力矩作用下运动规律的科学，在现代航空器的设计中发挥着重要作用，是确保航空器高效、舒适和安全飞行的重要技术手段。航空器飞行动力学与飞行控制研究可分为飞行动力学建模、飞行品质和动力学特性分析、先进飞行控制等多个方面。航空器飞行动力学建模与分析作为前沿基础研究，主要建立描述航空器运动动力学(或数学)模型，并在此基础上对所设计航空器的稳定性和操纵性进行分析。航空器先进飞行控制方面，主要研究航空器在自身模型不确定、系统故障以及未知外部环境干扰等多源干扰影响下的鲁棒与自适应飞行控制方法，以期实现飞行控制系统对干扰的"免疫"以及对故障的"自愈"能力。无人机飞行控制方面，美国空军提出了基于"有人机/无人机编组技术"的"忠诚僚机"概念，将第五代战斗机与无人驾驶的第四代战斗机组合搭配成一个编队，从而大大提高两者在空战中的致命杀伤能力。随着有人/无人系统规模的不断增大，也对无人机、有人/无人系统的优化与控制提出了迫切需求。

航空器正朝着多元化方向发展，包括水下潜航、空中飞行、跨介质出入水等多种运动模式，面临水、气、水-气跨越和气-水跨越等复杂运动环境。这都给飞行器的动力学建模和控制系统设计带来巨大挑战。航空器所执行的民用、军用任务更加多样化,如复杂地形垂直起降、吊挂重物、大机动避险等,所飞行的环境也更加复杂,很可能需要在低能见度、强风、通信受到干扰等恶劣环境下执行任务。因此,飞行环境的感知、特殊场景下的动力学建模与分析以及可容错、抗干扰的控制系统十分关键,能够确保无人机在遇到复杂状况时仍然保持稳定、安全的飞行。另一方面,随着人工智能的发展,航空器也逐步朝着无人化、智能化和集群化发展,有人-无人集群协同是必经之路。而如何提升无人机的作战能力,使有人机和无人机更好地优势互补,协同完成任务也成为各军事大国的研究重点。

针对上述发展需求与难点挑战,本学科方向科学问题涉及先进航空器、典型复杂任务场景,囊括有人/无人集群的协同,考虑人-机闭环系统下人机混合决策与控制行为,聚焦两栖飞行器、复合飞行器、无人飞行器等先进航空器中与飞行动力学与飞行控制相关的8个基础科学和关键技术。

多模式垂直起降飞行器动力学建模与鲁棒安全控制

Flight dynamics modeling and resilient safety control of multi-mode vertical takeoff and landing aerial vehicles

1　科学问题概述

现代战争对飞行器的要求不断提高,人们迫切希望有一种能够垂直起降且具有高速巡航能力的航空飞行器。随着我国经济的发展,国际地位的提高,面临的国际与周边环境更加复杂,对航空武器系统研制提出了新的要求。未来,我国将要面对台湾问题,南海、东海等周边海域问题,中印边界问题,以及国际、国内反恐问题等复杂的军事斗争环境,迫切需要提升我国海、陆、空三军的快速反应能力、远程精确打击能力和战场快速补给能力。研制出具有高度使用灵活性,同时又具有高速高效巡航能力的垂直起降飞行器,是我国航空武器发展的一个重要课题和迫切任务。多模式垂直起降飞行器是未来垂直和短距起降飞行器的重要发展方向,其不但具有直升机垂直起降和固定翼飞行器高速前飞的能力,还具有更宽的飞行包线,其优秀的垂直起降能力和高速高效的巡航能力,特别适合执行对航程或航时有要求但缺乏起降条件的任务。除了军事领域的应用之外,近年来随着航空电机、电池、电传飞控等关键技术的快速发展,电动垂直起降飞行器(eVTOL)在城市空中交通(UAM)等民用市场领域正迎来革命性的发展,其主要用于城市短距离空中旅客与货物运输,可有效缓解交通堵塞,减少交通时间,降低大气污染。目前,多模式垂直起降飞行器已经成为各国航空技术发展的重点,开展多模式垂直起降飞行器动力学建模与鲁棒安全控制研究,在发展未来高技术装备中具有极为重要的意义。

多模式垂直起降飞行器动力学建模与鲁棒安全控制,主要是针对垂直起降飞行器在不同飞行模式下的动力学建模及其鲁棒安全控制问题开展研究。多模式垂直起降飞行器存在执行机构冗余、强非线性、交叉耦合和多飞行模式的特点,使其控制系统设计面临巨大的挑战。不仅如此,多模式垂直起降飞行器在过渡飞行过程中,多结构部件之间存在严重的气动干扰,现有动力学建模方法较难准确对其进行建模,导致模式切换时缺乏安全性和可靠性。

多模式垂直起降飞行器相较于传统的固定翼飞行器和直升机,存在执行机构的冗余配置,这就引入如何将期望的控制指令合理分配到各个执行机构上的问题。对于过驱动的多模式垂直起降飞行器,执行机构的增多无疑增加了飞行器的可操纵性,提高了飞行器控制系统的可用度与可靠性。但是,控制输入的数量冗余、功能耦合也给多模式垂直起降飞行器的控制分配带来了新的挑战。同时,在执行多模式垂直起降飞行器实际任务过程中,执行机构的故障状态、系统的不同运行模式以及外界环境的变化,使得传统的采用预定不变的分配策略已经难以满足上述要求。因此,合理、有效地利用冗余的执行机构,建立综合考虑控制分配算法、系统多样运行模式、外部环境变化,以及执行机构故障的控制分配管理系统,对提高多模式垂直起降飞行器的安全性和可靠性具有重要的理论研究意义和实际应用价值。

不仅如此,多模式垂直起降飞行器在模式切换飞行过程中,飞行器的动力学特性非常复杂,纵向通道与横向通道存在耦合,多部件之间相互气动干扰严重,导致模式切换时缺乏稳定性和可靠性。即使在多模式垂直起降飞行器研究领域起步较早的美国,也很难保证此类飞行器的安全稳定飞行。因此,对于多模式垂直起降飞行器,研究如何使飞行器能够安全稳定地完成飞行模式之间的安全转换,无论是在工程实践中还是作为理论研究都有重要的意义。此外,多模式垂直起降飞行器动力学模型中的未知气动干扰,以及其他未建模动态等建模误差和外部未知干扰等形成的复合干扰,都会严重影响飞行器的安全性和可靠性。

针对上述问题,通过重点突破多模式垂直起降飞行器全模式飞行动力学建模和鲁棒安全控制等难点,实现在复合干扰条件下多模式垂直起降飞行器的新型抗干扰与容错控制方法和技术,实现飞行器对干扰的"免疫"以及对故障的"自愈"功能,使其达到高可靠性、高安全性要求,将有助于具有颠覆性能力的多模式垂直起降飞行器的研制,满足国家安全和国民经济建设的迫切需求,在航空强国战略中,带来非对称优势,并在军事与民用领域发挥重要作用。

2　科学问题背景

固定翼飞机具有飞行速度快、航程长、效率高和噪声小等优点,然而其滑跑起降的方式对起降场地有较高的要求,限制了固定翼飞机的使用领域。直升机地出现在一定程度上弥补了这一缺陷,直升机的主旋翼既是升力面又是操纵面,可使直升机垂直起降、定点悬停。但是,直升机这种产生升力的结构和方式也带来了许多不足。尤其是前飞时旋翼的气流不对称问题,直升机的最大前飞速度受前行桨叶压缩性影响和后行桨叶气流分离的限制,常规直升机的最大巡航速度通常在300km/h左右。在许多场合,速度成为制约直升机应用的关键因素。随着航空飞行器工作环境日益复杂,众多航空飞行器研究人员一直在不懈地探索,希望寻求一种能将两种飞行器的优点有效结合,设计出既能高速巡航又能垂直起降的飞行器。目前,集旋翼飞行器与固定翼飞行器优势于一身的多模式垂直起降飞行器开始承担越来越多的飞行任务。从20世纪50年代开始,国外一直在进行多模式垂直起降飞行器的研究,特别是21世纪初开始,新构型多模式垂直起降飞行器的研制速度加快,一系列新的型号涌现出来。

美国贝尔直升机公司从20世纪50年代开始探索倾转旋翼概念,并在1977年完成了"XV-15"验证机的试飞验证。倾转旋翼机是多模式垂直起降飞行器的典型布局形式之一。美国的"V-22鱼鹰"和"V-280勇士"(图1)是倾转旋翼机的典型代表,其基本原理是通过转换旋翼功能实现高速飞行,即利用倾转机构实现其主要的气动部件在旋翼与螺旋桨之间转换,从而实现悬停、低速飞行和高速巡航。垂直飞行时以旋翼模式飞行,高速飞行时以螺旋桨飞机模式前飞。但是,倾转旋翼机为了满足旋翼模式和固定翼模式的要求,旋翼桨盘载荷过高,其旋翼模式飞行主要保证垂直起降功能,近地面机动能力比复合式和停转式要低,难以实现直升机的低速灵活飞行,在激烈战场环境下,极易受到攻击。倾转旋翼机的主要缺点在于过渡飞行时动力稳定性差以及气动干扰严重,而且横列布置的螺旋桨动力在作为旋翼使用时,产生较强的环形涡流,一旦出现不对称环形涡流,左右升力失衡,会造成飞机横滚,导致飞机控制难度加大。此外,由于动力系统机械传动机构复杂,纵然美国在不断改进倾转式高速直升机的倾转机构,其事故率依然居高不下,导致安全性和维护性不佳。

图1　美国"V-22鱼鹰"和"V-280勇士"倾转旋翼机

美国波音公司在20世纪90年代初提出鸭式旋转机翼飞机(CRW)的概念,这个概念可以认为是休斯公司方案的进一步发展。1998年第一季度波音公司"鬼怪"工作队与美国国防预研局(DARPA)签订了一项价值2400万美元的成本共享合同,用于进行CRW飞机设计方案的论证和飞行试验。波音公司共制造了两架"X-50A蜻蜓"技术验证机(图2)以评估和验证停转式高速直升机的概念。但是两架技术验证机相继坠毁,DARPA认为是飞机在低速飞行时的控制能力不够,而且飞机机身的气动力矩对飞行速度和旋翼尾流强度非常敏感。在验证机的最后一次飞行时,由于尾流的影响,机身的俯仰力矩使飞机机头上仰,但是飞行控制系统没有能力把机身姿态稳定过来。

图2　波音"X-50A蜻蜓"技术验证机

2005年以来,西北工业大学针对"X-50A"多模式垂直起降飞行器飞行试验结果,开展了原理研究,围绕多模式垂直起降飞行器旋翼复杂流场干扰影响这一关键问题,研制了多模式垂直起降飞行器气动布局动态控制试验系统,通过大量的计算流体力学(CFD)数值计算和动态风洞试验,认识到"X-50A"采用的下置平尾的H形尾翼气动布局是引起其在低前进比条件下旋翼与机身之间产生强烈抬头力矩气动干扰的原因,也是导致其飞行试验失控的关键。针对分析得到的原因,西北工业大学创新性地提出了鸭式高T尾的气动布局形式(图3),将平尾布置在旋翼平面以上,从而避免旋翼下洗气流的直接冲击,减小下洗气流干扰引起的抬头力矩。同时,采用无铰旋翼桨毂而不是"X-50A"采用的跷跷板式桨毂,提高低速飞行时旋翼的操纵能力。这些措施的采用,保证了西北工业大学研制的多模式垂直起降飞行器顺利完成了飞行原理验证,在国际上首次实现了停转式多模式垂直起降飞行器全飞行过程的完整试飞验证,并在2014年7月被美国防务周刊(Defense News)重点报道,称西北工业大学研制的停转式多模式垂直起降飞行器成功进行了多次模式转换过渡飞行,把"不可能变成了可能"。

近年来,在预见了城市通勤和旅游观光等市场需求之后,Joby Aviation投入到了倾转旋翼电动垂直起降飞行器的研发中,同时该公司宣布加盟美国空军Agility Prime项目并与美国联邦航空管理局(FAA)商定了革命性倾转旋翼机的认证路线。与该思路不谋而合,电动垂直起降空中出租车公司(Archer)也宣布和美国空军达成了一项新的协议,并与Reef公司建立了垂直运输合作关系,他们推出的倾转旋翼飞行器(图4)具有6个位于机翼前缘处可倾转的旋翼和6个位于机翼后缘后的固定旋翼,具有240km/h的设计最大飞行速度,该型飞行器计划被用于洛杉矶和迈阿密之间的空港运输业务。此外,2019年,空中客车公司(Airbus)发布了其倾转机翼电动多模式垂直起降飞行器(图5)的飞行演示视频,其公司总裁表示该型飞机已经完成了1277次试飞,累计飞行时长51h,这是电动多模式垂直起降飞行器的又一次成功尝试,其设计最大飞行速度为220km/h,能够搭载一人完成50km距离内的市区飞行。

图3 鸭式高 T 尾气动布局

图4 Joby Aviation 与 Archer 公司的电动多模式垂直起降飞行器

图5 Airbus"Vahana"电动多模式垂直起降飞行器

3 科学问题研究进展

综合来看，为满足多模式垂直起降飞行器全模式安全飞行，目前的飞行动力学建模方法无法满足多模式垂直起降飞行器非定常高动态的飞行动力学建模需求，并且飞行器的控制技术并不成熟，性能不稳定，多模式垂直起降飞行器在全包线全模式飞行下的可靠性和安全性不能满足复杂任务的使用需求。具体如下：

3.1 高动态快变系统高精度动力学建模与分析

不确定因素影响分析与建模是当前飞行动力学建模领域亟待解决的关键问题。多模式垂直起降飞行器既有旋翼部件也有固定翼部件，随着飞行模式的变化，各部件之间气动干扰严重并呈现出非定常、非线性、高动态以及不确定性因素影响加剧等特点。针对现有的飞行动力学建模理论无法针对高动态、快变系统进行建模与分析，导致目前多模式垂直起降飞行器建模精度不高，无法模拟其全模式飞行过程的动力学特性的难题。开展多模式垂直起降飞行器动态飞行动力学建模与分析方法研究，建立综合考虑飞行器多样运行模式、多源干扰影响的通用飞行动力学建模理论，可进一步提高多模式垂直起降飞行器全模式飞行动力学建模精度，综合利用机理建模、风洞试验、数值计算、飞行试验等手段，研究如何针对多物理场多环境条件下的数据进行融合处理，并结合机理分析进一步提高多模式垂直起降飞行器飞行动力学模型的精度。

3.2 多源干扰条件下过驱动系统冗余操纵策略与鲁棒安全控制

多模式垂直起降飞行器具有执行机构冗余及系统多样运行模式的特点，给飞行器的控制分配策略带来了新的挑战。对于多模式垂直起降飞行器，控制分配还需要考虑执行机构操纵效能时变、操纵极限和操纵变化率极限等诸多物理与机械约束条件下同时兼顾系统的最小能耗等一个或多个优化目标，对高层控制器产生的期望虚拟输入进行合理分配。同时，在飞行器实际任务过程中，执行机构的故障状态、系统的不同运行模式以及外界环境的变化使得传统的采用预定不变的分配策略已经难以满足上述要求，因此需要开展过驱动系统冗余操纵策略研究，合理、有效地利用冗余的执行机构，建立综合考虑控制分配算法、系统多样运行模式、外部环境变化以及执行机构故障的控制分配管理系统。此外，飞行器动力学模型中的未知气动干扰，以及其他未建模动态等建模误差和外部未知干扰等形成的复合干扰，都会严重影响飞行器控制的安全性和可靠性。因此，在复合干扰和执行机构故障条件下，研究针对多模式垂直起降飞行器的新型容错与抗干扰安全控制方法和技术，实现飞行器对故障的"自愈"和对干扰的"免疫"功能，已经成为进一步提高此类飞行器安全性和鲁棒性的关键。

主要参考文献

［1］ SAEED A S,YOUNES A B,CAI C,et al. A survey of hybrid unmanned aerial vehicles［J］. Progress in Aerospace Sciences,2018,98:91-105.

［2］ GUILLAUME J J D,MIKE A. Review of designs and flight control techniques of hybrid and convertible VTOL UAVs［J］. Aerospace Science and Technology,2021,118:107035. 1-107035. 25.

［3］ CHEN R,YUAN Y,THOMSON D. A review of mathematical modeling techniques for advanced rotorcraft configurations［J］. Progress in Aerospace Sciences,2021,120:100681. 1-100681. 18.

［4］ WANG B,ZHANG Y. Adaptive fault-tolerant control allocation of an over-actuated hybrid fixed-wing UAV［C］∥AIAA SciTech Forum,［S. l. ;s. n.],2022:2079.

［5］ GAO H G,HE A,GAO Z H,et al. Flight dynamics characteristics of canard rotor/wing aircraft in helicopter flight mode［J］. Chinese Journal of Aeronautics,2019,32（7）:1577-1587.

［6］ HE A,ZHANG Y,ZHAO H,et al. Adaptive fault-tolerant control of a hybrid VTOL UAV against actuator faults and model uncertainties under fixed-wing mode［J］. International Journal of Aerospace Engineering,2022,2022:1-11.

［7］ LIU Z,HE Y,YANG L,et al. Control techniques of tilt rotor unmanned aerial vehicle systems:A review［J］. Chinese Journal of Aeronautics,2017,30（1）:135-148.

［8］ SATO M,MURAOKA K. Flight controller design and demonstration of quad-tilt-wing unmanned aerial vehicle［J］. Journal of Guidance, Control, and Dynamics,2015,38（6）:1071-1082.

［9］ MAY M S,MILZ D,LOOYE G. Dynamic modeling and analysis of tilt-wing electric vertical take-off and landing vehicles［C］∥AIAA SciTech Forum,［S. l. ;s. n.],2022:0263.

［10］ KE Y,WANG K,CHEN B M. Design and implementation of a hybrid UAV with model-based flight capabilities［J］. IEEE/ASME Transactions on Mechatronics,2018,23（3）:1114-1125.

撰稿人:王斑(西北工业大学)　高正红(西北工业大学)
　　　　曾伟(中国航空工业集团有限公司直升机设计研究所)
　　　　陈强(中航通飞研究院有限公司)

面向特殊场景的直升机起降动力学与飞行控制

Takeoff and landing dynamics and flight control for helicopter in special scenarios

1 科学问题概述

直升机作为现代军事装备发展的重要方向,执行了大量武装攻击、机动运输、搜潜反潜、侦查指挥和特种作战等任务,在世界各次局部战争中发挥了重要作用。民用方面,直升机在应急救援、护林防火、反恐缉私等维护社会安定和经济稳定的各个方面发挥着重要作用。由于直升机的特殊功能和军民两用的广泛性,直升机产业已经成为事关国家安全、经济发展、社会进步的战略性产业。显然,当直升机面向不同的特殊场景后,直升机的起降动力学机理特性也会变得不同。例如,挂载重物的直升机起降具有与无负载起降相差较大的模型结构引起的动力学特性。挂载的重物由于特种作战需求,其体重和模型结构多变,当直升机吊挂起负载后,空气流经挂载负载时易产生作用于直升机的未知气动力影响,使得直升机起降过程流场环境更加恶劣。直升机起降过程中由于旋翼转速较低,旋转产生的离心力较小,离心力提供的离心刚度也较小,兼之直升机旋翼桨叶长而窄,在受到外力时易产生较大的变形,因此在复杂流场状态下,直升机启动过程旋翼挥舞方向瞬态气弹响应易出现过大值,即桨叶产生过大变形。当直升机的桨叶出现过大变形时,可能会导致桨叶与机体碰撞的事故,严重影响特种直升机起降的安全性。近些年来,面向特殊场景的直升机启动过程出现桨叶与机体碰撞的事故时有发生,导致直升机损坏甚至人员伤亡的事件屡见不鲜。未来,重型直升机和远程高速直升机在高原战场环境下的应用、舰载直升机在航空母舰或其他载舰环境下的应用,直升机、地面/舰面环境、飞行员之间存在复杂的多系统耦合特性,直升机在地面操纵方面暴露出滑行方向难以控制、转弯困难、滑跑时俯仰振动大、地面/舰面共振等,极大影响了直升机的操纵安全。为了提高直升机起降的安全性,减少此类事故的发生,保护生命和财产安全,对于面向特殊场景的直升机起降过程动力学机理特性的研究必不可少。

现代战争的规模与复杂程度都较以往有了很大的提高,相应地,对特殊场景的直升机飞行品质和任务效能也提出了更高的要求。要在严酷的战场环境中完成对敌攻击又保存自己的任务,特殊场景的直升机必须能实施快速、准确的探测和对敌攻击,同时具有良好的操纵品质与高机动性、生存性。为满足这些要求,直升机不断增装各种先进的技术设备,如先进的数字式飞行控制系统、发动机控制系统、综合航空电子武器系统等,其中,先进的飞行控制系统在改善直升机的飞行品质、提高直升机的任务效能及生存性等方面起着至关重要的作用。近20多年来,随着对直升机性能要求的日益提高,其飞行控制技术得到了迅速发展,飞控系统已从传统的模拟式增稳装置、自动驾驶仪发展到今天的多余度数字式电传/光传操纵系统,并与发动机、火力控制等系统综合实现一体化控制与管理,大大改善了现代直升机的飞行品质,提高了现代直升机的性能和战场生存性。先进的电传/光传飞行控制技术已成为现代直升机综合控制的纽带,也是直升机升级换代的重要标志,也是直升机主动控制技术的基础。

为了解决这一问题,首先,要通过动力学分析来了解面向特殊场景的直升机起降过程中桨叶挥舞变形产生的原因,在对桨叶挥舞变形的影响因素有一定了解之后,可以通过对影响因素的控制从而达到对直升机起降过程桨叶挥舞位移的控制,提升特殊场景下的直升机起降安全性。动力学分析包括了模型结构动力学建模和气动力建模等一系列建模方法,而不同建模之间的耦合特性也是研究的重要内容。其次,直升机的飞行控制最有效的途径是采用以电传/光传飞控技术为基础的综合控制技术和主动控制技术。主要技术包括数字化及多余度技术、飞行控制律技术、综合控制技术、侧杆控制器、先进伺服作动器、光传技术等。

2　科学问题背景

随着我国经济实力的增强,特殊场景的直升机应用更加频繁,直升机起降过程也逐渐受到重视。特殊场景的直升机起降过程中由于流场的复杂性易出现桨叶挥舞过大的情况,影响飞行员的起降操作,甚至可能导致桨叶与机体的碰撞事故,不利于发挥特种直升机的优势,完成作战任务。特殊场景的直升机起降过程动力学及其控制研究对于理解挂载重物的特种直升机起降过程动力学原理,提高挂载重物的特种直升机起降的安全性,全面提升挂载重物的特种直升机起降效能有着重要的意义。为了适应现代化市场的需要,特殊场景的直升机飞行控制技术正向着扩大飞行功能,提高系统工作的可靠性、生存性,减轻驾驶员工作负担方向发展。因此,特殊场景的直升机飞行控制技术的研究也尤其重要。

3　科学问题研究进展

面向特殊场景的直升机起降过程动力学及其飞行控制包含了起降过程的动力学模型和飞行控制方案的设计,其中,动力学模型为旋翼直升机在特殊场景下的动力学方程的建立。

旋翼直升机在特殊场景下的动力学方程建立过程中,由于直升机升力的产生需要依靠桨叶旋转的特殊性,结构方面包含多种非线性耦合效应,包括桨毂刚性运动、桨叶绕铰刚性运动与桨叶弹性运动之间的非线性耦合效应,桨叶挥舞、摆振和扭转运动之间的非线性耦合效应等,而计算升力又涉及流体力学与结构动力学的耦合,因此在建模方面一直有巨大的难度。最初的直升机桨叶运动建模采用的刚性桨叶忽略了桨叶弹性变形,使得模拟方法精度严重不足。直升机桨叶长且窄,因此刚度有限,会产生较大的变形,桨叶模型弹性变形对桨叶运动模拟至关重要。为弥补桨叶模拟的不足,研究人员提出了弹性梁模型假设,并在此基础上进一步贴合桨叶的真实情况,提出了中等变形梁假设和大变形梁假设。这些假设的提出考虑了桨叶旋转过程中挥舞、摆振和扭转变形之间产生的非线性耦合效应,描述了桨叶几何非线性特性,使得桨叶运动模拟过程中桨叶弹性变形的模拟精度显著提升。针对桨毂、铰刚性运动与桨叶弹性运动非线性耦合效应,提出了有限转角模拟和基于广义力形式计算方法。

旋翼直升机在特殊场景下的起降过程控制主要是控制桨叶的过度挥舞,常采用的方法分为两种,一种是通过在桨叶上增加控制装置来抑制旋翼桨叶过大响应,另一种是通过在流场附近增加流场控制装置来控制流场从而抑制旋翼桨叶过大响应。桨叶上的控制装置目前的方向有桨距控制和改变桨叶外形等方法,根本原理在于通过改变迎角或升力系数从而改变桨叶所受的气动力,减小启动过程中桨叶的气动力变化从而减小桨叶挥舞位移。流场控制装置目前多为改变来流方向气流方向从而减缓甲板位置流场气流分离,从而减小桨盘位置流场变化,达到减小启动过程中桨叶气动力变化的作用。桨叶上的控制装置相比于流场控制装置来说,适用性更广,不会因为来流方向的变化而失去作用,但桨距控制对于飞行员的操作难度较大,而改变桨叶外形的方法对于直升机起飞后的飞行性能和稳定性可能会带来影响。由此可见,控制方法各有优劣,可以进一步研究适用性更广,对起飞后影响更小的控制方法。

特殊场景的直升机飞行控制技术,开展了直升机电传飞行控制设计技术的研究,包括电传飞行控制系统总体技术、非线性飞行动力学建模、多模态和轴间解祸飞行控制律设计方法、余度管理技术、电传系统的地面模拟试验等。

虽然特殊场景的直升机起降过程动力学及其飞行控制研究对于提升特殊场景的直升机起降和飞行控制的安全性具有十分重要的意义,但该研究仍旧存在以下难点需逐渐攻克:

3.1 特殊场景旋翼刚柔耦合大变形气弹动力学建模方法

旋翼在直升机起降过程中,桨叶的挥舞、摆振和扭转之间的非线性耦合效应,桨叶弹性挠度和刚性转动之间的非线性耦合效应,以及桨叶绕铰及随机体等的刚性运动在建模过程中都需要充分考虑,而桨叶属于细长结构,自身刚度相对较小,加之直升机起降过程旋翼转速较低,离心刚度较小,桨叶易出现过大的挥舞变形,进而可能出现旋翼与机体或者地面相碰事故。建立可以描述旋翼刚柔耦合大变形气弹动力学模型是研究特殊场景直升机起降过程动力学及其控制的技术难点之一。

3.2　旋翼/机体/负载刚柔耦合系统动力学建模方法

加装或者吊挂负载执行任务是直升机必须履行的使命,柔性旋翼、弹性机身、刚性或柔性负载组成了复杂的旋翼/机体/负载刚柔耦合系统,如何建立该刚柔耦合系统动力学模型,并考虑桨叶弹性变形、旋翼的操控、直升机的姿态变化、负载的运动等因素,并在此基础上耦合气动载荷,从而能有效描述各子系统间的耦合动力学特性,探讨该复杂系统部件间耦合机理,是进行特殊场景直升机起降过程动力学及其控制研究的基础,有着重要的科学意义和工程应用价值。

3.3　多系统耦合下直升机起降动力学建模与分析技术

未来,重型直升机在高原山区战场环境下的应用、舰载直升机在航空母舰或其他载舰环境下的应用,直升机、旋翼、操纵系统、地面/舰面环境之间存在复杂的多系统耦合特性,使直升机起降过程面临高速地面滑跑操纵动力学、复杂地形环境着陆动力学、复杂极端流场扰动着舰动力学等动力学问题,存在大非线性、气动/结构/系统耦合、随机干扰因素多等动力学建模和分析难题。开展复杂系统耦合动力学建模与分析技术研究是开展直升机操纵品质评估和直升机飞行控制系统设计的基础,对提高起降安全至关重要。

3.4　高原高速起降直升机地面滑跑稳定性分析技术

为节约燃料,提高起降安全性,未来重型直升机或高速直升机非战时在高原机场起降会更多采用滑跑起降方式,使直升机地面滑跑转弯速度大大提高。直升机高速地面滑跑改变了以往直升机地面运动的模式,当滑跑时受到地面扰动、侧风、单侧轮胎爆破漏气因素时,会导致侧滑、偏离跑道、摆振、翻倒等不稳定现象。考虑直升机起落架、轮胎、机身运动、机身刚度特性和旋翼、尾桨气动效应,建立直升机地面滑跑动力学分析模型,研究直升机在气动力矩系数、机身特性、起落架刚度和减摆器阻尼综合影响下的滑跑和摆振稳定性。

3.5　特殊场景下直升机地面操纵品质评估方法

随着直升机重量和滑跑速度不断增大,直升机地面操纵存在转弯困难、操纵稳定性差等问题,直升机地面操纵品质需要考虑直升机起飞、着陆状态下的重量、重心、速度包线的全范围内尾桨操纵、差动刹车转弯、操纵前轮转弯等各个模式下,直升机的动态稳定性,需要考虑直升机运动响应、系统操控速率、系统操控效率、系统操控响应时间、飞行员反应时间和飞行员操控响应时间等多种因素。建立飞行员-直升机-道面大闭环系统分析模型,并根据大闭环系统操纵特性和飞行员操纵规则、手册等建立直升机地面转弯操纵品质评判机制和评估方法。

3.6 特殊场景直升机外激励特征及模拟方法

特殊场景通常包括地面、舰面、沙漠及高原等，气象条件多变、气动环境复杂，带来了直升机气动外激励的非定常、非线性和随机等特性明显增强，因而需根据这些场景中气动环境的特性，总结和归纳直升机外激励的特征，建立适用于不同应用场景的外激励的数学模型，从而构建特殊场景直升机外激励描述方法，进而将外激励施加于直升机旋翼和机体以及负载等部件。应用于特殊场景直升机起降动力学行为的分析，外激励特征及模拟方法决定了直升机起降动力学行为分析的精准度和有效性。

3.7 特殊场景起降过程旋翼/机体/负载动力学行为

特殊场景起降时环境因素复杂，外激励的非线性、非定常和随机等特性势必导致直升机动力学行为的异常，进而引发危险状态。为避免特殊场景直升机起降过程中可能出现的危险状况，需较为准确地预测该过程旋翼/机体/负载系统的动力学行为，进而总结和归纳可能出现的危险状态，从而找到导致危险状态发生的机理和关键因素，为后续的动力学控制提供理论基础。旋翼/机体/负载动力学行为预测的准确度对后续控制方法的实现也会带来困难，增加为抑制该危险状态所附加的代价，进而降低直升机起降过程的飞行安全。

3.8 智能旋翼环境自适应变形操控技术

被动设计的旋翼难以适应不同环境的变化，智能旋翼能根据气动环境或者飞行状态的变化，优化旋翼参数进而达到较佳的环境适应性。随着新材料、变形结构和系统以及智能化控制技术的发展，智能旋翼的发展及应用极具潜力。特殊场景直升机起降面临复杂多变的气动环境，智能旋翼能感知环境变化、操控旋翼变形，进而达到安全起降的目标。智能旋翼构型众多，如何选择合适的智能旋翼构型以适应直升机起降环境，并付出较小的代价，是特殊场景智能旋翼环境自适应技术的关键技术之一，因此需分析和确认候选构型智能旋翼的变形操控能力及其环境适应性，从而将智能旋翼技术应用于提升直升机起降安全中。

3.9 特殊场景旋翼桨叶过大挥舞响应控制方法

直升机在起降过程中，可能受到突风、紊流、冲击等影响，再加上转速较低带来的离心刚度小，容易发生桨叶与机体或者地面相撞等事故。为有效控制旋翼桨叶起降过程过大挥舞，需根据起降场景飞行环境，探究桨叶挥舞产生的机理及关键因素，进而制定适合的过大挥舞控制方法和控制策略,从而有效降低挥舞响应以提升飞行安全。

3.10 特殊场景起降过程直升机鲁棒控制方法及其实现

旋翼/机体/负载组成的耦合系统动力学特征复杂,刚柔耦合带来系统动力学模型具有时变特征,这些因素势必导致所建模型存在较大不确定性;特殊场景外激励复杂,外激励的非定常、非线性和随机等特性势必导致外部扰动的不确定性。内部的建模误差和外部的强干扰势必导致常规的控制方法难以适应特殊场景起降过程直升机飞行控制,需采用鲁棒控制方法,针对起降过程中存在的不确定性,设计相应的控制器,保障起降安全。

主要参考文献

[1] HAN D, WANG H W, GAO Z. Aeroelastic analysis of a shipboard helicopter rotor with ship motions during engagement and disengagement operations [J]. Aerospace Science and Technology, 2012, 16(1):1-9.

[2] LUO X M. Prospect analysis of domestic civil helicopter development [J]. Aeronautical Manufacturing Technology, 2015, 58(3):12-15.

[3] TIAN X, SHEN Y J, MA X Y. Rotor active control technologyresearch [J]. China Science and Technology Information, 2019(Z1):37-44.

[4] HAN D, DONG C, WEI W, et al. Research progress in performance of adaptive rotor [J]. Acta Aeronautica et Astronautica Sinica, 2018, 39(4):1-14.

[5] HAN D, YU L, BARAKOS G N. Transient aeroelastic response control of shipboard rotors during engagements by Gurney flaps [J]. Journal of Aircraft, 2019, 56(2):837-841.

[6] XU W J. Artificial intelligence technology in helicopter [J]. Electronic Technology & Software Engineering, 2020(2):153-154.

[7] WANG F, ZHANG J Y. Development and key technology of electric helicopter [J]. Modern Manufacturing Technology and Equipment, 2020(1):144-145.

[8] LYU S J, YANG Y, HAN Z F. Research on the development of military helicopter intelligent and autonomous control technology [J]. Aeronautical Science & Technology, 2020, 31(10):36-40.

[9] YANG J, ZHAN Y M, HONG B. Development status and plans of world military helicopter industry [J]. Helicopter Technique, 2020(3):68-72.

[10] KNOWLES J A C. Bifurcation Study of a Dynamic Model of a Landing-Gear Mechanism [J]. Journal of Aircraft, 2016, 53(5):1468-1477.

撰稿人:*魏小辉(南京航空航天大学) 韩东(南京航空航天大学)*

复杂环境下有人-无人集群协同飞行方法

Cooperative flight method for swarms with manned and unmanned aircraft

1   科学问题概述

人工智能已经是国家乃至全世界重大的发展战略和产业,也给无人机技术升级带来了良好契机。随着人工智能技术的深度发展,无人机的潜力不断被挖掘,也使得近年来有人-无人集群系统的协同飞行策略备受关注。如何提升飞机编队的自主作战能力,使有人机和无人机更好地优势互补成为各军事大国的研究重点。

有人-无人集群协同飞行是指少量有人飞行平台和大量无人飞行平台分工协作——有人机负责执行决策、指挥等任务,而无人机负责执行危险的作战任务。通过各飞行平台之间的协同工作,一方面可使作战能力倍增,另一方面利用无人机实现对有人机的保护,可大幅提高体系作战的抗毁伤能力和鲁棒性。因此,要成为未来军事强国,研究有人-无人集群协同飞行理论及其关键技术已成为必然。

早在 2015 年,美国就提出了"忠诚僚机",即有人机带着无人机编队执行飞行任务的计划。2019 年 3 月,"XQ-58A 女武神"战斗无人机在亚利桑那州尤马试验场首飞成功,标志着基于"有人机-无人机编队飞行技术"的"忠诚僚机"计划正逐步变为现实。在多智能体协同控制、自适应控制、通信组网等理论与技术的牵引下,编队飞行控制技术在国内近年来发展较快,取得许多卓有成效的研究成果。但是,要真正实现有人-无人集群协同执行任务,需要解决其难以适应复杂、动态变化环境这一瓶颈问题。有人/无人集群混合飞行需要个体快速感知自身状态、环境、态势信息等并与其他个体交互共享,以快速分配任务、优化资源配置。然而全球定位系统(GPS)拒止、通信受限等复杂环境给有人机、无人机的环境感知以及信息交互带来严峻挑战。另外,无人机、有人机自身有典型的复杂性特征,如个体的动力学特性不同、动力学行为易受外部环境干扰、信息交互具有随机性及滞后性、系统的网络拓扑具有方向性、集群系统的执行器存在饱和等,而战场态势瞬息万变,如何进行大机动的协同运动并快速收敛至期望编队极具挑战。因此,研究在未知、空域复杂、通信受限等复杂环境下的有人-无人集群协同在线感知、决策与控制的相关理论、关键技术与工程实现至关重要。

2   科学问题背景

早在 2005 年,美国国防部发布的《无人机系统路线图 2005—2030》中,将无人机的全自主集群作为最终发展目标;2015 年 9 月发布的《空军未来作战概念》顶层战略文件、

2016 年 5 月发布的《2016—2036 年小型无人机系统飞行规划》中,都提出了无人机集群的作战概念。在 2015 年,美国空军研究实验室(AFRL)正式启动了"忠诚僚机"的概念研究,旨在通过为"F-16 战隼"战斗机设计和研制一种人工智能模块,增加无人机自主作战能力,确保美国空军在未来战争中实现无人驾驶的"F-16"四代战斗机与"F-35A"五代战斗机之间形成高低搭配,通过有人-无人编队协同作战,有效摧毁空中和地面目标。国内在近几年也将无人集群技术、协同控制技术等作为发展重点。国务院在 2017 年印发的《新一代人工智能发展规划的通知》中指出,要面向自主无人系统研究协同感知与交互、协同控制与优化决策等。2020 年,中国科学院发布的《2019 年人工智能发展白皮书》中,将"集群智能技术"列为八大人工智能关键技术之一。《科技创新 2030——"新一代人工智能"重大项目》部署中也将面向高动态、不确定、资源受限等复杂环境的集群无人系统规划、决策与控制技术,人机协同技术等作为 2020 年第一批发布的项目指南之一。因此,为保障我国在集群智能领域的世界引领作用和技术优势,争夺技术的制高点,深入开展有人/无人集群的协同感知、决策与控制一体化技术的研究迫在眉睫。

然而,复杂环境下有人/无人集群协同感知、决策与控制一体化充满挑战。有人/无人机集群需要积极采取饱和攻击、协调避障,以及队形分散、集中、跟随和援助等有利策略来提升对复杂环境的适应性。但是在复杂的环境下,面对电磁环境恶劣、通信受限、地形复杂的情况,卫星、无线电等导航手段往往会失效。不依赖外界信号的视觉导航等自主导航起到关键作用,却面临可靠性不高、无法全天候工作等难题。为提高集群的任务执行效率,缩短飞行时间,需要在任务环境中快速飞行与穿越,这就要求在实时环境感知的基础上进行实时决策和规划。在面对信息不完全的复杂环境时,传统规划方法不易处理任务执行中可能出现的多机任务冲突,而大规模计算手段又缺乏实时决策能力。在控制方面,复杂环境下无人机遇到阵风等干扰时,路径规划和轨迹跟踪控制具有不确定性、强时变非线性等特点,并导致无人机姿态角不能收敛,甚至控制器失效。

综上所述,有人/无人集群系统面临着诸多挑战,尤其是实现协同感知、辅助决策和联合控制三者的一体化,不仅需要单独解决各个应用环境所面临的技术问题,更要解决一体化带来的协调问题,这无疑加大了集群系统的实现难度,也是未来智能化作战必须要解决的问题。

3 科学问题研究进展

对航空器所处环境与自身状态的精准感知是实现在复杂环境协同自主飞行的核心基础。其通过引入多个传感器进行探测,明确系统周围环境信息。对于卫星信号较弱或失效环境,此时可充分利用视觉信息以及多机信息交互实现定位。未来的研究主要是围绕如何精准估计飞机自身位置与速度。其面临的核心问题是如何更好地融合多传感器信息得到更为精准的定位。目前对于环境感知,国内外研究集中在本体状态感知、协同环境感知与理解两个方面。截至目前,国内外学者进行了很多探索,提出了一些自身状态环境感知中有关问题的方法。针对协同感知,国内外开展了大量的研究工作,美国海军研究局于2015年公布了"低成本无人机蜂群"(LOCUST)项目,研发可快速连续发射的无人机蜂群,无人机之间利用近距离射频网络共享态势信息,协同完成感知并执行任务。2017年美国国防高级研究计划局(DARPA)组织实施了"进攻性集群战术"(OFFSET)项目,其目标是发展跨域协同感知,能够为城市作战提供高可靠、实时的态势信息并以此为基础实现高智能的集群战术。传统的视觉SLAM系统一般是一个机器人进行定位和建图任务,但对于大范围环境,通过机器人之间的协同往往可以提高效率。为实现多智能协同构图,Patrik等人提出了CCM-SLAM——能够在未知环境中进行协同建图。整个系统包括一个中央服务终端和多个运行在各个机器人上的子端,每个机器人子端可以独立自主地运行SLAM前端视觉里程计,建立局部的子地图;服务器端用来处理所有机器人子端的地图数据,合并和优化各个智能体的地图,并在适当的情况向它们传播信息,使它们能够协作。为实现去中心化的协同感知,Zhou等人提出了EGO-Swarm,该系统仅使用机载设备即可在未知富含障碍物的场景中实现多机器人自主导航,每个无人机上使用独立的视觉惯性里程计实现环境感知,然后规划各自的轨迹,通过不可靠的轨迹共享网络,在几毫秒内即可生成安全、平滑且动态可行的集群轨迹。为降低感知的误差,通过使用深度图像中的无人机检测来纠正无人机之间的相对定位漂移。

针对有人/无人机协同决策问题,国外开展了大量的理论研究、计算机仿真实验与实际飞行测试。相关研究最早见于美国波音公司与麻省理工学院(MIT)于2003—2004年进行的合作项目,该项目背景是一架"F-15E攻击鹰"有人战斗机指挥控制一架"T-33"改无人机完成侦察搜索任务。美国洛马公司也曾提出战斗机交战管理(Fighter Engagement Manager,FEM)的概念,将4架小型多用途的"UCAV"与"F-22猛禽"战斗机组成联合编队,从事高难度的压制敌防空系统的任务,其中,"F/A-22"上部署的任务战斗管理系统具有辅助决策功能,可为分布式多机协作提供基础。英国QinetiQ公司曾开发了一套有人/无人机协同控制软件系统,采用多智能体系统推理技术,有人机将任务分配给无人机后,无人机自行组织,独立完成各自任务。2015年,美国空军提出了基于"有人/无人机编组技术"的"忠诚僚机"概念,在有人/无人机编队作战中,无人机以"忠诚僚机"的姿态负责高危前突任务,而有人机则承担了编队指挥的角色,在作战任务过程中进行作战任务分配和统筹管理,实现对作战任务的分解、分配、管理与监控等,达到编队之间在时间、空间上的协同与配合。国内方面,部分院校和科研机构近年来也陆续开展了相关研究。空军工程大学曾在2016年就在解决编队协同作战决策分配问题方面提出基于区间直觉模糊多属性决策(Internal-Valued Intuitionistic Fuzzy Multiple Attribute Decision-Making,IVIFMADM)方法,综合处理在决策过程中出现的属性值和专家建议的不确定性。在2021年,又针对有人/无人机作战系统中的交互式协同决策问题提出了基于混合模糊认知图(Hybrid Fuzzy Cognitive Map,HFCM)的决策方法。

有人-无人集群协同控制根据控制结构可分为集中式控制、分散式控制以及分布式控制。集中式控制是最常用的控制方法,往往采用Leader-follower和虚拟结构策略,在通信良好的条件下此方式更易实现最优的编队控制。但是,由于编队过度依赖领导者,可能使飞机编队因为领导者故障而失去稳定性,同时此种方式的通信负载会随着飞机个体数目的增加而增大。分散式控制无中央控制器,往往采用基于行为法的控制策略,无人机对应相互独立的控制器,且只掌握无人机集群中的部分状态信息。因此,很难保证全局最优的编队飞行状态,但具有模块化及可扩展等优点。分布式控制不需要中心节点,往往采用基于一致性方法的控制策略,各个无人机依靠局部邻近子系统的交互信息来计算控制量,使得单个无人机的通信负载大幅降低,在通信条件较差的环境中更加稳定。但是,由于分布式控制基于集群局部信息的特性,难以获得全局最优解方案。传统的集群协同控制主要考虑编队形成与编队队形的维持,而在动态图论、多智能体协同控制、自适应控制等理论的牵引下,编队飞行控制技术在近年来逐步朝高动态、可扩展、智能化方向发展,基于容错控制、自抗扰控制等策略的时变编队控制方法逐步发展起来,更加贴合工程实际应用。基于强化学习的多智能体协同方法也得到了广泛研究,但是由于网络特性的不同,传统的针对其他通信网络的研究成果不能直接用于无人机集群网络,因而基于强化学习的多智能体自主协同应用逐渐成为未来无人机多智能体自主协同的一个研究热点。

综上,国内外学者进行了很多探索,提出了感知、决策与控制中有关问题的解决方法,但是为实现高效、可靠、功能互补、任务容错及灵活性(适应性、可扩展性和可维护性)的协同控制,满足日益复杂的复杂环境下有人-无人集群作战任务,仍存在以下问题亟待解决:

3.1　复杂多样化环境下在线协同感知

在战场、灾害等复杂环境下,极有可能会受到多方面的干扰,如卫星导航信号屏蔽、多机间通信干扰,极大降低了飞行器对自身状态和环境的感知能力。这时只能依靠飞机自身的传感器信息,如相机、雷达等数据维持自身定位;对于集群,需要通过多机的数据传输和分布式优化来提升整体的感知能力。因此,揭示环境不确定性对导航性能的影响机理,制订轻量、稳定的数据传输协议,制订好的分布式优化算法,提高有限传感器下的自身状态估计、多传感器在多飞行平台上的融合精度、鲁棒性以及计算速度,是集群协同感知迫切需要解决的问题。

3.2　有人/无人协同在线决策

未来的有人/无人机编队协同作战中,无人机的数量将远大于有人机数量。如果有人机飞行员不仅要操纵有人机完成一定的作战任务,还要负责编队指挥控制和战术决策的功能任务,其同时高效完成多项任务的难度将大幅增加。因此,在有人/无人机编队指挥控制系统中,无人机应具备智能决策能力,可在有人机飞行员给出的较高自主性等级的指令下工作,从而降低有人机飞行员的工作量,增强整体作战效能。因此,在计算能力有限的情况下,针对信息不完全的环境,提高决策的自主性和速度是需要解决的关键问题之一。

3.3　时变无人集群协同控制

为充分发挥有人-无人机协同中的无人机集群优势,协助有人机完成任务,需要提高其集群控制性能。时变特指由于飞行环境的复杂性、扰动的不确定性造成的集群构型、数量上的变化。在复杂飞行环境、不确定大气扰动、高密度集群的情况下,如何设计分布式避障和防碰撞的集群协同控制器以确保无人机集群的飞行安全十分关键。随着多无人机作战任务多样化、系统复杂化,无人机发生故障的概率不可避免地会增加,甚至导致严重的飞行事故。针对无人机的潜在故障,设计满足多样化故障类型的无人机集群容错协同控制器也十分必要。

3.4　智能感知、决策与控制一体化

集群中各个平台之间存在协同观察、协同判断、协同决策和协同行动的交互性关系,并且具有感知、判断、规划、决策、协同等高级别的自主能力,这将成为飞行器体系的发展趋势。目前单机的感知、决策或者控制都有智能方法,但是对于集群这种存在通信不确定、环境感知信息不完全等问题的多智能体,传统的智能方法仍存在较多的限制。因此,单体基于自身知识以及对环境、自身和态势的理解,通过在集群的交互中进化,增强和其他群体间的学习并进行规则更新,获得完成多种任务的能力,表现出整体行为效果最佳的宏观智能,是需要解决的关键问题之一。

主要参考文献

[1]　谷海波,刘克新,吕金虎.集群系统协同控制:机遇与挑战[J].指挥与控制学报,2021,7(1):1-10.

[2]　孙盛智,孟春宁,侯妍,等.有人/无人机协同作战模式及关键技术研究[J].航空兵器,2021,28(5):33-37.

[3]　XING D,ZHEN Z,GONG H. Offense-defense confrontation decision making for dynamic UAV swarm versus UAV swarm[J]. Proceedings of the Institution of Mechanical Engineers,Part G:Journal of Aerospace Engineering,2019,233(15):5689-5702.

［4］ CHEN L,ZHAO Y ,XU S ,et al. DenseFusion:Large-Scale Online Dense Pointcloud and DSM Mapping for UAVs［C］//2020 IEEE/RSJ International Conference on Intelligent Robots and Systems (IROS). New York:IEEE,2020.

［5］ 杨伟.关于未来战斗机发展的若干讨论［J］.航空学报,2020,41(6):8-19.

［6］ 李霆,布树辉,尚柏林,等.飞行器智能设计愿景与关键问题［J］.航空学报,2021,42 (4):213-230.

［7］ MARSHALL J A,SUN W,L'AFFLITTO A. A survey of guidance,navigation,and control systems for autonomous multi-rotor small unmanned aerial systems［J］. Annual Reviews in Control,2021,52:390-427.

［8］ 邹丹平,郁文贤.面向复杂环境的视觉感知技术现状、挑战与趋势［J］.人工智能,2021 (4):104-117.

［9］ 张婷婷,蓝羽石,宋爱国.无人集群系统自主协同技术综述［J］.指挥与控制学报, 2021,7(2):127-136.

［10］ 杨建军,赵保军,陈士涛.空中"分布式作战"概念解析［J］.军事文摘,2019(03): 11-15.

撰稿人:谢峰(中国航空工业集团有限公司成都飞机设计研究所)

王祎敏(中国航空工业集团有限公司西安飞行自动控制研究所)

李霆(西北工业大学)　布树辉(西北工业大学)　王斑(西北工业大学)

航空人机智能混合决策与共享控制

Intelligent man-machine hybrid decision making and shared control for aircraft

1　科学问题概述

随着航空器智能化、自主化程度逐渐提高,航空航天飞行器在生产生活中承担更多种类的任务已经成为一个显著的发展趋势。然而,面向复杂环境、实时响应、信息不完整、边界不确定、任务多样性的实际工程应用,智能飞行器在运行过程中不可避免地应对具有动态变化和多目标任务的复杂场景。目前的智能飞行器及其控制决策方法普遍表现出适用场景单一、可承载任务复杂度有限和可靠性低等特点。针对单一智能飞行器的可执行任务能力不足,无人驾驶飞行器多以集群或编队的形式出现,由此带来更为复杂的态势感知、编队控制、任务规划等问题导致智能体很难独立完成,需要在确保安全的前提下人为干预、协同执行任务,实现"人在回路中"向"人在回路上"的转变。因此,研究可以提升智能飞行器的人机协同控制决策与共享控制的方法,已经成为智能飞行器设计中人机协同、人机混合智能方法进一步推广和发展所急需的关键命题。

近年来关于飞行器智能自主化以及人机协同决策理论框架的研究方兴未艾,众多学者做出了许多卓有成效的研究,但时至今日,人机协同决策系统依旧难以在复杂环境和多任务下规模化应用,总的来说有以下五大瓶颈:①对于先验模型的依赖度高。现有人机协同方法多为基于模型驱动的方法,需要较为准确的对于环境动态转换和人行为决策的模型假设。因此,主要面向环境状态空间与任务行动目标较为固定的应用场景。面对具有高动态变化、多任务目标以及充满随机突发干扰的复杂场景,现有的理论与方法难以适用。②数据收集成本高、难度大的问题。为了拓展人机协同控制方法的应用场景,近年来基于数据驱动的无模型方法得到了重点研究,但面向复杂环境时,为了应对各种突发情况,需要收集大量的训练数据,同时模型训练效率低的问题也极大增加了操作人员的工作负荷。③人机协同效率仍待提高。目前,人机协同飞行器决策控制方法效率低下,现有人机协同方法难以保证高效且准确的人机交互时机判断与选择,协同局限于一对一模式,难以充分发挥人机协同决策系统的效能。④人机协同系统在复杂多变环境中泛化能力差。现有的控制方法多基于理想模型建模或在特定的高保真模拟环境进行交互学习,许多假设与工程实际存在较大差异,此外,测试验证也多基于特定场景、特定任务进行,验证手段较为单一、说服力较弱,难以满足全场景复杂工况的实际需求。⑤针对任务场景的人机智能系统测评,面向安全指标,人机组队等综合工效评价的工效问题。围绕人和机组合的态势感知进行,不同于只考虑人的态势感知的传统工效方法,从测评和分级上保证人机智能系统的安全性,具有挑战性。

因此,在解决实际复杂环境与任务下人机混合决策和共享控制问题的过程中,还需要面向真实环境中复杂环境、实时响应、信息不完整、边界不确定、任务多样性等特征,构建高可靠性和泛化性的共享控制决策模型;引入以任务目标成功率为主要监督指标的训练体系,建立面向全局最优的人机协同决策控制机制;考虑实际工程系统动态时延、随机不可测干扰等影响因素,形成面向真实任务环境的人机协同系统验证与分析范式;通过构建各类复杂场景和任务,研究人机协同决策控制方法机制,最终实现泛化性强、可靠性高的人机混合决策和共享控制方法。

2　科学问题背景

复杂任务下的飞行控制一直是现代飞行器设计和应用的难点。在复杂任务下,飞行环境的变化、驾驶员行为的不确定性,以及飞行器系统可能发生的突变,将导致驾驶员-飞行器闭环系统呈现非线性时变特征。此时要求驾驶员运用已有的知识对当前的飞行态势进行逻辑推理和判断决策,这对驾驶员的智能控制水平提出了更高的要求。驾驶员大脑工作负担的增加大大提高了人机不良耦合发生的概率,影响飞行器性能的发挥,进一步影响飞行器的作战效能和飞行安全。驾驶员已成为影响飞行器飞行安全和性能发挥的关键。

驾驶员行为的模型化是研究人机不良耦合问题的主要方法。针对复杂任务下人机系统的非线性、时变性和不确定性,不再局限于将驾驶员模型描述为一个连续的伺服控制机构,或是独立的离散决策模型,而是建立一个包括驾驶员信息融合、逻辑推理、判断决策和控制行为的智能化模型,既可为现代飞行器飞行安全适航验证提供必要的技术手段,也为未来有人驾驶飞行器的智能控制系统设计、无人驾驶飞机高级自主飞行奠定基础。

具有自适应的智能控制器能够帮助驾驶员实现安全飞行,避免飞行器失控。目前基于模型的非线性动态逆为代表的自适应非线性控制算法已经能够实现对于非线性时变特性的捕捉,以及相应的自适应控制策略的调整。但仅局限于既定的典型案例,甚至是单一情况,面对更为复杂的飞行条件、系统特性突变,还需要依靠驾驶员的高级智能行为进行感知信息融合,判断故障类型,并给出合理的控制策略,这需要驾驶员和控制器共同实施控制。一方面,智能体可以利用优异的算力、历史数据的积累为飞行员提供参考,甚至在飞行员失能的条件下参与辅助控制以保证人机安全;另一方面,在面对复杂态势瞬变信息的情景下,通过飞行员"人在回路上"的决策判断,以及对"势"的预测,有效区分"虚假信息"带来的安全问题,实现人机混控的相互促进,实现人机协同任务的顺利执行。

在目前的技术下,智能控制器尚无法完全代替驾驶员的工作。当前研究的关键是人机混合决策与控制问题,这需要针对飞行任务要求分析控制需求,对比驾驶员和飞行控制系统在感知、决策和执行各个层面的优劣,通过构建智能人机系统的综合评价准则,形成人机共商的最优决策机制。人机智能混合决策和共享控制的实现为进一步实现无人驾驶飞机自主飞行奠定了基础。人机一体化智能混合决策与控制的实现不仅在航空领域有明确需求,在汽车、船舶等有人/无人驾驶交通工具的控制系统设计和安全运行中也有重要应用前景。

3　科学问题研究进展

人机智能混合决策与共享控制系统以态势感知作为输入,面向人与机器单独无法完成的复杂任务,提供可以有效结合人机决策的行为指令。根据智能人机一体化技术,考虑驾驶员与自动器在整个系统中的平等参与,主要形成人主机辅、机主人辅、人机协同三种人机混合决策方式。依据人机协同控制模型训练方式以及面向的实际工程应用难点的不同,目前对人机智能混合决策与共享控制的研究主要分为三种技术路线:基于模型驱动的路线、基于数据驱动的路线、基于智能体主动学习与交互的路线。

3.1 基于模型驱动的路线

基于模型驱动的路线是当前人机智能混合决策的主流路线,并在各类复杂人机协同工程任务中得到广泛验证。该路线通过先验的假设模型推断人的行动目标,根据确定的行动目标利用算法模型选择最优行动来实现这些目标,解决人机协同的问题。该路线的方法往往需要先验知识,细模块化路线存在以下难点:面向复杂的飞行任务场景,环境转换模型难以获取;面向复杂多变的行为状态空间,难以通过学习得到准确的人的动态行为预测模型;面向环境扰动与状态噪声,该技术路线训练的模型难以进行环境与任务间的泛化。

总体上,基于模型驱动的路线通过给定的先验环境与知识模型,得出的算法非常适合可以直接硬编码或学习这些知识的领域。

3.2 基于数据驱动的路线

纵观过去几十年人工智能的发展,几乎所有成功的经验都是基于统计学习。而统计学习的本质就是从数据里面找到规律。基于数据驱动的方法被广泛研究,并在工程上初步探索实践。该路线的关键思想是学习从环境观察和人的输入到智能无人设备动作的端到端映射,基于深度强化学习理论,将任务奖励作为主要的模型训练监督形式。目前,大部分人机共驾的算法和模块是数据驱动的。从效果上来看,基本都是数据驱动的训练模型要优于基于规则或者优化的模型,尤其是感知和预测。在自动驾驶领域流行的端到端模式可以说绝对是数据驱动的,因为传统的优化和规则方法无法处理如此复杂的系统设计和公式化。无环境模型假设路线存在以下难点:面向复杂任务场景,模型训练数据量要求高,模型可解释性相对较差;数据驱动路线的人机决策融合模块难以建模求解,考虑到训练时对于人可承担工作负荷的考量,对高效的求解算法需求度较高;由于数据中人的协同决策部分来源于协作人的操作,收集不同人的决策数据难度大,模型在不同人之间的泛化性较差。

总体上,该路线将环境态势感知和人的行为决策直接生成智能体的控制指令,尽可能减少对于先验模型知识的依赖,并通过丰富不同类别的数据解决基于模型所带来的不同任务场景间的泛化问题。

3.3 基于智能体主动学习与交互的路线

人机协同决策控制在智能体整个任务执行周期中存在的时机,对于决策效率甚至是成功率的提升是至关重要的。智能体主动学习与交互路线集成了滑动自制与主动学习的思想,仅在遇到挑战和不确定情况时主动寻求人机协同,绝大部分常见环境状态与任务目标下,智能体独立完成任务。该路线存在的难点集中于智能体对于合理交互时机的判断与学习:对于交互判断模型通过基于数据的方法进行训练,数据量要求高、模型可解释性差;而使用基于模型的方法,求解复杂度高,先验模型假设难以获取;该路线的模型工程验证多为可以控制风险的任务场景,缺少具有大量突变以及干扰噪声的环境验证。

总体上,智能体主动学习与交互路线可以提升人机协同效率,是实现从"一对一"到"一对多"人机协同的理论与技术基础,不再需要协同人员全程对单一智能体行为进行监督。

3.4　总结与展望

综上所述,针对"人主机辅""机主人辅""人机协同"三种人机混合决策方式,结合当前技术发展基础以及面向未来的任务需求,最大限度地挖掘人机混合控制的综合效能,通过自动控制与智能手段把驾驶员从人工控制任务中解放出来。现有的人机智能混合决策与共享控制技术围绕上述三种技术路线展开,然而三种技术路线针对人机协同实际工程应用的不同难点,体现出不同的优劣势与成熟度,因此未来研究趋势及发展潜力有所不同:

(1)基于模型驱动的路线。模型可解释性强,对特定环境与任务场景模型稳定性高,理论研究与工程验证最为深入。但其需要环境动态转换和人的行为决策目标的先验模型,适用的任务场景有限,需要其他方法对其进行补充。

(2)基于数据驱动的路线。通过从数据中挖掘从环境观察和人的输入到智能无人设备动作的端到端映射关系,可以有效降低对于模型先验知识的依赖,应用场景广泛。但其需要大量的训练数据,对于数据未覆盖的突发应变情况模型稳定性较差,未来需进一步提升模型的训练效率与模型应对突变的能力。

(3)基于主动学习与交互路线。立足于提升人机交互效率,减少人机协同中人的工作负荷,极大提高人机协同决策控制方法的工程应用价值。然而人机协同在整个任务周期中的合理任务分配与交互时机选择的理论分析方法需要进一步研究,人和机的操作逻辑和应用场景有很强的互补性,可以互相借鉴学习从而为智能交互模型的训练提供更为高效与准确的监督引导。

主要参考文献

[1] 钱学森,于景元,戴汝为.一个科学新领域——开放的复杂巨系统及其方法论[J].自然杂志,1990(1):3-10.

[2] 郑利平,刘晓平.人在回路仿真运行有效性评估方法研究[J].系统仿真学报,2007,19(7):1417-1420.

［3］ SEGAL M. A more human approach to artificial intelligence［J］. Nature,2019,571 (7766):18.

［4］ STERNBERG R J. Human intelligence:The model is the message［J］. Science,1985,230 (4730):1111-1118.

［5］ PAVEL M D,MASARATI P,GENNARETTI M,et al. Practices to identify and preclude adverse Aircraft-and-Rotorcraft-Pilot Couplings-A design perspective［J］. Progress in Aerospace Sciences,2015,76:55-89.

［6］ BEN X,REN Y,ZHANG J,et al. Video-based facial micro-expression analysis:A survey of datasets,features and algorithms［J］. IEEE transactions on pattern analysis and machine intelligence,2021,44(9):5826-5846.

［7］ JAVDANI S,ADMONI H,PELLEGRINELLI S,et al. Shared autonomy via hindsight optimization for teleoperation and teaming［J］. The International Journal of Robotics Research, 2018,37(7):717-742.

［8］ PAVEL M D,MASARATI P,GENNARETTI M,et al. Practices to identify and preclude adverse Aircraft-and-Rotorcraft-Pilot Couplings-A design perspective［J］. Progress in Aerospace Sciences,2015,76:55-89.

［9］ CHEN C,TAN W Q,QU X J,et al. A Fuzzy Human Pilot Model of Longitudinal Control for a Carrier Landing Task ［J］. IEEE Transactions on Aerospace and Electronic Systems, 2018,54(1):453-466.

［10］ NUNES A,REIMER B,COUGHLIN J F,et al. People must retain control of autonomous vehicles［J］. Nature,2018,556:169-171.

撰稿人:李可(北京航空航天大学)

无人飞行器流动感知和运动预测

Flow perception and motion prediction of UAV

1 科学问题概述

当飞行器在空中飞行时,飞机运动或姿态的变化主要由气动力和气动力矩的变化所导致,而气动力和气动力矩又是机体表面压强积分的结果,机体表面压强的大小其实是由绕飞机的流动状态所决定,运动或姿态的变化又会影响飞机绕流的特征。因此,这四者之间存在明显的耦合关系和相互作用。

在现有的无人飞行器飞行过程中,最初始的扰动是来源于流场流动结构的变化,改变机体表面的压力信息,继而产生飞机作用力变化,进而改变飞行器的运动状态。因此,流场条件的变化必然优先于飞机实际的惯性响应,这当中存在一个明显的先后发生顺序。

然而,现有的无人飞行器,对于姿态和运动趋势的判断基本上依赖于惯性元件,只有当飞行器的姿态真实发生显著变化时,控制系统才会感知到,这其中就存在一个信息传递和感知延迟的问题。虽然在巡航阶段,这种对周围流动状态和运动趋势的感知延迟并无显著影响,但是当飞行器面对极限飞行条件,如空中格斗机动、大攻角飞行、尾旋等时,这种延迟带来的影响将有可能是致命的。

综上所述,我们提出了一个科学问题或者是设想,就是如何通过在飞行器发生真实的运动之前,通过表面的压力信息提前感知到流场流动结构的变化以及气动力/力矩的变化,从而能够先于传统惯性元件判断飞行器运动姿态的变化趋势和大小。

换句话说,当飞行器在飞行过程中,能否仅仅通过表面有限的测压点信息,就能够关联与重构当前的空间流场结构,进而快速推算机体的实时气动力/力矩,从而提前判断全机的运动趋势和姿态。

2　科学问题背景

在多样化作战需求牵引、颠覆性科学技术推动以及经济投入的支撑下,世界主要军事强国正加快对空军武器装备的探索与发展,加大对现役装备的升级改进。历经数十年的技术积累,人工智能技术迎来黄金时期,智能飞行技术随之蓬勃发展。2016 年,美国辛辛那提大学旗下的 Psibernetix 公司开发了人工智能飞行员"阿尔法 AI",在空战模拟中完胜具有丰富驾驶和作战经验的人类飞行员,这意味着人工智能技术的应用,将成为下一代先进战机的重要发展方向。

随着未来对智能化无人机需求的不断提高,传统有人机上的传感设备和飞控系统已无法满足使用需求。虽然"电脑"比"人脑"的运算速度更快,反应时间更短,但是无人机的飞控系统更加依赖高精度、高可靠性的传感设备和控制算法,需要大量的数值模拟、仿真以及风洞试验构建数据库,对感知系统和控制算法进行验证,从而为无人机在极端飞行条件下的流场感知、姿态感知和运动预测提供技术依据。因此,急需开展基于表面流体压力信息的无人飞行器气动力感知与运动预测方法和技术的研究工作,深入探索其中所蕴藏的科学问题和工程应用转化的难点、痛点,为研制下一代无人飞行器提供有力支持。

3　科学问题研究进展

无人飞行器流动感知和运动预测方法和技术研究主要包括两部分:一是基于表面压力信息的流动感知方法,二是在感知基础上对气动力/力矩和运动趋势的预测问题。

3.1 嵌入式大气数据流动感知装置和方法

最典型的基于表面压力信息的流动感知方式为嵌入式大气数据传感系统(FADS)。作为流动感知与气动力预测的前端输入，为了能实时解构飞行器所处的大气风场条件，FADS应运而生，其与飞行器表面齐平，不仅便于隐形，而且在低速大迎角下依然能够较好地工作，更重要的是还可以弥补传统惯性制导系统不足，为飞行器提供准确的周身风场数据。同时，还具备宽速域适用性，使用范围可以从亚声速到高超声速。

FADS首先由美国受到"X-15"的启发提出，1990年，美国埃姆斯研究中心在"F18-SRV"超声速战斗机上布置了25个测压孔组合的FADS测压系统，验证了FADS技术进行工程应用的可行性。美国国家航空航天局(NASA)也在21世纪初期相继在"X-34""X-38"等钝头体验证机进一步对基于"三点法"的FADS系统进行了验证，该算法大大提高了整个系统的实时性。

目前，国外进行了很多FADS技术的研究，建立了理论基础、风洞试验和飞行试验的FADS技术的基本体系，但涉及飞行试验的公开数据资料很少，可以看出其关键技术的重要性。国内相关研究还基本停留于理论研究阶段和风洞试验阶段，工程化进展缓慢，迫切需要进一步发展，避免将来受制于人。

我国的科研工作者对FADS技术的研究起步较晚，对于FADS系统的研究主要来源以南京航空航天大学和中国航天空气动力技术研究院为代表的部分高校及科研院所。2010年前后，郑守铎、赵磊以及沈国清等就FADS系统的误差开展了相应的研究;2018年，陆辰在上述学者研究的基础上，进一步整合，从FADS测压孔配置优化、冗余系统配置、融合导航\飞控数据算法等方面进行了研究，利用MATLAB软件搭建了一套嵌入式大气数据系统及大气数据信息融合综合验证平台，通过仿真展示了各算法的可行性。在算法实时性优化方面，2015年，王逸斌就Kriging算法用以弥补FADS系统传统迭代算法的不足进行了相应研究，并通过计算流体力学(CFD)进行了验证;王鹏对钝头体飞行器FADS现有研究进行了总结，分析了目前各算法的优势与不足，为国内FADS技术的工程化提供了指导。还有戴海发的解卷积算法，通过使用Kalman滤波，提供了一种补偿因引压管路带来的气体压力信号的扭曲方法。总体而言，国内研究人员对FADS系统的动态特性研究还处在初步阶段，离实际工程化应用还存在一定的距离。

通过上述研究现状可知，虽然FADS是一种获取高精度大气数据的有效方法，但国内的发展还不够成熟。国内仍处于原理研究及验证的阶段，在工程化应用上仍存在许多需要解决的技术难点:原理方面，主要包括不同气动外形选孔布局、算法的解算精度及解算速度优化、误差分析及误差补偿等;工程方面，主要包括气动热效应问题、大气参数变化引起的传感器类型和量程选取问题、耐高温/耐低温/防冰/防尘等系统生存问题、管损及动态特性问题、解算板卡的性能等。

3.2　基于离散化压力信息的气动力/力矩预测方法

另外,在感知飞行器流动信息和表面特定压力信息后,如何利用离散化的数据信息对气动力/力矩和运动趋势进行有效预测也是工程应用中的难点。以飞行器高机动、大迎角的飞行状态为例,近几年来随着传感技术及计算能力的不断提升,研究人员开始了气动力实时感知技术并进行气动力预测的研究:即通过飞行器在大迎角状态下的流动状态精准推算其受力状态,并正确预测非定常气动力对飞行器运动趋势的影响。

基于压力的感知技术较为常用也较为直接,通过有限的表面压力信息去推断全机流场,甚至可以以此预测非定常气动力大小。Burelle 和 Thompson 等分别利用展向与弦向阵列式的压力数据分别实现了特定小迎角下三角翼的升阻力预测和俯仰力矩预测;南京航空航天大学的陈尹和顾蕴松等利用有限的表面压力数据信息对飞行器进行气动力感知研究,提出通过特征截面滚转力矩系数推算飞行器在大迎角状态下的非定常滚转力矩来判断飞行器的滚转运动,研究表明截面滚转力矩系数能够比惯性器件提前预测模型滚转运动的变化趋势。

随着人工智能飞速发展,近两年又提出了智能感知的概念,将感知技术与人工智能结合,同时利用人工智能方法进行气动力预测。其中常用的方法是以分布式测量得到表面压力集为数据驱动结合人工智能算法得到气动特性,如 Provost 等利用分布式的压力数据耦合表面压力的线性模型和 Goman-Khrabrov 模型,实时预测无人空战系统(UCAS)机翼的非定常滚转力矩;Mohamed 研究了上下翼面表面压力和上游流动之间的相关性,表明巡航状态下上翼面压力波动与俯仰角变化线性相关,沿着展向测量的压力数据与升力和滚转力矩相关性较高。

而借助流动拓扑结构分析探究表面压力和气动特性之间的关系是该类研究的主要思路。Huang X 研究三角翼前缘涡的破裂,建立物理模型根据环量准则预测前缘涡的破裂位置,表明前缘涡破裂时的临界环量值与后掠角相关。Landa T 分析了三角翼下游的旋涡流动,应用 SST 和 SSG/LRR 模型预测旋涡的发展,研究表明后者预测更为准确。Marks 研究 65° 后掠角三角翼前缘涡涡核在背风区的投影位置,实验表明对表面压力应用折痕法可以准确识别前缘涡和二次涡涡核的投影位置,在旋涡与表面的相互作用实验中验证了稀疏压力测量的有效性。Burelle 评估了通过表面压力分布特性表征流动特性的能力,进行了旋涡空间演化结构的识别,给出了线性模型和拟合回归系数。

以分布式测量得到的表面压力集为数据驱动,结合人工智能算法是获得三角翼表面压力和气动特性之间关系最直接的方法。Mohamed 研究了上下翼面表面压力和上游流动之间的相关性,表明巡航状态下上翼面压力波动与俯仰角变化线性相关,沿着展向测量的压力数据与升力和滚转力矩相关性较高,初步探究了表征气动特性的分布式压力测量的位置。Le Provost 耦合表面压力的线性模型和 Goman-Khrabrov 模型,预测 UCAS 机翼的非定常滚转力矩。大迎角下的流动分离降低了预测的准确性,但是对于10°以下小迎角非定常滚转力矩的预测还是准确的;另外,该状态下的流动分离、旋涡是主要影响因素,对于后续非定常流动研究具有重要意义。

此外,针对气动力预测,也有学者利用深度学习进行了单独的相关研究,深度学习是目前机器学习领域技术和模型较为丰富的一个研究方向,代表了以使用深层神经网络实现数据拟合的一类机器学习方法,如西安交通大学的陈刚等利用深度学习方法,提出一种绕流物体和工况改变时流场特征量的快速预测方法,可以同时考虑不同工况的影响,使深度学习在流场预测方面的广泛应用成为可能。中国空气动力研究与发展中心的陈海等也利用深度学习进行翼型气动系数预测,有效克服了以往方法依赖翼型设计参数以及算法复杂度随预测精度的提高呈指数级增长等缺点。

3.3 空间流动结构与表面压力信息关联方法

南京航空航天大学顾蕴松教授团队近年来一直致力于研究空间流动结构与机体表面压力信息的关联方法。其中,陈尹在其论文中构建了一种双三角翼表面压力信息与空间旋涡流动结构之间的关联方法,并验证了表面压力分布曲线可以很好地捕捉模型在大迎角下产生的非对称涡系结构,进而为大迎角下非线性涡升力的预测提供了可能性。而孙之骏在其博士论文中,也研究了空间流向涡与表面相互作用的关系,发现了空间涡结构与表面压力信息之间的关联特征。在此基础上,郭江龙等进一步提出了一种基于表面压力信息的空间流向涡识别方法,通过表面压力分布曲线可以辨识流向旋涡的空间位置和强度特征,并通过风洞试验验证了该方法的有效性。

综上所述,虽然流场智能感知与预测技术正在受到国内外越来越多研究人员的重视,但从目前已公开发表的文献可知,主要还是停留在预测理论和算法验证,或者是单一机翼气动力与空间流动之间关联性的探索上,距离飞行器整体气动力感知和运动趋势判断的工程化应用还有较大差距,需要进一步开展相关流场智能感知技术的研发以及对预测方法适用性的研究,并进行原理性验证。

主要参考文献

[1] 郭江龙,顾蕴松,罗帅,等.基于表面压力信息的空间流向涡识别方法研究[J].航空学报,2023,44(6):186-197.

[2] 陈尹,顾蕴松,孙之骏,等.基于翼面压力的飞行器气动力感知技术与自由飞验证[J].航空学报,2021,42(3):201-211.

［3］ BURELLE L A , YANG W , RIVAL D E . From Sparse Pressure Measurements to Prediction of Instantaneous Loads：A Test Case on Delta Wings in Axial and Transverse Gusts［C］// AIAA Scitech 2020 Forum.［S. l.：s. n.］,2020：2044.

［4］ THOMPSON K , XU Y , DICKINSON B T . Aerodynamic Moment Model Calibration from Distributed Pressure Arrays［J］. Journal of Aircraft,2016,2：716-723.

［5］ PROVOST M L , HE X , WILLIAMS D R . Real-time Roll and Pitching Moment Identification with Distributed Surface Pressure Sensors on a UCAS Wing［C］. Grapevine：2018 AIAA Aerospace Sciences Meeting,2018.

［6］ MOHAMED A , WATKINS S , FISHER A , et al. Bioinspired Wing-Surface Pressure Sensing for Attitude Control of Micro Air Vehicles［J］. Journal of Aircraft,2015,52（3）：827-838.

［7］ 陈海,钱炜祺,何磊. 基于深度学习的翼型气动系数预测［J］. 空气动力学学报,2018, 36（02）：294-299.

［8］ WHITMORE S , MOES T , LARSON T. Preliminary results from a subsonic high-angle-of-attack flush airdata sensing（HI-FADS）system-Design, calibration, algorithm development, and flight test evaluation［C］//28th Aerospace Sciences Meeting.［S. l.：s. n.］,1990：232.

［9］ 陆辰. 嵌入式大气数据系统算法及大气数据传感信息融合关键技术研究［D］. 南京： 南京航空航天大学,2018.

［10］ LANDA T , KLUG L , RADESPIEL R , et al. Experimental and Numerical Analysis of a Streamwise Vortex Downstream of a Delta Wing［J］. AIAA Journal,2020,58（3）：1-12.

撰稿人：李琳恺（南京航空航天大学）　顾蕴松（南京航空航天大学）

两栖飞行器水空介质跨越动力学建模与控制

Crossing-medium dynamics modeling and control of water-air amphibious aircraft

1　科学问题概述

我国大陆海岸线长达 1.8 万多千米,内海和边海的水域面积约 470 万 km^2,海洋资源异常丰富,但同时在开发和保护方面也带来了巨大的挑战。两栖飞行器是一种既可以在空中飞行,又可以在水下航行的新概念飞行器。两栖飞行器最终的舞台会是海洋。它既可以潜入海中执行任务、近海面作战,又可以飞到空中作战。由于两栖飞行器的潜水能力与快速机动性,其可以隐蔽、安全、高效地进行军事侦察,获取重要的信息。

两栖飞行器水空介质跨越动力学建模与控制主要是针对两栖飞行器在不同介质内运

动及其控制问题研究。两栖飞行器运动过程具有水下潜航、空中飞行、跨介质出入水等多种运动模式，面临水、气、水-气跨越和气-水跨越等复杂运动环境，这给运动控制带来了极大挑战。与传统飞行器不同，随着作战模式与战场环境的变化，水空一体化两栖飞行器具有多次变体的水-气和气-水过渡运动模式，这些模式往往导致强冲击、附加质量、重心和转动惯量变化，同时由于水空介质流体运动突变、飞行姿态大角度改变和机翼变体等多种扰动，使飞行器动力学建模具有特殊的复杂性和不确定性。同时，在水下潜航、空中飞行和水-气跨介质出入水过渡段，水空一体化跨介质飞行器具有可变体机翼和多种可共用舵面，使飞行器变体和运动控制需要满足多种运动模式需求。针对这系列问题，通过重点突破变体跨介质出入水动力学建模和控制等难点，实现新型控制系统设计和集成，对两栖飞行器的平台研制和作战应用至关重要，将有助于具有颠覆性能力的两栖飞行器研制，在海洋强国战略中，带来非对称优势，并在军事与民用领域发挥重要作用。

2　科学问题背景

水空两栖飞行器可以在水和空气两种不同流体介质内连续适应性地运动过渡和在两种介质中自主航行，兼具空中无人机的高速机动和快速部署能力、无人水面舰艇的快速游弋和无人水下航行器的高隐蔽性。在军事上，主要是利用多介质航行、水下隐蔽性和空中高速、高机动特性。面向海上侦察、监视、通信中继和两栖作战等多域任务，需要多种无人系统异构协同作业，极大增加了任务的复杂度并降低了操作的可靠性。水空两栖飞行器作为单一无人系统融合了这三种无人系统的优势，可以大幅度提高任务的成功率。水空两栖无人机在两栖作战中，能够充分利用水下隐身性能和空中高机动性，配合灵活的战术，能够作为突破敌方防线的利器，通过搭载不同的载荷，完成巡逻警戒、搜索反潜、近海探雷、抵近攻击等作战任务。水空两栖飞行器，能够同时实现对海、对空搜索，使我方两栖作战中的搜索能力产生质的飞越。

民用领域，传统上由水面潜艇支持的海洋任务场景，都面临着巨大的时间、人力和其他资源的支出。海洋任务面临高度可变且不可预测，如果船只不能及时到场，海洋任务将面临失败。随着无人机系统技术的巨大发展，多无人机系统在先进控制技术下，协同执行复杂任务受到了越来越多的关注。联合使用无人机、无人水面舰艇以及水下航行器构建分布式异构无人系统共同执行海洋任务，将不同的无人系统协调成一个系统并不容易，且花费巨大。具备空中、水面和水下可操作性的水空两栖飞行器，其在不同介质飞行的能力为民用海洋任务提供了一种平台，并极大限度地降低了多域任务的复杂性，可以单独完成洪灾、海难、台风、海啸等自然灾害条件下的搜索和通信中继等任务，还能实现海洋资源勘探、海洋平台和结构物监察、全范围集成化的海图绘制、海洋水质监测、生物观测、水文气象测量等，与传统的无人系统相比具有比拟的优势，提高了任务效率和任务的成功率。

尽管这样,水空两栖无人机经过 70 多年的发展,连续出入水的水空两栖无人机并没有兼容水空两种介质的特性,实现空中飞行器和水下潜艇在单一介质中的优势。在水空两栖飞行器设计中,如果能够兼容水空两种介质的特性,结合空中飞行器与水下潜艇的优势,既可以在空中灵活机动飞行,又能在水下潜航执行任务,就可发挥水空两栖无人机兼具潜伏性、快速性和灵活性的优势,所以需要大力发展两栖飞行器技术。

3　科学问题研究进展

20 世纪 30 年代,苏联首先提出跨介质飞行器相关的项目"LPL",旨在将飞机与潜艇进行结合,设计一种水陆两栖飞行器。受到多种因素影响,该项目最终没有完成。20 世纪 70 年代,美国提出一种潜水飞机方案,由于技术原因,该项目未能如期进行。后来各种类型的两栖飞行器被设计出来,例如 20 世纪 70 年代的美国潜水飞机方案、2005 年法国的"Aelius"样机、2008 年美国国防高级研究计划局(DARPA)的潜水飞机研究计划、2010 年英国布里斯托大学仿海鸥跨介质扑翼设计、2011 年美国麻省理工学院的两栖仿生飞鱼、2015 年美国哈佛大学的 RoboBee 及我国北京航空航天大学的仿鲣鸟两栖无人机、2017 年英国帝国理工学院的 AquaMAV、2018 年美国约翰·霍普金斯大学的三角翼水空两栖飞行器,这些样机中部分仅停留在方案设计阶段,部分完成了 样机制造及测试。

除上述设计外,利用多旋翼系统提供升力设计跨介质飞行器,是其中一个重要分支。2014 年,巴西米纳斯联邦大学和南里奥格兰德联邦大学(Universidade Federal do Rio Grande,Federal University of Minas Gerais)使用四水桨和四空气螺旋桨,利用漂浮水面作为过渡态,设计四旋翼两栖飞行器,并进行了仿真验证,但并未制作原理样机。同年,新西兰奥克兰大学利用储水舱水量调节飞行器重力,实现下潜和上浮,并通过同一套四旋翼螺旋桨实现空中飞行和水下潜航。2015 年,美国新泽西州立罗格斯大学利用飞行器的结构设计,实现中性浮力,采用共轴双桨设计。2019 年,新加坡国立大学利用旋翼臂改变旋翼的朝向,实现空中和水下推进的方案,但未给出详细介质跨越方案。2020 年,上海交通大学设计了共轴双桨跨介质飞行器。2021 年,上海交通大学采用多旋翼作为升力和空中平飞拉力,实现竖立的具有固定翼特征布局的水空介质跨越,设计了一种混合式水空两栖飞行器——"哪吒",通过空中大迎角姿态转换实现空中平飞和返回水面,但是前置四旋翼破坏了水下流线型机身。综合起来,目前两栖飞行器的设计,并没有完全兼容水空两种介质的特性,需要在大力推进两栖飞行器设计技术发展的同时,以稳定的介质跨越和兼具水空介质特性为目标,研究两栖飞行器水空介质跨越控制。

3.1　兼容水空介质飞行的水空介质跨越方式研究

两栖飞行器水空介质跨越包括空水介质跨越和水空介质跨越两个阶段,是区别于传统飞行器的特有过程,是实现介质跨越的核心环节。水空介质的转换是成功实现介质跨越航行的关键运动过程,稳定可靠的转换和设计相应的控制方案是实现介质跨越的难点。针对水空介质特性的水空跨越,需要寻求兼顾水空介质航行体优势的布局,具体化水空介质跨越的控制对象。实现介质跨越需要经历空气和海水两种介质环境,具有空中飞行、水面航行、水中航行、介质跨越等模态。航行器的结构必须满足空中飞行构型、水下潜航构型和介质跨越过渡构型。目前两栖飞行器的布局主要分为两栖固定翼、两栖旋翼和两栖仿生类。固定翼布局能够实现空气介质中的高速飞行和水下较高速航行,但介质跨越时存在冲击载荷大、姿态失稳、空中轻质要求与水下耐压结构矛盾等问题;旋翼布局能够实现不同介质间的平稳转换,但飞行速度低;仿生布局携带载荷有限且动力不足。因此,需要结合实际布局,研究水空介质跨越任务剖面和飞行模态。针对兼具水空介质特性的水空跨越,需要维持水下构型的完整性,分析其中存在的显著矛盾,评估其对控制性能的影响,具体化水空一体化建模对象。

3.2 建立水空一体化动力学建模与控制完整思路

从 19 世纪开始研究物体出/入水研究一直到现在,限于各时期的技术条件,侧重点都放在一定形状的无控状态出/入水后的流场变化、冲击载荷测量、伴随现象的观察等方面,这些研究都具有局限性。两栖飞行器水-气跨越运动的控制问题是典型的气/固/液耦合控制问题。水-气界面跨越运动具有强非线性和强不确定性,甚至包含很多物理机理不明的现象,这些因素包括:多变量强耦合、环境因素/气/固/液耦合、两相流非线性流体动力学特性、模型不确定性、海浪与侧缝等强冲击、大扰动等因素。需要从影响控制的因素逐一进行研究和分析,预先设定不确定性,建立完整的水空一体化控制模型,建立完整跨介质一体化基于模型和数据的控制研究体系。

3.3 具有抗大扰动、强时变载荷、强不确性的控制方法及控制措施研究

两栖飞行器是多学科交叉的结果,理论设计上是气动/水动力学、仿生学和机械运动学的综合运用,技术设计上是结构仿生、结构防水、微型传感新型驱动器及飞行控制等技术。国内外在该领域的研究基本都还处于关键技术攻关和样机验证阶段,其入水和出水过程涉及航行器、空气和水之间的耦合作用,近水面飞行的气动力增量,穿越水气界面时的载荷突变和姿态的瞬时变化,具有极强的非定常性,技术难度大。如何减小入水冲击力、放置瞬间姿态失稳以及如何控制沾湿状态下出水载荷的跃变、快速脱出水面是制约两栖飞行器发展的瓶颈问题,有待进一步攻关。水、空两相介质物理性质的巨大差异,以及飞行器和航行器设计思想的不同,都将增加两栖飞行器结构设计、动力配置和操纵控制的难度和复杂性。

根据上述分析,要建立两栖飞行器水空介质整体控制思路,需要以两栖飞行器为载体,利用先进的非线性控制及切换控制设计思想,力图发展一套切实可行的高可靠性、强鲁棒控制设计方案,解决两栖飞行器在自主巡航(水中潜航和空中飞行)及介质跨越等多模态飞行过程中的多维度强耦合、强非线性、强不确定性和强干扰等问题,克服多模态飞行过程中的载荷突变难题,获得具有强鲁棒性、快速性以及抗干扰能力的两栖飞行器一体化控制方法,为我国新一代两栖无人机控制系统设计提供理论基础和技术支撑。

主要参考文献

[1] TAYEBI A, MCGILVRAY S. Attitude stabilization of a vtol quadrotor aircraft[J]. IEEE Transactions on Control Systems Technology,2006,14(3):562-571.

[2] CHEN Y, WANG H, HELBLING E, et al. A biologically inspired, flapping-wing, hybrid aerial-aquatic microrobot[J]. Science Robotics,2017,2(11):5619.

[3] ZHANG H, ZENG Z, YU C, et al. Predictive and sliding mode cascade control for cross-domain locomotion of a coaxial aerial underwater vehicle with disturbances[J]. Applied Ocean Research,2020,100:1-12.

[4] LU D, XIONG C, ZHOU H, et al. Design, fabrication, and characterization of a multimodal hybrid aerial underwater vehicle[J]. Ocean Engineering,2021,219:1-19.

[5] BOUABDALLAH S, NOTH A, SIEGWART R. PID vs LQ control techniques applied to an indoor microquadrotor[J]. In IEEE/RSJ International Conference on Intelligent Robots and Systems(IROS),2004(3):2451-2456.

[6] ORSAG M, POROPAT M, BOGDAN S. Hybrid fly-by-wire quadrotor controller[J]. Automatica,2010,51(1):19-32.

[7] CHEN M, XIONG S, WU Q. Tracking flight control of quadrotor based on disturbance observer[J]. IEEE Transactions on Systems, Man, and Cybernetics:Systems,2019,3:1414-1423.

[8] XIAO B, YIN S. A new disturbance attenuation control scheme for quadrotor unmanned aerial vehicles[J]. IEEE Transactions on Industrial Informatics,2017,13(6):2922-2932.

[9] WANG L, SU J. Robust disturbance rejection control for attitude tracking of an aircraft[J]. IEEE Transactions on Control Systems Technology,2015,23(6):2361-2368.

[10] TAN Y H, CHEN B M. Design of a morphable multirotor aerial-aquatic vehicle:Oceans 2019 MTS/IEEE[C]. Seattle:[s. n.],2019.

撰稿人:廖飞(中国空气动力研究与发展中心空天技术研究所)

飞行器高性能智能容错安全控制

High performance intelligent fault-tolerant control of aircraft

1 科学问题概述

现代飞机在起飞、降落、巡航、空战等各飞行阶段均有可能因升力面、操纵面受损等故障异常情况引起飞机飞行动力学特性突变,情境认知偏差和飞机系统突发故障而引发的"飞行中失去控制"占到所有空难事故的 23%。此外,舵机和传感器的故障也会给飞机控制系统带来潜在的灾难。因此,通过提高飞行控制系统的自修复和容错水平来提高现代飞机的飞行安全等级和降低事故率成为目前国内外航空飞行器设计领域广泛关注和深入研究的热点。对于民用飞机而言,保障生命安全是首要任务,研究先进容错控制策略能显著降低民用飞机空难事故率;对军用飞机而言,则意味着提高战力和生存能力。

飞机突发故障后将呈现强不确定、强非线性、强时变和强气动/操纵耦合特性,并且无论是升力面还是操纵面严重故障都会引发飞机安全包线减小和机动能力骤降。与此同时,还会出现控制舵面饱和或者失效,亟待驾驶员或者控制器依据故障种类和大小以及飞机的特性(剩余操纵能力等)变化来迅速学习、适应和对症下药,实现对故障的应急容错处理。基于以上分析,故障异常条件下若想实现飞机的容错控制,要求驾驶员或者控制器具备严峻态势下的故障信息和飞机特性信息的复杂信息融合、故障种类/大小/态势的正确判断、合理的推理和决策,以及迅速执行应对措施的能力。

故障容错重构飞行控制方面的研究涉及动力学多场耦合机理建模、重构控制方法、决策支持理论与飞行安全/品质等问题,同时具有力学、信息学、飞机设计理论、控制论、决策优化理论等多学科交叉的特点。总的来讲,飞机故障容错控制的研究主要围绕故障诊断识别、飞机动力学特性变化的捕获以及容错控制算法的改进和创新三个方面开展创新性研究。近些年,在飞机容错飞行控制领域,截至目前非传统控制策略的研究仍主要集中在以非线性自适应控制、现代鲁棒控制为代表的较经典控制理论与方法的范畴,人工智能技术应用较少。21 世纪以来,针对飞行器容错控制问题,研究人员也逐渐开始重视人工智能新理论和方法在该领域的研究,并已经取得了一系列研究成果。例如,神经网络、模糊逻辑等智能方法的成功应用使得飞机系统能够有效应对某些特定系统或者环境异常。

20 世纪 60 年代至今,国内外学者已在飞机故障容错飞行控制领域做出了许多卓有成效的研究,但是,飞机容错飞行控制策略与算法依旧亟待开展创新性研究,总的来说有以下四大瓶颈:

（1）难以实现对于故障信息的迅速可靠诊断以及对于飞机故障后的动力学特性的快速认知。原因主要是故障具有突发性和不可预见性,因此难以提前设计预案,无论是舵机/传感器故障诊断算法还是飞机动力学模型在线辨识算法本质上都需借助于一定时长的飞机量测信息,然而数据的采集及积累必然需要一定的时间,另外,在故障应急态势下飞行员或者自动控制系统面临着繁杂的量测信号,想要实现对于大量多源信息的快速融合和特征提取具备难度。现有算法需要在算法的实时性、样本数据依赖度、多源信息融合下的诊断可靠性方面提升改进。

（2）难以对遭遇突发故障后的飞机进行飞行品质和剩余操纵能力的快速评估。故障后动力学特性突变的瞬态过程中,难以迅速定位故障类型、大小,故障也常引入多通道状态/操纵耦合,已有的动力学模型在线辨识算法在模型结构可解读性和实时性、样本数依赖度方面有待提升,另外,故障后飞机的飞行品质评价也缺乏适用的品质评价规范准则。现代飞行品质评定通常是把驾驶员和飞机作为一个整体进行评定,但已有的驾驶员建模方法并不适用于强时变非线性过程的驾驶员行为建模和机理分析。

（3）容错控制算法的智能自适应能力和易评估性有待提升。故障后飞机的操纵能力通常骤减,最大限度地挖掘飞机剩余操纵能力十分关键,已有研究主要关注单一典型特定故障或缓和故障类型组合下的故障容错控制算法,对于涵盖升力面、舵机、传感器故障的组合型严峻突发故障问题的研究尚待深入,这有待于提升控制律容错、智能水平。另外,大部分已有的先进故障容错飞行控制律具有模型依赖程度高、模型/控制算法难以评估和被工业界认可不足的问题,尤其是新兴的深度学习和强化学习算法在决策控制问题的应用中尚欠缺可解读性和可评估性,这些方面均亟待提升。

（4）有人驾驶飞机故障突发后瞬态过程的驾驶员复杂智能行为机理揭示与建模评价研究尚待深入开展。已有研究主要集中在线性时不变、拟线性飞机对象上,频域分析计算手段和准则也不能平移到时/频空间。因此,针对飞机展现强时变、非线性特性的故障瞬态段开展实验数据时频分析方法、模型变结构设计、变参数辨识算法,以及适用的时/频飞行品质准则和故障后退化的飞机飞行品质准则的研究尚待深入。

2　科学问题背景

据统计,由于情境认知偏差和飞机系统突发故障而引发的"飞行中失去控制"占到所有空难事故的23%。故障突发情况下的容错恢复重构飞行控制系统开发和设计研究有助于提高飞行器的战力和生存能力。

故障容错控制领域典型的代表性成果包括了欧美自20世纪80年代起先后展开的自修复飞行控制项目、"MD-11"战斗机差动推力控制、"F-16"自设计飞行控制、"X-36"应急恢复控制、"F-15"智能飞控系统、无人驾驶飞机损伤容错等项目。进入21世纪以来,欧盟先后开展了 FM-AG(16)故障容错控制、FP7 ADDSAFE、FP7 RECONFIGURE 等多个阶段的故障容错控制系统设计研究。纵观已有的试验型号研究中的关注点和成果，以及其他国内外机构和学者的仿真和方法研究成果，不难发现飞机故障容错控制的研究主要围绕在故障诊断识别、飞机动力学特性变化的捕获，以及容错控制算法的改进三个方面开展创新性研究。

由此可见，针对新一代航空飞行器潜在面临的升力面、操纵面、舵机、传感器等系统故障，开展故障容错控制研究，是提升飞行器系统战力和生存能力的必然途径。

3 科学问题研究进展

航空飞行器故障容错控制，主要完成故障信息和动力学特性变化的感知和诊断、故障后飞行器的飞行品质评定、面向故障突发扰动的容错重构控制。依据是否进行主动的故障诊断的不同，目前对于故障容错控制主要分为三种技术路线：被动故障容错控制、主动容错控制与智能主动容错控制。其中，相比于主动容错控制，智能主动容错控制除了包含对当前故障的诊断功能外，还具备额外的信息融合、态势预测、任务重规划中的智能化推理决策功能单元，并赋予了控制策略更高的智能化属性。

3.1 基于飞行品质鲁棒性的被动容错控制

被动容错控制路线是主流路线之一，在工程中也得到了一定的应用。该路线通过控制器的结构重构或者是提升控制律的鲁棒性、自主智能学习能力来达成应对故障时的控制系统稳定和保留一定的控制性能。例如，基于增益调度的控制器算法、滑模控制算法、神经网络非线性动态逆控制算法、变结构控制策略均展现出了应对故障突发扰动的能力。其中，智能控制算法例如模糊逻辑、神经网络逆控制、强化学习得到了较多关注并取得了大量成果。考虑故障强时变过程的扰动，一类带有扰动状态观测器的非线性自适应神经网络控制算法也应运而生。而对于有人驾驶飞机，带控制器/增稳的闭环飞机系统的飞行品质评定为重中之重，需要在飞控系统设计中考虑飞行员的主观满意度，因此也逐渐发展出了基于飞行品质的容错飞行控制律设计方法。此外，对于有人驾驶飞机，研究训练有素的驾驶员应对突发系统故障过程中的复杂多模行为、智能自适应机理、智能联想记忆能力也对于容错控制系统智能化设计和评估具有重要意义。

被动故障容错控制路线存在以下难点：面向复杂多类型实际突发故障，故障诊断、定位的能力缺乏或者较弱，容错、抗扰的智能水平有待提升；面向故障突发后的多源信息汇入，信息融合与综合决策能力欠缺；容错控制律的模型依赖度、在线更新的样本依赖度需要降低；对故障后飞机及其控制系统的品质评价和评估困难，阻碍了其中很多控制算法的工程应用。

3.2 基于故障诊断的主动故障容错控制

主动容错控制通常需要设计故障检测与诊断(FDD)子系统主动获取或者处理故障信息,进而基于故障信息通过控制参数或者控制器结构自调整实现对故障情形的容错处理。大量研究表明,主动容错控制的表现整体上要优于被动容错控制,通常被动容错控制能够处理的故障类型受限。如前所述,主动容错控制的两个核心子系统分别为容错控制律子系统和FDD子系统,自20世纪70年代以来,伴随着航空航天领域的需求刺激和经费投入,各自都取得了长足发展,收获了大量理论和应用方面的成果。尤其是在FDD研究方面,研究成果远远多于容错控制律方面的研究成果,形成了基于飞行动力学模型或运动学模型的自适应扩展卡尔曼滤波算法等为代表性的传感器故障诊断算法,也形成了基于多项式结构和递归最小二乘等算法的气动/操纵导数在线辨识诊断经典算法。

与故障信息、安全包线等信号的主动感知相配合,主动容错控制框架下的一些先进的容错控制算法也不断涌现。典型研究路线包括:将安全边界看作飞行器系统的约束,通过设计跟踪误差转换函数,将受限的安全跟踪控制问题转换为无约束跟踪控制问题,形成了基于障碍Lyapunov函数的受限控制算法,以及基于预设性能函数的受限控制算法;通过更新控制目标实现约束下的安全控制,如基于设计安全参考模型的模型预测控制方法;三是结合实时安全边界与原期望信号构建出新的安全期望信号,并对其进行安全跟踪控制器设计,该类方法仍处于起步阶段。

近些年,面对突发飞机系统故障,各种仪表信息甚至人员交互信息的涌入,要求主动容错控制系统具备多源信息的融合、特征提取功能与综合决策功能。此外,以模糊逻辑、深度学习、强化学习为代表的智能控制算法也展现出一定的潜力,有望提升主动故障容错控制系统的故障诊断、态势判断、容错抗扰能力,这一容错控制路线也有望发展成为智能主动容错控制路线。目前,基于强化学习等算法的飞机传感器故障诊断、基于模糊逻辑推理等智能方法的多源导引信息融合、故障情态信息融合等研究已经引起关注和处于起步研究阶段。

主动故障容错控制路线存在以下难点:面对复合型突发复杂故障,结合飞行动力学特性和操纵稳定性控制机理分析方法,如何快速识别诊断,不误报、漏报;故障诊断识别子系统与容错控制律如何协同设计实现各司其职;因含有故障诊断与容错控制律两个子系统,这使得控制系统越加复杂,如何基于飞行品质评价规范进行设计,提升工程易评估性。

3.3 基于态势预测的层次结构化智能主动容错控制

主动容错控制是在经典被动容错控制的基础上引入了对于当前故障信息、飞行器系统动态信息和操纵能力的主动探知环节,以最大化地挖掘飞行器剩余操纵能力。而这里所提的智能主动容错控制定义为在主动容错控制的基础上进一步从体系化架构、未来趋势信息预测和应对策略迁徙、智能化方法应用三个角度进行提升的主动容错技术智能化路线。一是提出了拥有感知、决策、规划、控制一体化的容错结构化体系框架；二是引入了对于任务指令、环境、自身特性的趋势预测和应对策略的迁徙机制；三是结合深度学习、强化学习等智能方法利用其数据驱动类探测搜索机制，解决可行域带时变复杂约束的高维动态系统的决策与控制问题。

综合化和智能化程度更高的飞行健康管理(HM)系统设计近年来已成为航空领域的研究焦点，并已经取得了一些成果。健康管理系统涉及故障的信息采集、诊断隔离、预测评估、智能决策等多个方面。相比于主动容错控制路线，近些年健康管理系统的定义范畴中不仅引入了故障信息采集诊断模块，还引入了更多的功能模块，体现了趋势信息的预测和预警提示，还体现了新兴智能化方法的应用。借鉴健康管理系统的构成和功能需求，智能主动容错控制这一技术路线应运而生，主要特点为拥有感知、决策、规划、控制一体化的容错体系架构。面对紧急突发飞行器系统故障，综合复杂多源信息，利用希尔伯特-黄等时频分析手段和因果分析等方法进行数据时频特征提取，利用深度学习神经网络、模糊逻辑进行多源信息融合和智能感知器设计。将先进的基于飞行器运动学模型的故障诊断与隔离方法与基于强化学习的数据驱动类故障诊断路线相结合，提升多源复合型故障的诊断、定位能力。将传统方法与新兴智能方法结合解决故障突发时变过程的飞行器安全包线动态实时预测(哈密顿-雅可比-贝尔曼方程求解，HJB)这一高维度实时计算难题，精准实时评估和预测飞行器剩余操纵能力。在此基础上，考虑飞行器飞行品质要求，再借助智能化算法对于可达任务指标集、动作过程约束集进行动态的优化重构。最后再结合自适应控制算法、强化学习等智能算法进行控制器结构或参数的重构和整定，保障飞行安全。

智能主动容错控制路线存在以下难点：安全飞行包线等安全边界的算法复杂度高，故障情况下计算推演速度有待提升；故障具有突发性、多样性与动态性，面向微小故障的诊断精确性与面对复合型严峻故障的诊断和定位中的容错智能性尚有欠缺；多动态约束下安全控制的可靠性尚难以保证；智能新兴方法建立的模型或者决策系统在可解读性、可评估性方面有待提升；面向故障突发情况的飞行器安全品质评价规范亟待标定。

3.4 总结与展望

综上所述，现有故障容错控制研究主要围绕上述三种技术路线展开。然而各技术路线的优劣势、成熟度各异，因此发展潜力有所不同：

(1)被动故障容错控制较为成熟，通过鲁棒性、自适应机制或神经网络调节机制来实现智能容错，但容错控制策略常较保守，缺乏应对复杂多类型故障的能力，如对微小故障、间歇故障等有效手段不多。因此，扩展故障诊断子系统和信息融合决策子系统衍变发展为主动容错控制成为必然趋势。

（2）主动容错控制能有效诊断故障和提供综合决策支持，具备更广泛的容错能力，因此优于被动容错控制路线。但是，面向飞行器对象的故障诊断、信息融合与决策、容错学习规则设计目前尚处于理论研究阶段，总的控制系统也更复杂和难于评估验证，其未来研究趋势为基于飞行器动力学特性、操控品质分析方法开发更加高效和易评估的算法方向。

（3）智能主动容错控制拥有感知、决策、规划、控制一体化的容错框架，在进行故障容错的同时，利用了未来态势信息，兼顾了航空器自身性能与任务目标，是面向未来的发展方向。然而，该方向涉及多个学科，包括：基础力学、机械、控制与人工智能等，研发难度大。目前的研究侧重点在故障感知与容错决策一体化、智能规划与高可靠性安全控制一体化这两个方向。

主要参考文献

［1］MARZAT J，PIET-LAHANIER H，DAMONGEOT F，et al. Model-based fault diagnosis for aerospace systems：a survey. Aerospace Engineering，2012，10：1329-1360.

［2］SUN L G，SHI L W，TAN W Q，et al. Flying Qualities Evaluation based Nonlinear Flight Control Law Design Method for Aircraft［J］. Aerospace Science and Technology，2020，106：1-10.

［3］LOMBAERTS T J，LOOYE G H N，CHU Q P，et al. Design and simulation of fault tolerant flight control based on a physical approach［J］. Aerospace Science and Technology，2012，23（1）：151-171.

［4］LU P，VAN KAMPEN E J，DE VISSER C C，et al. Framework for state and unknown input estimation of linear time-varying systems［J］. Automatica，2016，73：145-154.

［5］RAN M P，WANG Q，DONG C Y，et al. Active disturbance rejection control for uncertain time-delay nonlinear systems［J］，Automatica，2020，112：1-9.

［6］HESS R A. Modeling human pilot adaptation to flight control anomalies and changing task demands［J］. Journal of Guidance，Control，and Dynamics，2016，39（3）：655-666.

［7］LI H X，SUN L G，TAN W Q，et al. Switching flight control for incremental model based dual heuristic dynamic programming［J］，Journal of Guidance，Control，and Dynamics，2020，43（7）：1352-1358.

［8］SUZUKI S，ISHII T，AIDA Y. Collision-free guidance control of small unmanned helicopter using nonlinear model predictive control［J］. SICE Journal of Control，Measurement，and System Integration，2014，7（6）：347-355.

［9］ZOU Y，HUO W. Trajectory tracking controller for miniature unmanned helicopters with po-

sition and velocity constraints [J]. Control Theory \& Applications, 2015, 32 (10):
1316-1324.

[10] UNNIKRISHNAN S, PRASAD J V R, YAVRUCUK I. Flight evaluation of a reactionary
envelope protection system for uavs [J]. Journal of the American Helicopter Society,
2011, 56(1):012009.

撰稿人:孙立国(北京航空航天大学) 谭文倩(北京航空航天大学)

机动和特情下无人机智能决策与安全控制

Intelligent decision and safety control of UAV in maneuvering and special
situations

1 科学问题概述

近几场局部战争中,无人机都获得了广泛的应用。无人机在战争中的作用如此重要
与它超强的机动能力是分不开的,而超强的机动能力又与它良好的操纵系统息息相关。
无人机智能操控技术如此方兴未艾,其研发动因主要是它具有明显的性能优势,不需驾驶
员的决策,可提高飞行控制可靠性和安全性。无人机智能操控技术水平提升还能够减少
人力资源需求,降低运营和维护成本等,西科斯基公司改装的"UH-60"无人机,可以独立
执行货运任务,从起飞、载荷飞行到返航进行下一次装载完全实现了自主操作,能够在低
能见度、强风等恶劣环境下安全飞行,或者几架无人机在编队中跟随载人领航无人机飞
行,根据不同作战任务需求,"UH-60"无人机还可以在载人和无人驾驶之间自由选择,有
效降低无人机编队对于高级飞行员的需求,有助于部队结构进一步精简。

2011 年 2 月 4 日,美国诺斯罗普·格鲁曼公司开发出人类历史上第一架,完全由计算
机操纵的"无尾翼、喷气式无人驾驶飞机",也是第一架能够从航空母舰上起飞并自行回落
的隐形无人轰炸机。其主要特点是高速、高机动、隐身、远程、长航时等,采用电传、光传等
新型飞控系统,大大简化人工操纵;振动和噪声水平进一步降低;安全性、可靠性、维修性、
保障性、舒适性和耐久性等明显提高。为了提高无人机的安全性和完成任务的能力,要求
面临障碍物和各种威胁时能够进行威胁评估,并快速给出合适的飞行控制指令,特别是在
复杂未知对抗环境、经验不完备的情形下,无人机可能无法快速完成正确的决策,需要进
一步提高其智能操控技术水平。

尽管无人机飞控系统运行速度快,可以处理复杂的计算,但是无人机飞行控制算法往
往难以胜任日益复杂的现实使用环境,它们仅仅考虑那些在设计阶段就指定好的、被认为

关键的、可以量化的变量,对于出现的突发状况或者设计之初未纳入考虑范围的状况往往束手无策。无人机在执行动态对抗科目,如快速捕捉、短时稳定、紧急机动、临场躲避时,对操纵系统的要求也相应提高。由于无人机飞控系统并不能总是生成符合规划要求或者足以胜任高对抗、强动态情况下的控制方案,在制订控制方案过程中,无人机智能决策管理以及和飞控系统协同操纵就显得至关重要。

此外,无人机在飞行过程中不可避免会有一定的安全风险事故发生。无人机本身的结构特性与作业环境的复杂性会导致无人机进入特殊的飞行状态,如内部机件疲劳磨损或者外部猛烈撞击等会导致无人机传动轴损坏,使拉力丧失,形成传动系统故障,或者内部摩擦力或外部的撞击导致操纵线系损坏,形成操纵系统故障,这两种故障都是瞬态紧急故障。无人机操纵系统需要快速地识别和判断发生了哪种类型的故障,并在很短的时间内做出正确的处置,避免无人机进入复杂状态,这大大增大了无人机操纵系统智能性的要求。同时,在某些特殊情况下,例如无人机下滑或超载起飞时,如果过多猛烈地上提总距操纵杆,也可能造成机翼失速,使无人机操作性变差,引起机身、驾驶杆抖动和摇晃、偏航,无人机出现滚转、俯仰、下降率不稳定等情况。对于双发无人机,在飞行过程中还可能因为发动机供油和进气不良、发动机机械故障或者云中积冰及防冰系统使用不当,甚至发动机失火、滑油压力损失、喘振等,被迫关闭故障发动机,造成单发停车,导致方向不稳、姿态倾斜、抖动和掉高度。为了处理这些典型风险情形,需要无人机智能决策系统做出响应,以提高无人机操纵的安全性。

人类面临的许多问题往往具有很高的复杂性、不确定性和开放性。随着决策支持系统在各领域的应用,人们也逐渐认识到传统人所做决策面临的问题与局限性,计算机智能决策也逐渐受到学术研究的重视,充分利用计算机在决策能力上的快速准确响应性,在决策过程中更多地考虑多种情形最佳方案,可使决策方案更具可理解性及可靠性。因此,随着信息技术的不断发展,大量的侦察探测和传感设备应用于战场,大大提高了对情报侦察和战场数据的收集能力。然而面对海量、多源、复杂、异构且快速增长的战场态势数据,人类的认知速度和处理能力已很难跟上战场数据增长和变化的节奏。如何应对瞬息万变的战场态势,实现相对智能化的战场态势认知,以辅助无人机实时、高效、科学地进行决策,已成为无人机智能决策与控制融合研究的关键问题。

2 科学问题背景

截至目前,我国在无人机的研发和制造方面已经经历了半个世纪的努力,在这一领域取得的进步同样显著。据美国《航空周刊》报道,中国已对外展示了几十种无人机,这足以证明,在无人机领域中国正在"赶超西方"。我国无人机各方面技术都已经达到了世界中上游水准,并且在国内已经形成了一套较完善的研发、组装、实验、创新以及生产的专业产业链条。国内无人机飞行控制系统多为机械操纵系统加模拟式或数字式的有限权限的自动飞行控制系统,其技术水平基本上是先进国家 20 世纪 70 ～ 80 年代的水平,而且距国内固定翼飞机飞行控制系统的发展水平也有较大的差距。在先进技术研究方面,开展了无人机电传飞行控制设计技术的研究,包括电传飞行控制系统总体技术、非线性飞行动力学建模、多模态解耦飞行控制律设计方法、余度管理技术、电传系统的地面模拟试验等。

综合上述分析,我国有关基于机动和特情下无人机决策与安全控制技术还需进一步开展深入研究。从实际应用角度讲,通过决策与安全控制操控无人机,使无人机任务能力能够满足信息化条件下全面、精细的作战任务规划要求。同时,在任务的执行过程中,决策与安全控制操纵技术可以根据新的任务需求、气象、威胁及其他因素等特殊情况,对无人机控制指令随时进行修正,实现对无人机操纵的实时更新。并在传统的智能操纵技术基础上,增加无人机应对突发状况、恶劣飞行环境等特殊情况下的控制能力,进一步提高无人机的灵活性和适应性,拥有更强的冲突消解能力。

3　科学问题研究进展

构建无人机混合增强智能控制框架,评估外部感应器、专家知识库和智能飞控系统的输出指令差异性,通过提醒、记录或人工智能等手段增强三者的能力,结合大机动/特情特征,提出动态安全边界生成方法;针对生成的动态安全边界,研发具有多约束协调能力的大机动/特情智能飞行控制律,为无人机大机动/特情飞行提供边界保护,提升无人机大机动/特情状态下的安全性;研制无人机大机动/特情的混合增强智能飞行操控系统,提升无人机大机动/特情状态下飞行的操控精度和安全性等性能指标。

3.1　无人机大机动/特情混合增强智能方法

为了保证无人机机动飞行的安全性和稳定性,有必要根据飞行经验和专家知识库建立飞行状态和状态可控飞行边界之间的耦合机理,为研究无人机安全智能操纵技术提供理论支撑。在机动状态下的实际飞行中,环境瞬息万变,而且无人机对操纵动作的反应比一般飞机迟缓,另外,实际任务环境存在大量的不确定性,这就导致目前的飞控系统并不能完全取代人为干预的作用。同时,在复杂未知动态对抗环境下,以及操控规则不完备情形下,可能无法快速完成正确的操纵决策,导致无人机在这些情况下难以完成相应的机动。为了使无人机在机动状态下能够安全飞行及维持系统稳定,需要将人的作用或者人的认知模型以及学习系统加入无人机自主控制系统中。此外,引入无人机控制专家知识库,通过专家知识库中的控制规则和学习系统对环境的学习,进一步提升无人机控制的安全性和快速性。最终形成外部感应器、专家知识库和智能飞控系统混合增强的智能控制系统。

无人机飞控系统可为无人机系统提供充足的甚至无限的数据资源,但也需考虑外部环境情况。无人机智能控制系统能够在对抗环境中感知无人机的状态和关系,然后提供可解释的模型,以形成评估和判断风险与价值的基础和度量。因此,在传统的无人机自主操纵系统的基础上,将外部感应器、专家知识库和飞控系统进行深度融合,形成混合增强的智能操控系统。通过融合专家知识库的认知模型与增强学习,能够对当前飞行安全的评估结果进行评价,并以此对飞控系统控制算法进行指导。无人机在机动状态下,对于高置信度的飞控系统操纵指令,不需要进行智能控制干预,而对于低置信度的操纵指令则需要智能控制加以指导改进。

构建无人机操纵专家知识库,可有效提升无人机机动状态下的飞行安全,利用该系统能高效快速生成无人机操纵指令。相较于飞行员自身可能存在误判或受情绪影响等可能做出错误的飞行控制决策,无人机智能决策系统可以极大提高无人机飞行控制的安全性,解决模糊和不确定问题,并建立高级认知机制与智能系统之间的耦合机制。

为使无人机在机动状态下能有效应对各种突发情况,智能决策系统作为无人机的操控者,是"价值判断"的仲裁者,其干预应该贯穿无人机机动飞行的整个过程。人机混合增强智能方法可以通过整合外部感应器的感知信息和专家知识库的认知信息,智能飞控系统计算能力和存储能力以及专家知识库的启发性、透明性和灵活性来实现机动状态下的无人机安全飞行控制,可处理来自大规模、不完整和非结构化知识库的信息,并且可以避免人工带来的失控风险。

为了在大机动/特情状态下对无人机进行有效控制,需要对无人机大机动/特情过程中操纵特征和状态量的变化规律进行研究,如:无人机水平直线加速机动时,当速度增大后,机身阻力也随之增大,若要保持同样大小的加速度,则要求增大倾斜角和拉力。如果满足不了要求,无人机平飞加速度就会随之减小至零,那么无人机就会在一个较大的飞行速度下平飞。无人机操纵特征和状态量的变化规律是机动下无人机进行有效控制的基础,在分析无人机机动飞行的操纵特征和机动飞行过程中状态量的变化规律基础上,对无人机机动飞行过程中的典型失控危险状态进行定义和表征。

大机动/特情状态下,需要通过无人机当前飞行状态及特情状态信息得到动态安全飞行边界,以保证无人机具有在特情状态下安全飞行的能力。由于在不同的大机动/特情状态下,需要不同的无人机操纵方式,因此,还需要根据无人机的飞行状态,确定无人机所处的大机动/特情状态,以选择满足稳定性、动态性、鲁棒性和抗扰性等多性能指标要求的大机动/特情状态下无人机基于混合增强智能的安全操控方法。

如何科学合理地保证无人机的安全,需要从边界判定的角度进行研究。在无人机常规飞行中,传统的飞行包线足以保证安全,但是传统包线的局限性在于只在转弯或巡航状态的准静态过程中适用,在追求大机动特性时,传统包线的定义将不再与空战概念的先进性相符。尤其是出现特情时，需要有额外的边界约束来保证机动过程的安全。因此，有必要将传统包线定义进行扩展，给出更具广泛意义的飞行边界的定义。

就无人机而言，传统飞行包线定义是描述空速的区域，在这一区域中，无人机将被约束在安全飞行的范围内。而飞行包线的边缘则由各种各样的无人机性能的限制来定义，例如可获得的发动机推力、飞机结构和最大容许噪声。根据先进边界保护研究成果，其过程可以归纳为以下三点：其一，建立气动力与无人机机动能力间的关系；其二，无人机边界的定义需要基于状态集的分析；其三，在不同的状态下，飞机的机动能力需要进行约束，该约束会随着状态的变化表现为动态特性。

为了将机动边界包含在飞行边界中，需要对机动的特性进行归纳。在给出过失速边界的定义之前，需要引出机动能力与失控的概念，机动能力表征飞机利用作动器改变自身姿态的能力；对于失控的定义，是由于无人机非线性与作动器的结构约束影响，无人机进入飞行员无法控制的状态中，从气动参数的角度，即表现为作动器提供的力矩无法改变当前气动力矩方向，使无人机无法回到常规飞行状态。

在此基础上，可以对定义进行拓展，飞行边界指由满足机身、机载及外部约束的受控状态组成的区域。该定义，不同于以往由外部约束给出的边界条件，而是以系统内部非线性为出发点，以不失控条件下的机动能力为边界。根据飞行边界的定义，可以继续将边界分为以下三类：

动态机动包线：根据气动特性和运动学特性，以不失控为准则，规定飞行器动态行为的约束。该定义是飞行边界与传统飞行包线间最主要的区别，具体内容将在后文展开介绍。

结构和飞行品质包线：由机身结构强度和飞行员舒适性规定的约束，防止飞机在飞行与机动中超过自身载荷限制，出现解体，飞行员昏迷等现象，包线有最大加速度、飞行高度、飞行速度和过载。

环境包线：由飞行环境规定的约束，保证飞机的飞行轨迹不会出现碰撞等危险情况，如特殊地形避让和高度保护。

综上，采用协同融合增强操控系统，采用外部感应器、专家知识库和智能飞控系统三种结构融合，分别对无人机的机动状态下实际飞行进行操控指导，并通过专家系统的飞行安全评估结果，以高置信度的操纵指令增强飞控系统的智能性并增加专家知识库的规则数量和无人机飞控性能，在三者不断互相训练增强学习中提升无人机飞行的稳定性和安全性。在无人机混合增强智能控制框架下，针对无人机飞行环境多变、数据量大及大机动/特情状态情况下信息无法精确获取的特点，首先对无人机各项控制指标和安全性指标等约束条件进行分类建模，提取大机动/特情状态下无人机状态特征，建立无人机飞行状态和大机动/特情类型的关联机制。另外，为了保证无人机飞行安全性的要求，揭示无人机大机动/特情的飞行状态与动态安全边界的耦合机理,提出依赖飞行状态的动态安全边界生成方法,以实现智能飞控系统对无人机大机动/特情状态下飞行的精准控制。从通用性和建模仿真分析一体化角度出发及考虑大机动/特情状态情况下,实现无人机的安全智能操控。

3.2　无人机大机动/特情动态安全边界判定

无人机动态安全边界的建立是无人机安全智能操纵技术系统的重中之重。由于无人机自身的高度非线性、欠驱动特性,其动态安全边界是与其本身的飞行状态高度耦合的,比如:在飞行速度较慢时,无人机系统允许自身的姿态角以及姿态角速率发生较大的变化,即其动态安全边界的范围较大;而在飞行速度较快时,其姿态角以及姿态角速率需要被限定在一个较小的范围内,即其动态安全边界会变小。另外,无人机处于不同的姿态时,其飞行速度、以及姿态角速率的动态安全边界亦会受到不同程度的影响。因此,在无人机本身的运动学模型与动力学模型的基础上,需结合无人机自身物理特性,得到当前飞行状态下无人机各个状态量的动态安全边界数据,然后通过多次采样,采用深度学习方法对大量数据点进行训练,最后获得不同飞行状态下对应的动态安全边界。

在大机动/特情状态下,由于无人机自身的高度非线性、欠驱动特性,无人机动态安全飞行边界的判定必然更为保守,其必要性也尤为突出。大机动/特情状态下的无人机在线安全边界,需结合无人机当前飞行状态与所处大机动/特情的类型进行综合判定。首先,在无人机飞行状态和动态安全边界之间的耦合机理的基础上,获得当前飞行状态下对应的动态安全边界,然后结合当前大机动/特情状态信息,对当前飞行边界进行在线更新,通过改变控制增益、增加额外的裕量等方法增强其保守性,最后,得到大机动/特情状态下,无人机的动态安全飞行边界。

3.3　多约束条件下无人机大机动/特情智能飞行控制

现代信息化战争中,无人机飞行性能受飞行高度低、地理环境和其他动态对抗环境(快速捕捉、短时稳定、紧急机动、临场躲避)影响,为了提高其自主操控能力,需大力发展动态对抗环境下融合增强智能飞控系统操控方法。高速无人机近地飞行时,需在满足各项控制指标和安全性指标等约束条件下,根据飞行任务的实际需求,决策生成操控指令,实现无人机的增强智能操控,使无人机完成快速捕捉任务,并在指定区域实现短时稳定,进一步增强危险紧急情况下的快速机动和临场规避能力,以达到期望的飞行目标,保证无人机的安全飞行。为了避免动态对抗环境情况造成的飞行危险,进行动态对抗环境下无人机人机混合增强智能操控方法研究,达到无人机自主安全操控的目的。

为实现上述目的,需要针对多约束条件下无人机系统的飞行控制系统设计问题,考虑任务性能指标(如跟踪误差、收敛速度、超调量等)设定性能约束,研究各项安全/性能约束在无人机系统中的存在形式,构建兼顾两类约束的控制框架。在此框架下,充分考虑无人机层级系统特性,研究同类约束间的耦合关系以及两类约束间潜在的对立情况,引入一种由内环向外环反馈的多约束协调机制,逐级保证所有状态满足安全约束,并适时恢复性能约束。然后,研究模型不确定性对闭环控制的影响,基于鲁棒适应与保性能控制方法设计飞行控制律的形式,进而研究控制器参数与系统闭环不变集的内在映射形式,依据闭环不变集、安全区域与失控区域间的相互关系,给出参数设计判据。最后,总结上述控制律与参数设计判据,归纳无人机的边界保护控制方案。

3.4 无人机大机动/特情的混合增强智能飞行控制

在上述混合增强智能控制框架中,无人机飞控系统应配备记忆单元,并具有迭代更新与强化学习的功能,从而实现增强的核心目标。该控制系统将依据前馈与反馈双回路进行设计,前馈回路中包含无人机建模的记忆单元,依据记忆单元补偿调整开环系统动态;反馈回路中包含面向任务性能的记忆单元,每个记忆单元对应一个无人机基础动作基元,控制律统筹记忆单元综合调节闭环系统的跟踪性能。基于前馈与反馈回路中的记忆单元,无人机飞行控制系统的混合增强将表现为记忆单元对飞行员和专家知识库的操纵指令特征提取与模仿,前馈记忆单元的增强旨在构建更加精准的无人机模型,反馈记忆单元的增强旨在获取更加丰富的基础动作基元,基于宽度学习实现更加精准的闭环控制性能。

任务环境瞬息万变,无人机的飞行状态可能由于态势变化、突发威胁或者是新增任务等原因发生改变,导致预先设定的飞行规则无法正常使用。为了避免这种情况造成的任务失败,此时,需要根据当前环境的变化,对无人机的操纵进行实时调整,需要在特情状态下,确保无人机在遇到突发状况时仍然能够保持稳定、安全的飞行。

典型大机动/特情状态情况主要包括:涡环状态、单发失效和尾桨失效等。在典型大机动/特情状态情况下,无人机的操纵变得越加困难,仅仅依靠飞控系统无法始终保证飞行的安全性,因此,采用无人机混合增强智能操控方法对无人机进行操纵。面对这些典型的大机动/特情状态情况,无人机的操纵需要根据实时的飞行状况进行调整,面对突发状况时,智能飞控系统为无人机飞行状态提供操纵指令,并通过专家系统进行飞行安全评估,当产生的操纵指令都具有高置信度时,选择最优指令对其余两种运行方式进行增强,如通过提醒记录的方式以提升智能控制系统经验、将该指令反馈形成新的无人机操纵规则存储入专家知识库以丰富专家知识库的规则条目、将该高置信度操纵指令作为智能飞控系统的新的学习样本以提高飞控系统的智能性,实现智能飞控系统混合增强决策。

主要参考文献

[1] 王爽,詹浩.飞行最大可控边界集及其机动边界保护控制[J],西北工业大学学报,2014,32(4):523-528.

[2] 张超凡,董琦.考虑输入饱和的固定翼无人机自适应增益滑模控制[J],航空学报,2020,41(s1):79-87.

[3] 郭雷,袁源,乔建忠,等.无人机系统免疫智能技术[J],航空学报,2020,41(11):147-151.

[4] 雍可南.歼击机过失速机动边界判定与保护控制[D].南京:南京航空航天大学,2015.

[5] 叶辉,陈谋,吴庆宪.基于多滑模调节器切换的机动飞行边界保护控制[J],航空学报,2014,35(12):3358-3370.

[6] UNNIKRISHNAN S,PRASAD J V R,YAVRUCUK I. Flight evaluation of a reactionary envelope protection system for uavs[J]. Journal of the American Helicopter Society,2011,56(1):012009.

[7] YONG K,CHEN M,WU Q. Immersion and invariance-based integrated guidance and control for unmanned aerial vehicle path following[J]. International Journal of System Science,2019,50(5):1052-1068.

[8] PAW Y,BALAS G. Development and application of an integrated framework for small UAV flight control development[J]. Mechatronics,2011,21(5):789-802.

[9] KWATNY N,DONGMO J,CHANG B C. Nonlinear analysis of aircraft loss of control[J]. Journal of Guidance Control and Dynamics,2013,36(1):149-152.

撰稿人:陈谋(南京航空航天大学)

CHAPTER FOUR

第 4 章
航空器能源与推进系统

以航空发动机为代表的各类热机，及对应的能源与推进系统是航空器的"心脏"，被誉为现代工业"皇冠上的明珠"。由其衍生发展的燃气轮机也逐步成为大型舰船、特种车辆、电厂等的重要动力来源，其具有多学科交叉、技术密集、附加值高等特点，是典型的军民两用高科技产品，综合体现了一个国家的科技、工业和国防实力。由于相关技术具有高度的军事敏感性，欧美各国始终将航空发动机技术列为对华限制出口的核心技术之一，同时还严格限制相关领域人才对华流动，因此，我国航空器能源与推进系统的发展必须依靠科技自立自强。

当今世界航空发动机技术呈现加速发展的态势，美国、英国的军用航空发动机寿命已经超过 4000h，并且更加追求高速化、高效化、智能化。美国自适应变循环发动机核心机已于 2018 年 6 月完成全部测试。近期美国普拉特·惠特尼集团公司披露，"F135"涡扇喷气式发动机增推计划取得了实质性进展，成功实现了第一阶段的目标，即将"F135"涡扇喷气式发动机的最大加力推力由 191.27kN 提升至 204.12kN。而其第二阶段目标，计划在此基础上继续增推 5% ~ 6%，最终达到 216.37kN 的最大加力推力。

相比之下，我国"WS10"发动机最大推力约为 14t，俄罗斯"117S"发动机最大推力也在 14t 左右。近年来，我国在航空发动机技术领域取得了一系列令人鼓舞的成就，"WZ9""WS10"等发动机装备部队使用，"WS20"等发动机研制进展顺利，大涵道比民用航空发动机"CJ1000"研制取得重大突破。然而，整体来看我国航空发动机技术仍大致处于英国、美国 20 世纪 90 年代中期的水平，并已经成为制约我国航空及现代交通运输高质量发展的瓶颈。

各种高超声速飞行器、混合推进飞行器、水平起降临近空间飞行器、天地往返飞行器等新概念/高效能飞行器方案不断涌现，面向未来航空器推进系统的高速化(工作包线马赫数 0 至 5 以上)、高效化(耗油率下降 10% 以上)、智能化(智能传感/智能控制/自主诊断/自主修复)、一体化(飞/发一体化与发动机本体一体化)等发展趋势,精细化设计、新的推进原理、新概念推进理论和方法等都亟待进一步突破。

在民用航空领域,未来先进民用航空发动机提出低污染长寿命目标的同时,要求进一步降低耗油率,从而提高经济性。随着未来民用飞机的多电化、智能化趋势,也对航空器能源与推进系统的能量利用和管理提出了更高的要求。未来,如何通过提高燃油效率渐进式减少碳排放,推进绿色航空能源开发与低碳/零碳动力技术的革命性变革,进而从根本上解决碳排放问题,也成为未来研究和发展的重点。

针对上述发展需求与难点挑战,本章将重点围绕以下几个方面开展研究:①高速涡轮动力系统。优化热力循环,提高关键部件效率及匹配,提升整机性能,增强安全性和可靠性,构建正向设计体系中的基础模型和方法。②组合动力系统设计与优化。围绕各类典型组合动力系统,开展组合方案优化、多学科融合设计等研究,突破热防护、能量管理、智能控制等关键技术。③绿色能源动力技术。针对电动、氢能源、生物能源、太阳能等不同能源模式及其多样组合形式动力开展基础研究,探究能量高效转换、存储和利用模式,掌握生命周期碳排放动态监测和评估等方法。④推进新原理及新概念推进理论。研究非常规发动机的推进新原理,探索新概念推进理论及其推进系统相应的基础科学问题。

通过上述关键科学与技术问题的创新性研究,为我国航空器能源与推进系统的高质量发展、跨越式进步提供坚实基础和重要保障。

热声不稳定性的等离子体控制机制

Control mechanisms for thermoacoustics using plasma actuators

1　科学问题概述

为实现低碳排放目标,未来航空发动机燃烧技术将继续向贫燃预混方向发展,贫燃燃烧虽能降低氮氧化物排放,却极易引起燃烧室内的热声不稳定性现象。该现象的出现主要是由于压力与火焰热释放率的波动形成正反馈,严重时会造成燃烧室内出现巨大压力震荡,威胁航空发动机的安全运行。因此,实现燃烧室内贫燃燃烧过程的精准调控,抑制热声不稳定性,是航空推进系统亟须解决的关键难题。

针对热声不稳定威胁,目前工业界多采用被动控制方法,例如采用燃烧室结构优化、亥姆霍兹共振腔来进行抑制。虽然被动控制方法无须额外能量输入且鲁棒性较好,但一般仅在较窄工况范围内有效。相比之下,主动控制技术通过激励器对流场或化学反应过程施加扰动来改变燃烧状态,能够根据工况的变化进行适应性调节,因而有助于实现航空发动机燃烧室中宽工况燃烧过程的精准调控。

针对燃烧主动控制技术,Ann Dowling 在其关于燃烧不稳定性主动控制的综述文章中指出,在工业级燃烧室中使用主动控制技术抑制热声不稳定性的核心限制瓶颈之一在于缺乏合适的激励器。直至 2019 年,在相关综述文章中,采用合适的激励器仍是实现热声不稳定性主动控制技术亟须解决的科学难题。目前学术界和工业界广泛尝试的扬声器和燃料注入快速阀门,分别面临激励功率不足与激励频带不足的缺陷。等离子体激励器具有无机械运动部件,响应时间短、激励频带宽等诸多优点,其对燃烧过程的控制主要是以等离子为能量载体,产生动力效应、热效应与化学效应来实现。

基于等离子体的热声不稳定性主动控制技术涉及流体力学、等离子体动力学、湍流燃烧学、控制论、先进测量技术等多个学科,是典型的复杂跨学科问题。揭示等离子体对复杂燃烧环境中热声不稳定性调控的核心机制与规律,并发展相应的开/闭环控制策略,是亟须解决的核心科学问题。目前,对热声不稳定性进行基于等离子体的主动调控机理及控制性能研究还存在很大不足,总的来说存在以下几点难点:①激励器场景适应性窄。以无放电高压电场为代表的等离子体激励方式,以火焰化学电离所产生的等离子体为能量载体,利用洛伦兹力来驱动离子风对火焰热释放率进行扰动。该激励方式虽然能量转化效率极高,但无法适用于火焰电离速率较低的燃烧场景,例如贫燃燃烧与富氢燃烧,因而大大限制了该类等离子体控制方法的应用场景。②激励器作用空间范围小。以纳秒脉冲等离子体为代表的新型等离子体发生方式作为近年来的研究热点,具有超快加热,产生丰富自由基等优点。但由于离子不稳定性导致其高压放电往往呈现收缩的单通道形态,难以获得体积放电,因而放电产生的热与自由基在空间上高度集中。其输运过程完全依赖于局部热释放所产生的膨胀波,以及周围环境的湍流脉动强度,导致激励作用的空间范围通常较小。③控制机理不清。研究纳秒脉冲等离子体对热声不稳定性控制有效性的工作较多,但关于其详细的激励扰动与火焰相互作用的物理化学机制多是基于简单的唯象观察。对等离子体的扰动如何从产生、发展、输运,直至与反应流动发生作用的详细物理机制并不清楚。

因此,在复杂燃烧环境下采用等离子体来控制热声不稳定性,需要发展高温、高速复杂流动条件下有效的大尺度的等离子体实现方式,并据此发展系统性的最优开/闭环控制策略,最终实现消除航空器先进推进系统在宽工况范围内的热声不稳定性危害。

2 科学问题背景

航空发动机是国之重器,是国家安全的重要保障,对其进行国产化势在必行。对此,我国从"十三五"期间就开始实施"两机"重大专项,对其自主研发与设计是该专项的关键目标之一。航空发动机的核心机主要由压气机、燃烧室、透平三大部件构成，其中燃烧室是其实现能量转换的核心部件及主要动力来源。准确理解燃烧室内燃烧组织优化对研发高效率、低排放的航空发动机起到至关重要的作用。

未来航空发动机燃烧技术将继续向贫燃预混方向发展，贫燃燃烧会带来热声不稳定性的严重威胁，该现象源自压力与火焰热释放率波动的正反馈，严重时会造成燃烧室内出现巨大压力震荡，威胁航空发动机安全运行。针对该挑战，目前航空发动机主要采用被动控制方法，例如通过燃烧室结构优化、采用亥姆霍兹共振腔等。但被动控制方法仅在较窄设计工况范围内有效。考虑到未来航空发动机需要在较宽工况范围内快速调节荷载来实现高机动性，被动控制技术将难以满足需求。主动控制技术通过激励器来改变燃烧状态，根据其变化进行适应性调节，将更适合对航空发动机宽工况燃烧过程进行精准调控。

以燃料注入阀门为激励器的主动控制技术曾被西门子、阿尔斯通为代表的商业公司以及美国联合技术研究中心为代表的科研机构应用来控制燃烧系统的热声不稳定性，但由于系统复杂度与可靠性问题，该类型主动控制方法并未得到进一步广泛的商业化应用。事实上，阿尔斯通公司仅进行过一次燃烧主动控制技术的尝试，足以证明该技术方向的挑战性。在燃烧主动控制技术上取得突破，并将其控制目标扩展到热声不稳定性现象，将有助于我国航空发动机相关公司及院所在未来该行业竞争中取得领先地位。

3　科学问题研究进展

不同的等离子体发生方式，其约化电场与电子密度不同，因而其产生的主要扰动特点也不同。通常等离子体对流动的扰动以以下三种形式出现：动力学效应，即以体积力的形式改变流体的动量方程；热效应，即对作用气体加热，在加热速度极快时才可形成激波，带来额外的冲击效应；化学效应，除温度升高外，通过引入新的自由基与组分进行化学反应带来改变。因此利用等离子体对热声不稳定性的控制可依据其具体效应来进行区分。

3.1　热-化学效应

该技术在利用等离子体抑制热声不稳定性方面应用最广泛，其基本原理是利用等离子体所带来的热释放与产生的自由基，改变燃烧的火焰面位置、火焰传播速度、自点火延迟时间等燃烧特性来改变火焰的声学传递函数，达到控制热声不稳定性的目的。采用该技术路线时，为了增加化学效应的比重、提高激励效率，通常选用强非平衡态的等离子体，例如纳秒脉冲等离子体。该技术路线的优点是控制效果突出且控制时延小，但该路线存在以下缺点：在高压环境下等离子体放电多呈现单通道形态，其产生的热及化学效应多在局部集中，作用范围有限；整体能量转化效率偏低，从电源功率到等离子体对流场的能量注入全过程损失较大；若以热为主来控制燃烧过程，存在需要输入能量过高的问题；该等离子体发生器制造难度较大,目前主要以国外供应商为主,存在"卡脖子"的问题,且系统可靠性有待提高。

总体上,该技术路线充分利用了燃料化学键储存的能量来控制热声不稳定性,是实现非线性控制的关键途径,且在燃烧环境中控制效果好、应用潜力高,是目前主要的研究方向。但如何拓展其空间作用范围、形成大尺度的体积放电,提高能量转化效率并制造有自主知识产权的纳秒等离子体发生器是亟须解决的问题。

3.2 热-声效应

等离子体利用热-声效应控制热声不稳定性的基本原理是利用等离子体的热释放带来的气体体积膨胀来直接产生压力波。由于等离子体放电长度通常远小于声波波长,因此在声学上可以视作单极子。利用该压力扰动可在1000Hz的范围内产生幅度达40dB的声波。该技术路线的优点是等离子体声波发生方式可以适用于高压、高温的恶劣真实燃烧室环境。其难点是:能效比较低,因为放弃了等离子体的化学效应,若采用开环控制思路,则所需要的能量要和热声不稳定性造成的震荡能量级别相当,难以实现;产生的声波除了基频之外,还存在不可忽略的倍频分量,给控制器的设计带来额外困难;需要等离子体发生器以超高频连续运行,对设备可靠性提出了挑战。

总体上,该技术路线原理上最为简单,激励效果好实现,且不需要布置在接近火焰面的位置,装配上容易实现。但如何利用系统的非线性效应来避免输入能量过高,并且减少其压力波的倍频分量是亟须解决的问题。

3.3 动力学效应

该技术路线以高压电场为代表,利用离子风效应直接改变流场结构来改变火焰锚定位置或直接扰动火焰热释放率,从而达到调控热声不稳定性的目的。该方法由于无须借助化学或热效应,可以获得远高于前两个技术路线的能效比(以无击穿高压电场为例),并且电极布置方便,且对电源要求极低。其难点是:适用的燃烧工况受限,例如贫燃燃烧中离子浓度极低,无法采用该方法;扰动强度有限,以通常火焰中的等离子浓度,形成的离子风级别在米每秒的量级,对于燃烧室内几十米每秒的流动环境,扰动幅度有限。

总体上,该技术路线最为高效、成本最低且装配上容易实现。但如何拓展其使用场景,增强离子风的强度是亟须解决的问题。

3.4 总结与展望

综上所述,现有等离子体热声不稳定性控制研究主要围绕上述三种技术路线展开,三种技术路线的优劣各异,因此未来研究趋势及发展潜力有所不同。其中,基于热-化学效应的技术路线最为可靠,基于热-声效应与动力学效应的技术路线虽原理相对简单,但实用推广难度大,需在现有技术基础上实现重大突破。

主要参考文献

[1] National Academies of Sciences,Engineering,Medicine. Advanced technologies for gas turbines[M]. Pittsburgh:National Academies Press,2020.

[2] LIEUWEN T C. Unsteady combustor physics[M]. Cambridge:Cambridge University Press,2021.

[3] RICHARDS G A,STRAUB D L,ROBEY E H. Passive control of combustion dynamics in stationary gas turbines[J]. Journal of Propulsion and Power,2003,19(5):795-810.

[4] MCMANUS K R,POINSOT T,CANDEL S M. A review of active control of combustion instabilities[J]. Progress in energy and combustion science,1993,19(1):1-29.

[5] DOWLING A P,MORGANS A S. Feedback control of combustion oscillations[J]. Annu Rev Fluid Mech,2005,37:151-182.

[6] ZHAO D,LU I,LI X Y,et al. A review of active control approaches in stabilizing combustion systems in aerospace industry[J]. Progress in Aerospace Sciences,2018,97:35-60.

[7] 吴云,李应红. 等离子体流动控制研究进展与展望[J]. 航空学报,2015,36(02):381-405.

[8] 李应红,吴云. 等离子体激励调控流动与燃烧的研究进展与展望[J]. 中国科学:技术科学,2020,50(10):1252-1273.

[9] JU Y,Sun W. Plasma assisted combustion:Dynamics and chemistry[J]. Progress in Energy and Combustion Science,2015,48:21-83.

撰稿人:潘翀(北京航空航天大学)

洲际快速航空运载器宽域涡轮组合动力

Wide-range turbine-based combined cycle engine for intercontinental fast aerial vehicle

1 科学问题概述

洲际快速旅行及临近空间科学探索、商业旅行飞行是人类追求的梦想,但现有单一航空涡轮发动机由于工作速度仅能达到 2 马赫数,远远无法实现这些飞行任务,这是由于高马赫数下发动机进口的滞止温度过高,使得发动机的性能及结构可靠性无法满足要求。通过不同单一种类发动机进行有机组合是拓宽飞行马赫数的有效途径。

对高温的来流空气进行预冷对于发动机性能的提升主要在以下三个方面:第一,将来流高温空气进行预冷,可以改善发动机内部部件工作条件,扩大飞行包线;第二,冷却空气提高了空气密度,可以提高发动机产生的推力;第三,冷却过程可以在一定程度上降低压气机功率、提高了比冲。

在这种背景下,预冷涡轮火箭组合动力应运而生,预冷原理主要有两种:一是使用高比热容的液态冷却介质,在发动机进口处喷入;二是使用内部灌注预冷介质的预冷器进行冷却。预冷涡轮组合动力的提出,可以有效解决高马赫数飞行下的冷却问题,对提高发动机性能、扩宽工作马赫数、确保结构可靠性具有重要的促进作用。

2 科学问题背景

马赫数在 0 至 6 以上的(Ma0 ~ 6 +)宽域预冷涡轮组合动力,巡航马赫数可达 5 ~ 6,巡航比冲可到 4000s 以上,优秀的便捷性和经济性是未来洲际快速航空运输系统以及临近空间多用途飞行器的理想动力装置,可使洲际旅行时间由当前的十几个小时甚至数十个小时缩短至一个小时以内,未来从上海至欧洲或美国,仅需一个小时即可到达。

Ma0 ~ 6 + 宽域预冷涡轮组合动力采用推进技术,对来流空气进行冷却,使其进入后端部件进行工作的一类动力装置,采用预冷装置和技术的发动机,不仅性能大大提高,且工作范围极大拓宽,因此许多国家均开展了相关关键技术的攻关与验证工作。例如,美国提出的射流预冷发动机(MIPCC),日本提出的吸气式涡轮膨胀循环发动机(ATREX),英国提出的协同吸气式火箭发动机(SABRE)等。其中,英国 REL(Reaction Engines Limited)公司提出的 SABRE 有工作范围宽、系统集成度高、综合性能高等优点,受到各国的广泛关注,包括欧洲太空局(ESA)、冯卡门流体动力学研究所(VKI)、美国空军研究实验室(AFRL)等研究机构均明确评价该预冷发动机方案是一项有吸引力的技术。国内对本领域也非常重视,组织开展了关键技术攻关研究。

Ma0 ~ 6 + 宽域预冷涡轮组合动力工作原理极其复杂,是迄今为止最复杂的循环系统方案,该发动机涉及热力循环与总体设计技术、Ma0 ~ 6 宽范围高性能变结构进排气技术、高负荷涡轮机技术、第三流体复杂循环与流量/热/功匹配技术、极高温/极低温多介质高功重比换热技术、宽混合比多模态高效燃烧技术、闭式循环系统起动与多模态平稳切换与控制技术等多项基础科学技术难题。目前,国内仍处于循环系统与总体方案优化论证、预冷器等关键技术攻关及小尺度试验件验证阶段,方案尚未闭合,需要根据航空运输系统整体发展布局,提前启动涡轮组合动力技术相关基础科学问题与关键技术攻关研究工作,以期为未来 Ma0 ~ 6 + 宽域涡轮组合动力及洲际快速航空运输系统技术发展与工程研制提供支撑。

3　科学问题研究进展

自 1948 年 Marquardt 公司提出第一个液化空气的预冷发动机方案以来,预冷类发动机经过了 70 余年的发展,各国研究者提出了多种设想和方案,这些方案根据是否将空气液化大致可以分为两类,一类是将空气液化后经过一定的过程(增压、分离、储存等)后作为动力系统的氧化剂,采用此方案的包括"LACE""RB545""LOCE""ACES"等发动机;另一类方案是不将空气液化,而是将其预冷却至液化点以上,避开了空气相变潜热造成的冷却剂消耗,采用此方案的主要包括"KLIN""ATREX""PCTJ""SABRE""SCIMITAR"等发动机。其中,英国反应发动机公司(REL)提出的"佩刀"("SABRE")发动机方案被视为十分具有潜力的预冷发动机方案,受到各国研究机构广泛关注。

3.1　国外研究现状

预冷空气类发动机经过 70 余年的发展,目前已经发展到深冷空气类发动机方案,近年来已很少有学者或研究机构开展液化空气类预冷发动机方案。

深冷空气类预冷发动机方案也大致分为两类,一类是直接将冷却介质(比如水、甲醇等)喷射至来流高温空气中,典型的是美国的"MIPCC"发动机方案。"MIPCC"发动机是在传统涡轮发动机压气机前部安装液体喷射系统,将冷却工质喷射到进气道,通过蒸发冷却方式冷却进气道中的气流,使高温来流气流的温度下降,进而拓展涡轮发动机的可工作范围。通过系统论证和分析计算表明,"MIPCC"发动机的最高工作马赫数可能达到 6 以上,并且比冲压发动机有更高的推重比,可作为高超声速巡航导弹、高空高速侦察机和可重复使用运载器返回器的推进系统。

另一类深冷空气类发动机的原理是采用预冷装置来冷却高温来流空气,采用此方案的包括"KLIN""ATREX""PCTJ""SABRE""SCIMITAR"等发动机。目前公开资料最多、开展研究工作最多的是"SABRE"发动机,已开展了大量的理论研究及试验验证工作,各国的预冷发动机方案也在有意无意中与"SABRE"发动机方案靠近。

"SABRE"发动机,是 REL 公司于 1989 年提出的深冷空气预冷发动机概念,该方案首次引入第三流体氦闭式循环作为中间介质,通过氦对空气、氢气之间的能量传递进行重新匹配。"SABRE"发动机技术前身为 20 世纪 80 年代中期英国开展的"霍托尔"(HOTOL)空天飞机计划。HOTOL 空天飞机是一种水平起降、可重复使用的单级入轨空天飞行器,设计起飞重量约 250t,有效载荷可达 7t。为满足水平起降、单级入轨等技术指标要求,HO-TOL 空天飞机的"RB545"发动机采用了进气预冷的吸气式发动机与火箭发动机组合的动力方式,在大气层内 26km、飞行马赫数 5 以下以吸气方式工作,在马赫数 5 以上像传统火箭一样使用火箭发动机产生推进力。"RB545"发动机方案以液氢燃料作为冷却剂在主气流进入压气机压缩前进行预冷，经过压气机压缩后压力升高至火箭燃烧室压力要求，而后进入燃烧室与燃料掺混点燃产生推力，该方案发挥了进气预冷的优势，降低了发动机氧化剂的需求，提升了动力系统的整体性能。

在当时看来 HOTOL 计划是一种极为先进的技术方案，也伴随着巨大的技术挑战，例如变几何进气道质量大、HOTOL 飞行器结构重心变化导致的飞行不稳定问题，以及轻质、紧凑高效进气预冷换热器实现难度大等问题。由于上述严峻的技术挑战，外界对项目评估的结果非常不乐观，表示研究总经费巨大(1985 年经费达 50 亿英镑)，以及研发周期将达到 20 年，加之欧洲太空局批准开展"阿丽亚娜 5 型"运载火箭研制、英国国家航天中心放弃航天发射及载人航天研究转而专注于航天应用等政策背景，罗尔斯-罗伊斯公司、英国政府逐步放弃了对 HOTOL 计划的资金支持，至此，HOTOL 计划的发展前景越发黯淡。但是 HOTOL 计划核心技术人员 Alan Bond、John Scott-Scott 及 Richard Varvill 三人认为该项技术仍具有广阔的技术前景并且已具有一定的技术基础，因此，在 1989 年成立了 REL 公司，继续开展相关空天飞机及预冷发动机技术研究，并取名"云霄塔"("SKYLON")及"佩刀"("SABRE")。

"SKYLON"飞行器是在 HOTOL 空天飞机基础上提出的可水平起降、重复使用的单级入轨空天飞行器方案，最新方案起飞推力 325t，有效载荷可达 15t，占比 4.6%，与火箭相比大幅提高了有效载荷比例，除此之外设计重复使用寿命可达 200 次，将空天运输单位酬载成本从 18,000 美元/kg 降至 820 美元/kg，可实现空天运输的革命性突破。

"SKYLON"飞行器杰出性能的根源是其革命性的"SABRE"协同式吸气火箭发动机。"SABRE"发动机具有两种工作模式，当飞行速度低于马赫数 5.5、飞行高度小于 26km 时，发动机处于吸气工作模式，利用其内部的进气预冷换热器对进口高温空气进行大幅度快速冷却，并将冷却后的空气作为助燃剂与氢燃料混合燃烧后产生推力；而在马赫数和高度更高条件下工作时，采用氢氧火箭发动机模式，以保证飞行器入轨。"SABRE"发动机吸气模式工作原理在"RB545"发动机工作原理基础上引入了氦介质内部闭式循环系统，预冷换热器内部的换热介质由氢变成了安全性更高的氦，保证了发动机高温部件的安全性。除此之外，在高温空气和液氢冷却剂直接构建热力循环系统，利用超临界氦可将高温气流中携带的大量热能高效转化为功，可大幅度提高发动机性能，在马赫数 5 工作时比冲可达 3600s 以上(火箭发动机比冲约 400s)。

"SABRE"发动机作为一种全新形式的空天飞行器动力系统，具有许多全新技术特征的新部件/系统，这些新部件/系统中关键技术涉及气动热力学、加工制造、力学、材料工艺、叶轮机械等多学科领域，具有很大挑战性，因此自成立开始，REL 公司就联合众多高校、科研单位及相关企业开展了大量关键技术研究及验证工作。由前述介绍可知，"SA-

BRE"发动机的核心是发动机前端预冷换热器,该换热器需要具有超强的换热能力,且需要在高温超高压环境下持续可靠工作,这给换热器设计技术和加工检测技术都带来了严峻的挑战。因此,在 REL 成立后的 20 余年内,公司联合布里斯托大学等研究单位,在当时工业技术条件下提高预冷器的换热效率的同时并尽可能地实现轻质、紧凑、高可靠性,并最终实现了预冷器技术革命性突破。

2012 年 11 月,REL 公司完成了预冷用紧凑快速强换热器的验证试验,成功实现了将大气中的常温空气无霜冷却到零下 150℃,并一共完成了超过 300 次试验验证,初步验证了预冷器的设计方法、制造技术和试验方法,试验结果表明该技术具备在 0.05s 内将 400kg/s 量级的空气降温 1100℃ 的能力,并能够保持其单位重量的换热量达到 100kW/kg。在此基础上,REL 公司于 2019 年 3 月搭建完成了预冷器高温试验验证平台,可提供超过 1000℃ 的进气来流,以模拟马赫数 5 飞行时预冷器进气高温条件,并已完成模拟来流马赫数 3.3 飞行时高温来流条件(420℃)预冷器高温试验验证。

除此之外,在闭式循环系统中氦工质叶轮机技术方面,REL 公司与 VKI、Quadratec 公司合作开展了大量研究工作并完成了实验验证;在喷管及推力室技术方面,REL 公司联合德国航空太空中心(DLR)、Airborne 发动机公司开展了关键技术实验验证工作;在 SABRE 变几何进气道及旁路冲压发动机技术方面,REL 公司与德国航空太空中心及 DAYERN-CHEMIE 公司合作开展了相关技术研究及部分实验验证。由此可见,"SABRE"发动机技术发展中多学科、多专业耦合的特征鲜明,联合高校、研究机构及相关企业共同研制可加速推动其技术发展。

除此之外,基于"SABRE"发动机优异的综合性能并且在相关关键技术已得到试验验证的基础上,REL 公司近年来与全世界多个研究机构及公司就"SABRE"发动机技术在入轨飞行器及高超声速飞机等应用方面开展了多项合作计划。基于对"SABRE"发动机技术先进性及可行性的认同,BAE 系统公司于 2015 年宣布提供"工业、技术和资本资源",用于进行"SABRE"发动机原型机地面试验研究,并于 2016 年 7 月发布了基于"SABRE"发动机的水平起降高超声速快速响应飞行器概念及作战设想。同时,在欧盟远期先进推进概念和技术计划(LAPCAT)中,提出基于强预冷技术衍生出的适用于高超声速巡航的"弯刀"(SCIMITAR)发动机方案,REL 公司提出了马赫数 5 巡航的高超声速民用飞机方案。除此之外,2015 年美国空军研究实验室(AFRL)开展了针对"SABRE"发动机关键技术的性能评估工作,结果表明"SABRE"发动机先进可行,在工程实现上不存在重大技术障碍。在此基础上,与 REL 公司签订合作研究发展协议,就"SABRE"发动机在太空发动机飞行器、高超声速飞机及军事领域的应用开展相关合作,并于 2016 年 9 月,AFRL 发布两套基于"SA-BRE"发动机的水平起降两级入轨飞行器概念方案,将基于"SABRE"发动机技术的高超声速空天飞行器方案列入美国水平起降重复使用空天飞行器重要技术路线之一,以便加速自身高超声速飞行器技术和装备发展。

鉴于"SABRE"发动机的技术进展以及巨大的应用价值，英国政府、欧盟及航空航天企业给予了高度重视并不断加大对 REL 公司的投资力度。英国政府于 2013 年 7 月为该项目 2014—2016 年的研究投资 6000 万英镑，并计划在 2020 年前再投入相关资金。截至 2015 年 8 月，欧盟已先后为该项目投资 5800 万英镑，并已将"SABRE"发动机关键技术作为高超声速飞机推进技术的研究重点之一，列入欧盟 LAPCAT 计划，在第六框架和第七框架计划中给予重点支持。2015 年 12 月，英国 BAE 系统公司投资约 2100 万英镑收购 REL 公司 20% 股份，以资助其关键技术的发展。2017 年 9 月，美国国防部国防高级研究计划局（DARPA）授予英国 REL 美国分公司 REI 一份科研合同并要求在美国进行预冷器高温试验。2018 年 4 月，美国波音公司及英国罗尔斯-罗伊斯公司成为 REL 公司的新投资商，联合 BAE 系统公司共计投资 2650 万英镑（约 3750 万美元）用以资助"SABRE"发动机项目的发展，以发展下一代高超声速飞行技术及空天运输飞行器。

在"SABRE"发动机各项核心技术取得了上述关键性突破且获得大量资金支持的基础上，REL 公司未来计划于 2020 年开展发动机缩比验证核心机地面试验验证，主要验证发动机低油耗及可操作性等性能，并于 2022 年开始"SABRE"发动机地面集成试验验证。在此基础上，REL 公司计划 2025 年完成发动机飞行试验验证，并于 2030 年实现发动机工程应用。REL 公司通过多年来的技术发展及近年来标志性的关键技术突破，使得历经周折的强预冷发动机技术终于获得全世界空天领域的瞩目，并被业内人士认为是发动机领域的颠覆性技术，是"喷气推进发明以来的第二次革命"。ESA 也对此项目信心十足，认为验证机研究必将成功，并且坚信该技术将是全球推进领域的一项重要里程碑。David Willetts 评价称"这项技术会彻底改变未来的空中和太空旅行"，同时英国航天领域人士认为，这项技术约在十年左右就可最终在工程上实现。除此之外，AFRL 认为"SABRE"发动机是一项十分有吸引力的技术，并有望领先于其他动力方案更早地在水平起降重复使用空天飞行器上投入使用。

"SABRE"发动机由涡轮发动机与火箭发动机一体化设计而成，其主要部件包括进气道、预冷器、涡轮压气机、燃烧室和尾喷管等。"SABRE"发动机涉及四种工作介质、两种工作模式，多路循环子系统耦合在一起，整个发动机系统循环较为复杂（为了改善金属在高温高压下的氢脆问题，在"SABRE"发动机中"热源"空气和"冷源"液氢之间设置有布雷顿氦循环）。

从 2013 年起，REL 公司对"SABRE4"发动机开始了研究，其采用两级预冷器和多级氢氦再生换热器技术，使得燃料用量得到大幅的节省。与此同时，预冷器的制造工艺、多部件耦合的仿真程序以及进气道和尾喷管的设计技术也取得了新的进步。

3.2　国内研究现状

"十二五"期间,国家陆续安排了若干课题对预冷发动机关键技术进行跟踪分析;"十三五"期间,在相关领域分别安排了较多的研究任务,开始对预冷发动机总体性能、深度预冷技术等关键技术进行攻关研究。

中国航天科技集团有限公司第六研究院第十一研究所(京)(十一所)对 REL 公司公布的简化的"SABRE"发动机系统原理进行了补充,增加了外涵道系统和部分管路主阀和调节器,计算了"SABRE"发动机在马赫数 0.5、马赫数 5,以及火箭模态下最大推力时的系统平衡参数。对吸气式模态下氦气闭式循环的热力循环特性进行了分析,计算了发动机在吸气式模式下的氦气闭式循环中各部件的运行参数,初步确定了影响循环系统的主要参数。十一所提出了 PATR 预冷空气涡轮火箭发动机方案,开展了较多的分析计算工作,建立了发动机静态数学模型,完成了不同高度下的性能特性计算。刘典多等建立了完整的"SABRE"发动机数学模型,开发了性能计算软件,对发动机参数进行了优化设计。朱岩针对"SABRE"发动机氦路循环组件建立了包含几何参数的计算模型,计算了系统性随部件参数的变化趋势。玉选斐等对燃料直接预冷循环进行了性能优化分析,提出了同时利用燃料和燃气驱动涡轮的优化方案。周倩楠分别设计了再热循环"ATREX"发动机、间冷循环"ATREX"发动机及再热-间冷循环"ATREX"发动机,研究表明预冷器处再热循环对发动机的飞行范围有扩大作用。

综上所述,国内在预冷发动机领域处于起步阶段,仍然处于总体方案优化论证与优化、基础科学问题研究及组件关键技术攻关等状态。

主要参考文献

[1] KOBAYASHI H,SATO T,TAGUCHI H,et al. Development status of Mach 6 turbojet engine in JAXA[C]. Vancouver:55th International Astronautical Congress,2004.

[2] TAGUCHI H,HONGOH M,KOJIMA T,et al. Performance Evaluation of Hypersonic Pre-Cooled Turbojet Engine[C]//22th AIAA International Space Planes and Hypersonics Systems and Technologies Conference. Florida:[s. n.],2018.

[3] DAVIES P,HEMPSELL M,BOND A,et al. Progress on SKYLON and SABRE[C]//66th International Astronautical Congress. [S. l.:s. n.],2015.

[4] JAMES E,HELEN W. SABRE Technology Development[C]. Guadalajara:67th International Astronautical Congress,2016.

[5] 周倩楠. 预冷 ATREX 发动机新型循环性能优化研究[D]. 哈尔滨:哈尔滨工业大学,2017.

［6］ 郑佳琳.预冷发动机热力循环及调节规律研究［D］.哈尔滨:哈尔滨工业大学,2016.

［7］ 汪元,王振国.空气预冷发动机及微小通道流动传热研究综述［J］.宇航学报,2016,37(1):11-20.

［8］ ZHANG J,WANG Z,LI Q. Thermodynamic efficiency analysis and cycle optimization of deeply precooled combined cycle engine in the air-breathing mode［J］. ActaAstronautica, 2017,138:394-406.

［9］ 邹正平,刘火星,唐海龙,等.高超声速航空发动机强预冷技术研究［J］.航空学报, 2015,36(08):2544-2562.

［10］ 邓帆,谭慧俊,董昊,等.预冷组合动力高超声速空天飞机关键技术研究进展［J］.推进技术,2018(1):1-13.

撰稿人:姚照辉(南京航空航天大学)

机载氢燃料电池与氢燃料储存系统轻量化设计

The light-weight design of airborne hydrogen fuel cell and hydrogen storage system

1 科学问题概述

氢燃料电池因其高效率和无污染的显著优势而被认为是在未来助力实现"双碳"目标的关键技术之一。在运行原理方面,氢燃料电池通过发生在阳极的氢氧化反应(HOR)和阴极的氧还原反应(ORR)将氢燃料的化学能直接转化为电能,其过程的唯一产物和排放物为水。在系统组成方面,氢燃料电池运行的核心是由双极板和膜电极组成的电堆。同时,基于上述运行原理,氢燃料电池的运行还需要其他系统的辅助,例如储氢系统、氢气供给系统、空气/氧气供给系统和电控系统等。氢燃料电池在 21 世纪初期的研究主要集中在针对地面交通运载工具的应用,因此车载氢燃料电池及其储氢系统得到了较好发展,不仅已有相关企业投入生产,并在国内市政交通和货车运输等大型车辆中进行了推广和应用。然而,氢能源和氢燃料电池技术在航空领域还鲜有应用,而针对其在航空器中的探索往往局限于小型航空器,例如小型和中型无人驾驶飞机,这是因为氢燃料电池在航空动力系统中还存在以下三点显性问题:

(1)氢燃料电池还无法作为大型航空器的单一动力来源,目前,氢燃料电池仅作为大型航空器的辅助供电装置。问题是如何提升氢燃料电池的比功率,以增加其在航空器运行过程中的供能占比,从而有效降低航空器的碳排放。

(2)氢燃料电池的重量和尺寸会随着输出功率需求的增加而显著增加,因此也限制了其在航空器上的使用。问题是如何在维持甚至提升氢燃料电池输出功率的同时,有效减小其尺寸和重量,实现氢燃料电池的轻量化设计,从而使其更易被集成于大型航空器。

(3)氢燃料电池在航空器中的大规模使用也依赖于航空器上可使用的氢燃料容量。问题是如何发展高容量和轻量化的机载储氢设备,从而保证航空氢燃料的高效和安全使用。

上述显性问题背后机理性的科学问题体现在以下三点:

(1)氢燃料电池的运行效率主要取决于其化学能向电能的转化效率,而上述转化效率又主要受限于发生在阴极和阳极上 ORR 和 HOR 的效率及其使用的膜电极极片。膜电极极片一般由质子交换膜、碳布和负载于其上的催化材料组成。氢燃料电池的供电效率主要受催化材料的催化性能影响。所以面临如何研发新型的电极和催化材料,从而提升氢燃料电池的供电效率的问题。此外,目前车载氢燃料电池的高效运行主要依赖于贵金属基催化材料。然而,贵金属高成本和低储量的缺点也是限制氢燃料电池成本和大规模应用的问题之一,如何通过新型非贵金属催化材料和电极材料的开发降低氢燃料电池的成本,从而促进具有成本效益的氢燃料电池在航空器上的应用也亟待解决。

(2)氢燃料电池的重量和尺寸也同样受电极和催化材料的性能影响。氢燃料电池的输出功率主要取决于膜电极极片上催化材料的性能以及电堆中使用的膜电极极片数量。同时,催化材料的性能也会影响单个膜电极极片上催化材料的负载量,从而影响单个膜电极极片的厚度和重量。所以面临如何通过提升催化材料的性能,从而减少膜电极极片厚度、重量及其在单个电堆中使用的极片数量,从而降低氢燃料电池的尺寸和重量的问题。

(3)机载储氢设备的容量主要取决于其储氢方式、氢气释放方式和设备材料。所以面临如何针对不同储氢方法研制相应的储氢材料和机载储氢设备,使其具有较高的储氢比容量的问题。

综上所述,机载氢燃料电池与氢燃料系统轻量化设计的科学问题主要集中于低成本和高性能电极材料、催化材料和储氢材料的开发,上述三类材料的性能同时影响氢燃料电池的输出功率和发电量及其膜电极极片的厚度和数量,因此是解决机载氢燃料电池和储氢系统轻量化设计问题所需要突破的重点领域。

2　科学问题背景

2.1　贵金属催化材料的成本和储量问题的背景

氢燃料电池的发电效率主要取决于发生在其膜电极极片上的能源转化反应效率,特别是发生在阴极上的电催化氧还原反应的效率,而上述反应效率又主要取决于膜电极上所负载的催化材料。目前,商业车载氢燃料电池的催化材料主要为贵金属基催化材料铂炭,即铂金属颗粒与导电炭的混合物。因此,受限于贵金属高成本和低储量的问题,未来氢燃料电池的大范围使用将抬高贵金属基催化材料的价格,从而进一步限制氢燃料电池的规模化生产和推广。因此,与车载氢燃料电池的大规模生产和应用面临的挑战相似,如果不能及时研发具有成本效益的可替代电极和催化材料,贵金属的高成本和低储量的问题将直接限制氢燃料电池未来在航空领域的大规模应用。

2.2 膜电极极片厚度和氢燃料电池重量问题的背景

氢燃料电池主要应用于大型公共交通工具(如公共汽车、旅游大巴等)和生产运输工具(如重型货车、物流货车等),这主要受限于目前氢燃料电池较大的体积和重量,其主要原因是为了保证车载氢燃料电池有足够的输出功率以驱动上述交通载具。考虑到航空器内部有限的空间和减轻载重的需求,其对氢燃料电池的体积和重量的控制提出了更高的要求。增加氢燃料电池的整体输出功率的方法一般有两种途径:一种是在保持氢燃料电池中膜电极极片数量一定的同时,增加单个极片上铂炭的负载量;另一种则是在保持单个膜电极铂炭负载量的同时,增加氢燃料电池中极片的数量。无论是哪种途径,由于氢燃料电池的核心部件就是电堆中的膜电极,其外部壳体和其他辅助系统都是围绕膜电极设计和搭建而成,因此氢燃料电池的尺寸都会随着催化材料的用量或极片数量增加而增大,氢燃料电池的重量也会由于其尺寸的增大而增加。如果不能在维持现有氢燃料电池输出功率的同时减小其重量和尺寸,氢燃料电池将很难被设计、安装和集成于现有航空器的有限空间内。

2.3 机载储氢容量问题的背景

除了氢燃料电池的发电效率,其总输出电量主要取决于储氢设备的容量。与氢燃料电池轻量化设计相似,考虑到航空器内部有限的布局空间和对减轻载重的要求,与车载储氢相比,机载储氢对设备的体积和重量同样有着更高的要求。一方面,航空器有限的空间要求机载储氢设备具有更高的储氢比容量。如果储氢设备的比容量过低,则储氢设备需要占据更多的空间以储存足量的氢燃料,不利于氢燃料电池在航空器中的应用。另一方面,高比容量的储氢材料和设备也需要控制有效的氢气释放供氢燃料电池使用,如果储氢材料或设备的氢气在储存之后不易释放,即使其具有再高的比容量,也无法发挥氢气供应的主要作用。

3 科学问题研究进展

3.1 氢燃料电池新型催化材料的研究进展

由于贵金属高成本和低储量的缺点,目前针对新型氢燃料电池催化材料已有诸多研究进展,主要的技术路线有两条,即研发新型非贵金属基催化材料或降低贵金属基催化材料中贵金属的使用量。一方面,在早期研究中,许多基于非贵金属元素(特别是过渡金属元素)制备的新型催化材料在氧还原反应催化测试中表现出与铂炭相似,甚至超过铂炭的性能和稳定性。这些非贵金属新型催化材料包括金属纳米颗粒负载多孔碳材料、金属有机骨架材料、石墨烯材料等。然而,无论是材料制备还是测试都仅限于实验室规模,其目前的制备方法还无法应用于大规模生产,实验室规模材料制备的方法较为烦琐,这也导致材料制备的成本与商用铂炭催化材料相比并无显著优势。目前,商用氢燃料电池使用的仍是铂炭催化材料。另一方面,在早期研究中,也尝试在不降低催化性能的同时通过合金或负载等方式减少商用催化材料中贵金属的使用量,从而在维持甚至提升催化材料性能的同时,降低催化材料的成本。此技术路线虽未摆脱氢燃料电池对贵金属的依赖,但在当下发展阶段更受工业界青睐,具有重要的现实意义。

3.2　氢燃料电池极片的研究进展

由于氢燃料电池的尺寸和重量主要取决于其使用膜电极极片的厚度和数量,目前针对此问题研究的技术路线主要有两条。一方面,氢燃料电池生产企业主要通过调节金属铂与导电炭之间的比例在极片厚度和铂的使用量之间进行优化。增加导电炭的比例可以通过分散铂颗粒,减少铂颗粒的团聚,从而在维持极片性能的同时,减少金属铂的使用量,从而控制极片的成本。然而,导电炭使用量的增加又会显著增加极片的厚度。另一方面,实验室规模研究可通过使用相较于商用铂炭催化性能更好的新型催化材料制作极片,从而可以在维持氢燃料电池性能的同时减少极片上催化材料的负载量或极片的数量,从而减小氢燃料电池的尺寸和重量,使其更适用于有限的机载空间。然而,与新型催化材料的研究进展情况相似,上述两条技术路线都面临着同样问题和难点,即前者并未摆脱对贵金属的依赖,而后者受限于实验室材料制备方法的规模和成本,无法被推广实现规模化生产。

3.3　储氢材料和设备的研究进展

航空器有限的空间和对载重的要求同样对储氢设备的尺寸和重量有限制。基于不同的储氢方法,高强度或高性能储氢材料的研发同样有助于减小储氢设备的尺寸和重量,其相应的技术路线有三条。首先,利用高强度纤维材料制备高压储氢罐,从而获得比容量高但重量轻的储氢设备。这也是目前配套氢燃料电池最常用的商用储氢设备,有着较大潜力成为未来机载储氢设备的主要形式。其次,早期研究还探索使用新型多孔材料作为物理储氢材料,得益于高比表面积和发达的孔径结构,此类材料的储氢量随压力的增加而增加,并能通过较小范围的升温或降压的方式快速解吸附和释放氢气。最后,除了物理储氢材料外，早期研究还曾探索化学储氢材料，即通过化学成键的方式储氢。相较于物理储氢方式，此种化学储氢材料受气体压力影响小，在常压下就能获得较高的储氢量。然而，此类储氢方式往往需要通过相较于物理储氢更高的温度释放氢气，因此与物理储氢方式相比，此类储氢物质释放氢气过程往往需要消耗更多的能量，同时对使用环境也有更严格的要求。

主要参考文献

［1］ STAFFELL I，SCAMMAN D，VELAZQUEZ A，et al. The role of hydrogen and fuel cells in the global energy system［J］. Energy&Environ mental Science，2019，12：463-491.

［2］ BAROUTAJI A，WILBERFORCE T，RAMADAN M，et al. Comprehensive investigation on hydrogen and fuel cell technology in the aviation and aerospace sectors［J］. Renew able ｜&｜. Sustainable. Energy Review，2019，106：31-40.

［3］ Editorial. Moving forward with fuel cells［J］. Nature Energy，2021，6：451.

［4］ MAJLAN E H，ROHENDI D，DAUD W R W，et al，Electrode for proton exchange membrane fuel cells：A review［J］. Renewable & Sustainable Energy Review，2018，89：117-134.

［5］ SCHLAPBACH L，ZUTTEL A. Hydrogen-storage materials for mobile applications［J］. Nature，2001，414：353-358.

［6］ DEBE M K. Electrocatalyst approaches and challenges for automotive fuel cells［J］. Nature，2012，486：43-51.

［7］ METHA V，COOPER J. Review and analysis of PEM fuel cell design and manufacturing［J］. Power Sources，2003，114：32-53.

［8］ ROSI N，ECKERT J，EDDAOUDI M，et al. Hydrogen storage in microporous metal-organic frameworks［J］. Science，2003，300：1127-1129.

［9］ SAKINTUNA B，DARKRIM F，HIRSCHER M. Metal Hydride Materials for Solid Hydrogen Storage：A Review［J］. Hydrogen Energy，2007，32：1121-1140.

撰稿人：朱秉钧(北京航空航天大学)　文东升(北京航空航天大学)

基于感知的新一代航空发动机主动控制方法

New generation aeroengine active control method based on perception

1　科学问题概述

智能发动机关键技术是通过主动控制来提高部件的效率，集成智能发动机控制来增强操纵性、可靠性和部件寿命的先进诊断和预测特性。发动机更智能化、更有前途、更易于实现的先进技术在现阶段与未来主要是主动控制技术。

航空发动机在设计时,由于考虑到加工公差、使用中的损耗和传感误差等因素造成的影响,在航空发动机零部件设计时都留有较大的安全裕度,这些裕度增加了零件的重量和成本,降低了气动性能。为了进一步改善航空发动机性能,人们正在研究减少这些裕度的方法。但是,简单地减小零部件的安全裕度将增大机械和流动的不稳定性,加大发动机的振动或气流速度、温度和压力的不稳定脉动。安全地减小这些裕度的有效方法是采用主动控制技术。

主动控制是指围绕单个涡轮发动机单元体(部件)的专用反馈控制环,它能使一个部件在给定工作条件下具有最佳的性能,从而减少了远离设计点的损失。从发动机整体角度看,主动控制能够通过热力特性的高频调制来扩展发动机的稳定裕度,因而能够增加发动机的性能,是有希望提升发动机性能的控制技术之一。

目前,主动控制技术还处于起步阶段,它的可行性和有效性已在实验室规模的试验中得到证明,而主动控制技术工程化还需要解决一些关键技术问题。与发动机主动控制技术相关的领域包括控制理论、微处理器技术、部件动态响应特性、系统相互作用、传感器和作动器。目前,控制理论和微处理器技术已经得到相当大的发展,因此,主动控制技术面临的重大挑战主要是高稳定性和高温环境适应性的感知方法、高频响应和高带宽的作动器。

鉴于极限环境参数感知和作动问题已成为制约航空发动机先进主动控制方法在工程中应用的主要因素,深入开展基于感知的新一代航空发动机主动控制方法研究十分必要,也相当紧迫。

2 科学问题背景

航空发动机是飞机的"心脏",航空发动机的发展水平已是一个国家综合国力、工业基础和科技水平的集中体现之一,是国家安全的重要战略保障,对科学技术和国民经济的发展具有重要意义。为了推进我国航空发动机自主研发和创新发展,提高我国自主创新能力和增强国家核心竞争力,2015 年 5 月国务院发布《中国制造 2025》,提出要建立发动机自主发展工业体系。2016 年底我国启动实施了"航空发动机和燃气轮机"重大专项,以突破航空发动机和燃气轮机关键技术,初步建立航空发动机和燃气轮机自主创新的基础研究、技术与产品研发和产业体系。我国要实现这一目标,需在航空发动机智能控制方面取得突破与自主创新。

目前的航空发动机按设定的控制程序工作,不能对变化的环境条件做出相应响应,导致在设计、使用和维修等方面留有很大的裕度,这在一定程度上影响了发动机性能,增加了保障成本。智能发动机是未来的军、民用航空发动机的发展趋势，而所谓的第六代机主要注重的就是人工智能，尤其注重航空智能发动机技术的应用。

智能发动机是能够在整个寿命期内，通过智能控制系统，根据外部环境和自身状态，重新规划、优化、控制和管理自身性能、可靠性、任务、健康等状况的发动机。具体是指发动机主动控制系统和健康管理系统能够依靠传感器数据和专家模型全面了解发动机和(或)部件的工作环境与状态，依据这些信息调整或修改发动机的工作状态，实现对发动机性能和状态的主动和自我管理，并根据环境因素平衡任务要求，提高发动机性能、可操纵性和可靠性，延长发动机寿命，降低发动机的使用与维修成本，进而改善发动机的耐久性与经济可承受性。

推进系统智能控制是美国航空航天局(NASA)实施的超高效发动机技术(UEET)计划的7大技术领域之一，其目标是着重探索、开发和验证叶轮机与燃烧室部件和发动机的智能控制技术，延长发动机部件寿命、提高发动机的安全性，使推进系统得到前所未有的发展。美国的多用途先进涡轮发动机(IHPTET)计划早已制订出了后续计划，即经济可承受的通用先进涡轮发动机研究计划。智能发动机是该研究计划3个重点核心内容之一。

具有恶劣环境感知与闭环控制能力的航空发动机先进主动控制方法是智能发动机最为核心的关键技术之一。

航空发动机主动控制技术可以直接改变发动机部件特性，从而改善发动机整体性能、操作性、耐久性和排放，延长发动机使用寿命。通过压气机主动稳定控制，在保证发动机安全工作的前提下，可拓展压气机工作范围、提高发动机性能；通过涡轮叶尖间隙主动控制可提高涡轮效率；通过燃烧主动控制可抑制燃烧振荡；通过主动噪声控制可改善发动机的环境适应性。因此，基于感知的新一代航空发动机主动控制对未来发动机智能化发展具有十分重大的意义，是增强我国军事力量，提升我国国防现代化水平的重要举措。

3 科学问题研究进展

随着战斗机的更新换代，新一代战斗机对发动机提出了高效率、高推重比、高稳定性等性能要求。但是随着全权限数字电子控制技术的快速发展，已将传统发动机控制的性能发挥到了极致，要进一步从控制角度提高发动机的整机性能，则需要基于模型的方法对喘振裕度、叶尖间隙、主动燃烧振荡特征信号及喷流噪声实时感知进行主动稳定性控制、主动叶尖间隙控制、主动燃烧控制以及主动噪声抑制控制，从而充分挖掘发动机潜力。这种控制方法被统称为航空发动机模型基主动控制，是有望提升发动机性能的控制技术之一。

针对航空发动机主动稳定性控制技术，NASA的路易斯研究中心与普惠公司合作在

20世纪90年代开展了针对喘振裕度控制的高稳定性控制的技术研究,其中包含畸变估计系统和稳定性管理控制系统。稳定性管理控制基于畸变估计系统的数据,控制风扇和压气机压比使部件的喘振裕度上升,使发动机能容纳一定程度的畸变。佐治亚理工学院的 Yuan Liu 等建立了发动机压气机的稳定性随机模型,所设计的发动机主动稳定性控制器在 C-MAPSS 模型上针对发动机退化导致的喘振裕度减小的问题进行了数值仿真,对退化的发动机实施喘振裕度控制,可以增加发动机可用的喘振裕度,保持发动机的稳定性。

针对航空发动机主动叶尖间隙控制技术,Jonathan L. Kratz 等采用了引气冷却机匣与涡轮的控制方式,开展了仿真层面的叶尖间隙变化规律与控制方法研究。Kevin J. Melcher 等设计了电液伺服阀与压电陶瓷执行机构,实现了在几种典型发动机瞬变条件下使间隙保持在设计值附近,具有较好的鲁棒性。Bruce M. Steinetz 等设计了机械驱动的主动间隙控制系统,研究了九个步进电机在开环和闭环控制模式下的控制机匣位置,实现了跟踪发动机模型的瞬态间隙变化,克服了冷却机匣控制间隙导致的响应相对较慢的缺点。Jona-than A. DeCastro 等设计了一种伺服液压与热变形相结合的执行机构,提出了基于速度的线性变参数模型的主动间隙控制算法,实现了较好的控制效果。Shreeder Adibhatla 等提出了下一代发动机间隙控制系统的设计需求,即需要应用机械装置实时控制机匣位移以实现对整个飞行包线内叶尖间隙的快速控制,并指出基于形状记忆合金等智能材料设计的执行机构具有重要的应用前景,是新一代执行机构的发展方向。

针对航空发动机主动燃烧控制技术,NASA 的 Glenn 研究中心对燃烧室的主动控制研究较为领先,他们着重对燃烧室的相移控制法进行了研究。即关注燃烧室热释放率和声压振荡的相位差导致的振荡,通过对相位差的监测,来调节燃油供给阀(值班级和预混级之间的燃油供给比率和相位差)以消除相位差来实现抑制振荡的目的。由于他们拥有优越的硬件设备条件,尤其是燃烧室高温传感器及电子设备、高频响燃油供给阀和燃烧室测试平台等,使得他们可以做出精确的实验结果,其中关于燃烧室一维建模的仿真结果与其实验数据吻合度极高。美国佐治亚理工学院、普渡大学和马里兰大学帕克分校也取得了很多燃烧室不稳定燃烧控制方面的研究成果。如今,英国帝国理工大学在对燃烧室不稳定燃烧的预测方向走在前列,意大利罗马大学、德国柏林科技大学等在和美国相关方合作的基础上也或多或少在燃烧室不稳定控制方面取得了研究进展。

针对航空发动机主动降噪抑制控制技术,NASA 兰利研究中心的 Hill G 等于 2004 年提出了考量动力/飞机/降噪设计工作中的两种评价体系,综合考虑降噪程度和推进系统的性能改变,并且将该技术应用于设计一种低噪声的翼身融合飞机。澳大利亚空军于 2006 年在"AP-3C"和"C-130J-30"飞机上开展了相同步降噪飞行试验。ATA 公司设计了一个阻力设施可让飞机在进近和降落机场的时候,噪声达到严格要求,该装置于 2015 年在"J44-4"混流式涡扇发动机上取得了试验成功,而且这个装置能迅速地开展和收起,能显著地降低油耗。波音公司在美国海军的资助下,开展了射流喷射、波纹型尾喷管插入件以及几何偏置喷管的降噪试验,结果表明,在不同的发动机功率情况以及不同的飞行马赫数情况下,射流喷射的流量、几何偏置的角度等的不同,对于降噪效果和推进性能均会造成较大的影响。

由于技术基础差,国内在发动机主动控制方面研究相对滞后。对主动控制技术的研究大多集中在软件仿真阶段。考虑到主动控制技术在航空发动机控制技术中的重要地位及其对提升航空发动机整体水平的重要意义,应瞄准国外先进技术水平,进一步完善理论基础和试验技术,深入研究主动控制的作用机理,主动控制系统设计技术,压气机不稳定先兆检测、燃烧不稳定以及噪声频谱的探测技术,高频响执行机构设计技术,并在主动控制试验台上开展验证试验,为高性能第五代战斗机和智能发动机的研究奠定基础。

虽然基于感知的新一代航空发动机主动控制技术可以满足未来战斗机对发动机提出的高效率、高推重比、高稳定性等性能要求,但此变革性技术仍旧存在以下难点需逐渐攻克:

3.1 高安全性航空发动机主动稳定性控制技术

航空发动机主动稳定性控制的关键在于如何感知宽范围高置信度的喘振裕度并保证系统安全运行。在实际应用中,喘振裕度属于不可测参数。因此在传统控制系统的设计过程中,为保证系统安全稳定的工作,只能通过留有足够的安全裕度来实现被动喘振裕度控制,无法充分发挥发动机的潜在性能。在现有相关研究中,不少研究人员提出了基于模型的喘振裕度估计方法,但仍存在诸多技术问题:①机载自适应模型能够在较宽范围内估计喘振裕度,但其精度不高;②基于压力相关度的喘振裕度估计仅仅在近喘区域具有高置信度,可估计的喘振裕度范围较窄;③现有的神经网络算法或离线训练算法仅仅是对模型的学习而没有考虑到模型误差的影响,这些问题对发动机主动稳定性控制存在很大的安全隐患。因此,如何对实现高安全性航空发动机主动稳定性控制是该技术的关键科学问题之一。

3.2 全生命周期航空发动机叶尖间隙模型基主动快速控制方法

涡轮叶尖间隙主动控制是通过开环/闭环调节涡轮叶尖间隙,使发动机在全工况内保持"满意"的叶尖间隙,从而达到改善发动机性能的目的。由于航空发动机涡轮部件长期处于高温、高压、高转速(振动大)的极端恶劣环境,用于涡轮叶尖间隙测量的传感器难以用于机载应用,当前基于热控制的涡轮叶尖间隙开环主动控制方法虽然能够在巡航阶段减小一定的叶尖间隙,但仍存在诸多不足。例如,在起飞阶段,由于发动机加速引起的向心载荷增大,叶片迅速膨胀,在最大功率下形成一个最小间隙点,同时在热控制方法下系统的响应很慢,间隙调节延迟大,如果间隙裕度不足就会在加速阶段发生叶尖与机匣磨蹭的情况,而且由于热控制方法采用的是基于控制计划的开环控制,无法应对发动机性能退化导致的间隙增大。因此,如何解决当前控制方法存在的响应速度慢、间隙感知能力缺乏和无法有效应对性能退化等难题,实现全生命周期航空发动机叶尖间隙模型基主动快速控制方法是该技术的关键科学问题之一。

3.3　低污染航空发动机燃烧室振荡特征感知及主动控制技术

低污染航空发动机的燃烧室主燃区工作于贫油状态,极易发生燃烧振荡。燃烧振荡是否发生、振荡发生的程度、振荡频率与相位特征是燃烧振荡主动控制的依据,为此,必须要实时获得燃烧振荡特征信号。在燃烧室高温高压环境下进行温度、压力等信号的可靠测量具有很大的挑战,且燃烧振荡过程是极不稳定的过程,信号噪声大。带水冷的高频响动态压力传感器具有良好的动态响应特性,被大量学者采用,但是压力传感器采用传压管传递压力信号,而传压管路必然产生一定的相位滞后。传声器检测燃烧室外壳处的声波也会受到噪声影响,造成燃烧振荡特征信号的失真。同时,鉴于燃烧振荡过程的复杂性,燃烧振荡过程具有很强的不确定性,而且发动机的工作状态会随飞行环境条件的改变而发生较大范围的变化,其本质上是一个不确定的非线性的动力学过程,必须要采取强鲁棒的控制策略加以主动控制。因此,如何实现高可靠性的航空发动机燃烧振荡特征信号感知及主动鲁棒控制是该技术的关键科学问题之一。

3.4　高精度、高可靠性、计算量小的航空发动机喷流噪声感知及主动控制方法

对喷流噪声进行主动控制,主动调节喷流噪声降噪机构,首先需要获得外场噪声作为反馈量,还需要根据飞行和发动机状况实时调节控制量的主动降噪控制方法。更重要的是,该控制方法需要平衡降噪大小、发动机稳定性和推力性能之间的关系。适航条例及机场环境要求主要关注飞机的外场噪声,需要获取距离声源较远处的噪声状态,试验或适航认证时,是通过地面的传感器获取外场噪声大小,但飞机正常飞行时无法通过机载传感器直接测量外场喷流噪声。数值计算的方法可以根据喷流速度、密度等参数获得喷流流场和声场,但计算量大、周期长,无法将其结果用于实时反馈控制。"SAE""ST2JET"等半经验模型可以快速计算得到喷流噪声大小,但其精度依赖开发使用人员的既有经验。因而,如何实现高精度、高可靠性、计算量小的航空发动机喷流噪声感知并主动控制是该技术的关键科学问题之一。

主要参考文献

［1］ CONNOLLY J W，CSANK J，CHICATELLI A，et al. Model-Based Control of a Nonlinear Aircraft Engine Simulation Using an Optimal Tuner Kalman Filter Approach［C］//San Jose：49th AIAA/ASME/SAE/ASEE Joint Propulsion Conference，2013.

［2］ 王健康，张海波，陈可，等. 基于喘振裕度估计模型的发动机高稳定性控制［J］. 航空动力学报，2013，28(9)：2145-2154.

［3］ CONNOLLY J W，CSANK J，CHICATELLI A. Advanced Control Considerations for Turbofan Engine Design［C］//Salt Lake City：52nd AIAA/SAE/ASEE Joint Propulsion Conference，2016.

［4］ 曾军，王鹏飞. 民用航空发动机涡轮叶尖间隙主动控制技术分析［J］. 航空科学技术，2012(2)：1-6.

［5］ Garg，Sanjay. Aircraft Engine Advanced Controls Research under NASA Aeronautics Research Mission Programs［C］//Salt Lake City：52nd AIAA/SAE/ASEE Joint Propulsion Conference. 2016.

［6］ KRATZ J L，CHAPMAN J W，GUO T . A Parametric Study of Actuator Requirements for Active Turbine Tip Clearance Control of a Modern High Bypass Turbofan Engine［C］//ASME Turbo Expo 2017：Turbomachinery Technical Conference and Exposition，2017.

［7］ ZHAO D ，LU Z ，ZHAO H ，et al. A review of active control approaches in stabilizing combustion systems in aerospace industry［J］. Progress in Aerospace Sciences，2018，97：35-60.

［8］ GICQUEL L Y M，STAFFELBACH G，POINSOT T. Large eddy simulations of gaseous flames in gas turbine combustion chambers［J］. Progress in Energy and Combustion Science，2012，38(6)：782-817.

［9］ HENDERSON B. Fifty years of fluidic injection for jet noise reduction［J］. International Journal of Aeroacoustics，2010，9(1)：91-122.

［10］ MUNDAY D，HEEB N，GUTMARK E，et al. Fluidic Injection for Noise Reduction of a Supersonic Jet from a Practical CD Nozzle［C］//16th AIAA/CEAS Aeroacoustics Conference. ［S.l.：s.n.］，2010.

撰稿人：黄向华(南京航空航天大学) 盛汉霖(南京航空航天大学)

新型中短途空中交通飞行器动力系统多模态高安全性控制方法

Multi-mode high safety control method for power system of new medium
and short distance air traffic vehicle

1　科学问题概述

自 1903 年莱特兄弟发明的第一架飞机试飞成功以来，人类的飞行梦与飞行探索从未止步。经过了 100 多年的发展，全球航空业已高度成熟，飞机已成为人类日常出行的交通工具之一，同时，以多旋翼为代表的小型无人飞行器近年来也已经得到了广泛应用。面对城市不断发展所带来的交通拥堵问题，以及城市、山地、森林各类复杂环境的救援、特种任务执行等需求，常规民用航空客机、直升机等大型飞行器和各种地面交通工具已无法满足人们的出行需求，因此，更为轻便、有效、安全的轻型载人飞行器备受人们期望。

我国《新时代民航强国建设行动纲要》提出了提升无人机在智慧物流、智慧城市等领域服务能力，探索建立载人载货无人机低空交通运输系统的目标。几十年来，航空业一直在尝试制造一种既能达到飞机的速度和效率，又能达到旋翼飞机垂直起降能力的飞行器。与传统旋翼飞机相比，倾转旋翼电推进飞机具有可兼顾垂直起降和高速飞行、耗油率低、航程远、运输成本低等优势。

低有效升阻比的飞机，特别是旋翼飞机，飞行距离有限，飞行任务需要消耗更多的能量，这导致飞机的运营成本更高。旋翼飞机有多个单点失效模式，例如俯仰连杆。虽然通过适当的检查和维护，节距连接故障的可能性非常低，但这些检查和维护要求增加了运行成本。另一方面，固定翼飞机有良好的巡航性能，但需要准备长期的跑道或发射和回收设备。而倾转旋翼电推进飞机作为新的飞行器，其配置能够有效克服这些缺点，为未来城市飞行交通带来新的技术变革，给解决交通拥堵等问题提供了新的技术途径。

2　科学问题背景

自 20 世纪 80 年代以来，我国公共汽车快速发展，小汽车逐渐进入家庭。进入 21 世纪之后，随着城市面积和人口规模的迅速扩张，交通需求加速增长，以小汽车为代表的代步工具已然普及。尤其是在北京、上海等城市，城市交通呈现高强度使用、高密度聚集态势。由于城市交通供需长期不均衡，交通拥堵、安全事故、环境污染等问题日渐凸显，社会大众议论广泛。解决城市地面交通带来的诸多问题，是当前城市治理的重中之重。

我国《新时代民航强国建设行动纲要》提出了提升无人机在智慧物流、智慧城市等领域服务能力，探索建立载人载货无人机低空交通运输系统。美国国家航空航天局提出了自由移动出行战略框架,指出垂直起降轻型载人飞行器将是未来城市内部出行的交通方式之一。垂直起降飞行器与直升机相比:载重大、前飞速度快、航程远;与固定翼相比:对跑道无依赖,能够定点悬停,尤其适用于城市起降和无跑道的场合。美国通过 20 余年的高速垂直起降飞行器研究,先后形成 20 余种垂直起降飞机构型。新型中短途空中交通飞行器动力系统可结合长航时和垂直起降飞行,使用混合电力推进。由电机驱动分布在机翼或机身上的多个螺旋桨或风扇为飞机提供主要推力,可简化机内传动、操纵等结构,使全机布置更加灵活简洁。通过机翼前缘的推进器对机翼表面气流加速,可在满足起飞滑跑距离要求下减小机翼面积,获得更高的机翼展弦比,提高巡航升阻比。推进器无高压涡轮叶片通过功率的分散减小气动噪声,多推进器的冗余为飞机提供更可靠的推力保障,较传统垂直起降飞机具有更高的气动效率及飞行控制的鲁棒性。

3 科学问题研究进展

随着飞机电气化技术的革新发展,电推进飞机正越来越受到各大飞机、发动机制造商和科研机构的重视,我国相关部门,NASA、波音公司、通用电气和惠普公司,以及空中客车公司、德国西门子股份公司和英国罗尔斯-罗伊斯公司,都已在政府支持的科研计划中协作开展了航空混合电推进系统研究,并在燃油消耗、噪声控制、污染排放等方面对下一代飞机提出了新的要求,并制定了具体的发展目标。在未来先进推进系统的各种可能形式中,混合电推进技术改善了原有飞机气动结构、大幅提高等效涵道比、降低耗油率和排放及减少噪声,展现出较为明显的发展潜力,是应对航空业在日益严峻的气候变化中的重要手段。

针对混合电推进系统设计,NASA 的研究人员 Hyun 等,通过涡轮轴发动机带动高速发电机发电,为整机提供电能,设计了 12 台小型电动发动机,根据机翼、机身的基线布局,采用进气道/喷管/机翼结构一体化设计,形成布局的推进系统,该设计能够有效减轻飞机的重量,降低飞行噪声,具备短程起降的能力,并在 2014 年推出了新的设计机型"N3-X",是 NASA 下一步亚声速电推进飞机的发展重点。当混合电推进系统应用于推进系统时,飞行器的动力学建模则成了必不可少的环节。2015 年,NASA 的 Yoon、Lee 等推出了一种计算大尺度多旋翼气流的流体计算方法。在该计算方法中,分离涡模拟湍流模型与三维非定常 N-S 方程进行结合,用于模拟大尺寸四旋翼飞机,已成功应用于"XV-15"等飞机的流场计算。针对电力驱动系统,Lei 等提出了采用决定型评价的方法对系统设计进行优化,应用单一优化模型和多级优化模型在永磁电机控制器的设计中,有效提高了系统的优化设计效率,特别是对于混合电推进系统这类高阶优化问题,融合了多类离散和连续变量,采用 Lei 等的方法可获取理想的优化设计模型。德国宇航中心 Diekmann 和 Hahn 等结合飞行器气动数据和六自由度动力学仿真模型,对推进系统布置的飞行器短距离着陆过程的稳定性进行了仿真,当存在有某个推进器失效时,布局的动力系统仍可实现稳定可靠飞行。在混合电推进系统应用于通用飞机方面,国内毛鞠盛等在某型通用飞机的基础上设计了一个油电混合电推进系统,分别对原型机和该混合电推进系统飞机的起飞距离、陆上行驶能量消耗、陆上行驶路程等性能进行了模拟分析。结果表明,使用该动力系统的油电混合电推进飞机,在上述各项性能中均优于原型机,混合电推进系统具有较好的节能性能。

美、英、德等国纷纷推出了混合电推进系统概念原型,部分项目已进入子系统地面试验阶段,在关键部件研制方面已形成一定技术基础。2016 年美国宣布"雷击"倾转旋翼混合电推进系统赢得下一代"垂直起降试验飞机"项目。2017 年 NASA 的"GL-10"倾转旋翼电推进飞机完成试飞验证。目前,我国小型全电动飞机已有部分产品开发,但在中大型飞机的混合电推进系统研究方面仍处于理论研究和实验阶段,在倾转旋翼混合电推进领域仍处于空白。倾转旋翼混合电推进飞行器涉及多学科工程科学与综合交叉,国内对其认识少、研究少,多项关键技术研究仍处于空白,因此亟待开展研究。为实现高速长航时短距垂直起降需求,针对当前飞行器动力系统缺乏综合控制方法的痛难点问题,开展飞行器动力系统智能综合控制方法研究,突破多推进器协调、过渡态飞行推进系统一体化控制、能量管理策略、容错控制等关键技术,形成初步总体设计方案,掌握智能综合控制方法,为后续进一步开展演示验证奠定技术基础。

虽然飞行器动力系统智能综合控制技术可以有效解决城市不断发展所带来的交通拥堵的难题,但此变革性技术仍旧存在以下难点需逐渐攻克:

3.1　飞行器动力系统如何进行准确的数学表征

对飞行器动力系统进行准确的数学表征,需要充分考虑推进器间的耦合影响、飞行器多模态间的过渡态表征、动力推进系统与飞行器的耦合等影响,其中涉及流体力学、飞行动力学、传热学等多学科耦合分析与建模方法,其难点具体体现在:一是电推进器间的耦合影响复杂,受外界紊流特性与自身推进器特性的影响,激烈变化的外界环境动态过程复杂,表征难度大;二是飞行器多模态的过渡态控制与电推进的耦合作用尚不明确;三是飞机能量系统中机、电、能、热、信息等耦合特性复杂,存在多学科、多领域、多精度要求的建模和系统集成复杂的问题。建立高精度的飞行器动力系统数学模型是揭示其飞行运动机理、评估系统性能和设计控制算法的先决条件,也是开展控制系统全数字仿真的必要条件。因此,如何对飞行器动力系统进行准确的数学表征是该技术的关键科学问题之一。

3.2　飞行器动力系统多推进器协调及过渡态飞行/推进一体化控制策略

飞行器结构以及气动载荷均对系统动力学特性产生明显影响,尤其在飞行模态过渡情况下,飞行器动力学响应特性以及失稳的物理机制将发生显著变化。如何构建飞行器动力学动态响应特性评估方法,保证飞行器推力和姿态控制需求,满足系统油耗等总体性能最优,保障混合电推进等系统等工作在最佳状态,实现飞行器动力系统多推进器协调及过渡态飞行/推进一体化控制是该技术的关键科学问题之一。

3.3 如何实现飞行器动力系统的最优能量分配

混合动力电推进系统能量管理是为了在飞机任务过程中,合理分配来自发动机的机械能和动力电池的电能。目前,混合动力能量管理策略大致分为三类:基于规则的方法、基于优化的方法和基于学习的方法。基于规则的方法的有限的优化能力限制了其在不同飞行循环下的灵活性和最优性。基于优化的方法,全局优化方法需要预先知道飞行任务剖面循环,并且用到大量的计算资源,不适用于实时控制系统;实时优化方法,计算量大,对复杂的飞行任务剖面适应性差,优化效果较差。基于学习的方法根据已有的数据来学习,无法修正学习结果,除非重新训练。如何设计一种能克服以上方法缺点,具有较强的学习能力和适应性,且消耗计算资源较少的能量管理策略,实现混合动力电推进系统与动力源之间的高效运行,实现燃气涡轮发动机与机电系统的最佳功率/推力分配,从而提高推进性能,降低燃料消耗和温室气体排放,是该技术的关键科学问题之一。

3.4 飞行器动力系统典型故障模式与容错控制方法研究

飞行器动力系统涉及过渡态飞行可靠性、安全性以及乘员舒适性等,且飞行器动力系统的运行场景以及故障容错需求,对飞行控制方法提出了不同要求。因此,考虑飞行器动力系统的典型故障模式,构建过渡态飞行和典型故障容错需求耦合条件下的飞行可靠性与安全性、乘员舒适性之间的多目标优化匹配方案,实现复杂飞行场景和过渡态飞行需求下的飞行器容错控制,是该技术的关键科学问题之一。

主要参考文献

[1] FREDERICKS W J, MCSWAIN R G, BEATON B F, et al. Greased lightning (GL-10) flight testing campaign[R]. [S. l. :s. n.],2017.

[2] MCSWAIN R G, GLAAB L J, THEODORE C R, et al. Greased lightning (GL-10) performance flight research:flight Data Report[R]. [S. l. :s. n.],2017.

[3] KELLER J. NASA-developed distributed electric propulsion could be key to future ultra-quiet UAV[J]. Military & Aerospace Electronics,2015,26(6):4-7.

[4] ROTHHAAR P M, MURPHY P C, BACON B J, et al. NASA Langley Distributed Propulsion VTOL TiltWing Aircraft Testing, Modeling, Simulation, Control, and Flight Test Devel-

opment［C］//Atlanta：14th Aiaa Aviation Technology，Integration，and Operations Conference，2014.

［5］ COOPER J R，ACKERMAN K A ，ROTHHAAR P M. Autonomous Path-Following for a Tilt-Wing，Distributed Electric Propulsion，Vertical Take-Off and Landing Unmanned Aerial System in Hover Mode［R］.［S. l. ：s. n. ］，2018.

撰稿人：张天宏（南京航空航天大学）　盛汉霖（南京航空航天大学）

航空分布式电推进系统高可靠控制

High reliability control of distributed electric propulsion system for aircraft

1　科学问题概述

航空飞行带来的碳排放量占全球碳排放总量的3%左右，空中客车公司和波音公司在2018年预测，航空运输市场将在未来15年内翻一番，如果不采取行动，到2050年航空碳排放份额将达到10%。为此，国际民用航空组织（ICAO）以2005年的航空碳排放为基准，制订了到2050年航空碳排放较2005年减少一半的控制目标，得到了世界各国的认可和接受。随着2016年我国签署《巴黎协定》，中国向全世界郑重宣告了愿承担与自身发展水平相称的大国担当，对我国的碳排放降低提出了明确的要求。

目前，国内外已有多家厂商开始研制不同构型的电动飞机，我国在这一领域与欧美等国相比还有不少差距。按照电动飞机能源提供方式的区别，主要分为混合电推进电动飞机和纯电推进电动飞机，前者主要面向大中型客机，通过烧燃油的燃气涡轮机带动发电机发电，然后由航空电力能源系统传送给螺旋桨的驱动电机来产生推力，后者主要用于中小型通用飞机，电力仅由一个电池组件提供，常见的有锂电池和氢燃料电池。混合电推进系统主要包括发电机可控整流、直流-直流变换器和螺旋桨电机控制系统三部分，典型代表是英国罗尔斯-罗伊斯公司采用M250混电引擎的"RR-EVTOL"；纯电推进系统主要包括电池、直流-直流变换器和螺旋桨电机控制系统三部分，典型代表是NASA的"X-57"飞机，其中后者是采用典型分布式推进系统的电动飞机，具有更高的推进效率，也是未来通用航空领域的重要发展方向。

电推进技术是航空器动力学与推进系统的新兴技术，根本上是采用新型电力能源取代传统石油能源，提升推进效率，降低航空碳排放，在工程上目前存在几点显性问题：如何降低推进系统重量和体积，进一步提高推进系统效率，功率密度提升的同时又引入哪些科学问题；分布式电推进系统有哪些优势，如何解决电推进系统中多物理场耦合系统建模问题;航空领域安全性非常重要,如何提高电推进系统可靠性以满足适航标准;如何实现电推进系统的高可靠控制策略。

2　科学问题背景

发展绿色航空对我国航空技术发展意义重大,目前,国家科学技术部和交通运输部联合发布的《"十三五"交通领域科技创新专项规划》指出要发展新构型新能源通用航空飞机技术。此外,我国已将"推动绿色发展,促进人与自然和谐共生"写入了"十四五"规划,在国务院最新发布的"2030 年前碳达峰行动方案"中也明确指出要发展新能源航空器。分布式电推进系统在国外一些通用航空器中已经得到了应用,是航空器动力学与推进系统领域中重要的研究方向,也是航空领域降低碳排放的重要手段。采用分布式推进系统的电动飞机具有更高的效率,灵活的启动布局,可靠性高等优势,具有巨大的发展前景。然而,目前国内的电推进系统研究还处于初级阶段,并未形成产业化,与欧美等通用航空公司相比还具有一定的差距,所以,开展分布式推进系统在电动飞机的研究具有重大的理论和实践意义。电动飞机的发展是涉及多学科、跨尺度的浩大系统,电池、电动机和电力电子变换器,是电动飞机中的动力源和核心部件,越来越受到重视,正在引起新一轮的能源革命。

在分布式电推进系统中:①电机驱动器及其效率对飞机性能影响巨大,近些年随着宽禁带功率半导体器件在电动汽车上的应用,充分证明这种器件对于提升功率密度的优势。所以,若能应用在航空推进技术中,将可以进一步提升电机驱动器和电力电子变换器的效率和功率密度。随着电驱系统和电力电子变换器功率密度的提升,将引起散热和电磁干扰问题,所以需要对其热管理和电磁兼容等科学问题展开研究。②分布式电推进系统需要同时控制多台电机,而电机的控制策略又对飞机的气动性能产生影响,所以需要在综合考虑气动性能的前提下,建立多物理场耦合仿真模型,实现多台电机的协同优化控制,提升飞机整体效率。③电机控制系统是电推进系统中的核心部件,其可靠性至关重要,若能解决电推进系统中的安全性问题,需要采用多余度备份控制策略,要求电机系统也具有这一能力,才能满足适航标准。模块化永磁同步电机具有巨大的应用前景,在解决其高可靠控制策略时,依然存在多模块运行导致的共模电压、轴承电流和热管理等科学问题,需要寻求解决方法。

3　科学问题研究进展

3.1　基于宽禁带功率半导体器件的电推进系统关键问题研究

伴随着以碳化硅和氮化镓为代表的第三代宽禁带功率半导体的推陈出新,中高压直流驱动已成为电动飞机的发展趋势。同时,宽禁带功率半导体器件的应用,使得飞机电推进系统效率更高,重量更轻。随着其成本的不断降低,未来的电动飞机上该器件将得到全面普及。我国在"十四五"国家重点研发计划等都已经明确,第三代半导体是重要发展方向。因此,研究基于宽禁带功率半导体器件的航空电推进系统,主要包括电机控制系统和电力电子变换器,是跟随国际电动飞机发展的必然趋势,对实现电动飞机的轻量化、高效化、高可靠性具有极其重要的意义。近年来,国内外针对宽禁带功率半导体器件及其应用开展了研究。一方面研究器件本身的特性,优化其性能,提升器件的工作范围。另一方面,对宽禁带功率半导体器件的驱动电路、寿命预测、故障诊断等方向进行研究,但在航空领域的应用仍旧有限。因此,此技术仍旧存在以下问题需逐渐攻克:针对中高压直流电力能源系统的需求,开展基于宽禁带功率半导体器件的模块化永磁同步电机控制和多端口电力电子变换器的研究。通过模块间功率均衡控制策略,结合主动热管理技术,研究基于电机系统寿命估算的高可靠控制策略;提出基于脉冲宽度调制优化的共模电压抑制方法,降低电机控制系统的电磁干扰;对多端口三相有源桥直流-直流变换器的拓扑结构优化展开研究,提出其变压器铁芯设计方案,研究开关频率和高频变压器功率密度的影响规律。

3.2　基于分布式电推进布局的多电机协同优化控制策略

采用分布式电推进布局的电动飞机由电机驱动分布在机翼或机身上的多个螺旋桨或风扇构成推进系统为飞机提供主要推力,利用推进-气动耦合效应大幅改善飞机空气动力特性,减小机翼面积从而降低飞机结构重量,较传统电动飞机具有更高的气动效率、推进效率和载运能力。分布式电推进布局电动飞机以其上述优势具有巨大的发展空间,如NASA 研制的"X-57"电动飞机便采用分布式电推进系统。目前,国内外许多企业和研究机构对分布式电推进系统展开了研究,一方面,飞行器总体设计包括总体方案设计、飞行性能分析、多学科设计优化。另一方面,气动设计包括混合电推进飞机、纯电推进飞机气动设计以及气动噪声抑制等问题。结合目前国内外研究现状,并没有结合气动和电气学科交叉的研究,该领域也蕴含有多物理场耦合、多电机协同控制、气动最优控制等关键科学问题。在分布式电推进系统中,由于具有多个电机驱动螺旋桨,所以每个电机的转速和转向要根据飞机的分布式气动布局进行调整,研究多电机之间的协同优化控制策略需结合飞行器控制理论、空气动力学等多学科才能实现,因此具有较强的创新性和实际意义。该领域需要解决的关键问题有:以具有分布式电推进布局的电动飞机为研究对象,探索分布式螺旋桨数量、功率大小、转向、几何尺寸、分布式位置等因素对飞机气动特性的影响规律,根据计算出的结果得到每个电机的最佳工作点,研究在多个电机功率分配不均衡情况下的协同优化控制策略,保证所有电机的整体具有最优利用率。

3.3 高可靠模块化永磁同步电机的控制策略

在电动飞机中，为了提高电机的容错能力，且降低逆变器承受电流，电机绕组常采用多相化或模块化设计，这一点在西门子公司和劳斯莱斯公司的电动飞机中已经得到了实际论证。模块化永磁同步电机以其高可靠的容错运行能力，高功率密度以及高控制精度等优点得到了广泛的关注，目前国内外已有相关文献报道，具体研究方向包括多相电机电磁场仿真，温度场-电磁场耦合模型，电机本体损耗抑制方法，多相电机解耦控制策略等。

模块化永磁同步电机需将电机设计成若干个三相模块单元，每个模块单元由单独的三相电压源逆变器独立控制。这种结构一方面具有高可靠的容错能力，另一方面可以降低绕组和逆变器功率器件承受电流，提高电机系统寿命。在永磁同步电机控制系统中，为了实现电机的平稳运行，通常采用矢量控制来驱动电机，需要至少两个相电流传感器和一个直流母线电流传感器来分别实现相电流检测和过流保护。如果电流传感器出现故障，则会造成整个电机控制系统不能正常工作，影响系统可靠性，因此有必要在故障出现后采取备份控制策略。相电流重构控制，可以在电流传感器出现故障时采用一个电流传感器实现电机的矢量控制，可有效提升电机控制系统的可靠性。然而，目前对于航空领域模块化永磁同步电机的应用较少，尤其对其相电流重构控制的研究未见相关文献报道，因此，若能解决航空电推进系统中传感器故障诊断，相电流重构以及高可靠控制策略等科学问题，将具有重要的研究价值。

虽然关于模块化永磁同步电机的研究已经取得了一定成果，但此变革性技术仍旧存在以下难点需逐渐攻克：诊断模块化永磁同步电机相电流传感器故障，开展该电机的相电流重构控制的研究，降低重构相电流畸变率，减小相电流重构盲区，在相电流重构控制时抑制电机共模电压和轴承电流，并在此基础上对多个逆变器的电力电子器件进行主动热管理控制，提升模块化永磁同步电机系统的可靠性和使用寿命。

主要参考文献

［1］ 黄俊.分布式电推进飞机设计技术综述[J].航空学报,2021,42(3):7-23.

［2］ 余碧莹,赵光普,安润颖,等.碳中和目标下中国碳排放路径研究[J/OL].北京理工大学学报(社会科学版),2021,20212:14-24[2021-01-29]. https://doi.org/10.15918/j.jbitss1009-3370.2021,7380.

［3］ 孙侠生,程文渊,穆作栋,等.电动飞机发展白皮书[J].航空科学技术,2019,30(11):1-7.

［4］ TRENTIN A,SALA G,TARISCIOTTI L,et al. Research and realisation of high-power medium voltage active rectifier concepts for future hybrid-electric aircraft generation [J].

IEEE Transactions on Industrial Electronics,2020,68(12):11684-11695.

[5] 刘文虎,郑继敏,文军.高可靠航天多余度伺服技术发展综述[J].自动化与仪器仪表, 2020,9:20-23.

[6] ZHAO T,WU S,CUI S M. Multiphase PMSM With Asymmetric Windings for More Electric Aircraft [J]. IEEE Transactions on Transportation Electrification,2020,6(4):1592-1602.

[7] PETROV I,DI C,LINDH P,et al. Fault-Tolerant Modular Stator Concentrated Winding Permanent Magnet Machine [J]. IEEE Access,2020,8:7806-7816.

[8] 程明,姜云磊,王伟,等.线电压调制的PWM逆变器相电流重构策略[J].电机与控制 学报,2018,22(2):9-16.

[9] XU Y,ZHENG B,WANG G,et al. Current Harmonic Suppression in Dual Three-Phase Permanent Magnet Synchronous Machine With Extended State Observer [J]. IEEE Transactions on Power Electronics,2020,35(11):12166-12180.

[10] XU Y,YAN H,ZOU J,et al. Zero Voltage Vector Sampling Method for PMSM Three-Phase Current Reconstruction Using Single Current Sensor [J]. IEEE Transactions on Power Electronics,2017,32(5):3797-3807.

撰稿人:闫浩(西北工业大学)

航空动力装置的环境适应性机理与设计

Mechanism of environmental adaptability and design of aircraft power plant

1　科学问题概述

环境适应性作为航空动力装置通用质量特性之一,反映了在各种环境作用下动力装置在寿命期能实现其所有预定功能、性能和(或)不被破坏的能力,直接关系到动力装置在遂行交通运输和作战任务下的安全运行能力。典型的如沙尘空气吸入、冰雹侵入、水雾吸入、含盐水分侵蚀、严寒冰块吸入以及其他外来异物侵入等极端恶劣环境因素会给发动机带来负面甚至致命的影响。

国外对于航空动力装置的环境适应性研究非常重视,美国、俄罗斯和欧洲等国家,均发展了自己的防冰冻、防冰雹、防沙等系统设计体系,并开展了吸水、吸冰雹、吸冰冻等试验,积极探索和掌握异物吸入对于航空动力装置的影响规律。然而国内对于发动机吸雨、吸冰雹和吸冰冻的研究较少,仅有少量的吞砂试验和砂粒冲击叶片损伤数值模拟研究,发动机主机所目前均面临着如何获取异物影响规律以及如何规避这些影响的问题,同时对于发动机吸雨、吸冰雹、吸冰冻、吸沙和盐雾腐蚀等适航条款的符合性验证试验研究基本处于空白，难度显而易见。

目前，提升航空动力装置环境适应性能力，需要突破以下科学或技术瓶颈：①由气体、液体、固态颗粒等组成的多相流现象复杂，机理复杂，多相流理论缺失；②由流体、固体、热等组成的多场问题复杂，不同场之间还存在耦合与转化，机理复杂，理论缺失；③试验开展的难度大，恶劣环境因素的实验模拟技术不成熟，机理性的试验技术亟待发展；④数值计算开展的难度大，单一数值方法不足以解决此类复杂问题，同时计算资源的消耗也巨大。

因此，需开展航空动力装置的环境适应性机理与设计关键问题研究，提升航空飞行器的安全运行能力。具体包括：开展恶劣环境因素对航空动力装置性能影响的机理性试验技术和数值模拟方法研究，丰富研究手段；开展微小颗粒物吸入后的运动、沉积、冲蚀等对动力装置内流场性能影响的机理和预测模型研究；开展大块颗粒物吸入后的冲击载荷对部件结构完整性影响的机理和预测模型研究；开展航空动力装置环境适应性设计方法研究，实现有效规避恶劣因素。

2 科学问题背景

我国幅员辽阔，环境复杂多样，按地理位置分，有海洋环境、沙漠环境、高原环境；按季节气候分，有高温环境、低温环境、潮湿环境、风沙环境；按化学成分分，有盐雾环境、腐蚀性废气、辐射环境。使用环境对航空动力装置的部件气动特性和整机性能有很大的影响，因此，航空动力装置的环境适应性是衡量装置使用性能的一项重要指标。许多极端恶劣的环境因素会给动力装置带来负面甚至致命的影响，如沙尘空气吸入、冰雹侵入、水雾吸入、含盐水分侵蚀、酸性气体腐蚀、严寒冰块吸入，以及其他外来异物侵入等。我国的航空动力装置目前在航空装备发展和安全使用方面还存在技术瓶颈，还未完全摆脱对测绘仿制和进口的依赖，尤其我国的军用航空发动机基本都是俄制或仿俄发动机，可靠性低，高原、严寒、雨雪等恶劣环境适应性差，发动机故障占军用飞机故障的40%，制约着我军快速遂行使命任务的能力。因此，针对恶劣环境下外来异物侵入以及盐雾、腐蚀性气体和辐射作用，发动机涉及的多相流动机理、冲击损伤和腐蚀沉积机理，以及工作性能影响等开展流、固、热耦合数值模拟研究，对于提高发动机的安全性，增强恶劣环境的适应性具有重大的实际意义。

国外对于航空动力装置的环境适应性研究非常重视，美国空军直接利用"C-17"运输机的"F117"发动机进行积水吸入试验，以检测发动机在吸入积水情况下能否维持健康运行。美国、欧洲等国和俄罗斯等针对发动机结冰问题，均发展了自己的防冰系统设计体系，2017年5月美国GE航空集团公司在俄亥俄州皮布尔斯测试设施内对世界上最大的商用航空发动机"GE9X"进行了吸冰测试,验证发动机在吸入冰雪时的安全性能。针对冰雹天气的影响,美国民航当局和 OEM 公司均对吸冰雹对发动机性能的影响进行了研究,开展了持续吸冰雹与大冰雹吸入试验,并采取了一系列的改进措施,如对帽罩、分流环、放气活门等结构进行优化设计,以增强发动机抵抗冰雹的能力。然而国内对于发动机吸雨、吸冰雹和吸冰冻的研究较少,仅有少量的吞砂试验和沙粒冲击叶片损伤数值模拟研究,尤其是对发动机吸雨、吸冰雹、吸冰冻和吸沙等适航条款的符合性验证试验研究基本处于空白,难度显而易见。

使用环境对航空动力装置性能和结构完整性的影响研究的技术指标涵盖发动机处于不同湿度、盐雾、腐蚀性气体、沙尘、冰雹等恶劣使用环境下的参数,国内外对此复杂使用条件下的气液固多相运动规律、冲击损伤和腐蚀沉积机理,及其对发动机性能和结构完整性的影响都认识不清,缺少高精度预测模型和工具,因此,该研究属于国际前沿研究热点。

3　科学问题研究进展

针对航空动力装置的环境适应性机理与设计问题,各航空强国对此非常重视,不仅在试验场地上投入巨资,建立了规模庞大的试验地,拥有大量高水平试验测试及研究设备,同时在基础研究层面大力支持相关的基础试验的开展,逐步形成了成熟的基础试验方法理论与验证体系;不仅重视物理试验的开展,同时研究了解决复杂多相多场问题的高精度数值方法和专业的数值仿真软件,形成了对环境适应性机理与产品设计研究的仿真系统平台。而我国不论是在相关设备研制,还是在涉及的基础科学问题研究方面均存在一定的差距,下面将从航空动力装置的环境适应性机理与设计研究的三条技术路线角度对这一科学问题的研究现状进行总结。

3.1　航空动力装置典型部件环境适应性基础试验研究

试验研究是航空动力装置典型部件环境适应性研究的主要手段,包括环境和吞咽类试验。如高原起动、环境结冰、吞鸟、吞冰、吞沙、吞雨等试验,重点关注试验环境条件、试验方法、撞击位置、吞咽物的量和速度等关键参数对动力装置性能变化和结构损伤的影响。为了获得更深层次的物理机理,国内外较多学者还在实验室条件下开展了不同冲击速度下的结构损伤试验、一定加载条件下的疲劳寿命预测试验、颗粒运动轨迹追踪试验,以及颗粒壁面沉积试验等基础试验,获得了一定的结论,但距离真正解决环境适应性这一复杂问题还相差甚远。

通过试验虽然可以更加真实地获得部件受环境因素影响后的工作性能,但是受限于测量技术和手段的制约,一些深层次的微观机理、装置内部的多相流运动现象、全三维动力学过程等无法做到有效捕捉,同时耗费大量的人力、物力和财力,需要结合数值仿真和理论分析加以补充和完善。

3.2 基于高保真仿真的航空动力装置典型部件环境适应性研究

针对航空动力装置典型部件环境适应性机理与设计研究，采用高保真仿真技术进行模拟计算，从而对结构进行改进和优化是一条非常有效的路径。而高保真仿真技术的诞生离不开物理模型和数值仿真方法的发展，鉴于航空动力装置环境适应性问题的复杂性，国外投入了大量的人力、物力对所涉及的颗粒介质运动理论、颗粒介质仿真方法、多相流机理及方法、多物理场耦合机理和方法进行了深入的研究。在此基础上，还专门研究将解决该问题的仿真平台推向市场，比如用于流场计算的 ANSYS-Fluent，用于颗粒流计算的EDEM、PFC、Barracuda 软件，用于冲击动力学模拟的 Ls-Dyna、Autodyn 等，用于多物理场计算的 COMSOL、OpenFoam 等。这些软件均是欧美发达国家研制的，我国航空动力装置设计与研发部门仍主要依赖于国外开源代码或这些商业软件。

针对航空动力装置典型部件环境适应性的高保真仿真技术研究，具体研究内容应包括：液滴、沙尘、冰雹等不同特性的颗粒物运动模型及数值方法研究；气-液-固多相流物理模型与数值方法研究；热-流-固-化学反应-电磁等多物理场耦合模型与数值方法研究；自主研发高效、高精度、高鲁棒性的多相多场多方法耦合数值仿真技术，基于国产异构并行高性能计算系统，突破粒子仿真方法与网格法耦合框架下的超大规模并行高可扩展技术瓶颈，形成以液滴、沙尘、冰雹等不同特性的颗粒为环境污染物的多相多场问题高保真全过程数值模拟软件系统。

3.3 航空动力装置典型部件环境适应性的理论预测模型研究

航空动力装置典型部件环境适应性的理论预测模型的建立主要有两种途径：一种是基于流体力学、固体力学、颗粒动力学等理论对环境因素对流场性能和结构完整性影响过程进行分析和解释，从三大守恒定律出发，推导建立污染物运动轨迹理论预测模型、流场性能影响预测模型、固体结构疲劳寿命与损伤预测模型等。第二种是从实验数据角度分析污染物的运动、沉积、腐蚀规律以及流场受影响规律和结构的损伤失效规律等，建立动力装置的工作性能和结构完整性与污染物属性之间的关系，通过关系假设和曲线拟合，获得动力装置工作性能和结构完整性的半经验理论预测关系式。目前，国内外在该方向取得了一定的成果，比如开发了颗粒污染物的沉积预测模型、结构损伤疲劳预测模型、流场压力损失预测模型等。但是这些模型局限性非常大，仅考虑了理想情况下少量因素的影响，与实际动力装置中的复杂环境影响结果预测还相差较远，需要不断发展和完善。

3.4 总结与展望

综上所述，现有航空动力装置环境适应性的机理与设计研究还仅仅处于起步阶段，由此涉及的基础科学问题复杂、多样且难度较大,是一个涉及流体力学、固体力学、颗粒力学、环境科学、化学等多学科的问题,需要综合采用三种不同的技术路线开展研究工作,加大基础研究投入力度,力争在取得基础研究重大突破的同时服务于航空运载科学的发展。

展望未来,针对航空动力装置环境适应性问题开展深入的基础理论研究,不仅将极大地促进流体力学等传统学科的发展,有利于取得重大的理论突破,同时还将极大地促进多相流、计算科学、飞机适航设计等新兴交叉学科的发展。航空动力装置环境适应性问题的解决必将为航空交通与运载装置的安全性、可靠性和稳定性提供重要的保障。

主要参考文献

[1] SAE. Guidelines for engine component tests:SAE ARP5757A-2016[S]. Atlanta:SAE-SAE International,2016.

[2] FAA. Engine system and component tests:AC 33.91-1[S][S. l. :s. n.],2010.

[3] 刘治国,查小晖,李宇涛,等. 某新型航空发动机压气机叶片服役环境适应性研究初探[J]. 装备环境工程,2021,18(6):1-8.

[4] SHARMA R,SINGH S,SINGH A K. Foreign Object Damage Investigation of a Bypass Vane of an Aero-engine[J]. Materials Today:Proceedings,2018,5(9):17717-17724.

[5] 关玉璞,陈伟,高德平. 航空发动机叶片外物损伤研究现状[J]. 航空学报,2007,28(4):851-857.

[6] NICHOLAS T. Chapter 7 - Foreign Object Damage[M]. [S. l.]:Elsevier Ltd,2006.

[7] PAWAR M J,PATNAIK A,NAGAR R,et al. Experimental and numerical investigation on erosive wear performance of hybrid polymer composites[J]. Materials Today:Proceedings,2020,44(6):4775-4783.

[8] TARODIYA R,LEVY A. Erosion of polymers and polymer composites surfaces by particles[J]. Advanced Powder Technology,2021,32(8):3149-3159.

[9] 谢丽梅,时钟,孔叔钫,等. 发动机部件适航条款及环境试验需求分析[J]. 电子产品可靠性与环境试验,2021,39(S01):82-87.

[10] 游学磊,姜玉廷,岳国强,等. 舰船燃气轮机高压涡轮颗粒沉积特性研究[J]. 推进技术,2020,41(11):2490-2498.

撰稿人:严红(西北工业大学)

黄红超(中国航空发动机集团有限公司四川燃气涡轮研究院)

自适应变循环发动机多部件多模态多调节机构变维度匹配

Variable dimensional matching for adaptive variable cycle engine with
multi-component, multi-modal and multi-adjusting structure

1 科学问题概述

自适应变循环发动机是下一代多用途战斗机的必备动力装置。和常规循环发动机相比,自适应变循环发动机具有组成部件多、工作模态多、调节机构多、控制难度大的特征。在宽调节范围,特征部件与整机匹配问题尤为突出。然而,目前关于自适应变循环发动机部件与整机匹配的处理主要是基于零维仿真或整机试验,无法考虑多部件调节过程中三维复杂流动及上下游部件的耦合效应对整机性能的影响,无法建立三维部件级模型和整机性能模型之间的准确映射关系,直接制约了自适应变循环发动机总体高保真设计。

维度缩放技术可以将基于变几何部件高保真度仿真模型得到的部件工作特性耦合于自适应变循环发动机总体性能计算,在整机环境下评估多任务点变几何部件的设计结果,提高部件设计及整机性能仿真的可信度。由于自适应变循环发动机具备数个常规发动机所不具备的特征部件,因此,自适应变循环发动机多部件多模态多调节机构变维度匹配研究,需突破以下技术瓶颈:①特征部件多维度缩放方法的适用性问题。自适应变循环发动机的工作模态多、部件调节范围大、模型精度要求高,不同维度模型之间如何进行匹配尚无定论。②难以实现多部件耦合效应的高精度匹配。可变面积涵道引射器、模态选择阀等部件气动及几何参数变化范围大,工作状态变化剧烈,且部件之间耦合作用极为复杂,增加了多部件高精度建模的难度。③自适应变循环发动机多维度特征部件与整机气动耦合建模困难。自适应变循环发动机在不同模态之间切换时,需保证自适应变循环发动机工作模态的平稳过渡且同时获得预期性能,对自适应变循环发动机多维度特征部件与整机气动耦合建模问题带来新的挑战。

因此,需开展自适应变循环发动机多部件多模态多调节机构变维度匹配关键问题研究,实现部件高精度建模及其与整机性能模型的准确映射,提升自适应变循环发动机总体设计水平。具体包括:开展特征部件多维度缩放与精细化特性表征方法研究,建立多维度匹配方法;开展考虑多维度特征部件耦合效应的高精度模型研究,实现多部件耦合效应的高精度匹配;开展多维度特征部件与发动机整机气动耦合方法研究,形成高保真度自适应变循环发动机总体性能设计与仿真能力。

2 科学问题背景

自适应变循环发动机通过部件调节(几何位置变化、加热方式变化、二次气流控制等)

和自适应控制技术,可对发动机在不同工作环境下的流路变化、内部能量释放进行高效组织和管理,实现发动机内部流动和能量的最佳分配,适应多任务飞机最佳任务的需求,是下一代多用途战斗机的必备动力装置。2021 年,美国 GE 公司完成第一台"XA100"自适应变循环发动机的整机地面试验,开创了战斗机推进的新时代。由此,自适应变循环发动机也得到世界各航空强国的高度关注。

和常规发动机相比,自适应变循环发动机宽调节范围特征部件与整机匹配问题尤为突出。目前,关于自适应变循环发动机部件与整机匹配的处理主要还是基于零维仿真或整机试验。但零维仿真模型无法反映部件内部的流动细节,如叶轮机械叶尖间隙、变几何部件调节对部件及整机流动的影响。这导致在发动机初步方案设计阶段很难充分暴露发动机的设计缺陷,而在后期部件及整机试验中发现这些问题后往往需要调整设计方案。多次的设计/试验循环大大增加了航空发动机开发的成本、周期及风险。维度缩放技术可以将高复杂度的高精度多维度部件仿真模型与低复杂度的零维整机仿真模型有效耦合,建立航空发动机多维度仿真模型,对系统中的某些部件或者子系统进行"放大"(也可以理解为对其他部件进行"缩小"),从而在整机环境下研究部件或子系统的流动细节和复杂流场结构,及其对整机性能的影响,提高航空发动机数值仿真精度,大大降低研发周期及成本。由于维度缩放技术涉及不同维度层次的仿真,不同维度层次的流动特性存在明显的差异,如三维仿真中存在、而其他层次仿真中无法考虑的三维非均匀分布及非定常效应。此外,在不同维度的仿真模型中,工质的特性参数不尽相同。因此,在仿真过程中,数据在不同的模型中传递时,由于数据之间的不匹配可能引起非线性的变化,导致计算结果的震荡甚至发散。实现不同维度模型之间的边界传递需要深刻理解不同精度模型之间的物理联系,但公开文献中并没有提及具体的处理方法。而在实际研究中也存在对零维仿真得到的均匀边界进行修正、考虑上游部件影响或者直接使用均匀边界等不同的处理方式。现阶段,在公开文献中关于在不同维度仿真模型之间如何进行匹配尚无定论。可见,实现维度缩放的关键问题之一是如何使用合适的方法完成部件与整机的匹配。

对维度缩放技术而言,完成不同维度的部件或子系统仿真模型耦合的关键是实现不同维度仿真模型之间的数据传递。不同的维度缩放方法均可以将基于物理模型、在较高维度层次求解的部件性能参数传递给较低维度的整机性能仿真模型,在整机环境中分析部件复杂的物理现象,并评估其对整机性能的影响。由于自适应变循环发动机具备数个其他常规发动机所不具备的特征部件,因此,在使用维度缩放技术进行特征部件多维度仿真模型与发动机整机零维仿真模型耦合时,会因特征部件的特殊结构及特殊工作模态而产生新的模型求解、计算收敛等方面的问题。在建立自适应变循环发动机多维度仿真模型时,需要针对自适应风扇、变几何涡轮、可变面积涵道引射器、模态选择阀等典型部件的特点,探索合适的部件工作特性表征或者部件性能预估建模方法,然后使用合适的维度缩放方法耦合于整机总体性能计算分析,以快速而全面评估变几何部件对自适应变循环发动机性能的影响,实现部件高精度建模及其与整机性能模型的准确映射,提升自适应变循环发动机总体设计水平。

综上,开展自适应变循环发动机多部件多模态多调节机构变维度匹配研究,是形成高保真度自适应变循环发动机总体性能设计能力的很具潜力的技术手段,对提高我国自适应变循环发动机性能具有重要意义。

3 科学问题研究进展

自适应变循环发动机部件与整机的变维度匹配仿真与试验关键问题研究,主要包括特征部件多维度缩放与精细化特性表征方法研究、考虑多维度特征部件耦合效应的高精度模型研究、多维度特征部件与发动机整机气动耦合方法研究。

3.1 特征部件多维度缩放与精细化特性表征方法研究

3.1.1 特征部件高精度维度缩放模型研究

对于自适应风扇、变几何涡轮、可变面积涵道引射器、模态选择阀等典型特征部件,目前自适应循环发动机总体性能仿真关于特征部件的特性均采用通用特性图的方式,无法真实反映各特征部件复杂流动带来的影响。但若对特征部件特性采用三维仿真模型进行维度缩放研究,则计算成本过高而难以全面地评估变几何部件流动特性对整机性能的影响,而且可变面积涵道引射器、模态选择阀等缺乏合适的部件工作特性表达形式。需对自适应风扇、变几何涡轮这类旋转部件,采用高维验证低维的思路,获取适用于自适应变循环发动机特征部件性能仿真的高精度缩放模型。对于可变面积涵道引射器与模态选择阀这类管流部件,需获取各参数与部件气动性能的关联关系,建立高精度的多维度仿真模型。

3.1.2 特征部件精细化特性描述方法研究

目前关于自适应变循环发动机部件尚未采用精细化的部件特性描述,主要是基于零维仿真模型,无法反映部件内部的流动细节,如叶轮机械叶尖间隙、变几何部件调节对部件及整机流动的影响,导致自适应变循环发动机宽调节范围特征部件与整机匹配问题尤为突出。对于自适应风扇、变几何涡轮这类旋转部件,从提高多维度仿真模型精度或多角度特性图表征等方式,探索此类特征部件精细化特性描述方法。对于可变面积涵道引射器、模态选择阀这类管流部件,国内外对其特性描述方法暂不明确。针对该问题,利用所发展的多维度仿真模型,采用数据分析方法,通过不同关键参数与部件气动性能参数之间的关联关系及多参数之间的耦合规律,获取相应的部件精细化特性描述方法。

3.2　考虑多维度特征部件耦合效应的高精度模型研究

3.2.1　自适应变循环发动机维度缩放方法研究

根据不同维度仿真模型之间的数据传递方式,将发动机部件维度缩放的实现方法分为三种:弱耦合、迭代耦合和完全耦合方法。目前相关研究并未揭示通用特性图对特性图修正方法的影响,尚未明确不同维度缩放方法计算速度的差异,且对不同方法应用于部件三维仿真模型维度缩放研究时的差异关注不足。需开展基于弱耦合、迭代耦合和完全耦合方法的自适应变循环发动机多维度仿真建模研究,探讨不同方法在建模过程中的特点。研究部件通用特性图对多维度仿真模型的影响,对比三种维度缩放方法计算速度和结果的差异,提高不同耦合方法的收敛性、计算效率、可操作性,并实现求解过程的自动化,建立适用于自适应变循环发动机各特征部件的维度缩放方法。

3.2.2　多维度特征部件与整机气动耦合方法研究

维度缩放技术的实现需要在不同精度层次的仿真模型甚至不同的仿真程序之间进行多次、无缝的数据传递。目前,自适应风扇、涵道引射器等特征部件的特殊结构及特殊工作模式对维度缩放技术的应用而引入的整机匹配问题尚未涉及。需根据部件及仿真模型的特点设计不同的模型求解方案,针对自适应风扇等可以采用特性图表示的旋转部件,探索适合的多维度的高精度模型,基于维度缩放方法实现与整机的耦合。针对可变面积涵道引射器这类管流部件,利用数据分析方法生成部件特性并将其与整机零维模型耦合。基于模块化的思想实现不同多维度部件模型与整机零维模型有效可靠的对接,实现"即插即用",最终建立可适用于不同仿真精度需求的自适应循环航空发动机特征部件与整机耦合模型。

3.3　多维度特征部件与发动机整机气动耦合方法研究

3.3.1　特征部件多维度缩放方法试验验证

现阶段的公开文献中,只有"GE90"发动机整机高精度仿真等研究有较为充足的试验数据支撑,研究人员基于"GE90"发动机叶轮机械部件的相关试验数据,使用零维仿真模型仿真结果对多维度分析的仿真结果进行检验。虽然NPSS仿真软件的成功应用在一定程度上说明了维度缩放技术可以带来巨大的收益,但是不同部件仿真模型对物理模型的适用性、某一部件的维度缩放对仿真精度的影响都需要部件、子系统试验数据的验证。可通过自适应循环航空发动机涵道引射器等特征部件模型试验研究,根据流场特征试验测量结果,形成特征部件特性试验数据库,评估各不同维度部件模型边界参数传递方法的合理性。同时,改进特征部件多维度模型、边界条件处理方法和不同特征部件与整机气动耦合方法。

3.3.2 整机多维度匹配仿真分析研究

目前尚无公开文献开展自适应变循环发动机多部件、多模态、多调节机构变维度匹配仿真分析研究。针对自适应风扇、涵道引射器等自适应循环航空发动机特征部件，需基于所发展的自适应变循环发动机特征部件与整机耦合模型，研究不同特征部件与整机之间的相互作用关系。采用不同特征部件多维度耦合模型和不同耦合方法，获得其对自适应变循环发动机整机非设计点性能包括推力、耗油率等参数的影响规律。此外，分析特征部件关键几何参数对特征部件自身气动特性和整机气动性能的影响，获取各参数对自适应变循环发动机特征部件与整机气动性能的影响规律，通过特征部件与整机之间的相互作用与约束关系梳理出特征部件与自适应变循环发动机整机之间的耦合关系。

3.4 总结与展望

自适应变循环发动机多部件多模态多调节机构变维度匹配技术，可实现部件高精度建模及其与整机性能模型的准确映射，是提升自适应变循环发动机总体设计水平亟待解决的关键问题。为形成高保真度自适应变循环发动机总体性能设计与仿真能力，需开展自适应变循环发动机特征部件多维度缩放与精细化特性表征方法研究、考虑多维度特征部件耦合效应的高精度模型研究、多维度特征部件与发动机整机气动耦合方法仿真与试验研究，主要结论如下：

(1)对于自适应风扇、变几何涡轮、可变面积涵道引射器、模态选择阀等典型特征部件，目前自适应循环发动机总体性能仿真关于特征部件的特性均采用通用特性图的方式，无法真实反映各特征部件真实工作特性以及在整机环境下的宽范围调节特性和复杂流动特性，需进一步研究特征部件高精度维度缩放模型、特征部件精细化特性描述方法。

(2)目前尚未解决因特征部件的特殊结构及特殊工作模态而对维度缩放技术的应用引入的发动机匹配问题，且提高不同耦合方法的收敛性、计算效率、可操作性是亟须解决的问题。需开展自适应变循环发动机维度缩放方法、多维度特征部件与整机气动耦合方法研究，实现在不同精度层次的仿真模型甚至不同的仿真程序之间进行多次、无缝的数据传递。

(3)如何解决自适应变循环发动机多维度特征部件与整机气动耦合模型建模是亟须解决的问题。需开展自适应变循环发动机特征部件多维度缩放方法试验验证、整机多维度匹配仿真分析研究，获取对特征部件与整机性能影响显著的参数，探明整机环境下不同特征部件与整机之间的相互作用关系。

主要参考文献

［1］SCHARNHORST R. Characteristics of future military aircraft propulsion systems［C］∥51st AIAA Aerospace Sciences Meeting Including the New Horizons Forwm and Aerospace Exposition.［S. l. :s. n.］,2013.

［2］LYTLE J K. The numerical propulsion system simulation:An overview［R］.［S. l. :s. n.］, 2000.

［3］KLEIN C,WOLTES F ,REITENBACH S,et al. Integration of 3D-CFD component simulation into overall engine performance analysis for engine condition monitoring purposes［C］∥Turbo Expo:Power for Land,Sea,and Air. American Society of Mechanical Engineers.［S. l. :s. n.］,2018.

［4］宋甫,周莉,王占学,等. 不同维度缩放方法在航空发动机总体仿真中的应用［J］. 推进技术,2020,41(5):974-983.

［5］王占学,宋甫,周莉,等. 航空发动机数值缩放技术的研究进展［J］. 推进技术,2018,39 (7):1441-1454.

［6］SONG F,ZHOU L,WANG Z X,et al. Integration of high-fidelity model of forward variable area bypass injector into zero-dimensional variable cycle engine model［J］. Chinese Journal of Aeronautics,2021,34(8):1-15.

［7］CONNOLLY J W,KOPASAKIS G,CARLSON J R,et al. Nonlinear Dynamic Modeling of a Supersonic Commercial Transport Turbo-Machinery Propulsion System for Aero-Propulso-Servo-Elasticity Research［C］∥51st AIAA/SAE/ASEE Joint Propulsion Conference.［S. l. s. n.］,2015.

［8］ALLISON D L,ALYANAK E J,BHAGAT N D. High fidelity,nonlinear,integrated nozzle installation effects for numerical propulsion system simulation［C］∥56th AIAA/ASCE/ AHS/ASC Structures,Structural Dynamics,and Materials Conference.［S. l. s. n.］,2015.

［9］CHEN M,ZHANG J Y,TANG H L. Interval Analysis of the Standard of Adaptive Cycle Engine Component Performance Deviation［J］. Aerospace Science and Technology,2018,181: 179-191.

［10］宋甫,周莉,王占学,等. 核心机驱动风扇级二维仿真模型与变循环发动机零维仿真模型耦合方法研究［J］. 推进技术,2020,41(3):500-508.

撰稿人:王占学(西北工业大学)

梁彩云(中国航空发动机集团有限公司沈阳发动机研究所)

CHAPTER FIVE

第5章
航空器机电与航电

航空器机电与航电是航空器机电系统和航空系统的简称，是支持飞机正常、安全工作所必需的系统，以机电综合与航电综合问题为核心，开展航空电子综合、航空机电综合与管理、飞机能源管理、航空信息综合与应用、飞行态势感知系统、机载维护与健康管理等研究，可大大减少设备的重量和体积，提高航空器的总体性能、可靠性、维护性、保障性和安全性。

早期的航空电子系统为立式结构，系统由许多"独立的"子系统组成，每个子系统必须依赖于驾驶员的操作(输入)，驾驶员不断从各子系统接收信息，保持对武器系统及外界态势的了解，20世纪50年代的战斗机"F-100""F-101"等使用了典型的分立式结构。混合式结构是向综合化过渡的一种结构形态，它实现了部分子系统之间的综合。新一代航空电子系统结构(即更高程度的综合化结构)是以美国"宝石柱"(Pave Pillar)计划为基础建立起来的结构概念。继"宝石柱"计划后，美国正在推行"宝石台"(Pave Pale)计划，在纵深方向上继续推行综合化。一方面，系统中实现了各系统处理功能的综合(通用处理模块、动态重构)并进而实现传感器功能及信号处理功能的综合化；另一方面，综合化的范围也在扩展。包括了以前相对独立的飞行控制、发动机控制、通用设备控制，形成了飞机管理系统的概念，这种结构将应用于21世纪的美国军用飞机。

综合模块化航空电子(IMA)是当前航电体系结构发展的最高阶段，在国内通常被称为综合航电。IMA采用了综合核心处理机(ICP)技术，具有更大的综合范围和更高的综合程度，减轻了驾驶员的负担，同时提供威胁、目标、地形/地貌、战术协同、飞机完好状况的全面情况感知。

机电综合技术的核心是将机电系统作为一个整体被控监测对象，中央处理机与被控远程单元通过航电总线进行指令与信息交互。该系统取消了各设备单独的控制和数据采集设备,使得分散式控制变为集中式或集中分布式控制,彻底改变了传统飞机机电系统散、乱、杂的局面,在信息高度融合的基础上使机电系统安全性、可靠性和维护性大幅提高。

分布式综合模块化航电系统(DIMA)经历了分布式航电、联合式航电、综合模块化航电等多个发展阶段。作为下一代航电系统架构的 DIMA 概念也在不断的研究和发展中,通过将传感器件和系统模块进行分布式部署,进一步降低了 IMA 中硬件和系统任务的故障传播。多功能综合一体化技术正在由实孔径向虚拟孔径、窄带并行通道向分布式、大动态宽带可复用通道、传统并行处理向协同重构处理转型,在空间、时间、频率、能量、极化、调制(码和涡旋)等多维信号空间获得更大的系统自由度,有效拓展系统可利用的资源,实现作战资源高度集约和共享,推动未来先进电子信息系统的创新变革与能力跨越。

分布式协同航空电子信息系统。未来航空作战平台将不再是单个作战平台的力量对决,而是逐渐由体系赋能武器平台,因此需要研究分布式环境感知、处理方法,将功能分散到整个航空电子信息系统。分布式协同航空电子信息系统发展重点包括:面向服务的航电信息系统架构设计、态势感知构架的功能组织信息融合方法、网络化的 OODA(Oberve、Orient、Decide、Act)的信息环路设计、目标效能约束下的任务组织等。

机电系统综合技术。机电综合管理朝着智能化方向发展,并在更高层次上与飞行控制、发动机管理、任务系统进行一体化设计,系统的集成度越来越高,功能也越来越强大。机电系统综合技术发展重点包括机电综合管理技术、自适应动力与热管理系统技术、多电飞机技术、高性能电作动技术、机电系统状态监控与健康管理技术等。

机载维护与健康管理技术。功能交联和资源共享为复杂功能交联系统带来高性能、小型化、模块化、智能化、低成本等一系列优点的同时,也带来了系统故障的隐含、关联、蔓延和混沌等故障诊断定位的挑战。建立飞机的健康管理系统是实现视情和预防维修的前提条件,能够最大限度地减少计划外维修次数、消除冗余检查、提高维护效率、降低维修成本。机载维护与健康管理技术发展重点包括机载系统健康监测结构优化方法、飞机配置管理方法、机载系统 PHM 评价方法、基于状态的维修方法、后勤和资源管理方法、柔性维护计划管理方法、运营管理方法等研究。

多电航空发动机电子控制器高可靠性设计方法

High reliability design of electronic controller for more-electric aeroengine

1 科学问题概述

随着功率电传作动技术的进步和飞机电气电子技术的发展,功率电传作动系统开始逐渐在飞机上得到应用。作为多电飞机的核心技术,多电航空发动机采用电力作为航空发动机和飞机上的次级功率系统原动力,即使用电力驱动系统部分代替原有的由液压、气压、电和机械能驱动的混合次级功率系统。多电发动机的使用可以大大降低系统重量和成本,提高发动机的维护性和可靠性。作为全电飞机发展过程中的重要阶段,由电力系统取代部分次级功率系统形成的多电飞机和多电航空发动机系统,将为最终实现全电飞行器奠定技术基础。

美国和欧洲等国在20世纪90年代先后以整体起动/发电机技术和主动磁浮轴承技术为突破口,展开了多电发动机的技术研究,并实施了多电发动机的专项和综合性研究计划,开发和验证了主动磁浮轴承、整体式起动/发电机、分布式控制系统、电动燃油泵、电动滑油泵和电力作动装置等主要系统部件,为研制多电发动机进行了必要的技术筹备。空中客车公司通过"A380"的研制,实施了"多电推进系统"(E-PPS)计划,以传统发动机为基础,首次将电气反推力系统应用到民用飞机中,大量的飞行数据表明,相对于传统机械液压系统,采用多电技术的发动机,其性能、重量和可靠性都得到了较大改善。我国在多电发动机技术的研究上也取得了一定的成果,内置式起动/发电机完成了原理样机试验室研究,并取得了较好的效果。但需要指出的是,多电发动机的研究成果较为零散,没有形成严密、有效的技术体系,大部分研究还处于摸索阶段,技术成熟度低。

多电航空发动机最大特点是很多控制附件采用电力驱动替代了液压驱动,导致电子控制器通过电力驱动的设备越来越多,如燃油泵、滑油泵和起动/发电机等,而新增的这些电力设备输出功率最高可到4500W,在驱动电压为28V的情况下,电子控制器需输出约160A的电流,远超过传统的电子控制器工作的电流。多电航空发动机电子控制器在工程上目前存在几点显性问题:由于增加了很多大功率电力驱动设备,对电子控制器抗电磁干扰能力要求更高,如何提高电子控制器抗电磁干扰能力,提高驱动效率,实现电子控制器的热控技术,建立高精度与准确性的热仿真评估及验证方法。此外,多电航空发动机内各部件间的相互依存关系越来越密切,控制系统和其分系统均很复杂,为降低控制系统的复杂性、提高可靠性,分布式架构电子控制器是必然的发展方向,目前工程上需解决的问题是分布式电子控制器有哪些优势,如何实现分布式电子控制器高可靠性设计以满足适航标准。

2 科学问题背景

随着能源危机的加剧和环保意识的加强,航空业的持续增长对环境的影响越来越受到重视,飞机的电气化需求在这样的环境下应运而生,而多电航空发动机是全电飞机发展的第一阶段。美国国家航空航天局(NASA)在2008年提出在2030年氮氧化合物排放减少90%、燃油消耗减少70%。欧盟也提出了未来亚声速客机的相应性能目标。当今最具代表性的多电飞机"B787"取消了发动机引气结构,从电能取代气压能角度实现多电技术,"B787"飞机的成功运营已经显示出其在燃油消耗和排放方面的优势。多电航空发动机技术发展是提升燃油利用率和降低排放的必要保证,而电子控制器是航空发动机的"控制中枢",电子控制器需满足严格的安全性与可靠性要求,因此,开展多电航空发动机电子控制器研究具有重大的理论和实践意义。

3　科学问题研究进展

3.1　多电航空发动机电子控制器耐恶劣环境设计方法

多电航空发动机滑油泵、燃油泵和起动发电机在满负荷工作时,电流可达上百安培,在电机换相的过程产生的瞬态大电流干扰和强低频磁场耦合对电子控制器会造成严重影响,电磁干扰是防护设计难点。

以美国为代表的西方国家对于电子控制器这类设备,从芯片设计、电路设计到设备整机设计各个环节都会进行电磁兼容的预测和评估,并形成了完善的产品电磁兼容设计和验证规范。经历了 MIL-STD-461A 到 MIL-STD-461G,形成了成熟的设备和分系统电磁兼容的考核办法。我国长期以来受制于测试手段和计算机运算能力,在电磁兼容设计领域的研究起步较晚,电磁兼容性标准和规范一直处于跟随美国的被动状态。航空发动机电子控制器及其试验平台的电磁环境研究,以及系统级和芯片级两个方面的电磁兼容性研究较少。在强电磁脉冲防护领域,"十二五"期间我国开展了武器装备的部分敏感设备、传感器、核心芯片的电磁脉冲效应、防护技术及新型电磁防护材料的研究,已形成了初步成果。

多电航空发动机电子控制雷电防护可从建立电力驱动部件的大功率低频辐射模型着手,从顶层系统的角度分析电子控制器受到的电磁干扰种类、干扰路径和干扰程度;实现在控制系统平台中的电磁兼容正向设计和评估,将电磁防护指标分解到控制系统各组成部分,电磁防护将针对系统中的各环节实施,使得电磁防护设计方案针对性强、合理、可实施,防护效果可量化。通过复杂电磁环境下控制系统的综合仿真设计和测试验证,实现对控制器电磁干扰特性和敏感特性的分析、设计和验证。针对由传感器、执行机构、操作平台和控制器组成的发动机控制系统整体,采用"悲观建模"和"黑盒"分析方法,确定系统中控制器的电磁防护薄弱环节,逐级提出设备印制电路板(PCB)/芯片的分级防护指标,有针对性地进行防护设计和验证;针对设备级电磁防护,采用基于有限元法全波场仿真算法,指导总线滤波隔离、分布电源浪涌抑制、强磁场隔离设计;针对 PCB 电磁防护,采用场-电路协同分析法,指导 PCB 布线、边缘辐射抑制、阻抗控制、信号回流路径设计;针对芯片级电磁防护,采用电路仿真分析法,指导芯片抗干扰设计。

3.2 多电航空发动机电子控制器分布式架构高可靠性设计方法

多电航空发动机电子控制器采用分布式架构设计可以使控制器复杂性降低、热负荷降低、可靠性提高、维修性和故障隔离特性改善、全寿命成本降低,并有利于实现整合的功率与热管理,还可以大大减轻处理器的计算负担,实现先进的控制功能,例如基于模型的控制/多电航空发动机控制系统健康管理等。

目前,国内外已有多家厂商开始研制分布式架构航空发动机电子控制器,我国在这一领域与欧美等国相比还有不少差距。20 世纪 90 年代末,英国谢菲尔德大学开始了早期的航空发动机电子控制器分布式架构的研究,包括分布式通信协议选择、分布式组件位置优化、不同传感器故障处理架构下的容错时延分析、基于 CAN(Controller Area Network)总线的智能传感器在航空发动机控制系统平台上的验证等具体工作,并给出了分布式控制基本技术问题的初步结论。1998 年,通用电气公司演示和测试了使用电子接口单元原型的分布式控制系统闭环仿真。其中,每个 EIU 包含数据接口和电源接口:中央控制计算机使用传输速度为 2.5Mbit/s 的 Fieldbus 通信协议与智能传感器和智能执行机构进行通信;电源则以 100kHz 的 100V 峰值交流电的形式分配给智能设备,并由每个智能设备实现电源转换。与发动机模型的联合闭环仿真表明,使用电子接口单元的航空发动机分布式控制系统的频率响应与传统集中式控制系统几乎相同,取得了良好的控制效果。国内某大学于 2002 年提出了航空推进系统分布式控制的设想,并在该领域开展了富有成效的研究工作。研究成果包括确定分布式控制基本结构和控制方案,分布式总线通信研究,分布式控制算法设计,基于 CAN 总线的航空发动机分布式硬件在回路仿真平台,此外,在分布式智能传感器、分布式电源及分布式系统总线布局等方面也取得了大量的研究成果。

网络化总线是分布式电子控制器的核心,但由于 CAN 总线容错性能比较差,且传输速率较低,当传输数据量较大时,CAN 总线不再适用。而 TTP/C 总线和 ARINC659 总线具有严格时间确定性、安全关键性和完全分布式的特点,是分布式电子控制器背板总线的未来发展方向。分布式电子控制器应具有完备的自适应配置管理和容错重构的能力,能够实时对硬件的状态进行监控管理,动态对系统进行健康管理,电子控制器应能实现对功能故障的自检测,通过硬件动态自复制、自修复的方法实现故障自愈。电子控制器应能基于锁步技术实现处理器内部指令完整性的监控功能,防止故障蔓延,提高电子控制器的可靠性。

虽然关于多电航空发动机电子控制器研究已经取得了一定成果,但此变革性技术仍旧存在以下难点需逐渐攻克:多电航空发动机电子控制器耐恶劣环境设计技术,开展复杂电磁环境下控制系统的综合仿真设计和测试验证,实现电磁兼容正向设计和评估;分布式架构的电子控制器高可靠性设计,继续对网络化总线设计、时间规划机制设计,以及容错技术进行完善,最终提高电子控制器高可靠设计,满足适航要求。

主要参考文献

[1] 宋军强,潘慕绚,黄金泉.航空发动机分布式控制系统技术分析及系统方案[J].航空动力学报,2013,28(10):2391-2400.

[2] 吴志琨,李军,时瑞军.多电航空发动机研究现况及关键技术[J].航空工程进展,2012,3(4):463-467.

[3] 孙志岩.航空发动机控制系统发展概述[J].测控技术,2019,38(6):1-4.

[4] 郭文卿,丁祎明,王保国,等.航空发动机电子控制器电磁耦合的防护仿真研究[J].安全与电磁兼容,2020(3):83-86.

[5] 何锦涛.航空发动机电子控制器电磁防护设计研究[D].南京:南京航空航天大学,2019.

[6] NOWAK L. Coupled field-circuit-mechanical model of an electromagnetic actuator operating in error actuated control system:13th International Power Electronics and Motion Control Conference[C]. Poznan:[s. n.],2008.

[7] ZHU M L,WANG X,XU M. The analysis for system-on chip application on Full Authority Digital Engine Control system[C]. Wuhan:2011 International Conference on Electric Information and Control Engineering,2011.

[8] 陈义峰,郭迎清,李睿超,等.涡轴发动机分布式控制系统架构设计[J].航空计算技术,2019,49(5):21-26.

[9] 李睿超.航空发动机分布式控制系统关键技术研究[D].西安:西北工业大学,2019.

撰稿人:王浩(中国航空工业集团有限公司西安航空计算技术研究所)

商用飞机单一飞行员驾驶(SPO)模式技术

Single pilot operations (SPO) mode technology of commercial aircraft

1　科学问题概述

20世纪50年代,大型商用客机和大型运输机通常配置多达5个飞行驾驶乘员:机长(Captain)、副驾驶(First Pilot)、飞行工程师(Flight Engineer)、导航员(Navigator)和无线电操作员(Radio Operator)。多人制驾驶模式是通过分工协同,相互协同完成飞机运行任务组织与飞行过程管理。随着通信和导航技术和设备的发展,由于机长和副驾驶直接管理通信和导航任务,飞行工程师负责飞机系统任务和故障监视与维护,形成 3 人制驾驶模式。随着飞机玻璃座舱综合显示和系统综合技术发展,支持飞行独立感知和综合操作能力,形成目前的双人制驾驶模式。

单一飞行员驾驶模式(Single Pilot Operations,SPO)是美国联邦航空管理局(FAA)、欧洲航空安全局(EASA)适航关注的重要领域,特别是美国国家航空航天局(NASA)一直持续和深入对其进行研究,系统研究了单一飞行员驾驶模式概念和运行架构,提出了面向飞行过程和条件与飞行员生理和行为的正常和非正常模式,构建了飞机飞行员、机载自动系统和地面航空公司操作员协同模式和运行操作组织,为单一飞行员驾驶模式技术发展奠定了基础。单一飞行员驾驶模式在满足当前商用飞机双人制驾驶模式功能和安全性条件下减少了飞行员数量,提升了经济性;减少了驾驶舱资源配置,缩小了驾驶舱空间和减轻了飞机重量;同时,消除了飞行员决策冲突,提高了决策效率和缩短响应时间。随着技术进步和发展,减少飞行驾驶乘员是民用飞机降低运行成本和提升飞行驾驶效率的重要发展途径。根据 FAA 预计,2030 年至 2050 年将是商用飞机单一飞行员驾驶和双飞行员驾驶混合运行时代。单一飞行员驾驶模式不仅降低了飞行员需求、系统显示设备配置和驾驶舱尺寸,具有很好的经济性,同时达到了双人制驾驶的安全性和飞行应用的需求,具有很强的竞争能力。随着人工智能技术的发展,单一飞行员驾驶模式将提供决策支持的确定性,消除飞行员决策冲突,提高决策效率和缩短响应时间。

因此,单一飞行员驾驶模式是新一代商用飞机发展方向核心技术之一。多人制驾驶虽然有效地减轻飞行员独立操作负荷,降低飞行员专业知识范围要求,但直接增加了飞行乘员数量和成本(工资、培训和基础设施),增加了飞机驾驶舱乘员空间需求,同时还增加了支持驾驶舱乘员的操作和协同设备。另外,更重要的是在多人制协同驾驶过程,由于多人协同过程存在认知缺陷、思维偏离和操作不一致性,直接影响飞行驾驶决策和飞行过程组织的性能、效率和有效性,并对飞行安全产生一定的影响。由于单一飞行员驾驶模式是单一飞行员决策模式,不具有复杂驾驶环境下基于个人知识和认知独立交互的能力。因此,如何实现有效决策模式,支持所有飞行环境和条件,覆盖飞行员生理和行为有效和无效、正常和非正常状态是单一飞行员驾驶模式技术面临的巨大挑战。

目前我国已全面开展了双人驾驶体制的支线飞机"ARJ21"、窄体飞机"C919"和宽体飞机"CR929"的研制,急需开展基于单一飞行员驾驶模式的商用飞机设计研究,为我国在部分技术领域赶上或超过国际水平提供了很好的机遇,避免成为今后的"卡脖子"问题。

2　科学问题背景

单一飞行员驾驶模式是 FAA、EASA 适航关注的重要领域,NASA 提出了单一飞行员驾驶模式概念和运行架构,而欧洲最近的一些研究则集中在技术和 SPO 的运营上。空中客车公司首席技术官表示,该公司正朝着实现 SPO 的目标前进。朝着 SPO 这个最终目标,空中客车公司在 2020 年 1 月利用安装在飞机上的图像识别技术成功实现了全自动视觉起飞,使用相同技术后续将测试基于视觉的滑行和着陆。此外,波音公司 Charles Toups 表示,单一飞行员驾驶舱最有可能从货运航班开始,此外还需要几十年时间,航空公司乘客才会相信单一飞行员驾驶舱是安全的。

现有的单一飞行员驾驶模式方案设计研究分为以飞机为中心和以地面为中心。以飞机为中心的方法广泛集中在复杂的技术解决方案上,以使用人类行为的心理或者生理监测,基于智能知识的系统和自适应自动化来代替副驾驶。这些可以看作是单一飞行员的智能辅助系统,这种设计方法利用了先进技术,并且不需要对运行概念或整个航空运输系统进行重大更改。2015 年,D. Harris、N. A. Stanton 等认为以飞机为中心的设计概念中所需的复杂机载自动化很难开发,并且很难进行认证。此外,驾驶舱的大规模自动化可能会增加人为错误的风险。D. Harris 提出了在驾驶舱和地面站之间进行实时分配任务,从而将副驾驶转移到地面。

同时,NASA 持续和深入 SPO 研究,系统地提出 SPO 驾驶模式概念和运行模式,并对这种模式做了初步探索性研究。相对于目前双飞行员驾驶模式,单一飞行员驾驶模式下空地任务协同架构需要基于以下三个设计需求:

2.1　提高标称飞行覆盖率

飞机飞行过程按照飞行员是否参与决策分为标称飞行过程(不需要飞行员决策)和非标称飞行过程(需要飞行员决策),其中标称飞行过程占整个飞机飞行过程的 70% ~ 80%,非标称飞行过程占 10% ~ 20%。针对整个飞机飞行过程,基于单一飞行员驾驶模式,必须提高标称飞行过程自动化水平,才能减少飞行员协同决策比例,从而减低单一飞行员工作负荷,确保飞机飞行安全。

2.2　感知单一飞行员驾驶状态

在单一飞行员驾驶模式下,无法像双飞行员驾驶模式下飞行员之间可以通过视觉和听觉相互判断对方是否处于失能状态,减少由于操控飞机的飞行员失能而导致的灾难。针对飞行员在不同飞行阶段的操作过程,基于驾驶舱感知设备,通过建立驾驶舱感知环境判断飞行员是否处于失能状态(包括身体原因的失能以及离岗等)或者飞行员操作逻辑是否规范,确保单一飞行员驾驶模式下飞行员错误操作及失能状态判断不低于双飞行员驾驶模式。

2.3　建立空地协同交互决策

基于飞机不同的飞行过程及飞行员操作,针对飞行员标称驾驶与飞行员正常能力条件、飞行员非标称驾驶与飞行员正常能力条件、飞行员标称驾驶与飞行员失能条件以及飞行员非标称驾驶与飞行员失能条件四种模式,通过与驾驶舱自动系统的人-机交互决策以及与航空公司地面操作员的交互决策,建立单一飞行员模式空地协同交互决策机制,确保单一飞行员代替现有双飞行员驾驶工作负荷增加量不超出安全范围。

因此,单一飞行员驾驶模式要针对复杂的飞行条件(标称和非标称飞行),依据变化的单一飞行员能力(健康和失能),建立机长、驾驶舱自动系统和地面操作员三方空地任务协同的决策过程,确保机上单一飞行员工作负荷不高于标准。

3　科学问题研究进展

本科学问题针对商用飞机单一飞行员驾驶模式飞行需求,建立飞行运行场景和飞行过程组织;针对基于飞行过程的标称(Nominal)和非标称(Off-Nominal)飞行条件,构建面向飞行任务和飞行过程组织的单一飞行员驾驶知识与认知,以及飞行规则与逻辑;针对基于飞行过程的飞行员正常(Healthy)和非正常(Incapacitated)驾驶能力模式,建立面向飞行过程的飞行员能力与操作模式、飞行能力状态和操作行为符合性监控;针对飞行条件和飞行员能力状态,依据飞行过程中飞行员认知、飞行过程规则和飞行事件条件,构建飞行员、驾驶舱自动系统和地面操作员协同和推演决策过程。最后,根据飞行场景、飞行条件、飞行员能力、协同决策过程,完成单一飞行员驾驶模式下飞机飞行目标、有效性和安全性评估。

3.1　基于飞行场景的单一飞行员驾驶模式飞行过程研究

基于飞行场景的单一飞行员驾驶模式飞行过程研究是根据飞行驾驶模式和单一飞行员驾驶特征,确定飞行过程标称飞行和非标称飞行过程条件,支持飞行驾驶人机协同决策模式,构建飞行员正常、非正常能力和行为,支持飞行员健康在线状态监视,组建面向飞行过程和飞行员能力的单一飞行员监视模式。主要包括:

第一,构建覆盖所有飞行阶段的飞行计划。飞行计划组织是根据飞行需求,确定飞行航路(航路点和航段),计算出水平和垂直飞行包线,建立飞行员意向,形成单一飞行员飞行需求认知。根据飞行过程,确定飞行活动,提供飞行导航、飞行航迹,通过飞行过程组织,建立飞行任务目标、作用领域、运行能力和构成性能的飞行需求,形成当前飞行任务目标和结果,支持飞机与空管和航空公司协同。

第二,构建面向飞行场景的飞行条件组织。飞行条件组织是针对飞行计划,依据飞行阶段,通过飞行环境组织,确定飞行场景能力和条件,建立当前飞行环境的要求、约束和范围,形成当前飞行场景的飞行环境、能力和条件,实现飞行场景的感知。根据当前飞行阶段,基于飞行场景的组织,构建飞行环境场景、飞行任务场景、飞行条件场景,确定当前飞行场景的飞行环境、能力和条件,实现飞行场景的感知,形成当前飞行过程的飞行态势组织,提供单一飞行员驾驶模式飞行任务需求。

第三,构建飞行环境的态势组织与飞行引导。飞行态势是建立在基于飞行计划的飞行环境基础上,针对其确定的飞行场景能力和条件,确定当前飞行环境的要求、约束和范围,形成基于各个飞行计划的飞行场景,组织空中交通、飞行航迹、飞行状态的组合飞行态势。针对当前的飞行态势,识别飞行态势的驱动和引导条件,依据飞行安全限制要求,确定飞行任务请求,提供飞行员飞行引导识别能力,支持单一飞行员飞行过程组织认知能力,形成飞行员、驾驶舱自动系统和航空公司地面操作员协同。

3.2　飞行过程标称/非标称飞行条件和飞行规则/逻辑处理研究

飞行过程标称/非标称飞行条件和规则/逻辑处理是根据飞行过程状态和单一飞行员驾驶特征,捕获标称飞行/非标称飞行条件和飞行过程需求,确定飞行员正常能力和非正常行为与能力模式,构建飞行员、自动系统和地面操作员能力目标,建立 SPO 人机交互决策知识与认知、规则与逻辑、事件与条件交互决策模型。主要包括:

第一,构建标称和非标称飞行过程组织模式。标称飞行过程组织是指在飞行环境条件下,针对飞行计划需求,依据当前的飞行阶段,面向空管系统约束和许可,构建飞行过程程序,完成飞行过程组织,如飞行横路组织、飞行路径引导、飞行航迹计算和飞行状态报告等。标称飞行过程是建立在飞行规则(Regulations)基础上,依据飞行目标和飞行环境条件,组织标称的飞行活动。非标称飞行过程是指在非飞行环境下,飞行员通过感知和认知,构建下一步飞行过程需求,并通过驾驶舱自动系统审查和航空公司地面操作员认可,建立飞行过程请求,并通过与空管系统协同,形成新的飞行过程组织,如空域交通冲突、全球定位系统(GPS)导航完好性、航路气象条件等形成原飞行过程组织的调整。非标称飞行过程是建立在飞行条件和处理逻辑的基础上,依据飞行事件和飞行环境条件,组织需要飞行员决策的飞行活动。

第二,构建规则(Regulations)和逻辑(Logic)处理飞行过程。飞行过程规则要求是指飞行员和飞行管理系统(FMS)依据当前飞行计划和相关飞行程序对应的飞行活动和规则,即根据当前飞行阶段需求构建的确定飞行过程活动,在当前飞行许可的条件下,不需要与空管系统与航空公司协同。飞行过程逻辑要求是在当前的空域环境和事件、飞行约束和飞机性能障碍状态下,无法满足飞行许可条件,飞行员通过与空管系统和航空公司地面操作员协同形成的调整原飞行过程,并获取新的飞行许可的逻辑组织过程。

第三,构建覆盖所有标称和非标称过程的协同过程。单一飞行员驾驶模式是描述飞机单一飞行员驾驶条件下,根据飞行员操作的知识和对当前标称和非标称飞行过程需求的认知,依据驾驶舱自动系统实现规则和逻辑验证,基于地面操作员对当前飞行事件识别和支持,通过三方认知、规则和条件的协同过程,建立驾驶舱自动系统和航空公司地面站协同模式,构建基于飞行意向、面向飞行要求、依据飞行条件的目标、能力和效率的飞行决策。

3.3　飞行过程飞行员正常/非正常驾驶能力与状态和事件研究

飞行过程飞行员正常/非正常驾驶能力与状态和事件是建立单一飞行员驾驶知识和认知与规则和逻辑协同有效性区域分析,构建飞行过程时间和条件与过程和状态协同符合性分析,确定决策过程知识、规则、事件和条件协同过程,完成单一飞行员驾驶模式和能力分析,实现交互可信性评估指标体系。主要包括:

第一,构建单一飞行员正常和非正常飞行驾驶能力状态。飞行员正常驾驶能力是描述飞行员操作过程结果与飞行许可的符合性和飞行员操作过程状态与飞行操作需求的符合性,如飞行操作输出的航迹与航迹预测(含误差容限)的符合性、飞行员飞行过程操作与飞行包线的符合性。非正常驾驶能力是描述飞行过程中飞行员操作过程非逻辑和故障操作状态,如在爬升阶段,飞行员的下降操作逻辑冲突;在飞行过程中飞行员发病或离岗(如去洗手间)过程。

第二,构建单一飞行员飞行过程能力状态监控。单一飞行员飞行过程能力状态监控是描述在飞行过程中飞行员飞行响应状态监视和非逻辑状态监控,即监视飞行员对当前飞行状态协同的响应能力,如基于空域交通飞行航路的请求,航路气象危害的告警响应等;飞行员飞行过程非逻辑状态监控,如飞机下降过程的爬升操作和协同过程的响应终端等。单一飞行员飞行过程能力状态监控提供单一飞行员驾驶与双人制驾驶相比的飞行员能力缺陷和单点故障模式监视。

第三,构建覆盖飞行过程飞行员正常和非正常能力状态的单一飞行员驾驶模式协同过程。单一飞行员驾驶模式是通过建立单一飞行员、驾驶舱自动系统和航空公司地面操作员协同过程,即基于飞行员请求和响应,根据驾驶舱自动系统规则和逻辑,依据地面操作员识别和支持,通过请求、分析、评估、响应和确认过程,确认飞行员正常驾驶能力状态,抑制飞行员非正常操作,提供飞行员非正常能力状态告警,并提供驾驶舱自动系统安全飞行模式指令。

3.4　基于飞行员认知、飞行过程规则和飞行事件条件协同模式研究

基于飞行员认知、飞行过程规则和飞行事件条件协同模式是针对系统环境感知偏差和飞行员情景意识理解错误引起的安全性问题。分析 SPO 模式下驾驶舱系统运行场景,研究决策支持功能的失效建模与分析方法,构建预期功能安全性需求的验证环境,支持对仿真系统的安全性验证。主要包括:

第一,基于飞行过程需求的飞行员认识与飞行条件许可协同,即基于认识、规则和条

件的飞行员飞行意向、驾驶舱自动系统飞行规则及逻辑和地面操作飞行事件支持协同决策。其中,飞行员的飞行意向是飞行员依据飞行计划需求和飞行环境感知,提出的飞行过程请求;飞行条件许可是驾驶舱自动系统和地面操作员依据飞行环境条件,根据飞行过程操作规则和逻辑,对飞行员请求的飞行过程约束。

第二,基于飞行过程状态的飞行员能力与飞行操作逻辑协同,即基于能力、逻辑和事件的飞行员飞行驾驶能力、机载智能自动系统飞行操作逻辑和地面操作员飞行操作条件协同决策。其中,飞行员的驾驶能力是飞行员依据飞行过程操作需求的操作能力状态,飞行操作是驾驶舱自动系统依据飞行过程操作需求的标称操作模式,飞行操作条件是地面操作员依据飞行过程操作需求的事件和结果条件。

第三,知识与认知、逻辑与条件、能力与状态协同模型。飞行员的意向、驾驶舱自动系统的规则和地面操作员的支持是单一驾驶模式交互决策的基础,是建立在人(飞行员)的知识与认知、机器(驾驶舱自动系统)的规则与逻辑和最终用户(航空公司)的结果与要求的交互决策基础上。该决策过程是在飞行员知识和认识的调整的基础上,关联驾驶舱自动系统的规则,分析地面操作结果与要求,形成需求-逻辑-结果逐步优化和逼近最优结果状态。

3.5　单一飞行员驾驶模式目标、有效性和安全性评估研究

单一飞行员驾驶模式目标、有效性和安全性评估是针对飞机飞行目标,根据单一飞行员驾驶模式飞行组织过程和环境构成,搭建 SPO 模式驾驶舱仿真系统,并基于工程模拟机开展全飞行过程的任务仿真。主要包括:

第一,单一飞行员驾驶模式决策能力和目标评估。单一飞行员驾驶模式通过建立飞行计划、构建飞行航路,确定飞行导航、明确飞行状态。在此基础上,构建基于飞行员认知的飞行意向,基于飞行规则的飞行驾驶操作逻辑和基于飞行事件的飞行结果与条件,形成飞行意向引导、飞行规则制约和飞行条件限定的飞行过程组织的决策,实现和达到双人制驾驶模式的能力和范围的有效性评估。

第二,标称和非标称飞行过程组织有效性评估。单一飞行员驾驶模式必须建立标称飞行过程组织和管理,提供飞行过程组织,支持飞行过程管理,完成面向飞行计划的飞行任务评估。同时,单一飞行员驾驶模式还提供非标称飞行过程的组织,根据自身感知和认知,建立期望飞行过程组织,提供驾驶舱自动系统审阅,并通过与空管系统和航空公司协同,完成新的飞行计划和过程组织符合性评估。

第三,飞行员正常和非正常能力监控与飞行过程组织评估。单一飞行员驾驶模式建立飞行员正常能力和非正常能力监视与识别过程,提供当前飞行过程组织飞行员能力和行为有效性监视,并通过飞行员、驾驶舱自动系统和地面操作员协同过程,完成面向当前

飞行过程的飞行员能力状态和操作行为的有效性评估。

3.6　总结与展望

单一飞行员驾驶模式是商用飞机发展的关键技术,该技术能有效提升飞行驾驶的确定性,提高驾驶响应效率,减少飞机驾驶乘员配置。驾驶舱自动系统可以有效提升飞行环境感知组织能力,提高飞行态势的驱动和引导,支持飞行员决策。此外,通过辅助驾驶智能管理,提供人-机知识和认知协同模式,覆盖标称和非标称飞行条件,支持抑制飞行员安全危害活动,提供飞行安全状态管理,提升飞行安全决策等级,解决单一飞行员驾驶模式单点故障问题,并提供特定飞行环境和状态的自主飞行和管理能力。主要有以下收益:

(1)基于单一飞行员驾驶模式,通过建立驾驶舱自动系统功能,既降低了飞行员数量,又保证了飞行驾驶过程安全性,满足飞行安全等级 A 级要求。

(2)基于单一飞行员驾驶模式,通过建立和分类标称与非标称飞行过程,既提高了决策效率和响应时间,又降低了飞行员工作负荷,满足飞行员资源管理要求。

(3)基于单一飞行员驾驶模式,通过建立飞行员生理、行为和响应监视,构建飞行员失能和身体不适状态任务组织,满足飞行员失能状态监视和飞行控制需求。

主要参考文献

[1] COMERFORD D,BRANDT S L,LACHTER J ,et al. NASA′s single-pilot operations technical interchange meeting: proceedings and findings[R]. Washington,D. C. :NASA,2013.

[2] BILIMORIA K D,JOHNSON W W,SCHUTTE P C. Conceptual framework for single pilot operations[C]. New York City:ACM,2014.

[3] NEIS S M,KLINGAUF U,SCHIEFELE J. Classification and review of conceptual frameworks for commercial single pilot operations[C]. London:DASC,2018.

[4] STANTON N A, HARRIS D,STARR A. The future flight deck: Modelling dual single and distributed crewing options[J]. Applied Ergonomics,2016,53(Pt. B):331-342.

[5] TAN H. Airbus is pushing ahead in tech as it aims for single-pilot planes,says CTO[R]. Englewood Cliffs:CNBC,2019.

[6] Airbus. Airbus demonstrates first fully automatic vision-based takeoff[R]. Toulouse:Airbus,2020.

[7] REID D. Some airlines want Boeing's new '797' to fly with just one pilot on board[R]. Englewood Cliffs:CNBC,2019.

[8] 王淼,肖刚,王国庆.单一飞行员驾驶模式技术[J].航空学报,2020,41(4):202-220.

[9] CHEN Y, LUO Y, WANG M, et al. DFCluster: An efficient algorithm to mine maximal differential biclusters for single pilot operations task synthesis safety analysis [J]. Chinese Journal of Aeronautics, 2021, 35(5): 400-418.

撰稿人：王淼(上海交通大学)

商用飞机全生命周期一体化 BOM 管理技术

Integrated BOM management technology for life cycle of commercial aircraft

1　科学问题概述

制造型企业在采用计算机辅助生产管理时,首先要使计算机能够读出企业所制造的产品构成和所有要涉及的物料。为了便于计算机识别,必须把用图示表达的产品结构转化成某种数据格式,这种以数据格式来描述产品结构的文件就是物料清单,即 BOM(Bill of Materials)。BOM 是管理和配置物料的工具,也是保障采购、物流配送、库存管理、生产执行、成本核算等工作的核心基础数据。对于制造型企业来说,可以说物料是生产要素的核心,而 BOM 则是开展制造活动的基础。BOM 不是简单的一张表格,而是一整套以物料为核心对象组织而成的数据模型和数据流程,其贯穿于工程设计、制造和服务等飞机全生命周期。

BOM 的有效管理是企业正常高效运行的关键。商用飞机 BOM 管理是一个复杂而庞大的系统工程,管理活动贯穿于飞机全生命周期。一般完整的 BOM 体系应该包含工程 EBOM、工艺 PBOM、制造 MBOM、服务 SBOM、单机设计 BOM、单机制造 BOM、单机实物 BOM、单机运营 BOM 等,不同 BOM 定位和管理规则存在差异,但是 BOM 之间必须保持数据的逻辑关联和有效数据流通,确保数据源唯一。对于商用飞机这种有着数百万个零件级别的高度复杂产品来说,要确保产品数据在各个 BOM 之间准确无误传递和高效流动,对企业的管理及信息化系统本身是一个极大的挑战。加上商用飞机研制周期长、涉及专业领域多,参与人员数量大等特点,往往会存在缺乏全生命周期或全领域的统筹和规划,从而出现过程活动重合或交叉、接口不协调、规则互相牵制、多头管理,以及数据的断点等现象。同时,商用飞机是一个客户化的产品,如何实现高效客户化配置,提升研制效率,这就需要建立一套面向飞机全生命周期的一体化 BOM(或 XBOM)。基于同一个产品数据结构,对于集中、高效管理研发、生产、服务等多个 BOM,通过建立各个 BOM(EBOM、MBOM、SBOM、BBOM 等)之间的关联,同时集成各种 DMU、CAE 等工具,实现全面的数据、关系、文档的过程控制和集中管理,是商用飞机制造企业提升生产效率和产品竞争力的有效途径。

目前在商用飞机制造领域，要建立一套高效的全生命周期一体化 BOM 管理体系，还有以下技术瓶颈需要突破：

(1) 如何根据商用飞机的特点细化并明确全生命周期 BOM 分类及形态。

(2) 如何策划一个一体化 BOM 架构，以覆盖并有效关联飞机全生命周期各个 BOM，确保数据准确传递至各领域。

(3) 如何建立 BOM 与配置的关系，能基于一体化 BOM 快速准确配置出单机 BOM。

(4) 如何建立一套一体化 BOM 管理信息化系统架构模型，打通各领域数据断点，确保数据共享及高效流通，并准确进行纪实。

因此，还需要对商用飞机全生命周期一体化 BOM 管理技术进行研究，通过"一个 BOM"、多个视图的方式实现一体化管理，集中统一管理不同 BOM 之间的各类关系，管控各 BOM 的生成、变更等。具体包括：①BOM 分类及形态；②一体化 BOM 策划；③BOM 与配置；④一体化 BOM 管理信息化系统架构。

2 科学问题背景

目前国外主流飞机制造商都掌握了产品全生命周期 BOM 管理技术，基于 BOM，整个产品数据无缝连接。空中客车公司，从型号研制早期就开始规划了基于全生命周期的 BOM 统一数据管理，为全生命周期产品数据的顺畅流通和统一管理奠定了很好的基础，极大提升了研制效率。波音公司，在实施飞机构型定义和控制及制造资源管理(简称 DCAC/MRM)的计划中最早提出了建立单一数据源(SSPD)的概念。SSPD 是一个综合性的数据库，通过 PDM 软件实现统一管理和控制。SSPD 主要是通过建立产品数据的逻辑联系，搭建一整套 BOM 管理的框架系统。例如将 EBOM 经过工艺分解形成 PBOM，PBOM 在工艺流程的基础上结合工艺规程形成 MBOM。在这个演变过程中建立了 BOM 的逻辑关系，将物理上分布的产品数据形成逻辑上的统一整体，为产品数据的访问与操作提供唯一的数据源。美国 CMⅡ中强调基于零件配置超级单 BOM 形态，强调面向装配流程构建一套实物部件层级为核心的超级 BOM，即以最终产品为顶层，依次向下分解为多层级的实物部件，直至最底层可从外部采购、获取的零组件(物料)层级。每个实物部件的负责人组织各个相关方发布对应的整体数据(规范、图纸、工艺文件、操作指南等)。很显然，这三种管理理念均是面向产品全生命周期的一体化管理理念，都有效解决了面向产品交付的协同设计、正向设计、成本精准控制等难题。

随着国内制造业的发展，国内不同领域的 BOM 管理技术发展也不尽相同。汽车领域发展较为快速，已实现基于 BOM 的配置来驱动生产，而商用飞机制造领域的 BOM 管理技术相对滞后，仍然缺乏整体规划，存在数据断点，满足制造端需求较多，满足设计端需求较少,对运营和维修需求考虑策划不足。2006 年 12 月 15 日,我国发布了《BOM 通用要求》(HB 7802—2006)。该标准虽然在当时开启了规范化 BOM 管理理念的先河,但从目前的技术发展来看,其内容不够细化,可操作性也不够,特别是针对商用飞机的特点,各阶段BOM 细化明显不够。该标准仅定义了飞机全生命周期 EBOM、PBOM、MBOM 三大 BOM,但在商用飞机研制不同阶段,根据不同用途均可以细化成若干个 BOM。目前国内主流商用飞机制造商已开始在面向飞机全生命周期一体化 BOM 管理技术上进行研究应用,并取得了很大进展,但仍然还存在不少现实问题,比如体系改造的成本太大。

以国内某商用飞机制造企业为例,目前物料和 BOM 管理的理念几乎只在制造领域运用,在工程端设计师更关注功能、系统、专业、空间区域等,只要图样/数模完整,零组件能生产和装机就行,对于这个零组件是否会成为物理上存在的物料或航材备件并不关心,但实际上工程设计端产生的产品数据(EBOM)是所有 BOM 的源头,EBOM 构建不好,或数据传递不畅,极可能在飞机产品漫长的产业链中造成“文文不符或文实不符”的问题,势必对下游产生较大的影响。随着飞机的交付运营,由于整体策划不足造成的各类问题在运营使用中逐渐暴露,企业也越来越认识到面向飞机全生命周期的一体化 BOM 管理的重要性。不管是国际主流航空制造企业,还是汽车行业,虽然不同公司的 BOM 方案有差异,但是都在往一体化 BOM 管理方向发展,即强调在项目早期统筹策划全局 BOM,从设计端开始就要在 EBOM 构建时确定所有“供货单元”级物料(主零件、模块等)。“供货单元”是设计、制造、采购、市场和售后部门等协同工作的结果,也是后续不同 BOM 必须保持完全一致的产品层级。

综上,对于商用飞机制造企业而言,构建一个覆盖飞机全生命周期的一体化 BOM(或XBOM)管理体系是提高飞机研制生产效率和产品质量的迫切需求。

3　科学问题研究进展

商用飞机全生命周期一体化 BOM 管理技术问题研究主要包括 BOM 分类及形态研究、一体化 BOM 策划研究、基于 BOM 的配置研究及一体化 BOM 管理信息化系统架构研究。

3.1　商用飞机 BOM 分类及形态

首先要明确全生命周期各 BOM 的工程定义,确定 BOM 属性,并明确各 BOM 的形态。BOM 形态是 BOM 管理的基础,具备很强的行业、企业特点,甚至同一个企业的不同产品、不同阶段会采取差异化的 BOM 形态。但是不管哪种 BOM 形态,都会从以下三个角度出发:单 BOM 还是多 BOM,基于零件的 BOM 还是基于模块的 BOM,可配置的超级 BOM 还是不可配置的精准 BOM。

3.2　一体化 BOM 策划

根据飞机研制的阶段,策划不同的 BOM,一般 BOM 应包含工程 EBOM、工艺 PBOM、制造 MBOM、服务 SBOM、单机设计 BOM、单机制造 BOM、单机实物 BOM 和单机运营 BOM 等。同时,要明确各 BOM 之间的关系,不同 BOM 定位和管理规则存在差异,但是 BOM 之间必须保持数据的逻辑关联和有序流通,保证数据的唯一性和可追溯性。

一体化 BOM 即为产品全生命周期管理的集成 BOM,其通过建立各个 BOM 之间的关系,集成各种 DMU、CAE 等工具实现全面的数据、关系、文档的过程控制与集中管理。一体化 BOM 一般以可配置的产品对象(件号)作为管理节点,其产品节点要与产品模型建立关系,从而对产品的变更进行控制和追溯。

3.3　BOM 与配置

商用飞机是客户化产品,在进行 BOM 管理时,需明确 BOM 与配置的关系,解耦配置与设计过程。比如制造商可创建一个基于共同原则的超级 BOM,其中包括多构型、选项构型等,再通过有效性(架次有效性、时间有效性等)解析出货单机 BOM。

3.4　一体化 BOM 管理信息化系统架构

一体化 BOM 管理信息化系统实现对所有 BOM 的管理功能,就是要建立覆盖产品全生命周期的一体化 BOM,实现基于过程的工程数据管理功能的数据系统。通过建立一体化 BOM 管理功能对不同领域的工程数据进行过程记录,将数据孤岛进行串联,解决工程数据的可追溯性问题。

3.5　总结与展望

商用飞机全生命周期一体化 BOM 管理技术在满足飞机全生命周期产品及数据管理需求的基础上,打通全生命周期业务流程,确保产品数据畅通,以及全生命周期的准确性和一致性,能实现配置与实际过程的解耦,有效提升研制效率。可用于指导我国商用运输类飞机、民用直升机等型号产品全生命周期产品 BOM 管理,确保研制过程高效,降低研制风险,使我国商用飞机 BOM 管理水平达到世界先进水平,为商用飞机产业化发展奠定基础。主要研究结论如下:

(1)商用飞机高度复杂,缺乏面向全生命周期的一体化 BOM 管理的总体策划,需对一体化 BOM 策划技术进行研究,以形成使用于商用飞机研制的一体化 BOM 管理体系,极大提升飞机研制效率。

(2)商用飞机是客户化产品,客户化配置过程往往跟设计方案深度绑定,客户如有变动,设计就得更改方案,造成研制效率的低下,因此有必要使设计与配置过程解耦,需要对基于 BOM 的配置过程进行研究,以提升研制效率。

(3)商用飞机研制缺乏现成的一体化 BOM 管理信息化平台,需要对一体化 BOM 管理系统平台架构进行研究,作为实现一体化 BOM 管理的有效手段。

主要参考文献

[1] 范玉青.波音公司 DCAC/MRM 计划[J].航空计算技术,1998(3):9-16.

[2] 于勇,范玉青.飞机构型管理研究与应用[J].北京航空航天大学学报,2005,31(3):6.

[3] 魏志强,王先逵,吴丹,等.基于单一数据源的产品 BOM 多视图映射技术[J].清华大学学报(自然科学版),2002,42(6):802-805.

[4] 蒋辉,范玉青.基于单一产品数据源的 BOM 管理[J].北京航空航天大学学报,2003,29(5):4.

[5] 胡俊.基于单一产品数据源的汽车 BOM 管理研究及应用[J].上海汽车,2012(11):6.

[6] 张旭辉,宁汝新,张旭.基于 PDM 的动态 BOM 管理技术[J].航空制造技术,2007(6):4.

[7] 刘魁.面向产品生命周期的 BOM 管理关键技术研究[D].武汉:华中科技大学,2012.

[8] 曾富洪.产品数据管理中 BOM 管理的研究与实践[D].重庆大学,2003.

[9] 周永,罗小琦,李荣强,等.面向全生命周期的飞机产品数据架构技术[J].航空学报,2016,37(1):324-334.

撰稿人:杨林(中国商用飞机有限责任公司上海飞机设计研究院)

机载系统安全性建模与智能分析

Mission safety modeling and intelligent analysis of integrated avionics system

1　科学问题概述

安全性是指系统不发生事故的能力,是衡量系统风险是否处于可接受状态的度量。同时,民用飞机的经济性主要通过飞机的可靠性来反映。然而,在研制过程中,缺乏有效的理论方法对安全性与可靠性进行综合考虑,安全性、可靠性和飞机系统性能设计脱钩,导致选择的方案在飞机设计解集中往往陷入局部最优,无法形成有效的设计与验证约束,尤其是在面向民用飞机高集成复杂系统的设计与评估中。新一代安全性分析方法大多采用了基于模型的思路实现系统任务过程建模及分析,典型的方法包括社会-技术风险分析(SoTeRiA)、基于多智能体的建模和安全性分析(ABMS)、系统理论及事故过程模型(STAMP)等。

SoTeRiA 是美国马里兰大学 A. Mosleh 教授及其团队根据安全性多学科交叉的特征提出的系统安全性分析模型。该方法从系统风险着手分析,以安全性关键性能作为整个模型的联系点,分析传递到组织基础的安全性影响因素,建立了组织因素与技术系统的交互模型,从而实现系统的安全性分析。ABMS 是荷兰代尔夫特理工大学的 H. A. P. Blom 教授针对空中交通管理安全提出的安全性分析方法。该方法基于特征参数量化,通过多智能体模型模拟空管系统中元素交互过程,反映系统的涌现特征,利用蒙特卡罗技术加速实验,仿真未来空域态势,分析系统的安全性表现。STAMP 是美国 M. I. T 的 N. G. Leveson 教授基于系统论思想提出的复杂系统事故致因分析理论模型。不同于传统模型认定事故是技术系统组件间故障传递进行由底向上的安全性分析,STAMP 采用由顶向下的方法,分析系统设计中可能存在的控制失效环节,以此作为控制危险事件发生的手段。

因此,针对具备复杂社会-技术特性的新一代航空电子系统,研究的重点是实现自动化、智能化的安全性分析及验证方法,结合领域知识以智能化的方式辨识系统任务过程中存在的潜在危险因素,并以自动化的方式实现安全性分析结果的验证。面向复杂航空电子系统任务特征,研究新一代的安全性分析和验证方法,具有重要的价值和意义。

2 科学问题背景

随着计算机技术的快速发展,航空系统及其任务过程的复杂度日益增加,越来越多的系统元素参与到系统任务过程中,而控制者则与自动化系统分享越来越多的控制权。在系统复杂化的条件下,现有的安全性分析方法难以满足系统任务过程安全性分析和验证的需求,总结如下:当前的安全性方法,大多基于人工逻辑对系统进行安全性分析,存在难以避免的缺陷,过度依赖分析人员的知识逻辑必然会导致分析结果缺少客观性,基于人工方式构建复杂系统层级控制模型时无法确保模型的完整性,在构建大型、复杂、组件频繁交互的系统任务模型及安全性分析时局限性很大;综合化航空电子系统已然十分复杂,新一代航空电子系统通常具有社会层和系统层特征属性,涉及广泛的知识面,对其进行安全性分析需要具备多学科的知识基础,给安全工程师的工作造成困难;航空系统的综合化和复杂化增加了系统任务安全性分析和设计的难度。

综上所述,缺乏有效的理论工具开展安全性与可靠性的综合考虑,必然使得设计评估无法统一、问题暴露无法全覆盖,最终约束了我国民用飞机的使用效能。研究新的安全性分析方法必须充分结合新一代航空电子系统任务过程的特征,充分考虑航空电子系统的社会-技术特性,结合人工智能的技术架构,通过知识和规则指导系统的安全性分析、验证、设计过程,摆脱当前方法对于人工逻辑以及人工知识的过度依赖性,以知识提高分析过程的客观性和分析结果的准确性。因此,研究智能化和自动化的安全性分析方法是领域研究的热点,基于规则和知识辨识并控制系统潜在的危险因素,预防事故,提高系统安全性,具有重要的研究意义。

3　科学问题研究进展

系统任务安全性分析方法研究着重结合知识和规则并以智能化和自动化的方式从系统层级控制结构中辨识能够引发状态变迁的危险致因,主要的技术路线包括:面向适航规章的安全知识模型构建方法、基于知识的安全性分析方法、基于模型的安全性验证方法。研究的难点在于结合适航规章文本形式特征,实现规章文本的知识表示和建模。

3.1　面向适航规章的知识模型构建方法

随着航空电子系统复杂性、综合化程度的增加,海量的法规、标准,以及新的需求随之涌现。安全工程师在对复杂系统进行安全性分析时,需要结合具体目标系统从海量文本规则中选择适合于分析系统安全的具体条款,同时在信息提取过程中确保规则的完整性。这增加了安全工程师的工作负担,进而降低了安全性分析的效率和正确性,同时又引入了新的系统风险因素的可能性。因此,需要结合适航规章文本形式特征,对该类文本进行知识表示和知识建模,以结构化的方式组织知识,以促进后续知识在适航安全领域智能化应用的落地。

知识表示和知识建模将规则建模方法问题归结为自然语言处理问题,结合人工智能领域架构,基于知识图谱理论方法突破知识建模方法研究,以分层结构体现规则实体、属性、关系,最终实现文本规则转换为计算机能够识别的模型规则过程。构建知识模型,帮助计算机理解规则的含义及规则传达的关系、属性,是借助计算机强大计算能力,实现系统安全性分析的前提条件。因此,研究如何把文本中的规则内容转换为计算机能够识别、理解的模型规则是实现系统危险源自动识别及系统安全自动分析的关键技术之一。知识图谱本质属于语义网技术,将真实世界中的事物与事物之间的联系转换为知识图谱中实体与实体之间的关系来描述。构建知识图谱的关键技术包括信息获取和数据融合,信息获取则包括知识获取,知识获取指如何从非结构化、半结构化,以及结构化的数据中获取知识,关系获取是指实体间关系识别,需要依据句法结构来帮助确定两个实体间的关系。

3.2　基于知识模型的安全性分析方法

航空法规、适航等各类标准,以及 NextGen 和 SESAR 中所包含的大量规则,约束着机载航空电子系统,从而达到保证系统安全,确保飞行安全的目的。随着航空电子系统综合化程度的逐渐增加,系统的复杂程度也随之增加,伴随而来的就是海量的法规及标准约束。大量的规则条款包含的内容繁多,其中条款相互交织,内容相互影响,多重规则之间具备层级化的特征。想要从其中摘选出与工作内容相关的具体条款是非常艰难的,增加了安全工程师的工作压力,并且无法得到令人满意的结果。基于知识模型和知识库,从海量的法规中快速、准确地提取出与具体目标航空电子系统相关的条款内容,以保证系统安全性分析的客观性和准确性,克服规则检索对人工逻辑的严重依赖性。

STAMP 理论是把安全问题转换为控制问题,其目标是通过在设计和运行过程中实施安全约束控制系统的行为。为了实现这一目标必须施加控制。这些控制不一定包含人工或自动控制器。组件的行为(包括失效)和不安全相互作用可通过物理设计、过程(如加工过程和工艺、维修过程及运行过程)或社会控制进行控制。其中,社会控制包括组织(管理)、政府和监管组织的架构,但也可以是文化、仿真或个人(如自身利益)。在 STAMP 框架中,防止事故发生需要关注设计和实施控制以强制必要的约束。

3.3 基于模型的安全性验证方法

研究基于知识的系统安全性分析方法,目的是以智能化的方式全面地辨识系统任务过程中存在的潜在危险因素,最终保证系统安全。因此,如何保证方法的有效性及正确性具有重要的研究意义。现行安全性分析方法仅关注如何提出约束条件和提出何种约束条件,属于定性研究范畴,而针对方法本身的分析并不多见,对方法进行正确性、有效性的论证是必要的研究环节。结合安全性分析结果,以时间自动机原理为基础,通过构建安全性验证模型,结合安全状态变化,通过遍历状态空间的方式自动地对危险致因和安全约束的真实性和有效性进行验证。

时间自动机是一套对实时系统进行建模和验证的理论方法,是带有时钟集的有限自动机,而时钟集是有限个时钟的集合,每个时钟都是一个取值范围为零或正数的变量。时间自动机状态之间的转换要满足时钟约束才可能发生。时间自动机能够较好地呈现出离散事件系统特性,被广泛应用于系统任务建模和安全性验证。

3.4 新的安全概念和方法

EUROCONTROL 在 2013 年发布的白皮书中,提出了 Safety-Ⅰ 和 Safety-Ⅱ 的安全观念。基于 Safety Ⅱ 安全观念,发展出了恢复力的概念,表示系统在存在干扰情况下,仍能保持和恢复既定功能的能力。相比传统方法,恢复力提供了更广泛的概念,其受关注程度和认可程度普遍较高。结合恢复力应用在空中交通管理(ATM)领域的相关研究来看,对于该问题的研究呈逐年递增趋势,研究对象涵盖了 ATM 网络、ATM 系统到 ATM 组成部分(设备、人员等)各个层次。

2011 年,美国国防部将工程弹性系统(ERS)作为一项优先科技项目;欧洲实施了 SESAR JU E2.21 SAFECORAM 项目,来定义未来 ATM 系统恢复力评估的量化方法;由欧盟"地平线 2020"研究计划资助的 DARWIN 项目制定了增强复原力的措施。恢复力的概念将安全定义为在变化的条件下成功的能力,其本质是系统维持或恢复动态稳定状态的内在能力,可以通过功能风险识别方法来解决,从事件和功能之间的作用关系来考虑。需要基于不同于传统观念的思维,开发有效方法,从复杂性科学和系统理论中寻找启发。系统安全的挑战来源于不稳定性,而恢复力表达了防止这种不稳定性产生的方法和原理。

3.5　系统带故障运行决策研究

目前应用较为广泛的带故障运行分析方法包括时间加权平均法、马尔可夫模型法与蒙特卡罗仿真方法。这三种方法的基本思想均为将系统平均安全性水平视为带故障运行时派遣时间间隔的函数。时间加权平均法是国际汽车工程师协会提出的,该方法仅适用于余度数为 2 的冗余系统。马尔可夫模型法的基本思想是利用状态转移图描述系统各状态之间的相互关系,进而通过解状态微分方程求得系统各状态的发生概率。蒙特卡罗仿真方法用于可靠性问题的一般思想可表述为:系统状态是由部件状态决定的,部件的故障与修复将改变部件的状态,进而可能改变系统的状态,当部件状态的改变导致系统进入失效状态时,该时间即为系统寿命,由此得到系统的安全性与可靠性参数。蒙特卡罗仿真方法的优点是不受系统状态数量的限制且建模过程简单,但是对于安全性要求极高的机载系统,由于失效概率的数量级极小,导致蒙特卡罗仿真的效率极低,无法满足实际应用需要。对于高集成复杂民用飞机系统,必须在满足系统安全性与可靠性双重约束的条件下,为冗余系统选取一种合适的带多重故障的运行策略,从而降低飞机运行成本。

3.6　总结与展望

综上所述,系统安全属于典型的学科交叉问题,系统任务过程安全性分析方法的研究工作主要围绕上述三种技术路线展开。三种技术路线具有不同的领域特征,研究和应用的重点也有所不同:

(1)适航规章文本知识模型的构建首先需要研究面向中文篇章文本分析的理论和方法,尤其是针对规章文本等一类具有特殊结构形式的文本数据,通过篇章分析理论解决该类文本的语义衔接性和关联性问题,并以此为基础构建适航故障的安全知识模型和知识库,进而促进知识在适航安全领域的应用及落地。

(2)传统的安全性分析方法大多基于人工演绎的方式,其分析过程严重依赖于人工逻辑和知识边界,影响分析结果的客观性和正确性。研究新的安全性分析方法,需要结合航空电子系统的社会-技术特征,基于人工智能技术架构,以知识促进和优化系统安全性分析和设计方法研究的智能化、自动化程度。

(3)现有的安全性分析普遍缺少验证方法,结合时间自动机建模原理构建系统安全性验证模型,进而基于模型,以自动化的方式通过状态空间遍历,对危险致因的真实性和安全约束的有效性进行验证,以此为航空电子系统安全性设计提供技术支持。

(4)恢复力这一概念在航空安全领域已受到广泛关注,同时当前发展很不成熟,要形成一套完善方法更需要做出大量工作,作为突破传统安全理论的创新性思维,探索适用于复杂民用航空系统安全性分析的先进方法,研究意义重大。

主要参考文献

[1] 何宇廷.飞行器安全性工程[M].北京:国防工业出版社,2014.

[2] KNOTOGIANNIS T,LEVA M C,BALFE N. Total Safety Management：Principles,Processes and Methods[J]. Safety Science,2017,100:128-142.

[3] MARTORELL S,MARTORELL P,MARTÓN I,et al. An Approach to Address Probabilistic Assumptions on the Availability of Safety Systems for Deterministic Safety Analysis[J]. Reliability Engineering & System Safety,2017,160: 136-150.

[4] NIE B,SUN S. Knowledge Graph Embedding via Reasoning Over Entities,Relations and Text[J]. Future Generation Computer Systems,2019,91: 426-433.

[5] LI Y,GULDENMUND F W. Safety Management Systems：A Broad Overview of the Literature[J]. Safety Science,2018,103: 94-123.

[6] DUANE K. Aircraft System Safety Assessments for Initial Airworthiness Certification[M]. Duxford UK：Elsevier Ltd,2016.

[7] BINEID M,FIELDING J P. Development of an aircraft systems dispatch reliability design methodology[J]. Aeronautical Journal,2016,110(1108): 345-352.

[8] DALKILIC S,SRIRAMULA S. Improving aircraft safety and reliability by aircraft maintenance technician training[J]. Engineering Failure Analysis,2017,82(12): 687-694.

[9] LU Z,LIANG X H,ZUO M J,et al. Markov process based time limited dispatch analysis with constraints of both dispatch reliability and average safety levels[J]. Reliability Engineering and System Safety,2017,167(11): 84-94.

[10] LU Z,ZHOU J,Li X N. Monte Carlo simulation based time limited dispatch analysis with the constraint of dispatch reliability for electronic engine control systems[J]. Aerospace Science and Technology,2018,72(1): 397-408.

撰稿人:马存宝(西北工业大学)　陆中(南京航空航天大学)

第6章
航空器人机与环境

　　航空器人机与环境是以航空器中的人机与环境系统为研究对象,以系统的安全、高效、舒适为目标,研究人、航空器与其工作环境之间的相互约束、相互依存、相互作用的机理机制,探索系统性能最佳的优化理论和优化方法,指导系统的性能优化设计。航空器人机与环境系统强调以人为中心的设计理念,研究飞行员在环的心理、生理和操控能力特性,研究飞行员的注意力分配、情景感知、工作负荷等特性,并以此为基础,开展航空器人机工效的设计理论、仿真方法和评价模型。针对作战飞机系统,研究人机协同的机制、策略、协同控制与信息融合等,是提升作战效能的重要途径。航空器人机与环境的研究方向主要包括:航空器人机工效、航空器环境控制与模拟、生命保障与安全救生、飞行员心理生理认知与操控、航空器人机协同与作战效能、人机环系统模拟与仿真。

　　航空器人机与环境学科对于航空技术及航空产业的发展具有十分重要的意义。航空器人机工效方面,由于美国、法国、英国等西方发达国家的航空工业起步较早,其技术相对比较先进,也一直处于航空领域的领军地位。我国北京航空航天大学、西北工业大学、复旦大学等高校对航空器人机工效设计的研究主要集中于虚拟人及虚拟环境研究、人机工效设计体系研究及布局优化研究等方面。从整体上而言,我国对航空器人机工效的研究仍然处在逐步的发展和完善阶段,虽然取得了一些成就,但研究点比较离散,研究方法不够系统,基础理论研究能力不足,实用性不足,大多数仿真工具和设备等严重依赖进口,在以后的发展中需要更加深入的研究。

　　在飞行员心理生理认知与操控方面,目前发达国家及部分发展中国家都研制了用以选拔民用航空飞行员的计算机心理选拔系统,开展了大量有关于脑、眼、肌肉及心电等生理信号对飞行员脑力负荷进行评估的相关研究,提出了对于生理指标的选取、实时诊断的精度不足带来的自适应、自动化的效果不显著等诸多问题。国内外专家学者针对飞行任务各阶段飞行员操纵模型建立、仿真分析、操纵特性研究、飞行员操纵安全性评估等方面也开展了相关的研究。

航空器人机协同的研究热点主要集中在无人驾驶、无人驾驶飞机编队复杂任务、战斗机作战效能评估与提升等方面。国内外许多专家学者开展以人为中心的人机协同系统性研究始于20世纪90年代,具体的研究如主动学习、课程学习为载体研究人机协作在智能算法标记过程中的机制,人机协同控制在驾驶员危险预警、机器系统运行过程中控制权动态分配,人机协同应用在灾难响应应急处理、多无人驾驶飞机(UAV)人机协同控制等方面。

在航空器人机与环境系统模拟与仿真方面,进行航空器人机与环境系统研究最为直接的方式是搭建航空器人机环系统的模拟环境。各大飞机公司基本上都有自己的驾驶舱模拟系统。虽然我国航空领域的人机工效研究还处在逐步完善的阶段,但许多机构都开发了用于人机工效仿真分析的工具。随着科技的进步,虚拟现实技术得到了快速的发展,许多虚拟现实系统也被开发应用于航空器人机与环境研究。

未来航空器朝着智能化、体系化的方向发展,将人的认知逻辑映入机器智能体的研究框架,实现人机智能体的融合共生将是航空器人机与环境的重点发展方向之一。未来,人机与环境发展趋势应从人的动作分析等狭义的人机环境系统研究中跳出来,以人的规律性研究为着眼点,带动航空器智能控制体系全方位发展;以航空器战场环境态势感知技术研究为抓手,探索信息流和控制流的无缝衔接,提高飞行器系统化的作战效能。

航空器人机与环境是复杂巨系统工程与科学问题的研究领域,其联合性、集成化程度高,所需突破的研究方向多、范围广。针对上述发展需求与难点挑战,本学科方向聚焦复杂环境下人机智能协同与效能提升机理与机制、飞行机组人因差错风险评估与控制理论、飞行员心理生理状态对任务绩效与飞行安全影响机制研究、混合现实环境人机高效交互机理研究、特殊环境飞行员听觉与非听觉器官损伤机理及安全限值研究等5项基础科学问题与关键系统性工程技术问题。

复杂环境下人机智能协同与效能提升机理与机制

Mechanism and mechanism of human-machine intelligent collaboration and performance enhancement in complex environment

1 科学问题概述

2019年3月19日,中央全面深化改革委员会第七次会议上指出:"构建数据驱动、人机协同、跨界融合、共创分析的智能经济形态。"同年,美国国家技术科学委员会发布的《国家人工智能研究和发展战略计划》中明确提出开发有效的人工智能协作方法的战略,反映出人机协同的理念在人工智能研究和发展中的战略地位进一步提升。人机协同是人机系统建构过程中的核心技术。提升人机系统的性能是人类很长一段历史中工业过程问题的主要论点,性能优良的人机系统对工业过程的效能提升、可持续性和资源合理配置起到重要的作用。航空航天领域处于技术发展的前沿,自动化技术的密集使用使人机系统中人机协同过程问题从手动控制问题演化为管理控制问题,人在环内的人机闭环系统也向着人在环上的系统形态发展。因此,如何实现复杂高度不确定性条件下人机智能协同设计,以达到飞行器系统任务效能提升是当前新一代航空器亟须解决的系统性科学问题。

复杂环境下的人机智能协同问题实质上是人机系统在多约束和高度不确定性变量条件下人机协同过程的建模问题,要求过程建模仿真具备对人机协同的支持。大型复杂人机系统中人机地位显然不平等,而是以人为主导、机配合人,传统的人机协同过程的描述不对人和机的特性进行单独的建模区分,将人和机都看作过程模型中的计算节点,建模过程采用活动建模方法(UML)、流程建模方法(BPM)、功能建模方法(IDEFO)等进行描述性建模。在以往的这些方法中普遍存在对人的描述建模机械化、适应性差的问题,无法准确反映出人的因素在人机协同过程中的关键作用。相对于人的因素,计算机系统往往拥有较为明确的几个输入和输出因素,量化建模也较为容易。现有的人机协同过程建模对协同过程中的人因问题处理并不是很理想,在复杂环境下进行人机系统建模过程中人的定量化建模仿真是提升效能的关键,也是当前人机智能协同的瓶颈问题。

2　科学问题背景

从已经应用到工程领域的人机协同模型和方法看,航空航天、建筑、农业、矿业和医疗保健领域设计的人机系统多以固定参数指标为设计目标,这一思维继承自工业设计中的机器设计理念。因为人机系统中的人作为不确定性极强的复杂巨系统,其环境参数输入后的信息处理转化机制难以使用定量的数学关系进行表示。人体闭环系统的输出虽有特点,单一环境、单一任务情况下的人体的各项输出也可以通过测量进行范围的把握,但是在复杂环境下的人体闭环系统的一系列信息转化机制和输出值的范围阈值界定尚存在一定的研究空白和技术瓶颈。这就导致复杂环境中人机系统的整体性能难以准确把握,人机系统设计对飞行器或综合系统的效能提升作用机制难以使用数学关系表达且具有很强的不稳定性。人机协同在现阶段的核心问题是如何设计一方面使人与机器系统的交互和集成具有高性能,充分利用人的能力,另一方面又不过高地要求于人。要想解决这一类问题,就必须充分了解人在完成操作、控制和管理任务时的行为。

如何了解人的性能,了解人的性能和限制怎样影响整个人机系统的性能,这是人机协同研究中的重要问题。一种研究方向是建立人的模型,在人机系统的研究初期,研究人员追求使用定量的模型来揭示人的控制行为特性,但是这样难以对复杂的系统性问题进行解释,对人体的一些复杂性极强的问题建立定量模型在现有的技术条件下也是不可能的。在人机工程学发展涉及多学科交叉的深度更进一步的背景下,人机系统研究也进一步涉及人的心理和智能特性,定量模型因此陷入了发展的瓶颈,定性模型在这种情况下开始被广泛考虑。

传统的人机系统中人作为人机系统内回路的一部分直接参与操作和控制。实验研究发现,一个未经训练的人其内部的控制系统和备用能力在突然接到强有力的指令时就马上失效了,如果慢慢地训练,则在相同的指令情况下控制系统将有效地组织起来,且具有良好的适应性。此外,人的控制行为还随着被控对象、环境因素、个人经历和心理因素等发生变化,因此,为人控制器建立数学模型是不容易做到的。针对人的非线性、时变性、离散型、随机性和自适应性等特性,国内外学者在人机协同领域建立了一些包含一定数量简化性假设的数学模型。这些模型在预测人的行为方面已经获得了一些更接近于实际情况的结果。早期的人控制器建模目的为对单变量显示的线性、非线性、时不变系统的了解。更复杂的人在回路中控制系统在20世纪60年代开始被研究,相关工作主要集中在多变量多显示情况下人控制器的建模上。该领域有两个基本的研究方法:寻求将单轴的方法扩展到多变量的情况,基于古典多回路控制理论并依赖于对闭环系统结构的判断;基于现代控制理论和优化理论,使用状态空间法可以处理多变量系统。根据显示信息的不同,人的模型可以分为两大类,即补偿行为模型和追踪行为模型。

McRuer 等提出的直观模型为分析研究人的输入输出而采用传递函数,利用神经与肌肉的时间延迟构建的比值函数可以对人体操作反应进行简单描述。以此为基础改进的Neal-Smith 准则数学模型已经成为飞行品质评价领域飞行员建模的有效方法。离散模型通过设置一个采样保持路线和一个神经肌肉延迟时间常数简单反映了心理学上的耐性现象,该模型描述了在一个小于大约 0.5s 的耐性周期内,人控制器不可能对离散的刺激做出两次连续的反应的现象。依照自适应反馈系统所建立的参考自适应模型依据偏差滤波器给出的信号改变操作手的控制规律,误差识别自适应模型则可以通过对误差信号的探索积累相应的组织规律,并逐渐展开预见性的跟踪探索。对人机协同整个控制过程展开模型仿真一直是学界的研究重点,假设人机系统具有良好的稳定性和响应特性建立的包含人和被控过程的整体模型:$Z(t) = Z(t - dt) + CZ(t - \tau_e)$,在面临多输入、多输出和时变性过程的时候并没有显现很好的效果。此外,从生理实验数据直接展开模型参数迭代的时间序列方法搭建了实验和仿真的桥梁。假设人的响应能够由最优控制系统模拟来重复,在此基础上建立的最优控制模型由两部分串联组成,即:最优滤波(卡尔曼滤波),根据输入(显示)y 对延时状态 $x_\tau = x(t - \tau)$ 的状态估计 $\hat{x}_\tau$,最小方差预测,由延时状态估计 $\hat{x}_\tau$

进行当前状态预测$\hat{x}$。最优控制模型是当前一系列模型的基础,最优控制模型对线性时不变过程研究已经非常完善,对于时变非线性的系统还处在理论研究阶段。还有学者通过模糊控制模型模拟人的行为,即先对人对系统的控制误差和误差变化速率进行感知,并用人预先确定的概念进行判断,然后推理采取的控制策略,最后结合神经肌肉系统的反应进行响应。

随着人机系统智能化程度不断提升,建立在人在回路中的闭环系统之上的人机系统控制模型渐渐难以满足复杂系统的要求,人机系统的形态逐渐向人对多任务的监视和对一些自动化、半自动化系统的管理转变,人在回路上的特征越来越明显,人控制器作用包括监视过程、保证自动控制正常运行、调节参考点和在失效与紧急情况下进行干涉。在复杂环境下紧急事件高发,一旦人控制器出现故障,人机系统将不能正常运行,造成任务失败。

3　科学问题研究进展

人机智能协同与效能提升涉及整个人机系统领域,因此它是一个多学科交叉的科学问题,它涉及生理学、心理学、行为科学、认知科学、人类工程学、控制论、信息论、系统论、决策科学、知识工程和计算机科学等学科。该科学问题的解决需要多学科的技术支撑和理论考量,该科学问题的解决也能在多学科领域产生牵引作用。该科学问题面临的两大技术问题是人与计算机交互的问题、人与自动化的关系问题。

人与计算机交互的主要研究内容包含人与计算机功能(任务)分配问题、人与计算机通信问题和人与计算机决策问题。至今已为控制系统的设计问题提出了几种操作人员决策和解题的模型,但大部分都是概念模型,并且有人认为操作人员监控时的信息预测功能不可能建立精确的模型,而且人机交互接口的设计只能借助详细研究和表达系统的控制要求、决策内容和问题空间、有效决策的全部功能和局限来进行。此外,有人提出一种方法是利用操作人员的功能模型(OFM)来描述复杂动态系统监控时人与计算机的交互作用。从这一点来看,管理控制的描述还需要大量的研究工作,目前的研究范式在实际问题中的解决方式是借助于现有的概念模型结合实际操作进行实验室评价。目前以下几个研究方向有望在该科学问题上取得进展。

3.1　着眼于人控制器建模的人机计算组织自适应框架

大型复杂人机组织是开放、动态和难控网络环境下的分布式人机系统的一种抽象,建立能感知外部环境的动态变化,并随着这种变化按照功能指标、性能指标或可靠性指标等进行静态(离线)的调整和动态(在线)的演化机制,并描述自主性、协同性、反应性、演化性和多目标特性等多种复杂特性。在分析大型复杂人机系统结构和过程的基础上,应用计算组织理论研究大型复杂人机组织建模分析方法。首先，建立人机系统的组织要素统一模型，重点研究组织要素，特别是人的自治、决策和计划机制。其次，研究复杂人机系统计算组织的描述、建模方法。重点研究管理、控制、协同、竞争和博弈的交互关系建模方法。研究大型复杂人机系统的组织效能的测度评估方法，重点研究组织使命、环境或内部参数非预期变化情况下的组织效能测度分析方法。由于在人机协同系统中计算机较容易通过控制模型表达，而人控制器作为人机协同系统中数学机理模糊的一方，应进行重点研究。

3.2　考虑人机协同预见补偿控制的认知决策过程研究

预见控制理论是控制领域最优跟踪控制问题新的出发点，利用人对目标信号的预见能力，进行人机最优预见跟踪控制，跟踪误差减小，控制输入平滑性得到改善，在飞行器人机系统中的品质评价得到提高，预见信息的引入被证实能有效补偿驾驶员的操纵时延和自身干扰。但是，现有的飞行员补偿控制模型大多基于人体的神经肌肉反应时延 $0.5 \sim 1s$ 来进行响应常数的设置，在操作端能一定程度上仿真人机交互时飞行员接收信息后的反应，但是对飞行员的操作正确性和操作类型难以进行预见性判读，因此，研究人机协同认知决策过程的预见性补偿模型和方法对复杂环境下飞行器人机协同的可靠性和安全性有着重要的现实意义。

3.3　多约束条件下具有临界控制流的人机系统稳定性

现实中的系统不论其自动化程度多高，在实际的操作中都要有人的参与，所以在工程系统的设计中，操作错误总是被作为一个重要因素来考虑。人机系统的可靠性可以作为人机协同效能提升机制评价的一项重要指标，有学者以人机系统修复时间为出发点研究系统的能力冗余度。在复杂环境下的人机协同过程中人机系统中的控制流和信息流对人机双方来说有能力上的限制，这就导致人机系统中的控制流的阈限对人机系统的效能有所影响。从现有的研究来看，个别系统中该关系符合指数分布。研究人机协同过程中的临界控制流和系统可靠性、稳定性的定量关系就成了明晰人机协同和效能提升机制的重点方向。

3.4　不确定条件下过程效能传播机制仿真分析

大型复杂人机系统的过程模型需要描述人、技术过程、环境等引起的大量不确定性和模糊性。从分析的角度看，仿真方法一般要解决大量不确定性和众多设计选择导致的大尺度实验空间引起的巨大计算量问题。解决这一问题一般需要综合采用以下三种方法中的一种或多种。一种是仿真实验设计方法，另一种是仿真元建模方法，第三种是统计采样仿真实验设计方法。根据经典的实验设计理论,通过析因、优选和灵敏度分析等技术对实验空间进行大幅度地缩减。仿真元建模方法基于一定量的实验样本数据,采用统计学习技术建立复杂人机系统过程模型的元模型,即二次模型,然后基于该元模型进行过程分析,实现过程效能的评估与寻优,典型的仿真元模型如多项式、径向基、克里金、贝叶斯网络、神经网络等统计采样方法用于处理过程模型中的随机因素的随机性覆盖问题,常用的采样方法如蒙特卡罗、拉丁方、分层采样、重要度采样、极值采样等方法。

主要参考文献

[1] 钱学森.一个科学新领域——开放的复杂巨系统及其方法论[J].上海理工大学学报,2011,33(6):7.

[2] 程洪,黄瑞,邱静,等.人机智能技术及系统研究进展综述[J].智能系统学报,2020,15(2):13.

[3] 薛红军,庞俊锋,栾义春,等.驾驶舱飞行员认知行为一体化仿真建模[J].计算机工程与应用,2013,49(23):70-266.

[4] TOICHOA E A,MOHAMMED W M,MARTINEZ L J L. Emotion-Driven Analysis and Control of Human-Robot Interactions in Collaborative Applications [J]. Sensors,2021,21(14):4626.

[5] PRINZEL Ⅲ L J,FREEMAN F G,SCERBO M W,et al. Effects of a psychophysiological system for adaptive automation on performance,workload,and the event-related potential P300 component [J]. Human Factors,2003,45(4): 601-614.

[6] CACCAVALE R,CACACE J,FIORE M,et al. Attentional Supervision of Human-Robot Collaborative Plans[C]. RoMan:Proceedings of the RoMan,2016.

[7] FREEMAN F G,MIKULKA P J,SCERBO M W,et al. An evaluation of an adaptive automation system using a cognitive vigilance task [J]. Biological Psychology,2004,67(3): 283-97.

[8] ABBASS H A. Social Integration of Artificial Intelligence:Functions,Automation Allocation Logic and Human-Autonomy Trust [J]. Cognitive Computation, 2019, 11 (2): 159-171.

[9] ZHENG N N. Hybrid-augmented intelligence:collaboration and cognition [J]. 信息与电子工程前沿(英文版),2017,18(2): 153-179.

[10] YANG C,ZHU Y,CHEN Y. A Review of Human-Machine Cooperation in the Robotics Domain [J]. Ieee Transactions on Human-Machine Systems,2022,52(1):12-25.

撰稿人:薛红军(西北工业大学)

飞行机组人因差错风险评估与控制理论

Flight crew error risk assessment and control theory

1　科学问题概述

随着科技进步,技术系统和设备的可靠性和安全性日益提高,航空安全越来越多地取决于人的可靠性,人逐渐成为航空运输事故的主要肇事者。根据国际民航组织(International Civil Aviation Organization, ICAO)的统计,以人因差错(human error)作为事故致因或影响因素的民航事故已经占到总飞行事故数的75%左右。这其中,作为事故致因或影响因素的飞行机组差错又占所有人因差错(包括维修人员、空管人员、地面人员等)的70%以上。因此,为保证和提高民航运输安全,必须重视并控制飞行机组差错带来的风险。

需要强调的是,即使机组人员受过良好的训练、经验丰富、得到充分的休息,使用的系统也设计良好,他们还是可能会犯错误,这是由人类本身的易变性和不稳定性导致的。因此,对于在驾驶舱中安装的供飞行员使用的设备,除了良好的防差错设计,对其运行中可以合理预期的人因差错,应该提供某种方法或手段,使机组人员能够管理机组与设备交互过程中产生的各种差错,不至于产生严重的后果。然而,在飞行机组人因差错风险评估与控制方面,目前还缺少系统的理论指导和实用的定量分析方法。

2　科学问题背景

随着我国商用大飞机的立项,适航符合性验证成为我国自主研制的大飞机投入商业运行必须跨过的一道坎。在众多适航条款中,人因相关的适航条款往往最具挑战性。针对居高不下的与人因差错相关的民用飞机事故率,欧洲航空安全局(EASA)和美国联邦航空管理局(FAA)先后增补了CS/FAR 25.1302条款。该条款首次从适航角度就如何减少由设计导致的机组差错,使机组能够及时发现并管理发生的人因差错,提出了系统性的设计要求。自此条款发布以来,只有空中客车公司"的A350"机型进行了该条款的符合性验证。由于我国在人因相关条款的符合性验证方面经验不足,如何在设计中贯彻此条款的要求,并进行符合性验证将面临巨大挑战。如果不能克服这一挑战,将限制我国民用飞机在国际航空市场上的准入资格。

在理论与方法上,与核电、化工等领域已经形成相对完善的人因可靠性定量分析理论与方法不同,航空业还处于关注防差错设计和人因差错的定性分析阶段。但是,如果不能像软硬件可靠性领域一样建立一套完整的理论和方法,防差错设计和人因可靠性定性分析的结果就会难以在设计实践中落实,尤其是当面临设计权衡时,难以认定是否充分控制了机组差错的风险。此外,航空运输是一个复杂的社会技术系统,为了充分评估控制整个系统的风险,仅仅考虑技术系统的可靠性是不够的,必须将人因差错风险综合起来考虑,形成完整的概率风险评估框架。

3　科学问题研究进展

进行飞行机组人因差错风险的评估与控制,有 5 个科学问题需要解决,即航空事故发展演化模型、人因差错概率(频率)评估、不确定性分析及在模型中的传播、人因差错风险评估数据获取,以及人因差错风险控制措施的有效性评估。其中,人因差错概率(频率)的评估一般通过人因可靠性分析方法实现。针对这几个问题,目前都已取得了一定的研究成果。

3.1　复杂人-机-环交互事故模型

事故模型是理解事故发生的原因、量化事故发生概率的大小、评价事故后果严重性,并进而采取风险降低与控制措施的总体指导。经过各领域多年的发展,目前已经提出了多种事故模型。这些事故模型根据其主要特点,可以分为序列事故模型或基于事件的事故模型(如多米诺理论)、能量与安全屏障模型、流行病学事故模型和系统事故模型。序列事故模型或基于事件的事故模型是大多数事故分析方法的基础,例如失效模式和影响分析(FMEA)、故障树分析(FTA)、事件树分析(ETA)和因果分析,但无法解释复杂的交互作用。能量与安全屏障模型对实际安全管理工作有着重大影响,但是对事故致因的解释能力有限。流行病学事故模型,如里森(Reason)著名的瑞士奶酪模型,将事件到事故发生的这一过程类比成疾病传播,即事故是一系列因素组合的结果,这些因素是同时存在于一定的时间和空间的显性或隐性因素。以系统理论和控制论为基础的系统事故模型把系统看作一个整体,试图从整体的水平描述绩效的特征,而不是具体的因果机制或流行病因素水平。基于系统理论,系统事故模型将事故看作是系统组件间交互作用引起的突发事件,这些交互可能是非线性的并且包含多个反馈循环。重要的系统事故模型包括 Rasmussen 的层次社会技术框架、Leveson 的系统理论事故模型和流程(Systems-Theoretic Accident Model and Processes,STAMP)、Hollnagel 的功能共振分析方法(Functional Resonance Analysis Method,FRAM)。

航空运输作为一个社会技术系统日趋复杂,系统中的不同组件之间存在着紧密的耦合,并且系统往往在一定的时间压力或存在其他资源限制的情况下运行。在航空运输系统中,事故的发生通常是一些小的故障相结合,经过一定时间的发展最终演化而成,其中飞行机组人因差错是最重要的致因或影响因素。在执行飞行任务时,飞行员行为除了由自身认知和经验决定外,还受到公司安全文化、飞机状态、飞行环境等外在因素的复杂影响。然而,当前还缺少能够将人-机-环复杂交互作用涵盖在内,将人因差错与系统故障结合考虑的航空事故模型。

3.2 人因差错概率(频率)评估

人因差错概率(频率)的评估工作一般称为人因可靠性分析(Human Reliability Analysis,HRA),自从著名的人因失误率预测技术(Technique for Human Error Rate Prediction,THERP)提出以来,人因可靠性分析技术已经开发出了三代。

受制于心理学、认知科学和计算机科学的发展水平,第一代 HRA 方法对人的处理方式类似于对机器的处理,在人因差错机理分析和认知过程建模等方面普遍存在一些不足,它们着重利用结构化建模和数学计算等方式追求"精确"的分析结果。但由于第一代 HRA 方法是直接从传统的风险分析衍生出来的,风险分析人员非常易于理解,所以这些方法已经得到了广泛的应用。

第二代 HRA 方法可以强调从人的认知模型解释人因差错的发生过程,并强调情境因素的影响,即在分析过程中建立人的认知过程模型,着重研究人在应急情境下的动态认知过程。其核心思想是将人放在事故情景环境中去探究人的失误机理,而不是采取割裂的分解赋值方式。但第二代 HRA 方法要求分析人员具有一定的心理学知识,且不能轻易地融合到标准风险分析方法当中。此外,没有任何一个第二代 HRA 方法完全建立与情境特征相关的差错底层致因机制模型。

随着计算机技术的发展,基于仿真的动态可靠性分析方法越来越受到关注,一般将其称为第三代 HRA 方法。传统的第一代和第二代 HRA 方法均以操作事件的静态任务分析作为绩效建模的基础,依靠实证和专家判断得来的数据进行绩效估计。而基于仿真的第三代 HRA 方法是一个动态建模系统,利用虚拟场景、虚拟环境以及虚拟人来模拟实际环境中人的绩效,可以研究人的认知和行为响应随时间的动态变化。但基于仿真的 HRA 方法还面临许多挑战,如场景动态性的描述、认知的模糊性、人因失效事件分解的层次问题等。

人因差错概率(频率)评估中需要解决的一个关键难点是情境特征与人因差错之间复杂的依赖关系模型与量化评估。情境特征对人因差错的识别、人因差错概率的估计具有重要影响,这种影响是复杂的,包括直接影响和间接影响、主效应显著和群效应显著,以及交互效应等。目前已有的 HRA 方法都对情境因素与人因差错之间的这种复杂依赖关系进行了不同程度的简化,甚至假设情境因素彼此独立,这显然是不符合实际的。未来的 HRA 方法需要建立充分的依赖性评估模型,包括人因差错与情境因素之间,以及连续人因失效事件之间的依赖性。

3.3　不确定性分析及在模型中的传播

HRA 中的不确定性包括物理过程本身的不确定性,也包括知识和认知中的不确定性。不确定性对 HRA 结果的理解和使用具有重要影响。为提高 HRA 结果对决策支持的作用,需要充分降低 HRA 结果的不确定性。为此,需要分析所应用的 HRA 模型、数据、实施过程和评估结果中不确定性的可能来源,以及减少这些不确定性的一些方法和措施,并采取适当的方法,合理表征这些不确定性,避免不同形式的不确定性表征之间相互转换时的信息损失,并计算整个评估过程中不确定性的传递情况,把握结果的不确定性。

进行飞行机组人因差错风险评估与控制的目的是支持设计、运行和管理决策,而风险本身就是一种不确定性。然而,目前大多数人因可靠性分析方法只简单给出了人因差错概率的点估计,或给出一个区间,缺少对数据和模型中的不确定性的来源、形式与传播的深入分析。近些年来,不确定性在 HRA 研究中逐渐受到重视。贝叶斯网络的概率因果框架特别适合描述人因可靠性分析数据中的不确定性及其在模型中的传播,结合其他优势,成为当前 HRA 研究最热门的方法。模糊集合由于其非常适用于表述不确定、不清晰、模棱两可,在 HRA 研究中也受到重视。Baraldi,Librizzi 和 Zio 等为模糊人因可靠性分析方法提出了两种不确定性和敏感性分析技术。Baraldi 等比较了贝叶斯网络与模糊专家系统对不确定性的表示与处理,并建议当所有输入变量的不确定性可量化时(即当可以用概率分布来描述输入参数的不确定性时),优先选用贝叶斯网络方法,可以很好地表征不确定性,结果可以直接用于概率安全分析;另一方面,当知识非常有限时,通过概率分布来描述不确定性受到限制,在这些情况下,模糊专家系统可以更透明地表示输入和输出的不确定性。

3.4　人因差错风险评估数据获取与处理

人因可靠性分析方法的发展和验证的一个主要瓶颈就是相关数据的缺乏。由于数据缺乏,目前已有的 HRA 方法全都严重依赖专家意见提取获得的数据,这使得无论多么复杂精巧的人因差错概率评估模型都显得不够客观、不够科学,缺乏说服力。克服这一问题有两个途径:一是利用实验室仿真和实验数,二是收集真实世界的运行数据。

许多学者尝试利用仿真手段进行 HRA 研究。Mosleh 和 Chang 提出了一个基于模型的 HRA 方法,该模型的核心是一个将各种直接/间接致因因素与操作者行为联系起来的认知因果模型,并开发了一个计算机仿真程序。Prasad 和 Gaikwad 尝试将核电站控制室模拟器数据与确定性分析结合,分别对控制室操作员基于知识、规则和技能的行为进行了人因可靠性分析。Musharraf 等将海上石油平台应急撤离虚拟仿真试验数据作为基于贝叶斯网络的 HRA 方法的输入,但是他们的贝叶斯网络模型过于简单。傅山等基于蒙特卡洛仿真建立了计算飞行员模型,结合模式识别方法,提出了一种利用仿真快速收集数据、量化人因变量的方法。但是,将仿真和实验数据用于人因可靠性分析存在一个难以回答的问题,即仿真/实验场景与真实场景的逼真度/相似度问题,这直接决定了所收集数据的可用性。

在真实运行数据的收集方面,许多行业已经建立了多个数据库。在核电领域甚至专门开发了一些用于人因可靠性分析的数据库,如美国核管理委员会(NRC)开发的核电计算机化的反应堆可靠性评估库(NUCLARR)、伯明翰大学开发的计算机化操作员可靠性和差错数据库(CORE-DATA)、美国核管理委员会(NRC)和爱达荷国家实验室开发的 HERA 数据库等。民用航空领域也建立了多个数据库,包括美国国家航空航天局(NASA)开发的航空安全报告系统数据库(Aviation Safety Reporting System database,ASRS)、IATA 地面处理委员会和都柏林大学三一学院的航空航天心理学研究小组合作建立的 IRAD(International Ramp Accident Database)、美国国家运输安全委员会航空数据库、非营利航空安全网等。与核电领域不同,航空领域的数据库只是对航空事故/事件调查报告或自愿报告的收集,一般不能直接用于人因可靠性分析。将真实世界运行数据用于 HRA 面临三个挑战:①数据库一般都是针对事故/事件数据而建立,不包含安全运行的数据,无法转化为绝对概率数据;②由于几乎不会有两个事故场景完全相同,收集到的数据很可能不具有统计学意义;③事故数据的结构和形式与人因差错评估模型往往不一致,如何将历史数据转化为 HRA 模型需要的输入数据需要进一步研究。

3.5　人因差错风险控制措施及有效性评估

人因差错风险的预防与控制是以事故模型为理论指导。目前,在风险评估与管理领域作为风险控制措施设计和有效性评估的最主要理论指导是能量与安全屏障模型和序列事故模型,如保护层分析方法(Layer of Protection Analysis,LOPA)、安全屏障与运营风险分析(Barrier and Operation Risk Analysis,BORA)和工业事故风险评估方法(Accidental Risk Assessment Methodology for Industries,ARAMIS)。人因差错风险控制措施的有效性评估工作中需要解决的难点问题是人因与组织相关安全措施的有效性评估方法。在 LOPA、ARAMIS 等风险评估方法中,针对主动安全屏障、被动安全屏障、安全仪表系统等技术系统安全措施都有经过验证的有效性评估手段,国际电工委员会(International Electrotechnical Commission,IEC)等国际组织也发布了相关标准。但是,关于组织与人员相关的安全措施,目前尚没有一致认可的有效性评估方法。与技术相关安全屏障不同,人因与组织相关的安全措施往往能够在事故过程中的多个环节发挥作用,且具有很大的差异性和不确定性。为此,需要基于适当的航空事故模型,结合人因差错的发生机理,研究人因与组织相关安全措施的有效性评估方法。

3.6　总结与展望

飞行机组人因差错风险评估与控制理论所涉及的 5 个科学问题中存在以下难点,是未来的重点研究方向:

(1)航空人因差错、系统故障、恶劣环境之间存在着复杂的交互作用和相互耦合,单一的因素都不会导致事故的发生,如何使复杂人-机-环交互事故模型既能准确解释事故演化机制,又能切实指导航空安全实践具有挑战性。

(2)人因差错概率(频率)评估的难点在于人机交互过程的动态性和人的易变性。人机交互活动不是简单的、渐进的,而是强迭代的,包含反馈、恢复和与其他机组的交流,而由于人的易变性,机组解决问题的风格和策略随时可变,因此需要动态的 HRA 方法,并能模拟情境特征与人因差错之间复杂的依赖关系。

(3)由于数据缺乏,HRA 严重依赖专家意见,但专家意见往往是模糊的、不确定的,甚至是不完整的,需要利用各种不确定理论,有效处理来自专家判断的不确定性,建立可追溯、透明的 HRA 方法来利用专家的经验和知识,并能同时处理知识不确定性和随机不确定性。

(4)通过模拟器仿真试验收集 HRA 数据所面临的重要挑战是场景的代表性局限和数据的可推广性。仿真试验难以呈现真实场景,尤其是需要应急响应的场景,在对真实场景进行人因差错风险评估时,如何应用于 HRA 需要深入研究。

(5)人因与组织因素相关安全措施的有效性是风险控制工作中的难点,人因与组织安全措施效用的全面性、差异性与不确定性需要大量的理论与实证研究支持。

主要参考文献

[1] FAA. Installed Systems and Equipment for Use by theFlightcrew[S]. Washington,D. C. : Federal Aviation Administration,2013.

[2] SWAIN A,GUTTMAN H. Handbook of Human Reliability Analysis with Emphasis on Nuclear Power Plant Applications [R]. Washington,D. C. :U. S. Nuclear Regulatory Commission Office of Nuclear Regulatory Research,1983.

[3] HOLLNAGEL E. Cognitive reliability and human error analysis method:CREAM[M]. New York:Elsevier Science,1998.

[4] CHANG Y H J,MOSLEH A. Cognitive modeling and dynamic probabilistic simulation of operating crew response to complex system accidents:Part 1:Overview of the IDAC Model [J]. Reliability Engineering & System Safety,2007,92(8):997-1013.

[5] TRUCCO P,LEVA M C. A probabilistic cognitive simulator for HRA studies (PROCOS)

[J]. Reliability Engineering & System Safety,2007,92(8):1117-1130.

[6] RANGRA S,SALLAK M,SCHON W,et al. A Graphical Model Based on Performance Shaping Factors for Assessing Human Reliability [J]. IEEE Transactions on Reliability,2017, PP(99):1-24.

[7] WANG L,WANG Y,CHEN Y,et al. Performance shaping factors dependence assessment through moderating and mediating effect analysis [J]. Reliability Engineering & System Safety,2020,202:107034. 1-107034. 10.

[8] KIM Y,PARK J,JUNG W,et al. A statistical approach to estimating effects of performance shaping factors on human error probabilities of soft controls [J]. Reliability Engineering & System Safety,2015,142:378-387.

[9] DE CARVALHO P V R. The use of Functional Resonance Analysis Method (FRAM) in a mid-air collision to understand some characteristics of the air traffic management system resilience[J]. Reliability Engineering & System Safety,2011,96(11):1482-1498.

[10] BARALDI P,PODOFILLINI L,MKRTCHYAN L,et al. Comparing the treatment of uncertainty in Bayesian networks and fuzzy expert systems used for a human reliability analysis application[J]. Reliability Engineering & System Safety,2015,138:176-193.

撰稿人:董大勇(中国商用飞机有限责任公司上海飞机设计研究院)

飞行员心理生理状态对任务绩效与飞行安全影响机制研究

Study on influence mechanism of pilots' psychophysiological state on mission performance and flight safety

1 科学问题概述

飞行员生理心理状态对飞行任务绩效和飞行安全具有重要影响。飞行员保持良好的生理心理状态,是提高飞行任务绩效和保障飞行安全的主要措施。尤其是在复杂的战场环境下,突发情况来临时,飞行员的生理心理状态会产生不同程度的变化,导致其行为和处理问题能力出现一定差异,必然会对飞行任务绩效和飞行安全产生较大影响。因此,如何对飞行员生理心理状态进行快速采集和实时评估;探寻飞行员生理心理状态变化与飞行任务绩效和飞行安全之间的对应规律;建立在复杂环境条件下,保持飞行员良好生理心理状态的方法和措施,以达到提高飞行任务绩效和保障飞行安全的目的,是当前航空领域需要解决的重要问题。

从飞机诞生以来,大多数飞机事故和事故征候与人为因素相关联。美国飞机制造企业麦克唐纳·道格拉斯公司对1958—1995年期间发生的786起商业飞行事故进行调查后发现,飞行员失误、极端天气和起落架故障在事故原因中排名前三。其中,59%的飞行事故是由于飞行员不能有效辨别空中状况并采取有效措施造成的。在中国民航1987—1996年发生的航空飞行事故中,50.98%是由于机组不能及时有效处理险情造成的。而飞行员心理生理状态的好坏与飞行操纵的可靠程度有密切关系。

随着航空技术的不断发展,总的飞行事故率和机械原因造成的事故比率有下降趋势,而人的因素导致的飞机事故率则有上升趋势。人为因素在飞机事故中的发展趋势见表1。

飞机事故中人的因素发展趋势 表1

年份(年)	事故率(%)	人的因素(%)	机械因素(%)
1950	33.2	40	60
1960	6.7	50	50
1970	3.0	60	40
1980	2.3	70	30
1990	1.6	80	20

目前,通过调整飞行员生理心理状态,提高飞行任务绩效和保障飞行安全,需突破以下技术瓶颈:①飞行员生理心理状态对飞行安全和任务绩效的影响机理尚不清晰。②飞行员生理心理状态变化受诸多因素影响,飞行过程中尤其是突发状况下飞行员的生理心理状态数据采集困难。③飞行员的生理心理状态需要持续监测跟踪,通过生理心理状态评估飞行任务绩效和飞行安全比较困难。

因此,需开展飞行员生理心理状态对任务绩效和飞行安全的影响机制研究,从而减少飞行事故中人的因素,提高飞行任务绩效。具体包括:开展飞行员生理心理状态对飞行安全和绩效的影响机理研究、飞行员生理心理状态在线检测和实时评估技术研究、飞行员心理状态追踪调查、飞行员心理品质表征方法研究、飞行员工效学建模技术研究。

2 科学问题背景

飞行任务绩效和飞行安全依赖于"人、机、环境"三种要素的相互作用与密切配合,其主要包括三方面的影响因素:人为因素、飞机因素、飞行环境因素。随着航空领域技术发展的日新月异,人的因素在整个飞行过程中发挥的作用日益凸显。作为一个特殊的职业群体,飞行员在三维空间的特殊环境中工作,在高空、高速、高负荷等激烈变化中实施操作,除需要了解设备性能,熟练掌握技术操作,严格遵守规章制度外,更需要具备良好的身心素质与应变能力。因此,研究飞行员生理心理状态对飞行任务绩效和飞行安全的影响机制,建立飞行员生理心理状态检测评估方法、生理心理状态监测数据管理系统、飞行员心理品质表征方法研究、飞行员工效学建模技术,对有效提升飞行任务绩效和飞行安全具有十分重要意义。

20 世纪 70 年代初期,民用航空中的人为因素问题引起了国际航空运输协会(International Air Transport Association,IATA)的关注,为此组建了人为因素委员会。1979 年美国飞行安全委员会首次提出了驾驶舱资源管理(CRM)概念,主要是针对飞行机组的,后来更名为机组资源管理。CRM 是指机组能够充分、合理地利用一切可以利用的资源来对飞行进行管理,从而达到安全、有效的飞行目的。CRM 的对象包括人、机、环境和软件(如与飞行有关的文件资料)等四个方面及其相互关系,主要是通过减少或管理机组人员出差错的概率来改善飞行安全的一种人为因素研究方法。自 1972 年爱德华教授首次提出了著名的人为因素研究模型——SHEL 模型以来,有关航空人为因素的研究就一直不断地在向前发展。1990 年,James Reason 教授出版了第一部关于人为差错的著作《Human Error》,系统地讲述了人为差错的特点,提出了典型的人的过失及差错的预防方法。在 SHEL 模型、Reason 模型基础上,民用航空发达国家相继开发了一些人为因素研究分析系统,如美国波音公司提出的维修失误决断方法(Maintenance Error Decision Aid,MEDA)、人为因素分析与分类系统(Human Factors Analysis and Classification System,HFACS)等。国际民用航空组织又有许多新的举措,包括要求提供人为因素方面的训练、延长了航空安全和人为因素计划、针对航行中的人为失误继续采取措施、研究跨文化问题对飞行安全的影响、努力改善人机交互界面等。国际民用航空组织在国际民用航空公约附件《人员执照的颁发》《航空器的运行》《航空器事故调查》中均增加了关于人为因素的条款,同时也编发了相应的指导文件,并于 1998 年编辑出版了《基于人为因素的民航飞行安全评估研究训练手册》,指导各成员国开展人为因素方面的培训。目前,人为因素已纳入了国际航空运行标准之中,并以公约条款的形式确定了其重要性,要求每个缔约国遵守并执行。

人为差错往往会在同等条件或不同条件下重复出现,有同因共果、异因共果等复杂表现。主要原因就是人的行为能力与外界需求不匹配,或不能匹配外界环境的需求。人的差错或失误不能从根本上消除,但可以通过一定的手段或措施来降低差错的发生概率。飞行职业是个特殊的职业,由于工作环境的特殊性,飞行员的每次飞行面临着诸多的内外界的考验,这些独特性和特殊性体现在飞行员主体的很多方面,如:生理、心理、情绪上等。

因此,若不能深入了解飞行员生理心理状态对飞行任务绩效和飞行安全的综合影响效果和飞行应激条件下飞行员的行为模式,并有针对性地形成飞行员生理心理参数维护策略和措施,制定基于飞行员心理状态评估的任务绩效与飞行安全预警机制,则无论飞机座舱设计如何改进,都无法消除由于飞行员生理心理状态变化带来的飞行任务绩效下降和飞行安全风险,尤其是军用飞机飞行员在作战条件下,更容易造成飞行任务失败和飞行事故,付出生命的代价。

综上所述,开展飞行员心理生理状态对任务绩效与飞行安全的影响机制研究,能提高飞机尤其是军用飞机的飞行任务绩效和飞行安全,具有重要的军事、经济和社会意义。

3　科学问题研究进展

目前,人的因素会对飞行任务绩效和飞行安全造成重要影响,已经成为航空研究领域的共识。航空人因工程是多学科交叉融合技术,在该研究领域,国内外在不同维度(安全绩效评估、心理生理监测、心理健康调查与评估、人体建模技术等)开展了相关研究,取得了一系列研究成果。

在安全绩效评估领域,国内外学者取得了诸多成就和创新,为其发展奠定了坚实基础。张朋鹏创造性地将组织事故管理思维与安全绩效相结合,提出航空公司安全绩效指标体系,通过结果性指标和过程性指标综合反映公司安全水平;Katy 等引入心理学测量理论,通过分析飞行操作质量的五个维度介绍了飞行员多维操纵质量评价量表;姬鸣提出航线驾驶行为规范性理念,筛选驾驶技术性和非技术性技能组成多维效标测量工具;季雪祯采用灰色原理初步设计开发了航空公司运行控制安全绩效评估模型。

国内外用于心理评估的生理信号主要有心电信号(Electrocardiography,ECG)、呼吸信号(Respiration,RSP)、血容量搏动(Blood Volume Pulse,BVP)、皮电信号(Skin Conductivity,SC)、肌电信号(Electromyography,EMG)、脑电信号(Electroencephalography,EEG)和指温(Skin Temperature,SKT)、皮肤电导(Galvanic skin Response,GSR)、体温(Body Temperature,BT)等。美国麻省理工学院(MIT)对于心理方面的相关研究开展较早,其研究成果在该领域较为权威。Picard 教授带领的团队连续 20 天对同一名被测试者进行快乐、悲伤、愤怒、惊讶、恐惧、厌恶 6 种情绪进行诱发,同时采集情绪诱发后的生理信号,主要包括 EMG、RSP 等。随后,该团队基于生理信号计算了各生理指标的标准差、均值、方差等 40 余种特征值,选择了序列浮动前向选择(Sequential Floating Forward Selection,SFFS)算法与 Fisher 投影(Fisher Projection,FP)算法相结合的方式进行特征选择和情感分类,识别率可达到 82.5%。Picard 团队率先探讨了生理信号与心理状态之间关联的可能性,为该领域的研究开了先河。Picard 团队致力于研发无线可穿戴设备用于生理信号的检测,检测结果可以反馈到手机客户端,以便用户实时做出调整。MIT 还将长期以来收集到的实验数据分类别建立了生理信号的数据库,为后续关于生理信号的研究和应用做出了巨大的贡献。兰州大学赵文等以 7 个压力群体代表和 4 个正常群体代表为研究对象,采集比对其 EEG,并结合心理评估量表对结果进行分析。实验结果表明,正常组 EEG 中 alpha 波节律偏大,而 theta 波节律则明显偏小。东南大学无线电工程系的赵力教授致力于语音情绪识别方向的研究,他选用了主元分析的方法,创新地提出了将 MMD 算法用于心理状态特征识别的思路,并基于此算法成功对快乐、悲伤、愤怒、惊讶 4 种情绪进行了分类,最高识别率可达

80%。德国奥格斯堡大学 Jonghwa Kim 等将情感识别算法应用于娱乐领域，设计了一款以情感交互为基础的电子宠物，该程序能够通过外接传感器检测用户 ECG、EMG、RPS 等生理信号，判断其情绪状态后反馈到处理器，指挥电子宠物做出相应的行为动作愉悦用户。美国 Nasoz 团队在实验环境下诱导被测试者生气、悲伤、害怕、惊讶、挫败等多种情绪，并采集 GSR、BT、ECG 等生理信号，对其进行情绪识别算法、情感分类算法、非入侵式检测技术等方面的研究。将情感识别技术应用于驾驶安全方面，其设计的系统能够对驾驶员 ECG 和 BT 等生理信号进行监测，结合驾驶员之前录入的年龄、性别、性格等自然状况，给以对应的判断和建议，在一定程度上实现了驾驶过程中的人车交互，增强了驾驶的安全性，其算法识别率分别为 65.33% 和 82.6%。希腊约阿尼娜大学的 Christos D Katsis 团队建立了生理情感状态综合评估远程医疗平台。该平台应用了 SVM 技术，可对使用者 EMG、RSP 和 ECG 进行采集，实现对高压、放松、抑郁、沉醉以及平静 5 种情感的分类，识别率可达 86.0%。哈尔滨工业大学王笛等通过采集心电、脉搏、皮电生理参数，基于 DS 证据理论与 SVM 相结合的心理状态评估方法，实现了心理压力的有效评估，该方法分类平均正确率可达 87.99%。但其仅选取了有代表性的三个生理参数，对心理压力做了初步的分级研究，且被试数量较少，不具有实用性。

心理健康的调查是一项基础性、长期性的工作，我国已于 2019 年和 2021 年分别发布了两份《中国国民心理健康发展报告》，并且此项工作会持续进行，定期进行国民心理健康调查。此项调查研究对了解中国人心理状况的变化具有非常重要的意义。王玉璐等对某基层部队的官兵，采用问卷和量表的方法，开展了心理健康调查。邱兴旺等通过文献计量学和可视化分析法对中国知网平台 2015—2020 年所有军人心理健康相关文献进行了数理统计、图谱绘制和讨论分析，结果获取具有研究价值文献共 514 篇。经可视化分析发现，近年来关于中国军人心理健康的研究逐年下降至历史低点。研究机构和人员主要以军队单位特别是三所军医大学为主，跨军地、跨机构、跨地域的学术合作相对较少。研究主题基本围绕"心理健康"展开，研究工具一般是症状自评量表(SCL-90)，研究对象主要包括新兵、高原官兵、飞行员等特殊群体，研究时间集中分布在集训期、军事演习期、疗养期等重要时期。虽然无论民用航空飞行员还是军用飞机飞行员，在招飞的过程中都进行了心理状态检查，但据美国联邦航空管理局人员的看法，招飞时的心理状态检查并不能替代日常的心理状态监测与追踪。

心理表征以认知心理学为理论基础。研究人的语言、意识、知觉、思维、期望、记忆、问题解决、创造性及其他心理活动的过程，特别是思维过程和认识过程。该理论强调思维是内部的、不可见的、是认知的而不是行为的。但是，思维又可以在外部进行，这需要借助一个工具，称为"译本"，也被叫作表征，它存在于个体的大脑中，改变了人们对人类思维的理解。飞行员心理品质对飞行安全和飞行任务绩效有着非常关键的影响，如何将飞行员内在的、隐性化的心理品质,由可测试的、外显化的生理心理指标来测试与评估,对于研究飞行员的飞行安全和任务绩效具有重要的意义。孙景泰等在传统心理学追踪观察法的基础上,结合国内外有关资料及对飞行员的实际调查,制定出了飞行员的飞行能力评定标准。对 55 名男性飞行员的 11 项心理学指标进行评定,最终筛选出对飞行员心理品质影响最大的动作协调性、飞行意志、注意力分配、精力和胆量 5 项指标。刘晓利等采用文献研究、访谈调查、个案研究等方法,从认知、元认知、元情感等方面,对初中数学优秀生的心理表征进行了研究。近年来,随着生理参数对心理状态影响研究的深入,用生理参数来表征心理状态,也取得了很多研究成果。

人体建模技术的研究始于 20 世纪 60 年代末期,发展过程可以划分为 3 个阶段:实物模板阶段、计算机环境下二维人体模型、三维数字人体建模。数字化人体模型是由计算机生成的图视化显示的具有图像特征和真人特征的,能代替人在虚拟世界里完成特定任务的虚拟人体。它是集计算机仿真、计算机动画、人工智能、机器人等领域的先进技术于一体的科技技术。一个完善的人体模型需要包含许多表达人体运动、生理和行为的模型,如人体几何模型、人体运动学模型以及人体生理、心理疲劳模型等。国内许多高校和研究机构,都对人体建模技术进行了研究。北京航空航天大学研究了驾驶员操作域的计算机辅助判定方法,提出了一种驾驶员手臂的运动模型,用该模型进行了驾驶员操作域的计算机辅助判定,使其人机工效达到了最佳效果。北京航空航天大学采用 多摄像机跟踪固定在人体上的标记点的光学测量方法,把空间坐标转换成关节角度,驱动三维人体模型进行作业活动,并应用到救援人员的操作作业仿真过程中,取得了良好的效果。武汉职业技术学院运用面向对象技术将人体划分为骨骼类、关节类,按人体结构层次建立了人体多刚体模型。人体模型各关节的活动均可控制,可以根据人体运动方程和碰撞检测结果,完成站立、坐下、下蹲、射击等基本动作。2010 年,魏高峰等在研究了人体骨肌系统与运动和力相关的动力学问题,在中国可视人项目冷冻切片数据集的基础上,通过计算机虚拟技术、力学建模及分析技术、有限元建模分析技术,建立了一个人体骨肌系统生物力学计算平台,构建了"中国力学虚拟人"。由国内人体建模技术研究发展分析来看,国内的人体建模研究集中在人体尺寸和生物力学建模方面,对心理行为建模则较少涉及。

根据目前的研究成果,人的因素对飞行任务绩效和飞行安全影响性相关研究的局限性主要体现在:

(1)针对人-飞机组成的复杂人机系统,现有研究涉及飞行安全绩效、飞行员生理状态监测、飞行员心理状态评估、基层部队军人心理健康调查等方面,但并未建立起人的生理心理状态与飞行安全、飞行任务绩效的直接关联,研究缺乏系统性,也缺乏由生理心理状态对飞行安全与飞行绩效进行预估的预测模型。

(2)现有生理心理参数测试仪器存在体积大、价格高、不便于携带、对被试人员操作有干扰等问题,不满足部队大样本心理生理数据采集和飞行员飞行期间实时心理生理数据采集的需要。

(3)飞行安全绩效采用事后事故分析的方法,心理状态评估多采用心理问卷调查的方法,评估过程复杂,主观性较强。

整体来说,虽然目前对飞行员心理生理状态监测以及飞行安全与绩效方面进行了一系列研究并取得了一定成果,但是随着飞行智能化技术的发展以及未来作战环境的变化,在复杂环境下飞行员生理心理状态对飞行安全和绩效的影响研究仍然存在以下难点需逐渐攻克:

3.1 飞行员生理心理状态对飞行安全和绩效的影响机理研究

由于飞行员心理生理状态是飞机操作界面、飞行环境、飞行任务复杂度等多因素复合作用的体现,其具有直接现实性、综合性、相对的稳定性和持续性、流动性和趋变性、情境性等特点,仅依靠主观的心理问卷调查和间断性的非飞行作业时期的生理心理数据采集与分析,无法说明飞行员生理心理状态对任务绩效和飞行安全的综合影响和影响程度。尤其是一些突发状况下飞行员的生理心理参数并未能记录下来,依据事后分析或主诉往往不能完全反映真实情况。

筛选对任务绩效和飞行安全具有较大影响的飞行员生理心理特异性指标,采集飞行员飞行任务期间、特定情境模拟任务期间的生理心理特异性指标数据,构建飞行员生理心理测试数据库,结合飞行任务和特定情境,研究飞行员生理心理参数变化与任务绩效和飞行安全之间的指标对应关系和综合影响规律,为开展应激条件下飞行员行为模式研究奠定了基础。

3.2 飞行员生理心理状态在线检测和实时评估技术研究

3.2.1 飞行员生理心理参数在线检测系统

采用对被试人员操作干扰较小的穿戴式生理参数检测设备结合非接触式面部表情分析系统,构建可以用于实验室环境、真实飞行环境、特殊情境模拟环境的多模态人体生理心理参数检测系统。该系统可以采集人体的心电、肌电、眼动、脑电、皮电等生理数据。

3.2.2 基于生理信号的实时飞行员心理状态评估方法

构建可同步获取脑电、心电、皮电、认知行为绩效、主观报告、语音、面部表情及行为等生理参数的检测系统,结合飞机不同岗位任务,采用机器深度学习的方法建立基于多模态生理参数的心理状态评估模型,利用大数据原理,不断扩大被试样本量,提高心理状态评估模型的精确度。

3.3　飞行员心理状态追踪调查

开展飞行员心理状态追踪调查,应用飞行员生理心理状态在线检测装置和实时评估系统,对飞行员日常生活中与心理状态相关的生理参数定期进行采集与管理,构建其日常心理状态评估数据库,并通过评估系统对飞行员焦虑、抑郁、压力等级进行初步筛查。

对初筛异常的被试人员,进行进一步的心理状态评估与检查,并对照其在执行飞行任务时的表现和被试自述,评估其心理状态。筛选能够表征抑郁、焦虑等严重威胁飞行安全的生理指标及其域限,制定任务绩效与飞行安全预警机制,并提出飞行员生理心理参数维护策略和措施。

3.4　飞行员心理品质表征方法研究

采用生理参数与心理访谈、个案研究相结合的方法,针对飞行员飞行任务特点,从众多的人体生理参数中筛选出能够表征飞行员心理品质的特异性指标,并研究各指标与飞行员心理品质的对应关系。

3.5　飞行员工效学建模技术研究

应用心理生理计算理论,在飞行员心理品质表征研究成果上,以飞行员心理状态追踪调查为基础数据,采用大数据分析技术,构建包括飞行员人体尺寸、生物力学特性、认知、行为等的工效学人体模型,为从理论上预测飞行员任务绩效和飞行安全提供技术支撑。

主要参考文献

[1] 王笛.基于生理信号的飞行员心理状态评估方法研究[D].哈尔滨:哈尔滨工业大学,2018.

[2] 赵麟.飞行员人为差错影响民航飞行安全研究[J].交通企业管理,2021,5:94-96.

[3] 赵宁.飞行员心理素质与飞行安全研究[D].天津:中国民航大学,2015.

[4] 蒋龙.多感知可穿戴设备在心理健康监测中的应用研究[D].成都:电子科技大学,2019.

[5] 王述运,刘剑超.舰载机飞行员心理应激水平评估系统研究[J].舰船电子工程,2021,41(5):126-129.

[6] 徐盛嘉,蒋伟东,赵凤雏,等.生理状态实时监测在军事中的应用研究[J].体育科技文献通报,2022,30(1):243-246.

[7] 王永刚,李选成.基于SEM的心智技能对飞行员安全绩效影响研究[J].安全与环境工程,2021,28(2):66-71.

［8］ 王玉璐,唐登华,孟天骄.基层部队军人心理健康调查［J］.心理月刊,2022,41（5）：29-31.

［9］ 李成,李永刚,战春霞.基于大数据的飞行员生理心理个性化训练管理系统设计研究［J］.科技创新与应用,2019,19:84-86.

［10］ 邱兴旺,孙香萍.基于知识图谱的中国军人心理健康研究的可视化分析［J］.解放军预防医学杂志,2020,38（12）:65-68.

撰稿人:周前祥(北京航空航天大学)

混合现实环境人机高效交互机理研究

Study on efficient human-machine interaction mechanism in mixed reality environment

1　科学问题概述

人与装备之间的高效交互一直是空天装备"人机环"领域研究的核心问题,随着战争形态的演变以及空天装备信息感知能力的不断增强,空天装备人机界面处理和交互的信息正在从传统的战场态势信息向陆、海、空、天、电多维度复杂信息转变,雷达态势、星链态势、电抗态势、信通态势、火力态势等信息交互需求已使得传统的人机交互界面难以应对。人机界面需要在更短的时间内处理多维度、高密度、多形态的战场态势、装备状态、作战指令等复杂信息,对空天装备操作人员带来了信息感知、态势认知、操作控制方面的巨大压力,如何提升空天装备人机交互效能,已成为空天装备发展与应用中的一个更高挑战。

混合现实(Mixed Reality,MR)技术是在增强现实(Augmented Reality,AR)技术基础上发展起来的一种新的虚实融合显示技术,在工业、军事、娱乐等领域得到了迅猛的发展,也在空天装备信息显示与操控中具有广阔的应用前景。该技术之所以能够提升人机交互效能的本质是能够在多维信息显示环境下利用人体多通道信息感知与交互的优势,进行多维度、高密度、多形态信息的显示与交互,实现人机交互效率的跃升。但由于混合现实环境下人体对多维度、高密度、多形态信息的感知与高效交互机理这一制约混合现实应用的科学问题尚不明确,现有的研究尚无法达到理论中的交互效能,因此,需要开展混合现实环境人机高效交互机理研究,使空天装备操控人员可以沉浸式地感知敌我信息等战场态势、获取和发送作战指令、实时标绘和指示目标,进行多人协同时高效的信息共享,提升空天装备的作战效能,从而为空天装备信息感知与人机高效交互带来颠覆性技术变革。

2　科学问题背景

随着混合现实显示技术的不断成熟,显示的视角范围不断扩大,沉浸感逐渐增强,使多维度、高密度、多形态信息显示成为可能,但在混合现实环境下不合理信息显示会引起认知障碍与视觉疲劳问题,导致认知负荷的增加以及交互效率的降低。人体视觉通道在混合现实环境下如何精确感知视场中的不同位置空天目标的信息,获取目标速度、距离、方位、类型、威胁程度、攻击意图等多维度信息,如何在信息显示密度、维度、形态增加的同时保证认知的速度和准确度,如何为电磁攻防、空天通信、探测打击等新的信息交互需求提供科学合理的信息显示形态,如何克服混合现实环境下认知负荷增加导致的判断错误和操作失误,已成为混合现实技术在空天装备信息感知中急需破解的科学问题,需要从混合现实环境下信息认知机理的角度开展研究,从而为混合现实环境下的信息显示设计提供依据。在 MR 技术背景下,常见的视、听、触三种通道的交互方式因为技术手段的变更和场景形态的急剧变化,很难直接匹配到混合现实环境,如何通过多通道的耦合、交叉、交替等方式提高混合显示环境下的人机交互效能,是急需突破的另一个科学问题。在空天装备信息感知与人机高效交互时,需要在全息空间中进行操作交互类、精确辨识类、整体态势感知类等多类型信息的显示与交互,不同的类型信息如何在全息空间中进行合理分层将直接影响到信息的感知效率,同时加入了雷达、电抗、信通等信息后,信息显示如果不能很好地融合,也会造成操控人员的信息感知障碍,需要开展混合现实环境下人机交互设计研究。空天装备在大多数情况下需要由多个操作人员在多台设备之间开展协同操作,即构成了人-任务-群体的三合一闭环结构,多人之间的信息感知机制和其信息的表达方法也较传统人机交互环境下有所不同,需要开展多人对多维度信息的高效感知与交互、多维视觉信息的协同显示等科学问题研究。

3　科学问题研究进展

目前,剑桥大学的研究团队已成功开发出用于战斗管理与指挥控制的 AR/MR 原型系统,美国国防部高级研究计划局 ULTRA-Vis 项目已研制出用于日间/夜间态势感知的 AR/MR 系统,美军太平洋太空和海战系统中心开发了用于指挥及协同控制的 AR/MR 数字沙盘,空中客车公司也将混合现实技术推广在航空座舱的人机交互控制系统中,这些研究涉及的科学问题主要集中在混合现实环境下信息认知机理研究、混合现实环境下多通道交互机理研究、混合现实环境下人机交互设计研究、混合现实环境下多人协作交互研究。国内外学者通过研究 MR 环境下深度知觉、空间分辨与时间、亮度、颜色分辨等人眼的视觉特性,揭示了基于场景的属性设置直接影响目标的显著性,并分析了全息显示中的人眼视觉效应。提出了人在 MR 环境中的认知能力取决于人类大脑中三维-空间的编码方式,三维空间的多重表征可以看作是人的认知资源分配和行动之间的主要联系。证明了 MR 环境下视觉和触觉之间存在实质性的跨模态联系，以获得隐蔽的内源性注意，这些联系在相当抽象的空间坐标内运作。分析了不同情形下，单、多通道之间的方案交替运行的情况。证明了凝视 + 手势 + 语音模式在效率方面的优越，协作者之间共享空间听觉和视觉线索，以更好地完成信息搜索任务，这些研究为多通道交互方案的合理设计提供了依据。通过 MR 信息分层实验，发现了在远深度平面时与近深度平面上搜索目标时效率的变化规律，为 MR 环境下信息分层提供了新的思路。基于 MR 多模态多维信息融合研究表明，多模态多维信息融合显示具有最优的显示性能，也发现在 MR 环境下，多用户围绕 MR 交互界面进行协作操作过程中体现出一些新的协作方式，这种体现新型协作方式的界面是一种新型界面设计范型。

目前，虽然国内外研究机构在 MR 环境下信息认知机理、多通道交互机理、混合现实环境下人机交互设计、多人协作交互等方面取得了一系列成果，但是随着空天装备人机界面处理和交互的信息从传统的战场态势信息向陆、海、空、天、电多维度复杂信息转变，雷达态势、星链态势、电抗态势、信通态势、火力态势等信息交互需求不断涌现，MR 环境下人机高效交互仍旧难以满足空天装备的信息交互需求，核心问题在于人体在 MR 环境下通过视觉、听觉、触觉等通道进行信息感知和高效交互时的认知与交互机理有待揭示，现有空天装备混合现实人机交互技术在信息感知的维度、精度、效率、疲劳以及协同交互等方面还需突破以下技术瓶颈：

3.1 混合现实环境下信息认知机理研究

与传统的显示环境不同，混合现实环境既能显示传统的敌我目标、飞行航迹、指控参数等信息，又可以通过新的信息可视化技术显示雷达态势、星链态势、电抗态势、信通态势、火力态势等新的信息形态。但由于混合现实环境下人体对不同类型信息的深度、密度、形态等的感知特性尚不清楚，认知机理有待揭示，难以为混合现实环境下的信息显示设计提供依据，需要进一步深入研究。

3.2 混合现实环境下多通道交互机理研究

由于显控方式、使用方式的不同，传统的人机交互方式无法直接应用于混合现实环境下的人机交互，而目前在混合现实环境下采用的手势、眼动、语音等交互方式在实际应用在可靠性以及操控效率等方面还存在很多问题，多通道交互技术有望解决这些问题，但混合现实环境下视觉、听觉、触觉的耦合、交叉、交替等特性尚不清楚，难以在混合现实环境中对多种通道的交叉融合进行科学调配，进而达到最优的人机交互效能，因此需要进一步研究混合现实环境下多通道交互机理。

3.3　混合现实环境下人机交互设计研究

作为一种新型的全息多模态显示人机交互界面,可以在全息空间中进行操作交互类、精确辨识类、整体态势感知类等多类型信息的显示与交互,但不同的类型信息如何在全息空间中进行合理分层将直接影响到信息的感知效率。同时,加入了不同类型的信息、混合显示真实的环境信息如果不能很好地融合显示,也会造成操控人员的信息感知障碍,因此,如何针对空天装备操作交互类、精确辨识类、整体态势感知类等信息的高效交互需求,合理设计混合现实环境下信息显示的最佳形态,并对多维信息进行分层、融合,需要进一步研究。

3.4　混合现实环境下多人协作交互研究

空天装备操控任务在大多数情况下都是多用户协同操作任务,即构成了人-任务-群体的三合一闭环结构,多人之间的信息感知机制和其信息的表达与交互也较传统显示环境下有所不同,混合现实环境下人的协作方式以及信息交互传播途径、多人协作交互信息感知机理有待研究,需结合空天装备协同操作任务特点,对协作方式和机理进行深入研究,探究混合现实环境下多人协作交互方法。

主要参考文献

[1] ZHANG S, TIAN Y, WANG C, et al. Target selection by gaze pointing and manual confirmation:performance improved by locking the gaze cursor[J]. Ergonomics,2020,63(7):884-895.

[2] KANG N, SAH Y J, LEE S. Effects of visual and auditory cues on haptic illusions for active and passive touches in mixed reality[J]. International Journal of Human-Computer Studies,2021,150(6):102613.1-102613.9.

[3] VASILIJEVIC A, JAMBROSIC K, VUKIC Z. Teleoperated path following and trajectory tracking of unmanned vehicles using spatial auditory guidance system[J]. Applied acoustics,2018,129(01):72-85.

[4] SIN-YE P, HWA-JEN Y, ZAHARI T, et al. Interactive solution approach for loop layout problem using virtual reality technology[J],Springer,2017,89(5/8):2375-2385.

[5] GAO B Y,KIM B,KIM J I,et al. Amphitheater layout with egocentric distance-based item sizing and landmarks for browsing in vbirtual reality[J]. International Journal of Human-Computer Interaction,2019,35(10):831-845.

[6] WANG W,WU X,HE A,et al. Modelling and Visualizing Holographic 3D Geographical

Scenes with Timely Data Based on the HoloLens[J]. ISPRS International Journal of Geo-Information,2019,8(12):539.

[7] PING J,WENG D,LIU Y,et al. Depth perception in shuffleboard：Depth cues effect on depth perception in virtual and augmented reality system[J]. Journal of the Society for Information Display,2020,28(1/3):164-176.

[8] KONG S. Psychoanalysis on human-computer interaction in col-lege education[J]. Revista Argentina de Clinica Psicologica,2020,29(2):193-199.

[9] PARSONS P,SEDIG K. Adjustable properties of visual rep-resentations：Improving the quality of human-information in teraction[J]. Journal of the Association for Information Sci-ence and Technology,2014,65(3):455-482.

[10] ZANG X L,SHI Z H. Contextual cueing in 3D visual search depends on representations in planar,not depth-defined space [J]. Journal of Vision,2017,17(5):1-11.

撰稿人：王崴(空军工程大学) 瞿珏(空军工程大学)

特殊环境飞行员听觉与非听觉器官损伤机理及安全限值研究

Research on mechanism and safety limits of the pilot auditory and non-auditory organ damage in special environment

1 科学问题概述

战斗机和轰炸机弹射救生系统采用火工品进行弹射通道清理,火工品布置在飞行员头顶位置,火工品爆炸产生的冲击波向座舱内部传播,碰舱壁反射,在座舱内形成复杂的空气冲击波场,火工品火药药量控制不合理,轻则对飞行员听觉和非听觉器官产生损伤,重则引起飞行员死亡。

因此,需开展特殊环境飞行员听觉与非听觉损伤机理及安全损伤限值研究,针对战斗机和轰炸机特定座舱,研究空气冲击波的传播特性,飞行员佩戴飞行头盔,穿飞行服、特殊着装对空气冲击波传播至人体的影响,制定损伤安全标准及保护策略。具体包括：飞机座舱空气冲击波传播特性研究、飞行员着装对空气冲击波传播影响研究、基于飞行员着装的空气冲击波测试方法研究、飞行员听觉与非听觉器官损伤安全限值研究、飞行员听觉与非听觉器官保护策略研究。

2 科学问题背景

针对炸药爆炸产生的冲击波对人体的损伤规律,Bowen 等进行了大量的研究,如冲击波对人体不同部位损伤的阈值、不同姿势、位置、死亡率下的超压-时间关系曲线,在各种地下掩体中的动物实验等,这些实验结果对人体损伤研究具有一定的指导意义。Bowen根据爆炸实验建立了爆炸创伤病理学数据库,同时绘制了著名的 Bowen 创伤曲线。通过使用简单冲击波的峰值压力和正压持续时间为参考,就可预测肺创伤门槛值及致死概率。但是弹射通道清理时座舱环境较为复杂(先是封闭空间,火工品工作清理弹射通道后又是半封闭空间),爆炸冲击波反射和折射形成的复杂冲击波,Bowen 创伤曲线不再适用,且国内救生领域对此问题的研究基本属于空白,目前重要的几款已采用或计划采用火工品进行弹射通道清理的先进作战飞机对此问题的认识模糊不清。

采用火工品进行弹射通道清理,对火药爆炸产生的冲击波对飞行员听觉和非听觉器官的损伤问题,美军对此问题的认识也是一个不断提高的过程,对爆炸冲击波超压峰值和超压持续时间对飞行员的损伤影响及损伤限值也在逐步完善。主要原因:一是飞机弹射时特殊复杂空间环境,先是封闭空间,火工品工作清理弹射通道后又是半封闭空间,这类特殊环境造成了研究的复杂性和难度;二是飞机弹射救生时对象是飞行员,验证不可能采用真人试验来开展,给深入研究带来困难。现在国内的应用情况基本是借鉴美军的技术,但对应用此技术存在的爆炸冲击波对飞行员听觉和非听觉器官的损伤问题,无论是国内在相关领域的基础研究,还是在本文提出的研究内容方面都基本属于空白。目前,重要的几款已采用或计划采用火工品进行弹射通道清理的先进作战飞机对此问题的认识模糊不清,急需开展本文阐述的基础研究,保证飞行员在弹射过程中听觉与非听觉器官免受严重损伤,具有重要的军事意义。

3　科学问题研究进展

封闭空间内爆炸与自由空气中的爆炸相比增加了边界约束,从而产生复杂的来回反射过程。由于内爆炸时冲击波流场复杂,爆炸冲击波在密闭空间内传播,由于壁面的约束形成反射冲击波,反射波与入射波相互叠加,多壁面间来回反射,在密闭空间内形成复杂的压力震荡过程。在爆室壁面某一点上,压力波形呈非线性多峰值下降,具有长持续时间的周期性宏观脉动特征。在壁面上的不同点上,冲击波的到达时间、压力峰值、波形各不相同。当爆室开有泄爆孔时,冲击波的初始压力峰值不变,波形后期的持续时间缩短,孔口越大,持续时间越短。国内有学者建立了舰船舱内爆炸实验模型,在密闭环境下对爆炸冲击进行了测试,并与敞开环境进行对比,在密闭环境下测得的压力要高于敞开环境20%和40%,并提出密闭环境下冲击波反射引起的冲击波峰值要低于第一次冲击波峰值。

在爆炸冲击波测试中,爆炸会产生电磁波,也会造成测试系统的振动,电磁和振动干扰有时对测试结果的影响是很大的,爆炸冲击波压力测试目前一般用压电式和压阻式传感器。从压阻式传感器的结构本身特点来分析,振动产生的干扰信号不严重,而压电式压力传感器由于有附加质量块,传感器受到激励后产生的是电荷信号,传感器与信号线的连接头以及信号线本身振动都会产生电荷,传感器的安装如果不采取相应的减振措施,振动干扰对测试数据的影响可能较大。

冲击波超压及其持续时间影响着伤害的程度,其结果会造成血管破裂,内脏或皮下出血,内脏撕裂,破坏中枢神经系统,伤害呼吸与消化道或震破耳膜。有学者给出的杀伤判断标准:当超压为 0.035MPa 时,人耳的鼓膜破裂;当超压为 0.21～0.28MPa 时,人的肺脏损伤;当超压 0.70～0.84MPa 时,人员发生死亡对爆炸冲击波感应的敏感部位依次为:颅脑、胸腔、肝脏。人体的耳膜、肺、喉等器官最容易受到冲击波损伤,其中肺损伤是造成人类死亡的一个重要因素。美国学者根据研究,给出冲击波超压峰值不大 50psi (1psi ≈ 6894.8Pa)和比冲量不大于 2psi-msec 的建议值。美国的《抗偶然爆炸结构设计手册》给出了持续时间 3～5ms 的空气冲击波对人体的伤害标准,见表1。国内学者结合美国、苏联对人员伤亡评定的不同超压标准,与动物试验数据进行对比,最后给出了在空气冲击波作用下人员伤亡评价标准,见表2。

持续时间 3～5ms 的空气冲击波对人体的伤害标准(kPa)　　　表1

鼓膜		肺脏		死亡		
阈值	50% 破裂	阈值	50% 破裂	阈值	50% 死亡	100% 死亡
34	103	206～275	551	689～827	896～1241	1379～1723

冲击波对人体伤亡的超压标准比较(kPa)　　　表2

项目数据	轻伤	中伤	重伤	死亡
美国超压标准数据	15.69	23.54	53.94	≥186.33
苏联超压标准数据	19.61～39.23		39.23～98.07	≥235.37
爆炸事故数据	10.79～27.46	27.46～49.04	49.04～127.49	≥127.49
动物试验数据	9.81～19.61	19.61～39.23	39.23～58.84	≥58.84
建议值	13.73	29.43	49.05	≥127.49

目前,国内对炮兵在炮弹发射时产生的冲击波损伤安全限值,相关标准有:《常规兵器发射或爆炸时脉冲噪声和冲击波对人员听觉器官损伤的安全限值》(GJB 2A),《炮口冲击波对人员非听觉器官损伤的安全限值》(GJB 1158)。这两个标准规定的安全限值,主要针对无防护人员且空气冲击波在开放的自由场中,对有防护人员,GJB 1158 只规定了当操作人员着冬装时,安全限值可提高 30%～50%。因此这两项标准对采用火工品进行弹射通道清理的飞行员听觉与非听觉损伤防护没有很强的指导意义。

因此,对飞机弹射时特殊复杂空间环境,飞行员特殊着装等条件下,开展爆炸冲击波对人员的损伤研究,使飞行员听觉与非听觉器官免受损伤,需要重点攻克以下科学问题:

3.1 飞机座舱空气冲击波传播特性研究

可以先对布置在座舱盖或座舱顶部结构上的线性微爆索或切割索爆炸后冲击波的传

播规律进行仿真研究,建立座舱及线性微爆索或切割索仿真模型,对空气冲击波传播特性进行初步仿真,对先是封闭空间,然后火工品工作清理弹射通道后又是半封闭空间的座舱特殊空间环境下的传播特性进行试验研究。

3.2 飞行员着装对空气冲击波传播影响研究

飞行员佩戴保护头盔和穿着飞行服,头盔耳罩对空气冲击波的传播衰减,飞行服对空气冲击波的传播衰减,国内外未见相关报道。可以对飞行员着装条件下与空气自由场条件下分别进行测试,研究着装对空气冲击波传播影响。

3.3 基于飞行员着装的空气冲击波测试方法研究

测试传感器的选型,安装方式,布置形式等,对试验的测试结果影响很大,造成相同的试验结果差异性很大。可以通过飞行员着装对空气冲击波传播影响研究,研究在特殊环境下新的爆炸冲击波测试方法,开展试验,并进行试验验证。

3.4 飞行员听觉与非听觉器官损伤安全限值研究

不同文献给出的伤害标准均结合了特定的使用场景,相关文献对人体听觉和非听觉器官损伤的安全限值,可以作为本项目研究的参考和基础,利用飞机座舱空气冲击波传播特性研究,飞行员着装对空气冲击波传播影响研究,基于飞行员着装的空气冲击波测试方法研究取得的成果,确定特殊环境飞行员听觉与非听觉器官损伤安全限值。

3.5 飞行员听觉与非听觉器官损伤保护策略研究

可以根据飞行员着装对空气冲击波传播影响的研究成果,通过对不同飞行头盔内衬材料,飞行服材料的性能对比,再根据飞行员听觉与非听觉器官损伤安全限值,在现有飞行头盔和飞行服的基础上,制定科学合理的飞行员听觉与非听觉器官损伤保护策略。

主要参考文献

[1] JAME L S. Pyrotechnic Shock:A Literature Survey of the Linear Shaped Chauge[R]. Washington,D.C.:NASA TM 82583,1984.

[2] 杨松年,王鑫,孙福根,等.常规空袭武器爆炸冲击波对运输车辆及人员的毁伤分析[J].国防交通工程与技术,2012,(1):27-29.

[3] 候海量,朱锡,李伟,等.舱内爆炸冲击载荷特性实验研究[J].船舶力学,14(8):901-907.

[4] 徐维铮,吴卫国.封闭空间爆炸载荷特性研究[J].爆破,2017,34(4):40-45.

［5］ 孙艳馥,王欣.爆炸冲击波对人体损伤与防护分析［J］.火炸药学报,2008,31(4)：50-53.

［6］ 关焕文,张絮,封文春,等.聚能爆破切割清理弹射通道技术研究［J］.航空学报,2013,34(1):52-57.

［7］ YU J L,JONES N. Further experiment investigation on the failure of damped beams under impact loads［J］. Int J Solids Structures,1991,27(9):1132-1137.

［8］ PHILIP A R. Underwater Cockpit Escape System Detonation Peak Pressure and Impulse Limits［R］. Boulder:48th Annual SAFE Symposium,2010.

［9］ SEVERANCE C M. B-2 aircrew escape system design,development,and qualification［C］ //SAFE Association,Annual Symposium,30th. Las Vegas:［s. n.],1992.

［10］ 李铮.空气冲击波作用下人的安全距离［J］.爆炸与冲击,1990,10(2):135-144.

撰稿人:关焕文(中国航空工业集团有限公司第一飞机设计研究院)

第7章
航空器可靠性与运维

　　航空器可靠性与运维是以航空器运行与维护为研究对象，以航空器运行与维护中的可靠性问题为核心，开展运行可靠性、机队可靠性、可靠性管理、安全性管理、健康管理，以及以可靠性为中心的维修等研究，实现航空器运行与维护的可靠性、安全性、完好性以及经济性的有机结合。

　　可靠性工程的出现与电子产业的发展有着密切的关系。以可靠性为中心的维修(RCM)技术在20世纪60年代末起源于美国航空业，首次应用RCM制定维修大纲的是"波音747"飞机。20世纪70年代中期，RCM引起美国军方的重视，美国国防部明确命令在全军推广以可靠性为中心的维修(RCM)。视情维修(On Condition Maintenance，OCM)是通过状态监测将系统性能和维修决策活动联系起来，视情维修中的"情"就是指系统状态。视情维修策略可以通过确定部件内在性能状态(正常、故障等)与外部显示特征之间的关系，由外部特征量来安排所需要的维修活动。飞行器健康管理(PHM)的概念首先由美国国家航空航天局(NASA)提出，用于实现飞行器故障诊断、故障预测以及后勤维护决策的高度智能化与自动化，已在"EF-2000""F-22"和"F-35"等国外先进飞机上得到了广泛应用，并逐步转移应用于民用航空器，显著提高其安全性、可靠性及运营经济性，成为研究热点和难点。

　　针对航空器结构的可靠性与安全性，飞机结构设计已由静强度设计、安全寿命设计转变到损伤容限和耐久性设计。传统的设计评定方法因为试验周期和验证成本问题，越来越难以适应未来结构发展需求，也难以充分发挥先进新材料应用的减重优势，而基于多传感器联合监测在短时间内获取的大量疲劳与损伤数据，结合大数据处理技术和机器学习算法有望实现新材料结构损伤容限的快速评估与高精度预测。另一方面，飞机结构安全性设计思想逐步向单机监控的疲劳寿命服役管理演变，未来有进一步向结构数字孪生方向发展的趋势。

航空器预测性维修。目前,随着传感技术的快速发展和大数据应用需求的驱动,学术界和工业界一致认为基于数据驱动的方法为解决复杂设备的可靠性建模、剩余寿命预测以及视情维修决策提供了可行的途径,该方法也成为主流的研究方法。对于基于数据驱动的维修决策技术而言,仍需解决的问题有:①需要解决状态参数数据处理的问题,因设备使用和状态监测数据庞杂,且对象系统的状态数据往往具有很强的不确定性和不完整性,这些问题都增加了剩余寿命预测的难度。②在当前的信息化大数据时代背景下,出现了大量新兴的数据处理方法,为航空设备维修决策辅助提供了重要参考,非理想数据扩充、信息深度挖掘、评估参数的耦合特性分析、多源信息融合的评估等关键技术的发展是当下数据驱动维修决策技术的发展方向和难点。此外,当前机载系统的综合化程度和复杂度越来越高,使机载系统产生故障的潜在可能性增加。传统的故障机理研究与表征方法已经无法满足现有的需求,开展复杂功能条件下机载系统的故障诊断方法研究具有重要的理论和实际意义。

航空器健康监测与管理。飞机健康管理存在诸多瓶颈,部件和子系统交联关系复杂,故障传播机理复杂,需要排故人员凭经验解释原始观测值并做出进一步的人工监测安排;系统数据繁杂,用于识别部件缺陷的可观测变量数量多但利用率低,自主诊断能力不足;缺乏失效物理模型和寿命分布数据等。对于现代先进的复杂整体成型民用飞机结构,基于结构监测数据和视觉技术进行损伤快速识别与三维重建的算法,结构与健康监测系统多物理场、跨尺度全耦合分析方法,数据驱动的损伤自动化评估力学方法,以及数据驱动时空多级多尺度力学的结构寿命预测理论是进行结构损伤监测与评估首要解决的科学问题,也是行之有效的理论框架与技术路径。因此,本学科方向聚焦机载复杂系统功能交联条件下故障诊断方法、民用飞机结构健康管理的数据驱动多尺度力学方法、先进航空复合材料结构损伤容限快速评估与高精度预测、数字孪生式的通航飞机结构寿命管理与智能维护决策原理与方法、基于数据驱动的飞机视情维修决策技术研究等 5 项基础科学问题与关键技术。

机载复杂系统功能交联条件下故障诊断方法

Fault diagnosis method for airborne complex systems under functional crosslinking

1 科学问题概述

随着现代科技的迅速发展与人类知识的急剧增长,人们所涉及和处理的系统日趋复杂。尤其是在诸如航空航天、机器人等高新科技领域以及现代化生产领域中,很多工程控制系统与现代大型装备的规模和复杂性日益增加。与此同时,这些设备又会由于很多无法避免的因素影响而出现各种故障,从而降低或失去预定的功能,造成严重的甚至灾难性的事故。2020 年,根据《航空先驱报》统计的数据(《航空先驱报》由奥地利航空安全专家 Simon Hradecky 创建,其主要记录 19 座以上飞机所发生的事件/事故,且发布的数据在交叉检查多个信息源后才进行汇总发表,可信度较高),民航业被归类到 Accident 级别的事故总计 82 起,其中,造成机毁人亡的有 7 起。机载系统是典型的复杂功能交联系统,其系统、子系统、部件之间的功能交联关系复杂,且机载系统作为飞机不可或缺的功能和保障系统,是完成各项使命所需要的任务系统,对改善飞机性能和保证飞行安全具有重大影响。

从机载系统的应用情况来看,国内民用飞机"ARJ21"和"C919"都配备了相应的机载诊断系统。然而,根据民航公司飞机维护的统计结果来看,"ARJ21""MA60"等飞机均存在虚警率高、故障诊断准确性低、维护成本高、航班延误问题突出等问题,严重影响国产飞机的商业运营。某型"20"飞机在服役期间也出现大量故障误报、系统传播故障难以诊断、交联故障排除困难以及多故障问题等,造成飞机战备完好性差、地面保障困难等问题。所有这些问题,都是由于机载复杂交联系统故障的隐含、关联、蔓延和混沌等问题造成的。

随着航空科学技术的发展,机载系统的综合化程度和复杂度越来越高,影响系统运行的因素骤增,使机载系统产生故障的潜在可能性增加。在硬件资源层面,由于多个功能驻留在同一个计算平台上,多个功能依赖相同的硬件资源。那么,当硬件资源失效时,所有使用该资源的功能都会受到不同程度的影响,引起故障的蔓延。在功能层面,协调多个功能共同完 成飞行任务,因此,某一功能的失效会引起错误交联问题。由于软件的标准化开发和软件间的基本程序复用,也致使基本程序的错误会引起调用该程序的相关功能出错。系统组件及其内部之间一般都存在很多错综复杂、强关联耦合的相互关系,且不确定性因素及不确定性信息充斥其间,使得具有随机性、继发性、并发性、传播性等性质的故障频繁出现。传统的针对单一设备、子系统、子单元的故障诊断方法难以发现组成单元之间的关联关系,误诊、漏诊的概率极大。在实际系统中,由于获取的故障不够完备,而且环境变化、外部输入变化以及维修过程中的换件、调整等行为都会影响系统,导致系统内、外部特性的变化。系统故障征兆与故障原因之间关联关系隐含,同一故障可能引发多种征兆,同一征兆可能对应多种故障。传统的故障机理研究理论和故障表征方法已经无法满足现有的需求。因此,开展复杂功能条件下机载系统的故障诊断方法研究,突破功能交联条件下机载系统模型构建方法以及故障特征表征等关键技术,对于提高我国在该领域的系统设计和自主可控能力,打破国外对机载维护系统的技术垄断具有重要的理论和实际意义。

2 科学问题背景

随着现代科技的迅速发展与人类知识的急剧增长,人们所涉及和处理的系统日趋复杂。尤其是在诸如航空航天、机器人等高新科技领域以及现代化生产领域中,很多工程控制系统与现代大型装备的规模和复杂性日益增加。这些复杂系统往往具有随机性、非线性、无穷维、多层次、强耦合和不确定性等特点。与此同时,这些设备又会由于很多无法避免的因素影响而出现各种故障,从而降低或失去预定的功能,造成严重的甚至灾难性的事故。故障诊断是指在系统运行过程中能够发现故障的发生和获得故障的信息,具体包含故障检测和故障隔离两个关键部分。

从工程角度而言,功能交联和资源共享已成为大型复杂系统的普遍特征,为系统带来高性能、模块化、智能化、低成本等一系列优点,同时也带来了系统故障的隐含、关联、蔓延和混沌等故障诊断定位的挑战。综合化航空电子系统功能综合的主要特征是利用不同子系统之间的动态协作提高系统执行任务的能力,使得系统功能交联更加复杂,造成系统故障在综合、融合和合成过程中的蔓延、混沌和不确定性,对系统故障诊断和定位产生很大影响。这就要求故障诊断系统的模型具备关联性以及自学习和自适应能力,使其对变化后的对象仍能有效诊断。复杂功能交联系统资源共享关系密切,以飞行管理系统为例,其性能优化、飞行计划等功能,共享了通用处理单元、性能数据库单元等。当共享资源发生故障时,使用共享资源的功能都会产生失效的可能,出现故障关联传播、相互感染的情形。同时,电迁移、时间相关介电击穿、热载流子注入等典型时间老化机制是导致其硬件间歇故障的重要原因。据统计,在飞行员报告的航空电子部件故障中,大约有三分之一的不可复现故障(NFF)。这就是由资源共享所引起的故障混沌问题。所以针对复杂功能交联系统的故障隐含、关联和蔓延等现象带来的故障诊断难题,开展复杂功能交联系统故障特征识别与表征方法等研究,揭示复杂功能交联系统故障的产生和扩散机理,探索复杂功能交联系统故障监测机制,形成复杂功能交联系统故障诊断方法,不仅具有理论意义,也有重要的工程应用价值。

3 科学问题研究进展

目前,各国都对机载复杂系统的故障诊断进行了广泛的研究和应用。以美国为代表的西方国家在故障诊断技术研究和应用从近代开始一直都走在世界前列,特别是在机载复杂系统的故障诊断技术方面积累了丰富的经验,航空企业、军方和权威高校均投入巨资进行了研究。具有代表性的有波音航空公司研制开发的"Boeing Diagnostic Expert"(波音诊断专家),此系统主要实现的功能为:它将维修信息、资料信息及故障诊断分析集成到一个系统平台,从而高效诊断出故障或者失效的零部件。进入 20 世纪 90 年代,智能故障诊断等先进技术在美国的主战机型如"B-1B"轰炸机及"F-15"战斗机等机型上得到了广泛运用。经历了几十年的技术发展,美国在故障诊断技术方面的研究不论在学术上还是在工程运用上都已经形成了比较完备的体系。南京航空航天大学导航研究中心团队自2008年加入中国商用飞机有限责任公司组织的大型客机联合工程队,与国内多家单位共同参与,克服技术封锁困难,开展"C919"的机载航电系统故障诊断中的核心关键技术攻关和地面综合仿真平台验证工作。自20世纪80年代Reiter和Kleer提出基于模型的诊断理论以来,基于模型的故障诊断方法也在不断地更新与发展。在国外,美国国家航空航天局(NASA)研制了基于模型验证的Livingstone方法,在卫星电源系统、深空探测器、深水航行器等领域都得以运用。在国内,李鹏等以航空发动机系统为例,验证了通用的机载系统故障诊断与预测模型的有效性,南京航空航天大学的王钟等运用基于模型的故障诊断方法,实现了飞行控制计算机的实时在线故障诊断等。

3.1　基于模型的故障诊断方法

在过去的几十年中,故障诊断技术在复杂系统领域得到飞速发展,基于模型分析等方法为故障诊断技术提供了新的思路。同时,伴随着计算机技术的进步,使得用解析冗余代替硬件冗余成为可能,出现了新的故障诊断方法。通过对系统进行详细的分析获得系统的定量信息,然后建立系统的定量过程模型即解析冗余。结合定性模型的方法,利用硬件系统的部分物理结构信息,建立系统内部各部分的因果关系模型,这种模型可以根据定性模型和给定的系统观测信息进行故障推理定位。由于大规模复杂系统的定量过程模型获取非常困难,因此这种方法在大规模复杂交联系统中非常有用。但是因为机载复杂交联系统组成部件繁多,故障参数多维多样,缺乏对庞杂的故障数据进行关联分析。针对故障混沌、故障蔓延和故障不确定性传播等问题,复杂系统由多个互相耦合的子系统组成,具有层次性、传播性、相关性等多种特点,不易分析。

元模型是一种表达方法,呈现出来的界面友好且直观性强,不需要重复收集过多的专家经验数据和历史故障信息,它可以用直观的图例模型结合系统的结构、特征及工作方式等来分析故障的关联关系。这种方法类似描述故障诊断对象的属性,目的是为了获取诊断对象的相关信息,且根据模型规定的信息组织方式来存储获得的属性。采用基于元模型的方法进行故障关联的构建,侧重于从系统功能的角度对系统进行描述,包含了与系统功能有关的各方面的数据。不对系统部件进行关注,而是关注部件与故障点之间的因果连接关系,将重点放在解决故障与测试信号之间的对应关系上。根据故障数据特性建立特征提取模型,融合后的数据输入到构建的模型中。

3.2　相关模型结合智能学习的诊断方法

随着航空技术的快速发展及民用飞机系统功能的不断增强,机载复杂交联系统的故障机理也越来越复杂,给故障诊断增加了难度。为解决此问题,传统的复杂交联系统故障征兆识别方法大都采用数学方法求解,如逻辑方程等。常出现解析过程庞杂、结果准确率不高或者故障遗漏且无法模拟故障传播路径等问题,已无法适应目前的诊断发展趋势。将相关性模型与人工智能结合的方法则显示出了一定的优越性,该方法的一些研究成果已经被汽车、电子、航空航天等诸多产业大量应用。但是仍然存在不少难点问题,例如,对于如何在多故障等复杂情况下优化设计出高精度、高效率的诊断策略的问题还缺乏深入的研究;对于多模式、多回路、多层次等复杂结构系统的诊断策略优化设计问题,还存在一些关键环节(如多个系统模式的优化排序、合理的分层诊断等)没有解决。上述问题严重阻碍了诊断策略设计技术的应用,亟待解决。

机载系统发生故障时,最终体现在系统功能的执行上。遴选特征参数,人工分析大量的故障信号,提取故障描述中所执行的操作。使用卷积神经网络识别出故障描述中的操作和出现的故障现象,故障部位,存在的报警信号等。将机载系统功能函数特性以模块属性的形式表现出来,详细分析各种功能故障模式,并将故障模式添加到模块属性中。当接收到故障征兆信息时,结合诊断模型,将再励学习机制应用到智能学习模型中,实现故障诊断模型自动构建,可以更加准确地完成故障诊断。

3.3 通用故障诊断模型结构的诊断方法

任何模型都可以近似映射为一个函数形式,函数有输入、输出、变量和参数。基于物理的模型具有功能函数,并且变量和参数具有物理意义,即可以联合物理规则控制建模系统的行为。通过对机载系统故障状态变化过程的分析和研究,提出了一种通用故障诊断模型结构,能够模拟故障出现后系统的行为。当系统运转正常时,建立的模型一般都是可用的,但当系统发生故障时,很难保证模型能够准确地反映出系统的行为。这个条件并不失一般性,因为如果模型不满足,可以通过调整模型结构和增加约束条件,使模型模拟故障行为。基于元模型的建模技术在应用时呈现出来的界面友好且直观性强,不需要重复收集过多的专家经验数据和历史故障信息,它可以用直观的图例模型结合系统的结构、特征及工作方式等来分析故障的关联关系。分析关联关系的同时,加入合理的推理策略及数据处理方法,推理出新故障的发生,实现对复杂交联系统故障征兆的识别和推理。该方法可尝试应用于机载复杂交联系统的故障诊断。但完成故障诊断任务的主体模型仍以深度神经网络(Deep Neural Networks,DNN)为主,因此,在处理很多问题时要同信号处理、特征提取、优化理论等方法融合使用,并且总结归纳时将融合方法归类其中。但其难以拓展应用,升级维护难度也很大。用直观的图例模型结合系统的结构、特征及工作方式等来分析故障的关联关系,分析关联关系的同时,加入合理的推理策略及数据处理方法,推理出新故障的发生,实现对复杂交联系统故障征兆的识别和推理。该方法可尝试应用于机载复杂交联系统的故障诊断。智能学习的首要特点是堆叠各式各样的低层次学习模型。实现故障识别就是将分布于各个子系统、子设备中初级故障特征提取为故障诊断的流程,将智能学习融合于复杂交联系统故障诊断中,通过系统结构来确定学习网络的拓扑结构,采用量测数据驱动整个学习网络,通过实际目标监测参数值与网络输出值进行对比,实现整个系统的故障诊断。

3.4　总结与展望

如何进行有效的机载复杂交联系统故障诊断研究,是开发人员面临的一个挑战。机载系统作为典型复杂交联系统,制定故障诊断策略是一项艰巨、复杂的系统工程,无论从理论研究层面还是工程实践层面都具有很大难度。

(1)机载复杂交联系统故障诊断研究的分析框架与流程,涉及诸多逻辑判断依据,需要具体、实际的工程操作、故障经验、机载系统设计、功能、原理等多源数据,必须紧密结合机载型号的研制特点来进行细致、深入地研究分析,才能在该方面取得突破。

(2)在模型构建过程中,为了全面的描述系统功能,除了弄清楚每项分级对象的功能范畴之外,还需了解其基本内涵,功能描述时,要尽量明确功能可能的状态、正确理解功能的作用;特定的功能支持特定的目标,而特定的目标需要有多个功能共同作用来实现这部分的描述,成为功能的领域属性,它是功能与行为的接口,领域模型的属性及其架构是采用元模型实现系统功能模型的核心和难点。

(3)随着数字、网络和智能技术为代表的新一轮技术革命的快速突破,世界先进机载复杂交联系统故障诊断模式也在持续转变。

主要参考文献

[1] CAO Y,LYU Y, WANG X . Fault Diagnosis Reasoning Algorithm for Electromechanical Actuator Based on an Improved Hybrid TFPG Model[J]. Electronics,2020,9(12):21-53.

[2] WANG D, ZHANG M, XU Y, et al. Metric-based meta-learning model for few-shot fault diagnosis under multiple limited data conditions[J]. Mechanical Systems and Signal Processing,2021,155(7):107510.1-107510.15.

[3] SI J, SHI H, CHEN J, et al. Unsupervised deep transfer learning with moment matching:A new intelligent fault diagnosis approach for bearings[J]. Measurement, 2021, 172:108827.1-108827.16.

[4] LEI Y, JIA F, LIN J, et al. An Intelligent Fault Diagnosis Method Using Unsupervised Feature Learning Towards Mechanical Big Data[J]. IEEE Transactions on Industrial Electronics,2019,63(5):3137-3147.

［5］ SIMANI S, CASTALDI P, FARSONI S . Fault Diagnosis and Fault-Tolerant Control for Avionic Systems［C］//. Intelligent Systems and Applications：Proceedings of the 2020 Intelligent Systems Conference(Intellisys) Volume 1. ［S. l. ］：Springer International al Publishing,2021.

［6］ BHALLA D,BANSAL R K, GUPTA H O . Function analysis based rule extraction from artificial neural networks for transformer incipient fault diagnosis［J］. International Journal of Electrical Power & Energy Systems,2012,43(1):1196-1203.

［7］ TULI I P,TREHAN S,KHANDELWAL K, et al. Diagnostic and therapeutic endonasal rhinologic procedures generating aerosol during COVID-19 pandemic：a systematized review ［J］. Brazilian Journal of Otorhinolaryngology,2021,87:469-477.

［8］ ZHANG C,ZHA D, WANG L, et al. A Novel Analog Circuit Soft Fault Diagnosis Method Based on Convolutional Neural Network and Backward Difference［J］. Symmetry,2021,13 (6):1096.

［9］ ZHOU F,HU P,YANG S,et al. A Multimodal Feature Fusion-Based Deep Learning Method for Online Fault Diagnosis of Rotating Machinery. ［J］. Sensors,2018 18(10):37-46.

［10］ DONG Y. An application of deep neural networks to the in-flight parameter identification for detection and characterization of aircraft icing［J］. Aerospace Science and Technology, 2018,77:34-49.

撰稿人：马存宝(西北工业大学)　郑凯(西北工业大学)　佘智宇(西北工业大学)
屈璟(西北工业大学)

民用飞机结构健康管理的数据驱动多尺度力学方法

Data-driven multiscale mechanics on health assessment of civil aircraft structures

1　科学问题概述

飞行器健康管理(PHM)的概念首先由美国国家航空航天局(NASA)提出,用于实现飞行器故障诊断、故障预测以及后勤维护决策的高度智能化与自动化,已在"EF-2000""F-22"和"F-35"等国外先进飞机上得到了广泛应用,并逐步转移应用于民用航空器,显著地提高其安全性、可靠性及运营经济性,成为研究热点和难点。虽然飞行器结构健康管理(SPHM)是 PHM 的重要组成部分, PHM 思想也是从飞机结构寿命监控和管理开始形成的,但是在结构上的应用却明显落后于系统和发动机,因此,SPHM 技术是一项亟须解决的关键技术,是最终实现预测性维修的多科学交叉问题,涉及物理、材料、机械、力学、信号处理、数值计算等学科。

先进民用飞机的重要衡量指标主要有经济性、安全性、舒适性和环保性,先进机体结构是解决这些问题首要考虑的因素,而目前大型民用飞机结构设计中遇到的一些瓶颈问题可采用结构健康管理技术加以解决,对结构状态进行实时监测的同时实现预测性维修,可以显著提高飞机的安全性和可靠性,降低维护费用,延长使用寿命。攻克民用飞机结构健康管理中的多科学交叉问题,必须充分利用现有历史数据和实时在线数据,从材料和结构两个尺度,数据和力学分析两个方面同时着手,采用数据驱动的多尺度力学方法对结构的局部和整体健康状态进行评估,需要突破的重点科学问题包括:①如何突破结构健康监测系统与结构体集成分析、设计、优化、验证的理论基础,建立结构与健康监测系统多物理场跨尺度全耦合分析方法,这涉及复杂航空结构分析理论与数值方法、多物理场耦合理论、多种损伤精确描述、传感器与结构体之间跨尺度建模等方面;②如何利用数据驱动计算力学方法对损伤进行准确的自动化评估,构建基于结构监测数据的损伤快速识别与三维重建算法,是实现民用飞机结构健康状态评估与管理的关键;③如何利用结构历史本构、损伤数据、在线实时状态数据联合驱动力学分析,发展基于材料基因和结构基因方法的材料-结构一体化多级数据驱动多尺度理论,是现有数据驱动计算力学由单纯解决材料本构关系不确定性问题,向解决结构载荷和损伤不确定性或难以确定问题扩展的有效路径;④建立数据驱动时空多级多尺度力学的结构寿命预测理论,是将数据驱动计算力学方法应用于民用飞机结构健康管理的关键科学问题,是模拟结构损伤动态演化过程和机理的有效手段。

2　科学问题背景

民用飞机健康管理是运维技术的发展方向和趋势,是进行预测性维修的先决条件,已逐渐成为国际上新交付民用飞机的标准配置,成为提高飞机维修效率、签派率的重要手段和核心技术,是当前国际民用飞机技术竞争的重要领域。对于国产民用飞机,必须进行健康管理领域的研究攻关,在关键技术方面全面突破,研制达到或接近世界先进水平的健康管理系统具有重要的现实意义和必要性。随着我国民用航空客运市场的急剧发展和货运业务量迅速增长,机队数量迅猛增长,大量飞机步入老龄期,给民用航空局和航空公司带来一系列严重挑战。采用多种创新技术手段自主研发结构健康管理系统,对结构进行精确检测、健康管理和剩余寿命预测,有助于解决老龄飞机营运中存在的问题,可使我国在飞机持续适航与安全改进管理方面迈上新台阶。

随着可用数据和计算资源的爆炸式增长,数据科学的最新进展在不同的科学领域产生了革命性的影响。传统计算力学在模拟复杂工况、复杂模型和大变形等问题时,会面临物理模型不完善、计算效率低、计算精度不足等问题。数据驱动计算力学在这种背景下应运而生,能高效、准确地描述强烈依赖于复杂微观特征的非均质材料力学行为,成为当前计算力学领域的一个重要研究方向,也为解决复杂工程问题提供了新方案。对于民用飞机的结构健康管理问题,结构健康监测技术可以实现在线实时监测,能获取大量结构服役数据,为充分发挥数据驱动计算力学的优势奠定了数据基础。

3 科学问题研究进展

飞机健康管理技术在国外军用飞机上的应用已经非常广泛。美国的联合攻击战斗机"F-35"计划研发了飞机故障预测与健康管理系统,包括机载系统、地面系统和飞机/地面系统接口三个子系统,将其应用于新一代战斗机"F-35"中,降低了"F-35"战斗机的维修保障费用,提高了出勤率。NASA为下一代可重复使用空间飞机"X-33""X-34"和"X-37"等研发了运载器综合健康管理系统,实现故障检测、诊断和预测以及决策支持的自动化与智能化。

国外先进民用飞机发展了基于空地双向数据通信系统的健康管理系统,通过对飞机的健康状态进行实时监控和数据采集,并进行故障诊断和决策支持,有效管理全寿命周期内的飞机健康状态。常见的民用飞机健康管理系统包括"波音 AHM"系统、"空客 AIRMAN"系统、巴西航空"AHEAD"系统和"庞巴迪 ADS"系统。"波音 AHM"系统支持的机型包括"B737NG""B747""B757""B767""B777"和"B787"等,"空客 AIRMAN"系统支持的机型包括"A320""A330""A340""A380"和"A350"等,它们为全球大量的民用飞机提供了实时监控和决策支持服务,提高了飞机的安全性、可靠性及签派率。按照 OSA-CBM标准,飞机健康管理系统可以分为数据采集层、数据处理层、状态监控层、健康评估层、故障预测层、决策支持层和表达层,层与层之间有交互的数据流和命令流。

国内飞机健康管理技术还处于相对落后水平,内容偏向故障诊断和预测。空军工程大学研发了我国第一套飞机与发动机故障诊断系统,北京飞机维修公司、北京航空航天大学、中国民航大学和东方航空公司联合研发了发动机监控与诊断系统,北京航空航天大学、南京航空航天大学和西北工业大学还发展了大量结构和系统健康监控的理论模型和新算法,探索了飞机健康管理系统的设计和实施方案,取得了一定的研究成果。但是,国内飞机健康管理技术的研究尚处于初步开发阶段,很少结合具体机型进行系统集成与功能验证,技术成熟度和可靠性与民用航空局规定的适航规章制度、运营法规以及系统要求还有差距,有待进一步研究和探索。

飞机结构健康管理技术应用落后于系统与发动机的主要原因之一是理论方法体系还不完整,不足以支撑成熟结构健康管理的开发,需要解决以下四个方面的关键科学问题:

3.1 结构与健康监测系统多物理场跨尺度全耦合分析

目前广泛应用的结构损伤监控传感器为压电传感器和光纤传感器。声发射技术与压电材料及微机电技术的结合可以对动态载荷作用下的结构进行有效裂纹分析,而光纤传感器可用于长期的健康监控,能够抵抗电磁干扰和极端温度条件,由于工程中常需要检测多个损伤,光纤多路复用传感器成为健康监控领域的未来发展趋势。在结构监测技术的基础上,实现结构健康管理的工程应用,首先要突破结构健康监测系统与结构体集成技术,必须对结构健康监测系统与结构组合体进行有效的理论建模和数值求解研究。

目前,结构体与健康监测系统耦合建模方法的系统性研究是相对欠缺的,涉及的关键科学问题和技术难题还没有解决,包括:含损伤复杂结构在多物理场载荷作用下的静动力学建模、与传感器和结构健康监测方法相关的多物理场-损伤完全耦合建模、传感器与结构体之间的跨尺度建模。

3.2　基于结构监测数据的损伤快速识别与三维重建算法

在损伤监控的基础上,通常可以通过两种方法进行损伤诊断:第一种方法是使用数据驱动算法,通常与传感器收集数据相关联,随后对数据进行处理和分析;第二种方法是使用模型来分析结构信息,这两种方法都被广泛使用。但是,大多数情况下数据驱动算法是首选,能为决策提供实时解决方案,但计算成本较高。另外,随着计算机视觉技术的高速发展,基于机器视觉的损伤检测方法可以显著提高检测速度与检测精度,但是将其应用于复杂飞机结构有待进一步研究,且目前只能检出损伤却无法进行定位,利用三维重建技术建立飞机的三维形貌可以弥补这一缺陷,为飞机结构损伤检测提供定位依据。

因此,对于现代先进的复杂整体成型民用飞机结构,基于结构监测数据和视觉技术进行损伤快速识别与三维重建的算法,以及数据驱动的损伤自动化评估力学方法,是进行结构损伤监测与评估首要解决的科学问题,也是行之有效的理论框架与技术路径。

3.3　材料-结构一体化分析的多级数据驱动多尺度理论

随着民用飞机结构的外形尺寸不断增大、结构形式越来越复杂,采用基于宏观模型的数值分析方法无法考虑其多尺度特征。大型民用飞机由成千上万个结构部件和更多结构细节组成,除了各种结构尺度外,还有大量的物质尺度。对于复合材料结构,最粗的尺度为由层合板和机织/纺织复合尺度组成,包含丝束或纱线构成的介观尺度,以及一个或多个离散微观尺度。对于金属结构,包括晶体结构、考虑位错密度的单晶结构、离散的位错结构和原子结构等不同尺度。这些问题难以在同一个分析模型中考虑,为了在保证计算精度的同时降低计算量,有必要采用多尺度方法进行分析。另一方面,随着整体成型技术和增材制造技术的快速发展和广泛应用,飞机结构的材料-结构一体化分析与设计是必要的手段,其研究已经提上日程,相应地需要有支持一体化设计的计算方法与软件。

目前,结构多尺度分析研究大多集中于简单试件,将其用于解决大型复杂结构的损伤问题有待进一步研究。在数据驱动的结构损伤监测与评估的算法基础上,必须建立数据驱动的材料-结构一体化多尺度分析理论,研究各种尺度上典型损伤的相互影响机制,揭示局部损伤对整体结构安全性的影响机理,实现民用飞机结构局部与全局的快速准确评估。

3.4 数据驱动时空多级多尺度力学的结构寿命预测理论

民用飞机结构的剩余寿命预测方法主要包括物理模型和数据驱动算法。由于难以获取复杂结构失效机理的物理模型,近年来,通过有效搜集飞机结构设计和使用数据及维修维护数据,结合数据驱动和力学分析方法进行剩余寿命预测,成为飞机结构剩余寿命预测技术的重要发展方向,是国内外学者研究的热点和难点,主要包括基于统计模型的方法、基于可靠性函数的方法以及基于人工智能模型的方法。在数据驱动和力学分析方法相结合的剩余寿命预测技术中,数据缺失、结构失效不确定性、与力学分析融合不够等问题成为制约预测准确性的重要因素。为了提高预测精度,国内外学者采取了大量改进措施,主要包括扩展数据、改进预测模型和数据融合三类。然而,数据融合方法会使建模和参数估计的复杂度增大,降低计算效率,导致算法的实时性降低,有待进一步完善和优化。

因此,基于数据驱动的损伤识别算法和数据驱动的多尺度结构力学理论,考虑历史损伤数据、实时监控数据以及局部损伤评估数据,深度融合数据和力学模型,发展数据驱动多尺度剩余寿命预测方法,有望实现民用飞机整体结构寿命预测,进而实现民用飞机结构全寿命周期的健康管理。

主要参考文献

[1] BROWN E R,MOORE E E,MCCOLLOM N N,et al. Prognostics and Health Management A Data-Driven Approach to Supporting the F-35 Lightning II [C]//2007 IEEE Aerospace Conference. Piscataway:IEEE Press,2007.

[2] MEYER C,CANNON H,BALABAN E,et al. Propulsion IVHM technology experiment overview [C]//Proceedings of IEEE Aero-space Conference. [S. l.]:Big Sky,2005.

[3] SWAGATO D,PURNACHANDRA S. A review of some advanced sensors used for health diagnosis of civil engineering structures [J]. Measurement,2018,129:68-90.

[4] BURGOS D A T,VARGAS R C G,PEDRAZA C,et al. Damage Identification in Structural Health Monitoring:A Brief Review from its Implementation to the Use of Data-Driven Applications [J]. Sensors,2020,20(3):733.

[5] YE X W,DONG C Z,LIU T. A Review of Machine Vision-Based Structural Health Monitoring:Methodologies and Applications [J]. Journal of Sensors,2016,2016(5):1-10.

[6] ALI G,STEPHAN S,CLEMENS H. A Review of Multiscale Computational Methods in Pol-

ymeric Materials［J］. Polymers,2017,9（1）:16.

［7］ PATTERSON-HINE A,BISWAS G,AASENG G,et al. A Review of Diagnostic Techniques for ISHM Applications:1st Integrated Systems Health Engineering and Managemen Forum ［C］. Napa:［s. n.］,2005.

［8］ SI X S,WANG W B,HU C H,et al. Remaining useful life estimation - A review on the statistical data driven approaches ［J］. European Journal of Operational Research,2011,213 （1）:1-14.

［9］ JARDINE A,LIN D,BANJEVIC D. A review on machinery diagnostics and prognostics implementing condition-based maintenance ［J］. Mechanical Systems and Signal Processing, 2006,20（7）:1483-1510.

撰稿人:李顶河(中国民航大学)

先进航空复合材料结构损伤容限快速评估与高精度预测

Rapid assessment and high-precision prediction of damage tolerance for advanced aeronautical composite structures

1 科学问题概述

飞机轻量化能带来更低的油耗、更高的运力以及一系列绿色经济效益,使用高比强度、比刚度的先进航空复合材料可最大限度地实现机身减重。然而,目前国内航空复合材料的设计应用经验与国外相比仍有一定不足,如何保障飞机全生命期内复合材料结构件的安全性和可靠性,是目前大飞机研发中亟须解决的关键问题。当前,疲劳/损伤容限已成为航空结构的主要设计理念,它允许减轻重量,同时提高可靠性和结构完整性,在保证安全性的前提下维持原有适航性,并降低维修人力与成本。然而就目前来看,国内航空产业对于复合材料结构损伤容限的认识与国外还有较大差距,研究方法依然大量依靠传统冲击后压缩或疲劳试验,需要耗费大量试件和时间,不仅大幅增加了设计制造成本,更限制了研发速度,成为复合材料结构在国内民用航空工程中应用的瓶颈之一。

造成以上问题的原因是航空复合材料结构中的缺陷和冲击损伤在循环载荷作用下的演化机理尚不清楚,航空复合材料结构的多种损伤形式可在服役中的循环载荷作用下相互竞争和影响,以至于其损伤扩展难以预测,给航空复合材料结构的损伤容限设计和评估带来很大困难。因此,快速准确分析、预测和试验验证复合材料结构中的损伤形态以及其在疲劳载荷作用下的扩展机理是实现损伤容限快速评估的关键。现有多项研究表明,基于压电传感器、声发射设备、光栅传感器、红外探测器等可在短时间内获取大量复合材料疲劳损伤过程中的实时在线数据,结合大数据处理技术和机器学习算法对这些数据进行合理的分析与挖掘,可快速获取复合材料结构中的损伤演化规律与强度衰减信息,进而基于数据驱动的疲劳损伤扩展模型有望实现复合材料结构损伤容限的快速评估与高精度预测。

然而就目前来看,该方向尚处于概念、方法形成阶段,相关评测方法缺乏强有力的理论体系支撑,一些关键问题尚未解决:①复合材料结构在循环载荷下的疲劳损伤演化规律复杂多变,探测数据与各类疲劳损伤扩展之间的映射关系仍不明确;②复合材料中初始缺陷/低速冲击损伤等可显著削弱结构承载能力,其在疲劳加载下的继发扩展机理尚不明确;③复合材料结构的主控破坏模式和最终失效判据仍过度依赖经验;④复合材料结构损伤容限的分散性和可靠性问题研究仍有不足。

2 科学问题背景

国外新型民用飞机"波音 B787"和"空客 A350"的复合材料结构使用比重分别高达50%和53%,而目前国产"C919"客机中复合材料用量仅12%左右。当前国产大飞机的复合材料应用比例仍然较低的一个重要原因是国内的复合材料结构损伤容限分析方法尚未形成体系,无法确保复合材料结构件的可靠性和安全性,难以通过适航取证。国外民用飞机制造商经过40多年的发展,积累了大量复合材料使用经验解决了以往应用中的瓶颈问题,而国内复合材料损伤容限设计经验和评估技术相对于国外仍有较大差距,限制了航空复合材料结构的应用。

由于复合材料结构的疲劳损伤演化机理非常复杂,目前航空工业界采用大量的冲击后压缩破坏实验来确定复合材料结构的损伤容限,需耗费大量的人力、物力且难以满足当前研制国产大飞机时间紧、任务重的迫切需求。此外,航空工业界依然采用"零增长"的设计理念来认证复合材料结构,最大许用应变一般被限定在 0.35% 左右,这意味着设计时需要采取极大的结构和材料冗余,严重削弱了复合材料所能提供的减重潜力。此外,冲击压缩破坏曲线的门槛值被用来确定设计许用应变值,未考虑疲劳损伤扩展过程,使复合材料结构设计过于保守。

美国联邦航空管理局和欧洲航空安全局在2010年都提到了考虑疲劳损伤缓慢扩展来设计和认证民用航空客机先进纤维增强复合材料结构的条款,允许复合材料结构有更高的许用应变,减少结构冗余,实现结构减重。我国航空业若依然采用上述策略来应对航空复合材料结构的损伤容限设计,未来我国大飞机的复合材料结构及其适航取证和适航条款制定将不具备先进性。且由于无法准确分析、快速预测和试验验证先进航空复合材料结构中损伤在循环载荷作用下的演化,将无法支撑航空公司经济、有效和安全地处理飞机复合材料结构中的冲击损伤,造成过度维修,机队运行维护成本过高等问题。

综上,开展先进航空复合材料结构损伤容限快速评估与高精度预测研究对提高我国民用大飞机经济性和综合竞争力具有重要意义。

3　科学问题研究进展

1970 年,复合材料首次在飞机结构上得到应用,损伤容限的概念已出现在飞机结构设计思想中。1974 年 7 月美国空军《飞机损伤容限要求》中,明确规定了复合材料结构设计须满足损伤容限设计要求。在确定损伤容限和疲劳评定的详细要求时,需考虑结构的损伤危害性全面评定、几何形状、可检性、良好的设计实践和损伤/退化形式。当前复合材料结构的损伤容限设计理念可以按损伤扩展特性分为三类,即:损伤无扩展、损伤缓慢扩展和损伤阻止扩展。损伤无扩展设计理念是将冲击威胁包容在设计许用值之中,并以此控制所设计的工作应变低于这个许用值,因而设计过于保守。损伤缓慢扩展设计理念是指某些损伤类型在疲劳载荷下,其扩展速率是缓慢、稳定和可预测的,则可采用损伤缓慢扩展方法,但要保证有足够可靠可行的损伤检测方法。损伤阻止扩展设计理念是指对于设计特征处的某些损伤类型,如果有充足可靠的数据证明损伤扩展在达到临界值以前能够被机械止裂或终止,则可以考虑采用损伤阻止扩展方法,但此方法适用的损伤情形比较有限。相比之下,损伤缓慢扩展设计理念建立在损伤扩展是可预测的基础之上,能够有效提高复合材料的设计许用应变值,减少航空复合材料结构的设计冗余并提高运维经济性,但该理念在实际复合材料损伤容限设计中还存在一些关键问题有待解决。

3.1　复合材料结构在循环加载下的疲劳损伤扩展规律快速表征问题

复合材料结构的疲劳性能研究大多基于传统疲劳实验,在服役条件和实验室试验条件相似的情况下,可将实验室测得的疲劳试验数据(如刚度衰减等)用以总结损伤缓慢扩展规律。然而,复合材料构型十分丰富,不同纤维和基体以及铺层顺序对应的疲劳损伤扩展规律不同,具体的飞行器的服役条件也是多变的,故而需要执行大量耗时耗力的传统疲劳试验,成本极高。材料的疲劳失效本质上是其微观组织结构在循环荷载作用下不断向着断裂方向发展演化的结果,并且该演化过程是可以被使用无损探测器进行监测的,能在短时间内获取与疲劳损伤演化有关的大量能量耗散信息,充分挖掘这些数据和信息,有望实现复合材料疲劳损伤扩展规律的快速表征。但如何在大量的无损检测信息中快速提取与损伤相关的特征参数,并剖析出探测数据和疲劳损伤扩展规律之间的多环映射关系需要进一步探究。

3.2　复合材料中初始缺陷/冲击损伤在疲劳加载下的扩展机理问题

复合材料结构在生产与加工过程中不可避免地会引入初始缺陷,而复合材料结构在飞机运行和维护过程中又会遭到低速冲击的威胁，如工具掉落、砂石冲击等。这些初始缺陷/冲击损伤往往包含纤维断裂、分层和基体开裂等损伤形式，这些损伤都有可能在循环载荷作用下扩展，并且相互影响。虽然现有研究表明基体裂纹对剩余强度几乎无影响，但在循环载荷下，基体裂纹和分层的相互作用可能会导致损伤演化速度增高。而纤维断裂才是复合材料剩余强度降低的原因，纤维断裂和其他破坏形式的演化和相互作用会导致复合材料结构发生最终破坏。实际上，结构通常承受多轴应力状态，需要进一步表征和分析损伤的初始形态，损伤在循环载荷作用下的缓慢扩展机理。不同形式和程度的低速冲击损伤会对疲劳损伤演化过程的影响有很大区别，这也是快速评估复合材料损伤容限的难点之一。基于压电或光栅传感器等采集的在线数据可对复合材料结构损伤进行快速识别，准确获取损伤类别、位置和形状等信息，并对损伤扩展行为进行实时跟踪，为准确描述含初始缺陷复合材料疲劳损伤扩展机理提供了可能。

3.3　复合材料结构的主控破坏模式和最终失效判据问题

虽然已经有大量的含损伤复合材料剩余强度的研究，但预测含损伤复合材料结构的最终失效仍极度依赖于特定构件开发的经验关系，缺乏具有普遍性的分析工具。更为复杂的是，目前对于导致复合材料最终破坏的主控破坏模式和关键破坏机理尚存在巨大争议，其中分层失效和纤维断裂失效被认为是相互竞争又相互作用的两种导致结构最终破坏失效的损伤模式。现有的关于预测含损伤复合材料结构剩余强度的有限元分析工具依赖于复合材料强度理论和失效准则，而业界尚未对各种复合材料的强度准则和失效理论的有效性达成一致，传统的试验方法和理论推导难以构建准确的复合材料强度准则。采用数据驱动模型替代力学中的偏微分方程组来描述问题，通过数据驱动方法直接进行预测或挖掘问题的模型，在复合材料结构力学分析中优势突出。开展基于数据驱动的高保真的复合材料试验方法研究，有望实现复合材料变形与失效数据的高保真提取与融合，并在此基础上实现对现有失效理论模型进行校核并开发基于数据驱动的失效判据。

3.4　以过于保守的安全系数解决复合材料结构的分散性和可靠性问题

航空复合材料结构的制造和服役过程实际上是随机过程，复合材料具有设计参数多、制造过程复杂等特点，导致复合材料结构性能分散性大，服役过程中的载荷、环境和损伤等本质上也是随机变量。采用传统的安全系数并考虑这些随机变量的分散性难以定量评估复合材料结构的可靠性，通常为了覆盖分散性的影响，安全系数都取得较大，容易导致低效的结构设计，无法充分发挥复合材料比刚度和比强度高的优势。因此，需要采用概率损伤容限评估方法定量评估复合材料结构的可靠性，提高航空复合材料的结构效率。概率损伤容限分析的准确度取决于概率模型，而航空复合材料结构制造和服役过程中损伤、载荷和环境等众多随机变量的影响,使获取概率模型的参数非常困难。目前主流的思路是综合考虑复合材料结构设计、制造和服役过程中可能出现的情况,包括载荷、损伤、温度和检修等,模拟复合材料结构的全寿命飞行过程,进而评估复合材料结构的失效概率。然而,此类方法很少考虑真实损伤在循环加载下的扩展行为,因而导致预测精度偏低。而基于多传感器对单架飞机复合材料结构的性能和服役状态进行长时间跟踪,形成复合材料结构损伤信息的数字孪生体,以期实现飞机复合材料结构的个体差异化管理,解决分散性问题,并基于数字孪生体的数据分析,进一步提高复合材料结构的可靠性评估精度。

主要参考文献

[1] IRVING P E,SOUTIS C. Polymer Composites in the Aerospace Industry,Series in Composites Science and Engineering:Number 50[M]. Sawston:Woodhead Publishing,2015.

[2] 轩福贞,朱明亮,王国彪. 结构疲劳百年研究的回顾与展望[J]. 机械工程学报,2021,57(6):26.

[3] 崔德刚,鲍蕊,张睿,等. 飞机结构疲劳与结构完整性发展综述[J]. 航空学报,2020,42(5):1-24.

[4] 孙侠生,苏少普,孙汉斌,等. 国外航空疲劳研究现状及展望[J]. 航空学报,2021,42(5):45-70.

[5] 王芳丽,刘凯,潘微,等. 民机结构绿色维修技术应用与发展[J]. 航空学报,2021,42(5):1-20.

[6] BOGENFELD R,SCHMIEDEL P,KURUVADI N,et al. An experimental study of the damage growth in composite laminates under tension-fatigue after impact[J]. Composites Science and Technology,2020,191:82-108.

[7] TALREJA R,PHAN N. Assessment of damage tolerance approaches for composite aircraft with focus on barely visible impact damage[J]. Composite Structures,2019,219:1-7.

[8] BALUCH A H,FALCÓ O,JIMÉNEZ J L,et al. An efficient numerical approach to the prediction of laminate tolerance to Barely Visible Impact Damage[J]. Composite Structures,2019,225:107-111.

[9] SAEEDIFAR M,NAJAFABADI M A,ZAROUCHAS D,et al. Barely visible impact damage assessment in laminated composites using acoustic emission[J]. Composites Part B:Engineering,2018,152:180-192.

撰稿人:张超(西北工业大学)　黄甲(西北工业大学)

数字孪生式的通航飞机结构寿命管理与智能维护决策原理与方法

Principles and methods of the digital-twin type of structural life management and maintenance scheduling for general aviation aircrafts

1 科学问题概述

老龄化和结构疲劳严重影响通航飞机的飞行安全和结构持续适航性。基于结构的疲劳寿命和损伤容限要求,对飞机关键部位进行合理的结构寿命管理和检查维修是保障飞机结构疲劳安全性的主要手段。然而,大部分现役通航飞机设计较早,数据显示世界范围超过80%的通航飞机是按照原来的规章取证,未按照现代飞机结构耐久性损伤容限要求进行设计。此外,由于通航飞机不同飞行员操作差异较大等原因,导致载荷分散性大,单机寿命存在显著差异。部分通航飞机的寿命和检查维修缺少制造商规范化指引,寿命和维护管理的不当将直接威胁飞机结构和飞行人员的安全。结构健康监测是近年来发展起来的一种保障结构安全的新方法。然而,由于造价和适航成本等原因,在通航飞机上难以加装结构健康监测装置,使得通航飞机结构的损伤状态难以直接监测。

数字孪生技术是解决上述难题、提高通航飞机结构安全水平的潜在途径。数字孪生充分利用飞机的载荷/结构/疲劳模型和飞机的使用与维护数据,建立真实结构与虚拟孪生的双向映射,反映并预测飞机结构在全寿命周期内的行为和性能。以通航飞机为对象,将航电飞行数据作为输入,调用飞机载荷/结构/疲劳模型开展准实时的概率性集成仿真,并利用检查数据不断提高结构损伤预测和数字孪生模型的可信度,可以追踪和预测单机结构寿命消耗和损伤演化,协助用户制订单机结构寿命管理与检查维修计划,有望显著提高国内现有通航飞机结构维修保障和持续适航水平。

飞机结构数字孪生的特点在于其多学科集成、时效性仿真、基于实际测量不断提高模型准确性的优势,而这三个特点也正是其需要攻克的关键科学和技术问题。具体而言,以基于飞行历程和检修数据的通航飞机关键部位损伤诊断与寿命预测为目的,需要重点解决载荷识别、结构分析、疲劳损伤预测三种模型如何开展集成仿真与仿真如何满足实时性要求的问题,以及解决如何基于真实结构损伤检查数据开展数字孪生模型自适应更新的问题,即:①如何集成飞行载荷/结构力学/疲劳损伤多学科理论,建立反映通航飞机多领域特性的数字孪生体集成仿真模型;②如何进行复杂模型降阶和多保真仿真,依据飞行历史和降阶模型,准实时地开展结构寿命消耗和损伤扩展的预测;③如何融合预测结果和结构检查数据,自适应调整仿真模型参数以提高飞机结构行为与仿真结果的一致性。相比较于军用飞机和运输航空,通航飞机结构较为简单,便于关键科学问题研究和关键技术攻关,而取得的成果也更容易进行应用。相关研究的成果和应用的经验未来也可推广应用于运输类飞机以及军用飞机。

2　科学问题背景

通用航空与运输航空共同构成了民用航空运输体系的"两翼",是国家综合运输体系的重要组成部分。但是长期以来,我国通航产业发展落后于运输航空,运营单位对结构持续适航管理的重视程度、开展结构寿命管理和检查维修工作的规范性也不如运输航空。随着我国通航产业进入提速发展阶段,通航结构持续适航水平不足的问题将更为严峻。提升通航飞机结构持续适航的水平,已经是一项迫在眉睫的需求。

结构老龄化严重影响世界各国通航飞机的结构安全性。例如,中国民航飞行学院的"Cessna 172"机队有超过 100 架该型号飞机,这些飞机已经在高年利用率下运行超过 15年,且由于长期执行高强度的飞行训练任务,大量结构部件已经步入老龄期,故障率明显升高。据美国联邦航空管理局(FAA)估计,2020 年美国通航机队 21.1 万架飞机平均年龄将接近 50 年,其结构安全风险已不容忽视。结构疲劳是老龄化飞机面临的最大的结构安全风险。当飞机进入老龄阶段,结构中疲劳裂纹出现的概率显著增加,疲劳裂纹的萌生与扩展使得结构承载性能下降并最终导致结构断裂,严重威胁飞机的飞行安全。2019 年,一架"Cessna T210M"飞机由于翼梁疲劳断裂在澳大利亚坠毁。该机于 1976 年制造,累计飞行时间超过 1.2 万小时。2018 年,FAA 一份适航指令指出,部分"Cessna 172、182、206、207 和210"型飞机的前舱门柱舱壁下方由于结构疲劳出现裂纹,预计有 14653 架飞机受到影响。

目前,我国通用航空产业发展进入提速阶段。截至 2021 年 3 月,我国通用航空器数量达到 4164 架,首次超过运输航空器数量。随着监管政策的变化和低空空域的开放,通用航空产业已经进入发展快车道,未来也将面临大量老龄化飞机结构疲劳带来的飞行安全问题,给保持通航飞机结构持续适航性带来涉及用户和民用航空局两个层面的多重挑战。

从用户层面看,由于通航飞机飞行环境复杂,执行任务多样,使得同一机队不同飞机的结构寿命和损伤状态差异较大。由于适航要求与造价成本等原因,难以通过加装结构载荷与健康监测装置直接监控每架飞机的使用载荷和损伤演化。与此同时,通航飞机制造商提供的持续适航相关资料较为简略,用户在制订检查维修方案时通常参考运输航空相关规章,难以匹配通航飞机的实际运行情况。

从民用航空局层面看,其持续适航管理也因缺乏成熟的技术支持而面临多重阻碍。目前,我国通航飞机的相关数据分散于产业链的不同位置,形成了多个数据孤岛,难以进行集中统一的数字化管理。由于缺少成熟的基于仿真的结构持续适航性评估方法和工具,难以实现结构剩余寿命与承载能力的有效评估,无法及时把控飞机运行过程中的飞行风险。这些挑战制约着我国通航飞机结构持续适航水平的进一步提高。

综上所述，通航飞机的结构维修保障与持续适航管理具有其独特性，难以照搬运输航空的经验。缺乏针对通航飞机实际情况的寿命管理、检查维修决策和结构持续适航性评估手段，是制约我国通航飞机的结构持续适航水平进一步提高的瓶颈。而这一待突破的技术瓶颈，正是近年来军用和民用航空工业飞机结构数字孪生模式的单机结构管理的研究目的和发展方向。

3 科学问题研究进展

在航空领域，数字孪生的相关研究主要集中在军用航空。2011 年美国空军研究实验室开始开展机体数字孪生的工作，旨在根据实际飞行情况概率性地预测飞机中疲劳裂纹的萌生及扩展，辅助飞机使用维护，目前正以一个"F-15"的全尺寸飞机机翼开展演示验证。基于飞机结构数字孪生框架，加拿大空军以一架退役的"CF-188"飞机为对象开发了一个融合仿真预测与检查结果的内部分析工具，实现对飞机的结构损伤状态与结构安全性进行准实时的量化风险评估。

在民用航空领域，数字孪生技术的相关研究也在不断发展。例如，波音公司将数字孪生技术应用于飞机的设计阶段，为新机构建数字孪生体并通过仿真预测部件在产品全寿命周期中的性能以及可能会出现的故障。然而总体来看，运输航空的数字孪生技术的研究更加侧重于面向产品设计的研发。具体到通用航空领域，在全球范围内，目前还没有开展基于数字孪生的结构寿命管理、维修保障的研究。

董雷霆等提出的面向飞机结构的寿命管理，给出了飞机结构数字孪生体的基本框架和关键技术途径，但是对于其在飞机结构疲劳寿命分析、损伤诊断与预测、安全性评估与维护管理方面，还有以下几个方面关键科学与技术问题需要解决。

3.1 基于低采样率航电数据的单机飞行载荷历程识别

通过航电记录的飞行参数历程，可以估计作用于全机的合力和气动载荷分布历程，这方面已经得到了广泛的研究并已经在国内外型号单机监控实践中得到应用。然而，针对典型通航飞机，其广泛存在航电采集的飞参数据采样率不足的问题，例如"Cessna 172"型飞机航电的采样率为 1Hz，直接识别的载荷不能满足基于数字孪生的寿命与损伤扩展分析的要求，须首先研究提升飞行参数采样率的方法。而无论是插值法还是基于神经网络的拟合方法，本质上无法捕捉结构更高频响应及其对结构疲劳的影响。深入开展内嵌飞行动力学模型的飞行参数采样率提升方法，是潜在的技术解决途径之一。

3.2 基于实时载荷数据的结构应力历程快速计算

在机体数字孪生的实践中，需要依据识别出来的单机结构载荷历程，快速计算出重点关注关键部位(如机翼大梁、翼身接头等)的应力历程。现有的结构应力分析主要通过详细的有限元分析进行,然而这种方法对仿真资源和计算时间的需求较大,难以满足数字孪生实时性的要求。另一方面,由于结构寿命计算重点关注断裂关键部位的应力历程,也没有必要得到整个结构详细的全场应力分布。采用结构多尺度/多层级分析方法,将机翼等复杂结构部件进行合理简化,快速得到结构的整体响应和关键部位的细节应力历程,是数字孪生应用需求牵引的结构快速分析方法的发展趋势。

3.3　基于单机应力历程的结构裂纹扩展实时预测

在进行结构断裂力学和疲劳裂纹扩展分析时,常用的结构有限元法存在求解裂纹应力强度因子效率较低的问题,且在模拟裂纹的生成和扩展时需要进行复杂的网格细化和重构。美国机体数字孪生项目使用基于有限元法的 FRANC3D 软件进行断裂力学仿真,而美国空军对该项目提出了质疑,举的一个主要例子是美国空军采用结构有限元法模拟一个孔边裂纹的扩展需要四天时间,不能满足数字孪生对于实时裂纹扩展仿真的需求。结合更高效的结构断裂力学仿真方法和近年来快速发展的模型降阶技术,进行应力强度因子的快速计算与疲劳裂纹概率性实时仿真,是结构数字孪生需要重点解决的关键技术问题。

3.4　基于结构检查结果的模型状态与参数更新技术

解决以上载荷识别、结构分析、寿命预测与损伤扩展三类模型仿真准确度与实时性的问题,并进行联合仿真,即可依据单机飞参历程实现单机数字孪生式的实时寿命消耗与损伤预测。然而,由于裂纹扩展模型参数等认知不确定性的存在,以及裂纹长度的增长等随机不确定性的存在,上述步骤预测结果的可靠性仍需要进一步提高。采用全寿命周期的结构损伤检测结果与数字孪生体模型不断交互,对结构损伤状态与裂纹扩展模型参数进行更新,是追踪全寿命结构损伤状态,提高数字孪生体模型准确度的潜在手段,也是数字孪生与单向仿真的本质区别。

3.5　总结与展望

综上所述,数字孪生式的单机寿命管理和维护决策是提高通航飞机结构持续适航水平的有效手段。如何集成载荷/结构/疲劳多学科理论建立飞机数字孪生体模型、如何依据飞行历史准实时开展结构寿命消耗和损伤扩展的预测、如何综合利用预测结果和结构检查数据开展可靠的结构剩余寿命和持续适航风险评估,是需要攻克的关键科学与技术难题。以美国空军为主的机体数字孪生技术路线在载荷识别、结构损伤预测方面难以应用于我国通航飞机的数字孪生体寿命管理和维修保障,需要采用更巧妙且更实际的技术路线并开展研究和验证。而深度融合仿真预测模型和全寿命结构检查数据的方法,是较为明确且具有潜力的飞机结构寿命、损伤和风险评估的发展方向。

主要参考文献

[1] 董雷霆,周轩,赵福斌,等.飞机结构数字孪生关键建模仿真技术[J].航空学报,2021,42(3):113-141.

[2] GLAESSGEN E,STARGEL D. The Digital Twin Paradigm for Future NASA and U. S. Air Force Vehicles[C]//53rd AIAA/ASME/ASCE/AHS/ASC Structures. Structural Dynamics and Materials Conference&. Honolulu:American Institute of Aeronautics and Astronautics,2012.

[3] TUEGEL E. The Airframe Digital Twin:Some Challenges to Realization[C]//53rd AIAA/ASME/ASCE/AHS/ASC Structures. Structural Dynamics and Materials Conference. Honolulu:American Institute of Aeronautics and Astronautics,2012.

[4] WANG H K,HAYNES R,HUANG H Z,et al. The Use of High-Performance Fatigue Mechanics and the Extended Kalman / Particle Filters,for Diagnostics and Prognostics of Aircraft Structures[J]. CMES:Computer Modeling in Engineering & Sciences,2015,105(1):1-24.

[5] ASHER I,WANG L,KHAN G,et al. Developing a Probabilistic Load Spectrum for Fatigue Modeling[C]//19th AIAA Non-Deterministic Approaches Conference. Grapevine:American Institute of Aeronautics and Astronautics,2017.

[6] LI C,MAHADEVAN S,LING Y,et al. Dynamic Bayesian Network for Aircraft Wing Health Monitoring Digital Twin[J]. AIAA Journal,2017,55(3):930-941.

[7] KERYK C,SABATINI R,KOUROUSIS K,et al. An Innovative Structural Fatigue Monitoring Solution for General Aviation Aircraft[J]. Journal of Aerospace Technology and Management,2018,10:e0518.

[8] LIU Z,MEYENDORF N,MRAD N. The Role of Data Fusion in Predictive Maintenance Using Digital Twin[C/OL]. [2020-07-16]. http://aip. scitation. org/doi/abs/10. 1063/1.5031520.

[9] MADNI A,MADNI C,LUCERO S. Leveraging Digital Twin Technology in Model-Based Systems Engineering[J]. Systems,2019,7(1):7.

[10] MILLWATER H,OCAMPO J,CROSBY N. Probabilistic Methods for Risk Assessment of Airframe Digital Twin Structures[J]. Engineering Fracture Mechanics,2019,221:106674. 1-106674. 24.

撰稿人:董雷霆(北京航空航天大学)

基于数据驱动的飞机视情维修决策技术研究

Research on aircraft condition maintenance decision technology based on data drive

1 科学问题概述

随着新一代航空系统复杂和综合程度不断提高,通过开展过视情维修策略研究,优化大飞机维修过程,虚拟验证大飞机维修特性和使用要求,可以有效提高民用航空客机使用过程中的快速故障检测、诊断和维修保障能力。大飞机维修过程牵涉面广,各种定性定量因素交叉,如何对维修决策系统进行分析和构建,对于后续庞杂维修过程建模与仿真具有重要作用。

视情维修(On Condition Maintenance,OCM)是通过状态把机器性能和维修决策活动联系起来,视情维修中的"情"就是指状态。视情维修策略可以通过确定部件内在性能状态(正常、故障等)与外部显示特征之间的关系,由外部特征量来安排所需要的维修活动。《可靠性维修性保障性术语》(GJB 451A—2005)中对视情维修的定义为:对产品进行定期或连续监测,发现其有功能故障征兆时,进行有针对性的维修。它是预防性维修的一种。视情维修的优势在于通过加强和完善监测监控手段,掌握设备的工作状态,及时发现问题并采取相应对策,使有些故障在发生之前得到有效预防,有些严重的故障可以在有轻微故障苗头时得到控制并被排除,从而遏制严重故障的发生,大大降低故障率,节约维修成本,缩小维修范围,减少维修工作量,提高设备的可用率,使维修工作变被动为主动。视情维修可以解决定期维修中"该修不能修,不该修却要修"的问题。

当前,中国民用航空的维护维修严格执行原始设备制造商(OEM)提出的要求,在持续适航维修工程领域尚未形成技术体系。持续适航维护维修关键技术依赖于客机运行过程中形成的大量数据,航空公司虽然拥有大量数据,但很少对其挖掘分析。另外,单一航空公司难以形成具有研究价值的样本量规模,而不同航空公司之间数据共享也受到各种限制。因此,研究中国民用航空客机维护维修数据分析方法,开展对持续适航维修特性评估方法研究,具有工程应用价值。对基于数据驱动的大飞机维修决策系统进行研究,还需要突破非平衡数据扩充、信息深度挖掘、评估参数的耦合特性分析、多源信息融合的评估等一系列关键技术,实现大飞机的维修需求验证,为国产大飞机突破综合保障核心技术提供理论支撑,对于推动可靠性、测试性、维修性、保障性及综合保障理论研究与航空工程实际相结合具有重要意义。

作为一种重要的维修手段,飞机视情维修决策系统的开发和研制工作还面临着诸多问题：①缺乏对庞杂维修数据的分析研究，导致系统开发周期长、质量不高，需要进一步开展维修数据处理相关研究，突破对原始数据信息的深度挖掘等关键技术；②存在部分状态监测数据不完备、非平衡、局部缺失等非理性数据，导致故障预测结果精度低、鲁棒性差、维修决策难度大等问题；③飞机维修数据变量多且存在强耦合，参数化后参数和信息的维数大，需要进行多源信息融合的评估，这些问题都增加了系统参数辨识难度和计算复杂性；④复杂的维修过程往往涉及多个部门层级式开发，存在仿真系统集成难度大、大量相似模块重复开发等问题，难以有效实现对维修体制、维修策略、维修模式、维修消耗等维修特性的验证工作；⑤在传统的建模仿真概念框架下建立的仿真模型难以拓展应用，升级维护难度也很大。

2 科学问题背景

我国民用航空业处于快速发展阶段，国民对民用航空业的整体要求也与日俱增，与此同时，国家也对民用航空客机研发投入大量精力。飞机维修是维持民用航空公司平稳运行的重要环节，飞机维修质量影响着飞机航行的可靠性和安全性，只有保证了机务维修的质量，才能保证飞机在航空运行过程中不出现差错，才能保证飞机上人员的生命安全。随着航线数量的快速增长，民用航空业内对飞机维修的要求也在日益增长，仅仅保证维修的安全可靠已经不能满足社会的发展要求。

实际情况下，大飞机维修策略还停留在故障后维修与定时维修，没有根据机载设备实际运行中的性能变化对维修周期及方式进行及时调整，往往需要很高的维护和维修成本。因此，需要在可靠性评估的基础上，深入开展机载设备在运行中性能参数变化趋势研究，合理确定不同时期所需要的不同维修周期及方式，构建最优维修策略。在大飞机维修技术领域，根据"可靠性为中心，预防为主"的航空维修思想，随着航空电子、微电子、计算机、自动测试和通信等技术的发展及在军用飞机上的应用，维修模式不断改进，各类机内自检、数据记录与分析、信息传输以及检测、诊断和通信技术手段应运而生，并逐渐朝着自动化、综合化、模块化方向发展。这些技术的应用使航空维修保障人员能够充分利用采集的各种数据，综合检测和监控飞行参数、飞机结构、发动机和各机载设备的工作状况，降低飞机维修时间，提高飞机可用性。因此，基于数据驱动的方法为解决复杂机载设备的维修决策提供了可行的途径。

总体来看，如何处理复杂的飞行参数数据，如何设计、开发可重用的维修决策系统，仍然是一项艰巨、复杂的系统工程，无论从理论研究层面还是工程实践层面都具有很大难度。其中：①维修数据总体体量庞杂，数据预处理是完成维修决策系统的首要任务，如何开展数据处理研究，需要进一步突破数据挖掘、参数耦合分析、多源信息融合等关键技术；②对于提出维修决策总体分析框架与流程，涉及诸多逻辑判断依据，需要具体、实际的工程操作、维修经验、航空装备设计、功能、原理等多源数据,必须紧密结合型号研制特点进行细致、深入地研究,才能取得突破。

3 科学问题研究进展

3.1 监控参数的视情维修决策

监控参数的视情维修决策方法是连续或定期地对设备或飞机部件的运行状态进行监控和检测,将检测的结果与适用的标准进行比较,比较的结果是设备能否使用到未来某一时刻,只有当检测值接近临界值时,才决定对设备进行修理,监控参数的视情维修要求设备具有适检性,并且能发现潜在故障。根据物理信息获取技术的不同,状态监测数据可以包括振动数据、声学数据、油液分析数据、温度、压力、湿度、目视数据,以及其他与物理设备的运行状态相关的数据。同时,事件数据也是状态数据的主要来源。

大飞机是典型的复杂机电系统,随着飞机不断运行,各部件性能衰退难以避免。根据 P-F 曲线,将设备使用状态分为:正常状态、潜在故障状态、功能故障状态等。在飞机部件性能衰退至阈值前,需要对其进行维修以使其性能得到恢复。多数在役民用航空飞机的性能参数都会通过 ACARS 存储。运维方和 OEM 都会利用 ACARS 参数等进行飞机性能监测并分析运行状态,对民用航空发动机采用基于状态维修(Condition Based Maintenance,CBM)。视情维修(OCM)和基于状态维修(CBM)概念相近,广义的视情维修包含基于状态维修(CBM)和视情维修(OCM),CBM 更强调基于实时或者接近实时的维修方式,可以看作更高级的视情维修。

大部分现役飞机都包含有明确寿命限制的寿命件,如民用涡扇航空发动机中的风扇盘、风扇轴等零件。由于材料、结构及工况等因素影响,寿命件超过其寿命限制将直接影响飞行安全。因此,在寿命件达到其使用寿命限制之前必须对其进行更换。在实际运维中仍需要采用定时维修(Hard-Time Maintenance,HM)策略。飞机在运行过程中也无法避免随机故障,也需要对其采用随机故障修复维修(Failure Corrective Maintenance,CM)。综上所述,由于大飞机是典型的复杂装备,为保证其安全运行,实际运维中一般对其采用包括 CBM 策略、HM 策略和 CM 策略等维修策略。

将基于以上描述的维修策略进行混合维修决策优化,主要难点在于:①这样的维修优化方法一般是将大飞机在实际运维中采用的 CBM 策略、HM 策略和 CM 策略分别进行优化,在一定程度上忽略了各维修策略之间的耦合关系,难以实现混合维修策略的协同优化;②现有方法中的维修工作范围优化是基于维修目标优化结果进行的,维修目标优化误差会传递到维修工作范围优化中。

总体上,现有维修决策和优化方法没有从全寿命角度对飞机部件维修策略进行优化。

当飞机部件维修优化问题从单机单次维修扩展到面向全寿命的维修优化时,其问题的规模和复杂度会急剧增加,而混合维修策略的全寿命协同优化又会进一步增加优化难度。

3.2　监控可靠性水平的视情维修决策

监控可靠性水平的视情维修决策方法是根据收集的设备同型飞机部件总体的可靠性和使用性数据,对整个飞机部件或某类飞机部件从总体上对其可靠性水平进行监控,监控的结果是更换零部件或重新修复,其特点是需要大量的统计,分析数据处理及计算适用于各类可靠性数据齐全的设备。

在传统可靠性理论中,主要考虑了失效和工作这两种状态。其中可靠性指标均反映大量个体的统计结果,而不反映某个个体特有的状态。评估设备的优劣主要是根据监测的状态数据而不是运行时间。因此,需要采用新的方法来度量系统或设备的可靠性。性能可靠性将可靠性评定与设备实际劣化水平联系起来,为分析应用视情维修技术的系统或设备提供了新途径,这对人员或环境带来较大伤害的设备发生故障是很重要的。状态可靠性随着劣化程度的变化而变化,表明了设备或部件的劣化水平与随机故障之间的关系,这一特性不同于传统可靠性(只是设备工作时间的函数)。因此,状态可靠性可以基于设备实际劣化状态进行可靠性评定,适用于表征同类设备(或部件)的不同个体在不同的工作负荷和工作环境下经历不同的劣化过程后的不同可靠性指标,可成为视情维修策略下分析系统的有力工具。

监控可靠性水平的视情维修决策方法是从可靠性评估的角度来建立维修策略,可靠性评估分为两类:一类是基础设备设施的可靠性评估,基础设施设备一般具有实际的运行状态参数(如电流、电压等),可参照传统工程系统的可靠性评估研究方法进行可靠性评估;第二类是系统级别的可靠性评估,由于各个组成部件的性能参数无法实时获取,数据积累量较少,对于从性能参数出发分析各部件的性能退化情况较为困难。目前已有的系统层级可靠性评估方法研究中,主要由存在以下问题:①基于系统结构构建模型的方法只是使用了底层设备故障率的经验值,没有考虑到不同设备及不同时间的同一设备故障率存在差异;②基于系统工作原理和工作流程的方法大多没有考虑系统中设备的运行状态对系统的影响;③基于数据驱动的方法能够很好地整合系统运行中的故障信息,但是没有考虑到不同系统、不同环境的因素对可靠性的影响。

总体上,维护维修决策的制定与可靠性评估结果密不可分,前者是对后者结果的实际应用,而后者则是前者的理论基础。对于维护维修决策的研究,主要应从以下两个方面进行:一是以"故障-安全"为导向,在系统发生故障时,根据系统的故障诊断结果,为系统提供维修策略建议;二是以系统可靠性评估为基础,以可靠性预测结果为约束,以维护维修成本最小为最优目标进行维护时间间隔的确定。

3.3　总结与展望

基于数据驱动的飞机视情维修决策,以测试和状态监测数据为依据,估计对象系统未来的状态演化趋势。该方法不需要对象系统的先验知识(数学模型或专家经验),避免了基于物理模型方法的建模难题。数据驱动的系统可靠性建模与剩余寿命预测,通过传感技术的基础性研究,提升信息感知能力,并通过获取的系统运行状态数据,结合模型化方法,采用在线和离线相结合的数据分析和高效计算方式,突破系统健康管理体系结构和关键技术。

对于基于数据驱动的维修决策技术而言,仍需解决的问题有:①需要解决状态参数数据处理的问题。设备使用和状态监测数据庞杂,且对象系统的状态数据往往具有很强的不确定性和不完整性,这些问题都增加了剩余寿命预测的难度。②在当前的信息化大数据时代背景下,出现了大量新兴的数据处理方法,为航空设备维修决策辅助提供了重要参考,非理想数据扩充、信息深度挖掘、评估参数的耦合特性分析、多源信息融合的评估等关键技术的发展是当下数据驱动维修决策技术的发展方向和难点。

目前随着传感技术的快速发展和大数据应用需求的驱动,学术界和工业界一致认为基于数据驱动的方法为解决复杂设备的可靠性建模、剩余寿命预测,以及视情维修决策提供了可行的途径,该方法也成了主流的研究方法。

主要参考文献

[1] CHEN C, WANG C, LU N, et al. A data-driven predictive maintenance strategy based on accurate failure prognostics[J]. Eksploatacja i Niezawodnosc - Maintenance and Reliability, 2021, 23(2): 387-394.

[2] NEMETH T, ANSARI F, SIHN W, et al. PriMa-X: A reference model for realizing prescriptive maintenance and assessing its maturity enhanced by machine learning[J]. Procedia CIRP, 2018, 72: 1039-1044.

[3] LU B, CHEN Z, ZHAO X F. Data-driven dynamic predictive maintenance for a manufacturing system with quality deterioration and online sensors[J]. Reliability Engineering & System Safety, 2021, 212: 107628. 1-107628. 12.

[4] SAf A N, JARDINE A . Aircraft routing with generalized maintenance constraints[J]. Omega, 2018, 80(10): 111-122.

[5] LEE J, MITICI M. An integrated assessment of safety and efficiency of aircraft maintenance strategies using agent-based modelling and stochastic Petri nets[J]. Reliability Engineering and System Safety, 2020, 202: 107052. 1-107052. 16.

［6］ ALASWAD S,XIANG Y. A review on condition-based maintenance optimization models for stochastically deteriorating system［J］. Reliability Engineering & System Safety,2017,157, 54-63.

［7］ JACK C P,CHENG W W,CHEN K Y,CHEN Q,et al. Data-driven predictive maintenance planning framework for MEP components based on BIM and IoT using machine learning algorithms［J］. Automation in Construction,2020,112:87-103.

［8］ WANG Y, ELAHI E, XU L. Selective Maintenance Optimization Modelling for Multi-State Deterioration Systems Considering Imperfect Maintenance［J］. IEEE Access, 2019, PP (99):1-1.

［9］ LIN L, LUO B, ZHONG S S. Development and application of maintenance decision-making support system for aircraft fleet［J］. Advances in Engineering Software, 2017, 114 (12):192-207.

［10］ HU Y,MIAO X, ZHANG J, et al. Reinforcement Learning-Driven Maintenance Strategy: A Novel Solution for Long-term Aircraft Maintenance Decision Optimization［J］. Computers & Industrial Engineering,2020,153:56-107.

撰稿人:宋东(西北工业大学)　赵琯(西北工业大学)

第8章
机场规划、建养与运行

　　机场是保障航空器起飞、降落、滑行、停放及其他活动的关键基础设施,在城市互联互通、综合立体交通网建设和临空经济发展中发挥着不可替代的作用。机场规划、建养与运行面向"四型机场"中平安、绿色、智慧建设发展导向,以平原机场、高原机场、海上机场等多类型机场为对象,以商用、通用、军用等多元化飞行需求为驱动,研究机场基础设施规划设计、建设施工、运营管理、维修养护等全周期过程中的基础前沿问题和关键共性问题。

　　经过半个多世纪的发展,机场规划、建养与运行已逐渐实现了信息化升级转型,正在步入数字化、智能化的新时代。在场道设施方面,当前已搭建面向机场道面基础设施检测评估与管理的信息化系统,开展了大量针对道面承载状况、抗滑状况等的实时检测传感技术研究,实现了动态监测的突破,并针对生命周期与环境影响评估开展了探索性研究,借鉴国外研究成果制定了相关的参数体系。我国幅员辽阔,还同时拥有高高原、海上平台等环境下的机场,但由于研究起步较晚,相关的结构性能演化机理、监测预警技术等仍处于探索阶段。在运行支持方面,基于前期的感知技术突破,随着多模态大数据的不断积累,物联网、人工智能的深入应用,正在开展面向全要素的数据理解、态势预测和优化控制等方面的研究,逐步构建基于数字孪生技术的运行支持平台。

　　机场规划、建养与运行涉及"人机环管"多元因素,问题研究的复杂程度随着机场场道设施(跑滑系统、航站楼、停机坪)、交通要素(人、机、车)和内外环境(地形、气象、外来物)等因素的日益复杂而不断增大。未来,随着大数据、人工智能、云计算、第五代移动通信技术(5G)等新一代技术的进一步广泛应用,机场规划、建养与运行将步入数字化、网络化、协同化和智能化时代。通过多学科交叉融合与新兴技术集成应用,增强场道设施的安全水平与供给能力,提升场面交通的综合运行效能,将成为本领域的主要发展趋势。全过程、全要素、全方位优化,实现安全运行保障有力、生产管理精细智能、旅客出行便捷高效、环境生态绿色和谐将是机场规划、建养与运行的主要发展目标。

考虑当前制约机场规划、建养与运行的瓶颈问题，在未来一段时期内，本方向将着重解决以下关键问题：瞄准机场规划建设与养护中的设施韧性问题，研究场道设施系统抵御灾害、吸收损失、恢复常态过程中表现出的物理原理与特性规律，以提高机场道面设施网络的抵抗力、可靠性、冗余性和恢复力；面向机场运营管理中多模式混合、多业务联动和多主体协同问题，研究机场全域运行优化控制蕴含的科学问题与共性技术，以提高机场系统运行安全、高效和稳健性水平。另外，考虑到我国是世界上拥有高高原机场数量最多的国家，也正在建设全球最大的海上机场，如何系统性突破这一特色难题亦十分紧迫。

针对上述发展需求与难点挑战，本学科方向围绕机场场道设施系统和业务系统两大核心要素，聚焦突破飞机-道面耦合机理及跑道表面状况适航性自动评估、多灾害耦合环境下海上机场平台结构动态响应特性、复杂气候地质环境下高高原机场场道设施性能演化机理、机场全域协同运行时空网络特性与优化控制等4项基础科学和关键技术问题。

飞机-道面耦合机理及跑道表面状况适航性自动评估

Aircraft-runway surface coupling mechanism and airworthiness evaluation of runway surface condition

1　科学问题概述

中国民用航空局正大力推进以"安全、智慧、人文、绿色"为主题的"四型机场"建设，其中安全仍是民用航空业发展的底线，也是机场运行的重中之重。飞行区道面是机场面积最大的区域，面积占比超过65%，飞行区道面特别是跑道关联的安全事故是航空器安全事故评估中的第一大风险类别。根据国际民用航空组织(ICAO)统计，仅2016年，就发生了59起跑道相关航空器安全事故，其中一半以上与跑道偏移相关。因此，保障跑道适航安全性对航空器运行安全具有重要意义。

民用航空飞机在跑道上起降速度最高可达360km/h，机场道路表面与高速运动轮胎的相互作用是非常复杂的界面接触问题，受两类主要因素影响：一类是跑道表面的宏观起伏，即跑道的平整度。不平整跑道导致飞机滑跑剧烈振动，不仅降低了乘客的舒适性，增加了飞行员对飞机的操作难度，也降低了飞机起落架的疲劳寿命，影响飞机运行安全。另一类是跑道表面状况。在覆盖不同程度、种类及面积的污染物(雨、冰、雪等)时，飞机的跑道刹车效应会变差，导致轮胎制动减速及方向控制能力减弱，增加飞机冲出、偏出跑道的风险。

近年来随着航空交通运输规模的持续增加,高频、重载、复杂起落架构型等荷载特征更为显著,在荷载和环境耦合作用下,跑道三维道面表面起伏呈现随机快速演化的趋势,结合污染物导致的跑道表面状态变化,飞机高速滑跑动力学行为更加复杂,如何表征飞机-道面耦合系统在全过程多场景中的非平稳随机状态成为关键。另外,表面状态受飞机荷载作用次数的影响,道面表面状态的性能演变与飞行区交通运行状态也存在很强的耦合特性。因此,有必要科学精确地感知跑道表面状态及变化趋势,发展多尺度飞机-污染物-道面耦合作用下系统非线性动力特性分析手段,准确揭示飞机地面滑跑行为的机理与规律,建立科学、全面的跑道适航安全性评价体系,这对提升飞机滑跑安全具有重要的意义。

2 科学问题背景

ICAO 统计数据表明,发生在飞行区内的事故占比超过 60% ,飞行区的运行安全保障任务依然艰巨。其中,与跑道安全相关的占总体 47.8% ,而冲出、偏出跑道占跑道安全的 34% ,其中超过 50% 的冲出、偏出跑道事件发生在不平整的湿滑跑道上。环境和荷载的双重作用会使道面表面宏观起伏随着使用年限增加逐渐恶化,冰雪天气情况会引起跑道湿滑和污染,及时、定期进行跑道状态评估是保障机场运行安全、减少飞行区事故症候的有力保障。跑道平整度是道面表面宏观起伏的体现,目前国际上仍主要沿用公路路面的平整度表征模型。这种评价模型来源于汽车后轴的质量、减震系统、行驶速度参数,与飞机机型相差巨大,敏感波段的差异导致无法正确表征飞机的振动响应。如 2016 年,浦东机场二跑道不均匀沉降导致的长波不平整造成"B767"机组反映强烈,但检测维修人员通过国际平整度指数(IRI)指标却无法检测出来。同时,采用跑道摩擦系数测试设备的测试数据作为跑道适航标准已经不能满足机场安全运行需求,如 2015 年 3 月 5 日,美国达美航空公司的航班在降落时由于跑道积雪冲出跑道,导致 25 人受伤。此后多次发生的跑道冲出、偏出事故均在事前预报了良好的跑道摩擦系数值。国际民用航空界经过近 20 年研究,已经放弃仅将道面摩擦系数作为评估跑道表面状态的唯一指标,转而将跑道状态按照跑道状况代码以及跑道表面污染物的种类、深度和覆盖范围等综合表达,ICAO 要求从 2021 年 11 月 4 日起,按照统一的"全球跑道表面状况报告格式"(GRF)评估和报告跑道表面状况,以便正确决策确保航空器起降安全。

3 科学问题研究进展

在服役期间,机场道面表面状态适航安全性能对于保障飞行区安全、高效运行极其重要,开展道面表面状态的准确感知与评价则是关键。19 世纪 70 年代,由于大量机场道面接近使用年限,美国空军开始研究机场道面评价管理技术以提高效益,其中道面平整度和抗滑性能就是评价管理技术中重要的内容。1981 年,美国提出了一整套道面状况计算、分析与评价方法,被美国军用、民用机场广泛采纳。自此,各国相继开展了研究,并在性能测试和评价方法上不断完善。1994 年,同济大学开辟了我国在该领域的首创研究,实施了大量实践工作,至今已先后完成百余份机场道面性能评价报告。1998 年,在充分借鉴国内外相关理论和技术的基础上,同济大学系统构建了"机场道面评价体系",研究编制了《民用机场道面评价管理技术规范》(MH/T 5024—2009),并于 2019 年进行第一次修订。

对于机场道面平整度而言,包括巴西、意大利、墨西哥、南非、加拿大、中国等都直接或间接地应用公路的 IRI 体系。IRI 模型采用的典型 1/4 车取值来源于汽车后轴的质量、减震系统、行驶速度参数,与飞机机型相差巨大,敏感波段的差异导致 IRI 模型无法表征飞机的振动响应(特别是无法考虑长波起伏)。同济大学通过收集和分析国内 50 次机场跑道平整度检测数据,发现 85% 的跑道属于"好",15% 的跑道属于"中",基本没有平整度"差"的跑道。进一步观察发现,跑道两端明显不平整的区域与跑道中间段都属于"好"的标准,理论和实践均表明采用 IRI 作为跑道平整度的检测指标是失效的。美国波音公司提出的 BBI 模型则是基于最大隆起高度(Bump Hight)和隆起长度(Bump Hength)两者关系的评价指标,基于单个起伏的半波长-振幅关系建立的"断面类"模型。BBI 模型无法考虑连续起伏对飞机动力响应的叠加,与飞机振动响应的相关性不高,且指标的外延性差。2019 年,美国波音公司与同济大学合作,启动了新一轮的跑道平整度评价体系研究项目,计划摒弃原来 BBI 模型。因此,对机场道面不平整的安全评估沿用公路的体系不可行,采用简单的断面类模型也不合理,必须充分考虑飞机-道面耦合的动力学响应规律,这样提出的评价方法才能反映道面的特点与飞机的特性,其核心在于准确掌握跑道三维不平整激励空间特征和精细解析飞机滑跑随机振动规律。

表面污染物对路面抗滑性能影响的研究始于 20 世纪 20 年代,英国 TRRL 机构建立了湿滑路面交通事故率与路面溜滑度的关系,针对机场道面抗滑性能的研究始于 20 世纪 50 年代。1951 年,ICAO 对湿滑跑道上的飞行操作和适航性进行了阐述。1960 年前后,美国和英国开始为飞行员提供着陆数据,以消除飞行员着陆时的紧张心理。我国 20 世纪 80 年代初开始重视机场跑道抗滑问题,陆续在跑道上刻槽,以减少飞机的漂滑。美国联邦航空管理局从 20 世纪 90 年代起,通过系列实践和研究后提出不能将摩擦系数作为跑道表面状态的唯一描述指标,需要根据不同跑道分类考虑污染物覆盖情况并结合飞机刹车效应来评估跑道的适航性。ICAO 于 2021 年底要求采用 GRF 格式报告跑道表面状况,将跑道分为干跑道、湿跑道和污染跑道 3 类并报告道面摩擦系数,跑道表面污染物的种类、深度和覆盖范围等指标。然而目前业界实践除摩擦系数测试外,其他指标仍只能采用目视检查方式。由于污染物在轮胎-路面界面处的润滑作用,轮胎与道面的附着系数显著降低且处于动态变化的状态。探索跑道污染物的检测、识别方法,建立污染物状态下考虑道面平整度的全尺寸虚拟样机着陆滑跑足尺仿真模型,准确揭示跑道污染物覆盖状态下飞机-污染物-道面相互作用行为成为关键。

目前,对于道面的平整度和抗滑性能有所进展,但如何实现对机场道面表面状态的适航安全性准确评估仍需存在以下难点需逐渐攻克:

3.1　跑道道面污染物精确识别与跑道表面状态预测

道面污染物覆盖状况的影响因素众多,道面暴露环境气象参数、道面微/细/宏观结构参数、除冰雪作业模式等都会引起污染物的种类、覆盖范围、厚度的演化或突变。为实现跑道道面污染物精确识别,首先需要构建道面结构与气象环境,建立除冰雪作业模拟手段,形成多类跑道表面状态指标的仿真生成方法。同时,探索跑道污染物生长演化机理,揭示外部因素-污染物指标动态映射关系,跑道污染物种类、厚度及覆盖情况的精确检测识别方法,跑道表面状态演化规律,建立湿跑道及污染跑道表面状态预测模型。

3.2　不平整跑道下飞机-道面耦合动力学响应规律

道基不均匀沉降、道面错台等都会导致跑道的不平整,这种不平整对滑跑飞机产生激振效应。同时,飞机激振引起跑道结构振动,因此,不平整跑道下飞机-道面形成动力耦合系统。为揭示附在耦合系统的动力学响应规律,构建不平整跑道道面三维几何模型及变形场,建立全要素、高精度的飞机-道面耦合系统的时域频域动力仿真方法,揭示飞机高速滑跑下跑道不平整的三向传递机制。同时,分析包含速度、机型等影响因素下飞机-道面耦合系统的随机振动响应特性,明确跑道长波与短波不平整对飞机-道面耦合系统的影响机理,研究考虑飞机长轮距与跑道宽断面的道面三维不平整空间效应。

3.3　跑道污染物覆盖状态下飞机-污染物-道面相互作用行为

跑道污染物是影响飞机制动距离最核心的因素,滑跑过程中飞机-污染物-道面组成复杂的相互作用体系。因此,首先需要明确不同流态下道面表面污染物厚度的动态演化规律,研究跑道表面纹理-污染物厚度覆盖的三维重构技术。通过构建轮组-污染物-跑道三维流-固耦合局部精细模拟方法,建立污染物状态下全尺寸虚拟样机着陆滑跑足尺仿真模型,研究不同污染状态、轴载胎压、接触面积、滑跑速度等多因素下飞机制动性能衰变规律。进而,明晰飞机滑水状态下跑道表面抗滑失效机理,建立污染物状态下飞机冲出、偏出跑道的安全风险概率体系,形成高可靠度的跑道抗滑性能等级标准。

3.4　道面服役功能性能与飞机地面运行状态交互影响机制

道面服役功能性能的衰变与飞行区交通流的重分配相互作用、相互影响。建立道面服役功能性能与飞机地面运行状态的耦合理论，提出基于反馈平衡控制的动态平衡计算方法；多尺度飞行区地面交通行为仿真与路网拓扑分析相结合的方式，实现交互作用动态平衡的解算；在解耦分析的基础上，建立道面服役功能性能与路网交通协同运行的仿真系统，基于反馈控制实现功能服役性能与路网交通分配的动态平衡解算；基于数据驱动分析理论，运用交通量预测、极端事件概率分析等方法，研究飞行区道面服役功能性能的预测方法。

3.5 跑道适航性动态演化与自动化评估技术

新运行模式中，跑道适航性由跑道摩擦系数测试值、道面污染物状况(类型、厚度、覆盖度)、跑道平整度、跑道刹车效应、飞机性能等多因素共同决定。建立跑道表面状态报告的自动生成方法替代人工跑道观察员，采集整理远、中、近期飞机-道面适配评价数据，探索建立飞机起降、跑滑过程数字孪生模型，发展特定道面状况下典型机型跑道着陆距离计算方法、机场跑道-飞机耦合状态动态演化预测工具、跑道适航性即时自动化评估技术和考虑飞行员跑道降级操作决策的跑道适航性更新联动，并开展测试验证。

主要参考文献

[1] 中国民用航空局. 民用机场道面评价技术管理规范：MH/T 5024—2019[S]. 北京：中国民航出版社,2019.

[2] Federal Aviation Administration. Surface Roughness Final Study Data Collection Report [M]. Washington,D. C. :Federal Aviation Administration,2014.

[3] GERVAIS E L. Runway Roughness Measurement,Quantification andQpplication:The Boeing Approach[C] // Aircraft/Pavement Interaction:an Integrated System. [S. l.]:ASCE,1991.

[4] 凌建明,刘诗福,袁捷,等.采用 IRI 评价机场道面平整度的适用性[J].交通运输工程学报,2017,17(1):20-27.

[5] ICAO. Assessment,Measurement and Reporting of Runway Surface Condition:Circular 355 [S]. Montréal:ICAO,2019.

[6] VAN ES G W H. Running out of runway:analysis of 35 years of landing overrun accidents [R]. [S. l.]:National Lucht-en Rulmtevaartlaboratorlum,[R]. 2005.

[7] CEREZO V,GERTHOFFERT J,BOUTELDJA M,et al. A modelling-based approach to relate ground friction measurements to aircraft braking performance[J]. Journal of Aircraft,2016,53(1):251-261.

[8] 王雪莹.道路冰雪与路面粘附特性及除雪机理研究[D].长春:吉林大学,2019.

［9］ IATA Global Reporting Format for Runway Surface Conditions-Air Navigation Service Pro-viders［EB/OL］（2019）［2023］. https：//www. iata. org/en/training/courses/grf-ansp/talp41/en/.

［10］ WESOŁOWSKI M，BARSZCZ P，BLACHA K . Evaluation of the Usefulness of Friction Tester Vehicles to Operate on Runway Pavement Surfaces［J］. Research Works of Air For-ceInstitute of Technology，2016，39（1）：43-50.

撰稿人：刘诗福(同济大学)　王立文(中国民航大学)　顾兴宇(东南大学)

多灾害耦合环境下海上机场平台结构动态响应特性

Dynamic response characteristics of maritime airport platform structure under multi-disaster coupling environment

1　科学问题概述

新机场是"国家发展一个新的动力源"，已成为"一带一路"倡议下"空中丝绸之路"建设的战略支点。科技进步和沿海城市空余土地减少，未来机场移到海上发展趋势明显。相较于陆地，海上极端天气、海洋现象频发，多尺度极端台风-浪-流耦合模拟是海上机场发展亟待解决的难题。因抗风浪能力强而呈现巨大潜力的大型半潜式海上机场平台，在极端台风-浪-流耦合作用下的动力特性和响应更加复杂。

半潜式海上机场平台位于大气边界层中较低高度区域，台风边界层风场及其引起的巨浪和海流即为海上机场遭遇的极端海洋气候环境。与此同时，不同地质结构、地形-海床环境也会对波浪和海流产生较大影响，进而影响海表面摩阻速度和边界层风剖面粗糙度指数。因此，建立考虑不同地质结构的台风-浪-流-海床多重非线性耦合模型是研究海上机场浮式平台动力特性的关键。

由多个小尺度模块拼接而成的大型半潜式海上机场平台受到包括区域尺度、边界层尺度和结构尺度等多个尺度流动影响，使不同尺度涡结构之间能量发生相互转移。为了获得结构周边真实、准确的流场信息以用于机场平台动态响应分析，现阶段一般采用中、小尺度耦合模拟方法。中尺度模式提供真实台风-浪-流模拟结果，小尺度模式跟随中尺度模型动力和物理过程变化，提供结构周围三维精细湍流场。研究表明，中、小尺度耦合模拟方法能够更准确地表征结构动态响应特性。

超大型海上机场平台受到多灾害多尺度耦合作用，结构会发生不同程度的损坏，建立结构损坏程度与荷载的关系可以为结构预期维护提供科学依据。但海上机场面临的多灾害形式、结构多目标状态之间的对应关系现阶段尚未开展相关研究。因此，建立复杂极端海况环境耦合作用下海上机场超大浮式平台强度、位移、变形、稳定性等状态性能指标等级至关重要。如何依据此类状态指标合理有效决策并进行安全预警，是后期精准维护和安全运营的关键。当前，马尔可夫预警决策过程模型在结构预警维护实际工程中应用最为广泛，但其对于状态或执行动作空间较大情况的计算昂贵且效率低。而当前出现的深度学习、强化学习方法可克服状态或执行动作空间大的难题，因此，多灾害耦合环境下海上机场智能安全新技术研究亟待开展。

2 科学问题背景

合理开发利用海洋空间资源，关系人类未来发展，是我国实现可持续发展战略的重要保障。超大尺度、多功能海上机场是发展民用航空经济和海洋经济的基础性装备。作为国家重点支持领域和民用航空强国战略需求，海上机场已成为海上交通中枢和资源开发的技术制高点。

海上机场分为填海固定式和系泊漂浮式两种。浮式机场由于其建造速度快、不受海域水深限制、机动性强等优点而备受关注，但其相比于常规海洋平台，结构尺寸巨大带来诸多建造难题，现阶段是以一定的连接方式将若干个小尺度模块拼接成整体，致使其水平尺度远大于垂直尺度，结构表现为柔性，环境动力载荷作用下其弹性变形和流固耦合不容忽视。与陆上机场相比，海床地形的不连续性、波流非均匀性和风场非定常性，使海上机场在极端台风作用下受到较大影响。因结构工艺简单、抗风浪能力强等优点，在海洋平台建设中有一定优势的、未来发展潜力巨大的大型半潜式海上机场平台，在极端台风-浪-流-海床耦合作用下的流场机理、动态响应和受力更加复杂，已超出现有技术范畴和规范。

国内外现有海上机场二十余座，其中，我国有澳门国际机场、香港国际机场、大连金州湾国际机场（在建，建成后将成为世界最大海上机场，整个机场长 6.50km，宽 3.50km）。为解决制约海上机场发展中极端海洋环境的突出问题，建设安全可靠、可持续发展的海上机场，国内外学者针对极端海况下浮式平台动力响应做了大量研究。然而，仍有多起海洋平台破坏事件发生：2011 年 12 月 18 日，在暴风且海浪高达 5m 的海况下，俄罗斯"科拉"钻井平台发生翻覆沉没事故；2005 年台风 Katrina 造成 Shell Mars TLP 平台上部结构发生严重破坏等。

因此，相较陆上机场，海上机场更易受到包括自然灾害、环境侵蚀和结构自身老化等因素影响，使得基础设施性能下降更加显著，这引出结构状态评估、预警和维护全过程一系列关键科学问题。为使海上机场全生命周期内维护成本效益最大化，预警和决策方法的准确性和时效性起到决定性作用。但现阶段马尔可夫预警决策过程模型等传统方法难以解决结构存在的较大状态空间或动作空间问题，人工智能新技术的再次快速发展为该问题的解决提供了新思路。基于此,考虑典型海床地貌、台风-浪-流耦合环境等因素,开展多灾害、多尺度耦合作用下半潜式海上平台流场驱动机理、非线性动力特性及响应分析研究,是建立海上机场系统状态性能等级指标新思路。进一步基于人工智能新技术进行结构安全预警维护是应对极端环境提出的新方法,也是机场向海上发展的严峻挑战。

3　科学问题研究进展

目前,机场工程、风工程、流体力学、气象学、海洋学和地球物理学科领域已经关注到复杂海况环境作用下海上浮式机场平台模拟方法和动态响应特性研究,但对于由多个小尺度模块组装而成的大型半潜式海上机场平台引出的台风-浪-流-海床多尺度耦合作用相关研究,以及海上机场智能预警新技术研究均尚未见报道。针对此问题,开展多灾害台风-浪-流-海床对海上机场平台流场驱动机理、非线性荷载模型、动力响应分析、状态指标等级设定和智能化预警研究具有代表性和前瞻性。国内外主要研究进展及发展动态分析如下:

3.1　不同地质条件海底地貌摩阻流速和风剖面特征捕捉

海底地貌可分为平坦大陆架、陡峭大陆坡、多样海底平原和洋中脊四类,其具有不均匀分布特征,床面粗糙度会直接影响海流纵向分布和变化规律,间接影响波浪传播路线,进而改变海上风剖面特征系数。在目前风浪流作用下,超大型浮式平台研究中均得出海底地形对浮体的水弹性响应不可忽略。然而,对于海上机场超大浮体,现有研究大都忽略了不同海床地貌对海流流速纵向分布的直接影响和波浪传播与近海面粗糙度改变导致的三维风场风剖面特征、湍流特性改变的间接影响。

3.2　台风-浪-流多灾害中、小尺度耦合模拟方法

台风、浪与流三者在交互运动中具有强烈的耦合性:台风掀起巨浪显著改变海表面粗糙度,进而影响风速剖面和近波面的能量交换;波浪辐射应力为海流流动提供驱动力,对海流的运动过程产生复杂影响;海流的流速、流向和潮位将引起波形要素的显著变化。采用单一模式的模拟方法无法精确捕捉台风、浪与流三者间的反馈信息。因此,搭建中尺度WRF-SWAN-FVCOM实时双向耦合模拟平台对研究极端多灾害耦合作用至关重要。

大型海上机场平台是由若干小尺度模块拼接而成,涉及多尺度科学问题,需解决多层网格嵌套、多时间尺度控制、跨尺度突变等问题。截至目前,中、小跨尺度连续模拟仍是一项长期挑战。因此,开展台风-浪-流跨尺度模拟方法研究,对台风-浪-流多灾害耦合模拟结果与大型海上机场平台建设安全预警分析具有重要意义。

3.3　台风-浪-流耦合作用下海上浮式平台动态响应

相比于固定式结构,浮式结构对风荷载和波浪荷载更为敏感。需同时考虑风、浪、流荷载的影响,才能准确体现结构真实荷载环境下的动态响应特性。此外,研究发现将海上超大浮式平台拆分为多个单模块并采用连接器进行连接的形式,也会产生一定的内力和变形,这与刚性模块的假设不符,故单模块的水弹性响应不容忽视。同时,海上机场整体位移、局部变形、结构内力等动态响应预警对确保其服役过程中的安全性至关重要,故开展多灾害耦合环境下海上浮式机场非线性振动机理研究具有重要科学意义。

3.4　台风-浪-流耦合作用下海上浮式平台失稳机理判断

对于大型半潜式海上机场平台体系,其稳定性研究多针对各模块六自由度水动力及气动力性能、动态响应及系泊系统适应性等,涉及环境荷载-弹性变形-模块运动-系泊受力之间的耦合作用。因此,同时考虑以上四个因素并对海上机场超大浮体进行稳定性分析及失效机理研究至关重要。然而,现阶段超大型浮体稳定性研究结构响应的量级大小,并未深入探讨浮式平台失稳机理。基于此,开展强台风-浪-流耦合激励下海上机场超大浮式平台稳定性分析并以此为基础提出优化模型新技术与失效评定新方案至关重要。

3.5　结构智能安全预警

相较陆上机场,海上机场更易受到极端环境影响,包括自然灾害、环境侵蚀和结构自身老化等因素,进而基础设施性能下降更加显著,这引出结构状态评估、预警和维护全过程一系列关键科学问题。为使海上机场全生命周期内维护成本效益最大化,预警和决策方法的准确性和时效性起到决定性作用。如何依据某类状态指标采用合理有效的决策方法进行安全预警,是后期精准维护的关键。深度学习与强化学习结合产生的深度强化学习技术为解决这一问题带来了新的思路。因此,基于深度强化学习方法,开展海上机场结构强度、稳定等研究,将对我国海上机场发展提供坚实的理论支持。

针对上述阐明的科学问题和研究现状,具体亟须攻克的研究内容包括：

(1)典型海床地貌下摩阻流速和风剖面特征捕捉研究。建立不同地质条件下典型海床地貌模型,通过海洋、地质公开数据验证该地质结构模型的准确性。基于均匀风、规则波和基本流边界入口,以小尺度模拟方法对典型海底平原、海底斜坡和海槽地貌特征进行摩阻流速和风剖面粗糙度系数拟合优化;捕捉考虑真实台风场参数强变异性和全过程衰减效应的摩阻流速和风剖面特征,探索风-浪-流在不同典型海床地貌中能量耗散与传播的本质特征规律。

(2)台风-浪-流多灾害多尺度耦合模拟方法研究。通过搭建风-浪-流实时双向耦合平台,实现三者之间相互作用耦合方法研究。开展基准理想模型大涡模拟,研究能量和变量通量分别在解析尺度区间和亚格子尺度区间上输运特性的网格尺度依赖性,揭示现有中、小尺度数值模式风-浪-流场特征;研究变量通量非局部输运特征规律,建立其与网格尺度变化函数关系,提出尺度自适应的连续尺度风-浪-流场模拟方法。

(3)多尺度台风-浪-流联合作用下大型半潜式海上机场平台流场驱动机理、非线性荷载模型及振动机理研究。研究连续多尺度下最不利极端海况下大型半潜式机场平台流场特性和动力特性,获取结构体系涡旋生成至消亡全过程演变规律,揭示多尺度风浪流联合作用海上机场平台流场耦合驱动机理;研究结构体系涡旋生成至消亡全过程演变规律与平台结构体系压力变化特性,揭示流场非定常演变规律与非线性水动力、气动力之间内在关联,建立非线性荷载模型;结合台风-浪-流等复杂极端环境下海上台风浪流时空演变过程超大柔性浮式结构模拟方法,研究多灾害耦合环境海上浮式机场平台动态响应及平台姿态动态运动,建立多尺度耦合环境与海上浮式机场平台响应和姿态位移的内在规律特征,揭示平台非线性振动机理。

(4)台风-浪-流耦合作用下海上机场浮式平台稳定性与系泊系统优化。研究不同系泊系统下海上机场模块失稳发生条件,揭示复杂环境耦合作用下台风、波浪、海流荷载与失稳模式之间的本质联系,建立台风-浪-流及复杂地形耦合作用下不同平台模块失稳的判别准则,并针对典型失稳模式,提出超大型浮式海上机场自适应减振维稳系泊系统设计新方案。

(5)海上机场结构智能安全预警新技术研究。研究结构实际状态与极限状态的差异特征,对各状态指标进行不同等级设定,建立结构状态指标退化模型;设计在线获取结构实际状态的智能化方法,以历史数据资料与实验数据验证在线获取方法的完备性、正确性和精度问题,实现在线获取结构状态的实时性与准确性;基于海上机场结构全寿命预警维护的马尔科夫决策过程模型,设计考虑结构可靠度和预警维护花费的奖励函数,构建深度学习网络学习结构在当前状态下不同预警维护操作的预期收益,选择使收益最大化的预警维护方案,实现海上机场安全智能预警与维护。

主要参考文献

[1] 马广文.交通大辞典[M].上海:上海交通大学出版社,2005.

[2] KE S, ZHU R. Typhoon-Induced Wind Pressure Characteristics on Large Terminal Roof Based on Mesoscale and Microscale Coupling[J]. Journal of Aerospace Engineering,2019, 32(6):4019093.1-4019093.25.

[3] 朱容宽,柯世堂.考虑中尺度台风影响的大跨度航站楼屋盖风压特性研究[J].振动与冲击,2019,38(23):230-238.

［4］ DING J,WU Y,ZHOU Y,et al. A direct coupling analysis method of hydroelastic responses of VLFS in complicated ocean geographical environment［J］. Journal of Hydrodynamics, 2019,31:582-593.

［5］ WYNGAARD J C. Toward numerical modeling in the "terra incognita"［J］. Journal of the Atmospheric Sciences,2004,61:1816-1826.

［6］ VICKERY P. Wind-induced response of tension leg platform-theory and experiment［J］. Journal of Structural Engineering-ASCE,1995,121(4):651-663.

［7］ KIM B W,HONG S Y,KYOUNG J H,et al. Evaluation of bending moments and shear forces at unit connections of very large floating structures using hydroelastic and rigid body analyses［J］. Ocean engineering,2007,34(11):1668-1679.

［8］ MNIH V,KAVUKCUOGLU K,Silver D,et al. Human-level control through deep reinforcement learning［J］. Nature,2015,518(7540):529.

［9］ REN H,DUDHIA J,LI H. Large-eddy simulation of idealized hurricanes at different sea surface temperatures［J］. Journal of Advances in Modeling Earth Systems,2020,12(9): 2020-2057.

撰稿人：柯世堂(南京航空航天大学)

复杂气候地质环境下高高原机场场道设施性能演化机理

Evolution mechanism of air field infrastructure performance in complex climatic and geological environment of high plateau airport

1 科学问题概述

随着新时代西部大开发和交通强国战略的推进,机场工程的建设正逐步由平原丘陵地区向高原山区,尤其以青藏高原、云贵高原为主的高山、极高山区拓展。根据中国民用航空局的相关规定,当机场高程超过2438m即为高高原机场,截至目前,中国高高原机场共20座,其中19座分布在西南山区。受地形地貌及机场净空的限制,高原地区修建机场,往往需要削山填谷,才能建造出足够大的平面。因此,高高原机场具有填方量大、填方高度高、填料多为土石混合填料的特点,机场道面及高填方边坡变形问题是一个亟待解决的科学问题。高高原机场在建设养护阶段涉及四个方面的变形:填筑体本身的自重应力将引起自身沉降、不均匀沉降和蠕变变形;填筑体在原地基上的应力分布引起原地基的不均匀沉降和工后沉降;挖填交接处形成不均匀变形;上部施工动荷载和机场运行荷载造成的填筑体和原地基的变形。这些变形往往引起机场跑道开裂,造成飞机起降时颠簸,进而影响飞机的安全起降。因此,揭示多场耦合下高高原机场填料的本构关系及压实机理,阐释跨越不同地质单元高挖高填方地基的变形及失稳孕育机制,构建飞机冲击荷载下道面和挖填交替道基的相互作用模型,对保障高高原机场的安全运营具有重要理论指导意义。

高高原机场受高海拔地区特殊气候影响,年内气温的差异性、昼夜气温的差异性将造成道面材料遭受反复冻融循环作用,使得道面出现细微裂纹,甚至起皮剥落。脱落的碎块形成跑道 FOD(Foreign Object Debris),严重影响飞机起降安全。因此,基于高高原机场特殊气候环境,揭示水泥道面、沥青道面的病害类型;基于现有道面病害调查标准,凝练适宜在计算机中参与运算的量化指标;构建适宜的道面病害发育程度评价体系等,将为高高原机场建设养护阶段道面材料冻融环境下的损失机理、修复技术等研究提供理论支撑与技术基础。

民用航空业的快速发展加速了道面损坏和更新的速度,机场道面维修需求也显著增加。尤其是繁忙机场,要求以不停航方式保证维修材料在短时间内形成稳定结构。而基于高高原机场特殊的气候环境,针对道面材料的特殊破坏形式,开展不停航条件下的道面快速修复材料的研究,将是一个亟待解决的科学问题。

2 科学问题背景

机场是国家重大公共基础设施和生命线工程。随着国民经济的高速发展,各界对航空客货运输的需求量与日俱增。建设高高原机场对于西部大开发、促进当地旅游等产业的发展、优化航空布局、实现地区协调发展等均具有重大战略意义,同时也是国防安全、维护边疆地区安全稳定以及抢险救灾的重大需求。

通常把最大填方高度或边坡高度大于20m的机场称为高填方机场,高高原机场长达3000m左右的跑道通常跨越不同地质单元,形成的高填方和高边坡具有挖填交替、方量巨大、填料类型众多、性质复杂的特点。目前,国内外相关基础研究严重滞后于工程建设,尚无成熟理论和技术标准来支撑和规范高高原机场高填方的设计和施工。由于其在材料、结构以及服役要求等方面的特殊性,地形起伏大,跑道道面沉降分布空间差异显著,具有显著的空间效应。另一方面,飞机荷载长期往复作用引起土体循环软化,导致机场高填方变形不断累积,具有显著的时间效应。飞机荷载相比一般交通荷载具有作用力更大、作用时间更短、冲击力更强的特点,但是目前关于飞机起降荷载所引起下道基中附加应力分布规律及不良级配填筑体变形累积机制尚不明确。

针对高高原机场特殊地质环境,气温低、温差大、辐射强、大风多,环境条件非常恶劣,特别是冬季,机场道面积雪影响飞机起降和正常交通,常在机场道面、道路路面上撒布除冰盐、除冰液来降低冰点,消融冰雪,确保飞行安全,避免交通事故。但由于除冰盐及除冰液的作用,会引起混凝土的冻融破坏,有些机场道面达不到设计使用年限即产生表层脱皮、冻胀、开裂、局部剥落等,特别是遭受盐冻作用引起的表面剥蚀现象尤为严重。因此,目前在道面遭受冻融循环时,基于温度效应的道面材料破损机理并不明晰。

3 科学问题研究进展

高高原机场建养关键基础问题涉及高填方地基变形及失稳孕育机制、高填方边坡变形控制技术、道面材料冻融循环损伤机理、新型快速修复道面材料研制等研究。变形控制问题是目前高原地区修建和运营机场面临的严重挑战,尤其是工后沉降的分析、预测与控制。对于机场高填方地基来说,很需要预测填方完成不久后某一段时间内的工后沉降,以选定较为合适的时机来铺筑跑道。而这一时间相对于填方施工工期并不是很长,这就需要较为细致地考虑施工工期内分层填筑的过程,对于下层粗粒填方体来说也就涉及逐级分期加载条件下长期流变变形的计算问题。同时,研究填料性质是进行高填方变形研究的基础,将相关的理论及模型应用于工程中填方体的长期变形预测、监测及预警是目前高填方机场道面变形研究的目的。

从目前的研究来看,高高原机场除了地形、地貌以及地质情况复杂以外,新构造活动也相对频繁,区域地壳稳定性较差,场地地震安全性较低。而高填方机场填方边坡相对较高,通常会达到几十米甚至上百米,因此,高填方边坡的稳定性也必须给予足够的重视,处理不当很容易诱发滑坡事故。同时,高高原机场属于高寒高海拔地区,温度对机场道面材料的影响不可忽视。从目前国内外研究来看,高原地区的道面材料主要是受冻融循环产生破坏。因此,在道面材料冻融循环损伤机理研究及新型快速修复道面材料研究方面对保障机场安全运维具有重要的理论价值。

具体亟须攻克的研究内容包括:

3.1 高高原机场高填方地基变形及失稳孕育机制

包括:揭示多场耦合下高高原机场填料的本构关系及压实机理,提出高高原机场高填方路基变形模式,揭示高填方机场地基施工期和工后沉降变形的时空规律,阐释跨越不同地质单元高挖高填方地基的变形及失稳孕育机制,构建飞机冲击荷载下道面和挖填交替道基的相互作用模型。

3.2 高高原机场高填方边坡变形控制技术

包括:揭示高高原机场高填方边坡变形的内在驱动模式,构建基于整体稳定及变形破坏分析的高边坡力学参数反演模型,构建多场耦合下边坡时效变形模型及基于填料力学特性的支护模型,提出安全可靠的智能边坡变形控制理论。

3.3　高高原机场道面材料冻融循环损伤机理

包括:揭示高原环境下机场道面水泥混凝土、沥青材料随温度变化的损伤规律,阐释道基土体的锅盖效应增水机理及冻融循环机理,构建基于温度的道面材料损伤力学模型。基于现有道面病害调查标准,凝练适宜在计算机中参与运算的量化指标,构建适宜的道面病害发育程度评价体系。

3.4　高高原机场新型快速修复道面材料技术

包括:基于高高原机场特殊的气候环境,揭示水泥混凝土及沥青材料的特殊破坏模式,开发基于不停航施工的新型快速修复道面材料。

主要参考文献

[1] 孙宏,赵庆伟,魏坤鹏.高高原机场复飞限重计算方法研究[J].民航学报,2019,3(6):12-14.

[2] 冯兴,姚仰平,李汝宁,等.山区机场高填方地基变形分析[J].北京航空航天大学学报,2021,47(10):2013-2023.

[3] 姚仰平,黄建,张奎,等.机场高填方蠕变沉降的数值反演预测[J].岩土力学,2020,41(10):3395-3404.

[4] 刘宏,李攀峰,张倬元.九寨黄龙机场高填方地基工后沉降 预测[J].岩土工程学报,2005,27(1):90-93.

[5] YAO Y P,LUO T,SUN D A,et al. A simple 3-D constitutive model for both clay and sand[J]. Chinese Journal of Geotechnical Engineering,2002,24(2):240-246.

[6] 单军杰,刘汉龙,肖杨,等.考虑颗粒破碎特性的机场高填方变形与稳定性分析[J].土木与环境工程学报(中英文),2020,42(2):17-22.

[7] 黄建,姚仰平.高填方边坡失稳时间预测的实用模型[J].岩土力学,2019,40(10):4057-4064.

[8] 姚仰平,北京大兴国际机场跑道的防灾关键技术及其应用[D].北京:北京航空航天大学,2018.

[9] 冯莉,刘国光,杨跃敏.寒区机场刚性道面薄层修补材料性能试验分析[J].新型建筑材料,2021,48(9):74-79.

[10] 吴瑾,刘旭,AFSHIN Islamianbarough.冻融循环后再生粗骨料混凝土梁受弯性能试验研究[J].建筑结构学报,2020,41(S1):247-255.

撰稿人:冯君(中国民用航空飞行学院)

机场全域协同运行时空网络特性与优化控制

Space-time metwork characteristics and optimal control for collaborative total airport operations(TAO)

1 科学问题概述

2020年1月，中国民用航空局发布的《中国民航四型机场建设行动纲要(2020—2035年)》明确提出，通过全过程、全要素、全方位优化，实现安全运行保障有力、生产管理精细智能、旅客出行便捷高效、环境生态绿色和谐。这对机场全域协同运行管理提出了新要求。根据2022年1月中国民用航空局发布的《智慧民航建设路线图》，机场全域协同运行管理已成为我国智慧民用航空建设的重要组成部分。

大型枢纽机场是一个复杂的控制系统，飞机流、车辆流、旅客流、行李流、货物流等多业务流交织影响，航班保障、地面保障、旅客疏导、行李托运、公共运力调配等多保障系统交互衔接，形成了覆盖飞行区、航站区和公共区等空间域，横跨规划、运行和事后等时间域，以及常态、异态事件域的全域协同运行时空网络系统。其运行控制过程具有多变量、随机性强、多约束、离散度大、非线性、鲁棒性要求高等特点，很难通过单一线性模型来刻画不同业务空间的本质运行机理，且传统优化控制方法的鲁棒性难以符合机场的高鲁棒性要求。为了实现机场全域协同运行时空网络特性分析与优化控制的强联合，并围绕同一个或多个目标，实施周期性、持续性和稳健性的优化控制，这对机场全域协同运行过程的分析与控制提出了更高的挑战。

本科学问题的本质在于：准确评估机场全域范围内的协同运行特性，并围绕同一或多个各方达成一致的目标对机场全域活动进行优化控制，实现机场全域运行活动的安全性、高效性和稳健性。因此，需要从时空网络视角，揭示机场全域协同运行特性及其演化规律，突破全域协同运行时空网络最优规划和动态优化理论方法，推动机场运行朝着网络化、精细化、协同化方向发展。

2 科学问题背景

机场全域范围内业务流程的复杂性和多样性是当前航空运输机场面临的最大挑战之一。随着我国现代化机场体系、国际航空枢纽、世界级机场群等加速建设，传统局域子系统的协同运行方式难以适应机场全域协同运行需求。主要体现在：一是机场业务流程复杂多样且相互交错，使得飞行区与航站区、公共区之间表现出明显的依赖性，一个区域的业务发生延误或中断将直接影响另一个区域。二是机场、航空公司、空管等利益相关方会参与到机场业务流程的各个阶段,而不同利益相关方往往只规划自己的流程,因目标不统一,不了解也不关注各自的目标对其他相关方产生的影响,导致目标冲突及相关流程运行效率低下。三是当前尚未实现对即将到来的旅客、航班等态势进行预测,进而无法针对即将到来的需求进行安检通道、摆渡车、停机位等资源的优化控制。

为解决上述问题,广州白云国际机场通过人工预估未来时段公共区高速公路的出行高峰,提前增开航站区中的值机柜台和安检通道,以保障旅客顺利登机,但由于缺乏信息化、智能化的特性分析与优化决策技术,导致预测与决策效果并不理想。伦敦希思罗国际机场在2016年规划了中转离港准点率这一共同性能目标,利用先进的人工智能技术,围绕性能目标实现了航站区中转旅客和行李到达的特性分析技术,基于所分析的特性建立了飞行区地面保障资源最优选择与安检通道提前增开优化决策技术,使得全年提高了4.6%的中转航班离港准点率。由此可见,开展机场全域协同运行时空网络特性与优化控制方法研究,是实现机场全域运行活动的安全、高效和稳健的手段。

3　科学问题研究进展

在机场运行特性分析方面,通过建立机场运行模式和关键业务流模型,演化分析机场系统运行特性,提出性能度量评价方法等。其中,机场运行建模主要利用 Petri 网、排队论、元胞自动机等经典理论方法,基于 SIMMOD、TAAM、AirTOp 和 ASMES 等仿真工具,抽象表示飞机流、车辆流、旅客流和行李流等业务流,进而为场面冲突规避、航空器滑行引导、旅客拥挤疏导等提供基础。演化特性分析包括机场流量概率分布、航班流耦合拥堵演变、进离场航班互影响、机场容量与延误特性、航班周转保障延误分布、航站楼行人交通特性、飞行区安全风险演变等,提出了基于旅客登机和行李托运事件序列数据集的运行瓶颈分析、复杂事件下场面活动处理、复杂事件前馈神经网络演化、机场次生衍生事件及其链式效应等分析方法;并从机场面临扰动风险的抵御性能和恢复能力出发,提出了机场风险识别预警和演化、不确定因素扰动下机场运行恢复、极端风险下机场鲁棒性和抗毁性、机场公共交通网络适应性与连通性、机场局部网络性能、机场航站楼脆弱性和灾害潜势等分析方法。性能度量评价主要面向安全、服务、环保、经济、效益及协同性能等领域,结合物理结构、财政经营、运行管理、用户体验、地区影响等因素,构建性能指标体系,并利用数据包络分析、聚类与回归分析、麦克白多层级加权评价、两阶段评价、随机前沿分析、方向距离函数、全要素生产率和可变要素生产率等方式进行综合评价,提出了跑道、滑行道、停机位、航站楼、公共区转乘等区域单元运行能力量化评估方法。可见,目前成果主要以单元运行特性分析为主,机场全域多业务对象协同运行网络特性研究工作亟待展开。

在机场协同优化决策技术方法方面,主要集中在运行计划优化以及基于事件扰动的策略优化等领域。其中,运行计划优化研究集中在机场局部运行计划优化和机场协同运行计划优化方面。机场局部运行计划优化关注单资源和单阶段优化,通常被转换为车间作业调度、旅行商、排队等问题,利用规划建模、排队论、图论、精确或近似求解算法等方法,优化指派和调度飞行区跑道、滑行道、停机位、单种类保障车辆,以及航站区值机安检登机口和公共区换乘等资源。机场协同运行计划优化采用 Petri 网、智能体、排队论、优化控制等方法进行多主体、多业务、多区域运行计划优化。其中:多主体协同运行计划优化促使机场、航空公司、空管等多主体在信息共享下提升运行效能,已经初步形成协同流量管理理论和协同决策方法体系;多业务协同主要研究旅客流与行李流、进离场航班、多种保障车辆等不同业务之间衔接优化;针对多区域运行,已提出了全机场管理运行概念、逻辑结构等。基于事件扰动的策略优化研究集中在恶劣天气下飞机恢复、旅客恢复、一体化恢复,以及航班延误、拥堵疏导等策略优化。飞机恢复通常采用时空网络模型,以总恢复时间、总恢复成本、航班延误成本、航班取消成本等为优化目标的飞机恢复模型。旅客恢复通常建立以路径流量为变量的线性整数规划模型及考虑航班恢复损失与航空公司信誉损失的旅客流恢复网络模型。一体化恢复通过建立飞机分配、总延迟、航班取消和中断乘客等成本最小化目标函数,解决不正常航班恢复一体化决策问题。可见,目前成果主要聚焦在单区域运行优化问题,机场全域协同运行优化控制问题已成为国内外重点关注的研究问题。

虽然目前机场运行特性分析与优化控制技术取得了一系列成果,但是随着机场运行环境的不断复杂化,机场全域协同运行特性与控制方面仍旧存在以下难点需逐渐攻克:

3.1 机场全域协同运行时空网络多模态演化分析

机场全域协同运行时空网络受运行模式、运行时段、业务需求、恶劣天气、设施故障、突发事件等内外部因素影响,其物理结构和业务流随之发生动态变化,使得网络模态属性的特征参量发生不同程度的波动,进而会导致全域时空网络模态出现跃迁现象。因此,根据复杂运行环境下机场全域运行网络常规运行时空特性和扰动事件时空转移概率,适情动态重构全域运行时空网络,并结合多业务流运行特征预测网络多元属性特征参量,分析全域运行时空网络多模态演化特征,成为拟解决的关键科学问题之一。

3.2 机场全域协同运行网络供需动态适配性度量

机场全域协同运行具有鲜明的多设施供给、多阶段规划、多主体偏好、多边界耦合和多业务混合等特征,在不确定环境变量(如恶劣天气等)和模糊运行参数(如设施服务率等)共同作用下呈现复杂难测的供需关系。如何转变传统基于数量规模和宏观统计的容流平衡理念,打破传统承载能力评估方法封闭性、静态性假设与机场系统开放性、动态性之间的矛盾,建立面向网络运行性能的供需多要素、多准则适配性度量,成为拟解决的关键科学问题之一。

3.3　概率事件转移下机场全域协同运行抗扰优化

恶劣天气、跑道入侵、设施故障等事件是影响枢纽机场高效运转的重要因素,通常以不确定扰动方式作用于机场系统。一旦机场系统无法承受,就会形成节点不畅、流阻塞、局部甚至全网崩溃,需对其实施精准管控。如采用传统管理方式针对滑行道、机坪、登机门、值机柜台、换乘等候区等逐个节点的穷举式控制,将造成控制节点体量巨大、计算成本加剧、难以得到有效解等难题。因此,科学选择概率事件转移下机场全域协同网络中的关键节点,进而施加控制使整个网络恢复到常态运行,实现常异态策略间无缝接续,成为拟解决的关键科学问题之一。

主要参考文献

[1] CAVADA J P,CORTÉS C E,REY P A. A simulation approach to modelling baggage handling systems at an international airport[J]. Simulation Modelling Practice and Theory,2017,75:146-164.

[2] KIM A M. The impacts of changing flight demands and throughput performance on airport delays through the Great Recession[J]. Transportation Research Part A:Policy and Practice,2016,86,19-34.

[3] RAJAPAKSHA A,JAYASURIYA N. Smart Airport:A Review on Future of the Airport Operation[J]. Global Journal of Management and Business Research,2020,20(A3):25-34.

[4] YIN J,HU M,MA Y,et al. Airport taxi situation awareness with a macroscopic distribution network analysis[J]. Networks and Spatial Economics,2019,19(3):669-695.

[5] 尹嘉男,胡明华,张洪海,等. 多跑道协同运行模式优化方法[J]. 航空学报,2014,35(3):795-806.

[6] SINCLAIR K,CORDEAU J F,LAPORTE G. Improvements to a large neighborhood search heuristic for an integrated aircraft and passenger recovery problem[J]. European Journal of Operational Research,2014,233(1),234-245.

[7] KATSIGIANNIS, F A, ZOGRAFOS K G. Optimising airport slot allocation considering flight-scheduling flexibility and total airport capacity constraints[J]. Transportation Re-

search Part B：Methodological，2021，146：50-87.

［8］ LIU S Y，LI Z F，ZHONG J，et al. Percolation transition in temporal airport network［J］. Chinese Journal of Aeronautics，2020，33（1）：219-226.

［9］ ANDROUTSOPOULOS K N，MANOUSAKIS E G，MADAS M A. Modeling and solving a bi-objective airport slot scheduling problem［J］. European Journal of Operational Research，2020，284（1）：135-151.

［10］ 中国民用航空局.机场协同决策系统技术规范：MH/T 6125—2022［S］.北京：中国民航出版社，2022.

撰稿人：罗谦（中国民用航空局第二研究所）　夏欢（中国民用航空局第二研究所）
　　　　尹嘉男（南京航空航天大学）

第9章
航空交通管理与信息控制

　　航空交通管理与信息控制是围绕通信导航监视设施与服务、空管运行能力以及协同信息环境,研究各类航空器群体交通行为的协同化决策与智能化控制技术,解决各类交通行为在全空域环境、全周期运行过程、全态势信息网络和"人-机-环-管"回路中的系统化管理问题。该领域涉及航空经济、国家安全和地缘政治,其核心技术与前沿装备长期受技术阻断,加快重大核心理论与关键技术突破,对于我国航空产业发展、支撑交通强国战略意义重大。

　　目前,全球航空运输系统正在进行新一轮的技术变革。美国下一代航空运输系统(NextGen)旨在通过建立更为灵活、智能的空管系统,提升空管系统的容量和安全水平,重点包括:①发展卫星导航系统,全面推广基于性能的导航技术;②基于雷达、广播式自动相关监视技术和数据链的多源协同监视系统;③发展以网络为中心的基础设施,支持定位导航授时、空中交通监视、航空气象信息、飞行计划与流量管理等。欧洲单一天空实施计划工业项目(SESAR)旨在实现欧洲高空空域的统一协调和指挥,构筑高效、统一的欧洲空中交通管理体系,最大限度地提高欧洲空域使用灵活性和空域运行效率,重点包括:①无缝雷达数据的雷达联网;②航空信息实时共享的通用数据交换网络;③连续、实时、高精度、高效和高安全性的伽利略卫星导航;④飞机相互感知的广播式自动相关监视技术。为推进航行新技术的全球应用,国际民用航空组织发布了航空系统组块升级计划(ASBU),明确了信息类、运行类和技术类3类引线,制定了机场运行、全球互用的系统和数据、优化容量和灵活飞行、高效飞行航迹等4个性能领域技术发展路线,形成了以通信导航监视设施与服务、空管运行能力以及协同信息环境为核心组成要素的未来航空交通管理技术体系框架。我国提出了"中国民航空管现代化战略(CAAMS)"和"智慧空管"发展路线,旨在构建支持未来基于航迹运行的协同信息服务环境,发展"空天地一体化"、网络化的数据通信、精密导航与综合监视技术,全面推进基于航迹运行、自主间隔保持、机场空管融合运行等新型管制服务方式的应用。我国相较航空发达国家仍处于总体跟跑、部分并跑水平,未来发展面临空域系统资源饱和且韧性不足,全天候、高密度安全风险持续加大,低空有人/无人驾驶融合运行技术仍较薄弱,基础设施"卡脖子"风险依然存在,机载空管航电制约空地深度协同等重大瓶颈和关键挑战,相关理论方法、关键技术和系统装备亟待突破。

未来,通信导航监视朝着高性能、高精度、"空天地一体化"方向发展,包括发展飞行全阶段地空通信宽带化,突破高精度、高可靠性航空卫星导航系统,双频多星座卫星导航和星基、空基、陆基等多基增强技术,建立高精度无缝协同监视体系,实现卫星、航空器、陆基系统之间"空天地一体化"的通信、导航、监视应用。航空交通运行服务朝着协同化、精细化、灵活化方向发展,基于航迹的运行(TBO)是全球航空交通系统技术变革的核心目标,其核心理念是以有人或无人驾驶航空器全生命周期的四维航迹为中心,深化空管、航空公司、机场、无人驾驶飞机运行服务部门等不同运行主体之间决策协同,提升四维时空间资源精细利用与精准控制能力,实现基于性能的空域与交通流动态互适应和空中交通多模式灵活运行。航空交通信息服务朝着网络化、协同化、智能化方向发展,全系统信息管理平台(SWIM)的飞行与流量协同信息环境(FF-ICE)是未来航行系统的主要性能提升领域之一,未来将持续促进新型传感器的应用与开发,进一步提升机载航电系统与空管的协同能力,气象、情报等信息服务将逐步实现智能化,为航空交通运行提供更灵活高效的决策支持。

针对上述发展需求与难点挑战,围绕通信导航监视设施与服务、航空交通运行能力以及协同信息环境三个核心要素,航空交通管理与信息控制领域亟待突破空天交通的全域精准四维导航理论与方法、军民用空域系统一体化规划与融合运行、空中交通四维航迹精准调控、空中交通系统行为多尺度认知与优化决策、空中交通多模式混合运行高性能管控、空管航空电子系统网络化智能化运行、城市空中交通智能管控理论与方法、不确定运行场景下航空公司运控资源一体化配置与应急调控等 8 个基础科学和关键技术问题。

空天交通的全域精准四维导航理论与方法

Precise four-dimensional navigation theory and method for air and space transportation

1 科学问题概述

无人机和空天飞行器技术的进步推动了航空运输逐步向空天运输发展。随着无人机的智能化水平、自主决策能力和感知与避让能力不断提高,无人机物流快速发展,并已列入我国《交通强国建设纲要》。随着无人机产业进一步升级,无人机还将继续在通用航空、货运航空等诸多领域取代有人机,形成有人机、无人机混合运行的航空运输系统。亚轨道商业化飞行器近年来发展迅速,蓝色起源公司现已完成了 5 次亚轨道载人飞行,维珍银河公司计划在 2023 年初开启亚轨道航天器的商业服务。我国可重复使用的亚轨道飞行器已成功首飞,据预测,我国最早将在 2025 年实现亚轨道旅行。

无人机和商业航天极大扩展了现有航空运输系统的范畴。现有航空运输系统所服务的有人航空器主要在相对开阔的空域飞行,飞行速度为数百公里每小时,大多拥有相对固定的飞行计划。而无人机的体积、重量和飞行速度通常远小于有人机,大部分应用处于复杂地形或城市低空环境中,亚轨道飞行器的飞行高度则可达百公里,速度高达数马赫。为满足未来空天运输的复杂导航需求,必须实现对现有航空导航方式的重大变革。在航空导航新技术方面,现有研究主要围绕高精度全球卫星导航系统完好性监测方法、多传感器信息融合导航方法和智能导航方法等方向开展,但均存在一定的局限性,尚需进一步突破多源导航手段的信息融合和增强理论与方法的研究。

2　科学问题背景

全球卫星导航系统(Global Navigation Satellite System,GNSS)已经成为现代化航空运输系统的重要基石,GNSS 的应用极大提高了航空运输系统的飞行安全和运行效率。与传统陆基导航系统相比,GNSS 可全球覆盖、定位精度高。使用 GNSS 的航空器可以高精度地沿任意的航线飞行,从而缩小飞行间隔,提高空域容量;可以有效地避开复杂地形和恶劣天气,从而实现全天候安全起降;可以通过各种可用数据通信手段广播自身位置,从而实现全球无缝的地空监视。

GNSS 导航信号会受到来自卫星、大气传播介质、用户环境和接收机硬件电路等多种因素的影响,存在未知的误差。在极少数的故障条件下,GNSS 瞬时定位误差会超过安全飞行所允许的最大容限。因此,国际民用航空界提出和建立了空基增强系统、星基增强系统和地基增强系统,通过利用冗余的卫星导航观测信息进行一致性检验,或利用精确的地面基准站观测信息进行差分校正和故障检测等方法,提高航空器定位精度,实现对故障的及时、准确告警。在经过适当的手段进行增强后,GNSS 可满足目前航空运输中全部飞行阶段的运行需求。

现有以 GNSS 为核心的航空导航技术和应用体系存在的主要问题包括:①导航手段独立。陆基、星基和空基的导航手段相互独立,无信息融合和信息交换。航空器需要分别为每种导航手段加装多套机载设备,体积大、功耗高。②导航方式单一。陆基、星基和空基导航手段均分别在不同应用条件下可以作为唯一导航手段、主用导航手段和备用导航手段使用,各系统间的功能和性能冗余性巨大,通过在不同系统间切换的方式实现相互备份。③导航性能受限。国际民用航空组织(ICAO)将导航性能划设为数个固定等级,每个等级的导航性能适用于特定的飞行阶段和运行方式,导航系统的建设、机载设备的应用和运行方式的设计均仅面向固定的导航性能等级,对导航性能进行更新的周期漫长。

随着无人机和空天飞行器技术的进步,航空运输将逐步向空天运输发展。未来空天交通跨越低空、中高空和临空等领域,支持有人机和无人机两类航空器混合运行,需要满足多类运行模式、多种性能等级条件下的多样导航需求,现有技术从适用性和经济性来说均无法满足,主要表现在:①在复杂环境中存在服务盲区;②定位精度和完好性难以满足临空高速飞行和无人机高密度运行的需求;③服务不满足四维航迹运行需求。为此,必须在多种导航技术手段融合的基础上,突破高精度、高完好的四维导航关键技术,实现以下目标:

(1)空天交通的范围远大于现有空中交通,导致现有陆基、星基和空基导航手段均无法独立满足所有空天交通运行需求,必须进行多种手段的协同。为此,空天交通全域导航需要多源导航基础设施的强互操作,打破现有"星、地、空"等多种导航手段分立使用的限制,在时空基准和导航信息表达统一的基础上,通过多源导航信息的融合和交互,实现多手段协同增强导航能力。

(2)在有人机与无人机混合的复杂多样运行方式下,为满足不同应用场景下差异巨大的应用需求,必须在同一空域内实施基于多种导航性能等级的运行,多种导航手段按需组合以满足多样的应用需求。为此,需要突破现有基于固定导航性能的运行方式的局限,实现动态四维导航性能支持下的高自主运行,建立导航机载设备深集成度架构,通过传感器到飞行任务跨层协同,实现自适应可信导航。

(3)空天交通飞行活动的动态范围大,导航手段相互融合,性能等级需求多样,导致潜在的故障因素大大增加,对实际导航性能的影响方式和效果复杂。为此,在空天交通复杂运行环境和混合运行模式下,多种故障因素以多样的模式相互耦合地影响导航性能,必须对动态飞行中的导航故障进行准确识别,构建高可预测可信四维导航能力。

3　科学问题研究进展

围绕本科学问题,现有研究主要包括:

3.1　高精度 GNSS 完好性监测方法

现有航空 GNSS 导航增强技术基于伪距单点定位或差分定位,定位精度为米级至十米级,完好性风险为 $10^{-7} \sim 10^{-9}$ 量级(保护级范围从 $10 \sim 556m$)。面向 GNSS 高精度定位技术的完好性监测技术研究在国际上仍处于起步阶段,国内外相关研究集中在 GNSS PPP(Precise Point Positioning)完好性监测和 GNSS RTK(Real Time Kinematic)完好性监测等方面,主要基于先进接收机自主完好性监测(Advanced Receiver Autonomous Integrity Monitoring,ARAIM)方法进行改进。

在 GNSS PPP 完好性监测方面,Jokinen 和 Feng 等将传统 RAIM 算法应用于 PPP,但仅考虑了观测量中只有一个故障的情况。Innac 等提出了 PPP-RAIM 算法,基于单点定位模型,通过观测量间的一致性检验进行故障检测。Anja 等提出了一种用于双频 PPP 的 ARAIM 算法。Gunning 等提出了基于多假设解分离的 PPP 完好性监测方法。Blanch 等提出了基于扩展卡尔曼滤波的 PPP MHSS 完好性监测算法,更好地考虑了威胁模型。

在 GNSS RTK 完好性监测方面,Zhang 等基于向量自回归模型设计了一种用于 RTK 定位的多故障检测和识别的载波 RAIM 算法(Carrier RAIM,CRAIM)。Feng 等提出了一种基于卡尔曼滤波(Kalman Filter,KF)的载波相位完好性监测算法。Liang 等提出了一种基于多星座多频观测量的载波相位定位故障检测和排除(Fault Detection and Exclusion,FDE)方法。Gao 等提出了一种考虑有色噪声的 KF FDE 算法,用于 RTK 可以有效提高鲁棒性。

3.2　多传感器信息融合导航方法

多传感器信息融合导航方法的数学或物理内涵是通过匹配目标运动状态的数学模型和滤波算法,对多传感器测量数据进行状态估计,得到更加准确的目标状态。

现有研究的关注点之一是解决模型假设与实际情况不一致导致的估计误差。假设的系统模型通常使用少量状态变量描述系统的主要特征,忽略了实际系统的高阶特性,导致模型存在一定的不确定性,并有可能在一定条件下被放大。如果增大系统状态变量的维度以准确描述系统的不确定性或系统中噪声的相关性,则会在滤波器的状态估计中引入复杂的运算过程,导致运算量的大幅度增加,无法满足实时性等的需求。

近年来,鲁棒控制领域的 H 无穷滤波方法常被用于解决组合导航系统中的非线性问题。H 无穷滤波是一种使系统噪声与量测噪声的整体对估计值具有最小影响的优化滤波方法,因此当噪声模型不准确时具有更优的性能。解决思路是对系统模型进行级数展开,获取近似线性的表达式,进而得到递推解,或对非线性模型进行不等式约束,进而对估计协方差进行有界限制,达到提升系统鲁棒性的目的。

更为普遍的不确定系统滤波方法也被用于组合导航,在系统具有较大不确定性条件下可得到收敛的、具有一定精度的估计值。这类方法需要保证滤波器的估计协方差有界,即在任何容许的不确定性下对系统的不确定度设定上界。对复杂、高动态系统,常需增加过多的限制条件或使用复杂的系统模型,反而导致假设条件与实际情况更加失配,并极大增加了计算量。

3.3 智能导航方法

人工智能方法可通过训练对外部输入做出可预测的反应,也可在环境不可预测的情况下做出决策,因此被越来越多地用于无人飞行器的自主导航。基于人工智能的传感器融合不需要对系统模型进行精确的假设,可通过训练人工神经网络(ANN)对组合导航非线性问题的目标函数进行优化建模。基于滑动窗口的动态神经网络可以训练学习时变的系统模型,但算法复杂性和训练时间大幅增加。将模糊逻辑系统的专家知识建模与神经网络的学习能力相结合可以表征系统中的非线性误差动态特性,提高状态估计精度。对于无人机自主导航中难以求得准确闭式解的参数,人工智能方法可以基于可用数据进行参数预测和函数求解。基于深度学习的模式识别用于识别传感器测量值中的异常行为。智能导航方法仍面临许多挑战,主要包括减少训练时间、降低计算量、降低复杂性以及快速适应新环境等。

然而,上述方法均存在一定的局限性。为全面满足空天交通全域精准四维导航需求,必须实现多源导航手段的信息融合和增强。由于多源传感器机理不同、信号异步、误差异质,导致多样的故障特征难以准确提取,多变的性能参数难以准确计算,需要进一步深入解决以下科学问题:

(1)对不同传感器的时空基准进行统一表征,基于测量原理分析观测信号与时空基准的映射关系,建立时空间信息序列融合过程中的不确定性传递模型。

(2)从物理信号、观测信息和PNT解等多层次挖掘故障因素的多维度特征,提出多故障因素的跨层优化监测方法,建立多传感器协同控制和故障隔离机制。

(3)分析不同传感器观测信息间的关联关系,建立异质数据间冗余性的推理及融合模型,提出导航性能的非高斯、时变特征参数估计方法。

主要参考文献

[1] ZHANG J,ZHAO L,YANG F X,et al. Integrity monitoring for undifferenced and uncombined PPP under local environmental conditions[J]. Measurement Science and Technology,2022,33(6):1-12.

[2] XUE B,YUAN Y B,WANG H,et al. Evaluation of the Integrity Risk for Precise Point Positioning[J]. Remote Sensing,2022,14(128):1-19.

[3] WANG K,El-MOWAFY A,QIN W,et al. Integrity Monitoring of PPP-RTK Positioning; Part I:GNSS-Based IM Procedure[J]. Remote Sensing,2022,14(44):1-25.

[4] GAO Y T,GAO Y,LIU B Y,et al. Enhanced fault detection and exclusion based on Kalman filter with colored measurement noise and application to RTK[J]. GPS Solutions,2021

25(82):1-13.

[5] HAO J,YANG G,SHAHBEIGI S,et al. Integrity Monitoring of GNSS/INS Based Positioning Systems for Autonomous Vehicles:State-of-the-Art and Open Challenges[J]. IEEE Transactions on Intelligent Transportation Systems,2022,23(9):14166-14187.

[6] MENG Q,HSU L T. Integrity Monitoring for All-Source Navigation Enhanced by Kalman Filter-Based Solution Separation[J]. IEEE Sensors Journal,2020,21(14):15469-15484.

[7] ZHANG C,ZHAO X,PANG C,et al. Improved Fault Detection Method Based on Robust Estimation and Sliding Window Test for INS/GNSS Integration[J]. Journal of Navigation,2020,73(4):776-796.

[8] BIJJAHALLI S,SABATINI R,GARDI A. Advances in intelligent and autonomous navigation systems for small UAS[J]. Progress in Aerospace Sciences,2020,115:1-52.

[9] JI T,SIVAKUMAR A N,CHOWDHARY G,et al. Proactive Anomaly Detection for Robot Navigation With Multi-Sensor Fusion[J]. IEEE Robotics and Automation Letters,2022,7(2):4975-4982.

[10] WELLHAUSEN L,RANFTL R,HUTTER M. Safe Robot Navigation Via Multi-Modal Anomaly Detection[J]. IEEE Robotics and Automation Letters,2020,5(2):1326-1333.

撰稿人:薛瑞(北京航空航天大学)　孙蕊(南京航空航天大学)

军民用空域系统一体化规划与融合运行

Integrated planning and configuration of civil and military airspace system

1　科学问题概述

国家空域系统涵盖低中高空异构空域,服务军民用航空多元用户,具有主权、资源、环境、空战场等诸多国家特色属性,是军民融合发展战略中基础领域资源共享体系和军民科技协同创新体系建设的重要支撑。《新时代民航强国建设行动纲要》部署了"建立健全空域资源配置体系,促进空域管理使用军民融合发展"的重点任务;《智慧民航建设路线图》明确了发展"动态空域管理理论",支撑基于航迹的新一代智慧空管技术体系建设。

随着军民用航空飞行需求的不断增长,自主无人驾驶飞机、远程遥控飞机和(高)超声速飞机的投入使用,高精度、空天地一体化的通信/导航/监视设施和高性能、自动化的机载航电设备的逐步发展,空域系统呈现运行环境动态、飞行需求多样、飞行性能混杂、管控规则多重、效能期望多维等显著特点,军民用航空在时长、广度和强度方面将表现出更为复杂的耦合制约影响。传统结构性、条块化、隔离化空域形态与运行模式所面临的保障能力受限、资源配置刚性、飞行冲突密集、系统韧性不足、环境效率不高等现实问题将越发突显,成为制约军民融合背景下国家空域系统一体化和现代化发展的关键瓶颈之一。针对性开展符合国情空情,以"大容量、强韧性、高动态、自适应、军民一体"为典型特征的国家空域系统相关科学问题研究具有迫切必要性和重要意义。

柔性空域系统(FAS)是相对于传统结构空域而提出的一种新型空域概念,以促进跨区空域一体无缝和军民融合空域灵活使用。从显式构型上,FAS具有弱结构性空域要素,包括空中交通服务航路、可调扇区边界、灵活进出点、自由飞行空间和临时隔离空间等按需配置组件,支持以航空器全生命周期四维航迹为中心的精细运行、协同决策和灵活飞行。军民用空域系统一体化规划与融合运行是实现柔性国家空域系统无缝、高效、稳健运行的关键基础,其科学问题本质既蕴含异构连续空间统一数字表征与体系架构设计问题,又涉及多模式时变需求和外部环境变量激励下资源分时空复用的变约束、变目标、不确定、强时效、大尺度动态优化问题。因此,需要在阐明多模式飞行下异质空域网络耦合作用机理下,研究数字化柔性空域要素设计方法与自组织调节机制,实现低中高多层次、军民多类型空域的一体化融合,强化与时变飞行流模式之间的自适应匹配。从而有效缓解空域拥堵、降低飞行冲突、改善飞行效率和能耗、促进空中交通均质化和稳定性,解决结构性空域网络运行耦合、容量受限、失效级联等突出问题,也可避免目前局部空域或航路航线调整导致"牵一发而动全身"的复杂高成本空域管理局面,对于深化国家空域管理体制改革、推动军民用航空深度融合发展、提高空域资源利用率具有重大的战略意义和实用价值。

2 科学问题背景

空域系统网络错综复杂、军民用航空飞行需求持续增长、飞行流量分布极不均衡、空域资源使用矛盾及飞行冲突日益突出等问题仍然是限制我国民用航空高质量发展的关键瓶颈之一。近十年间,我国航班起降架次、旅客运输量和机队规模年均增长率均超过或接近10%,而航路航线里程年均增长率仅为4%,城市对班机航线平均非直线系数从1.11增加至1.14,可用空域资源增长缓慢,航路航线密度、航班运行效率、空域灵活使用程度与欧美国家相比仍有较大差距。随着军民用空域需求增长和运行复杂性加剧,传统基于需求和规则的规范化空域管理模式面临困境。民用空域方面,以增设固定扇区、划设避让限制区的固定航路航线为主要手段的局部空域扩容方式红利正逐步消退,对高密度空中交通运行也可能造成负面影响:①降低飞行轨迹灵活性。扇区空间减小压缩了飞行冲突的可调配空间,关键点控制到达时间约束下的四维轨迹优化可行域不足。②降低空中交通流运行连续性。扇区细分将导致交通流在不同受控单元中频繁移交,管制调配所产生的运行偏差在交通流向下游传递过程中难以恢复甚至出现放大效果,极大影响交通流连续性和可预测性。③影响空域整体抗扰能力。结构性航路航线网络下空域通行能力通常受限于区内瓶颈扇区或繁忙航路点,针对大面积恶劣天气覆盖等非常态情况,扇区抗扰能力不足将产生显著的级联影响,不利于空中交通运行稳定性。军用空域方面,随着多类型受控和不受控飞行器混合运行程度的不断加深,日常训练和联合作战面临大尺度空间内复杂异构对象的空域管理挑战,传统静态隔离模式势必引发更为广泛的军民空域使用矛盾,严重影响军民空域安全和空中交通运行效率。

因此,紧扣我国军民深度融合背景,面向民航强国和智慧民航重点建设任务,迫切需要改变静态分割管理和固定使用的传统空域管理模式与方法,将空域重新整合为一体化的连续空间,建立军民一体化的时空动态高效管理架构,变革性发展柔性国家空域系统,以期增强我国各层级空域系统自由度、通行能力和鲁棒性,促进各类型空域运行的协调性和融合度,提供按需响应、弹性配置的空管服务,高质量满足各利益相关方对于飞行安全、运行效率、成本效益和环境影响等综合性能的差异期望,需求、问题、目标和效果四重导向合一,是突破我国空域管理瓶颈的有力手段,具有重要的学术研究意义和工程应用价值。

3　科学问题研究进展

自 20 世纪 90 年代以来,全球各国立足各自航空需求和空域特点,致力于研发适应性强、灵活度高、通用性好的新型空域形态和运行管理模式,最大限度地提升空域资源利用率,满足各类空域用户的使用需求。依据空域柔化方式和程度的不同,目前空域系统规划与配置研究主要分为三大方向:协同化空域灵活使用、适应性动态空域配置、系统性空域网络重构。

空域灵活使用是一种空域资源统筹管理机制和方法的变革,突破了军用或民用空域的独占指定,将空域视为一种连续空间,通过定义临时隔离性质整合碎片化空域,实现空域主动释放和动态调配,更好满足不同时段不同用户的使用需求。美国、澳大利亚、印度、日本及欧洲等国逐步建立了军民空域共享协调机制,建立了基于空域灵活使用的空域资源规划与动态分配方法,有效促进了空域的统筹管理与高效使用。

动态空域配置是一种空域运行新范式,改变了传统扇区边界固化或简单开合的运行方式,旨在通过扇区构型动态重组适应交通需求的时空变化,缓解恶劣天气、交通拥挤和复杂性、机队多样性等诱发的负面影响。国内外在该领域理论成果颇丰,提出动态扇区划分(DAS)、动态空域单元(DAU)、功能空域块(FABs)等运行概念,基于监视告警参数、动态密度等交通复杂性度量,建立动态空域单位切片、元胞几何区域、区域流动和泰森多边形图等扇区配置模型,形成了涵盖自下而上聚合、自上而下分解和基于轨迹聚类的动态空域配置方法体系,在实现空中交通供需平衡的同时,促进管制负荷均衡和扇区稳定变构。

空域网络重构旨在规划建立一套支持自主间隔和四维航迹运行的全新空域形态和通用运行方法,从本质上促进静态异构空域向柔性同质空域转变。目前,全球涌现出三大主流模式:天空走廊、自由航线空域(FRA)和无扇区空管。天空走廊已在美国逐步实施,属于高空 J 类航路,是一种沿最佳路径和高度实施的灵活平行航路,只接受具备自主间隔保持功能的航空器进入,执行四维航迹运行程序,其特点在于能够根据恶劣天气和高空风情况实现航路的动态位移。自由航线空域是欧洲主导的一类柔性空域系统,允许空域用户在 FRA 扇区的进出点间自由规划偏好飞行路径,显著增强了空域使用的灵活性和自主性。FRA 已在欧洲 55 个高空管制区逐步推广实施,是未来欧洲单一天空系统演化的重要方向,最终实现全空域、全天候的 FRA 运行,为空域用户提供更便利的飞行选择和更灵活的空域运行环境,促进节能减排,已被纳入国际民用航空组织航空系统组块升级(ASBU)计划。无扇区空管是一种由德国航空航天中心提出的颠覆性航路空域系统。该系统内不再划分扇区,每位管制员将负责一部分航班在航路空域中的完整飞行。理论研究和仿真实验初步表明了无扇区空管模式可以显著提升空域容量和管制效率,增强飞行灵活性,支持用户偏好四维轨迹选择。

全球范围内空域网络体系化重建为提升空域连续性和灵活性提供了若干解决方向,但实现适应我国空管体制的军民空域系统一体化变革仍存在以下亟待解决的科学难点:

3.1 异质航空器多模式交互下,最佳运行性能对于空域网络结构性松弛的响应特性

随着军民用航空自主无人驾驶飞机、远程遥控飞机和(高)超声速飞机等集群化发展,以及有限、扩展和完全授权等多模式间隔管理和基于航迹运行等新型空管运行方式升级,空域自由程度对于航空系统整体性能的影响机理尚未有明确论断。如何建立空域网络松弛度表征,研究系统最佳性能动态响应特性评估与实验方法,进而捕获网络松弛超参数调节过程中系统性能参量的响应规律,判定局/广域、多层次空域网络刚柔适度的临界平衡区间,是军民用空域系统一体化规划与融合运行的共性基础难题。

3.2 低中高多层次、军民多类型的空域系统差异化柔性模组一体化设计与无缝融合

空域系统涵盖低中高异构空域,服务军民用航空多元用户,其体系化重构势必面临低空空域、进近空域、机场群终端区、区域高空航路、军事空域等多层次空域在不同资源可用性条件下,最优模式差异性与全局规划协调性之间的矛盾。如何基于最佳空域松弛度设计面向不同对象的弱耦化空域通用基础形态和动态适配组件及其数字化表征,研究跨层级、跨类别空域网络衔接调和技术,建立可计量、分层次、一体化的柔性军民用空域系统范

式,提升空域系统稳定性、适应性、融合度和同质化水平,强化应对空中交通多模式混合运行和多场景应急接管的弹性空间,是军民用空域系统一体化柔性规划的核心难题。

3.3　面向常异态复杂场景和多主体性能期望的柔性空域系统跨尺度、自适应调节策略

空域系统动态调节是指航路点、航线、扇区、区域等多尺度空域要素随飞行需求、运行场景等外部环境变化的时空自适应配置,可促进空中交通需求与供给动态平衡,满足安全、效率、经济、环保和灵活性、鲁棒性等多样性能目标,呈现多主体交互、多维度期望、多因素扰动和多尺度耦合等复杂动态特征。如何面向不确定常/异态场景,建立军民空域供给与飞行需求之间多准则适配性度量,研究大范围军民空域系统运行态势融合监控、综合评价及智能预测,在空域灵活使用机制下,实现多维性能驱动的柔性空域全要素、跨尺度耦合配置、应急变构与协同恢复,是军民用空域系统融合运行的核心难题。

主要参考文献

[1] 陈志杰.空域管理理论与方法[M].北京:科学出版社,2012.

[2] ICAO. Aviation System Blocks Upgrade[R]. Montreal:ICAO,2012.

[3] Kopardekar P,Bilimoria K D,Sridhar B. Airspace Configuration Concept for the Next Generation Air Transportation System[J]. Air Traffic Control Quarterly,2008,16(4):313-336.

[4] SESAR Joint Undertaking. A Proposal for the Future Architecture of the European Airspace [R]. Luxembourg:Eurocontrol,2019.

[5] 路紫,杜欣儒.国外空域资源开发利用的理论基础、方法论变革与实践[J].地球科学进展,2015,30(11):1260-1267.

[6] LEE K,FERON E,PRITCHETT A R. Describing Airspace Complexity:Airspace Response to Disturbance [J]. Journal of Guidance,Control and Dynamics,2009,32(1):210-222.

[7] GERDES I,TEMME A,SCHULTZ M. Dynamic Airspace Sectorisation for Flight-Centric Operations[J]. Transportation research Part C:Emerging Technologies,2018,95:460-480.

[8] GRAÑA M. Dynamic Airspace Configuration:A Short Review of Computational Approaches [C] // Computational Collective Intelligence:11th International Conference,Hendays:Springer,2019.

[9] 朱永文,陈志杰,蒲钒,等.数字化空域系统发展研究[J].中国工程科学,2021,23(3):135-143.

撰稿人:胡明华(南京航空航天大学)　杨磊(南京航空航天大学)
　　　　朱永文(中国人民解放军空军研究院)

空中交通四维航迹精准调控

Air traffic 4D trajectories precise regulation

1 科学问题概述

为突破现有空管系统保障能力的瓶颈,国际民用航空正在推动新一轮的空管系统技术变革。国际民用航空组织在航空系统组块升级计划(ASBU)中,提出在 2035 年前分阶段在全球推进现有空管系统向基于四维航迹运行(TBO)的演进与升级。TBO 是以航空器全运行周期的时空间四维航迹(4DT)为基础,在空管、航空公司、航空器等相关方之间,通过实时共享和维护航迹动态信息,进而实现多方协同决策的空管运行理念。TBO 运行中,航空器飞行过程的每个四维航迹点在空间和时间四个维度上都赋予了一定的精度要求。TBO 通过空地系统一体化协同实现空地态势一致性共享与全周期四维精细化控制,提高空管系统的协同决策能力,可将航班四维航迹调控的时间精度由分钟级提升到秒级,进而实现对四维时空间资源的精细化利用。因此,空中交通四维航迹精准调控成为实现 TBO 运行理念的关键所在。

然而,面向空中交通四维航迹精准调控的实现仍存在以下技术难题亟待解决。①为确保航空器四维航迹运行全过程的飞行安全,必须跨区域准确获取危险天气、飞行冲突等飞行威胁信息。然而,由于航班飞行高动态、覆盖范围广,传统以地面为主的安全态势探测与处理方式,服务范围受限、分辨率不高,亟待解决航空器全程飞行威胁跨区域精准预警的技术难题。②四维航迹运行的核心是空中交通网络时敏航迹的精准调控。然而,由于空中交通网络系统是一个关联性强、动态性高、结构与交通流紧密耦合的复杂巨系统,恶劣天气等突发事件发生时,亟待解决复杂环境下大规模时敏航迹快速鲁棒调控的技术难题。上述难题也引起了国际空管学术界、产业界的高度关注,在近几年召开的数字航空电子系统会议、网络安全国际会议等国际空管主流学术会议中,TBO、空地一体化空管技术等一直是研讨的热点。

2 科学问题背景

随着航空运输业的快速增长,现有空管系统的保障能力逐渐难以满足持续增长的飞行需求,由此导致的空中交通拥堵、大面积航班延误等问题频繁出现,已成为航空运输业所面临的全球性问题。对于中国民用航空而言,问题尤为突出。近 10 年来,中国民用航空飞行总量增长近 3 倍,而民用航空航路航线总里程增长不足 45%,持续增长的飞行需求与受限的空域资源之间的矛盾日益激化。全球吞吐量排名前 50 的机场中中国占有 10

席,北京、上海、广州主干航路的保障架次已突破国际民用航空组织规定的容量上限,空中交通运行安全和效率面临严峻挑战。

自20世纪90年代以来,国际民用航空按照通信导航监视、空中交通服务、空中交通流量管理、空域管理组成的新航行系统(CNS/ATM)架构,逐步形成以空域分区管理为基础、各业务系统分工协作的空管系统技术与运行体系。随着空管系统保障压力的持续加大,现有空管系统的局限性与不足已逐步显现,主要表现在以下"三分"问题:①空地系统相对分立。目前航空器机载空管航电系统与地面管制自动化系统、流量管理系统等空地业务应用系统独立开发、分立运行,空地各系统间的信息交互与协作效率低。②信息相对分离。航空器与地面系统之间以及空管部门、航空公司、机场等相关方之间信息共享不充分,空地系统信息不一致,甚至偏差大,难以形成统一、准确的情景态势。③运行相对分割。空域分区管理客观上造成了航班全阶段飞行的分区管制,全局性、战略性考虑不足,且空管部门、航空公司、机场等相关方缺少协同决策的手段和能力,难以达到最佳运行效果。

为突破现有空管系统保障能力的瓶颈,国际民用航空正在推动新一轮的空管系统技术变革。国际民用航空组织在ASBU中提出,在2035年前分阶段在全球推进现有空管系统向TBO的演进与升级。TBO是以航空器全运行周期的4DT为基础,在空管、航空公司、航空器等相关方之间,通过实时共享和维护航迹动态信息,进而实现多方协同决策的空管运行理念。TBO运行中,航空器飞行过程的每个四维航迹点在空间和时间四个维度上都赋予了一定的精度要求。TBO通过空地系统一体化协同实现空地态势一致性共享与全周期四维精细化控制,提高空管系统的协同决策能力,可将航班运行管控的时间精度由分钟级提升到秒级,进而实现对四维时空间资源的精细化利用。因此,空地一体化的协同空管技术成为实现TBO运行理念的关键所在。

3　科学问题研究进展

3.1　空域安全态势感知与处理

空域安全态势信息的感知与处理是确保空中交通四维航迹安全有序运行的基本前提。空域安全态势主要包括航空器飞行冲突、碰撞风险等空中交通安全态势和飞机颠簸、风切变、雷暴等航空天气安全态势。按照安全态势的区域特征,又可以分为以个体或局部空域感知为特征的小尺度态势和以群体或广域空域感知为特征的大尺度态势。空域安全态势获取手段逐步由以地面感知与探测为主向空地协同的方式发展,态势处理则更关注大、小尺度态势之间关联作用。同时,由于天气态势与交通态势之间存在着紧密关联关系,麻省理工学院林肯实验室还提出通过构建映射关系以及指标的方法将天气态势"翻译"为交通态势,通过机器学习的方法,将对流天气图中包含的多元天气信息转换为空域渗透性指标,并结合历史运行数据对终端区空域容量进行预测,实现天气特征与交通运行特征的直接映射,为空中交通流量管理提供决策支持。

3.2　四维航迹调控与优化

TBO 运行中,四维航迹调控从运行阶段上可以分为提前一周以上的战略调控、提前一天至一周的预战术调控以及当天运行的战术调控,三个阶段的调控精细化程度和实时性要求逐步提高;从调控空间范围上,又可以分为覆盖全飞行阶段的全局调控和针对巡航、起降分阶段的局部调控。TBO 运行精细化对航迹调控的范围、目标、考虑因素等也提出了更全面的要求。在调控范围方面,四维航迹调控需要兼顾全局性的广域调控和局部性的区域调控;在调控目标方面,四维航迹调控既需要考虑空管系统关注的安全性、延误等全局目标,又需要考虑航空器飞行燃油消耗等个体目标;在影响因素方面,考虑恶劣天气等不确定性因素方面的航迹鲁棒调控也成为研究的重点。因此,四维航迹调控问题是一个典型高维度、强关联、多目标复杂工程优化问题,智能优化、数据挖掘、机器学习等各种新兴方法也逐步被应用在问题的求解中,以期提升问题求解效率。同时,随着复杂性科学的深度应用,以航迹、集群、全域多时空尺度的交通复杂性表征与跨尺度机理为切入,从系统复杂性管理视角研究大规模飞行航迹运行的宏观尺度复杂性动态均衡、微观尺度复杂性精准控制等问题也成为下一步研究的重点。

3.3　四维航迹运行的试验验证

为了对 TBO 运行概念、关键技术以及核心系统设备等进行充分验证,近年来,全球各国都在积极组织开展 TBO 相关的试验验证。2019 年美国联邦航空管理局又启动了四维航迹实时飞行演示验证项目,采用广域信息管理系统 SWIM 平台架构搭建空地一体化的四维航迹运行与管理的集成验证环境,参与的系统包括机载驾驶舱航电系统、地面管制自动化系统、飞行流量管理系统和航空公司运行控制系统,主要验证空地一体化管制与多参与方协同决策能力。2019 年欧洲单一天空实施计划工业项目开展了大规模四维航迹演示验证项目,来自 7 家航空公司的近 100 架商用飞机将装备有支持初始四维航迹功能的航电设备,在真实的环境中实现空地系统的航迹数据交互与同步,进而改善空管系统的运行服务质量和效率。各个国家和地区前期开展的 TBO 试验验证虽然取得了重要的进展,但仍是在现有 CNS/ATM 空管系统体系架构下,通过升级部分地面管制系统或机载航电设备重点实现对空地协同数字化管制技术的验证。随着 TBO 运行概念及相关技术的逐步成熟,TBO 试验验证的内容将更全面,除管制技术外还将覆盖态势共享、全周期四维航迹管理、气象情报服务等技术,涉及的机载与地面系统将更丰富,亟须对空地一体的空管系统新构架开展充分的试验验证。

主要参考文献

[1] ALESSANDRO G, ROBERTO S, TREVOR K. Multiobjective 4D Trajectory Optimization for Integrated Avionics and Air Traffic Management Systems[J]. IEEE Transactions on Aerospace and Electronic Systems, 2019, 55(1): 170-181.

[2] RUIZ S, PIERA M A, Pozo I D. A Medium Term Conflict Detection and Resolution System for Terminal Maneuvering Area based on Spatial Data Structures and 4D Trajectories[J]. Transportation Research Part C, 2013, 26: 396-417.

[3] LIU W, HWANG I. Probabilistic Trajectory Prediction and Conflict Detection for Air Traffic Control[J]. Journal of Guidance, Control, and Dynamic, 2011, 34(6): 1779-1789.

[4] LEE K, FERON E, PRITCHETT A. Describing airspace complexity: Airspace response to disturbances[J]. Journal of Guidance, Control, and Dynamics, 2009, 32(1): 210-222.

[5] SÖLCH I, HOLZÄPFEL F, ABDELMOULA F, et al. Performance of onboard wake-vortex prediction systems employing various meteorological data sources[J]. Journal of Aircraft, 2016, 53(5): 1505-1516.

[6] MATTHEWS M P, VEILLETTE M S, VENUTI J C, et al. Heterogeneous Convective Weather Forecast Translation into Airspace Permeability with Prediction Intervals[J]. Journal of Air Transportation, 2016, 24(2): 41-54.

[7] YANG Y. Practical Method for 4-Dimentional Strategic Air Traffic Management Problem With Convective Weather Uncertainty[J]. IEEE Transactions on Intelligent Transportation Systems, 2017, 19(6): 1697-1708.

[8] DALMAU R, PRATS X. Controlled time of arrival windows for already initiated energy-neutral continuous descent operations[J]. Transportation Research Part C, 2017, 85: 334-347.

[9] TORATANI D. Application of merging optimization to an arrival manager algorithm considering trajectory-based operations[J]. Transportation Research Part C, 2019, 109: 40-59.

[10] LIANG M, DELAHAYE D, MARECHAL P. Conflict-free arrival and departure trajectory planning for parallel runway with advanced point-merge system[J]. Transportation Research Part C, 2018, 95: 207-227.

撰稿人: 蔡开泉(北京航空航天大学)　朱衍波(民航数据通信有限责任公司)
赵嶷飞(中国民航大学)　王红勇(中国民航大学)

空中交通系统行为多尺度认知与优化决策

Multi-scale cognition and optimal decision-making of air traffic system behaviors

1 科学问题概述

根据 2018 年 11 月中国民用航空局发布的《新时代民航强国建设行动纲要》，"构建安全高效的空中交通管理体系"是我国民航强国战略的重要组成部分。空中交通"高效"战略目标要想实现，必须大力提升空中交通流量的协同管理能力。中国民航局空管局在《中国民航空管现代化战略(CAAMS)实施路线图》中，把"在基于航迹的运行概念体系下，实现一体化、网络化、协同化、精准化的流量管理目标"作为 2035 年前必须完成的重点任务。空中交通活动具有运行高速、约束性强、不能随停、多方决策等显著特点，其行为蕴含时间、空间和属性等多维非线性特征，流量管理过程势必涉及多空域耦合、多用户混合、多模式融合、多主体交互与多利益权衡。在扰动因素作用下，空中交通系统行为还可能出现个体行为突变、多体行为聚变、群体行为相变以及随之衍生的多阶级联效应，对上述行为进行精准认知和科学决策是实施空中交通流量管理的重要基础。

然而，多元的飞行流量、复杂的空域状态、动态的运行环境使空中交通行为频繁受扰、行为多变，其蕴含的深层次行为规律、状态演变及作用机制难以准确认知，空中交通参与者对系统内部的统一认知和外部的环境感知能力不足，导致协同式空中交通流量管理缺乏决策依据；另一方面，由于尚未明晰空中交通多参与方与主体利益的动态权衡机制，空管/航空公司/机场之间的合作决策、航空公司之间或机场之间的非合作决策缺乏多目标最优动态适配规则，导致空中交通流量管理策略实施效果达不到多主体决策预期。在此背景之下，空中交通行为认知偏差与失效决策成为资源竞争、密集冲突、低效飞行和拥堵延误的重要诱因。

本科学问题的本质在于：阐明空中交通系统行为模式与演变机制，实现空中交通多主体多目标协同最优决策，确保空中交通高效运行。因此，需要构建空中交通行为的形式化表达框架与多尺度关联分析方法，准确识别空中交通个体/多体/群体等本体的时空行为模式，深度推理空中交通行为时空演化机理及相变诱因，在此基础上优化空管/机场/航空公司等流量管理主体的合作决策行为与非合作决策行为，实现空中交通系统行为多尺度认知与优化决策。当前，本科学问题主要聚焦以公共运输航空为主的空中交通活动。未来，随着通用航空、无人驾驶航空、飞行汽车的规模化应用和密集性飞行，该问题的研究内涵与外延可不断拓展。

2 科学问题背景

安全与效率是航空交通领域的核心发展追求和关键性能领域。随着航空运输业的蓬勃发展,以及通用航空、无人驾驶航空等新兴业态逐步融入国家空域系统,不断增长的飞行需求与相对有限的空域供给之间的矛盾日渐激化,整个国家空域系统内空中交通行为日渐复杂、多元和耦合。从交通本体(即"航空器")视角来看,空中交通行为可划分为个体行为、多体行为和群体行为;从资源配置视角来看,空中交通行为可划分为时间行为、空间行为;从发展过程来看,空中交通行为可划分为瞬时行为和演化行为;从运行主体视角来看,空中交通行为可划分为运输者行为、管理者行为和出行者行为。近年来,在协同决策概念与机制的不断驱动下,空中交通行为的研究内涵已由传统的以航空器和管制员为主的行为研究拓展为涵盖航空器、运输者、管理者、出行者等多类型参与主体的综合行为。空中交通行为"决策"更多地体现在空中交通流量管理过程中的多主体协同决策,其目的是通过对多利益相关方的合作与非合作行为进行协同优化与动态权衡,确保空中交通最佳流入或通过相应区域,实现飞行活动的安全、高效和顺畅运行。

然而,当前对空中交通行为的研究主要集中在交通分布特性,以及速度、密度、流量等参量关系表征等方面,对多主体运行决策的研究则大多停留在传统流量管理和信息协同环境建设方面,在空中交通时空模式辨识、时空演变机理、协同决策优化等领域尚未开展系统研究。由于空中交通系统的时空行为难以准确预测,航班实际运行轨迹与计划航迹经常存在较大偏差,导致飞行冲突、空域拥堵和航班延误现象频繁发生。同时,空中交通运行决策过程涉及不确定的输入信息,而这些不确定信息可能由系统内部飞行冲突、系统外部环境干扰、行为决策有效性以及参与主体人为因素等引发,这就容易导致关键的空中交通调度时间(例如起飞时间、降落时间等)存在一定的预测误差。以空中交通进离场行为为例,国内外大量统计研究表明:约有25%的进场航班晚于计划时间15min之后到达机场,且70%以上的延误发生于离场航空器发出开车请求到推出机位过程中的10~20min内,而航空器推出机位滑行至跑道起飞过程的态势预测精度亦存在较大误差。在此背景之下,空中交通行为的精准认知与优化决策成为缓解飞行冲突、降低飞行延误、提高飞行效率的直接和关键手段。

3 科学问题研究进展

空中交通运行涉及机场、终端区、航路、区域等空域单元,涵盖战略、预战术、战术和事后等时间范畴,与空中交通行为认知和优化决策相关的研究主要包括空中交通流特性分析、空中交通态势感知、地面等待、航班排序、航班改航、场面管理等。通过融入协同决策理念对传统流量管理方法进行升级换代,进一步形成相应的协同式流量管理方法。协同式流量管理涉及"人机环管"等多元因素,其解决难度随着空域、交通、机制、环境的日益复杂而不断增大。相关研究进展表明,空中交通流特性分析主要借鉴经典的道路交通流理论,采用元胞自动机、元胞传输模型等对航空器场面滑行、起飞、降落、跟驰等行为进行模拟,对空中交通的速度、密度和流量等特性参数进行表征计算与关系分析。空中交通态势感知通过析取和构建态势指标体系,采用聚类分析、层次分析、主成分分析等方法对飞行态势进行评估,并建立不同态势指标之间的相关关系。地面等待主要通过最优化方法建立数学模型,计算精确的航班起飞时刻,通过融入协同决策思想形成协同地面等待,其核心技术是时隙分配与交换,典型算法包括 RBS 算法、Compression 算法、SCS 时隙信任交易机制等。航班排序经历了由进场向离场、由进场/离场向进离场、由单跑道向多跑道、由单机场向多机场的逐渐演变与发展,通过将该问题转换为旅行商、车间作业调度、M/G/1 和 M/D/1 排队等其他领域问题,采用遗传算法、贪婪搜索算法、蚁群算法、A* 算法等进行求解。航班改航主要针对恶劣天气条件下的航路规划问题,当广域范围内的多个机场或区域的容量显著减少甚至降为零时,根据新的容量信息对航班时刻和改航方案进行重新配置,从而将由恶劣天气、其他用户活动等引起的延误损失降至最低。场面管理包括滑行规划和停机位调度,滑行规划的建模视角主要包括滑行路径规划和滑行时刻规划两个方面,滑行规划的复杂性随着机场的具体运行条件而不同;停机位调度的建模视角主要集中于进场停机位分配和离场推出率控制,分别对每架航空器的停机位使用需求和特定时段内的离场航空器数量进行优化控制。

当前的空中交通行为认知与决策理论技术从仿真建模和运筹优化的视角对传统运行模式下的空中交通流量管理问题进行了有效解决,然而随着大数据、机器学习、人工智能等先进技术的快速发展,以及基于航迹运行、自主间隔运行等新概念和新模式的引入应用,空中交通在活动类型、需求结构、运行规则和组织模式等方面正发生变化,这进一步地增加了空中交通行为的复杂程度。尤其在多主体协同决策背景下,空中交通多尺度复杂行为及其优化决策方面的研究更是存在诸多研究瓶颈,亟待攻克的科学难点主要包括:

3.1 多源数据和多观模型双驱动下,空中交通系统多尺度行为的关联重构与表示学习

空中交通系统涉及多类异质航空用户,蕴含海量异构多源数据,涌现多尺度复杂耦合行为。目前,空中交通行为建模多采用仿真建模手段,在真实数据驱动的行为表达与建模方面尚未取得突破性成果。因此,在因地形阻挡、电磁干扰、信道堵塞、人员操作等导致空中交通时空数据存在异常、缺失和低质的情况下,从航空器本体、多参与方与主体等视角准确提取不同尺度行为的多维非线性特征,采用多源数据与多观模型双驱动的理论方法,对多尺度行为进行关联重构与表示学习,成为空中交通行为认知与决策领域变革性理论

技术难点之一。

3.2　复杂运行场景下空中交通异质混杂行为耦合作用模式与跨尺度行为多相演变机制

国家空域系统内航空用户多元、运行模式混合、管控规则多样,导致空中交通活动处于复杂运行环境中,且极易受各类"人机环管"因素影响而发生行为扰动,进而出现个体行为突变、多体行为聚变、群体行为相变以及随之衍生的多阶级联效应。然而,当前对其内部蕴含的深层次行为规律、状态演变及作用机制仍难以准确认知。因此,建立集拓扑认知与统计认知于一体的空中交通行为时空耦合作用模式,解析各类固态和扰动因素对空中交通行为演变的作用方式,明晰跨尺度行为临界状态、突变特征和影响程度,阐明空中交通行为多相演变机制,成为空中交通行为认知与决策领域变革性理论技术难点之一。

3.3　考虑异质偏好选择和性能动态权衡的空中交通多主体行为协同决策与自适应调优

空中交通涉及航空器、运输者、管理者、出行者等多类型参与主体,多主体交互与多利益权衡特征明显,由于空管/航空公司/机场之间的合作决策、航空公司之间或机场之间的非合作决策缺乏多目标最优动态适配规则,导致协同式空中交通流量管理策略实施效果达不到多主体决策预期。因此,考虑多参与方异质偏好选择问题,建立面向多维性能权衡的空中交通系统行为决策理论与生成控制机制,建立多主体协同运行范式与行为决策自适应调优方法,成为空中交通行为认知与决策领域变革性理论技术难点之一。

主要参考文献

[1] 胡明华.空中交通流量管理理论与方法[M].北京:科学出版社,2010.

[2] KISTAN T,GARDI A,SABATINI R,et al. An evolutionary outlook of air traffic flow management techniques[J]. Progress in Aerospace Sciences,2017,88:15-42.

[3] WANG K,JACQUILLAT A. A stochastic integer programming approach to air traffic scheduling and operations[J]. Operations Research,2020,68(5):1375-1402.

[4] CHEN J,CHEN L,SUN D. Air traffic flow management under uncertainty using chance-constrained optimization[J]. Transportation Research Part B:Methodological,2017,102:124-141.

[5] LULLI G,ODONI A. The European air traffic flow management problem[J]. Transportation science,2007,41(4):431-443.

[6] JACQUILLAT A,ODONI A. An integrated scheduling and operations approach to airport congestion mitigation[J]. Operations Research,2015,63(6):1390-1410.

［7］ BERTSIMAS D,LULLI G,ODONI A. An integer optimization approach to large-scale air traffic flow management[J]. Operations research,2011,59(1):211-227.

［8］ YIN J,MA Y,HU Y,et al. Delay,throughput and emission tradeoffs in airport runway scheduling with uncertainty considerations[J]. Networks and Spatial Economics,2021,21 (1):85-122.

［9］ LIU P C B,HANSEN M,MUKHERJEE A. Scenario-based air traffic flow management: From theory to practice[J]. Transportation Research Part B:Methodological,2008,42(7-8):685-702.

［10］ BERTSIMAS D,GUPTA S. Fairness and collaboration in network air traffic flow management:an optimization approach[J]. Transportation Science,2016,50(1):57-76.

撰稿人:胡明华(南京航空航天大学)　尹嘉男(南京航空航天大学)

空中交通多模式混合运行高性能管控

High-performance multi-mode separation assurance for mixed air traffic operation

1　科学问题概述

空中交通多模式混合运行管控是指在多种航空器融合空域中采用集中式、分布式、混合式等多种自主间隔管控模式,使航空器与航空器间、航空器与障碍物间保持安全间隔,确保空中交通安全、维护空中交通秩序、保障空中交通畅通。该技术是未来空中交通领域的重要技术发展方向之一,也是陆路交通、水面交通的共性技术,我国正在多渠道部署安排。中国民用航空总局在《智慧民航建设路线图》中明确将先进空管运行模式纳入中长期发展规划,鼓励开展针对多种航空器融合空域的自主运行技术研究,而针对该领域方向,开展空中交通多模式混合运行高性能管控相关科学问题研究具有重要意义。

随着航空运输需求的不断增长,特别是随着无人驾驶飞机加快融入有人驾驶飞机运行空域,空域运行复杂度持续加大,未来空中交通将具备有人驾驶航空器、无人驾驶航空器等多种异质航空器并存,集中式、分布式、混合式等多种间隔管控模式并存的特征。由于异质航空器态势感知与避险能力差异,以航空器自身传感器为主的空域态势感知方式,难以完备、准确地识别空中飞行威胁,严重威胁空中交通安全。因此,需要开展多源多粒度空中交通安全态势信息可信融合与风险预测研究,利用网联化的多模式机载设备,实现航空安全态势的主动式、全要素、多源智能感知。此外,多模式混合运行条件下,受运行环境、设备性能、人为因素等不确定性因素影响,自主化的空中交通系统将是一个非确定性的复杂自适应系统,使得航空器的运行环境空前复杂,对空中交通间隔管控决策的鲁棒性产生巨大影响,需要开展不确定条件下航空器四维航迹的空域安全边界,以及机载飞行航迹无冲突鲁棒规控研究。在高密度混合飞行流的环境下,空域内航空器运行空间受限,分布式、集中式和混合式多模式间隔管控并行存在,由于缺乏针对多场景下多模式间隔管控的混合运行综合性能的评估方法,严重影响空中交通运行效率,需要开展多模式协同运行管控研究,通过空天地一体化平台来协同多方决策,实现多模式运行高性能协同调控。

2 科学问题背景

近几年,随着国民经济的快速发展,中国民用航空运输产业保持稳步增长态势。《2019 民航空域发展报告》显示,中国民用航空空管系统全年共保障各类飞行 4218.1 万架次,航空运输总量已连续 15 年位居全球第二。然而,现有空中交通管理系统的保障能力不足,全国飞行流量主要集中于由北京、上海、广州、成都等构成的主干航路网络,其中北京、上海、广州的主干航路的保障架次已突破国际民用航空组织规定的容量上限,年日均流量前 20 位的管制扇区有 90% 集中在华东和中南地区,其中有 7 个管制扇区已超过容量上限,安全保障压力面临巨大挑战。现行的集中式间隔管控方式已成为空管系统保障能力持续提升的关键瓶颈之一。为应对持续增长的空管保障需求,迫切需要创新空中交通间隔管控模式,开展空中交通间隔管控新技术的研究与应用。

欧美航空发达国家在 20 世纪末便围绕航空器的自主间隔保持开展运行概念与关键技术的研究与验证,通过设立试点空域开展搭载有先进航电技术装备的航空器自主运行性能测试,并提出不同阶段的自主运行发展愿景。为突破制约我国空管高质量可持续发展的瓶颈,从根本上解决高密度复杂运行条件下空中交通安全高效保障问题,并在新一轮的国际空管技术变革中占据主动,中国民用航空高度重视空中交通间隔管控新技术的发展与应用,并将多模式空中间隔管控作为中国民航现代化空管系统战略(CAAMS)的七大核心运行理念之一。总之,空中交通多模式融合运行管控作为突破空中交通管理系统容量与效率瓶颈的有效手段,具有十分重要的学术研究意义和工程应用价值。

3 科学问题研究进展

空中交通自主运行概念提出后,国际航空学术界、工业界先后启动了一批研究验证项目,开展了空中交通多模式融合运行管控理论方法研究、关键技术攻关、原型系统研制与实际应用验证工作。根据不同运行阶段的任务需求,目前空中交通多模式融合运行管控研究主要包括机载飞行安全态势监视、机载飞行航迹规划与冲突解脱、空中交通自主运行调控三方面。

机载飞行安全态势监视是空中交通自主间隔安全管控的首要前提。航空器飞行安全态势主要包括飞行冲突、碰撞风险等交通态势信息和气象、地形等环境态势信息两部分。通过机载飞行安全态势的监视可以准确获取空域内多尺度的飞行威胁态势,进而为航迹规划中航空器的自主决策提供有效的支撑保障。飞行态势监视的相关研究工作主要分为三个方面:①机载飞行空域态势感知。通过空地监视设备协同监测空域交通与环境变化,收集相关的飞行安全态势信息。该领域的研究包括机载监视系统的开发与升级,确定型和概率型飞行冲突探测算法的优化,恶劣天气、特殊地形感知算法的改进。②机载飞行威胁评估。在获取空域态势的基础上,针对关键飞行威胁对象进行目标识别与威胁影响分析。具体的研究方法包括层次分析法、熵权法、模糊估计法及贝叶斯网络建模法等。③机间安全间隔标准设计。对于飞行威胁影响较大的目标,航空器需与其保持合理的安全间隔以降低冲突风险。相关的研究以碰撞风险建模、多因素间隔扰动机理分析为主。

机载飞行航迹规划与冲突解脱是空中交通自主间隔保持与运行管控的核心。为了从机载端实现多时间跨度的自主间隔保持,不仅需要针对长期或全航段航空器运行进行航迹规划,提升全局运行效率,也需要针对短期或中短期航空器进行航迹的实时重新规划,通过冲突解脱避免潜在冲突,确保飞行安全。在飞行航迹规划方面,按航迹来源可分为机载端和地面端。在机载端设备上,机载飞行航迹规划主要通过飞行管理系统(FMS)实现。在航迹规划方法研究方面,主要采用的研究方法包括:人工势场法、自动控制法、搜索算法及采样算法。在机载飞行冲突解脱方面,按照冲突解脱的提前时间划分为短期至长期,对于策略模型可分为确定型和概率型。确定型算法以几何分析和随机搜索为代表,概率型算法以多智能体马尔可夫随机决策过程、概率可达性分析法、强化学习为代表。

空中交通自主运行调控是从系统全局层面,对一指定空域范围内的所有运行航空器,包括具备自主间隔保持能力和不具备自主间隔保持能力的航空器,采用集中式、分布式或混合式间隔管控方式,对空域内的飞行流进行综合调控。根据空域运行场景的区别,自主运行调控的方法包括自由航路场景、尾随飞行场景、终端区进离场管理等场景;根据间隔管控模式的区别,自主运行调控又可分为集中式管控、分布式管控以及综合两种管控方式的混合式管控。在空域多场景调控方面,目前自主运行调控所开展的研究多针对自由航路场景,即航空器借助先进的通信导航和监视技术,在自主运行航路采用基于航迹的运行机制,通过自主调整轨迹和高度层,实现灵活自主的间隔管理。在多模式间隔管控方面,集中管控模式多以地面管制自动化系统为主导,侧重全空域内的整体效率与安全性。而分布式调控模式广泛应用了利用机间信息交互,主要的研究涉及多智能体系统(MAS)技术、一致性控制方法。此外,部分研究还提出集中调控指挥与个体分布机动的混合式控制模式,以兼顾调控策略的科学性和时效性。

虽然,目前空中交通多模式混合运行高性能管控技术取得了一系列成果,但是随着空域复杂度的增加,空中交通自主间隔管控的实际应用仍需攻克以下科学问题:

3.1　多源多粒度安全态势信息融合与飞行风险预测

机载空域态势感知逐步由传统各类态势信息的独立探测、分离感知向协同感知、态势融合的方向发展，飞行威胁评估由传统的单维度定性分析向多维度定量评估的方向发展，安全间隔标准则由传统集中管控模式下的静态固定间隔向动态自适应间隔的方向发展。但目前机载飞行态势感知仍存在各要素信息融合程度低、威胁评估可信度不足等问题，且应对多元威胁场景下航空器自主间隔保持与安全飞行，安全间隔自主管控的适应性和灵活性有待提高。因此，机载安全态势可信感知与动态安全间隔设计是需要解决的核心问题之一。

3.2　不确定条件下多机四维航迹的快速鲁棒规划与控制

四维航迹运行场景下，机载四维航迹规划与解脱计算复杂度急剧增大，而机载计算资源有限，现有机载设备的求解能力无法满足高效决策的需求。另外，由于空中交通多模式混合运行环境的动态性、不确定性、机载能力的差异性、运行场景的多样性，使得机载航迹规划与控制受到诸多不确定性因素的影响。因此，为确保空中交通自主运行的安全高效，特别是应对实际运行环境中的不确定性影响，亟须设计更高效、鲁棒性更强的建模求解算法，保证机载规控系统的实时性和鲁棒性。

3.3　多间隔管控模式下混合飞行流的高效协同管控

在高密度飞行流的复杂运行环境下，空域内航空器运行空间受限，分布式、集中式和混合式多模式间隔管控并行存在。同时，在未来有人驾驶航空器、无人驾驶航空器等异质航空器的混合飞行场景下，空中交通运行的复杂性势必加大。如何在兼顾间隔保持安全的同时，实现多间隔管控模式、混合飞行流复杂运行环境下的高效协同管控，保证全局性能，并适应动态运行需求，是亟须解决的重点问题。

主要参考文献

［1］ Final Report of RTCA Task Force 3. Free Flight Implementation［EB/OL］.（1995-10-26）. https://standards. globalspec. com/std/1017410/RTCA%20CTF-3.

［2］ BLOM H, BAKKER G J. Safety evaluation of advanced self-separation under very high en-route traffic demand［C］. Delft：Sesar Innovation Days, 2015.

［3］ National Research Council. Autonomy research for civil aviation：toward a new era of flight［M］. Pittsburgh：National Academies Press, 2014.

［4］ YANG Y, ZHANG J, CAI K Q, et al. Multi-aircraft conflict detection and resolution based on probabilistic reach sets[J]. IEEE Transactions on Control Systems Technology,2016,25 (1):1-8.

[5] LI H,WANG Z,WANG J,et al. Deep reinforcement learning based conflict detection and resolution in air traffic control[J]. IET Intelligent Transport Systems, 2019, 13 (6), 1041-1047.

[6] LIU H,MENG Q Y,PENG F C,et al. Heterogeneous formation control of multiple UAVs with limited-input leader via reinforcement learning[J]. Neurocomputing,2020,412:63-71.

[7] XUE M. Urban air mobility conflict resolution:centralized or decentralized [C]. Dallas: AIAA Aviation 2020 Forum,2020.

撰稿人:蔡开泉(北京航空航天大学)

空管航空电子系统网络化智能化运行

Networked and intelligent operation of ATM avionics system

1　科学问题概述

随着航空电子、网络通信、人工智能等领域的发展,空中交通正由传统的地面指挥飞机航行向空地紧密协同、深度融合的新运行模式转变。装备先进航空电子系统的航空器将成为空中交通运行管理的重要参与方与信息交互的核心节点,承担机载端的通信、导航、监视、交通信息处理与共享、航迹协商与决策等职责,组成高度智能化的空管航电信息网络。

然而,当前新型民用航空飞机虽已装备各类先进的传感器,并且机载航电系统具备高速运算与数据传输能力,可以准确地感知周边一定范围内的态势信息,协调机载系统资源优化飞行航迹,并与地面管理服务方通过数据链实现一定的信息交互,但飞机与飞机之间、飞机与地面系统之间尚无法建立安全、高速、稳定的信息通信网络,导致由先进机载航电系统与高速机载总线赋能的新一代民用航空飞机难以进一步推动空中交通运行模式革新。飞机难以获得自身传感器探测范围外的态势信息,难以开展大规模群体协商与协同,从而限制了飞机的感知与决策能力,即遏制了空中交通运行的自主化和智能化水平提升。

因此,亟须突破空管航电信息网络组网技术瓶颈,以及空地互联网络环境下的空管航空电子系统智能感知与协商技术,特别是从机载端能力视角解决高密度空域下飞机之间的航迹协同与远距离航行中超出传感器范围的航迹协同等问题。这些问题背后的高性能空地/空空网络通信技术、高精度高可靠性星基导航技术、高分辨率高鲁棒性的综合监视技术、高安全性的智能协商与群体决策技术等,仍是目前亟待解决的一系列"卡脖子"关键技术。因此,针对未来空中交通运行模式,探究网络化、智能化的空管航空电子系统运行机理,对构建空地、空空高度协同的空中交通运行体系,提升空中交通运行安全与效率具有重要意义。

2　科学问题背景

国际民用航空组织(ICAO)提出建立以网络、交互、共享为目标的空中交通运行概念,使空中交通运行参与各方在保证运行安全的前提下,提升复杂气象环境、高密度空域环境下的运行安全和运行效率。在未来,航空信息化建设将不断提速,空天地一体化的信息化不断加强,飞机运行模式从单点式扩展到泛网络化运行。航空器通过内外网络、移动 IP、集成卫星通信数据链、多模式甚高频数据链等,构建航空泛网络。飞机与飞机、飞机与地面紧紧相联,进而实现机载子网与空管网络互联。航空电子系统作为飞机的"大脑",是实现飞机泛网络化运行的核心,是与空管信息系统融合的关键。

当前,"C919"等新一代大型客机航空电子系统已采用 AFDX 通信协议,机载系统通信速率已从 429 总线的 100k bit/s 提升到了 100M bit/s,这使得空管航电系统有能力处理高频、大数据运算,从而实现智能协商与协同。然而,目前空地、空空数据通信仍依赖传统 L 波段数据链路,其传输速率低于3k bit/s,难以承担网络化运行的通信需求。以 Ka、V 波段为代表的新一代卫星通信链路,可为飞机提供 45～300Mbit/s 的通信服务,但受限于高频段通信的稳定性等问题,目前仅限于飞机后舱应用,无法满足空管航电系统所需的安全、可靠的网络通信要求。而5G ATG 数据通信方案受限于信号传输距离,难以为高空空域提供可靠的网络通信服务。因此,如何组建安全、高速、稳定的航空信息网络仍需大量探索与实践。

在飞机与飞机、飞机与地面互联的基础上,随着航班数量不断提升,地面管制系统将难以提供充足的战术指挥服务,尤其在高密度空域,传统话音管制将使空地管制通信拥塞,管制信息难以传达,造成航空安全隐患。因此,空管航空电子系统作为拥有充分态势感知与决策能力的机载端智能运算节点,将为地面管制系统分担一部分战术管制职责,提供间隔保持、航迹协商等服务,而地面管制员将可投入更多的精力在宏观调控与航迹监督上,从而提升空中交通运行安全与效率。而在偏远地区,全局态势共享将使飞机看得更远、更清,在缺少地面管制服务的场景中,空管航空电子系统可组织飞机间的协商与协同,从而提高偏远地区与洋区飞行密度,提升空域利用效率。

面向未来网络化、智能化的空中交通运行的发展要求,以航空器网络化运行灵活接入、数据共享与统一管理、物理资源共享与统一管理为目标,采用分层分级的理念和应用面向服务的体系结构方法,开展空管航空电子系统网络化智能化运行架构设计与机理研究,是实现空中交通运行新模式所需探究的重要科学问题。

3 科学问题研究进展

虽然国外正推进面向四维航迹运行的航电系统研究,但主要集中在航电系统能力组织与应用上,以及针对具体运行场景和应用的航电系统能力组织,关于如何实现空管航电系统的网络化和智能化运行涉及较少。对于本科学问题的研究重点主要包括以下三个方面:

3.1 支持网络化智能化运行的空管航电系统架构

航电系统自 20 世纪 50 年代出现以来,依托计算机、软件、通信、传感器、微电子等诸多领域技术发展的推动,以及应用场景的变化和驻留功能的扩展与综合,航电架构与内涵不断演进。早期航电架构从分立式逐渐演变为联合式架构,虽然信息交互能力有了一定的提升,但系统综合程度仍然较低,缺乏资源的综合化、模块化。20 世纪末,民用飞机领域的综合式航电架构理念和标准规范不断发展。RTCA 于 2005 年批准的"DO-297 综合模块化航空电子开发指南及认证考虑",定义了综合模块化航空电子(Integrated Modular Avionics,IMA)是一组灵活的、可重用的、可互操作的共享硬件和资源,当把这些资源综合在一起时,可以构建一个平台,该平台能提供各种服务来执行飞机功能的宿主应用,而这些服务按一组确定的安全和性能需求进行设计和验证。2008 年,欧盟扶持了 SCARLETT(SCAlable & Reconfigurable Electronics Plat Forms and Tools)计划,该计划旨在将现有 IMA形态进一步分布化,并提出了分布式模块化电子单元(Distributed Modular Electronics,DME),具有可变规模、可移植、容错和重配置、支持全部航空电子功能、最少种类等特点。在 SCARLETT 计划之后,2013 年推出的 ASHLEY(Avionics systems hosted on a distributed modular electronics large scale demonstrator for multiple types of aircraft)计划,又做了进一步的推进和扩充,将 DME 理念进行更大范围的应用,在大型飞机平台验证并推进其适航认证;开发系统集成工具链,研究基于模型的系统架构评估和动态仿真技术。伴随着航电架构综合化、模块化程度的不断加深,分布式综合模块化航空电子(Distributed Integrated Modular Avionics,DIMA)成为当前航电架构的主要发展趋势。航电平台在物理层面更加分布,底层资源借助于网络和操作系统中间件进行共享管理,功能则进一步得到综合。随着越来越多的高性能异构计算资源的加入,提升了平台对不同应用的处理能力,互联互通互操作需求的增强也促进了统一网络的研发。

分布式、模块化、综合化的航电系统架构在降低系统复杂度和成本的同时,提升了航空器运行的安全性和可靠性。但是,未来接入空天地一体化网络的互联网飞机给航电系统架构的升级带来了新的挑战。首先,当前的航电系统主要关注自身的飞行安全,系统架构较为封闭,缺乏对周边交通信息和地面信息的综合处理能力,难以支持飞行、乘务、维护、运营方面的空空、空地业务互联互通。其次,随着飞机信息化程度的不断提高,飞机各机载系统产生的数据不断增长,规模从最初的几十兆字节增长到几十千兆字节。同时为了满足飞机的互联业务需求,大量的数据需要从地面实时传输到飞机的各个系统,包括管制指令、航迹数据、交通数据、气象和地形数据等。而当前航电系统缺乏对大规模数据的实时传输和处理能力,难以支持基于大数据和人工智能技术的信息管理。因此,如何构建与空管运行深度融合的泛网络化通用架构,以实现在任何时间、任何地点、任何空中与地面运行节点能顺畅地通信为目标,利用现有航空器机载能力和空管信息网络技术,实现飞机与飞机、飞机与地面、地面与地面间按需进行的信息获取、传递、存储、认知、决策、使用等服务,满足空管系统和航电系统信息化、网络化和体系化的发展要求,是空管航电系统架构研究亟待解决的难点问题。

3.2　面向航空泛网络的空管航电信息组网技术

未来航空信息化建设将不断提速,空天地一体化的信息化不断加强,飞行器运行从单点式扩展到泛网络化运行。未来运行场景下,飞行器通过内外网络、移动 IP、集成卫星通信数据链、多模式甚高频数据链等,构建航空泛网络。飞机与飞机、飞机与地面紧紧相联,进而实现机载子网与空管网络互联。航空电子系统作为飞机的"大脑",是实现飞机泛网络化运行的核心,是与空管信息系统融合的关键。实现网络化、智能化的空地协同运行,不仅要求航电系统性能的提升,还需要开放、灵活的航电信息网络组织架构,以适应日益增长的航空通信数据流和空中交通管理数据信息。传统的航空信息管理系统基于航空电信网(Aeronautical Telecommunication Network,ATN),是一种以地面为中心的通信方式,不允许飞机之间进行通信。在没有基站覆盖的区域,飞机间的通信只能依赖卫星等高通信成本的手段,使得互联网接入等网络应用难以在民用航空领域大规模使用。为了改进现有的航空通信系统,学术界近年来提出了将移动自组网技术应用于航空平台的思想,即航空平台之间以及航空平台和地面基站之间形成一个无中心、空地一体化的航空自组织网络(Aeronautical Ad Hoc Network,AANET)。2006 年,Sakhaee 等构想了 AANET 应用于民用航空运输的技术场景。随后,Medina 等根据北大西洋走廊的航班密度情况,分析了在北大西洋走廊应用 AANET 的可行性。国内学者根据国内航班的实际数据对国内航班 AANET 组网进行了可行性分析。国际民用航空组织也分析了利用 AANET 技术监控全球商业航班的可行性。虽然国内外航电信息组网技术的研究取得了一定的成果,但从实际应用角度来说,还存在诸多亟待解决的问题和难点。当前设计的机载航电信息网络体系结构大都借鉴了地面移动自组织网络的设计理念。事实上,机载航电信息网络的任务需求、工作环境和运行机制都与地面移动自组织网络存在显著差别。因此,如何根据未来机载应用场景,如高密度终端区运行、跨洋飞行、有人/无人驾驶飞机协同运行、基于航迹的运行等,综合考虑应用特点和网络特征,设计开放下一代航电信息网络体系架构,提高网络的鲁棒性、可靠性和服务能力,是需要解决的关键问题之一。

此外,为了解决民用航空各信息系统之间的互联互通问题,国际民用航空组织提出了广域信息管理(System Wide Information Management,SWIM)概念。SWIM 是一种整合空中交通管理网络,覆盖全系统范围的空管信息管理方式,可以通过"虚拟信息池"提供高质量、一致的空管运行信息共享与交换,推动信息交换由传统的点对点的专用信息交换方式向基于网络化的分布式交换方式转变。目前,国内外 SWIM 技术的主要研究工作集中在数据格式规范、接口规范的制定、服务质量规范和安全性方案设计等方面,距离实现航空器接入 SWIM 网络的实际应用仍有较大差距。如何针对运输航空和通用航空的任务需求,将航电系统产生的海量数据转换为适用于 SWIM 的飞行数据交换模型(Flight Information Exchange Model,FIXM)格式;如何选择安全、高速、稳定的数据传输链路以实现空地数据的实时传输;如何整合各利益相关方的数据信息处理系统,实现全系统范围内的数据共享和互操作,是目前面临的主要挑战。

3.3 基于服务的智能航电应用技术

随着深度学习和大数据等新兴技术在航空系统的应用,使得支持空管运行组织与航空电子系统应用的人工智能技术研究成为应对未来空管运行场景复杂化和多样化的重要手段。虚拟现实、增强现实等技术和智能辅助设备能够为座舱显控系统提供更为多元的交互与沉浸式体验,智能增强显示、语音控制、体感交互等可有效提升信息感知和用户体验,在减轻飞行员负荷的同时增强对人身安全的保护能力和飞机任务的执行能力。此外,民用航空运输机的驾驶舱将逐渐地由多人制机组过渡到单人制机组,传统由机组实现的功能将更多地由机器设备实现,这也需要机载系统的自动化、智能化水平进一步提升。目前,航电系统严格按照美国联邦航空条例(FAR)25 部、欧洲航空安全局审定规范(CS)25部 1309 条款、美国自动机工程师协会(SAE)《民用飞机机载系统和设备安全性评估指南和方法(ARP4761)》/《民用飞机和系统开发指南(ARP4754A)》与美国航空无线电技术委员会(RTCA)《机载系统合格审定过程中的软件考虑(DO-178C)》/《机载电子硬件设计保证指南(DO-254)》中规定的审查与开发保证需求来设计,一定程度上有效保证了航电系统的安全性。但是,航电系统软件与硬件耦合比较紧密,几乎没有引入新的或增强的运营能力,无论是增加新的空管、飞管、通信、导航、监视、显控功能还是提升系统的处理性能,都需要增加新的软硬件产品,并且对系统进行较大规模改动,进而带来航空电子系统改型设计、软硬件研制、综合测试、适航认证等一系列问题。传统航电系统架构模式下,空管新技术难以植入到现有的航电系统中,大量空中交通管理服务无法得到充分使用,系统改进升级成本不断增加、周期不断加长,这也成为阻碍我国空管航电系统发展的主要因素之一。

针对上述问题,新型空管航电应用技术的发展趋势是引入分层解耦合面向服务的理念,将传统的应用层和资源层解耦,在中间设置服务层、网络层和接入层。基于服务的智能航电应用技术研究以应用与资源分离的分级分布为核心,物理单元标准化封装的灵活可组为基础,体系化的智能自主应用为最终目标,旨在突破单平台架构发展的传统模式,重定义架构元素划分和封装,拓展其元素关系范畴,改进其演进指导原则。平台级的机载应用能够通过调用服务层服务,满足飞机运行任务要求;体系级的空地协同化应用也能够通过调用服务层服务,实现跨平台的互联互通互操作。基于服务的智能航电应用技术研究,将针对具体的空管运行组织改进所带来的新应用需求,结合单人制机组运行模式,确定人工智能技术的应用需求、面向具体应用的人工智能算法和与自然人机组的协作技术等,形成面向新应用的人工智能应用功能,支持机载系统的智能化水平的提升。

主要参考文献

[1] SPITZER C R . Avionics:Elements,Software and Functions[J]. Journal of Neural Transmission,2006,119(6):721-728.

[2] PENNA S D . Networking in modern avionics[J]. ACM SIGBED Review,2011,8(4):55-58.

[3] FUCHSEN R. Preparing the next generation of IMA:A new technology for the scarlett program[C] // 2009 IEEE/AIAA 28th Digital Avionics Systems Conference. Orlando:IEEE,2009.

[4] ISO/IEC/IEEE. Systems and software engineering—Architecture description:ISO/IEC/IEEE 42010:2011(E)[S/OL]. [2022-06-06]. https://www. iso. org/standard/50508. html.

[5] JACKSON M . Role of avionics in trajectory-based operations[J]. Aerospace & Electronic Systems Magazine IEEE,2010,25(7):12-19.

[6] SGORCEA R,SYMIONOW W,BALAKRISHNA M, et al. Integrating avionics standards with ground air traffic management systems to meet 2025 operational needs[C] // 2016 IEEE/AIAA 35th Digital Avionics Systems Conference Sacramento:IEEE,2016.

[7] TOKAR J L. A comparison of avionics open system architectures[J]. ACM SIGAda Ada Letters,2017,36(2):22-26.

[8] GARDI A,SABATINI R, Kistan T, et al. Novel flight management system for improved safety and sustainability in the CNS + A context[C] // 2015 Integrated Communication, Navigation,& Surveillance Conference. Herdon:IEEE,2015.

［9］ MYERS P L,STARR A W . Single Pilot Operations IN Commercial Cockpits:Background,Challenges,and Options[J]. Journal of Intelligent & Robotic Systems,2021,102(1):19-1-19-15.

［10］ PARK P,MARCO P D, NAH J, et al. Wireless Avionics Intra-Communications:A Survey of Benefits,Challenges,and Solutions[J]. IEEE Internet of Things Journal,2021,8(10): 7745-7767.

撰稿人：毛继志(中国航空工业集团有限公司无线电电子研究所)
　　　　胡浩亮(中国航空工业集团有限公司无线电电子研究所)
　　　　张立东(中国航空工业集团有限公司无线电电子研究所)

城市空中交通智能管控理论与方法

Theory and methodology of intelligent management and control for the urban air mobility

1　科学问题概述

城市空中交通(Urban Air Mobility,UAM)是一种以电推进垂直起降飞行器、轻小型无人驾驶飞机为主要运载工具的先进空中交通模式。随着人工智能、自动驾驶、物联网、第五代移动通信技术(5G)、北斗导航等技术的发展,以及智能无人驾驶飞机、新型混合动力垂直起降飞行器的出现,城市空中交通需求急速增长,引起了广泛的社会关注。作为交通强国、国家综合立体交通网规划等国家重大战略的组成部分,发展城市空中交通已经成为开发城市低空空间资源、缓解地面交通拥堵、促进低空经济高质量发展的重要途径。然而,城市复杂的空域结构、地形特征、电磁环境、气象条件等给有/无人驾驶航空器运行带来了巨大挑战。目前,城市空中交通管控规则、程序、体系等方面均为空白,难以满足多种类新型载运工具的多场景、高密度、混合化应用需求,美国、巴西、新加坡、韩国、欧洲等国均在积极探索城市空中交通管理的运行架构与技术内涵。如何建立安全、高效、智慧、绿色的城市空中交通智能管控体系已成为城市空中交通实现规模化、商业化运行的重要瓶颈和前沿问题。城市空中交通具有空间要素混杂、空地立体衔接、智能自主控制、机动飞行密集等运行特点,受复杂环境条件、混合异质主体、系统故障失效、人为不当操作等影响,极易出现空中碰撞、坠机伤人、入侵空域等安全问题,城市交通、空中交通等领域现有管控技术方法难以有效解决上述问题。因此,亟须系统性建立适用于城市空中交通的管控理论方法与核心技术体系,并开展重要示范场景下的应用验证。

复杂城市环境下空中交通智能管控存在以下重要研究难点:一是城市低空空域数字立

体管理。城市空域应当可以实现全天候、全覆盖、全方位的数字化、立体化和动态化管理。科学划设城市空域类型,探究混合运行模式,重点研发可变立体电子围栏式城市空域管理系统关键技术,实现城市空域精细划设管理、按需动态分配和安全高效运行。二是城市空中交通网络精细规划。面向物流运输等大规模无人驾驶飞机运行应用场景,围绕无人驾驶飞机起降点选址和无人驾驶飞机路径规划两方面问题,开展城市空中无人驾驶飞机航路网络设计与优化研究,形成低复杂度、高稳定性的航路网络精细规划策略,从而提升运输效率、降低管控成本、改善服务品质。三是城市空中安全风险精准防控。针对城市空中交通运行场景丰富、运行风险多样等特点,聚焦城市空中安全风险评估难、预测难、防控难等问题,开展城市空中运行风险感知与自动防控技术研究,从而实现城市空中风险动态预测、实时评估、自动识别、智能防控一体化运行,为城市空中交通安全管控提供关键技术支持。四是城市空中交通态势智能感知。针对城市高密度低空智能交通的感知和理解问题,研究基于飞行器的自主感知信息和低空交通体系感知信息的多元多模态感知认知理论和方法,提升综合飞行器感知能力和高密度低空交通体系感知能力,突破高密度低空交通综合环境和态势的智能感知认知关键技术。五是城市空中交通流量智能监控。城市空中交通进入规模化运行阶段,合理有效、智能精准的流量管理策略至关重要。重点研究飞行繁忙城市区域空域与流量智能协同调控策略和集中智能监控技术,实现城市空域供给容量与飞行流量动态平衡。六是城市空中精密通信导航监视。融合北斗卫星导航系统、第五代移动通信技术(5G)、精密雷达、三维空间地理信息系统等技术手段,研究城市空间精密导航、多模融合组网、大规模飞行器通信编码等关键技术,构建全范围、全天候、组合式、精密型的城市空间导航、通信、监视能力,以保障城市空域动态灵活使用、空中安全自主运行、交通态势协同感知和飞行流量智能监控。

2　科学问题背景

城市低空空间是一种宝贵资源,是无人驾驶飞机等新型载运工具的重要活动空间,蕴藏着极大的经济价值和社会价值。随着城市化进程不断加快,城市人口数量急剧增长,交通拥堵问题日益严重,地面空间的日趋饱和以及地下空间的开发限制导致有限的交通资源与不断膨胀的交通需求之间矛盾激化。在此背景下,开发城市低空空间资源、发展城市空中交通已成为世界航空界和交通界共同关注的前沿热点问题。城市空中交通也是我国《交通强国建设纲要》《国家综合立体交通规划纲要》所提出的现代化高质量综合立体交通网络的要组成部分,可有力支撑"全国 123 出行交通圈"和"全球 123 快货物流圈"的交通强国发展目标,其发展将为国家综合立体交通提供有力支撑。

然而,由于城市空域环境复杂、飞行器种类繁多、应用场景差异化显著,如何保障规模化飞行器在城市空中安全、高效、有序地运行也已经成为城市空中交通商业化应用面临的关键难题。因此,亟须开展城市空中交通智能管控理论及应用验证研究,重点解决城市空中交通高密度运行安全、空地交通态势精确智能认知、飞行器自主运行协同感知、高密度空中交通流量智能控制等问题。因此，目前开展城市空中交通智能管控理论、技术和验证系统化研究是非常必要和及时的。研究旨在突破城市高密度低空智能交通系统运行和管理的理论、方法和关键技术，并在重大应用示范场景下验证研究的可行性和可靠性，为城市空中交通发展提供理论、方法和技术支撑，打破国外在交通理论、方法和技术方面的垄断地位，力争实现国家综合立体交通理论、方法、关键技术、应用等方面超越式突破，达到领先水平，逐步奠定交通强国的理论和科技基础。

3 科学问题研究进展

城市空中交通已成为科技热点问题。美国国家航空航天局(NASA)、麻省理工学院以及密西根大学安娜堡分校等相关研究组织与机构分别对城市空中交通的概念进行了不同程度的探讨。欧美等发达国家也在城市空中交通方面进行了不同程度的布局，提出了明确的路线图并展开相关研究。2017—2018 年，NASA 与 Uber 公司联合开发城市空中交通项目，探索在城市地区空运人员和货物的概念以及所需技术；2018 年美国成立了城市空中交通协调和评估小组，聚焦未来城市空中交通发展，开展研究并提出决策建议；2020 年 8 月，美国发布《加强空中交通国家蓝图》，将"城市空中交通"概念拓展为"先进空中交通"。2020 年 4 月，欧盟航空安全局在全球范围内首次发布欧洲城市无人驾驶飞机安全操作规则，提出一个监管框架，允许无人驾驶飞机送货、空中出租车等服务与城市环境中其他活动共存，进而为 U-Space 项目奠定市场基础。空中客车、波音等公司都对城市空中交通开展了相关业务布局和商业模式的探索。2020 年 1 月，亿航智能双座版载人级自动驾驶飞行器首次公开飞行，并首次获得美国联邦航空管理局颁发的飞行许可。但当前核心概念尚未达成共识。未来的城市交通将逐步发展为空天地一体化、智能化的立体系统，城市将逐步形成以飞行器为主体的城市空中交通系统。在现有基础下，实现城市空中交通系统尚存在诸多挑战，诸多科学问题还有待解决。

城市空中交通管控理论研究刚刚起步。低空空域既是经济社会发展的"增长带"，更是国家安全的"敏感带"和绿色发展的"环保带"。不同于空中交通和城市地面交通，未来城市空中交通运行面临无人驾驶飞行器数量大、体积小、执行任务复杂多样、规则和不规则飞行、航线结构庞大复杂，现有的空中、地面交通基础设施难以提供匹配的通信导航监视服务，难以大规模高效协同控制等诸多困难，这对当前空中交通管理理论和城市交通理论提出了前所未有的挑战，现有理论无法满足未来高密度的低空空中运行需求，尤其是核心科学问题和关键技术还有待突破。2021 年，Bharadwaj 等提出了低空交通管理的三点挑战，包括多参与方利益诉求、复杂飞行环境以及高密度控制问题。现有的 UAM 研究大多集中于结构化空域，即飞行器按照固定飞行路线飞行，但已有的研究表明，自由飞行空域在高密度空中交通中更加适用。在自由飞行框架下,如何保障飞行安全将变得更为复杂,目前这一方向的探索还处于起步阶段。在基础理论方面,Cummings 和 Mahmassani 对地面交通流理论进行了拓展,提出了一种面向低空飞行器的交通流理论,提出了一种四维的空中交通流密速基本关系,但该研究对飞行器的假设较多,且未考虑飞行器的加减速以及飞行环境的多变性等情况。在空域构型方面,现有研究提出了自由空域、分层空域、扇形空域、管道空域等四种城市空域结构概念,以及多层通道型空域结构设计概念,包括空中车道、空中管道和空中走廊等。

综上所述,现有城市空中交通智能管控研究尚处探索阶段,大多研究集中于简化、中心化、结构化、低密度的系统,不适用于复杂城市空中交通环境,亟须研究如下科学难题:

3.1　基于新型运载工具性能的城市空域数字化设计与智联网构建

城市低空空域运行具有飞行高度低、速度慢、体积小、规模大、飞行环境复杂、信号易被干扰等特点,当前城市空域范围与空域结构尚未形成明确定义,传统通信导航监视技术在覆盖范围、精确度、稳定性等方面难以满足城市空中交通实际运行需求。因此,如何科学划设城市空域类型和结构,形成城市通信导航监视智联网环境,是亟须解决的科学问题之一。

3.2　面向差异化应用场景的城市空中航路网络精细规划

城市空域无人驾驶飞机的应用场景多样、任务类型繁多、运行环境复杂,如何在航路网络设计中综合考虑空域规划、建筑分布、气象条件等关键因素的动态影响,建立适应差异化应用场景的城市空域航路网络模型,提出面向任务需求、建设成本、运输效率、服务品质等多约束多目标的城市空域航路网络智能优化技术,形成稳健、高效、合理的城市空域飞行器起降点-飞行路径立体网络体系,是亟须解决的科学问题之一。

3.3　复杂城市低空环境下运行风险全生命周期精准防控

城市区域楼宇建筑、地形特征、电磁环境、气象条件等多类因素在飞行器运行全过程中产生复杂耦合影响,如何精确标定同类飞行器之间、异类飞行器之间、飞行器与楼宇之间、飞行器与障碍物之间的安全间隔,探索多类因素影响下飞行器运行风险诱发、形成、发展、蔓延、消散等全生命周期演化规律,提出城市空域飞行器运行风险态势智能感知与精准防控技术,是亟须解决的科学问题之一。

3.4　城市多类型异质飞行器自主运行态势智能认知

城市空中交通将面临多类型空域融合、多机型飞行器协同、多任务用户交互的复杂运行环境,研究飞行器与低空复杂交通环境间的交互模式,揭示网联与非网联、有人与无人载体间的耦合机理,提出基于飞行器自主感知信息和低空交通体系感知信息的多元多模态感知认知理论与方法,突破城市低空综合环境和高密度交通态势的智能感知认知关键技术,是亟须解决的科学问题之一。

3.5 城市低空高密度混合飞行流量智能协同差异控制

研究城市低空高密度多类型混合飞行态势时空演化机理,构建涵盖空域动态配置、航迹协同管理、机路协同管控等的智能差异协同管控理论与方法,突破高密度低空交通四维航迹精密规划、城市空中交织区域飞行流量智能优化控制、垂直起降机场空地智能协同运行等关键技术,实现城市空域与起降点场容流动态平衡,满足各类用户差异化需求,实现城市空中交通流量管控自动化、智能化,是亟须解决的又一科学问题。

主要参考文献

[1] 张洪海,邹依原,张启钱,等.未来城市空中交通管理研究综述[J].航空学报,2021,42(7):75-99.

[2] GOYAL R. Urban Air Mobility (UAM) Market Study[EB/OL].(2018-11-21)[2020-03-05]. https://ntrs. nasa. gov/archive/nasa/casi. ntrs. nasa. gov/20190001472. pdf.

[3] HOSSEINI N, JAMAL H, HAQUE J, et al. UAV command and control, navigation and surveillance:a review of potential 5G and satellite systems[C]// 2019 IEEE Aerospace Conference. New York:IEEE,2019:1-10.

[4] ULLAH H, NAIR N G, MOORE A, et al. 5G communication:An overview of vehicle-to-everything,drones,and healthcare use-cases[J]. IEEE Access,2019,7:37251-37268.

[5] BULUSU V, POLISHCHUK V. A threshold based airspace capacity estimation method for UAS traffic management[C]// 2017 Annual IEEE International Systems Conference (SysCon). Montreal:IEEE,2017:1-7.

[6] CHO J, YOON Y. How to assess the capacity of urban airspace:A topological approach using keep-in and keep-out geofence[J]. Transportation Research Part C:Emerging Technologies,2018,92:137-149.

[7] WASHINGTON A, CLOTHIER R A, SILVA J. A review of unmanned aircraft system ground risk models[J]. Progress in Aerospace Sciences,2017,95:24-44.

[8] BHARADWAJ S, CARR S P, NEOGI N A, et al. Decentralized control synthesis for air traffic management in urban air mobility[J]. IEEE Transactions on Control of Network Systems,2021,8(2):598-608.

［9］　YANG X，WEI P. Scalable multi-agent computational guidance with separation assurance for autonomous urban air mobility［J］. Journal of Guidance，Control，and Dynamics，2020，43（8）：1473-1486.

［10］　LAI J，MEJIAS L，FORD J J. Airborne vision - based collision - detection system［J］. Journal of Field Robotics，2011，28（2）：137-157.

撰稿人：张洪海（南京航空航天大学）　钟罡（南京航空航天大学）

张学军（北京航空航天大学）　孙小倩（北京航空航天大学）

林毅（四川大学）　杨红雨（四川大学）

不确定运行场景下航空公司运控资源一体化配置与应急调控

Integrated airline operation and disruption management under uncertain environment

1　科学问题概述

近年来，我国民用航空运输业发展迅速，客货运输量规模连续 15 年稳居世界第二，仅次于美国。我国航空公司的运行效率和资源利用率面临严峻的挑战，特别是受到出行需求不确定性、经济环境不稳定性、油价波动、高速铁路冲击等各种因素的影响，航班延误是航空公司运行中最常见、最不易解决的问题，严重制约航空公司服务水平和保障水平，给航空公司和旅客造成很大损失和不良影响。根据我国年度《民航行业发展统计公报》的数据显示，2016 年至 2019 年，我国航空公司平均准点率为 77%，平均航班延误时间为 17min，航班的低准点率给航空公司的利润收入带来了严重影响，中国民用航空因航班延误经济损失每年不低于 500 亿元。在这一背景下，发展应对复杂不确定运行情景，提高安全和效率的航班一体化运行与应急调控理论和体系是航空交通领域亟须解决的热点和难点问题。

航空公司运营优化是航空公司有效管理和运营的重要抓手，涵盖了航班计划制订、机队分配、飞机维修路径规划以及机组人员排班等一系列重要运营子问题。但是，在我国航空公司的商务部门，制订航班时刻表往往是航线管理人员根据自身的经验手工调整航线班次数量、时刻等，缺乏系统性、科学性的理论指导，经验式、局限性的航班计划，很大程度上影响航空公司的运行成本、收入和运行效率。由于民用航空规章制度条例严格繁多，增量式编制计划工作量巨大且效率较低。同时，随着航空公司规模的扩大，针对正常性、可靠性等新需求不断涌现，增量式排班无法满足航空公司提升运行管理水平的需求。涵盖航班、飞机、机组等多种资源的一体化优化配置有望解决航班运行控制的难题。由于不同子问题之间存在较高关联性，前一个子问题的输出即为下一个子问题的输入，考虑一体化问题优化可显著提高航空公司利润,降低不同子问题的异质性问题。因此,针对一体化、鲁棒化、智能化的航空公司运营优化问题具有重要的学术意义和应用价值。

20 世纪 60 年代初至今,国内外学者已运用运筹学在航空公司运行控制领域进行了深入研究,并应用于实际的航空公司运营中。但是,聚焦于一体化、鲁棒化和智能化层面的运行控制决策支持工具依旧难以得到业界规模化的应用,总的来说有以下三大瓶颈:①难以耦合不同运行控制子问题。航空公司运行控制当前依循不同的规划周期从航季至航班临近起飞的时间跨度求解四个子问题,既有战略层面的远期规划,又有战术层面的临时性调整。现有研究通常仅针对一体化模型在经济效益层面的优势而忽视其在航空公司在实际应用中的落地问题,缺乏对不同规划周期人员、飞机、旅客信息的整合。②难以求解大规模优化问题。航空公司运营优化的四个子问题均属于 NP 难问题,难以在多项式时间内有效求解;而一体化和鲁棒性模型则在此基础上进一步增加了模型地复杂度,传统精确分解算法受制于模型耦合项和退化解多,难以求解大中型航空公司实际算例问题;而相对快速的智能启发式算法也难以处理决策多、解空间大的一体化问题。③缺乏有效的评价体系,难以保证真实环境下的排班计划鲁棒性和稳定性。现有的运行控制数学模型通常简化航空公司运营过程,许多假设与实际与仍存在较大差异。多种针对需求侧和排班层面随机鲁棒模型多针对特定场景,缺乏对诸如市场竞争等其他关联因素的考虑。各模型均基于不同假设和非公开数据集验证,缺乏不同模型和方法间的直接对比,说服力较弱。

因此,在解决面向实际复杂运行环境下一体化运行与应急调控问题的过程中,需要综合考虑既有运控体系的成熟做法,构建涵盖不同规划周期并考虑航班延误、旅客需求变动、机场时刻资源等实际影响因素的一体化鲁棒模型;针对大中型航空公司机队、人员规模构建可扩展、求解精度高,且具备一定普适性的综合启发式求解算法;通过建立各类典型场景,形成一套比较成熟完善的量化评价体系,为航班一体化运行控制与应急调控提供决策支持。

2　科学问题背景

随着我国经济的快速发展,我国民用航空业在经历了几次体系改革后迅猛成长为全球第二大民用航空市场。但相较于国外,我国民用航空信息化起步较晚,需要采购国外昂贵的信息化系统以支撑航班和机组自动化编制排班。而由于相关民用航空法规规定上的差异性,国外排班系统也难以完全适用于我国航空公司排班规划决策,仍需依赖专人进行手工编制和修改,从而限制了航空公司的效益。运营优化子问题间由于并不具备无后效性,后续子问题优化高度依赖前序问题,在确保飞机路径最优的同时可能会牺牲部分机组排班计划的成本甚至可行性。分布优化也增加了调度人员操作的复杂度,增加了运营成本。

　　除此之外,由于航空运输运营组织过程中存在很多不确定因素,在需求、天气等因素频繁发生动态变化的情况下,结合严格复杂的民用航空规章和条例限制,依靠人工以及传统的分阶段排班编制手段难以获得可行方案或者最优方案。特别是2020年,新冠肺炎疫情也给航空业带来了前所未有的巨大冲击,传统的增量式计划制订手段在市场剧烈变动的情况下很难提高航空公司的盈利水平并维护其健康发展。在可预见的将来,中国民用航空市场规模仍会不断扩大,航班数量也会迅速增加,市场体系逐步完善,航空公司对高效规划和管理各项资源的需求也逐步增加。此外,目前对航班运营控制的既有研究与运营实际存在较大差距。结合多个子问题的一体化模型复杂度高,不能在大规模问题上有效求解,且缺乏有效评估基准,难以推广应用。另一方面,鲜有动态博弈的航空公司竞争因素在运营控制领域的相关研究,从而使制订的静态一体航班计划的理论效益提升在实际运营过程中因外部因素变化而大打折扣,阻碍了其实际应用的效果。

　　由此可见,从未来民用航空发展的方向来看,一体化、综合化、智能化是航空公司运行控制发展的必然趋势和要求。因此,需要对其中涉及的优化模型设计、高效算法开发以及基准评价体系进行进一步深入的研究。

3　科学问题研究进展

　　航空公司运行控制以市场需求、可用飞机机队与机组等资源为输入,主要完成航班时刻表编制、飞机维修计划和机组工作计划排班任务,同时需要满足民用航空局及航空公司内部运行规范要求。目前针对这类问题的研究主要分为:传统的分步子问题顺序优化路线和基于机器学习的一体化优化两条技术路线,并考虑鲁棒性、随机性等因素,以及突发事件下的应急调控研究。

3.1　传统的分步子问题顺序优化

　　分步顺次优化路线是目前业界广泛应用的方法。该路线首先求解战略层面的航班计划制订子问题,考虑市场特点、公司航线网络和时刻资源等得到初始日/周航班时刻表。其次求解机队分配问题,依据航班机型座位数、运营成本和市场需求分布为不同航线和不同时段的航班选择具体的机型。飞机维修路径规划问题则在确定机型的基础上为具体的飞机确定其执飞航班集合和维修时间,满足飞机定检的要求。最后,航空公司求解机组排班问题为飞行员和乘务员制订满足执勤限制和考虑公平性的月度执飞计划。该领域研究以航班时空网络和混合整数规划等方法为基础进行建模。此外,依据航空公司的实际需求,上述四类子问题还进一步演化出针对日/周重复计划、考虑需求随机性和降低延误传播的各类问题。在构建模型的基础上,依据所提出模型的形式(如多商品流模型、集合划分模型)发展了基于列生成、分支定界和大邻域搜索为代表的一系列求解算法,由于子问题彼此相对独立,上述算法可以有效求解各类子问题模型。

分步顺次优化路线存在如下难点:子问题求解过程彼此独立且无后效性,受限的解空间导致优化决策粒度粗,甚至出现无可行解的情形。决策过程不连续,无法从全局角度把握供给侧和需求侧的关系,指导细化的战略决策。

综上所述,通过分治策略,降低优化问题的复杂度,提高计算效率,容易实现工程应用。然而,这种分步求解也带来一些劣势,一方面影响了综合运行控制计划的整体最优性;另一方面,各问题之间的衔接需要专业调度人员参与评判和调整,对人员资质要求较高,增加了航空公司的运营管理成本,且求解效果在一定程度上受到人员能力水平影响,决策稳定性有待提升。

3.2 基于机器学习算法的一体化优化

运行控制一体化近年来在学术领域成为热点研究方向,并在工程上有了初步的探索实践。目前针对这一问题的研究主要通过结合两至三个相邻的子问题形成一体化模型以提高航空公司利润或降低运营成本。其中,结合机队分配和飞机维修路径规划的一体化模型可以在保证飞机满足定检需求的前提下优化机型的配置和计划可重复性;结合计划制订和机型分配的模型则可通过调整航班起飞时刻,增减航班数量,实现航班与旅客的合理衔接,提高收益和利润。一体化飞机维修路径规划和机组排班模型可提高机组与飞机路径的一致性,降低飞行员换飞机次数和过夜费用,减少延误传播和运营成本。整合三种子问题的模型可在此基础上进一步提高预期收益,提高决策的连续性。解决上述问题主要依赖于精确分解算法,如列生成、Benders 分解以及部分启发式算法如变邻域搜索。

利用先进的大数据分析与处理技术,基于机器学习等方法,将获取的信息价值与航班运行控制资源配置一体化方法有效结合,有望突破航空公司运行管理水平的关键技术瓶颈。运筹学、机器学习和人工智能等多学科交叉智能优化方法在航空业有着重要的应用场景,是航空运输企业提效益、降成本的关键,也是带动行业跨越式发展的必然选择。

一体化路线存在以下难点:①模型复杂度相比分步求解路线显著上升,难以求解大规模问题。②一体化决策的计划周期相较分步求解路线差异性较大,给航空公司现行运营管理模式带来较大影响,其推广应用及预期优势还需要经过审慎评估。③在求解包含多个地区分公司、规划周期较长的一体化问题时,还需进一步结合传统运筹优化算法和机器学习方法进一步提高算法的可扩展性。

综上所述,一体化路线依据运行逻辑合并多个子问题,因此能够保障产生的运行控制决策最优性,并避免规划排班不可行带来的人工干预调整问题。然而,基于机器学习的集成化路线显著增加了问题的计算复杂度,降低了计算效率,缺乏有效评估手段,在航空界广泛应用前尚需更加完备的理论研究。

3.3　考虑多交通方式的一体化应急调控

在极端恶劣天气、机械故障等不正常事件发生时,航班往往无法按预定计划和时刻表运行,由此引发的延误和取消将严重损害经济和社会效益。在民用航空的不正常航班恢复问题中,由于实际运行需求和计算复杂度限制通常分为三个子问题求解,即:飞机计划恢复、机组恢复和旅客中转衔接恢复。经过数十年的理论发展与以美国 Sabre 航空信息服务公司为代表的相关成熟行业实践证实,计算机辅助的航班恢复决策可部分取代航空公司手工中断恢复计划编制过程,并大幅降低整体决策时间。然而,由于问题的复杂性以及多方参与者的潜在冲突,鲜有考虑多交通方式一体化恢复问题的研究。

考虑多交通方式的一体化应急调控难点包括:①各交通模式时刻表对应的旅客时空衔接可能性多、约束复杂,难以通过模型变量一一表示,需要考虑诸如集合分割模型等的精准建模结构。②不同交通网络之间的关联性建立在乘客 OD(Original Destination)流上,对应求解算法设计应考虑合理解耦手段缩减问题规模,提高算法可扩展性,并结合多种精确方法和启发式方法,保证理论收敛性和解间隙可控。

综上所述,围绕促进航空交通系统安全高效运行发展的急需,需针对性开展运行场景复杂性分析,辨识突发情况下客流耦合性特征,构建一体化大规模混合整数规划决策模型。同时,结合精确分解算法与高性能启发式算法特性,以最优解间隙可控、算法扩展性强为目标,设计开发混合求解算法,旨在实现不确定运行场景下航空公司运行控制资源一体化配置,并提高我国航空公司的应急调控能力。

主要参考文献

[1] WANDELT S, DAI W, ZHANG J, et al. Towards a Reference Experimental Benchmark for Solving Hub Location Problems [J]. Transportation Science, 2022, 56(2):543-564.

[2] DING Y, WANDELT S, SUN X. TLQP:Early-stage Transportation Lock-down and Quarantine Problem [J]. Transportation Research Part C-Emerging Technologies, 2021, 129:103-218.

[3] SUN X, WANDELT S, Zhang A. STARTUPS:Founding airlines during COVID-19-a hopeless endeavor or an ample opportunity for a better aviation system? [J]. Transport Policy, 2022, 118:10-19.

[4] CADARSO L, DE CELIS R. Integrated airline planning:Robust update of scheduling and fleet balancing under demand uncertainty[J]. Transportation Research Part C:Emerging Technologies, 2017, 81:227-245.

[5] HAOUARI M, ZEGHAL M F, SHERALI H D. A new compact formulation for the daily

crew pairing problem[J]. Transportation Science,2019,53(3):811-828.

[6] SUN X,WANDELT S,ZHANG A. On the degree of synchronization between air transport connectivity and COVID-19 cases at worldwide level[J]. Transport Policy,2021,105:115-123.

[7] SUN X,WANDELT S,ZHANG A. How did COVID-19 impact air transportation? A first peek through the lens of complex networks[J]. Journal of Air Transport Management,2020,89:101928.1-101928.12.

[8] XU Y,WANDELT S,SUN X. Airline integrated robust scheduling with a variable neighborhood search based heuristic[J]. Transportation Research Part B:Methodological,2021,149:181-203.

[9] SUN X,WANDELT S,ZHANG A. Delayed reaction towards emerging COVID-19 variants of concern:Does history repeat itself[J]. Transportation Research Part A-Policy and Practice,2021,152:203-215.

[10] WEI K,VAZE V,JACQUILLAT A. Airline timetable development and fleet assignment incorporating passenger choice[J]. Transportation Science,2020,54(1):139-163.

撰稿人:孙小倩(北京航空航天大学)

第 10 章
航空运行安全与应急管理

随着我国民用航空与通用航空产业快速发展,航空运行环境和任务场景日益复杂,航空运行安全形势依然严峻。安全管理是确保民用航空安全运行的重要屏障,而一旦突破屏障发生航空事故之后应急管理的水平将决定事故的严重程度和影响。民用航空突发事件具有复杂性、多样性、不确定性和次生衍生性等特征,其应急处置专业性强、时效性要求高、处置难度大,需要可靠性高、专业性强的监测预警、辅助决策及应急处置技术。航空运行安全与应急管理涉及航空器、空管、机场、航空公司、运行环境及航空旅客等的"人、机、环、管"复杂的耦合作用,属于多学科多领域交叉研究方向,航空运行全生命周期安全防控与应急处置技术体系是完善新时代民用航空应急管理体系的重要内容,也是民航强国战略实施的重要支撑。

航空运行安全管理研究经历了技术致因理论、人为因素、组织系统等阶段,在民用航空器事故机理及防范、航空应急救援、机场应急演练与航空器事故调查等研究方面,欧美等发达国家已经建立了相对完善的航空安全与应急管理基础理论和技术装备体系。近年来我国民用航空应急管理取得了长足进步,但在航空运行安全与应急技术体系方面仍处于起步阶段,整体水平落后于欧美发达国家,存在基础理论研究能力不足,核心关键装备攻关能力有待加强,关键事故预警防范和应急处置装备严重依赖进口等问题,亟须构建系统化、扁平化、立体化、智能化、人性化的具有中国特色的现代航空运行安全与应急科技体系,全面提升航空运行安全保障与应急处置能力。围绕新形势下不同任务场景的航空运行安全防控与应急处置需求,针对航空器运行各阶段涉及的飞行安全、空防安全、信息安全与应急安全等领域亟待解决的科学难题,从内在机理、演化机制、预防控制、监测预警、应急处置、综合保障、事故调查、管理体制机制等方面开展基础理论与技术研究,研究航空器、机场、空管、通信保障、综合救援等多个要素间的耦合作用机理,建立多技术协同的全面感知、动态监测、智能预警、快速处置、指挥决策、精准监管等新型信息化智能化的航空运行安全与应急管理体系，形成面向各类环境和场景的航空器运行全流程立体化的安全防控与应急处置技术及装备体系，聚焦面向军民融合典型任务场景的协同航空救援、空中交通尾流间隔的精细化动态缩减、多主体交互下场面运行安全风险演化机理、民用飞机机轮收起坠撞应急断离、高高原机场航空器事故机理和应急救援、通航飞机撞线告警关键技术等 6 项基础科学问题和共性技术问题，以期推动我国航空运行安全保障与应急处置能力提升。

面向军民融合典型任务场景的协同航空救援

Collaborative aviation rescue for typical mission scenarios of civil-military integration

1　科学问题概述

面对重特大灾害时，军民联合救援是灾害救助最有效的举措之一。同时，航空应急救援以响应快速、救援效率高等特点，在重特大灾害救援中起到重要作用。因此，面向军民融合的协同航空救援成为未来我国航空救援体系建设的重要发展领域。然而我国军民联合的航空救援体系面临机制不完善、信息共享难度大、协同指挥困难、军用和民用装备兼容性差等问题。特别在实际航空救援中需要面对不同任务场景，如山林、江河湖海等复杂地理环境，山区风切变、雨雪天气等恶劣气象环境，地震、洪涝等自然灾害环境，空地通信中断与航空器故障等各类突发事件及特情条件，以及军民协同运行机制不流畅问题，对航空救援带来严峻挑战。

面向不同任务场景的军民协同航空救援体系安全运行保障机制、协同航空救援方法与决策机制是目前亟待解决的关键科学问题。主要问题如下：一是复杂地理环境下网络信号覆盖率低，极易发生智联网受损，需要提出面向不同任务场景的断点非饱和状态下多机协同应急调度与优化方法和军民协同指挥决策方法，实现断点非饱和态下的航空救援快速应急指挥调度；二是在复杂任务场景、不确定适航起降等特殊条件下，航空器安全运行能力大大降低，需要提出非适航环境的航空器运行能力评估方法，优化应急处置操作流程，解决特殊条件下军、民用航空器运行保障问题，提高应对非适航环境下军、民用航空器协同作业的安全运行水平；三是在特情条件下航空器操作人员的救生时间短、难度大，需要攻克航空器特情条件下的人员应急救生与保障关键技术；四是航空器失事时由于其动力系统功能丧失或部分丧失，其飞行轨迹难以确定，极大降低航空器搜寻与救援效率，需要提出失事航空器航迹预测、应急避险决策判断和区域概率划设等方法，实现航空器搜救区域的精确规划;五是面对复杂地理和气象等环境条件,受灾点难以有效识别,灾害蔓延态势不易精确判定,需要提出快速搜索识别和空中多源高速探测方法,针对不同任务场景需要提出相应的协同救援策略方法。

2　科学问题背景

近些年来,我国各类自然灾害和突发事件频发,航空应急救援在灾后救援中发挥着越来越重要的作用,航空应急救援能力彰显了一个国家社会公共服务的水平,关系到国计民生和社会公共安全。与发达国家相比,我国航空应急救援体系建设尚处于发展阶段,与我国地理空间跨度广、各类灾害频繁、快速救援需求庞大等社会现状严重不匹配,面临着体系不完备、装备不充足、产业发展缓慢、应急指挥协调难度大、军民协同航空救援体系不完善等问题。在新形势下赋予军队参加抢险救灾的职能,使军用和通用航空器协同作业,构建面向军民融合的协同航空应急救援体系,是巩固国防和军队建设,促进经济和社会发展,保持社会稳定的重要举措。因此,亟待构建科学、高效的军民融合航空应急救援体系,打造布局合理、协同联动的航空应急救援力量。

"十四五"期间通用航空救援体系将迎来高速发展期,全国各地均对通用航空产业发展做出部署,大力倡导加强军民融合航空应急救援体系建设。面向不同航空救援任务场景,如何保障军用与通用航空器协同作业任务的安全运行,如何提升军民航空救援协同指挥调度能力,面对特情突发情况如何进行快速应急处置与救生,在复杂山区等环境条件下如何保障通信网络信号畅通,如何提高军民航空器协同作业训练能力,如何提高航空器事故搜寻救援效率,如何快速识别受灾点和灾害态势研判分析等科学问题亟待解决。

3　科学问题研究进展

随着社会进步和经济发展,航空抗灾救援已经成为发达国家和部分发展中国家应急救援体系的重要组成,美国、德国、日本以及俄罗斯等国现已形成较为完善的救援模式和能力。美国拥有全球最多的通用航空器,建设了涉及机载宽带通信、空地数据链接等信号互联网络,形成了联邦政府、州和地方的三级响应应急安全机制,拥有一支非常强大的面向多任务场景的航空应急处理力量;德国依托紧急预防信息系统实现全国空中救援网络;日本搭建了空中救援网络和全国直升机救援体系;俄罗斯由直升机、大型运输机、侦察机等多种类航空器和中央、民防多部门,组建了俄罗斯联邦预防和消除紧急情况的统一国家体系。我国航空救援体系建设目前还处于起步阶段,与发达国家相比,航空救援各方面建设尚有较大差距。面向军民融合的协同航空救援将成为完善和拓展我国航空救援体系的重要组成部分,而目前军民融合航空应急救援体系在与国家应急指挥体制相衔接、与航空军事任务需求相匹配、与通用航空发展水平相协调等方面存在很大不足。

针对风切变、热羽流等特殊工况下的飞行安全问题,美国联邦航空管理局开展了全国风切变研究,随后美日联合成立了"风切变研究会";针对着陆安全问题,美国国家航空航天局兰利研究中心的 Sandra 通过真实的校飞数据,提供了一种求解机场终端区无线电信号分布的工程估算方法;国际民用航空组织的导航系统组(NSP)与空中客车公司工程中心、法国民航大学(ENAC)等共同研制了航空器仪表着陆系统(ILS)仿真软件 ELISE,可分析飞机在滑行道方向、反射点以及转弯点对临界区与敏感区的影响。在通用航空器安全救生方面,开展了大量水池实验和数值模拟研究,美国联邦航空管理局(FAA)和英国民用航空管理局(CAA)制定了相关航空救生的基本要求。在航空搜救方面,美国海岸警卫队研发了海事搜寻辅助决策系统,能够实现搜寻区域的计算和标绘,以及搜寻援救任务的规划与管理。英国相关研究机构综合考虑海洋环境风和潮流作用的特殊性,建立目标漂移模型来确定目标的搜寻区域。加拿大国防研究发展中心研发了 SARPlan 系统,可以实现失踪航空器的搜寻任务,增加失踪航空器的搜寻概率。

尽管国内航空救援体系建设起步较晚,但我国通用航空救援体系建设也取得了一定进展,军民融合的协同航空救援体系也逐步显现。在面向不同任务场景的通用航空器运行安全保障方面,开展了基于航空数值天气预报模式的 WRF 数值模拟研究;在通用航空器安全救生方面,Sun 等给出了应急救生浮筒的优化构型,并对应急救生系统的安全性进行了分析;在航空器搜寻技术方面,以航空器所在位置报告点之间的航线作为基准,推测航空器坠落轨迹并确定搜寻区域,开发了基于搜寻区域地理信息特征的搜寻辅助决策系统。但是,目前对于面向军民融合的协同航空应急救援体系和方法研究较少,军用与通用航空器之间的信息共享、协同机制、协同决策方法等协同指挥调度方面仍较为薄弱。面向不同任务场景的军民协同航空应急救援方法体系方面仍存在显著不足,存在以下难点需要解决:

3.1 军、民用航空器多机协同应急调度与不同任务的救援方法

从管理层面上,提出面向重特大灾害的军民协同救援信息共享机制、多机通信互联体系和协同指挥组织架构;从技术层面上,面向不同任务场景提出军、民用航空器任务分配、协同指挥调度与动态决策方法,重点突破智联网受损时军/民用航空器应急协同调度、多机自组织决策和协同救援技术;从装备层面上,提出军、民用航空器应急救援装备兼容性方案和多机自组织通信方案。从多个维度解决军、民用航空器多机协同救援面临的关键问题,提升重特大灾害情景下军民融合协同航空救援能力。

3.2 特殊条件下航空器运行能力评估方法与保障机制

在山林风切变、林火热羽流、不确定适航起降等特殊条件下,航空器安全运行能力大

大降低,而面向非适航环境的航空器运行能力评估技术缺失,应急处置操作流程亟待优化,需要构建非完全适航环境的航空器应急运行能力评估平台,提出特殊条件下航空器运行能力评估方法,为特殊条件下航空器应急处置提供一定的适航安全标准,提高应对非适航环境下航空器安全运行能力。

3.3　航空器特情条件下的人员应急救生与保障技术

在航空器特情条件下,航空器操作人员的救生时间短、环境苛刻、难度大,需要突破航空器特情条件下的人员应急救生与保障关键技术,对不同地形条件和任务场景中的救生时间、环境适应性和操作复杂程度进行全面评估,制定特情条件下军、民用航空器人员应急救生流程和保障制度,研发人员应急逃生和保障关键技术。

3.4　灾害区域快速覆盖搜索、空中多源高速探测识别及失事航空器搜寻方法

面对复杂地理和气象等环境条件,受灾点难以有效识别,灾害蔓延态势不易精确判定,需要提出快速搜索识别和空中多源高速探测方法。航空器失事时由于其动力系统功能丧失或部分丧失,其飞行轨迹难以确定,降低了航空器搜寻与救援效率,需要提出失事航空器航迹预测、应急避险决策判断和区域概率划设等方法,实现航空器搜救区域的精确规划。

主要参考文献

[1] KOPPEN S V,ELY J J,SMITH L J,et al. Airborne RF Measurement System and Analysis of Representative Flight RF Environment[C]//2007 IEEE International Symposium on Electromagnetic Compatibility.[S. l.]:IEEE,2007.

[2] GEISE R, ENDERS A. Scaled measurements of instrument-landing-system disturbances due to large taxiing aircraft[J]. IEEE Transactions on Electromagnetic Compatibility,2008,50(3):485-490.

[3] FORST J R,STONE L D. Review of search theory:advances and applications to search and rescue decision support[R]. Groton:U. S. Coast Guard Research and Development Center,2001.

[4] ABI-ZEID I,FROST J R. SARplan:a decision support system for Canadian search and rescue operations[J]. European Journal of Operations Research,2005,162:630-653.

[5] GUO X,SUN J H,LIU K,et al. Reliability analysis of helicopter emergency flotation system[J]. International Journal of Applied Electromagnetics and Mechanics,2020,64(14):1001-1009.

撰稿人:邵荃(南京航空航天大学)

空中交通尾流间隔的精细化动态缩减

Precise and dynamic reduction of wake separation for air traffic operation

1 科学问题概述

飞机在飞行中产生的尾涡流场是后机尾随飞行的重要安全威胁。为防止后机不慎侵入前机尾涡流场所引起的俯仰、滚转、失速等危险情况,国内外民用航空管理机构制定了基于实践经验的尾流间隔标准,在确保安全的同时也限制了空域容量的提升空间。2000年以来,随着通信、导航、监视(CNS)技术的发展,以及碰撞风险与间隔理论研究的不断深入,飞机之间的碰撞间隔已从程序管制时的上百公里缩减到了目前雷达管制下的5.6km(欧美国家允许特定条件下实施4.7km的最小雷达间隔)。现行尾流间隔是将航空器按照最大起飞重量来进行分类,然后给出不同类别组合下的固定间隔值,没有考虑飞行中实际风速、大气湍流、温度层结特性等气象因素对尾涡消散和运动的影响,也没有考虑飞机授时(PNT)性能、飞行员技术、飞机实际飞行参数等方面的差异性,总体比较粗放和保守。自20世纪90年代以来,尾流间隔的缩减幅度相对较小,已逐步成为限制空域容量的瓶颈。

基于实际运行环境的动态缩减尾流间隔是提高空域通行能力的关键举措。自美国国家航空航天局(NASA)提出动态尾流间隔技术架构以来,国际上开展了大量理论研究与测试验证工作,然而尚未实现真正意义上的推广应用,在基础理论和应用技术方面仍存在诸多亟待解决的问题。主要包括:①受地形、人工障碍物、下垫面等因素影响,低空背景风场里内生的随机乱流或涡旋会与飞机尾流主涡产生纠缠与耦合,导致低空尾流的演化过程存在一定的随机不确定性。主导尾涡消散的因素到底是什么,亟须从机理上深入研究和揭示多涡纠缠耦合与崩裂消散机制问题。②尾流探测精度对激光雷达的转动角速度、角度分辨率和径向分辨率有很高要求,在大量探测数据中提取有效尾涡序列还受到背景风场中固有乱流的影响,其具有的随机、小尺度、与尾流扫描特性类似等特点大大增加了尾涡参数辨识的难度与复杂性。亟须研究解决复杂背景风场中的飞机尾涡辨识与特性参数精准反演难题。③尾流安全间隔的缩减需要更高的空域PNT性能、更快的飞机操纵响应、更少的空地反应时间,需要提前掌握不同环境下的尾涡变化趋势并进行实时间隔调整。因此,亟须研究不同因素下定制尾流精准感知与演化预测、间隔动态缩减与冲突管控等问题。

2　科学问题背景

航空运输业的快速发展与空管系统现有保障能力之间的矛盾日益突出,越来越多的空域扇区处于超负荷运行状态,亟须在确保安全的前提下,通过缩减管制间隔来提升繁忙空域的通行能力。随着 CNS 技术的发展,碰撞风险逐步降低、碰撞间隔不断缩减,使得尾流影响和尾流间隔对终端空域容量的制约性逐步凸显。现行尾流间隔形成于 20 世纪 60年代末,基于 NASA 飞行实验和经验数据,按照最大起飞重量将机型分类,然后给出不同类别组合下的最小安全间隔值。

充分利用有利的气象要素,实施随气象变化的动态尾流间隔,是从根本上破解尾流对空域容量限制的关键举措。在国际民用航空组织(ICAO)第六版《全球空中航行计划》的WAKE-B2 和 WAKE-B3 中,对动态尾流间隔技术进行了规划与展望;NASA 于 20 世纪 90年代末提出了尾涡间隔系统概念(AVOSS),并对相关技术进行了攻关研究和验证;美国联邦航空管理局从 2012 年起启动了离场尾流间隔缩减(WTMD)和进场尾流间隔缩减(WT-MA)项目,通过对机场近地面风场数据的精准感知与临近预测,动态缩减近距平行跑道的尾流间隔,并在休斯敦乔治·布什洲际机场和圣弗朗西斯科国际机场进行了技术验证;欧盟于 2010 年 6 月启动了 CROPS 项目(SESAR 1P1),该项目致力于通过在侧风情况有条件地缩减进离场飞机的间隔来使跑道利用率达到最优;德国滑翔机研究所(DFS)开发了WVWS 系统,用数理统计的方法对机场上空的风进行统计预测,并对进近航空器尾涡的扩散与侧向运动进行预测,以确定尾涡的具体"危害时间(Hazard Time)",并在此基础上开发了 WSVBS 系统,实现战术层面上的进近着陆容量提升;英国希思罗机场于 2015 年 5 月起实施基于时间的尾流间隔(TBS)运行,依据顶风数据对现行间隔标准进行动态调整。

尾流间隔的精细化动态缩减研究具有十分重要的学术研究意义和工程应用价值,是实现中国民航现代化空管系统战略(CAAMS)和"四强空管"建设目标的重要举措之一。在中国民用航空局于 2022 年 1 月发布的《智慧民航建设路线图》中,将动态尾流间隔技术列为"十四五"和未来的重要攻关与应用方向。

3　科学问题研究进展

自 NASA 于 20 世纪 90 年代末提出动态尾流间隔技术架构以来,国内外研究机构在尾流探测实验、计算流体动力学(CFD)数值模拟实验、风洞与水槽实验、安全间隔评估等方面开展了大量研究与应用验证工作。

尾流演化机理研究是间隔缩减的基础。在近地阶段(离地约 100m 以下),地面效应致使尾涡的消散与下沉速度放缓,滞空时间明显高于其他飞行阶段,是尾涡遭遇的高发阶段。在尾涡演化机理方面采用的研究手段主要包括:①风洞实验。受限于实验段的尺寸,通常用来研究近场尾涡(机后10倍翼展内)的形成机理,以及翼尖小翼、尾翼、襟翼等对机翼主涡形成过程的干扰机制等。②水槽实验。主要用于定性研究尾涡演化特性、多涡纠缠、崩裂消散机制等。③激光雷达探测实验。通过对探测出的径向风速的反演,可以较好地还原近地阶段尾涡的消散与运动过程。但只能用于飞机的近地阶段(100m以下),同时实验结果易受背景风场、大气内在湍流、反演算法性能等因素影响,需要进一步研究提升实验精度与可靠性。④CFD数值模拟实验。可以较好地再现尾涡流场的全寿命周期内的强度消散与涡核运动规律,以及流场内不同类型装置干扰下的多涡耦合演化特性,是较为理想的研究手段。受地形、人工障碍物、下垫面等因素影响,低空背景风场里内生的随机乱流或涡旋,通过与飞机尾流主涡的纠缠与耦合,导致低空尾流的演化过程存在一定的随机不确定性,部分机理尚不十分清晰。

尾流演化过程的精准探测是间隔缩减的关键。基于尾涡探测数据,通过对尾涡特性预测模型的实时验证与动态校准,可以提高尾涡演化行为和危害区域的预测精度,在确保飞行安全的同时有效缩减尾流间隔。常用的感知手段主要包括:①激光雷达。以激光为光源,利用大气气溶胶或空气分子的激光散射特性,通过多普勒频移信息来计算给定扫描角度、不同距离门(gate)处的径向风速,经反演后得到尾涡特性参数。②微波风廓线雷达。可全天候运行,在阴雨天气下的效果优于激光雷达,但成本相对较高。由于尾流间隔缩减的运行需求主要集中在天气晴好的时候,因此采用激光雷达来对尾流进行探测具有精度高、分辨率高、刷新率高的优势,是目前国外主用的尾流探测设备。在近地阶段,飞机左右涡的影响范围一般不超过100m,因此,对激光雷达的径向距离分辨率有很高要求(10~15m,甚至米级)。国内部分机场已购置激光雷达进行风切变探测,但绝大多数的径向分辨率不能满足尾流探测的精度需要。另一方面,激光雷达探测出的径向风速实际是尾涡与背景风场的叠加。而背景风场中固有的乱流具有随机、小尺度、与尾流的扫描特性类似等特点,通过与尾涡流场的相互纠缠、诱导,大大增加了尾涡参数辨识的难度与复杂性。

动态尾流间隔是提升空域运行效率的重要举措。除尾涡演化特性外,所需尾流安全间隔还与空域PNT性能、飞机操纵响应特性、空地反应时间等因素有关。尾流探测与预测需要高精度、小微尺度(分钟级)的风场预报技术,但传统的气象预报在精度、时效性方面有待进一步提升。尾涡危害区域包络的准确预测问题涉及PNT态势的空地协同感知、尾涡遭遇与响应过程中的飞行员本体行为认知、飞机稳定性与操纵品质建模、动力学与运动学响应过程仿真、可接受尾涡遭遇严重度评定等,对其准确评估与科学量化是一大挑战。当前国内外空管运行模式、空管自动化系统和进离场管理系统(AMAN/DMAN)均是基于静态间隔来设计的。而动态间隔的随机不确定性,将会对现行的容量管理、冲突解脱、进离场排序、安全评判准则、尾流告警等技术带来全新挑战与要求。

虽然,目前在尾流间隔的动态缩减方面取得了一系列成果,但尚未实现真正意义上的推广应用,在基础理论和应用技术方面仍存在诸多亟待解决的问题:

3.1　近地阶段多元耦合影响下的尾涡时空演化机理

针对低空尾流的演化过程存在一定的随机不确定性,通过 CFD 实验和雷达探测实验相结合,研究背景风场里内生随机乱流与飞机尾流主涡的纠缠与耦合消散现象,探究多涡纠缠的内在诱因、崩裂消散的诱发机制、尾涡触地反弹后的主次涡耦合消散机理、主涡与背景湍流的相互诱导与耦合演化机理,识别近地背景风场及内在湍流在近地尾涡消散中的真实作用,进而探索研究加快尾涡崩裂的主动干预举措,为尾流间隔的动态缩减提供理论依据。

3.2　基于激光雷达的尾流演化过程精准感知问题

飞机尾涡具有尺度小、演化快、随机不确定的特点,探测精度对激光雷达的转动角速度、角度分辨率和径向分辨率有很高要求。在大量探测数据中提取有效尾涡序列还受到背景风场中固有乱流的影响,其具有的随机、小尺度、与尾流扫描特性类似等特点大大增加了尾涡参数辨识的难度与复杂性,亟须研究解决激光雷达径向分辨率提升与激光雷达选址优化技术和复杂背景风场中的飞机尾涡辨识与特性参数精准反演难题。

3.3　尾流间隔的动态缩减与安全管控问题

针对尾流影响因素的精准感知与演化趋势预测、尾涡安全包络裁剪与间隔动态缩减、动态间隔下的冲突解脱与风险管控等问题,通过多元探测气象数据的融合处理,研究近地阶段气象要素的小微尺度、分钟级短时临近预报技术;通过人在回路实验与仿真推演,研究尾涡遭遇与响应过程中的飞行员本体行为认知与响应评估方法;针对动态间隔的随机不确性,研究相应的容量评估、交通流预测与管控、短时冲突解脱、进离场排序等运行问题,以及风险监控、安全评判准则、尾流告警等安全问题,特别是突发情况下的尾流威胁区域快速估计、尾流威胁管控中的诱发关联风险(危险接近、撞地风险等)推演与处置、应急预案设计与安全评估等。

主要参考文献

[1] ROPER R D,KOCH M R,JOHNSON W C,et al. Airborne Spacing for Terminal Arrival Routes (ASTAR) Proof-of-Concept Flight Test [R]. NASA/TM—2019-220404,2019.

[2] TITTSWORTH J A, LANG S R, JOHNSON E J, et al. Federal Aviation Administration Wake Turbulence Program-Recent Highlights[C]//The 57th. Air Traffic Control Association (ATCA)

Annual Conference & Exposition, Maryland: Air Traffic Control Association, 2012.

［3］ HOLZPFEL F, DENGLER K, GERZ T, et al. Prediction of dynamic pairwise wake vortex separations for approach and landing［J］. DLR Deutsches Zentrum fur Luft- und Raumfahrt e. V. Forschungsberichte, 2012(2): 47-61.

［4］ KIBLER J L, WILSON S R, HUBBS C E, et al. Air Traffic Management Technology Demostration Phase 1 (ATD) Interval Management for Near-Term Operations Validation of Acceptability (IM-NOVA) Experiment［R］. NASA/TP—2015-218767, 2015.

［5］ HALLOCK J N, GREENE G C, BURNHAM D C. Wake vortex research - A retrospective look［J］. Air Traffic Control Quarterly, 2016, 6(3): 161-178.

［6］ SOELCH I, HOLZAEPFEL F, ABDELMOVLA F, et al. Performance of Onboard Wake-Vortex Prediction Systems Employing Various Meteorological Data Sources［J］. Journal of Aircraft, 2016, 53(5): 1505-1516.

［7］ KAUERTZ S, HOLZ P F, KLADETZKE J. Wake Vortex Encounter Risk Assessment for Crosswind Departures［J］. Journal of Aircraft, 2015, 49(1): 281-291.

［8］ 徐肖豪, 赵鸿盛, 王振宇. 尾流间隔缩减技术综述［J］. 航空学报, 2010, 31(4): 655-662.

［9］ 魏志强, 屈秋林, 刘薇, 等. 飞机尾涡流场参数的仿真计算方法研究综述［J］. 空气动力学学报, 2019, 37(1): 33-42.

［10］ 魏志强, 康南, 刘薇. 空中交通尾流间隔的安全评估方法与缩减技术［M］. 北京: 中国民航出版社, 2020.

撰稿人：魏志强（中国民航大学）　赵巍飞（中国民航大学）

多主体交互下场面运行安全风险演化机理

Evolution mechanism of airport surface operation safety based on multiple participants interactions

1 科学问题概述

根据 2022 年 1 月中国民用航空局发布的《智慧民航建设路线图》，机场场面"车-机-场-道-设施"交互作用下的场面运行是我国智慧民航建设的重要组成部分。机场场面是机场面积最大的区域，通常包括了跑道、滑行道、停机坪、机场净空等部分，也是航空器、作业车辆等交通目标主要活动的区域，涉及相关的风险因素比较复杂，既包括空中部分的风险：管制员工作中出现的风险、飞行员工作中出现的风险、雷达故障、通信设备故障、导航设备风险、自动化系统故障等，又包括地面部分的风险：道面系统、目视助航系统、排水系统、驱鸟系统、拦阻系统、消防系统故障等。多因素风险耦合和多主体交互下，容易造成跑道、滑行道、停机坪上的车辆与飞机产生摩擦，飞机与飞机之间产生碰撞等不安全事件。据统计，2019 年全球航空不安全事件中，超过三成发生在机场滑行道和跑道运行过程中，严重威胁生命财产安全。

机场场面系统中航空器、人员、车辆、设施设备等多主体行为具有复杂性、动态性、突发性和不确定性，各要素均在场面运行过程中不断进行动态交互作用，导致机场场面风险态势涌现与传播呈现高度的多样性和随机性。目前，对机场场面风险的研究主要集中在单主体或单业务的风险识别、风险评价、风险预测、风险控制等方面，面向机场场面整体运行的研究较少。此外，场面风险研究也局限于成因及影响因素统计分析，复杂动态环境下的场面运行风险时空规律与演化机理研究相对缺乏。因此，结合机场场面运行风险源，阐明典型风险源对场面安全运行的作用机理，从全时空精细管理视角明晰风险的时空演化规律，是预防机场场面事故发生、提升运行安全水平亟须解决的关键科学问题。

2　科学问题背景

近年来，我国民用航空业持续高速发展，机场数量显著增长，实现了网络化覆盖。截至 2021 年 1 月，全国颁证运输机场增加至 241 个，民用航空旅客周转量占交通运输总量的 32.8%。虽然在 2020 年由于全球新冠肺炎疫情的影响，国际航空业受到严重冲击，但中国内地新兴航空枢纽拥有规模庞大的本地客源作为长期支撑，发展势头较好，将有望实现新一轮的竞争超越。从国内外现状数据和未来我国民用航空业的发展情况来看，2030 年前后我国民用航空运输体量将跃升为世界第一。

虽然我国已成为全球第二的民用航空大国，但由于持续增长与高负载运行，我国大型复杂机场场面运行风险技防手段缺乏、安全保障能力不足，其运行品质仍然低于欧美民用航空强国平均水平，导致在机场场面发生的不安全事件数量持续上升，已接近总量的 90%，造成了重大的经济损失和严重的人员伤亡，给整个民用航空系统和机场运行都造成了巨大的安全压力。2016 年 10 月 11 日，在上海虹桥国际机场由于塔台管制员遗忘飞机动态，造成 A 类跑道侵入严重事故征候，两机仅差约 3 秒发生高速碰撞；2018 年 7 月 7 日，呼和浩特白塔国际机场发生飞机偏出跑道造成飞机滑进草坪；2019 年 10 月 25 日，在重庆江北国际机场一架飞机落地滑行时与机场设施发生剐蹭，导致左翼损伤；2020 年 9 月 29 日，上海虹桥国际机场送机人员撤离时，被牵引车撞到碾压身亡。在此背景下，除了针对显性的风险因素通过传统的案例分析、数据统计等方法进行归纳总结外，更多的风险因素需要从更加系统的角度进行研究，才能有效避免不安全事故事件的发生。

3 科学问题研究进展

机场场面运行安全风险的演化机理是场面运行管控内在工作方式与运行规则的体现，涵盖了多维度、深层次的原理性探索和规律性分析。目前，众多学者对机场各区域的典型场景进行了针对性的研究，以提升风险防范力度。

在滑行道交通风险方面，针对滑行间隔违反、滑行对头、滑行碰撞等提出了基于网络模型、动力学模型、碰撞模型的冲突风险识别方法，将静态的场面滑行系统结构与动态实时的目标活动相结合，分析冲突演化过程与关键事件，通过识别潜在冲突进行冲突风险的识别和预测。

在机坪运行风险方面，结合民用航空事故标准，提出了基于事故致因理论的分析方法，可以定性分析能对引发系统不安全事件的致因因素。在构建安全风险评价指标的研究上，有的建立了大量指标满足了停机坪安全评价的全面性，庞杂的指标体系却使得评价难以实施；有的研究出了易于实施的评价体系，却没有完全注意评价指标的准确性，使得对机场停机坪安全风险评价结果并不准确。因此，如何在评价指标的准确性与可行性之间取得平衡，得到兼顾可行性与准确性的指标体系仍需要重点研究。

在跑道安全风险方面，除了跑道侵入的交通冲突外，还涉及人为因素、设施状况、天气环境等要素，是一个多层次、多功能、多实体的复杂系统，其风险呈直链式、直链发散式、自循环式、集中式演化，具有场面运行风险的众多典型特征。目前，针对跑道安全风险演化机理的研究，国内外在跑道运行的风险管理理论、风险致因理论、危机生命周期理论、复杂网络演化动力学理论等方面开展了研究，为跑道运行安全水平的提升奠定了重要理论基础，但也仍存在研究分析较为定性，侧重于事中/事后的被动处置，缺乏事前主动防控的理论指导等问题。

综上，如何对场面安全事故发生的原因进行系统分析，如何从风险演化的角度研究场面运行风险的发生和演变，如何运用数理计算的科学方法定量地研究场面安全风险，如何结合演化机理制定主动协同防控策略避免不安全事故事件，是目前学术界和业内人士共同关注的难点。从场面运行安全的关注重点来看，仍然存在以下主要问题需要攻克：

3.1 场面安全中的人为因素风险管理

在机场事故征候中，约10%为人为责任原因事故征候。目前，专门针对人为风险影响因素的研究较少，亟须确定在风险过程中人为因素对风险的作用影响关系，明确不同角色的人员在生理因素、心理因素等方面对场面运行的安全影响，并在此基础上开展人员风险行为和心理的自我演化、相互传递、群体扩散等方面的研究，建立人为因素与安全事故的影响关系与作用机制，突破面向关键岗位人员风险行为监测与干预技术，是有效提升场面整体运行安全水平需要解决的重要科学问题之一。

3.2　场面"人-机-环-管"风险源协同作用机理

场面运行风险的发生是"人、机、环、管"等各类因素交互作用下的结果。目前,对场面运行风险的研究存在风险源局限、作用方式不明、协同规律未知的问题,亟须分类提取人为因素、设施设备因素、环境因素、运行规则变化、道面损伤等导致场面运行风险的风险源事件,分析各风险源事件的时空属性、作用对象、严重程度等典型特征,阐明场面运行风险事件发生的链式机制,明确本源性风险与派生性风险、常发性风险与偶发性风险的度量边界,明晰各风险源对场面运行活动的作用方式,是有效提升场面整体运行安全水平需要解决的重要科学问题之一。

3.3　多主体交互下的场面运行风险演化机理

从航空器、车辆、管制员、作业人员、运行环境、设施设备等运行参与主体出发,结合机场、航空公司、空管等多方利益视角,开展多主体交互下的场面安全风险演化阶段、演化网络、演化动力学、演化博弈等演化机理研究,将对场面风险源识别、风险量化评估、事故事件预测、主动防控策略、应急响应处置等提供创新思路与实践指导,是有效提升场面整体运行安全水平需要解决的重要科学问题。

3.4　场面交通冲突识别与主动消解

场面的交通冲突风险包括航空器、保障车辆等多类型交通目标,活动范围主要涉及跑道、滑行道、停机坪和服务道等运行区域。目前的冲突识别主要是基于典型场景的推断,以演化过程中的关键事件识别为主,存在预测时间短、识别虚警高等问题,难以适应变化的复杂场景,需要对其相关因素的内在关联进行重点研究与分析。另一方面,对发现冲突后的解决策略通常采用滑行时间控制与基于优先级的等待策略,只能解决局部冲突,还缺乏对更大范围,或者是全局优化的解决策略研究,需要从场面运行风险演化视角,考虑交通目标活动的强随机特性,探索冲突主动消解策略,构建面向场面运行的交通安全控制体系,是有效提升场面整体运行安全水平需要解决的又一重要科学问题。

主要参考文献

［1］　DENIS B. Artificial Neural Networks for Airport Runway Safety Systems［J］. Annals of Disaster Risk Sciences：ADRS,2020,3（1）:1-6.

［2］　OLIVEIRA I D,MUSIAK J. A Method for Estimating the Probability of Extremely Rare Accidents in Complex Systems［J］. IEEE Transactions on Reliability,2019,68（2）:583-598.

［3］ SCHOENEFELD J. Runway incursion prevention systems：A review of runway incursion a-voidance and alerting system approaches［J］. Progress in Aerospace Sciences，2012，51(5)：31-49.

［4］ 程明,李忆轩.交叉跑道构型下进近阶段飞行冲突情景网络构建［J］.安全与环境学报,2021,22(4)：1978-1985.

［5］ 周语,邵荃,王浩.飞行区场面混杂系统刮蹭风险评估研究［J］.计算机与数字工程,2021,49(6)：1077-1082.

［6］ 郭九霞.新一代民航运输系统安全韧性理论与方法研究［D］.成都:电子科技大学,2021.

［7］ 王厚苏,丁甜.航空器地面运行安全问题及应对措施探讨［J］.民航管理,2020(6)：58-59.

［8］ 朱新平,汤新民,韩松臣.A-SMGCS滑行道冲突预测与避免控制［J］.南京航空航天大学学报,2011,43(4)：504-510.

撰稿人:吴宏刚(中国民用航空局第二研究所)　王国强(中国民用航空局第二研究所)

民用飞机机轮收起坠撞应急断离

Civil aircraft wheel retraction crash emergency eisengagement

1　科学问题概述

高安全性是大型民用飞机最重要的设计特征,是飞机主制造商向民用航空局表明符合性的根本目标,直接决定了其在未来激烈市场中的竞争力。民用飞机机轮收起应急断离是指飞机机轮收起撞击地面或障碍物时,发动机与机翼的连接应该实现应急断离,从而吸收部分冲击能量,降低乘员和燃油箱的冲击。该技术可以在应急坠撞时最大程度地提高乘员的生存概率,是大型民用飞机安全性设计的关键技术之一。开展民用飞机机轮收起坠撞应急断离技术研究具有重要意义。

以发动机吊挂与机翼应急断离设计为例,既要满足正常载荷范围内不发生破坏、确保安全,又要能够在特定载荷条件下实现预期的破坏并分离。因此,应急断离技术涉及载荷分析、动力学计算、强度分析、材料断裂力学等多个学科。从20世纪90年代开始,大型民用飞机应急断离设计一直受到飞机主制造商的高度关注。机轮收起坠撞情况下的应急断离设计、分析和验证技术研究,是开展飞机结构抗坠撞技术研究的重要内容。通过机轮收起坠撞场景下的应急断离设计动力学特性研究,建立各种坠撞情况下的数值计算模型,形成在飞机设计初始阶段就能够使用的应急断离设计方法,是提高我国民用飞机结构的抗坠撞特性和飞机安全性的关键。

2　科学问题背景

近年来,我国大型客机产业飞速发展,单通道干线飞机"C919"已开启商业飞行,双通道远程宽体客机"CR929"首架机即将完成制造。这些都标志着我国正逐步迈向航空大国和航空强国的行列,民用飞机研制的相关关键技术正得到前所未有的重视和发展。随着我国民用航空事业的快速发展,飞行安全性设计越来越得到重视。高安全性是大型民用飞机最重要的设计特征,是飞机主制造商向民用航空局表明符合性的根本目标。安全性是民用飞机设计需要考虑的重要因素之一,也是能否通过严格适航审定的重要指标,直接决定了其在未来激烈市场中的竞争力。因此,随着我国大型民用飞机载客量、座级和尺寸的增加,对飞机的安全性提出了更高的要求。

飞机历史服役数据表明,由于飞机设计和操作等原因,导致发生严重事故的概率大约是每百万飞行小时一次。这样的安全性水平基本等同于人的意外死亡率。每百万飞行小时发生一次灾难性事故的失效概率,是公众、飞机制造商和飞机运营商能够接受的安全性水平。飞机安全性是民用飞机制造商实现产品成功和市场成功的最关键指标。如何表明我国大型民用飞机的安全性水平是飞机制造商面临的最主要挑战。对于我国民用飞机研制而言,一方面,飞机机体和系统的设计不断追求高安全性和可靠性;另一方面,在关键系统发生故障后,飞机设计也要求机体能够有能力最大程度地保护乘客的生命安全,来实现上述目标。

起落架、发动机和燃油系统是飞机最关键的系统设备,其故障的发生是近年来最主要的飞机坠撞事故源头。飞机坠撞事故中,为最大程度地提高乘员的生存概率,各飞机制造商不仅要求机体和系统能够具有承受坠撞冲击的能力,也希望通过相关结构、设备和系统的吸能或分离设计,来降低对乘员和燃油箱的冲击,从而降低抗冲击设计带来的结构增重和不必要的冗余设计。飞机制造商通过多种形式的结构设计,减小甚至避免对外翼、中央翼等部位燃油系统及燃油箱的冲击,使飞行员和乘员免受或减小飞机坠撞带来的冲击和起火的危害。波音和空中客车公司均拥有自身独特的机体结构抗坠撞设计、分析和验证技术,以达到设计目标,并满足适航要求。其中,应急断离设计是在飞机撞击地面、障碍物时,保护乘员和燃油箱的一种主要设计方法,是大型民用飞机设计的关键核心技术之一。

3　科学问题研究进展

机轮收起坠撞指的是某一个或多个起落架发生故障无法放下时,飞机发生的应急着陆过程。根据美国国家运输安全委员会(NTSB)数据库的数据,自 20 世纪 70 年代以来,空中客车公司的相关系列飞机共发生57起坠撞事故("A320"飞机41起、"A330"飞机11起、"A340"飞机5起),其中机轮收起发动机应急断离事故4起;波音公司的相关系列飞机共发生296起坠撞事故("B737"飞机203起、"B747"飞机62起、"B757"飞机8起、"B767"飞机17起、"B777"飞机6起),其中机轮收起坠撞发动机应急断离事故13起。

在民用飞机坠撞事故中,共有约17起事故在应急着陆过程中实现了发动机吊挂结构与机翼的断离,也存在发动机未能成功脱离机翼燃油箱引起的飞机失火、爆炸等二次伤害部分的空难案例。1978年3月1日,一架美国大陆航空公司的麦道"DC-10"飞机在洛杉矶国际机场起飞时左侧起落架折断,飞机机翼发动机撞击地面,造成燃油箱破裂、燃油泄漏,随后引起机身大火,造成了严重的伤亡后果。2009年2月25日,一架土耳其航空公司的"波音737-800"飞机在阿姆斯特丹迫降,发动机吊挂与机翼成功分离。2013年7月6日,一架韩亚航空公司的"波音777"飞机在圣弗朗西斯科国际机场迫降,着陆过程中发生右侧发动机的应急断离。上述案例说明,机轮收起着陆应急断离技术可以大幅降低飞机坠撞过程中燃油箱泄漏的可能性。

飞机机体结构的抗坠撞特性研究始与美国。从20世纪70年代开始,位于美国国家航空航天局兰利研究中心就开始在其冲击动力学试验台(IDRF)开展了飞机适坠性研究。IDRF是一个240ft(1ft≈0.305m)高的钢制龙门架,最初是为了登月而建造的。它被改造成一个全尺寸的轻型碰撞试验台。从1974年2月开始,在IDRF试验台上,开展了41次全尺寸飞机碰撞测试,以建立金属和复合材料基线碰撞性能数据的试验;11次直升机全尺寸碰撞试验,包括Bell和Sikorsky复合材料机身计划(ACAP);3次"波音707"运输机的垂直跌落测试;"F-111"战斗机乘员逃生舱的60多次碰撞测试。此外,兰利研究中心利用非线性瞬态动力分析来模拟机身的冲击响应,以评估分析工具的能力,并开展模型验证。

美国国家航空航天局、美国联邦航空管理局等研究机构开展的提高轻型飞机抗坠撞特性的研究,其主要目标着眼于通过试验和仿真分析,获得特定坠撞参数下(下沉速度、滚转角、俯仰角、航向速度等)的结构吸能情况、作用于乘员的冲击载荷、关键部位的加速度情况、乘员座椅和约束破坏情况,给飞机结构设计提供了大量的基础参数。

欧洲的飞机抗坠撞研究起步晚于美国。欧洲各国的研究主要以复合材料机身抗坠撞特性为代表,其目的是发展复合材料机体结构设计和验证技术,以坠撞可生存设计研究计划为代表。研究了飞机应急着陆坠撞情况下的复合材料的力学机理研究、复合材料机体吸能特性等一系列内容。提出多种具有吸能特性的复合材料机身结构形式,发展以显式动力学有限元数值模拟技术为基础的分析方法。欧洲组织了二十多个国家的设计和制造公司、大学、研究机构共同参与了该研究计划。荷兰国家航空航天实验室和德国航空航天中心分别针对机身波纹梁的制造和试验开展了研究。法国图卢兹航空实验中心开展了"A320"飞机机身腹部坠撞试验,该试验机机身下部结构采用波纹梁作为吸能结构件,研究采用复合材料波纹梁来降低冲击载荷峰值特性。

国内对于机轮收起着陆应急断离技术的研究刚刚起步,主要着眼于机轮收起着陆动载荷和应急断离装置性能等方面。针对我国大型客机机轮收起应急断离设计技术需求,还需要突破以下关键技术:

3.1　场景识别和载荷设计方法

通过研究大型民用飞机起落架和发动机等关键系统的故障场景,研究分析应急断离的设计场景。基于空中和地面情况载荷,研究建立应急断离载荷分析和计算需要考虑的设计参数,以及燃油箱情况、应急断离载荷系数。建立在保证未有结构重量大幅度增加的前提下,实现精确断离功能的应急断离载荷分析方法。

3.2　机轮收起应急断离设计和仿真方法

建立全机结构机轮收起坠撞仿真模型,实现基于不同飞机姿态、飞行参数下应急断离载荷计算、动态响应、应急断离轨迹。对比分析不同本构参数和失效应变的分析结果,确定适用于大型飞机设计形式的建模和分析方法。

3.3　断离装置分析方法

采用材料静态拉伸、剪切试验,研究断离装置材料的本构参数和失效应变。通过动态霍普金森试验,研究建立考虑中高应变率条件下的本构参数,并以此本构参数失效应变为基础,研究建立高精度断离装置承载能力分析方法。

3.4　动态载荷等效方法

采用以综合考虑不同阶段功能需求的冲击载荷等效方法,建立以变形等效的传载设计分析方法和以能量等效为基础的承载能力等效方法。通过采用快速傅立叶变化法,建立能量等效的识别机制。

3.5　断离装置静态和冲击试验技术

根据前述的设计方法,设计并制造应急断离装置的试验件,设计静态和冲击试验,研究不同载荷条件下的断离装置承载能力和规律,并结合仿真分析,对数值仿真模型进行修正和验证。

主要参考文献

［1］ JACKSON K E,FASANELLA E L. NASA Langley research center impact dynamics research facility research survey[J]. Journal of Aircraft,2004,41(3):511-522.

［2］ SONG B,SU J,GOU Z,et al. Simulation research on influence of civil aircraft sub-floor structural parameters to fuselage crashworthiness and optimization based on crashworthiness[J]. Journal of System Simulation,2009,21(4):993-997.

［3］ PAZ J,ROMERA L,DÍAZ J. Crashworthiness optimization of aircraft hybrid energy absorbers enclosing honeycomb and foam structures[J]. AIAA Journal,2016,55(2):652-661.

［4］ PAZ J,DÍAZ J,ROMERA L. Crashworthiness analysis and enhancement of aircraft structures under vertical impact scenarios[J]. Journal of Aircraft,2019,57(1):3-11.

［5］ National Transportation Safety. National transportation safety board aviation accident preliminary report[R]. CCA19CA079,2019.

［6］ CAPUTO F,LAMANNA G,PERFETTO D,et al. Experimental and numerical crashworthiness study of a full-scale composite fuselage section[J]. AIAA Journal,2021,59(2):685-703.

［7］ GUIDA M,MARULO F,ABRATE S. Advances in crash dynamics for aircraft safety [J]. Progress in Aerospace Sciences,2021,98(4):106-123.

［8］ 吴剑飞,张鹏飞,栾涛.时效温度对大型客机保险销延性断裂性能的影响[J].南京理工大学学报,2021,45(5):545-550.

［9］ ZHANG P,NIE H,WU J F. Emergency Separation Simulation and Damage Prediction of an Airliner under Wheel-up Landing Condition[J]. Shock and Vibration,2021,11:1-19.

［10］ ZHANG P,CHEN J,NIE H. Experimental Investigation on Fuse Pin Ductile Fracture Performance of Aircraft Wheel-up Landing Crash Separation[J]. International Journal of Crashworthiness,2023,28(2):235-246.

撰稿人：薛彩军(南京航空航天大学)

高高原机场航空器事故机理和应急救援

Disaster mechanism and emergency rescue of aircraft accident in high plateau airport

1 科学问题概述

我国是世界上高高原地区机场及在建机场数量最多、运输量最大的国家,特别是自主研制的民用飞机"ARJ21""C919"将相继投入高高原地区航空运输市场。高高原机场海拔高、空气密度和大气压力小，不仅会导致航空器飞行性能明显下降，而且由于高原山区地形复杂、电磁环境差、气象条件复杂且短时多变，导致机场通信、导航和监视设备性能明显下降，加剧了运行系统的不稳定性和不可预测性。同时，高高原的低压、低氧、低温环境导致机场地面保障人员、空中交通管制员，以及飞行机组的情景意识和认知能力下降，从而进一步增加了航空器运行的系统风险，显著增加了航空器事故发生概率，相对于平原机场，其事故机理更加复杂。此外，高高原机场一旦发生航空器事故，低压、低氧、低温的自然环境也会影响应急车辆设备的工作性能，而且救援人员工作效率和旅客疏散能力也会下降很多，部分旅客甚至会产生强烈的高原反应而丧失行动能力，其应急救援相较于平原机场也更加困难。2018年11月中国民用航空局印发的《新时代民航强国建设行动纲要》指出要"加强高原、高高原等复杂条件下的民航应急处置能建设"。2021年中国民用航空局印发了《关于"十四五"期间深化民航改革工作意见》指出要积极推进高原（高高原）航空应急救援能力建设。开展高高原机场航空器事故机理和应急救援方法研究具有十分的迫切性和重要意义。

现有研究缺乏针对高高原机场自然环境风险因素的时空异质性规律分析；高高原机场人员工作负荷研究实验方法为主观量表，缺乏融合高高原环境因素的人员认知过程细化表征方法，难以对人因功效进行参数验证；缺乏考虑高高原机场多类风险因素和航空器运行状态耦合影响的事故作用机理分析方法；现行的航空器事故应急处置程序和资源配置方案多是根据平原机场航空器事故情景设定，未结合高高原实际环境条件，难以满足高高原机场应急救援需求。需要研究考虑高原复杂环境条件和风险因素耦合的高高原机场应急救援方法和应急处置程序，为我国乃至全球制定高高原机场运行安全标准和应急救援规范提供技术支撑。

2　科学问题背景

高高原机场为海拔高度大于2438m（8000ft）的机场。截至2020年底，我国高高原机场共计20个，是全球拥有高高原机场最多的国家，占全球总量的40.8%，主要分布在西藏、青海、四川等省（区）的西部高原山区，对促进我国西部高原地区经济社会发展起到了重要作用。研究高高原机场航空器事故机理和救援方法对保障我国高高原地区民用航空运输安全与可持续发展具有重大价值和现实意义。欧美等民用航空发达国家的高高原机场非常少，仅美国科罗拉多州有两个高高原通用机场，高高原民用运输机场的运行经验更是空白，国际上基本没有我国可借鉴学习的高高原机场运行和应急救援的行业标准。目前，大多数高高原机场还是参照平原机场的运行和应急救援标准，存在着很大的安全隐患。因此，开展高高原机场航空器事故致灾机理和应急救援方法研究，实现高高原机场运行风险的有效管控,并采取科学合理高效的应急处置措施,积极主动地预防和应对高高原机场航空器事故,不仅是我国而且是全世界高高原机场安全运行和持续发展的重大问题,既具有科学意义,又有着普遍的现实需要和广泛的应用前景。

3 科学问题研究进展

针对高高原机场航空器事故自然环境风险因素影响作用的研究,自然环境风险因素可分为气象、地形与生物因素等方面。高原地区的气象条件短时多变、难以预测,对民用航空运行安全影响较为严重的气象特征主要包括大风、雷电、地表辐射、风切变等;地形因素对民用航空运行安全的影响主要表现在机场周围的气象、净空水平与生物分布特征方面;高高原机场生物因素研究多集中于采取时空耦合分析方法进行鸟击风险评估。针对高高原机场人为因素研究,人为因素导致的致死航空事故多发生于航空器进近、起飞和航空器进场阶段,低压低氧环境对民用航空工作人员的认知及行为产生重要影响,使飞行员暴露在不同海拔和运动强度下,急性轻度缺氧对飞行员认知行为和工作负荷产生偏差;在极度低压缺氧暴露期间,飞行员的注意力表现受损,工作负荷明显上升。海拔高度会影响飞行区车辆驾驶员的睡眠质量、睡眠时长和疲劳累积速度。将传感器应用于人为因素研究已经成为一种技术发展的必然趋势,如脑电(EEG)、眼动仪(EOG)、心电(ECG)、近红外功能性磁共振(fMRI)等传感器在测量人的认知状态方面已经被证明具有一定的可靠性和稳定性。已经有部分研究人员探究了可测量的一些生理指标对高高原环境中人因工效特征的指示作用。在航空器事故风险因素耦合事故机理研究方面,现有研究主要针对平原机场,从研究方法大体可分为以下两个方面:①基于系统安全分析方法的事故机理分析,使用事故树、事件树、因果关联分析、功能共振模型等方法进行定性或定量研究较多,如 Studic 采用功能共振模型(FRAM)以系统视角诠释了不同类型航空器事故的致因机理。②基于动力学仿真或离散事件系统方法的航空器事故机理分析是近年来研究的热点。Stroeve 等以跑道入侵为研究场景,混合使用 Petri 网与蒙特卡洛模拟,引入人为因素与故障因素,动态仿真航空运行系统的典型场景以评估风险。在高高原机场航空器事故救援方法研究方面,大体分为以下两个方面:①民用航空旅客应急疏散研究。旅客在客舱疏散中的行为和决策意图一直是研究的重点,问卷调查和应急疏散试验是目前常见的旅客应急疏散行为规律研究方法,在此基础上,采用元胞自动机、社会力模型等行人运动仿真模型及其修正模型也已广泛应用于客舱旅客疏散仿真中,通过大量不同场景的反复仿真试验,定量描述旅客群体在不同场景应急恐慌状态下的行为特征。②机场应急处置研究。科学合理的需求分析与分配调度是突发事件应急准备和应急处置的关键。当前机场应急调度优化研究多基于平原机场场景,采用多智能体系统模型模拟机场各部门协同救援过程,优化协作程序,缩短救援时间。在多事故并发场景的应急资源调度研究中,构建机场应急飞行保障的特情处置离散事件仿真模型,实现应急响应时间最短的重新调度分配和优化。Shone 将动态资源分配问题表述为马尔可夫决策过程,并通过近似动态编码(ADP)方法开发启发式算法,优化机场应急救援调度决策策略。当前针对高高原机场应急处置研究较少,通常基于专家综合打分或面向预设情景参数的简单仿真推演方法给出应急资源需求分析或方案优化。

综上所述,目前针对平原机场运行中航空器事故机理和救援方法的研究已经取得了较为丰富的研究成果,但是针对高高原机场这一特殊运行环境下的事故机理分析和救援方法还欠深入,存在以下几个方面的问题亟待解决:

3.1　高高原自然环境风险因素时空异质性规律

虽然部分学者已经开始关注高高原地区特殊的自然环境特征对航空器运行安全的影响作用,但其研究主要侧重于单种气象、地形或生物因素的影响作用评估,而高高原地区自然环境风险因素对航空器运行状态的影响是机场周边地形、气象与生物因素共同时空耦合作用造成的。当前的研究缺少针对高高原机场周边自然环境风险因素的时空异质性规律与因素耦合研究,无法定量、全面、动态地表征高高原机场自然环境风险因素对航空器运行安全状态的时空耦合影响作用。

3.2　高高原机场人为因素模型中参数的信效度

目前,高高原机场人为因素研究处于起步阶段,大多数研究停留在定性研究层面或以飞行员为主要研究对象。少量的高高原机场人员工作负荷的定量研究中实验标准的选择和设定基本为主观量表,缺乏对信息认知过程的细化研究,无法保证人因工效参数的信效度。与此同时,虽然新一代传感器已经逐渐应用于人为因素的研究中,但传感器在跨越不同海拔高度的情况下收集到的生理、心理指标是否还具有稳定的信度和效度现在仍是未知的,缺乏实验验证和数据支撑。

3.3　多因素耦合作用的高高原机场航空器事故机理

国内外学者针对高高原机场航空器事故演化的机理性研究较少,主要还是集中在单风险因素的研究,针对多种类型风险因素耦合作用机理的研究非常欠缺,主要表现在两个方面:一是对高高原机场不同类型风险因素的识别缺乏整体性,通常依靠专家判断,信效度难以保证;二是多因素之间的依赖关系通常基于现有的概念模型搭建,而现有模型基本是在普通平原机场运行数据和事故数据的基础上建立并检验信效度的,因此缺乏高高原机场特殊运行环境的样本数据。这意味着现有航空器事故机理模型在高高原机场的应用中失去了原本的可靠效度。

3.4 高高原机场航空器事故应急救援方法

现行的机场航空器事故应急处置程序和资源配置多是根据平原机场航空器事故场景设置的。高高原特殊环境下的事故情景，以及应急疏散中旅客的运动能力、恐慌程度、认知决策能力都与平原机场存在较大差异，同时救援设备性能及救援人员能力也有较大差异，这些意味着现行的航空器事故应急处置程序和资源配置方案在高高原机场不具有适用性，需根据高高原机场航空器事故情景进行重新规划和设置。

主要参考文献

[1] PFEIFFER M B, KOUGHER J D, DE VAULT T L. Civil Airports from a Landscape Perspective：A Multi-Scale Approach with Implications for Reducing Bird Strikes[J]. Landscape and Urban Planning, 2018, 179:38-45.

[2] COCCON F, ZUCCHETTA M, BOSSI G, et al. A Land-Use Perspective for Birdstrike Risk Assessment：The Attraction Risk Index[J]. PLoS One, 2015, 10(6):1-16.

[3] SHAO Q, ZHOU Y, ZHU P. Spatiotemporal Analysis of Environmental Factors on the Birdstrike Risk in High Plateau Airport with Multi-Scale Research[J]. Sustainability, 2020, 12(22):1-18.

[4] BOUAK F, VARTANIAN O, HOFER K B, et al. Acute mild hypoxic hypoxia effects on cognitive and simulated aircraft pilot performance [J]. Aerosp MedHum Perform, 2018, 89(6):526-35.

[5] STUDIC M, MAJUMDAR A, SCHUSTER W, et al. A systemic modelling of ground handling services using the functional resonance analysis method[J]. Transportation Research Part C: Emerging Technologies, 2017, 74:245-260.

[6] STROEVE S H, BLOM H A P, BAKKER G J B. Contrasting safety assessments of a runway incursion scenario：Event sequence analysis versus multi-agent dynamic risk modelling[J]. Reliability Engineering & System Safety, 2013, 109:133-149.

[7] MANLEY M, YONG S K, CHRISTENSEN K, et al. Airport Emergency Evacuation Planning：An Agent-Based Simulation Study of Dirty Bomb Scenarios[J]. IEEE Transactions on Systems Man & Cybernetics Systems, 2017, 46(10):1390-1403.

[8] SHONE R, GLAZEBROOK K, ZOGRAFOS K G. Resource allocation in congested queueing systems with time-varying demand：An application to airport operations[J]. European Journal of Operational Research, 2019, 276(2):566-581.

[9] HELBING D, FARKAS I J, MOLNAR P, et al. Simulation of pedestrian crowds in normal

and evacuation situations[J]. Pedestrian and Evacuation Dynamics,2002,21(2):21-58.

撰稿人:邵荃(南京航空航天大学)

通航飞机撞线告警关键技术

Key technology of power line alert system for general aircraft

1　科学问题概述

2016—2021 年,我国民用航空共发生通航事故 82 起,其中可控飞行撞地/障碍物(CFIT)28 起,占 34.1%,是发生最频繁、风险最大的事故类型。在 28 起 CFIT 事故中,14 起是剐碰高压线,是通航运行最主要的安全风险。2021 年 6 月 3 日,民航局发布《关于成立民航局直升机安全专项小组的通知》,提出"研究论证低成本直升机撞线告警技术应用可行性",因此有必要研发低成本通航撞线告警系统。

目前,撞线告警系统包括主动式设备和被动式设备。典型的主动式设备使用毫米波雷达进行撞线告警,由于成本高昂,尚未大范围使用。典型的被动式设备是在直升机上安装剪线器,飞机撞线后主动剪断线缆,但此类设备价格昂贵、适用条件有限,破坏的高压线修复成本较高。因此,研发成本低、精度高、灵敏度强的通航飞机撞线告警关键技术与系统装备,对进一步利用低空空域,提升通航安全水平,具有重大应用价值。

2　科学问题背景

一般来说,线缆主要包括高压电线和违规自建的传输线,呈现以下典型特征:一是构建时间不确定,难以及时通过遥感等手段预先测绘;二是高压线路数据库不公开,无法采用模式匹配算法提前预警;三是目标物呈现细线状,现有探测、识别技术难以实现;四是通航飞机速度快、空间有限,对探线设备处理速度和外形尺寸提出较高要求。

识别算法模型和传感器是线缆探测的关键。在识别算法模型方面,以通用型物体识别算法模型为主,缺乏针对线缆等细长目标物的高精度、快速识别算法,且缺乏线缆的训练集,识别率较低。传感器主要包括以激光/毫米波雷达为代表的主动传感器和以光学/热红外图像为代表的被动传感器,充分考虑传感器特点、分辨率、探测距离和成本等因素,单一传感器无法满足性能要求;其他传感器,如 ADS-B(Automatic Dependent Surveillance-Broadcast),仅能实现合作目标的探测和定位。为此,必须开展基于多源数据的细长目标物高精度、快速探测与预警方法体系研究。

3 科学问题研究进展

线缆探测有多种方法,包括雷达、可见光探测等。采用毫米波设备探测电力线,能有效实现高分辨率和高扫描速率,能在雨雪、烟雾和沙尘等条件下工作,具有较强的抗地杂波能力。空中拍摄的电力线多伴随有复杂多变的背景(如河流、树木、草地、房屋、农田等),对电力线识别造成困难。近年来,国内外科研人员对从航拍图像中检测电力线进行了许多研究,包括利用形态学、霍夫变换等方法,均存在应用范围有限或受不同背景影响的情况。另外,不良天气对线缆识别影响较大,主要包括稳态不良天气(主要指雾、霾)和动态不良天气(主要指雨、雪、沙尘暴等),可以利用大气散射模型和图像增强复原技术进行去雾、去雨等,但对动态不良天气效果不佳,尤其针对快速机动的通航飞机需要进一步研究。综上,根据不同机载传感器配置及其特性,目前需要突破的关键技术包括:

3.1 面向细长目标物的多尺度特征图融合机制

细长目标物容易混匿于背景中,特征不明显。基于霍夫变换的直线检测方法计算效率最高,但误报率较大;基于卷积神经网络的深度学习识别算法可以解决霍夫变化的问题,但由于语义分割网络框架下存在池化模式,会导致底层特征图中细长目标消失。为此,探索建立多尺度特征图融合机制是实现细长目标像素级检测的关键。

3.2 针对细长目标物检测的红外与可见光图像融合策略

高压线会散发热辐射,但通过可见光无法发现。可充分利用可见光图像丰富的语义信息,结合红外图像对热源辐射的敏感性特点,研究多层次、多尺度、双源图像融合方法,构建多层级特征融合策略与规则,是提高细长目标物识别准确率和鲁棒性的关键。

3.3 基于主被动数据协同的方位距离探测机制

探测目标物与飞机之间的距离和方位是实现避撞的关键。针对机载前视雷达数据随探测距离增加,分辨率降低的不足,研究编解码框架挖掘序列图像中的三维空间关系,研究建立雷达点云数据多分辨率重构技术,提高对远端细长目标物的分辨率。同时探索被动传感器引导下的目标距离和方位探测方法,研究主被动图像的数据级融合模式,是实现细长目标物距离和方位估计的关键。

3.4 多模态感知信息驱动的低空飞行撞线风险评估模型

基于单一数据源的撞线告警系统无法保障准确率和可靠性。针对飞机大速度、低高度和机动飞行等复杂状态,研究将多模传感数据和飞机性能包线作为输入,构建高实时性、高可靠性撞线风险评估模型,实现基于时间的警告、警戒信息提示,是实现通航撞线告警系统的关键。

主要参考文献

[1] CHANDRASEKARAN R,PAYAN A P,COLLINS K B, et al. Helicopter wire strike protection and prevention devices:Review,challenges,and recommendations[J]. Aerospace Science and Technology,2020,98:105-665.

[2] SHAFIEE M J,CHYWL B,LI F, et al. Fast YOLO:A Fast You Only Look Once System for Real-time Embedded Object Detection in Video[J]. Journal of Computational Vision and Imaging Systems,2017,3(1):1-3.

[3] 向敬成,张明友.毫米波雷达及其应用[M].北京:国防工业出版社,2005.

[4] 张从新,赵乐,王先培.复杂地物背景下电力线的快速提取算法[J].武汉大学学报(工学版),2018,51(8):732-739.

[5] GARG K,NAYAR S K. Vision and rain [J]. International Journal of Computer Vision,2007,75(1):3-27.

[6] MCCARTNEY E J,FFH J. Optics of the atmosphere-scattering by molecules and particles [J]. Journal of Modern Optics,1977,14(7):698-699.

[7] TAN R T. Visibility in bad weather from a single image [C]//Proceedings of IEEE International Conference on Computer Vision and PatternRecogintion. New York:IEEE Press,2008:1-8.

[8] 寇展,吴健发,王宏伦,等.基于深度学习的低空小型无人机障碍物视觉感知[J].中国科学:信息科学,2020,50(5):692-7030.

[9] NGUYEN V N,JENSSEN R,ROVERSO D . LS-Net:fast single-shot line-segment detector [J]. Machine Vision and Applications,2021,32(1):1-16.

[10] 蒋年德.多尺度变换的图像融合方法与应用研究[D].长沙:湖南大学,2010.

撰稿人:万健(中国民航科学技术研究院)

第二篇

航天运载工程

INTRODUCTION

绪　　论

探索浩瀚宇宙,是人类亘古不变的梦想。作为当今世界最具挑战性和广泛带动性的高科技领域之一,航天深刻改变了人类对宇宙、对自身的认知,是推动国家科技进步,建设经济强国、科技强国的重要引擎。卫星遥感的出现,在地球资源普查、生态环境监测、气象观测等方面发挥了不可替代的作用;卫星导航、卫星通信的应用,加速了全球一体化进程,使"地球村"成为现实;深空探测,促进了人类对宇宙形成与演化、生命起源与进化等重大科学问题的探索。以我国为例,目前民用遥感卫星数据分发量累计超过 1000 万景,卫星电视直播用户数突破 7000 万,"北斗"终端持有量 400 万余套,卫星应用年产值超过 2000 亿元;"嫦娥四号"实现人类历史上首次月球背面着陆,为研究月球迈出了重要的一步。由此可见,航天能够彰显一个国家的综合国力和国际威望,极大推动自然科学以及通信、导航、遥感、材料、计算机、系统工程、自动控制等技术领域的进步,产生巨大的社会和经济效益。

作为人类开展航天活动的前提和基础,以运载火箭为代表的航天运载发展水平决定了一个国家进入和利用空间的能力。航天运载能力的高低,决定了太空探索舞台的高度和大小。面向我国"发展航天事业,建设航天强国"的重大战略需求,本部分对航天运载工程学科领域蕴藏的科学问题进行系统梳理与凝练,从而引领我国航天运载工程领域科学技术的发展。

1　航天运载工程发展历史

1687 年牛顿在《自然哲学的数学原理》一书中提出的"地球大炮"思想实验,是关于人造地球卫星的最初科学设想,也是人类航天史的正式起点。1883 年,被誉为"航天之父"的齐奥尔科夫斯基在《自由空间》论文中提出利用反作用装置作为太空旅行的推进动力。随后,齐奥尔科夫斯基从理论上推导了著名的火箭运动方程,为人类克服引力进入太空提供了科学依据,标志着人类现代航天活动迈出了第一步。进入 20 世纪后,美国戈达德设计了人类首枚液体火箭并于 1926 年进行了首飞。第二次世界大战时期,德国的冯·布劳恩设计了著名的 V2 火箭,该火箭成为现代导弹的鼻祖。齐奥尔科夫斯基等先驱描绘的航天蓝图,最终由戈达德、冯·布劳恩等后继者添砖加瓦,揭开了航天时代波澜壮阔的序幕。1957 年,苏联成功发射第一颗人造地球卫星,开辟了人类航天活动的新纪元。1961 年,苏联的尤里·阿列克谢耶维奇·加加林乘坐"东方一号"飞船,完成了世界上首次载人宇宙飞行,实现了人类进入太空的愿望。美国组织开展了"阿波罗计划",于 1969 年实现了首次载人登月,成为世界航天史上一项具有划时代意义的成就。半个多世纪以来,航天技术在世界范围取得了突飞猛进的进展,在国民经济、军事活动、科学研究以及社会生活等众多方面产生了重大而深远的影响。

千百年来,中华民族便流传着夸父逐日、嫦娥奔月、万户飞天等故事。探索浩瀚宇宙,发展航天事业,建设航天强国,是我们不懈追求的航天梦。1956 年,中国第一个火箭导弹研究机构——国防部第五研究院正式成立,钱学森担任院长,中国航天事业就此展开。1960 年,我国成功发射了第一枚导弹"东风一号";1970 年,我国成功发射了第一颗人造地球卫星"东方红一号";2003 年,航天员杨利伟乘坐"神舟五号"飞船进入太空,成功实现了我国首次载人航天飞行,实现了中华民族千年飞天梦想;2007 年,我国第一个月球探测器"嫦娥一号"成功发射;2011 年,我国首个空间实验室"天宫一号"成功发射。2011 年以来,中国航天事业持续快速发展,进入空间能力大幅提升,空间基础设施不断完善,载人航天、月球探测、火星探测、北斗卫星导航系统、高分辨率对地观测系统等重大工程建设顺利推进,在空间科学、空间技术、空间应用等领域取得了辉煌成就。

2 航天运载工程发展现状

当前世界航天已发展到大规模进出空间、深层次利用空间的新阶段。美国在可重复使用运载火箭领域("猎鹰9"火箭)取得重大进展,极大降低了运载器发射成本,促进了商业航天快速发展。2022 年 2 月,SpaceX 公司首席执行官埃隆·马斯克在得克萨斯州博卡奇卡介绍了"超重-星舰"运载系统的最新研制进展,其"超重"火箭可在发射数分钟后回收,并具备在 1h 内再次发射的能力。此外,SpaceX 公司还提出了"星链计划"项目,计划向太空近地轨道发射 4.2 万颗通信卫星,从而组成"星链"网络,提供高质量互联网服务。"星链"目前有 1469 颗卫星处在运行状态,另有 272 颗正在进入运行轨道,未来将对世界各国的太空活动带来重大影响。欧洲在 2003 年发射了首颗月球探测器"SMART-1",验证新型推进系统,并绘制月球地形地貌图和矿物分布图;在 2004 年发射了罗塞塔彗星探测器,并在 2014 年飞抵 67P/楚留莫夫-格拉希门克彗星,首次实现彗星着陆探测;2018 年,重型运载火箭"阿丽亚娜(Ariane)5"完成第 100 次发射任务,该运载火箭发射了诸多著名航天器,例如"XMM-牛顿 X 射线空间观测卫星""普朗克太空望远镜""伽利略导航卫星"等。日本于 2003 年和 2014 年分别发射了"隼鸟-Ⅰ号"和"隼鸟-Ⅱ号"小行星探测器,实现了小行星采样返回。

21 世纪以来,我国在航天领域取得了重大进展。运载火箭方面,2020 年 5 月,"长征五号 B"运载火箭首飞成功,拉开了我国载人航天工程空间站阶段任务的序幕。此后"长征五号"火箭全面投入应用,完成了火星探测器和"嫦娥五号"探测器的发射任务,实现了我国地球同步转移轨道运载能力由 5.5 吨级到 14 吨级的跨越。此外,新型重型运载火箭"长征九号"目前正在研制,为中国载人工程的发展接力。探月工程方面,从"嫦娥一号"到"嫦娥五号",我国顺利完成了"绕""落""回"三步走。载人航天与空间站方面,中国"天宫号"空间站建设进入收尾阶段。中国已相继成功发射"天舟"系列货运飞船、"天和"核心舱,并完成了飞船与核心舱对接和在轨测试,"天宫"实验舱"问天"和"梦天"已经部署完成,中国航天员首次进入中国人自己的空间站。火星与深空探测方面,2020 年 7 月,"长征五号"遥四运载火箭搭载"天问一号"探测器升空;2021 年 5 月,"天问一号"着陆巡视器"祝融号"成功着陆火星。

我国虽已建成了较完备的航天装备体系,但距离航天强国建设目标和国际先进水平仍有较大差距。我国仍需持续提升航天工业基础能力,大力推动高效航天运输系统、空间基础设施、载人航天、深空探测、空间科学等重点领域实现突破式发展,不断加强前沿科学研究和关键技术攻关,形成航天运载工程领域具有中国特色的基础理论与技术体系。

3 航天运载工程未来方向

航天运载工程未来发展主要包括:面向重型运载火箭、可重复使用航天器、变构型航天器等新型航天装备研发需求,发展总体智能优化设计、轻质化结构设计、变构型气动布局设计与流动控制等核心技术,提升总体设计能力;发展大型化、柔性化和高精度安全控制技术,满足航天器高分辨率、多功能、长寿命、高精度等需求;发展推进剂精细化设计及能量释放精准调控技术,重点突破吸气式组合动力技术、高超声速推进技术等先进航天推进技术,实现宽域高效飞行;发展先进航天发射技术,突破重型运载火箭发射、海面动平台发射、地面超高速电磁推进一级直接入轨、空中运载火箭发射、地外天体发射等关键技术,满足低成本快速发射需求;建立多场复杂环境耦合下的可重复使用航天运载器可靠性基础理论,发展健康监测、故障分析、可靠性寿命评估及验证等技术,保障航天运载器重复使用的长寿命和高可靠性;发展复杂空间环境模拟、智能自主热控、航天员长期在轨生存与作业等技术,解决空间站长期驻留及深空探测任务中的人机与环境工程问题;重点发展空间运输与在轨服务等领域,服务"深空探测及空间飞行器在轨服务与维护系统"国家科技重大专项,火星采样返回、小行星采样返回与载人登月等重大航天工程。

4 航天运载工程科学问题梳理

航天运载工程学科领域涵盖进出空间和在空间长期运行的所有飞行器,主要包括运载火箭、可重复使用运载器、高超声速飞行器、跨域变构型飞行器以及空间飞行器(例如人造地球卫星、大型空间设施、深空探测器等)。面向我国航天领域的重大需求,瞄准航天运载系统与航天运载装备更大、更远、更绿色、更高效、低成本的新目标,立足于航天运载工程学科领域内涵,重点聚焦航天器系统设计(12 个科学问题)、航天器动力学与控制(9 个科学问题)、航天推进与空间能源(12 个科学问题)、航天发射(10 个科学问题)、航天器可靠性与寿命(7 个科学问题)、航天器人机与环境工程(6 个科学问题)以及空间运输与在轨服务(10 个科学问题)七个学科方向(累计 66 个科学问题),着力突破航天器系统精细化建模与敏捷设计、可重复使用热防护、气动伺服弹性分析、跨域变构型航天器设计、复杂任务约束下的航天器动力学与控制、吸气式组合动力、高超声速推进、可重复使用智能火箭动力、空间电推进、海面动平台发射、地面超高速电磁发射、空中运载火箭发射、地外天体发射、航天器系统可靠性分析与健康监测、航天员生命保障、人机系统融合、空间碎片防护与清除、空间大型结构建造等关键技术,服务以重型运载火箭、可重复使用航班化航天运输系统、空间在轨服务系统、载人登月、行星际探测等为代表的国家航天重点装备的跨代发展与航天重大工程的成功实施。

CHAPTER ONE

第1章
航天器系统设计

　　航天器系统设计是一个多学科、多维度、多层次的复杂巨系统的总体学科方向,涉及弹道、气动、载荷、结构、控制、动力等十余个学科和数百个专业的集成和优化。它应用了现代科学技术众多领域的最先进科技成果,是科学技术与国家基础工业紧密结合的产物,是一个国家科学技术水平和工业水平的重要标志。航天器系统设计是航天器系统研制的顶层设计和综合设计,在系统研制当中起到定方向、定大局、定功能和性能指标的重要作用,直接决定了航天器的总体性能水平、可靠性和安全性、研制成本和周期。

　　随着航天器的发展,设计理论与方法、热防护与结构、气动与弹道等技术理论与关键技术日趋成熟,设计能力不断提升,成本不断降低,可靠性进一步提高,航天器运载类型更加丰富,航天器系统总体设计取得了长足的进步。中国航天的发展源于钱学森系统工程理论与方法的建立。经过将近70年发展,我国建立起了整体、高效、可靠的航天工业体系。我国航天器系统设计一直秉承系统科学观念,遵循系统整体性和层次性原则、研制阶段性原则、继承性和创新性原则、效益性原则等系统工程基本原则,采用"总体协调-分系统研制"的迭代设计模式,注重各个局部以最小代价达到系统整体最优。目前,我国在航天器系统设计领域仍主要依赖人工设计和决策,存在设计知识碎片化、学科专业壁垒严重、先进设计理论与技术手段不足等问题,距离航天强国要求和国际先进水平仍有一定差距。因此,必须面向新一代航天器的重大战略需求,提升系统设计和规划能力,为我国研制新一代重大航天装备提供理论基础与方法支持。面向研发重型运载火箭、可重复使用航天器、高超声速飞行器、变构型航天器等新型航天器的迫切需求,针对多物理域耦合精细化模型缺乏、高保真系统分析耗时、研发设计周期过长、核心关键指标偏低等难题,着力解决多物理域强耦合设计、关键结构及热防护材料实时健康监测、航天器轻质高效结构优化、变构型航天器复杂流场建模等科学技术问题。航天器系统设计的重点领域包括:总体方案敏捷设计与智能优化机制、可重复使用航天器损伤分析与维护、航天器轻质化结构性能分析与设计、变构型航天器宽域气动布局和流动控制。预期突破多学科交叉优化设计，推动可重复使用航天器、高超声速飞行器、变构型航天器工程化，提高总体设计能力，带动科学进步，服务国家航天强国战略。

重型运载火箭精细化系统建模与敏捷设计优化问题

High-fidelity system modeling and efficient design optimization for heavy launch vehicles

1 科学问题概述

运载火箭是一个国家进出和利用空间的关键支撑，也是一个国家科学技术和基础工业水平的重要标志。我国虽然已经建立了较完备的运载火箭体系，但距离航天强国要求和国际先进水平仍有较大差距，尤其是在重型运载火箭等尖端运载装备工程研制领域，差距主要体现在两方面。一是现有火箭系统研制核心关键指标偏低，例如结构系数(结构占全箭重量比例)高达 8%，轻质化水平较国外偏低 20%～30%；运载效率(运载能力占起飞重量比例)仅为 3%，任务水平较国外偏低 30%～50%。二是国外运载火箭研制周期为 5～6 年，而我国新型运载火箭研制周期普遍为 8～10 年，其设计效率远低于国外先进水平，直接制约着重大航天装备的建设与国家发展战略的实施。

作为一类复杂的多学科耦合工程系统，重型运载火箭的综合设计性能是不同学科之间相互影响、协同制约的综合体现。近年来，我国航天任务呈现高频次、高难度的特点，对重型运载火箭装备核心能力要求不断提高，现有设计模式已难以满足我国重型运载火箭高水平、高效率、高可靠性的发展需求。首先，传统工程建模方法高度依赖设计经验与专家决策，模型分析精度/置信度不足且对学科之间耦合协同关系考虑不充分，难以精准预示重型运载火箭飞行过程气动/结构/热等多物理域耦合性能，无法有效支撑重型运载火箭结构/功能低冗余设计，造成了火箭总体设计性能不足、核心关键指标偏低等问题。此外，多学科/多物理域黑箱模型耦合分析耗时等难题，严重加剧了重型运载火箭总体设计与优化任务的组织难度和计算复杂性(即优化成本难以接受且全局收敛困难)，导致研制周期严重拉长，对我国重型运载火箭短周期快响应研制能力提出了重大挑战。

面向我国重型运载火箭创新研发降本增效的重大战略需求，亟待通过人工智能、数据挖掘、代理模型、知识工程、近似优化等新兴理论技术的交叉融合，重点解决气动/载荷精细化表征、多场域/多物理域耦合快速预示、模型近似降阶与不确定性评估、多学科敏捷优化等共性基础科学问题,揭示重型运载火箭多学科/多物理域精细化耦合建模与预示机理,探索知识驱动的总体方案敏捷设计与智能优化机制,为我国重型运载火箭等新一代重大航天装备的体系化、型谱化发展提供自主先进的建模理论与设计方法支持,并通过研制方法和技术创新加速推进重型运载火箭的工程研制应用,实现结构系数、运载效率等关键技术指标的全面领先。

2 科学问题背景

重型运载火箭是我国实施航天强国战略的关键标志,将全面对标世界一流水平,肩负着我国航天技术水平由跟跑、并跑向领跑跨越的重大使命。重型运载火箭立足未来深空探测等国家重大任务需求,在我国现有运载火箭技术水平基础上,深入挖掘和吃透运载火箭研制及飞行中的深层次科学技术难题,突破传统研制模式和技术的限制约束,提升运载火箭系统研制的精细化和敏捷化水平,最终形成具有我国航天特色的新型运载火箭设计理论方法体系,实现运载能力等关键技术指标的世界领先,引领重型运载火箭等重大装备系统的跨越式发展。然而,现有运载火箭系统研制工程实践中,仍存在以下难题亟待解决。

(1)物理建模机理认识不清晰难题。运载火箭飞行剖面复杂,飞行速度高达几十倍声速,工作压力高达500个大气压,工作温度跨越 –253 ~ 3727℃的极高、低温区,飞行任务中涉及多种复杂的力、热环境。现有建模依据及模型数据主要来源于飞行试验,尚未从物理层面深入探索运载火箭系统性能建模表征机理(包括气动特性天地一致性差异、飞行载荷和结构设计不确定性等机理性问题),造成实际工程中需要以较多的设计余量弥补对部分设计边界认识的不足,导致我国运载火箭的结构安全系数偏高、箭体结构偏重,降低了运载能力。

(2)设计模型精细化程度不足难题。我国运载火箭研制早期受技术条件限制,为了降低研制难度,对设计环节、系统接口等普遍采用简化设计,存在重研制经验、轻设计创新等问题,尤其是缺乏多学科/多物理域的精细化耦合仿真分析和设计能力。例如,缺乏弹道/姿控联合仿真模型和飞行载荷精准预示模型,导致飞行载荷攻角和设计载荷偏大;箭体结构和储箱增压设计中未能充分考虑工作耦合过程,导致工作压力和温度未能精准按飞行时间剖面与空间位置分布。模型精细化程度不足,增大了各系统设计包络,造成运载火箭总体设计冗余较大,严重制约了运载效率等核心技术指标的提升。

(3)总体设计优化计算复杂性难题。重型运载火箭具有复杂巨系统的典型系统工程特征,研制设计中涉及弹道、气动、载荷、结构、控制、动力等十余个学科(分系统)和数百个具体专业,优化设计技术则是挖潜运载火箭系统运载能力的重要技术手段。然而,为了确保设计结果可信度,往往需要采用昂贵的高保真仿真模型进行分析,显著增加了优化成本。不同学科之间的复杂迭代解耦过程以及设计空间的高维特征,进一步加剧了优化效率低下、全局收敛困难等计算复杂性难题。传统数值优化技术及多学科优化框架在求解重型运载火箭优化设计问题时,未能充分利用重型运载火箭设计中存在的多源异构知识信息(例如多精度仿真模型、试验数据、标准规范、设计经验与禁忌等),导致无法实现跨学科、多专业的敏捷设计与智能优化,严重制约了重型运载火箭的研制效率和周期。

3 科学问题研究进展

3.1 运载火箭系统建模

运载火箭系统研制过程高度依赖模型,模型的分析精度直接决定了设计结果的准确度和置信度。以气动建模为例,目前主要计算手段包括工程计算、无黏数值计算与有黏数值计算。其中,工程计算方法效率较高,但计算精度及通用性较差;无黏数值计算采用的薄边界层假设对于低速飞行器求解精度较高,并不适用于重型运载火箭的高超声速条件,难以求解涉及复杂外形构型的火箭气动特性;黏性数值计算方法计算精度高,能够适用于求解涉及复杂边界层条件的重型运载火箭气动性能,然而其求解效率极低。除气动建模外,飞行载荷建模也是运载火箭设计面临的重要问题,其预示精度与效率直接影响了运载火箭系统的设计性能、研发进度与成本控制。目前,设计人员主要通过数值仿真、风洞试验、飞行试验进行载荷预测。在运载火箭总体设计阶段主要采用数值仿真方法建立飞行载荷学科模型,然而该方法涉及飞行力学、弹性力学、流体力学方程及诸多复杂耦合模型,计算求解效率较低,同时难以保障模型精度,严重制约了运载火箭的设计性能与研发周期。

除了上述研究外,近年来国内外围绕运载火箭系统多学科联合仿真与设计工作开展了广泛研究,初步梳理了构型、结构、气动、弹道、控制等学科的耦合关系与设计界面,探索了运载火箭多学科参数化建模方法。然而,受限于多学科分析面临的计算复杂度,现有运载火箭学科耦合接口与分析模型多采用简化设计,难以满足运载火箭系统工程研发对高保真精细化仿真模型的需求。为了提升模型仿真精度与置信度,数据驱动的模型置信度评估与修正技术得到了广泛的关注。模型置信度主要是通过校核与验证(Verification and Validation,V&V)进行评估,包括主观评估与客观评估法。相较于基于专家经验的主观评估法,通过比较仿真数据与实测数据一致性的客观评估法在实际工程中应用更为广泛。然而,上述方法主要面向单一输出的仿真模型,无法适用于重型运载火箭强耦合、多元化的性能指标输出。此外,考虑到现有海量现役运载火箭地面及飞行试验数据,通过深入挖掘数据关联误差信息修正模型响应特性,在不修改模型物理架构的情况下构建运载火箭性能参数精细化预示模型,具有广泛的应用前景。

除了因物理机理不明、技术水平限制导致的模型精细化程度不足以外,系统偏差机理不清和设计冗余度过高也是导致结构系数和运载效率偏低的重要原因。模型预测误差的来源主要包括模型自身误差和输入参数不确定性。目前的研究工作集中于如何用数学理论准确表征不确定性,主要包括概率、非概率和混合不确定性建模方法研究。实际工程中,科学准确地量化各类不确定性的来源和范围对于运载火箭系统设计而言尤为重要。然而,对运载火箭气动、结构、动力等各系统全面的不确定溯源和量化研究鲜有报道。考虑运载火箭设计、研制、储存和使用过程中的各种偏差及其传播机理,科学准确量化各系统各学科中的不确定性,给出精细化模型的性能预测误差,开展考虑不确定性的设计优化,是运载火箭精细化建模研究的重要方向。

3.2　运载火箭系统优化设计

作为提升设计性能、缩短设计周期的重要技术手段,优化设计是运载火箭系统研发的创新源头与质量保证。多学科设计优化(Multidisciplinary Design Optimization,MDO)是指在复杂工程系统总体设计过程中,通过任务分析和系统(或学科)分解,并利用系统中相互作用的协同机制和并行设计思想,进行复杂工程系统多学科协同设计、分析和优化的方法论。近年来,国内外围绕运载火箭系统多学科设计优化开展了深入研究,发展了灵敏度分析、数值优化、近似建模、多学科设计优化策略、多学科优化平台(环境)等方法与技术。按照组织形式和求解思路的不同,多学科设计优化策略分为分解优化策略和近似优化策略两类。

分解优化策略主要包括单级策略(如单学科可行法等)和多级优化策略(如协同优化等),其在处理重型运载火箭等复杂工程系统多学科设计优化问题时存在计算复杂、收敛性差以及协调组织困难等方面的挑战。此外,在高维复杂重型运载火箭系统设计中,其耦合变量的维度远大于设计变量的个数,而且耦合关系可能存在高阶非线性特征。对于此类问题,设计变量维度的增加将加剧"维度灾难"现象,而强耦合关系也使得分解优化策略耦合分析的迭代次数增加,且难以引入辅助变量实现解耦。

为了克服传统分解优化策略在处理复杂重型运载火箭系统多学科设计优化问题中面临的困难,基于代理模型的近似优化策略近年来受到了国内外学者的广泛关注。近似优化策略,在国际上被称为 Surrogate-based Analysis and Optimization(SBAO)或 Metamodel based Design and Optimization(MBDO)。该方法旨在通过数学手段构造分析精度与高精度模型或者多学科分析过程相当但是计算成本更低的代理模型,并以其替代原高精度模型或者多学科分析过程用于多学科设计优化。其中,代理模型方法的本质是基于计算试验设计方法所得到的样本信息,构造计算成本较小且能够反映设计变量与响应值之间映射关系的数学模型。常用的代理模型方法包括多项式响应面、移动最小二乘法、Kriging 法、径向基函数,以及混合代理模型方法等。当模型梯度信息容易获取时,部分代理模型方法可通过梯度增强进一步提高近似性能。此外,代理模型方法还被广泛应用在多精度建模或多模型融合领域,对于实现复杂运载火箭系统多源响应信息融合与近似降阶表征具有重要意义。

除了代理模型方法外,代理模型更新与管理策略是提高近似优化策略优化效率与全局收敛性的核心技术。根据采样机制的不同,代理模型管理与更新策略可分基于空间缩减的优化策略和基于空间填充序列采样的优化策略两大类。基于空间缩减的优化策略的研究重点在于根据当前代理模型优化信息,科学可靠地确定可能存在全局最优解的兴趣区域,并使用试验设计方法在兴趣区域内新增样本点,更新代理模型并重复优化过程直至收敛。常用的空间缩减技术包括自适应响应面方法、重点设计空间方法、信赖域方法等。总体而言,基于空间缩减的自适应优化策略的优化效率较高,能够保证优化过程以较大的概率收敛到全局或局部最优解附近。然而,对于复杂多极值优化问题,基于空间缩减的优化策略往往全局搜索能力不足,易于陷入局部最优。基于空间填充序列采样的优化策略根据不同的空间填充准则,直接进行序列采样更新代理模型。比较有代表性的方法包括高效全局优化策略(Efficient Global Optimization, EGO)和追峰采样策略(Mode Pursuing Sampling, MPS)两类。此外,基于进化操作的采样策略也是常用的空间填充序列采样策略。总体而言,基于空间填充序列采样的优化策略能够根据概率或统计学信息,直接在可能存在全局最优解的位置新增样本点,从而具有较好的全局探索能力。然而,此类策略求解实际工程中高维重型运载火箭系统优化问题的效率往往较低。

机器学习等人工智能技术的本质是对数据、信息和知识进行分析和再利用,因此在重型运载火箭等复杂系统工程优化设计领域具有广阔的应用前景。近年来,国内外学者逐渐尝试利用人工智能技术辅助优化设计。例如,构建设计参数与系统性能指标之间的回归学习模型(如深度学习神经网络、高斯回归网络等)用于预示系统响应,从而提高优化设计效率;采用分类学习(如支持向量机、贝叶斯模型等)辨识优化过程中可行样本点,改善优化结果的可行性和最优性。此外,由于重型运载火箭系统设计过程的本质是一项知识密集型活动,在重型运载火箭设计优化中引入知识工程理念,可以将重型运载火箭设计领域丰富的知识资源高效、快速、合理地应用到新型号的研制过程中,并将研制过程中产生的新知识与以往知识资源进行融合,从而形成重型运载火箭系统设计领域知识资源的迭代积累,不断地改善重型运载火箭系统综合优化设计性能。其中,内嵌物理知识的神经网络(Physical-informed Neural Network, PINN)在保持人工神经网络对数据高效利用的同时,能够在神经网络中内嵌多场域物理知识,实现数据与知识混合驱动的重型运载火箭系统仿真与分析,已成为当前国内外复杂系统仿真领域研究的新方向和前沿热点。

除了上述确定性优化技术以外,针对运载火箭系统设计中包含的大量随机和认知不确定性,采用同时包含概率和非概率信息的混合不确定性设计优化方法成为了当前研究热点。运载火箭总体设计的高复杂性,在设计过程中考虑混合不确定性后,会给优化求解增加几何级的计算量。在保证求解精度的同时,如何提高混合不确定性设计优化的计算效率是当前亟待解决的难题。

综上所述,国内外已围绕复杂重型运载火箭系统建模与优化设计开展了广泛研究,并初步探索了机器学习、知识工程等新兴技术与重型运载火箭优化设计结合的可行性。然而,当前重型运载火箭系统设计工程实践中仍需解决以下关键问题:

(1)重型运载火箭设计知识精细化表征机理研究不足。运载火箭系统设计过程中,存在多精度仿真模型、飞行试验数据、型号谱系方案、设计标准规范等碎片化知识,需要研究不同专业/学科知识的统一精细化建模表征机制与科学评估方法,为降低重型运载火箭设计冗余、提升运载能力指标等方面提供科学理论支撑。

(2)知识驱动的重型运载火箭系统敏捷优化设计理论尚不完善。将机器学习、数据挖掘、知识工程等技术应用于工程优化设计的研究仍处于起步阶段,尚未形成成熟完备的知识驱动的重型运载火箭多学科耦合敏捷优化设计方法理论体系。亟待开展相关领域研究,为缩短重型运载火箭研制周期、降低研发成本等方面提供先进的优化设计手段支持。

主要参考文献

[1] Forrester A I, Keane A J. Recent advances in surrogate-based optimization[J]. Progress in aerospace sciences, 2009, 45(1-3):50-79.

[2] Wang G G, Shan S. Review of metamodeling techniques in support of engineering design optimization[J]. Journal of Mechanical Design, 2007, 129(4):370-380.

[3] Bhosekar A, Ierapetritou M. Advances in surrogate based modeling, feasibility analysis, and optimization:A review[J]. Computers & Chemical Engineering, 2018, 108:250-267.

[4] Shi R, Long T, Ye N, et al. Metamodel-based multidisciplinary design optimization methods for aerospace system[J]. Astrodynamics, 2021, 5:185-215.

[5] Karniadakis G E, Kevrekidis I G, Lu L, et al. Physics-informed machine learning[J]. Nature Reviews Physics, 2021, 3(6):422-440.

[6] Ye P. A review on surrogate-based global optimization methods for computationally expensive functions[J]. Software Engineering, 2019, 7(4):68-84.

[7] 龙腾,刘建,WANG G Gary,等. 基于计算试验设计与代理模型的飞行器近似优化策略探讨[J]. 机械工程学报,2016,52(14):79-105.

[8] 赵翰墨. 基于知识工程的重型运载火箭总体设计优化[D]. 哈尔滨:哈尔滨工业大学,2020.

[9] 刘竹生,张博戎. 运载火箭总体设计多学科优化方法发展及展望[J]. 宇航总体技术,

2017,1(02):1-6.

[10] BALESDENT M，BéREND N，DéPINCé P，et al. A survey of multidisciplinary design optimization methods in launch vehicle design [J]. Structural and Multidisciplinary Optimization,2012,45(5):619-642.

撰稿人:龙腾(北京理工大学)　牟宇(中国航天科技集团有限公司第一研究院)

史人赫(北京理工大学)　邓新宇(中国航天科技集团有限公司第一研究院)

朱浩(北京航空航天大学)

运载火箭亚跨声速飞行流固耦合问题

Fluid-structure interactions of launch vehicle in subsonic and transonic flight conditions

1　科学问题概述

随着航天技术的快速发展,运载火箭规模越来越大,发动机的推力越来越大、数量越来越多。在起飞过程中,多台发动机高速喷流与周围空气和发射台相互作用,引起周围流场急剧变化,使箭体产生大幅度振动。由于振动量级与起飞推力密切相关,大型和重型火箭起飞振动问题已经成为直接影响火箭和卫星设计的重大问题。在跨声速飞行过程中,外部流场与箭体结构之间存在强烈的耦合作用,出现激波振荡、大尺度旋涡分离等现象,从而产生非定常的压力脉动,并激励起整体和局部的跨声速抖振。现代火箭构型的模块化和组合化设计带来多处变化的箭体外形,抖振出现的飞行马赫数范围和量级都有明显增加,使跨声速抖振问题越发突出。大型复杂外形运载火箭的起飞振动和跨声速抖振存在着流体流动与结构响应进行耦合的共性关键科学问题,揭示火箭在不同飞行状态下的流固耦合机理,能为我国运载火箭气动外形优化、全箭结构承载精细化及结构效率提升等提供先进完备的设计理论和方法支撑。

1.1　外部流场激励的表征与辨识问题

运载火箭在起飞和上升过程中都处于复杂和严酷的流动环境之中,其所受的非定常气动力是火箭产生局部甚至全箭振动的外部激励源。大型复杂外形火箭起飞中,高速热喷流与伴随流相互掺混、多股热喷流之间相互干扰,不仅在火箭底部产生脉动压强,而且在高速掺混流场与发射基座、导流槽以及发射塔架的直接或间接相互作用下,在整个箭体周围诱导产生复杂的流场。在高速掺混流场作用下,底部分离尾涡不断发展脱落,产生明显的底部阻力和压强振荡载荷;受热喷流和回流尾涡共同作用,在火箭底部产生明显的对流热流和辐射热流;高速流动发展的热喷流与伴随流相互掺混时,产生显著的噪声信号。当火箭进入跨声速飞行阶段时,箭体局部达到超声速而产生激波,火箭表面存在激波的运动、激波与边界层相互作用以及流动分离等现象,这些非定常现象都会在箭体表面产生脉动压强,可能导致火箭发生跨声速抖振。为保证航天器正常工作,通常会利用载荷条件,通过仿真预示和试验方法,验证系统抗力学设计。但受结构复杂、测量条件和位置不确定性等条件制约,现阶段无法对所有作用于组合体结构的外载荷直接进行测量,因此利用间接反演技术,通过遥测的结构动态响应数据和结构动态特性,对结构经受的各种载荷进行识别,作为直接测量的补充手段。火箭起飞中,高速掺混流场时空域精细化表征、复杂环境中全箭外激励准确辨识及模拟,是确定振动载荷和进行结构设计的先决条件,也是提升飞行安全和结构效率所需要解决的基础性问题。

1.2　流固耦合作用的效应和机理问题

伴随着大型运载火箭模块化、通用化、系列化的发展,现代火箭的构型组合日趋多变,截面面积变化大,进而在亚、跨、超宽速域范围内引起复杂的非定常流动分离以及激波附面层干扰问题,导致火箭截面变化剧烈处受到强烈的非定常气动载荷作用。此外,不同结构之间模态更加多变且彼此之间相互干扰,导致大型运载火箭结构具有复杂的动力学特性。对于大型运载火箭而言,其气动载荷与结构皆具有很强的非线性,二者耦合效应非常复杂,其流固耦合机理较难厘清。在新一代"大脑袋细脖子"(或多变外形)运载火箭设计中,气动弹性稳定性的校核和流固耦合响应的分析预测是不可回避的重要环节。考查宽速域大型运载火箭的气动弹性问题、发展不稳定性构型弹性抖振载荷设计方法,不仅是确认火箭结构安全的必答题,也是评估火箭发射过程中有效载荷的生存和工作环境是否达标的需要。

2　科学问题背景

新一代大型运载火箭采用8台120吨级液氧煤油发动机和2台50吨级氢氧发动机,起飞推力达1000吨级,在2016年执行首次飞行任务的起飞过程中出现了卫星和火箭明显振动现象,其量级是现有中型火箭的2倍,也比自身跨声速时段(传统振动量级较大时段)大2~3倍,如此大的振动是大型火箭及其发射卫星设计必须要考虑的新问题。此外,发射台和箭体外表面压力测量数据显示,起飞时段发射台实测压力存在一定动态量,而箭体外表面压力动态量较小,无法完全印证火箭振动源问题。当前,国内尚未系统深入研究火箭起飞中高速掺混流场时空域特征,也未形成起飞复杂环境下高精度外激励辨识及模拟方法,这些问题的存在将直接导致火箭和卫星力学设计条件不完备,极易导致起飞时卫星和火箭设备失效,影响重大。

运载火箭跨声速抖振问题一直是火箭总体设计关注问题。例如,美国的 Atlas-Able IV 运载火箭因此发射失败,Titan IV 火箭因为大锤头型结构整流罩倒锥上振动环境比预示结果大 2 倍。欧洲 Ariane 517 任务中的 Ariane 5 火箭发射失败就是由于喷管发生底流(base-flow)的抖振效应,从而导致喷管上面的热防护层受到破坏。我国某多变外形火箭飞行中,实测正锥结构振动环境明显大于正常值 3 倍,导致加速度控制系统等设备出现干扰,影响飞行稳定性。在该火箭新改进构型设计中,整流罩从 4.2m 直径放大至 5.2m,但地面气动弹性试验出现新现象,新构型从 0.4～1.2 马赫数范围即出现抖振,而原构型仅在跨声速 0.8 马赫数附近出现抖振,这一新现象暂时无法解释,直接影响了火箭整体方案设计。目前运载火箭外部流场与箭体耦合机理尚不清楚,无法满足多变外形火箭设计需求,这已成为火箭总体设计的重要瓶颈问题,对火箭飞行稳定性、载荷设计安全性、结构效率造成严重影响。因此,急需开展宽马赫数下多变外形气弹仿真和试验方法、不稳定性构型弹性抖振载荷设计方法等研究。

3 科学问题研究进展

3.1 高速掺混流场时空域精细化表征

围绕火箭起飞中高速掺混流场结构及作用载荷,国内外均发展了包含缩比模型试验、遥测飞行试验以及数值模拟分析等方法的研究体系。缩比模型试验能够获得典型流动形态和载荷特性的实测数据,可为数值计算和载荷预测提供数据参考。但缩比模型试验模拟实际的伴随流和热喷流状态存在很大困难,并受到缩比效应等因素影响,难以对实际流动状态及载荷特性进行考查。遥测飞行试验能够积累实际飞行的流场参数和载荷数据,是研究分析的重要途径,但其成本高、测量数据有限,难以获得掺混流场的精细结构及载荷作用机理,往往需要采用半经验模型或数值分析方法对流动状态和载荷特性进行预示研究。在过去几十年间,以雷诺平均方程(Reynolds-averaged Navier-Stockes,RANS)为主的数值计算在高速掺混流场及载荷预测方面发挥了重要作用,但对瞬态效应、湍流状态、二次燃烧、高温气体辐射、噪声传播等精细流动和作用效应考虑不足,使得设计人员在结果应用上需要异常谨慎,导致结构设计往往偏于保守。

为提升火箭起飞中高速掺混流场及作用载荷的预测精度,国内外正从多种途径入手开展研究工作。在瞬态效应和湍流状态方面,以大涡模拟(Large Eddy Simulation,LES)或分离涡模拟(Detached Eddy Simulation,DES)算法为主的高精度算法开始用于高速掺混流场的精细化模拟。在流动效应及载荷效应方面,高温喷流燃气的化学反应动力学过程及有限速率反应模型在热喷流二次燃烧方面得到较多应用,高温气体辐射物性参数模型和多种辐射传输算法为热喷流基底辐射热流分析提供了预示方法,气动声学方程的数值计算和基于声类比法的模型已开始用于高速射流的噪声传播特性研究。运载火箭的发动机数目越来越多,全尺寸的数值模拟几乎不可能,如何进行适当的简化或发展高效的计算方法,以降低计算模拟的时间和费用,也是未来要开展的研究方向。

3.2　复杂环境中全箭外激励准确辨识及模拟

确定火箭起飞中振动特性的关键是准确辨识及预测引起振动的外部激励条件,即作用在箭体上的各种非定常气动力。但对于如何确定引起火箭起飞振动的外部激励,目前尚不存在成熟且通用的方法。以往对非定常载荷的研究多是基于对简单外形的理论分析,以及火箭表面有限的压强点测量数据。这些方法已经无法满足目前大型复杂外形火箭的新的设计要求。随着火箭推力的持续增加、外形更加复杂,需要采用高时空精度的测量及模拟方法。由于引起火箭起飞振动的来源很多,而且外部激励可能作用于箭体的不同位置,为了完整辨识各种压力扰动,需要对全箭表面压力脉动进行观测。目前,实验技术已发展出二维高时间分辨率的表面压力测量方法,而高精度数值模拟可以提供包括表面压强分布在内的完整的精细化流场,这为复杂环境下全箭外激励的准确辨识和模拟提供了重要的技术储备。

作为直接测量的补充手段,间接反演技术可利用遥测的结构动态响应数据和结构动态特性,对结构经受的各种载荷进行识别。其中,从20世纪70年代末开始逐渐进入研究人员视野的动态载荷识别技术成为研究多体复杂系统力学载荷的重要方法。目前识别方法包括频域识别法和时域识别法,其中频域识别法具有研究早、发展成熟且识别精度高的特点,但其在结构固有频率处出现方程无解,且只适用于稳态载荷或随机载荷识别;时域识别法对各类载荷都有较强的适应性,且一般都基于时间步长内待识别载荷为线性函数、一阶阶跃载荷等假设,通过递推的格式在时域内反演待识别载荷。时域识别法的精度不受采集方法的影响,适用于正弦、随机和冲击等多种载荷的识别。采用间接反演技术反推出系统承受的载荷后,再根据各工况下的实验测量和模拟数据进行相互验证,可实现外激励准确辨识。

3.3　宽马赫数下多变外形气动弹性仿真和试验方法

大型运载火箭的外形日趋多变,导致原本仅出现在马赫数0.8~0.9之间较窄范围内的跨声速抖振边界逐渐加宽。这对于大长细比、薄壁结构的大型运载火箭的结构稳定性极为不利,强烈的抖振脉动压力极易激起结构振动,导致结构破坏。极端情况下,抖振诱发的结构振动和强噪声甚至会传到整流罩内部,导致内部元器件设备的破坏。围绕大型运载火箭流固耦合问题,国内外均开展了大量的研究,包括地面试验和数值模拟分析等多种方式。

地面试验方面,利用风洞模拟运载火箭跨声速的真实环境条件,借助非稳态压力传感器、稳态压力涂料、非稳态压力涂料等多种手段测量火箭的压力波动,利用粒子成像测速(Particle Image Velocimetry,PIV)技术定量测量瞬时流场,通过纹影可视化技术定性显示密度梯度、等熵压缩和膨胀波以及可压缩剪切层。地面试验能够获得表面压力的实测数据,可以为数值仿真提供参考。但是地面试验花费较大,并且测量数据有限,同时大型运载火箭尺寸大、飞行环境与火箭结构都很复杂,导致地面试验技术存在模型尺寸、动力学相似等诸多局限,难以在工程设计中大量采用。因此,计算流体力学/计算结构动力学(Computational Fluid Dynamics/Computational Structural Dynamics,CFD/CSD)耦合数值仿真方法成为研究大型运载火箭气动弹性的重要手段。现有的耦合仿真手段大多采用解耦的方法来考查运载火箭的气动弹性问题。为了降低分析的复杂度,通常对飞行器的几何模型进行不同程度简化,包括采用准定常线性化方法对非定常气动力进行简化建模,结构动力学分析则使用简单梁模型、细长体模型等简化模型。在很多非线性效应强烈的情况下,上述的简化处理难以有效模拟火箭在飞行过程中的真实气动弹性行为。直接考虑结构外形的CFD/CSD数值模拟涉及动网格技术及耦合计算技术等,技术复杂、计算量大,且能够细致观察流固耦合机理,是今后有前景的发展方向之一。解决宽马赫数下多变外形气动弹性数值仿真的难题,急需从运载火箭宽速域复杂非定常流场与非定常载荷的精确预测和高保真流固耦合仿真方法两个方面,发展和建立高置信度多变外形复杂结构运载火箭的气动弹性建模与分析方法。

3.4 不稳定性构型弹性抖振载荷设计方法

新一代运载火箭或重型火箭先进结构设计理念是通过动载荷优化设计,实现多变构型的同时避免抖振危害。多变构型既有低频的气动脉动压力与火箭整体弯曲振动的耦合,同时也有更宽频带的脉动压力引起的壳体振动,气动脉动压力的耦合作用产生负阻尼机制,使得振动趋向于不稳定,因此揭示多变构型下的火箭结构振动不稳定机理,研究构型参数对振动稳定性的影响规律是动载荷设计必须解决的基础理论问题。由于大型运载火箭燃料的快速消耗,结构振动特性具有显著的时变特征,也就是结构的固有频率、振型是随时间变化的,多变构型宽频激励下时变结构系统振动稳定性和动响应分析也是突出的科学问题。多变构型可能产生潜在的振动不稳定性,若不稳定仅仅发生在较窄的马赫数区间,快速通过而不引起有危害的振动,可以给构型带来更大的设计空间,但传统的载荷设计方法完全不适用这种情况,需要发展新的计算、评估和验证方法。

3.5 重点研究方向

面向大型复杂外形火箭提升整体安全性和结构效率的急切需求,根据运载火箭亚、跨声速飞行流固耦合问题在工程实践中的表象和背后的科学问题特点,建议重点从以下关键问题开展科学研究:火箭发动机内外流耦合机理及力/热/声作用效应研究、复杂环境下火箭表面压力脉动的高时空分辨率解析与载荷识别研究、跨声速大型运载火箭流固耦合及气弹稳定性研究、多变构型下的火箭结构系统振动稳定性和动响应特征研究,从而揭示火箭不同飞行状态下流固耦合机理,为我国未来新型火箭气动外形优化、全箭结构承载精细化及结构效率提升等提供先进完备的设计理论和方法支持。

主要参考文献

[1] Mehta M, Dufrene A T, Seaford M, et al. Space Launch System Base Heating Test: Environments and Base Flow Physics[C]//54th AIAA Aerospace Sciences Meeting. 2016:547.

[2] Tsutsumi S, Takaki R, Shima E, et al. Generation and propagation of pressure waves from H-IIA launch vehicle at lift-off[C]//46th AIAA aerospace sciences meeting and exhibit. 2008:390.

[3] 苏虹,徐珊姝,何巍,等. 新一代大火箭底部热环境研究[J]. 导弹与航天运载技术, 2021,5:20-24.

[4] RAINEY A G. Progress on the launch-vehicle buffeting problem[J]. Journal of Spacecraft and Rockets,1965,2(3):289-299.

[5] 冯明溪,王志安. 火箭跨音速动导数和抖振实验[J]. 宇航学报,1981,8(1):55-63.

[6] Reding J P, Ericsson L E. Hammerhead and nose-cylinder-flare aeroelastic stability revisited[J]. Journal of Spacecraft and Rockets,2014,32(1):55-59.

[7] Murman S M, Diosady L. Simulation of a hammerhead payload fairing in the transonic regime[C]//54th AIAA Aerospace Sciences Meeting. 2016:1548.

[8] Bartels R, Chwalowski P, Massey S J, et al. Computational Aeroelastic Analysis of the Ares I Crew Launch Vehicle During Ascent[J]. Journal of Spacecraft and Rockets,2012,49(4):651-658.

[9] Capri F, Mastroddi F, Pizzicaroli A. Linearized Aeroelastic Analysis for a Launch Vehicle in Transonic Flight Conditions[J]. Journal of Spacecraft and Rockets,2006,43(1):92-104.

[10] 武江凯,苟仲秋,赵晨,等. 多体复杂系统力学载荷识别方法[J]. 航天器环境工程, 2019,36(3):218-222.

撰稿人:陈晓东(北京理工大学)　傅德彬(北京理工大学)
何国胜(北京理工大学)　曾耀祥(中国航天科技集团有限公司第一研究院)
王刚(西北工业大学)　于开平(哈尔滨工业大学)

有限故障条件下运载火箭性能/功能重构与在线轨迹规划

Performance/Function reconstruction and online trajectory planning of launch vehicles under limited faults

1 科学问题概述

运载火箭,作为我国执行载人航天、月球探测、空间站计划等重大航天任务的一类具备系统集成多、学科耦合强、载荷规模大、飞行环境差的空天运输系统,其可靠性和安全性代表着我国航天科技水平和综合国力。随着我国航天技术的快速发展,运载火箭的可靠性持续提升,确保了以载人航天、月球探测为代表的国家重大航天工程的顺利实施。但总体而言,我国运载火箭飞行成功率大约为96%,而国外先进水平已经达到98%。以"宇宙神V""德尔塔IV"为代表的美国主流运载火箭飞行成功率则接近100%,与之相比,我国运载火箭的可靠性仍有待进一步提高。近年来,我国在以"CZ-5"火箭为代表的多次发射任务中出现发动机提前关机等非致命故障导致飞行失利,对我国航天装备建设造成一定的影响。针对运载火箭的非致命故障,美国在20世纪初已经开始探索运载火箭面向故障的适应性设计方法并得到了初步应用,以SpaceX为代表的航天企业经过技术创新,在多次飞行故障中通过任务规划和控制重构实现运载火箭顺利入轨。

为满足国家重大航天发射需求,设计人员通常在"通用化、系列化、组合化"设计思想指导下,通过多发动机并联方式提升火箭运载能力,但同时也增加了动力系统发生故障的概率。此外,我国高频次航天发射任务要求也进一步增加了发动机和控制机构故障概率,从而降低了运载火箭的可靠性和安全性。在火箭发射过程中,部分发动机故障导致火箭推力不对称且总推力下降,迫使其偏离预定轨道,难以按照标称轨迹进入预定轨道;而在高动态、快时变、强抖振发射过程中,现有运载火箭系统标准的任务设计架构以及有限冗余计算资源导致火箭系统呈现故障诊断慢响应、决策规划高耗时、制导控制弱容错等特征,难以满足火箭故障条件下精准快速的任务重构需求。此外,传统运载火箭性能/功能重构设计严重依赖于运载火箭数学模型和专家经验等因素,导致运载火箭在发射任务中呈现数据利用不充分、突发故障不适应等特征,给运载火箭全生命周期高可靠、低成本、快响应、强自主性能需求带来巨大技术挑战。因此,为有效提升运载火箭在有限故障条件下的任务执行能力,有必要融合机器学习、数据驱动、强化学习等先进智能技术,研究多元故障可靠辨识、任务重构在线规划、制导控制精准容错、重构能力边界预示等关键技术,探索故障条件下运载火箭安全入轨系统重构机制,揭示运载火箭故障属性和性能/功能耦合重构设计机理,充分挖掘运载火箭有限故障条件下的性能/功能重构潜力,保证运载火箭能够顺利进入救援轨道或降级轨道,支撑多样化飞行任务和飞行工况下系统重构运载火箭发射任务,为我国先进运载火箭可靠性升级换代与研制提供技术保障和方法支撑,确保我国重大航天工程项目顺利实施。

2　科学问题背景

随着我国航天强国战略的快速实施推进,航天发射活动日益频繁,"十三五"时期的最大年度发射次数接近50次,2018、2019年已经连续两年达到世界第一,"十四五"时期的年度发射量更将翻一番。参考国外运载火箭发展规律,随着技术复杂度和试验次数的不断增加,运载火箭研制和飞行中暴露的故障模式呈现出多样化特点,给飞行安全带来一定影响甚至导致飞行完全失利。因此,为满足我国运载火箭高频次、高质量可靠发射需求,针对其发射过程中不可预知的潜在非致命故障问题,有必要开展运载火箭故障适应性系统总体架构设计,在火箭故障发生后可通过故障可靠诊断、轨迹在线规划以及制导控制重构等手段,保证火箭正常飞行,实现顺利入轨或者进入救援轨道,从而提升运载火箭发射任务成功率。然而,解决上述任务重构与在线规划问题主要面临以下三个挑战:

(1)故障可靠诊断难题。运载火箭系统集成复杂,故障模式繁多,给系统故障诊断带来了较大的技术挑战。即使仅针对典型的发动机故障问题,考虑发动机工作过程和环境的复杂性,难以建立准确的故障外在现象与内在机理之间的映射关系,给发动机故障可靠诊断与快速评估带来一定的困难。另外,由于发动机故障的快速响应要求,运载火箭监视系统面临预警信息缺乏和预警时间不足的难题。因此,亟须充分挖掘飞行过程中发动机和箭体的有限测量参数预示潜力,发展数据驱动的智能故障在线诊断方法,提升运载火箭多元故障诊断的时效性和可靠性。

(2)任务在线规划难题。考虑到运载火箭飞行时间仅为数百至数千秒,且飞行过程中由于火箭尚未达到入轨速度导致其始终受地球重力作用影响,故障情况下要求运载火箭救援轨道决策与轨迹重构必须在数百毫秒内完成,实现有限故障条件下任务快速重构。此外,考虑运载火箭飞行环境的特殊性和飞行可靠性要求,箭载计算机无法采用工业级高速处理芯片,导致其在线计算能力十分有限,大幅限制了其在线任务重构能力。因此,亟须针对运载火箭发射过程中任务规划计算资源不足、时间窗口有限等问题,发展救援轨道与重构轨迹高效决策规划算法架构与方法,提高有限资源条件下重构轨迹在线规划技术水平,提升运载火箭故障条件下的任务重构能力。

(3)制导控制重构难题。针对运载火箭飞行过程中由于发动机故障导致全箭质量、质心、转动惯量、频率等特性变化给制导控制系统稳定性和可靠性带来的技术挑战,基于标称系统的制导控制系统已难以满足其自主、精准、稳定控制需求,给运载火箭精确入轨带来了较大的技术风险,甚至可能由于制导控制系统的可靠性问题导致发射任务失利。因此,有必要在有限故障条件下考虑箭体评估特性以及剩余能源状态,通过控制分配、容错控制等手段,实现有限故障条件下制导控制算法重构,确保箭体任务重构入轨成功。

3 科学问题研究进展

随着各国航天事业的快速发展以及国际市场竞争的日益激烈,运载火箭的可靠性和安全性问题愈发凸显,已经成为了衡量国家航天科技实力和综合国力的重要体现。因此,近年来,有限故障条件下运载火箭任务重构与在线轨迹规划问题受到各国关注与重视,并针对运载火箭故障诊断、轨迹规划、重构控制等技术开展了深入研究与试验验证,取得了一定的研究成果,具体研究进展如下:

2012 年,美国 SpaceX 公司用一枚"猎鹰9"运载火箭执行发射任务。在升空后 80s,"猎鹰9"第一级发动机中的 1 号发动机出现异常而被姿控系统提前关闭,之后姿控系统通过重构控制,重新生成了一个上升轨迹并利用其他 8 台发动机顺利完成发射。同年 10 月,"德尔塔Ⅳ"运载火箭在执行发射任务过程中,制导系统对上面级发动机推力异常下降进行补偿,采用剩余燃料保证了发射任务的完成。国内近年来在一些重点型号火箭故障重构技术研究上取得了一定进展。2020 年,"长征三号乙"运载火箭搭载验证了末修发动机与姿控喷管的故障辨识与制导控制重构技术,目前该技术已在其他型号中成功应用。同年,"长征二号丙"运载火箭整流罩伞控系统中搭载验证了主动力段故障诊断技术和在线任务重构技术,搭载试验达到了全部验证目标,形成了一套具有工程实用意义的运载火箭主动段故障诊断技术和在线任务重构技术。整体来说,我国重点型号火箭在地面测发控一体化、数据自动判读和部分故障自诊断功能等方面取得一定进展,但尚未形成完整的理论体系。因此,面向多样化飞行任务和飞行工况下系统重构运载火箭发射任务需求,诸多学者围绕多元故障可靠诊断、任务重构在线决策规划、制导控制精准容错等关键技术展开了研究。

多元故障可靠诊断技术主要利用关键部位传感器等设备运行的各状态数据和已知的知识进行数据综合处理,获得关于系统运行和故障状态的综合诊断。基于阈值的故障判断方法常用于运载火箭惯性器件故障诊断,利用正常工作状态下的信息熵作为阈值,不需要惯性器件的数学模型便能够直接提取信息特征;基于知识的运载火箭故障诊断专家系统方法是最早考虑人工智能处理的方法,但其对经验的依赖性较强使其对新的故障模式作用有限;采用模型的方法可将运载火箭系统描述为分层的功能模型,充分利用系统内部的深层知识检测未知故障,但模型的不确定性和外加干扰等因素会影响判断的准确性;基于自学习的推理机制可通过对样本的学习,建立从表征到火箭故障源的映射关系,其准确性很大程度上取决于样本种类和样本总量;信息融合技术可以融合运载火箭各关键部位传感器数据进行综合处理和评价,但在具体融合算法参数设计时也有一定的局限性。因此,面向运载火箭有限故障条件自主准确诊断需求,亟须发展集成多种方法的综合故障诊断技术,提升未来复杂运载火箭系统故障诊断的自主性、实用性与可靠性。

任务重构在线决策规划是用于运载火箭上升阶段出现非致命性故障时对任务进行降级并重构目标轨道。对于这种故障,传统解决方式是将离线设计好的应急飞行轨迹装入箭载计算机,但该方式难以根据当前剩余燃料状态实时生成最优重构轨道。迭代架构是当前热门的任务重构决策框架,根据当前状态生成针对多条重构/降级轨道的迭代制导律,通过对比当前燃料与所需燃料对应关系快速决策最优重构轨道,对不同推力下降的重构任务均有较好的适应能力。而在有限故障下如何实时生成运载火箭可靠安全的重构飞行轨迹是当前的技术瓶颈,其中一种解决思路是强化"箭上算力",即采用分布式多元异构智能计算处理架构平台,开发通用分布式多核异构并行计算框架,提升算力功耗比。另一种思路就是发展运载火箭快速轨迹规划技术。而算法的求解性能往往与求解精度、问题建模的复杂度、最优解的全局性等指标存在矛盾关系。现有运载火箭轨迹规划技术主要包括配点法、伪谱法、凸优化法等,但考虑到运载火箭在线轨迹规划中状态约束、控制约束以及高度非线性的动力学约束问题导致其求解过程复杂,因此配点法、伪谱法等方法尚不能实现在线快速求解。凸优化法因其快速性、收敛性、高可靠性被广泛应用于航空航天领域轨迹优化中,例如 SpaceX"猎鹰9"运载火箭的回收着陆制导便采用凸优化方法在线求解轨迹。因此,面向运载火箭有限故障条件下快速重构轨迹规划需求,有必要结合运载火箭动力学模型特征进一步探索凸优化法迭代收敛性,研究软硬件协同加速的快速迭代优化方法,提升重构轨迹规划效率。

在运载火箭制导控制方面,国内外主要采用比例积分微分(Proportional Integral Derivative,PID)控制方法,根据飞行时间段调整 PID 参数。在发动机、执行机构故障条件下,由于全箭质量、质心、转动惯量、频率等特性发生较大变化,传统 PID 控制已难以满足火箭系统的可靠性和安全性需求。因此,近年来运载火箭容错控制问题逐渐受到关注。容错控制一般分为主动容错控制和被动容错控制。被动容错控制是在不改变控制器和系统结构情况下,从鲁棒控制思想出发设计火箭控制系统,保证火箭在推力下降、执行机构故障等情况下仍然维持一定的控制性能,传统包络设计下 PID 控制、鲁棒控制等均属于被动容错控制。但被动容错控制方法大多缺乏自我学习和参数自主更新功能,当运载火箭遭遇意外故障时,控制系统的性能会受到很大影响。主动容错控制即重构控制技术,常见方法包括自适应滑模控制、H∞控制、模型预测控制、神经网络自适应等。根据箭载在线故障诊断系统对故障的辨识信息,主动容错控制通过重构控制系统结构、自适应变换控制参数调整箭体控制能力,从而适应故障下箭体控制特性的变化,充分利用健康动力系统、执行机构的剩余能力完成飞行任务,能够应对各种突发性故障,满足不同的设计要求。然而,主动容错控制方法需要故障诊断子系统或依赖大量故障的先验知识,相关理论与方法尚不完善,其算法可靠性仍有待进一步提升,尚未实现火箭控制系统中的工程应用。因此,面向运载火箭有限故障条件下高自主、高可靠飞行需求,亟须发展一种有限故障条件下能够实现参数自整定、分配自适应、重构自调整的精准容错控制方法,提升运载火箭故障条件下的姿态调整能力。

虽然当前技术研究可以在一定程度上解决有限故障条件下运载火箭性能/功能重构与在线轨迹规划的难题,但此变革性技术仍存在以下关键点和难点需要逐渐攻克:

(1)运载火箭有限能力下故障自诊断技术。在数据驱动的多元故障诊断技术基础上实现运载火箭故障诊断智能化。利用已有专家系统,融合机器学习、深度学习和人工智能等技术对运载火箭测试数据进行诊断推理,实现对故障的实时检测和诊断,提升运载火箭的故障诊断效率。同时,对相关型号所有地面试验、飞行试验数据进行集中管理,利用深度学习技术进行系统自学习,不断提高故障诊断智能化程度,实现运载火箭故障在线快速诊断。

(2)运载火箭在线重构轨迹规划技术。运载火箭飞行时间仅为数百至数千秒,并且飞行过程中由于尚未达到入轨速度,始终受到地球重力作用影响,允许故障处置预留的决策时间仅为数百毫秒,针对出现的故障必须实现快速决策。同时,由于飞行环境的特殊性和飞行可靠性要求,目前箭载计算机在线计算处理能力有限。有必要在飞行过程中有限资源和时间条件限制下,开展高效的序列凸优化算法架构与收敛性研究,实现运载火箭有限能力下的在线重构轨迹的最优/次优求解。

(3)运载火箭有限能力下主动容错控制技术。运载火箭在飞行过程中一旦出现发动机推力下降、执行机构故障等问题,全箭质量、质心、转动惯量、频率等特性相应发生显著变化,控制系统需要在线调整与优化。通过主动容错控制技术,实现控制系统重构与自适应参数变化,必须利用已知箭体故障信息,通过算法在线优化,实现火箭剩余控制能力最优再分配,确保火箭具有较好的飞行能力完成规划的飞行任务。如何利用已知有限故障信息,高效实现控制重构问题在线寻优,是开展运载火箭推力有限能力下主动容错控制的难点。

(4)全生命周期自学习快速重构预示技术。采用数据挖掘技术,从不同角度挖掘同系列、多批次历史仿真、飞行、测试数据的特征,实现参数间关联规则抽取并获取信息、飞行试验数据关系挖掘定性分析的能力,完成对本体和环境的感知,为控制方案及参数智能优化提供支撑。基于全生命周期数据,对运载火箭飞行环境、飞行任务和火箭本体进行自认知,基于修正模型和经验样本进行控制系统自学习,通过利用全生命周期数据减少对模型的依赖。通过数据的挖掘与认知,将全生命周期数据转化为重构经验数据池,依次进行经验归纳与提炼、经验样本泛化,最终形成重构批量经验样本,实现对系统模型的学习。通过采用神经网络、数据驱动、深度学习等算法,实现全生命周期自学习轨迹快速重构预示。

主要参考文献

［1］包为民.航天飞行器控制技术研究现状与发展趋势［J］.自动化学报,2013,39(6)：697-702.

［2］宋征宇.运载火箭远程故障诊断技术综述［J］.宇航学报,2016,37(2):135-144.

［3］包为民.航天智能控制技术让运载火箭"会学习"［J］.航空学报,2021:X25055.

［4］Liu X F,Shen Z J,Lu P. Entry Trajectory Optimization by Second Order Cone Programming ［J］. Journal of Guidance,Control,and Dynamics,2016,39(2):227-241.

［5］Shen Y,Bing X,Ding S X,et al. A Review on Recent Development of Spacecraft Attitude Fault Tolerant Control System［J］. IEEE Transactions on Industrial Electronics,2016,63 (5):3311-3320.

［6］Zolghadri A,Henry D,Cieslak J,et al. Fault Diagnosis and Fault-Tolerant Control and Guidance for Aerospace Vehicles［M］. London:Springer-Verlag,2014.

［7］Song Z Y,Wang C,Gong Q H. Joint Dynamic Optimization of the Target Orbit and Flight Trajectory of a Launch Vehicle based on State-Triggered Indices［J］. Acta Astronautica, 2020,174:82-93.

［8］Forrester A I,Keane A J. Recent Advances in Surrogate-based Optimization［J］. Progress in Aerospace Sciences,2009,45(1-3):50-79.

撰稿人:龙腾(北京理工大学)　牟宇(中国航天科技集团有限公司第一研究院)
　　　　孙景亮(北京理工大学)　邓新宇(中国航天科技集团有限公司第一研究院)
　　　　程兴(中国航天科技集团有限公司第一研究院)

吸气式组合动力运载器宽域机体/发动机一体化问题

The wide range airframe-propulsion integration problems of air-breathing combined-cycle launch vehicles

1　科学问题概述

传统以火箭发动机为动力的运载器需要自身携带燃料和氧化剂,增加了推进系统质量,降低了飞行器的推重比;此外,火箭发动机的比冲基本达到了理论上限,进一步增大比冲的空间不大。随着航天运输和高超声速工程的发展,吸气式组合动力运载器应运而生,其以大气中的氧气为氧化剂,具备比冲高、推重比大等优点,成为航天领域的重点研究方向。

运载器以水平自主起降和单级入轨为终极目标,具有极宽速域(马赫数 $0 \sim 25$)和空域(地面至太空轨道)中高效飞行的能力。采用吸气式发动机的飞行器打破了传统机体和发动机之间的分工关系,导致飞行器的气动布局与推进系统之间产生强烈的耦合作用。这种宽域机体/发动机一体化设计带来了很多新的问题,主要包括宽域最优气动布局、变结构进排气系统流动和控制、全流道和内外流匹配、一体化构型多场耦合和结构防热轻量化等。

因此,针对水平起降组合动力运载器对宽速度、高度范围内的适应性需求,开展宽域条件下机体/发动机一体化构型设计和集成相关科学问题研究,重点解决宽域气动布局和流动原理、连续可调变结构进排气系统流动原理和控制规律、全流道和内外流匹配机制、一体化构型多场耦合作用机制和轻质高效结构防热等问题,是吸气式组合动力运载器技术发展的关键。

2　科学问题背景

随着吸气式高超声速运载器的发展,飞行包线宽、飞行器尺度大、动力形式复杂,技术难度越来越高,由此引发很多新的科学难题和关键技术。现有吸气式组合动力运载器工程研制和实践中,存在以下难题亟待解决:

(1)缺乏宽域条件下的气动布局设计方法。宽域条件下,低速与高速阶段对气动和发动机性能需求不同。例如,宽域运载器低速飞行时升力主要由机翼产生,而高速段机翼升力需求变小,增加机翼面积在提升低速段气动性能的同时增加了高速段气动阻力,因此宽域气动布局设计存在设计点选择与其权重分析的问题;另外,飞行器前体形状、激波结构与边界层相互作用,引起复杂的流动规律和进气道启动问题,增加了气动布局设计的难度。

(2)进排气系统流动和控制机理问题。宽域飞行中,为了获得最佳进排气性能,需要连续改变进气系统和排气系统的结构形式,例如通过改变压缩面构型、发动机喉道高度、尾喷管截面等,可以有效改善整个飞行速域中的流场特征,由此带来了变结构方案实现、时间非线性流动规律与控制策略等问题。

(3)全流道和内外流匹配机制问题。吸气式运载器机体和发动机存在大量共用界面,机体外流和发动机内流之间存在强烈的相互影响,飞行过程中将经历复杂的力/热环境,这就需要吸气式发动机能够适应从起飞到高超声速过程中极宽的飞行动压,如何保证亚、跨、超及高超声速条件下内流道的工作效率以及内流道与气动布局的匹配性,具有很大困难,由此产生了复杂的流动机理以及全流道和内外流匹配问题。

(4)一体化构型多场耦合作用机制问题。吸气式运载器机身尺寸较大,结构刚度小、振动频率低,在高动压环境中,机体存在明显的几何变形,结构的弹性振动与内外流场严重耦合,诱导了强烈的非线性流-固-热多场耦合现象,使得按传统刚体结构设计的机体/发动机一体化构型失效,为此需要在一体化设计中细致地考虑多场耦合作用的影响机制。

(5)结构防热轻质化问题。宽域重复使用运载器需要更高的结构安全性和更低的设计冗余,而复杂的力/热环境引起了严重的承载和防热问题,进一步激化了高安全性和低设计冗余之间的矛盾,迫切需要解决结构防热轻质化问题。

可见,解决宽域气动布局与流动、变结构进排气系统流动和控制、全流道和内外流匹配、一体化构型多场耦合和结构防热轻质化等一体化问题,是吸气式组合动力运载器技术发展的关键。

3 科学问题研究进展

吸气式组合动力运载器的飞行空域广,包括稠密大气层和稀薄大气层,飞行马赫数范围宽,涵盖亚声速、跨声速、超声速和高超声速四个阶段。根据任务不同,推进系统包含火箭与冲压发动机。这给飞行器的设计带来极大考验,涉及的关键技术主要包括机体/发动机一体化技术、吸气式发动机技术、高超声速空气动力学/热力学技术、结构材料技术等。其中,机体/发动机一体化技术是吸气式高超声速运载器的首要关键技术之一,相关研究主要涉及总体方案设计、构型设计、部件设计和一体化机理研究等。

相较于巡航飞行器,吸气式运载器机体/发动机一体化的方案设计流程更加复杂,主要表现在设计标准的统一、设计点的选择确定、设计结果评定以及多场耦合性能的分析等问题上。一体化布局的方案选型是方案阶段的重要工作,通过不同类型布局的对比分析,可明确适用于指定任务要求的基准布局形式,并在此基础上开展机体/发动机一体化设计和优化工作。一体化部件设计主要包括进气道、隔离段、燃烧室、尾喷管和气动外形等,一般采用"从前向后"的流道部件设计思想,即先开展前端部件的设计,将设计结果作为后端部件的设计约束,并在流道设计基础上开展外形设计,最终通过适当调整,保证一体化的可行性。机体/发动机一体化构型的关键在于前体/进气道和后体/尾喷管的一体化设计和分析,其中前体/进气道是内外流耦合的关键部件,其存在严重的激波-边界层和激波-激波相互作用,由于钝化产生的脱体正激波,机身前缘和进气道唇口处的流场极其复杂,发展合理准确的多场耦合分析手段是一体化技术的关键。X-43A 的飞行试验明确了变几何构型设计的必要性,而匹配空气与燃气掺混膨胀流动,尾喷管的变结构设计也成为研究分析的重要方向。随着一体化耦合机理研究的深入,为细化机身弹性变形与气动热问题对机体/发动机一体化的影响程度,气动弹性和气动热弹性问题对内外流耦合的影响值得研究。例如,Andrew 等建立了气动弹性与一体化的分析模型并给出相关分析工具。除此之外,结合轻质结构技术,开展飞行器热能高效管理成为一体化技术的重要研究方向。

组合动力运载器需要经历从零速起飞到高超声速的过程,其机体/发动机一体化设计的任务是要创造一种合理的构型,包括外形和内流道,使得在满足各种约束的前提下达到全速域飞行对气动、发动机及防热的性能要求。主要研究困难包括:

(1)宽域飞行一体化耦合设计。宽域条件下,一体化设计指标的确定、一体化部件的参数化以及部件尺寸和性能参数的匹配等,成为一体化设计的新的挑战。

(2)内外流耦合特性分析。宽域条件下,发动机在低速条件下通过热力喉道实现加速过程,引起了冲压燃烧室的热壅塞问题,热壅塞又会导致隔离段/燃烧室之间的反压匹配问题,成为一体化内外流耦合性能分析的主要难点。

(3)一体化的多场耦合特性分析。大尺度机身的低刚度问题不可避免地引起机身结构的变形和振动,物面的结构变形和振动又会对运载器的一体化性能产生影响,气动加热进一步加剧了多场耦合特性分析的复杂性。

(4)轻质高效的结构和防热技术。宽域高超声速条件下,气动力/热环境非常复杂,为结构和防热设计带来了严峻挑战。

为了解决上述困难,急需开展吸气式运载器的机体/发动机多学科耦合分析,建立宽域性能评估准则,探索高效计算与优化方法,建立完整的一体化设计流程,为吸气式宽域运载器的发展提供技术支撑。

主要参考文献

[1] 唐硕,张栋,龚春林.组合动力飞行器气动/推进一体化建模方法[M].北京:科学出版社.2020.

[2] Hunt J L, McClintion C R. Scramjet/Engine Airframe Integration Methodology[R]. AGARD Conference Palaiseau, France, 1997.

[3] McClinton C R, hunt J L, Richetts R H, et al. Airbreathing Hypersonic Technology Vision Vehicles and Development Dreams[C]//34th AIAA/ASME/SAE/ASEE Joint Propulsion Conference and Exhibit. 1999:4978.

[4] Hirschel E H, Weiland C. Selected Aerothermodynamic Design Problems of Hypersonic Flight Vehicle[M]. London:Springer,2009.

[5] Engelund W C, Holland S D, Crockrell C E, et al. AERODYNAMIC DATABASE DEVELOPMENT FOR THE HYPER-X AIRFRAME INTEGRATED SCRAMJET PROPULSION EXPERIMENTS[J]. Journal of Spacecraft and Rockets, 2001, 38(6): 803-810.

[6] Bouchez M, Levine V, Falempin F, et al. Airbreathing space launcher interest of a fully variable geometry propulsion system[C]//34th AIAA/ASME/SAE/ASEE Joint Propulsion

Conference and Exhibit. 1998:3728.

[7] Clark A, Mirmirani M, Choi S, et al. An aero-propulsion integrated elastic model of a generic airbreathing hypersonic vehicle[C]//AIAA guidance, navigation, and control conference and exhibit. 2006:6560.

[8] 龚春林,苟建军,唐硕.高超声速飞行器气动热耗散、输运和再利用管理技术[M].北京:科学出版社,2021.

撰稿人:龚春林(西北工业大学)　郭健(中国航天科工集团有限公司第三研究院)
　　　　赵勇(国防科技大学)

跨域变构型航天器非定常气动精确预示与流动精准控制

Accurate prediction of unsteady aerodynamic characteristics and flow control for trans-domain morphing spacecraft

1　科学问题概述

近年来,航空航天领域对航天器性能提出了更高的要求,诞生了跨大空域、大速域等飞行任务。跨域变构型航天器因具有自由出入临近空间的飞行潜力,获得了各航空航天强国的极大关注。跨域变构型航天器面临来自多方面的挑战:①复杂的环境状况。跨域变构型航天器需要具有空天跨域的能力,实现大气平流层、中间大气层和部分电离层的穿越。大气密度大致随高度每增加16km降低一个量级;气压随高度上升迅速衰减,从20km到100km,压力变化为$5.4 \times 10^{-2}P \sim 3.2 \times 10^{-7}P$($P$为海平面大气压);温度变化剧烈,高度从20km到30km时的温度变化为$-80 \sim -55$℃,高度从30km到50km时的温度变化为$-55 \sim -3$℃。临近空间飞行环境极为复杂,传统飞行器已经无法适应特殊应用要求。②为实现快速机动,跨域变构型航天器面临从0马赫数到高超声速(>5马赫数)大速域范围内飞行速度的变化。③航天器高速飞行时将产生严重的气动热问题。例如,高超声速飞行器周围出现激波导致通过激波后气流温度升高,若马赫数为8,二维模型体头部将出现斜激波,温度为-23℃的空气经过斜激波后温度可达到527℃。美国航天飞机进入大气层时,要经历-200℃到1000℃以上的温度变化。

为适应极端外部环境、不同飞行工况和任务需求,跨域变构型航天器通过改变外形达到全阶段性能优化。美国航空航天局(NASA)提出了2030年智能变体飞机设计概念,使飞行器实现机翼形状、尺寸等参数的连续变化,降低其在高速飞行时的阻力与音爆;波音公司于2017年合作开展了展向自适应机翼(Spanwise Adaptive Wing,SAW)项目,采用形状记忆合金(Shape Memory Alloys,SMA)以实现机翼的折叠;在我国第6代战机研发中,智能化空中变形能力也将被引入。跨域变构型航天器领域是多学科交叉耦合的系统工程,在民用和军用领域都有广泛应用前景,可推动新型智能材料、仿生设计、先进流体力学、结构优化设计等学科领域的发展,对未来新概念飞行器的预研和实践具有深远的意义。

跨域变构型航天器的研究,一方面需要进行广泛的基础理论和技术探索研究;另一方面需要从工程化的角度梳理跨域变构型航天器的背景需求,有序推动该领域的快速发展。开展跨域变构型航天器非定常气动精确预示与流动精准控制的研究涉及下列多方面的任务:

首先,变构型航天器气动特性研究的技术瓶颈集中体现在变形过程中气动特性评估、机理研究,以及适用的非定常气动建模。航天器在飞行过程中外形发生变化,作用于航天器的气动力、力矩将随时间改变。尤其对于大尺度快速变形,由于附加速度效应和流场滞回效应的共同作用,非定常气动力将对飞行器操稳特性、控制律设计以及飞行安全产生重要的影响。为此,需要以各种典型的变形方式为对象,针对变形过程中的非定常气动特性和产生机理开展研究,建立非定常动态气动力精确预测模型。

其次,空天跨域飞行的外部环境变化剧烈,导致航天器气动特性的急剧变化。精确预示空天跨域流场结构演化是发展跨域航天器的难题之一,涉及的机理性科学问题主要包括复杂流场演化、高温气体效应、稀薄气体效应、天地一致性等。值得注意的是,高超声速条件下高温气体效应尤为显著,在327~2227℃之间,气体的自由度开始激发;在2227~8727℃之间,氧气、氮气离解;在8727℃以上,空气发生电离。这直接导致高温下气动特性与经典空气动力学存在较大差异。

此外,航天器面临高超声速非定常扰动精确预测的难题,涉及的机理性科学问题主要包括激波边界层干扰、喷流干扰应等。特别是由于高超声速飞行的速度特点(马赫数>5,如美国X-43,马赫数为9.8)以及其高度特点($H>30km$),在超声速气流中飞行器表面会形成厚边界层,激波打在飞行器物面上会发生激波反射,形成显著的激波边界层干扰现象。

实现对航天器边界层流动和载荷的精准控制,是跨域变构型航天器面临的最后一项技术难题,涉及的机理性科学问题主要包括边界层流动转捩预测、高超声速分离-再附流动机理、边界层流动的主被动控制技术等。

开展跨域变构型航天器非定常气动精确预示与流动精准控制的研究,解决相关的机理性科学问题,对跨域变构型航天器的发展具有重大意义。

2 科学问题背景

跨域变构型航天器是当前航空航天飞行器研究领域的一个热点,是最有可能带来航空航天技术变革,产生颠覆性影响的领域之一。航天器变构型的需求主要来源于如下几个方面:①未来航天器的飞行空域、速域不断扩大,固定外形可能无法满足不同飞行工况对航天器气动和飞行性能的需求;②航天器实现多种飞行使命和任务,可能需要航天器在执行不同飞行任务时具有不同的气动外形;③提升现有航天器的气动总体性能,要求其在各个飞行阶段,通过调整气动外形,使其始终保持优良的气动和飞行性能。因此,航天器变形过程中气动特性的精确预测是发展跨域变构型航天器的基础性问题。

跨域航天器在空天跨域过程中环境属性差异很大,流动参数不连续或急剧变化,导致流场演化过程和力学效应复杂;同时,在出入大气层阶段面临穿越稠密大气和稀薄大气过程中的非定常气动力和气动热问题。航天器在冲出大气层进入太空的过程中,处于稀薄大气环境。在这种情况下,常规气动性能预测的连续流假设将不再适用,因此需要研究稀薄大气效应。同时,对稀薄气体开展的仿真和地面试验无法完全模拟高空环境,这也涉及天地一致性问题。返回式航天器再次进入稠密大气的过程中,将激发强烈的气动热载荷,高温气体效应的出现将导致气流电离、化学非平衡效应、表面催化等现象发生,使气动力/热与预测模型产生较大差异,影响气动性能的精准预测。

此外,跨域变构型航天器进行跨声速或高超声速飞行过程中,流场结构复杂、非定常效应显著。在高超声速情况下,复杂流场变化涉及激波边界层干扰、喷流干扰等问题:在超声速绕流中,由于激波非常靠近物体表面,激波与边界层的干扰尤为严重;由于喷流与外流场和边界层之间的相互干扰,航天器流动状态十分复杂。例如,在跨声速流场中,激波边界层干扰区和喷流干扰中的非定常流和边界层分离将引起壁面结构的振动,喷流尾迹打到航天器部件上所产生的撞击作用也将增大气动力和气动热载荷;在高超声速流场中,空气通过压缩角时产生的激波会干扰边界层或导致大分离现象出现,不仅改变了流动特性,而且改变了气动热特性,对航天器安全稳定飞行产生重要影响。

航天器跨大空域、大速域飞行存在明显的非定常载荷。如果无法实现精准流动预测和流动控制,将导致航天器的操控性和安全性下降。具体来说,航天器的气动载荷和边界层处于层流或湍流状态密切相关。层流阻力较小,但容易出现分离的现象。边界层分离一旦发生,就会形成涡流,使阻力急剧上升。湍流虽自身具有更大的阻力,但也具有更大的黏性和惯性,不易于发生分离,在高雷诺数下具有增稳和减阻作用。因此,实现对边界层流动的精确控制,降低非定常载荷,对提高跨域航天器性能具有重要意义。

3　科学问题研究进展

跨域变构型航天器非定常气动精确预示与流动精准控制的科学问题涉及四个方面的内容:①航天器变形过程中非定常气动特性的精确预测;②空天跨域流场结构演化(复杂流场演化、高温气体效应、稀薄气体效应、天地一致性);③高超声速下非定常扰动精确预测(激波边界层干扰、喷流干扰);④边界层流动和载荷控制(边界层流动转捩预测、分离-再附流动机理、边界层流动的主被动控制技术)。上述研究内容中,部分科学问题已经在运载火箭、高超声速飞行器等领域被广泛讨论。目前,和跨域变构型航天器密切相关的研究难点以及相应的研究路线如下。

3.1 航天器变形过程中非定常气动特性的精确预测

变构型航天器在流体动力相关领域最大难点在于变形过程中的非定常气动力预测。变形过程中,气动和飞行力学特性研究的最终目的是实现变形过程中有效的飞行控制,保证飞行安全。若要实现变形过程中的有效控制,首要条件是准确预测并深刻认识航天器变形过程中的非定常气动特性,获得准确有效的气动力模型,复杂变形过程表现为强非定常非线性干扰,这对于当前的气动预测技术而言是极大的挑战。虽然众多研究机构对可变体飞行器气动特性开展了风洞试验、数值模拟和理论分析工作,但距离成熟的技术状态还有很长的路要走。

首先,在动态变形过程中,风洞试验存在很大的困难,包括模拟的相似律理论、风洞试验模型设计、试验技术和方法等。目前看,测试不同变形状态下定常或准定常气动特性的试验工作较多,但测试连续变形过程中动态非定常气动特性的试验工作很少。

其次,变构型过程中的非定常动态气动特性缺乏公认的相关气动基础理论分析和支撑。从数值模拟方法的角度看,当前的数值模拟技术已经具备了模拟动边界非定常动态气动特性的能力,但由于缺乏有效的理论或风洞试验结果的验证与确认,其合理性和正确性缺乏有效的支撑。

3.2 空天跨域复杂流场结构演化预测

跨域航天器在出入大气层过程中经过稠密大气和稀薄大气,涉及航天器空天跨域问题。此过程中流场环境物理属性差异很大,导致流场演化和力学特性复杂。航天器在大气层边缘飞行时处在低密度环境,流动具有稀薄气体效应;在大气层内,由于高超声速飞行气动加热效应明显,航天器面临高温气体效应。在此过程中出现的研究难点和相应研究路线如下:

(1)航天器空天跨域涉及的复杂流场演化。需要建立空天跨域非定常流数学模型,对复杂瞬态不规则流场结构进行精细化描绘。同时,研究非定常流体载荷对航天器姿态的影响规律。非定常载荷对空天跨域运动姿态和稳定性具有至关重要的影响,通过数值仿真研究方便大量获得包裹航天器的多相流流场瞬态数据,并在此基础上研究非定常流体动力特性,分析航天器表面压力变化规律,建立空天跨域姿态的预示模型。

(2)稀薄气体效应研究面临的问题是其相关基础理论不足、试验验证可靠性不高。特别对气体效应的精确预示还涉及天地一致性的研究,数值预示和地面试验的来流条件不能完全模拟真实飞行状态,存在天地差异,需要完善天地换算方法,建立天地数据关联,以此提高气动预示精度。

(3)高温气体效应方面需要开展的研究包括建立高精度的物理模型和获取多物理场耦合对航天器的影响。在物理模型方面,大气参数、化学反应动力学模型、烧蚀产物理化特性等方面的研究存在不足;在多物理场耦合方面,高温气体效应影响了表面材料和流场的理化特性,表现出经典理论不具有的物理现象。

3.3　高超声速下激波/喷流与边界层相互干扰

激波与边界层流动相互干扰是航天器超声速飞行中无法避免的流动现象,高速喷流也进一步对航天器的操纵性和稳定性产生影响。跨域变构型航天器在大气层内超声速飞行过程中,由于复杂曲面构型的影响,将形成三维激波和三维边界层,在超声速情况下激波/喷流与边界层流动会发生强烈相互干扰,甚至直接再附于下游壁面。在强干扰范围内激波的位置、形态和波面前后的流体特征参数发生显著变化;同时,激波/喷流可诱导产生边界层分离现象,这会严重恶化流体动力,改变壁面摩擦阻力、转捩位置等。

激波/喷流与边界层相互干扰问题是我国在跨速域航天器和高超声速飞行器领域已经遇到但尚未完全解决的问题,尽快开展相关研究符合国家的战略需求。对激波/喷流与边界层流动相互干扰的研究工作首先在于探讨干扰区域流动特性的一般规律,包括流场参数和航天器模型参数的影响;关键在于对激波/喷流影响下边界层非定常分离的精确预测。针对以上问题,具体可开展以下几个方面的研究工作:

(1)激波振荡流场的求解方法,重点研究求解三维可压缩方程的高精度方法、传统的高精度计算流体力学(CFD)方法以及扰动欧拉特征方程法,探索适合跨域复杂流动的有效数值模拟方法。

(2)精确预测喷流对绕飞行器外流的干扰,合理布局变构型部件,改善操纵性和稳定性;确定外流对喷流的干扰,充分利用外流的影响,合理布置喷管位置。

3.4　边界层流动控制技术

复杂非定常流场变化(激波、喷流等)导致边界层厚度、速度和压力分布、摩阻系数和Stanton数等发生变化,同时边界层特性改变也将诱导壁面附近局部流场结构改变。针对边界层流动的精准控制的研究难点和技术路线如下:

(1)边界层干扰的多样性是边界层流动预测的难点。不同激波强度和不同壁面形状诱导产生不同的边界层流动现象,包括边界层分离泡、局部回流区域(边界层完全分离现象)、回流区后再附现象等。

(2)激波和边界层强干扰伴随产生激波振荡现象和出现非定常压力脉动,这也是结构抖振的诱因之一,给航天器的结构完整性和安全性带来隐患。

因此,精确预示非定常干扰是进行流动精准控制的基础。边界层流动控制技术无须大尺度改变航天器外形,能源消耗量低、应用潜力大。根据航天器应用场景和流场特性的不同,边界层流动控制技术可以考虑粗糙单元强制转捩、吹吸控制、化学反应和等离子体等控制手段。

主要参考文献

[1] 刘沛清,郭知飞.在超声速流动中激波与边界层的干扰特性[J].力学与实践,2018,40(4):6.

[2] 武宇飞,龙腾,毛能峰.跨介质变体飞行器设计优化技术进展[J].战术导弹技术,2020(4):12.

[3] 白鹏,陈钱,徐国武,等.智能可变形飞行器关键技术发展现状及展望[J].空气动力学学报,2019,37(3):426-443.

[4] Karn A, Arndt R E A, Hong J R. An experimental investigation into the physics of supercavity closure[J]. Journal of Fluid Mechanics,2016,789:259-284.

[5] De Graaf K L, Brandner P A, Pearce B W. Spectral content of cloud cavitation about a sphere[J]. Journal of Fluid Mechnics,2017,812.

[6] E Schülein. Effects of Laminar-Turbulent Transition on the Shock-Wave/Boundary-Layer Interaction[C]//44th Aiaa Fluid Dynamics Conference. 2014:3332.

[7] 安复兴,李磊,苏伟,等.高超声速飞行器气动设计中的若干关键问题[J].中国科学：物理学 力学 天文学,2021,51(10):6-25.

[8] Humble R A, Scarano F, Van Oudheusden B W. Unsteady aspects of an incident shock wave/turbulent boundary layer interaction[J]. Journal of Fluid Mechanics,2009,635(635):47-74.

[9] 许云涛.智能变形飞行器发展及关键技术研究[J].战术导弹技术,2017(2):26-33,46.

撰稿人:李化义(哈尔滨工业大学)　张宝收(北京理工大学)
邓思超(中国航天科技集团有限公司第一研究院)

可重复使用航天器健康监测与重用能力预测

Health monitoring and reusable capability measurement for reusable launch vehicle and spacecraft

1　科学问题概述

可重复使用航天器(Reusable Launch Vehicle and Spacecraft,RLVS)是采用重复使用动力,可多次执行航天发射任务并自主返场的新一代航天运输系统,包括运载器、载人飞行器等,可以在经济性、时效性、便捷性、通用性等方面满足未来日益频繁的大规模航天发射任务需求,将助力人类实现自由进出和高效利用太空。国家航天局发布的中国航天"十四五"及未来一个时期发展的重点规划中,将可重复使用天地往返运输系统作为一项重大工程列入规划。2020年5月5日,中国航天科技集团五院研制的新一代载人飞船试验船成功发射并于2020年5月8日成功返回,为载人航天器重复使用技术开展了先行验证,积累了宝贵的数据和经验。2021年7月16日,中国航天科技集团一院研制研发的亚轨道重复使用演示验证航天器首飞圆满成功,为构建航班化、大规模航天运输新模式奠定了坚实基础。

在现有验证基础上,实现可重复使用航天器安全可靠使用,并实现高可靠性的多次复用,必然是后续关键技术攻坚的重中之重。可重复使用航天器需要在0~100km大空域、0~30马赫数宽速域下,多次重复经历1727℃高温、60kPa高动压组合的力热振噪复杂耦合飞行工况并确保可靠重复使用,必然会对机体结构系统和防热系统等带来更大的设计难度。建立高可靠的结构、防热、动力等关键部件的健康监测系统,快速准确预测和评估航天器复用能力和使用寿命,并以此最大化航天器可重复使用次数,是实现可重复使用航天器突破性应用的关键因素。

国际空间站于2004年、2018年和2020年出现3次舱内漏气事件,航天员只能通过监控每个舱段隔离后的气压数据确定漏气事故所处的舱段,随后使用手持式超声波设备对舱段的外壁进行扫描,以确定漏气位置;在2009年、2010年和2013年舱外冷却系统漏气事件中,航天员只能通过太空行走,人工查找泄漏位置。上述方法成本高、效率低,无法对损伤及时作出响应。因此,对航天器结构健康状态进行实时监测并进行在线评估具有重要意义。在未来航天器研制和运营过程中,通过对健康监测系统所获得的大数据跟踪分析,对解决重复使用策略设计、寿命评价、维护方案等关键问题具有重大指导意义。

2　科学问题背景

可重复使用航天器采用"多次使用,费用均摊"原则,通过新的设计理念和先进的发射方式,可显著降低发射费用并缩短发射周期,是近期人类能够低成本、常态化快速进入太空的最主要途径,也是未来航天运输系统的主要发展趋势,具有极高的商业和军事价值。虽然可重复使用航天器具有巨大的应用潜力,但仍存在以下难点需要攻克:

(1)宽频带宽温域高可靠柔性传感器及其集成方法。可重复使用航天器结构健康监测技术依赖于传感器对航天器结构大面积、全方位信息的实时感知,柔性传感器具有巨大应用潜力。因此,如何通过光纤材料和光刻加工技术革新,研制宽温域柔性光纤传感器,利用碳纳米管、石墨烯、炭黑纳米颗粒等与溶剂基体相结合,结合纳米尺度复合材料导电机制,研制新型宽频带柔性纳米复合材料传感器。并建立传感器与被测结构的集成方法,成为结构健康监测变革性技术的难点之一。

(2)结构损伤与宽频动力信号相互作用机制及损伤识别策略。可重复使用航天器多采用复合材料结构,复合材料损伤与静态应变、高频动力响应信号(如振动、超声波等)等物理量之间存在复杂的关联关系。分析多种结构损伤与静态应变、高频动力响应之间的相互作用机制,并在此基础上建立损伤特征提取方法,实现损伤的准确识别与定位,是可重复使用航天器结构监测技术的难点之一。

(3)基于数字孪生的在线状态健康智能监测方法。航天器的多次复用和航班化运营,需要利用高拟真度的数字孪生样机模型实现快速可靠的结构健康监测,实现使用寿命预测和故障监测。准确的故障诊断还可降低制导与控制的算法复杂度,对健康状态的准确预示可以为在线决策提前提供信息。如何充分利用监测的多物理场信息,从损伤特征变化的近似统计分布规律着手,采用人工智能方法,实现健康状态的有效判定和评估,是健康监测变革性技术的难点之一。

(4)重复使用设计准则与评估方法。航天运输系统的重复使用,不同于传统航空器的超长寿命重复使用和传统航天器的一次性使用,属于有限次数和有限寿命的重复使用,因此亟须探索建立适用于重复使用航天运输系统的设计准则和评估体系,充分考虑复杂系统多学科耦合机理带来的协同效应,准确地评估并预测航天器的使用寿命。

(5)重复使用航天器地面维护方法。多次使用的航天器推进、热控等工质需要多次加注,相应管路需要清洗,火工系统、防热材料等耗损件需要更换,两次任务间航天器及产品需要考虑试验如何开展以表征航天器具备再次飞行能力,电气设备、动力系统、结构系统需要能够快速监测和损伤定位,并建立对微小损伤的修复标准。目前尚没有一套重复使用航天器的地面维护方法及再次飞行放行准则,需要开展相关工作研究。

(6)在线故障预测与动态规划方法。利用在线传感器和航天器数字孪生模型实现及时准确地获取航天器系统及其组成部分的实时状态,当系统发生异常时可将其恢复到正常状态,并在系统发生故障时使故障对系统安全和所进行任务的影响最小化,根据故障严重程度,智能决策采取继续任务、中止返回、紧急回避等多种处理方案,并对飞行任务进行在线重新规划,实现航天器飞行全程健康管理,确保航天器任务完成及自身安全。

3　科学问题研究进展

美国 NASA、空军研究实验室、斯坦福大学、波音公司以及日本宇宙航空研究开发机构(JAXA)等开展了基于光纤传感、压电传感器等的可重复使用航天器结构健康监测技术研究,并针对热防护系统、燃料储箱、机翼结构、前缘结构的损伤监测与评估进行了初步应用。

传感器技术是飞行器结构健康监测的关键技术之一。光纤传感器质轻体微、适用温域宽、抗电磁干扰,便于分布式集成于结构中,可实现对温度、应变、化学气氛等多物理量的同时监测。美国和日本已在可重复使用航天器样机"DC-XA"和空天飞机样机"X-33""X-33B"上验证了光纤传感网络对结构温度和静态应变的监测效果。我国也在 2021 年成功发射入轨的中国空间站中采用了基于光纤传感健康监测系统,用于对核心舱、梦天舱、问天舱的关键部位进行温度、应变的监测。国外已提出通过发展柔性光纤传感器提高光纤传感器的韧性和极限应变范围,以此拓宽光纤监测技术的应用广度和深度。压电传感器可以用于监测信号的主动激励,提高损伤监测精度与灵敏度。美国 Acellent 技术公司开发了一种综合结构健康监测系统,该系统由智能夹层(SMART Layer)、智能提箱(SMART Suitcase)和诊断软件构成。美国空军研究实验室从 2012 年起在 Airframe Ground Experiment(AFGE)计划的支持下,利用压电传感器开展复合推进剂罐中的微裂纹、分层和泄漏、热防护结构的冲击损伤监测。将炭黑(Carbon Black,CB)等导电纳米填充物和聚乙烯吡咯烷酮(Polyvinyl Pyrrolidone,PVP)等溶剂进行混合,可制备质轻、柔性的新型纳米复合材料传感器。该类传感器为压阻式传感器,可以实现从静态到约 500kHz 宽频带范围内的应变监测,在结构健康监测中具有巨大的应用潜力。

对可重复使用航天器中可能发生的多种损伤进行准确定位和评估是健康监测系统的关键技术。如何对不同物理场中的监测数据进行有效融合,提高结构状态监测精度,成为结构健康监测面临的另一难题。近年来,数字孪生和深度学习技术迅猛发展,美国、俄罗斯、欧洲等均利用数字和智能技术在航天、军事装备领域开展了积极探索,有望成为解决 RLVS 健康监测和评估的有效手段。

航天器的服役环境极端恶劣,给结构健康监测系统的可靠性提出了很大挑战,如何对此进行评估与验证是面临的难题。以太空环境为例,极端温度、真空、微重力、辐射等特殊的空间环境会对结构健康监测系统中的传感器元件产生恶劣影响,而这类特殊元器件的性能是决定结构健康监测系统自身可靠性的关键。另一方面,航天器平台的功率、传输速率和处理能力限制对结构健康监测系统的集成化提出了苛刻的要求。美国 NASA 等近年来针对研制的集成化航天器结构健康监测系统及传感器开展了一系列的服役环境验证,特别是在利用国际空间站开展了空间极端环境下的结构健康监测系统性能验证。

在复用能力监测和评估方面，美国航天飞机采用的方式主要是返回地面后，通过对系统进行快速检测维护和健康状态评估，确定当前航天器系统的使用状态，并进行地面的维护检修工作以确保航天器恢复至最佳状态，SpaceX 公司的"猎鹰9"运载火箭也是采用类似方式。在线的结构健康监测虽然已研究多年，但受制于设备成本、传感器尺寸和安装方式等问题，目前仍然难以得到实际应用。国内在重复使用技术研究方面相比于美国较为滞后，我国还没有形成针对可重复使用航天器的设计准则和成熟方案，对其经济性问题也还没有形成准确的分析结论。当前，需要从两个方面做进一步研究：一是从结构、防热、动力、运行维护、健康管理等不同技术专业的角度，提出适用于航天运输系统有限次重复使用的设计准则，建立总体和各分系统的核心技术指标体系，并明确核心技术指标的评估方法，真正具备重复使用设计能力。二是利用数字孪生、大数据挖掘、深度学习等技术，充分利用高拟真度的仿真分析手段精确建立数字孪生模型，并结合传感器测量技术，综合利用地面试验、飞行试验以及实际运行过程中获取的各种状态数据进行模型修正与改进，进一步提升数字孪生模型的准确性、可靠性和高效性，准确地捕捉飞行过程的力热环境以及在力热环境下航天器各分系统的动态响应和损伤退化，建立更为准确的航天器数字孪生样机，实现对重复使用寿命更为精确的评估、分析和后续利用。

主要参考文献

[1] 龙乐豪,蔡巧言,王飞,等.重复使用航天运输系统发展与展望[J].科技导报,2018,36(10):84-92.

[2] 刘佳玺,刘党辉.可重复使用航天运载器及其关键技术[J].国际航空航天科学,2019,7(2):33-44.

[3] 杜飞,徐超,鱼则行.可重复使用运载器结构健康监测技术研究进展[J].宇航学报,2019,40(10):1177-1186.

[4] Fusselman S, Goyal V, Mehrparvar A, et al. Structural, Propulsion, Mechanical, and Dynamics Guidance for Reusable Launch Vehicles[C] // AIAA Propulsion and Energy 2019 Forum,2019:4144.

[5] Rasky D, Pittman R B, Newfield M. The Reusable Launch Vehicle Challenge[C] // Space 2006,2006:7208.

[6] NASA. NASA Technology Roadmaps[EB/OL]. Washington D C. :NASA,2015. [2017-03-01]. https: // www. nasa. gov/offices/oct/home/roadmaps/index. html.

[7] Baiocco P. Overview of reusable space systems with a look to technology aspects[J]. Acta Astronautica,2021,189:10-25.

［8］ Foote P. New guidelines for implementation of structural health monitoring in aerospace applications［J］. SAE International Journal of Aerospace,2013,6:525-533.

［9］ Johnson S B,Gormley T,Kessler S,et al. System Health Management:With Aerospace Applications［M］. West Sussex:John Wiley and Sons,2011:419-428.

［10］ LeCun Y,Bengio Y,Hinton G. Deep learning［J］. Nature,2015,521(7553):436-444.

撰稿人:龚春林(西北工业大学)　张耀磊(中国航天科技集团有限公司第一研究院)
李兴乾(中国空间技术研究院)

高超声速飞行器可重复使用热防护材料/结构与健康监测

Reusable thermal protective materials and structures of hypersonic vehicle with health monitoring

1　科学问题概述

高超声速飞行器(Hypersonic Vehicle)通常是指飞行马赫数大于5,以吸气式发动机或其组合发动机为主要动力,能在大气层和跨大气层中远程飞行的飞行器。其主要应用形式包括高超声速巡航导弹、高超声速飞机和空天飞机等。相比于传统的火箭推进形式,高超声速飞行器不需要携带氧化剂,因此有效载荷更高、飞行成本更低,且服役过程中机动性更强、飞行速度更快,具有更短的反应时间。其在临近空间领域巨大的运载优势对未来商业运输、太空探索乃至国家安全态势都有着至关重要的影响,因此是全球各大国必争的经济和军事战略制高点。

随着飞行马赫数的增加,飞行器内外部热环境急剧恶化,气动加热产生的"热障"问题无法避免。当飞行马赫数达到6时,来流空气的滞止温度大约为1377℃;当马赫数提高到8时,这一温度将突破2227℃,且气动热随飞行马赫数呈指数形式增长。以再入返回的中程导弹和卫星为例,驻点温度分别可以达到5527℃和7727℃,没有任何材料可以在如此高的温度下长时间服役。同时,由于温度的升高,气体分子的振动能得到激发,会发生气体分子离解以及原子电离等高温气体效应(High Temperature Gas Effects),将进一步加速飞行器表面的烧蚀。气动表面的防隔热本就困难重重,高超声速飞行器的动力来源——超燃冲压发动机的热防护则更具挑战。由于燃烧释热,发动机燃烧室内的温度将显著高于外流空气总温。以飞行马赫数6～8为例,燃烧室温度峰值可达2427～2727℃,防隔热难度进一步提升。

为了应对严峻的热防护需求,需要联合再生冷却、陶瓷基高温复合材料等主被动热防护手段,解决飞行器(含返回舱等)气动表面结构在高速、氧化气流冲刷、严重热烧蚀、恶劣振动条件下热防护能力不足的问题。同时,针对我国空天往返战略需要,高超声速飞行器技术即将面临更高飞行马赫数、更多使用次数的发展需求,多次可重复使用热防护材料及结构的突破,有望达成高超声速飞行器上百次的使用目标。虽然单架重复使用飞行器的成本可达消耗型的十余倍,但服役次数多,折合后的单次使用成本可以降低近一个数量级,这是实现高超声速飞行器快速应用和持续发展的重要原因。但是现有特种材料价格高昂、设计成本居高不下,部分关键零部件中材料成本甚至占到了总花费的80%以上,导致高超声速飞行器制造成本难以满足大规模批量化生产,亟须突破高飞行马赫数条件下的可重复使用新型热防护技术。

2 科学问题背景

在长航时飞行条件下,表面气动热堆积将会传入到飞行器热防护结构的内部,使得防热结构温度升高,进而导致内部发生热变形以及产生应力。飞行器舱内设备、发动机燃烧室等部位容易产生热量积累,内部的精密仪器许用温度通常不超过$49.85 \sim 59.85℃$,难以单纯依靠飞行器结构、热防护系统、仪器设备的热沉来吸收多余热量。飞行器防热结构产生的变形又将作用在外部流场,改变气动热环境,形成传热和变形之间的相互影响。热防护材料在飞行器热环境作用下的变形能否满足重复使用要求还是未知数,相关耦合场作用分析需求越来越凸显。

高温材料难以兼顾低密度和高性能的综合性能需求,给防隔热结构和飞行器总体设计带来一定挑战。例如,陶瓷瓦、气凝胶等耐高温隔热材料虽然隔热性能优异,密度仅有$0.5g/km^3$,但材料力学性能低、极易破坏。高温合金等耐高温金属材料虽然在$1000℃$也可保持优良的力学性能,但密度高达$8.0g/cm^3$,会导致结构重量大。C/SiC等耐高温陶瓷基复合材料虽然密度较低,但易因氧化而导致结构损伤和破坏。在重复使用耐高温防热材料只有防热瓦体系的现状下,需要着力突破热防护材料/结构设计方案及优化技术,提升飞行器多次可靠服役能力。

瞄准重复使用的热结构强度设计,还可能引入全新的疲劳问题。例如飞行马赫数达到6以上时,由于气动加热,飞行器表面温度可达$727℃$以上,伴随噪声可达150dB。长时间反复交变的高温作用和宽频振荡,不仅使材料性能下降,还会使结构受热膨胀。表面涂层和蒙皮等结构在高温氧化和振动条件下发生变性甚至损坏。机翼等薄面结构由于受热不均匀还会产生弯曲等热变形及热应力,发生热疲劳破坏。一味地增加性能裕度会带来大量结构冗余,造成飞行器整体性能下滑。因此,需要有针对性地考虑解决冷热交替变形、材料高温蠕变、氧化烧蚀等热疲劳问题,提高结构系数的精确控制与使用寿命。结构技术的进步可以增强飞行器结构抗机械疲劳能力和抗变形能力,减小飞行器起飞重量和结构代价,促使高超声速飞行器获得预期气动性能,具备成百甚至上千次重复使用能力。

提高热防护结构和材料重复使用的可靠性,还需要依托基于飞行器总体考量的健康管理(Integrated Vehicle Health Management, IVHM)。健康管理和故障诊断系统是一系列用来使航天器健康管理行为自动化的工具和过程的集合,能够在飞行器热防护结构发生异常时及时开展补救措施,甚至暂时恢复到正常状态,在热防护系统发生故障时使它对飞行器安全和所进行任务的影响最小。通过使用大量的健康管理传感器可以实现飞行器结构和部件运行状态的实时监测,结合特定的决策制定过程,将底层的信号分析综合为智能的信息流,能够准确判断热防护结构的故障状态并进行系统重构,确保飞行器在已知故障状态下仍能够完成任务,提高飞行器的生存能力。

3 科学问题研究进展

3.1 恶劣载荷条件下结构热疲劳损伤分析

高超声速飞行器高性能防隔热材料具有多个发展方向,包括陶瓷基复合材料、气凝胶、高温合金等。由于材料种类繁多、使用环境复杂,且具有各向异性等特性,存在有效性能评价方法缺乏、复合材料结构表征困难、材料损伤检测难度大等问题。防隔热材料可重复使用过程中,还存在损伤累积模式不清晰、边界条件不明确、修复效率低、成本高等问题。传统消耗型飞行器在设计和验证过程中,维护和保养需求简单,往往弱化了基于重复使用标准的结构状态监测,考核测试多局限于单次极限耐受条件,缺乏对考核后材料变性、重复使用次数对材料性能的影响规律研究。此外,现有飞行器气动热环境及结构状态的预测研究多集中在数值计算方法以及应力应变理论模型方面,而高温化学非平衡效应、热防护材料壁面催化效应、飞行高度等对高超声速流场以及气动热环境的影响预测模型建立难度大、计算精度低,可靠的仿真预测极难开展。

为了应对高超声速飞行器重复使用的实际飞行恶劣条件,需要结合飞行器结构热环境开展飞行测试和样机测量等实物监测分析,包括隔热外表面、进气道形面、发动机结构、系统设备等内容的全结构损伤实时监测,目的是掌握飞行器主要零部件的热环境状态。针对不同系统组件,分别建立健康状态实时测量,提出状态预测分析模型。传统健康监测的目标多为疲劳损伤、温度等参数,指标较为单一,难以覆盖高超声速飞行条件的恶劣影响。对防隔热材料和结构的检测监测应当包括温度、应变、振动、过载、冲击等在内的多元参数,实现对非正常结构的快速精确识别。高超声速飞行器工作环境恶劣,微小热结构损伤将会迅速放大,在传统诊断的基础之上,还应着力开展治疗的理念和方法研究。结合健康和故障建模与仿真,从体系架构上对飞行器热结构的监测系统进行改造,突破飞行器热防护的实时健康"诊疗"技术。利用主动冷却的调节优势,在出现热结构损伤或者烧蚀严重时,调节局部冷却剂流量实现快速降温,确保飞行器工作正常。

结构损伤实时监测系统可以满足发动机结构状态的监测需求,但是难以形成系统的识别预测和健康保护方案。损伤分析的高效开展还需要结合大量的经验数据,通过建立损伤模型,结合人工智能技术,能够大幅提高损伤的识别精度。依托元器件寿命数据库的建立,提出系统数据处理优化方案,依托飞行器测试试验,分析结构老化和损伤规律。根据飞行器结构特征或者功能形式开展监测形式划分,针对不同系统所属的部件及结构建立数据库。飞行器结构也具有多场耦合特性,需要基于独立部件的监测结果开展系统级可靠性和部件关联性分析,提出全局监测模型。根据零部件的关键程度和寿命特点,开展飞行器系统可靠性和寿命分析,形成飞行器总体疲劳损伤分析方案。

3.2　高温复合材料及涂层工艺

受原材料耐温极限和微观结构的限制,热防护材料在向更高耐温、更高效方面的拓展应用已逐渐受限。以新兴纳米隔热材料为例,虽然通过微观结构的调控实现了隔热效率的成倍提升,但是在有氧环境下其耐温性能出现了大幅下降。在新一代超高温原材料技术突破之前,以陶瓷基复合材料为代表的被动式防热技术具有极大的发展和应用潜力。轻质耐高温陶瓷基复合材料通过向复合材料基体内部应用超高温陶瓷组分的方式,利用超高温陶瓷在烧蚀过程形成的高熔点氧化物及在液相作用下引入的类烧蚀效应,使得复合材料的耐超高温工况烧蚀性能得到有效提升。但陶瓷基复合材料具有制备工序多、制备周期长的特点,构件制备过程中涉及预制体制备、碳纤维保护、浸渍裂解、化学气相沉积等多种工艺方式,工艺参数众多。需要从精简工艺程序、优化协调工艺参数等方面加速复合材料制备技术的迭代升级。

在高超声速飞行热环境、隔热结构厚度空间和结构重量的约束条件下,为了满足长航时及可重复使用的苛刻条件,还需结合多种防护手段综合设计,进一步提升复合材料的防隔热性能。同时考虑材料在服役过程中与外部流场之间存在的强烈耦合作用,热防护材料在吸热烧蚀后,防热层的厚度和形状发生变化,材料烧蚀产物又会与高温气体发生化学反应,从而改变流场的温度及组元浓度。单一的流动、传热、化学反应研究难以真实描述实际飞行器所处的物理环境。为准确掌握复合材料高温环境工作性能,亟须针对飞行器热环境区域的特点,建立热防护材料在非稳态热环境下的流-热-烧蚀多物理场耦合模型,深化多次可重复使用高温功能材料及隔热结构研究。

陶瓷基复合材料在涂层应用方面也极具优势。飞行器气动表面和发动机壁面温度高、热流密度大,高速、氧化条件下的气流冲刷和热烧蚀严重,工作环境十分恶劣。热障涂层的使用有利于将飞行器结构与高温气流隔绝开来,有效降低结构件的温度。以氧化锆基热障涂层材料体系的高温结构壁面为例,通过添加稀土氧化物、过渡金属氧化物等材料,降低涂层导热系数,能够显著提高涂层使用稳定性。采用抗烧蚀涂层技术,优选稀土元素改良的 SiC 复合涂层能够显著提高热结构抗氧化烧蚀能力。结合复合涂层结构优化,设计缓冲层、增韧过渡层等,可以大大提升陶瓷基复合涂层的韧性、强度、抗氧化烧蚀能力。开展涂层材料及工艺革新能够突破现有防隔热技术,是支撑隔热材料可重复使用的重要途径。

3.3　热结构维护保障及可靠密封技术

维护保障技术是提高热防护材料和结构重复使用的一项关键技术。飞行器结构长时间工作,面临高承载、热流冲刷、氧化烧蚀、连接密封性能下降等问题,通过必要的维护保障,使其保持在设计工作状态,能够有效延长热结构的使用寿命,提高重复使用次数。依托飞行器一体化设计技术,能够大幅降低保障成本,提高通用保障效率,突破满足工程要求的可重复使用热结构方案。飞行器热结构包括蒙皮、支架、隔热层、冷却流道等,以维护难度最高的主动冷却流道为例,高超声速飞行器中常采用复杂三维曲面薄壁的主动冷却结构,影响流道重复使用的主要因素就是燃料结焦堵塞。由于冷却通道的不可视性,结焦积附程度只能通过试验反复标定,维护成本极大。提高内表面涂层在高温环境下抗结焦能力,探索抗结焦涂层的高效制备和检验手段,掌握冷却流道重复使用寿命和效能下降特性,建立周期性冷却部件更换机制,是冷却结构维护保障的重要发展方向。

由局部热防护问题导致的热结构维护困难变得越来越明显。由于结构和实际应用需要,在飞行器结构表面会设计一定的缝隙结构,如陶瓷防热瓦之间、舱门部位、管路接口等的缝隙,因缝隙宽度较小,辐射散热较慢,缝隙内壁极易产生较高的温度,进而可能导致材料的烧蚀等。为了确保飞行器热结构在高温条件下能够重复使用,连接密封材料性能及结构设计已成为重点研究对象。目前,隔热材料在狭缝结构下的热/力/化学耦合作用以及长时间重复使用条件下的超高温隔热性能、传热抑制机理尚不明确。材料的制备技术、异种材料间的连接热密封匹配设计难度较大,急需掌握隔热/连接/密封材料多场耦合匹配技术、性能优化方法、热控制技术、复合工艺,最终满足超高温隔热连接密封的可重复使用技术要求,支撑飞行器结构高温承载、高周数振动的工程应用需求。

综合以上发展方向和研究进展,高马赫数飞行器热防护的主要技术体系还是依赖目前技术度最高、应用最广泛的被动式热防护材料。围绕飞行器气动表面的环境特征与应用需求,大力构建飞行器实时状态监测体系、材料重复使用评价技术体系、结构单元寿命数据库、隔热部件失效应急方案等,进一步扩展、加深材料、结构与热防护技术研究的范围与深度,牵引提高防隔热典型结构制造工艺及关键技术水平。为持续提高热防护系统性能、飞行器结构重复使用的可靠性,还可从以下几个方面内容加以考虑:

(1)通用化设计是提高飞行器热结构及设备重复使用最有效率的手段之一。主动冷却流道、舱体结构等具有标准化、系列化、可重复使用的特性。针对可重复使用结构体系及部件的研究,可达到规模化生产、降低飞行器重复使用复杂度、提高产品效费比等多方面优势。

(2)能源再生/重复使用技术与防隔热结构的重复使用密切相关,是研究的重点之一。在能量守恒的基础上,要尽可能考虑能源的吸收利用,减轻高温燃料的热源浪费。部分设备可利用高温冷却后的燃油重复发电使用,对于不能利用相关能源的设备则尽可能提高效率,最大限度提高主动冷却剂和热防护结构间的温差。

(3)飞行器燃料在热环境下物性快速变化,现有燃油供油调节技术受温度变化影响调节精度严重下降。高超声速飞行器在主/被动冷却热处理措施下,燃油与防隔热材料间的未知传热过程严重影响涂层及结构材料寿命,获取发动机实时燃油参数是可重复使用热防护系统状态监测和维护保障急需解决的关键技术难题。

<h2 style="text-align:center">主要参考文献</h2>

[1] Zhang S, Li X, Zuo J, et al. Research progress on active thermal protection for hypersonic vehicles[J]. Progress in Aerospace Sciences, 2020, 119:100646.

[2] 黄红岩,苏力军,雷朝帅,等. 可重复使用热防护材料应用与研究进展[J]. 航空学报, 2020, 41(12):023716.

[3] 彭治雨,石义雷,龚红明,等. 高超声速气动热预测技术及发展趋势[J]. 航空学报, 2015, 36(1):325-345.

[4] Kumar S, Mahulikar S P. Selection of materials and design of multilayer lightweight passive thermal protection system[J]. Journal of Thermal Science and Engineering Applications, 2016, 8(2):021003.

[5] 邹学锋,潘凯,燕群,等. 多场耦合环境下高超声速飞行器结构动强度问题综述[J]. 航空科学技术, 2020, 31(12):3-15.

[6] Seebass A. Review and Evaluation of the Air Force Hypersonic Technology Program[M]. Washington DC:National Academy Press, 1998.

[7] Ahmed M Y M, Qin N. Forebody shock control devices for drag and aero-heating reduction: A comprehensive survey with a practical perspective[J]. Progress in Aerospace Sciences, 2020, 112:100585.

[8] Astapov A N, Terent'eva V S. Review of domestic designs in the field of protecting carbonaceous materials against gas corrosion and erosion in high-speed plasma fluxes[J]. Russian Journal of Non-Ferrous Metals, 2016, 57(2):157-173.

[9] Uyanna O, Najafi H. Thermal protection systems for space vehicles:A review on technology

development，current challenges and future prospects［J］. Acta Astronautica，2020，176：341-356.

［10］彭坚.临近空间高超声速飞行器电源系统故障预测与健康管理关键技术研究［D］.长沙：国防科学技术大学，2014.

撰稿人：潘余（国防科技大学）　徐振亮（中国航天科技集团有限公司第一研究院）

　　　　杨恺（国防科技大学）　赵勇（国防科技大学）

高超声速飞行器结构多场耦合机理及多学科一体化设计

Multi-physics coupling mechanism and multidisciplinary integrated design of hypersonic vehicle

1　科学问题概述

高超声速飞行器能够在 30～100km 大气层内以大于 5 马赫的速度长时间飞行，是人类实现从地面到地外自由飞行的重要途径，也是一种可以从根本上改变传统战争时空观念的赋能技术。高超声速飞行器技术具有多学科和多技术高度交叉、相互牵引、相互支持、相互制约的显著特征，涵盖从基础科学、关键技术到飞行试验的各个方面。飞行器天线罩等典型结构在服役过程中不仅承担着严酷的气动力和气动热载荷，需满足结构力学性能要求；同时承担着保护雷达制导等关键电子系统的重要任务，还需满足雷达电磁性能要求。然而，力学、热学、电磁学耦合分析属于多学科交叉问题，且力、热、电、结构相关参数耦合困难。依靠传统设计经验和"先结构后电磁"的串联式解耦设计方法，各学科独立开展设计，再由总体专业对各学科进行协调设计，各学科、各专业均会预留必要的设计余量来应对其他专业的未知因素，由此很难获得同时满足飞行器透波、承载、隔热性能指标要求的结构设计方案。特别是高超声速飞行器向着更高马赫数、更大飞行空域、更强服役性能的极限追求，单学科的裕度设计方法已经严重制约了飞行器的发展，急需开展多场耦合机理与多学科一体化设计方法研究。

高超声速飞行器天线罩等结构所面临环境的耦合性、结构的复杂性、需求的多功能性、问题的跨学科性，导致飞行器力/热/电结构多场耦合在介质维度上存在同介质和异介质多物理场的耦合，在时间维度上存在时间尺度的耦合。同介质内的多物理场耦合主要包括飞行器外部流场的力/热/电多物理场之间的耦合和飞行器内部力/热/电/结构的多物理场之间的耦合。异介质多物理场耦合主要是指飞行器外部多物理场与飞行器内部多物理场之间的耦合，异介质间存在不确定元素的传递耦合问题。因此，高超声速飞行器的力/热/电/结构多场耦合问题是一个高度复杂的多维度、多尺度、多变量的多物理场耦合系统。如果要将所有耦合问题全部一次性考虑，在理论模型建立上将非常困难，需要的计算时间在工程上也无法接受。因此，需要研究不同层次和维度上的耦合机理与响应机制，针对性地建立耦合策略、计算模型、仿真和试验方法，并对其进行不确定性分析，研究不同层次多物理场条件下多学科优化策略，揭示力/热/电/结构多场耦合机理，搭建多场耦合分析与一体化设计平台，为我国高超声速飞行器综合设计水平提升奠定理论基础。

2 科学问题背景

高超声速飞行器天线罩结构是一种典型的多学科、多场耦合的结构/功能一体化部件，承担着维持飞行器良好的气动外形、保持雷达导引头正常工作环境和实现飞行器制导精度的关键作用。在高超声速飞行过程中，飞行器结构在气动力/热载荷作用下，不仅会出现超过1000℃的高温，还会在高温、大冲刷等作用下产生局部烧蚀、结构变形等，进而影响结构的透波性能和结构性能。为保证高超声速飞行器气动性能，飞行器大都采用升力体、乘波体等异形尖锐外形。异形外形结构的长细比大、入射角变化大、方向图受型面压缩畸变等导致结构透波率、瞄准误差和差零深等电性能指标差，难以支撑飞行器末端高精度制导需求。

由于高超声速飞行器力/热/电/结构多场耦合的复杂性、不确定性，在高超声速飞行器实际工程设计中进行耦合设计分析难度较大。通常采用解耦设计再迭代循环的设计过程，不仅增加了总体专业协调设计的工作量、延长了设计周期，还增加了各学科各专业之间的接口，使得系统的复杂性增加、风险性增大。据统计，各学科、各专业独立设计预留的设计余量，使得飞行器总体性能至少下降30%。同时，高超声速飞行器轻量化设计使得结构对动态激励更加敏感，对结构/功能一体化设计需求更加迫切，必然对飞行器结构多场耦合分析的精度化程度提出了更高要求。

高超声速飞行器的研制是航天强国的重要支撑点。随着世界各国在高超声速飞行器方面的研制竞相开展，高超声速飞行器的力/热/电/结构多场耦合机理和多学科一体化设计方法的欠缺，将直接制约我国高超声速飞行器研制实现弯道超车、无法形成突袭能力，因此亟须发展力/热/电多场耦合分析及多学科一体化设计方法。

3 科学问题研究进展

3.1 多场耦合研究进展

在多场耦合策略方面，高超声速飞行器的力/热/电/结构多场耦合问题是一个高度复杂的多维度、多尺度、多变量的多物理场耦合系统，需对耦合的空间/时间等尺度进行分析,并根据耦合问题的重要性程度,开展耦合策略研究。目前,多物理场耦合建模与分析总体上分为两大类:整体耦合方法和分区耦合方法。整体耦合方法理论上能够真实反映多物理场耦合问题的客观物理过程,精度较高,但是由于高超声速飞行器的力/热/电/结构多场耦合问题的复杂性,目前尚没有实现整体耦合的方法。通过高超声速飞行器气动力/热/电/结构耦合策略研究,可以在计算精度满足要求的情况下,实现气动力/热/电/结构多物理场的耦合。

在多场耦合影响元素方面,飞行器外部流场的力/热/电多物理场环境的耦合主要涉及空气介质的高超声速气动热力学物理问题。尽管关于高超声速流黏性效应、热化学非平衡效应、稀薄气体效应等问题已经开展了较多研究,但是关于高温空气化学反应模型及其相关的热物理特性均是采用国外相关文献的数据,缺乏我国自行研究建立的数据库,直接影响了高温真实气体效应下气动热和高温等离子体的准确仿真。

在多场耦合机制与控制方面,高超声速飞行器外部多物理场与飞行器内部多物理场耦合作用过程中,飞行器外壁面作为内外耦合的传递界面,该界面的状态将直接决定耦合强度。在考虑高温真实气体效应时,飞行器表面的催化特性影响进入飞行器内部的热量和飞行器表面附近的等离子体特性;在考虑稀薄气体效应时,飞行器表面的动量适应系数和能量适应系数直接影响作用在飞行器上的力和热;在飞行器表面的热防护材料发生烧蚀时,表面几何状态和释放的粒子状态都会进一步影响作用在飞行器表面的力/热/电。对于这些表面状态的准确测量和描述目前仍较为欠缺,难以进行相关的控制设计。

在多场耦合分析方法方面,力/热/电/结构存在耦合关系不明、分析方法局限等一系列问题,导致现阶段对飞行器结构力/热/电耦合分析主要依靠多场耦合试验开展。然而环境试验存在试验条件与试验工况有限、试验周期较长且耗费巨大等缺点。现有商业多物理场耦合软件可进行一定的力/热/电一体化分析,但商业软件电磁场求解算法过于单一且分析效率低,导致拥有较多设计参数的飞行器结构无法获得良好的力/热/电性能。因此,亟须掌握飞行器结构力/热/电多场耦合分析方法,以准确高效地预示结构在多物理场环境下的力学、热学、电学性能。

3.2 多学科一体化设计研究进展

多学科优化是近年来美国等发达国家提出的一种新的飞行器设计方法,特别适用于解决复杂系统设计。在设计时必须充分考虑各个学科之间的相互耦合关系,并采用适当的方法将系统分解,然后根据学科之间的相互关系,通过特定的框架协调和控制这些子系统(学科),从而获得系统的全局最优解。典型的多学科设计优化方法可分为单级设计优化法和多级设计优化法。多学科优化时各学科存在诸多不确定性,20世纪50年代已开展针对不确定性优化的研究,该研究已经成为飞行器总体优化设计方法的主攻方向。

高超声速飞行器极端的多物理场载荷和多功能的使用需求,催生了复合材料结构的大量使用,使其成为结构/功能一体化的优良载体。针对飞行器结构/功能一体化的需求,按功能要素可分为二元一体化、三元一体化及多元一体化。二元一体化是指两种功能要素融合于结构中,这一类多功能结构复杂程度偏低,成熟度相对较高,部分结构已在工程化中实现应用,如减震/防热一体化、减阻/自洁一体化等。三元一体化是指三种功能融合于结构中,这一类结构的功能要素偏多,结构复杂程度往往较高,技术成熟度也相对较低,目前尚未实现工程化应用,如力学性能/热学性能/电磁学性能一体化等。

由于多物理场问题分析困难,现有设计大多集中在仅考虑 2 ~ 3 个独立的物理场,对于飞行器结构多学科一体化设计,主要面临三方面的问题:一是多物理场问题,多物理场的协同优化目前尚无法实现,是亟待解决的问题。二是跨尺度问题,复合材料结构的细观尺寸一般是微米至毫米量级,而相应构件的尺寸可达数米,构件的跨尺度效应非常明显。面对这一问题,现有方法依然面临着许多技术难点,比如设计变量多、计算量过大等。如何在设计空间与计算效率上进行权衡,建立适用于工程结构的设计方法依然是未解决的难题。三是优化手段(软件)的可用性问题,商用软件的成熟需要基于优化方法和算法的成熟,目前的商用软件在很多环节采用了近似计算或数学替换的方式,导致软件优化计算结果准确性不高,工程实用性不强。因此,考虑多物理场耦合的飞行器结构多参量、多目标优化设计仍是制约其工程化应用的技术瓶颈,解决三元一体化及以上的多功能结构优化设计与应用是亟待解决的难题。

综上所述,高超声速飞行器多场耦合机理及多学科一体化设计是力学、热学、电磁学多学科交叉问题,也是航天领域重大工程牵引出的科学问题。由于飞行器结构形式的特殊性和所面临环境的复杂性,对其进行结构功能一体化分析设计时需综合考虑其力学、热学、电磁学性能。目前,在多场耦合环境下材料/结构性能表征方法、飞行器表面状态描述与气动力/热/电的相互作用机制与控制方法、力/热/电/结构多功能一体化材料与结构响应机理、多物理场耦合试验技术、力/热/电/结构多功能一体化设计与优化等方面,还存在研究深度不够、耦合机理不明、优化分析困难等难题,力/热/电/结构多场耦合和多学科一体化设计研究将会面临更多的挑战,也正是亟须解决的科学问题。

主要参考文献

[1] 邹学峰,潘凯,燕群,等. 多场耦合环境下高超声速飞行器结构动强度问题综述[J]. 航空科学技术,2020,31(12):3-15.

[2] 何东泽,李彦斌,陈强,等. 大尺度薄壁结构力-热-电一体化分析[J]. 宇航学报,2021,42(1):74-82.

[3] 中国科学院. 中国学科发展战略:新型飞行器中的关键力学问题[M]. 北京:科学出版

社,2000.

[4] 王长青.空天飞行技术创新与发展展望[J].宇航学报,2021,42(7):807-819.

[5] 孟光,周徐斌,苗军.航天重大工程中的力学问题[J].力学进展,2016,46:267-322.

[6] Falkiewicz N J,Cesnik, C E S. Partitioned time-domain substructure coupling methodology for efficient hypersonic vehicle simulation[J]. AIAA Journal,2015,53(11):3167-3186.

[7] Liu L,Dai G Y,Zeng L. Experimental model design and preliminary numerical verification of fluid-thermal-structural coupling problem[J]. AIAA Journal,2019,57(4):1715-1724.

[8] Culler A J,Mcnamara J J. Studies on fluid-thermal-structural coupling for aerothermoelasticity in hypersonic flow[J]. AIAA Journal,2010,48(8):1721-1738.

[9] 杨亚政,李松年,杨嘉陵.高超音速飞行器及其关键技术简论[J].力学进展,2007,37(4):537-550.

撰稿人:费庆国(东南大学)

宋锋(中国航天科工集团有限公司第三研究院三〇一研究所)

李彦斌(东南大学)

潘红九(中国航天科技集团公司有限公司第一研究院第十研究所)

袁军娅(北京航空航天大学)

高超声速运载飞行器非线性气动伺服弹性理论

Nonlinear aeroservoelasticity of hypersonic flight vehicle

1 科学问题概述

现代高超声速飞行器日益呈现结构轻质化、控制系统宽通带和高权限的发展趋势,由柔性机体结构、非定常气动力和主动控制系统之间的耦合(即气动伺服弹性问题)极易诱发振动响应问题和稳定性问题,进而导致飞行事故。自20世纪80年代起,航空航天领域开始关注受控飞行器的气动弹性稳定性以及主动控制问题,但对气动/结构的非线性效应、气动热、控制回路时滞对受控飞行器气动弹性振动行为的影响规律研究尚不充分,出现以下问题:①当飞行器发生事故时,无法判定事故发生的本质原因或判定错误;②在飞行器设计过程中,无法考虑各种非线性因素,导致飞行器在飞行过程中容易发生与非线性因素有关的气动弹性振动或失稳现象,严重影响飞行安全。计入结构与气动的各种非线性因素后,经典的气动伺服弹性问题就成为所谓的非线性气动伺服弹性问题。高超声速飞行器的非线性气动伺服弹性力学是一个新的研究领域,不仅涉及非线性、高维数、多变参数和时滞效应等难题,而且必须面对空气动力-飞行器结构-驱动机构-控制系统之间的强耦合问题。

针对高超声速运载飞行器高动态设计需求,非线性气动伺服弹性研究面临新的挑战:

(1)气动加热环境下高超声速非定常气动力存在强气动非线性效应。基于计算流体力学(CFD)技术的高超声速气动力和气动热直接模拟虽可精确描述气动非线性效应,但因计算效率过低,导致无法用于控制律设计。结合高超声速运载飞行器的研制需求,开展高效、高精度非定常气动力和气动热计算方法研究是非线性气动伺服弹性理论研究亟待解决的关键问题之一。

(2)高超声速飞行器空气舵系统存在复杂的间隙、摩擦和接触刚度等非线性因素,在高动态下会诱发开闭环倍频分叉现象。如何开展复杂结构非线性因素的低维、高精度建模,并揭示非线性因素对受控系统动力学特性的影响规律,对指导高超声速飞行器飞行控制律设计具有重要指导意义和工程价值。

(3)气动加热可能会引发飞行器结构的材料属性呈现温变特性,引发飞行器结构动力学特性的时变性。针对结构参数和飞行参数大范围时变的特征,开展时变结构动力学和时变非定常空气动力学研究,是飞行器非线性气动伺服弹性理论研究的难点。

(4)面向高超声速运载飞行器的气动伺服弹性试验研究也是亟待解决的关键问题。受高温加热环境、模型尺寸、测控时滞和建模不确定性等因素的影响,目前尚无有效的试验测试技术可准确模拟高超声速飞行器苛刻的气动伺服弹性飞行环境。

2 科学问题背景

以先进飞行器为对象的气动伺服弹性力学,主要研究飞行器结构、非定常气动力、气动热和主动控制系统之间相互耦合导致的稳定性问题和动响应问题,是高超声速运载飞行器设计的重要基础科学问题,对保障飞行器飞行安全和提升飞行性能具有重要影响。

结构非线性广泛存在于高超声速运载飞行器结构中。例如,空气舵系统(由作动器、连杆、摇臂、舵轴和舵面等活动部件组成)间隙导致刚度非线性。空气舵接受舵面偏转信号后输出控制指令,经过传动机构驱动舵面偏转,控制飞行器的飞行姿态或飞行轨迹。由于加工精度和装配精度等因素的限制,舵传动机构的回转铰链内部存在不可避免的间隙,从而对机构的动态特性产生不良影响。铰链内的间隙导致销轴和铰链孔之间出现碰撞,使机构产生振动,导致舵面难以精确跟随控制指令,舵系统的控制性能变差。结构非线性引起的舵面颤振曾导致美国 F-117 隐形战斗机坠毁,也曾引起某导弹空气舵发生极限环振动。因此,研究间隙、碰撞等非线性因素的飞行器非线性结构动力学行为非常重要。

非定常气动力的非线性特性和气动热只能通过 CFD 或风洞试验获得。然而直接通过 CFD 计算十分耗时,得到的结果一般是离散时刻下的海量数据集合,不能直接用于气动伺服弹性建模、飞行控制律和气动弹性控制律设计。因此,有必要发展一套基于 CFD 数据驱动下的非线性、非定常气动力的降阶建模方法,使所得到的低维气动模型可直接用于控制律设计,实现 CFD 与控制律设计的完美结合。

高超声速飞行器在飞行过程中,其结构参数和飞行参数具有大范围时变的特征。其中,结构动力学特性由于气动加热的影响是时变的;气动参数在大范围飞行时是强时变的,对于高速可变体飞行器,时变特征更为明显。因此,开展时变结构动力学和时变非定常空气动力学研究,进而突破高速飞行器时变非线性气动伺服弹性系统建模这一基础难题,对后续研究意义重大。

对于高超声速飞行器这一时变非线性气动弹性系统,其飞行控制律和气动弹性控制律应使得时变过程中的闭环系统在飞行包线内均是稳定的,同时应具有良好的控制性能。因此,控制律也需要根据系统的时变性做出相应的变化,即根据参数的变化实现增益的调度。所以,开展时变非线性气动伺服弹性系统的控制律综合研究,提出适用于参数慢变和参数快变的控制律调度新方法,意义重大。

非线性气动伺服弹性地面风洞试验包括地面共振试验、地面伺服弹性试验、地面干风洞试验、地面(湿)风洞试验等;地面虚拟飞行试验是指在地面风洞中模拟飞行器在空中的自由飞行,难度较大,其目的是在地面考核、检测飞控系统的有效性和可靠性;最后,开展飞行试验研究,在真实环境和真实状态中检验非线性气动伺服弹性设计的有效性,提高非线性气动伺服弹性技术的成熟度。

非线性气动伺服弹性理论研究属于新的交叉学科研究,对先进飞行器的研制、解决服役飞行器气动弹性问题均具有重要应用价值。从公开文献来看,学术界和航空航天工业界对上述问题的基础研究不足,特别是在面向高超声速运载飞行器研制需求的应用基础研究才刚刚起步,迫切需要发展新的非线性气动伺服弹性理论和高鲁棒性的气动伺服弹性控制新方法,并开展风洞和飞行试验研究。

3　科学问题研究进展

非线性气动伺服弹性力学的主要研究内容包括气动伺服弹性综合(气动弹性控制律设计)和气动伺服弹性分析(闭环稳定性和闭环性能分析)。另外,当常规的飞行器设计不能满足飞行器气动弹性性能指标(比如颤振边界指标)时,也可在常规飞控系统上叠加气动弹性主动控制以达到这些指标要求,这些都可归为气动伺服弹性(Aero Servo Elasticity,ASE)的研究范畴。

随着细长体运载器飞行速度等性能的不断提高，结构弹性对运载器动态品质的影响已是运载器设计过程中必须考虑的重要问题。由于气动舵面连在弹身上，在进行弹性体和控制面结构设计时，必须保证在飞行范围内不发生颤振。控制系统一般针对刚体和定常气动力设计；然而实际飞行中，传感器同时将刚体和弹性运动测量参数送达控制器，同时，弹性振动还引起非定常气动力发生变化。结构弹性、非定常气动力、气动热和控制系统四者的耦合，使系统的动态特性发生很大变化。因此，在设计中必须考虑因弹体振动引起的非定常气动力，必须重视可能出现的气动伺服弹性稳定性问题，即按照刚体气动力设计的控制系统在考虑弹性振动和非定常气动力之后可能发生不稳定现象。我国东风系列导弹在试飞过程中，就曾发生过类似的气动弹性失稳现象而导致试飞失败。针对气动伺服弹性问题的重要性以及传统飞控系统设计中不考虑飞行器气动弹性的弊端，美国提出先进随控布局(Control Configured Vehicle, CCV)设计理念，也就是在飞行器设计阶段就考虑 ASE 问题，使得结构、气动和控制律可以进行迭代，达到稳定性边界扩展和结构减重，提高飞行器飞行品质和增加疲劳寿命等多种收益。

机电作动器在运载器空气舵系统中应用广泛，但存在诸如间隙、摩擦、迟滞等结构非线性因素，结构非线性对飞行器的动力学响应特性和稳定性具有非常重要的影响，甚至会直接导致灾难性事故发生。近年来，随着分析和计算方法的进步，非线性气动弹性问题得到了广泛的研究，目的是在初始设计阶段预测可能发生的非线性气动弹性行为。国内外许多学者对非线性气动伺服弹性问题进行了研究。这些研究给出的普遍性结论是：结构非线性特别是控制面间隙非线性容易在低于线性颤振速度下诱发极限环振动(Limit Cycle Oscillation, LCO)，LCO 的幅值和频率受间隙大小、控制面动刚度、初始条件和飞行状态等多种因素的综合影响。然而，这些研究集中在非线性气动弹性系统的非受控行为上。因此，进一步开展空气舵非线性气动弹性系统在受控状态下动力学行为的研究是十分必要的。最近，为了消除飞行器的 LCO，Yoo 基于带有严重非线性补偿的时滞控制算法，提出了一种新的鲁棒控制方法，研究表明，新算法能够补偿动态响应、飞行器尾翼的刚度退化与结构非线性，并在试飞中成功抑制空气舵的 LCO。

对于高超声速运载飞行器，除了结构非线性因素外，还存在气动力非线性和气动热，这给非线性气动伺服弹性分析带来了很大困难。一方面，气动力和气动热严重依赖于CFD 计算，无法用于控制律设计；另一方面，需设计新的、计入结构与气动非线性效应的控制方法，确保高超声速飞行器在飞行包线内的稳定性并提高飞行器的飞行性能。随着高超声速飞行器防御系统的日益强大，为了提高飞行器突防生存能力，机动性能指标越来越高。为满足高机动性要求，一方面现在飞行器外形及控制面逐渐复杂化，从而带来了弹体结构和操纵机构结构动力学特性的复杂化；另一方面，高机动性意味着对控制系统动态特性的高要求。在这种情况下，就需要对较宽频带的 ASE 动力学特性有准确的掌握。所以，需要发展高超声速飞行器的非线性气动伺服弹性建模方法,高效、准确地模拟飞行器的气动伺服弹性力学行为,进而提高飞行器的飞行控制品质。

主要参考文献

［1］ Burnett E L, Beranek J A, Holm-Hansen B T. Design and flight test of active flutter suppression on the X-56A multi-utility technology test-bed aircraft［J］. Aeronautical Journal, 2016, 120(1228): 893-909.

［2］ Verhaegen A, Zbikowski R. Aeroservoelastic modelling and control of a slender anti-air missile for active damping of longitudinal bending vibrations［J］. Aerospace Science and Technology, 2017, 66: 20-27.

［3］ Richard O K, Gertjan H N L. A Rapid-prototyping Process for Flight Control Algorithms for Use in Over-all Aircraft Design［C］//AIAA SciTech Forum, 2018.

［4］ Kim S H, Tahk M. Modeling and experimental study on the dynamic stiffness of an electromechanical actuator［J］. Journal of Spacecraft and Rockets, 2016, 53(4): 708-719.

［5］ Livne E. Future of airplane aeroelasticity［J］. Journal of Aircraft, 2003, 40(6): 1066-1092.

［6］ 黄锐, 胡海岩. 飞行器非线性气动伺服弹性力学［J］. 力学进展, 2021, 51(3): 428-466.

［7］ Kholodar D B. Nature of freeplay-induced aeroelastic oscillations［J］. Journal of Aircraft, 2014, 51(2): 571-583.

［8］ Yoo C H. Active control of aeroelastic vibrations for electromechanical missile fin actuation systems［J］. Journal of Guidance, Control, and Dynamics, 2017, 40(2): 3296-3303.

［9］ Lamorte N, Friedmann P P. Hypersonic aeroelastic and aerothermoelasic studies using computational fluid dynamics［J］. AIAA Journal, 2014, 52(9): 2062-2078.

［10］ Gupta K K, Voelker L S. Aeroelastic simulation of hypersonic flight vehicles［J］. AIAA Journal, 2012, 50(3): 717-723.

撰稿人:黄锐(南京航空航天大学)
　　　　刘博(中国航天科技集团有限公司第一研究院)
　　　　惠俊鹏(中国航天科技集团有限公司第一研究院)
　　　　赵永辉(南京航空航天大学)

进再入航天器高超声速稀薄高温效应气动力热预示及耦合优化弹道设计问题

Hypersonic rarefied high temperature effect and coupling optimization trajectory design of reentry/entry spacecraft

1 科学问题概述

2020年12月17日,"嫦娥五号"返回器携带月球样品,采用半弹道跳跃方式再入返回,在内蒙古四子王旗预定区域安全着陆。月球探测器返回舱以接近第二宇宙速度再入大气层,同近地返回航天器相比,再入速度较高,面临气动过载大和热流密度大等问题。因此,对于此类航天器多采用跳跃式再入轨道,以较小的再入角再入大气层后,依靠升力,再次冲出大气层,做一段弹道式飞行,然后再入大气层。采用跳跃式再入轨道能够降低再入过载和热流密度,并能够在较大范围调整落点。弹道设计与再入航天器的气动力热密切相关。

2021年5月15日,中国首个火星探测器"祝融号"成功登陆火星。火星探测是当前深空探测活动的热点,尽管有多次登陆尝试,但成功率很低。即使充满困难和挑战,美国、欧洲等还在积极筹划火星样本返回、载人登陆火星等新探测计划。火星大气层进入的飞行过程和地球再入有相似之处,更有极大差异,特别是进入器身处火星大气环境,其进入过程为非空气介质的高速流动,将产生特殊且严重的气动和防热问题。进入器气动布局设计和热防护系统设计需要以气动力热的精确预测为前提,而特殊的大气环境和匮乏的研究积累制约着该问题的有效解决。火星进入弹道设计以气动力热研究结果作为基础,弹道设计需满足气动力热预示结果的约束。

2021年9月17日,"神舟十二号"载人飞船成功从中国空间站轨道返回东风着陆场,中国载人航天工程迈向新的阶段。随着我国天地往返任务、进入、再入任务的日益成熟,对航天器研制水平的要求也在不断提高。传统的进、再入弹道优化设计依赖于设计经验,模型分析精度不足,对气动力热与弹道设计耦合协同关系考虑不足,通过加大设计裕度的方法满足任务要求,难以精准预示进再入航天器力热特性以及对进再入飞行弹道的影响,无法有效支撑降低冗余提高性能的设计要求。

开展高速再入飞行器稀薄气体效应、高温真实气体效应、黏性干扰效应等对气动力热影响的计算与飞行试验评估,对高速跨流域飞行下飞行器的气动力热特性变化规律形成系统认识;在此基础上建立进再入飞行器再入飞行状态与气动力热的直接联系,耦合优化进再入航天飞行轨迹,满足进再入航天器的力热约束指标,挖掘系统潜能,提高系统性能,降低保守性。

2 科学问题背景

随着近地天地往返任务的日趋成熟,未来国际上太空探测任务将瞄准月球、火星、小行星等深空探测任务。对于深空探测任务所需的第二宇宙再入返回,热环境更为复杂、要求更高。而深空探测任务对系统资源要求更为严苛,因此,如何得到更准确的再入返回热环境评估,对于将来深空探测任务的系统设计提供极大助力。

考虑到深空第二宇宙速度再入返回条件,深空热环境预测技术及气动热耦合弹道优化技术面临如下难题:

(1)高温效应气动力热预示计算量大、收敛困难。同时考虑稀薄效应和高温化学非平衡模型的飞行器中高空直接模拟蒙特卡罗(Direct Simulation Monte Carlo,DSMC)方法或Boltzmann方程数值模拟,存在边界条件难以确定、计算量大、收敛困难、激波捕捉不准确、易出现非物理解等问题,给稀薄高温效应的计算研究造成很大难题。若飞行器外形稍微复杂,则很难满足工程化需求;若对各种状态和计算模型/条件进行组合研究,则计算状态太多、计算量过大,且难以开展规律性分析。

(2)气动热工程估算的准确性有待提高。返回舱再入过程中承受的热载荷(以热流密度度量)由对流加热和辐射加热两部分组成。对于近地轨道再入返回,对流加热占绝大部分,辐射加热占比很小,而对于返回舱从月球、火星等天体再入情况,辐射加热占比随再入速度的增大而迅速提升。目前工程实际中通常采用热流工程估算模型计算对流加热和辐射加热。返回舱高速再入过程中的气动加热程度多以驻点位置的热流密度来描述,驻点热流工程算法有诸多计算公式,其中较常用的驻点公式有 Fay-Riddell 公式、Kemp-Riddell 公式、修正 Kemp-Riddell 公式、Lees 公式、修正 Lees 公式等。对返回舱而言,多采用 Kemp-Riddell 公式或修正 Kemp-Riddell 公式。Kemp-Riddell 公式由 Fay-Riddell 公式发展而来,Fay-Riddell 公式根据轴对称体高速边界层基本方程,利用相似求解给出。采用工程估算方法,计算公式中存在经验常数,计算结果的准确程度存疑。

(3)气动热预示结果直接应用于进再入弹道优化设计存在困难。影响气动热的因素除了再入飞行器的高度、速度飞行状态外,还包括其他因素。由于气动热与进再入航天器的飞行状态关系不明确,通常不能直接将气动热约束转换为再入航天器的飞行状态约束。由于约束关系不明确,工程设计中通常是通过选择确定的再入走廊来考虑气动热约束的。根据气动热工程估算设计得出的再入走廊通常是一个保守的工程设计结果,本质上是回避了气动热与进再入航天器飞行状态不明确的问题。

(4)弹道优化设计通过加大设计裕度弥补不确定性。由于气动热与进再入航天器的飞行状态不明确,进再入航天在任务设计时通常通过加大设计裕度来弥补不确定性,造成的后果是设计过度保守,系统性能优化程度不高。

3   科学问题研究进展

3.1   深空再入返回的热环境预测技术

(1)高速再入飞行器在高空稀薄过渡流区的气动特性与中低空高超声速气动特性有明显差异,甚至出现配平静不稳定、升阻比迅速降低等问题,对飞行安全与操控性能造成影响。因此,在高速再入飞行器气动研制过程中,稀薄气体效应是高空气动性能预测必须首先考虑的问题。

(2)高速再入飞行器在60km以上飞行速度很高,伴随着强烈的高温气体效应,对气动力、热特性会产生显著影响。不同的热力学模型、化学反应模型、催化边界与温度边界对飞行器流场的影响机制不同,从而导致对飞行器气动力/热特性的影响规律不尽相同。此外,不同高度、不同马赫数下化学非平衡对飞行器气动特性的作用也有变化。

(3)飞行器再入飞行速度大于7.8km/s时,需要考虑辐射加热。比较普遍采用的预测手段包括基于一维辐射理论驻点快速公式与辐射加热分布数值模拟的半工程方法,以及基于数值求解三维流场参数与辐射传输流体微元积分的松耦合数值模拟方法。

(4)高速再入飞行器相比于近地再入飞行器,其中高空表面流场电离程度更高,通信中断范围更广。通过开展带电离的多组分热化学非平衡数值模拟,结合电磁波非均质传输模型与实际飞行弹道的链路分析,可较为准确地预测飞行器进入与跳出黑障高度。通过准确预测,返回器进入黑障的预测高度与实际飞行监测值的偏差可控制在5km以内。

3.2   烧蚀防热材料热物理参数辨识

烧蚀防热材料在受热过程中发生热解反应,其热物理参数变化较大,针对烧蚀防热材料热解过程中的热物理参数进行了如下研究:

(1)原始材料/碳层材料热物理参数辨识。烧蚀材料在发生热解反应前和热解反应结束后,随温度升高材料不发生变化,材料热物理参数仅与温度相关。利用传热反问题方法,对材料热导率和比热进行辨识。

(2)建立烧蚀代理模型。利用材料热重-质谱联用测试结果分析材料热解过程的反应动力学参数,建立烧蚀模型,计算不同材料参数对应的内部测点的温度响应,并以此作为样本,以优选的核函数和训练样本数量构建烧蚀模型的代理模型。

(3)热解过程热物理参数辨识。结合最大熵原理、自适应梅特罗波利斯-黑斯廷斯(Metropolis-Hastings,MH)抽样方法获得新型抽样方法,利用高斯代理模型求解材料的温度响应,通过贝叶斯方法对热解过程热物理参数进行辨识。

3.3　气动热环境参数辨识及模型修正研究

(1)气动热环境参数辨识方法。分析返回舱再入过程气动热环境与热防护材料间的相互作用过程,建立边界能量平衡方程和内部能量传递方程,构建气动参数辨识方法,通过地面试验对辨识结果进行验证。

(2)气动热环境参数辨识方法。在实际辨识过程中,通常需要与具体研究问题相结合,选择对辨识目标最敏感、不确定性最高以及研究者最为关心的某一个或两个未知参数进行辨识,并与相应的正问题相结合,对可能出现的非物理解或明显的错误解进行排除或限定,以获得理想的辨识结果。

3.4　气动热耦合弹道优化设计

(1)气动热准确的数值模拟计算。基于气动热环境预测技术和计算技术基础,通过理论分析、数值计算的方式获得气动热准确的数值模拟计算结果,形成系统性、规律性的认知,并根据飞行试验数据对模型进行修正,建立准确的气动力热数据库。

(2)采用代理模型建立气动热与进再入航天器的飞行状态关系。采用代理模型的方式,建立准确的气动力热与进再入航天器飞行状态的数学关系,将代理模型与真实气动热数据的误差减小至工程可接受的水平。采用代理模型实现再入飞行器飞行状态至气动热的映射,通过试验数据对映射模型进行修正,最终建立工程任务可接受精度水平的代理模型。

(3)建立气动热的飞行状态边界。以进再入航天器飞行高度、速度等进再入飞行状态参数作为变量,建立气动热环境的飞行状态边界条件。将进再入航天器的气动热环境约束转换成对进再入飞行器飞行状态的约束,从而将气动热约束与弹道优化设计结合起来。

(4)采用气动热代理模型以及气动热飞行状态边界进行耦合弹道优化设计。采用代理模型,根据进再入航天器的实际飞行状态计算当前状态下的气动热,并与气动热飞行状态边界比较,检验当前飞行状态是否满足气动热约束条件,若不满足则进行飞行状态调整。通过上述方式进行气动热弹道耦合优化设计,以满足工程设计中对气动力、气动热、过载约束等要求,挖掘航天器平台的系统潜能,避免设计过程中多重冗余导致系统设计保守、性能偏低的情况,扩大进再入航天器的飞行任务边界。

主要参考文献

[1] LU J M,PAN H L,MIAO W B,et al. Impact of chemical non-equilibrium effect on aerodynamic characteristics of reentry capsules[J]. Spacecraft Recovery & Remote Sensing,2014,35(3):11-19.

［2］ MAUS J R，GRIFFITH B J，SZEMA K Y. Hypersonic Mach number and real gas effects on space shuttle orbiter aero dynamics［J］. Journal of Spacecraft and Rockets，1984，21（2）：136-141.

［3］ LIANG J，LI Z H，DU B Q. Research on trim features of reentry capsule in hypersonic rarefied flow regime［J］. Spacecraft Recovery & Remote Sensing，2013，34（2）：42-48.

［4］ Laurien E，Wiesbaum J. Three-Dimensional Numerical Simulation of the Aerothermodynamic Reentry［J］. Flow Simulation with High-Performance Computers II：DFG Priority Research Programme Results，1996：517-529.

［5］ Costa O D，Sachs G. Reentry Trajectory Optimization for Preventing Overheating of Damaged Thermal Protection System［C］∥AIAA/CIRA 13th International Space Planes and Hypersonics Systems and Technologies，2005：3272.

［6］ 石友安，曾磊，钱炜祺，等，气动热参数辨识在测热试验中的应用研究［J］. 工程热物理学报，2010，9（31）：1555-1558.

［7］ Roberto P，Gianfranco M，Marco C. Reentry Trajectory Optimization for Mission Analysis ［J］. Aerospace Research Central，2016，54（1）.

［8］ 唐伟，杨肖锋，桂业伟，等. 火星进入器高超声速气动力/热研究综述［J］. 宇航学报，2017，38（3）：230-239.

［9］ SHIGEYA W，SHINJI I，YUKIMITSU Y. Aerodynamic characteristics evaluation of hypersonic flight experiment vehicle based on flight data ［J］. Journal of Spacecraft andRockets. 1997，34（4）：464-470.

撰稿人：陈伟跃(中国航天科技集团有限公司第五研究院)
　　　　李兴乾(中国航天科技集团有限公司第五研究院)
　　　　龙腾(北京理工大学)　徐明(北京航空航天大学)
　　　　孙景亮(北京理工大学)

航天器轻质高效结构设计与优化

Design and optimization of high-performance and lightweight structure on spacecraft

1　科学问题概述

航天器结构是为航天器提供总体构型、为分系统仪器设备提供支撑，承受和传递载荷，并保持一定刚度和尺寸稳定性的部件或附件，是航天器和航天装备的核心组成部分。

我国重大航天任务等对航天器结构从功能、性能、效能、寿命、安全等渐次不断地提出了越来越高的要求。结构轻质化是航天器设计的永恒属性和技术主题,要进一步提高航天器结构水平,需要从轻质高强和多功能复合的设计思路出发,结合结构和布局优化设计,提高航天器结构系统的效能密度和在轨运行的安全性,才能切实地为我国航天器重大型号任务研制提供有效支撑。

2　科学问题背景

我国载人航天、深空探测、在轨服务等重大任务对研究航天器轻质高效能结构设计、优化方法的需求,主要表现在:

(1)我国航天重大任务对航天器结构平台提出了更为严苛的轻量化和多功能一体化设计要求。

除静力承载外,航天器要求主结构兼具中低速缓冲吸能、超高速碎片撞击防护、隔声隔热、管线铺设与承力结构一体化布局等功能,亟须解决航天器主结构轻量高效设计问题。材料结构的一体化设计是减轻结构材料质量的有效方式,也可以有效降低结构的部件数量,最高可达30%以上。先进材料与制造技术的不断发展和完善,极大地拓展了装备结构选材和宏微观、微观构型创新设计空间,材料-结构-功能一体化特征愈加显著。以蜂窝/泡沫/点阵结构等为代表的超轻多孔结构材料、智能材料、功能结构材料和高性能复合材料等,由于力、热、声学性能优异,不但可用于结构承载、隔热减振,而且还可提高航天器结构空间碎片防护能力,为航天器装备的轻量化多功能一体化结构设计提供了基础保障。如何实现装备结构平台的轻量化多功能系统设计及其高性能制造,成为学术和工业界关注的焦点。

(2)航天器多组件/多子结构布局协同优化需求。

总体设计上,航天器是由多个学科或多个分系统构成的有机整体,其总体设计属于典型复杂系统工程。其中,航天器结构设计与组件布局方案作为航天器总体设计中的关键步骤之一,直接决定了航天器的系统性能。航天器结构功能的实现需要依靠多种类型的构件(例如运载火箭推力扩散结构)。作为承载有效载荷的主体,航天器结构设计的所有性能指标都是以组件安装后的整体进行判断的(例如整星质心、惯量主轴、传热与动力学等特性)。航天器结构设计不是相互独立、串行实施的,而是一个需要全局统筹、耦合并发、协同优化的系统工程。但是,在现有的航天器结构设计中,组件空间布局优化和结构优化分别独立展开,二者之间相对割裂。目前工程中结构整体方案设计主要依赖于工程师的工程经验给出满足约束要求的一个或几个较优的方案,然后再对局部进行详细设计。此类方法无法理论证明方案最优性,也缺乏设计流程的科学性,制约了航天器结构设计水平,难以满足未来航天器结构设计的需求。因此,迫切需要研究组件布局和支撑结构之间的耦合承载机理,并且提炼出对两者进行协同优化的科学方法,从而有效地解决航天器结构系统布局设计这一难题。

(3)航天器平台安全问题日益严重。

随着人类发射活动日益频繁,空间碎片持续增多,目前被监测网络跟踪、编目的碎片超过 28000 个,近地轨道人造物体的总质量超过 9200t,在轨的大小超过 10cm 的碎片约为34000 个,在 1~10cm 之间的碎片个数约为 90 万,而在 1mm~1cm 之间的碎片则超过 1.2亿个。绝大部分的碎片处在高度低于 2000km 的近地轨道,其绕地球运动的速度通常在6~8km/s,与航天器的平均碰撞速度达到 10km/s 左右,对航天器安全造成严重威胁。目前用于大型航天器(如载人飞船、空间站)的经典 Whipple 双板防护结构以及填充式增强型 Whipple 防护结构,其等面密度防护性能较低(相较泡沫夹层等新型防护结构偏低50%)且体积代价过大(需至少 10cm),不适用于中小型航天器。国际空间站主防护结构的防护能力为 1cm 碎片撞击,而以各类遥感、通信、导航卫星和深空探测器为代表的中型航天器受限于自身质量和空间,一般未加装防护结构。因此,为了提升大型航天器的防护能力上限,为中小型航天器提供高效合理的防护方案,有必要探索新的防护材料和防护结构形式,构建高性能防护结构以及承载防护一体化的多功能结构。

另一方面,主要航天国家持续推进着空间攻防对抗装备与技术的发展。美国早在 20世纪 90 年代就开始了空间目标监视系统的建立,该系统能够在第一时间对空间航天器进行轨道预报并引导具备攻击能力的航天器抵近侦察和攻击其他航天器。我国目前尚没有成熟的天基微波武器,没有在轨主动攻击和反击能力,在没有空间目标攻防体系的情况下处于严重不利地位,因此,关键的军用和重大民用航天器急需具备光电磁隐身功能,如何防范微波武器攻击也是目前急需解决的关键问题。针对上述空间对抗攻击问题,在航天器隐身方面,多功能结构需要解决反雷达侦察、反可见光侦察、反红外侦察和反激光锁定测距等关键问题;在对抗微波攻击方面,要求航天器结构在满足传统的承力和热控要求下,具备抗电磁攻击的能力。为实现上述复合结构的光电磁功能,需要对吸波结构技术、吸光材料涂层和抗电磁结构等科学问题开展研究。

3 科学问题研究进展

3.1 航天器轻质高效结构跨域、跨尺度力/热/声/振耦合性能分析评估

航天器轻质高效多功能结构在面对不同的使用场景时速度跨度较大,如静态承载性能属于准静态速域,缓冲吸能特性属于动态速域(5~200m/s)范畴,而超高速撞击防护属于极动态速域(>2km/s)。为实现多功能结构的一体化设计,有必要开展复合结构的静态至极高动态建模仿真技术研究。

在研究航天器轻质高效结构静态承载问题时,由于材料和结构的细观特征对其宏观特性影响不大,多使用均一化模型进行仿真计算。为确定均一化模型的等效力学参数,多使用代表性体积单元法,其关键是代表性体积单元尺寸的选取。在研究一体化结构动态吸能问题时,需要重点研究材料破坏变形形式发生质变的"临界速度",在中低速段采用均质模型依然有效,但在高速段由于局部剪切等局部失效模式的出现,不宜继续采用均一化模型。

在研究空间碎片超高速撞击防护这类极高速域问题时,材料的细观结构特征对其宏观性能影响较大,若仍采用均一化模型会使结果误差较大,更精确的方法是建立结构的细观力学模型进行仿真分析,常用的多孔介质复合结构细观力学建模方法有重复单元法、电子计算机断层扫描(Computed Tomography,CT)法和随机胞孔法,经过研究者的实践,目前随机胞孔法建模的性价比较高,适用性较广。极高速动态仿真技术途径包括有传统拉格朗日单元法、欧拉法和无网格光滑粒子流体动力学(Smoothed Particle Hydrodynamic,SSPH)粒子法,以及在此基础上发展出的各类单元与粒子相互转化与融合的算法。

除了速度跨度大的特点以外,航天器轻质高效结构性能研究跨尺度的特点也增大了力/热/声/振耦合性能分析与评估方法建立的难度。复杂的空间环境和任务需求要求一体化结构同时具有静力承载、减振隔声、碎片防护热防护等多种功能,目前针对多孔夹层结构的静动态力学性能、热力学性能、吸声减振性能均有单独的分析,但由于多孔夹层结构本身细观拓扑结构和宏观结构特征的空间跨尺度特性,不同的性能指标常采用不同尺度的分析方法进行研究,其相应的研究对象因为多孔介质的种类繁多也各有不同,如何将跨尺度的多孔夹层结构特性分析进行耦合仍有待研究,如使用代表性体积单元法得到的典型多孔结构的静态承载吸能与使用细观力学建模仿真技术得到的动态力学性能之间的耦合分析。其综合效能评估方法的构建也将成研究难点,需要建立多尺度航天器复合结构宏观力学性能预测和评价方法,结合具体的航天任务要求,对不同的性能特征分配权重,总体权衡考量。

在获得多孔夹层结构的力/热/声/振性能后,还需对一体化复合结构内部关键部位的连接形式进行设计和定量化性能评价,开展关键连接结构失效机理研究,如多孔夹层板与航天器主体之间的固定安装形式和失效机理分析。

3.2　航天器多部组件/多子结构布局设计方法

在航天器的布局设计过程中,需要综合考虑航天器的质量特性、温度场性能、力学特性、电磁兼容特性等系列设计因素的影响,建立高效率高精度的性能预测代理模型。然而,由于航天器热分析(或结构、电磁场分析)中广泛采用的是有限元数值仿真分析方法,如果在优化设计过程中反复调用该分析程序进行性能评估,则会造成计算成本过高,优化代价巨大,甚至无法在有限时间内完成设计任务。因此,发展满足快速计算要求的高精度学科分析代理模型是实现航天器布局方案综合设计的重要步骤之一。目前,国内外学者对于代理模型构建方法开展了广泛而又深入的研究,主要发展了以下几种常用的建模方法:基于多项式的响应面法、支持向量机回归、径向基函数和 Kriging 函数插值近似法。但这些传统方法均面临着"维数灾难"的巨大挑战,即构建高维变量间的代理模型十分困难。

另外,还需研究航天器多组件/多子结构协同设计问题求解算法。航天器多部组件/多子结构布局设计问题是一类典型的具有复杂性能约束的多学科系统设计问题。求解该问题常采用优化的手段,即通过对目标函数和约束函数进行建模,构建其数学列式,从而可简化为一类具有性能约束的布局优化问题,可采用合适的优化算法对其设计空间进行搜索,从而找出尽可能好的布局设计结果。然而,布局问题在数学上属于非确定性多项式(NP-Hard)问题,很难在多项式时间内找到该问题的最优解。同时,航天器布局设计问题中需要综合考虑组件几何不干涉等系列复杂约束,使得航天器的布局设计空间具有高度非线性、多模态等特性,大大增加了优化算法的搜索难度。目前,国内外学者大多采用的是进化优化算法,通过种群的迭代更新机制搜索问题最优解,通常存在着计算时间长、搜索效率低等问题,导致实现其在工程问题中的高效优化求解仍然面临着不小的挑战。

3.3 复合结构隐身与电磁防护技术

从攻防对抗的功能自身来分析,针对地面上反侦察和抗电磁脉冲等结构已经开展了一定研究。在面向天基对抗环境下,主要包括电磁隐身技术、光学隐身技术和电磁防护技术。

其中,电磁隐身技术主要通过具备特殊电磁特性电磁超材料(Metamaterial)实现。目前,实现多频或宽频的主要方法主要有:组合多个谐振结构单元,多层谐振结构耦合,加载集总电子元件,加载高阻表面等。电磁超材料的设计技术难点包括以下几点:①耦合型吸波结构电磁参数模型和表征方法的建立;②应用宽频吸波器传输线模型的建模仿真和参数优化方法;③超宽带低散射单层氧化铟锡(Indium tin oxide,ITO)结构电磁超表面结构设计;④突破受光面低散射材料需要较高的透光率,不能采用多层 ITO 结构设计达到带宽拓展的限制;⑤由于卫星姿态、探测方向的不确定性,两类吸波结构需要实现大角度范围内吸波性能较好,吸波频带不能随角度有过大的波动。此外,还可通过等离子体隐身技术以及利用碳纳米管/聚酰亚胺泡沫材料优异吸波性能实现隐身。

光学隐身多使用航天超黑涂层有效吸收紫外-可见-近红外等光谱。目前,航天器在受到攻击之前,绝大多数均被光学探测到和被红外与激光目标锁定,如何将超黑漆与航天器热控涂层结合和共用是当前面临的技术难点。

在电磁屏蔽方面,泡沫 Fe-Ni 电磁屏蔽材料是一种有效的电磁屏蔽材料,该材料具有可参数化设计、密度低、电磁防护性能高的优点,是航天器电磁防护的首选材料。目前该技术已经应用在地面超高功率微波炮设备中,能够有效防护自身设备不受电磁损伤。其密度仅为铝合金的1/3,能够与蜂窝夹层结构进行复合,对 S 频段、L 频段、Ka 和 Ku 频段均有较好防护能力,能够达到 −60dB 的衰减效果。该技术难点是多孔泡沫 Fe-Ni 的组织特征研究、电磁屏蔽性能设计、力学性能及航天器应用。

在复合结构隐身与电磁防护技术的研究中,还需要结合航天器承力结构设计,在不显著增加航天器结构重量、不影响航天器热控特性的情况下,最终实现隐身和抗电磁攻击。

主要参考文献

[1] 雷红帅,赵则昂,郭晓岗,等.航天器轻量化多功能结构设计与制造技术研究进展[J].宇航材料工艺.2021,51(4):10-22.

[2] 龚自正,徐坤博,牟永强,等.空间碎片环境现状与主动移除技术[J].航天器环境工程.2014,31(2):129-135.

[3] Schubert M, Dafnis A. Multifunctional load-bearing aerostructures with integrated space debrisprotection[J]. MATEC Web Conf,2019,304.

[4] 贾斌,马志涛,张伟,等.泡沫铝几何参数对填充式结构防护性能影响的数值模拟[J].航空学报.2010,31(8):1572-1577.

[5] Ryan S,Hedman T,Christiansen E L. Honeycomb vs. foam:Evaluating potential upgrades to ISS module shielding[J]. Acta Astronautica. 2010,67(7-8):818-825.

[6] Sun Y L, Li Q M. Dynamic compressive behaviour of cellular materials:A review of phenomenon,mechanism and modelling[J]. International Journal of Impact Engineering,2018,112:74-115.

[7] Chen X,Yao W,Zhao Y,et al. A novel satellite layout optimization design method based on phi-function[J]. Acta Astronautica,2021,180:560-574.

[8] 郭文杰,王立凯,聂小华,等.航天器多舱段多组件结构系统整体式拓扑布局优化设计[J].导弹与航天运载技术,2019(5).

[9] 孔祥鲲,孔令奇,姜顺流,等.电磁超材料在超宽带雷达隐身微小卫星设计中的应用[J].宇航学报,2021,42(6):775-782.

[10] 刘斌,张翔,廖文和.微小卫星雷达隐身性能的在轨逆合成孔径雷达成像分析[J].南京航空航天大学学报,2011,43(6):816-821.

撰稿人:赵国伟(北京航空航天大学)　张晓天(北京航空航天大学)
李兴乾(中国航天科技集团有限公司第五研究院)

航天器大柔精稳结构机构设计与控制

Design and control of large-size, flexible, precision and stable structure and mechanism on spacecraft

1 科学问题概述

空间结构与机构是飞行器和航天装备的核心组成部分。空间结构为飞行器提供总体构型,为各分系统提供支撑,承受和传递载荷,保持一定刚度和尺寸稳定性;空间机构通过机械运动来完成飞行器之间的对接与操控、星表探测器移动及作业、对目标进行稳定跟踪指向、大尺寸高精度空间结构构建等任务。这不仅要求结构具有轻质多功能特性,更是从大尺寸(展收/组装)、高精度、高稳定度、长寿命方面对空间结构机构性能的提升提出了更高的要求。在这些方面,我国与国外在技术水平上还有一定差距,如国外卫星天线直径可达百米级别、大型展开机构面型精度可达毫米/亚毫米级别、激光跟踪精度可达亚角秒0.4″、驱动装置稳定度可达 $2 \times 10^{-8}°/s$、旋转机构寿命达 15 年上亿转。因此,开展长寿命大柔精稳结构机构设计与控制,将对航天器系统的技术发展起到关键的支撑和推动作用。

2 科学问题背景

我国载人航天、深空探测、在轨服务等重大任务对超大、超柔、超精、超稳机构的设计和精准控制需求,主要表现在以下几方面:

(1)超大/柔/精/稳空间结构机构有着越来越多的需求。

近年来,随着我国空间站的加紧建设、地球物理场和深空探测领域的快速发展,许多大型柔性空间可展开结构得到了广泛应用。在空间站的建设上,我国首次采用了大型空间盘绕式伸展臂将空间站的柔性太阳翼成功展开,为空间站的充足能源提供了保障。在地球物理场探测领域,"张衡一号"电磁监测试验卫星使用多根柔性伸杆将高精度磁强计等多种探测载荷在轨成功展开,实现了对相关物理场的精准探测。随着我国航天技术的发展,尤其是在深空探测领域快速发展的背景下,未来航天任务的复杂程度会进一步提升,对航天器平台的功能与性能要求也会随之提升,可以预见未来对于大型柔性空间可展开结构的需求会更加旺盛。其原因在于现阶段火箭运载能力的限制,使得航天器的质量和发射阶段航天器的包络尺寸受到严格的约束,这对于航天器平台功能密度的提升和航天任务复杂化的提升是不利的,而利用空间可展开结构对航天器平台进行在轨二次展开的方式则能够很好地解决这一问题。

随着大型柔性空间可展开结构的应用前景逐渐广阔,随之而来的是对空间可展开结构功能性能要求的进一步提升。现阶段对于大型柔性空间可展开结构的功能性能要求主要聚焦在展开过程的精度及可控性、展开后指向精度、展开后强度刚度及动力学稳定性等方面。因此,需要加大对于大型柔性空间可展开结构的理论研究和试验研究力度,对多种类型的大型柔性空间可展开结构的超精、超稳结构设计与控制方法进行充分研究,对带大型柔性附件航天器的动力学耦合效进行充分分析,以提升未来超大和超柔航天器结构的力学性能和稳定性以及精密载荷的精确对准、稳定指向等性能指标。

(2)在轨服务技术发展对空间操作机构的技术需求。

航天器在轨服务是指在空间通过人、机器人或二者协同完成涉及延长各种航天器寿命、提升执行任务能力的一类空间操作,包括在轨组装、在轨维修、在轨转运等。

为了保障航天员的安全,结合自主和智能技术的发展,更多的空间操作都要求采用各种类型的操作机构(或空间机器人)来实现,即实现以空间机器人为主体的自主在轨操作。从20世纪60年代起,国际上已取得了大量研究成果、飞行验证和应用,代表性的如空间站的机械臂、日本的ETS-7、美国的凤凰计划等。

我国现阶段对空间操作的需求越来越迫切,例如我国载人航天空间站领域,空间站柔性翼、长寿命大功率电传输与驱动装置等的能源保障和在轨维护,需要在轨快速维修更换、转动部件在轨润滑加注等;空间站狭小空间运行监测、小尺度精细化维修维护方面,需要具有多臂构型、高定位精度、冗余自由度的新型操控机构。

精巧灵活、可靠精准的操作机构系统是实现此类任务的关键部件,不仅限于其本身的机械设计十分复杂,在特殊空间环境下对操作机构的综合控制也十分困难。随着广泛的应用需求日益强烈,在操作机构设计研制、航天器平台操作任务与控制设计中,都需要解决好操作机构快速精准的高保真动力学建模和精稳柔顺的操作控制。如我国航天院所在空间平台任务设计和控制系统研制中,就提出在在轨测量条件受限、模型不确知、不可避免地存在一定的控制误差等条件下,为确保操作安全,需要进一步深化提高对目标的柔顺操作,并建立操作任务快速仿真验证的平台。此外,一些新兴的空间捕获与转运的项目,如欧洲的e.Deorbit、美国的小行星回收计划等,促进了一些如新的绳索体、囊体等新型操作机构的发展。对此,我国有必要在基础领域进行布局,开展新型操作机构及其动力学建模与控制方法研究。

3 科学问题研究进展

3.1 大柔精稳结构与机构设计

大柔精稳结构与机构设计主要涉及大型展收机构设计、对接机构设计、操控机构设计、跟踪指向机构设计、移动机构设计等,均有着成熟的在用机构。后续的重点在于两个方面,一是提升现有机构设计水平和效能;二是针对未来新的任务需求,提出并建立针对性的新设计方案。如在大型展收机构设计中,要发展几十米级大口径、亚毫米级型面精度的可展开天线;发展深空探测器千平米级大面积、轻薄太阳帆的展开机构;发展空间电站百平米级大尺寸薄膜电池阵展收机构;发展几米级柔性充气式展收太空舱体等。对接机构设计方面,要发展轻质软碰撞主动控制对接机构。操控机构设计方面,要发展具有毫米/亚毫米级末端操作精度的舱外维修维护精细操作机构,同时也要发展大尺寸非合作目标捕获与转运机构。跟踪指向机构设计方面,要发展亚角秒精度级激光通信跟瞄指向机构技术。移动机构设计方面,要发展具有强通过能力的千公里级星面移动机构。

3.2 航天器大型结构的动力学建模与控制

大型柔性空间展开结构的引入使得航天器平台的动力学与控制问题变得更加复杂。目前,针对该问题的研究工作主要从以下两个方面开展。

(1)大型柔性空间展开结构自身的结构动力学分析与振动抑制问题。大型柔性空间展开结构具有质量小、跨度大、柔性大、节点多、结构阻尼弱等特点,使得其结构具有低频、密模态、非线性等复杂的动力学特性。这种结构在复杂的空间环境下,容易引起低阻尼振动,且这种振动在空间中衰减缓慢,不期望的振动会严重影响航天器设备的正常工作、降低航天器指向精度、加速结构疲劳损坏。针对大型柔性空间展开结构自身的振动抑制问题的研究,目前可以分为被动控制和主动控制两种思路。其中,被动控制是利用自身结构设计或阻尼部件设计等途径,通过增大结构振动系统能量的耗散来实现结构振动的抑制。这种方式的优势是方法相对简单且易于工程实现,对于航天器平台而言没有多余的能源消耗,但被动控制方法无法自动感知环境变化,很难实现宽频带控制。主动控制则是设计一个控制系统,通过传感器主动感知结构的振动状态并利用执行机构来进行振动抑制。当前的主动振动控制技术主要有两种:分力合成/输入成形法和基于智能材料的振动主动控制方法。相较于被动控制而言,主动控制方法较难在工程中实现,且会消耗航天器的能源,不成熟的主动控制方法反而会降低系统的可靠性。

(2)含大型挠性附件航天器平台的动力学建模与姿态控制问题。卫星的姿态动力学模型反映了卫星在力矩驱动下的姿态变化规律,通常模型描述得越精确,所刻画的卫星姿态与实际表现越接近,建模过程也越复杂。含大型挠性附件的航天器动力学模型与传统的刚体航天器相比更加复杂,因为需要将挠性附件的动力学效应尽量准确地考虑到航天器的动力学模型中去。常用的方法如将挠性附件以干扰力矩的形式加入航天器的动力学平台中去,或者将类似于梁的空间结构描述为欧拉-伯努利梁。除此之外,还可以将挠性附件的振动方程考虑到航天器平台的动力学模型中,从而进一步提升航天器动力学模型的准确性。

3.3　面向复杂操作的机构动力学建模与控制

应用最多的空间操作机构主要是空间机器人。与任务多样性相对应,空间机器人也朝着多样化的方向发展,在传统机器人的基础上,逐步发展了柔性机器人、软体机器人、变胞机器人、空间绳索体操作机构、囊体操作机构等,这都对动力学理论建模提出了新的挑战,需要在多刚体动力学的基础上,发展非线性柔性多体动力学建模方法。软体、柔性、绳索、囊体等,理论上具有无限自由度,且几何非线性和材料非线性均不可忽略,模型还需要考虑机、电、气等多学科耦合影响,使得建模难度大幅增加。因此,合理反映柔性和软体的机构动力学建模及其简化方法是未来的发展重点之一。由于有些操作机构有着极高的控制精度要求,机构运动控制往往需要基于操作机构及被操作对象动力学模型进行前馈控制,这就要求在一个控制周期内完成动力学解算,因此,对高效的动力学建模与求解方法也有着迫切的需求。

操作机构的精细化控制,已经历了从刚度控制、阻尼控制到力位混合控制,再到阻抗控制以及各种自适应、智能控制算法等,目前仍然没有比较统一、在工程实践中具有普适性的成熟理论,面向可靠、精准、柔顺、容差的力控制问题仍然是空间操作机构控制领域的一大挑战。在此问题的解决方案中,需要重点研究基于动力学模型的力控制、基于多传感器融合的力控制、智能力控制、路径智能规划、自适应操控方法等,以适应复杂多变的应用场景和苛刻的控制要求,如利用机器学习方法实现操作机构控制、提高空间接触任务操作能力。

在高精度指向操作类机构控制中,重点研究精密传动机构静动态误差分配及精度设计、高稳定度驱动控制等,以满足航天器新一代高性能有效载荷对跟踪、指向、扫描精度以及稳定度要求。

主要参考文献

[1] 柴洪友,高峰.航天器机构与结构[M].北京:北京理工大学出版社,2018.

[2] 王耀兵.空间机器人[M].北京:北京理工大学出版社,2018.

[3] Sanfedino F,Alazard D,Preda V,et al. Integrated modeling of micro vibrations induced by Solar Array Drive Mechanism for worst-case end-to-end analysis and robust disturbance estimation[J]. Mechanical Systems and Signal Processing,2022,163:108168.

[4] 孙亮,纪明,王克成,等.一种薄膜航天器展开与锁定机构设计验证[J].机械设计与制造工程,2019,48(7):67-70.

[5] 徐天石.航天器执行机构故障与存在安装偏差的姿态容错控制[D].西安:西安理工大学,2018.

［6］ Ai H P,Zhu A,Wang J J,et al. Buffer Compliance Control of Space Robots Capturing a Non-Cooperative Spacecraft Based on Reinforcement Learning［J］. Applied Sciences,2021,11(13),5783.

［7］ 陈传志,汪捷,陈金宝,等.弱撞击对接机构动力学特性建模[J].南京航空航天大学学报,2021,53(1):35-43.

［8］ 赵国伟,王伟民,方艺忠,等.漂浮基转台线性化状态反馈指向与跟踪控制[J].北京航空航天大学学报,2015,41(9):1567-1573.

［9］ 朱孟萍,耿磊,陈新龙,等.带有阻尼机构的多柔体航天器动力学建模[J].空间控制技术与应用,2017,43(3):34-40.

撰稿人:赵国伟(北京航空航天大学)　张晓天(北京航空航天大学)

咸奎成(上海宇航系统工程研究所)

CHAPTER TWO

第2章
航天器动力学与控制

开展航天器动力学与控制的研究在航天技术的发展中至关重要,其核心是对航天器在太空自由飞行状态下的动力学特性及其与控制系统之间的力学耦合问题进行分析、仿真、评估、优化与试验,从而发展有效的方法促使航天器在各阶段平稳可靠地运行。近几十年来,航天器技术快速发展,航天器形式日趋多样化,功能与构造日趋复杂,已经向大型空间站、微小卫星、深空探测等方向发展。航天器结构表现出多耦合、非线性、极端外界环境以及大尺度柔性结构等特征,其研究方法覆盖理论分析、数值仿真以及试验模拟等诸多方面。

面向新时期航天强国建设目标,新一代航天器将会越来越多地成为工程任务中的主角。为满足高分辨率、多功能、长寿命、高精度等需求,大型化、柔性化和高精度安全控制已经成为发展的主流趋势,新结构、新模式以及新体制的出现,使得动力学与控制面临着诸多挑战。急需在基础理论、通用设计软件、核心关键技术等方面展开攻关及研究,力争在以下九个重点领域实现突破:①航天器动力学与控制自主软件设计与开发;②面向空间安全运行的航天器智能自主运行基础理论;③资源受限下的航天器控制鲁棒性保障及弹性重构问题;④航天器进入、下降与着陆精确制导控制;⑤大规模集群运输系统构型设计与协同控制;⑥多模态新体制推进系统下空天飞行器多态耦合动力学与控制;⑦面向大规模航天运输的复杂任务规划与轨道动力学;⑧变体飞行器动力学与控制基础问题;⑨航天器轨道动力学与控制。

航天器动力学与控制自主软件设计与开发

Design and development of independent software for spacecraft dynamics and control

1 科学问题概述

随着中国制造正在向智能制造迅速转型,工业软件成为我国制造业的一个核心基础,但也成为制约我国工业发展的关键"卡脖子"技术之一,而动力学仿真软件即为工业软件的重要组成部分。在航天器的设计、制造、发射和运行过程中,动力学仿真软件的作用至关重要。要加快我国航天事业的发展,需要发挥机制体制优势,补齐核心关键技术受制于人的短板,实现动力学仿真软件的自主可控,才能提升自主创新能力。

航天器动力学与控制自主软件的设计和开发,往往并不是针对航天器动力学与控制的具体应用设计和编写新的、高效的算法,而是将学术界、工业界久经考验的成熟算法系统化、标准化和完备化,形成完善、方便的软件工具,为航天器的设计、制造、发射和运行过程提供服务。因此,研发中的关键科学问题,体现在如何将航天器动力学与控制领域的建模方法公理化,确保基础理论及其扩展可以适用于航天器的所有应用场合;再将理论与软件工程的研究成果和实践经验有机结合,形成优秀的软件产品,为航天行业的各种具体应用提供服务。简单地梳理一下,航天器动力学与控制自主软件中的关键科学问题包括以下几个方面。

1.1 航天器动力学与控制仿真软件的行业需求与架构设计

动力学与控制仿真软件的计算结果要具体地服务于航天器动力学的建模与控制,完成对各类航天器各种动力学过程进行的建模、分析与控制,其应用场景包含但不止于以下过程:

(1)发射动力学过程;

(2)飞行动力学过程;

(3)动力系数提取和开环动力学特性分析;

(4)弹道优化设计;

(5)姿态动力学与控制系统设计仿真;

(6)导引规律设计与制导系统仿真;

(7)结构动力学分析;

(8)航天器轨道与姿态动力学分析;

（9）系统综合仿真与设计验证。

具体实践中，软件的架构通常分为内核算法层和行业应用层两大模块。

内核算法层为尽量包含所有动力学与控制设计中通用性的算法。常用算法除了保证精度和鲁棒性以外，还需要尽量优化以保证仿真效率；对于不太常用的算法一定要保证计算的正确性，需要通过完整的测试流程来保证这一点；此外，还需确保算法模块的可扩展性。

行业应用层即用内核算法实现的基本功能搭建各个行业模块，并针对行业特性，利用行业的特殊知识对算法进行专门优化，从而将行业规范和设计经验用软件方式传承，这也是仿真软件的功能之一。

为了开发动力学与控制仿真软件，需要首先定义清楚航天器动力学的具体应用场景、设计软件的基本架构，再根据软件的功能划分模块，并定义清楚各模块之间的接口。

1.2 仿真软件的核心算法公理化与通用型优化技术

为了在同一软件平台完成所有航天器动力学与控制过程的建模，需要将多个不同学科开发的核心算法统一到一个理论框架下，这些算法包括：

（1）多体系统动力学与控制算法；

（2）飞行动力学与控制算法；

（3）结构动力学与控制算法；

（4）流体动力学建模与仿真算法；

（5）多物理场耦合仿真动力学算法。

这些算法是由不同学科独立发展起来的，其基本假设和算法思路有诸多不相容之处。因此需要在同一程序框架下将各种算法熔于一炉，以解决航天器各种工作过程重点具体问题。进一步说，这些算法在很多底层计算中的原理和技术有一定的通用性，可以在统一的框架下进行优化，例如：

（1）核心算法的通用数据结构、链接方式、时间积分器、控制设计算法等；

（2）高性能、并行化仿真技术；

（3）计算资源调度管理技术；

（4）仿真结果的系统化测试和验证技术；

（5）海量仿真数据的智能分析与综合技术；

（6）仿真结果的可信度定量评价。

这些技术中有一部分是计算数学相关的技术，另一部分是计算机本身相关的技术，可以通过组织专业团队采用集体攻关的方法来逐次实现。

1.3 动力学仿真软件的行业优化、专业化与标准化

基于底层核心算法搭建行业模型，再结合行业知识开发具体行业的应用模块。每个

行业的动力学方程都有各自的特性,这些特性往往无法体现在内核算法的优化中,而需要在行业模块的优化中完成。此外,具体行业应用的动力学方程有自身的数值特点,本身也为行业软件的计算效率优化提供了很大的空间。另一方面,行业建模标准化可以实现行业知识的软性传承,优化的参数本身凝聚了前辈的心血和经验,在应用中打磨和提高软件性能也非常有利于航天领域专业知识的延续性,抵抗由于从业人员流动带来的不利影响。

1.4 其他方面

随着物联网技术的蓬勃发展,数字孪生技术在工业界得到了广泛的关注。在航天器的实践中,由于远距离通信的延时性,远程操作的有效性关键依赖于仿真软件的预测准确性。如何优化传感器的布置,更有效地利用宝贵的深空通信资源,是航天器动力学的重要研究课题。动力学建模、仿真与控制技术的创新和进步往往来自解决实际问题的过程,而不是学术界闭门造车式的思考。作为动力学应用的前沿学科,航天器动力学与控制的仿真实践中会涌现出大量动力学学科之前从未遇到的新问题,刺激该学科本身的革命式发展。教科书上的算法往往给人一种仿真工具早已尽善尽美的幻觉,而软件开发过程中开发者往往能够发现现有理论和算法的不足与不完善之处,并设计出新的算法来查漏补缺,逐步完善仿真软件的细节。正确地提出问题本身就是解决问题的关键步骤,仿真软件与航天器实践的协同发展将会极大地促进我国航天事业的进步。

2 科学问题背景

目前国内自主工业软件的发展现状可以概括为"管理软件强,工程软件弱,低端软件多,高端软件少",并且没有商业软件生存的基本生态条件。商业软件和学术程序有很大不同,大部分学术界开发的程序,十个算例中只要能算对一个,就足以发表文章;而商业软件的一千个算例中只要有一个算得不好即失去声誉,对软件造成不可挽回的损失。很多专家开发的程序算法足够新颖,但通用性不强,在设计阶段并未考虑到很多实际问题中出现的意外情形,也没有给这部分问题的解决方案留出足够裕度,往往很快在工业界失去信誉而无人问津。

国内许多单位虽然采购了很多商业软件,但在很大程度上并没有真正得到很好应用。在实际应用中,各研发单位往往只是让初学者简单地用商业软件最简单的功能实现简单的建模,而资深工程师更相信试验测试的结果,这一点与欧美工业界正好相反。在这一过程中,商业软件的实际强大功能并未开发出来。在欧美航天界和工业界,大型企业的研发团队往往与商业软件的研发团队建立起几十年的合作关系,将各项专业知识及其新进展集成于软件模块之中,同时实现了知识的有效传承。很多非常方便、好用的工具本身能大大节省开发周期,软件的开发与工程应用的结合往往可以达到共赢的目的。

为进一步优化软件产业发展环境,提升软件产业创新能力和发展质量,国务院于 2020 年 8 月 4 日发布《新时期促进集成电路产业和软件产业高质量发展若干政策》,提出财税、投融资、研究开发、进出口、人才、知识产权、市场应用、国际合作等八大举措,对软件行业健康发展进行政策指引,支持产学研融合发展,大力培育软件领域企业做大、做强、做优,为我国发展工业软件保驾护航。

为了保证工业软件的可持续发展,需要了解工业软件的产业特点。工业软件的盈利点并不在于软件销售,而在于生态链的培养和用户的可持续性发展。工业软件本身的学习成本非常高,很少有企业愿意专门为某个不知名的新软件培养一批应用工程师,而软件开发团队也不愿意专门针对某一企业的应用对现有代码进行深度优化,除非二者之间深度结合,保证足够的基础来开展长期合作。

国际上大型动力学仿真商业软件主要有三家:美国 MSC 软件公司开发的 ADAMS,韩国 Function Bay 公司开发的 RecurDyn,以及德国 SIMPACK AG 公司开发的 SIMPACK。这几个软件各有所长,ADAMS 软件的思路是在绝对坐标系进行全坐标拉格朗日方法建模,采用稀疏矩阵技术求解代数微分方程的方法进行仿真,目前这种方法也是动力学建模方法的主流,ADAMS 软件也是整个行业的领头羊;RecurDyn 软件采用的是相对坐标系运动方程理论和完全递归算法,在求解某些机械系统时非常便捷;SIMPACK 用符号运算的方法将代数微分方程简化为常微分方程再进行计算,在求解小变形柔性体动力学时效率非常高。此外,还有其他几家软件,例如最近被西门子公司收购的 Virtual. Lab、Altair 公司基于 Hypermesh 界面开发的动力学模块,也都有各自的特点。对这些产品各自优势的深入研究和消化、吸收和利用,是我国自主软件研发的有利条件。

工业软件本身是一个高投入、低回报的领域。即使几大行业巨头,其营运难度也很大,利润率远低于各大新兴互联网公司。经过多年充分竞争之后,全球实际上在每个行业内只有两三家领头软件才能生存下来。例如,通用型有限元软件现在能顺利生存的只有 ANSYS 和 ABAQUS,当年的巨头 NASTRAN 除了在航天届无法被替代以外,在其他工业领域只占了非常少的份额;LS Dyna 剑走偏锋,完全依靠自己在爆炸冲击破坏领域内的特性勉强挤入一席之地;而当年学术界骄傲的明珠,加州伯克利大学开发的 FEAP 程序虽然已经开源,但现在很少在工业界应用。再以动力学仿真软件为例,虽然还是 ADAMS 一家独大,但其营收和员工福利大不如前,人才流失较为严重。这一点与欧美制造业的空心化关系极为相关,也是我国利用自身产业优势发展自主动力学仿真软件的绝好机会。

3　科学问题研究进展

动力学仿真软件是航天、航空、车辆、轨道交通、医疗器械等产业部门设计和分析的方便工具。在这样的工具下，用户只需要按照格式输入能够描述这些复杂机械系统的最基本数据，软件就可以自动建立起系统动力学的数学模型，进而计算出系统的运动学规律和动力学响应，并实现有效的数据后处理，采用动画、图表或其他方式输出数据处理结果。仿真软件的仿真结果可以直接向设计者提供所设计产品的动力学性能，在很大程度上可以取代昂贵耗时的实物测试，既节省了开发成本，又加快了设计周期。另外，动力学仿真本身可以为用户提供很多不能进行现场试验的信息，帮助用户更好地了解产品的性能。

目前，国内采购的国际品牌工业软件很多，但应用效果并不好。这也不是企业的问题，而是国际工业软件不愿意在国内花时间培养生态链的结果。工业软件是服务业，其研发成功技术先进是必要的，但要在市场上生存下来更多取决于如何能为工业界长期提供优质的服务。国外的软件行业的收益早已不靠软件销售所得，而是靠提供定制服务。工业软件的使用需要很高的行业经验和学习成本，而其企业的生存却有很大的不确定性。很多高校和公司还没有意识到这一点。以 ADAMS 为例，其在中国大陆的软件销售情况好于绝大部分国家，但从商业营收上来说却并非如此。软件与工业界应该是共同进步，通过将很多行业知识和规范嵌入软件，才能更好地实现工业界经验和知识的传承和进步。国内的制造业虽然发达，但产品开发并没有系统化和可持续化，例如专家退休会造成技能的断代，而这一点本身是可以用软件解决的。国内工业软件行业正在抓紧机会建立与工业界更紧密的双边关系，达到工业软件与工业界共同成长的目的。很多软件开发时处于软件工程或者相关理论发展的早期，由于技术路径限制，后来发展出的新技术没有完全得到应用，这也给了我国总结前人经验教训，开发出自主更优秀产品的机会。

国内外很多高校的若干课题组也有自己开发的程序模块，用来作为科研开展的平台并向工业界提供咨询。美国伊利诺伊大学芝加哥分校 Shabana 教授基于绝对节点坐标方法开发了一套仿真程序包；美国普渡大学 Wasfy 教授团队基于自身研究结果开发的动力学软件包；德国斯图加特大学 Schiehlen 教授和 Eberhard 教授团队也开发了软件平台。目前，清华大学、上海交通大学、北京理工大学等国内高校学术团队也开发了相关航天器动力学与控制相关代码与程序，但有各自的侧重点，并且核心的建模方法与求解算法也各不相同。这些软件并不能单独、全周期地进行航天器动力学建模与控制分析，因为存在数据结构、模型框架、求解算法等诸多方面的差异性，所以利用多款软件叠加分析并不能取长补短。这些研究成果为我国自主研发动力学仿真软件积累了宝贵的经验，我国相关部门需要联合国内多家从事航天器动力学与控制的单位，进行自上而下的规划、设计与开发，整合多方面的力量与优势，以达到整体大于部分的效果。

总而言之，国内研究航天器动力学与控制的团队大多采用自编程代码进行仿真、计算与分析，难以形成体系，也无法及时有效地解决一些航天部门的航天器动力学与控制相关问题。因此,我国需要自上而下地设计并开发一款航天器动力学与控制自主软件,为我国未来航天事业提供有效的分析手段。

主要参考文献

[1] MSC. Software Corporation, ADAMS 2021 Online Help[M]. MSC Software Corporation, Ann Arbor, MI, USA, 2021.

[2] Canonsburg T. ANSYS LS-DYNA User's Guide[M]. America: Ansys, Inc, 2021.

[3] FunctionBay Inc. RecurDyn/Solver Theoretical Manual[M]. Korea: FunctionBay, Inc, 2019.

[4] Simpack AG. Simpack Documentation[M]. Germany: Simpack AG, 2021.

撰稿人:任辉(哈尔滨工业大学)　张成(北京理工大学)　陈提(南京航空航天大学)
邓新宇(中国航天科技集团有限公司第一研究院)

面向空间安全运行的航天器智能自主运行基础理论

Intelligent autonomous operation of spacecraft for safe transportation in space

1　科学问题概述

探索浩瀚宇宙是人类不断追逐的航天梦想,中国和平探索太空的规划更加明确。空间基础设施体系建设、星际探测、深空探测、新一代重型运载火箭和重复使用航天运输系统、探月工程四期等是近期航天发展的重大工程。面向未来更加频繁、更高价值的空间运输需求,对航天器的可靠性、安全性提出了更高要求。同时,航天员生命至上的理念使得空间快速应急救援也成为航天发展的新需求。

智能自主控制是应对航天器安全运行的重要手段,航天器的智能自主能力至关重要,如何提升航天器的智能感知、自主规划、故障重构、决策分析等能力,保障航天器全生命周期的安全构成了一系列基础问题。基于人工智能技术结合航天器的新需求,开展基础控制理论、新型控制方法等相关研究,构建航天器智能控制技术体系,是自主智能控制未来发展的前沿,也是支撑新时期航天运输任务安全开展的主要抓手,具有决定性意义。

2　科学问题背景

随着空间探索越加活跃,航天器所需执行的空间任务也日趋复杂。航天器在应对任务中的不确定性因素时,通常采用地面测定轨 + 遥测下传→情况判定→决策规划→上注指令→在轨执行的方式。这种"星地大回路"的控制方式存在窗口和弧段时空约束多、星地回路时间链条长、运维指控人为因素多等问题，无法针对不确定性进行实时决策，致使一些任务的执行过程并非一帆风顺。另外，轨道空间日益拥挤、碰撞风险激增，太空竞争加剧、袭扰增多，给航天器任务执行带来了更多不确定性因素。若无法对空间威胁进行有效处置，将严重影响航天器在轨运行的安全性和业务的连续性。同时，为了避免"星地大回路"造成的时延，就必须增强航天器自主及时处置空间威胁等不确定性的能力。

未来航天器所需自主完成的非合作目标在轨服务、地外天体着陆及探测等复杂空间任务具有先验信息少、探测手段欠缺、通信条件恶劣、星上资源受限等特点，这些因素均给航天器的控制系统提出了更高的要求，即需要航天器在难以与地面进行及时通信的前提下，利用有限的先验信息和实时感知信息自主实现对任务场景的高层次抽象理解，并据此快速给出任务决策及动作规划结果。因此，未来航天器应具备类人的自主感知与认知、角色演化及自主决策能力。另外，当前空间飞行器健康管理主要针对已认知的故障，采用硬件备份＋解析冗余＋专家支持＋安全模式的模式实现事后诊断与处理，不能充分挖掘和利用各阶段的历史数据，难以实现提前预警和寿命预测。健康管理作为航天器实现智能自主控制亟待突破的关键技术之一，是从系统层面克服产品固有可靠性不足、提升航天器安全可靠稳定运行能力的有效手段。

因此，智能自主运行对于保障国家空间资产安全、提高业务连续稳定运行能力、高效建设航天强国意义重大。

3　科学问题研究进展

面向空间安全运行的航天器智能自主运行基础理论，主要涉及动力学参数精准快速辨识、故障诊断与鲁棒容错、自进化智能控制、有弹性保障的安全学习四大方面。

3.1　动力学参数精准快速辨识

航天器在轨动力学参数辨识包括质量特性、惯量和模态特性等参数的辨识。传统航天器的动力学参数辨识一般通过机理建模与地面物理试验辨识相结合等手段实现上述参数的辨识。然而，对于在轨智能自主运行的航天器，其在轨运输任务所涉及的服务操作（如交汇对接、在轨加注、在轨更换、在轨装配等）可能引起航天器在构型和载荷工况方面发生重大变化，因此需要通过在轨动力学辨识技术实时标定变化后的系统动力学参数。基于地面试验辨识航天器动力学参数的方法很多，但其适用对象往往是中小型、无燃料消耗、无大型展开天线的传统航天器。此外，由于地面测量方法复杂、航天器参数时变，无法克服在轨运行时的测量延时和误差，因此不适用于在轨可变的智能航天器。

对于航天器在轨动力学自主辨识这一问题，可从激励输入优化、辨识模型和辨识算法三方面开展研究。在系统辨识中,参数估计值能否快速收敛至可信域很大程度上取决于激励系统的输入信号轨迹,因此在开展系统辨识之前,需要根据待估参数的先验信息,对输入信号的轨迹进行优化设计;辨识模型主要面向非合作目标的安全运输,寻求建立运动学和动力学模型,将当前状态、控制力矩与未来状态相关联,实现辨识模型的迭代更新;传统智能算法代码相对复杂,且每次执行任务需要重新进行寻优计算,不适用于需要快速响应的航天器。针对空间安全运行的复杂场景和海量数据,借助深度学习在参数寻优上的优势,设计辨识算法,在自主辨识的前提下,建立运输任务场景库,对于后续相似的任务需求,可通过搜索场景库数据获取先验知识,实现对动力学模型的快速辨识。

3.2　故障诊断与鲁棒容错

航天器在跨大气到深空探测的飞行环境下,执行空间运输任务的过程中,存在难以安全可靠控制的难题。如何自主地感知和预测高动态未知环境对机体的影响,进而实现智能调控规划,对有效提升航天器的全寿命周期有着重大意义。在现有航天器的自主故障模态感知和智能可靠控制研究中,两者通常分开进行,一定程度上割裂了供需连接关系,亟须将实时的未知故障感知和主被动混合的容错控制融合考虑。

对于故障预测感知技术,基于模型和基于知识的方法具有较长的研究历史,发展至今已在多型飞行器、卫星及深空探测航天器上进行了实际工程应用验证。基于数据的方法因其对精准系统模型和专家知识具有低依赖的优点,在近二十年来发展迅速。其中,经典机器学习方法需要烦琐地通过算法得到敏感故障表征,深度学习方法的端到端优势建立在已知故障的大量历史数据上,导致这些方法都不适用于缺失样本或小样本的未知故障感知和预测。航天器在完成跨空间飞行任务时,其空间环境变化极易引发未知故障,如空间辐射产生单粒子效应引发关键电子器件故障、机体物理损伤引发航天器自身参数变化等致命性问题。近五年内,基于迁移学习的人工智能方法因其强悍的小样本和不平衡样本数据处理能力受到领域内越来越多的学者关注,其在机械装备和系统中的研究验证为跨大气空间飞行的航天器自主感知未知故障提供了一种可行的新方案。对于可靠的容错规划技术,跨空间区域飞行需要具有弱模型依赖性,对高动态系统的复合耦合扰动有优异的估计补偿能力方法,需要研究通过自主智能感知信息,在线、实时地调整容错策略的自主控制方法。强化学习等具有自适应学习能力的方法,成为解决动态最优控制参数调控的可行技术路线。

3.3　自进化智能控制

在对象、环境或任务发生动态变化时,人类的学习与推理模式具有强自进化和自适应能力,能在情况变化时动态调整,并从有限样本中学习规律。然而,传统机器学习和推理模型在自进化和自适应能力上与人类相比仍然有较大的差距。为了提升航天器运行可靠性，大致遵循以下两个技术路线，一是数据驱动的预训练模型，具有一定的泛化能力，存在的主要问题是对数据、存储和算力的要求极高，推理链路难以解释；二是知识驱动的符号推理，在特定领域具有不错的应用落地，但是难以处理不确定、不精确或不完备的知识。故如何构建适合航天器的自进化能力是重中之重。

针对空间安全运行航天器，应解决的主要问题是如何在通信环境、拍摄条件、观测数据、计算存储等资源受限条件下实现模型的自主学习与进化，从而具备针对变化环境、对象和任务的强泛化能力以及可解释能力。未来解决该问题的几个途径如下：①动态网络的自进化学习推理：模型的神经元、参数、结构、推理链路基于特定数据的动态自适应生成与设计，实现单个紧致模型对特定对象、环境或任务的自动适应。该方法在部署阶段对算力要求相对较小，但仍需要覆盖度较高的数据进行训练。②知识增强的自进化学习推理：通过知识推理将知识库中的实体和关系进行向量化表示，然后与神经方法相结合，利用向量间的数值计算代替符号计算，从而获得更好的鲁棒性，但是其推理过程与传统符号推理相比可解释性差。③基于因果的自进化学习推理：引入关于数据生成机制因果结构的附加假设，分析变量是如何因果相关的，而非表面的关联关系。减少对数据的依赖，并获得更好的可解释性。

3.4 有弹性保障的安全学习

面向未来日益复杂及频繁的空间运输任务，传统控制模式已无法满足航天器自主应用的需求，伴随着人工智能技术的落地，基于学习的智能控制成为近几年发展的前沿，在行星软着陆、在轨操控、移动巡视等领域已有初步的探索和验证。但受限于神经网络可解释性差，其内涵机理尚不明晰，使得训练得到的策略没有足够的鲁棒性及可迁移能力，尤其是在对安全、可靠、稳定性要求极为严苛的空间航天器多尺度运输领域，严重制约了智能技术在实际工程中的大规模应用。面向未来复杂多变的空间运输需求，如何使得航天器具备安全学习能力是实现空间智慧运输的基础，故急需构建具有弹性保障的通用安全学习支撑体系。

航天器空间运输任务具有高动态、强干扰、多风险的特点，无论是个体航天器还是群体航天器都面临着外界及自身的多源不确定扰动，为了保障飞行安全，对于控制系统的设计提出了更高的要求，但同时为了克服神经网络可解释性不足的缺陷，基于稳定性控制理论实现了对 Critic 回路的弹性设计，从控制安全的角度给出了策略应用可解释性保障。在实际的应用中逐渐形成了两种研究路线：一是不依赖模型的全数据安全学习模式。该途径完全将信息流数据化处理，无论是动力学参数、飞行数据，还是传感器数据都作为深度神经网络的输入，利用神经网络强大的拟合能力来实现控制策略的学习，但对于网络参数的选择及结构的设计提出了不小的挑战,在极复杂任务中常采用分段分目标学习模式。二是基于数据及在线辨识的安全学习模式。该途径是在基于数据训练的基础上进行了简易化处理,从完全不依赖模型转为对模型精度的不依赖,即基于已有知识可以获得航天器对象的初步模型,因为实际的飞行过程中参数始终是处于动态变化的,无法做到和实际完全一致的建模,所以完全可以利用神经网络来做控制参数的快速更新,以适应不同的环境及状态扰动。

上述两种技术路线,从难易程度来看后者有一定优势,更加利于实际的工程应用,但对其弹性回路的设计、网络的设计以及面向不同类型航天器的通用化使用均是亟待解决的难题。

主要参考文献

[1] Samuel Hilton, Roberto Sabatini, Alessandro Gardi, et al. Space Traffic Management: Towards Safe and Unsegregated Space Transport Operations[J]. Progress in Aerospace Sciences,2019,105:98-125.

[2] 吴宏鑫,胡军,解永春.航天器智能自主控制研究的回顾与展望[J].空间控制技术与应用,2016,42(1):1-6.

[3] 袁利.面向不确定环境的航天器智能自主控制技术[J].宇航学报,2021,42(7):839-849.

[4] 黄旭星,李爽,杨彬,等.人工智能在航天器制导与控制中的应用综述[J].航空学报,2021,42(4):106-121.

[5] Chengchao Bai, Peng Yan, Xiaoqiang Yu, et al. Learning-based Resilience Guarantee for Multi-UAV Collaborative QoS Management[J]. Pattern Recognition,2021,122:108166.

[6] Brian Gaudet, Richard Linares, Roberto Furfaro. Adaptive Guidance and Integrated Navigation with Reinforcement Learning[J]. Acta Astronautica,2020,169:180-190.

[7] Andrea Scorsoglio, Andrea D'Ambrosio, Luca Ghilardi, et al. Image-based Deep Reinforcement Meta-Learning for Autonomous Lunar Landing[J]. Journal of Spacecraft and Rockets,Early Access,2021.

[8] 沈毅,李利亮,王振华.航天器故障诊断与容错控制技术研究综述[J].宇航学报,2020,41(6):647-656.

[9] Minghao Han, Yuan Tian, Lixian Zhang, et al. Reinforcement Learning Control of Constrained Dynamci Systems with Uniformly Ultimate Boundedness Stability[J]. Automatica,2021,129:109689.

[10] 金晨迪,康国华,郭玉洁,等.基于深度学习的航天器组合体惯性参数在轨智能辨识

[J]. 中国空间科学技术,2019,39(2):1-12.

撰稿人：郭继峰(哈尔滨工业大学)　白成超(哈尔滨工业大学)

　　　　路坤峰(中国航天科技集团有限公司第一研究院)

　　　　王会霞(中国航天科技集团有限公司第一研究院)

　　　　张海博(中国空间技术研究院)　宋佳(北京航空航天大学)

　　　　秦飞(西北工业大学)　黄河(西北工业大学)

资源受限下的航天器控制鲁棒性保障及弹性重构

Robustness guarantee and flexible reconstruction of spacecraft control under resource constraints

1　科学问题概述

　　航天器在执行科学探索、空间资源开发与利用等任务时,将面临诸多难以预先准确建模的不确定因素。如自主导航所需的天文信息存在波动、地外天体表面土壤的力学性质存在大范围变化、空间飞行环境的力热性质存在建模误差、空间辐射与高能粒子对系统设备的影响难以预料。这要求航天器控制系统具有很强的鲁棒性。控制系统鲁棒性源自算法、设备两方面因素。有的算法需配置多类多个传感器,以获取足够信息;有的算法对于运算能力、存储空间提出了很高要求。为抵御恶劣的空间环境,对关键部件需进行加固或冗余配置。同时,航天器在轨运行周期较长,期间可能出现故障或异常,导致一些部件或软件不能正常工作。此时需要根据设备故障状态、任务剖面等因素,灵活自主地对传感器、计算装置、能源供给、通信能力、执行机构等资源进行重组,从而完成既定或适度降级后的任务。然而,受运载能力、制造成本等制约,航天器控制系统在尺寸、重量、功率等方面存在严苛的资源限制。必须在有限的资源下,保障控制系统的鲁棒性,以及在必要时灵活弹性地进行控制重构。本质是如何降低鲁棒控制算法对计算与传感资源的需求、如何充分利用可用资源实现弹性重构,以及如何在给定资源约束下提升各类控制系统部件的品质。

2　科学问题背景

　　航天器控制系统承担航天器导航制导、姿态控制、轨道控制、太阳帆板和天线驱动控制等任务,是最重要和最复杂的分系统之一。控制系统结构和功能复杂、空间环境的不确定性大,控制异常的占比达到了整星的46%。由于航天器控制任务的重要性,一旦发生异常,后果将十分严重。为了降低航天器控制异常对系统的影响,必须要增强其鲁棒性和故障重构能力,这已成为从系统层面克服产品固有可靠性不足、提升航天器安全可靠稳定运行能力的有效手段。

航天器控制系统具备以下特点:

(1)由于受运载能力和星上硬件的制约,重量、体积、算力、内存等严重受限,不可随意添加冗余备份,难以搭载复杂的控制算法和诊断重构算法,其控制鲁棒性保障能力和系统重构能力受到资源约束的限制。

(2)天地往返、在轨服务、深空探测、太阳系边界探测等任务下,航天器运行环境未知,不确定性大,尤其在发射段、着陆段等关键时段系统的动态特性强,对抗干扰的鲁棒能力和处理故障的重构能力要求高。

因此,当航天器受到干扰或健康状态发生变化时,需要通过充分挖掘自身有限的资源,在未知环境和复杂任务下可靠地恢复系统的功能和性能。为了在有限资源下提升系统的鲁棒性保障能力和系统重构能力,需要解决以下问题:

(1)资源受限下的控制鲁棒性保障技术。主要是面向未知的空间环境,在大干扰、高动态任务下,能够实现有限资源的合理调配,实现系统稳定可靠控制。

(2)资源受限下的弹性重构技术。随着健康状态的退化,系统可调用的资源也在改变,需要基于系统的实时健康状态,对系统具备的重构能力进行评估,并依此开展自主重构策略设计,从而充分挖掘系统剩余的资源潜力,实现重构后系统功能和性能的最优。

(3)航天器低功耗、轻量化、高稳定控制技术。在航天器重量、功耗等有限资源约束下,尽可能地提升计算能力、存储能力,实现控制数据的有效处理和使用。

由此可见,为了提升航天器在有限资源、多干扰、高动态环境下高可靠、强鲁棒控制能力,保障未来空间运输任务的顺利开展,需解决资源受限下的航天器控制鲁棒性保障及弹性重构问题,从而为天地往返、在轨服务、深空探测、太阳系边界探测等国家重大工程提供支撑。

3　科学问题研究进展

3.1　资源受限下自主鲁棒控制

随着航天技术的蓬勃发展,航天器系统与任务需求越发复杂化与多样化,对航天器控制系统提出了高可靠性、高稳定性和自主运行能力的要求。然而长时间运行在高/低温、强辐射的恶劣空间环境将导致航天器的执行机构发生故障或效率下降。同时,执行机构固有的物理特性使得实际工程中产生不可忽略的幅值和变化率受限问题。为保证满意的控制性能,需综合考虑上述因素导致的未知不确定性设计鲁棒控制策略。此外,由于星上计算和处理能力十分有限,控制策略必须简单有效,避免过分复杂导致可靠性下降、功耗大等问题。目前常见的鲁棒控制策略常利用连续自适应更新率、干扰观测器、模糊推理系统以及神经网络方法对系统不确定性的相关信息进行估计并与传统的反馈控制、滑模控制、现代控制理论等方法相结合。这类方法通常假设不确定上下界已知、系统模型精确、系统状态可测,且控制律形式较为复杂,控制性能依赖于参数选择,而控制参数通常根据工程经验调试确定。上述原因导致传统控制策略无法满足未来航天器控制系统的需求。

为提高系统的控制性能和自主实时性,各国学者在传统控制的框架下引入人工智能技术,以期在局部信息未知的高动态环境中,根据实时感知信息推理并执行合理控制,实现更高的控制精度、效率、实时性和预测性,最大限度地提高任务满意度。目前面向航天器执行机构饱和、故障的智能自适应控制技术主要分为:①利用深度神经网络实现不确定性的识别和逼近,提高控制精度以及鲁棒性。如通过在线学习对前馈神经网络进行训练,并利用遗传算法对深度神经网络的节点权值进行优化;利用神经网络及可微分的隶属度函数构造模糊逻辑控制框架。②利用强化学习技术对控制器参数进行在线调整,提高星上控制的稳定性和鲁棒性。基于强化学习技术发展自适应控制架构,利用评估单元估计控制的效果并预测未来控制性能,对参数进行调整和更新。或利用专家系统与传统自适应控制技术结合得到实时控制架构,专家系统在实时约束下进行推理和决策,更新调整控制参数。在线学习、强化神经网络等技术可通过与传统控制器相结合或直接替换的方式对算法进行调整,提高姿态控制性能,是未来智能姿态轨道控制的核心技术。

然而,受制于航天器的质量、体积、能源、功耗、空间环境等因素,星载计算机的计算能力与地面存在较大差距,难以运行在线学习、强化神经网络等算法。在综合考虑航天器资源、性能的基础上,利用传统控制技术构建航天器姿态轨道控制系统。然后,在受模型不确定性影响的环节中引入深度神经网络,构建智能姿态轨道控制架构。通过这种传统 + 人工智能技术的方式可保证系统可靠性、提高轨迹规划制导和姿态跟踪控制精度,是发展智能姿态轨道控制技术的有效模式。

3.2 资源受限下弹性控制重构

航天器控制重构方法主要包括系统重组、控制律重构和任务重构三个方面。系统重组是通过备份部件来替换故障部件,同时调整控制参数,以恢复系统功能和性能。对于航天器而言,目前系统重组是最常用的重构方式,主要包括正常备份切换、敏感器重组、执行机构重组等方式。控制律重构是通过改变控制结构和控制参数,通过系统的解析冗余来恢复系统功能和性能。目前的控制律重构技术,首先需要开展故障诊断和隔离,辨识系统的健康状态,然后基于健康因子等方式重新设计分配律和控制律,控制律重构主要包括交互多模型算法(IMM)、特征结构配置算法、自适应控制、模型跟随、滑模观测器方法等。任务重构是考虑航天器健康状态、资源状态等约束,通过更改任务执行方式来提升航天器的任务执行能力,属于面向任务的重构方式,主要包括任务重规划、降级运行和安全模式等方式。虽然对航天器弹性重构方法的研究比较多,但考虑到可靠性和安全性要求,实际已应用到航天器上的重构技术还相对简单,大多是系统重组、典型故障的控制律重新调度、简单的任务重规划、系统安全模式等方法。

由于受到系统配置、任务需求、能源约束等多种因素限制,再加上未来航天器在系统结构、在轨任务等方面变得越来越复杂,为了实现资源约束下高性能的控制重构,迫切需要从以下三个方面开展研究:

(1)开展知识与数据融合的健康状态辨识研究。由于控制系统的闭环特性和未来航天器的高不确定性,传统的基于模型的故障诊断方法难以实现航天器准确的故障定位和状态辨识,需要充分利用航天领域几十年研究和实践积累的大量专业知识和海量数据,结合人工智能技术在海量高维数据融合、特征提取和知识学习方面的优势,解决航天器健康状态分析与辨识的问题。

(2)开展面向资源约束的航天器重构能力评价与设计研究。在地面设计阶段,由于受限于多种资源约束,航天器不可随意添加冗余备份,需要通过设计使得系统在严格的资源约束下具备最大的重构能力,主要突破航天器重构能力评估、资源约束下的重构性能优化设计、资源约束下的重构算法和重构策略设计等内容。

(3)基于健康状态的控制重构研究。在轨运行阶段,当航天器的健康状态发生退化时,需要在评估系统控制能力的基础上,基于现有的重构能力,综合考虑系统资源配置、运行条件以及实际任务等多重约束条件,实现健康状态退化情况的最优设计,主要突破基于健康状态的重构目标及重构时机分析、复杂系统冗余配置和前配置下的弹性重构方法、考虑健康状态的航天器任务规划与重构策略等内容。

3.3　低功耗、轻量化、高稳定控制基础支撑

航天器系统复杂化与任务多样化的发展,对控制系统提出了更为严峻的挑战,恶劣的运行环境会对航天器产生扰动而改变系统状态,因此要求控制系统必须具有高鲁棒性与高稳定性,同时航天器携带资源与机上处理能力十分有限,对航天器的控制必须简单有效,避免过分复杂所带来的功耗大、可靠性下降等问题。传统控制技术如主动容错控制、自适应控制等能够提供一定的鲁棒性,但仍存在着依赖精确建模、控制器形式过于复杂等诸多缺陷,无法满足未来航天器控制系统的需求。为提高控制性能,近年来国内外专家学者开始在传统控制架构下引入基于学习的人工智能技术,来对航天器系统模型进行非线性逼近,从而提高控制精度并具有一定的泛化能力,然而智能控制的机理缺乏严格的证明,且深度网络体量较大难以满足存储空间和功耗的限制,导致智能控制在航天器系统的

应用大多仅停留在理论研究。因此面向未来航天器的控制需求,在资源受限的条件下如何设计控制系统来保障航天器在复杂运行环境干扰下具备可靠高效运行的能力,急需有针对性地开展低功耗、轻量化、高稳定控制基础研究。

航天器在空间环境具有大范围不可预见变化的特点,通过在控制系统中引入智能控制技术来应对来自外界及自身内部结构和参数变化的影响,更容易满足高精度、高稳定度和快速机动控制的要求,针对智能控制缺乏理论证明的不足,利用稳定性控制理论给出实际工程中策略应用的稳定性证明来满足控制方法对高稳定性的要求。而面向航天器携带资源、处理能力受限问题可以有以下两种研究技术路线:①基于无模型的深度学习网络轻量化设计。该路线无须对航天器复杂系统进行建模,完全利用数据驱动,学习从飞行相关参数的输入到控制系统指令输出的映射策略,由于直接取代了传统控制模式,节省了系统复杂动力学计算的消耗,同时采用人工设计轻量化神经网络模型、卷积神经网络模型压缩等方法来解决深度神经网络体量较大的问题,而如何设计网络从而使网络参数减少并且不损失网络性能是该途径需要解决的重点与难点。②基于神经网络与传统控制结合设计。该路线在传统控制理论基础上引入人工智能神经网络,无须对航天器复杂系统进行精细化建模以减少模型复杂度带来的额外计算消耗,将系统简化过程忽略的部分视为控制器中的不确定参数,这些参数由较为轻量的神经网络拟合并提供系统状态变化时的参数自适应能力,以解决航天器运行过程中不确定扰动问题。

以上两种不同的技术路线,从实现难易程度来看后者有一定优势,更加利于实际的工程应用,但对其网络参数的选择、网络结构的设计以及面向不同类型航天器的通用化使用均是亟待解决的难题。

主要参考文献

[1] 闻新,张兴旺,秦钰琦,等.国外航天器在轨故障模式统计与分析[J].质量与可靠性,2014,174(6):13-18.

[2] 包为民,祁振强,张玉.智能控制技术发展的思考[J].中国科学:信息科学,2020,50(8):1267-1272.

[3] 袁利,王淑一.航天器 GNC 系统智能健康管理技术发展综述[J].航空学报,2021,42(4):525044.

[4] Li D,Ma G,Li C,et al. Distributed Attitude Coordinated Control of Multiple Spacecraft withAttitude Constraints via State and Output Feedback [J]. IEEE Transactions on Aerospace and Electronic Systems,2018,(5):1.

[5] Van Buijtenen W M,Schram G. Adaptive fuzzy control of satellite attitude by reinforcement learning[J]. IEEE Transactions on Fuzzy Systems,1998,6(2):185-194.

[6]　黄旭星,李爽,杨彬,等.人工智能在航天器制导与控制中的应用综述[J].航空学报, 2021,42(4):106-121.

撰稿人:张海博(中国航天科技集团有限公司第五研究院)

白成超(哈尔滨工业大学)

柳嘉润(中国航天科技集团有限公司第一研究院)

龚胜平(北京航空航天大学)

航天器进入、下降与着陆精确制导控制

Precise guidance and control of spacecraft entry,descent and landing

1　科学问题概述

航天器进入、下降与着陆是指航天器从行星(包括地球)环绕轨道、亚轨道或临近空间高速进入行星大气,并以特定的运动状态下降、着陆到行星表面着陆点或目标点的过程,精确制导控制是实现这一过程的关键技术。航天器进入、下降与着陆精确制导控制技术的应用场景主要包括两大方面:

(1)执行星际探测任务。包括在行星投放探测器、无人机,对地外天体土壤、岩石和大气等采样返回任务。以火星探测为例,进入段从航天器进入火星大气开始,到降落伞展开时结束。航天器在进入段将从 4~7km/s 的初始进入速度减速到约 400m/s 的开伞速度。在这一过程中,航天器将经受峰值过载、峰值热流密度和峰值动压的严酷考验,进入段的初始状态参数误差和进入过程中的环境参数误差对航天器的落地精度影响极大。而与此同时,火星表面光照条件、气候条件、地面成分和状态随季节和地理位置的变化会存在非常显著的差异,航天器在其表面的到达位置也会影响与地面的通信状态。通过对航天器实施制导控制实现其精确着陆,并最大限度地发挥其探测能力。

(2)发展可重复使用运载器。可重复使用运载器有利于缩短天地往返周期,降低运输成本,争夺空间资源,远期可实现星际旅行。1996 年 NASA 提出了 Future-X 计划,基于该计划,波音公司在美国空军与 NASA 的共同支持下开始了代号"X-37"空天飞机的研究,其主要研究目的是降低发射成本。"X-37"尾部安装了火箭发动机以用于轨道机动,货舱设计在其背部,热防护系统也具有可重复使用的特点。2014 年 10 月 17 日,美军"X-37B"航天器累计在轨道飞行时间 671d 后,于加利福尼亚州范登堡空军基地着陆。2020 年 5 月 17 日,"X-37B"在佛罗里达州卡纳维拉尔角空军基地发射升空,进行进一步测试。运载器的回收及复用属于高速返回再入飞行器制导控制问题,对再入过程中热、力等约束以及着陆位置、速度等,都提出了非常苛刻的要求。

航天器大气进入和目标精确到达过程可分为大气进入段、下降段和着陆段三个阶段。对于地外天体着陆器,大气进入段又称为高超声速段,从进入大气层开始,到降落伞完全展开为止。在下降段,一般需要通过降落伞或者火箭发动机辅助进行能量管理和航向校准,这个阶段进一步降低了航天器的飞行速度。在着陆段,通过着陆支架、气囊反推发动机等辅助着陆装置完成行星表面精确着陆。对于可重复使用运载器,通常取130km为开始进入的高度,当航天器所处的高度和速度能够依赖气动舵面进行控制之后,进入末端能量管理段,使航天器在满足各种约束条件下进入着陆窗口,当飞行方向对准回收跑道后进入着陆段,降落在跑道上滑行减速完成回收过程。

高精度制导与控制是着陆任务成功实施的前提和保障,但是大气模型与航天器系统参数的不确定、动力学的强扰动和时变非线性等诸多制约因素的存在,导致了航天器制导和控制性能的退化。面向可重复使用运载器、地外天体探测器发展需求,需要着力解决着陆状态自主精确估计、轨迹在线快速规划、下降过程精确制导、障碍检测与安全规避控制等问题,为我国载人航天、在轨服务、深空探测等重大工程提供理论与方法支撑。

2 科学问题背景

地外天体着陆探测推动着太阳系起源与演化、生命起源与进化等重大基础科学问题的解决与突破,我国正在积极论证和开展地外天体探测任务,"深空探测及空间飞行器在轨服务与维护系统"是"科技创新2030—重大项目"六个重大科技项目之一。目前月球探测工程"嫦娥五号"已实施采样返回任务、"天问一号"火星探测器已成功完成"绕、落、巡",我国正在针对火星采样返回任务进行方案论证,并计划在2030年左右完成采样返回。2020年中国航天大会上,包为民院士在《航班化航天运输系统的发展与思考》主旨报告中指出,我国计划到2045年实现1h全球抵达和天地往返运输的"航班化航天运输系统",每年总飞行次数达到千次量级。此前,2017年发布的《2017—2045年航天运输系统发展路线图》中指出,2025年前后可供太空旅游的可重复使用亚轨道运载器研制成功;2035年前后运载火箭实现完全可重复使用;2045年前后单级入轨可重复使用运载器研制成功,并全面实现航天强国目标。可以看出,我国未来的航天运输系统与运载器可重复使用息息相关,这要求运载器具备自主精确着陆控制的能力。

然而,运载器自主精确着陆控制充满挑战。在进入阶段,按照航天器气动特性和轨道特性,可以分为弹道式进入和升力式进入两种。弹道式进入在进入大气层运动时不产生升力或不对升力进行控制,多用于低升阻比外形的飞行器。行星着陆器一般采用低升阻比的构型,造成行星进入控制能力较小。而且某些行星具有稀薄的大气和相对较大的引力,与地球相比,相同升阻比的飞行器下降到同一高度时,终端速度高十几倍。低升阻比、大弹道系数特性使着陆器终端目标和约束具有非一致性。行星大气环境复杂多变且缺乏高精度的测量,使得大气模型具有较大的偏差,而且着陆器的气动参数随飞行情况而变化,也难以建立精确的描述模型,这导致了行星大气进入着陆器动力学模型存在着较大的不确定性。动力下降着陆过程中,重量体积等限制,着陆器的单个执行机构需要同时完成多个状态的耦合控制,导致系统存在欠驱动情况,同时着陆器的动力学模型还具有不确定、强时变非线性等特点。而小天体作为一类特殊的探测目标,具有不规则的弱引力场、奇异的自旋状态等独特的物理特性,使得近小天体动力学环境变得异常复杂,微小的速度变化就会使着陆器逃逸或撞向小天体,对其着陆制导与控制具有比大天体更高的精度要求。

综上所述,大气模型与着陆器系统参数的不确定性、动力学的强扰动和时变非线性、制导约束的非一致性、控制的强耦合性、动力学的特殊性等诸多制约因素的存在,使得多约束着陆器精确鲁棒制导与控制成为亟须解决的难点问题。

3 科学问题研究进展

在大气进入段进行制导控制,消除航天器在进入过程中引入的进入点航迹角误差、进入时刻误差,克服大气模型不确定性、气动参数不确定性引起的误差。目前,国内外主要研究集中在进入轨迹规划、进入轨迹制导方法两方面。

进入轨迹需要满足热流密度、过载、动压等路径约束,以及高度、速度等终端约束。进入轨迹优化/规划的常用方案是先规划一条多约束下的纵向轨迹,再利用侧向运动控制逻辑(倾侧角反转逻辑)生成三维轨迹。纵向轨迹规划时,一般把路径约束描述为进入走廊,在走廊内优化某种性能指标下的纵向轨迹剖面。设计三维进入轨迹时需考虑侧向运动对纵向轨迹的影响,主要有两种途径:一种是借助纵向轨迹跟踪律消除侧向运动的影响,如建立基于准平衡滑翔条件和纵向轨迹跟踪律的三维轨迹生成方法。另一种途径是将侧向运动产生的影响反馈至纵向轨迹规划中,反复迭代规划直至三维轨迹满足约束要求。目前,对于进入轨迹优化问题的研究,主要针对不确定性问题,常用的方法是将初始条件与模型参数的不确定性考虑在轨迹优化中以提升其鲁棒性。

进入制导方法主流的设计思想是将纵向和侧向解耦进行制导。其中,纵向制导是根据着陆精度要求以及着陆器纵向动力学,对倾侧角的大小进行规划;而侧向制导只能通过倾侧角符号的改变,来调节落点的偏差。对进入段纵向制导,主要采用两种方法:摄动制导法和预测制导法。摄动制导法是一种比较简单的制导方法,基本思想是离线优化并存储一条标准轨迹(纵向剖面或三维轨迹),实际飞行过程中利用跟踪律完成对标准轨迹的跟踪。预测制导法利用在线轨迹预测得到预测落点与期望落点的偏差,再通过校正制导指令消除该偏差,对进入初始条件具有更强的鲁棒性。对于火星等地外行星进入制导,未来的研究将主要围绕采样返回任务与载人登陆任务,其面临的核心问题是质量增大带来的高弹道系数与低减速效率。

在下降着陆过程中,需要对可能影响着陆器安全的因素进行详细分析和危险障碍规避,因此,行星表面障碍规避与定点着陆制导是实现安全、精确着陆的关键。航天器在下降过程中检测到障碍并重新选取附着区后,需根据新的目标点规划障碍规避轨迹,导引探测器安全附着在新的目标区。常用的障碍规避制导方法包括经典的多项式方法和势函数方法等。其中,势函数方法通过构建标量势函数来表征期望与非期望状态的分布,然后基于李雅普诺夫稳定性理论推导制导律,可综合考虑障碍威胁和探测器状态、转移能量等因素,以较少的燃料消耗实现障碍安全规避。此外,小天体着陆任务面临引力场弱不确知、控制精确要求高等特点,有学者提出了主动附着概念,从环境准确感知、附着轨迹快速规划以及风险规避控制策略等方面开展了研究。

综上,复杂的飞行过程、非线性动力学环境、不确知着陆区形貌等给航天器精确着陆带来一系列制导控制难题。截至目前,国内外学者进行了很多探索,提出了一些解决进入、下降与着陆精确制导控制中有关问题的方法,但是此关键研究仍存在以下制导控制问题亟待解决。

3.1 有限观测条件下的状态高精度估计

在进入、下降与着陆阶段的复杂环境中,导航信息匮乏、动力学模型强非线性、系统模型参数不确定性、状态误差分布非高斯性等不利因素共同导致了自主导航性能的退化。基于惯性测量单元航位递推的惯性导航方案无法满足未来航天器着陆精度需求,同时航天器上携带的星载计算机的数据存储与运算能力有限,使得高性能导航传感器以及高精度导航滤波算法的应用受到了限制。因此揭示环境扰动不确定性对导航性能的影响机理,提高有限观测、非线性、强扰动条件下的状态实时估计精度成为导航方案设计中迫切需要解决的问题。

3.2 多约束不确定条件下的轨迹优化

大气进入精确制导技术是提高航天器着陆精度的必要手段,为保证着陆精度和飞行安全,着陆轨迹优化中需考虑大量复杂约束,如动力学约束、边界条件约束、路径约束等。这些约束导致轨迹优化问题的可行解空间狭窄,给优化算法的解算效率和求解精度带来巨大挑战,极易出现求解发散和陷入局部最优的情形。同时大气密度摄动、引力场及表面特征不确知、初始状态误差等也造成了动力学系统的不确定性。目前,凸优化方法虽然为着陆轨迹优化技术的发展带来了新契机,但对约束形式的严苛要求严重制约了其应用范围。因此如何在多约束条件的基础上引入系统不确定性影响因素以提高参考轨迹优化对大气进入段扰动的鲁棒性,是需要解决的关键问题之一。

3.3　复杂形貌着陆区的安全避障控制

对于地外天体探测,具有较高科学价值的目标点往往位于危险地形区域附近,如陨石坑边缘、悬崖附近、崎岖不平的山地等,航天器需要在复杂、崎岖的地形下着陆。地外天体表面地形信息一般由对目标天体的绕飞测绘得到,由于在轨测绘精度以及敏感器的配置、作用距离有限,在绕飞阶段,目标着陆区的地形障碍可能未得到完全且精确的测绘,而一些表面地貌甚至可能在一定周期内发生位置、形貌等特征变化,因此,未来的复杂地区着陆任务,还需在着陆过程中进行实时障碍检测与规避,并在线重新选取着陆区,复杂形貌着陆区安全避障控制也是未来航天器着陆探测亟待解决的关键问题。

主要参考文献

[1] 吴伟仁,于登云.深空探测发展与未来关键技术[J].深空探测学报,2014,1(1),5-17.

[2] 包为民,汪小卫.航班化航天运输系统发展展望[J].宇航总体技术,2021,5(3),1-6.

[3] Kluever C A. Entry Guidance Performance for Mars Precision Landing[J]. Journal of Guidance Control and Dynamics,2008,31(6):1537-1544.

[4] Lu P,Brunner C W,Stachowaik S J,et al. Verification of a Fully Numerical Entry Guidance Algorithm[J]. Journal of Guidance Control and Dynamics,2017,40(2):230-247.

[5] 崔平远,龙嘉腾,朱圣英,等.行星着陆轨迹优化技术研究进展[J].宇航学报,2021,42(6):677-686.

[6] Brunner C W,Lu P. Skip Entry Trajectory Planning and Guidance[J]. Journal of Spacecraft and Rockets,2008,31(5):1210-1218.

[7] 崔平远,秦同,朱圣英.火星动力下降自主导航与制导技术研究进展[J].宇航学报,2020,41(1):1-9.

[8] Scharf D P,Acikmese B,Dueri D,et al. Implementation and Experimental Demonstration of Onboard Powered Descent Guidance[J]. Journal of Guidance Control and Dynamics,2017,40(2):213-229.

[9] Liang Z,Ren Z. Tentacle-based Guidance for Entry Flight with No-fly Zone Constraint[J]. Journal of Guidance Control and Dynamics,2018,41(4):991-1000.

[10] 于登云,孙泽洲,孟林智,等.火星探测发展历程与未来展望[J].深空探测学报,2016,3(2):108-113.

撰稿人:朱圣英(北京理工大学)　张成(北京理工大学)

黄翔宇(中国航天科技集团有限公司第五研究院)

田阳(哈尔滨工业大学)　李爽(南京航空航天大学)

大规模集群运输系统构型设计与协同控制

Configuration design and cooperative control of large-scale swarm transportation system

1 科学问题概述

随着航天工程技术的不断发展,航天系统变得越来越复杂,航天器的任务也以更加复杂多样的模式出现,许多航天任务单颗卫星无法实现。而多颗功能相同或互异的航天器能以编队、集群、星座的模式相互协同、共同完成目标任务,解决空间任务中的时间分辨率和空间分辨率问题。相对单个航天器平台,大规模集群在可靠性、任务多样性、功能可扩展性等方面得到显著提高,是未来卫星技术发展的重要方向。我国航天科技的未来发展迫切需要突破空间大规模卫星集群技术,以适应多任务智能卫星编队、互联网通信星座网络等重大战略需求。

大规模集群面临着诸多挑战,包括相对动力学分析、构型设计与部署、重构与避障、智能自主协同控制和自主任务规划等多方面。为实现低成本密集运载,密集运载的空间卫星集群系统在分离前包含大量复杂约束连接,星箭/星间分离过程受到显著多源扰动和不确定性影响,随约束变化过程呈现出时变拓扑多体动力学特征,其动力学机理分析、防碰撞入轨优化以及空间部署都是亟待突破的难题。卫星入轨后根据任务要求不同,工作模式也会发生差异:卫星编队星间距离较近且具有严格几何构型,卫星集群星间距离较近但无严格几何构型,卫星星座星间距离较远且具有一定构型。针对星座运行控制,我国仅有24颗北斗中轨道导航卫星星座的运行控制经验,在低轨大规模星座运行控制方面的工程实践尚属空白,同时缺乏基础理论研究支撑。未来低轨大规模星座系统有着非常显著的高密度特征,其规模密度较现有星座系统提升2到3个数量级,因此其运行控制规律也具有本质不同,存在局域亚公里级至广域数千公里级的大规模跨尺度星座系统动力学与协同控制,物理约束与使命任务约束叠加的复杂星群构型设计与自主控制等问题。此外,多个个体协同完成同一任务,必然存在系统目标和资源与个体资源冲突的问题,需要一种适当的协调策略进行调解。多航天器协同操作相对单航天器操作的困难点正在于多个航天器任务的设计与规划上,特别是不同航天器任务局部规划之间、局部规划与总体规划之间的协调。因此,多航天器任务协同规划方法的关键在于协同策略的研究上。

综上所述,为了实现大规模集群长期在轨自主运行,需要对大规模集群相对动力学分析、构型设计与部署、重构与避障、智能自主协同控制、自主任务规划等多方面研究。这既是目前航天在轨服务技术发展的必然要求,又为未来航天在轨服务任务的顺利完成提供必要保障,具有重要的理论研究意义和应用价值。

2 科学问题背景

从 20 世纪末开始,全球各个国家都在进行卫星编队集群的研究,比如美国"F6"计划、欧洲"PRISMA"计划、以色列"SAMSON"计划等。随着卫星批量化制造、火箭回收利用、一箭多星发射等技术发展,以及全球组网成本的大幅降低,大规模的星座逐步走入人们视野。美国 SpaceX 公司计划在未来几年内共发射 4.2 万颗星链卫星,旨在建设覆盖整个地球的巨型 3 层卫星互联网通信网络,目前已经发射了约 1560 颗。目前全球已经发布的星座计划超过 28 个,卫星集群系统动力学分析已成为研究重点。卫星编队集群飞行,星间距离较近,可以采用相对轨道动力学进行描述,再通过线性化进行解析近似求解。卫星星座由于距离较远,一般采用绝对轨道动力学进行描述,其精度较高但求解困难。针对编队集群和多尺度星座动力学构成的大规模卫星星群,考虑近距离编队集群和远距离星座,建立简单统一的轨道动力学描述和求解方法;考虑多时空多尺度任务要求,研究大规模卫星星群分层拓扑构型设计与优化;针对编队集群和星座在轨自主运行需求,研究大规模星群的协同控制策略。空间卫星集群系统在分离前包含大量锁固、预紧、接触等约束连接。星群分离过程受多因素共同影响,包括弹簧弹力、爆炸螺栓冲击力、航天器质量特性、初始运动参数等,给动力学建模和数值求解带来极大困难。尤其是分离过程中卫星之间极易发生接触碰撞,所产生的冲击会损坏其搭载的仪器设备,甚至可能导致任务失败,例如"星链"计划首批发射卫星中有 3 颗卫星因碰撞发生故障而失联。如何有序无碰安全分离关乎卫星服役能力甚至组网的成败,是亟须解决的关键技术问题。

2011 年美国国防高级研究计划局提出"凤凰"计划,通过航天器对静止轨道退役卫星上的耐损性元器件实施回收,然后在空间与其他模块化卫星进行整合重组,生成具有完备功能的新卫星,实现空间资源再利用。这种在轨服务技术一方面可实现故障卫星快速抢修和替换,另一方面可为正常卫星提供伴随式防御服务。2014 年 7 月,美国"地球同步轨道空间态势感知"计划的首批 2 颗卫星发射成功,进入近地球同步轨道,通过相对漂移技术实现对地球同步轨道(Geosynchronous Orbit,GEO)卫星的逼近监视。各国对多航天器协同操作控制的研究已持续多年,已完成若干项演示验证任务,但仍然未能开展在轨试验,正说明了该技术的困难性。集群航天器系统控制技术的发展,迫切需要在群体决策与协同任务规划方面取得突破。

3 科学问题研究进展

星群,这里指分布式卫星系统,包括卫星编队、卫星集群、卫星星座,三者虽然具有相似的分布架构,但是他们却有着不同的控制形式。作为一种突破性的新型空间技术,星群动力学、构型设计与自主协同控制决策技术正在对空间科学与应用领域产生巨大的积极影响。针对该问题,此变革性技术仍存在以下难点亟待攻克。

3.1 大规模集群动力学分析

针对卫星编队集群,目前大多采用相对轨道动力学进行研究;卫星星座,一般采用绝对轨道动力学进行研究。现有研究多将单颗卫星从航天器集群中分离分析,未关注卫星间的碰撞分析问题;且研究对象所含卫星数目较少,也不涉及集群卫星动力学优化。在进行建模时,多采用传统的欧拉动力学等常规方法,对于距离等简单约束需要建立高次的约束方程且约束方程求解雅克比矩阵时需要进行多次变换。针对编队集群和多尺度星座动力学构成的大规模卫星星群,需要兼顾近距离编队集群和远距离星座,建立简单统一的轨道动力学描述和求解方法,为大规模星群构型设计和协同控制建立基础。

3.2 大规模集群分层拓扑构型设计优化

大规模星座具有业务集成性强、任务模式多样、资源异构综合与弹性组合运用裕度大等复杂系统特征,为实现星座系统在轨服务效能的充分发挥,当前面向单一功能星座的最优化构型传统设计方式不再适用。现有的设计理论基础主要针对规模较小的星座或编队,而要实现上千颗卫星的大规模星群设计,需要考虑编队集群和多尺度星座,建立大规模星群分层拓扑构型的设计理论。大规模星群构型设计重点是分析编队集群和星座各项性能与几何构型的关系,建立相应的分析模型,从利用图论理论、多学科优化、分阶段部署和备份策略等方面出发,解决大规模星群分层拓扑构型多目标设计优化问题。

3.3 大规模集群自主协同控制和任务规划

由于星座系统规模的急剧增加,现有按照数百星业务承载能力设计的地面站网资源将无法有效保障星座系统安全有序运转,依靠地面系统计算生成星座构型维持、安住保持与故障重构策略的传统运行控制方式难以满足快速高效控制需求,亟须突破大规模星群自主协同问题。通过综合考虑构型初始化、维持、重构控制,避障机动及燃料消耗等因素,设计最优协同控制器,实现大规模星群在轨自主协同控制。

航天器集群控制主要有基于行为的集群控制,基于 Leader-Follower 的主从集群控制,分布式控制,基于虚拟结构的集群控制,基于模糊逻辑、神经网络和视觉传感等技术的控制方法。对于集群航天器协同控制的规划需要重点考虑如何充分合理规划和调度航天器资源,多个航天器如何通过群体间的自主协作共同完成任务,如何发挥集群的优势,设计针对任务目标不同机动方式条件下的个体控制方法,提高系统的冗余度。现有的任务规划模式主要为提前收集用户需求,以批处理的方式生成任务计划列表,很难满足高时效性的信息需求。在自然灾害等快速响应任务需求下,大规模的星群为防灾减灾提供了重要支持。面向快速响应任务的大规模星群自主协同任务规划方法是未来大规模星群自主运行难点之一。

此外,对于近距离操作任务的控制问题,航天器与其他物体不相撞是任务的基本要求。相比单个航天器在轨控制,多航天器近距离控制提供高效率、低成本的同时,也带来了更多的潜在碰撞风险,给服务航天器的安全操作提出更高的要求。大规模集群安全接近需要考虑在多传感器输入存在的叠加误差,利用仿生学、人工势函数等方法解决大规模集群近距离安全接近的控制问题。

3.4　大规模集群重构、避障与博弈策略

基于异构卫星节点分阶段设计研制、动态发射部署的大规模星座系统,其故障发生概率、故障模式、故障节点时空分布规律等与现有星座系统具有统计学复杂性上的本质差异,传统基于故障树分析的星座故障诊断和基于预案库的星座修复控制方法,因为面临组合爆炸问题而不再有效。针对星座系统规模增加带来的复杂质变特性以及系统状态高频时变不确定性的新常态,需要研究具有高效自演进、智能自重构特征时大规模星座构型设计与智能自主控制的全新理论范式。针对大规模集群航天器围捕中博弈问题的目标机动能力未知的情况,利用大规模集群的优势,重点研究集群个体机动能力弱于目标的条件下取得博弈中的优势的策略和方法。

主要参考文献

[1]　Xu M,McInnes C R. Wavelike Patterns in Precessing Elliptical Rings for Swarming Systems [J]. Journal of Guidance,Control and Dynamics,2017,40(7):1651-1663.

[2]　Xu M,McInnes C R. Closed-Loop Control of the Orbit Evolution of "Smart Dust" Swarms [J]. Journal of Guidance,Control and Dynamics,2017,40(7):1804-1812.

[3]　阮永井,胡敏,云朝明. 低轨巨型星座构型设计与控制研究进展与展望[J]. 中国空间科学技术,2022,42(1):15.

[4]　Petit A,Rossi A,Alessi E M. Assessment of the close approach frequency and collision probability for satellites in different configurations of large constellations[J]. Advances in Space Research,2021,67(12):4177-4192.

[5]　McGrath C N,Macdonald M. General perturbation method for satellite constellation reconfiguration using low-thrust maneuvers[J]. Journal of Guidance, Control, and Dynamics,2019,42(8):1676-1692.

[6]　Zhang G,Cao X,Mortari D. Analytical approximate solutions to ground track adjustment for

responsive space[J]. IEEE Transactions on Aerospace and Electronic Systems, 2016, 52 (3):1366-1383.

[7] 赵迪,孙冲,袁建平,等.基于多航天器协同观测的空间非合作目标姿态参数在轨识别方法研究[J].西北工业大学学报,2021,39(2):267-277.

[8] 许丹丹.多航天器近距离协同操作安全控制与任务规划研究[D].长沙:国防科技大学,2018.

[9] Lee S S. Closed-form solution of repeat ground track orbit design and constellation deployment strategy[J]. Acta Astronautica, 2020, 180:588-595.

[10] 罗操群,孙加亮,文浩,等.多刚体系统分离策略及释放动力学研究[J].力学学报,2020,52(2):503-513.

撰稿人：徐明(北京航空航天大学)　钟睿(北京航空航天大学)
　　　　师鹏(北京航空航天大学)　张刚(哈尔滨工业大学)
　　　　文浩(南京航空航天大学)

多模态新体制推进系统下空天飞行器多态耦合动力学与控制

Multi-state coupling dynamics and control of aerospace vehicle under new multi-modal propulsion system

1　科学问题概述

组合动力水平起降航天运输飞行器已被公认为是未来航空航天的发展方向之一,这种能够自由穿梭于稠密大气、临近空间和近地轨道的新一代可重复使用天地往返飞行器,成为了世界强国正在大力发展的方向。航天运输飞行器必须要实现较广的飞行空域和较长的飞行距离,要求动力系统必须要在宽广的飞行马赫数下保证较高的性能输出,因此组合动力系统是唯一的选择。航天运输飞行器常见的组合动力系统有火箭基组合动力系统(Rocket-Based Combined Cycle, CRBCC)或涡轮基组合动力系统(Turbine Based Combined Cycle, TBCC)。采用组合动力系统虽然有利于飞行器机体/推进一体化的实现,但是由此导致的多模态切换会直接影响到航天运输飞行器的安全飞行。当前面临的科学问题如下：

(1)多态耦合动力学模型机理问题。空天飞行器的设计存在气动/热/推进/结构弹性/控制的相互耦合问题,需要突破一体化设计的耦合动力学建模、多场耦合动力学高效计算方法、风洞试验验证方法等技术。揭示大空域跨速域空天飞行器的动力学本质特性,揭示多种因素对飞行器控制特性的影响规律,为气动布局设计与优化以及飞行控制律设计提供支撑。

(2)参数快时变、强耦合、非线性与大不确定性的制导控制问题。空天飞行器的制导控制律设计面临参数快时变、强耦合、非线性与大不确定性等挑战,需要突破高精度自主制导、鲁棒自适应控制、自主智能容错控制、高可靠实时轨迹规划等技术,实现高可靠、高精度、高稳定、高机动与强适应的自主飞行。

2　科学问题背景

空天飞行器广泛采用升力体、乘波体等气动布局与轻质复合材料,并采用推进/气动一体化的结构设计;质量变化大,显著影响结构弹性特性;飞行空域与速域范围广,气动加热严重,加剧飞行力学和气动弹性的耦合。气动/热/推进/结构弹性耦合会影响控制系统的操纵性与稳定性,影响飞行安全,需要进行多态耦合下的动力学机理建模,揭示其动力学本质。参数快时变、非线性导致传统增益调度控制设计复杂;大不确定性尤其是未知大干扰会降低控制系统的稳定性以及制导/控制精度;复杂耦合使得协调支路设计困难;多飞行段复杂动力学与约束导致轨迹规划问题的求解规模大、初值敏感以及收敛速率慢,实现在线可靠求解面临困难。有必要引入新的制导控制技术与方法,解决空天飞行器面临的参数快时变、强耦合、非线性与大不确定性等问题。

3　科学问题研究进展

3.1　组合动力空天飞行器

组合动力技术是液体火箭发动机、涡轮发动机等技术与冲压发动机技术的有机结合。与单一类型的动力相比,组合动力可发挥不同类型动力在各自工作范围内的技术优势,具备工作范围宽、平均比冲高、使用灵活等特点。目前组合动力类型主要有火箭基组合循环动力(RBCC)、涡轮基组合循环动力(TBCC)。

RBCC将火箭发动机和双模态冲压发动机有机结合在一起,RBCC在整个推进过程中具有较高的平均比冲,能够从零速启动且具有较大的推重比,因而可同时满足飞行器大推力加速、高效率巡航以及全空域、全速域飞行的需求。RBCC的特点是利用大气中的氧气,使吸入的空气与火箭发动机工作过程相互作用,产生推力增益。就RBCC工作模式而言,可以分为火箭引射、亚燃冲压、超燃冲压和火箭模态。

TBCC可以从零速启动,通过涡轮发动机和冲压发动机的组合工作,实现高速飞行,克服了涡轮发动机和冲压发动机单独工作时的工况限制。从发动机布局形式上看,可以分为串联TBCC与并联TBCC这两种形式。串联形式一般在低飞行马赫数下只有涡轮发动机工作,在飞行马赫数达到模态转换点时,通过控制涵道涡轮发动机进气关闭,来流空气进入冲压燃烧室,以冲压模态进行工作。并联形式涡轮和冲压发动机一般在飞机机体上下并排分布,有各自独立的燃烧室和喷管收敛段,一般喷管扩张段和进气道外压缩部分共用,通过打开或闭合进气道调节斜板,实现涡轮模态、冲压模态和共同工作模态的转换及工作。并联形式的 TBCC 发动机优点在于组合动力结构相对简单,缺点是飞机迎风面积大。串联方式迎风面积小,但发动机结构复杂、技术难度大,很难在高马赫数下工作。并联 TBCC 方案更适合目前的高超声速飞机。

3.2 航天运输飞行器耦合分析与全耦合控制

航天运输飞行器飞行具有大包线、大空域的飞行特点,使得本身具有强非线性的模型又兼备了大的气动不确定性、外界干扰及严重的姿态通道及姿轨耦合,导致航天运输飞行器姿态控制极具挑战。尤其是航天运输飞行器的耦合控制,是一个面向未来、研究匮乏、亟待解决的问题。下面从耦合分析方法和耦合控制两方面对近些年的研究进展进行综述。

1) 耦合分析方法

耦合的特征分析是开展本项目多环路耦合关联机理与高性能区间控制研究的关键,也是揭示耦合与系统影响机理的基础。对于航天运输飞行器,其多模态组合动力造成了严重的推进-结构-控制等多物理场耦合,多阶段飞行中也呈现不同耦合特点,轨迹、制导和控制之间存在严重耦合,因此,亟须对耦合的特征开展深入研究。目前耦合特性分析主要有基于稳态增益的方法和基于可控可观性的指标。这两类耦合度量指标各有优劣,并不能完全适用于所有耦合系统的耦合特性分析。基于稳态增益的方法由传递函数描述,物理意义清晰,但仅考虑稳态特性,缺乏对系统耦合特性的更深入反映;基于可控可观性的方法针对状态空间模型,更深入地反映系统的耦合互联特性,可以反映全频率上的特性,然而需要利用 Gramian 矩阵计算可观和可控性方程,求解难度大。

这两种传统耦合分析方法主要分析的是多变量系统中耦合作用的影响幅度,然而耦合还会对系统的稳定性以及动态性能产生影响。2017 年国际自动控制联合大会(IFAC2017)中指出目前的 HIIA 方法难以考虑对动态性能的影响,而 RGA 则假设控制器设计已经完美而且只考虑稳态特性,因此,传统的针对耦合影响幅度的研究虽比较充分,但其无法很好地考虑耦合对系统动态性能的影响,而关于如何分析其影响机理并界定顺逆控特征的相关研究可谓寥寥。此外,有学者首次提出了耦合特性概念,针对传递函数描述的模型,基于能量概念分析了耦合互联作用对系统输出能量的影响;有学者能够将耦合特性概念应用到飞行器系统,并应用于常见的状态空间模型,促进了飞行器的系统提升,具有良好的发展和应用前景。近些年,一些学者开展尝试采用智能算法对飞行器的耦合特征进行分析,比如采用贝叶斯方法、神经网络方法等,已经取得一定的结果,但由于飞行器的数据较为贫乏,导致其分析的置信度需要加强。

另外,传统耦合分析方法不仅仅是分析各子系统之间的交叉影响,还要指导如何选取选择合适的输入输出配对关系并设计控制器,比如根据耦合互联的由弱到强,分别选取分散控制、稀疏控制和集中解耦控制。然而,这是一种开环性质的指导,并不能注入闭环控制中进行综合设计。国外学者分别将耦合分析与最优控制、线性高斯控制和预测控制结合在一起,耦合指标在控制后计算得出,虽然这种基于控制的耦合指标是一种闭环设计与分析方法,但其一方面并不通用,无法与经典的鲁棒控制等方法结合,另一方面也无法反映出耦合对系统性能的影响机理。因此,研究既能反映对性能的影响又可以结合闭环控制系统设计的新型耦合特性分析方法重要而急迫,也是一项颇具挑战性的工作。

2) 飞行器耦合控制方法

早期的航天运输飞行器数学模型,如航天飞机、X33 和 X38 再入模型等,各通道之间存在显著的强耦合特性,包括气动耦合、惯性耦合、运动学耦合甚至动力姿态耦合等,导致飞行过程中飞行导数不仅与飞行高度和速度变化相关,还和各运动通道的姿态角度和角速度的变化相关。尤其是航天运输飞行器多模态组合循环动力发动机的引入,带来了与以往不同的耦合关系,对高性能耦合的需要也更为迫切。

针对强耦合问题开展的研究主要在两个阶段:第一阶段是通过解耦控制将系统分解为独立通道,进而方便设计简单控制器,比如静态解耦控制和动态解耦方法。静态解耦中倾侧角的剧烈变化导致难以做到实时解耦,动态逆等动态解耦方法则要求精确的数学模型,而这对于受到不确定性影响的高超飞行器很难实现,因此这些研究集中在高超控制发展早期,现在应用已不多;第二阶段是将各通道的耦合项视为有界扰动项,采用滑模控制或基于干扰观测的控制等鲁棒控制方法抑制或抵消其对系统的影响。近些年正在发展的预设性能控制等多约束控制方法,将非线性控制的思路引入控制器设计,从理论上保证系统的约束满足,具有一定的应用潜力。然而,这两类传统耦合控制研究方法问题在于均缺乏对耦合与系统性能影响机理的深入分析,更遑论将耦合信息考虑到闭环控制设计,因此,并没有完全挖掘系统的潜力,动态性能也亟待提升。

目前,引入耦合进行耦合控制的文献资料很少,而关于航天耦合特征分析并主动耦合到闭环控制系统设计的研究更是鲜见。总之,关于耦合顺逆控特征分析及飞行器控制应用的相关研究仍处于初级阶段,因此存在广阔的研究空间。

3.3　组合动力空天飞行器轨迹与制导

20 世纪 50 年代是最优控制问题迅速起步的时代,古典变分法、极大值原理和动态规划是这一时期最具代表性的三个研究成果,为后续轨迹优化问题的研究奠定了理论基础。

基于庞特里亚金极大值原理和变分法中拉格朗日乘子法的间接法是实现飞行器在线规划与制导的有效方法之一，能够根据一阶必要条件得到最优控制量、协变量和状态量间的函数关系；但由于飞行器的数学模型通常具有很强的非线性，间接法往往需要借助数值方法完成，并且在实际应用中存在很多问题，包括复杂的推导过程、对控制量和协变量初值要求较高且依赖于先验知识以及收敛域小等。直接法比间接法早出现约100年，但受计算方法和工具的限制未获得快速发展，后随着计算机领域的崛起得以快速发展。直接法较间接法而言，初值敏感度更低、收敛域更大、适应约束条件更多更复杂。它首先将优化问题离散为典型非线性规划(Nonlinear Programming, NLP)问题，然后借助数值算法完成求解。常见的求解算法有罚函数法、内点法、序列二次规划法(Sequential Quadratic Programming, SQP)等；其中，SQP在收敛性和初值敏感性上的优势使其成为最广泛应用的算法，著名的航天优化软件SNOPT便是基于SQP开发的。而从离散方法上来看，又可将直接法分为仅离散控制量、同时离散状态量和控制量和仅离散状态量三种，其中以直接打靶法和伪谱法最具代表性。一些基于自然现象/统计物理的现代启发式算法(智能算法)自20世纪90年代起逐渐受到关注并应用到飞行器领域，如遗传算法、粒子群优化算法、蚁群算法，方法原理涉及数学、物理学、神经科学、生物学、统计学。智能算法通常具有随机性，相对而言，之前提到的优化算法依赖严格的数学推导或假设，又称确定性方法。确定性方法对初值要求较高且离不开梯度求解，但梯度信息在许多复杂问题中难以获取，错误的梯度信息会影响计算效率甚至是收敛性；而智能算法对初值的敏感性更低(甚至无需初值)，避免了许多复杂的数学推导，适用性更广、收敛域更宽，为解决复杂优化问题提供了新的思路。此外，由于对飞行器非线性优化模型的依赖度较低，快速搜索随机树法、深度学习算法、强化学习算法等人工智能方法也逐渐崭露头角，受到了国内外学者的广泛关注和深入研究。

4 总结与展望

(1)空天往返飞行器多模态多环路耦合关联机理。组合动力多模态航天运输器的动力学模型是一个典型的复杂系统，其结合了新型动力-结构-物理场-弹道-控制等多互相耦合子系统，飞行空域覆盖空天环境跨域，模态包含多种工作模式，而且具有非线性切换特征，耦合机理相比一般的大气层内飞行器和航天器更为复杂。因此，需要从功能基元角度，从种类、类型和效应等基元方面，全方位多层次分析全系统多模态动力学模型的耦合机理，形成覆盖多子系统多环路多典型量的耦合描述、映射与传播分析方法，深入认识复杂系统中耦合特性。

在对多模态航天运输器耦合特性的深入认识后，如何对其进行全面合理的量化并分析其对控制的预示影响成为重中之重。亟须建立基于多环路关联分析的思想精准描述耦合特性、映射与传播的指标量化体系,并揭示耦合特性与控制系统稳定性、动态性能和稳定裕度等特征的预示交联关系,为高性能精细控制系统奠定基础。

(2)吸气式组合循环动力空天飞行器的多模态控制。基于分层、分通道和全量耦合的设计理念,深入探究组合动力工作模态及多模态切换对飞行器质心运动控制、绕质心运动控制。考虑组合发动机在不同的工作模态所产生的力和力矩不同,以及在组合动力工作模态切换时产生的较大附加干扰,通过自适应鲁棒控制方法,完成融入组合动力工作模态的航天运输飞行器在不同构型下的闭环飞行控制回路设计,满足飞行器的推力、升力、阻力、姿态、操稳特性匹配及总体性能的要求。同时对于不确定性与扰动具有足够的鲁棒性及自适应能力,会成为航天运输飞行器姿态控制研究的重中之重。

(3)复杂内外流场下多模跨域轨迹在线规划与制导。跨域飞行器在线规划与制导系统设计是完成飞行任务并获得最佳飞行指标的关键环节,要求在给定总体参数、约束条件的情况下在线计算出使某一项或几项性能指标达到最优的飞行轨迹。基于庞特里亚金极大值原理和变分法中拉格朗日乘子法等方法,采用智能算法,实现飞行器在线规划与制导,为解决复杂优化问题提供了新的思路。

主要参考文献

[1] 包为民.航班化航天运输系统的发展与思考[C].中国航天大会,福建福州,2020.

[2] 唐硕,龚春林,陈兵.组合动力空天飞行器关键技术[J].宇航学报,2019,40(10): 1103-1114.

[3] M van de Wal,B de Jager. A review of methods for input/output selection[J]. Automatica, 2001,37(4):487-510.

[4] M Castano,W Birk,G Nikolakopoulos. A survey on control configuration selection and new challenges in relation to wireless sensor and actuator networks[C]. IFAC World Congress 2017,July 9-15,Toulouse,France,2017:8810-8825.

[5] S Gigi,A K Tangirala. Quantification of interaction in multiloop control systems using directed spectral decomposition[J]. Automatica,2013,49(5):1174-183.

[6] Z Guo,J Guo,J Zhou,et al. Coupling characterization-based robust attitude control scheme for hypersonic vehicles[J]. IEEE Transactions on Industrial Electronics,2017,64(8): 6350-6361.

[7] 郭宗易,周军,郭建国.新型高超声速飞行器耦合姿态控制系统设计[J].宇航学报, 2017,38(3):270-278.

[8] G Goodwin,M Salgado,E Silva. Time-domain performance limitations arising from

decentralized architectures and their relationship to the RGA[J]. International Journal of Control,2005,78(13):1045-1062.

[9] J Guo, X Gu, Z Guo. Asymptotic adaptive tracking control for hypersonic vehicles with guaranteeing multi-performance requirements[J]. Aerospace Science and Technology, 2020,105(2):106025.

[10] 周宏宇,王小刚,赵亚丽,等.组合动力运载器上升段轨迹智能优化方法[J].宇航学报,2020,41(1):61-70.

撰稿人：郭建国(西北工业大学)　郭宗易(西北工业大学)
　　　　周宏宇(哈尔滨工业大学)　黄盘兴(中国航天科技集团有限公司第五研究院)

面向大规模航天运输的复杂任务规划与轨道动力学

Complex mission planning and orbit dynamics for large-scale space transportation

1　科学问题概述

随着航天技术的不断发展,日益增长的发射任务使空间有特定载荷的可操控航天器不断增多,航天器可以完成的任务种类也在不断增加。通过设计不同类型的航天器拓扑架构,人类未来可以对空间的各类目标进行抵近探测、在轨操作、在轨组装建造、编队重构、辅助变轨、故障维修、模块更换、燃料加注和碎片清除等操作。对于未来的星座入轨部署、小行星序列探测转移、空间碎片交会捕获等大规模航天运输轨道转移问题,研究其中共性的轨道动力学基础并建立转移轨迹快速估计模型,探索复杂任务规划高效求解方法,可以为我国未来大规模航天运输顶层任务决策提供重要理论支撑。面向大规模航天运输的复杂任务规划与轨道动力学问题的应用场景主要包括三大方面：

(1)执行大规模卫星星座入轨部署。卫星星座是由一些卫星按一定的方式配置组成的一个卫星网。卫星星座可运用于全球通信、全球导航、全球环境监测等任务,例如全球定位系统(Global Position System,GPS)卫星星座、Galileo 卫星星座和北斗卫星星座等。而随着星座中卫星数量逐渐增加和卫星轨道设计的逐步复杂,其入轨部署过程的难度将会急剧增加。例如美国 SpaceX 公司提出的"星链"项目,计划在太空搭建由约4.2万颗卫星组成的"星链"网络提供互联网服务。面对数量如此巨大的卫星星座,其卫星的分布及轨道入轨任务设计都有着极高的难度,需要合理且高效地规划此类复杂的任务。

(2)执行多小行星连续探测任务。截至 2018 年,在太阳系内共发现了约 127 万颗小行星。小行星形成于太阳系形成之初,自身质量较小而无法产生地质活动,所以非常好地保留了太阳系形成早期的原始信息,是研究太阳系起源和演化历史的活化石,有助于探索恒星演化及其与行星形成的关系。不仅如此,一些小行星上还蕴藏着丰富的稀有矿物资源,具有巨大的潜在经济价值。同时,小行星也是对地球具有潜在威胁的天体,因为容易受到其他行星引力的干扰,产生对地球潜在撞击风险。因此,小行星探测有着巨大的科学意义。近年来对小行星的研究需求逐渐从远距离光学观测(轨道、形状、旋转状态和光谱类型),拓展到近距离飞行探测(结构演化机制和外力响应特性)。基于对小行星近距离飞行探测的需求,在有限推进资源和时间范围内如何完成尽可能多的具有潜在研究意义的小行星探测成为航天领域的国际前沿问题。

(3)执行空间碎片交会捕获及在轨操作任务。随着人类航天事业不断发展和在太空中的活动日趋频繁,在轨空间目标数量不断增多。截至2018年4月,可被太空监测网络(Space Surveillance Network,SSN)追踪的直径大于10cm的可跟踪在轨空间目标数量已超过19000个,其中有74%的目标是空间碎片。大量航天器、失效卫星和火箭上面级产生的空间碎片对在轨运行卫星构成碰撞威胁。例如一个直径超过1cm大小的碎片撞上国际空间站,很可能会直接将国际空间站撞穿。因此,在如此拥挤的太空环境中,为了更好发挥太空资产的功效并防止其与空间碎片的意外碰撞,需要对大量的空间目标进行操作控制与碰撞预警。

立足于解决这些技术需求面临的共性基础理论问题,需要从航天器轨道动力学与控制领域出发,对轨道机动、轨道偏差演化、鲁棒轨道设计和任务序列优化等问题展开研究,建立转移轨迹快速估计模型,探索复杂任务规划高效求解方法,为我国未来大规模航天运输顶层任务决策提供重要理论支撑。

2　科学问题背景

大规模卫星星座组网入轨、多小行星探测转移、空间碎片交会捕获等大规模复杂航天运输任务是目前国际研究的热点。中国的北斗卫星导航系统是继GPS、GLONASS之后的第三个成熟的卫星导航系统,可在全球范围内全天候、全天时为各类用户提供高精度、高可靠定位、导航、授时服务,并且具备短报文通信能力。而地外天体探测也是我国深空探测领域的重点发展目标之一,其将推动空间科学、空间技术、空间应用全面发展,为服务国家发展大局和增进人类福祉作出更大贡献。《2016中国的航天》白皮书中明确提出,开展火星采样返回、小行星探测、木星系及行星穿越探测等的方案深化论证和关键技术攻关,适时启动工程实施,研究太阳系起源与演化、地外生命信息探寻等重大科学问题。可以看出,深空探测甚至深空资源利用将逐步成为我国航天领域的研究热点和后续重点发展方向。例如,中国的"天问一号"火星探测器于2021年5月15日软着陆火星表面,火星车驶离着陆平台,开展巡视探测等工作,对火星的表面形貌、土壤特性、物质成分、水冰、大气、电离层、磁场等科学探测,实现中国在深空探测领域的技术跨越。

空间操作亦是抢占航天领域制高点的一项核心技术,各航天强国相继开展过多项太空试验计划对该技术进行验证与改进。例如,美国的试验卫星系列计划(XSS)、轨道快车(OE)、微卫星技术试验(Mix TEx)、通用航天器轨道系统(SUMO/FREND),欧洲的自主轨道转移飞行器(ATV)、轨道寿命延长飞行器(OLEV)、自主交会技术验证项目(PRISMA),日本的 H-2 轨道转移飞行器(HTV),以及我国的自主接近轨道飞行器(APOV)、轨道转移飞行器(OTV)等试验。在这些试验任务中,一个航天器通过轨道机动来交会逼近甚至进一步捕获对接另一个航天器。因此,如何在各种摄动与偏差影响下将航天器从相距较远(几百甚至上千公里)的初始轨道精确地转移到期望目标轨道,是一个值得深入研究的问题。

3　科学问题研究进展

对于未来的星座入轨部署、小行星序列探测转移、空间碎片交会捕获等大规模航天运输轨道转移问题,一次任务实现多目标点运输是未来此类任务的共性特点。

在近地空间转移运输领域,随着空间目标特别是空间碎片的急速增加,为防止空间目标间相互碰撞而毁坏太空资产或产生更多空间碎片,对空间目标进行碰撞预警显得尤为必要。根据空间目标状态分布情况计算的碰撞概率指标是目前进行碰撞预警的主要依据,但是观测跟踪得到的空间目标状态存在一定的误差。而精确高效地表征并预报空间目标的状态误差,是准确计算碰撞概率的重要前提。当前,由于需要跟踪的空间目标数量远远多于观测资源数量,观测与追踪空间目标面临数据稀缺等问题。通常需要在没有观测数据更新的情况下,对空间目标的轨道状态及其误差进行多圈甚至几天的长时间预报。尽管航天器状态在某一时刻(如定轨结束时刻)服从椭球形状的高斯分布,但在非线性的轨道动力系统中传播一段时间后,会变为非椭球形状的非高斯分布。如果不能精确预报航天器的轨道偏差,在碰撞预警中将产生漏警、虚警等错误决策。因此,对航天器轨道偏差进行精确演化分析,是一个需要解决的问题。立足此技术需求,需要从轨道动力学与控制层面研究考虑摄动、机动影响的,非线性、非高斯的偏差演化分析方法。结合偏差演化分析结果,进一步将偏差因素纳入轨道机动优化设计过程,研究考虑不确定性的鲁棒轨道优化方法,有望设计鲁棒性更好的轨道机动方案,以确保对空间特定目标进行更安全的操作控制。

在深空转移运输领域,为了提高任务的访问效率,需要在一次任务当中访问尽可能多的有价值目标。太阳系内如此众多的探测目标,如何在这些天体当中快速地规划出一个合理的单航天器或多航天器的探测任务是一个巨大挑战。对于多目标任务规划来说,不仅仅要考虑如何设计最优的星间转移轨道,还需要考虑访问目标的筛选和访问次序的问题,从而获得整体最优的飞行方案。全局序列搜索等传统规划算法在小规模的小行星探测任务当中已有比较成熟的研究,但该算法的复杂性随着搜索空间的增加而增加,并且当面临巨大的搜索空间时,会导致难以估计的计算量,无法满足未来大规模小行星探测任务的需求。

截至目前,已有一些方法解决面向大规模航天运输的复杂任务规划与轨道动力学中出现的有关问题,但是此关键研究仍存在以下难点亟待攻克。

3.1 非线性轨道机动问题研究

对航天器轨道机动问题,现有研究大量采用二体假设或线性化假设。而实际任务中,航天器轨道运动是非线性的,且受非球形引力、大气阻力等摄动影响。因此基于二体或线性模型的轨道转移控制方案,在实际任务中将偏离目标状态;而现有考虑摄动影响的轨道机动算法,存在对长时间、远距离的轨道转移任务难收敛的问题。因此,如何在摄动及非线性项影响下,有效求解长时间、远距离的绝对轨道转移问题和具有大初始分离距离的相对轨道转移问题,仍需进一步研究。

3.2 非线性轨道偏差传播研究

对航天器轨道初值问题,现有研究已经能够考虑各种摄动因素(如非球形引力、大气阻力、太阳光压、第三体引力、潮汐运动等),高精度地对航天器状态进行预报。然而,通过测量数据估计的航天器状态总是存在误差的,航天器实际状态其实是满足一定分布的随机量。类似于单个状态预报的初值问题,如何将航天器初始状态分布精确地预报到未来任意时刻,是计算航天器间碰撞概率、评估轨道预报精度、设计鲁棒轨道控制方案等任务需要解决的难题。已有方法基于简化的动力学模型及高斯分布假设,对自由飞行航天器的轨道偏差传播问题开展过大量研究;但对非线性动力学模型下机动航天器的轨道偏差演化问题,现有研究还存在不足。

3.3 考虑不确定性的鲁棒轨道规划研究

由于航天任务成本高昂,几乎所有的轨道转移问题(如轨道拦截、交会)都涉及寻找最优的轨道机动方案。现有对轨道转移问题的求解多是基于确定的、标称的条件,较少考虑实际任务中的轨道状态偏差及机动控制偏差的影响。如果将这些偏差因素纳入转移轨道设计优化过程,有望获得对偏差扰动具有较好鲁棒性的轨道机动控制方案,且有助于减少实际任务中轨道修正的燃料消耗。因此,有必要研究考虑偏差影响的鲁棒轨道优化方法。

3.4 考虑大规模备选目标时访问序列的高效优化

全局序列搜索的方法在中小型规模的访问序列优化问题上效果较好,但其算法的复杂性随着搜索空间的增加而增加,当面临巨大的搜索空间时,将会导致难以估计的计算量。因此,有必要引入智能搜索及序列选择方法以实现复杂任务规划的智能化。

主要参考文献

[1] 中华人民共和国国务院新闻办公室. 2016 中国的航天[N]. 人民日报,2016-12-28(9).

[2] 国家自然科学基金"十三五"发展规划——学科布局与优先领域[EB/OL]. http://www.nsfc.gov.cn/nsfc/cen/bzgh_135/11.html.

[3] Anonymous. A bargain-rate satellite system could keep an eye on nearly all of Earth[J]. Nature,2020(577):453.

[4] Levchenko I, Xu S, Wu Y L, et al. Hopes and concerns for astronomy of satellite constellations[J]. Nature Astronomy,2020,4:1012-1014.

[5] 朱阅訸. 面向大规模目标访问任务的飞行序列规划方法[D]. 长沙:国防科技大学,2020.

[6] Li H, Chen S, Baoyin H. J2-Perturbed Multitarget Rendezvous Optimization with Low Thrust[J]. Journal of Guidance Control & Dynamics,2018,41(3):796-802.

[7] Leomanni M, Bianchini G, Garulli A, et al. Orbit Control Techniques for Space Debris Removal Missions Using Electric Propulsion[J]. Journal of Guidance, Control, and Dynamics,2020,43(7):1259-1268.

[8] Steindorfer M A, Kirchner G, Koidl F, et al. Daylight space debris laser ranging[J]. Nature Communications,2020,11:3735.

[9] Song Y, Gong S. Solar-sail trajectory design for multiple near-Earth asteroid exploration based on deep neural networks[J]. Aerospace Science and Technology,2019,91:28-40.

[10] 程林,蒋方华,李俊峰. 深度学习在飞行器动力学与控制中的应用研究综述[J]. 力学与实践,2020,42(3):267-276.

撰稿人:霍明英(哈尔滨工业大学) 蒋方华(清华大学)
　　　　罗亚中(中国人民解放军国防科技大学) 徐瑞(北京理工大学)
　　　　李爽(南京航空航天大学)

多天体系统中航天器轨道动力学与控制

Orbital dynamics and control of the spacecraft in the n-body problem

1 科学问题概述

航天器轨道动力学与控制是航天任务实施的关键基础理论。深空探测航天器所处的多天体引力场环境与近地空间单天体环境有极大的不同,后者的轨道理论目前已经十分成熟,而前者的航天器轨道运动和控制更为复杂和困难。深空多天体系统中航天器轨道运动是典型的多体问题,具有强非线性和强混沌性等特点,轨道运动对初值敏感度高且长期不可预测,增加了轨道设计和控制的难度。多天体系统下,航天器轨道运动明显区别于近地空间二体模型下的圆锥曲线轨道,特别是在强非线性区域会产生轨迹十分复杂的混沌运动,但目前还缺少对轨道运动行为的深入研究和其类型的全局性分析。

机遇往往与挑战并存,多天体引力场环境一方面增加了航天器轨道动力学与控制的研究难度,另一方面则为深空任务提供了丰富的轨道类型和运动行为,在轨道设计和控制中有效利用多天体系统中轨道运动的特殊性和复杂性将有重要研究价值。然而,目前国内外对于这一问题的研究大多局限于具体任务的特定分析,没有全局性的系统研究。

多天体系统中航天器轨道动力学与控制问题主要研究深空多天体引力场中航天器自然轨道运动的机理,例如穿越、捕获(或逃逸)、周期轨道等行为,并利用这些运动特点研究航天器轨道设计和主动控制等。该问题是我国深空探测亟需解决的重要科学问题。

2 科学问题背景

深空探测是未来世界各航天大国重点发展方向,我国目前已成功实施了"嫦娥一号"到"嫦娥五号"的探月工程和火星探测任务,但与美国和欧盟等相比,我国在深空探测领域还存在不足,比如深空探测目标尚不全面、科学探测任务尚不丰富等。因此,我国后续将在深空探测领域持续发力,进一步开展小行星探测、木星系统探测、空间引力波探测和太阳系边际探测等深空任务。在深空多天体引力场中,航天器轨道动力学与控制是深空航天任务实施的关键基础理论,利用多天体系统的特殊性和复杂性设计的深空轨道已经在多个任务中发挥了重要作用。

我国"嫦娥四号"任务实现了人类首次月球背面着陆和巡游,为保证地球与"嫦娥四号"着陆器和"玉兔二号"月球车的通信,"鹊桥"中继卫星部署在月球背面附近的地月拉格朗日 L2 点周期轨道上,而该轨道是地球、月球和航天器构成的限制性三体问题下的一类特殊轨道类型。此外该周期轨道是不稳定的,基于多体问题动力系统设计的轨道维持方法可以保证鹊桥中继卫星能够长时间稳定在地月拉格朗日 L2 点附近。

美国航空航天局的 GRAIL 月球探测器利用日、地、月和航天器构成的限制性四体问题的动力学特性,基于多体系统下的不变流形理论和引力捕获现象设计得到的地月转移轨道可以节省转移燃料消耗,特别是月球捕获端的燃料消耗可以减少近 25%,极大提升了燃料使用效率。

2021 年,美国航空航天局、欧洲航天局和加拿大航空航天局联合研发的詹姆斯·韦布空间望远镜发射升空,飞往日地拉格朗日 L2 点附近的 Halo 轨道。在太阳、地球和航天器构成的限制性三体问题下,该 Halo 轨道位于地球背向太阳的一侧,没有太阳的辐照和太阳风的影响,又不受地球磁场的影响,可以为詹姆斯·韦布空间望远镜对宇宙空间的红外线观测提供"冷观测"条件。

因此,在多天体系统中研究航天器轨道动力学与控制问题具有重要价值。然而,深空探测航天器所处的多天体引力场环境导致航天器轨道运动具有强非线性和强混沌性等特点,增加了轨道设计和控制的难度,比如我国的"鹊桥"中继卫星所在的地月拉格朗日 L2 点附近多天体引力场环境复杂,其周期轨道稳定性差,任务实施中需要频繁轨控;多天体力学模型下的地月间低能耗转移轨道飞行时间长与其燃料消耗呈负相关性,GRAIL 月球探测器飞行时间远大于传统方案,转移中需要经过日地强非线性区域,飞行计划的纠错空间很小,导致发射窗口只持续 1s,每天只提供两次发射机会。

3 科学问题研究进展

3.1 多天体系统中航天器轨道运动机理

在多天体系统下航天器轨道运动机理方面,有大量学者研究了引力捕获,引力捕获是多天体模型下的重要的力学现象。航天器在引力捕获时施加制动,可以用较少的燃料消耗量实现永久捕获,1991 年该方法的弱稳定边界(Weak Stability Boundary,WSB)理论成功地用于拯救日本月球探测器 Hiten。Topputo 和 Belbruno 在圆形限制性三体问题(Circular Restricted Three Body Problem,CRTBP)模型下将 WSB 的算法推广到太阳-木星系统,定义了极坐标表示的运动方程,改进了稳定集及其边界的算法,并将所得结果与地月系统的进行了对比。Prado 和 Neto 分别讨论了椭圆形限制性三体问题(Elliptic Restricted Three Body Problem,ERTBP)下行星偏心率对引力捕获的影响。

针对多天体系统中的飞掠运动或引力辅助行为,Broucke 在 CRTBP 模型下使用数值方法研究了借力前后轨道类型的变化情况,讨论了不同引力辅助参数对轨道类型分布变化的影响。乔栋等先后在三维 CRTBP 和 ERTBP 模型下用数值方法研究了借力飞行的机理,并分析了借力轨道参数对借力轨道类型的影响。Ross 和 Scheeres 在 CRTBP 模型下研究了利用次主天体的多次引力辅助实现捕获和逃逸的问题。本文撰稿人推导了引力辅助轨道的开普勒映射。该映射是保体积的二维扭转映射,可以为我们直观地展示轨道的二体能量和近拱点相位的在借力前后的变化情况。利用该映射,可以清晰地观察到稳定共振岛的存在区域,而共振岛之间的混沌海可以用不稳定共振轨道的稳定和不稳定流形进行划分。研究表明混沌轨道可以实现不同共振态间的转移,所以通过选择适当的初始状态,就可以得到多次引力辅助作用下满足转移要求的混沌轨道,进而实现重力捕获或逃逸等复杂的轨道任务。Lantoine 等研究了利用多次引力辅助实现由 Ganymede 到 Europa 的共振转移问题。

在多天体系统中存在种类丰富的周期或拟周期运动,比如平动点轨道和共振轨道等。日-地/月平动点轨道在深空探测和天文观察中具有重要价值:L1 附近的平动点轨道可以用于对日长期观测,而 L2 附近的平动点轨道的天文学环境非常适合有常温要求的空间任务,如高精度可见光天文望远镜等。目前日-地/月平动点轨道已经应用于许多空间任务,如 ISEE-3、WIND、SOHO、GENESIS、MAP 和 GAIA 等。此外地月系统 L1 和 L2 点的 Halo 轨道可以用于月球定位系统。由于太阳旋转,日地 L5 点附近的周期轨道可以用于太阳风暴的早期预警。NASA 的 STEREO-B 探测器曾驻留日地 L5 点并证明该位置可用于长期太阳物理科学和空间天气监测。共振轨道中的大尺度逆行轨道(Distant Retrograde Orbit, DRO)可以用于环绕火卫一或木卫二的任务设计。NASA 提出的小行星捕获 ARRM 任务曾计划将一个较大的小行星样本带到月球 DRO 用于人类探测。通过 DRO 上的天基望远镜网络可以探测来自太阳方向的有潜在撞击危险的小行星,由于目前的地基系统无法胜任这项工作,因此这将显著增加小行星撞击地球的预警时间。Doedel 等使用两点边值问题延拓软件,研究了 CRTBP 下的五个平动点附近的周期轨道族以及它们之间的连接关系。Perozzi 等描述了 DRO 的一些几何性质,并从任务分析的角度讨论了不同假设条件下的可达性。

3.2 多天体系统中航天器轨道设计与控制

利用引力捕获现象,Belbruno 提出了一种利用弱稳定边界理论的地月转移轨道设计方法,研究表明地月低能转移轨道可以有效地减少月球轨道注入段的燃料消耗,进而使总的燃料量减少。Topputo 系统地总结并研究了日-地-月限制性四体模型下二脉冲地月转移轨道的优化问题。作者采用多重打靶法得到了近千个优化结果,并对其中的低能转移轨道作了分类讨论。

由于平动点轨道在深空探测和天文观察中具有重要价值,因此与之相关的平动点轨道转移设计、平动点轨道定位、轨道维持以及编队飞行等,吸引了大量学者的研究。利用平动点轨道的不变流形理论,Gomez 等应用与平动点轨道相连的不变流形构建了由地球到日地 L1 附近 Halo 轨道的转移轨道,其研究结果被用于 SOHO 任务中。利用月球引力辅助和不变流形方法,李明涛和郑建华提出了一种由地球到月球附近 Halo 轨道的三脉冲转移轨道。Koon 等利用动力系统理论在 CRTBP 模型下研究了平动点轨道异宿转移和共振轨道问题,并用数值方法证明了异宿连接的存在性。Stuart 等研究了平动点轨道间最优小推力转移问题。其研究表明,在轨道设计中不变流形理论可以有效地减少燃料消耗。Haapala 和 Howell 在三维 CRTBP 模型下使用高维 Poincare 映射设计得到了平动点轨道间的同宿和异宿转移轨道。Pergola 等使用小推力将日地 Halo 轨道和日火 Halo 轨道连接起来,由此构建了一种新型平动点轨道间转移。

由于平动点周期轨道稳定性差,其轨道维持一直是研究热点。Keeter 分析了 Floquet 模式,并用蒙特卡罗试验来估算轨道维护成本。Elyasberg 和 Timokhova 提出了基于密切参数的轨道保持方法,用于椭圆形限制性三体问题中共线平动点的轨道维持。Breakwell 等人运用线性二次型调节器技术(Linear Quadratic Regulator,LQR)理论研究了 Halo 轨道的最佳控制技术,Narari 将退步算法和死区控制用于地月 CRTBP 的月球 Halo 轨道维持。针对月球 Halo 轨道,Ulybyshev 提出了针对长期轨道保持的最优控制算法。这种方法适用于星历模型下的小推力轨道维持的分析和仿真。在考虑干扰和推进器误差的情况下,Narula 和 Biggs 扩展了 LQR 控制,提升了轨道维持与跟踪的性能。

综合上面的研究,当前研究还存在两方面不足:

(1)自然轨道运动机理认识不清晰。深空多天体系统中航天器轨道运动具有强非线性和强混沌性等特点,运动对初值敏感度高且长期不可预测,但目前对轨道运动行为的研究,比如穿越、捕获(或逃逸)、周期轨道等,还没有完全揭示其运动规律,此外,不同运动行为间的研究方法和相互关系还没有统一的认识框架,导致缺少全局性分析。

(2)受控轨道运动方法设计不系统。如何在轨道设计和控制中有效利用多天体系统中轨道运动的特殊性和复杂性,目前国内外对于这一问题的研究大多局限于具体任务的特定分析,没有全局性的系统研究,导致设计方法低效不系统。

未来多天体系统中航天器轨道动力学与控制问题将会在以下三方面开展研究工作:

(1)运动行为精细划分。多天体系统下研究航天器轨道运动行为的严格判定方法,在相空间内对不同轨道运动行为进行精细划分,从而揭示各种轨道的运动机理。

(2)运动机理全局分析。多天体系统中研究航天器各种轨道运动行为间的相互关系和有效连接,构建描述不同轨道运动的统一理论框架。

(3)低能转移控制。针对深空多天体复杂力学环境,开发低能低频轨道控制策略,在工程约束下研究如何快速生成设计方案,以适应我国未来多重深空探测任务和高频次发射要求。

主要参考文献

[1] TOPPUTO F,BELBRUNO E. Computation of weak stability boundaries:Sun-Jupiter system [J]. Celestial Mechanics and Dynamical Astronomy,2009,105(1):3-17.

[2] FERNANDO A,ALMEIDA B De,NETO E V. Study of the Gravitational Capture in the Three-Body Problem[J]. The Journal of the Astronautical Sciences,2006,54(December): 567-582.

[3] 乔栋,崔平远,崔祜涛.基于圆型限制性三体模型的借力飞行机理研究[J].宇航学报, 2009,30(1):82-87.

[4] 乔栋,崔平远,尚海斌.基于椭圆型限制性三体模型的借力飞行机理研究[J].宇航学报,2010,31(1):36-42.

[5] ROSS S D,SCHEERES D J. Multiple gravity assists,capture,and escape in the restricted three-body problem[J]. SIAM Journal on Applied Dynamical Systems,2007,6(3):576-596.

[6] LANTOINE G,RUSSELL R P,CAMPAGNOLA S. Optimization of low-energy resonant hopping transfers between planetary moons [J]. Acta Astronautica, 2011, 68 (7-8): 1361-1378.

[7] MIGUEL BELLÓ, GERARD GÓMEZ, JOSEP J MASDEMONT. Invariant Manifolds, Lagrangian Trajectories and Space Mission Design[J]. Space Manifold Dynamics,Novel Spaceways for Science and Exploration,2010:1-96.

[8] CIRCI C,ROMAGNOLI D,FUMENTI F. Halo orbit dynamics and properties for a lunar global positioning system design[J]. Monthly Notices of the Royal Astronomical Society, 2014,442(4):3511-3527.

撰稿人:乔栋(北京理工大学)　齐毅(北京理工大学)

李翔宇(北京理工大学)　孟林智(中国航天科技集团有限公司第五研究院)

超大口径展开式空间光学望远镜技术

Space deployable optical system technology

1 科学问题概述

光学成像系统受限于衍射极限,其口径越大、分辨率越高,同时集光能力也越强,但在实际使用过程中,空间光学系统的重量、体积均受到运载火箭运载能力的限制。为解决上述限制,发展超大口径展开式空间光学望远镜技术是主要技术途径之一。超大口径展开式空间光学望远镜在空间天文、空间对地观测等领域均有明确的需求,该技术主要原理是将空间光学系统的部分光学元件在地面发射前折叠(主反射镜由分块镜拼接而成),发射入轨后展开,再通过一系列的在轨精密调整实现接近衍射极限的成像质量。该技术一方面通过将大口径主镜分解为多个小口径轻型分块镜来大幅降低主镜组件等的重量,另一方面通过主镜和其他光机部件的折叠来大幅减小体积和运载工具的限制。

超大口径展开式空间光学望远镜一方面体积庞大、结构复杂且含有运动部件,另一方面对成像质量要求极高(以中心波长 $0.65\mu m$ 可见光成像为例,主镜所有分块镜共相位精度均要优于 $\lambda/20RMS$,即 $32.5nm$),故在设计与制造方面提出了远超现有空间光学望远镜的要求,是一项集光、机、电、热、控制等为一体的前沿技术,属于典型的交叉学科问题。

超大口径展开式空间光学望远镜技术涉及的科学问题主要包括以下内容。

1.1 超大展开式空间望远镜系统设计、集成建模仿真与验证理论

与传统空间光学系统不同,超大展开式空间望远镜是具有主镜拼接特点、在轨校正能力的光学系统,需要针对性地开展光学系统优化设计以及光学设计理论方法研究。超大展开式空间望远镜给地面装配、装调、测试等带来全新挑战,传统方法(如大口径平行光管检测方法、重力卸载方法等)已不适用,需要开展全新的基于系统集成建模仿真和组件试验验证的理论方法研究。

1.2 超大展开式空间望远镜的在轨主动光学校正方法

展开式光学系统要将分块主镜从展开的毫米级精度校正到分块镜纳米级共相位精度。超大口径光学系统由于在轨力热环境变化使其发生了力学变形,从而导致像质变差。为通过主动光学校正到衍射极限的像质,需要开展在轨主动光学校正理论与校正方法研究。研究内容包括从精密几何量测量方法(如激光、光电、电容、电感测量)、光学测量方法(如哈特曼-夏克波前传感、相位变更/恢复法、色散条纹法等)的优选与集成以及全系统波前相差测量方法与技术及光轴视线抖动探测方法与技术。

1.3 大型空间结构动力学建模、高精度在轨指向和超静控制理论与方法

超大口径展开式空间光学望远镜尺寸大,构建长期稳定的高精度指向以满足成像质量对稳像要求提出了巨大挑战。观测误差、结构变形、挠性振动、高频抖动、机构伺服偏差等多种复杂干扰源的耦合扰动均会产生指向误差。主要研究内容包括需要研究大型可展开空间结构的动力学及其控制问题,研究多源耦合扰动特性对指向误差的影响机理并建立精确模型,为全频段扰动抑制奠定基础;需要研究克服陀螺漂移、结构热稳等带来的误

差因素;需要研究突破极高精度指向控制技术,突破全频段主被动一体的超静控制技术。

2　科学问题背景

在空间天文领域,具有更高分辨率和更强集光能力的空间光学望远镜是实现宇宙大爆炸、暗物质与暗能量、系外行星观测等科学目标的必要观测工具,其中较为典型的哈勃空间望远镜所具有的观测能力和观测成果大大促进了天文学的发展。美国在 1996 年发射 $\phi2.4m$ 口径的哈勃空间望远镜之后,于 1996 年开展论证下一代空间望远镜,经过 20 多年的论证、关键技术攻关和工程研制,于 2022 年成功将 $\phi6.5m$ 詹姆斯·韦布空间望远镜(James Webb Space Telescope,JWST)发射入轨。目前正在论证更大口径的下一代空间望远镜(有 $\phi8m$ 和 $\phi15m$ 两种方案)。

在对地观测领域,低轨高分辨率对地观测相机受轨道限制,其时间分辨率以天为量级。为实现更高的时间分辨率,迫切需要在地球静止轨道上部署高分辨率对地观测相机。因其具有分钟级观测间隔的优势,在民用应急观测和军事监视等领域应用前景广阔。但由于地球静止轨道的轨道高度较高,约为 36000km,为实现高空间分辨率,还需要极大的口径作为支撑。如实现 1m 分辨率,需要 $\phi20m$ 量级的空间相机。

目前国际上在轨和在研的整体口径光学系统最大为 $\phi3\sim4m$。更大口径的光学系统则采用了空间可展开光学系统技术(如已成功发射的 $\phi6.5m$ 的 JWST),此外也在论证基于衍射薄膜的空间光学系统、基于迈克尔逊干涉原理的综合孔径成像系统、基于菲索干涉的稀疏孔径成像系统及基于在轨组装的空间光学系统。与可展开光学系统技术相比,上述方案均存在一定的缺陷。衍射薄膜光学系统技术的最大挑战在于受限于波长范围;综合孔径成像系统技术由于需要多次干涉成像并需要傅立叶变换获取图像而不适用于对地观测;稀疏孔径成像系统技术由于信噪比较低需要图像复原,对不同孔径的共相位精度和成像质量要求更为苛刻;在轨组装的空间光学系统属于空间可展开光学系统的下一代,对自动控制、人工智能、空间机械臂等提出更高的挑战。

综上所述,相较而言,空间可展开光学系统技术是其中成熟度最高、最具可行性的超大口径光学成像技术,具有明确的需求。空间可展开光学系统应用于空间天文望远镜和对地观测相机,将大幅提升空间天文学和对地观测系统的观测能力,产生重大科学成果,具有巨大的社会效益、经济效益和军事效益。

3　科学问题研究进展

美国方面:空间可展开光学系统技术已成功应用在 2022 年发射的 JWST 上。早在 1996 年,美国宇航局项目计划委员会制定了下一代空间望远镜(Next Generation Space Telescope,NGST)活动的路线图,确定了 NGST 的主要模块结构以及十项关键技术,特别是主动控制的大口径反射镜、先进的探测器设计、所有关键部件的冷却技术以及精密主动测量等。1997年，NASA成立了一个特设科学工作组，制订了NGST关键科学观测计划。2002年，美国宇航局确定关键技术已经达到了足够成熟的水平，可以进入下一个阶段。同年9月，NASA将NGST更名为JWST，以纪念美国宇航局的第二任局长詹姆斯·韦布，另外，NASA将JWST开发(航天器、望远镜、集成和测试)的主要合同授予诺斯罗普·格鲁曼空间技术公司。在国际合作方面，美国宇航局和加拿大宇航局、欧洲宇航局是合作伙伴关系，除了制造科学仪器之外，欧洲宇航局还用"阿丽亚娜五号"火箭发射JWST航天器。设计、开发、制造詹姆斯·韦布太空望远镜的新技术也将用于许多其他空间项目，比如天文学、空间科学、地球观测等。

欧洲方面：开展了地球静止轨道对地观测可展开光学系统的论证和预研。

我国从2004年启动了空间可展开光学系统的基础理论和方法研究，之后十几年在中国人民解放军总装备部、中华人民共和国科学技术部、国家国防科技工业局等支持下，分别开展了系统方案研究和关键技术攻关。但由于空间可展开光学系统规模庞大、涉及子系统多、关键技术多、成本高昂，我国的相关研究尚处于各个关键技术点的攻关，距离系统集成尚有较大差距，特别是针对整个可展开光学系统的光机热集成仿真建模和分析理论及方法、系统级的分级递阶控制理论、基于相位恢复等算法的信标和波前传感方法等亟须开展研究和验证。从技术难度角度出发，JWST为红外望远镜，其中心波长为$2\mu m$，而我国研究主要针对可见光谱段，对算法精度要求更高，技术指标要求也更高，技术难度更大。

整体来说，超大口径展开式空间光学望远镜技术需要重点攻克以下科学问题。

3.1 超大展开式空间望远镜系统设计、集成建模仿真与验证理论

需要针对拼接主镜复杂光瞳光学系统成像、在轨主动光学等问题开展新型光学系统设计、像差分配理论研究和望远镜优化设计；需要针对超大尺寸造成的地面无法充分开展像质测试与试验的问题，开展新型超大望远镜系统级集成建模与仿真理论与方法研究，并开展从部组件到系统级的独立、交叉、组合、多重的试验理论研究和试验验证。

3.2 分级递阶在轨主动光学校正与控制理论与方法

需要针对望远镜系统尺寸过大以及在轨展开带来的像质问题开展在轨分级递阶主动光学校正、高精度空间展开机构设计方法、大动态范围光学误差高精度探测处理/控制与校正理论、方法和技术等研究；为满足从毫米级展开精度到满足纳米级分块镜共相位精度和纳米级光学成像像质的需求，需要开展分级检测和校正、研究子系统信息耦合、控制作用耦合和指标耦合特性，开展复杂系统的先进控制理论与方法研究。

3.3　大型空间结构动力学建模、高精度在轨指向和超静控制理论与方法

针对超大口径带来的刚性不足和各种在轨振动源对像质的影响问题,需要开展大型可展开空间机构的动力学机器控制、极高精度瞄准指向控制方法以及全频段主被动一体的超静控制方法等科学问题研究,解决多柔体系统的多线性动力学建模和分析、在轨展开过程控制、微振动抑制、在轨动力学精确测量与控制以及地面微重力模拟试验等问题。

主要参考文献

[1] 杨秉新,陈晓丽,徐彭梅,等.采用可展开光学系统的新型空间遥感器[C]∥中国空间科学学会空间探测专业委员会第二十一届学术会议,2008.

[2] 俞信,张晓芳,胡新奇.空间自适应光学研究[J].航天返回与遥感,2011,32(5): 19-28.

[3] Atkinson C, Harrison P, Matthews G, et al. Integration and Verification of the James Webb Space Telescope[C]∥Conference on Optical Manufacturing and Testing V; Aug 3-5, 2003; San Diego, California, USA. Northrop Grumman Space Technology Crop. USA, 2003. DOI:10.1117/12.506410.

[4] Muheim D M, Menzel M T. Systems Modeling in the Design and Verification of the James Webb Space Telescope[J]. Proceedings of SPIE-The International Society for Optical Engineering, 2011, 8336:2.

[5] Cataldo G. Integrated modeling under uncertainty for the James Webb Space Telescope[C]∥Modeling, Systems Engineering, and Project Management for Astronomy Ⅷ, 2018.

[6] Hyde T T, Ha K Q, Johnston J D, et al. Integrated Modeling Activities for the James Webb Space Telescope: Optical Jitter Analysis[J]. Proceedings of SPIE-The International Society for Optical Engineering, 2004.

[7] Mosier G E, Howard J M, Johnston J D, et al. The Role of Integrated Modeling in the Design and Verification of the James Webb Space Telescope[C]∥NTRS. NTRS, 2004.

撰稿人:李博(北京空间机电研究所)　苏云(北京空间机电研究所)
　　　　高峰(北京空间飞行器总体设计部)

CHAPTER THREE

第3章
航天推进与空间能源

航天器推进系统是利用自身携带的工质,依靠反作用原理为航天器提供推力或力矩的整套装置,以使航天器达到所需要的速度和飞行姿态。卫星、空间站、深空探测器等航天器的入轨、离轨、再入,姿态控制,轨道保持、修正和变轨等均依赖于航天推进系统。因此,航天推进系统是空间基础设施建设、深空探测、载人航天等一切航天活动的基石,其推力、性能决定着一个国家航天活动的规模、进出空间、控制空间和利用空间的能力,是一个国家科技实力的重要体现,也是国家安全的重要保障。

现代航天推进技术起步于20世纪初,主要围绕以化学反应为能源的化学火箭发动机。1925年前后欧美完成首台概念性液体火箭发动机测试,使得航天飞行从构想走向实践成为可能,而V-2导弹的出现则拉开了新的序幕。20世纪50年代,苏联率先研制出了百吨级RD-107和108液氧煤油发动机,并基于该动力系统,于1957年成功发射了世界上第一颗人造地球卫星,开创了人类航天新纪元;于1961年将加加林送入太空,开创了人类载人航天的新时代。美国于20世纪60年代初斥巨资开始了大推力发动机的研制,成功研制了以"土星5"为代表的重型运载火箭,于1969年成功实现了人类登月的伟大梦想。同年,美国提出了航天飞机概念,于1981年实现首飞,实现了空间往返。21世纪初,以SpaceX、蓝源公司、轨道科学公司为代表的私营航天迅速发展,开发了"猎鹰"系列、"BE"系列等火箭发动机,实现了火箭发动机的重复使用。

自新中国航天事业诞生以来,我国成功研制了以长征(CZ)系列为代表的运载火箭。以75吨级常温四氧化二氮/偏二甲肼发动机为主动力的"CZ-2""CZ-3"和"CZ-4"运载火箭完成了各类卫星发射任务,实现了载人航天与探月工程的伟大壮举。20世纪90年代以来,我国研制了120吨级液氧煤油和50吨级氢氧发动机,作为"CZ-5""CZ-6"和"CZ-7"等新一代运载火箭的主动力装置,在实现我国火箭动力无毒化的同时,将我国近地轨道运载能力提高到 20 吨以上,是我国液体火箭发动机技术达到世界先进水平的标志。另一方面,经过数十年发展,我国固体火箭发动机在推进剂制备、浇注到壳体制造等方面均取得了重大突破,固体发动机性能得到质的提升。2021 年 10 月 19 日,我国成功开展了目前世界上最大的固体火箭发动机试车,充分展现了我国固体火箭发动机的领先水平。与此同时,组合动力、电推进、核推进和太阳能推进等新型推进技术也迅速涌现和快速发展,有力支撑了我国航天技术创新发展。

随着人类社会进一步探索和开发利用宇宙的迫切需求,大规模开展航天活动、发展航班化航天运输等已提上我国日程,迫切希望航天器飞得更远、更快,飞行更经济,这对我国航天推进与空间能源技术提出了更高要求。针对航天推进效率低、推力不足等问题,应重点关注航天推进剂精细化设计及其能量释放的精准调控,大力发展吸气式组合动力技术、高超声速推进技术,实现宽域飞行和飞行速度大幅提升;围绕航天推进安全性与可靠性需求,解决火箭发动机燃烧不稳定问题,克服宽范围变推力、复杂热力载荷下的结构失效与热防护等瓶颈问题,以研制性能更高、变推力范围更大、空间适应能力更强的重型运载火箭技术和先进空间化学动力技术,满足月球探测和载人登月动力需求;围绕航天推进低成本需求,一方面发展火箭发动机可重复使用与智能化技术,以大幅降低成本、缩短航天运载周期,另一方面发展大功率、高转换效率核推进技术与长寿命高性能空间电推进技术,实现长期在轨服务;同时,加强空间推进剂在轨储存、加注、管理与集成利用管理,发展空间热、电、磁、辐射等能源综合利用系统与集成管理技术,提升空间转移运输能力。

固体火箭发动机中两相流动和热防护问题

Two phase flow and thermal protection in solid rocket motors

1　科学问题概述

固体火箭发动机推力大、推重比高、结构简单,已广泛应用于航天运载领域,可为大型、重型运载火箭提供大推力。在固体火箭发动机中固体推进剂的化学能转变为高温高压燃气的动能,工作过程涉及燃烧产物的两相流动、发动机结构传热和烧蚀等复杂的物理和化学过程。目前现有的固体火箭发动机性能预示方法存在精度低、物理模型和物理参数不完善等问题,因此亟须通过试验确定相关参数,并建立燃烧产物参数数据库和准确的理论模型,实现发动机的精确设计,提升发动机的性能。固体火箭发动机中流动和传热涉及的科学问题主要包括两相流动带来的性能损失、燃烧室绝热层和喷管的烧蚀、熔渣沉积对发动机性能及安全性的影响。因此,需要对推进剂金属颗粒团聚和两相流损失机理及对于喷管效率影响进行深入研究,获得相关试验参数。固体火箭发动机的工作性能重构中还需对相关数学模型分析求解、确定物性参数构建数据库并优化算法。

此外,大型固体火箭发动机流量大、工况恶劣,固体火箭发动机工作工程中,燃烧室和喷管喉衬承受高温、高压、高速两相流的传热和冲刷,该过程涉及的科学问题包括碳/碳(C/C)喉衬材料传热烧蚀机理、C/C 复合材料破坏机理和判据确定、喷管喉衬最小安全厚度的确定、碳布/酚醛热解碳化及烧蚀机理研究。通过研究热结构与热防护材料的本征特性、烧蚀机理、破坏判据,提高发动机设计水平。其中,C/C 复合材料破坏机理是指 C/C 复合材料在高温环境下各项材料性能演化趋势、复杂热力环境下应力分布规律及热应力下的破坏模式、破坏判据的建立。

2 科学问题背景

固体助推器在国外大型运载工具中使用广泛,美国、日本、欧洲均形成了用于运载火箭的大推力固体火箭发动机,如欧洲的 P-120C(直径 3.4m,推力 470t)、美国的 SLS(直径 3.7m,推力 1600t)、印度的 S-200(直径 3.2m,推力 500t)。2021 年,我国自主研制的整体式固体火箭发动机试车成功,发动机直径达 3.5m、推力达 500t。

目前含铝复合推进剂是固体火箭发动机的主要能源,对于含 17% 铝粉的复合推进剂,燃烧产物中约含有 30% 的 Al_2O_3 微粒。在喷管流动中,两相流颗粒冲刷和沉积造成的喷管两相流损失常占到总损失的 $1/3 \sim 1/2$。Al_2O_3 微粒在流动中不做膨胀功,从而使含有凝相粒子的燃烧产物做的膨胀功减少、比冲降低。由于凝相粒子不能通过膨胀加速,因此粒子的温度总是高于气体温度。在发动机工作的中后期,气流在燃烧室尾部分离,背壁空腔形成强烈的回流,分离线的位置和回流的速度对于喷管背壁和后封头的绝热层设计非常重要。研究燃烧室内部流动的规律特别是复杂区域内的流动情况,对于合理设计潜入深度、喷管背壁型面、药柱型面,提高固体火箭发动机的性能和可靠性有着十分重要的意义。此外,凝相颗粒与发动机内壁碰撞和黏附而产生沉积,增加发动机的烧蚀,降低发动机比冲,我国某款直径 2m 的大型分段固体火箭发动机中沉积质量达到 210kg。相比整体式固体发动机,分段式发动机在分段药柱端面处存在绝热限燃层,且前后段的装药燃速可能存在差异,这些都会影响颗粒沉积。通过试验数据,构建发动机性能数据库,实现对试验及仿真数据的精确建模,通过数据库优化不仅能够提高发动机的设计效率,也能提高性能。但数据库的建立需要对诸多关键问题做深入的试验研究。

大型固体火箭发动机喷管长时间受到高温、高压、高速气流的冲刷作用,工作状况恶劣。喷管的喉衬在发动机内高温、高压环境下被烧蚀,从而增大喉部直径,使燃烧室压强减小,降低了发动机性能。同时大型固体火箭发动机喉径大,尺寸效应增大后,热应力及烧蚀对喉衬完整性造成严重威胁,当前的工艺水平对喉衬的耐烧蚀性能影响较大,容易形成气相沉积导致喉部内部表面性能差异大。因此亟须根据大型 C/C 喉衬的使用要求,开展大型喉衬在两相流作用下的传热和烧蚀机理研究,加深对 C/C 喉衬、碳布-酚醛等材料的热分解和烧蚀过程的认识,改进喷管材料和结构,提高发动机的抗烧蚀性能。

3 科学问题的研究进展

大型固体火箭发动机常采用潜入式喷管,空腔内凝相颗粒沉积,燃烧室尾部流动变得非常复杂,随着燃面退移和质量加入,流动情况会发生很大变化,尤其是含金属添加剂的复合推进剂的使用,使燃烧室尾部的两相流动更加复杂。20 世纪 80 年代,Boraas 首先对航天飞机助推器中的熔渣沉积现象进行了研究,采用无旋无黏的势流模型计算了气相流场。随后的研究者将燃烧破碎模型用在发动机的含颗粒两相流场计算中,为实际颗粒冲刷烧蚀壁面提供了计算模型。针对粒子的沉积,国外开发了一系列两相流预测的代码,研究了推进剂的结构对于两相流的影响,并对四类航天飞机固体助推器中颗粒沉积进行全面研究,建立了粒子沉积的数值计算方法。在试验方面,针对分段式大型固体火箭发动机,Jasper 建立了立卧两套直径 2m 固体火箭发动机试验装置,发现喷管放置方式会使得粒子碰撞喷管的运动方式发生改变,从而导致沉积量产生差异。国内学者针对粒子沉积的计算模型开展了深入研究,也设计了用于试验的燃烧器和粒子收集装置,获得了凝相颗粒的粒径分布特征。

目前,针对固体火箭发动机中两相流动,普遍采用试验与数值模拟计算结合的方式,研究了凝相微粒与气相之间作用力与热的传递以及微粒平均直径。但是关于流动过程中因微粒撞击而产生的凝聚与破碎,研究较少。

喷管喉衬的烧蚀过程非常复杂,受到多种因素的相互影响,包括推进剂组分、发动机工作条件、喷管几何形状和材料特性、反应组分的输运、喷管表面的化学反应等。针对C/C喉衬在材料本构、破坏判据、烧蚀与传热、热结构仿真等方面开展了大量的研究工作。当前我国大型固体火箭发动机型号应用还有很大距离,很多机理的研究缺少试验数据、准确的理论模型、具体的工艺实践,与国外进展还有很大的差距。

国外在20 世纪80 年代建立了适用于先进大尺寸固体发动机 C/C 喷管喉衬烧蚀的综合计算模型,测量了 C/C 材料瞬时退移速度。近年来美国的大学建立了火箭发动机喉衬烧蚀试验装置,可以研究不同氧化组分下喉衬材料的烧蚀。国内建立了喉衬抗粒子剥蚀的试验装置,探究两相流粒子冲刷对于喉衬烧蚀的影响。C/C 喉衬由于结构的复杂性,影响其烧蚀的因素与普通喉衬有所区别,因此需要对它的烧蚀过程进行建模与分析,目前仍然无法准确地预测 C/C 喉衬的烧蚀率问题,从而需要借助试验才能确定喉衬的安全厚度及裕度。

目前的研究主要集中于材料、单一热结构或单一烧蚀,对于烧蚀、传热、热结构的耦合研究较少。针对烧蚀中耦合传热问题研究,国内起步较晚但如今已有较大突破,在试验方法、数值计算、理论研究方面都有新成果涌现。如针对喉衬烧蚀传热问题,研究酚醛材料热解产物得到了热解发生的对应温度,探究热解层和炭化层厚度对烧蚀过程的影响,学者们对于烧蚀后产物微观结构、热解气体在流场中的热力学参数精确测量,在仿真过程中形成了多种数值方法如动网格法。国外在研究流热耦合中热通量问题时,早期认为温度垂直喷管线性分布,后来加入校正因子考虑非线性过程,之后用双色辐射法测量热通量,并建立了传热模型的有限体积离散。2017 年外国学者提出了一种新的二维热烧蚀分析程序(MOPAR-MD),它能够模拟热防护系统材料的热解过程,并且提出了一种适用于模拟喷管中应用的碳/酚醛类材料烧蚀的反应机理,这种仿真方法可以模拟典型的含铝复合推进剂燃气对喷管的烧蚀仿真计算。

为实现热结构与热防护的精细化设计,需系统开展复杂环境条件下喷管热结构材料本征特性及烧蚀机理、热结构精确评估与试验验证、内绝热层热防护机理及热/流/固耦合作用机制。亟待解决的主要科学问题及进展总结如下:

(1)两相流损失理论模型研究。

在有微粒参与的两相流条件下,考虑推进剂的燃烧模型、对流和辐射传热模型、反应附面层理论、烧蚀和温度场模型等,对微粒如何进入湍流附面层和热防护壁面,以及微粒与附面层、推进剂或壁面之间的互相作用机理开展研究。

(2)两相流颗粒沉积形成机理研究。

在大型固体火箭发动机中,建立燃烧室高温燃气中的固体颗粒受力模型和运动轨迹模型,研究颗粒在燃气流动作用下的碰撞、团聚、破裂和运动轨迹,获得颗粒在燃烧室和喷管潜入段的沉积规律及影响因素。

(3)喷管两相流仿真模型研究。

亟须开展微粒尺寸分级情况下的轴对称喷管跨声速、超声速段的两相流动计算,获得微粒流线、两相流损失,优化喷管型面。建立考虑化学反应和气体黏性的两相流全耦合计算模型,对喷管超声速段和射流的流场仿真计算。

(4)喷管流固耦合传热传质的机理研究。

针对组合喷管结构和发动机工作条件,考虑复杂的传导、对流、辐射的耦合换热过程,研究喷管在静态或准静态下的流场温度及应力特性,获得喉部流固交界面温度场与发动机工况、喷管结构和材料的关系。

(5)大型固体火箭发动机中 C/C 复合材料烧蚀率机理研究。

为了解缩比试验与真实发动机喉衬烧蚀之间的相关性,考虑热化学烧蚀和机械剥蚀耦合,建立喉衬烧蚀耦合计算方法,使用缩比试验评估真实发动机的喉衬烧蚀率。

（6）大型固体火箭发动机喉衬成型工艺研究。

随着结构尺寸的增加，大型固体火箭发动机喉径较大，喉衬成型工艺对喉衬的力学和烧蚀性能影响较大，在生产中存在化学气相沉积周期长、喉衬内部及表面性能差异大等缺点。需要针对上述问题开展大尺寸喷管设计、成型及工艺可行性研究。

（7）基于优化算法建立发动机性能预示平台实现喷管优化设计。

基于深度学习理论，基于发动机两相流动模型、传热和烧蚀模型，通过试验数据衍生与增强，丰富并扩充试验数据样本，优化深度神经网络模型架构，利用卷积等各种深度学习算法训练出目标值高的模型，最终通过大量试验数据建立基于深度学习算法的喷管优化程序。

主要参考文献

[1] 武丹,陈文杰,司学龙,等.大型固体火箭发动机发展趋势及关键技术分析[J].武汉大学学报（工学版）,2021,54（2）:102-107.

[2] 朱昭君,强洪夫.固体火箭发动机喉衬用轴编 C/C 复合材料的烧蚀及热结构特性研究进展[J].推进技术,2019,40（4）:721-731.

[3] 李书良,张飞,熊波,等.固体火箭发动机喉衬热结构影响因素分析[J].强度与环境,2013,40（2）:56-63.

[4] 敖文,刘佩进,吕翔,等.固体推进剂燃烧过程铝团聚研究进展[J].宇航学报,2016,37（4）:371-380.

[5] 杨喜军,程慧,张涛.大长径比固体发动机侵蚀燃烧影响研究[J].战术导弹技术,2018（2）:102-106.

[6] 秦少东,田维平,王健儒,等.分段式固体发动机颗粒沉积规律研究[J].固体火箭技术,2018,41（6）:671-676.

[7] 王立武,田维平,郭运强,等.固体火箭发动机喷管喉衬烧蚀研究进展[J].固体火箭技术,2019,42（2）:135-142.

[8] 苗志文.分段式固体火箭发动机粒子沉积及扩张段粒子冲刷研究[D].西安:航天动力技术研究院,2017.

[9] Jeremy J R. SLS Booster Development [C]. 51st AIAA/SAE/ASEE Joint Propulsion Conference,2015.

[10] Terry H,Michael F. SLS Evolution:Technologies and Performance[J]. AIAA Propulsion and Energy 2020 Forum,2020.

撰稿人:李军伟（北京理工大学）　颜勇（中国航天科技集团有限公司第四研究院）
　　　　苏建河（中国航天科技集团有限公司第四研究院）

航天推进剂能量释放精准调控关键科学问题

Key scientific issues on precise regulation of energy release of aerospace propellant

1 科学问题概述

随着航天技术近年来的快速发展,先进航天燃料在飞行器中的关键作用日益凸显,成为未来飞行器发展的关键技术之一。传统的推进剂包括固体推进剂和液体推进剂,而近年来,随着各国对航天领域的研究不断深入,绿色无毒型推进剂的研制与使用渐渐成为新的热点。航天推进剂的高能化、低毒化甚至无毒化已成为航天动力系统发展的必然趋势,对飞行器或运载器的综合特性产生重要影响。

面向未来空天动力的发展需求,超高速、超高压、超临界、富氧、超大尺度、超稀薄气体及星际空间等极端环境下推进剂的可控燃烧是航天推进技术发展的重要方向之一。极端条件下燃烧组织决定着发动机的可靠性、稳定性、燃烧热效率、排放特性等。但目前高能航天推进剂的制备与改性、流动特性及燃烧特性的研究仍比较匮乏,尤其是极端条件下对气液两相的流动、雾化、混合、传热传质、点熄火、化学反应等物理、化学机制和规律的认识,迫切需要开展相关研究。

2 科学问题背景

火箭发动机是目前导弹武器和航天发射的主要动力装置。作为国家重大需求,高性能火箭发动机存在的主要技术瓶颈在于,推进系统要长航时工作,难以在提高能量密度时兼顾高压低燃速和宽平台燃烧效应。此外,通过提高发动机燃烧压力来提升发动机的做功能力和热效率。但是高能推进剂在高压段(>20MPa)的燃速随压力突增显著,在过载等外界刺激下容易导致发动机爆炸等重大安全事故。高能燃料的燃烧过程和凝相燃烧产物对发动机比冲、绝热层和喷管的烧蚀、燃烧稳定性、熔渣沉积及能量释放特性具有十分重要的影响,深入研究高能燃料的燃烧过程和准确预测凝相燃烧产物的特性对发动机设计和仿真意义重大。

在固体推进剂燃烧方面存在四个方面问题:一是两相流损失问题。与纯气相流动相比,由于凝相粒子存在的两相流动引起发动机理论比冲最高可下降约10%,折算成战略导弹射程损失超过1000km。二是过载烧蚀问题。由过载引致凝相粒子向燃烧室局部聚集并冲刷绝热层,可使绝热层局部烧蚀率增加10倍。三是燃烧不稳定问题。目前,国内外至少有40个的固体发动机型号遭受燃烧不稳定困扰,不稳定燃烧仍是业内公认的超级难题。四是硼基贫氧推进剂的成气性及燃烧效率问题。硼基贫氧推进剂在向高能、低燃速方向发展时,一次燃烧的成气性极差,喷射效率不到70%,在超声速流中的二次燃烧效率不足50%,远不能达到工程应用的水平。

现阶段,飞行器远航程、高航速对燃料(或推进剂)能量密度的要求急剧增长,而现有液体碳氢燃料最高体积净热值具有天花板极值(约为44MJ/L),难以满足新型高性能发动机的能量需求。作为新一代高能燃料,高含能纳米流体燃料以其高密度和高比冲对高性能飞行器性能提升的贡献将快速凸显,成为未来飞行器发展的关键技术之一。然而,高含能纳米流体常温燃料燃烧效率低、长期储存稳定性差,严重制约了其快速发展和飞行器应用。因此,如何开发稳定存储、易于液体输送、快速点火、稳定燃烧的新型含能纳米流体燃料是当前面临的关键科学和技术难题。

由于肼类燃料有毒、易燃易爆、污染高,需要烦琐复杂的地面支持和保障系统,严重影响装备的快速响应和机动性能;另外,肼的能量密度低、冰点高,是影响装备综合应用效能的关键难题,成为新一代装备发展的瓶颈之一。因此,研究高能量密度、无毒无污染、环境友好的绿色液体推进剂以替代传统肼类推进能源已成为航天大国竞相发展的前沿领域。

3　科学问题研究进展

在高能固体推进剂方面,目前主要通过对推进剂中铝粉改性来提升高能固体推进剂燃烧效率。改性物质可促进铝的点火燃烧,抑制其在燃面的团聚,从而减小凝相燃烧产物中团聚物燃烧残留颗粒尺寸。当前主要途径有:①采用 Al-Mg、Al-Ni、Al-Li 等合金替代铝粉加入推进剂,可以改善铝的点火性能,使铝颗粒快速点火。②包覆或复合含卤素聚合物。如氟化物可与铝粉甚至是氧化铝反应生成氟化铝,氟化铝熔沸点较氧化铝有明显下降,有望提升产物的成气率,从而减少大尺寸团聚物的生成。国外在航煤金属化方面研究开展较早,NASA 提出了金属化推进剂的研究方向,重点研究金属化煤油并用于民用航天的运载火箭。其中,对 RP-1/Al 体系进行了大量研究。但实际上,含能粒子组分表面均具有钝化氧化层,燃料燃烧效率低;且固-液两相界面相容性差,燃料难以稳定存储和运输。

在硼基贫氧推进剂方面,主要通过碳硼烷、硼基合金等化合物来改善硼基贫氧推进剂的燃烧性能。碳硼烷具有易于燃烧、凝相产物少的特点,通过在硼基贫氧推进剂中添加适量碳硼烷可以显著地提高贫氧推进剂的燃烧性能。但由于碳硼烷密度较低,体积热值与硼基贫氧推进剂的差距较大,添加过多会对贫氧推进剂的热值产生较大的不利影响,而高密度碳硼烷分子架构、合成机理目前尚不明确。20 世纪 70 至 90 年代,国外研究人员对金属硼化物开展了大量的基础研究,从机理上分析了硼合金对硼颗粒燃烧的促进作用;近年来国内一些高校、研究机构也开展了相关研究,用于改善高能、低燃速贫氧推进剂的成气性、提高燃烧效率,但目前相关研究仍处于实验室水平,工程应用较少。

在含能液体燃料的研究方面,国内研究尚处于起步阶段。天津大学、中科院金属所等先后合成了高含能纳米 Al、纳米 B 和硼氢化物等,借助原位改性和包覆的方法实现了对含能粒子活性调控、尺寸调控(纳米至微米范围)、均相/非均相调控,并与 HD-01 高密度燃料和高张力四环庚烷燃料进行复配及相容性研究,获得了含能粒子高能液体燃料样品。天津大学等合作开展了含能粒子高能液体燃料的设计制备研究,北京航空航天大学等对含能浆体/凝胶燃料进行了流动性能和燃烧机理研究。但是,由于含能粒子表面不稳定、易氧化并形成表面钝化层,燃料的燃烧效率较低;同时,含能粒子的加入使燃料的流变特性变得复杂,雾化变得困难,进而难以充分发挥含能粒子的燃烧性能。

在液体燃料燃烧机理和调控方面,欧洲、美国等在极端复杂条件下的燃烧机理和燃烧技术开发方面都极其重视,已经发起了大量相关项目,并在极端条件下的火焰传播、液膜/液柱破碎理论、模型和数值仿真方法、燃料与发动机协同控制等基础研究方面做了大量工作,形成了大量极端复杂条件下的雾化特性及其燃烧数据库,并形成了可以支撑工程设计的模型和工具。

新型无毒、无污染、高性能的空间飞行器动力系统已经成为世界各航天强国竞相发展的新领域,其中,以二硝酰胺铵(ADN)、硝酸羟胺(HAN)等绿色液体推进剂为代表,逐渐受到各国学者的广泛关注。从 2009 年起,大连化学物理研究所在国内率先开展中能 ADN 液体推进剂配方的研究,研制的 ADN 绿色液体推进剂随"实践十七号"卫星顺利升空,圆满完成在轨试验。但推进剂比冲小于 210s,能量密度和国外依然有差距,推进剂寿命小于1 年,不能满足飞行器长期在轨工作要求。存在上述差距的原因在于:①国内相关推进剂分子设计、高能助剂精准合成等研究基础不足;②缺乏先进的表征手段对多组分复杂体系液体推进剂配方进行真实赋存状态分析,以期获得稳定性规律,破解寿命难题;③缺乏基础理论支撑,研究不深入、不系统,限制了高能绿色液体推进剂的发展。

与固体推进剂完全不同,液体推进剂快速分解释能过程依赖于催化剂,活性金属铱是催化剂的核心组分,直接决定了推进剂能量释放效率,有关催化剂详细配方和理化性能并未有资料报道。我国自主研制的中能 ADN 推进剂分解催化剂也是采用的铱基催化材料。然而铱是一种稀有贵金属和重要的战略物资,亟须开展非铱催化剂基础研究,将其中的铱替代为来源可控的活性金属材料,实现我国航天动力催化剂的完全自主可控。

液体推进剂催化分解是一个受限复杂空间内的气液两相反应流过程。目前,传统的化学反应流研究方法是理论上采用基于微元内连续界面处缓变基础上提出的 Euler-Euler 两相流模型,包括群平衡模型(Population Balance Model,PBM)方法以及界面追踪的流体体积法(Volume of Fluid,VOF)理论。然而,液体推进剂分解过程是在毫秒时间尺度内将毫米每秒的常温液相流体流经厘米尺度的催化床后转变为几米每秒的高温高压(1.0 ～1.5MPa, >1000℃)气相流体的复杂强非线性过程。基于微元内均匀假设宏观现象理论模型,必将导致计算机微元内推进剂毫秒级的相变与分解反应的丰富局部不均匀结构,无法依靠该类数学模型捕捉。

综上所述,针对高能航天推进剂能量释放精准调控的研究中仍有以下两方面的关键科学技术问题亟须解决。

3.1　航天推进剂的能量高密度存储机制

(1)高能金属基复合燃料的合成与可控释放的分子机制研究。包括:

杂化碳纳米材料负载下高能物质致密化结晶工艺及分子作用机制研究;高密度碳硼烷类化合物的分子设计及其合成研究;高能硼基贫氧推进剂的合成和燃烧效率提高的机理研究;基于铝粉改性的凝相燃烧产物团聚的抑制方法改进,基于推进剂组分界面结构调控的燃烧性能调节新思路;基于高能金属-高氧含量氧化剂的新型高能低特征信号固体推进剂研究;固体推进剂四维(4D)打印、推进剂微结构精准制造及性能精确控制技术。

(2)高含能粒子纳米流体燃料促燃及稳定化机理研究。包括:

高密度基础燃料设计合成,表面催化促燃含能粒子的可控制备,含能粒子表面结构与其促燃性能的构效关系研究;基础燃料、含能粒子和界面分子之间的相互键合、界面自组装及稳定化机理研究;新型含能浆体燃料及新型含能凝胶燃料的制备及提能机理研究。

(3)高能绿色液体推进剂的精准构筑。包括:

新型高能绿色液体推进剂及燃料的可控合成,推进剂化学组分、分子结构和能量特性的本征规律研究,功能组分组成-组装特性-比能量-寿命相关性的理论建模;极端反应条件下复杂体系推进剂催化分解的理论建模,非铱催化剂上推进剂分子分解机理及极端操作条件下催化床结构与性能的耦合规律研究;极端条件下复杂体系推进剂催化分解的新概念与新理论。

3.2　高能航天推进剂的释能机理研究

(1)高能固体推进剂不同热力循环过程下的燃烧特性与能量释放研究。包括:

高空间解析度的推进剂凝相燃烧产物粒度、结构与成分演化规律研究,多源凝相氧化铝沉积效应下推进剂燃面团聚铝颗粒燃烧动力学模型建立;极限工况下的推进剂的燃烧化学反应机制,高能燃料及新型燃料的反应动力学机理研究;硼基燃料在超声速流场中的反应动力学机理研究;嵌金属丝推进剂的增速机理研究;高能推进剂的常温化学安定性研究;高能低燃速推进剂燃烧及其精确控制技术研究;推进剂在新型光电磁定向能量注入作用下的燃烧释能机理研究。

（2）新型含能纳米流体燃料喷雾燃烧机理研究。包括：

真实发动机环境下新型含能纳米流体燃料的稳定性、流变及输运特性研究；极端工况下新型含能燃料的雾化机理及蒸发相变模型研究；适用于纳米浆体燃料和纳米凝胶燃料的新型雾化手段及喷注器的优化设计；环境参数和液滴参数对纳米流体燃料燃烧特性的影响机理研究，含能燃料的燃烧反应动力学研究；新型含能纳米流体燃料的发动机热态试验及宽范围工况条件下火箭发动机的高效可靠点火技术研究。

（3）高能绿色推进剂流动及燃烧机理研究。包括：

催化剂微纳孔道及毛细管道内高能绿色推进剂的相变、转捩、流动不稳定现象及流型模式研究；复杂受限空间内非均匀多组分液滴的相变以及含能分子解离、基元间相互作用精准释能机理研究；主动点火方式下新型绿色推进剂的推进剂燃烧化学反应机理、蒸发分解机制研究、推进剂着火机制及燃烧不稳定性机理研究；绿色推进剂的高温烧蚀及回火机制研究。

主要参考文献

［1］韩伟,王永忠,单世群,等.氧化亚氮基氧燃一体化推进剂及推进系统研究进展［J］.火箭推进,2020,46(5):9.

［2］Xiu T F, Zhang L, Wang F, et al. Synthesis of aluminum nanoparticles as additive to enhance ignition and combustion of high energy density fuels［J］. Frontiers of Chemical Science and Engineering,2018,12(3):358-366.

［3］Xue K, Li H, Pan L, et al. Bifunctional core-shell nAl@ MOF energetic particles with enhanced ignition and combustion performance［J］. Chemical Engineering Journal, 2021:132909.

［4］Gohardani A S, Stanojev J, Demairé A, et al. Green space propulsion:Opportunities and prospects［J］. Progress in Aerospace Sciences,2014,71:128-149.

［5］张朝阳.含能材料能量-安全性间矛盾及低感高能材料发展策略［J］.含能材料,2018,26(1):2-10.

［6］李亚裕.液体推进剂［M］.北京:中国宇航出版社,2011.

撰稿人：富庆飞（北京航空航天大学）　魏祥庚（西北工业大学）

　　　　李新艳（北京理工大学）　俞南嘉（北京航空航天大学）

　　　　韦宝禧（中国航天科工集团有限公司第三研究院）

　　　　姚兆普（中国空间技术研究院）　潘伦（天津大学）

　　　　王晓东（中国科学院大连化学物理研究所）

液体火箭发动机高速涡轮转子损伤与抑制问题

Damage suppression in high-speed flexible turbine rotor of liquid rocket engine

1 科学问题概述

随着航天事业的发展,为了满足载人航天和未来深空探测任务需求,必须研制具有更高比推力的新一代火箭动力装置。发动机涡轮泵要求具有更大功率、更小质量比和尺寸比,为此有必要研制高转速涡轮泵。大功率涡轮泵工作在大温度梯度、高压、高速流动的极端恶劣环境中,随着涡轮泵的转速提高,复杂多源载荷作用下,极易引起转子的静态应力过载,出现动态失稳、流体激振、诱导轮汽蚀振荡和涡轮颤振等问题,进而引发涡轮泵结构损伤,导致任务失败,因此高速转子的损伤抑制是包括我国在内的当今世界各国各地区液体发动机研制中的重大关键技术之一。美国、欧洲、日本以及韩国液体火箭发动机的研制中,都经历过不同特征的转子故障,导致试车或飞行失败,严重地影响了发动机的研制进度,造成了极大的经济损失。研究高速涡轮泵转子损伤发生的机理,采取针对性的控制措施,监测和抑制应力过载、异常振动和动力学失稳的出现,对保证液体火箭发动机稳定可靠工作、完成飞行任务具有重要的意义。

2 科学问题背景

泵压式液体火箭发动机是运载火箭、航天飞机等航天运载器的主要动力形式,如美国"土星5"火箭一级发动机F-1和上面级发动机J-2、航天飞机主发动机SSME、"德尔塔4"芯级发动机RS-68、欧洲"阿里安5"芯级发动机Vulcain-2、日本"H-IIA"火箭芯级发动机LE-7A和俄罗斯液体火箭发动机RD-180、RD-170等。根据载人航天等重大航天活动和大规模深空探测的发展需求,我国开展了500吨级补燃循环液氧煤油发动机和200吨级补燃循环液氧液氢发动机的预先研究,分别作为未来重型运载火箭的下面级和上面级。为满足航天事业长远可持续发展的需求,我国也同时开展了低成本、大推力、重复使用液体火箭发动机相关基础技术的研究。与我国现役发动机相比,新型大推力液体火箭发动机的推力量级、推质比、可靠性、寿命等指标均大幅提升,同时要求混合比和推力可大范围调节,需要新研制更大功率的涡轮泵。

涡轮泵通过高温燃气驱动涡轮,进而带动燃料泵旋转,将储箱内的低温推进剂进行增压,输送到推力室、燃气发生器进行燃烧。涡轮泵的服役工况极其恶劣,温度范围从−253℃液氢到3300℃热燃气,液氧/液氢涡轮中马赫数可超过2,压力可达8MPa量级,启动瞬间热冲击载荷大于3800℃/s,转速高达17000转/min,并有极高的功率密度,对其结构可靠性造成严重挑战。据统计,在火箭发动机发生的故障中,约有一半发生在涡轮泵中。随着中国新型大推力火箭发动机研制发展,为了运载更大有效载荷,要求提高发动机的推力和比推力,需要加大流量,提高燃烧室压力,造成涡轮泵的工作转速逐步提高,但可能会引发转子轴向振动、诱导轮汽蚀振荡、转子动态失稳等一系列问题。随着性能与质量综合指标要求的不断提升,目前不同型号的涡轮泵在研制过程中出现特征各异的损伤问题。由于其机理不清、影响因素错综复杂,始终无法找到批次性差异及关键性控制措施,次损伤存在发散的风险不明确又不敢放行,在高密度发射的大背景下,严重影响了交付进度及重大任务的开展。

由于涡轮泵环所处的极端环境,高转速和复杂流场导致涡轮泵损伤抑制问题面临诸多理论挑战,主要包括:①传递路径复杂的多源激励动载荷导致涡轮泵损伤溯源困难;②多场耦合条件下高转速转子振动机理认识不足;③极端条件下基本试验数据缺乏导致涡轮泵结构的损伤监测与寿命预测难以实现。因此,亟须针对高速涡轮泵极端环境,多源载荷条件下的复杂工况的转子动力学问题进行系统的基础科学研究,阐明损伤产生机理,提出对应的损伤抑制手段,发展损伤监测与安全评估方法。

3 科学问题研究进展

涡轮泵是泵压式液体火箭发动机的核心组件,被称为发动机的"心脏",其主要功能是将推进剂储箱中低压推进剂增压后输送给主燃烧室和预燃室或燃气发生器。极端恶劣的工作载荷环境使得涡轮泵结构成为液体火箭发动机故障率最高的部件,几乎所有大型液体火箭发动机涡轮泵在研制或服役过程均发生过涡轮泵疲劳导致的故障。涡轮泵是液体火箭发动机中研发耗时最长、研制成本最高的部件,也是工作环境最恶劣、使用寿命最短的部件。因此,高速涡轮泵损伤问题是大推力、可重复使用液体火箭发动机必须重点解决的关键技术。

3.1 极端环境下涡轮泵多源载荷特性及作用机理问题

在涡轮泵组件的工作过程中,涡轮泵受高速旋转产生的离心力和稳态流体静压组成的静载荷与诱导轮尾流、动静干涉、间隙密封等非定常流体脉动压力作用,还受到转动条件下周向流体非均匀附加质量引起的不平衡惯性力、燃烧室和燃气发生器(或预燃室)燃气压力振荡载荷。内部非定常流体激励表现为以转速(转每秒)的分数倍与叶轮通过频率及其整数倍为主要频率成分的正弦激励,而燃气压力振荡载荷则表现为频率范围为几十到数千赫兹的随机载荷。流体激振诱发转子失稳、组件的摩擦以及高低周疲劳破坏问题,并最终致使发动机停机,是发动机研制中常见的故障模式,屡见于国内外的报道中。SSME 发动机燃料泵一级叶轮、国内某发动机离心轮均曾发生过疲劳断裂引发的试车失败。为了避免结构受迫共振,抗疲劳设计要求在涡轮泵工作转速变化范围内,结构组件的固有频率与1至4倍转速及叶片通过频率不发生耦合,通常采用 Campbell 公式进行共振频率分析。对于离心轮、涡轮盘等具有周期对称特征的组件,采用"三重点"法进行振动特性分析,从而选出可能的危险共振频率及振型。对于高速转子,载荷激励频带宽、频率成分丰富,无法通过结构设计避免所有可能的共振,特别是高频共振/谐振问题。因此,为确保结构安全可靠,需从理论、试验和仿真方面开展涡轮泵叶轮非定常流动流体激振特性及高周疲劳损伤抑制研究。

大推力发动机涡轮泵中,通常在离心轮前安装诱导轮以提高离心轮的抗气蚀性能。诱导轮被设计成在一定的空化条件下工作,而出现旋转空化等全局流动不稳定现象将引起涡轮泵性能下降、诱导轮的剥蚀,或引发涡轮泵产生剧烈振动,严重影响火箭运行的稳定性和安全性。美国 Fastrac 发动机、航天飞机主发动机 SSME、欧洲"阿里安5"火箭火神发动机及日本"H-IIA"火箭发动机 LE-7A 等液体火箭发动机均曾遇到过诱导轮旋转空化导致的叶片疲劳断裂、轴承过度磨损及涡轮泵破坏等故障。我国大推力液体火箭发动机研制过程中,也曾遭遇旋转空化问题。1993 年 Tsujimoto 对于二维流动总结出较完整的旋转空化理论计算模型,与许多试验结果接近。然而由于空泡界面热力学行为及相间作用机理的复杂性和快速性,准确模拟非定常空化流的行为非常困难。虽然我国大推力发动机研制中通过对诱导轮的改进,抑制了泵振动位移,但目前关于旋转空化的物理机理仍不完全清楚,导致又出现一系列新的问题。目前数值计算方法在捕捉诱导轮汽蚀不稳定现象方面有明显的不足,亟待进一步发展。通过大量试验、仿真和理论研究揭示汽蚀不稳定的发生机理,并最终建立诱导轮和相关壳体的设计准则以抑制旋转空化不稳定是高性能涡轮泵研制的研究目标。

对于高转速涡轮泵,以下问题尤其需要关注:涡轮泵叶轮非定常流动流体激振机理及控制方法,涡轮泵高性能诱导轮流体空化机理及过载分离瞬态汽蚀特性研究,考虑顶隙流动的液氢相变下超声速涡轮非定常气流激励特性、盘腔换热特性及气动性能研究,低温氢氧工质密封小间隙环流激振机理及影响因素,氢氧发动机涡轮泵接触式密封激振机理及激励特性,大悬臂重载荷复杂激励下高速涡轮泵柔性转子瞬态振动机理及轴向平衡技术,火箭飞行状态下高速涡轮泵瞬态惯性力作用机制及影响等。

3.2　多场耦合条件下涡轮泵转子动力学特性及振动抑制问题

大功率涡轮泵工作在高转速、大温度梯度、高压、高能量密度的极端恶劣环境中,由自身内部振动激励及外部结构传递来的振动载荷引起的转子振动问题突出。研究涡轮泵的流-固-力-热等多种物理场耦合条件下的转子动力学特性对于大推力发动机研制具有重要的基础支撑作用。

对于受离心力、气动力与热负荷的多场耦合作用下的高速转子，采用传统方法进行抗共振设计时，其中一项重要的工作即是涉及高转速、流体静压、温度分布产生的预应力因素，同时考虑流体附加质量效应进行结构动特性分析。目前，转子预应力模态分析技术已相对成熟，但流体附加质量对转子结构动特性的影响研究尚不成熟，用于填充静止流体和浸没于静止流体结构动特性分析的声固耦合法(位移-压力格式的流固耦合法)不适于高速旋转离心泵叶轮结构的动特性分析，流动状态下流体附加质量对叶轮结构动特性的影响规律尚需进一步深入研究，转子工作状态下的动频测量及辨识技术研究也需进一步加强，以验证计算的准确性。

综合起来看，值得重点研究的内容有：流体参振下高速转子弯曲-扭转-轴向耦合动力学建模及振动特性问题，轴向大温度梯度下涡轮泵非联系结构热弹耦合动力学问题，发动机整机振动传递特性及基础激励下涡轮泵转子振动规律问题，涡轮主流-间隙环流-涡轮气流耦合激励下高速涡轮泵整机振动特性，以及极端环境下涡轮泵阻尼器振动控制机理及动力学优化问题。

3.3 高速涡轮泵转子损伤的智能监测与安全评估方法问题

涡轮泵除承受高温、高压、热冲击、复杂流动介质冲蚀和激振外，还要经受重复使用带来的力、热、流体作用的载荷重复加卸载，由此引起结构疲劳、损伤、蠕变等多种失效形式。传统寿命预估不足以支撑重复使用发动机部件的寿命设计与预测，为了保障极端环境下涡轮泵的安全重复使用，并对剩余寿命做出合理评估，需要对极端环境与多场耦合条件下可重复使用发动机部件级失效机理与动力学演化规律、发动机材料-结构一体化失效评价理论及发动机完整性监测等方面的重复使用发动机研制中涉及的基础科学问题进行研究。但目前对于制造方法、监测与控制手段之于各类失效的调控作用与原理还缺乏足够的认识。基于此，可重复使用发动机结构完整性监测与可靠性评估体系主要包含以下问题：低温介质下材料组织力学行为研究，极端环境下氢氧发动机高速涡轮泵转子动力学稳定性，瞬态热弹耦合下涡轮泵结构损伤容限设计与优化，氢氧发动机高速涡轮泵整机安全性评估准则，氢氧涡轮泵典型振动故障机理及特征提取方法，涡轮泵多源振动传递特性及信号融合技术研究，涡轮泵智能诊断方法研究与系统开发。

主要参考文献

[1] 李斌,闫松,杨宝锋.大推力液体火箭发动机结构中的力学问题[J].力学进展,2021, 51(2):1-34.

[2] 黄道琼,王振,杜大华.大推力液体火箭发动机中的动力学问题[J].中国科学:物理学、力学、天文学,2019,49(2):12.

[3] 王振,谭永华,黄道琼,等.液体火箭发动机结构中的疲劳问题[C]//中国力学大会-2017暨庆祝中国力学学会成立60周年大会论文集(A).2017.

[4] 李斌潮,黄道琼,王振,等.液体火箭发动机重复使用中的力学问题[C]//中国航天第三专业信息网第四十届技术交流会暨第四届空天动力联合会议.2019.

[5] 陈晖,李斌,张恩昭,等.液体火箭发动机高转速诱导轮旋转空化[J].推进技术,2009,30:390-395.

[6] 何立东,夏松波.转子密封系统流体激振及其减振技术研究简评[J].振动工程学报,1999,12(1):9.

[7] 杜大华 黄道琼 黄金平,等.火箭发动机涡轮盘模态影响因素与振动安全性分析[J].火箭推进,2021(1):21-28.

[8] Childs D. Turbomachinery Rotordynamics:Phenomena,Modeling,and Analysis[M]. New York:John Wiley & Sons,1993.

[9] Ferria H. Contribution to numerical and experimental studies of flutter in space turbines. aerodynamic analysis of subsonic or supersonic flows in response to a prescribed vibratory mode of the structure[D]. Stockholm,Sweden:Royal Institute of Technology,2011.

[10] Matthew C E. Solving Subsynchronous Whirl in the High-Pressure Hydrogen Turbomachinery of the SSME[J]. Journal of Spacecraft & Rockets,1971,17(3):208-218.

撰稿人:金志磊(中国航天科技集团有限公司第六研究院)
　　　　李龙(中国航天科技集团有限公司第六研究院)
　　　　王慧(中国航天科技集团有限公司第六研究院)
　　　　周春燕(北京理工大学)

固体火箭发动机使用环境含能组件损伤破坏机理及效能影响问题

Damage & break mechanism and efficiency influence of energetic component in the service environment of solid rocket motors

1 科学问题概述

固体火箭发动机通过燃烧将储存的化学能转换成推动火箭前进的动能,具有能量密度高、结构简单、机动性好、成本低以及安全可靠等优点,被广泛用于航天、航空及军事领域。固体火箭发动机的含能组件主要由推进剂药柱、衬层和绝热层等组成,在为发动机提供工作所需能量的基础上,还需承受制造、运输、储存和工作等各种使用环境中的载荷,可能会发生药柱断裂和多界面脱黏等破坏模式。其中,固体推进剂是含能组件的核心。典型的固体推进剂是高填充比、固体颗粒夹杂、高分子材料基体填充的黏弹塑性复合材料,在使用过程中存在基体空穴、基体与固体颗粒界面脱黏以及颗粒破碎等多种损伤缺陷。

在固化降温、循环载荷、点火建压以及意外机械刺激等典型使用工况中,含能组件所承受的载荷应变率涵盖 $10^{-5} \sim 10^{3}\text{s}^{-1}$,温度范围为 $-50 \sim 200℃$,造成的损伤和破坏形式存在很大差异,对结构完整性、储存寿命和安全性等发动机效能指标的影响机理也千差万别。传统的发动机含能组件损伤失效分析一般是指针对使用期内可能遇到的载荷条件,分析固体火箭发动机药柱及界面的应力应变变化过程,并利用工程判据对结构完整性、储存寿命和安全性进行评估。然而,这种粗放式分析方法不能充分挖掘发动机结构设计的潜力,已严重制约了固体火箭发动机技术的发展。

为阐释发动机含能组件的损坏破坏机理,需要从材料和结构层级认识推进剂损伤和破坏等力学行为演化机制,从科学上建立精细、实时、全方位的测试技术,从理论上构建精确、高效的计算方法,从而为精确评估结构完整性、储存寿命和安全性等发动机效能提供支持,对于推动我国固体火箭发动机技术发展具有重要意义。

2 科学问题背景

以 1944 年美国喷气推进实验室研制成功浇注成型的复合推进剂含能组件为起点,固体火箭发动机已经过了 70 多年的发展。在此过程中,固体火箭发动机不断革新,在推力、比冲、时间、控制等诸多方面都有了重大进展,成为现代航天、航空和武器装备中主要推进形式之一。含能组件损伤和破坏机理是固体火箭发动机研究中面临的核心难题,可以直接用于评定固体火箭发动机在承受典型工况载荷作用下的失效,也是固体火箭发动机寿命预估和安全性评估的重要基础。

然而,随着当今空天推进技术和现代军事装备的发展,固体火箭发动机面临着越来越严峻的挑战。推进剂能量和质量比都越来越高,使用环境越来越恶劣,储存寿命要求越来越长,安全性要求越来越严苛,导致含能组件结构日益复杂,失效和破坏机理分析的作用日益突出。依靠现有的分析方法已不能适应结构完整性、储存寿命和安全性等效能精确评估的要求。

自 2000 年以来,我国多个固体火箭发动机型号中出现了因低温界面脱黏和药柱表面裂纹等结构缺陷导致的推力曲线异常、低温试验爆裂、飞行试验中发动机爆炸等故障。随着固体运载需求的日益迫切,固体火箭发动机直径和装药量相比以往有很大的突破。2021 年 10 月 19 日,我国成功开展了大型固体火箭发动机试车。该发动机直径 3.5m、推力达 500t,采用高性能纤维复合材料壳体、高装填整体浇注成型燃烧室、超大尺寸喷管等多项先进技术。这类超大型固体火箭发动机对结构完整性分析提供了新的挑战。

在固体火箭发动机的储存寿命评估方面,目前大多依赖于材料的加速老化试验,所给出的寿命结论过于保守,因此出现了发动机储存延寿研究需求。加速老化试验由于成本高,试验周期长,给出的结论不准确,造成了大量的人力物力浪费和严重的经济损失。

在固体火箭发动机的研制和使用历史中,多次出现含能组件使用过程由于意外刺激导致的安全事故,造成了严重的装备损毁和人员伤亡。近年来,国内外对发动机的使用安全性提出了更高的要求,低易损推进剂和发动机已逐渐成为行业规范。由于缺乏对极端条件下推进剂损伤和破坏行为及其响应机理的认知,目前安全性的研究大多处于材料层次的定性研究,尚无法建立完整的发动机安全性评价体系。

以上这些效能评估问题既造成了重大的经济和生命损失,也给产品的正常交付和战备值班的连续性造成了严重影响,教训惨痛,代价高昂。其背后的根本原因就是对使用环境下推进剂含能组件损伤和失效机理问题认识不清。

3　科学问题研究进展

固体火箭含能组件的损伤破坏研究经历了由宏观向细观、宏-细结合的发展过程,在加载环境上经历了由简单加载向复杂应力状态、由准静态加载环境向极端环境、由单一作用参量向热力组合加载等发展历程。针对固体含能组件在使用周期内的不同场景条件下的损伤破坏问题,国内外开展了大量的试验研究,积累了宝贵的工程经验,但由于对其基础科学问题研究不充分,目前尚不能实现含能组件的数字化设计和仿真,距离效能精确评估的工程需求还有相当差距。具体情况如下。

3.1　先进的固体推进剂多尺度力学行为表征与测试技术

针对推进剂在各种典型工况受力状况下的损伤和破坏等力学响应机理,有必要通过试验手段考查其多尺度力学行为,建立相应的力学行为表征方法,形成高精度、高时空分辨率的原位测试技术。长期以来缺乏原位、精细、内部的诊断手段,对内部动力学过程、机理阐述不清,忽略了微细观结构对力学性能的影响,缺乏清晰明确的成分-结构-性能对应关系。因此,发展高时空分辨能力的原位在线诊断技术,如基于同步辐射光源的原位超快X射线诊断技术,实现空间分辨能力为 10^{-6} m、时间分辨能力达 10^{-10} s 的推进剂损伤和破坏行为的原位、内部、实时、精细观察。基于上述动态加载测试能力与高时空分辨原位诊断能力,开展推进剂多尺度动态行为研究,获取清晰明确的推进剂成分-多尺度结构-动态性能映射关系,为推进剂在各种使用条件下的结构完整性、储存寿命和安全性等效能优化与性能预测提供关键支撑。

3.2　含能组件损伤失效行为的跨尺度精细化数值计算

随着对含能组件相关特性认识的不断深入,数值仿真技术(包括有限元法、边界元法、解析法和随机法等)已经成为研究含能组件损伤失效行为问题的重要工具。针对发动机储存与使用过程中的不同阶段,需构建考虑推进剂力学性能非均匀性、围压效应、力学损伤、随机特性等因素的本构方程,并开展动态过程数值仿真研究。如何综合考虑含能组件中的多界面和多尺度结构,通过有限元、体积(或模量)等效法与边界元法耦合的思路,建立一套适用于多尺度含能组件结构数值仿真的计算方法,实现含能组件损伤和破坏行为的准确预测,是关键的科学问题之一。

3.3 低温条件下含能组件结构完整性研究

复合固体推进剂的组分复杂,加载环境极端,低温快拉加载条件下的可靠性问题尤其突出,严重影响了我国现役与新一代固体火箭发动机的发射可靠性。比如,在室温条件快拉时,丁羟基固体推进剂的断裂应变能达到80%;而－50℃低温快拉时,丁羟基固体推进剂的断裂应变不足10%。因此,固体推进剂的低温性能劣化问题是固体火箭结构完整性的核心技术难题,其关键科学问题是如何构建考虑低温、极快速率、复杂应力状态等极端环境下固体含能组件的损伤和破坏机理。目前工程上广泛采用的八面体剪应变、最大变形能等破坏理论不能用于描述固体推进剂在低温快拉条件下的破坏行为。因此,有必要开展低温、快拉条件下固体推进剂损伤断裂的测试表征技术、损伤量化方法、力学本构模型、破坏包络等基础科学问题的研究工作。

3.4 老化过程中的含能组件损伤和破坏演化机理

储存寿命是发动机研究者关注的重要指标。其中,含能组件损伤和破坏演化机理是其中的关键所在。含能组件在复杂储存和使用环境下将发生老化现象,包括黏合剂体系氧化交联、降解断链、界面脱黏、组分迁移、共晶等物理和化学现象,导致含能组件出现结构完整性问题。研究者采用分子动力模拟、力学性能变化和热分析等方法研究了固体推进剂长期储存阶段的性能变化,但在固体推进剂老化本构模型、多尺度模拟和老化在线监测等方面尚存在明显不足,严重影响固体火箭发动机储存寿命的有效评估。固体推进剂老化本构模型需要综合推进剂老化中的热、力和化学效应,考虑各效应之间的交互作用,可为推进剂老化的力学变化提供有效的理论指导;多尺度模拟需要建立固体推进剂从分子模型到微观模型再到宏观模型之间的联系,精准预测固体推进剂老化的细观断裂现象,可从分子层面揭示固体推进剂老化的科学成因;采用近红外光谱原位检测、柔性传感器和嵌入式传感器等先进健康监测方法对固体推进剂和界面老化进行在线监测,为固体火箭发动机储存寿命评估提供实时反馈。

3.5 含能组件意外刺激导致的非线性损伤破坏和响应机理问题

固体火箭发动机在存储、运输和使用过程中可能遇到各种意外和正常使用的刺激源,比如热、强弱冲击等,导致含能组件损伤破坏,并引发发动机燃烧、爆炸和爆轰等剧烈反应。含能部件在不同激源作用下,涉及复杂的热、力、化学、冲击波和电磁等复杂过程,使得含能部件发生非线性损伤破坏和破坏、燃烧、爆炸等不同模式的响应机理,包括含能材料中热点、损伤形成与演化、燃烧以及冲击起爆等非线性物理化学演化过程。目前,针对固体火箭发动机含能组件在意外刺激下的非线性损伤和响应机理研究,国内外多以含能材料组件的宏观标准试验为主,获得的数据和判据非常有限,不能从根源上理解非线性损伤破坏和响应过程,无法满足含能组件的优化设计的要求。开展热、机械冲击等刺激条件下推进剂微-细-宏观多尺度的刺激-响应机理、损伤演化过程、热点形成与燃烧爆炸释能过程基础性研究,获得含能材料的热分解性能、细观界面性能和动态力学响应性能等对发动机含能部件的损伤和效能的影响规律,为发动机在使用环境下的安全性评估、低易损性设计提供理论和基础数据支持。

主要参考文献

[1] Zhang Y, Chen S, Cai Y, et al. Novel X-ray and optical diagnostics for studying energetic materials: A review[J]. Engineering, 2020, 6(9): 992-1005.

[2] Xin S, Wang N, Qian W, et al. Effects of Relaxed Modulus on the Structure Integrity of NEPE Propellant Grains during High Temperature Aging[J]. Propellants Explosives Pyrotechnics, 2010, 35(6): 535-539.

[3] Ducrot E, Chen Y, Bulters M, et al. Toughening elastomers with sacrificial bonds and watching them break[J]. Science, 2014, 344(6180): 186-189.

[4] Zhou D, Liu X, Sui X, et al. Effect of pre-strain during ageing on the maximum elongation of composite solid propellants and its modelling[J]. Polymer Testing, 2016, (50): 200-207.

[5] Wang Z, Qiang H, Wang T, et al. A thermovisco-hyperelastic constitutive model of HTPB propellant with damage at intermediate strain rates[J]. Mechanics of Time-Dependent Materials, 2018, 22(3): 291-314.

[6] Handley C A, Lambourn B D, Whitworth N J, et al. Understanding the shock and detonation response of high explosives at the continuum and meso scales[J]. Applied Physics Reviews, 2018, 5(1): 011303.

[7] Prakash C, Gunduz I E, Oskay C, et al. Effect of interface chemistry and strain rate on particle-matrix delamination in an energetic material[J]. Engineering Fracture Mechanics, 2018, (191): 46-64.

[8] Sun DY, Dai R, Liu YS, et al. RI-IGABEM for 2D viscoelastic problems and its application to solid propellant grains[J]. Computer Methods in Appled Mechanics Engineering, 2021,

（378）:113737.

[9] Benjamin D,Aurélie C,Desgardin N,et al. Lifetime Numerical Prediction of Solid Rocket Motors with HTPB Binder Based Propellants Using a Multiscale Model[C]. 51st AIAA/ SAE/ASEE Joint Propulsion Conference. 2015.

[10] Yunc B,Ozpek S. Constitutive modeling of solid propellants for three dimensional nonlinear finite element analysis[J]. Aerospace Science and Technology,2017,(69):290-297.

撰稿人:刘向阳(北京理工大学)　颜勇(中国航天科技集团有限公司第四研究院)
　　　　武毅(北京理工大学)　沙宝林(中国航天科技集团有限公司第四研究院)
　　　　池旭辉(中国航天科技集团有限公司第四研究院)

宽域组合循环动力能量管理与智能调控基础科学问题

Energy management and intelligent regulation of wide range combined-cycle engine

1　科学问题概述

航天技术是国家科技实力与工业能力的重要标志,是实施创新发展的重要驱动力,同时也是大国政治地位的重要支撑。可重复使用、天地往返运输、临近空间和空天一体化等新概念和新需求的提出,对飞行器动力系统的性能和空间运输的安全性、经济性与可靠性都提出了更高要求。吸气式高超声速组合循环动力技术是实现上述目标的有效途径之一。作为航空与航天领域的交叉技术,组合动力技术涉及高超声速空气动力学、高温气体热力学、热化学非平衡效应、燃料化学动力学、计算流体力学、导航制导与控制、电子信息技术、材料结构和机械制造等多门学科,是高超声速推进、机体/推进一体化设计、超声速燃烧组织、高温热防护、吸热型碳氢燃料和新型高能燃料研制、高超声速地面模拟试验与飞行演示验证试验等多项前沿技术的高度综合。随着对飞行器更高速度的追求,高马赫数(~Ma10)超燃面临超高温(~3800K)和超高速(~3000m/s)的环境,此时流动时间尺度与气体的热化学过程(如分子的振动弛豫)的时间尺度相当,流动区域内气流的热化学状态不能处处达到平衡,已经形成热化学非平衡(热力学非平衡、化学非平衡)态流场。同时为了实现飞行器的宽速域、大空域工作目标,组合动力需要在更高马赫数工作、同一串联流道或者并联流道内实现多种动力形式有机组合等。与现有航天动力系统不同,力/热环境与结构特征及飞行条件等的改变,使得新型组合循环动力系统面临非常复杂与多元的基础科学难题。

2　科学问题背景

近年来,在高超声速飞行器技术的牵引下,航天大国广泛重视吸气式高超声速组合动力的发展,并开展了深入研究。为了满足飞行器的宽域工作特性,例如作为水平起降的临近空间平台或者水平起降的两级入轨平台等,发动机需具备高推重比(≥10)、长工作时长(≥3000s)的动力特征,同时具有模态平稳过渡的调控能力以及经济巡航的控制策略,这需要将冲压发动机与其他动力系统进行有机组合。基于涡扇发动机、冲压发动机和火箭发动机等的工作特点,再结合预冷技术和爆震燃烧技术,目前形成了如双模态冲压发动机、涡轮-冲压组合发动机、火箭-冲压组合发动机以及涡轮-火箭-双模态冲压三组合发动机等吸气式组合动力方案及基于爆震燃烧和预冷技术的其他发动机,这些组合动力未来具有巨大的应用潜力。但是组合发动机系统的复杂性增加,如何充分发挥他们的优势,使其能够协调高效工作,当前仍需解决一体化流道匹配设计、变结构进排气、高效燃烧组织、模态平稳过渡、材料与热防护等核心关键科学问题。

3　科学问题研究进展

随着深空探测的深入开展和太空资源的开发利用,对于快速进出空间的需求不断增长,发展新一代低成本、高效、便捷可重复使用的天地往返运输系统成为未来航天领域发展的必然趋势,对非对称制空、制天权的争夺也驱使各国不断推动新型航天推进系统的研制和技术攻关。

近年来,高超声速推进技术蓬勃发展,吸气式发动机如超燃冲压发动机的技术逐步成熟,能够实现大气层内的高超声速飞行,但仍然存在无法零速启动、低速性能不佳的问题。因此,将吸气式发动机和其他动力例如火箭发动机进行优势组合的推进系统显示出巨大的应用潜力。与传统的火箭发动机相比,组合动力具有以下优势:其一,具有全弹道较高的综合性能,在部分飞行弹道中通过捕获空气大大减少了所需携带的氧化剂质量,从而减轻了飞行器自重,提高了运载能力;其二,兼具加速和巡航特性,可提升巡航高度和机动性,使飞行弹道变化更加灵活;其三,可实现重复使用,维护方便,灵活性高,从而降低了运输成本,缩短了发射的准备时间,可以快速地执行进出空间的任务。

组合动力系统通常分为两类:组合推进系统(Combined Propulsion System,CPS)和组合循环推进系统(Combined-Cycle Propulsion System,CCPS)。组合推进系统将不同的发动机进行简单的组合,各个发动机系统相互独立,它们在各自适合的马赫数和高度范围内独立工作,由于不同发动机之间流道以及一些组件不共用,功能之间不存在耦合,使得推进系统总体的性能(推重比等)较弱。而组合循环推进系统将吸气式发动机和其他动力形式组合到一个具有多种热力循环工作模式的发动机里,充分结合吸气式发动机和其他动力形式的优势,在不同的马赫数区间利用最有效的热力循环模式进行工作,并且多种动力形式共用一个流道和一些部件,保证了组合循环推进系统在整个工作过程中具有较高的推重比和热力循环效率。

国外,以美国为首的主要国家针对宽域飞行器的组合动力方案的研究始于20世纪60年代,针对RBCC、TBCC、空气涡轮冲压式喷气发动机(Air Turbo Ramjet,ATR)及预冷发动机开展了较为系统的方案设计及试验,目前较为典型的是美国2013年公开的马赫数0~6的SR-72临近空间飞行器和2016年公开的"先进全速域"项目,以及英国开展的佩刀预冷发动机的研究等。国内组合动力的研究虽然起步较晚,但发展较快,目前多种方案正在同步论证,并均已进入不同程度的地面试验研究阶段。

综合来看,不同组合循环动力形式都还面临着诸多的工程技术难题,对于循环本身以及循环实现过程中的能量释放、转换、调控等深层的机制和原理还有待进一步揭示,综合来看仍有以下难点需要攻克:

(1)热力循环与工作过程优化设计方法。热力循环设计是组合动力设计的核心问题。未来高性能组合动力在原理上是利用燃料化学能、电磁能、太阳能等能源,通过涡轮、冲压、火箭、爆震、预冷等基本动力与能量转换装置,实现飞行器的高效推进,本质上是对压缩、燃烧、膨胀、换热、电化学等基本热力过程的优化重组,通过在热力循环层面构建创新的动力循环,实现发动机宽域工作、高效经济巡航等目标。全面开展组合动力先进热力循环的构建及工作过程的分析优化方法研究,同时针对单一热力过程开展基于不同物理原理或热力条件的实现方法研究,深化内在机理认知,突破关键共性科学问题,建立组合发动机推进性能指标体系与评价方法,掌握高性能组合动力热力循环构建方法,支撑未来更宽域和更高性能组合动力方案研究与关键技术攻关。

(2)复杂条件多域内外流耦合流动调节与控制。针对组合动力跨大气层内外连续与非连续介质,跨水域以及空域等跨介质工作环境以及高马赫数(马赫数8~15)飞行等,开展飞行器/发动机内外流一体化耦合设计、流动边界层减阻控制等研究,掌握可调进排气、飞行控制、部件分离等流动调节与控制方法,揭示宽速域跨介质复杂流动环境下飞行器与发动机匹配工作规律,建立组合动力内外流一体化多元设计与优化方法,支撑组合动力总体方案构建与应用论证。

(3)多源能量协同高效释热与调控。针对组合发动机多来流能量释放装置的特点以及超高马赫数来流条件需求,包括宽域冲压燃烧室、高效高焓射流火箭、爆震能量释放器、预冷换热器等能量释放与转换装置,开展复杂流动环境下化学非平衡及热化学非平衡燃烧流动过程、模态过渡、鲁棒燃烧、爆震燃烧流动机理及调控、进气道/预冷器匹配、进气道/燃烧室匹配、多种能量源组合下的发动机燃烧室内高效能量释放与调控等研究,突破燃烧室多源能量多物理场高效释热与精确调控,以及爆震波触发机理与模态演变等关键科学与技术难题。

(4)多层次需求耦合热控一体化设计方法。面向未来重复使用次数大于100的飞行器,针对当前热力载荷谱复杂多变、载荷时空非均匀特性强(力热梯度大)、冷却需求与冷却剂流量难以匹配、主被动复合冷却方式协同性较弱的问题,研究吸气式发动机、火箭发动机、涡轮发动机等多种动力形式相耦合的宽域组合动力热控一体化。开展新型热控材料技术研究,提高材料隔热/导热/耐高温性能;开展宽域组合动力高效强化换热与热沉利用技术研究,大幅降低发动机热壁面温度水平和温度不均匀性;开展高温结构极限轻质化以及疲劳蠕变特性研究,提高热结构多次重复使用能力;开展多源智能健康监测与控制技术研究,提高发动机故障诊断与健康管理能力。建立贯穿式的智能设计理念,进行颠覆式结构功能的升级、构建轻质低成本的材料体系,一方面满足组合循环发动机多模态、宽域工作的动力调节需要,实现智能随控的几何流道变形设计,另一方面基于低密度高可靠材料体系以及先进结构设计与优化方法,实现热结构的灵巧轻量化设计。

(5)发动机全维信息感知与智能控制。面向未来跨域跨介质飞行、高超声速飞行等对智能化组合动力系统的需求,开展发动机内外流场及本体的燃烧流动与结构信息全维高速感知方法研究,建立地面样机与数字孪生样机,发展发动机流动、结构、温度等多元数据融合与大数据分析相结合的信息处理方法并建立发动机快速仿真、故障诊断和寿命预测模型,开拓先进发动机内流场与结构调控研究方向,突破复杂组合动力系统的智能控制技术壁垒,为未来跨域跨介质飞行器的数字化、智能化奠定坚实基础。

(6)高超声速热化学非平衡流动、燃烧耦合作用机制。针对更高马赫数超燃冲压以及组合动力面临的超高温、超高速引发的显著的热化学非平衡现象,发展适用于内流场热化学非平衡态下流动、燃烧模拟的双温度数值计算模型,建立多原子分子的平动-振动弛豫模型,构建考虑热化学非平衡影响的碳氢燃料化学反应机理,修正非平衡态下燃烧反应机理的热力学参数和反应速率,开展热化学非平衡燃烧流场平动温度、振动温度的光谱精确测量研究,揭示超、高超声速流场中热化学非平衡流动、燃烧耦合作用机制。

主要参考文献

[1] 何国强,秦飞,魏祥庚,等.火箭冲压组合发动机燃烧的若干基础问题研究[J].实验流体力学,2016,30(1):1-14.

[2] Defoort S,Ferrier M,L Serre,et al. Hyshot-II experiments in the Onera F4 hotshot wind tunnel:Lessons learnt from post-run analysis and comparison with existing data[C].AIAA 2015,3588.

[3] Dessornes O,Scherrer D. Tests of the JAPHAR dual mode ramjet engine[J].Aerospace Science and Technology,2005,9(3):211-221.

［4］ Walker S,Tang M,Mamplata C. TBCC propulsion for a Mach 6 hypersonic airplane［C］. AIAA 2009,7238.

［5］ Yang H,Ma J,Man YJ,et al. Numerical simulation of variable-geometry inlet for TRRE combined cycle engine［C］. AIAA 2017,2437.

［6］ Denman ZJ,Chan WYK,Brieschenk S,et al. Ignition Experiments of Hydrocarbons in a Mach 8 Shape-Transitioning Scramjet Engine［J］. Journal of Propulsion and Power,2016, 32(6):1462-1471.

［7］ Webber H,Feast S,Bond A. Heat exchanger design in combined cycle engines［J］. Journal of the British Interplanetary Sociely,2009,62(4):122-130.

［8］ Bartha J E,Webbera H. SABRE technology development［R］. Guadalajara:IAC,2016.

［9］ Wolański P. Detonative propulsion［J］. Proceedings of the Combustion Institute,2013,34: 125-158.

［10］ Kong C,Chang J,Li Y,et al. A deep learning approach for the velocity field prediction in a scramjet isolator［J］. Physics of Fluids,2021,33(2):026103.

撰稿人:魏祥庚(西北工业大学)　韦宝禧(中国航天科工集团有限公司第三研究院)
　　　　朱韶华(西北工业大学)　常军涛(哈尔滨工业大学)
　　　　赵马杰(北京理工大学)

空间推进剂在轨储存、加注、管理与集成利用的关键科学问题

Key scientific issues on on-orbit storage, refueling, management and integrated utilization of spatial propellant

1 科学问题概述

液体推进剂是航天推进剂不可或缺的重要组成,是飞行器执行高效能使命的动力能源保障,确保以较低的质量消耗完成高机动变轨、长寿命精确维保等任务。目前,肼类液体推进剂在卫星、飞船、火箭等航天器应用中占据主导地位。然而,肼有毒、污染高,需要烦琐复杂的地面支持和保障系统,严重影响装备的快速响应和机动性能;另外,肼的能量密度低、冰点高,是影响装备综合应用效能的关键难题。随着航天技术的进一步发展,无论是载人飞行任务,还是空间站等深空探测平台和在轨服务等的建立,都对绿色无毒、高能空间推进剂提出了迫切的需求。空间复杂热环境和微重力环境使长期在轨空间推进剂应用面临着关于储存、加注和管理等一系列严峻挑战,亟待攻克被动隔热与主动制冷、微

重力流体管理、在轨加注及集成利用等工程应用中涉及的关键科学问题。因此,需要深入研究空间推进剂在复杂热环境、微重力和强机动下传热与相变过程、气液两相流动过程、气液两相流的精确测量、推进剂导流传输的动态演化过程等难题,揭示空间推进剂复杂任务中蕴含的深层科学机制和原理。推进剂空间应用涉及传热学、化学、力学、机械等基础学科交叉点,需要实现从基础研究到工程应用的巨大跨越,涉及面较广,研究难度大,但所获研究成果具有重要的科学意义和应用价值。

2　科学问题背景

目前应用较为广泛的长期在轨空间推进剂为肼类推进剂,具有良好的燃烧效率和工程应用性能,但存在高毒性、强致癌、强腐蚀的缺陷,可能对地面、空间环境和人员健康造成严重危害。一旦发生泄漏,如果处理不当,会产生灾难性的后果。随着航天技术的持续发展及人们对环境保护要求的不断提高,研究高能量密度、无毒无污染、环境友好的空间推进剂以替代传统肼类推进剂已成为航天大国竞相发展的前沿领域。一般情况下,传统推进剂的真空比冲大约为300s,而新一代液氢/液氧低温推进剂的比冲能够达到450s,所以采用高比冲的空间推进剂可以显著降低航天运载器系统规模,提高轨道转移机动能力,有效降低任务成本。例如,载人探月工程使用重型运载火箭方案需具备35t 地月转移轨道运载能力,如果采用传统推进剂,起飞规模将大于12000t,而如果将火箭的二、三级改用液氢液氧绿色高能推进剂,起飞规模可缩减至不到3000t。深入揭示空间推进剂在轨储存、加注、管理与集成利用中涉及的关键科学问题,发展基于新一代高性能绿色空间推进剂的空间运输系统,能够增强我国现役运载火箭低温末级和上面级的任务适应性;能够支撑载人月球探测等大规模深空探测任务的实施;能够大幅提升我国空间转移运输能力,实现我国航天运输领域跨越发展;能够为大规模空间资源开发与利用及空间基础设施建设打下坚实技术基础,助力航天强国建设。

3　科学问题研究进展

空间推进剂在轨储存、加注、管理与集成利用涉及基础理论及设计方法等层面的研究问题,多年来国内外研究者开展了一系列研究。

空间推进剂在热环境和微重力耦合的复杂环境下工作。外部热环境包括上升过程中空气流动形成的气动热环境以及太阳直射、地球反射、地球红外辐射等空间热环境;内部热环境包括储箱与推进剂之间耦合换热、仪器舱与低温储箱间导热和辐射换热、氢氧储箱间导热和辐射换热、推进剂内部对流换热等。这些热环境对低温系统具有不同程度的影响,且传热路径复杂。微重力环境下推进剂的表面张力作用凸显,地面上的流体运动规律已不再适合,储箱内流体形态、流场结构、气液界面等呈现新的规律。早期学者们主要将箱内流体的流态分布与传热规律分别研究,流态分布借助短时落塔、飞机搭载俯冲、有效载荷搭载等手段,结合可视化拍摄研究气液界面分布与动态演化;而在传热研究中,重点关注定热流下的传输与热力学规律。2010年以来,马里兰大学Kim团队、中科院力学所均对微重力沸腾换热开展了试验测量与规律探析,但对低温流体微重力沸腾换热研究薄弱。当微重力气泡与近场热分层耦合,Marangoni效应凸显,可能对气泡特性及近场换热产生影响。

针对板式储箱角流区、网幕微通道内所存在的流体传输规律,国内外学者开展了初步规律揭示,但流动与传热的耦合尚缺乏系统阐述。Glenn研究中心、佛罗里达大学等围绕低温管流换热开展了持续攻关。但由于缺乏长时间基于真实低温推进剂流体试验条件,低温微重力沸腾换热研究尚不足以支撑工程设计。针对低温系统的绝热问题,国内外学者关注了表面绝热与低导热支撑绝热。其中,多层绝热材料(Multi Layer Insulation, MLI)被认为是实现低温推进剂空间长期储存的核心技术。2000年,马歇尔航天飞行中心(MSFC)提出了变密度多层绝热材料;2012年,MSFC提出了蒸气冷却屏与MLI集成技术、低温制冷机与MLI集成技术等;NASA提出了低导热支撑的概念。截至目前,MLI已发展至第四代,尚未经历实际飞行验证。综上所述,液体推进剂空间储存与管理存在一系列特殊的传热与绝热难题有待解决。

实现推进剂在轨加注能够显著提升大规模空间探测能力、减小运载器规模、降低任务成本。目前推进剂在轨加注重点关于流动稳定性和控制机理研究。空间推进剂在轨加注系统不可避免地存在变径结构等引起的流动稳定性问题。阀门的变径或热载荷输入易造成低温推进剂产生流体激振,引起补加系统管路激振,导致阀门元件空蚀破坏等;系统中的循环泵等流体机械不仅涉及离心流动造成的空化问题,还涉及电机产生的热量对推进剂的升温汽化问题,这些都会严重影响循环泵的寿命。对于常规推进剂在轨补加时需考虑环境加速度和表面张力的联合作用,而热对流等因素对于低温推进剂不可忽略,热对流产生的驱动力会影响低温推进剂的分布形态和分布规律,现有的基于板式结构表面张力驱动的气液分离技术无法适用于低温推进剂,需综合考虑热对流、环境加速度、表面张力等因素。常规气体状态方程测量剩余量方法因为低温推进剂的热分层现象测量误差较大,现有的常规推进剂在轨加注系统中的超声波流量计的敏感元器件无法适应于低温推进剂。开展在轨加注过程低温推进剂流量和剩余量或加注量非接触式测量方法研究,对于实现低温推进剂的在轨加注至关重要。

在轨集成利用系统旨在完成主推力任务的前提下,高效利用空间推进剂拓展辅助功能,如实现发电、姿态轨道控制及增压等功能,从而替代传统的蓄电池、姿态轨道控制用肼类推进剂及增压气瓶等部件,减轻系统重量,提升长期在轨运载器的综合能力。国外针对集成利用系统技术已开展十多年研究,主要发展方向有两个方面:一是利用在轨蒸发的空间推进剂通过内燃机驱动发电机发电,或供给小型推力器实施沉底;二是间接应用液体推进剂,即通过发电装置驱动泵从储箱中引出一部分液态燃料,通过改变压强或温度,获得气态推进剂为储箱中的液态燃料增压,或为姿态轨道控制发动机提供推进剂。美国 ULA 公司已将该技术应用于"火神"火箭的先进半人马座上面级,计划于 2023 年首飞。应用集成利用技术使总干重减少 5% ~ 10%,起飞重量降低 500kg。另外,ULA 公司牵头联合 NASA 马歇尔飞行中心已开展相关内燃机、推力器等单项试验以及流体回路集成试验。

值得注意的是,内燃机和小型推力室作为空间在轨集成利用系统的关键单机,通过燃烧蒸发的气体推进剂最终实现热电转换或热力转换。现阶段,针对低温液氢液氧的集成利用,气态氢氧推进剂在低混合比下容易点火,具有燃烧可靠性和快速性等特点。但由于氢氧极快的燃烧速度和极高的火焰温度,导致局部热载荷过大,对内燃机系统冷却和密封润滑提出了挑战。另外,小型推力室作为末端执行子系统的重要单机,在完成飞行器姿态控制、轨道控制及沉底等任务中所涉及的多次点火、燃烧稳定性以及能量精确控制等难点问题,值得进一步探究。

综上所述,低温推进剂长期在轨储存、管理与集成利用理论与方法仍旧存在以下难点需要逐渐攻克。

3.1　大温差与微重力耦合下的空间推进剂在轨储存换热和相界面演化机理

在空间微重力环境下,由密度差引起的气液自动分离机制失效,气液界面式混合,储箱内流体形态、流场结构、气液界面等呈现新的规律。如对储箱内部流固耦合换热,气液相变过程在微重力耦合下的机理不清,易引发内压上升、局部沸腾等空间储存的特殊问题。因此,需要剖析空间推进系统的热环境特征,阐明大温差-微重力-局部非热平衡-复杂结构等综合因素影响的换热机理,揭示在轨空间推进剂的热力循环方式及其关键因素,为实现低温推进剂长期在轨储存提供理论基础;开展大温差与微重力耦合下不同模式的两相流动力学研究,揭示低温推进剂流动、换热和相变导致相界面演化的机理,探索考虑低熵产和强化表面张力作用的气液分离流动和相变规律,为实现低温推进剂的在轨可靠应用提供理论基础。

3.2　空间推进剂在轨加注气液两相流动控制问题

空间推进剂的在轨补加不仅涉及储箱漏热量控制问题,还包括气液两相流动稳定性控制、气液分离、推进剂加注量和剩余量的测量等关键问题。开展空间推进剂在轨加注系统气液两相流动稳定性机理研究,揭示在轨加注过程流体激振演化规律;开展微重力下考虑热对流和表面张力等效应的液体推进剂气液两相分离机理研究,揭示空间推进剂在轨气液分离的流动规律;开展在轨加注过程空间推进剂流量和剩余量或加注量测量方法研究,探索高精度非接触式的在轨推进剂流量和质量测量方法。通过对低温推进剂在轨加注气液两相流动控制问题研究,为低温推进剂在轨加注提供支撑。

3.3 空间推进剂在轨集成利用方法和理论

空间推进剂在轨集成利用在轨蒸发的推进剂实现发电、姿态轨道控制及增压等功能。需要围绕任务剖面和飞行工况,开展工作模式、控制策略以及指标体系研究,形成适用于空间推进剂在轨集成利用系统的能量平衡设计方法。基于温度、压力、流量、热量、电量等参数平衡和时序匹配的原则开展总体参数设计,揭示系统在发电、姿态轨道控制、沉底及增压等不同模式下的流动与换热机理。针对氢氧内燃机空间应用开展重点研究,揭示氢氧异常燃烧及早燃回火机理,发展燃料喷射剂点火稳定性问题。针对空间推进剂在小型推力器方面的应用,探究空间推进剂燃烧机理,深入揭示推力器喷注器的喷注压降、速度比、喷嘴结构设计参数等对燃烧效率的影响。

主要参考文献

[1] S Sumith,R Ramesh Kumar. Thermo-Structrual Analyis of Crogenic Tanks With Common Bulkhead Configuration[J]. Proceedings of the Institution of Mechanical Engineerings, 2021:09544100211024789.

[2] C B Muratov,V V Osipov,V N Smelyanskiy. Issues of Long-Term Cryogenic Propellant Storage in Microgravity[M]. America:NASA AMES Research Center,2011.

[3] G Q Buil,R G Cinca. Acoustic effects on heat transfer on the ground and in microgravity conditions[J]. International Journal of Heat and Mass Transfer,2021(178):121627.

[4] F. Zegler. Development status of an integrated propulsion and power system for long duration cryogenic spaceflight[C]∥AIAA Space 2012 Conference and Exposition. 2012:5302.

[5] M. Holguin. Enabling long duration spaceflight via an integrated vehicle fluid system[C]∥AIAA SPACE. 2016:5495.

[6] 朱洪来,孙沂昆,张阿莉,等. 低温推进剂在轨储存与管理技术研究[J]. 载人航天, 2015,21(1):13-18.

[7] 韩兵,孙礼杰,朱曙光,等. 微重力下气泡破裂对推进剂储箱内压力影响的研究[J]. 能源研究与利用,2020(6):21-25.

[8] 饶大林,闫指江,王书廷,等. 常规推进剂在轨加注技术研究现状与趋势[J]. 导弹与航天运载技术,2015(5):50-54.

[9] 李佳超,梁国柱. 运载火箭低温推进剂热管理技术及应用进展分析[J]. 宇航总体技

术,2017,1(2):59-70.

[10] 侍野,唐一华,刘畅,等.低温推进剂集成管理技术的发展与启示[J].宇航总体技术,
　　　2019,3(2):54-61.

撰稿人:李新艳(北京理工大学)

　　　　艾立强(中国航天科技集团有限公司第一研究院)

　　　　刘旭辉(中国航天科技集团有限公司第五研究院)

　　　　朱洪来(中国航天科技集团有限公司第五研究院)

　　　　方杰(北京航空航天大学)

液体火箭发动机复杂力热载荷下失效机理问题

Failure mechanisms of liquid rocket engines under complex thermomechanical loading

1　科学问题概述

大推力液体火箭发动机是运载火箭推进动力的核心,是载人登月、深空探测等重大航天活动的主动力形式。以75吨级常温四氧化二氮/偏二甲肼发动机为主动力的"CZ-2""CZ-3"和"CZ-4"运载火箭完成了各类卫星发射任务,实现了载人航天与探月工程的伟大壮举。20世纪90年代以来我国研制了120吨级低温液氧煤油补燃发动机作为"CZ-5""CZ-6"和"CZ-7"新一代运载火箭的主动力装置。目前我国正在开展500吨级补燃循环泵后摆液氧煤油发动机和200吨级发生器循环液氧液氢发动机的预先研究。液体火箭发动机运行的高可靠性是航天发射任务顺利进行的重要保障。发动机在工作过程中面临高压高速液体流动(100 MPa,40m/s)、高速燃气流动(4500m/s)、大功率涡轮泵(200MW)和高压燃烧(50MPa)等极端条件,任何细微的异常都易迅速发展,导致发射失败,特别是发动机在复杂力热载荷作用下的可靠性问题尤为突出。

液体火箭发动机热端部件不仅受到高温燃气冲刷,而且还承受高压、强振动载荷的作用,因此发动机热端部件容易在应力和温度的循环极端载荷作用下发生疲劳失效。受制造加工条件的限制,液体火箭发动机在诸如推力室、涡轮、燃气导管等热端部件存在大量的焊接结构。在几何受限的空间下,焊缝表现出比较明显的热机械疲劳失效特征,在研制试验中就发生过多起焊缝疲劳失效问题。某型液体火箭发动机在完成六次热试车后,在进行第七次试车过程中发生氢涡轮进气壳体焊缝的疲劳失效。推力室作为液体火箭发动机的重要组件,其室压超过10MPa,燃气温度可达3500~4000K,在喉部附近热流密度最大可达100MW/m²的水平。发动机推力室通常采用再生冷却方式进行热防护,巨大的温差

导致燃烧室内壁承受严酷的力热交变载荷,在内壁发生塑性变形并出现疲劳裂纹。应用于我国"CZ-5"号新一代运载火箭的 YF-77 发动机多台推力室身部在连续经历数次试车后均出现了内壁裂纹,同时伴随有镀镍层粗糙、脱落的现象,导致冷却剂从内壁裂纹泄漏至燃烧室中,改变发动机工况,降低发动机性能,严重影响发动机工作可靠性。国外的 Vulcain、SSME、RS-68 等高压大热流氢氧火箭发动机在多次热试验后,在推力室也会出现不同程度的裂纹。因此对复杂力热环境下液体火箭发动机的失效机理的研究极为重要。

2 科学问题背景

液体火箭发动机在复杂力热环境下的失效机理属于液体火箭发动机可靠性分析和设计环节中的共性基础问题。未来多型大热流或可重复使用火箭发动机均对其使用寿命提出更高要求,研究在复杂力热载荷下的失效机理对提高发动机可靠性具有十分重要的意义。由于发动机的热机工作环境极端复杂严酷,针对其失效机理的研究面临诸多挑战,主要包括:①发动机部件材料在复杂力热耦合作用下微观组织结构的损伤、演化与物性退化规律。液体火箭发动机的热端部件处于极端高温高压服役环境,掌握部件材料(如金属、陶瓷基复合材料)在循环热-机械载荷耦合作用下组织结构的损伤行为是分析发动机失效机理的重要前提条件,获得材料力热学性能的退化规律是研究失效机理的重要依据。然而,目前对于这方面的研究成果还非常有限。②发动机部件的失效模式与失效判据。火箭发动机内部组件结构复杂,基于功能失效和结构失效的形式多样。然而目前通过试车验证的方式难以实时获得部件失效的全过程,无法形成系统的失效判据和失效机理。③基于可靠性的发动机部件设计理论与优化方法。液体火箭发动机的服役环境复杂严苛,发动机部件的失效行为以高温高压、强振动以及循环载荷为主要诱因,而常温状态或非极端环境下的发动机设计理论和优化方法难以保证其高可靠性要求。因此必须结合发动机失效机理,通过新材料、新结构、新优化策略的设计来提高其可靠性。

3 科学问题研究进展

在发动机部件金属焊缝的疲劳强度和寿命预测方面,国外发展了利用结构应力法对搭接焊和角焊的受力状态进行的理论与试验研究方法,基于金属板的焊缝疲劳特征提出了悬架焊接结构可靠寿命分析方法以及焊缝抗疲劳设计准则。结构应力法还被用于对带肋层板的焊缝疲劳寿命的计算分析。有学者利用名义应力法和缺口应力法对异种金属焊接疲劳问题进行了理论与试验分析。通过选用合适的疲劳寿命曲线,可以对焊缝寿命进行合理预估,并采用子模型法对焊缝考核区进行再分析以简化计算。

针对结构应力法无法准确预估的焊接结构的低周疲劳寿命问题,目前有评价薄壁焊接接头热机械疲劳寿命的结构应变法。采用与热点应力法相似的计算方法获得焊趾区应变,然后结合 S-N 寿命曲线预测高温焊接结构的疲劳寿命,适用于工作温度低于 750℃ 的高温薄壁结构。针对有限元分析软件无法直接结合主 S-N 曲线进行基于结构应力的焊缝疲劳寿命分析问题,可进行有限元结构应力计算方法开发,通过编写 ANSYS APDL 宏文件实现了后处理过程中主 S-N 曲线嵌入软件系统的二次开发。

在研究发动机热端部件力学行为方面,为了更好地了解燃烧室内壁失效机理,需建立可以预测燃烧室寿命的模型,对推力室壁进行结构分析。为了准确了解内壁失效机理,需知道冷却通道详细的应力、应变分布,因此冷却通道弹塑性分析十分必要。应用经典的弹塑性模型对冷却通道进行非线性分析时,忽略了高温时不变塑性行为和时变蠕变行为之间的相互作用,而试验表明这两者之间的相互作用是不能被忽略的。采用黏塑性分析方法,能够将蠕变、塑性、弛豫等行为以及它们相互作用所导致的非弹性应变作为随时间变化的参数来考虑,能更好地了解高温下材料的非弹性行为。当前黏塑性模型代表了典型发动机工况燃烧室应力应变和寿命模拟的最新水平。

在含有损伤的发动机结构部件材料本构关系的研究方面,有学者针对 SSME 推力室冷却夹套建立了连续时间相关的结构分析模型,考虑蠕变、黏塑性等非线性力学行为,实现了对冷却夹套渐变损伤过程的模拟,研究表明推力室寿命受设计、材料和载荷循环过程的共同影响。该方法具有显著的效率特征,可作为线上和线下的损伤减损控制技术。此外,国外针对复杂机械系统提出了一种协调耐久性和动力学特性的火箭发动机延寿技术,通过在控制策略中引入损伤驱动变量削弱结构损伤。

在燃烧室的低周热疲劳问题的研究方面,此前欧洲的 Vulcain 发动机推力室内部寿命约为 6~8 次,至 Vulcain2 发动机时通过增强推力室内壁冷却及改善推力室内型面,将推力室内壁寿命提高至 30 次以上。NASA 的路易斯研究中心为进行内壁材料为 OFHC 铜、Amzirc、NARloy-Z 发动机燃烧室低周热疲劳试验研究,制造了多个燃烧室,并对它们进行了循环热试车直至失效。研究显示,对于 OFHC 铜,随着热-机加载循环的持续,非弹性棘轮应变引发内壁不断凸出和逐步变薄,使厚度下至临界值,最终导致拉伸断裂失效,冷却通道壁面失效的主要原因是棘轮效应和低周疲劳,疲劳不是内壁失效的主要机理;Amzirc内壁失效由低周热疲劳控制。此外,还发现燃烧室寿命不仅仅由疲劳决定,还和蠕变-疲劳交互作用、腐蚀、韧性断裂有关。

在部件结构寿命预测的研究方面,国内外提出的寿命预估模型大都是从疲劳寿命与应力、应变、塑性功或应变能密度等参量的关系出发获得。在火箭发动机推力室内壁寿命预估中采用较多的是曼森-科芬(Manson-Coffin)应变-寿命预估模型,随后 Manson 基于Manson-Coffin 公式还提出了通用斜率法和四点关联法。蠕变寿命采用拉森-米勒(Larson-Miller)方法预估。疲劳-蠕变交互作用下的寿命有寿命-时间分数法、频率修正法、应变范围划分法、应变能划分法、延性损耗法、蠕变孔洞损伤为主的寿命预测方法、应力松弛范围寿命预测方法等。目前对于燃烧室内壁疲劳寿命尚缺乏可靠的预测模型，对于各种因素对内壁寿命的影响缺乏有效的评估手段。

由于火箭发动机服役环境苛刻，而热试车周期长、成本高，直接的试验验证不充分。除仿真分析手段之外，还可以采取热力寿命试验(Thermal Mechanical Fatigue，TMF)，对内壁失效问题进行直接验证。德国 DLR 采取激光加热 TMF 平板试验，模拟火箭发动机内壁承受的力热环境，对内壁寿命进行了试验评估。热力寿命试验能减少全尺寸试验的需求，也可为 CFD、疲劳寿命分析等数值分析提供必要的可验证数据。针对内壁失效机理，主要采用仿真手段对内壁的应力场、温度场进行分析。此外，还通过热试车后对推力室内壁进行剖切分析的手段，从内壁结构上进行了一系列分析。

虽然目前对于液体火箭发动机复杂力热载荷下的失效机理有了一定的研究，但从发动机部件的损伤模式、失效机制、失效主导因素等方面还面临如下亟待解决的问题：

(1)复杂极端力热耦合环境下发动机内部基本物理参数不确定。液体火箭发动机失效机理研究亟须清楚掌握其所服役的极端力热环境的载荷状态，然而，由于内部结构和服役环境(超高温、高压、高速热流)极端复杂，对其所受的力热载荷状态难以准确把握。基础数据支撑不足以及在服役环境下动态变化数据的缺乏限制了对相关失效机理的深入研究。因而迫切需要发展能够在超高温、高压、高流速等复杂环境和密闭空间的先进高速测量方法和技术。通过结合接触、非接触式测试手段，开展高精度、大量程、高速的超高温度、压力、变形等数据的实时测量方法研究，为失效机理深入研究奠定技术基础和数据支撑。

(2)模拟试验测试方法研究不充分。由于火箭发动机服役环境苛刻，热试车周期长且成本高，对于发动机部件失效行为和失效机理的直接试验验证并不充分。因此需要开展复杂力/热耦合服役环境下火箭发动机部件失效行为的模拟试验测试方法，在准确还原发动机部件内部温度、压力、振动环境的前提下对部件进行直接的失效行为试验验证。剖析导致部件损伤、失效的主导因素，获得部件材料在不同温度和应力下的物理性质、组织结构、力学性能及其随服役历史的演化规律。提出对复杂极端力热环境的等效简化策略，发展针对单个结构部件、试件在力热多场耦合环境下失效行为的测试方案。

(3)大规模、跨尺度力热耦合环境失效行为计算分析不充分。复杂力热环境下火箭发动机部件的失效行为一般从材料微观组织结构的损伤开始，逐步演化为宏观的结构级损伤断裂或功能失效。这一过程涉及力热耦合极端环境下材料从微观到宏观的多尺度损伤演化，进而涵盖结构级损伤、断裂、失效行为。同时，发动机特殊部件内的非均质复合材料还涉及纤维-基体界面的脱黏、分离等渐进式损伤模式。因此迫切需要围绕以上问题开展大规模、跨材料-结构尺度的力热耦合损伤演化行为的数值计算分析。除了发展力热全场耦合的材料损伤演化物理模型外,还需要开发适用于跨尺度分析的高效计算方法和仿真模拟策略,并对发动机部件结构在温度场、应变场作用下的失效行为进行模拟仿真与验证手段的优化。

(4)基于失效机理的可靠性寿命预测方法存在不足。由于对液体火箭发动机在力热载荷下的失效机理缺乏足够的认识和积累,难以在进行发动机部件的可靠性和疲劳寿命预测中提高模型的准确度,因此需要基于发动机失效机理修正和优化相应的模型及参数,提高预测准确度,通过试验研究和仿真分析方法对于可靠性和疲劳寿命模型进行验证,探寻发动机部件寿命与结构设计、服役条件的关联性,为火箭发动机的设计和优化提供引导方向。

主要参考文献

[1] 李斌,闫松,杨宝锋.大推力液体火箭发动机结构中的力学问题[J].力学进展,2021,51(2):1-33.

[2] 杨思锋,段娜,张登攀,等.液体火箭发动机虚拟试验与仿真技术应用[J].火箭推进,2021,47(4):87-95.

[3] N Hannum,H Kasper,A Pavli. Experimental and theoretical investigation of fatigue life in reusable rocket thrust chambers[C]//12th Propulsion Conference. 1976,685.

[4] XW Dai,A Ray. Life prediction of the thrust chamber wall of a reusable rocket engine[J]. Journal of Propulsion and Power,1995,11(6):43-55.

[5] M Holmes,S Tangirala,A Ray. Life-extending control of reusable rocket engines[J]. Journal of Guidance,Control,and Dynamics,1997,20(3):12-23.

[6] JR Riccius,W Bouajila,EB Zametaev. Comparison of Finite Element analysis and experimental results of a combustion chamber type TMF panel test[C]//AIAA/ASME/SAE/ASEE Joint Propulsion Conference. 2013,3846.

[7] I A Zamzami,B Davison,L Susmel. Nominal and local stress quantities to design aluminium-to-steel thin welded joints against fatigue[J]. International Journal of Fatigue,2019,123:279-295.

[8] J Li,Q H Zhang,Y Bao,et al. An equivalent structural stress-based fatigue evaluation framework for rib-to-deck welded joints in orthotropic steel deck[J]. Engineering Structures,2019,196:1-10.

[9] S Moser,M Vormwald. Structural strain approach to assess thermo-mechanical fatigue of thin-walled welded joints[J]. International Journal of Fatigue,2020,139(1):1-16.

[10] F Hötte,CV Sethe,T Fiedler,et al. Experimental lifetime study of regeneratively cooled

rocket chamber walls[J]. International Journal of Fatigue,2020,138:105649.

撰稿人：苏煜(北京理工大学)　马晓秋(中国航天科技集团有限公司第六研究院)
刘士杰(中国航天科技集团有限公司第六研究院)

火箭发动机燃烧不稳定产生机理与抑制问题

Mechanism of combustion instability and its suppression in rocket engines

1　科学问题概述

"航天发展,动力先行",火箭发动机的工作可靠性和安全性决定了发射任务的成败。化学火箭发动机在目前和未来一段时间内仍然是航天运载的主动力装置,不同种类的液体火箭发动机在绝大多数发射任务中承担主动力和姿态轨道控制动力的任务,大型分段式固体火箭发动机作为航天运载器的助推器已经得到应用,国内固体运载火箭的发展方兴未艾。

由于火箭发动机燃烧室是一种半封闭的声腔,单位体积内化学推进剂的能量释放速率巨大,燃烧流动过程复杂,极少部分非稳态燃烧释热与声模态耦合就容易激发燃烧不稳定。燃烧不稳定会导致燃烧室内产生周期性的压强振荡,破坏发动机内部的传热、引起结构件的疲劳、导致发动机破坏;压强振荡引起的强烈推力振荡可能会对火箭的有效载荷产生致命破坏,影响发射任务的成败。

由于推进剂存储与供应状态的差异,液体火箭发动机和固体发动机燃烧不稳定的产生机理和表现方式有明显的不同。液体火箭发动机的燃烧不稳定可以分为三类:纵向耦合振荡(Pressure Oscillation Gee Oscillation,POGO 振荡)、低频振荡和高频振荡。POGO 振荡是指液体发动机和火箭结构耦合而产生的火箭自激振动,频率一般在 10Hz 以内,对箭体和宇航员的影响很大;低频振荡燃烧不稳定由燃烧过程激发,是燃烧室内的燃烧过程与供应系统中推进剂流动过程相耦合而产生的,频率一般在几百赫兹;高频振荡燃烧不稳定性是燃烧过程(燃料雾化、蒸发、混合和燃烧)和燃烧室声学振荡耦合的结果,是一种声不稳定。非稳态释热转化成声能导致压强振荡的不断增长,压强振荡反过来对燃烧各子过程产生复杂的作用。可以看出,液体火箭发动机的燃烧不稳定不仅与非稳态燃烧流动过程相关,与推进剂供应系统的非稳态特性的关系也非常密切。

宇航用固体火箭发动机的燃烧室通常具有较大的长径比(一般大于 10),分段结构会在燃烧室中引入凸起物,复杂的装药结构会导致燃烧后期在燃烧室中产生后向台阶,这些因素会引起流动不稳定,在燃烧室中产生周期性的涡脱落,流动不稳定与发动机结构声特性耦合,产生较大的压强扰动,与推进剂非稳态燃烧、金属燃料的分布式燃烧进一步耦合,产生涡-声-热耦合效应,最终产生强烈的压强振荡并导致更大的推力振荡,影响火箭的工作安全性。

发动机的燃烧不稳定可以分为绝对不稳定(线性不稳定)和条件不稳定(非线性不稳定)。线性不稳定的发动机在地面热试车时即可表现出压强振荡,采取一定的抑制措施可以抑制燃烧不稳定,发动机最终可以正常工作。非线性不稳定更具有潜在的破坏性和挑战性,这类发动机在地面静止试验时稳定工作,但是在特定的飞行条件下或意外的触发条件下表现出燃烧不稳定,产生不可预料的破坏。一些飞行过程中出现燃烧不稳定的发动机在地面试验室很难再现燃烧不稳定,增加了研究的难度。

经过几十年的努力,发动机线性不稳定的问题基本得到解决。但是火箭发动机的燃烧室工作在高温高压环境中,非稳态燃烧数据的测试比较困难,影响精细化燃烧建模。由于基础研究不够深入,对发动机内部复杂的非稳态燃烧、流动过程缺乏深入认识,非线性不稳定燃烧问题始终没有很好解决,目前仍然威胁着航天发射安全,是当前国际学术界和工业界面临的共同挑战。

2　科学问题背景

火箭发动机燃烧不稳定会对导弹和运载火箭的工作安全性产生致命的危害。在20世纪60年代,美国在实施"阿波罗"计划时,花费了将近五年的时间,开展了1332次发动机试车和1337次部件试验,基本解决F-1和J-2两种液体发动机的燃烧不稳定问题,研发费用折合到现在约300亿美元,代价巨大。

液体发动机的燃料从储箱开始,到燃烧结束后产生的燃气从发动机喷管喷出,经历了极端而又复杂的运输过程和能量转化过程。特别是发动机启动阶段和变推力发动机的状态转换阶段,非稳态特征更为明显,极易产生扰动从而触发系统的不稳定。发动机燃烧室工作在高温(>3000K)、高压(>10MPa)状态,雾化、混合、燃烧过程迅速而又复杂,当发生燃烧不稳定时,多种纵向、切向模态的声学振荡可能同时出现,流动、燃烧等过程受到纵向和切向扰动的耦合作用,相邻火焰之间相互影响,增加了燃烧不稳定机理的研究难度。发动机生产加工过程的质量控制也会影响喷嘴等精细部件的结构,进一步对发动机内的燃烧流动产生不可预知的影响。

固体推进剂是一种典型的非均质混合物,在高温、高压环境下工作时,燃烧的固相过程和气相过程极其复杂,气相燃烧一般在距离推进剂表面500μm的空间内完成。由于大量金属燃料(质量含量在17%左右)的加入,燃烧过程中产生浓烟,难以开展深入细致的试验研究,非稳态燃烧机理至今仍不清楚。固体推进剂的原材料无论从物理上还是化学上都具有分散性,生产过程中的一些微量元素会对燃烧机理产生影响,燃烧催化剂、高能氧化剂的加入进一步增加了固体发动机燃烧的复杂度。

近年来,国内液体和固体火箭发动机燃烧不稳定问题多发,对航天发射和装备研制产生很大的影响。由于时间紧、任务重,传统"归零"流程不能从根本上解决问题,不同渠道设置的重点项目基本上都有强烈的背景需求,不利于深入认识非线性燃烧不稳定的产生机理。燃烧不稳定问题在国内仍然是强烈而急需解决的科学与技术挑战。

航天强国的建设必须基于先进而可靠的火箭发动机技术,而先进可靠的发动机技术不能仅仅依赖于"试错"试验。因此,有必要针对液体和固体火箭发动机的燃烧不稳定问题,开展深入的基础研究,在准确获得数据、深入认识机理、精细建立模型的基础上,获得工程上可行的燃烧不稳定抑制措施,消除航天发射过程的重大安全隐患,确保高价值卫星、深空探测器和空间站的可靠入轨和安全工作,尤其是航天员的生命安全。

3 科学问题研究进展

20 世纪 60 年代以来,国际上的持续研究解决了液体发动机和固体发动机燃烧不稳定的显性问题,采用蓄压器从工程上基本解决了 POGO 问题,采用喷注器隔板基本解决了横向高频不稳定问题,这些成果保障了大规模航天活动的顺利实施,使得人类在卫星应用、载人航天和深空探测领域取得了非凡的成就。但是,在新型号研制中不稳定燃烧还频繁出现,一些旧的火箭发动机型号在使用中也出现燃烧不稳定问题,深层次的科学和技术问题并没有得到真正解决。

美国针对火箭发动机的燃烧稳定性问题实施了多学科大学研究倡议(Multidisciplinary University Research Initiative,MURI),共有 15 所大学和至少 25 位教授参与,对火箭发动机燃烧不稳定所涉及的所有问题进行协同研究,包括基础化学、燃烧实验与建模、金属的燃烧和燃烧室气体动力学等四个主要领域,加深了对推进剂非稳态燃烧的认识,验证了一些燃烧不稳定抑制方法。法国和欧洲其他国家的许多实验室、高校以及航空航天公司参与到由法国国家太空研究中心(CNES)资助的分段发动机气体动力学计划(Aerodynamics of Segmented Solid Motors, ASSM) 和压强振荡计划(Pressure Oscillations Program,POP)中来,以期解决分段发动机的燃烧稳定性问题。1999 年,在前期研究的基础上,法国和德国发起了 REST(Rocket Engine Stability Initiative)计划,包括法国国家空间研究中心(CNES)、法国航空航天研究院(ONERA)、德国宇航中心(DLR)、法国国家科学研究中心(CNRS)、德国空客国防与空间研究中心(Airbus DS)和慕尼黑工业大学等顶尖研究机构参与,以期理解液体火箭发动机的高频不稳定燃烧现象,并为现在和未来的液体火箭发动机研发提供基础支撑。在研究过程中,采用了先进的燃烧诊断技术,设计了能够出现不稳定的试验装置,积累了大量的试验数据。典型的研究成果包括对热声耦合机理、流动失稳机理、推进剂非线性燃烧机理、非线性燃烧不稳定产生机理等的基本认知。近年来,印度理工学院、剑桥大学等高校和研究机构在非线性燃烧不稳定的产生机理和预测方法等方面开展了相当多的研究,对间歇、同步、从混沌到极限环的演化等非线性动力学现象的认识更加深刻。国内近年来在液体和固体火箭发动机燃烧不稳定方面也开展了大量的工作,在非线性燃烧不稳定性预测方法、不稳定燃烧高保真数值模拟、推进剂非稳态燃烧响应测量与建模、缩尺发动机稳定性试验、全尺寸发动机燃烧不稳定再现等方面积累了大量的方法、数据和经验。

由于燃烧不稳定问题的复杂性,非线性燃烧不稳定的准确预示仍然是当今的科学与技术挑战。2016 年,在德国慕尼黑工业大学举行的"燃气轮机和火箭发动机热声不稳定——工业界与学术界结合"的国际论坛上,Airbus DS 燃烧装置工程部负责人 Oliver Knab 对燃烧不稳定当前的现状进行了总结,他认为:①在理解燃烧不稳定触发问题方面,当前的研究途径是正确的,需要继续学术界和工业界之间合作;②目前,仍然不能准确预示液体发动机是稳定的还是不稳定的,但是在实验室尺度的装置上取得了很大进展,期待将成果应用到全尺寸发动机上;③在当前的液体发动机研发过程中,甚至还不能详细而准确地描述不稳定问题,但是对问题的深入理解和数值模拟可以降低相应的风险。该总结到现在为止仍是燃烧不稳定研究现状的真实写照。

液体火箭发动机和固体火箭发动机在未来的航天运输中仍然会扮演主导角色,新型重型发动机的研制需要基础研究的支撑,为保证航天活动安全可靠,提升发动机性能水平,需要攻克的科学与技术难题包括:

(1)液体发动机系统稳定性预示方法及其稳定性设计方法。

(2)喷嘴结构与加工工艺对雾化过程和雾化参数的影响。

(3)液滴粒度和空间分布对液体火箭发动机燃烧稳定性的影响机理与规律。

(4)发动机纵向非线性燃烧不稳定的触发机理。

(5)大推力液体发动机燃气发生器非线性燃烧不稳定产生机理与稳定性设计方法。

(6)固体推进剂原材料物理化学特性对非线性燃烧耦合响应的影响机理与规律。

(7)分段发动机燃烧不稳定的产生机理与抑制技术。

(8)固体发动机的动态阻尼特性与阻尼增强方法。

(9)压强振荡与结构动态响应之间的耦合作用机理。

(10)飞行环境对发动机非线性燃烧不稳定性的影响机理与验证方法。

(11)考虑推进剂细观燃烧的固体火箭发动机非稳态燃烧流动跨尺度分析方法。

(12)极端环境下推进剂非稳态燃烧的精细化燃烧诊断方法与技术。

主要参考文献

[1] Poinsot T. Prediction and control of combustion instabilities in real engines[J]. Proceedings

of the Combustion Institute,2017,36:1-28.

[2] 刘佩进,魏少娟,王琢璞,等.固体火箭发动机燃烧不稳定研究进展与展望[J].推进技术,2021,42(9):1921-1935.

[3] Blomshield F S. Lessons learned in solid rocket combustion instability[R]. 43rd AIAA/ASME/SAE/ASEE Joint Propulsion Conference and Exhibit, Cincinnati, Ohio, United states,July 8-11,2007:AIAA-2007-5803.

[4] Casalis G,Boyer G,Radenac E. Some recent advances in the instabilities occurring in long solid rocket motors[R]. 47th AIAA/ASME/SAE/ASEE Joint Propulsion Conference & Exhibit,San Diego,California,United States,July 31-August 03,2011:AIAA-2011-5642.

[5] Fabignon Y,Dupays J,Avalon G,et al. Instabilities and pressure oscillations in solid rocket motors[J]. Aerospace Science and Technology,2003,7(3):191-200.

[6] Wang X J,Li Y X,Wang Y X,et al. Near-field flame dynamics of liquid oxygen/kerosene bi-swirl injectors at supercritical conditions[J]. Combustion and Flame,2018,190:1-11.

[7] Han X,Li J,Morgans A S. Prediction of combustion instability limit cycle oscillations by combining flame describing function simulations with a thermoacoustic network model[J]. Combustion and Flame,2015,162(10):3632-3647.

[8] 李军伟,王茹瑶,宋岸忱,等.丁羟四组元复合推进剂燃烧稳定性机理研究综述[J].火炸药学报,2021,44(3):284-294.

[9] 吕翔,何国强,刘佩进,等.固体发动机燃烧流动基础问题与研究建议[J].宇航学报,2019,40:1158-1166.

[10] Wang Z P,Liu P J,Ao W. A reduced-order model of thermoacoustic instability in solid rocket motors[J]. Aerospace Science and Technology,2020,97:105615.

撰稿人:刘佩进(西北工业大学) 李敬轩(北京航空航天大学)

李军伟(北京理工大学) 刘倩(中国航天科技集团有限公司第六研究院)

火箭发动机宽范围变推力基础科学问题

Fundamentals of rocket engine with wide range variable thrust

1 科学问题概述

宽范围变推力火箭发动机能够为航天运载、航天器飞行、空间交会对接、姿态控制等提供可大范围连续调节的推力,工作模式比固定推力火箭发动机更为灵活,系统结构更加简单,系统质量更小,具有独特的性能优势。目前,对于宽范围变推力的严格定义还不清晰,一般而言,变推力范围超过10:1认为是宽范围变推力。

与固定推力火箭发动机相比,变推力火箭发动机调节过程表现出显著的瞬态特性,发动机燃烧及流动更复杂,所处热环境更复杂。因此,如何提高变推力火箭发动机的宽范围调节能力、保持火箭发动机全工作周期高效稳定工作、实现智能精确推力控制等问题急需解决。目前的航天运载器及航天器的动力装置主要有液体火箭发动机、固体火箭发动机和固液混合火箭发动机。考虑到不同类型火箭发动机的调节原理、燃烧流动、耦合传热等的差异及共性,火箭发动机宽范围变推力基础科学问题研究主要包括:

(1)液体推进剂流量大变比泵压输送机理。液体火箭发动机和固液混合火箭发动机主要是通过调节液体推进剂的流量大小来实现推力调节。主要开展液体火箭发动机电动泵、流量调节阀与高性能针栓式喷注器组合的推进剂大范围流量输送及调节研究;固液火箭发动机电动泵、可调汽蚀文氏管与催化喷注组合的氧化剂大范围流量输送及调节研究。

(2)固体推进剂燃烧及推力大变比调节机理。变推力固体火箭发动机主要通过调节喷管喉部面积或控制推进剂燃烧速度,调节发动机推力大小。主要开展基于针栓和喷管组合的高性能快响应喉栓式固体火箭发动机大范围压强调节机理研究;基于热控、电磁控等方式的固体火箭发动机推进剂燃速控制及燃烧机理研究。

(3)多变工况下发动机非稳态流场瞬变及动态响应特性。变推力火箭发动机在实施变推力时,液体组元的雾化、混合、蒸发和固体组元的热解、反应等过程都会发生瞬变,进而影响发动机的燃烧和流动过程。主要开展不同类型火箭发动机变推力过程的非稳态燃烧反应机理及压力推力瞬态响应特性研究。深入分析结构参数和工况参数等对发动机总体性能的影响,为变推力发动机设计的优化提供理论支持。

(4)长寿命瞬变环境下发动机动态传热及主被动热控机理。变推力火箭发动机处于高温高压瞬变的复杂热力环境中,对发动机头部喷注、喷管、阀门等的热防护提出了更高的要求,保持全工作周期内发动机性能的稳定成为研究关键。主要开展不同类型火箭发动机的流场瞬态变化特性对传热和烧蚀的影响机理,极端条件下流固耦合对材料热防护、烧蚀、冲刷和沉积的影响机理,推力室主动冷却技术,长寿命轻质复合材料烧蚀身部和喷管技术研究。

(5)宽范围推力调节的高维非线性智能控制。变推力火箭发动机调节过程中,调节的参数很多,发生变化的参数众多,发动机各参数之间高度耦合,参数变化非线性,而且还和变推策略实施时的飞行器工作参数有关,传统控制方法很难保证闭环系统的控制精度。主要开展不同类型火箭发动机的高维非线性智能变推控制研究,利用人工智能技术,智能识别及判断飞行器和发动机当前的工作状态,从而实现智能规划变推策略。

2 科学问题背景

现代火箭技术的先驱之一 R. H. Goddard 早在 20 世纪初就提出了火箭发动机推力控制的必要性。宽范围变推力火箭发动机在航天运输及空间机动飞行的许多领域都具有技术上的优越性:①航天运输系统的动力装置采用变推力发动机,可以实现最佳推力控制,从而使运载能力达到最大。②为降低成本发展的运载火箭回收及重复使用技术需要通过变推力发动机实现减速、悬停及软着陆。③为提高火箭发射成功率,在发射过程中,通过发动机分级启动可实现起飞前发动机自检及故障识别,在发动机故障情况下及时中止发射,降低损失。其中发动机分级启动技术需要发动机具备推力调节能力。④针对具备故障诊断及推力冗余的火箭推进系统,在单台发动机故障后,通过并联发动机推力调节可实现运载火箭弹道重构,提高发射成功率。⑤载人航天的主动段飞行使用变推力发动机进行推进,可以严格控制宇航员的过载,确保宇航员的飞行安全。⑥对于空间飞行器的交会对接与轨道机动,变推力发动机可以提高操纵控制的灵活性。⑦在诸如月球等无大气天体表面的软着陆及机动飞行中,为了实现星球软着陆,需要实施制动、减速、悬停及软着陆等机动飞行,变推力发动机是目前唯一可用的动力装置。⑧临近空间飞行器为了保持航速,需要一定的动力抵消空气阻力,随着推进剂的不断消耗,飞行器质量越来越小,所需的动力也越来越小,因此需要一种随着飞行时间不断减小发动机推力的缓变推力发动机。

可见,变推力火箭发动机在我国新一代运载器、载人航天与探月工程、深空探测、临近空间飞行器、可重复使用火箭等重大航天运载工程中有着十分重要的作用。

3 科学问题研究进展

变推力火箭发动机主要有液体火箭发动机、固体火箭发动机和固液混合火箭发动机。针对不同类型变推力火箭发动机,国内外开展了一定的研究,积累了一定经验,但由于对其基础科学问题研究不充分,距离大规模工程应用还有相当差距。

3.1 变推力液体火箭发动机

变推力液体火箭发动机具备主动调节推进剂流量的能力,在调节过程中可一直保持混合比处于最佳状态,在载人航天、航天运输、空间飞行器交会对接以及机动飞行任务等领域的应用需求日益强烈,发展前景深远。第二次世界大战期间,德国使用 Walter 变推力液体火箭发动机作为推进器,研制了 Me-163 战斗机,可算是变推力液体火箭发动机的鼻祖。目前美国基于 RL10 发动机改进的氢氧膨胀循环发动机 CECE,推力调节比 17.6:1,额定推力 61.4kN;MIRA500 发动机推力调节比 20:1,最大推力 2.2kN。俄罗斯 RD0120发动机推力调节比 4:1,推力 2000kN。我国目前挤压式液体火箭发动机变推比达到 5:1,

应用于探月工程;泵压式液体火箭发动机变推比小于2:1,与国外相比存在还有较大差距。

节流控制是变推力液体火箭发动机实现推力控制的重要途径。可调汽蚀文氏管作为节流元件,技术已经成熟,针栓喷注器将节流元件与喷注器相结合,与其他可调喷注器相比具有非常独特的几何特性和喷注特性。现阶段国内外变推力液体火箭发动机多采用针栓喷注器。与传统的增压方式相比,使用电动泵增压液体火箭发动机有较独特的优势,与挤压式系统相比,具有较高的燃烧室压力、比冲、更小的系统重量。将电动泵、喷注器、可调文氏管三者联合起来,并由控制系统联合调节,实现宽范围变推力的目标。变推力液体火箭发动机大多是通过电液作动系统驱动步进电机或使用伺服电机实现电磁阀、可调汽蚀文氏管、可调喷注器等流量调节元件的调节,最终改变推进剂管路的流通截面积,实现推进剂流量的控制。

液体推进剂喷雾燃烧过程包含雾化、蒸发、混合、化学反应等许多子过程,这些子过程间相互作用,主要包括声学-供应系统、喷雾/蒸发与声学、声学-火焰、火焰-壁面、火焰-火焰、涡结构-火焰、声学-蒸发过程等的耦合。针对这些方面已经开展了一些研究,但宽范围变流量条件下的非稳态喷雾燃烧动态过程还需要进一步研究。

3.2　变推力固体火箭发动机

变推力固体火箭发动机具备灵活可控、优化能量分配的特点,在工作过程中根据实际需要调节推力或实现多次启动,可广泛应用在航天器上面级发动机、空间飞行器及其返回舱等许多领域。对于机械调节式变推力发动机,美国航空喷气公司率先进行了尝试,初步验证了利用喉栓实现流量调节的可行性,具有代表性的猎户座飞船发射中止姿态控制系统于2010年试验成功。目前第四代弹射座椅的变推力固体火箭发动机额定推力11kN,美国空间飞行器的变推力发动机推力最大调节比可达20:1。而我国目前主要还处在实验室研究阶段,在理论验证层面最大推力调节比能达到10:1,距离达到实际型号飞行器应用标准还存在差距。电磁控制式变推力发动机在电压作用下推进剂中的离子氧化剂电解并发生离子迁移,以保障固体推进剂燃烧可控,进而实现推进剂多次点火和推力调节功能。2010年,美国Raytheon公司发明了一种燃烧可控固体推进剂,为可控固体推进技术提供了更多潜在利用价值。

机械调节式变推力发动机共性问题主要是调节机构轻质小型化、长时间热防护烧蚀以及快速响应。20世纪60年代,国外已开始喉栓式变推力固体火箭发动机的研究,20世纪90年代以后采用计算流体力学对发动机流场结构以及性能进行细致深入的分析。然而其多数模拟是基于稳态计算,忽略了流场的瞬态特性。近十年来已有学者对不同喉栓型面的瞬态流场进行了数值分析,然而在快速响应、非稳态流场瞬变以及高温环境下阀门等内部结构冲刷、传热烧蚀的流固耦合问题还存在不足,也限制了固体变推力发动机的进一步发展。

电磁控制式变推力发动机主要问题在于推进剂热分解和电导率性能,目前国内外主要研究了不同电极特性下推进剂的点火和燃烧性能以及推进剂的烧蚀问题,但在推进剂热分解特性、电点火过程以及稳态燃烧机理层面缺乏研究,也限制了固体变推力发动机的进一步发展。

3.3 变推力固液混合火箭发动机

变推力固液混合火箭发动机具备深度连续变推、按需多次启停和实时随控的能力,推进剂能量特性高,结构相对简单,可以应用于运载上面级发动机、空间飞行器、登月器等许多领域,具有广阔的发展前景。国外从 20 世纪 60 年代就开始了变推力固液火箭发动机的初步研究。2012 年,美国犹他州立大学实现了推力调节比达到 67∶1 的小推力(800N)地面试验,证明了固液火箭发动机的深度调节能力。2018 年,澳大利亚的 Gilmour Space 公司已完成最大推力 90kN、推力调节比 10∶1 的地面试验,将用于 Eris 小型运载火箭主发动机;欧空局拟将固液火箭发动机用于地外天体着陆器,地面发动机最大推力 1.5kN,推力调节比 5∶1。我国目前推力调节能力最强并且已完成飞行的固液火箭发动机是"北航 4 号"临近空间飞行器的固液巡航火箭发动机,最大推力 3kN,工作时间 200s,推力调节比 3∶1。

采用泵压式输送系统可在大范围推力调节时有效提高燃烧室压强,从而保证固液火箭发动机在大气层内飞行的比冲。通过采用高能推进剂组合和电动泵压式输送系统,可以在保证固液火箭发动机结构简单、安全可靠的同时,进一步提高能量特性和调节能力,是当前固液火箭发动机的重要发展方向。

固液火箭发动机的燃烧形式为典型的扩散燃烧,在大范围变推力过程中,在氧化剂流率较高时,对流传热占据传热主导作用;而在流率较低时,会生成大量碳烟,这时辐射热流不可忽视,需要进一步开展固液火箭发动机燃烧流动与传热的瞬态工作机理研究。

变推力固液火箭发动机流量变化以及启停造成的喷管交变烧蚀机理不清,导致无法准确预示喷管烧蚀和推力性能。目前国内外相关研究主要集中于试验方面,但存在烧蚀规律测量手段受限的问题,需进一步提升试验测量技术;仿真研究主要针对热化学烧蚀,在复杂工况和多界面喷管的动态烧蚀过程仿真研究方面还需要进一步开展研究。

主要参考文献

[1] Victor J Giuliano. CECE:Expanding the Envelope of Deep Throttling Technology in Liquid Oxygen/Liquid Hydrogen Rocket Engines for NASA Exploration Missions[R]. AIAA 2010,6724.

[2] Rachov PaP,Tacca H,Lentini D. Electric Feed Systems for Liquid-Propellant Rockets[J].

Journal of Propulsion&Power,2012,29(5):1171-1180.

［3］ Chang J,Li B,Bao W,et al. Thrust control system design of ducted rockets［J］. Acta Astronautica,2011,69(1-2):86-95.

［4］ Sakaki K,Kakudo H,Nakaya S,et al. Performance Evaluation of Rocket Engine Combustors using Ethanol/Liquid Oxygen Pintle Injector［C］// 52nd AIAA/SAE/ASEE Joint Propulsion Conference,American Institute of Aeronautics and Astronautics. 2016.

［5］ Lee J H,Park B H,Yoon W. Parametric investigation of the pintle-perturbed conical nozzle flows［J］. Aerospace Science and Technology,2013,26(1):268-279.

［6］ 马宝印,李军伟,王兴起,等.针栓变推力固体火箭发动机动态响应特性研究［J］.推进技术,2020,41(10):2161-2172.

［7］ Song A,Wang N,Li J,et al. Transient flow characteristics and performance of a solid rocket motor with a pintle valve［J］. Chinese Journal of Aeronautics,2020,33(12):3189-3205.

［8］ Kuo K K,Chiaverini M J. Fundamentals of Hybrid Rocket Combustion and Propulsion［M］. Viginia:American Institute of Aeronautics and Astronautics,2015.

［9］ Stephen A W,Zachary W P,Shannon D E. Closed-Loop Precision Throttling of a Hybrid Rocket Motor［J］. Journal of Propulsion and Power,2014,30(2):325-336.

［10］ Kenneth B,Siddhant S A. Radiation heat transfer in ablating boundary layer combustiontheory used for hybrid rocket motor analysis［J］. Combustion and Flame,217(2020):248-261.

撰稿人:田辉(北京航空航天大学)　石保禄(北京理工大学)

俞南嘉(北京航空航天大学)　张箭(中国航天科技集团有限公司第六研究院)

杜飞平(中国航天科技集团有限公司第六研究院)　李军伟(北京理工大学)

牛禄(中国航天科技集团有限公司第六研究院)　武毅(北京理工大学)

空天核推进长期服役下核热电高效转换问题

High-efficiency nuclear thermoelectricity conversion for aerospace nuclear propulsion under long-term service

1 科学问题概述

航空航天技术能力是国家基础科研能力的重要体现。作为典型的军民两用技术,空间核动力技术的研发与应用将对国防军事、科学探索和拓展人类生存空间、开发宇宙资源、推动社会进步等产生重大影响。日益提高的新型航空航天任务需求,对核能在航空航天领域应用提出了迫切需求,核能的应用也成为促进航空航天技术能力跨越发展的重要途径。进入 21 世纪后,美俄的相关空间核动力研发计划稳步推进。我国也明确表示在未来的深空探测任务中将应用空间核动力,以空间核推进为代表的空间核动力技术进入了黄金发展时期。

空间核反应堆热电转换系统是空间核动力的最重要组成部分,发展大功率、长寿命空间核推进的关键问题是选择热电转换的类型。空间长期服役核热电高效转换系统是核能应用的着力点,涉及面较广,主要包括反应堆核物理、工程热物理、气体动力学、传热传质、流体力学以及耐高温材料、辐射防护等多学科,是核能、动力、电力等综合的应用技术,研究难度大,但所获研究成果具有重要的科学意义和应用价值。因此,针对空天工作领域高真空、强辐射、大过载等复杂环境下长期服役难题,建议从航天器动力与能源方向的基础理论着手,开展相关的基础科学问题识别与研究。

2 科学问题背景

空间核电能源能量密度大,工作性能稳定,环境适应性好,可以突破常规空间电源的功率瓶颈,可用于多种空间环境。近年来随着空间任务逐渐向复杂、多样性发展,航天器对能源的需求不断增加,以核反应堆为热源的空间核动力飞行器日益受到各航天大国的广泛重视。为实现大范围轨道转移、深远空星际探测、空间拖船等任务,核动力航天器需具备大功率(亚兆瓦及以上)、高转换效率(>20%)、长期在轨(>10 年)、可在轨维修和维护的特点。

对于空天长期服役的运载器、卫星等平台,本着核能充分利用及其功能最大化的原则,一种可选择的方案是将核热推进与核热发电相结合。相比于核热推进技术,只有应用于大推力量级的主动力时才具有较高的应用价值,核热发电技术不仅可以作为各种大、中、小功率规模的运载器、卫星平台的能源动力,同时还可以用于未来月球、火星等星球表基地电站,应用范围更加广泛。基于现有的热电转换技术,以技术成熟度较高且实现应用的温差发电为代表的静态转换方式,通常热电转换效率较低(<10%),无法应用于大功率飞行器。

为了满足深空探测对大功率电能的需求,核能在平台的应用对功率密度提出了极大的挑战,对于空间核反应堆电源,最严峻的问题是要达到 10 年或更长的寿命。另外,提高热电转换效率也是空间核推进需要大力解决的重要问题。从服役时间、转换效率来看,由于空间辐射散热的局限和微重力的环境条件,使现有的核热电系统的高效转换、精准控制面临多领域的科学难题。因此,在空天复杂环境下的可靠性仍需一系列的技术攻关和创新方案来解决,需要攻克包括高温材料、无源换热强化、流动控制、轻质辐射防护等核心关键问题。

3　科学问题研究进展

目前已开展了大功率的空间核电技术研究,形成了覆盖数十千瓦到兆瓦级的空间核电转换方案,研究了包括金属冷却堆、高温气冷堆等堆型,温差发电、热离子发电和斯特林发电、布雷顿发电等能量转换方式以及液滴式、热管式辐射散热系统。在核能航空、航天领域也开展了核冲压动力、核涡轮动力研究及试验。这些核能在空天平台的应用为航空航天技术带来飞跃式发展。

从20世纪开始,国外就对用于空间轨道和行星表面的大功率核反应堆动力系统给予了较多的关注。特别是美俄等大国已经启动以高温气冷堆和布雷顿能量转换系统为基础的百千瓦到兆瓦级的空天核电转换系统研究,并突破了核心技术,正在开展面向飞行测试的工程研制,如美国的 Kilopower。俄罗斯在2018年完成核动力装备导弹飞行试验,证明其核动力小型化研制工作已经取得重要突破。

国内空天核热电转换技术研究起步较晚、技术储备不足,空天核热电转换技术的研发和应用需要一个长期的过程。目前我国空天核热电技术发展较快,目前多种方案正在同步论证。综合来看,空天核热电转换系统还面临着诸多的关键技术和科学机理难题,对于核能转换实现过程中的能量释放、转换、调控等深层的科学机制和原理还有待进一步揭示,综合来看仍有以下科学基础问题需要攻克。

3.1　核、热、功、电融合循环工作过程

空天长期服役核热核电高效转换系统是利用核反应释放热量,通过换热加热做功工质,利用压缩与膨胀过程实现热能到动能,进而到电能的能量转换装置。开展核、热、功、电融合循环的工作过程研究,通过优化能量转换间的过程参数,实现提高能量转换效率的目标。通过新型热力循环分析优化方法研究,深化认识能量转换过程内在机理,突破关键共性科学问题,掌握复杂热力过程深度融合、高效工作的设计方法,建立包括反应堆在内的数字孪生样机,揭示系统调控规律和运行特性,支撑空天核能应用。

3.2　惰性工质叶栅通道内流动机制

叶轮机是热功转换过程中的压缩与膨胀过程实现的重要部件。核能能量转换需要采用特殊的 He/Xe 混合惰性气体作为工质。针对惰性工质的密度、比热容、黏度、导热系数等参数与空气差别较大,传统的空气叶轮机设计准则不能直接应用于惰性工质叶轮机设计的问题,研究物性参数对叶轮机叶栅通道内流动机制的影响规律,揭示影响机理,并建立惰性工质叶轮机与空气工质叶轮机的相似设计准则,指导惰性工质叶轮机设计。

3.3 高速柔性转子系统稳定工作机制和振动抑制方法

能量转换系统热机在高速旋转过程中完成热能到动能的转换。高速保证了高功率密度，带来了无法稳定工作的难题。针对涡轮-压气机-高速电机的三机一体化的高度集成转子，建立能量转换系统高转速运行的转子动力学仿真条件，开展柔性转子稳定工作机制研究，掌握转子高速运行的工作模态和激振特性，获得高速柔性转子系统低振动设计方法和稳定控制技术，为高效、小尺寸能量转换系统可靠工作提供基础。

3.4 流动、热、核能量调节与控制

核能转换过程中，流体动能、热能、核能能量间相互传递、转换，并通过流量连续、压力平衡、温度平衡等条件约束并控制。通过建立空天核电核热转换过程中的流动、热、核能量转换动态仿真模型，开展能量调节与控制机制研究，掌握快速响应的能量转换调控方法，为空天能量转换系统宽范围工作建立基础。

3.5 无源强化高效低阻换热方法

目前性能较优的换热形式包括板翅式、印刷电路板式和原表面式换热器。前两者技术成熟度较高，但是均存在肋化系数。原表面换热器冷热流道相互穿插，消除肋化系数，达到了无源强化换热的效果。开展原表面换热器流道优化设计和成型工艺研究，掌握宽雷诺数范围内换热特性与表面形状的关系，为进一步提高核热循环效率提供支持。

主要参考文献

[1] 苏著亭,杨继材,柯国土.空间核动力[M].上海:上海交通大学出版社,2016.

[2] 陈夷华,王捷,张作义.高温气冷堆联合循环发电的初步分析[J].核科学与工程,2002,22(3):252.

[3] Wright S A, Lipinski R J, Vernon M E, et al. Closed Brayton cycle power conversion systems for nuclear reactors[J]. Technical Report,2006.

[4] Lee S M. A power conversion concept for the Jupiter icy moons Orbiter[C]∥AIAA 2003,6007.

[5] Mohamed S E. Dynamic simulationg of a space reactor system with closed brayton cycle loops[J]. Journal of Propulsion and Power,2010,26(3).

[6] Mason L S . A comparison of Brayton and Stirling space nuclear power systems for power levels from 1 kilowatt to 10 megawatts[J]. American Institute of Physics,2001,552(1):1017-1022.

［7］ Mason L S. A power conversion concept for the jupiter icy moons orbiter［J］. Journal of propulsion and power,2004,20(5):902-10.

［8］ Fuller R L. Closed Brayton cycle power conversion unit for fission surface power phase i final report［R］. 2010.

［9］ Jansen F, Bauer W, Masson F, et al. Demonstrators for realization of nuclear electric propulsion of the european roadmaps MEGAHIT & DiPoP［J］. Transactions of the Japan Society for Aeronautical and Space Sciences,Aerospace Technology Japan,2016,14(30): 225-33.

撰稿人:赵马杰(北京理工大学)　马同玲(中国航天科工集团有限公司第三研究院)
　　　　王力国(中国航天科工集团有限公司第三研究院)
　　　　王园丁(中国航天科技集团有限公司第六研究院)
　　　　马晓秋(中国航天科技集团有限公司第六研究院)

液体火箭发动机可重复使用关键科学问题

Key scientific issues on the reusability of liquid rocket engine

1　科学问题概述

液体火箭发动机是大多数现代航天运载的主要推进系统。为大规模开展航天活动,发展航班化航天运输系统,迫切需要降低运载火箭发射成本,而液体火箭的重复使用可大幅降低成本、缩短航天运载周期。因此,发展可重复使用运载火箭一直是各航天大国孜孜以求的目标。相比于一次性使用的传统发动机,可重复使用火箭发动机由于多次发射、再入及回收而需要重复启停的工作特点,在发动机性能、可靠性、可维修性、全寿命周期成本、使用次数等方面均提出了新的要求,研制过程中面临着一系列新的挑战:①可重复使用发动机的设计不仅需要满足传统的性能、可靠性、安全性等需求,还需同时考虑维修性、成本、使用次数和寿命等新的设计要求,如何综合考虑各项指标、建立完备的基础理论,形成技术指标体系、发展基于技术指标的设计准则与方法是一项重要挑战。②火箭发动机工作在极端高压、高温、高流强、强动载等复杂恶劣环境,而多次空间启停与大范围变推、着陆回收等重复使用特殊工况对可重复使用发动机的动态响应与实时控制提出了更高要求。③可重复使用发动机的结构材料要经受蠕变、疲劳等复杂的损伤模式,现有材料难以满足重复使用的需要,极易导致发动机的失效,亟须结合发动机健康监测技术,厘清相关机理,研究新材料,发展组件与发动机的寿命预测方法与延寿技术。④当前火箭发动机的可靠性评估与验证仍以成本高、耗时长的地面试车为主,对于可重复使用火箭发动机而言,其成本与周期问题更为突出,亟待发展准确高效的可靠性评估方法和可靠性试验规划方法。上述问题是可重复使用技术在火箭领域发展的瓶颈,严重制约了我国火箭发动机高可靠、低成本、可重复的发展目标。

2 科学问题背景

随着重复使用次数的增加,可重复使用火箭的航天发射成本最终可达一次性使用运载火箭的三分之一。就可重复使用火箭发动机而言,航天飞机主发动机 SSME 是其中集大成者。但从飞行数据来看,自 1981 年首飞到 2011 年退役,SSME 共经历 135 次飞行(每次 3 台发动机),其中飞行次数最多的是 2019 号发动机,使用次数为 19 次,平均每台发动机重复使用约为 9 次。由于沿用了传统液体火箭发动机理论与设计方法,SSME 最终运行使用次数始终无法实现 55 次的设计指标,直接导致了发射成本的增高。近年来,SpaceX公司成功开发了"梅林"与"猛禽"两款可重复使用火箭发动机并应用于商业发射任务,但其当前最大复用次数为 12 次,与 SSME 基本相同,其相关理论设计、试验测试与维修等方面的公开文献较少。在我国,对一次性液体火箭发动机研制已有一套成熟的设计理论与方法,但对可重复使用火箭发动机尚未充分开展理论和设计方法的研究,难以满足未来可重复使用火箭发动机设计和研制的需要。为适应未来多次重复使用、短周转周期等需求,重复使用发动机需具备更高的单次使用可靠性、更长的循环工作寿命。首先,要通过样件试验、缩尺试验明确发动机失效机理,解决潜在的燃料结焦风险,厘清热力组件的热质传递规律,以作为重复使用的基础;其次,发动机需要具备大范围连续变推力和全空域、大速域、宽过载域多次点火的能力,满足可重复使用航天运输系统复杂剖面的工作要求;此外,发动机关键部件的工作状态要实现实时监测,薄弱环节的关键参数要实现全面可检可测,并具备自主健康监控与故障诊断能力,以满足多次重复使用的安全性要求;最后,发动机主要模块需易维修、易拆卸、易更换,且发动机要具备快速测发能力,以满足快速重复使用的要求。

3 科学问题研究发展

自 20 世纪 60 年代起,美国、欧洲、日本等就开始了可重复火箭发动机的研制与开发,详细研究了涡轮泵、推力室、喷管等各关键部件的失效模式,并相应地进行了寿命预估方法研究。美国从航天飞机到 X 系列飞行器,近 40 年来不断开展可重复使用发动机的研究,提出了一系列关于热疲劳、低周循环、磨损、烧蚀等制约发动机寿命的关键问题,并通过相应的仿真与试验研究制定了相关的设计准则与设计方法;欧空局主要致力于阿里安的升级及其后继的改进型,为研制新一代可重复使用火箭所需技术作了一些工作;日本也提出了 HOPE 计划,进行可重复使用火箭发动机方面关键技术的研究。我国目前在可重复使用火箭发动机研制方面尚处于起步探索阶段,亟须开展可重复使用火箭设计基础理论与方法、变工况下发动机动态响应与实时控制、整机与组件寿命评估、健康管理及可靠性评估方面的研究。

3.1 可重复使用火箭设计基础理论与方法

可重复使用火箭发动机在性能、可靠性、安全性、维修性、成本、使用次数和寿命等各方面有着严苛的要求,需要将上述学科需求通过合理方式引入设计过程中,并进行科学合理的分配与融合。在追求发动机更高能量的同时还要兼顾可重复使用情况下的推重比,解决热力组件冷却与热防护、燃料管路结焦等潜在难题,以保障发动机的重复使用次数。同时,传统的"设计—验证—改进—验证"的迭代研制方法,研制周期长、试验成本高,如何在设计初期综合考虑设计参数与性能、使用寿命及可靠性的关系,建立可重复使用火箭发动机设计基础理论,实现设计理念由强度设计到寿命设计、可靠性设计的转变,对提高可重复使用火箭发动机的设计水平具有重要意义。发展先进的可重复使用火箭推进共性技术研究,是突破可重复使用推进技术的关键。

3.2 变工况下发动机动态响应与实时控制

根据运载能力和返回方式,发动机需进行推力深度调节和多次启停,实现着陆飞行控制以及减速获得较优的再入返回热环境。上述发动机变工况工作过程中,多个复杂组件的工作环境大幅变化,如何保证组件间的协调工作以及系统可靠性,均需开展大量研究。其中,变工况下潜在的燃烧和系统不稳定、性能恶化、过度传热等问题极为突出,需综合考虑燃烧激励、流体激振、转子动力学特性等对组件正常工作的影响规律,并通过优化点火流量与点火时序以及吹除流量等方式,降低发动机启停产生的冲击载荷对整体结构疲劳寿命的影响。

因此,开展变工况下发动机动态特性研究,建立非线性大范围推力调节模型,开展点火方案、启动关机时序和特性参数对比研究,获得推力室和涡轮泵等核心组件的适应性,掌握发动机深度调推规律,实现启动、关机过程的品质优化与实时控制是研制可重复使用发动机的关键。虽然国内研究人员针对点火方式、点火与关机过程时序与流量控制等开展了试验与仿真研究,但尚未形成系统完善的发动机重复点熄火理论;针对目前调推范围有限、深度调推过程燃烧不稳定、组件及整机响应匹配等难题,不仅要加强开环控制与自稳定调节装置相结合的深入研究,更要发展满足推力控制精度和鲁棒性的闭环控制系统。

3.3 寿命评估与延寿

大量研究与工程实践表明,可重复使用液体火箭发动机整机失效主要源自涡轮泵和推力室等关键部件的破坏。涡轮泵能量高度集中,通常工作在高压、高速、大振动载荷条件下,部分组件还工作在高低温交变载荷下,是影响发动机整体重复使用能力的核心因素之一。发动机在重复使用过程中多次开关机,导致涡轮工作在冷热交替环境下,涡轮叶片根部易出现塑性变形,甚至疲劳断裂;端面密封和轴承在多次启停过程中易出现摩擦磨损,甚至失效。

推力室在工作过程中要承受极端高压、高温、高热流密度的恶劣载荷,远超内壁面材料的强度极限。利用再生冷却虽可以有效降低推力室材料温度、传递推力室热量,但再生冷却带来的推力室内壁面两侧极大的温度梯度和压力梯度使得内壁面在重复使用循环载荷作用下逐渐变薄并向燃气侧凸起,形成典型的"狗窝"失效,产生推力室内壁面裂纹,最终影响推力室性能,制约发动机的重复使用次数。因而,围绕可重复使用需求,亟待开展火箭发动机典型部件的材料结构失效模式、寿命预估模型以及延寿方法等研究。

3.4 发动机健康管理

据不完全统计,从1990年到2015年底,国外运载火箭共发生故障127起,由于推进系统故障导致失败的共有64起,占全部发射失败的51%。而推进系统故障类型多样,以泵压式液体火箭发动机为例,出现故障的部件依概率大小为涡轮泵、推力室、管路系统、密封件、自动器和燃气发生器,如果能够通过监测发动机状态,提前进行故障处理和预警,对于可重复使用运载器的安全运行将具有重要意义。开展可重复使用液体火箭发动机全寿命周期健康管理技术的研究,一是有效整合发动机设计、生产、试验、飞行和重复使用等阶段的数学模型、测量数据和经验知识,建立发动机全寿命周期的健康管理知识模型;二是研究发展声、光、电、磁、成像等发动机多维状态信息的融合技术,并深入开展发动机基于深度学习的智能故障检测与诊断技术的研究;三是深入研究发动机关键部件重复使用过程中的故障预测、寿命预估与预测性维修、智能延寿控制等技术,以及可重复使用运载器推进系统的容错控制与动力重构技术。

目前的液体火箭发动机健康监测主要基于信号处理、建模分析为基础的现代检测与诊断技术,依然采用了以红线关机等为代表的传统监测方法,仍集中在系统概念描述和对故障的检测与诊断方面,尚未形成一个完整、系统的健康评估体系,已无法满足现代发动机健康监测任务的要求。需要综合考虑系统诊断、故障预测和寿命预测等多个方面,将原先的健康监测发展为健康管理,从而最大限度地降低回收火箭的维护成本。因此,发动机健康监测技术已逐渐呈现出综合化、集成化、智能化,由健康监测向全寿命周期健康管理的发展态势。

3.5 可靠性理论与验证

传统液体火箭发动机可靠性确定和评估的唯一手段是通过液体火箭发动机研制过程

的地面热试车来确定,该方法费时、费力、费钱。例如,"土星5号"运载火箭主发动机F-1在鉴定验收阶段,累计无故障试车时间达到了额定工作时间的220倍,"Arine-5"运载火箭主发动机HM-60(火神)试车500次,累计无故障工作时间达到90000s。由于液体火箭发动机制造和试验费用昂贵,现阶段通过庞大的试车次数和时间来评估可重复使用火箭发动机的结构可靠性已经不可能实现。因此,在试验小样本量条件下,如何利用尽可能少的试验数据高效准确地搭建数值试验平台,提出有效算法,对结构可靠性指标做出可信的判断,一直是工程实践中的技术难题。当前,国内研究人员通过有效役龄方法,对小修、修理和更换三种维修操作进行建模,建立了可靠性约束下的发动机费用模型,得到了可重复使用火箭发动机的预防性维修策略。在此基础上,提出了可变维修任务窗口方法,建立了可重复使用火箭发动机机会预防性维修策略规划方法。

《中华人民共和国国民经济和社会发展第十四个五年规划和2035年远景目标纲要》中明确提出了发展新一代重型运载火箭和重复使用航天运输系统。当前我国重复使用运载火箭的研制面临重大机遇和挑战。在可重复使用发动机设计之初,就需要建立与之匹配的发动机设计方法与准则、组件寿命评估技术、健康监测系统与发动机使用维护维修技术,在设计方法、材料选型、材料能力的发挥、生产工艺、维修等方面综合考虑成本,达到重复使用的要求。同时,对发动机变工况工作过程中的燃烧流动、喷射雾化、组件响应与参数匹配等疑难问题开展系统深入研究,并发展高可靠的重复点熄火技术,从理论层面为可重复使用火箭发动机的设计提供支撑。

主要参考文献

[1] 谭永华,李平,杜飞平.重复使用天地往返运输系统动力技术发展研究[J].载人航天,2019,25(1):5-15.

[2] 胡冬生,刘楠,刘丙利,等.美国重复使用运载火箭发展分析[J].国际太空,2020(12):38-45.

[3] 张楠,孙慧娟.低温液体火箭发动机重复使用技术分析[J].火箭推进,2020,46(6):1-12.

[4] 陈文,邢理想,徐浩海,等.深度节流补燃循环发动机系统稳定性研究[J].火箭推进,2020,46(3):44-51.

[5] 吴建军,程玉强.液体火箭发动机健康监控[M].北京:科学出版社,2021.

[6] 王珺,吕海鑫,陈景龙,等.液体火箭发动机健康状态智能检测方法[J].火箭推进,2021,47(4):52-58.

[7] 谭永华.航天推进技术[M].北京:中国宇航出版社,2016.

[8] Kimura T,Sato M,Masuoka T,et al. Effects of Deep Throttling on Rocket Engine Systems

[J]. AIAA,2010:25-28.

[9] Qi Y,Jin P,Li R,et al. Dynamic reliability analysis for the reusable thrust chamber:a multi-failure modes investigation based on coupled thermal-structure analysis[J]. Reliability Engineering & System Safety,2020,204:107080.

[10] 石璞,朱国强,李进贤,等.液体火箭发动机针栓喷注器雾化燃烧技术研究进展[J]. 火箭推进,2020(4):1-13.

撰稿人:石保禄(北京理工大学) 金平(北京航空航天大学)

杜飞平(中国航天科技集团有限公司第六研究院)

陈晓东(北京理工大学) 李睿智(北京航空航天大学)

张箭(中国航天科技集团有限公司第六研究院)

长寿命高性能空间电推进基础科学问题

Basic scientific problems of long life high performance electric propulsion

1 科学问题概述

电推进是通过电热/静电/电磁作用直接将电能转变为推进剂工质动能,从而产生推力的推进方式。相较于化学推进,电推进因其比冲高、有效载荷高、控制精度高等优势,已在卫星姿态调整、轨道维持及离轨等方面具有诸多重要应用,应用电推进技术已成为衡量卫星先进性的重要标志。随着未来深空探测、空间飞行器在轨服务与维护重大专项以及大型空间可重构平台等航天任务的深入,亟需进一步发展具备超长寿命、高比冲(4000～8000s)的中高功率(kW～MW级)高性能智能化电推进技术。

电推力器的性能主要由推进剂的电离及等离子体的加速过程决定,而电推力器的寿命则和等离子体与材料相互作用相关。随着电推力器的功率及比冲增加,推力器中电离过程的不稳定性、等离子体与材料相互作用引起的溅射腐蚀、宽工作范围多模式调节困难等现象愈加突出;对电推力器中的电离、加速、等离子体/材料作用机理不完全清晰,是制约长寿命高性能智能化电推进技术发展的瓶颈。

2 科学问题背景

从空间任务对推力器的性能要求而言,未来大型载人深空探测飞船、核动力航天器等,需要发展单台功率百千瓦至兆瓦量级的大功率电推力器。随着推力器功率的增大,推力器内不稳定性现象突出,严重时会导致性能大幅度下降甚至无推力输出。为解决不稳定性问题,同时尽量减少工质消耗,提高能量利用率,需探索更高效的电离和加速引出方式,如高密度等离子体产生方法、等离子体高效加速机理与定向控制方法等,以满足任务需求。

从空间任务对推力器的寿命需求而言,由于电推进技术产生的推力小,面向深空探测、飞行器高低轨道转移等高总冲任务,推力器必须长时间持续稳定工作且具有较高的推力功率比,因此电推力器的使用寿命需要更长。寿命越长,在进行维护之前,飞行器能执行的任务次数越多,提高了任务效率;同时,减少了推力器维护更换的频率,降低了维护成本。

从空间任务实施角度而言,无论是全电推进平台的轨道转移、位置保持和姿态控制任务,地月转移任务还是未来火星探测任务,都需要电推进系统具备宽工作范围的多模式连续可调能力以及先进的状态监测、健康管理功能,以保障空间任务的顺利实施。目前美国、俄罗斯、欧洲等新研发的电推进几乎都具有多模式能力,任务适应能力强。如美国BPT-4000 多模式电推力器,功率调节比可达 22∶1,能够适应 GEO 平台、全电推进平台和深空探测器等多种平台。

3　科学问题研究进展

离子推进和霍尔推进是目前空间应用最多的电推进类型。离子推进是静电式电推进的一种,主要利用电能将铯、铟、氙、碘、氪等易电离的工质电离,形成电子和离子,利用静电场将离子加速喷出产生推力。离子推力器的主要特点是比冲高、推力密度小($0.1\sim$ $0.2\mathrm{mN/cm^2}$)、羽流发散角小。霍尔推力器也是静电式电推进的一种,它主要通过磁场控制电子向阳极的传导进而形成合适的电场分布来电离并加速工质,从而产生推力。霍尔推力器的主要特点是结构简单、推力功率比大以及推力密度高。我国目前在这两种电推进技术上已经积累了相当的技术与研制经验,需要进一步发展超长寿命、高比冲的中高功率高性能智能化电推进技术。围绕影响电推进性能的电离过程、加速过程、多模式转换,以及影响寿命的等离子体与材料相互作用方面的研究进展如下。

3.1　电离

随着电推力器功率的增大,电离过程产生的等离子体密度、能量增加,电磁耦合作用等引起的放电不稳定性现象普遍存在。针对放电不稳定现象,美国 JPL 深入开展了放电振荡机理及其危害评估研究;并采用激光诱导荧光等多种诊断方法对不同工况下放电室等离子体成分和特征进行了全面诊断,提出了有效抑制放电振荡的工程实施方案;并将研究成果应用于了 NEXT 新一代离子推力器的研制中,在宽功率范围($0.5\sim6.9\mathrm{kW}$)内有效抑制了离子推力器的放电振荡。而我国在电推进放电不稳定性方面还没有开展系统研究,亟须开展电推力器放电不稳定性预示与抑制方法研究,实现对电推力器放电不稳定的可预测、可控制,为后续的电推进新应用模式、新品研发及现有产品的可靠性增长提供技术支撑。

3.2 加速

为了实现高比冲,目前世界各国都在等离子体加速引出方式以及各类无工质推进方式上开展研究。通过设置中间电极,将推力器的电离区与加速区分离,是实现电推力器超高比冲和高效率的有效途径,但其电离、加速解耦过程及其解耦程度,强正交电磁场环境下高电压加载及离子的高效加速方法,高能离子对放电室壁面的溅射加剧等问题尚不清楚;磁喷管加速方法可将等离子体的非定向动能转化为定向动能,有助于电推力器获取更高比冲和更高效率,但其加速和分离等离子体机制也尚不清晰;新型无工质电推进技术如电绳系推进等,不需或仅需携带少量工质,可实现推力器比冲的大幅提升,但其实现原理等问题仍需进一步探索。以上新型加速及无工质的电推进方式,亟须开展相关研究。

3.3 寿命

面向电推力器长时间稳定在轨工作需求,更长寿命的电推力器是当前国内外研究的热点。对于霍尔推力器,大气阻力补偿任务要求 80mN 霍尔推力器寿命超过 30000h,而目前推力器寿命指标为 8000h,只能采取推力器工作到寿命末期进行更换的方法实现整个电推进系统的长寿命;对于离子发动机,美国新一代 NEXT 离子发动机栅极寿命可达 50000h 以上,而我国采用钼栅极的离子发动机寿命仅实现了 14000h。影响电推力器寿命提高的主要因素是力热电综合环境下等离子体与材料相互作用引起的部件溅射腐蚀。在耐溅射部件材料方面,我国对晶格能、晶粒度、晶格畸变这些影响因素定量、规律性的掌握程度几近空白,进而无法提出有效的耐溅射材料控制参数或材料制备工艺要求。在溅射机理方面,我国对等离子体溅射、沉积镀膜中定量或者规律性科学问题掌握的缺失,已成为材料制备、使用及材料表面状态控制等的瓶颈。随着电推力器功率的提升,等离子体密度增加,受到系统能量转换效率的限制,局部高热流现象更加严重,电推力器的力热电环境更加恶劣,上述瓶颈问题愈加突出。另外,目前国内外均采用 1∶1 的地面长时间点火作为电推力器寿命评估方法,该方法耗时长、代价大、子样少,而且必须长期占据大型真空设备。为此亟须开展寿命理论预测模型、电推进加速寿命试验方法及可靠性评估方法研究,以便降低新技术、新产品的验证周期与验证成本,经济高效地实现电推进产品快速升级换代。

3.4 多模式

在该领域,国际上 T5、T6、NSTAR 等多模式离子电推进系统已实现成功飞行应用。而我国在轨应用的电推进仅具备双模式工作能力,和国外的多模式电推进系统相比仍有差距。同时,相关的关键技术攻关偏重工程应用层面,对理论基础的掌握还不深入。对于长时间运行的空间电推进系统,其状态监测与健康管理也是一个几乎空白的研究领域。由故障监测诊断转变为智能预测维护、由事后及时修复转变为近零故障自我维护是卫星电推进系统发展的必然趋势。因此,亟须进一步研究多物理场耦合约束下的多模式等离子体振荡抑制、多模式电推进模式的切换和参数的调控、状态检测与健康管理原理等瓶颈问题。

通过上述分析可知,要实现长寿命高性能智能化电推进技术需攻克以下难题:

(1)电推力器放电不稳定性预示与抑制方法。

放电不稳定性现象在各类电推力器中普遍存在。放电不稳定会导致等离子体电势振荡,高能粒子的产生,电推力器功耗增大、性能下降,部件严重溅射腐蚀等。因而需研究电推进放电不稳定性机理,并建立不稳定性预示模型,获得抑制不稳定性的方法,为设计高性能电推力器奠定理论基础。

(2)电推力器超高比冲实现原理及方法。

针对电推力器超高比冲发展的瓶颈问题,研究电推力器加速机理、电离/加速过程之间的耦合作用;发展更高效的新型加速技术,如采用固体工质、电离区与加速区分离、多栅极加速、磁喷管加速等;探究依托环境的无工质电推进方式,如电绳系、电帆推进等,获得8000s以上超高比冲的实现原理及方法。

(3)电推力器力热电综合环境下等离子体与材料相互作用机理。

针对等离子体对电推力器内钼、碳、钽、陶瓷等材料的溅射腐蚀与溅射产物沉积问题,研究等离子体与上述材料的相互作用机理,提升材料耐溅射性能的制备工艺,建立力热电综合环境下电推力器部件溅射腐蚀与材料沉积的预估模型。解决等离子体溅射与材料沉积中定量或者规律性科学问题。

(4)电推力器寿命预估模型与加速寿命试验原理。

针对采用1:1全寿命试验方法评估电推力器寿命所面临的耗时长、成本高等现实问题,研究电推力器快速寿命评估方法与机理,给出失效判据,建立电推力器寿命预估模型,确定电推力器加速寿命试验原理,获得加速寿命试验方案。降低新技术、新产品的验证周期与验证成本,经济高效地实现电推力器的研发与升级换代。

(5)电推力器宽工作范围多模式转换机制。

面向复杂空间任务对电推进提出的宽工作范围、多模式可调以及健康管理需求,研究模式转换时的瞬态变化过程及自适应机制,研究多物理场耦合约束下的多模式等离子体振荡抑制、电推力器多模式切换和参数调控、状态检测与健康管理原理等问题,获得电推力器多模式切换工作模型及健康管理方法,完成工作参数的匹配和优化,提升电推力器适应复杂空间任务的高效稳定运行能力。

主要参考文献

[1] Xie K,Tian F,Liang F,et al. Discharge instability in a plasma contactor[J]. Plasma Science and Technology,2020,22(9):094011.

[2] Zhang Z,Kan X,Ouyang J,et al. Steady and oscillatory plasma properties in the near-field plume of a hollow cathode[J]. Plasma Science and Technology,2017,20(2):024010.

[3] Xie K,Liang F,Xia Q,et al. Power Generation on a Bare Electrodynamic Tether during Debris Mitigation in Space[J]. International Journal of Aerospace Engineering,2021:1-13.

[4] Wei M,Nan W,Yanlin H,et al. Life test research of a high specific impulse Hall thruster HEP-140MF[J]. Plasma Science and Technology,2020,22(9):094016.

[5] Jia L,Yang L,Zhao Y,et al. An experimental study of a dual-stage 4-grid ion thruster[J]. Plasma Sources Science and Technology,2019,28(10):105003.

[6] Chen J,Kang X,Zhao Z,et al. High specific impulse Hall thruster startup characteristics [J]. Chinese Space Science and Technology,2020,40(4):22.

[7] Wei L,Li W,Ding Y,et al. Effect of low-frequency oscillation on performance of Hall thrusters[J]. Plasma Science and Technology,2018,20(7):075502.

[8] Yu D,Qao L,Jiang W,et al. Development and prospect of electric propulsion technology in China[J]. Journal of Propulsion Technology,2020,41(1):1-11.

[9] Kang X,Zhang Y,Liu J,et al. Research status and key technologies of high-power Hall electric propulsion[J]. Tuijin Jishu,2019,40(1):1-11.

[10] Shastry R,Herman D A,Soulas G C,et al. End-of-test performance and wear characterization of NASA's Evolutionary Xenon Thruster (NEXT) long-duration test[C]∥50th AIAA/ASME/SAE/ASEE Joint Propulsion Conference. 2014:3617.

撰稿人:谢侃(北京理工大学)   苗龙(北京理工大学)   于达仁(哈尔滨工业大学)
王伟宗(北京航空航天大学)
刘旭辉(中国航天科技集团有限公司第五研究院)
贺碧蛟(北京航空航天大学)
杭观荣(中国航天科技集团有限公司第六研究院)

CHAPTER FOUR

第4章
航 天 发 射

航天发射技术是研究运载火箭、各类飞行器等的发射原理、发射方式和发射设施设计、制造、试验和使用的工程科学技术,是航天技术的一个分支和重要组成部分,是一门综合性、系统性极强的学科方向。航天发射技术的发展水平决定了一个国家航天活动和国防保障区域的范围,反映了一个国家工程科学和基础工业的发展水平。

航天发射技术的发展历史漫长,最早的火箭雏形是我国宋代出现的在普通箭支上捆绑火药筒加速的箭支,并出现了架、筒、匣等配套的发射装置。随着现代科学技术的发展,火箭技术在第二次世界大战期间获得长足发展,与 V-2 导弹同源的德国 A-4 火箭是人类历史上第一架运载火箭,采用垂直热发射方式开启了人类的航天时代。第二次世界大战后,各航天大国都投入了大量的人力、物力研发航天运载器,已研制出数十种一次使用或可重复使用的运载火箭,与之配套的航天发射场及对应的发射基础问题已成为航天发射领域关注的焦点。为了满足航天运载工具的发展,航天发射技术呈现出规模越来越大、技术越来越复杂、综合性越来越强、自动化程度越来越高、国际合作越来越密切的发展趋势。我国航天发射技术也获得了长足的进步,取得了丰硕的成果,如海南发射场的建成有力保障了我国未来各类航天任务的开展;以"长征-11"运载火箭为代表的机动航天发射技术的出现为我国应急航天发射任务提供了多元化发射手段。

当前,各航天大国均把发展先进的发射和运载技术作为保持其在航天领域领先地位的战略部署之一。无论是空间应用、科学探测、载人航天、国际商业发射与国际合作,还是国防建设,都对发射技术提出了新的要求,亟待发展规模更大、成本更低、兼容性更强、可靠性更高、发射周期更短、更加智能的大型航天发射场;随航天发射任务的大幅增加和各类应急发射需求的大量涌现,提出了发展快速机动的低成本航天发射方式;面向低碳绿色、高效、低成本发射的需求,提出了地面超高速发射一级直接入轨等新型发射概念;此外,随深空探测任务的不断深入,航天器在地外天体上的发射技术也备受关注。

针对航天发射存在的发射周期过长、发射成本过高、发射环境效应恶劣等瓶颈问题,航天发射学科方向的未来重点研究领域包括:动平台(如机载、车载和海上平台等)运载火箭发射、重型运载火箭发射、运载火箭地面超高速电推进、航天发射场低温燃料输送加注、运载火箭弹射、地外天体航天器发射、运载火箭低成本快速机动发射、两级重复使用运载器多体干扰和分离发射等。预期突破重型运载火箭发射、海面动平台发射、地面超高速电磁推进一级直接入轨、空中运载火箭发射、地外天体发射等关键技术,服务国家重型运载火箭发射、低成本快速发射、地外天体发射场等重大工程。

大推力运载火箭发射喷水降温降噪

Water jet noise cooling and reduction during high-thrust carrier rocket launch

1 科学问题概述

针对大推力运载火箭发射过程产生的高温、高速燃气流及其噪声问题,目前我国正在大力研究并推进喷水降温降噪技术,以期主动抑制大推力运载火箭发射的燃气流噪声。大推力运载火箭喷水降温降噪技术直接决定了大推力运载火箭发射高温、高速燃气流噪声抑制效果,受到大推力运载火箭发射技术总体方案的严格限制,特别是包括发射平台在内的发射支持系统结构方案限制,不能采用包围火箭发动机喷管的全封闭、均匀喷水降温降噪技术方案。例如,发射平台支承臂、燃料加注塔等紧邻火箭发动机喷管,并与箭体底部密切接触,由于密切接触部分空间过于狭窄,无法布置喷水降噪系统的阵列喷嘴。大推力运载火箭规模很大,箭体采用捆绑式结构,且有多个组合发射平台支承臂、燃料加注塔,这进一步加剧了大推力运载火箭喷水降温降噪技术研究的复杂性。为应对复杂发射技术条件,特别是复杂结构下发射支持系统干扰,大推力运载火箭喷水降温降噪系统规划了多种适应复杂结构干扰的技术方案,主要包括紧邻捆绑式运载火箭发动机喷管的台面阵列喷水降温降噪技术、发射平台外围线阵列喷水降温降噪技术以及适应捆绑式运载火箭起飞高动态变化的组合线阵列喷水降温降噪技术。

不同阵列喷水降温降噪技术,其抑制燃气流噪声效果是不同的,这带来了不同喷水降温降噪技术抑制燃气流噪声效果的评估问题。不同喷水降温降噪技术抑制燃气流噪声效果评估需要具体的理论分析或试验测试给予支撑,特别是试验空间监测点燃气流噪声声压随时间变化特性,以及不同监测点燃气流噪声声压随时间变化差异性。根据支撑结果,可以分析空间位置燃气流噪声强度,以及燃气流在空间的宏观分布与传播特性;对比不同喷水降温降噪技术带来的燃气流噪声强度、燃气流宏观分布与传播特性变化,分析喷水降温降噪技术与相关变化的内在关系;进一步,结合喷水多相流场压力、温度、速度等理论或试验研究结果,总结喷水降温降噪技术抑制燃气流噪声效果与燃气流流动特性的内在关系,从而系统地揭示不同喷水降温降噪技术抑制燃气流噪声的内在机理。

此外,不同喷水降温降噪技术抑制燃气流噪声效果理论分析涉及复杂发射技术条件,特别是复杂结构发射支持系统干扰,这种干扰因素目前尚不能依托高度提炼或简化的工程预示方法,必须依托精细化数值模拟方法。大推力运载火箭芯级火箭一级发动机与助推火箭发动机喷出的燃气流马赫数均超过4.0,这种高马赫数燃气流噪声数值模拟特别是复杂结构扰动条件的噪声传播特性数值模拟,是当前气动噪声领域的共性棘手问题。大推力运载火箭自身规模很大,例如发动机喷口直径超过1.6m,大推力运载发动机喷管数达到26个,发射支持系统长、宽、高尺度均超过50m,同时发射支持系统结构件众多,结构件往往又是异形不规则结构,并且尺度差别很大,如此大规模复杂结构扰动条件的燃气流噪声数值建模、数值模拟及其校验需要依托更为合理的技术途径。

大推力运载火箭发射喷水降温降噪机理,本质上是低速液态水流介入高温、高速燃气流后形成的复杂多相流湍流脉动抑制机理,以及复杂多相流传热传质过程能量、动量转换控制机理。当前,多相流流动特性研究以及超声速燃气流噪声特性研究均涉及众多基础问题甚至前沿性难题,依托必要的试验条件来开展大推力运载火箭发射喷水降温降噪机理研究是相对可靠且直接的途径。然而,大推力运载火箭规模很大,直接利用试验条件的成本及其技术风险均不可承受,搭载发动机试车条件又难以说明或难以涵盖复杂发射平台、喷水降温降噪技术的具体影响,由此,利用一定比例的喷流缩比试验的试验条件是相对可行的途径。其中,喷流缩比试验的相似性依据及验证是科学问题研究中必经环节之一。

综上所述,围绕大推力运载火箭发射喷水降温降噪研究,将涉及不同喷水降温降噪技术抑制燃气流噪声效果的评估、大规模复杂结构扰动条件下燃气流噪声数值模拟、复杂发射技术条件下喷水降温降噪技术的喷流缩比试验模拟等具体科学问题,需要在研究过程持续推进并逐步加以研究。

2　科学问题背景

大推力运载火箭发射试验采用工作压力超过20MPa高燃压发动机,这些发动机点火后,经26个喷管喷出的燃气流温度、流速很快升到相对平稳的峰值状态,峰值状态下燃气流驻点温度一般超过3800K,喷口燃气流马赫数超过4.0,流速超过3500m/s。对于起飞吨位超过4200t的大推力运载火箭发射过程来说,离发射中心50m范围内,将伴随高温、高速燃气流,且会产生超强的燃气流噪声,燃气流噪声的声压级甚至超过185dB(参考声压2×10⁻⁵Pa)。在大推力运载火箭发射燃气流噪声影响条件下,大推力运载火箭箭体本身以及发射系统(由发射平台、导流槽、燃料加注系统等组成)配置的测试、控制仪器及其核心控制元器件性能会急剧下降或失效,控制计算机及光学测试仪在不采取特殊的噪声控制技术措施时将无法正常工作,运载火箭、发射系统的薄壁结构件、焊缝在声振耦合作用下极易发生声疲劳破坏,燃料加注系统的接插件、密封件易发生松脱、泄漏,这将对运载火箭发射安全性造成严重影响。此外,在强燃气流噪声环境中,运载火箭发射场区工作人员、周围居民甚至航天员的身心健康也会受到严重影响。

为确保运载火箭安全发射,控制发射场区噪声环境,国内外研发了喷水降温降噪技术。在运载火箭发射过程中,向高温、高速燃气流动区域喷射大流量液态水,使其与燃气流相互掺混,吸收燃气流动量、能量,降低燃气流声效,达到降低高声强燃气流温度及噪声目的。

国外应用喷水降温降噪技术的运载火箭包括"Ariane 5""Falcon Heavy""Space Shuttle"和"Ares I"等。欧洲"Ariane 5"运载火箭V502次发射试验没有采用喷水降温降噪技术,V503次发射试验采用喷水降温降噪技术,基于这两次已发射试验燃气流噪声测试结果,对照分析表明,在"Ariane 5"运载火箭起飞高度范围内,对应31.5Hz倍频程段噪声声压级,没有采用喷水降温降噪技术的V502次运载火箭发射燃气流噪声声压级比后续飞行阶段噪声声压级高7dB,而采用喷水降温降噪技术的V503次发射试验中发射燃气流噪声声压级得到有效抑制,抑制幅度超过5dB。由此,"Ariane 5"运载火箭后续综合开展了喷流缩比试验与发射试验研究,持续研究喷水降温降噪技术,通过机理深入分析,提出喷水降温降噪技术改进方案,主要涉及增设喷水阵列方案、增加导流槽通道长度方案,将喷水降噪幅度提升至10dB。

我国大推力运载火箭研发喷水降温降噪技术的研究重点也是围绕喷水降温降噪技术及其机理开展基础研究,特别是运载火箭发射喷水多相流流动特性研究以及喷水降噪机理的系统研究。运载火箭发射喷水多相流流动特性研究揭示了经火箭发动机喷出的高温、高速燃气流与液态水介质的掺混特性,以及高温、高速燃气流与液态水介质之间能量、动量转换成因,从多相流流动机理角度解释并揭示运载火箭发射燃气流强噪声形成机理、复杂结构扰动条件的燃气流强噪声传播机理,以及喷水能够抑制燃气流强噪声的作用机理,如分级喷水阵列技术方案与单级喷水阵列技术方案对喷水降噪效果及其影响机理,实现科学指导不同运载火箭喷水降温降噪技术评估与方案具体改进,以期大推力运载火箭喷水降温降噪幅度达到不低于10dB的具体效果。总之,通过对不同大推力运载火箭喷水降温降噪技术及机理深入研究,旨在解决大推力运载火箭喷水降温降噪技术设计依据及评估问题。

3　科学问题研究进展

国内外围绕运载火箭发射喷水降温降噪技术研究已经持续多年,众多研究人员为此付出了艰辛努力,至今仍在努力探索,主要在于运载火箭发射系统规模庞大,其复杂结构扰动是改变运载火箭噪声传播途径、形成向运载火箭箭体传播并影响运载火箭安全的主要原因。尤其是发射系统复杂结构扰动条件下,运载火箭发射喷水降温降噪技术研究十分棘手,很多科学问题尚需持续深入、系统研究。

3.1　不同喷水降温降噪技术抑制燃气流噪声效果评估

我国新一代运载火箭喷水降温降噪技术方案噪声效果评估过程中,主要依托比较充分的单喷管火箭喷水降温降噪技术模拟试验研究条件,针对线阵列、矩形阵列及封闭水幕阵列喷水降温降噪技术开展可行性研究及降噪效果评估,初步明确并揭示封闭水幕阵列喷水降温降噪技术方案以及非封闭线阵列、矩形阵列喷水降温降噪技术方案的具体机理。封闭水幕阵列喷水降温降噪技术方案充分借助其水幕隔绝、改变噪声影响途径;非封闭线阵列、矩形阵列虽然没有形成完全封闭的水幕条件,但能利用喷水直接介入高温高速燃气流实现能量、动量交换,从而降低了噪声生成效率。由此,我国新一代运载火箭喷水降温降噪技术方案开始研发"中国结形"非封闭阵列喷水降温降噪技术。

大推力运载火箭发射喷水降温降噪技术条件下的喷流噪声场精细化数值模拟研究目前很少,主要受喷水多相燃气流数值模拟以及水汽混合条件下声波传播数值模拟方法不成熟因素限制,很多研究基础相对薄弱,对喷水降温降噪效果评估目前还需要进一步倚重试验研究。

3.2　复杂发射技术条件下喷水降温降噪技术的喷流缩比试验模拟

单喷管火箭喷水降温降噪技术模拟试验研究结果,特别是噪声分布及其变化特性,与新一代运载火箭发射试验测试得到的噪声分布及变化特性存在较大差异,究其原因主要有以下三个方面:一是由于大推力运载火箭规模很大,依托的小尺寸发动机条件严重偏离新一代运载火箭发动机工作条件,例如发动机工作压力仅 1MPa 左右,推进剂燃温仅 1200K 左右,燃气流马赫数仅 2.0 左右,这导致单喷管发动机燃气流流场分布特性及噪声分布特性严重偏离真实发动机燃气流流场分布特性及噪声分布特性;二是没有考虑新一代运载火箭多喷管发动机多股燃气流噪声传播过程中彼此干扰、叠加效应;三是没有考虑新一代运载火箭发射技术条件,特别是发射系统(含发射平台、导流槽、加注设备等)结构扰动效应。因此,后续大推力运载火箭发射喷水降温降噪技术试验研究,需要进一步研究缩比试验依据的相似性控制条件及控制方法,模拟复杂发射系统模型简化提炼方法及扰动效应模拟方法,解决大推力运载火箭发射喷水降温降噪技术及其小尺度缩比试验研究依据的数学模型提炼难题、相似性控制难题。

目前,大推力运载火箭发射喷水降温降噪技术及其小尺度缩比试验研究正在探索系列先进测试技术,其中声源识别与成像技术可直观反映燃气流噪声生成源、扰动源,使喷水阵列方案设计包括喷水目标区域有的放矢。声源识别与成像技术在运载火箭发射燃气流噪声研究中刚起步,难以适应复杂技术条件,特别是复杂发射系统扰动条件的运载火箭发射燃气流噪声声源定位与成像研究,因此需解决识别算法、识别准确度、分辨率等测试难题,同时也需要解决燃气流噪声声源识别阵列仪研制、标定等具体方法问题。

3.3 大规模复杂结构扰动条件下燃气流噪声数值模拟

我国运载火箭喷水降温降噪技术方案研究中,一直在不断尝试用数值模拟技术精细化研究喷水降温降噪技术方案及机理。包含发射系统复杂结构扰动的运载火箭发射燃气流噪声数学模型一直受网格分辨率、气动噪声算法、湍流模型限制,目前采用类似紧致格式等高精度气动噪声直接数值模拟方法仍未能开展。例如,依据发动机喷口马赫数4.0、喷口直径1m条件,建立单喷管火箭自由飞行条件燃气流噪声直接数值模拟,其网格分辨率不低于10^{10},当前实际发射试验运载火箭及发射平台、导流设施结构尺度约长200m、宽200m、高100m,再考虑运载火箭及发射平台、导流设施结构复杂性,燃气流噪声直接数值模拟网格分辨率将进一步提高$2\sim3$个数量级。因此,包含发射系统复杂结构扰动的运载火箭发射燃气流噪声以及喷水降噪机理直接数值模拟仍需继续研究。21世纪初期开展的燃气流噪声理论研究主要依托实物试验提炼数学模型,近十年来,利用计算空气动力学与计算气动声学结合的混合数值模拟方法在火箭发射燃气流噪声理论研究领域开始推广应用。

混合数值模拟方法的第一步,依重计算流体力学确定火箭发射燃气流场流动及分布特性。目前,利用计算流体力学方法高精度数值预示不喷水条件的发射燃气流场取得一定进展,可以采用高精度模型预测发射系统复杂结构扰动条件的运载火箭发射燃气流场,前提是需要能够实现复杂结构条件的高分辨率、高质量建模软件,鲁棒性很好、离散精度较高的数值模拟手段,以及适应超大规模数值模拟的高性能计算服务器,目前在不喷水条件的运载火箭发射燃气流数值模拟取得系列研究成果。与不喷水条件的发射燃气流噪声数值模拟研究相比,喷水条件下的高精度多相燃气流场数值模拟本身就很困难,主要问题是高温、高速多相燃气流场数值模拟很多细节技术尚不成熟,喷水介入高温、高速燃气流时发生的破碎、雾化形态及能量交换方式准确模拟严重依赖支撑模型、算法以及试验数据。例如,能量交换方式主要利用 Spalding 的低速多相流流阻与换热模型,在复杂发射系统结构扰动条件下,受网格分辨率、壁面剧烈扰动、湍流模型影响,高速多相燃气流场高精度数值模拟进程极易发散,进程控制及算法改进仍有很大发展空间。尽管如此,从多相流场角度出发,基于数值模拟研究喷水抑制燃气流噪声机理一直在持续努力。这方面的工作以依托 1∶16.5 喷流缩比试验模拟喷水抑制燃气流噪声条件,开展了喷水多相燃气流场数值模拟,虽然数值模拟精度仍有较大发展空间,与对应的试验结果仍存在一定差异,但数值模拟结果能够直观反映出发射场导流槽进口喷水多相燃气流受扰动后向模拟箭体反射影响,以及发射场导流槽出口喷水多相燃气流卷吸推进后的卷吸燃气流向发射中心反卷影响,这两部分反射、反卷燃气流造成箭体附近噪声相对自由喷流状态噪声增强。

综上,结合当前运载火箭发射喷水降温降噪技术的试验研究方法及数值模拟方法,研制配套必要的试验模拟与数值模拟综合研究条件,特别是大推力运载火箭发射喷流缩比试验模拟条件,开展比较系统的试验模拟与数值模拟,能够有效支撑复杂发射技术条件的大推力运载火箭喷水降温降噪技术研究。

主要参考文献

[1] D Gély,G Elias and C Bresson. Reduction of supersonic jet noise-application to the Ariane 5 launch vehicle[C]//6th AIAA/CEAS Aeroacoustics Conference. 2001:2026.

[2] D Washington and A Krothaplli. The Role of Water Injection on the Mixing Noise Supersonic Jet[C]//4th AIAA/CEAS Aeroacoustics Conference. 1998:31727.

[3] Thomas D Norum. Reductions in multi-component jet noise by water injection[C]//10th AIAA/CEAS Aeroacoustics Conference. 2004:2976.

[4] Max Kandula,Michael J. Lonergan. Effective Jet Properties for the Estimation of Turbulent Mixing Noise Reduction by Water Injection[C]//13th AIAA/CEAS Aeroacoustics Conference. 2007:3645.

[5] Eldred K M. Acoustics Loads Generated by the Propulsion System[R]. NASA SP-8072,1971.

[6] J Varnier,J F Piet,D Gely,et al. Modeling of the acoustic environment on the Ariane 5 fairing using small scale test data[C]//AIAA 96-1721. 1996.

[7] 李晓东,江旻,高军辉,等. 计算气动声学进展与展望[J]. 计算气动声学进展与展望中国科学:物理学力学 天文学,2014,44:234-248.

[8] Hamiche K. A High-order Finite Element Model for Acoustic Propagation[D]. Southampton：University of Southampton,2016.

撰稿人：陈劲松(中国航天科技集团有限公司第一研究院)　姜毅(北京理工大学)

航天发射场低温推进剂输送加注

Cryogenic propellant filling at launch site

1　科学问题概述

以液氢液氧为代表的低温推进剂是当今比冲最高的一组液体火箭推进剂,该推进剂应用于运载火箭可显著提高火箭运送有效载荷的能力。同时,无毒、无污染的推进剂在国内外航天技术中获得了广泛应用,被 NASA 确定为载人登月、载人深空探测等工程中首选的推进剂。我国《2006 年中国的航天》白皮书中也明确指出,采用液氢/液氧、液氧/煤油低温推进剂的新一代运载火箭将成为我国航天运载器的主要发展方向。进入 21 世纪,以氢氧推进技术为基础,以重复使用和低成本为目标的液氧甲烷推进技术方兴未艾,一旦突破,必将改写进入太空的方式。

航天发射场低温推进剂输送加注系统的功能是根据低温型运载火箭动力系统有关推进剂介质品质、加注流量、加注液位、加注时机等需求,按时、按量、确保品质地完成液氢或液态甲烷、液氧等低温推进剂加注,在整个加注过程中需经过置换、预冷、大流量加注、小流量加注、自动补加以及射前补加等工序,在火箭点火前或点火后瞬间实现低温连接器与火箭接口的分离,并具备低温介质的运输、转注、储存、泄回、排放等辅助功能,要在发射窗口前几小时内,将几百吨液氢、液氧从发射场储罐中输送、加注到火箭上的燃料储箱中,需要满足高安全性、高可靠性、准确性、准时性等要求。

液氢液氧的输送加注过程是一个复杂的流体驱动和流动过程,尤其是随着低温运载火箭规模增大和发射频次增加,对低温推进剂输送加注的系统设计、流程控制、状态监测、健康管理等要求越来越高,需要进行低温泵、低温阀件、低温管路、低温传感器等低温元件技术的深入研究、开发和验证,通过低温流体流动特性、低温流体与元件的耦合特性、低温推进剂流动控制方法等基础问题研究,为低温推进剂输送加注系统设计和关键元件开发提供理论支撑,实现输送加注过程的高度自动化、智能化,最大限度减少现场人员数量,提高航天发射安全性。

2　科学问题背景

低温液体推进技术研究已经成为各个国家和地区竞相争夺太空开发战略要地的关键

技术之一,是国际高科技竞争的战略制高点和国防科技核心技术,是一个国家的国际竞争主动权和战略优势的代表技术之一。航天发射场低温推进剂输送加注技术是低温液体推进技术的重要支撑,是重大航天工程的重要建设内容。液氢液氧低温推进剂在各国航天技术中的应用见表1。

液氢液氧低温推进剂在航天技术中的应用　　　　表1

运载火箭型号	国家/地区	应用
长征五号	中国	芯级
长征七号	中国	第3级
长征三号	中国	第3级
阿里安(Ⅰ、Ⅱ、Ⅲ、Ⅳ)	法国等欧洲国家	上面级
阿里安Ⅴ	法国等欧洲国家	第1、2级
半人马座	美国	上面级
土星Ⅰ	美国	第2级
土星Ⅴ	美国	第2、3级
美国航天飞机	美国	主发动机
苏联航天飞机	苏联	主发动机(与外储箱一体)

低温推进剂输送加注系统具有特殊性和难点。由于低温液体推进剂所独具的低密度、两相流、大温差等物性,使得低温推进剂输送加注系统在设计理论、试验条件、材料选取、工艺流程、使用维护等方面与常温推进剂输送加注系统有很大的不同,具有相当大的难度。具体表现如下:

一是低密度。液氢的密度在20K、0.3MPa的条件下每立方米只有71.4kg,使得在相同的泵后出口压力条件下,液氢泵的扬程要比常规推进剂泵的扬程高14倍,这就要求液氢泵必然是高转速的泵,由此又会引出高速转子动力学、高速度因子轴承、高线速度密封等技术难题。

二是两相流。低温液体推进剂在输送加注过程中随着温度的上升,会逐渐从亚临界进入跨临界直至超临界,在此过程中推进剂的物性和相态会产生剧烈变化,产生两相流、可压缩等现象,如果设计不当,会引起泵汽蚀、飞速,会造成压力、流量波动,管路振动,阀件控制失效等。因此,低温推进剂输送加注系统的预冷与隔热是一个重要的课题。

三是大温差。低温推进剂输送加注系统各组成元件都工作在温度梯度剧烈变化的环境中,在海南发射场,内、外温差在200K以上,环境条件非常复杂、恶劣,对结构的设计、材料选择和制造工艺等提出了很高的要求。

四是危险性。液氢液氧具有饱和温度低、易燃易爆或助燃、易泄漏、易汽化等特点,航天发射场液氢液氧低温推进剂输送加注过程是低温型运载火箭发射程序中极具危险性的关键环节,任何一个故障都有可能导致加注过程异常,影响到发射任务的可靠性和卫星火箭及现场人员的安全性。

在世界航天史上出现了多次与低温推进剂加注或火箭处于低温状态时的灾难性事故,造成了巨大的财产损失和人员损失,因而开展航天发射场低温推进剂输送加注问题的研究具有重大意义。

3 科学问题研究进展

3.1 低温推进剂输送过程中的传热、相变和多相流动等复杂流体力学特性研究

低温推进剂输送过程,一旦进入管路,就会发生剧烈的汽化并引起较大的压力波动,随后产生两相流,这是一个复杂且不稳定的过程,涉及液氢液氧介质与管路、储箱之间的传热问题,液气相变问题以及管路内部两相流问题,在此情况下实现快速、精准的推进剂加注难度大。采用解析法建立储箱反压与预冷流量之间的关系,根据储箱反压随预冷时间变化的规律对预冷过程进行控制,在满足储箱和管路的冷缩应力条件下尽可能加大预冷流量,缩短预冷时间。当预冷进展到一定程度,管路中出现单相流,开展相应的沿程流阻分析,利用水力学公式和定律对推进剂管流的流体力学特性进行预示,根据流量对加注过程进行控制。在上述过程中,通过平衡管路压力、管路入口及出口处推进剂的饱和蒸汽压,综合考虑管路流动损失,通过提高加注压力、适当提高储箱反压、降低管路阻力等方式减少两相流的产生。

3.2 大规模气氢液化技术

液氢是由氢气经过降温而得到的液体,由于氢的临界温度和转化温度非常低,且汽化潜热小,进行液化非常困难,大规模液化更是世界性难题。我国投用的氢气液化装置工艺流程及关键单机(如透平膨胀机、冷箱)主要依靠进口,价格高,规模小,最大生产能力不到 $2t/d$。由于氢液化装置规模小,导致液化装置能耗较高,进一步增加成本。为实现大规模气氢液化,需要研究基于氦/氢膨胀制冷的氢气液化工艺流程,开发氢气液化流程仿真模型,对工艺流程和参数进行设计优化。冷箱集多流道换热器、透平膨胀机、正-仲氢反应器于一体,气氢在冷箱内被液化并完成正-仲氢转换。冷箱具有设备布置约束多、冷-热循环工况复杂、环境漏热量小等特点,冷箱设计涉及流体分配、管道补偿、结构绝热、钢结构稳定等设计技术,难度大,需要突破狭小空间复杂管系的柔性设计技术,满足液化流程中多种设备间的低温冷缩补偿。多流道换热器是气氢液化装置中的能量传递关键设备,具有流体股数多、传热效率要求高等特点,产品结构设计、传热计算及产品制造技术难度大。

低温透平膨胀机利用高压气体绝热膨胀对外做功而消耗气体本身的内能,从而实现气体自身强烈冷却,达到制冷目的,是氢气液化的核心设备。国内尚无高性能低温透平膨胀机产品,需开展叶轮气动热力设计方法、高速气体轴承设计等关键技术攻关,实现低温氦透平膨胀机的自主开发。

3.3　低温推进剂过冷加注技术

通过液氧过冷或液氢过冷,可提高推进剂的密度,降低汽化压力,显著减少火箭储箱推进剂蒸发损耗和自动补充加注次数,从而减少低温加注准备时间。对于运载火箭可降低储箱增压压力要求,提高对发动机的适应性。同时,推进剂深度过冷后有利于保持加注管路内处于单相流状态,保证加注平稳。目前我国 CZ-3A、CZ-5、CZ-7 等运载火箭仅在射前补充加注阶段采用过冷加注,液氧进箭温度小于 84K。SpaceX 公司的"Falcon 9"运载火箭加注时采用全过冷加注方式,其首先对液氮进行抽真空,使液氧温度约在其冰点(63K)附近,再利用过冷液氮将液氧温度降低到 66K 左右后再向箭体内储箱进行加注。俄罗斯"联盟号"火箭在向箭上加注前,先将储罐内的液氧温度降低到 70K,再进行全过冷加注,"能源-暴风雪号"航天飞机采用的燃料为全过冷液氢/液氧,点火时要求储箱内液氢温度处于 17K,液氧温度处于 57K。登月用的"N-1"火箭要求储箱内的液氧温度大约为 81K。由此可以看出,在美国、俄罗斯两个航天强国中,推进剂全过冷加注方式已经成为了一种发展趋势,并已开始广泛应用于现役运载火箭。过冷加注过程需要研究过冷氧掺混温度特性,针对不同温度的常规液氧与过冷液氧掺混工况,进行理论分析,确定合理的掺混比例,获得稳定的温度输出。对于航天发射场低温推进剂加注系统,需要开展过冷液氢/液氧推进剂制取、储存和加注技术。

3.4　温流体与管路、阀件、泵等元件之间的耦合作用机理和流动控制方法研究

低温推进器加注系统具有非线性和惯性大、迟延大、难以精确建模等特性,为复杂串联系统对象,流体介质、管路、阀件、泵等各环节均存在扰动和信号传递时滞,需研究各元件之间的耦合作用机理,开展合理的流动预示,实现准确的流动控制。加注泵工作过程中,叶轮中容易产生大尺度回流及复杂湍流流动,需建立适应的湍流模型以及考虑表面张力、微重力和浸润角对泵的水力及空化的影响。当低温推进剂在管路中流动时,若泵和阀门的频繁开关或者阀门控制不当,会导致管内流速急剧变化,在流体的惯性作用下,流体内部压力迅速交替升降,形成流体瞬变过程。建立含储罐、管路、阀门及泵的加注系统分析模型,合理优化阀门开闭顺序及开闭历时,考虑管路瞬态压力波动、波速对瞬态水力特性的影响等因素,降低级间转换过程管道中的压力峰值,优化控制过程参数。加注阀需开展真空绝热技术研究,降低液氢气化导致的介质损耗,降低阀体表面与周围环境的热交

换,开展节流环间隙配合设计,利用液氢经过间隙体积膨胀形成气阻效应,避免更多液氢进入内腔。

3.5 低温输送加注系统健康管理理论与技术

开展低温输送加注系统自动化测试、加注、诊断和健康管理研究,提高低温加注系统加注过程的自动化水平,能够降低人员要求、提高流程的可靠性、缩短低温加注准备时间,是实现系统快速、可靠的重要途径。开展低温加注系统建模与仿真技术研究,在低温推进剂加注过程中实时采集低温加注测控系统的加注工序指令、单点控制指令和系统初始参数等外部输入条件,通过在仿真系统下位机预先建立的低温加注系统仿真模型实时计算出下一时刻各个反馈信号理论值。然后在仿真系统上位机中将该理论值作为判据,根据预设的判断条件与实测反馈信号进行比较,出现异常时即给出故障报警,同时根据系统已建立的故障树和推理规则给出故障原因定位及解决措施建议,实现加注过程中的实时故障诊断。执行机构方面,开展集成式自动对接脱落连接器研究,解决真实环境下箭体-加注设备多刚度耦合下的精确定位问题、脱落过程大惯量作用等问题。

主要参考文献

[1] 唐强,黄玲艳,刘忠明. 适于无人值守的运载火箭低温加注系统研究[J]. 低温工程(增刊),2018:155-159.

[2] 张定会,邵惠鹤. 实时故障诊断专家系统的运行机制[J]. 自动化仪表,2000,21(4):7-9.

[3] 黄雄武,何国庚,余化. 某低温系统实时故障诊断专家系统的研究与应用[J]. 深冷技术,2006(3):4-7.

[4] 孙怡鹏,唐强,刘海飞,等. 液氧深度过冷流程设计研究[J]. 低温技术,2020,48(10):5.

[5] 马昕晖,陈景鹏,徐腊萍,等. 低温液氢加注系统间歇泉现象风险评估研究[J]. 低温工程,2013,194(4):54-59.

[6] 崔村燕,李幸,樊东磊,等. 间歇泉现象研究对低温推进剂加注系统的启示[J]. 低温与超导,2017,45(3):18-23.

[7] 莫彩玲,高康,周俊,等. 低温输流管道的振动特性研究综述[J]. 噪声与振动控制,2009,29(6):1-4.

[8] 马冬英,雷宗琪,梁国柱. 基于相对流面理论的液体火箭发动机泵内部流动计算[J]. 航空动力学报,2013,28(3):583-590.

[9] 胡旭东,宋扬. 液氧全过冷加注在新一代运载火箭加注工作中的应用价值[J]. 导弹与

航天运载技术,2018,4:6.

撰稿人:刘相新(中国航天科技集团有限公司第一研究院)

杭立决(中国航天科技集团有限公司第一研究院)

韦常柱(哈尔滨工业大学)

运载火箭冷弹射耦合动力学

Coupled dynamics of carrier rocket cold ejection

1　科学问题概述

运载火箭的发射方式可分为热发射、弹射和复合发射等,目前主流发射方式为热发射和冷弹射。

运载火箭的热发射是靠发动机点火产生的推力使火箭离开地面完成发射起飞过程。运载火箭推进系统所喷出的燃气流是一种高温高速的气体射流,通过燃气射流的反作用力推动运载火箭飞行。燃气流在运载火箭发射中会造成诸多不利影响,主要表现在导流器表面的热冲击效应以及瞬态燃气流冲击载荷影响发射装置的受载特性,引起发射系统振动,降低火箭初始发射精度。

运载火箭热发射时,燃气流对发射平台、发射设备以及初始发射精度等都将产生不同程度的有害影响,甚至造成事故导致发射失败。为避免运载火箭热发射的不利影响,可使用冷弹射的发射方式。冷弹射技术优点在于,运载火箭燃气流场对发射场、设备和人员影响小,不需要导流排焰,使得火箭发射阵地的结构规模得到简化,能够提高运载火箭的生存能力和使用性能,缩短发射周期,降低发射成本。

相比于热发射,冷弹射装置需要增加产生燃气、密闭燃气、隔离燃气等功能的组件,结构复杂,发射装置的可靠性相应降低。影响运载火箭冷弹射稳定性的因素涉及弹射内弹道、液体运载火箭推进剂晃动、弹射装置内燃气二次燃烧、多级活塞杆筒节间缓冲性能等。为提高运载火箭冷弹射稳定性,亟须解决冷弹射过程面临的诸多耦合动力学问题,如运载火箭低过载平稳弹射内弹道特性、液体运载火箭冷弹射推进剂晃动特性、二次燃烧对弹射内流场及内弹道扰动影响、多级活塞杆筒节结构和缓冲装置连续冲击过程缓冲性能等。

2　科学问题背景

随着航空航天技术和军事科技的发展,火箭的冷弹射方式越来越多元化,新型发射方式层出不穷,不断创新。运载火箭冷弹射相比于热发射具有多种优势,一是使运载火箭在发动机点火前获得一定初速度,减少火箭发动机克服静阻力的动力消耗。运载火箭冷弹射可使液体火箭发动机节省10%以上的推进剂,减轻了运载火箭第一级发动机的负担,可以大幅减少运载火箭的推力损失。二是火箭装在发射筒内,能改善储存条件。针对某些需要保持恒定温度的火箭,将其装在发射筒内,减少与外界环境的接触,不会受到气象和烟尘影响,延长了火箭寿命,同时可综合将运输、保温、发射功能一体化,便于操作运输。三是燃气流不会对发射装置及周围环境产生影响。由于运载火箭飞离发射装置一定距离后才点火工作,燃气流对发射阵地和发射环境的烧蚀影响较小,无须防止燃气流的烧蚀和冲刷,不需导流、排焰等燃气流处理措施,因而发射环境及设施的适应性较好,利于发射阵地的选择和阵地结构规模的简化,从而降低建设成本。四是缩短发射周期。由于冷弹射对周围环境影响较小,有利于发射后迅速撤收与处理,在窗口期内快速进行下一次发射。

冷弹射根据弹射工质不同分为压缩空气、燃气、燃气-蒸汽等;根据发射装置的不同,主要有筒式、提拉杆式、电磁式、气缸式、多级活塞杆式等。运载火箭冷弹射可采用筒式弹射与多级活塞杆式弹射。筒式弹射是常用的冷弹射方式之一,适用于陆基和海基发射平台,我国"长征十一号"运载火箭采用的就是筒式发射。筒式发射为火箭提供了良好的环境条件,在储存状态下,火箭几乎与外界隔离,受腐蚀、磨损等程度降低,内部精密电子部件不易出故障,但存在装填难、通用化程度低的问题。多级活塞杆冷弹射作为一种新型冷弹射装置,由北京特种机械研究所于2007年率先提出,近年来对多级杆弹射装置开展了论证、仿真、试验,初步证明此种发射方式的可行性。多级杆弹射器与火箭的装配耦合度低,可以适应多种型号的火箭进行弹射;同样型号的活塞杆使用不同的燃气发生器,可方便快捷地变换弹射系统的内弹道,通用性好;多级杆弹射装置便于拆卸运输和安装储存,环境适应性强。但其弹射力存在阶跃,导致火箭运动特性不平稳。

基于以上论述,运载火箭冷弹射耦合动力学问题主要有以下几点:

1)运载火箭低过载平稳弹射内弹道研究

过载和初速是运载火箭弹射最关键的性能指标。弹射过程中较大的过载会对火箭仪器设备产生危害,使其失效甚至损毁。火箭在弹射结束后速度越大越有利于减轻运载火箭第一级发动机的负担,减少运载火箭的推力损失。因此,在最大过载不超过允许值的情况下,提高火箭初速,实现火箭低过载平稳弹射具有重要意义。

2)液体运载火箭冷弹射推进剂晃动特性研究

液体火箭是典型细长形薄壳结构,外壳薄且质量轻。其燃料储箱中存储有大量液态燃烧剂与氧化剂,液体推进剂可占火箭总质量的80%以上,并且在储箱顶端存在一定容积"气隙"。在液体火箭发射过程中,火箭受到弹射推力扰动激励与适配装置等边界条件的约束,储箱的运动无明显规律,因此液体推进剂受迫产生非线性晃动。相较于固体不易形变的特征,液体的流动性会导致整个火箭的质心在一定范围内随机偏移,使弹射推力在质心处产生额外的偏转力矩,在约束装置处产生局部应力集中效应,从而增加发射扰动、降低发射精度,影响火箭及发射装置结构安全。

3)二次燃烧对弹射内流场及内弹道扰动影响研究

二次燃烧指在发射过程中不充分燃烧产物与氧化剂混合发生再次燃烧的现象。从燃气发生器喷管中喷出的燃气含有大量氢气和一氧化碳等水煤气成分的富燃气体。富燃气体进入发射筒后,与初容室内氧气发生混合,容易产生非预混二次燃烧现象,会对弹射内弹道和初容室结构等装置产生强烈的热冲击和烧蚀。二次燃烧不仅影响温度场分布,而且影响火箭的内弹道特性。由于二次燃烧发生激烈的放热氧化反应,导致密闭的初容室内流场温度、压力均高于无二次燃烧。同时,二次燃烧会缩短火箭出筒时间,额外出现一个初始加速度峰值,影响火箭的稳定性。

4)多级活塞杆筒节结构和缓冲装置连续冲击过程缓冲性能研究

多级活塞杆弹射器由多个运动筒节串联工作组成。多级活塞杆在燃气动力的作用下从外至内依次伸展,当每级活塞杆达到自身预定行程时,需要通过缓冲装置进行缓冲制动,从而避免与相邻筒节发生刚性碰撞,破坏活塞杆的结构。多级活塞杆为大直径薄壁金属结构,相邻筒节间仅有几毫米的空隙用以放置缓冲结构,缓冲装置在高速冲击下会急速变形,对相接触的活塞杆壁面进行局部区域挤压,使壁面出现受力不均、局部应力过大的现象,破坏活塞杆的结构及力学特性,影响内弹道的性能。

3 科学问题研究进展

冷弹射技术早在第二次世界大战时期就已经被应用。德国"V-1"在第二次世界大战期间就采用了冷弹射技术,它是利用过氧化氢分解产生能量而推动活塞运动的弹射装置。第二次世界大战之后,冷弹射装置曾一度被搁置。直至20世纪50年代末期,为了实现水下发射,冷弹射技术才又重新受到重视,各个国家纷纷开始采用弹射技术,比如美国"天狮星"采用航面汽动弹射车进行发射,早期"北极星 A1"采用了 MK-15 型压缩空气弹射系统,"北极星 A2"采用了 MK-17 型压缩空气弹射系统;后期在其基础上改进,并应用在"北极星 A3"与"海神"中。之前的弹射装置都比较笨重,限制了弹射技术的发展与应用。随着技术的发展进步,尤其近二十年,飞机和火箭等均开始采用冷弹射技术发射。然而对于运载火箭冷弹射相关的科学问题研究较少,深度与广度均有不足。面对运载火箭冷弹射过程中的诸多耦合动力学问题,如运载火箭低过载平稳弹射内弹道特性、液体运载火箭冷弹射推进剂晃动特性、二次燃烧对弹射内流场及内弹道扰动影响、多级活塞杆筒节结构和缓冲装置连续冲击过程缓冲性能等,需要开展对应研究。

3.1 运载火箭低过载平稳弹射内弹道研究

低压室是形成弹射力的密闭或半密闭空间,高压室流出的燃气在低压室建立起所需压强并作用在承压面上形成弹射力。低压室压强变化规律在弹射器内弹道性能中占有重要地位,它决定了火箭在弹射器内的运动规律。低压室压强若能保持恒定,则火箭做匀加速运动,运动平稳,而且低压室强度设计时也无须考虑压强峰值影响,有利于减轻弹射器质量。影响低压室压强的主要因素有高压室装药特性、高压室流量特性、低压室初始容积、低压室横截面积、火箭运动特性等。为了满足低过载平稳发射要求,可从装药设计及弹射装置结构设计技术与多燃气发生器多时序点火技术两方面出发,保持低压室压强基本恒定。

装药是指按照内弹道设计要求设计成具有一定的形状和尺寸,并能实现按设计规律燃烧固体推进剂的过程。进行药型设计是燃气发生器设计的核心,需要考虑的因素很多,以下三方面必须考虑:①能量的需求和有效装药量的确定。所需装药量是根据内弹道指标要求和所选用火药性能确定的。②火药燃速和火药厚度的确定。火药是按平行层燃烧规律燃烧的。火箭出筒时或出筒前燃气发生器就应当工作完毕。燃气发生器工作完毕时,其有效药量应该烧完。③火箭的加速运动和装药增面燃烧规律的设计。在保证出筒速度指标要求的前提下,火箭运动的最大加速度越小越好。对于大型弹射器高压室,装药应为增面燃烧。装药增面比增大会使燃气发生器头部压力及其最大值相应增大。装药增面比过大,会导致燃气发生器壳体笨重。因此,在设计时,选取合适的装药增面比对燃气发生器的性能具有重要的影响。燃气发生器的合理设计直接影响火箭发射内弹道压力、温度、速度及加速度等性能。

多燃气发生器多时序点火技术是通过调整燃气发生器数量、燃气发生器点火时序实现火箭出筒过程小过载、大速度的指标要求。传统的弹射动力系统仅采用一个燃气发生器,内部的固体火药燃烧易受温度影响,当环境温度变化范围较大时难以保证火箭出筒速度要求。通过在不同时序对不同燃气发生器点火,获得火箭在多股燃气生成并相互作用下发射过程的内弹道参数,从而满足不同温度发射工况需求,解决单一燃气发生器在外界环境温度变化时不能满足出筒速度要求的问题。同时,通过多次点火补充做功燃气,可以避免一次点火的压力峰值过高,由多个发生器依次喷出燃气的流量进行叠加,更容易使筒压曲线形成较长时间的平稳工作段,有利于维持箭体出筒所需的加速度。对于多燃气发生器点火时序的确定,多次调整时序参数,可以得到满足火箭过载要求和速度要求的内弹道参数,但是不一定达到最高的低压室压强利用率,弹射器的性能不一定最佳。因此还需利用多燃气发生器点火时序优化算法得到最优的点火时序。

3.2 液体运载火箭冷弹射推进剂晃动特性研究

液体火箭冷弹射过程中,储箱内的液体推进剂会发生晃动,冲击储箱壁,对液体火箭造成较大的干扰力和力矩,该类问题被称为液体推进剂的晃动问题。航空航天领域关于液体推进剂晃动的研究方法可以分为理论、数值和试验研究三种。理论研究方面,针对小幅低频晃动问题采用多维模态法进行理论分析,基于线性势流理论求解,但对于大幅液体晃动问题,其边界条件呈现强非线性特点,线性势流理论不再适用。随着计算机技术的发展,数值方法成为有限幅和大幅晃动问题求解的新途径,许多数值方法在计算机的帮助下被应用到非线性晃动问题的求解中,包括流体体积(Volume of Fluid, VOF)方法等。虽然液体非线性晃动的问题使用数值方法求解精度很高,但是若自由液面出现翻卷、破碎、气隙等问题,试验研究依然是液体晃动不可或缺的研究手段。

3.3　二次燃烧对弹射内流场及内弹道扰动影响研究

针对富燃燃气和空气二次燃烧问题,目前采用数值模拟和试验两种方法进行研究。数值模拟方法方面,可采用 9 组分 10 步基元 H/CO 氧化反应体系对火箭二次燃烧现象进行数值研究;还可采用重整化群 RNG k-ε 二方程湍流模型结合有限速率方法进行研究,利用该方法研究燃气射流平板冲击效应,获得的冲击点温度和压力值与实验吻合较好。

根据出现空间的不同,可将二次燃烧现象分为开放空间和密闭空间。开放空间的二次燃烧现象研究已经取得了丰富的成果。近年来,密闭空间内的二次燃烧现象得到关注。密闭腔室体积变化对固体推进剂二次燃烧会产生影响,密闭腔室体积增加 44%,体积增加后的腔室内平均压力比未增加时降低 10%。

对于包含运动边界发射筒内燃气射流二次燃烧现象的研究,可以通过在能量方程中引入化学反应源项,实现运动流场计算和二次燃烧的耦合求解,采用有限速率方法对密闭空间燃气射流二次燃烧现象进行分析。同时还可采用三维非稳态雷诺平均方程和重整化群湍流模型,研究二次燃烧现象对弹射内弹道的影响规律。

3.4　多级活塞杆筒节结构和缓冲装置连续冲击过程缓冲性能研究

多级活塞杆冷弹射系统中,活塞杆上一级筒节运动到位后与缓冲装置冲击碰撞,缓冲装置在高速冲击下会急速变形,将缓冲装置阻抗力传递至下一级筒节。由于相邻筒节间隙小,缓冲装置发生形变,对接触的活塞杆壁面进行局部区域挤压,使壁面出现受力不均、局部应力过大的现象,破坏活塞杆的结构及力学特性,影响内弹道性能。

机械碰撞是工程中常见的问题,在实际的碰撞运动中要尽量避免刚性碰撞,防止碰撞运动对结构造成破坏,因此需要装备缓冲器材以减小碰撞力。基于国内外现有缓冲装置研究,考虑到运载火箭弹射装置系统冲击碰撞过程中,多级活塞杆筒节间的载荷传递关系复杂,筒节间的缓冲制动是典型的小间隙、短行程、高过载、阶跃冲击特征问题,缓冲装置发生变形提供的缓冲作用力、级间压力与摩擦力表现出非线性特征,可采用薄壁金属环结构、金属薄片切削结构、弹性胶泥等缓冲器。考虑到运载火箭弹射装置系统试验成本巨大、耗时耗力,可采用数值试验与缓冲装置缩比试验结合的研究方案,通过监测试验中缓冲装置连续冲击作用下的缓冲变形过程,以分析多级活塞杆筒节结构和缓冲装置在连续冲击作用下的缓冲变形。

主要参考文献

[1] 李广裕. MX 火箭冷弹射技术[J]. 国外火箭与航天运载器,1987(7):65-69.

[2] 刘少伟,关娇,时建明,等. 多燃气发生器多时序点火优化技术[J]. 现代防御技术, 2019,47(6):27-33.

[3] 何小英,彭雪明. 多燃气发生器动力系统的温度自调节性能研究[J]. 现代防御技术, 2017,45(2):55-60.

[4] 胡晓磊,乐贵高,李仁凤,等. 燃气弹射发射筒内燃气-空气二次燃烧现象研究[J]. 弹道学报,2014,26(4):76-81.

[5] 胡晓磊,王辉,乐贵高,等. 二次燃烧对燃气弹射载荷和内弹道影响数值研究[J]. 固体火箭技术,2015,38(6):776-781.

[6] 孟艳,王玺,郭锦炎,等. 多级活塞杆式发射装置结构安全性分析[J]. 弹道学报,2020, 32(2):56-61.

[7] J. Gerrits. Dynamics of Liquid-Filled Spacecraft:Numerical Simulation of Coupled Solid-Liquid Dynamics[D]. Groningen:University of Groningen,2001.

[8] Chen Gangli,Rui Xiaoting,Yang Fufeng,et al. Study on the Natural Vibration characteristics of Flexible Missile with Thrust by Using Riccati Transfer Matrix Method[J]. Journal of Applied Mechanics,2016,83(3):031006-031008.

[9] Rui Xiaoting,Bestle Dieter,Zhang Jianshu,et al. A new version of transfer matrix method for multibody systems[J]. Multibody System Dynamics,2016,38(2):137-156.

撰稿人:姜毅(北京理工大学)　何丽(中国航天科技集团有限公司第一研究院)
　　　　陈苗(中国航天科技集团有限公司第一研究院)
　　　　郭振(中国航天科技集团有限公司第一研究院)

运载火箭低成本机动快速发射

Fast launch of launch vehicle at low cost

1 科学问题概述

运载火箭的技术水平代表着一个国家自主进入空间的能力,是开展空间活动的前提。

由于天基信息系统本身的易损性,未来战争迫切需要增强快速进入空间能力。国外方面,商业小型遥感卫星星座迎来密集发射期的同时,低轨道互联网星座计划也将陆续进入发射期,英国一网(OneWeb)公司和美国太空探索技术(SpaceX)公司分别提出了648颗和4000颗低轨小卫星星座计划,以提供宽带上网任务。国内方面,2020年前,我国发展分布式合成孔径雷达(Synthetic Aperture Radar,SAR)、二代时差定位、一代地球重力测量、星座移动通信、军事气象和海洋环境监测、掩星探测,以及应急发射的新型小光学和小SAR成像侦察等小卫星系统,覆盖了对地观测、低轨通信、天基预警、空间科学与探测、空间攻防、在轨服务和新技术试验等众多领域。

自20世纪50年代开始,我国运载火箭实现了从串联到捆绑、从常规推进到低温推进、从单星到多星到载人的突破。现役长征系列火箭实现了我国运载火箭从无到有的突破,发展了相对完善的运载能力。在空间站、探月采样返回等重大工程牵引下,实现无毒、无污染推进,低成本、高可靠性新一代运载火箭的研制。尽管我国的运载火箭取得了辉煌的成就,但是在快速发射方面,与美国、俄罗斯等世界航天大国依然存在一定的差距。当前,加快我国快速响应运载火箭技术能力建设,是摆在我们面前的迫切任务。

运载火箭低成本机动快速发射能够在不依托航天发射场的情况下,通过机动选择发射点,将有效载荷送入太空,可以满足航天器快速、灵活、经济发射需求,在射前环节针对发射点评估与选择、发射点位/发射窗口一体化规划、快速自标定与自对准、动基座传递对准、诸元快速解算等关键技术开展研究;在发射后环节针对任务/轨迹快速在线规划及重构、高精度自适应制导控制等关键技术开展研究,为运载火箭低成本快速机动发射奠定理论基础,提高快速进入空间、应急补网、力量重构的能力。

2　科学问题背景

运载火箭低成本快速机动发射可以实现安全、可靠、快速、机动、廉价、环保地进出空间,不仅是未来实现快速部署、重构、扩充和维护航天器的基础,也是大规模开发利用空间资源的前提,受到世界各航天大国的高度重视。

美国在快速响应空间战略的带动下,快速响应小运载、小卫星技术得到飞速发展,目前已成为美国战场指挥官直接获取战场信息的重要基础。美国快速响应发射的任务目标如图1所示,在各项快速响应空间相关计划的支持下,美军展开了对快速集成、测试、发射技术,航天器模块化、标准化与即插即用技术以及战术应用技术等演示验证试验。2010年发射的"ORS-Sat1"卫星标志着美军快速响应空间系统由关键技术验证向装备定向转变。

目前,国外在役的固体运载火箭主要有美国的"金牛座""米诺陶""飞马座"和俄罗斯的"起跑号"等,在研的主要有欧洲的"织女号"和日本的"Epsilon"等。如图2所示,这些火箭型号多样,用途广泛。随着固体动力、电子、控制技术的发展,固体运载火箭的大运载能力、小时级快速发射能力、高可靠、低成本、军民两用等技术性能逐步提升。

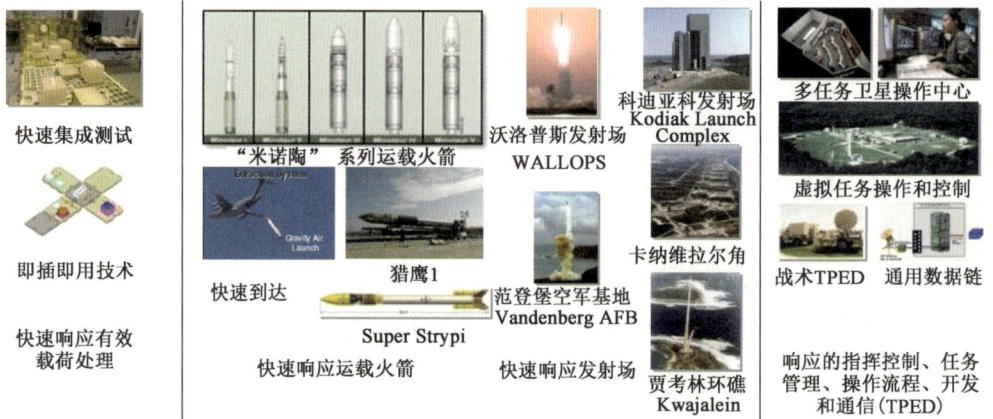

图 1　快速响应空间任务目标

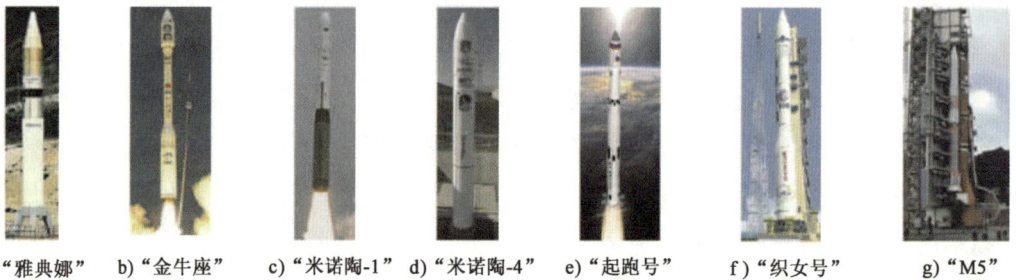

a)"雅典娜"　b)"金牛座"　c)"米诺陶-1"　d)"米诺陶-4"　e)"起跑号"　f)"织女号"　g)"M5"

图 2　国外部分快速发射运载火箭

国内研制的小型固体运载火箭主要包括"长征-11""捷龙"系列、"快舟"系列等,如图 3 所示,主要用于快速发射小型航天器,降低发射成本,提升快速进入空间能力。发射方式以公路机动发射为主。

a)"长征-11"　　　　　　　　　　　b)"KZ-11"

图 3　国内部分小型固体运载火箭

从国内外固体运载火箭系统及其发射系统的发展情况来看,具有如下特点:

(1)从发射方式上看,国外固体运载火箭的发射方式主要有简易发射台/架发射、车载机动发射等发射方式,以简易发射塔架热发射为主,美国、日本的固体运载火箭均采用简易发射台发射,分级发射场吊装,发射场准备时间均在3天以上;俄罗斯的固体运载火箭均采用类似于战略导弹的冷发射模式,"起跑号"系列采用公路机动发射及固定台架起竖发射两种发射模式,发射装置通用,具备战时完成应急快速发射的能力。国内则以公路机动发射为主,具有机动发射车设计的丰富经验和技术继承性。国内固体运载火箭如快舟系列、开拓系列等均采用公路机动垂直发射方式。

(2)从使命上看,国内外固体运载火箭均主要用于快速发射中小型有效载荷,关注火箭的运载能力、安全性和经济性,用于提升快速进入空间能力。同时,国内固体运载火箭除了安全、准确地将有效载荷送入预定轨道之外,还关注其机动能力需求,包括机动速度、机动距离、越野能力、测试发射能力等指标,同时具备场内快速发射能力和场外机动发射能力。

3　科学问题研究进展

为实现快速航天发射不受发射环境影响,不依托或少依托发射场,快速、机动部署,快速测试发射,开展运载火箭机动快速发射技术研究是构建快速响应空间体系的基础。运载火箭机动快速发射技术研究重点从以下七个方面进行。

3.1　重型机动发射装备设计技术

重型机动发射装备作为运载火箭机动发射的运输、测试和发射平台,满载总质量要达到100t以上,规模大,功能多,集成度高,要具备重载机动、托箭起竖、冷发射弹射或热发射燃气流排导、多种用电设备供电、火箭和卫星环境保障、测发控等能力,涉及机、电、液、控等多个专业,设计技术难度大,需要根据运载火箭发射要求开展总体构型和布置的优化设计,对动力系统、驱动系统、行驶系统、支撑调平系统、起竖系统、空调系统、发射装置、定位定向瞄准系统等进行一体化集成研究,需要研究建立复杂的柔性多体动力学模型,分析运载火箭在机动发射过程中的载荷环境,验证、评估发射装备平顺性设计。需要研究多模式混合动力系统的能量分配管理和动力单元运行控制策略,满足高可靠发射要求。

3.2　发射点评估与选择

快速发射固体火箭时由于弹射重量大,出筒速度要求高,弹射瞬间对地面的载荷很大,需对发射点进行评估与选择。研究典型场坪材料力学特性,建立场坪在冲击载荷作用下的场坪材料从弹性变形到损伤直至断裂的本构关系,针对等级公路,分别建立多层弹性体力学模型和多层黏弹性体力学模型,含损伤的场坪动态模型,分析载荷量值、作用时间、作用面积、下伏缺陷等因素对场坪相应的影响,研究典型场坪破坏机理,探索场坪动态响应试验方法,形成发射场坪动态响应快速预测方法,为发射点评估与选择提供支撑。

3.3　发射点位/发射窗口一体化规划

运载火箭的发射具有发射点位区域固定、发射窗口窄等特点,快速发射运载火箭需开展发射点位/发射窗口一体化规划。发射点精确计算问题属于 CGCS2000 坐标系下的大地主题解算。针对运载火箭快速发射需求,为实现精确入轨,需精确计算发射点坐标,该问题是一种非典型的大地主题解算问题,目前尚未形成统一的计算方法。针对已知目标点坐标和射程射向情况下的发射点坐标精确计算问题,开展了基于不同方式误差补偿的非典型大地主题正解方法研究。

围绕空间紧急救援等特殊情况,由于不能实现预测航天器出现故障的具体时刻,或无法实现确定需要救援对象的具体相位,还需采用多发射点合理机动布置,使得处于目标轨道任意相位的目标卫星均在发射点阵的救援范围内。需采用解析方法,建立涵盖目标轨道根数、发射点经度和纬度、运载火箭非共面夹角限制、标称入轨相位差、共面相位调整能力、入轨精度偏差等的发射窗口求解模型,推导紧急发射任务发射点机动布置基本理论,给出发射点机动布置策略。目前,已对空间紧急救援发射点等效构型问题进行了相关研究。

3.4　发射方位快速标定与对准

运载火箭快速发射采用机动发射时,其基准点处于运动载体上,从而带来基准点的定位误差问题。基准点的定位误差会对很多后续数据的处理工作都会产生影响,因此发射平台快速自标定与高精度自对准对于减小运载火箭基准点定位误差至关重要。开展重力场参数精确勘探技术研究,分析长航组合导航系统误差传播规律,推导组合导航误差传播方程,建立多源异类信息融合导向系统自适应模型,实现长距离高精度定位导航。在发射初始方向基准确定方面,传递对准是快速反应、机动发射运载火箭的关键技术,可提高运载火箭的反应速度和精确入轨能力。动基座传递对准精度提高主要受限于运载体运动过程中各种误差的影响,主要是杆臂效应误差、挠曲效应误差和时间延迟误差。针对杆臂效应,建立运载平台的动力学模型,分析力学和振动环境下的变形数据,对多个位置点数据进行校核,采用局部基准对运载火箭进行对准,提高对准精度;对挠曲效应进行建模,兼顾对准精度和鲁棒性以及传递对准的快速性因素,将由运载平台结构挠曲变形和振动所引起的线运动、角运动等效为白噪声,通过对测量数据预处理,减弱挠曲变形和振动干扰效应,提高测量信号的信噪比,提高对准精度;对时间延迟误差进行补偿,确保高精度的主惯导位置、速度和姿态数据及时准确地传递给从惯导系统。

3.5 诸元快速解算

运载火箭飞行诸元包括瞄准诸元、点位诸元、控制诸元和时序参数等多项内容,数据庞大。随着运载火箭快速机动发射需求的不断升级,如何在短时间内完成飞行诸元的生成和测试,确保飞行诸元正确,尤为重要。开展执行流程模式化设计技术、实时仿真技术、内置测试(Build in Test,BIT)在线系统自检测技术、控制参数自动设计算法、仿真结果的自动判读及输出成果正确性检验技术等研究,构建包括箭载计算机和飞行控制软件在内的闭环仿真测试环境,为控制系统飞行软件模拟运载火箭真实射前及飞行状态下的输入输出接口环境,实现对飞行诸元的快速生成与测试。

3.6 任务/轨迹快速在线规划及重构

为快速机动发射,运载火箭需要在处理故障与自主飞行方面具有更强的自主控制能力。任务/轨迹快速在线规划与重构技术赋予火箭自主规划与故障应变能力,能够极大提升火箭执行任务的灵活性与完成新任务的能力,也可节省飞行成本。在发射点惯性坐标系下,建立运载火箭运动方程,综合考虑燃料约束、动压约束、轴向过载约束和弯矩约束等控制和过程约束,以求解最优推力等为目标,采用基于最优控制原理的间接法、基于数值优化的直接法、基于序列凸规划等方法,开展任务/轨迹规划及重构技术研究。

3.7 精度自适应制导控制

运载火箭快速发射需兼顾可靠性与故障状况适应能力,开展基于最优控制理论的精度自适应制导控制技术研究。基于入轨点坐标系建立火箭飞行动力学模型,开展最优控制问题描述及求解,推导多轨道根数约束下的横截条件,开展精度自适应过程推力积分、引力积分,通过迭代计算,结合控制量限幅算法,保障故障条件下制导控制的适应性。

主要参考文献

[1] 蔡远文,辛朝军,程龙,等.航天快速发射现状与发展[J].装备学院学报,2015,26(1):5.

[2] 刘党辉,尹云霞.快速航天发射现状与建设[J].国防科技,2018,39(6):7.

[3] 李国庆,朱昱,王超.导弹无依托随机发射探讨[J].飞航导弹,2015,8:4.

[4] 韦文书,荆武兴,高长生.机动发射的弹道导弹飞行诸元的快速计算[J].哈尔滨工业大学学报,2012,44(11):6.

[5] 鲜勇,肖龙旭,李刚.组合制导弹道导弹无依托快速发射技术研究[J].宇航学报,2010,8:5.

[6] 刘海波,张敬.新型运载火箭测试发射模式[J].导弹与航天运载技术,2012,5:5.

[7] 李九人,李海阳.空间紧急救援发射点机动布置研究[J].宇航学报,2009,30(1):373-377.

[8] 程晓明,尚腾,徐帆,等.基于序列凸规划的运载火箭轨迹在线规划方法[J].宇航学报,2021,42(2).

[9] 肖士利,谢志丰,潘忠文,等.运载火箭发射场无人值守加注发射技术研究[J].宇航学报,2019,40(4):7.

[10] 杨毅强.国外固体运载火箭技术的新进展与启示[J].固体火箭技术,2012,35(5):5.

撰稿人:刘相新(中国航天科技集团有限公司第一研究院)

韦常柱(哈尔滨工业大学) 郝继光(北京理工大学)

航天器与机动发射车耦合动力学

Coupling dynamics of spacecraft and launch vehicle

1 科学问题概述

车载航天器系统是一个集运输、展开和发射于一体的复杂大系统,具有机动性高、操纵性强、反应时间短、体积较小、便于隐蔽、维护方便等优点。近年来,我国的高速公路建设发展迅速,密集的高速公路可以为车载航天器系统的无依托发射提供广阔的运输和发射场地。基于无依托发射,车载航天器系统能够快速有效完成我国低纬度、中纬度和高纬度发射任务。

与航天器的固定发射台架发射相比,车载航天器系统在运输、展开和发射过程中的场地是随机的,且因地域不同而存在巨大差异,这将导致地面环境对车载航天器产生巨大影响。同时,航天器和发射车为一体化系统,该系统在运输、展开和发射中由于外界和自身的冲击载荷巨大,系统中的柔性结构会产生变形,导致起竖稳定性降低、航天器的初始扰动增大,严重时导致航天器的发射失败。

车载航天器系统机动过程中,发射车因路面不平引起的强烈振动会发生横向不稳、振动严重,进而引起航天器过载过大、结构破坏、仪器仪表失灵等问题。因此,需要提高机动过程中发射车的平顺性和减少航天器过载。车载航天器系统在运输、展开和发射过程中,存在持续性路面激励和风载等因素影响,且起竖和发射载荷大、作用时间长,载荷传递过程中车载发射平台和航天器出现剧烈振动,航天器与车载发射平台之间相互影响,耦合效应明显。因此,需要对车载发射平台和航天器的耦合效应进行研究,减小冲击载荷对车载发射平台和航天器的影响。车载航天器系统发射时,发射载荷具有作用时间短、载荷大等特点,瞬态大冲击载荷作用下,场坪的承载能力会影响航天器的初始扰动甚至决定发射的成败,因此,需要实现场坪承载能力的快速准确评估。

综上所述,要实现车载航天器系统的安全机动、快速起竖和无依托发射,需要开展路面特性对车载航天器系统影响研究、车载航天器系统载荷传递及耦合效应研究和场坪承载能力的快速评估技术研究。

2　科学问题背景

随着航天技术的飞速发展,航天器的发射地点从初始的固定阵地发射逐渐发展到陆上无依托发射、海上发射、空中发射和太空发射等。近年来,航天器的陆上无依托发射逐渐得到重视,世界各航天大国均在不断加大对航天器无依托发射的投资力度。航天器的无依托发射无须依托预设的发射场地,而是随机选择场坪进行发射,这种发射方式具有发射面积广、响应速度快、生存能力强、能有效提高航天器的发射和生存能力等优势。总之,无依托发射已成为国内外航天器发射的重要发展方向。

近二十年来,我国高速公路建设迅猛发展。截至 2020 年底,我国的公路通车里程已超过 519.81 万 km,其中高速公路通车里程为 16.10 万 km,稳居世界第一。高速公路覆盖了全国大部分城市,我国密集的高速公路网络为航天器实现无依托发射奠定了坚实的基础。将我国错综复杂的公路作为无依托发射场地,可扩大车载航天器系统的发射范围,并有效提高车载航天器系统的机动性和隐蔽性,进而提高车载航天器系统的发射和生存能力。

虽然车载航天器系统实现无依托发射对提高航天器的发射和生存能力具有重要战略意义,但车载航天器系统在无依托发射过程中存在诸多研究难点。

首先,车载航天器系统在机动过程中,路面平整度对航天器有较大影响。公路的路面平整度与气候、使用寿命、载荷积累、施工质量等因素有关。对于车载航天器而言,在实车试验前路面平整度对其平顺性的影响是未知的。而实车试验的周期长、成本高,且贸然试验可能引发安全事故,造成巨大经济损失。因此,需要基于理论和仿真手段,对等级公路进行路面重构,以产生车载航天器系统机动时的随机激励。当前,开展路面平整度对车载航天器系统机动过程影响的研究较少。因此,需要开展路面特性对车载航天器系统机动过程的影响研究。其次,车载航天器系统在运输、展开和发射过程中,航天器质量大、质心高,受到路面激励、起竖和发射载荷等因素影响,航天器的过载较大,起竖稳定性差。航天器与发射装置之间通过柔性适配器连接,相互作用强。载荷冲击大导致车载发射平台变形较大,甚至会使结构产生破坏。同时,在展开和发射过程中,车载航天器系统与发射场坪的耦合效应影响起竖稳定性和发射安全性。因此,车载航天器系统在展开和发射过程中的载荷传递和场坪与车载航天器系统耦合效应是不可忽视的问题,需要开展车载航天器系统载荷传递和车载发射平台、航天器及场坪耦合效应研究。最后,在车载航天器系统发射过程中,瞬态大冲击载荷传递至发射场坪,场坪发生弯沉,加剧车载发射平台振动、增大航天器的初始扰动,决定着发射的成败。对于未知发射场坪,发射航天器前对其承载能力不做评估极其危险,极易导致航天器发射失败。因此,为保证航天器无依托发射的成功,需要开展场坪承载能力快速评估技术研究。

3 科学问题研究进展

目前,能实现航天器机动发射的国家主要有中国、美国和俄罗斯等,且仅实现了小型航天器的公路机动发射,对于大型航天器的公路机动发射有待进一步突破。航天器与机动发射车的耦合动力学涉及结构力学、多体系统动力学、汽车理论、现代控制理论等多个学科。车载航天器系统的耦合动力学研究内容丰富,涉及多学科交叉,研究难度大。航天器与机动发射车耦合动力学涉及的主要科学问题研究进展如下。

3.1 路面特性对车载航天器系统的影响研究

当前,国内外对车辆的研究主要集中在民用车辆的平顺性和操作稳定性上,而对车载航天器系统机动过程振动特性研究较少。针对民用车辆的研究,主要从路面平整度、悬架结构参数等角度出发,对路面平整度的数学模型包括路面平整度的数学描述、功率谱分析模型、小波分析模型、分型分析模型等进行了研究,虽然路面平整度数学模型的研究较多,但其数值模拟精度有待提高。其次,对路面平整度的试验分析研究中,测量的路段仅为少数典型路段,尚未对所有典型路段的路面平整度进行试验研究,未形成国内所有典型路面平整度数据库。此外,车载航天器系统所用的发射车为多轴车辆,而国内外公开报道的针对多轴发射车快速机动和转向过程的稳定性的研究较少。因此,在后续研究中,需要进一步对路面平整度的理论模型进一步优化,提高路面平整度数值计算的精确度,广泛开展国内所有典型道路路面平整度数据库研究。基于上述路面平整度理论和数据库,对所有典型路段进行三维路面重构,开展路面平整度对车载航天器系统的影响研究。

3.2 车载航天器系统载荷传递及耦合效应研究

当前,国内外对航天器的起竖问题主要开展了起竖机构设计、驱动方式和起竖运动规律控制等研究。起竖机构设计中,以固定三铰点起竖机构和移动式铰点起竖机构为主。驱动方式主要有泵驱动方式和电动缸驱动方式。起竖运动规律有匀速起竖、匀加速-匀减速起竖和匀加速-匀速-匀减速起竖。我国目前现役的大型航天器起竖系统大多采用液压驱动方式,且航天器起竖过程的控制采用分段线性的控制方法,虽然理论上能实现起竖时间最优,但由于加速度不连续,容易导致起竖过程中产生较大冲击,起竖过程的平稳性差,严重时影响到航天器上仪器仪表的正常工作,所以在设计时对加速度的选取较为保守,造成规划时间过长,不能实现快速起竖。此外,车载航天器系统起竖和发射时,冲击载荷作用于车载发射平台、航天器和场坪,导致航天器过载较大、车载发射平台稳定性差,而目前针对车载航天器系统的载荷传递研究较少,且在研究车载航天器系统起竖和发射时,车载航天器系统与场坪的耦合效应均是通过解耦的方式计算。该计算方法与实际情况偏差较大,所得结果误差大,可信度低。

针对现有分段线性规划轨迹方法的不足,研究解决航天器起竖过程的快速性和平稳性问题,通过采用多级液压缸分级规划的策略和采用光滑函数拟合轨迹曲线的方式以提高起竖过程的平稳性,通过建立并求解航天器起竖过程的最优时间轨迹模型以提高其起竖过程的快速性。针对当前车载航天器系统载荷传递研究不足,开展载荷传递研究,以期减小冲击载荷对车载航天器系统稳定性和安全性的影响;针对当前解耦方法研究场坪和车载航天器系统耦合效应的不足,需建立场坪与车载航天器系统的耦合动力学模型,进行展开过程中场坪与车载航天器系统耦合效应对起竖稳定性的影响研究。

3.3　场坪承载能力快速评估技术研究

当前,典型路面结构主要有以沥青混凝土为主的柔性路面结构和以水泥混凝土路面为主的刚性路面结构。对于路面的理论研究,则是将柔性路面或刚性路面简化成弹性层状体系和弹性半空间体等力学模型,而这些理论模型均基于理想假设,与真实情况存在差异,不足以满足瞬态大冲击发射载荷下场坪的极限破坏问题的计算需求。对于场坪承载能力评估,国内交通运输部门及高校针对不同等级公路的承载能力分析主要聚焦在小载荷和不同车流量对道路疲劳损伤问题的研究,目前已形成不同等级公路承载能力的设计规范,但对发射冲击载荷而言,与民用车辆载荷在影响范围和破坏模式上均存在较大差异。由于车载航天器系统发射载荷的特殊性,使其与民用承载力的评价准则不同,承载能力主要指在发射载荷作用下路基的下沉量不影响发射安全性,而非道路不发生破坏。公路行业现有标准及研究成果还没有给出这种使用模式下的公路承载能力评价方法,目前尚无成熟经验可供借鉴。航天器无依托发射前,需要对场坪承载能力进行评估,依次判定该场坪是否满足发射条件。当前对场坪承载能力快速评估的方法研究较少,缺少参考依据。

因此,在后续研究中,首先要考虑典型路面特性、层内材料本构、层间结合状态、含水率、初始损伤等,实现场坪的精细化建模。其次,基于精细化的场坪模型,建立车载航天器系统与场坪的耦合力学模型,开展航天器发射载荷作用下场坪承载能力快速评估技术研究。

主要参考文献

[1] 蒋孟龙,刘莉,齐竹昌,等. 基于 Open CASCADE 的导弹轻量化几何参数化建模[J].

弹箭与制导学报,2015,35(2):1-4.

[2] Chen G L,Rui X T,Yang F F,et al. Study on the Dynamics of Laser Gyro Strapdown Inertial Measurement Unit System Based on Transfer Matrix Method for Multibody System[J]. Advances in Mechanical Engineering,2013,5:854583.

[3] Dziopa Z,Krzysztofik I,Koruba Z. An analysis of the dynamics of a launcher-missile system on a moveable base[J]. Bulletin of the Polish Academy of Sciences Technical Sciences, 2010,58(4):645-650.

[4] 芮筱亭. 多体系统发射动力学及其应用[J]. 中国工程科学,2011,13(10):76-82.

[5] 高星斗,毕世华,陈阵. 车载导弹多体发射动力学仿真研究[J]. 弹箭与制导学报, 2010,30(6):60-62.

[6] 安兰存,王保业,王新军. 重型车辆油气弹簧多轴平衡悬架系统[J]. 导弹与航天运载技术,1993,(5):45-52.

[7] 周晓和,马大为,胡建国,等. 某导弹无依托发射场坪动态响应研究[J]. 兵工学报, 2014,35(10):1595-1603.

[8] 袁成林,马大为,张震东. 层间接触与弹性模量对某导弹场坪动载的影响[J]. 火力与指挥控制,2016,41(3):53-56+61.

[9] 毕世华,赵文江. 自行火炮发射动力学研究[J]. 北京理工大学学报,1999(2):19-23.

撰稿人:何定州(中国航天科技集团有限公司第一研究院)
杨向东(中国航天科工集团有限公司第二研究院)
刘琦(中国航天科技集团有限公司第一研究院)　姚建勇(南京理工大学)
胡振娴(中国航天科工集团有限公司第三研究院)　邓月光(北京理工大学)

超高速电磁推进运载器基础科学问题

Scientific approach to the ultra-high speeding high-power electromagnetic propelled systems

1 科学问题概述

近地面超高速大功率电磁推进指采用先进电磁推进等技术,将以运载器为代表的重型载荷在地面进行大功率加速至超高速甚至超声速以上。该技术是未来航天发射的重要技术发展方向之一,也是地面各类超高速推进的共性技术,我国正在多渠道部署安排发展。我国将航天电磁助推发射列入航天领域中长期发展规划,鼓励开展针对各类航天运载器的超声速电磁推进技术研究,而针对该战略布局领域方向,开展以"高速、高效、高稳"为典型特征的超高速电磁推进运载器相关科学问题研究具有重要意义。

在运载器向超高速推进过程中,随着速度的增加,运载器在地面受到的气动力随之变化,尤其在近地面影响下,当运载器达到跨声速甚至超声速时,气体会经历通流-壅塞-通流的复杂过程,表现出与传统亚声速地面加速和高空跨声速/超声速加速截然不同的气体流动特征,对运载器气动特性产生巨大影响,但前期由于缺少背景工程牵引,缺乏超高速近地面气动效应问题系统性研究;此外,运载器在加速过程中,除了受到复杂气动载荷影响外,还受到推进系统、悬浮导向系统等时变耦合三维电磁力影响,力又随着运载器姿态和相对位置关系变化而发生变化,使得运载器受到的载荷环境空前复杂,对运载器安全性造成影响,需要开展超高速电磁推进运载器动态响应机理与稳定边界研究。从电磁推进技术本身来看,由于速度和推力呈数量级增加,按照功率计算公式 $P = Fv$,相比传统电磁推进系统,超高速大功率推进系统的输出功率将由几十上百兆瓦大幅提升至吉瓦级以上,系统的一次建设成本和长期使用成本大幅提升,必须采用具有变革性的电磁推进技术体系,开展超高速高效先进直线电机设计理论研究。同时,先进电磁推进系统的高性能输出有赖于系统对直线电机速度的高精度控制,但由于系统速度大幅提升至超高速,且加速时间短,要求电磁推进系统要具有宽频带调速范围,能够在短周期内对电机大电流进行快速精确调节,需要开展超高速吉瓦级电力传动系统拓扑及高鲁棒性控制研究。

2　科学问题背景

从已经实现的工程应用来看,传统电磁推进系统最高时速一般约为百公里级别,功率等级约为十兆瓦级;应用于航母舰载机弹射的电磁推进系统最高速度可达到 300km/h 级别,功率等级约为百兆瓦级。福特级航母是目前唯一装备电磁弹射的航空母舰,其上面搭载的电磁弹射器使用了类似于直线电机的电磁推进技术,与尼米兹级航母上的传统蒸汽弹射器相比,其结构相对简单、体积小、节约能源、不消耗淡水,且操纵人数减少了 30% 左右,效率也有了很大的提升。与之配套的还有福特级航母上的先进战机回收系统,使用了电磁系统提供阻尼来为战斗机减速。但福特级航母在试航时,其电磁弹射及回收装置的故障率分别飙升至 1/70 和 1/25,可见要想实现电磁弹射装置的真正可靠使用还有很多问题需要解决。当电磁弹射物体的速度达到超声速以上、功率达到吉瓦级以上的航天电磁发射领域应用需求出现时,对应的电磁推进系统的技术特点将完全改变。

载荷和动力学方面,随着速度增加,近地流场会发生通流-壅塞-通流的转变,特别是这个过程会存在迟滞现象,导致流场转变的过程与定常流动差别很大,其直接影响就是运载器会经历升力和俯仰力矩的突变,甚至是正负号突变;同时除了气动环境影响,超高速电磁推进运载器在运行时还受到桥梁自振、电磁作用力,以及线路不平顺等外部激励,在宽速域运行工况下,其复杂的载荷环境呈现出高频域特性,除运载器姿态外还将影响到机载部件的动态响应,恶劣情况下会导致运载器与地面发生失稳碰撞。

电磁推进方面,随着功率等级增加,一方面,电磁推进系统建设规模将大幅增加,低效率成为限制大规模工程化应用的重要因素;另一方面,电机电压随之升高,对电机绝缘耐压等级提出更高的要求,现有绝缘设计能力下,可能发生电机绝缘击穿故障,造成电机短路、失火等严重后果。随着速度的增加,对电机推力的大小和品质提出了更高的要求,过高的推力波动可能造成电机动子和运载器的振动量级过大,降低电磁推进系统和运载器的安全性。此外,超高速下会极大提升电磁推进系统牵引控制难度,对牵引控制的动态响应和鲁棒性提出更高的要求。一旦出现牵引控制故障,将导致动力丢失,造成任务失败。

3 科学问题研究进展

超高速大功率电磁推进是多学科融合技术,涉及复杂气动、动力学、高效电磁推进、精确牵引控制等多个领域,在系统研究层面偏向于方案和关键技术研究,涉及科学问题研究的主要集中在单项技术。

关于超高速近地面效应,目前以飞机起飞着陆为应用背景,对马赫数 0.3 以下速域范围地面对飞行器绕流结构、气动性能的干扰影响的研究较为充分,对于更高速的地面效应研究相对较少。近年来由于电磁推射技术的整体带动,跨/超声速等高速条件下的地面效应研究逐渐活跃,相关学者以子弹等简单模型针对离地高度、来流速度等开展了试验与数值研究,相关高校和院所也以电磁推射为背景开展了先期工作,初步结果表明高速地面效应对运载器的气动特性尤其是纵向气动特性会产生较大的影响,相关问题的研究具有较高的应用与学术价值。总体而言,高速地面效应的研究,对于影响干扰特性的主控因素尚无统一结论,通流-壅塞转换、激波与不同边界条件干扰等相互作用关系尚不能精确描述,地面试验与数值手段也存在相似准则不明确等显著问题。

此外,关于电磁推进相关装备在复杂环境下系统的稳定性分析一直是该领域的核心科学问题,国内外许多学者以载具动力学特性的时空演化特征为主要基础,开展了相关的研究工作。在动力学行为描述层面,Yang 采用多场联立方程求解的形式完成系统边界条件及姿态响应的刻画;在运载器运行姿态稳定性分析层面,周又和以线性系统为主要分析对象,通过 Lyapunov 理论框架完成了简单结构体在多场环境下的稳定裕度计算。但由于超高速电磁推进运载器载荷环境更极端、耦合程度更复杂,对于刚柔耦合系统和关重件的动态响应和稳定边界研究还需要进一步深入。

关于超高速高效电磁推进的研究,国内外开展了直线感应电机、永磁同步电机和超导同步直线电机在超高速电磁推进领域的适用性研究,认为超导同步直线电机具有高机电能量转化效率,提出超声速下需要考虑选用超导同步直线电机。但整体而言,超导电机研究主要集中在传统兆瓦级旋转电机和600km/h级直线电机,针对超高速吉瓦级超导直线电机较少,缺少动态更大过载超导磁体设计理论研究和更高电压电机绝缘老化与失效机理研究,缺乏对更高速下超导直线电机电磁振动规律的认识和安全设计边界研究。

关于超高速电磁推进涉及的高压大功率交流传动,国内外在传统高压电能变换技术的基础上,针对运载器驱动特有的零频/低频重载启动技术特点展开一系列研究,提出了桥臂低频环流主动注入、增加额外相间功率交换通道、级联单元增加大容量能量交换元件等策略,但整体而言目前该方面的研究停留在仿真阶段,缺乏对实际应用背景的针对性研究。此外,超高速工况下长定子直线电机存在气动扰动造成的气隙变化及阻感参数快速变化等问题,相关的高鲁棒性控制策略在国内外少有研究,也需要进一步进行深入分析。

整体来说,关于超高速大功率电磁推进运载器相关的科学问题研究,由于缺乏工程背景牵引,研究指向性、广度和深度均不足,需要重点攻克以下科学问题。

3.1　超高速近地面气动效应问题

超高速地面效应对电磁推进运载器气动性能影响显著,因此需要针对其主要的影响因素展开重点研究与分析,例如从亚声速到超声速跨速域运行过程中的通流-壅塞转换对气动性能影响,激波/激波干扰、激波/边界层干扰等复杂波系干扰对气动性能影响等,并对影响流动特性的无量纲特征长度、马赫数以及运载器三维效应、动态效应等形成规律认识,并进一步明确主控影响因素。

3.2　超高速电磁推进运载器动态响应机理与稳定边界

在超高速电磁推进环境下,运载器受电磁、气动、力、热等多物理场耦合影响,系统动力学特性复杂呈现极强的非线性、时变性特征。面向运载器这一复杂研究对象,应构建适宜颗粒度的动力学表征手段,形成系统-关重部件动态响应的清晰刻画,探索电磁推进运载器在多物理场环境下的稳定边界问题。

3.3　超高速高效超导同步直线电机设计理论

针对超高速高效高可靠性超导直线电机设计理论体系,开展低交流损耗、低漏热、高动态、轻量化的超导磁体理论研究与设计方法;开展35kV及以上的电机绝缘老化与失效机理研究,建立全生命周期健康评价体系;针对电磁振动规律及抑制,开展超高速高效超导直线电机六自由度电磁载荷作用机理、传递路径与振动响应规律研究;针对超导直线电机离线模拟与评价体系构建,开展超导直线电机全速域下的电磁载荷离线模拟方法研究,构建超导直线电机高可靠设计理论与安全评价体系。

3.4 超高速吉瓦级电力传动系统拓扑及高鲁棒性控制

为建立规模可拓展、调速范围宽、系统安全可靠、电网友好型的超大功率交流传动系统，需要通过以下 3 个方面开展研究。开展适用于超高速吉瓦级的宽调速范围高压交流传动电能变换拓扑的研究，摆脱系统规模扩展性受单体器件耐压、耐流特性的限制；针对全速域牵引功率变化范围较大的问题，研究减少冲击负荷、能耗最优的储能-变流一体化电能变换拓扑和能量管理策略；重点针对低频重载启动、高压传动系统高效高可靠、高鲁棒性控制理论等开展研究。

主要参考文献

[1] 陈晓东,杨文将,刘宇,等.磁悬浮助推发射气动力分析及风洞试验[J].航空动力学报,2007,22(9):1561-1564.

[2] YIN Jun Mao, ZHENG Zhi Yong. ADAPTABILITY ANALYSIS ON MAGLEV LAUNCH ASSIST FOR LAUNCHING SPACE VEHICLES[C]//65th International Astronautical Congress. 2014.

[3] Doig G. Transonic and supersonic ground effect aerodynamics[J]. Progress in Aerospace Sciences. 2014,69:1-28.

[4] 葛四维,蒋崇文.国外超声速地面效应研究进展[J].飞航导弹,2018,2:47-52.

[5] Xing Y, Lei B, Lv Q A, et al. Simulations, Experiments, and Launch Characteristics of a Multiturn Series-Parallel Rail Launcher[J]. IEEE Transactions on Plasma Science,2019, 47(1):603-610.

[6] Yang S, Chagas M, Ordonez J, et al. Multiphysics model of a notional all-electric ship rail-gun—Model development and application[C]. Electric Ship Technologies Symposium (ESTS),2017 IEEE. 2017.

[7] 周又和,郑晓静.具有反馈控制的电磁悬浮体得到动力稳定性[J].振动工程学报,1997(10):474-479.

[8] G Brando M Coppola, A Dannier et al. An analysis of modular multilevel converter for full frequency range operations[C]//Proc. 8th Int. Conf. and Exhibition on Ecological Vehicles and Renewable Energies. 2013:1-7.

撰稿人:张艳清(中国航天科工集团有限公司第三研究院)　王文杰(北京理工大学)

胡振娴(中国航天科工集团有限公司第三研究院)

李扬(中国航天科技集团有限公司第一研究院)

运载火箭海上复杂运动环境动平台发射

Vehicle rocket launches on moving platform in complicated
marine environment

1 科学问题概述

运载火箭海上复杂运动环境动平台发射指将运载火箭转载至海上发射平台,将海上发射平台驶往预定海域点位实施发射,运载火箭低纬度发射可大幅提高低倾角发射任务效率。我国境内难以新建更低纬度的陆上发射场,但我国拥有 300 万 km^2 的管辖海域,南北纬度跨度大,邻接太平洋海域,运载火箭海上动平台发射可以充分发挥海域有利地理条件。

运载火箭海上发射属于强非线性复杂耦合系统问题,包含运载火箭、发射架、起竖装置、发射平台、海上复杂运动环境等要素相互耦合、相互影响,涉及机械、液压、控制、动力学、船舶运动学、计算流体力学等诸多学科,综合考虑采用冷弹射/热发射、固体/液体运载火箭与海上动平台相结合,不同发射载荷、不同运载火箭与多种工作剖面(起竖、发射)、多种发射环境(风浪等级)等发射组合方式及状态,属于多学科复杂耦合系统。

运载火箭海上复杂运动环境动平台发射与陆地发射不同。在复杂海洋环境,如风、浪、流等环境载荷作用下,海上动平台发生六自由度摇荡运动,发射架与运载火箭组合体受随机海况影响产生附加惯性力,对运载火箭产生冲击,直接影响运载火箭发射初始扰动和系统结构强度,海上动平台摇荡幅值过大,可能会导致运载火箭发射失败,因此海上动平台的稳定性至关重要。在运载火箭海上复杂运动环境动平台上,海上动平台、发射台、起竖装置、起竖托架、导轨、适配器、运载火箭等结构作用相互耦合、相互影响,呈现出较强的非线性特征。风浪引起的摇荡运动同样具有极强的非线性,导致火箭及发射平台剧烈晃动,进而引起下列问题:起竖阶段,起竖装置两侧载荷不同步、不匹配;发射阶段,运载火箭与支撑环、适配器与导轨载荷分布不对称,影响运载火箭运动特性。火箭发射过程中,适配器依次离开导轨,运载火箭约束状态发生突变,动力学特性发生变化。若运载火箭采用液体燃料,动平台的摇荡运动还会引起液体运载火箭的液体燃料晃动载荷与运载火箭响应相互耦合,加剧非线性效应。上述非线性因素耦合,可能导致火箭姿态发散,面临发射风险高、启控难度大等问题。针对上述问题,需要开展海上复杂运动环境动平台稳定控制策略研究,从运载火箭不同工作剖面过程机理入手,系统开展运载火箭海上复杂运动环境动平台非线性耦合作用机理研究,进而系统开展海上复杂环境液体燃料晃动与箭体耦合作用机理研究,并进行运载火箭海上复杂运动环境动平台发射模拟试验研究,全面掌握运载火箭海上复杂运动环境动平台发射规律及机理,为运载火箭海上复杂运动环境动平台发射的稳定性、安全性、可靠性提供理论支撑。

2 科学问题背景

运载火箭海上复杂环境动平台发射可以发挥海域有利地理条件,降低发射点纬度,免去降倾角轨道机动,提高低倾角任务发射效率;兼容中高倾角发射任务,增强运载火箭任务适应性;调整火箭发射方向,突破航区、落区选择局限,补充发射技术手段,优化弹道设计,充分释放火箭运载能力;火箭运载能力提高,可携带更多燃料能源,用于卫星轨道维持等消耗,提高卫星使用寿命;运载火箭海上发射平台具备机动能力,极大提高了运载火箭生存能力;为实现远海发射、可重复运载火箭海上回收奠定技术基础;逐步具备全球海域发射能力,国际化运营潜力大;海上发射可补足我国发射技术手段,充分利用我国现有大型民用船舶、海上平台资源和民、商测控资源,形成流程简洁、灵活高效的新型发射模式,利于快速有效补网,构建天地信息一体化发射,推进民用、商用卫星规模化发展,完善国家信息保障能力。因而,研究运载火箭海上复杂环境动平台发射具有重要战略意义和明显优势,但研究难点也不容忽视。

海上动平台晃动的主要因素为风浪,由于海风的多方向性、随机性,导致海浪具有多方向传播的特点,海浪是由无数多个不同方向的随机不规则小波组成,而每一个波的参数如波高、周期等不尽相同。运载火箭发射时刻可能处于海浪周期的不同相位,可能位于海浪的波峰、波谷或其他位置。国内外研究表明,海上发射的有效波高通常在 $1 \sim 6.5\text{m}$,波浪周期范围为 $4 \sim 20\text{s}$,具有较强的随机性和非线性。海上运动环境较为复杂,火箭发射系统会受到动平台摇荡运动的影响,海浪摇荡运动幅值过大会对箭体产生冲击,威胁发射安全性,因此动平台稳定性至关重要,因而需研究海上复杂运动环境动平台稳定控制策略。

伴随动平台摇荡,非线性海浪运动附加的惯性力会影响起竖过程及发射过程。在起竖过程中,运载火箭质心位置升高,起竖转轴处弯矩增加,影响起竖装置载荷,起竖载荷影响运载火箭起竖动力学特性,二者相互耦合。同时,海上动平台运动直接影响起竖载荷的同步性、匹配性,容易导致起竖装置发生级间碰撞,产生径向载荷,对火箭产生冲击,影响起竖安全性、平稳性。火箭箭体及适配器还会受到不均匀载荷激励,影响运载火箭运动特性和适配器响应。发射过程中,适配器依次离轨,与导轨接触的适配器数量发生变化,适配器载荷分布不均匀、不对称,可能出现部分适配器局部承载较大、适配器发生弹塑性形变的现象,运载火箭状态发生突变,由约束状态变为半约束状态最终变为无约束状态,导轨通过适配器传递给火箭的载荷重新分配,改变运载火箭动力学特性,导致离轨过程中运载火箭与发射架及与架相连结构之间的安全间隙发生变化,离轨后,适配器落点与运载火箭相对位置关系难以准确预测。适配器为非线性多层复合材料,发射过程中,适配器载荷分布不均匀、不对称,可能出现部分适配器局部承载较大的现象,且其在发射前为长时大负载过盈配合工作状态,发射过程中的适配器回弹动响应与地面模拟试验相比,回弹响应速度慢、回弹载荷小,直接影响火箭在导轨内约束导向效果、运载火箭动力学特性及适配器分离动力学特性。上述非线性因素强耦合,使得运载火箭海上复杂运动环境动平台非线性耦合作用机理难以分析,运载火箭动力学响应特性难以直接预示,存在潜在风险及较大的研究空间。

若运载火箭采用液体燃料,动平台运动引起燃料晃动载荷激励作用于箭体,影响箭体动力学响应,箭体运动反过来会影响液面晃动,耦合作用显著。耦合作用下的液体晃动较为复杂,可能发生微幅晃动、自旋液体晃动、非线性大幅晃动等现象,会对壁面产生冲击载荷,可能会引起结构疲劳破坏,短时间内液体的大幅晃动引发的液体重心变化会对运载火箭的运动特性及发射姿态产生不利影响。因而液体运载火箭的燃料晃动问题对运载火箭海上动平台起竖、发射过程的影响不容忽视。

组织运载火箭海上复杂运动环境动平台发射试验,试验周期长、成本高,需要耗费极大的人力、物力成本,无法短时间多批次开展大量试验,且由于进行发射试验时海浪具有随机性,难以进行理论研究模型的校验修正。目前的地面模拟试验无法完全复制海上复杂运动环境动平台发射过程。大型地面试验的设计较为复杂,可能无法准确模拟并获取高等级海浪等效激励作用下系统响应,有必要开展运载火箭海上复杂运动环境动平台发射模拟试验研究,为地面验证试验方案设计及理论研究提供支撑。

3　科学问题研究进展

运载火箭海上复杂环境动平台发射涉及科学问题的研究进展如下。

3.1　运载火箭海上复杂运动环境动平台稳定控制策略

目前,国内外对运载火箭海上动平台稳定性主要从动平台总体构型、平台稳定技术、发射窗口预测和长时间航向保持等方面结合处理:

(1)动平台总体方案设计需要采用多学科优化设计或相似理论构建船舶水动力相似模型等方式综合考虑平台耐波性、阻力、稳性操控等问题。多学科综合优化设计存在水动力性能计算效率不高、优化目标及优化变量增加难以保证全局最优的问题;将相似理论应用到构建船舶水动力性能的近似模型中,可以有效提高动平台稳定性优化设计效率,但近似模型的建立存在局限性。

(2)动平台稳定技术需考虑动基座实现复杂环境调平等测试问题,稳定平台的精度要求很高,国内工艺水平落后、研究起步较晚,与国外相比有很大差距。

(3)发射窗口预测。现有发射窗口预测算法模型种类较多,可对预测模型进行训练预测。较为典型的有线性回归模型、逆向传播(Back Propagation,BP)神经网络模型、长短时记忆网络(Long-short-Term Memory,LSTM)预测模型等。但预测算法模型在实时获取数据进行预测修正方面仍有待进一步研究。

(4)长时间航向保持。海浪激励和系统扰动、动平台驱动电机的剧烈振动给船体带来外部干扰等均为时变信号,时变扰动会严重影响船体控制系统的精度和稳定性。现有方法如下：

①模糊 PID 控制方式,未考虑系统本身时变干扰,控制性能较差；

②混合 H_2/H_∞ 预测控制跟踪方案,有效解决了时变扰动、系统输入饱和两大问题,但控制计算复杂、负荷较大；

③基于障碍 Lyapunov 函数的自动航向保持控制方法,实现了对航向偏差和横摇角度的约束,并通过有限时间的分数幂项抑制风向和水流干扰的影响,有较好的控制性能。

3.2 运载火箭海上复杂运动环境动平台非线性耦合作用机理

(1)高精度适配器长时大负载快速回弹动响应。

现阶段适配器预压建模相关研究较多,但关于建立高精度适配器长时大负载回弹动响应模型的研究较少。适配器长时大负载回弹响应滞后、回弹量偏小直接影响运载火箭发射动力学特性。可采取的技术途径有：①准确描述适配器真实回弹特性,提高发射动力学分析准确性；②开展适配器长时大负载回弹快速动响应技术研究,研制新型长时大负载快速回弹适配器,提高适配器分离可靠性。

(2)起竖过程非线性耦合作用机理。

相关研究表明,由于运载火箭海上复杂运动环境动平台起竖过程存在较强的非线性载荷激励,其耦合作用机理尚不明确。现有起竖结构可能难以满足大型液体运载火箭海上起竖需求,更加平稳可靠的新型起竖装置有待研究。可通过罚函数接触理论,描述运载火箭-适配器-导轨、运载火箭-适配环等非线性耦合关系,进而建立运载火箭海上复杂运动环境动平台起竖动力学模型,充分研究起竖过程系统非线性耦合作用机理,为新型起竖结构的设计提供理论依据。新型起竖结构的研究以起竖安全性、平稳性为评价指标,重点关注动平台复杂环境运动作用下的运载火箭发射系统整体结构强度及起竖载荷同步性、匹配性。

(3)发射过程非线性耦合作用机理。

目前,国内外关于海上发射子系统研究较多,关于运载火箭海上复杂运动环境动平台发射过程的系统级非线性耦合作用机理研究较少。可考虑基于显式动力学理论,建立运载火箭海上复杂运动环境动平台发射理论模型,基于船舶耐波性理论计算或通过试验测定方式,获得确定动平台型号不同风浪等级下的运动规律；建立高精度适配器长时大负载回弹模型;通过罚函数接触理论,描述运载火箭-适配器-导轨、运载火箭-适配环等非线性关系;最终,基于多学科耦合显式动力学理论,建立运载火箭海上复杂运动环境动平台发射复杂动力学参数化模型,对运载火箭海上复杂运动环境动平台发射动力学特性进行研究及优化。

3.3 海上复杂环境液体燃料晃动与箭体耦合作用机理

目前,液体燃料晃动与储箱耦合作用研究较多,属于典型的流固耦合问题,该过程的耦合作用仅发生在交界面上,通过界面力学平衡或变形协调条件实现,采用的理论分析方法主要有简化模型法、假设模态法、有限元法等。小幅低频晃动问题可采用多维模态法,基于线性势流理论求解;大幅液体晃动问题,由于边界条件有极强的非线性,线性势流理论不再适用,数值计算方法成为有限幅和大幅晃动问题求解的有力途径,包括任意拉格朗日欧拉方法(Arbitrary Lagrangian and Eularian Method,ALE)、流体体积函数法(Volume of Fluid,VOF)、标记子与单元方法(Marker And Cell,MAC)、移动粒子半隐式法(Moving Particle Semi-implicit,MPS)以及光滑粒子流体动力学方法(Smoothed Particle Hydrodynamics,SPH)等。虽然液体非线性晃动的问题使用数值方法求解效果较好,但是若自由液面出现翻卷、破碎、气隙等问题,现阶段有限元法仍无法有效模拟,试验研究是研究上述问题的重要手段。而且,现阶段对海上复杂环境液体燃料晃动与箭体耦合作用研究相对较少,海上复杂环境发射液体运载火箭风险较大,研究有待加强。

3.4 运载火箭海上复杂运动环境动平台发射模拟试验研究

当前关于六自由度船舶运动模拟试验的研究很多,但已有试验装置及试验方案中的被试物体的质量、体积远小于运载火箭。即便满足地面模拟试验,开展运载火箭发射试验成本极高、难度较大,因此需要开展运载火箭海上复杂运动环境动平台发射模拟试验研究。可考虑采用缩比试验模拟的方法。通过使用量纲矩阵测量可测物理量,修正因略去的相似准则而产生的偏差,同时,开展地面试验装置缩比模型和全尺寸结构的相似准则、外部载荷边界模拟、试验载荷和试验误差分析、判断试验结果与分析结果的相关性、检验模拟试验系统的适用性等问题的技术研究,使地面试验装置满足海上复杂运动环境动平台发射模拟试验要求。

主要参考文献

[1] Song Z,Xie X,Qiu L,et al. The prospects of sea launches for Chinese cryogenic liquid-fueled medium-lift launch vehicles [J]. Chinese Journal of Aeronautics, 2021, 34 (1): 424-437.

［2］ 王胜永,张青,郭涛.自适应传递对准技术在海上航天发射初始对准中的应用研究
［J］.信息系统工程,2021(7):145-147.

［3］ 邓烨晨.中国首次海上发射技术试验[J].Aerospace China,2019,20(2):62.

［4］ Konyukhov S N. Applied Mechanics Problems Accompanying Spacecraft Launches from a
Floating Platform and Their Resolution by the Sea Launch Project［J］. International Ap-
plied Mechanics,2004,40(2):115-139.

［5］ 郭子淳,黄家怿,王水传,等.智能投饵船研究现状与展望[J].农业机械学报,2020,51
(S1):385-396+404.

［6］ 吴文军,高超南,岳宝增,等.圆柱贮箱内液体非线性稳态晃动实验及动力学特性分析
［J］.宇航学报,2021,42(9):1078-1089.

撰稿人:姜毅(北京理工大学)　刘相新(中国航天科技集团有限公司第一研究院)
何定州(中国航天科技集团有限公司第一研究院)

运载火箭机载平台发射

Launching technique of the rocket launching from the airplane

1　科学问题概述

运载火箭机载发射有内装、背驮、挂架和拖曳等多种方式,不同发射方式的安全性、可靠性、便利性、经济性和发射剖面均不相同;火箭要通过载机周围复杂的流场区域,载机周围存在不稳定剪切层、大尺度涡、上洗流等多向耦合流场,火箭的非线性运动与复杂流场耦合,可能导致火箭姿态发散,甚至与载机相撞;火箭离机后,载机质量特性发生变化,面临失控的风险;火箭离机后,要在一定的初始姿态和离机距离下启控,涉及紊流中快速响应启控问题,面临失稳的风险,启控难度较大。针对以上问题,首先开展不同发射方式的发射剖面参数匹配技术研究,并深入研究发射过程机理,从空中发射火箭多向耦合流场拓扑结构研究入手,结合复杂流场与多体动力学耦合非线性作用机理研究,系统开展稳定性控制策略研究,并开展机载平台发射天地一致试验验证方法研究,全面掌握运载火箭空射的投放、启动和控制等流程的发射规律和机理,为运载火箭机载平台发射的稳定性、安全性和可靠性提供理论和方法支撑。

2　科学问题背景

运载火箭机载发射方式具有性价比高、灵活快速、发射窗口宽、发射点随机选择和全

方位发射等优点,是未来航天发射的重要发展方向。使用飞机作为载体,将运载火箭运送至指定空域进行发射,可以赋予火箭一个初始发射速度和高度,可提高火箭运载能力30%左右;可重复使用的载机,相当于火箭的一级推进器,从而降低了发射成本;整个系统对地面设施依赖小、机动灵活,是一种简单、安全、可靠的发射方式。美国的"快速抵达"工程采用"C-17A"载机发射运载火箭,将450kg的有效载荷发射至185km轨道高度,俄罗斯的"飞行号"空射火箭采用"安-124"作为载机发射运载火箭,可以把4t的有效载荷送入近地轨道。

运载火箭机载平台发射技术难度较大,主要有以下五个难点:

(1)不同的发射边界对载机和火箭的影响程度较大,为了发挥火箭空射的性价比,需要较大的发射初速度和较高的投放高度,但这样会降低发射安全性,需开展不同发射方式的发射剖面参数匹配技术研究,为发射方案设计提供理论依据。

(2)相比于地面火箭发射方式,火箭要穿过载机周围的复杂不稳定剪切层、大尺度涡、上洗流等多向耦合流场,对流场的形态特性识别较为困难,载机和火箭的运动对流场的瞬时扰动对载荷建模影响较大。复杂流场载荷预估是安全性分析的必要条件,有必要开展载机发射火箭多向耦合流场载荷预测与预估技术研究,为火箭与载机安全分离提供载荷依据。

(3)火箭离机后要在载机周围流场中以一定的初始姿态启控,火箭可能会在流场影响下产生较大的俯仰、偏航和滚转姿态,且火箭离机后载机质量特性迅速发生变化,会产生较大的姿态扰动,综合影响下可能会使火箭与载机相碰,造成严重的发射安全事故,有必要开展载机复杂流场与多体发射动力学非线性作用机理研究,为火箭和载机轨迹分析提供理论依据。

(4)运载火箭机载平台发射时,由于存在瞬时载荷剧烈变化,可能会导致载机和火箭失稳,引起姿态紊乱,造成分离失败。火箭和载机稳定性分析涉及的影响因素多、评价目标复杂,有必要开展载机发射火箭稳定性控制技术研究,为安全分离设计提供依据。

(5)与地面发射火箭相比,空射火箭发射地面验证试验存在一定的局限性,地面验证试验无法完全复制火箭空投过程,目前常见的相似律无法实现天-地气动、运动和动力学完全相似,同时,大型地面试验装置的设计也较复杂,可能无法准确抓取失稳现象,需要开展天地一致性试验验证方法研究,为地面验证试验方案设计提供理论支撑。

3　科学问题研究进展

运载火箭机载发射有内装、背驮、挂架和拖曳等多种方式,内装式发射方式的优点是可以实现对载机的最小改装,且火箭装载在载机内部,不受太阳辐射加热或对流加热的影响,缺点是火箭要穿越载机尾部复杂的流场区域。背驮式投放方式可以运载大型火箭,缺点是对运载火箭改装成本大,释放时需要运载火箭主动控制以防撞击载机。挂架投放方式可以借鉴成熟的空投导弹分离经验,但缺点是运载火箭的大小受到限制。拖曳式投放的优点是火箭与载机分离较容易,缺点是由于载机和火箭之间拖曳绳的存在,控制程序复杂且存在拖缆断裂或载机失稳的风险。目前各国均在积极开展这几种空射火箭发射的技术路线,做了大量研究工作,但无法证明哪一种投放方式明显优于其他几种。以上发射方式都存在发射剖面参数匹配、载荷预估、动力学和流场耦合机理分析、火箭和载机稳定性控制和地面试验验证等共性问题,现主要针对这 5 个科学问题开展研究。

3.1　基于智能算法的发射剖面参数匹配技术研究

使用聚类算法、遗传算法、神经网络等智能算法等对发射剖面参数匹配技术进行研究,以发射的安全性和经济性等指标作为优化目标,以发射的高度、速度、攻角、投放速度、投放姿态等多源数据为优化变量建立参数匹配优化模型,再以载机飞行边界和有效载荷的质量为约束条件得到可行域,在可行域中采用多目标智能算法对优化问题进行求解,求出固定约束条件下的最优解集,得到最优发射剖面,并综合对比不同发射方式集后确定最终的参数匹配方案,为发射方式的技术路线研判提供依据。

3.2　载机发射火箭多向耦合流场载荷预测与预估技术

对载机周围流场的不稳定剪切层、大尺度涡、上洗流等多向耦合流场拓扑结构进行研究,确定适用于复杂流场的分析方法,在此基础上,建立载机空中发射火箭多边界流载荷预估模型。通过在不同的发射边界条件下,对流场模型的重构、流场映射、耦合理论等基础问题进行研究,获得适用于载机发射载荷预估方法。美国已开展了很多使用大型运输机多联装后向发射载荷的技术研究,其具有发射载荷多样、灵活、经济和模块化等优点,但也存在载机尾流场预测难度大、被投放载荷轨迹预估困难等问题。基于此,具体研究内容包括:一是载机发射多向耦合流场基础理论问题,如边界参数驱动技术、流场模型快速重构技术、流场分布快速映射技术等基础技术的研究。二是载机发射多边界数学模型及载荷预测方法研究,包括多边界与流场之间的参数传递矩阵、多向耦合复杂流场与动力学精确耦合方法等方面的研究。通过该内容研究,为载机发射火箭稳定性模型奠定研究基础,为研究发射过程机理明确途径以及计算方法与模型。

3.3　载机复杂流场与多体发射动力学非线性作用机理研究

载机发射火箭时,火箭要通过载机周围流场,通过建立复杂流场与多体动力学耦合理论模型,评估不同方法对火箭发射动力学的适用性,获得流场与火箭运动模型的非线性作用机理,从而研究流场对火箭运动的干扰机理。通过研究发射动力学中的流场环境对多体的影响机理、边界条件精确数学模型、流场系数数学模型等关键理论问题,建立一套完整的载机发射动力学理论。并针对火箭发射特点,获得平台物理特性参数发生变化时的动力学模型修正方法。具体研究内容包括:一是流场环境与发射动力学耦合理论研究,如流场与多体模型的非线性作用机理、非线性边界条件数学模型以及非线性边界简化处理对模型精度影响及控制方法、流场系数数学模型以及数值模型处理方法等。二是载机发射多场耦合动力学模型研究,如建立发射动力学模型、发射物理特性参数变化时的模型修正方法研究等。三是对其相应的边界条件数学模型理论开展研究,采用控制非线性摄动展开阶数、减少坐标转换次数等方法,获得适用于不同载机和火箭的边界条件的数学模型理论。通过该内容研究,为发射稳定性问题研究奠定动力学分析基础,为项目开展明确方法、途径以及动力学数学模型。

3.4　机载发射火箭稳定性控制策略研究

通过分析火箭初始姿态特性,识别火箭发射的影响因素,建立影响因素间的关联特性与轨迹稳定性之间的传递关系,确定稳定发射的判定条件。发射稳定性控制是指在掌握影响稳定性的影响因素之间关联性以及影响机理的基础上,以特定的稳定性评价目标为背景基础,获取影响因素与评价目标之间的传递关系,从而得到稳定性控制策略。通过研究影响发射稳定性的影响因素,如流场载荷相关参数、环境参数等,以及影响因素之间的相互关联特性以及对稳定性的研究机理,在此基础上获取发射稳定性的判定方法,并研究平台流场特性对轨迹稳定性的影响以及平台的流场控制优化方法。通过该内容研究,掌握载机发射稳定性的判定方法、验证方法以及特性控制策略,对于提高运载火箭机载平台发射的稳定性具有极其重要的现实意义。

3.5　天地一致性试验验证方法研究

采用定律分析法、方程分析法和量纲分析法等相似方法,开展空气动力学、动力学和运动学等相似律研究,主要为确定各个试验变量,建立一个完备无量纲乘积组,然后利用无量纲相似准则生成量纲齐次关系;采用方程分析法对模型缩比进行研究,主要为使用量纲矩阵通过可测物理量得到对应物理量,然后修正因略去的相似准则而产生的偏差,采用比例模拟的模拟方法,在所得到的无量纲方程的相似准则系数前加以修正因子,同时,开展地面试验装置缩比模型和全尺寸结构的相似准则、外部载荷边界模拟、试验载荷和轨迹测量方法、试验误差分析、判断试验结果与分析结果的相关性、检验试验系统的适用性等问题的技术研究,使地面试验装置满足地面验证试验要求,从而达到天地一致性的验证目的,得到确定火箭与载机的安全分离边界、火箭离轨后的轨迹控制等参数,对相似环境验证和对轨迹预测模型、非线性动力学模型、稳定性策略和进行验证的目的。

主要参考文献

[1] Marti, Nesrin, Gary Hudson, et al. Trade Studies for Air Launching a Small Launch Vehicle from a Cargo Aircraft[R]. AIAA-2005-0621.

[2] G V Candler, R M Rao, K Sinha, et al. Numerical simulations of Atlas-II rocket motor plumes[R]. AIAA-01-16256, 2001.

[3] Luo H. On the computation of multi-material flows using ALE formulation[J]. J Comput Phys, 2004, 194(1): 304-328.

[4] 耿延升, 郭兆电, 周启发. 美国"快速抵达"空射运载火箭系统分析及启示[J]. 航空科学技术, 2014, 25(3): 5-9.

[5] 郭旭, 唐硕, 刘芸, 等. 基于CFD动网格的内装式空射分离研究[J]. 飞行力学, 2013, 31(4): 336-340.

[6] 龙翔, 谷振丰, 赵沛. 空中发射技术现状及其启示[J]. 东风航天, 2016, 28(2): 13-17.

[7] 康志宇, 丁国锋, 赵育善. 内装式机载发射运载火箭分离方案分析[J]. 飞行力学, 2005, 23(1): 65-67.

[8] 肖中云, 江雄, 牟斌, 等. 并行环境下外挂物动态分离过程的数值模拟[J]. 航空学报, 2010, 31(8): 1509-1516.

[9] 朱冰, 祝小平, 周洲, 等. 基于非结构动网格的多体分离数值仿真研究[J]. 空气动力学学报, 2013, 31(2): 181-185.

撰稿人:马艳丽(中国航天科工集团有限集团第三研究院)
李永远(中国航天科技集团有限公司第一研究院)
李清廉(国防科技大学)

两级重复使用运载器多体干扰和分离发射

Multi-body interference and separation of two-stage reusable launch vehicle

1 科学问题概述

重复使用运载器从二十世纪四五十年代提出概念开始,一直是世界强国竞相发展的重要方向。重复使用运载器作为空间载荷天地运输平台,通过多次重复使用,可有效降低空间发射成本、发射卫星和修理卫星的费用。重复使用运载器具有廉价、灵活、常规机场发射等显著特点,不仅可作为近地轨道载荷运输平台,还可作为空天作战武器平台,执行精确打击和高点侦察的作战任务。一般而言,其下面级为重复使用运载级,上面级为载荷级。未来,它将发展为空间开发的基础运载平台、空间攻防对抗的有效工具、空间装备力量的重要组成部分。美国通过实施 X 系列飞行试验计划及"水星""双子星""阿波罗"等载人飞船研制计划,以及航天飞机研制计划和 20 世纪 90 年代前后提出的吸气式火箭组合动力的水平起降空天飞机发展计划,为可重复使用的空天飞行路线技术积累了宝贵的经验和教训。在 X-20、NASA X-33 等单级入轨空天飞行器的激进研制计划受挫后,美国的研究重点从单级入轨转向了两级入轨这种现阶段更可行的途径中。

两级入轨重复使用运载器两级并联分离是复杂流动下的高度动态问题,重复使用运载器两级分离过程中存在非常复杂的流场,流动从缝隙流(亚声速/超声速阻塞流)到通道流(多波系超声速流),激波结构快速变化,激波/激波、激波/边界层、激波/旋涡等各种强干扰问题严重,直接影响两级飞行器的分离气动特性及两级的安全分离发射条件。如不能很好地解决两级入轨重复使用运载器级间分离多体干扰与分离特性的预示不准确、控制策略不当等问题,两级间很可能相互碰撞,发生事故。

综上所述,针对两级入轨重复使用运载器级间分离问题,亟须研究多体高速气动分离特性、多体安全分离准则以及多体分离机构设计等问题。

2　科学问题背景

20 世纪末至 21 世纪前十年是新一代天地运输系统研究时期。NASA 在 NGLT(Next Generation Launch Technology)计划的推动下,启动了级间分离分析工具和预测技术的再研发,目的是准确预测大型多体分离轨迹、满足控制系统要求,并尝试广泛应用于新型航天飞行器布局研究。同时,针对下一代火箭基两级入轨空天飞行器布局典型特征,NASA 也建立了级间分离标准模型,研制了风洞试验缩比模型,充分利用兰利研究中心、AEDC 等研究机构的风洞设备开展试验研究,速域涵盖跨声速、超声速和高超声速,获得了大量试验数据,包括静态气动力、表面压力、表面热流、干扰气动力等。NASA 兰利研究中心、马歇尔飞行中心、约翰逊飞行中心等机构开展联合研究开发 OVERFLOW 程序,将六自由度运动方程与 N-S 方程结合,实现多体静态、动态计算功能。同时继续完善气动力分析系统(APAS)、气动力快速分析方法,开发级间分离仿真工具(SepSim/ConSim)和可视化分离运动场景,最终形成级间分离气动力数据库,建立共享数据文档。

美国早在 20 世纪 70 年代就对两体分离问题进行了研究,在航天飞机研制的第一阶段,除了对气动力、气动热等方面做了详细研究外,航天飞机分离问题就是研究的重点之一,其研究类型大体可分为:轨道器与外挂储油箱在稀薄大气层内的分离问题,轨道器与载机或助推器在稠密大气层内的分离问题。通过大量的风洞试验获得了两体间相互干扰的大量气动力数据,其试验马赫数可至 10 左右。试验不仅进行了静态测力,还做了动态测量。在理论研究方面,对两体分离利用六自由度方程模拟了两体分离轨迹,分离结构方案用分离推力装置或不采用任何附加的动力装置。考虑到两体在正常分离之前助推器可能出现故障,还进行了故障分离研究。

从已有的公开文献可以看出,通过几十年的技术积累,美国建立了完整的高速飞行器两级分离风洞试验-CFD 数值模拟-工程方法综合性研究手段,针对标准模型开展了系统的风洞试验技术研究、数值模拟方法验证与确认、流动机理与控制技术研究、安全分离预测评估技术研究,并不断提高鲁棒性和可靠性,为飞行器设计人员提供了飞行器不同研发阶段所需要的分离特性预测和评估手段。研究成果成功应用在 X-43 验证机上的级间分离过程气动干扰特性和分离安全预测研究,为 Hyper-X 高超声速计划的开展提供了支持。

3 科学问题研究进展

面对两级入轨重复使用运载器研制中存在的气动特性预示不明确、控制策略不得当、运动趋势难以判定等问题,首先要研究分离过程中两级间极为复杂且变化迅速的流场环境。结合数值模拟方法与捕获轨迹仿真(Captive Trajectory Simulation,CTS)试验、网格测力试验、多体分离风洞自由飞行试验和风洞模型投放试验等多种试验手段在地面对多体分离问题进行模拟,对飞行器多体分离问题开展整体研究,对研究结果进行整体对比互校,对分离系统设计进行全面指导,给出更全面准确的数据,为分离系统和控制系统的设计和飞行试验的成功提供保障。

整体上来说,关于两级入轨重复使用运载器多体分离问题,国内相关研究较为匮乏,深度与广度均有不足,须重点突破以下关键问题。

3.1 气动分离特性研究

两级入轨重复使用运载器分离高度为 30km 左右,此时大气压强在 1000Pa 左右,密度和温度等参数都与通常飞行情况有所不同,且此时组合体飞行速度在 3 至 5 马赫,航天器与运载器之间的间隙会产生极为复杂的流动,激波结构复杂,且动态特性难以预测,轻微的环境改变就会导致两体气动力的剧烈变化。如不对这一过程进行研究,两体分离过程中的行为特性将难以预测,导致分离结果不佳甚至两体相撞、分离失败。在超声速飞行条件下,两机并联,存在气动力相互干扰,如何计算这类复杂组合体的气动力是一个难度很大的流体动力计算问题。普通的欧拉方程数值求解程序可计算两个非球锥外形并联组合体的气动力,对于简化的航天飞机复杂外形也能计算,在此基础上可发展复杂组合体的气动力求解程序。

美国在进行航天飞机的气动分离特性研究时,使用亚、跨、超等各型风洞进行了大量的风洞试验,对不同位置下两体的各种受力情况进行了测量,从静态和动态两方面对分离过程中两体的气动干扰进行分析。结果表明,两体之间的静态干扰十分明显,甚至会产生相对同步振荡,对两体的各项气动参数的静动导数都有着严重影响,甚至部分参数在振荡后发散,因此对多体分离过程中的气动特性进行研究是十分必要的。

3.2　多体安全分离准则研究

两级入轨重复使用运载器分离过程复杂,在复杂气动环境的作用下,分离体会产生振荡。因此,在进行多体安全分离准则研究时,不能将分离体简单地看作质点,除研究两机的质点运动,更重要的还要研究两机的刚体运动,需采用六自由度刚体运动模型研究两机分离时的运动轨迹及其他运动参数。这就要求在分离过程中将 N-S 方程和两体的质点系运动方程进行耦合求解,需针对这一特点开发相应的计算算法及程序。建立分离的质点系运动方程并与 N-S 方程耦合求解,研究重点参数的振荡特性,最终综合得出严谨可靠的分离准则。

美国在研究航天飞机与燃料储箱的分离问题时,建立了较为详尽的分离模型,发展出了合适的算法,并进行了大量的风洞试验,最终选定分离时两体的法向加速度差与轴向加速度差作为分离准则,在此基础上建立数据库,分析出多种情况下的安全分离区。综合以上各种研究方法,最终得出一系列安全分离判据,能够保证两机体安全分离的法向、轴向加速度临界值。在静态分离判据的基础上再进一步研究分离过程中的动态特性,探究两机分离后受扰动之后的收敛情况,以判断分离后是否会因为空气扰动而相撞。

3.3　多体分离机构设计研究

两级入轨重复使用运载器分离环境复杂恶劣,分离工作在海拔 30km 附近,气动分离流场激波结构快速变化,各种强干扰问题严重。为保证运载器多体成功分离,分离机构应具备极高可靠性与稳定性,同时应保证轻量化、工作流程简单等工作特点。两级入轨重复使用运载器分离机构可分为主动机械分离机构与被动气动分离机构。针对主动机械分离机构,应进行虚拟样机试验、地面试验对比验证分离机构复杂工作环境下的工作可靠性;针对被动气动分离机构,应进行数值风洞试验以及缩比模型风洞试验,验证高速复杂环境下两级入轨重复使用运载器多体分离被动气动分离机构工作的可靠性。我国已有的风洞试验设备可进行以下试验研究工作:在高超声速风洞中进行两级重复使用运载器分离试验研究,在超声速风洞中亦可进行两体气动干扰试验,并配备有全模型强迫振动动导天平,可测量俯仰阻尼导数及两机同步振荡试验。可见,我国已初步具备模拟两体并联分离的地面试验研究能力,可以满足两体分离各种测力、测压等试验要求。

主要参考文献

[1] 张玉东,纪楚雄.子母弹分离过程的数值模拟方法[J].空气动力学学报,2003,21(1):47-52.

[2] 张鲁民,柳森.航天飞机系统两体分离问题的探讨[J].空气动力学学报,1990(2):174-180.

[3] 杨胜江,刘超逸.美国高超声速飞行器级间分离控制技术研究[J].飞航导弹,2014,(11):34-42.

[4] Victor Pritchett, Melody Mayle, John A. Blevins. Space Launch System Booster Separation Aerodynamic Database Development and Uncertainty Quantification [C] // AIAA. 2014:1256.

[5] Dalle D J, Rogers S E, Chan W M, et al. Inviscid and Viscous CFD Analysis of Booster Separation for the Space Launch System Vehicle[C] // 54th AIAA Aerospace Sciences Meeting. 2016.

[6] Rogers S E, Dalle D J, Chan W M. CFD Simulations of the Space Launch System Ascent Aerodynamics and Booster Separation[C] // AIAA. 2015:778.

撰稿人:张静(中国航天科技集团有限公司第一研究院)
　　　　杨哩娜(北京理工大学)　姚建勇(南京理工大学)

地外天体航天器发射

Launch technology for spacecraft take-off from celestial bodies outside the Earth

1　科学问题概述

地外天体发射是指航天器在除地球以外的天体表面实施着陆,并完成预定任务后(如地质取样、载人登陆以及货物运输、资源获取)重新发射起飞的过程,是航天器返回地球的关键环节,关系着整个航天任务的成败。2020年12月17日,"嫦娥五号"返回器携带月球样品从月面发射起飞,在内蒙古四子王旗预定区域安全着陆,探月工程取得圆满成功。"嫦娥五号"任务作为我国复杂度最高、技术跨度最大的航天系统工程,首次实现了我国地外天体采样返回。这是发挥新型举国体制优势攻坚克难取得的又一重大成就,标志着中国航天向前迈出的一大步,将为深化人类对月球成因和太阳系演化历史的科学认知作出贡献。我国的探月工程已经取得了丰富的成果,但绝不会止步于此,未来必然会开展更深入的科学探测和研究工作——利用月球环境、建立月球基地、开发月球资源,以月球为跳板,积极构建能力体系、突破关键技术,不断向火星等更加深远空间迈进。

与地面发射环境相比,地外天体发射环境截然不同。在缺乏成熟完备的发射塔架条件下,着陆平台就相当于航天器返回的发射塔架。影响发射稳定性的因素涉及航天器软着陆状态、连接解锁模式以及发动机动力学特性等多个因素,各个因素相互关联、关系复杂,需要对各类因素进行研究,综合分析并确定影响发射稳定性的关键因素。同时,航天器在地外天体起飞时,发动机喷出的高温高速羽流流经着陆器表面反射回流后会在狭小空间内产生强烈的气动力、热效应,从而影响到航天器起飞的稳定性和表面热防护,严重时甚至会导致航天器起飞任务失败。尤其是在月面环境下,真空羽流的迅速膨胀特性还可能在喷管内部产生激波,影响喷管的工作性能,从而影响航天器的稳定起飞,为此需开展基于地外天体起飞羽流导流的力热效应研究,合理设计羽流导流装置,有效引导羽流扩散,降低力/热作用影响。

2　科学问题背景

千百年来,浩瀚的宇宙对人类一直有无限的吸引力。随着人类探索太空的步伐不断前进,地外星体与地球之间的载荷往返运输将趋于常态化。要想将地外星体物质带回地球,就必须实现地外星体进入及表面起飞。航天器到达地外天体,比较容易的是进入其引力场,进行环绕探测和遥感成像探测。但是,如果需要着陆探测,甚至在其表面起飞并将样品带回地球,目前人类所掌握的技术并不成熟。

与地面发射环境相比,地外天体发射环境截然不同,在缺乏成熟的发射塔架系统的条件下,航天器完全依赖着陆平台进行发射起飞。地外天体表面环境复杂,航天器的着陆环境未知,因此可能在斜坡、凸起、下凹等不同的地形上进行发射,给发射稳定性带来不利影响。以月球和火星为例,其表面都覆盖有土壤,且不同区域有不同的地形地貌。根据早期探测的结果,月面区域主要分为月海和高地区域。月海和高地均覆盖不同尺寸和形状的石块和撞击坑。月海区域相对平坦,最大坡度约为17°,大部分坡度在0°~10°之间;相较而言,高地部分的起伏更大,最大坡度约为34°,一般为0°~23°。火星除表面覆盖火壤外,表面形貌特征具有多样性特点,有高山、峡谷、坑、盾形火山、河床、平地等,表面严重风化,有各种沙丘,同时表面还分布着大量的火星坑。因此,航天器在地外天体起飞时,将会面临着发射初始基准与发射平台姿态不确定的问题,必须依靠航天器自身实现起飞时自主定位、调姿。航天器解锁机构在释放时的冲击作用和释放时间对航天器与着陆平台间的分离运动及航天器在天体表面起飞的稳定性也具有重要影响。

由于地外天体各不相同,分为无大气(如月球)、有稀薄大气(如火星)和有稠密大气

(如金星)3 种,人类在地球上着陆和返回的经验,几乎无法在其他天体上直接应用,在地外天体上着陆和起飞非常困难。地外天体发射时,发动机喷出的高温高速羽流也会呈现出不一样的特征,以月球和小行星表面发射为例,因星体表面引力小,近似真空状态,燃气流所受重力约束小,可能会以更快的速度向上反喷;在地面发射时燃气流多为羽流状,便于集中引导,而在近似真空环境中燃气流扩散快,燃气流场为球状,不同形状的燃气流场对排导空间、导流机构都提出了新的要求。发动机喷出的高温高速羽流流经着陆器表面反射回流后会在狭小空间内产生强烈的气动力、热效应,对航天器和着陆平台产生扰动力/力矩,影响航天器发射稳定性和安全性;同时,发动机羽流会对着陆平台的上表面和航天器的下底面产生短时高热流冲击,影响航天器外露设备的安全可靠工作。

3 科学问题研究进展

目前,能够成功实现航天器地外天体起飞只有少数几个国家。二十世纪六七十年代,苏联完成了 3 次无人月球采样返回,美国实现了 6 次载人登月,2003 年日本实现了首次小行星采样返回,2020 年我国实现了首次月球取样返回。

地外天体发射涉及结构力学、动力学、稀薄气体动力学、发射姿态控制等多个领域,目前研究主要偏向于方案和关键技术研究,如发动机羽流导流方案设计和羽流导流力热效应研究。

关于航天器在地外天体环境下的发射稳定性系统分析,国内外相关研究鲜有报道。我国的马伟国以上升器解锁装置为研究对象,从锁紧带的材料特性和其承受的载荷特性出发,以上升器解锁机理和解锁时间对上升器起飞稳定性的影响进行了分析。

关于地外天体起飞发动机羽流导流问题研究,以实际工程应用为例,我国"嫦娥号"探月器采用导流锥形式,将羽流向外排导;美国"Apollo"登月舱采用了内凹槽形式,将力和热集中到内凹槽内。国外对羽流导流的研究主要集中在导流装置受到的热效应和冲击;我国的胡旭坤和肖泽娟等分析了羽流导流试验技术和搭建,叶青和苏杨等人对起飞过程中羽流导流带来的气动力、热效应进行了研究。对羽流导流的研究方法主要有数值仿真、地面试验和飞行试验三种,考虑到数值仿真精度不高,地面试验真空度难以保持,而飞行试验成本太高,可采用数值仿真结合试验验证来开展研究。

整体上来说,关于地外天体发射相关的科学问题研究比较单一,深度和广度均有不足,需重点突破以下关键问题。

3.1 地外天体随机场坪低比压、高真空环境下的发射稳定性和安全性研究

在地外天体随机场坪低比压、高真空的复杂发射环境下,影响发射稳定性和安全性的因素涉及航天器软着陆状态、发动机动力学特性等多个因素,各个因素相互关联,关系

复杂,需要对各类因素进行研究,开展复杂系统稳定性和安全性关键要素建模分析方法,综合考虑并确定影响发射的关键影响因素,对影响因素建立相应的数学模型,给出各类影响因素的概率分布条件。通过对发射过程中影响因素进行分解及组合,以掌握各类影响因素对发射稳定性和安全性的影响规律和作用机制。

3.2　地外天体发射多因素扰动动态特性及精度控制策略研究

在发射稳定性和安全性影响因素建模和分析的基础上,以现有航天器为原型,建立发射过程中发射场坪、着陆平台和航天器的多体动力学模型和完备的各种扰动/影响因素的数学模型,确保模型真实地反映航天器、着陆平台、月面系统之间的动力学关系;开展航天器发射动力学特性研究,包括发射稳定性分析(激励载荷分析、发射仿真工况分析、航天器发射初始稳定性及扰动分析、着陆平台发射振动分析等)、模态分析等,并针对各种扰动因素制定相应的精度控制策略,研究航天器在地外天体发射环境下的稳定边界问题。

3.3　地外天体发射真空羽流力-热-运动-姿态控制等耦合效应研究

航天器发动机喷出的高温高速羽流流经着陆平台表面反射回流后会在狭小空间内产生强烈的气动力、热效应,对航天器产生力矩作用,影响姿态控制和保持,给航天器起飞的稳定性和表面热防护带来不利影响;同时,真空羽流的迅速膨胀特性还可能在喷管内部产生激波,影响喷管的工作性能,从而影响航天器的稳定起飞。在地外天体发射过程中,航天器受真空羽流力、热以及本身运动、姿态等多体耦合影响,系统动力学特性十分复杂,呈现出强烈的非线性和时变性,需对航天器发射多体耦合特性、发射过程耦合动力学等展开研究。

3.4　地外天体发射环境仿真方法和模拟试验研究

真空羽流涉及发动机喷管内部及近场连续流动、导流装置上强冲击和反射、羽流回流区过渡流和自由分子流等多个流态和过程,十分复杂。考虑到飞行试验成本太高,而现有的数值仿真精度不高,需开展地外天体发射环境高精度仿真方法研究,同时突破动力学相似条件下的地面试验验证技术,包括极限真空低温环境的获取和保持技术以及真空羽流扰动作用力/力矩的测量技术,形成理论分析、数值计算、地面试验相互印证的发动机真空羽流导流技术,为地外天体起飞航天器的构型布局设计、导流设计和主发动机工作安全性评估提供技术支撑。

主要参考文献

[1]　胡建国,马大为,朱忠领,等.上升器解锁装置对起飞稳定性的影响[J].南京理工大学

学报,2014,38(3):375-379.

[2] BENNETT F V. Apollo experience report mission planning for lunar module descent and ascent[R]. Houston,US:Manned Spacecraft Center,1972.

[3] OH H,LEE J,UM H,et al. Numerical study for flame deflector design of a space launch vehicle[J]. Advances in Space Research,2017,59(7):1833-1847.

[4] 胡旭坤,张登攀,张奎好. 羽流导流综合验证试验技术[J]. 火箭推进,2018,44(1):81-85.

[5] 肖泽娟,程惠尔,周红玲,等. 空间羽流试验台设计与系统测试[J]. 上海航天,2008,(4):56-60.

[6] 叶青,舒燕,张旭辉,等. 基于地外天体起飞的真空羽流导流技术仿真与试验研究[J]. 航空动力学报,2020,35(6):1266-274.

[7] 苏杨,蔡国飚,舒燕,等. 地外天体起飞羽流导流气动力效应仿真[J]. 北京航空航天大学学报,2019,45(7):1415-1423.

撰稿人:贺卫东(中国航天科工集团有限公司第三研究院)

杨向东(中国航天科工集团有限公司第二研究院)

党海燕(中国航天科工集团有限公司第三研究院)

韦常柱(哈尔滨工业大学)

第5章
航天器可靠性与寿命

高可靠与长寿命是航天运载工具永恒的追求。严酷的工作环境及工作载荷,对航天运载工具的可靠性与寿命提出了挑战。随着各航天强国迈入天地往返等航天发展新阶段,可重复使用的运载火箭、空间飞行器等航天器成为当前竞争的热点。

对于可重复使用的航天运载工具来说,可靠的动力系统,完善的结构监测系统,全面的故障模式及影响分析体系,制导、导航和控制(GNC)系统及关键部件的故障识别与系统恢复,准确的结构可靠性及寿命评估方法,是实现航天运载工具可重复使用的重要保障。就目前而言,国际上出现了一批可重复使用空天运载工具,由于需要多次面临极端的环境条件,这就对其动力系统、耐高温热结构、热防护结构、热密封结构以及推进剂储箱等承受极端环境的关键部件提出了更高的要求。现有的健康监测、故障分析、可靠性和寿命评估及验证方法难以满足工程需求。为了实现对可重复使用航天器在飞行过程中各部件性能、故障模式的实时评估,发展有效的实时健康监测手段迫在眉睫,同时为了在非理想数据条件下快速融合数模信息并准确评估寿命与可靠性,建立融合多源信息的寿命与可靠性综合评估和集成验证方法刻不容缓。

针对航天运载工具新构型、新材料/新结构技术成熟度不足、多场复杂环境耦合作用等难题,着力解决可重复使用运载火箭、空天飞行器、导航系统以及航天器关键部件的可靠性与寿命问题。航天器可靠性与寿命方向的重点领域包括:可重复使用运载火箭动力系统寿命预估和可靠性评估,可重复使用运载器结构健康监测,空天飞行器结构重复使用可靠性与寿命评估,航天器GNC关键单机智能状态辨识与系统重构技术,航天器关键部件的健康状态辨识与故障预测,航天飞行器高可靠、长寿命设计分析与验证和长期在轨载人航天器智能健康状态评估与寿命预测问题。从数据和模型两大方面着手,利用多学科交叉融合、深度学习、人工智能、大数据驱动等理论建立故障预警模型,突破应用技术瓶颈,推动航天器长寿命和高可靠性发展,带动我国迈入航天发展新阶段。

可重复使用运载火箭动力系统寿命预估和可靠性评估

Life prediction and reliability assessment of reusable rocket propulsion system

1 科学问题概述

航天运载系统的技术水平代表着一个国家利用空间、发展空间的能力,是国家科技和经济实力的综合反映。当前,世界航天已进入以大规模互联网星座建设、空间资源开发利用、大规模深空探测为代表的新阶段,空间运输需求快速增长,对航天运载系统提出了更高的要求。可重复使用运载火箭(Reusable Rocket)是未来航天运载系统的重要组成部分,也是降低发射成本、实现高效高可靠大规模进入空间的关键。"发展航天,动力先行",动力系统是可重复使用运载火箭的重要组成部分,主要包括提供主推力的可重复使用火箭发动机系统、提供姿态调整的姿控发动机系统及增压输送系统等。据统计,从1980年至今,航天发射失败(包含部分失败)次数总计211次,其中由于动力系统故障导致的发射失败就达112次,占比53.08%。可以看出,动力系统是直接影响运载器发射任务成败的决定因素,是实现航天器可重复使用目标的首要保障。

相比于一次性使用运载器的动力系统,可重复使用动力系统由于需要多次发射、再入及回收而具有重复启停、宽范围变推的工作特点,在发动机性能、可靠性、可维修性、全寿命周期成本、使用次数等方面均提出了新的要求,面临着一系列新的挑战,包括:①可重复使用运载火箭动力系统的工作环境与传统火箭区别较大。其部件不但承受着传统火箭工作时的高低温、高压、高速、大冲击、高低频振动等极端载荷,还经历了火箭回收时长时间变工况工作及重复使用中多次启停等过程,载荷剖面复杂。这些新的工况导致了新的复杂失效模式。目前,对动力系统材料与结构的研究仍以强度理论为主,难以准确揭示重复使用过程中的损伤机理,相应的结构损伤模型亦不够完善。②在重复使用的典型任务剖面和工作载荷下,准确预估动力系统寿命是制订维修计划、规划发射任务、保证发射安全的基础,有助于缩短发射周期、降低发射成本。但当前可重复使用火箭动力系统的寿命预估仍存在材料性能数据缺乏、复杂力热耦合条件下材料性能不明、本构关系不完备、寿命预估方法欠缺等问题,难以建立准确高效的寿命预估模型。③可重复使用的工作模式对动力系统的可靠性要求提高。在性能分析、结构强度分析和寿命预估的基础上,开展动力系统性能和结构可靠性研究对提高动力系统乃至重复使用运载器的可靠性具有重要意义。当前,火箭动力系统的可靠性鉴定仍以地面试车试验为主,成本高、耗时长、样本数据少。在可重复使用动力系统可靠性评估中,试验成本与周期问题将更为突出,难以实现可重复使用运载火箭低成本、短周期的研制目标。以上问题严重制约了我国可重复使用运载火箭的发展与应用,对我国下一代可重复运载火箭的开发提出了重大挑战。

面向我国发展重复使用航天运载系统的重大战略需求,亟待通过宏微观失效模式分析、多尺度力学损伤建模、缩比试验、数字孪生、信息融合等技术,揭示复杂载荷条件下的材料损伤演化机理和结构失效过程、建立力热耦合环境下结构寿命预估模型、提出小样本数据下复杂系统可靠性评估方法,为我国重复使用火箭动力系统发展提供基础理论支撑与设计方法引导,最终实现航天运载器长寿命、高可靠、低成本的关键技术目标。

2　科学问题背景

如何降低航天发射成本,高效利用太空、开发太空、发展太空是当前各航天大国面临的主要挑战之一。可重复使用动力系统是解决这一问题的有力手段。但是以航天飞机动力系统为代表的第一代可重复使用动力系统发射成本居高不下、发射周期长、可靠性低。航天飞机主发动机(Space Shuttle Main Engine,SSME)的设计寿命为55次,但从1981年首飞到2011年退役,5架航天飞机共飞行135次(每次3台发动机)。一共有46台发动机参加了发射,其中飞行次数最多的是2019号发动机,使用次数为19次,仅为设计寿命的35%,平均每台发动机重复使用约为9次。不仅寿命低于预期,发射成本也居高不下。据统计,航天飞机的每次发射成本高达16.42亿美元(含研发费用),不包含研发费用的每次发射价格约为5.76亿美元。和一次性运载器相比,成本不仅没有降低,反而有所增加。近年来,在航天产业化和商业化发展的大背景下,又出现了一批可重复使用火箭发动机,如SpaceX公司的Merlin发动机、Raptor发动机和蓝色起源公司的BE-3发动机。BE-3发动机共发射18次,失败1次,最大复用次数达到7次。Merlin发动机共发射126次(每次9台发动机),失败2次,已连续成功发射逾90次,最大复用次数达到了10次,最短发射周期为27天,初步显现出可重复使用火箭低成本、高可靠、快速进入空间的优势。但目前,关于上述国外型号损伤机理、寿命预估和可靠性试验等方面的公开文献较少。我国可重复使用动力系统还处在研发阶段,为实现可重复使用运载火箭跨越式发展,需要在现有成熟动力系统工程实践经验基础上,解决损伤机理、寿命和可靠性评估与验证等难题,形成我国可重复使用动力系统的寿命与可靠性知识体系,实现可重复使用动力系统研制水平的综合提升。在此过程中,需针对以下科学问题展开重点研究。

2.1　可重复使用运载火箭动力系统损伤机理和失效模式

可重复使用动力系统工作在复杂力热载荷下,受到极端高低温、高压、高速、大冲击、高低频振动等影响。而可重复使用过程中长时间变工况，多次启停，复杂载荷严重影响动力系统的结构安全，导致发动机疲劳失效，管路系统变工况振动失效等新的失效模式。目前，国内对于动力系统结构在多工况、复杂载荷剖面下的失效发展过程仍不清晰，通过传统试验手段确定失效过程的研究方法具有成本高、不易观测等难题，如何通过基础材料试验、小尺寸样件试验、缩尺试验等途径，借助失效分析的手段，准确揭示动力系统结构的失效机理，是当前的研究难题。

2.2 可重复使用运载火箭动力系统寿命预估模型

一方面，结构的损伤机理和失效模式尚不完全明确；另一方面，动力系统结构承受着高温、高压、大振动等复杂的、相互耦合的载荷条件，所用材料在复杂力热载荷下的力学性能响应、性能变化及损伤演化等模型尚不明确，不能对当前载荷下的结构响应进行准确描述。因此，也难以建立高效准确的动力系统寿命预估模型，进而指导维修维护策略规划。而使用传统安全系数的方法，将导致动力系统设计冗余、维修检测频繁，可能出现过维修和欠维修情况，严重降低了发射成本。

2.3 可重复使用运载火箭动力系统可靠性评估效率

对于传统一次性使用动力系统，其可靠性的确定唯一手段是通过研制过程的地面试验与工程经验获得。这种方法费时、费力又费钱。例如，美国"土星5号"运载火箭主发动机 F-1 在鉴定验收阶段，累计无故障试车时间已经达到了额定工作时间的 220 倍，欧洲的"阿里安5号"运载火箭主发动机 Vulcain 试车 500 次，累计无故障工作时间达到 90000s。由于动力系统制造和试验费用昂贵，而可重复使用动力系统工作时间更长，点火次数更多，通过庞大的试车次数和时间来评估动力系统重复使用过程中的结构可靠性，已经不可能实现。与此同时，在动力系统研制的各个阶段存在大量过程信息，专家的工程经验、相似型号的相关数据也包含可用信息。因此，在试验可获得的样本数据少的客观条件下，如何合理规划可重复使用动力系统性能和结构可靠性试验；搭建准确的数值试验平台，挖掘多源信息，发展理论正确、操作可行的可靠性评价指标和可靠性评估新方法都是可重复使用动力系统工程实践中必须解决的技术难题。

3 科学问题研究进展

动力系统的失效主要源于涡轮泵、推力室等关键部件的损坏。其中涡轮泵能量高度集中，是影响动力系统整体重复使用能力的核心组件。涡轮泵运动组件主要包括涡轮、离心轮、动密封和轴承等。它们工作在高压、高速、大振动载荷条件下，部分组件还工作在高低温交变载荷下，是影响涡轮泵重复使用能力的核心因素。例如，发动机在重复使用过程中多次开机与关机,导致涡轮工作在冷热交替环境下,涡轮叶片根部易出现塑性变形甚至疲劳断裂;端面密封和轴承在多次启停过程中易出现摩擦磨损,甚至失效。而推力室作为动力系统发动机的核心组件,工作在高室压(可达 20MPa)、高燃气温度(可达 3226 ~ 3726℃)、高热流密度(可达 $160MW/m^2$)的恶劣载荷远超内壁面材料的强度极限。再生冷却系统虽然可以有效降低推力室材料温度,但却带来内壁面两侧极大的温度梯度与压力梯度,使得内壁面在重复使用循环载荷作用下逐渐变薄,形成典型的"狗窝"失效,产生裂纹,最终影响推力室性能,制约发动机的重复使用次数。

20 世纪 60 年代以来,各航天大国均开始了可重复使用动力系统的研制与开发。研究人员详细探究了涡轮泵、推力室、喷管、气液管路等各关键部件的失效模式,并开展了相应的寿命预估方法探索。从航天飞机到 X 系列飞行器,近 40 年来,美国不断开展可重复使用动力系统的研究,提出了一系列关于热疲劳、低周循环、磨损、烧蚀等制约动力系统寿命的关键问题,并通过相应的仿真与试验研究制定了相关的设计准则与设计方法;俄罗斯针对新一代运载火箭"安加拉号"的设计研制,对可重复使用动力系统的相关技术进行了深入研究;欧空局主要致力于"阿里安"火箭的升级及其后继的改进型,为研制新一代可重复使用动力系统所需技术做了一些工作;日本也提出了 HOPE 计划,进行可重复使用动力系统关键技术的研究。

美国针对 SSME 的寿命开展了大量试验和仿真方法的研究,通过黏塑性模型准确复现了推力室"狗窝"失效结构,但定量的寿命预估结果与试验相差较大。德国针对可重复使用火箭发动机寿命预估验证成本高、周期长的问题,建立了基于激光加热的平板试验系统模拟真实推力室工作状态,根据试验结果不断校正寿命预估模型,提高寿命预估精度。目前寿命预估模型基本能定性地表现结构的失效特征,但是距离定量准确预估寿命还有一定差距。针对可重复使用动力系统的可靠性理论和验证方法,研究人员已经开展了相关研究。其中可靠性仿真是进行可靠性评估和验证的重要手段。关于火箭可靠性仿真的文献与国内外公开报道主要针对固体火箭动力系统展开,其理论成果和技术方法对可重复使用运载火箭动力系统结构可靠性研究有不少借鉴价值。20 世纪 80 年代,美国启动一体化高性能火箭推进技术研究,在对固体火箭动力系统各种失效现象和失效机理研究的基础上,结合仿真技术对动力系统典型故障模式、失效过程及可靠性进行了分析和模拟仿真。主要利用应力强度干涉模型,结合蒙特卡洛仿真和响应面相结合的方法,研究结构在多种不确定性参数下的结构可靠性。针对可重复动力系统的可靠性仿真工作主要集中在相关组部件上。将随机有限元方法和应力强度干涉模型结合,考虑结构尺寸不确定性、载荷不确定性和材料参数不确定性,评估结构可靠性。

在国内,北京航空航天大学、中国运载火箭技术研究院等高校与科研机构针对可重复使用运载火箭动力系统典型部件开展了一系列关键技术探索,对可重复使用发动机的材料结构损伤机理和失效模式、寿命预估模型、可靠性评估等问题进行了初步分析研究。针对涡轮结构，开展了流场仿真、热结构分析和动力响应分析，考虑不确定性影响，形成了涡轮叶片疲劳寿命可靠性的分析流程。同时基于静强度失效和疲劳失效的结构可靠性仿真试验，融合专家可靠性信息、相似结构信息、组部件试验数据和实际整机试验数据，初步形成了一系列结构可靠性评估方法。

当前，我国可重复使用运载火箭动力系统的研制与开发正面临着重大机遇和挑战，《中华人民共和国国民经济和社会发展第十四个五年规划和2035年远景目标纲要》中明确提出了要发展重型运载火箭和重复使用航天运载系统的目标。在航天运载器可靠性与寿命研究领域，深入认识动力系统损伤机理和失效模式、构建准确的寿命预估模型，建立高效的可靠性评估和验证方法将为我国规划目标的实现与可重复使用航天运载器的服役提供重要的理论支撑与技术保障。

主要参考文献

[1] 李斌,闫松,杨宝锋.大推力液体火箭发动机结构中的力学问题[J/OL].力学进展:1-34[2021-11-17]. http://kns. cnki. net/kcms/detail/11. 1774. O3. 20210723. 1415. 004. html.

[2] 谭永华,李健,贺元军,等.一种针对液体火箭发动机可靠性的双线评估方法[J].推进技术,2021,42(2):421-430.

[3] Qi Y, Jin P, Li R, et al. Dynamic reliability analysis for the reusable thrust chamber: a multi-failure modes investigation based on coupled thermal-structure analysis[J]. Reliability Engineering & System Safety,2020,204:107080.

[4] 姜金朋,刘志超,刘筑,等.火箭发动机涡轮叶片疲劳寿命可靠性分析[J].火箭推进,2020,46(2):57-63.

[5] 齐岳,金平,孙冰.液体火箭发动机流路系统性能可靠性预估[J].载人航天,2019,25(2):208-212.

[6] 羽中豪,金平,蔡国飙.可重复使用液体火箭发动机设计参数对推力室身部棘轮应变的影响[J].载人航天,2018,24(2):245-252.

[7] 张晟,金平,蔡国飙.推力室冷却通道结构可靠性仿真及参数敏感性分析[J].航空动力学报,2018,33(11):2651-2659.

[8] Yang J, Chen T, Jin P, et al. Influence of the startup and shutdown phases on the viscoplastic structural analysis of the thrust chamber wall[J]. Aerospace Science and Technology, 2014,34:84-91.

[9] Chen T, Li J, Jin P, et al. Reusable rocket engine preventive maintenance scheduling using

genetic algorithm. Reliability Engineering & System Safety[J], 2013, 114: 52-60.

[10] 李进,赵宇,李文钊,等.基于权重系数的液体火箭发动机可靠性验证方案[J].航空动力学报,2011,26(4):931-934.

撰稿人：蔡国飙(北京航空航天大学)

　　　　赵胜(中国航天科技集团有限公司第一研究院)

　　　　金平(北京航空航天大学)

　　　　许晓勇(中国航天科技集团有限公司第六研究院)

可重复使用运载器结构健康监测

Structural health monitoring for reusable launch vehicle

1　科学问题概述

可重复使用运载器在执行飞行任务中经历的力热振噪等环境剖面复杂,服役环境极端恶劣,对结构与热防护的重复使用提出了极为严苛的要求,特别是针对耐高温热结构、热防护结构、热密封结构以及低温推进剂储箱等承受极端环境的结构部件,其重复使用评价和运营维护问题是决定可重复使用运载器重复使用能力的关键难点之一。建立高可靠的结构与热防护健康监测系统,在飞行过程中对结构与热防护重要部件实时监测,及时识别结构失效风险进行应急处理,可以有效提高结构热防护的使用可靠性,提升飞行任务的安全性。以国外长期服役航天器为例,2003 年美国"哥伦比亚号"航天飞机在发射阶段热防护系统受到冲击损伤,造成左翼前缘上出现裂纹孔洞,受损后并未能及时识别和报警,当轨道器再入时速度高达 25 马赫,前缘部位的表面温度高达 1650℃,损伤导致超高温气体进入航天飞机,最终导致机毁人亡。因此,对航天器健康状态的实时监测和评估具有重要价值,对解决重复使用评估和维护维修等关键问题具有重大指导意义。

结构健康监测(Structural Health Monitoring, SHM)是立足于传感器、智能结构和数据分析等新兴技术发展基础上的前沿技术。根据国际航空航天工业 SHM 指导委员会(Aerospace Industry Steering Committee on SHM)的定义,结构健康监测是指通过在被监测结构中集成传感器,并从传感器获取和分析数据以确定结构健康状况的过程。结构健康监测技术具有结构功能一体化集成、原位监测和实时在线诊断的能力,在可重复使用运载器实时健康诊断和预警等方面有重大的应用价值。美国国家航空航天局(NASA)已将结构健康监测技术列入面向未来 20 年技术需求发布的 2015 技术路线图中。2021 年法国国家空间研究中心指出,可重复使用运载器的可靠性要求更高,同时维护成本要求更低,健康监测系统是其关键技术,特别是对于热防护结构和发动机而言,健康监测系统尤为重要。

2　科学问题背景

"哥伦比亚号"航天飞机失事后,美国 NASA 强制在后续的航天飞机轨道器机翼前缘局部位置安装了简易结构健康监测系统,这也是国际上首例在天地往返飞行器上实际部署的结构健康监测系统,但该系统仅能实现机翼前缘冲击损伤的被动监测,能力非常有限。近二十年来,随着传感器技术、智能结构和数据处理技术的快速发展,结构健康监测技术的成熟度不断提高。另外,可重复使用运载器技术也不断发展,受到更广泛的关注,其对高度集成化、高可靠性和高度自主化的原位结构健康监测系统的需求也日益急迫。

与普通航空飞行器和航天器不同,可重复使用运载器在起飞、在轨、降落会承受极端的力、热载荷,服役环境复杂恶劣,因此航天器的结构健康监测系统必须满足高可靠性、低重量、与被测结构一体化等要求,这些对可重复使用运载器结构健康监测系统的实际部署带来一系列挑战。同时极端的服役环境导致可能发生的损伤类型丰富多样,提高了损伤诊断与健康状态评估的难度,单一的损伤监测手段难以满足要求,需要多种监测技术协同和多元数据融合,对健康监测系统的智能化水平提出了更高的要求。

3　科学问题研究进展

美国 NASA、空军研究实验室、斯坦福大学、波音公司以及日本宇宙航空研究开发机构(JAXA)等开展了基于光纤传感、压电传感器等的可重复使用运载器结构健康监测技术研究,并针对热防护系统、燃料储箱、机翼结构、前缘结构的损伤监测与评估进行了初步应用。

传感器是飞行器结构健康监测的关键之一。光纤网络可以较灵敏地监测到发生在光纤传感器附近的损伤,但无法实现对结构健康状态大面积、全方位的准确监测,难以完全满足可重复使用运载器的监测需求。发展基于光纤的超声导波传感技术和分布式光纤网络的高密度集成技术,是有效扩大光纤传感监测范围的潜在方向。

压电传感器可以用于监测信号的主动激励,提高损伤监测精度与灵敏度。美国 Acellent 技术公司开发了一种综合结构健康监测系统,该系统由智能夹层(SMART Layer)、智能提箱(SMART Suitcase)和诊断软件构成。美国空军实验室 2012 年起在 Airframe Ground Experiment(AFGE)计划的支持下,利用压电传感器开展复合推进剂罐中的微裂纹、分层和泄漏、热防护结构的冲击损伤监测。最近,NASA 针对太空发射系统(Space Launch System)上面级的液氧、液氢复合材料储箱的损伤监测,综合利用声发射传感器、光纤传感器、压电主动传感器等开发了结构健康监测系统,并在充满液氮的储箱原型上进行了验证。可以看出,基于压电传感器的主动健康监测技术可以提高损伤监测精度,并被广泛研究,然而其为脆性材料,在结构中部署时容易断裂或破碎,实际部署仍然受到较大限制。NASA 开发了压电纤维复合材料(MFC)结合了压电陶瓷的高压电性能和压电聚合物的柔性,并在多个航天器中进行了应用,但压电材料无法实现静态应变测量。将炭黑等导电纳米填充物和聚乙烯吡咯烷酮(PVP)等溶剂进行混合,可制备质轻、柔性的新型纳米复合材料传感器,该类传感器为压阻式传感器,可以实现从静态到约 500kHz 宽频带范围内的应变监测,在结构健康监测中具有巨大的应用潜力。

对可重复使用运载器中可能发生的多种损伤进行准确定位并对结构健康状态进行评估,是结构健康监测系统的关键技术。利用结构的动力响应信号,可实现对损伤的定位与评估。超声导波在薄壁结构中可以传播较远的距离,分辨率较高,且不受周围环境低频振动的影响,是最具潜力的薄壁结构健康监测技术。然而,由于导波存在多模态、频散等特性,可重复使用运载器如热防护、储箱等关键部位结构复杂,且越来越多地采用复合材料,使得导波的模态转换、频散与相位变化复杂,对导波信号分析提出了很大的挑战,也给损伤评估、健康状态评估带来难题。另外,结构健康监测系统需要同时对结构静态应变、温度等多物理量进行测量,如何对不同物理场中的监测数据进行有效融合,提高结构状态监测精度成为面临的另一难题。近年来人工智能特别是深度学习技术迅猛发展,美国、俄罗斯、欧洲等均利用人工智能技术在航天、军事装备领域开展了积极探索,特别是将人工智能技术逐步应用于装备故障诊断等领域。深度学习等人工智能技术有望成为解决可重复使用运载器监测数据融合及健康状态评估的有效手段。

航天器极端服役环境也给结构健康监测系统的准确监测及可靠性提出了很大挑战。以太空环境为例,极端温度、真空、微重力、辐射等特殊的空间环境会对结构健康监测系统中的传感器元件产生恶劣的影响,造成传感器信号的变化,进而影响健康监测系统自身的可靠性及准确性。如何评估极端服役环境对传感器元件等的影响规律,建立补偿方法是面临的另一难题。美国 NASA、国防部等近年来针对研制的集成化航天器结构健康监测系统及传感器,开展了一系列的服役环境验证,特别是最近利用国际空间站开展了空间极端环境下的结构健康监测系统性能验证。空间站的功率、重量和信息处理能力限制对结构健康监测系统的集成化提出了苛刻的要求。

综合来看,柔性传感器技术、人工智能技术是解决可重复使用运载器健康状态监测难题的变革性技术,具有巨大的应用潜力,但仍存在以下难点需要攻克。

难点一:柔性光纤传感器宽温域宽频带监测方法。构建柔性光纤传感器宽温域宽频带监测方法,探索碳纳米管、石墨烯、炭黑纳米颗粒等与溶剂基体结合方法,揭示纳米尺度复合材料导电机制,建立新型柔性纳米复合材料传感器的宽频带监测方法,并构建传感器与被测结构的集成方法,成为结构健康监测变革性技术的难点。

难点二:基于多元数据融合的结构健康状态智能评估方法。根据结构载荷、损伤等情况,对结构整体健康状态进行评估,是健康监测系统的重要需求。结构健康监测系统通常采用多种监测手段对结构的服役环境和载荷状态,如温度、弹性波、静态应变等进行监测。因此如何充分利用监测的多物理场信息,从损伤特征变化的近似统计分布规律着手,采用人工智能方法,实现对航天器飞行中结构健康状态的有效判定和评估,是结构健康监测变革性技术的难点之一。

难点三:航天极端服役环境对结构健康监测的影响规律及补偿方法。可重复使用运载器的服役环境十分恶劣,特别是在空间环境下,极端温度、真空、微重力、辐射等因素会对系统中的关键元件等产生不可预知的影响,进而直接影响结构健康监测系统的准确性与可靠性。在空间服役环境下对SHM系统进行试验验证,揭示辐射、极端温度、真空等因素对于传感器、结构健康监测系统的影响规律,在此基础上建立极端服役环境因素的补偿方法,成为该技术在可重复使用运载器中进行实际部署的关键环节,空间服役环境的功率等限制对结构健康监测系统的集成化提出了更苛刻的要求。

主要参考文献

[1] NASA. NASA Technology Roadmaps[EB/OL]. Washington D C.:NASA,2015.[2017-03-01]. https://www.nasa.gov/offices/oct/home/roadmaps/index.html

[2] Baiocco P. Overview of reusable space systems with a look to technology aspects[J]. Acta Astronautica,2021,189:10-25.

[3] 杜飞,徐超,鱼则行.可重复使用运载器结构健康监测技术研究进展[J].宇航学报,2019,40(10):1177-1186.

[4] Foote P. New guidelines for implementation of structural health monitoring in aerospace applications[J]. SAE International Journal of Aerospace,2013,6(2013-01-2219):525-533.

[5] Johnson,S B,Gormley T,Kessler S,et al. System Health Management:With Aerospace Applications[M]. West Sussex:John Wiley and Sons,2011.

[6] 龙乐豪,蔡巧言,王飞,等.重复使用航天运输系统发展与展望[J].科技导报,2018,36(10):84-92.

[7] LeCun Y,Bengio Y,Hinton G. Deep learning[J]. Nature,2015,521(7553):436-444.

[8] Letchworth G. X-33 reusable launch vehicle demonstrator,spaceport and range[C]//AIAA SPACE Conference & Exposition. 2011.

[9] Werlink R J,Pena F. NASA Prototype All Composite Tank Cryogenic Pressure Tests to Failure with Structural Health Monitoring[C]//The 10th International Workshop on Structural Health Monitoring. 2015.

［10］ Zhou P，Liao Y，Yang X，et al. Thermally stable，adhesively strong graphene/polyimide films for inkjet printing ultrasound sensors［J］. Carbon，2021，184：64-71.

撰稿人：校金友（西北工业大学）

吴东涛（中国航天科工集团有限公司第三研究院三〇一所）

空天飞行器结构重复使用可靠性与寿命评估

Structural reliability and life evaluation of reusable space vehicles

1 科学问题概述

空天飞行器是一类跨空域、跨速域的可重复使用高超声速航天器，是当前大国竞争的热点领域。如中国"腾云工程"的空天往返飞行器、美国波音公司的"X-37B"空天战斗机，它们可采用竖直或水平起飞，在临近空间或太空高超声速巡航，再入大气后实现水平着陆。这类跨域飞行器设计寿命为 10～100 次，在起飞、加速、巡航、再入、降落过程中经历亚声速、跨声速、超声速、高超声速的不同空域和速域环境，对飞行器结构安全性造成了极大的挑战，制约了此类飞行器的可重复使用。

结构可靠性和寿命评估是空天飞行器重复使用的关键科学技术问题，其难点在于：首先，不同于单次使用飞行器通过增加安全裕度承受严酷载荷，飞行器的可重复使用既要准确掌握跨空域和跨速域飞行全过程的载荷谱，也要全面掌握地面运维过程中的所有载荷特征，这是结构可靠性和寿命评估的先决条件；其次，新材料和新结构成熟度不足导致力学性能离散度大，以及对其性能掌握得不全面，导致难以准确预报多场耦合载荷作用下材料/结构的力学行为，从而造成剩余性能和损伤程度评估中对偏差把握不足，影响了可靠度和寿命评估过程的准确性；再者，严酷多场耦合载荷作用下适用于新材料的失效准则不明，既影响损伤形式和损伤起始状态判断，也影响结构强度失效和功能失效的判断，进一步导致结构可靠度和寿命定量评估的准确性难题；最后，结构可靠性和寿命评估体系不完善，基础理论过于理想化，物理模型、数值模型与实际结构状态一致性较差，缺少有效的地面试验检测和验证手段。

我国"腾云工程"提出 2030 年前实现设计并制造完成中国首架可水平起飞、水平着陆并且可以多次重复使用的空天往返飞行器，为实现这一目标必须解决空天飞行器重复使用结构可靠性和寿命定量评估的难题。通过发展载荷预示技术、新型传感器技术与空地测试技术来掌握空天飞行的全过程载荷谱，利用材料基因组技术、跨尺度仿真技术结合试验数据来全面掌握新材料/新结构的力学性能和损伤演化规律，发展复杂多场耦合载荷作用下的宏观和细观失效准则、损伤累积模型、材料剩余性能表征理论来解决新材料/新结构剩余性能预报的难题,建设近服役工况地面考核试验系统、完善飞行试验监测系统并利用试验结果修正既有的寿命预报模型,最终实现可重复使用空天飞行器结构可靠性和寿命的准确评估。

2 科学问题背景

空天跨域飞行器的设计寿命通常为 10~100 次,其高超声速飞行导致气动加热问题日益严重,尤其是再入大气过程中以 20°返回角飞行,其表面的驻点峰值热流密度可以高达几十兆瓦,表面压力能够达到 10.13MPa 左右,这给飞行器重复使用的可靠性评价带来了极大的挑战,其主要问题集中在以下几个方面。

问题一:空天飞行器使役环境载荷谱不清晰。空天飞行器飞行剖面复杂,0~25 马赫宽速域,0~100km 宽空域,力/热/振/噪/冲击载荷耦合模式多,载荷量级严酷,局部温度超过 2000℃,噪声量级超过 170dB。现有载荷谱主要源于有限飞行试验的有限测点数据,受限于传感器适用条件和量程的限制,目前尚没有完整的空天飞行载荷谱。在单次使用飞行器实际工程中,通过提高设计余量弥补对载荷谱认识的不足,导致单次使用空天飞行器结构偏重,且无法定量表征结构的可靠度,严重制约了飞行器的重复使用可靠度和寿命评估。

问题二:新材料/新结构成熟度低且力学性能认识不透彻。空天飞行器的使役需求催生了大量的新材料和新结构,而材料体系新、制备工艺不断改进、结构形式不断完善,导致材料性能离散性大且缺少必要的材料力学性能数据库,直接影响到结构可靠性定量评估的准确性;由于缺少对新材料损伤演化机理的认识,多场耦合载荷作用后材料剩余寿命预报的准确度不高,剩余性能的表征技术比较简单,仅包含剩余强度、剩余刚度等最基本的力学性能参数,远达不到飞行器重复使用可靠性和寿命评估的需求。

问题三:多场耦合作用下新材料/新结构的失效准则不明确。当前可用于复合材料的宏观和细观失效准则很多,但是适用于多场耦合载荷作用下新材料/新结构的失效判据尚不明确。一方面失效准则作为损伤起始和发展判据影响结构寿命损耗起始阈值的准确性,作为结构破坏失效的判据影响寿命终止阈值的准确性,从而影响结构可靠性和寿命评估的精度;另一方面飞行器结构功能失效评估也需要相应的失效准则作为判据,如涂层的防热和隔热性能是保障空天飞行器安全重复使用的重要功能。空天飞行器重复使用的安全性必须同时保障结构可靠性和功能完整性,因此必须发展和完善已有的失效准则。

问题四:结构可靠性和寿命评估方法不完善。结构可靠性和寿命评估是一个系统问题,涉及基础理论、数据驱动、孪生模型、试验检测和验证等多方面的问题。基础理论需要发展考虑更多影响因素和更接近真实状态的理论模型,数据驱动需要突破宽域数据获取、数据降维分析、深度学习等技术瓶颈,物理孪生模型和数字孪生模型需要解决一致性问题,试验技术需要发展元部件在位损伤检测技术,建立地面近服役工况的元部件、整机试验验证系统。

3　科学问题研究进展

3.1　气动载荷谱的获取

气动载荷的精确预测对于飞行器结构的设计以及优化具有重要的作用。随着相关理论以及试验技术的发展,现阶段关于高超声速气动载荷预测主要采用的方法包括有工程算法、数值计算以及风洞试验。

高超声速气动载荷预测的工程算法主要是依据边界层方程得到相似解,经过理论分析并进行合理假设推导获得,或根据试验数据通过理论分析形成的半经验公式。该方法主要是针对飞行器简单外形进行计算分析,计算相对简单,在工程应用方面有一定的优势。

随着计算机技术的发展,计算流体力学在物理模型、数值计算格式、求解方法、网格生成以及流场可视化技术等方面均有了较大的发展,已成为高超声速气动热研究中不可或缺的重要手段。国外在进行高超声速飞行器气动热的数值研究中,已发展了多种专用的数值程序,如美国国家航空航天局兰利研究中心开发的 LAURA(Langley Aerothermo-dynamic Upwind Relaxation Algorithm Code)程序、NASP 计划中发展的 GASP(General Simulation Program)程序。近年来国内在高超声速气动热数值计算方面开展了大量的研究,主要针对数值预测格式的精度、网格的依赖性、并行算法等方面的影响进行了研究,预测精度已初步达到应用要求,但对网格的依赖性较大,在计算效率上还有待提高。

地面风洞试验和飞行试验是开展高超声速飞行器气动载荷研究的重要手段,其中地面风洞试验付出的代价要远小于飞行试验,且具有很大的灵活性,可以重复性地开展相关试验。现阶段风洞装置还无法对飞行器的服役环境进行完全的地面模拟,只能模拟试验者更加关注的服役参数,仅依靠风洞试验无法获得完全准确的气动热环境数据,尽管如此,地面风洞试验仍然有着不可替代的作用。目前地面电弧风洞能够模拟高超声速、高焓流动,被认为是气动热及热防护系统研究中最好的试验手段。

3.2　复合材料损伤累积模型

损伤累积理论主要涉及三个问题:单次循环造成的损伤量、循环载荷下累积损伤计算方法、疲劳临界损伤值。从微细观角度,采用力学平均化等方法分析处理典型损伤量,如微裂纹、微孔洞、剪切带等,以某些细观损伤参量分析材料变形和损伤发展的过程;从宏观唯象角度,主要是材料宏观力学性能在疲劳损伤影响下的变化和基于上述变化的疲劳损伤演化规律,如剩余寿命、剩余刚度、剩余强度、循环耗散能和滞后能等。

考虑到复合材料内部微结构和疲劳损伤的复杂机理,从微观角度定量研究疲劳损伤十分困难。宏观唯象方法主要考虑宏观可测材料参数与材料损伤量及寿命之间的关系,不需要对复合材料内部复杂的疲劳损伤进行定量分析,大大降低了复合材料疲劳研究的难度。

随着随机疲劳累积损伤理论研究的不断发展,损伤发展的非线性、阶段性等逐渐被发现。为了更好地揭示累积损伤现象,基于试验和理论研究建立了一定数量的非线性累积损伤模型,并发展了很多以剩余强度为损伤参量的随机疲劳累积损伤模型,这些模型本质都是类似的,区别在于对剩余强度的定义,而采用剩余强度对疲劳累积损伤进行表征具有合理的物理意义,即外部加载达到结构强度则发生破坏,可较好地对疲劳寿命进行估算。

近年来,部分研究人员提出,通过有限元方法建立力学模型,对复杂结构进行常幅疲劳累积损伤分析和寿命预报。通过建立的疲劳损伤演化规律(剩余刚度和剩余强度)将损伤理论与有限元软件进行结合,模拟复合材料三维结构的常幅疲劳损伤行为,并进一步对寿命进行了估算,取得了与试验吻合较好的模拟预测结果。

目前,多场耦合载荷作用下的损伤累积模型还非常不成熟,缺少对耦合效应的分析,对于多场载荷以不同循环周期作用下的损伤累积模型还是空白。

3.3 复合材料失效准则

失效准则是结构强度破坏和损伤累积起始的依据,对于可重复使用空天飞行器的可靠性评估至关重要。其中宏观失效准则多用于结构强度的评估,细观失效准则更适于渐进损伤分析作为损伤起始判据。

宏观失效准则通过建立应力/应变和材料强度/极限应变间的关系预测复合材料失效,如 Tsai-Hill 准则、Tsai-Wu 准则等是较早出现的区分失效模式的失效准则,Hashin 准则基于应力不变量法可考虑纤维拉伸/压缩失效和基体拉伸/压缩失效,其较为简单的形式和较好的精度被广泛使用。此外,学者们还发展了如 Yamada 和 Sun 准则、Chang-Chang 准则、Puck 准则、LaRC02-04 准则等。总的来说,宏观失效准则仍有一些组合载荷下的失效行为不容易准确预测,用作可重复使用空天飞行器结构在多场耦合载荷下的失效预报则存在更大误差。细观失效分析通过建立复合材料组分相的失效准则,即应力/应变和组分材料强度/极限应变间的关系,预测复合材料的失效。早期研究认为复合材料中的组分相中采用的失效准则和材料力学性能,和由组分相单独制成的宏观试件测试所获得的结果是一样的。而近些年的研究则认为基体存在“就位效应”,即由于工艺导致的残余应力、制造缺陷、纤维和基体所组成的细观结构等造成的应力集中或材料力学性能改变,而使得基体在与纤维复合以后,其细观力学性能与宏观力学测试所获得的性能不一致。还有一类桥联模型被 WWFE（World-Wide Failure Exercise）评为细观力学强度理论中综合表现较好的准则。

对比宏观和细观失效准则,目前几乎所有的细观失效分析预测的精度都不及宏观失效分析理论,宏观失效准则往往包含和失效现象、失效机理相关的参数,而细观失效准则一般仅考虑组分相的细观失效。但细观失效准则研究的意义在于可以节省大量宏观试验的费用,有助于结构损伤累积模型的发展,而且会大大缩短复合材料结构的设计周期。因此,发展宏观和细观失效准则对于空天跨域飞行器重复使用的结构可靠性评估都至关重要。

3.4　复合材料寿命预报

安全飞行次数是可重复使用空天飞行器结构评估的关键问题。目前,对于无初始损伤复合材料疲劳寿命预测方法主要有两类,一类是基于应力-寿命关系(S-N)曲线的疲劳寿命理论。该理论以 S-N 曲线的形式来表征复合材料的疲劳性能,需要大量试验数据为依据,而且只能针对特定疲劳工况下特定类型的复合材料结构进行寿命预测。因此,S-N 曲线模型属于宏观唯象寿命预测方法,并不能揭示复合材料在疲劳失效过程中的实际损伤机理。另一类是基于复合材料损伤力学的疲劳累积损伤理论。该理论是基于连续介质力学和材料强度理论的唯象分析方法,通过选择损伤变量来描述疲劳损伤的状态和发展。这种方法对于高超声速飞行器的多场耦合载荷循环作用下的寿命评估有独特的优势,但也面临着极大的困难:一方面损伤累积理论依赖于复合材料自身性能,需要依据不同的材料体系、不同的工艺方法、不同的结构形式进行修正;另一方面该理论严重依赖飞行器重复使用时的载荷历程和多场耦合程度,因此需要以获得典型飞行剖面载荷谱为前提。

综上所述,为解决空天跨域飞行器可重复使用的结构可靠性评估难题,必须要获得准确的载荷谱和新型复合材料全面的力学性能数据,发展复合材料损伤累积模型和失效准则,建立试验和数值计算相结合的寿命评估体系,构建理论、数值、试验一体化的结构可靠性评估体系。

主要参考文献

[1] Hinton MJ,Kaddour AS,Soden PD. Failure criteria in fibre reinforced polymer composites：the world-wide failure exercise[M]. Amsterdam：Elsevier,2004.

[2] 黄争鸣,张华山.纤维增强复合材料强度理论的研究现状与发展趋势破坏分析评估综述[J].力学进展,2007,37(1):80-98.

[3] 邹学锋,潘凯,燕群,等.多场耦合环境下高超声速飞行器结构动强度问题综述[J].航

空科学技术,2020,31(12):3-15.

[4] Green LL. The Challenges of Credible Thermal Protection System Reliability Quantification [C]∥San Jose,CA,International Planetary Probe Workshop (IPPW-10). 2013.

[5] Uyanna O,Najaf H. Thermal protection systems for space vehicles:A review on technology development,current challenges and future prospects[J]. Acta Astronautica,2020,176:341-356.

[6] 黄红岩,苏力军,雷朝帅,等.可重复使用热防护材料应用与研究进展[J].航空学报,2020,41(12):023716.

[7] 周印佳,张志贤.航天器可重复使用热防护技术研究进展与应用[J].航天返回与遥感,2019,40(5):27-40.

[8] 吴建国,李海波.基于累积损伤的结构动力可靠性研究进展[J].强度与环境,2013,40(5):10-15.

[9] 孟松鹤,叶雨玫,杨强,等.数字孪生及其在航空航天中的应用[J].航空学报,2020,41(9):6-17.

[10] 苟仲秋,闫鑫,张柏楠,等.载人航天器地面试验验证体系研究[J].航天器环境工程,2018,35(6):528-534.

撰稿人：费庆国(东南大学)　张培伟(东南大学)
　　　　谭志勇(中国航天科技集团有限公司第一研究院十所)
　　　　吴东涛(中国航天科工集团有限公司第三研究院三〇一所)
　　　　苏瑞意(中国航天科工集团有限公司第四研究院四部)

航天器 GNC 关键单机智能状态辨识与系统重构技术

Key services intelligent status identification and system reconfiguration technology of spacecraft GNC systems

1　科学问题概述

载人飞船、空天往返飞行器等航天运载飞行器的任务特点决定了其对系统高可靠需求。航天器的制导、导航与控制(Guidance,Navigation and Control,GNC)系统承担航天器导航制导、姿态控制、飞行控制以及机构驱动等任务设备控制的任务,是最重要和最复杂的分系统之一,涉及光、机、电、热等多个学科领域,具有极高的设计要求。据统计,在航天器的所有故障中,GNC系统(含推进)的占比达到了46%。由于承担任务的重要性,GNC

系统一旦发生故障,将给航天器的飞行安全、性能以及任务带来很大的影响。

航天器 GNC 系统的健康管理技术是从系统层面克服产品固有可靠性不足、提升航天器安全可靠稳定运行能力的有效手段。航天器 GNC 系统健康管理的核心问题是如何对关键单机进行状态辨识,包括异常预警、故障诊断、寿命预测等,并基于辨识结果对 GNC 系统进行重构和任务恢复。

2　科学问题背景

航天器 GNC 系统是一个由敏感器、控制器、执行机构和航天器本体构成的复杂系统,具备如下特点:

特点一:系统的闭环特性和不确定性。航天器 GNC 系统是典型的闭环系统,由于控制器的存在,使得信息流更加复杂,某些故障征兆能够被反馈控制信息掩盖,给故障预测带来困难;同时,由于故障在闭环系统中的传播,故障发生会导致多处征兆异常,很难确定故障源,给故障诊断带来了挑战。

特点二:故障数据的强耦合性和多样性。航天器 GNC 系统数据的强耦合性主要体现在三个方面。第一,由于系统的运动学和动力学特性,不同敏感器之间的测量信息存在耦合,敏感器和执行器之间的数据也存在耦合;其次,由于各单机复杂的故障机理,同一单机测量的不同部位/模块的数据存在耦合;第三,由于复杂的控制模式和空间环境,故障数据与轨道数据、工作状态、环境温度等有着密切联系和耦合关系。航天器的遥测数据还具有多源异质的特征,从数据的形式来看,既有数字量又有逻辑量;从数据的含义来看,包括时间、电流、电压、温度、角速度、姿态等多种类型;从数据来源来看,既有实时数据又有历史数据和专家经验。

航天器 GNC 系统的上述特性给关键单机的异常预警、故障诊断、寿命预测和系统重构带来了极大困难。近年来国内外多次出现的由于 GNC 系统故障而导致航天器业务中断甚至整器完全失效的严重故障,表明现有健康管理技术与航天器安全可靠稳定运行需求之间的差距较大。主要表现在以下几个方面:

差距一:异常预警难以融合多源高维数据,漏诊率和误诊率大。基于时间序列、时域滤波理论的异常预警技术虽然实现了航天器 GNC 系统关键单机的全参数扫描,但在异常状态的判据仍使用单参数门限,难以应对闭环和强耦合特性,无法综合考虑姿态、轨道、环境等高层信息,并从中准确提取微小故障的隐性特征。

差距二:故障诊断难以充分利用知识和数据,缺乏智能性。目前,航天器 GNC 系统关键单机主要是根据在轨故障表象进行故障诊断,没有充分利用专家知识以及产品研制、测试的数据,尚未深入挖掘和利用各阶段的历史数据。另外,现有的措施一般都是根据地面的测试结果来设定阈值,不能根据环境和任务的变化来自适应地调整故障诊断策略,不具备在轨自主更新诊断参数的能力。由于地面测试阶段与在轨真实运行的环境和数据都存在差异，导致基于先验知识的故障诊断与预测方法在在轨使用中也具有鲁棒性不足的问题。

差距三：复杂环境下的航天器故障、异常的演化机理复杂。目前，航天器 GNC 系统关键单机的异常演化建模主要采用性能退化方法、时间序列方法或灰色模型等理论与方法，无法确定高维数据之间的内在关联以及描述多种因素对异常演化的影响。GNC 单机的研制、测试和试验等数据，以及同类型系统在轨运行、退役的寿命信息，对于研究当前剩余寿命能够提供重要的信息支持，但现有方法尚未充分挖掘上述数据中隐含的有效信息，且关键单机的寿命统计数据稀疏，导致现有方法预测的寿命准确率低。

差距四：系统重构难以结合健康状态进行优化处置，自主性差。当航天器 GNC 系统的健康状态发生退化时，系统自主重构的主要任务是根据当前系统状态进行重构方案的在线选取与优化。随着航天器在轨任务越来越复杂，帆板和天线等挠性结构带来的非线性影响越来越大，系统自主重构的难度也变得越来越大，现有技术还难以对这种多约束非线性系统进行有效自恢复，导致航天器在轨异常后难以自主处理。

随着我国航天器数量的不断增长，GNC 系统结构及性能越来越复杂，现行的技术和方法在关键单机智能状态辨识和系统重构方面已经遇到瓶颈，不能满足工程应用的需求。人工智能技术近年来在数据发掘、模式识别等领域取得了重要的成果，具备海量高维数据融合、特征提取和知识学习能力，为解决航天器 GNC 系统的健康管理问题提供了新的思路和方法。将人工智能技术与状态辨识和系统重构技术有机结合，突破航天器 GNC 系统关键单机智能状态辨识和系统重构中的科学问题，对提升航天器安全可靠稳定运行能力具有重要意义。

3 科学问题研究进展

3.1 关键单机智能异常预警研究

根据实现机理的不同，现有航天器异常预警技术主要分为基于模型和基于数据驱动两种。基于模型的异常预警技术通过定性描述和定量表达的方式来建立研究对象失效机理的数学模型，从机理实现的角度来深入分析故障特性、预测系统的未来状态。由于航天器 GNC 系统关键单机的物理特性具有极强的耦合性和随机性，难以完全建立该复杂系统的物理模型，这使得基于模型的异常预警技术在实际航天型号应用中受到较大限制。

基于数据驱动的异常预警技术，通过挖掘历史数据、系统状态、故障征兆与工作环境之间的内在联系，建立相应变量之间的映射关系，从而利用数据对单机状态进行估计和预测。随着深度学习理论方法的不断突破，该技术已逐步被引入到故障预警的研究领域。

深度学习通过建立多隐层网络模型,能够利用海量训练数据来学习并提取更加有用的故障特征,从而提升故障预警结果的精确度。由于深度学习技术具有强大的学习和特征提取能力,能够识别出微小故障的前期征兆特性,是未来航天器 GNC 系统故障预警技术发展的重要方向。

3.2　关键单机智能故障诊断研究

航天器 GNC 系统故障诊断技术可以分为基于解析模型、基于信号处理和基于人工智能三种思路。

基于解析模型的方法充分利用航天器动力学和运动学型模型,能够从影响机理的层面给出准确的故障检测与隔离结果,但由于不可避免的建模误差、未知扰动及环境噪声等多种因素的耦合影响,这对诊断算法的鲁棒性提出了极高要求。基于信号处理的方法利用系统输出与故障源之间存在的关联关系来检测和隔离故障,原理实现简单、动态实时性好,但对潜在故障的诊断准确性不高。由于以上方法的不足,基于人工智能的方法越来越受到重视。基于人工智能的方法是利用系统各变量之间存在的模糊逻辑、建立的因果模型、制定的专家规则以及确定的故障征兆等,来获得故障诊断模型,并通过模仿人类在整个诊断过程中的思维方式和行为举措,来自动实现故障诊断功能。现阶段,通过与机器学习、智能决策等新一代人工智能技术相结合,已成为目前智能故障诊断技术研究热点,重点关注知识与数据的融合问题、历史数据到实时数据的迁移问题、地面数据到在轨数据的迁移问题、智能故障诊断模型的压缩问题等。

3.3　关键单机智能寿命预测研究

按照研究对象等级的不同,关键单机的寿命预测技术包括基于失效机理模型、基于智能方法和基于混合模型的方法。基于失效机理模型的寿命评估技术是对单机的性能特征进行分析,根据其性能退化特征建立相应的数学模型,并基于该模型对单机的退化演变趋势和剩余使用寿命进行评估与分析,但这种方法需要准确的失效机理,在复杂系统的应用上受到了限制。基于智能方法的寿命评估技术无须研究设备的失效机理模型,仅通过设备的监测数据或历史数据,运用数据挖掘等相关技术完成预测和评估等功能,目前该方法是寿命预测研究的热点。基于混合模型的寿命评估技术通过将历史数据与物理模型进行组合,建立不同模型、数据以及数据与模型之间的函数关系来完成寿命评估,但在融合权重的选取上,目前还主要通过经验,缺乏自适应的权重选取方法。

由于航天器 GNC 系统关键单机的监测数据具有高维度、强耦合性等特点,传统浅层神经网络无法挖掘多因素、高维数据之间的内在关系,导致异常征兆的演化规律分析不全面、不彻底,造成寿命预测存在较大的误差。而深度学习方法能建立监测数据与退化状态或寿命标签间的映射关系,因此利用深度学习技术探索异常征兆演化规律,建立寿命预测的复杂模型,已成为关键单机寿命准确预测的基础问题。

3.4 智能系统重构研究

航天器 GNC 系统的重构方法与系统配置、任务需求、运行轨道、所处工作模式等因素都有关,可重构性研究面临制定评价体系和处理模型不确定性两大科学问题。从目前航天器所采用的容错控制策略和方法来看,主要包括系统重组、控制律重构和任务重构三个方面。系统重组是通过备份部件来替换故障部件,同时调整控制参数,以恢复系统功能和性能。对于航天器而言,系统重组方法简单易行,目前是最常用的重构方式,但这种方式难以充分挖掘健康状态下降但还未完全失效情况下部件的潜力,造成资源浪费。控制律重构是通过改变控制结构和控制参数,通过系统的解析冗余来恢复系统功能和性能,但依赖于航天器的健康状态信息,特别是故障的诊断和辨识结果对控制律重构效果影响较大。任务重构是考虑航天器健康状态、资源状态等约束,通过更改任务执行方式来提升航天器的任务执行能力,目前主要是基于任务规划方法,将任务重构归结为优化求解问题,但现有方法与系统健康状态的结合较少,还难以考虑系统健康状态下降情况下的任务决策与规划。

目前航天器容错技术和策略主要以正常备份切换为主,能够应对的故障模式单一。针对航天器快速、稳健地适应自身健康状态变化的需求,基于深度学习理论开展航天器 GNC 系统的智能重构算法研究,并结合健康状态对重构策略和任务规划进行优化,是航天器 GNC 系统智能重构需要解决的关键科学问题。

主要参考文献

[1] 闻新,张兴旺,秦钰琦,等.国外航天器在轨故障模式统计与分析[J].质量与可靠性,2014,174(6):13-18.

[2] 包为民,祁振强,张玉.智能控制技术发展的思考[J].中国科学:信息科学,2020,50(8):1267-1272.

[3] 袁利,王淑一.航天器控制系统智能健康管理技术发展综述[J].航空学报,2021,42(4):525044.

[4] 沈毅,李利亮,王振华.航天器故障诊断与容错控制技术研究综述[J].宇航学报,2020,41(6):647-656.

[5] 胡昌华,张浩,喻勇,等.基于深度学习的复杂退化系统剩余寿命预测研究现状与挑战[J].电光与控制,2021,28(2):1-6.

撰稿人:王寅(南京航空航天大学)　刘磊(北京控制工程研究所)

航天器关键部件的健康状态辨识与故障预测

Health condition identification and fault prediction of spacecraft key components

1　科学问题概述

相比其他装备,火箭、卫星、载人航天器由于工作任务的特殊性,对可靠性要求很高,特别是其工作环境往往处于高辐射、高温差、高真空、低重力等条件下,容易产生疲劳、性能退化、精度下降甚至故障,给航天器的可靠运行带来挑战。建立服役过程的航天器健康监测、故障预测方法和系统恢复技术,是提升其可靠性的重要手段。从功能和特点上分析,航天器的关键部件主要分为机械运动系统和静态结构部件两部分。因此,从机械运动系统和静态结构部件这两方面开展健康监测和故障预测研究对于航天器的安全稳定运行具有重要意义。动量轮、陀螺仪、控制力拒陀螺、展开机构、空间机械臂关节和火箭发动机等机械运动系统是保障卫星、空间站等航天器成功发射并实施在轨正常运行的关键,其健康监测与故障诊断研究面临测试条件极端受限、状态信息数据样本少和特殊工况下的干扰奇异等困难,需要从先进测试技术、性能退化机制、损伤机理、信号表征、多物理量数据融合与诊断等方面开展研究。

航天器静态结构常见形式包括蜂窝夹层结构、碳纤维增强复合材料结构、合金结构、螺栓连接和铆钉连接结构等,其在航天器服役过程中受冲击、疲劳等载荷与高温、腐蚀等环境的耦合作用,容易产生腐蚀、裂纹、脱黏、分层、连接强度退化等损伤。超声检测分辨率高,利用少量传感器可以实现大范围监测,同时减少低频振动噪声的影响,是最具潜力的航天器静态结构检测技术之一,需要从超声编码激励优化设计、超声信号时-频-空信号处理与特征提取、多物理量信号特征的深度融合,损伤空间域反演与高分辨成像等方面开展研究。

2　科学问题背景

为了能够更好地完成探测任务和对空间资源的利用,航天器结构设计越来越复杂、功能越来越完善。航天器是一种由不同类型的子系统集成在一起的复杂系统,其中包括机械分系统、电气分系统、姿态控制分系统、推进分系统、热控分系统,以及各种光学测量系统等。而航天器结构是航天产品系统工程的重要环节,是各分系统组成部件安装的基础。运载火箭箭体结构承担发动机推力传递、燃料储存等功能,支撑全箭质量,并为有效载荷、控制等系统提供保护。常见结构形式包括蜂窝夹层结构、碳纤维增强复合材料结构、合金结构、螺栓连接和铆钉连接结构等。从功能和特点上,航天器的关键部件主要分为机械运动系统和静态结构部件两部分。

在航天器运动系统中,动量轮、控制力矩陀螺等作为姿态控制分系统常见执行器件,主要负责相应单元控制脉冲,使航天器按照设计逻辑进行姿态控制。展开机构也称为可伸展机构,主要包括太阳能电池阵列板的展开机构和各种机械臂的伸缩机构等。驱动装置主要用于实现航天器的各种动作以及调整,如用于探测及试验的舱外空间机械臂、卫星天线摆动机构以及为其提供动力的电机等,这些机构都需要长期在轨进行连续或间歇性运动。同时,航天器长期运行太阳风暴、地球磁暴和高能粒子等高辐射环境,且常受到如流星体、废弃的航天器及碎片等撞击风险,各系统难免会出现故障,甚至会威胁航天器整体任务开展与正常运行。例如,动量轮、控制力矩陀螺等转动部件堵转、摩擦力矩变化导致性能不稳定、器件性能衰退引起输出不稳定、空间环境引起期间状态变化等,执行部件的异常往往会直接影响航天器安全。杨家墀院士早在1995年就指出,自主诊断重构是发展空间智能控制的关键技术之一。孙家栋院士和李济生院士也曾多次说明,未来航天器要朝着自主化方向发展,要有能力自己测量轨、定位并调整控制偏离的轨道,要自己监控状态、自主诊断处理航天器出现的某些故障。根据公开资料统计,1993—2012年底,国外统计的在轨航天器故障中,结构机构、控制、电源以及推进分系统的故障占航天器在轨故障的绝大部分。其中,结构机构分系统与其他分系统都有关,且结构机构分系统的正常与否直接关系到航天器能否安全在轨运行以及完成任务。如太阳翼的在轨展开、航天器舱段的在轨分离、航天器空间对接与分离等任务都需要航天器机构来支持。航天器结构机构故障主要发生在可伸展机构、高速运动或旋转的构件等上,如悬臂、动量轮、陀螺、机械臂关节及驱动电机等关键部件。其主要原因包括部件老化、加工缺陷、机械磨损以及空间环境变化,如温度、受力、摩擦变化以及材料的放气等,而且结构机构故障往往威胁航天任务的正常开展甚至造成严重后果。例如,2000年的美国NASA发射的"AO-40"卫星因驱动电机内部结构故障导致其未能进入预定的高椭圆轨道,并且对星上的部分通信有效载荷造成了一定程度的破坏;2014年4月2日,由24颗"格洛纳斯"卫星组成的俄罗斯卫星系统出现故障,导致服务中断十几个小时。航天器状态检测与故障诊断技术可以增强航天器的可靠性、降低维护成本、提高航天器的寿命,对于保障航天器的安全稳定运行具有重要意义。

在航天器结构部件中,蜂窝夹层结构通常由上下面板与轻质芯层组成,具有质量轻、弯曲强度与刚度大、抗失稳能力强、耐疲劳老化等优点,铝蜂窝夹层结构与碳纤维蜂窝夹层结构已应用于运载火箭尾翼、仪器舱、整流罩、储箱等结构中。蜂窝夹层结构由于独特物理组成与力学行为导致其在集中载荷作用下,可能产生黏接界面应力变形,从而造成面板与蜂窝脱黏,影响航天器的安全可靠运行。碳纤维增强复合材料作为固体火箭发动机壳体的重要组成部分,有利于发动机减重,提升工作压强。复合材料属于非均质各向异性材料,内部结构复杂,在服役过程中受冲击、疲劳等载荷与高温、腐蚀等环境耦合作用,结构内部易产生裂纹、脱黏等损伤。目前我国运载火箭储箱一般采用铝合金结构,为实现结构轻质化,选材将向铝锂合金、碳纤维增强复合材料等高性能结构扩展。连接件用于提供支撑、传递载荷和保持结构刚度,包括螺栓连接、铆钉连接、胶接连接等方式,具有可靠性高、承载能力强、实用有效等优点。螺栓连接由于服役过程中载荷、高温、冲击等作用,螺栓预紧力会发生变化,可能导致松动、间隙、变形等故障。航天器返回时壳体会与大气摩擦而产生大量热量,因此一般将绝热材料与储箱外表面用胶层黏接。在实际工程实施中,大面积的胶接难以避免局部脱黏或胶层内存在气泡的现象。航天飞机发射后,加速过程中高速气流与表面的摩擦,使绝热材料温度升高,胶层内残留的气体因温度升高而膨胀,导致泡沫绝热层局部脱落。例如,2003 年 2 月 1 日,美国"哥伦比亚号"航天飞机在返航时失事解体,7 名机组航天员全部遇难。根据航天飞机残骸材料分析结果显示,左机翼隔热瓦失效是导致失事的主要原因。外储箱上脱落的一块泡沫塑料撞击了左机翼复合材料面板前缘部分,形成了裂纹。在返航时,高温粒子进入裂纹使机翼合金熔化,进而导致飞机失控、解体。因此,迫切需要建立满足检测要求的航天器结构健康状态监测方法。

综上,现有航天器关键部件的健康状态辨识和故障预测相关研究和应用在工程实践中仍存在以下难题亟待解决:

问题一:物理机理认识不足。航天器运动系统长期在微重力环境下的连续或间歇性运动、航天器与高辐射环境耦合作用、航天器与碎片撞击、蜂窝夹层结构与螺栓连接等复杂结构故障损伤机理复杂,对其物理机理认识不足,建模准确性难以满足需求,给航天器关键部件的健康状态辨识与故障预测带来困难与挑战。

问题二:信息获取与处理难。受火箭运载能力和航天器内部布线、数据传输等多方面的限制,航天器搭载的传感器种类和数量都相当有限。传统用于运动部件诊断的振动手段和结构健康监测的超声手段因依赖外置传感方式而受限。因此,在解决如何挖掘航天器自带传感信息的同时,探索新的信号处理手段是解决航天器关键部件的健康状态辨识和故障预测又一难题。

问题三:多物理量融合的诊断与预测精度低。航天器关键机械运动系统、静态结构部件的诊断与检测多基于单一物理量,单一物理特征信息量不足,难以准确、定量、全面表征航天器健康状态,且尚未综合考虑物理机理、动力学模型与信号数据之间的交互对于诊断检测的影响。多物理量交叉融合下的诊断问题具体实现具有一定的挑战,目前研究较少。

3 科学问题研究进展

3.1 航天器运动部件的故障诊断

状态监测与故障诊断技术研究对于保障航天器在轨安全可靠运行至关重要，与之相关的技术与方法越来越受到国内外航天领域重视。以美国为代表的航天大国在重视卫星设计与研制质量的同时，大力开展了卫星在轨故障诊断与预测研究，取得了丰富的研究成果，部分成果已成功应用于在轨航天器的管理中。美国在 20 世纪 80 年代就开展航天器异常和故障的分析与检测技术研究，早期主要采用基于固定门限值的方法。近年来随着数据挖掘、知识获取等研究的不断深入，基于数据驱动的方法作为航天器异常分析与检测的一种新思路，获得了国外研究者的高度重视。美国国家航空航天局(NASA)埃姆斯研究中心开发了一种名为 ORCA 的航天器多维遥测数据异常分析与检测工具，ORCA 不需要假设训练数据都是正常状态的数据，可以实现无监督的异常检测和系统故障定位。此外，NASA 埃姆斯研究中心开发的 IMS 系统是一种基于归纳推理的思想，不需要建立具体模型，只需要给出一组需要监测的相关参数，通过学习和监测来自系统正常状态的数据实例从而获取系统的行为状态。该系统通过对失事的"哥伦比亚号"航天飞机历史遥测数据进行比较分析，发现在发射后 82s 就可以提早发现异常情况。同时，IMS 还成功应用于国际空间站控制力矩陀螺的异常分析与检测。国际空间站(International Space Station, ISS)地面飞控室对每个陀螺的 13 个遥测参数进行监视，通过与正常状态行为进行比较，成功发现了控制力矩陀螺的早期异常。国内之前对卫星状态异变过程和异变早期特征的研究相对较少。对于地面系统多年积累的各类卫星海量历史实测数据和故障案例，仅仅针对部分单参数的变化过程进行了一些简单的门限分析，是一种基于单点真值的静态方法，对多参数关联的复杂异变过程及特性缺乏深入研究。在卫星状态异常、异变检测方面，主要研究了基于遥测参数固定门限值的检测方法，对多门限、门限函数、时变非线性门限边界、门限边界模糊化、门限自适应动态补偿等缺乏研究。

3.2 航天器静态结构的健康监测

对航天器静态结构而言，其健康监测主要以各类无损检测方法为技术手段，其中超声检测由于穿透能力强、灵敏度高、检测便捷、效率高，可实现严苛环境下航天器部件的快速和远距离非接触式检测，是目前的主流前沿方法。2013 年，NASA 的无损检测研究小组对 ISS 舱体受微流星体和空间碎片撞击产生的损伤及修补后的情况采用三种商业化的便携式超声相控阵设备进行无损检测，超声检测和损伤评估结果明显优于涡流等其他检测方式，均能够满足 ISS 舱体的检测需求。洛克希德·马丁公司已将其开发的 Laser UT 激光超声检测系统应用于 X-33 可回收运载火箭合成材料部件的水平缺陷检测中。此外,声发射方法可以实时连续检测到因结构裂缝扩展、塑性变形等引起应变能快速释放而产生的应力波,但需传感器与检测结构耦合良好,且只能检测到在扩展变化中的缺陷。泄漏测试可在任何工作压力下对航天器、轨道舱等航天结构密封性进行检测,但灵敏度较低,检测结果受环境条件影响大。射线检测主要应用于对铸件和焊接件的检测,缺陷检出率高但射线对人体有害,检测设备成本较高。红外测试能够通过非接触的方式检测出结构细微的热状态变化,发现早期缺陷,但受外界环境温度变化影响大。

综上所述,国内外已围绕航天器关键运动部件和结构件开展了广泛研究,并初步探索了数据驱动、超声检测等新兴技术。然而,针对航天器关键部件的健康状态辨识与故障预测,在未来的研究中仍存在以下关键问题:

问题一:航天器故障、损伤机理。微重力环境下航天器运动部件故障的动力学机理尚有待研究;航天器复杂结构中声波传播特征较为复杂、现有方法的建模准确性尚不能满足结构健康监测的需求。需要针对微重力环境下航天器运动部件动力学建模、复杂结构进行故障声学建模,为航天器关键部件的健康状态辨识、故障预测提供科学理论支撑。

问题二:故障样本获取和处理。不同于地面系统,航天器属于高度定制化的系统,航天器的故障数据少、故障样本有限,基于现有统计意义下的人工智能方法性能受限、效果难以保证,且难以满足不同型号航天器的共性及个性分析要求。因此,如何充分利用地面模拟试验数据与在轨数据,并将其进行深度融合,探索先进的特征提取方法,进一步研究自适应的深度学习和基于数字孪生的深度学习方法等将是未来研究的关键。

问题三:全信息深度融合的诊断和评估。多物理信息的综合利用是提升诊断与评估准确性的有效途径,因此,需要研究系统化的信号特征信息提取方法,构建故障信息库;建立全信息融合的深度学习模型,实现正向动力学模型与信号数据特征的自适应融合,进而实现航天器健康状态的初步诊断与评估;此外,需要研究迁移学习策略,提升诊断模型泛化能力与适用范围。

主要参考文献

[1] 闻新,张兴旺,秦钰琦,等.国外航天器在轨故障模式统计与分析[J].质量与可靠性,2014,(6):13-18.

[2] 戚发轫,李颐黎.巡天神舟[M].北京:中国宇航出版社,2011.

[3] Peretz Eliad,Hamilton Christine,Mather John C,et al. ORCAS-Orbiting Configurable Artificial Star Mission Architecture[C]∥UV/Optical/IR Space Telescopes and Instruments: Innovative Technologies and Concepts X. 2021:1181905.

[4] Girimonte Daniela,Izzo Dario. Artificial intelligence for space applications[M]. London:

Springer,2007.

［5］ 杨天社,金光,樊恒海,等.卫星在轨状态监测与健康管理技术［M］.北京:国防工业出版社,2019.

［6］ Madaras E. Independent assessment of instrumentation for ISS on-orbit NDE:Volume I, NASA/TM-2013- 218021/VOL1,NESC-RP-12-00824［R］. NASA Langley Research Center,2013.

［7］ Letchworth G. X-33 reusable launch vehicle demonstrator,spaceport and range［C］//AIAA Space 2011 Conference & Exposition. 2011:7314.

撰稿人:林京(北京航空航天大学)

刘成瑞(中国航天科技集团有限公司第五研究院)

王海林(中国航天科工集团有限公司第二研究院)

航天飞行器高可靠、长寿命设计分析与验证

Design,analysis and verification of spacecrafts with high reliability and long life

1 科学问题概述

随着再入飞行器、深空探测、空间基础设施建设等任务的实施,航天飞行器设计日趋复杂、技术跨度大,面临在高不确定性、极端、宽幅工况下发射、长期服役或长期在轨储存的挑战,航天飞行器及其配套产品高可靠、长寿命设计及验证的需求突出。然而,航天飞行器的已有经验及数据积累有限,表现为数据缺失、异构、多层级、变环境、小子样等特点,现有可靠性、寿命分析及验证方法难以满足工程需求,如何实现可靠性优化设计、如何融合多源信息高效开展可靠性及寿命验证成为我国航天飞行器技术领域亟须解决的重点和难点问题。载人火箭面临高可靠与长期待机应急发射的挑战,载人飞船面临着高可靠运行与可重复利用的巨大挑战,应用卫星面临着高精度、可重构、长寿命及在轨可维护的多重挑战,而深空探测器面临着深低温环境下长寿命与智能化维护的崭新挑战。这些全新的挑战对我国新一代航天飞行器高可靠、长寿命设计与验证均提出了迫切需求。

在工程实际中,航天飞行器系统存在研制周期短且批量小、功能结构日趋复杂、发射服役环境严酷等一系列特点,在可靠性、寿命设计与验证工作中均存在典型问题,具体表现在:①缺少极端宽幅空间环境效应量化与故障测定技术。极端宽幅环境条件对空间飞行器寿命与可靠性影响显著,亟须建立复杂环境效应量化模型,并研究各类环境下故障测

定方法。②缺少系统薄弱环节识别与可靠性量化设计技术。航天飞行器系统可靠性设计存在定性设计不全面、定量设计不足现象，亟须基于系统功能时序，完善薄弱环节识别技术，据此提升可靠性设计水平。③缺少多源异构分层数据综合与可靠性评估技术。航天飞行器属于极小子样产品，需要充分利用不同来源、层次、类型故障表征数据，建立系统可靠性综合评估方法。④缺少使用寿命快速鉴定与小子样加严验证技术。空间飞行器研制周期紧迫，传统验证试验无法满足工程需求，亟须开展基于加速试验的快速鉴定与可靠性加严验证技术研究。上述问题已成为航天飞行器高可靠、长寿命设计与验证的瓶颈，严重制约我国空间基础设施建设、月球及深空探测等任务的顺利实施。

2　科学问题背景

影响航天飞行器可靠性与寿命的主要因素是极端严酷的环境、高度复杂的系统以及对重量的严格要求等。对于不同类型、不同任务需求的航天飞行器，振动、噪声、过载、带电粒子、原子氧、真空、空间碎片、热循环及深低温等环境因素共同构成了极其复杂的环境剖面，结构机构、控制、电源、推进、热控等系统产品均会受到影响，具体表现为材料的劣化、器件的损坏、结构的失效等，并最终影响航天飞行器的可靠性与寿命。以地球同步轨道卫星为例，其表面温度通常在 −100 ~ 300℃ 变化，每服役年份至少经受 100 次的热循环作用。统计表明，振动环境或力/热复合环境造成的运载器故障占全部故障的 15% ~ 21%，空间环境造成的飞行器故障比例高达全部故障的 11% ~ 16%，有 40% 的故障为灾难性故障。为考核航天飞行器适应复杂环境条件的能力，在研制过程中需根据环境剖面制定试验条件，并据此开展一系列环境试验、可靠性试验和寿命试验。然而，目前对空间环境尤其是深空环境的技术认识不足，缺少实测数据，地面试验很难完全模拟飞行真实环境，很难完全暴露航天飞行器潜在薄弱环节；同时，若对各类环境进行逐一考核，则需要极长的试验周期，无法满足航天飞行器系统研制周期要求。

各类航天飞行器的功能差异性、拓扑差异性、环境差异性和器材差异性导致需要解决的可靠性问题极其复杂，可靠性设计很容易挂一漏万，难以形成系统协调、上下贯通的故障机理分析与可靠性优化设计闭环机制。另外，航天飞行器重量有严格限制，无法充分利用冗余设计、备份设计等传统系统可靠性提升技术保证航天飞行器可靠性水平。

影响航天飞行器实现高可靠、长寿命精准评估验证的主要因素是样本的有限性与评估验证方法的局限性。为控制航天发射任务风险以及支撑空间飞行器在轨维护策略的制定，需要对航天飞行器可靠性与寿命进行准确评估，给出一定置信度下的评估结果。目前，航天飞行器地面试验数据、飞行试验数据、在轨运行数据积累还十分有限，且存在多类型、多层级、异批次、变环境、小子样等特点。在数据类型方面，包括寿命失效数据、性能测试数据与检测成败数据等；在数据层级方面，包括材料级数据、器件级数据、设备级数据、系统级数据等。此外，受限于昂贵的造价与不同的任务，航天飞行器样本量极少且不同批次产品差异性大，在评估验证过程中需充分考虑样本差异性与测量误差不确定性等因素。在上述非理想数据情形下，现有可靠性及寿命评估方法难以满足航天飞行器的评估验证需求。另一方面，目前缺少快速、高效的航天飞行器寿命与可靠性小子样验证技术，由于验证试验周期过长，导致不能及时准确获得航天飞行器可靠性和寿命，影响发射任务风险决策和在轨维护策略制定，影响国家航天工程任务的顺利实施。

综上所述，突破航天飞行器极端宽幅空间环境效应量化与故障测定、系统薄弱环节识别与可靠性优化设计、多源异构分层数据综合与可靠性评估、加速寿命快速鉴定与小子样加严验证等难题，对于解决空间飞行器高可靠、长寿命设计与验证中的工程问题具有重要意义，可为我国现役航天飞行器效能提升与未来航天飞行器创新研发提供技术储备。

3 科学问题研究进展

3.1 空间飞行器极端宽幅空间环境效应量化与故障测定

对于空间飞行器服役环境量化与故障测定，现有研究通常采用均值分别描述服役环境的各类因素，将复杂服役环境简化为多个简单环境应力的线性叠加。然而，空间飞行器服役环境存在时变性、动态性、随机性等特征，现有方法无法对环境因素进行准确表征，据此开展的空间飞行器可靠性优化设计结果与理论值存在较大偏差。可行的思路是全面考虑空间飞行器长期服役环境的动态性、随机性、相关性、时空差异性等特点，建立空间飞行器服役环境效应的信息系统，全面准确地支撑空间飞行器定量试验与可靠性优化的开展。具体地，首先应明确空间飞行器系统服役时间和位置组成的时空信息，进而结合不同环境因素在空间中的时空分布规律，建立完整的服役环境模型。同时，基于空间飞行器服役过程中的故障信息，建立故障模式、故障部位、任务剖面、环境因素之间的对应关系，采用单一因素地面模拟试验或综合因素地面模拟试验，对空间飞行器产品的各失效模式进行复现，开展地面模拟试验与真实服役环境之间的等效关系，形成单一因素与综合因素环境效应定量规律模型。在此基础上，综合空间飞行器任务剖面、服役空间环境模型、环境效应模型，建立长期服役环境下的综合故障模型，利用试验数据识别对服役寿命与可靠性影响最大的环境因素，指导空间飞行器寿命与可靠性的定量设计。

3.2 航天飞行器薄弱环节识别与可靠性优化设计

对于航天飞行器系统薄弱环节识别与可靠性设计，现有研究主要基于故障模式及影响分析(Failure Mode and Effects Analysis, FMEA)开展，识别系统设计中的薄弱环节，通过改进设计避免故障的发生。然而,当前 FMEA 工作通常使用单因素分析方法,而航天飞行器系统的任务剖面复杂,不同阶段的故障模式存在动态性与耦合性的特点,因此仅通过 FMEA 无法将航天飞行器在发射阶段、在轨运行阶段及回收阶段的潜在故障模式充分识别,目前已开始尝试将航天飞行器功能分析、任务剖面分析、时序分析、FMEA、故障树分析法(Fault Tree Analysis,FTA)、关键特性分析与技术风险分析等多种技术相结合,全面识别航天飞行器系统全任务剖面的薄弱环节。具体来说,可构建面向全系统、基于全过程的航天飞行器系统薄弱环节识别方法,提升对不同阶段、不同层次产品潜在故障模式的识别能力。同时,将系统功能与时序动作相融合,以时序动作为牵引,从硬件、接口、软件和时序角度进一步消除可能存在的风险和隐患,解决空间飞行器系统薄弱环节识别、分析、控制与消除的有效闭环难题。在此基础上,将航天飞行器功能空间转化为故障空间,构建功能与可靠性一体化模型,研究系统各层次产品的特征参数、环境载荷、工作载荷及其不确定性的影响,将可靠性作为设计变量融入系统设计的权衡与优化过程,形成功能与可靠性一体化综合优化设计流程,解决功能与可靠性协同设计难题。

3.3　航天飞行器多源异构分层数据综合与可靠性评估

在航天飞行器可靠性评估技术研究和工程实践中,由于航天飞行器子样少、工作环境复杂等限制因素,可靠性精准评估问题长期未得到有效解决。现有方法多针对单一来源、单一类型数据情形开展,所采用的模型以确定性统计模型为主,对故障数据的分散性、性能数据的随机性刻画不充分,适用范围小;另一方面,对系统级产品故障规律认识不清晰,通常基于各部件评估结果,采用竞争失效模型给出系统可靠性评估结论,评估精度低。可行的思路是针对航天飞行器系统试验数据、飞行试验数据与在轨飞行数据的典型特点,综合考虑时间、层次和环境变化,建立融合多源异构分层数据信息且适应不同类型数据特征的可靠性综合评估方法。具体来说,针对变环境数据特点,以时变环境条件和对应的性能退化、故障时间以及研制阶段多源信息等数据为输入,开展离散时间、连续时间下的环境载荷、工作载荷变化规律探索,建立多元载荷协变量模型,实现时变载荷退化试验数据下的可靠性综合评估;针对多类型数据特点,建立基于数据变换与贝叶斯融合的成败型、寿命型、退化型异构数据融合算法,降低先验信息匮乏与多重失效判据情形下系统可靠性评估结果的分散性水平;针对分层级数据特点,开展系统级产品多层次贝叶斯融合结构构建与系统可靠性综合评估,解决传统竞争失效模型评估结果过于保守的问题,优化空间飞行器系统可靠性综合评估结果的精准水平。

3.4　航天飞行器寿命快速鉴定与可靠性加严验证

对于航天飞行器系统寿命与可靠性验证,现有研究多采用大样本情形下的验证理论与方案,通过给定试验风险,结合大样本试验中失效样本的比例,判断产品的寿命与可靠性是否达到要求。大样本验证试验对试验成本与试验周期均具有较高的要求,对于批量小且研制周期短的航天飞行器产品,大样本验证试验无法满足现实需求。可行的思路是建立基于加速模型的航天飞行器寿命快速鉴定技术与基于应力强度干涉模型的可靠性加严验证技术,利用加速试验思想降低验证试验所需时间,利用应力强度干涉思想降低验证试验所需样本量。具体来说,对于空间飞行器产品加速寿命快速鉴定,应构建基于环境应力量化模型的加速验证试验方案设计方案,计算一定置信度下加速试验折合因子的置信下限,据此给出一定样本量下的加速试验时间,充分控制验证试验风险;对于航天飞行器产品可靠性加严验证,可建立时变相关干涉的应力强度模型,刻画产品应力强度变化过程,并据此建立高过载加严可靠性统计验证试验方案,降低一定置信水平下短时可靠性验证试验所需样本量,解决基于成败型数据可靠性验证成本高、周期长、精度低的问题。

主要参考文献

［1］ 罗胜中,袁俊刚.卫星在轨主要故障模式,原因分析及措施建议[J].航天器环境工程,2021,38(4):480-486.

［2］ 冯伟泉,徐焱林.归因于空间环境的航天器故障与异常[J].航天器环境工程,2011,28(4):375-389.

［3］ 金恂叔.航天器环境试验和航天产品的质量与可靠性保证[J].中国空间科学技术,2004,(6):25-31.

［4］ 院小雪,易忠,杨东升,等.新型空间环境效应探测器技术及其应用研究[J].空间电子技术,2013,(1):30-32.

［5］ 李冰,赵之年,吴迪,等.基于空间数据库的多源异构卫星数据一体化管理研究[J].测绘与空间地理信息,2017,40:106-110.

［6］ Li Z H,Yu D,Liu J,et al. Higher-order normal approximation approach for highly reliable system assessment[J]. IISE Transactions,2020,52(5):555-567.

［7］ Jakob F,Kimmelmann M,Bertsche B. Selection of acceleration models for test planning and model usage[J]. IEEE Transactions on Reliability,2017,66(2):298-308.

［8］ Ziegel E R. System Reliability Theory:Models,Statistical Methods,and Applications[J]. Technometrics,2003,46(4):495-496.

［9］ Wang H,Zhao Y,Ma X B,et al. Optimal design of constant-stress accelerated degradation tests using the M-optimality criterion[J]. Reliability Engineering & System Safety,2017,164:45-54.

[10] Tafazoli M. A study of on-orbit spacecraft failures[J]. Acta Astronautica,2009,64(2-3):195-205.

撰稿人:马小兵(北京航空航天大学)

　　　　李文钊(中国航天科技集团有限公司第一研究院)

　　　　王晶燕(中国航天科技集团有限公司第五研究院)

长期在轨载人航天器智能健康状态评估与寿命预测问题

Intelligent health evaluation and life forecasting for longlife manned spacecraft

1　科学问题概述

载人航天器包括载人飞船、货运飞船、空间站、载人深空探测器等,按照载人航天工程发展战略安排,我国先后完成了载人飞船工程、空间实验室工程,目前正在实施空间站工程。空间站任务阶段,空间站长期在轨运行,载人飞船、货运飞船长期在轨停靠,载人航天器系统复杂、规模庞大、接口耦合性强,任务期间航天员长期在轨驻留。在载人航天器长期高可靠性、高安全性要求下,对长期在轨运行载人航天器进行健康状态评估、寿命预测等任务需求十分强烈。

1.1　健康管理需求

随着航天技术的发展,航天器设计变得愈发复杂,航天器的故障种类也迅速增加。航天器本身应具有一定的监测、判断和诊断能力,即健康管理能力。我国航天器健康管理技术较落后,航天器状态监测可实现自动阈值判断,但对监测数据缺乏分析处理;有基于规则的故障诊断工具,但覆盖面不全且误报率较高,更多还要靠人工来分析。这些都极大地增加了操控人员的工作量和工作难度,且存在漏判、误判的隐患。

中国空间站、载人深空探测等载人航天器结构复杂,状态特征参数类型多,可靠性要求高,在轨运行时间长,对航天器健康管理能力提出了更为迫切的需求。急需提高我国航天器健康管理的水平,为载人航天器长期可靠、安全持续运行提供保障。

1.2　寿命预测需求

载人航天器在轨寿命要求从最初的几天到几年,再到十几年,长寿命设计要求不断提高,在轨运行中,需要实时预知航天器能够在轨执行任务的时间,即寿命预测。载人航天器在轨飞行多以组合体形式执行任务,涉及多舱段、多系统,寿命预测因素众多,进行寿命预测的单元是单机产品寿命。

载人航天器长期运行在 340～420km 低轨轨道,受空间辐照、原子氧、紫外辐照、真空、温度交变等影响,可造成材料性能衰退、机电类产品性能衰退、电化学类产品功能降低,最终可能引起致命故障。因此,对载人航天器产品状态进行监测,并推测产品剩余寿命,从而预计整个飞行器系统及组合体寿命,指导在轨维修,对保障载人航天器长寿命高可靠运行意义重大。

1.3 在线智能化评估需求

长期在轨飞行载人航天器健康评估和故障处置具有实时性要求,原有的在轨选点采集、状态下传地面、地面判读分析、决策后遥控指令注入处置的长链条大时延处置模式已不能满足要求。需要研究全面的、智能化的信息采集方法,通过在线健康管理系统获取航天器及其产品的全面遥测信息,在轨进行实时分析处理,进行健康状态评估和寿命预测,形成处置策略并在轨自动实施。

基于健康状态评估需求、寿命预测需求、在线智能化评估需求,需要研究长期在轨载人航天器智能化的健康状态评估与寿命预测问题,推进载人航天器工程研制的理论和模式创新,推进载人航天器研制技术的提升和发展。

2 科学问题背景

空间站工程、载人深空探测工程等国家重大专项任务与国家战略部署息息相关,是航天强国的标志性工程之一。在轨长期安全可靠运行是载人航天器全寿命周期内的核心需求。深入挖掘和吃透载人航天器研制中的深层次科学技术难题,突破传统研制模式和技术的限制约束,结合现有的健康管理和故障诊断集成技术和方法,以及当前大数据处理架构、人工智能(Artificial Intelligence,AI)分析方法等前沿技术,切实提升中国空间站等载人航天器在轨状态的安全辨识、异常诊断、数据分析、策略推理能力,是形成具有我国航天特色的载人航天器设计理论方法体系的重要内容。现有载人航天器系统研制工程实践中,主要面临以下几项挑战:

挑战一:功能复杂,耦合程度高,健康状态评估难度大。载人航天器系统规模的增加使得各部分之间的信息传递、接口关系异常复杂,供配电、信息、载人环境控制、热管理、姿态轨道控制等不同功能之间相互影响;载人航天器组合体阶段舱段多、来访飞行器数量多,不同飞行器之间信息、供电、控制等组网联动,系统耦合性大大增加;这使得单个产品、功能模块、单舱段的功能降级或缺失的影响域也变得更大和更隐蔽,对健康状态评估难度进一步增大。

挑战二:寿命预测模型欠缺,关联关系不量化。载人航天器产品寿命需要基于大量的实际数据进行统计分析,而航天产品小子样的特点决定了航天产品可以利用的数据少。在轨实际产品的工作特性与在研制过程试验或测试中的表现不完全一致,这些产品在低轨空间环境下的寿命规律欠缺,无法进行准确的产品剩余寿命预测。载人航天器系统的寿命与其产品的寿命之间关联关系不量化,寿命预测准确度不高。同时,载人航天器组合体各舱段间存在系统融合和功能重构关系,这种复杂的冗余关系使得寿命预测模型更难构建。

挑战三:设备自检自校、深度监测能力缺乏。当前载人航天器系统的设备状态监测是基于传统监测体制,不能对设备进行自检自校,所检测状态受限、缺乏深度监测,不满足产品健康状态评估、寿命预测等需求。急需增强关键单机的嵌入式诊断能力,增加可观测点;根据产品功能特性进行多类型监测;正常飞行时能够对健康状态进行评估,发生故障时能够及时对单机、模块、单板等层次快速进行巡检定位。同时,在轨航天器无时无刻不受到空间环境的影响甚至是威胁,需要建立支持可便携布控、感知扩展的轻量化感知网络,提升对内外各类环境物理场效应变化的可观性,便于在轨运行安全决策的制定。

挑战四:多源数据在轨融合分析方法不明。载人飞船、货运飞船、空间站等载人航天器长期在轨飞行,全任务剖面下如何准确诊断、客观评价、定量分析,需要各方面的数据联合判断。尽管地面支持系统中可以对各类数据进行分析,但实时性较差,无法在第一时间提醒和指导航天员应对决策。为此,载人航天器需具备在轨对来自单机、分系统、系统、多飞行器间的多源数据融合分析诊断,构建高算力分析环境、云边端协同的高效业务数据分析架构。

3　科学问题研究进展

3.1　航天器集成式系统健康管理技术

航天器集成式系统健康管理技术(Integrated System Health Management,ISHM)技术是在美国国防部和 NASA 的大力推动下不断发展、成熟起来的,其起源要追溯到 20 世纪 50 年代和 60 年代可靠性理论、环境试验和系统试验以及质量方法的诞生。60 年代只进行简单的状态监测;70 年代出现了基于算法的诊断故障源和故障原因技术;随着人工智能研究的重大突破,80 年代专家系统开始用于故障诊断;随后 NASA 于 90 年代初期适时提出了飞行器健康管理(Vehicle Health Management,VHM)的概念;20 世纪末到 21 世纪初,NASA 引入了航天器集成式系统健康管理的概念,从系统层级考虑航天器的健康管理。

3.2　单机产品寿命预测模型

对寿命预测技术,国外从理论上和试验上进行了深入、系统的研究,并形成了多种预测方法,包括模型驱动的方法、数据驱动的方法以及两种方法的融合。国内长寿命非电产品寿命预测技术工程应用方面开展了不确定退化测量数据下的剩余寿命估计、含裂纹结构时间相关的疲劳断裂理论与剩余寿命评价技术、机电产品寿命预测等工作,在寿命预测模型建立、信号特征提取及处理以及不同预测方法应用研究等方面进行了初步探索,为航天产品寿命预测技术的系统研究和应用奠定了基础。

3.3　飞行器系统寿命评估

目前我国在航天器型号研制过程中,利用可靠性框图、故障树等技术对飞行器系统开展了可靠性评估,得到可靠性评估结果的同时,可以获得对应的可靠寿命,但是由于前期航天器不可在轨维修,因此在任务可靠性评估过程中,未考虑维修更换以及维修保证支持等因素对系统寿命的影响。而 NASA 则是利用概率风险评估的方法开展了飞行任务风险评估和航天员乘组安全性评估,并成功应用到了航天飞机上。

3.4　智能 BIT 技术

智能嵌入式检测(Built-in Test , BIT) 技术是 BIT 技术融合了人工智能技术后的产物。Richards 于 1987 年撰文正式提出智能 BIT 的概念,称其为通过应用各种人工智能技术来有效地提高 BIT 的故障诊断能力,解决常规 BIT 虚警率高、不能识别间歇故障的问题;张宝珍等认为智能 BIT 是将人工智能技术应用于系统、分系统或模块级等功能等级来改善整个系统的故障诊断能力、降低故障隔离模糊度和虚警等技术;徐永成等人认为智能 BIT 是将包括专家系统、神经网络、模糊理论、信息融合等在内的智能理论应用到 BIT 的设计、检测、诊断、决策等方面,提高 BIT 综合效能,从而降低设备全寿命周期费用的理论、技术和方法。

3.5　大规模高性能传感系统

通过多传感器对航空航天复杂结构的健康状况如温度、应变、损伤、疲劳等长期在线、实时监测,可以预测结构内部的损伤及剩余寿命,从而可以从根本上消除隐患及避免许多灾难性意外事故的发生,大大减少突发事故对社会和人们的伤害。从发展趋势来看,大规模、高密度、高精度、多参量光纤传感系统是航空航天光纤传感技术的发展方向,目前所取得的研究成果与航空航天传感领域的复杂应用需求还存在较大的差距,仍需要在上述研究方向进行更深入的探索。

3.6　高性能星载计算机应用

2017 年 8 月宣布的星载计算机 Superborne Computer 试验表明 Palo Alto 的公司团队与美国国家航空和航天局(NASA)和 SpaceX 公司推出了超级计算机进入太空的计划。它的运算速度约为 1Teraflop (每秒一万亿次浮点运算) ,是空间站上至今最强大的计算机。

虽然当前技术研究在一定程度取得了进展,但智能健康评估和寿命预测这种变革性的技术仍存在以下难点需要解决:

难点一:飞行器系统健康状态评估方法。研究建立载人航天器各分系统、各功能、各产品及多飞行器间的健康评估模型,建立其相互之间的输入输出关联。采用研制阶段的试验数据、测试数据以及在轨遥测数据对评估模型进行修正。通过多源数据对健康状态进行评估,明确载人航天器系统及各组成的健康状态、薄弱环节、故障趋势。

难点二:飞行器系统寿命预测方法。我国载人航天器系统寿命涉及单机寿命、系统可靠性及在轨维修。通过单机研制,实现单机产品较高的一次寿命;在此基础上通过系统功能冗余等手段,提高系统固有的可靠性;通过在轨维修,使得产品更换接续,延长系统寿命。因此,系统可靠性和系统寿命是随着在轨运营动态变化的。需要建立飞行器系统寿命动态预测模型,建立载人航天器系统寿命与产品寿命特征量,根据航天器功能耦合关系、维修方案及维修周期、备件补给规划等因素之间的动态量化关系,实现载人航天器系统寿命评估。

难点三:基于高集成智能传感器及 BIT 设计的节点布控方法。研究载人航天器全域布控的高度集成、复合型传感器组件。采用"多节点-多参数"监测模式,将不同感知类型的微型敏感元件、通信功能模块、节点信息存储模块等集成化设计,对温湿场、磁场、振动、结构状态、运动状态等参数复合感知,满足复杂航天器传感器节点的轻便性、适用性、多样性设计需求。研究具有空间适应能力的智能 BIT 设计方法,实现待测单机设备的典型电路的安全监测点的长期监控及核心功能的自检自校;采用软件定义的柔性适配技术,对负载状态、接口形态、隔离方式进行定制,实现机内检测电路的高度复用。同时实现装备的定期功能巡检和测试,周期性获取在轨自测数据,提升载人航天器预测性维修能力。

难点四:基于边缘计算的高性能数据分析方法。面向复杂航天器在轨数据高性能实时分析需求,建立基于"边缘计算 + 高算力内核"架构数据诊断分析方法,有效地满足前台数据分析和应用的需求;针对全周期内航天器数据的应用场景建立业务模型,实现高效率、可拓展、场景化的服务型数据分析。建立轻量化智能边缘计算引擎,利用容器技术、多源传感器网络感知、轻量级弹性深度学习建模技术,实现异构数据的预处理、通用化智能分析、负载深度和性能水平预测、资源精准调度和安全风险管控。

难点五:基于模型的多源数据故障诊断和数据分析方法。采用多源信息融合技术,建立航天器各典型设备、功能模块、飞行器间的对外空间输出的物理量特征库,分析不同工作模式、工作状态下干扰源对外在磁场、热场或振动扰动等方面的影响包络。研究在飞行时间为基准下,各传感器节点所测不同物理场数据特征极值。关注易敏感物理场源干扰的设备,其在临近空间范围内的场效应极值影响下,工作机理是否发生显著变化。针对表征设备状态的曲线变化类关键遥测,进行适合的分级特征解析,结合临近空间的环境敏感数据,通过典型相关分析等方法解算其本征曲线内是否加入了潜在干扰。建立航天器器内动态环境分布与其健康参数的典型潜在映射关系,为航天器在轨飞行 PHM 分析提供有效参考。

主要参考文献

[1] 周建平. 我国空间站工程总体构想[J]. 载人航天,2013,19(2):1-10.

[2] 兰超,王婧琼. BIT 技术在星载电子设备的应用[J]. 空间控制技术与应用,2015,41(1):50-54.

[3] 鞠锋. 多传感器数据融合技术[C]∥全国抗恶劣环境计算机第十四届学术年会论文集,2004:30-32,35.

[4] Young A T. Report by the International Space Station (ISS) Management and Cost Evaluation (IMCE) Task Force[R]. To the NASA Advisory Council,2001.

[5] Cristina T,Chaplain. Significant Challenges Remain for Access,Use and Sustainment of the International Space Station[R]. United States Government Accountability Office. GAO-12-587T. 2012.

[6] J. Sebastian Perera. Risk Management for the International Space Station Program[R]. NASA Johnson Space Center. 2002.

[7] Warren Grant. Applications ofthe International Space Station Probabilistic Risk Assessment Model[C]∥A Safer Space for a Safer World:European Space Agency(esa),2011:1-7.

撰稿人:李兴乾(中国航天科技集团有限公司第五研究院)
　　　　张福生(中国航天科技集团有限公司第五研究院)
　　　　张伟(中国航天科技集团有限公司第五研究院)
　　　　赵国伟(北京航空航天大学)

第6章
航天器人机与环境工程

人类对宇宙一直保持着强烈的好奇和向往,自20世纪中叶以来,嫦娥奔月、万户飞天等美丽的神话都已成为现实。1957年10月4日,苏联发射了人类第一颗人造卫星;1961年4月12日,苏联宇航员加加林完成了人类第一次太空活动;之后的半个世纪,世界航天事业迅速发展,陆续开展了120余次月球探测、40余次火星探测以及大量的深空探测活动,取得了"阿波罗"载人登月任务成功、国际空间站和中国空间站的成功建造与运营等一系列辉煌成就。我国航天活动也从试验阶段逐渐进入应用阶段,并积极开发各种新型航天器,特别是载人航天工程、探月工程及新一代通信卫星、导航卫星等,都取得了举世瞩目的成就,拓展了人类在太空的活动,增进了人类对宇宙的认识。

航天器在不同飞行剖面经受着各种不同组合的环境影响,包括地面制造、运输、储存中的温度、湿度等,发射过程中的振动、噪声、冲击等,在轨运行中的真空、冷黑、太阳辐射、原子氧、微重力等,以及返回再入中气动加热与力学环境等,载人航天器还需考虑上述环境对航天员生理、心理、作业效能的影响,因此航天器人机与环境工程涵盖了认识并重构上述环境、控制并减少环境对人员设备的影响、适应环境并提高人员生活生产能力三个方面。

地外天体表面环境复杂恶劣,以月球为例,月球是验证载人深空探测关键技术的最佳试验场,也被视为是未来载人登陆火星的重要中转站之一,是人类向外层空间扩展的理想基地,是研究空间天文、物理与行星科学的理想场所。但同时月面严酷的温度环境、月尘污染、辐射环境、极高真空、微重力等条件都对航天器和航天员造成严重影响。人类基本认识并部分模拟了航天器所处的空间环境,但是无法构建地外天体真实的多因素耦合环境,不清楚多种复杂环境对在轨工作的航天器和长期驻留的宇航员会带来何种影响,这都大大阻碍了载人航天和深空探测技术的发展进程。载人航天最基本且重要的是航天员生存问题,亟须提高航天器内生保物资高效循环利用效率,融合利用太空原位资源,开展空间环境下氧气和水再生、食物原位生产、固体废物循环利用等基础问题研究;同时航天员生存也需要合适的温度环境,在认识内外部环境的基础上,研发高效自主的热控系统。航天员对于载人航天的任务执行起决定性作用,只有关注航天员长期在轨飞行的能力特性、效能维持与增强、出舱活动的生命保障与人机工效才有助于促成载人航天任务的圆满完成。

本方向聚焦于空间站长期驻留及深空探测任务中的人机与环境工程问题,希望突破复杂空间环境模拟、智能自主热控、航天员长期在轨生存与作业等技术瓶颈,从工程任务和实际需求中提炼出 6 个基础科学问题,分别为:载人航天器再生生保和太空原位资源融合利用方法,长期在轨及深空探测飞行器面临的极端热控问题,长期飞行任务航天员人体效能演变机理、维持与增强问题,出舱活动中的生命保障及工效学问题,载人航天复杂人机系统交互问题,地外星球探测面临的环境效应问题。

载人航天器再生生保和太空原位资源融合利用方法

Regenerative life support in manned spacecraft and integrated utilization method of space in situ resources

1 科学问题概述

载人航天器通过再生循环与原位资源利用的方式长期稳定供给人员生存所需的氧气、水和食物等生保物资并处理废物,是解决地外长期飞行、驻留的核心交通技术。载人航天驻留时间更长、飞行距离更远,但面临着航天器内生保物资高效循环利用效率和融合利用太空原位资源的挑战,迫切需要创新发展保障人员在太空长期生存的新方法和新原理。因此,亟须融合多学科,针对人员生存需求开展空间环境下氧气和水再生、食物原位生产、固体废物循环利用以及星球资源原位融合利用等基础问题研究,各单元之间及其与人的匹配、再生生保系统调控机制研究,携带及多种再生方法融合机制研究等,为未来航天器建立新型生命保障系统、实现人员的地外长期驻留与星球拓殖提供基础。

2 科学问题背景

中国空间站于 2022 年初步完成建设,这是继国际空间站之后,人类在载人航天领域又一项非凡成就。生命保障是保证航天员在空间站舱室中长期生存的核心技术,目前空间站的生保技术能够从尿液及空气冷凝水中再生75%的水和从航天员排出的二氧化碳中再生50%的氧气,不足的氧气和水以及全部的食物都依靠地面补给。这不仅费用高,而且可能由于天气等原因不能及时补给而危及航天员的生存,限制了载人航天进一步向驻留时间更长、飞行距离更远的目标发展。我国载人航天的下一步目标是载人登月、建立载人月球科研站,进而载人登陆火星、建立火星科研站。空间站距离地球仅约350km,而月球距离地球38.4万km,火星距离地球最近约5500万km,载人登火星单程至少需要一年半的时间。每人平均每天需要氧气0.83kg、水(包括卫生用水)15kg、冻干的食物0.65kg,合计约16.5kg,3人乘员组每年每人总计需要约18000kg的生保物资,耗费巨大。因此,迫切需要更高效的再生生保系统及其和太空原位资源融合利用的方法,这是当前载人航天工程人-机-环境领域所需要研究的关键科学问题之一,亟须大力发展相关的新方法和新原理。若不能解决该问题,则严重影响我国下一代空间站以及载人月球科研站、载人登陆火星等载人深空探测战略计划的实施。

3　科学问题研究进展

目前,载人航天器再生生保包括物理化学再生与生物再生两种方式。物理化学再生方式主要包括吸附、蒸馏、高温催化等物理化学手段,只能再生氧气和水;生物再生方式则构建由植物、动物、微生物等生物单元组成的系统再生氧气、水和食物。两者具备不同程度的废物处理和太空原位资源融合利用能力。生物再生生命保障系统(Bioregenerative Life Support System, BLSS)是基于生态系统原理,构建由植物、动物、微生物组成的人工生态系统,循环再生人员生存所需的氧气、水和食物等生保物资。建成具有自主知识产权的BLSS,解决建立月球科研站生态环境中的关键性理论与技术问题,为火星长期居住解决生态生命保障问题,是我国空间科技发展的战略目标之一。以下概述这些技术的研究进展。

3.1　载人航天器氧气与水再生方法研究

短期或近地载人航天器采取物理化学再生式生保系统再生氧气和水以保障人员生存。氧气的物理化学再生技术方案主要有四床分子筛、固态胺吸附和电化学去极浓缩等二氧化碳的收集、浓缩技术,博世(Bosch)反应、萨巴蒂尔(Sabatier)反应和二者结合的改进反应系统等二氧化碳还原技术以及电解池电解水制氧技术等。国际空间站中采用的是四床分子筛收集浓缩二氧化碳、萨巴蒂尔反应还原二氧化碳联合固体聚合物电解池制氧的技术方案,但是氧气回收效率仅为50%,并且萨巴蒂尔反应不完全。中国空间站现阶段采用了以电解制氧为主的多形式氧气供应保障技术方案,电解制氧采用质子交换水电解和静态水气分离技术方案,电极经过钝化、加载涂层等方式优化抗腐蚀性能,电解芯体优化布水均匀性,现可稳定运行时长达23000h,微重力水气分离器改用卷式有机膜结构,与传统平板式分离器相比减重50%以上,有机分离膜改性处理和结合抑菌基团后可实现6

个月抑菌效率不小于70%。新兴技术手段加速了电解制氧技术的长寿命和轻量化进程，但是长期运行下多因素对材料特性和物理化学过程的影响还需要进一步研究。NASA研究了等离子体裂解甲烷或者霍尼韦尔碳气相沉积技术的后处理技术实现二氧化碳的完全还原，以期达到氧气回收75%～90%的效率。同时NASA也积极开展基于博世反应的二氧化碳回收方法以期实现100%的氧气回收，但目前成熟度相对较低，技术成熟度仅为3～4级。NASA正在积极推进上述技术的空间测试。我国则提出了固态胺二氧化碳收集浓缩技术结合萨巴蒂尔反应和固体聚合物电解制氧的系统技术方案，可控制环境的二氧化碳浓度低于0.5%，物质的回收率大于59%，尚需解决固态胺材料使用寿命以及物质匹配等问题。

物理化学再生式生保系统亦可处理和再生利用水资源。在空间站所处的微重力环境下，没有流体静压力、重力驱动对流或沉积作用，液体的定向流动和分离难以进行，因此，必须采用不同于地面的废水处理方法。尿液废水的处理被认为是难度最大且最为关键的技术。美国的磷酸预处理与蒸气压缩蒸馏装置已实现了尿液中85%～90%的水回收率，但蒸馏后5%～15%的废水残留具有独特的物理稠度，很难去除。美国制备了特殊的离聚体-微孔膜盐水处理器，利用航天器舱内空气的强制对流和强大的膜蒸馏过程回收了盐水中98%的水，准备尝试空间站应用。另外，蒸馏过程中总伴随有尿素的分解，出水的氨氮和总有机碳指标偏高。因此，研究者还提出了高级氧化法，将杂质彻底氧化成无害的小分子，从根本上改善出水水质，但能耗、安全性和微重力下运行的可靠性还有待验证。

总之，物理化学再生氧气和水的方案有较大的改进空间，需开发独立工作性能更强、更简单可靠以及相互匹配更容易的反应过程和系统，回收效率也需研究提升。与此同时，目前物理化学技术较严苛的反应条件、需地面补充反应物、需定期维护等问题可能在更长时间、更远距离的航天任务中变得更加严重，必须发展新方法和新原理。更长时间、更远距离的星际巡航、星球驻留和科研等载人深空探测任务必须使用生物再生法，即以BLSS来再生氧气、水和食物。相对于物理化学再生系统各单元的相对独立，BLSS的生物单元之间是耦合关系，这也增加了其复杂性和难度。

NASA自20世纪90年代初开始用生物法处理空间站废水，如约翰逊航空中心的生物再生水回收系统和马歇尔空间飞行中心的尿素酶生物反应器。人工湿地技术和膜生物反应器技术等也被提出应用于再生生保系统中的废水处理。我国福建农业科学院发现$10m^2$面积红萍基本上能满足1名乘员对氧气的需要；北京航空航天大学"月宫一号"团队以"月宫105"试验证明$69m^2$的植物栽培可以保障3人的氧气需求，并调控实现了系统中氧气和二氧化碳浓度平衡，发展了膜-生物活性炭反应器方法处理废水、尿液和回流营养液，实现了生保系统内水的100%再生。中国航天员中心"太空180"试验将物理化学再生与生物再生相结合，实现了100%的氧气和99%的水的循环再生。但是，氧气和水的生物再生均处于地面试验阶段,尚未真正应用于载人航天器中,在太空环境下所受影响尚不明确,亟待研究。

3.2　载人航天器中食物原位生产研究

国际空间站和正在建设的中国空间站的食物供给方式主要为携带式,依靠地面定期补给。而对于中长期太空飞行任务,如空间站中期试验和地外星球科研站等,食物的原位再生是根本性的保障技术。物理化学再生系统无法生产食物,目前食物原位生产技术主要有两种:生物合成和 BLSS 中的高等植物栽培。

生物合成是指基于合成生物学技术将二氧化碳等原料转化为可食用的糖、蛋白质等食物。近年来合成生物学技术迅速发展,中国科学院天津工业生物技术研究所马延和团队用无细胞系统取得了将二氧化碳转化为淀粉的技术突破,合成速率是玉米的 8.5 倍。然而,生物合成目前能够生产的多为简单的碳水化合物、氨基酸、蛋白质等,成本较高且不足以满足乘员复杂的营养需求。而且,此项技术仍限于地面研究,有待深入开展研究,以作为食物的补充应用于载人航天器中。

从心理接受度方面,高等植物栽培原位生产食物是人们首选的技术方案。航天大国均开展了大量研究工作,主要包含两个方面。

第一个方面是地面受控 BLSS 中的高等植物高效栽培理论和技术研究。包括候选作物的筛选和环境因素的调控优化研究,后者包括人工光照(光强、光质、光周期、光照分布)、水肥供给及循环净化、二氧化碳浓度、温湿度等常规无机环境因素,和植株密度、植物间的化感互作、促生微生物等生物环境因素。俄罗斯曾在“BIOS-3”中原位再生了 70% 的食物;中国在“月宫 365”试验中 100% 原位再生了 4 人生存所需的植物性食物,在“太空180”试验中也实现了食物再生 70%。然而,植物的生产效率仍需提升,且环境因素及其之间的协同调控机制远未明晰。

第二个方面是利用地面重力、辐射、磁场环境模拟器,和卫星搭载、空间站、星球探测器等,探究空间环境的重力、辐射和磁场因素对植物生长发育、生理代谢和遗传表达等的作用,及面向微重力等地外特殊环境条件的高等植物生产技术和装置的研究。自 20 世纪60 年代以来,美国等国利用各种空间飞行器完成了多种作物“从种子到种子”的生长周期,并设计研制小型自动化空间温室、Svetoblock-M 装置和植物生长装置(Plant Growth U-nits,PGUs)等,并通过“月亮-探测器”系列和“阿波罗”系列探月飞船,开展了探月搭载高等植物种子的试验,研究结果与近地轨道搭载无显著差异。我国也先后利用返回式卫星和飞船开展了多次植物种子和高等植物栽培的搭载试验;还在地面利用微重力、辐射、磁场等特殊环境因素模拟器模拟研究了空间环境的影响。但是,空间环境条件对高等植物生长发育、遗传代谢的作用及其机制远未明晰,仍需开展深入系统的研究,为中长期太空飞行任务中高等植物高效原位生产提供基础理论依据和技术指导。

3.3　载人航天器中固体废物循环利用研究

固体废物(主要为植物不可食生物量和粪便)的高效处理和循环利用是载人航天器中提升物质利用率的最大难点,是关乎运行成本的重要科学问题。目前国际上航天固废处理较成熟的应用是中短期载人航天任务中航天员生活、工作垃圾和粪便等的收集、减量化、水分回收以及储存的安全化和稳定化等,如国际空间站使用的粪便收集系统以及针对固废脱水稳定化的微波辅助真空冷冻干燥和微波干燥技术等。而面向较长期航天任务中更大量的固废,包括植物不可食生物量的减量化和资源化,被重点研究和评估的有焚烧、水汽重整、湿式氧化以及超临界氧化等技术。这些基于热化学反应的固废处理方式效率较高,但存在设备复杂、反应条件较苛刻以及气体污染等问题。

生物再生生保技术以微生物处理固废,其流程简单、条件温和,且产物可重新利用,是目前面向较长期航天任务的主流技术路线。美国研究发现水培营养液中添加20%的微生物处理固废产物过滤液对红薯生长有抑制作用,分析认为残留的有机物浓度是主要原因。俄罗斯提出了类土壤基质处理技术,即用蘑菇和蚯蚓处理固体废物,形成类土壤基质再用于植物栽培,发现所栽培的小麦和萝卜的产量与水培对照无显著差异。北京航空航天大学"月宫一号"团队改进了类土壤基质处理技术,证明可不使用蘑菇,并将制作周期缩短了30d,在105d地面密闭有人试验"月宫105"中处理了16.08kg粪便和17.47kg植物废物,产物以5%干重的比例施用时,对小麦生理生化参数无显著抑制。空间环境对固废处理利用过程的影响对载人航天器中的应用非常重要,是未来研究的重点方向。空间环境下真菌对挥发性有机物的降解效率明显低于地面对照,可能是由于空间生物反应器缺乏曝气装置。

综上,固废中有机物以及各营养元素在处理过程中的实际转化水平、空间环境的影响、可能产生的有害气体和微生物污染的程度等是尚未解决的难点,需利用组学和空间技术等前沿技术深入开展机理研究。

3.4　地外星球资源原位融合利用研究

物质补给是载人航天器所面临的最大问题。若能开发地外星球原位物质资源并融合利用,就能减少物质补给需求,提升空间探索的可行性。在地外原位资源当中,月壤、火星土壤等星球表层物质最为丰富,最具开发潜力。在载人航天器中,植物作为生命保障功能的核心单元,需要大量栽培基质,不可能从地球运输。月壤等可以作为植物栽培基质,月壤理论上不具备生物毒性,但由于地外不存在生物风化作用,其具有颗粒粗糙尖锐、持水能力差、容重偏大、pH偏高等不利于栽培的物理化学性质。因此,月壤等星球表层物质需要改良,以形成接近地球土壤性质的基质用于植物栽培。

模仿地球土壤所经历的生物风化作用、加入有机物和微生物以改良月壤,是主流的技术路线。落叶堆肥和切碎的黑麦叶子的加入都改善了模拟月壤所栽培植物的生长,但仍不及地球土壤。北京航空航天大学"月宫一号"团队使用有机固体废物(植物残体、人粪和微生物)与模拟月壤混合共发酵来改良这些性质。模拟月壤所栽培的小麦苗长仅为蛭石栽培的 25%,无法满足生命保障的要求,而初步改良工艺将苗长提升至蛭石的 65%,仍需继续优化,且发酵期间显著增多的钠离子说明生物风化作用腐蚀了月壤颗粒,初步揭示了改良机理。然而,月壤等星球表层物质的生物可利用性改良还需要在成像和组学等多方面深入开展机理研究,如使用 X 射线显微镜结合微流控芯片技术来观察改良和生物利用过程,以充分完善载人航天器中再生生保技术水平。

3.5　载人航天器再生生保系统人工调控研究

物理化学生保系统和 BLSS 的设计、建造和运行的理论基础是控制论,其核心指标是稳定性——系统的物流和能流必须稳定在标称水平上,同时具有良好的抗扰动能力。目前大多采用开环控制的方法,而不是基于生保系统运行状态的反馈去控制系统的运行,这样的控制方法极易受到内部变化和外部扰动的影响,常常不能保证控制过程的精度和稳定性。同时,一些基于经典线性控制的方法,如比例微分积分(Proportional Integral Derivative,PID)控制,虽然目前也应用到生保系统某些单元的闭环自动控制中,但是生保系统及其组成单元都是高度非线性的,当它们受到内部变化和外部扰动偏离标称水平时,很难通过线性调节的方法实现全局过程稳定控制。虽然目前"月宫一号"采用基于生态热力学及耗散系统理论的方法初步实现了系统的全局稳定控制,但是如何基于更有效的系统运行状态反馈,去建立闭环生保系统的非线性反馈控制方法,实现更加有效的系统全局稳定控制,仍然是今后生保系统构建中亟待解决的关键理论和工程问题。

目前空间站所用的再生生保技术为物理化学再生式,受限于原理,反应条件严苛、效率低、安全性弱,需依赖地面持续补给化学反应物和人员食物。BLSS 是载人深空探测生命保障的根本途径,但目前尚处于地基阶段,面临着生物对空间环境敏感性、单元间匹配稳定性、融合利用太空原位资源等挑战。空间站、月球科研站、火星科研站等工程的环境与地球差异很大,具有低重力/微重力、低地磁场和长时间超剂量辐射等特殊环境条件,明确这些环境条件如何影响 BLSS 各生物单元及其相互作用,进而阐明 BLSS 调控机制,是在载人航天器中实际应用的必要前提。BLSS 与物理化学系统有机结合、以物理化学系统作为 BLSS 冗余部件也是未来重要的研究方向。

主要参考文献

[1]　H Liu,Z Yao,Y Fu,et al. Review of research into Bioregenerative Life Support System(s)

which can support humans living in space[J]. Life Sciences in Space Research,2021.

[2] J Li,Y Yin,K Zhou,et al. Progress of Oxygen Generation Technology by Water Electrolysis in Space Station[J]. Space Medicine & Medical Engineering,2013,26(3):215-220.

[3] Z Wu,F Gao,Y Deng,et al. Key technology review of research on regenerative environmental control and life support system for space station[J]. Space Medicine & Medical Engineering,2018,31(2):105-111.

[4] D J Barta,C Stanley,K Lange,et al. Improving the Recovery of Oxygen from Carbon Dioxide[C]//43rd COSPAR Scientific Assembly (COSPAR 2021),2021.

[5] M B Abney,W Schneider,B Brown,et al. Comparison of Exploration Oxygen Recovery Technology Options Using ESM and LSMAC[C]//49th International Conference on Environmental Systems,2020.

[6] Y Fu,L Li,B Xie,et al. How to establish a Bioregenerative Life Support System for long-term crewed missions to the Moon or Mars[J]. Astrobiology,2016,16(12):925-936.

[7] F B Salisbury,J I Gitelson,G M Lisovsky. Bios-3:Siberian experiments in bioregenerative life support[J]. Bioscience,1997,47(9):575-585.

[8] Y Fu,Z Yi,Y Du,et al. Establishment of a closed artificial ecosystem to ensure human long-term survival on the moon[J]. BioRxiv,2021:426282.

[9] V Ilyin,D Korshunov,E Deshevay. Biotransformation of used means of personal hygiene of cosmonauts and vegetable waste as applied to life support systems for space crews[J]. Ecol. Eng. Environ. Prot,2018:15-23.

[10] G Wamelink,J Frissel,W Krijnen,et al. Crop growth and viability of seeds on Mars and Moon soil simulants[J]. Open Agriculture,2019,4(1):509-516.

撰稿人：刘红(北京航空航天大学)　付玉明(北京航空航天大学)
　　　　刘慧(北京航空航天大学)　冯佳界(北京航空航天大学)
　　　　胡大伟(北京航空航天大学)

长期在轨及深空探测飞行器面临的极端热控问题

Extreme thermal control problems faced by long-term flight and deep space exploration vehicles

1　科学问题概述

未来深空探测、地外天体基地建设(载人登月、载人登火)、星际旅行、在轨服务等空间任务中,飞行器将长期在轨飞行,执行更为复杂机动、应急性的任务,面临比固定轨道更为复杂多变甚至是无法预测的未知恶劣热环境;月球车、火星车也将在复杂未知的环境中行走、工作、执行探测任务;红外望远镜等高精度探测设备还需要应对空间辐照、高能粒子、极端真空等恶劣工作条件。

月球车、火星车在着陆表面需要承受巨大温差、低重力、扬尘污染等严酷恶劣的环境影响。比如月昼时月球表面温度最高可达400K,月夜时降低至77K,且昼夜过渡期间温度变化快,要求航天器自身可以维持在较小的温度范围内,保证设备及航天器的安全可靠;月尘颗粒的激扬、运动、附着会大大影响太阳能帆板的工作效能,进而影响探测器的能量供给;太阳宇宙线和银河宇宙线中高能粒子的辐照可引起材料老化、辐射散热面效能衰退等;月球 $1/6g$、火星 $0.38g$ 的低重力环境对设备的运转、散热流体的流动换热带来的影响,也与重力场、微重力环境存在较大的差异;此外,一些特种载荷需要工作在特殊的高低温环境,如红外探测器需工作在 20K 以下的深低温区、核动力航天器动力系统要运行在500K 以上的高温区,这都对现有热控手段提出了全新的挑战。

因此,为保障飞行器内部航天员及载荷在全任务周期内处于合适的温度水平,一方面要拓展热控系统的适应温区,另一方面要求热控系统具有更高的性能、效能及智能自适应调节能力,使空间飞行器在执行长期任务中可应对复杂、未知、恶劣的空间热环境。热控系统所面临工程瓶颈亟须相关科学问题的突破,主要包括:①空间微重力下高温区(500～2000K)热防护、热收集、传输、排散及控制;②空间微重力下深低温区(≤20K)高效大冷量获取及热质传输;③复杂空间环境的热效应及智能热控方法。

2　科学问题背景

随着空间技术的发展和人类探索宇宙的步伐不断迈进,空间活动从地球轨道逐渐扩展至行星轨道乃至太阳系边际及系外探测。未来空间飞行器将进行深空探测、星际航行、地外天体基地建设、在轨服务等长期飞行任务,将面临更加复杂多变、未知且恶劣的热环境。热控系统需实现如下技术突破:空间高温区热防护、热传输及控制技术,空间高效深低温大冷量获取及热质传输技术,复杂空间环境的热效应及智能热控技术。

2.1　空间高温区热防护、热传输及控制技术

一方面,在进行近日探测(包括金星、水星探测)和近日星际航行中,由于太阳常数大,飞行器将面临高达 1600K 的高温环境。另一方面,执行长期任务的空间核动力航天器,将核能转化为热能、电能或者推进的动能,满足航天器飞行任务的需求,其空间核反应堆也面临高温热防护、热排散难题。为保障飞行器及其动力系统安全,需建立起适应 500～2000K 的热管理技术体系,实现高效、安全的热防护、热收集、传输、排散与控制。

2.2 空间高效深低温大冷量获取及热质传输技术

我国未来将推进的太阳系内外天体、宇宙特种射线探测等深空探测与空间科学任务，其核心载荷红外相机需工作在 20K 以下的深低温区，如探测器的预冷级、冷光学系统等，以大幅提升其探测性能(探测率、探测距离、探测目标范围等)，空间环境下的深低温大冷量获取显得尤为重要。此外，空间应用中，深低温区的热传输系统将成为低温获取系统与低温载荷的桥梁，由于两相热传输系统的工质品质因数下降，热扰动影响大，如何在深低温区实现系统的高效、稳定运行仍是技术难题。

2.3 复杂空间环境的热效应及智能热控技术

一方面，空间飞行器在执行长期空间任务时，面临复杂、未知和恶劣空间环境的影响，明确其热影响效应机理与控制方法至关重要。另一方面，随着飞行器功能和性能显著增强，载荷热功率和热流密度不断增大，轨道/工作模式高度机动和应急性的特点也使得传统面向固定轨道和任务的热控设计思路和方法及热控技术将无法满足任务需求，需继续发展高性能、高效能且具有自适应和调节能力的智能热控技术。

3 科学问题研究进展

3.1 空间高温区热防护、热传输及控制

针对空间核反应堆电源系统真空环境下高温热防护需求，主要发展高温隔热材料技术，包括碳基隔热材料和陶瓷基隔热材料，其中碳基隔热材料是碳泡沫和碳气凝胶，陶瓷基复合材料包括陶瓷隔热瓦和隔热毡，具有极低的导热系数。总体而言，国内尚处于实验室试制阶段，与国外差距较大。在热传输、排散与控制方面，目前主要发展的技术方向包括：基于碳碳材料蒙皮与 Ti/H$_2$O 热管的高温辐射器、高温泵驱两相回路、高温碱金属热管、高温液体金属回路等。自 20 世纪 50 年代以来，美国等就针对空间核电源系统进行了全面而深入的方案研究、地面试验与在轨应用。美国 SNAP-10A 项目于 1959 年启动，1965 年发射升空，使用的是氢化锆反应堆，反应堆热功率 40kW，出口温度 833K，采用 NaK 液态金属冷却。近二十年系统功率也从千瓦级逐渐提升至兆瓦级，废热排散方案也从单纯的热管辐射器转向泵驱流体回路与热管辐射器耦合的方案。而国内的相关研究刚刚起步，仅为地面工程样机阶段。亟须建立起高温下材料与工质品质评估方法，掌握两相流动换热规律与特性、液态金属相变规律等。

3.2 空间高效深低温大冷量获取及热质传输

开展 4～20K 温区的冷量获取和热质传输、分配的基础研究，阐明逆布雷顿等典型深

低温大冷量高效获取热力循环过程规律,探索空间环境和深低温下冷量传输与高效分配机制,获得低温工质两相流动与传热特性,掌握轻质气体离心压缩与深低温膨胀、大温跨极小温差传热和高效绝热方法,实现深低温区大冷量的高效获取与分配和红外探测器的长期稳定运行。超高速氦离心压缩机的引入使空间逆布雷顿制冷机的热力学过程实现成为关键难题,研究空间透平-逆布雷顿循环工作原理与制冷系统特性,探索工质气体连续循环工作过程高效能量转换与热量传递,揭示循环参数、部机(离心压缩机、透平膨胀机、间壁换热器)性能特性以及动态响应下的耦合与匹配,并依靠试验作为检验,提出适用于深低温区大冷量制冷系统的数理模型、设计理论和评估方法是要解决的基础科学问题。在能量平衡分析的基础上构建系统的非线性动力学模型,获得结构、参数对刚度、载荷、动态特性和稳定性的影响规律。

关于深低温冷量传输,空间微重力与深低温区两相流动与换热机理与特性。获取和分析深低温区工质的品质因数、材料物性、两相流体与典型换热表面的接触特征等基础参数及特性。揭示微重力下深低温流体蒸发和冷凝流动换热特性和规律、气液界面特征及其对流型的影响,分析深低温两相流动中的不稳定性现象和根源。

3.3 复杂空间环境的热效应及智能热控技术

需突破具有高性能、高效能及智能化的热控技术,分析和借鉴恒温动物的体温调节机制及集热/散热/隔热机理,使热控技术实现热性能的跨数量级提升,通过系统内部优化提升效能,并具备智能自主调节和自适应能力以应对复杂、恶劣的外部热环境和内部多变的工作模式。

研究极端环境下典型生物控温传热及自适应环境机制。分析自然界中典型恒温动物的体温调节机制(多途径行为性控温、多级组合控温、热量综合管理及休眠模式等)、隔热与散热机理,分析植物的水分输运系统运行机理,解析其控温传热及自适应环境的机制,归纳并揭示恒温动物的"智-自"控温传热规律,建立起仿生热控机制与方法的生物学基础。建立极端环境下生物热控结构、材料和功能定量模型。从科学角度定量描述生物环境、功能、结构、材料与控温传热间关系。根据不同极端环境下典型生物的传热规律与机理,结合典型生物的结构、材料及其他体表特征,建立基于典型生物自适应控温传热规律的传热数学模型,分析不同结构、材料等特征及因素耦合对生物控温传热的影响规律,构建结构-材料及基于生物主观性的多元耦合仿生"智-自"适应控温传热模型;从而提取能够进行仿生设计的关键因素和参数,形成面向复杂太空环境的仿生智适应热控理论与方法。基于相似理论和耦合仿生理论,结合并分析航天热控技术特点,设计基于极端环境下典型生物的多元耦合仿生"智-自"适应控温传热模型,分析耦合仿生控温传热模型因素在深空极热、极寒及极热极寒交替环境下的控温传热规律,设计面向复杂太空环境的仿生智适应热控系统,是解决深空探测与地外天体基地极端环境热控的创新途径之一。

自然界中优秀的传热、隔热、散热生物有很多,如植物具有独特的生理结构和生理特性,能够适应不断变化的天气条件,有着天生的气候(温度、降水、阳光等)适应能力。植物在适应自然时,长期固定于一处,通过形态和自身结构调节温度;在面对环境变化时,植物往往通过环境的外力驱动及自身的生理活动调节进行反应。动物的热交换主要体现在降温、散热、保温、御寒等方面。研究极端环境下的生物结构、材料等在热交换方面的机理,并采用仿生设计方法应用于解决实际工程问题,具有重要的理论和实际意义。

人们基于自然界动植物热特性进行了大量研究,取得了很多成果。如广泛存在于植物和动物的呼吸系统和血管系统中的分形几何,流动阻力小,传热能力强,被引入传热领域;基于植物叶子表面润湿性的热交换器表面处理可用于冷凝和结霜;蒸发式冷凝器应用了汗液蒸发调节人体温度的原理;人造表皮材料可用作换热器涂层,以替代喷雾冷却并节省泵送功率;新型被动冷却材料温敏水凝胶已应用于微电子器件,当温度超过下临界溶液转变温度时能够自动释放水分;仿生鱼形热交换管具有在内部保持高压的优点;鲨鱼皮的低阻力特性可用于设计低摩擦管涂层,降低热交换器风扇功率;受蜂鸟在盘旋期间通过翅膀周围的对流散热的启发,设计风扇集成换热器,通过快速拍打机翼散热;受蝴蝶翅膀包含的复杂热力学结构启发,设计百叶窗结构和多种冷却材料等。

仿生热控以热控原理、技术、材料、结构为研究基础,以仿生技术为拓展,优化原有结构、材料和部件,从而达到提高原有热控系统性能的目的。"热控 + 仿生"以热控原理、技术、材料、结构为研究基础,以仿生技术为拓展,优化原有结构和材料,从而提高原有热控性能,属于在原有热控基础上进行优化和升级。"仿生 + 热控"以自然界的生物为研究基础,在分析、理解和揭示其热控的生物学基础上,以仿生学原理和方法为手段,设计仿生热控系统和方法。基于"热控 + 仿生"和"仿生 + 热控"两种思路进行交叉研究,提出新的热控系统和思路,为快速换热、高效热控提供新的研究方向。

主要参考文献

[1] Miranda D. 2020 NASA technology taxonomy[R]. 2020.

[2] D Gilmore. Spacecraft Thermal Control Handbook, Volume I: Fundamental Technologies[M]. AIAA, 2002.

[3] M Donabedian. Spacecraft thermal control handbook: cryogenics[M]. AIAA, 2002.

[4] 吴伟仁,于登云.深空探测发展与未来关键技术[J].深空探测学报(中英文),2014,1(1):5-17.

[5] 龙乐豪.关于中国载人登月工程若干问题的思考[J].导弹与航天运载技术,2010(6):1-5.

[6] 苗建印,钟奇,赵啟伟,等.航天器热控制技术[M].北京:北京理工大学出版社,2018.

[7] 苏著亭,杨继材,柯国土.空间核动力[M].上海:上海交通大学出版社,2016.

[8] Dipirro M, Shirron P, Kimball M, et al. Cryocooling technologies for the Origins Space Telescope[J]. Journal of Astronomical Telescopes, Instruments, and Systems, 2021, 7 (1):011008.

[9] 江雷.仿生智能纳米材料[M].北京:科学出版社,2015.

[10] David J Beerling, Peter J Franks. The hidden cost of transpiration[J]. Nature, 464 (2010):495-496.

撰稿人:苗建印(北京空间飞行器总体设计部)　林贵平(北京航空航天大学)
张红星(北京空间飞行器总体设计部)　郭元东(北京航空航天大学)

长期飞行任务航天员人体效能演变机理、维持与增强问题

Evolution mechanism of astronaut human performance, maintenance and enhancement in long-term mission

1 科学问题概述

随着我国空间站建设的顺利完成,未来航天员进入空间站的频率越来越高,在轨时间将不断延长。这种载人航天能力的增强必将促使深空探测和星际旅行等长期飞行任务的快速发展。迄今为止,已有近600人被送入太空,但时间长(＞300d)的任务很少,参与人数不到10人。未来人类长期在轨,空间环境因多种因素而变得严酷和具有挑战性,需要全面研究和评估长时间太空飞行对航天员人体的影响。另外,长期飞行任务中航天员处于空间环境,需要完成信息高度密集的特殊航天作业任务,所承受的脑力负荷在"量"和"质"两个方面均显著增加。与任务作业能力密切相关的外延概念——人体效能,也由于长期飞行越来越受到关注。

长期太空飞行会对包括航天作业能力在内的人体效能产生重要影响,而外空间环境、天地管理、团队协同等因素也都会对人体效能产生重要影响。但是,长期飞行航天环境对航天员心理、生理健康影响是多方面的,包括骨密度损失、认知性能影响、微生物和基因调控的改变。航天又是典型的小样本研究领域,目前各国研究收集的数据非常有限。因此,迫切需要开展长期飞行任务航天员人体效能演变机理、维持与增强研究,开发新型人体效能测试与评估方法,在诠释人员与在轨复合因素相互作用机理的基础上,探讨航天员人体效能维持与增强新方法。

本方向结合载人航天器"人员-任务-环境"特征,融合多学科理论,围绕长期飞行任务航天员人体效能的四个主要维度,即任务作业能力、认知能力、心理状态和生理功能,开展长航人员人体效能测量方法、复杂环境对人体效能作用机理、人体效能演变规律与孪生方法、人体效能评估方法、人体效能维持与增强方法等研究。通过理论研究和关键技术突破,为解决长期飞行任务航天员人体效能维持与增强问题提供新理论依据。

2　科学问题背景

长期在轨空间环境下人体效能研究的落脚点是提升作业人员执行任务期间的健康舒适水平和安全高效程度,进而使作业人员处于高效能状态。高效能指人体的健康舒适水平较高,同时能够高效地完成作业任务,具体表现为身体舒适、思维敏捷、情绪积极稳定、能够轻松且较好地完成任务并且具备有效应对突发事件的能力。近年来,融合这些特征的人体效能概念逐渐成为研究热点。

人体效能的理论与应用研究于 2006 年起源于美国,并于同年提出概念框架。美国空军于 2008 年创建"711 人体效能联队"以探索针对飞行人员的人体效能增强技术,2015 年将此概念正式命名为"航空航天医学与人的效能",凸显了人体效能相关研究在近年来的主导地位。我国学者也密切追踪关注这些先进理念,近年来引进了人体效能维持人体效能优化和人体效能增强的学术观点,对概念进行了本土化阐述,即人体效能维持指在任务期间尽可能地维持任务前的效能水平,人体效能优化中主要关注人的作业能力,人体效能增强具体指人的体能、技能和智能等增强。但综合而言,人体效能均可泛指人体完成实际任务所需的能力,是基于心理活动和生理功能的个体总能力,在一定条件下完成特定任务所能发挥有效作用的程度。

由于人机系统的复杂度和自动化水平不断提高,长期飞行器舱室空间已成为信息高度密集的特殊作业环境。航天员如长期处于不舒适光照、太空失重、大温度变化、低气压等恶劣环境,极易引起生理疲劳及诱发负面情绪。为了适应现代人机系统的发展需求,应利用先进的控制技术将密闭舱参数调控至合理水平,为作业人员创造良好的工作环境,尽可能满足新型技术成功应用航天环境。但是目前研究中关于长航飞行器人体效能的影响因素及影响机理尚不完全清楚,而且人体效能维持与增强技术的可行性受限于空间应用特殊性、经济性和在轨可行性。

综上所述,全面认识长期飞行任务环境对人体效能作用机理,发展先进的测试与评估方法,是实现长期在轨航天员人体效能保护、维持甚至增强的关键。鉴于此,本方向解决的关键科学问题是结合环境控制、航天医学、心理学、信号处理、统计学和人工智能等学科方法,开展在轨飞行复合因素对人体效能的影响规律,揭示空间飞行环境复合因素对人体效能作用机理,发展长期在轨人体效能监测与评估技术,提出新的人体效能维持与增强方法,为保障我国长期在轨飞行器航天员人体效能提供理论依据和数据支持。

3 科学问题研究进展

3.1 已有国内外研究

中国 3 名航天员在天宫空间站核心舱在轨驻留了 6 个月。苏联航天员创造了连续驻留 438d 的单次航天任务最长纪录。美国国际空间站是在微重力环境下进行科学研究的重要试验平台,也为研究长期航天飞行对人体影响提供了重要场所,其研究成果对未来载人登月和火星任务具有重要意义。国际空间站人体研究的最新成果包括对心血管、大脑、感知与认知、心理以及双胞胎兄弟对照组等研究。国际空间站在航天员人体效能方面的研究主要表现在:

(1)从单一因素研究向复合因素研究扩展。研究试图解决人类航天飞行的五大风险:空间辐射、隔离与受限、远离地球、失重(或微重力)以及恶劣/封闭环境。这些因素中空间辐射、微重力和隔离已经被证明会对中枢神经系统产生影响。当经受这些风险时,大脑可能会更加复杂,这会导致思维方式、移动方式以及任务期间对事件和乘组人员情绪反应的改变,所有这些都可能导致任务的失败。对此,NASA 正在寻求一种完全整合的方法,以此更深入地探索辐射、隔离和限制以及重力场改变之间的关系,以及它们对航天员的中枢神经系统、行为健康和运动感知系统所造成的潜在危害。

(2)延长飞行时间并积累研究成果。NASA 自 2008 年开始执行人体研究计划,不断提供知识和技术以改善航天员的生理/心理健康和任务绩效,并为航天探索期间遇到的问题开发可能的对抗措施。自 2015 年至今,研究成果涉及航天生物技术、生物医学研究、地球远程探测等领域,共开展了 72 项试验,其中 12 项为新试验。这些研究有助于更好地了解航天飞行对人体的影响,而且对于准备深空探索包括载人火星任务至关重要。未来,国际空间站还将延长部分航天员的飞行时间,以及增设更多一年期任务乘组,以此获得更多长期航天飞行的样本数据。

(3)航天医学合作的方法与路径不断拓展。NASA 人体研究计划通过利用地面研究设施、国际空间站以及模拟环境来减少对航天员健康的风险。2016 年,NASA 开始执行人体研究计划监督下的转化研究所合作协议,该协议预期运行到 2028 年。NASA 集中了一批优秀研究团队,加快降低与探索任务有关的健康风险。转化研究所实施了“工作台到太空飞行”的运行模式,允许将试验室或临床试验的研究方法快速转化,将有前途的新方法、治疗手段、对抗措施和技术尽快应用到航天实践中,最终提高航天员的健康和绩效。

上述长期空间飞行人体效能研究有助于优化封闭环境对人体任务绩效的影响、航天服设计、环控生保系统功能、航天员健康标准和健身计划制订、生理和心理适应训练等,以便为将来开展更长时间的人类深空探索任务做好准备。

NASA 在航天员人体效能的维持方面也做了大量研究工作。太空微重或失重环境也会给人体带来影响,航天员在太空期间,负重骨骼的矿物质密度平均每月降低 1% ~ 1.5%,肌肉量流失速度也更快,人体体液在微重力环境下会上流至头部,可能给眼睛带来压力并导致视力问题。有研究人员采用一系列措施以应对这些影响,包括让航天员穿戴负压装置来控制体液流向、研发柠檬酸钾药物对抗肾结石风险等。还有研究人员研发收集和测量航天员在太空中产生的尿液的方法,通过分析尿液物质的不同水平来确定航天员在任务期内是否存在患肾结石的风险,并据此调整他们的饮食、锻炼习惯和饮水量来进行干预。有研究通过调节太空舱光线亮度、运用虚拟现实设备模拟放松的环境等方式来改善封闭环境对人体的影响,鼓励航天员通过写日记、在太空种菜等方式减压。

除了在轨研究外,国内外学者还从地面模拟试验角度开展了一系列关于人体效能影响的研究。这些研究成果加深了对航天员人体效能研究的认识和理解,促进了科技工作者对航天员人体效能维持与增强方法的研究。然而,目前的研究存在一些问题,主要包括:

(1)人体效能评价核心指标与方法体系还不完善。现有研究主要分析了载人空间环境因素对人体某方面的影响关系,评价指标较为单一,难以综合评判空间环境因素对人体的影响。人体是一个复杂的且具有生命活动功能的整体,其心理活动和生理活动紧密相关,其行为表现是心理活动和生理活动共同作用的结果。寻找什么样的有效核心指标,既能诠释人体效能又能方便在轨长期应用,是研究的关键问题之一。另外,关于空间飞行因素对人体影响的试验研究应采用多维度的研究方法,仅仅采用单一或几项测量难以全面衡量不同暴露环境下的人体变化。因此,有必要明确人体效能的定义与研究内涵,建立以多层次结构和多维度指标为核心的人体效能评价方法体系,并以此为基础,开展环境要素对人体效能影响的系统试验研究。

(2)飞行员人体效能监测技术还需要不断发展以适应更长周期的空间飞行任务需要。现有研究中,针对航天员人体效能监测技术多侧重于情绪、疲劳及环境舒适性等,针对人体工作效率的评价多利用作业任务、模拟作业任务及标准认知测试,并未从认知负荷的角度分析对人体效能的影响,也未考虑过环境因素、认知负荷与工作效率之间的相互影响对人体效能的相互作用关系。航天员人体效能监测技术还需要不断发展以适应更长周期的空间飞行任务需要,应该发展更全面、更简易的测试技术,对航天员人体效能的心理、生理、任务和认知等维度进行揭示。

(3)针对复合在轨环境暴露下人体效能维持与增强技术研究还不充分。现有的关于航天员人体效能研究仍处于起步阶段,需要解决许多相关的基本问题,如人体效能研究试验方法、维护与调控方法、人体效能增强与个体差异性研究。不同研究假设中针对这些基本问题的处理方法差异导致了现有研究结果的不一致。因此,有必要在前人研究成果的基础上,进一步开展针对在轨失重空间的相关研究,不断丰富基础数据和理论成果,以期在某种程度上可以通过整合这些研究提出一个可靠且全面的影响机制,从而更好地理解和评价在轨失重空间关键环境要素对人体效能的影响。

综上所述,全面认识长期飞行任务对航天员人体效能的影响规律是营造健康、舒适、经济型舱室环境的基础,是充分发挥新型复杂技术先进作用的前提,也是实现人体效能保护、维持甚至增强的关键。本研究方向结合"航天员-任务系统-在轨环境"的研究特点,开展长期飞行任务航天员人体效能的影响机制模型;在航天飞行特殊约束下,从人体效能四个主要的维度(心理状态、认知能力、任务作业能力和生理功能)出发,寻找有效核心指标,发展人体效能的监测和评估方法;结合多学科,发展长期飞行任务航天员人体效能维持与增强方法。

3.2　科学问题与技术路线

本方向基于人体效能的定义与内涵,结合"作业人员-任务系统-在轨空间"的特点及特殊约束性,建立适用于长期在轨空间环境人体效能评价方法,解决长期航天飞行航天员人体效能有效评估指标的可建立性、可检测和可诠释性问题,研究评估基本框架和测量方法,评估空间飞行环境暴露下的人体效能变化。从任务作业能力、心理状态、认知能力和生理状态等核心维度出发,利用试验手段,开展长期在轨密闭舱室复杂环境下人体效能演变机理与影响因素研究。主要科学问题及技术路线包括:

1)长期飞行任务航天员人体效能演变机理

结合"作业人员-任务系统-在轨空间"研究的特殊性,研究长期在轨航天员空间环境暴露下人体效能的演变规律。基于试验研究,建立主客观试验样本数据库,应用统计分析理论,研究各种因素变化对人体效能指标的影响规律。基于主客观试验数据库,构建多维度指标与多影响参数对人体效能影响的机理模型。研究将主要关注从事脑力劳动作业的在轨技术人员,剖析复合因素作用下的航天员人体效能演变机理,揭示长航时、失重以及隔离封闭环境等复合因素对生理功能、心理状态、认知能力和任务作业能力等人体效能维度的影响,进而建立空间复合因素作用下的长期在轨航天员人体效能演变机制模型。

2)长期飞行任务航天员人体效能监测与评估方法

在航天飞行特殊环境约束下,寻找有效的评估核心指标,研究核心指标的最佳可解释性、可评估性、可检测性。另外,针对不同功能分区的岗位任务和人员配置情况,选取能反映各区域特性和功能需求的关键参数指标。基于上述研究,构建以心理状态、认知能力、任务作业能力和生理功能为核心维度的人体效能评价体系。基于此,开展长期飞行任务航天员人体效能监测与评估研究。在本项研究中核心指标对人体效能影响机理是关键科学问题,也是研究的重点。关注长期在轨载人飞行器,研究复合因素与四维度人体效能参数指标间的可诠释性。研究可应用于长期飞行任务航天员人体效能测量新方法和新技术。

3)长期飞行任务航天员人体效能维持与增强方法

长期飞行任务航天员人体效能研究的主要任务是运用技术手段维持或提升人体核心能力，以促进个体能够在健康舒适的状态下安全且高效地完成任务需求。具体来说，以心理状态、认知能力、任务作业能力和生理功能这些研究要素为基础，考虑在轨环境影响的特殊性、影响程度及具体表现，针对性地改善技术手段以提高作业人员的人体效能水平。因此，发展新技术用于维持航天员长期飞行任务的人体效能，并开展航天探索期间的对抗与增强措施。该项研究涉及航天人机工效、航天生物、生物医学、地球远程探测等多个领域，最终提高包括健康和任务绩效在内的人体效能。

主要参考文献

［1］ Francine E，Garrett-Bakelman，Darshi，et al. The NASA Twins Study：A multidimensional analysis of a year-long human spaceflight［J］. Science，2019. 364：144.

［2］ Hoffmann F，Mostl S，Luchitskaya ES，etal. An oscillometric approach in assessing early vascular ageing biomarkers following long-term space flights［J］. International Journal of Cardiology Hypertension，2019，6：100013.

［3］ Otsuka K，Cornelissen G，Kubo Y，et al. Anti-aging effects of long-termspace missions，estimatedby heartrate variability［J］. Scientific Reports，2019，9(1)：8995.

［4］ Nindl B C，Jaffin D P，Dretsch M N，et al. Human Performance Optimization Metrics：Consensus Findings，Gaps，and Recommendations for Future Research［J］. Journal of Strength and Conditioning Research，2015，29(11)：S221-S245.

［5］ 赵润洲. 人效能增强技术评估研究［D］. 北京：中国人民解放军军事医学科学院，2016.

［6］ 杨蕾，刘娟，宋华淼，等. 提高军事飞行员作战心理效能的思考［J］. 空军医学杂志，2019，35(5)：455-457.

［7］ 李长芹，刁天喜. 美军"人效能优化"内涵与评估指标分析［J］. 人民军医，2017，5：459-463.

［8］ 宋华淼. 航空心理效能［M］. 北京：清华大学出版社，2020.

［9］ Honn K A，Riedy S M，Grant D A. Validation of a Portable，Touch-Screen Psychomotor Vigilance Test［J］. Aerospace Medicine and Human Performance，2015，86(5)：428-434.

撰稿人：庞丽萍(北京航空航天大学)　王春慧(中国航天员科研训练中心)
田雨(中国航天员科研训练中心)

出舱活动中的生命保障及工效学问题

Life support and ergonomics issues in extravehicular activities

1　科学问题概述

随着我国在载人航天活动领域快速发展,空间实验室建设、航天器维修甚至将来的行星登陆探测等航天任务需求日益凸显了出舱活动技术的重要性。虽然机器人或自动化技术可以作为出舱活动的替代方案,但目前该技术只能解决单一的预定任务,对舱外复杂多变的意外和突发事件没有处置能力,以人为核心的出舱活动仍然是不可取代的技术方向。

出舱活动实质上是航天员脱离母载人航天器或建在其他天体上的基地,穿着舱外航天服,依靠自身携带的生命保障系统,探索与改造舱外环境的过程。舱外空间的高真空、微重力、极端温度、高强度辐射、高速微尘撞击等环境条件会威胁人的生命,舱外航天服可把航天员的身体与舱外恶劣太空环境隔离开,并向航天员提供一个相当于地面的工作环境,同时提供氧气、排放二氧化碳、保持正常气压、维持舒适温度、抵御宇宙辐射及微尘撞击等维持生命所需的各种条件,发挥着不可缺少的保障人员安全、健康及高效工作的作用。

随着我国在空间站长期在轨运行、载人登月及深空探索等任务需要,航天员面临执行频次更高、作业时长更久、操作更复杂、环境更恶劣的出舱活动,由航天员、航天服和舱外环境组成的人-机-环系统中,人员的安全、健康和效率状况与航天服、舱外环境无比紧密地联系在一起。这对舱外环境的人员防护技术提出了更高的要求,对人机系统的工效学设计提出了新的挑战,探究复杂舱外环境中里人、机、环境之间相互关系的规律,同时优化人机系统整体工作效能变得尤为重要。

以舱外航天服为代表的舱外空间人员防护问题涉及生命保障技术、控制技术、特种材料、系统工程、人机工效、航天医学等多学科方向,将会以围绕人、服务人和保障人为特点,以保障空间环境下的人员安全、健康和高效作业为目标。其面临的工程问题包括空间环境防护技术、身心健康管理和人机工效技术等方面,涉及的研究对象并非彼此孤立,存在着相互影响、彼此制约的内在联系,需要从系统层面加以分析和研究。可以预见,发展以人为核心的舱外防护技术在今后较长时期内都将成为一项重要和亟待解决的航天技术课题。

2　科学问题背景

1965 年 3 月 18 日,苏联航天员列昂诺夫成为世界上的出舱活动第一人。出舱活动现已发展了三个阶段,即起步探索阶段(1965—1968 年,通过"上升 2 号"和"双子星座"飞船出舱)、改进强化阶段(1969—1972 年,通过"联盟"和"阿波罗"飞船出舱)、完善发展阶段(1973 年至今,通过空间站、航天飞机出舱)。

中国载人航天事业起步晚但发展迅猛,出舱活动已由最初的试验性质转变为当前的具体应用性质。2021 年 7 月 4 日,"神舟十二号"航天员乘组密切协同,完成出舱活动期间全部既定任务,航天员刘伯明、汤洪波安全返回"天和"核心舱,标志着我国空间站阶段航天员首次出舱活动取得圆满成功。这是继 2008 年"神舟七号"载人飞行任务后,中国航天员再次实施的空间出舱活动,也是空间站阶段中国航天员的首次空间出舱活动。活动首次检验了我国新一代航天服的功能性能,检验了航天员与机械臂协同工作的能力及出舱活动相关支持设备的可靠性和安全性,为空间站后续出舱活动的顺利实施奠定了重要基础。2021 年 11 月 7 日晚"神舟十三号"乘组进行首次出舱活动,航天员翟志刚、王亚平着"飞天"舱外航天服进行舱外作业,预示着中国航天员未来高频率执行舱外任务的开始。

目前我国已掌握舱外航天服的关键技术,"飞天"舱外航天服历经十余年的研发与完善,"神舟十二号""神舟十三号"航天员穿着的"飞天"舱外航天服可支持更长时间的空间站出舱活动,重复使用次数更多,关节处更加灵活。

随着我国载人航天事业的发展,航天员会愈加频繁执行作业负荷更大、操作难度更高的出舱活动,这给舱外环境的人员防护提出了新的挑战。同时,由于技术限制,至今在用的舱外航天服在防护能力、质量、操作活动性和灵活性、热舒适性以及高频率出舱消耗性设计等方面还有许多亟须解决的问题。

3　科学问题研究进展

自 20 世纪中叶至今,国内外学者已在舱外人员防护问题上耕耘多年,做出了许多卓有成效的研究,推动了人类载人航天事业的伟大发展。国内外的研究团队对于舱外航天服的轻量化和工效学设计方面的一些问题进行了研究。随着人类宇宙探索的深入,舱外环境人员防护问题需要与时俱进同时长远规划,目前来看,有以下具体问题有待深入研究。

1)舱外航天服热舒适性研究

舱外环境中航天员面临超过 250℃的环境温差,同时自身热调节能力下降、耐高温能力下降、血液重新分配,这对舱外航天服的热控系统提出了严格要求,其中主要包含两部分内容,一是被动热防护系统,例如隔热材料选择、红外及太阳辐射防护材料的选择;二是舱外航天服主动热控系统,例如升华器、散热器、液冷系统,以及执行出舱任务的乘组代谢消耗。

20世纪50年代,苏联研制了利用被动热防护与主动温控相结合的"Berkut"舱外航天服,在舱外航天服内部采用开放式通风散热的设计方案。然而随着舱外作业的复杂化,航天员在出舱活动中会产生大量的代谢产热,仅靠通风散热无法满足航天员热舒适性的要求。俄罗斯和美国的舱外航天服是在近地轨道出舱活动应用的航天服,其多层隔热组件结构的主要隔热反射膜均为镀铝薄膜,只是在具体材料技术及应用上略有不同。总体上可以实现规定7h出舱活动的隔热需求,但服装局部(手、足)也曾出现热防护不足的问题,因而在服装隔热性能方面还有进一步提升的需求。在主动热控方面,当前俄罗斯、美国和我国的舱外航天服均采用改变液冷服入口水温的方式来调节舱外航天服的散热量,即通过液冷和通风两种方式来维持航天员的热舒适性。然而航天员在舱外紧张作业时倾向于长时间保持温度调节阀在最小或中度冷却的模式,而不愿花时间去频繁地调节温度,在美国的"阿波罗号"飞船计划和"天空"实验室的出舱活动中发生了多起过冷和过热的情况,同时,航天员身着舱外航天服在失重环境下感到肢体末端过冷影响工作的情况仍然存在,热不舒适感更是常见现象,这都不同程度地影响到航天员出舱作业。

现阶段我国舱外航天服热控技术的整体水平还有较大的优化空间,目前,多层隔热组件是在近地轨道和月面等高真空环境下隔热效果最理想的材料,但为提高服装的活动性能和对空间环境的适应能力,需作进一步改进。研究具有更细纤维尺度和特殊空隙结构的纤维种类,制备具有柔韧耐久特质的有机气凝胶材料,探索具有不同技术优势的材料组合应用,将成为解决未来先进航天服被动热防护问题的途径。

同时,正确评估出舱活动下人体的热负荷水平是研究舱外航天服热舒适性的关键,而在这一点上,目前还没有十分统一的方法。人体试验虽然可以得到真实的数据,但是恶劣的试验环境和受试者耐受力的制约严重影响了对航天员真实热负荷状况的评估。研究基于人体代谢变化实现热舒适性自动控制的主动温控技术是舱外航天服热舒适性研究的工程目标。它可以根据服内参数情况自动调节液温阀,使人体始终处于较满意的热舒适状态,航天员可以从反复的液温调节中解脱出来,更专注于舱外作业任务,提高工作效率。

2)长时高效自主生命保障系统研究

要实现长时出舱活动、月球基地建设和载人火星飞行,航天员需具备长时间出舱活动的可能,必须发展先进的自主生命保障系统。舱外航天服早期采用脐带的形式,由舱载设备提供供电、供氧和通风等功能。之后逐渐发展成便携式生命保障系统,可靠性强、体积小、重量轻、工作时间长、可维护性好是研发的重点方向。

苏联航天员列昂诺夫在实现人类首次出舱活动时穿着"金雕"舱外航天服,该舱外航天服背包生命保障系统可自主工作45min;随后的"海鹰-D"舱外航天服独立生命保障系统自主工作时间为5h,需通过电脑带供电;"海鹰-DMA"舱外航天服配备了可拆卸的电源装置,可不使用电脑带,生命保障系统可自主工作7h;用于登月活动的"隼"型半硬式登月航天服的生命保障系统设计工作时间为10h。美国舱外航天服的研发采用了模块化的设计思路,生命保障系统经由不同的生产厂商进行设计与研发。已经投入使用的舱外航天服具有主生命保障与备份生命保障两个系统,"阿波罗"计划时期的舱外航天服主生命保障系统可工作7h,备份生命保障系统可工作30min,其后的舱外航天服则把主生命保障系统工作时间提高到了8h,备份生命保障系统工作时间仍为30min。

目前舱外服多采用闭式循环非再生式生命保障系统,服装内部的压力维持与氧气供应依赖于高压氧瓶,空气净化吸收罐也仅供单次使用,受制于生命保障系统工作能力航天员出舱活动时间难以提升。因此,研究超高压氧气瓶及适配压力调节回路,开展具备新型净化吸收材料的通风净化系统研究,以及便携式再生生命保障系统都将在确保航天员的安全与健康的基础上给予执行长时出舱活动的可能。

3)舱外活动中工效学问题研究

随着我国载人航天事业的发展,出舱活动已由最初的试验性质转变为当前的具体应用性质后,针对舱外环境的工效学研究任务也将变得日益具体和复杂。出舱活动任务中,航天员必须着舱外航天服,由于受到服装结构及压力制度等影响,着服后航天员在感觉(视觉、触觉反馈和听觉)、活动性、可达性、机动性、力量特性等方面的作业能力会有不同程度的下降。因此,研究人服系统作业能力对提高舱外航天服和舱外设备的工效设计,确保出舱活动任务的成功非常重要。

舱外航天服对于出舱活动各种操作的适应性在很大程度上取决于活动性能,而航天员操作的精确性则与关节活动性、触觉灵敏性、疲劳特性、舒适性有关,主要工效学研究项目有舱外航天服关节活动性、头盔面窗的视觉可见性、工作台或操纵台设计及信息传递装置设计。面向后续载人登月任务,开展登月服工效学要求与评价方法研究,建立登月舱、月球基地的布局,适居性等相关工效学要求和评价方法。

美国、俄罗斯等航天大国在新型舱外航天服工效测试与验证评价方面开展了很多研究。如马里兰大学空间系统实验室在中性浮力水槽中开展了"MX-1"和"MX-2"舱外服的水下集成测试。包括着服后精细操作能力、开启模拟舱门、与机械臂协同维修能力、操作控制器和舱外工具的能力,并对比验证了三种手套的工效性能。我国在空间站任务论证和初样阶段,通过大量试验,开展人服系统作业能力研究,针对人穿着舱外航天服后的形态参数、关节活动范围、可达域、施力特性、视野、工作空间、辅助装置设计以及运送物品能力等开展测试。

1991年,美国宇航局生命科学分部为配合本国的载人月球和火星飞行规划专门制订了一个航天工效学发展计划。该计划提出了两个发展目标:了解航天员心理、行为和工效对航天环境的适应;为保证航天员在航天飞行中的安全、健康和生产能力,研究可靠的办法。同时,该计划又提出了五项具体任务:测定航天员心理、行为和工效对航天环境的急性和长期反应;测定航天飞行中影响航天员心理和行为的关键因素并查明其机理;确定航天飞行中对工效学和适居性的基本要求;提出工效学的设计要求和监测技术;提出先进的模型和模拟技术,以便在地面研究这些心理、行为和工效反应。

在载人航天尤其是出舱活动中,航天员会遇到持续性加速度、冲击性加速度、振动、噪声和失重等特殊环境,而这些环境往往是人体所不适应的,需要进一步探究生物体在航天力学环境中生理功能的变化规律及其防护措施,包含特殊重力环境下的生物效应与防护、振动和噪声的生物效应与防护。研究在舱外环境下机体的生理效应、耐受极限以及相应的防护措施,以保证出舱安全、提高运动耐力、增强工作效能是该部分的重点内容。

同时,为确保人-机-环系统总体性能的优化,对人系统的风险管理重要性显著提高。把人看作载人航天大系统中的一个重要分系统,人系统不仅包括航天员(个人和集体),而且还包括人的各种生理和健康要求。为了确保载人航天任务的完成,应该确定人系统暴露于舱外环境的"暴露极限",统筹管理人系统暴露于太空环境后产生不良事件的条件概率。根据暴露极限即可确定人系统的风险和风险管理,以更好地对航天员进行人体防护。

4)先进舱外航天服系统轻量化研究

舱外航天服因为自带自主生命保障系统及各种其他防护系统,相较舱内航天服具有更大的重量与体积,这给航天员工作负荷提出更高的要求,对服装灵活性、舒适性设计带来更多要求,研究先进轻量化的舱外航天服系统是提升人服系统整体效能的有利途径。

据资料显示,中国"飞天"舱外航天服重量为120kg;俄罗斯"海鹰-M"舱外航天服重达110kg;美国近十年的新型舱外航天服以"Z"系列为代表,其中"Z-2"舱外航天服硬式上躯干采用混合复合结构组成,以达到使其轻量化和坚固抗冲击的目的。相比于在轨出舱作业,月球表面重力约为地球的1/6,火星表面重力则约为地球的1/3,舱外航天服轻量化对未来行星探测任务意义深远。

为了满足未来载人登月及深空探索的需要,需要对舱外航天服进行轻量化研究,主要从几方面入手:舱外航天服系统先进架构研究、轻量高效的便携式生命保障系统研究、轻质耐用织物材料研究及针对系统冗余的舱外航天服总体设计。在保障人、服务人的基础上,改进先进舱外航天服系统架构,在提升各子系统工作效能的同时,进行舱外航天服总体设计层面的轻量化研究,成为待研究方向。

5)舱外特殊环境下的舱外航天服冲击防护、灰尘防护、环境防护研究

舱外航天服用于航天员在开放的宇宙空间执行出舱活动任务时穿着,它是航天员出舱执行任务时的防护装置,其需防止宇宙空间环境(如空间碎片、微重力环境、低压环境、

宇宙辐射)对人体的伤害,保证航天员生命安全。

根据当前 NASA 的技术文献,对于登月任务所用舱外航天服,其目标是解决冲击防护、灰尘防护、环境防护和使用寿命的差距问题,包括硬式外层轻量化和耐用材料开发、软织物外层新型材料开发、新型钛轴承设计研发、金属部件抗冲击涂层研发、舱外窗组件静电除尘研究。mEMU 作为计划登火任务所用预研舱外航天服,为了解舱外航天服材料在火星表面辐射环境中衰减退化情况,美国于 2021 年 2 月 19 日登陆火星的"毅力号"火星探测器上,配置了一台实验仪器对 5 小块舱外航天服材料进行研究,以准确地确定舱外航天服材料在火星上长期使用的耐久性,从而了解其使用寿命。目前已开发的 xEMU Demo 舱外航天服使用寿命达到 100h,可执行 25 次出舱任务,满足空间站出舱活动的冲击防护要求,也验证了近地轨道的环境防护问题。同时 xEMU Demo 在灰尘防护上已经验证了防尘环境防护服接口、防尘轴承、断接器和锁闭结构的防尘效果,但对实现月球登陆所需要的全面防护仍有差距。

极端温度、高强度辐射、高速微尘撞击和原子氧等环境因素对舱外航天服的金属材料和非金属材料都有不同程度的影响,但对非金属材料影响尤为明显。舱外航天服常用的非金属材料有合成纤维、合成橡胶、薄膜、涂料和黏合剂等,均为聚合物材料。这类材料多具有高强度、高弹性、低比重、耐磨、化学性能稳定、柔软等特点。然而,在空间环境因素作用下,材料要产生物理(热、光等)和化学(氧化、水解等)反应,对特殊舱外环境下耐辐射、耐折叠、抗氧化的新型材料研发是应对舱外航天服冲击防护、灰尘防护、环境防护问题的关键所在。

<h2 style="text-align:center">主要参考文献</h2>

[1] Blanco Raul, Aitchison Lindsay. Methodology for Extravehicular Activity(EVA)Technology Identification, Prioritization, and Maturation[R]. 48th International Conference on Environmental Systems, ICES-2018-54, 2018.

[2] Bisgard J C. Fundamentals of Aerospace Medicine[J]. JAMA The Journal of the American Medical Association, 1986, 256(5):657.

[3] Hoff man S J. Advanced EVA capabilities: a study for NASA's revolutionary aerospace systems concept pro-gram[R]. NASA/TP-2004-212068, 2004.

[4] 林贵平, 王普秀. 载人航天生命保障技术[M]. 北京:北京航空航天大学出版社, 2006.

[5] 黄伟芬. 航天员出舱活动医学基础[M]. 北京:中国宇航出版社, 2008.

[6] 李潭秋. "飞天"舱外航天服的研制[J]. 载人航天, 2008(4):22-32.

[7] 王春慧, 焦学军, 陈晓萍, 等. 航天工效学研究与实践[J]. 航天医学与医学工程, 2018, 31(2):10.

[8] 朱仁璋,王鸿芳,王晓光.舱外活动系统述评[J].航天器工程,2008(6):11-36.

[9] 陈尧,田寅生,杜浩,等.舱外航天服热控基础科学问题研究进展[J].航天医学与医学工程,2018,31(4):86-92.

[10] 林自源.航天服材料与发展动向[J].中国空间科学技术,1989,V9(4):48-54.

撰稿人:林贵平(北京航空航天大学)　王涛(中国航天员科研训练中心)

完颜笑如(北京航空航天大学)　靳海川(北京航空航天大学)

载人航天复杂人机系统交互问题

Dynamic interaction mechanism of complex human-machine system in aerospace environment

1 科学问题概述

航天是当今世界最具挑战性和广泛带动性的高技术领域之一,而载人航天是航天技术最高水平的象征。当前,我国已成功完成空间出舱、交会对接和航天员中长期驻留等系列任务,标志着我国逐渐接近建设航天强国目标,同时也意味着我国航天员长期在轨飞行和复杂出舱作业的时代来临。载人航天是由航天员、航天器和航天环境构成的复杂的人-机-环境系统,其中航天员是核心,对于载人航天的任务执行起决定性作用,只有关注航天员于长期在轨飞行的能力特性与出舱任务行为绩效,才有助于促成载人航天任务的圆满完成。

研究表明,航天员的能力特性体现和行为绩效与航天环境、任务以及航天器人机界面设计息息相关。未来航天环境呈现不确定性增强、执行任务复杂性提高、作业时间变长的形势,意味着载人航天的人-机-环境系统设计愈加复杂。在当前传统系统科学无法有效描述复杂巨系统的情况下,亟须一套复杂人机系统的研究理论,将复杂人机交互过程中的数据、信息、环境、方法、工具、模型进行综合,实现复杂系统的科学与规范描述;长期在轨与环境、任务的高动态性对航天员脑力负荷、行为绩效将产生更深刻的影响,为保障航天任务安全、高效,必须考虑空间飞行中航天员的能力特点与局限性,考虑未来复杂装备与人交互的特性,构建动态人机功能分配理论,提升航天员在复杂任务中的行为绩效;面对强化航天员在轨安全高效工作和能力发挥的目标,还应在对航天飞行强约束性和工程研制阶段性特征深入把握的基础上,结合航天飞行环境下人的能力特性研究,将人机功能分配、任务分析、人机界面适人性设计、可用性评估等以人为中心的设计方法与工程研制的各阶段任务相结合,建立载人航天器人机交互的设计理念、设计技术及人机工效评估体系,实现任务分析、航天员能力基线确立、航天器工效学要求制定、航天器工效学设计与验证、航天器工效学评价的全流程设计描述,提高各类航天器的适人性,促使载人航天任务的成功。

由此,应遵循系统工程设计理论与设计方法,把满足航天员的多层次需求与系统功能有机统一起来,开展复杂人机系统理论研究、人机功能动态分配研究、载人航天器人机交互的设计理念、设计技术及人机工效评估体系研究,实现航天环境下人机交互复杂系统的理论构建与技术创新。

2 科学问题背景

我国已在航天领域的人机交互和人机安全研究中取得诸多成果,但后续空间站长期运营、载人登月、深空探测等任务对航天系统的适人性、适居性和人因可靠性等方面要求更高、影响因素更多。所以航天环境下复杂人机系统交互研究,需要在总结空间站研制经验的基础上,面向未来,针对航天任务特点深入开展航天复杂人机系统理论研究,逐步构建起适用于中国特点的航天人-系统整合管理和技术体系,并进行航天人机交互理念和工效设计评价体系研究,为人机交互系统中包括显示、控制等各子系统的工程设计奠定理论基础,实现基于面向复杂航天系统的人机设计理念的工程系统设计,从正向研制思路推进航天环境下复杂人机系统的研发与评估。目前存在如下问题:

(1)载人航天复杂人机系统影响机制和改变机理尚未明确。常态-非常态任务动态改变时,航天器内部人机动态交互影响机制尚不明确;且由于人-机-环境系统下的机制机理欠缺深入研究,现有人机交互评价方法难以对复杂任务中的动态场景进行人因负荷和事故预测。如航天环境下非常态任务动态改变对人机交互的影响机制;航天环境下人机多元协同的智能交互方法;航天环境下人机交互效率、准确率、自然度评估方法等研究均较为有限。

(2)非常态下人机功能动态分配亟待研究。尽管人机功能分配的设计与评价方法多样,对单人单机和多人多机的各类情景均有广泛涉及,但多不适合用于非常态任务情形动态改变时人机功能分配,缺乏非常态下人机功能动态分配的优化方法,如非常态任务情形下的动态分配权限设计、动态分配触发机制设计、动态分配实施流程分析、动态分配实施效果评估等。

(3)面向复杂载人航天系统人机交互理念及设计与评估体系缺乏。当下航天领域的复杂人机系统仅依靠传统装备技术难以确保常态-非常态人机交互的高效和安全运行,需要基于动态任务过程研究人与机器的交互机制和不安全因素下深层变化机理,在复杂人机系统理论指导下,构建基于复杂系统安全的人机交互理念及设计与评估体系,并侧重核心指标的可检测性、可评估性、可解释性,以用于指导非常态下航天器人机界面工效设计与评估,人因安全影响机制与人因事故预测研究,任务绩效、工作负荷、注意资源分配、情境意识的预测与评估。

3　科学问题研究进展

3.1　载人航天复杂人机系统理论研究

系统复杂性研究所产生的复杂性科学被视作系统科学的前沿科学。钱学森先生提出的综合集成方法是一种指导分析复杂巨系统问题的总体规划、分步实施的方法与策略;"从定性到定量"是把专家的定性知识与模型的定量描述有机结合起来,实现定性知识与定量变量之间的相互转化。

应对低压、微重力等舱内环境与愈发复杂的人机交互任务及相应界面,载人航天复杂巨系统理论体系的构建存在以下重点:①载人航天复杂人机交互系统的新理论,需要建立新的理论或研究范式去描述复杂人机交互过程中数据、信息、环境参数等的动态交互机理;②对于载人航天复杂巨系统问题,需要把各种航天系统相关分析方法、工具、模型、信息、经验和知识综合集成,使之在决策中发挥作用,构造出适合该问题的决策支持环境;③充分利用定性定量模型和数据库等工具,实现分析人员的知识同计算机系统的数据、模型和知识的动态交互,即实现人机有机结合;④在载人航天人因安全领域中,研究人机复杂巨系统中涉及的不安全因素下深层变化机理。

3.2　载人航天人机功能分配理论

随着载人航天系统的复杂性越来越高和自动化水平的提升,机器决策任务的增加使得人的脑力疲劳大大降低。如果人的决策任务过多,人在超负荷状态下将导致飞行中判断失误、失去控制能力的事故发生。传统的分配方法将人与环境视为稳态系统,在任务前根据各子任务的特点分配给人或机器,但在实际情况中,随着任务进行,人的疲劳程度加深,态势感知能力下降,对突发状况的处理能力可能会劣于机器,此时就需要将危险敏感的任务动态分配给机器(智能)决策,人机功能的动态分配研究是提高人机系统安全性的重要手段。

载人航天人机功能分配研究存在以下重点:①建立基于载人航天复杂人机系统的人机功能分配新理念,筛选人-机-环境复杂系统中的特定目标函数(如操作员脑力负荷最小)求解最优策略集算法;②综合脑电、心电、眼动等多重生理指标,以及脑力负荷分析、疲劳分析、模糊推理等分析方法将人机功能分配的评估标准定量描述;③在载人航天常态-非常态的任务状态改变场景中进行人机功能分配的实验验证;④基于大样本数据集的机器学习算法要素,利用航天员和自动化设备各自的特点完成人机相互启发、不断反复、连续决策的过程,研究人机双向智能流动和混合决策,形成人机功能动态分配和优化,如图1

所示；⑤考虑人类智能和机器智能异构互补，研究载人航天器中人类智能与机器智能的混合方式；⑥基于机器智能端的理论基础支撑，从人的认知端开展突破，实现载人航天人机混合系统的可解释性。

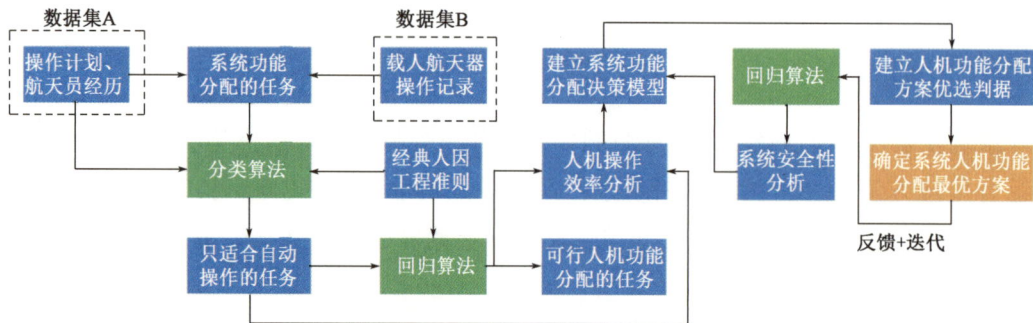

图1　基于人机混合智能的人机功能分配优化流程

3.3　载人航天器人机交互理念及工效设计与评估体系

航天任务场景需要航天员与控制台交互完成任务，极端温度、微重力、太空辐射、真空和高速微流星体等环境因素使得航天员需要比飞行员应对更多的心理及生理压力。分析不同航天环境下(如飞船、空间站等)的交互任务特征，基于人的能力特征(如航天员能力、航天服限制等)研究人机界面设计与集成原则，开展航天员的任务需求与决策权限、人的差错、自动化与新技术应用以及问题优先级等研究；构建数字航天员人-系统整合仿真模型，从特性、行为和绩效三个层面对模型体系进行扩展、优化，探索骨肌和生物力学模型深度融合；进行工效评估体系研究，以支持过程中的阶段验证和后期系统方案对前期设计目标实现程度的验证。最终形成航天器人机设计理念、设计技术以及评估体系，并应用于工程实现。

3.4　总结与展望

综上所述，航天环境下复杂人机系统交互及其不安全因素的研究主要围绕上述方向展开，其中三种路线从不同角度出发，具有不同的研究侧重和应用空间：

(1)载人航天复杂巨系统的人机交互新理论。目前很多学者将概率论、拓扑学、动力学等方法引入复杂巨系统的人机交互建模中，但由于其复杂性、随机性、结构性和自组织性，仿真仍然难以有较精确的结果，航天器的复杂人机系统急需人机交互新理论和新范式。

(2)载人航天人机功能动态分配。目前研究多在常态下进行，非常态下优化方法较少。未来研究倾向于航天员常态-非常态转换下舱内人机交互机制的研究，为调整人机功能分配提供依据。

(3)载人航天器人机交互理念及工效设计与评价体系。目前普遍注重宏观事故概率推算，操作员个体化的生理和心理波动致不安全行为机制尚未明确，无法对实际工作任务场景进行人因事故预测。未来研究趋势在于结合多生理、心理参数,对物力学、认知模型做出改进,基于人机交互理念建立更优的常态-非常态条件下的航天器人机工效设计与评价体系,从而为优化人机功能分配研究提供有力工具。

<h1 style="text-align:center">主要参考文献</h1>

[1] 马冶家,周前祥. 航天工效学[M]. 北京:国防工业出版社. 2003.

[2] SCHWARTZ S,IKUMA L H,HARVEY C. Evaluating Control Room Interface Design and Automation in Petrochemical Operations[C]//Proceedings of the Human Factors and Ergonomics Society Annual Meeting. 2015.

[3] LEIYU C,ZHIJIE Z,CHANGHUA H,et al. Performance evaluation of complex systems using evidential reasoning approach with uncertain parameters[J]. Chinese Journal of Aeronautics,2021,34(1):194-208.

[4] 王保国,王伟,黄伟光,等. 钱学森系统科学思想在人机环境系统工程中的应用[J]. 华北科技学院学报,2014,(8):1-18.

[5] MORPHEW M E. The challenges of long-duration spaceflight to astronaut safety,performance,and mission success[C]//Proceedings of the Human Factors and Ergonomics Society Annual Meeting. 1999.

[6] HETTINGER L J,BRANCO P,ENCARNACAO L M,et al. Neuroadaptive technologies:applying neuroergonomics to the design of advanced interfaces[J]. Theoretical Issues in Ergonomics Science,Taylor & Francis,2003,4(1-2):220-237.

[7] Didomenico A,Nussbaum M A. Effects of different physical workload parameters on mentalworkload and performance[J]. International Journal of Industrial Ergonomics,2011,41(3):255-260.

[8] Bacvsky R M,Baranov V M Funtova Ⅱ,et al. Autonomic cardiovascular and respiratory control during prolonged spaceflights aboard the International Space Station[J]. Journal of Appiled Physiology,2007,103(1):156-161.

[9] Wang Y C,Yang C B,Wu Y H,et al. Artificial gravity with ergometric exercise as a countermeasure against cardiovascular deconditioning during 4 days of head-down bed test in humans[J]. European Journal of Applied Physiology,2011(9):111.

撰稿人:王黎静(北京航空航天大学)　丁立(北京航空航天大学)

完颜笑如(北京航空航天大学)　王春慧(中国航天员科研训练中心)

易鑫(清华大学)

地外星球探测面临的环境效应问题

Environmental effects in the exploration of extraterrestrial planets

1 科学问题概述

空间技术的发展使人类逐步掌握了向太阳系的行星发射探测器,进入行星环绕轨道以及大气,在行星表面着陆,从而实现了就位探测、巡视探测和采样返回的技术。深空探测任务中各个星球的环境差异巨大,新的任务环境具备各自的特点,提出了需适应全新的探测目的和探测周期要求的急切需求,需要开展面向深空探测任务的地外星球面临的环境效应和试验策略研究,以保证探测任务环境试验的覆盖性和有效性。

月球是验证载人深空探测关键技术的最佳试验场,也被视为是未来载人登陆火星的重要中转站之一,是人类向外层空间扩展的理想基地,是研究空间天文、物理与行星科学的理想场所。近些年,在无人月球探测完成之后,根据国际月球探测发展战略规划,各个航天大国均公布了计划开展载人月球探测和载人月球基地建设的任务。月球的主要环境因素带来的科学问题包括:①月面严酷的温度环境。月昼时表面温度最高可达400K,月夜时表面温度最低可到77K,且昼夜过渡期间温度变化快,撞击坑及永久阴影区域温度低至20K。②月壤和月尘。月尘具有更高的化学反应性和更大的尖齿边缘区,复杂的动力学过程会激扬颗粒物质。③辐射环境。太阳宇宙线和银河宇宙线中高能粒子的辐照可引起材料老化、电子设备故障等问题。④极高真空环境(10^{-9}Pa量级)。无润滑表面将发生真空冷焊,材料出气也会快速在低温表面凝结形成污染。⑤低重力环境($1/6g$):与重力场、微重力环境相比,对设备运转带来不同的影响。

金星表面被稠密浓厚的CO_2大气层包围,表面大气压力是地球的95.6倍;火星大气主要由稀薄的CO_2组成,平均大气密度为地球的1%,表面大气压力接近600Pa。未来金星探测的任务形式和手段将转向多样化发展,探测器规模呈增大趋势。空间技术的进步和探测手段的不断丰富,将促使开展金星环绕、进入及大气层内探测组合的综合探测,出现浮空器、大气层内主动飞行器等多种探测平台。

火星的大气与地球相比,稀薄而寒冷。火星的大气密度比地球小约2个数量级,只相当于地球30km高度的大气密度。火星着陆器从进入火星大气到真正着陆所经历的时间最短约为380s,最长为460s,平均7min左右。火星上稀薄的大气和复杂的表面环境给航天器的下降和着陆造成了极大的困难。由此可见,对大气进行各种探测研究,获得该行星的大气成分及气候信息,分析大气成分可能带来的各种环境效应问题,可为未来的行星探测器提供设计依据。

天体表面的低重力环境效应分析主要针对月球、火星等着陆探测任务,包含人员-机器-环境动力学分析,实现人员-机器-土壤及低重力环境相互作用的实时分析,可提供环境和性能的综合仿真,指导地面试验的开展。

在上述环境效应的协同作用下,从影响未来航天器的材料、结构、性能和航天员执行任务的可靠性角度来看,应集中做好地外星球的热、真空、辐射、地形地貌、重力场和尘埃等环境的影响,同时更应考虑多种环境耦合效应的影响作用,如温度、辐射、尘埃、流体和低重力耦合作用的影响。为未来地外星球探测和国际科研站建设的方案论证阶段提供重要支撑,同时支撑航天员长期执行地外驻留任务时使用工具和装置的活动能力。解决地外星球表面环境模拟中的试验有效性与覆盖性问题,掌握地外星球表面环境、运动模拟及有人参与的环境试验方法,支撑未来深空探测任务。

2 科学问题背景

美国、俄罗斯、欧洲、中国、日本、印度等国家和地区先后发射了约 234 个深空探测器,已探测的太阳系天体有月球、火星、金星、木星、水星、土星、天王星、海王星和冥王星,实现了月球、火星、金星、土卫六、小行星和彗星着陆,并实现了月球、小行星及彗星粒子采样返回。

目前世界范围内共开展了月球探测 120 余次,其中有 18 次样本采集任务,由于对月球环境认识不充分,仅有不足一半的探测任务取得成功,温度、月尘、辐射环境均导致了大量月球着陆探测任务出现异常。有别于 20 世纪的"阿波罗"载人登月计划,新的月球探测计划旨在原位利用月球资源,在月球建立长期科研站,为未来载人火星探测积累经验,验证关键技术。美国提出在 2022 年开始建造月球轨道空间站,将环绕月球运行,有宇航员在上面长期驻扎并进行与月球有关的科学试验,逐步拓展月球空间站的功能;计划于 2030 年前实现航天员达到月球表面,并于后续开展月球长期科研站的建设。2008 年俄罗斯探月计划就提出了建设俄罗斯载人月球基地,主要功能是实现月球资源的深度开发和利用,包括矿产、水冰资源的提取和利用。欧洲航天局在 2010 年提出利用 3D 打印技术建设半地下式载人月球基地的设想。2020 年 11 月,中国国家航天局透露,预计 2036—2045 年间建成综合性的国际月球科研站,在月球表面或月球轨道上建设可进行月球自身探索和利用、月基观测、基础科学试验和技术验证等多学科多目标科研活动,长期自主运行的综合性科学试验基地。2021 年 3 月,中国与俄罗斯两国推动科研站的广泛合作,欧洲航天局正在与其成员国讨论加入中俄月球科研站项目的可行性。

人类探测最多的太阳系内有大气的行星是金星和火星。其中,探测火星的任务为 42 次;探测金星的任务为 41 次。其他行星中,8 个探测器探测了木星,其中 1 个进入木星轨道,另外 7 个飞越了木星;4 个探测器探测了土星,其中 1 个进入土星轨道,另外 3 个飞越了土星;2 个探测器探测了水星,其中 1 个飞越了水星,1 个进入水星轨道。2015 年 7 月 14 日,美国"新视野"飞抵太阳系最远的冥王星,使人类完成了对太阳系原九大行星的探测。为了完成对探测器在大气环境下的试验,NASA 等机构通过试验对火星浮沉大气环境进行了模拟。美国宇航局拟订了载人登陆火星的新计划,打算在 2031 年 2 月派宇航员远征火星。2020 年 3 月,中国首次火星探测任务充分验证了探测器与地面系统的接口匹配性和一致性,对各类方案、技术状态、软硬件系统进行了全面测试。

3 科学问题研究进展

3.1 月面长期耦合环境效应研究

近些年,为了支撑未来月球探测、科研站建设,国外航天机构均开展了诸多月球环境、环境效应方面研究,相比"阿波罗"时代取得了进一步的发展,目前针对月面单一环境研究要素研究资料已经较为充分,如 NASA 在 2021 年发布的《Human Landing System Lunar Thermal Analysis Guidebook》给出了月面不同位置的热环境特点和具体参数,可为航天器热设计和模型验证提供支撑。针对月尘对不同单机设备、材料的影响,NASA 在 2010 年左右研究了月尘污染对于航天器热控系统的影响,2014 年左右公布了 Lunar Atmosphere and Dust Environment Explorer (LADEE)的最新科学探测成果,2020 年提出了用于未来月球探测中月尘分离技术目标。此外,国外航天机构对月尘引起的摩擦、透过率下降、密封失效、放电等因素也进行了讨论。

因此,为了实现人、设备在月面的长期驻留、可靠工作,各个航天机构建设了大量用于月球表面环境模拟的试验设备,如 ESA、ESTEC、NASA、JSC 中心等均建设了用于不同月面环境效应的模拟试验设备。为了配合无人或有人参与的月球探测活动的开展与实施,上述宇航机构针对月球表面复杂的热、低重力、超高真空、月尘、太阳辐射和月貌等特殊环境开展了大量的月面环境模拟技术研究,并建立了相应的地面模拟设备,具有代表性的成果包括:①针对月面巡视器和航天员,研制了悬吊法、浮力法和外骨骼法等低重力模拟试验装置;②入射式、吸收式等效外热流模拟方法;③建设了一系列月面环境模拟容器,如 AR-GOS 平台可模拟月球地貌和低重力环境,JSC 有月面热流、真空和重力卸载等模拟容器;④月尘环境模拟系统及防护方法,针对电池板、光学部件、航天服等开展专项试验;⑤开发热分析平台和虚拟仿真平台,实现探测器的性能仿真和优化。美国约翰逊空间中心的 A 容器是世界上最大的热真空容器的气氦系统,有效尺寸为 $13.7m(\phi) \times 24.4m(H)$,环境温度可降至 35K,试验周期超过了 100d。北京卫星环境工程研究所 KM3F 空间环境模拟器中已建成深低温模拟氦箱,氦箱尺寸 $2800mm \times 1800mm \times 1500mm$,温度低至 19.1K。在温度场原位获取方面,材料在深低温环境下,基础参数(如弹性模量、延伸率等)将会发生变化,因此需要对材料的温度场进行原位获取,温度场获取方面应优化测温点布局,提高温度测量的精度。

国内相关单位亦建设有月尘、高低温环境、低重力环境等环境模拟设备。开展了单点低重力模拟技术研究,月面光照、形貌、月壤及月尘特性和制备研究,基于吸收热流模拟方法的月面热流模拟技术研究,人-舱-服联合试验技术研究,月面环境虚拟移动性能仿真技术研究,并采用摄影测量方法开展了常压和不同低温阶梯环境下大型结构的变形测量试验,此类非接触式测量方法可直接应用于承力结构的精度测量。但是,目前研究倾向于较短周期、单一效应对设备的影响,缺乏耦合因素长期作用下的影响研究。

3.2　地外星球表面大气环境效应研究

为了完成对探测器在大气环境下的试验,NASA 等研究机构通过试验对火星浮沉大气环境进行了模拟,装置了一个真空系统,其中包括 2.74m×3.35m×6.10m 的容器和一个抽气泵。真空容器内部设计了一个风洞用来模拟火星的环境,可以在 24.1cm×36.8cm 的风洞中形成 167.6m/s 的风速,整个风洞包括一个渗漏密封压力通风系统和一组由空气扩散器、静止栅极和收缩喷嘴组成的喷嘴集合,装置中通过调节风速计和节气阀改变风速和容器内压力,风洞中的空气经过过滤和干燥并且可以降温到露点 −40 ~ −28℃。北京卫星环境工程研究所针对火星车有风试验研制了低温低气压火星风洞,风洞有效试验空间 ϕ2.5m×3m,温度 −100 ~ 20℃,压力 150 ~ 1500Pa,模拟风速 0 ~ 25m/s、精度 0.5m/s,是国际上首个大型低温低气压风速模拟设备,是我国祝融号火星车研制的重要基础设施。在未来开展火星取样返回任务中,返回器在起飞转移过程中会遇到火星表面侧向风和 3/8g 重力的影响,而且火星表面的大气密度对起飞的动力特性影响未知,因此,必须开展集火星表面风场环境、重力环境于一体的火星返回器起飞验证技术研究,解决在火星表面起飞过程中的环境影响问题。

金星表面平均温度为 462℃,压强达 92 个标准大气压,环境是非常恶劣的。早期苏联的着陆器在金星表面只存活了短暂时间。金星探测地面模拟所需的主要设备是具有一定体积的、能产生高温高压的容器,整个设备由气体自动传送装置、气体混合器、气体分析器、加热装置以及程序逻辑控制装置等组成,设备里面放置待试验的主动制冷系统。通过模拟试验,可以知道在预期时间内维持预定温度需要多少制冷剂,不同温度下仪器能运行多长时间。目前,NASA 的格林极端环境平台(Glenn Extreme Environment Rig,GEER)已经建立了关于金星环境的模拟装置。GEER 的容积为 800L,能模拟高达 500℃ 的极端温度,压强从近真空到 90 个标准大气压,能混合多种气体以模拟金星和木星的大气环境。2014

年,该装置模拟金星表面环境并运行了 24d,容器内产生的金星大气包含 96.5% 的 CO_2,3.5% 的 N_2,1.80×10^{-4} 的 SO_2,2.3×10^{-5} 的 CO,4×10^{-7} 的 HCl,5×10^{-8} 的 HF,4.4×10^{-6} 的 OCS。

北京卫星环境工程研究所建造了国内首个金星近表面环境模拟设备,也是目前世界范围内最大的金星近表面环境模拟设备,其内径为 1m,长为 1.6m,具有气体存储、气体检测、温度及压力检测、紧急泄压等子系统。模拟温度上限为 500℃,模拟压力上限为 9.8MPa,可模拟气体环境为 CO_2、N_2、H_2O、SO_2、CO、OCS、H_2S、HCl 以及 HF,气体控制精度为 10^{-6} 级,气体检测手段采用气相色谱仪,检测精度为 10^{-6} 级。

目前,虽然已具备了金星环境的模拟能力,但是还缺乏对金星环境效应的系统研究,由于金星表面的高温高压环境,金属材料在高温蠕变的影响下会产生塑性变形,从而影响航天器整体构型甚至是航天器寿命,在金星表面环境模拟容器中进行多种材料、不同时间长度的试验,并分析金星高温高压弱酸性环境对材料的累积效应,是决定未来金星着陆探测任务成功与否的关键。

3.3 地外星球表面人机协同作业综合环境效应研究

约翰逊中心(JSC)是为 NASA 服务的载人航天飞行中心,为了进行多种月球表面环境的模拟试验,建设有一系列容器用于满足任务需求。其中"阿波罗"飞船在 A 容器进行试验,A 容器外部直径 20m、高 37m,内部可用空间直径 16.7m、高 27.4m,大门直径 12.2m,2013 年改造后热沉温度范围可达为 $-262 \sim +150$℃,配备太阳模拟器。为了进行载人飞船的试验,A 容器还具有紧急复压系统和两个气闸舱,当锁紧时气闸舱也可独立进行试验。人员试验在 JSC 中心 B 容器进行,其直径 7.6m、高 7.9m,主要进行人在真空下的活动试验,具备紧急复压系统、气闸舱、重力卸载工装等装置,各型舱外宇航服都曾在 B 容器中进行试验,其快速复压时间可达 90s,并具有两个气闸舱,可满足宇航员随时进入需求。北京卫星环境工程研究所是国内首次开展人-舱-服联合试验的单位,亦是国际上具有此项试验技术的几大航天试验中心之一。北京卫星环境工程研究所解决了气体温度对压力测量的影响、容器 24h 密封保压、1kPa/min 恒定泄压与复压速率的精确控制等难题,完成了国内首个载人航天服地面压力试验,研制了国内首套大型环模设备紧急复压系统,具有紧急情况下 30s 内从 1Pa 以下复压至一个大气压的能力,在同级别大型环境模拟设备中达到了领先水平。

综上所述,国内外已围绕地外星体环境效应及其探测和复杂环境的地面模拟技术方面开展了广泛研究,但现有研究倾向于对单一效应或部分环境效应耦合的短时间的分析,也没有对耦合环境下的综合作用过程效应和影响进行深入研究。针对未来深空探测任务环境模拟需求中的基础问题和共性关键技术,开展地外星球表面探测复杂环境分析与效

应研究,当前面向地外星体探测面临的环境问题仍需解决以下关键问题:

(1)多效应长期耦合的影响目前尚缺乏试验数据、试验方法、试验设备支持,需要研究不同专业/学科知识的统一精细化科学评估方法,为未来探测器的任务开展提供科学理论支撑。

(2)研究地外星球表面复杂大气环境效应及模拟技术,建立集风场、低重力一体化的分析模型和验证系统,获取火星表面条件下的起飞动力学特性。仿真分析高温、高压、多组分环境之间的耦合关系,建立参数调节函数,实现金星环境的精确模拟,掌握高温、高压、弱酸性环境对航天器材料的效应特征。

(3)移动式多体低重力模拟技术、人机协同作业综合环境模拟及生命保障技术,解决地外星球表面环境模拟中的试验有效性与覆盖性问题,研究有人参与的环境试验方法,支撑未来深空探测任务。

主要参考文献

[1] Elphic R C, Delory G T, Hine B P, et al. The lunar atmosphere and dust environment explorer mission [J]. The Lunar Atmosphere and Dust Environment Explorer Mission (LADEE), 2015:3-25.

[2] Stubbs T J, Glenar D A, Wang Y, et al. The Impact of Meteoroid Streams on the Lunar Atmosphere and Dust Environment During the LADEE Mission[C]// Lunar & Planetary Science Conference. Lunar and Planetary Science Conference. 2015.

[3] McmahanT, Shea C, Finckenor M, et al. Lunar e-Library: A Research Tool Focused On The Lunar Environment[C]// 45th AIAA Aerospace Sciences Meeting and Exhibit. 2007.

[4] Minow J I, Parker L N. Bounding Extreme Spacecraft Charging in the Lunar Environment [C]//59th International Astronautical Conference International Astronautical Federation, British Interplanetary Society. 2008(MSFC-2132-1).

[5] BD Hamill. Human Landing System Lunar Thermal Analysis Guidebook[R]. HLS-UG-001. 2021.

[6] Keller J R, Ewert M K. Lunar Dust Contamination Effects on Lunar Base Thermal Control Systems[C]// International Conference on Environmental Systems. 2000.

[7] GOESMANN F, BRINCKERHOFF W B, RAULIN F, et al. The Mars organic molecule analyzer (MOMA) instrument: characterization of organic material in Martian sediments[J]. Astrobiology, 2017, 17(6/7):655-685.

[8] SUMMONS R E,SESSIONS A L,ALLWOOD A C,et al. Planning considerations related to the organic contamination of Martian samples and implications for the Mars 2020 Rover [J]. Organic Contamination Panel,2014,14(12):969-1027.

撰稿人：王晶(北京卫星环境工程研究所)　柳晓宁(北京卫星环境工程研究所)
　　　　毕研强(北京卫星环境工程研究所)　李西园(北京卫星环境工程研究所)
　　　　郑悦(北京卫星环境工程研究所)

第 7 章
空间运输与在轨服务

空间运输是指利用航天运载工具在太空中进行人员与物资运输的统称，包括地面与近地空间、卫星之间的运输及空间站与其他航天器之间的转运、各星球之间的运输等。空间在轨服务是通过人、空间机器人或人机协同等空间操作，完成碎片清理、物资补给、在轨组装重构、在轨维修保障等任务的空间活动。空间运输是空间在轨服务的前提与保障，空间在轨服务是空间运输的重要任务，两者技术体系相互支撑。

现代的空间运输最早源自德国的 V2 火箭，随着载人航天、深空探测等空间任务的需求发展而不断提升，以俄罗斯的"联盟号"飞船、美国的"挑战者号"航天飞机和轨道转移飞行器（OTV）、欧洲的自动转移飞行器（ATV）、中国的"神舟"飞船、月球采样返回、小行星采样返回等为代表的空间运输系统，实现了从低轨到高轨再到深空的多元化空间运输任务。空间在轨服务的概念随着空间运输系统的发展孕育而生，在 20 世纪 60 年代被提出，以期解决故障卫星的在轨维修问题。20 世纪 80 年代至 21 世纪初，随着国际空间站的在轨运行，有人在轨服务得到快速发展与应用。21 世纪初至今，是无人在轨服务持续发展的 20 年，如 2003 和 2005 年美国的 XSS-10 和 XSS-11 试验小卫星项目、2007 年欧洲的轨道快车项目、2020 年美国的任务延寿飞行器（MEV-1）项目、2021 年日本的太空垃圾清理卫星项目等为代表的在轨服务新概念不断提出，关键技术逐步得到在轨验证。国内在翻滚目标运动特性探测识别、主被动探测成像测量、协同抓捕、维修操作机构等关键技术方面取得了一系列研究成果，为"天源 1 号"卫星推进剂补加、中国空间站舱外操作和"实践二十一号"卫星空间碎片减缓等提供了良好的理论与技术基础。近年来，在"深空探测及空间飞行器在轨服务与维护系统"国家重大科技专项的牵引下，空间运输与在轨服务领域的基础理论与关键技术研究取得了长足进步，但在空间环境认知与准确预示、空间超大型结构在轨安全与防护、空间在轨精细操作等领域仍存在诸多难题与挑战。

面向行星基地建设、空间碎片处理、空间大型结构在轨建造等未来航天发展需求,针对航班化运输网络设计与高可靠控制、空间碎片超高速撞击防护与主动清除、空间大型结构在轨建造与自愈等亟待解决的工程科技问题,空间运输与在轨服务学科方向重点关注以下九个方面,包括空间目标辨识、空间环境预示、空间操作机构、空间撞击防护、空间目标捕获、空间灵巧操作、在轨组装与重构、空间运输机构设计、在轨服务仿真与试验,以期突破空间航班化运输、空间环境准确预示、空间碎片防护与清除、空间大型结构建造等关键技术,服务于未来"深空探测及空间飞行器在轨服务与维护系统"国家重大科技专项以及火星采样返回、小行星采样返回与载人登月等国家重大航天工程。

地月航班化运输网络设计与高可靠控制问题

Design of earth-moon flight transportation network and
its highly reliable control

1 科学问题概述

月球是人类唯一登陆过的地外星球,是通往深空的门户,对其进行探索和利用具有极其重要的意义。自 20 世纪 60 年代"阿波罗"登月任务开始,人类逐步实现了月球绕飞、着陆探测、载人登月及返回。当前,世界航天已进入以大规模空间资源开发、载人月球探测和深空探测为代表的新阶段,进入空间需求正在快速增长,对航天运输系统的可靠性、经济性、便捷性等提出了越来越高的要求。2020 年,美国提出了 Artemis 计划,并将探月计划列为其未来空间优先发展事项。我国的探月计划正从月球探测向月球资源开发再利用转型,在"十四五"期间将发射"嫦娥七号""嫦娥八号"以建设月球科研基地,地月航班化往返系统是其基本保障,极大地支撑探月工程的快速建设,同时对于建成天地往返的地月空间运输体系和空间经济区有重要意义。面向具有飞行范围广、飞行环境复杂多样、高频次重复往返特点的航班化运输任务需求,对航天器如何实现突发事件下的网络运输系统轨道实时优化与设计、高可靠网络控制以及轨道自主规划提出了严峻的挑战。因此,开展地月航班化运输网络设计与高可靠控制研究具有重要研究价值,极具挑战性。

2 科学问题背景

目前,航班化航天运输系统概念刚被提出不久,针对地月航班化运输网络设计与控制的研究还很少。在地月运输轨道设计方面,传统任务中多采用基于二、三体轨道理论和弱稳定边界的进行轨道拼接与低能轨道转移。例如,日本宇航局的"月球-A"任务中首次提出了基于太阳引力摄动降低月球捕获的燃料消耗,欧洲航天局(Europe Space Agency, ESA)在 Smart-1 任务中首次利用三体系统弱稳定边界理论设计了地月低能量轨道转移。但是此方式下的地月运输系统中航天器利用率低,难以满足用于大规模月球资源探测任务的月球基地与月球空间站的建设需求。为克服此局限性,人们提出了在月球轨道建立中转站的新方案。考虑到三体系统拉格朗日 L1/L2 点是深空航行理想的中转站,我国在 2017 年提出了"DRO 远距离逆行轨道空间站计划",美国 NASA 在 2020 年提出的 Artemis 计划,依托中转站实施地球往返、月球探测、深空航行等任务。但对于地月空间往返运输系统,要求高适应性、多型谱的航班化往返,对轨道的动力学机理、轨道设计方法以及高性能轨道计算方法提出了新的挑战。

在地月航天运输系统控制方面,高可靠控制是实现地月航班化运输网络高品质、安全飞行的关键。高可靠控制要求航天器具备自主健康监控与故障诊断能力,以满足高频次重复往返条件下对航天器动力系统执行任务能力及可靠性评估。航天器常用的故障诊断技术包括基于模型、基于数据以及基于知识等三类方法。NASA 基于定性离散模型开发了 Livingstone 故障诊断系统,并在"深空一号"、X-34 飞行器等多型号任务中得到应用验证。ESA 主要采用层次型故障诊断与重构结构对现役航天器进行异常行为监测以及容错控制系统的重构。但是现有航天器故障控制理论存在诊断结果完备性不足、实时性差、难以兼顾容错控制系统性能设计等缺陷,无法适应高可靠航班化运输网络的任务需求。此外,高可靠控制要求航天器还能够随着飞行环境的变化进行自适应飞行,即航天器控制系统能够实现"边飞边学",不断调整自身控制性能。虽然现有的深度强化学习、元强化学习等智能技术为此提供了潜在的解决途径,但是面向高频次重复往返的地月航班化运输网络,如何形成低复杂度、高品质的智能化姿态轨道控制系统仍然是一大挑战。

3 科学问题研究进展

地月空间探索是未来发展地月经济圈、深耕月球资源的必经之路,航班化运输网络是常态化地月往返的基本需求。然而,航班化运输网络具有飞行区域范围广、飞行环境复杂多样、高频次重复往返的特点。这要求航天器从任务层到执行层都具有高可靠、高容错和智能自主特性,对航天器能否在突发事件下的航班化运输系统轨道实时优化与设计、高可靠运输网络控制以及高性能轨道预测与自主规划解算方法等关键技术提出了严峻挑战。目前广泛应用的二体轨道理论仅能描述一类地月往返轨道,而三体动力学系统理论则侧重于利用三体问题的特解来开展轨道优化设计,二者仅能在特定的轨道能量范围开展地月往返轨道设计,难以满足高适应度、多型谱的地月航班化往返轨道设计需求;由于传统基于模型、数据的故障诊断和容错控制理论在应对多源故障和不确定性问题上存在完备性不足、可靠性和自适应性差等缺陷,难以实现航班化网络运输系统的在线高精度健康监测和自主飞行控制；经典的有限差分计算方法又严重依赖小步长，计算效率低下，导致现有动力学与控制算法的在线解算效率远远落后于地月航班化往返任务需求。

基于上述分析，面向未来地月航班化运输网络任务需求，需要克服航班化多型谱地月轨道的动力学机理、高频次往返航天器自主健康监测与高可靠控制以及航班化运输网络轨道预测与自主规划的高精度快速解算等多方面关键科学技术难题。

3.1　航班化多型谱地月轨道的动力学机理

传统的地月往返轨道基于二体或三体轨道理论设计，将日地月共同引力作用下的轨道设计分割成二体圆锥曲线拼接和三体拉格朗日点不变流形轨道设计方法，但都存在明显不足。而航班化、型谱化的地月往返轨道对飞行时间、轨道燃耗、月面落点等方面提出了更高的要求。如何在日地月统一的引力场模型中开展地月往返的轨道动力学机理研究，获取完整的动力学现象图谱，探索共性规律，为轨道设计提供优化边界，是地月航班化运输网络设计面临的难点之一。

3.2　高频次往返航天器自主健康监测与高可靠控制

传统基于模型和数据的故障诊断理论虽然能够对航天器典型故障进行诊断，但是存在完备性不足、可靠性和自适应性差等缺陷，无法实现高频次往返地月航班化运输网络执行系统的在轨自主高品质健康监测。此外，面向大包络飞行的地月往返航天器，如何在有限飞行数据下开展多源故障快速诊断、飞行能力精确评估以及高容错姿态轨道协调控制是保障航班化运输网络长期安全自主飞行的关键，是地月航班化运输网络高可靠控制亟待解决的一大难点。

3.3　航班化运输网络轨道预测与自主规划的高精度快速解算

针对日地月系统中运动状态的小偏差易诱发大偏离的难题，现有轨道预测方法的计算精度和效率较低，难以实现高精度大步长状态预测。在航天器有限计算资源情况下，如何构建快速解算地月航班化运输网络高保真动力学模型的方法、保障算法的收敛性和稳定性、研究误差传播机制，是提高航班化运输网络轨道预测与自主轨道规划精确性、实时性和稳定性的关键，也是地月航班化运输网络设计面临的难点之一。

主要参考文献

［1］包为民,汪小卫.航班化航天运输系统发展展望[J].宇航总体技术,2021,5(3):1-6.
［2］包为民,汪小卫,董晓琳.航班化航天运输系统对动力的发展需求与技术挑战[J].火箭推进,47(4):1-5.

［3］ 曾豪,李朝玉,彭坤,等.地月空间 NRHO 与 DRO 在月球探测中的应用研究［J］.宇航学报,2020,41(7):910-919.

［4］ Zhang C,Topputo F,Bernelli-Zazzera F,et al. Low-thrust minimum-fuel optimization in thecircular restricted three-body problem［J］. Journal of Guidance,Control,and Dynamics,2015,38(8):1501-1510.

［5］ Mingotti G,Topputo F,Bernelli-Zazzera F. Low-energy,low-thrust transfers to the Moon［J］. Celestial Mechanics and Dynamical Astronomy,2009,105(1):61-74.

［6］ 袁利,王淑一.航天器控制系统智能健康管理技术发展综述［J］.航空学报,2021,42(4):525044101-525044115.

［7］ 沈毅,李利亮,王振华.航天器故障诊断与容错控制技术研究综述［J］.宇航学报,2020,6:647-656.

［8］ Shen Q,Yue C,Goh C H,et al. Active fault-tolerant control system design for spacecraft attitude maneuvers with actuator saturation and faults［J］. IEEE Transactions on Industrial Electronics,2018,66(5):3763-3772.

［9］ Dai H,Yue X,Yuan J,et al. A time domain collocation method for studying the aeroelasticity of a two dimensional airfoil with a structural nonlinearity［J］. Journal of Computational Physics,2014,270:214-237.

［10］ Wang H,Chen Z,Zheng J,et al. A new algorithm for onboard autonomous orbit determination of navigation satellites［J］. The Journal of Navigation,2011,64(S1):S162-S179.

撰稿人:魏才盛(中南大学)　代洪华(西北工业大学)
　　　王亚敏(中国科学院微小卫星创新研究院)

在轨绳系空间环境自主清洁技术

Autonomous cleaning technology for in orbit tethered space environment

1　科学问题概述

航天活动的快速发展极大地便利了全球数十亿人的生活,然而留在太空的废弃卫星、航天器、火箭残骸等都成为了太空垃圾。近年来,太空垃圾的快速增长所带来的安全威胁也愈发严重,严重干扰了人类现在和未来航天活动,例如哈勃望远镜的太阳翼受到 6000余次的碎片撞击,国际空间站为躲避空间碎片主动采取规避 20 余次等。因此,为保障空间环境的安全性和稳定性,各航天大国及国际研究机构均已开展针对空间碎片清理的空间环境清洁技术研究。我国在 2020 年中国航天大会上将空间碎片清除中的核心技术纳入 2020 年宇航领域十大科学问题和技术难题。空间碎片清除是当前及未来航天任务必须面对的重要问题，发展该项技术，既是保护空间资产、维护人类空间安全和资源需要，也将促进相关高新技术创新发展。

面向我国空间碎片主动清除、未来空间科学与应用等需求，探究空间绳系技术自主清理空间非合作旋转目标自主任务中的关键动力学与控制基础问题，需重点解决绳系系统的结构化设计、大尺度刚-柔耦合绳系系统的动力学行为机理描述、有限测量信息下组合式自主导航制导和涉及欠驱动、振动抑制控制一体化系统技术等亟须突破的瓶颈问题，为国家重大任务需求加速新技术应用提供技术基础。

2　科学问题背景

空间环境的清洁对象可分为空间合作目标和空间非合作目标。与空间合作目标不同，空间非合作目标一般不具备与服务航天器相适应匹配的结构设计、信标等。非合作目标位于太空环境中，种类繁多，个体差异大且其形状、运动特征往往未知，其清理难度要远大于合作目标，对执行非合作目标附着任务的服务航天器的目标适应性与空间适应性有较高要求。因此，开展非合作目标识别、抓捕和清理一体化研究是航天工程领域亟须解决的难题。

空间非合作目标清理的方法主要分为两类：一类是接触式的，如机械臂抓捕技术、绳系卫星技术(网捕、电动力绳)等；另一类是非接触式的，如激光推移、离子束推移等。相较于非接触式对复杂技术的高需求，接触式方法的技术实现更容易、更可靠。其中，在接触式清理非合作目标领域，绳系卫星技术相较于机械臂技术的优势更为突出，具有对不同尺寸、不同形态目标的适应能力，而且可通过释放长绳对远距离的空间目标进行清理。绳系技术主动清除空间目标的核心包括空间非合作目标的识别追踪、捕获和清理等。针对以上核心技术，涉及的具体研究内容有空间非合作目标测量、目标逼近的导航制导，以及捕获后系统的消旋、稳定和轨道机动控制等。

此外，基于绳系卫星的空间非合作目标清除技术具有重大应用前景。在经济方面，可发展为空间碎片清除的商业化、产业化运营模式；在军事方面，空间非合作目标清除技术也是迫切需要发展的技术，该技术可用于清除敌方卫星，开展空间对抗。

3　科学问题研究进展

按末端执行机构不同，空间非合作目标的捕获技术可分为刚性和柔性。得益于空间机械臂技术的成熟，国内外进行了一系列刚性机械臂捕获技术验证。采用刚性执行机构，捕获距离受机械臂尺寸限制，且需保证捕获过程的避撞安全性要求。当面对自旋非合作目标时,抓捕的技术难度进一步提高。为此,世界各航天大国提出了柔性捕获概念,以绳网或布等柔性结构覆盖目标,通过柔性绳索与服务航天器连接,形成组合体。现阶段已开展了多次在轨或亚轨道试验,验证了多项核心技术,并逐渐形成了针对空间非合作目标的绳系自主清除技术规划。2017 年 4 月,在欧洲航天局的资助下,英国萨里大学的空间绳系捕捉项目"RemoveDEBRIS"(图 1)由"猎鹰 9 号"火箭发射,部署在国际空间站。2018 年 6 月,项目卫星装入 Nanoracks Kaber 部署系统发射到预定轨道,并在 9 月 16 日进行了在轨试验。5m 宽的拦截网如同蜘蛛侠弹射网,弹出几秒后捕获 6m 外的预先放置目标。在轨试验的成功表明,空间柔性抓捕技术是可实现的。

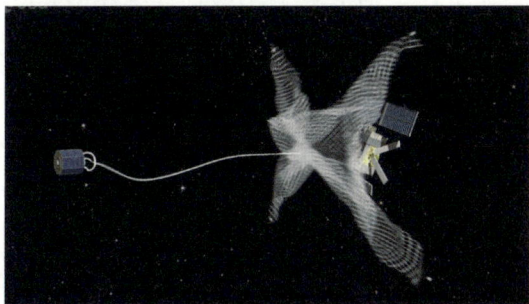

图 1 空间系绳系统抓捕空间目标

为进一步提升面向空间非合作目标的绳系自主清除技术成熟度,国内外多家知名航天机构和高校布局了空间非合作目标物柔性捕获技术相关研究和试验。具体研究内容可分为抓捕前对非合作目标的感知导航、抓捕过程中强耦合的柔性绳网展开动力学及涉及的接触碰撞问题,以及捕获后组合体系统的消旋稳定、振动抑制和轨道机动的欠驱动控制等。相关的研究进展具体如下。

3.1 非合作目标的导航感知

通过相对导航精确获取非合作目标和服务航天器在空间中的相对运动状态是实现目标抓捕的关键和前提。考虑到非合作抓捕的复杂性以及现有技术的局限性,如何实现自主相对导航也成为亟待解决的难题。国外的研究机构和学者围绕非合作目标自主相对导航技术,针对导航方案的构建、敏感器的研制、相关的导航滤波算法等方面开展了大量的研究。NASA 以哈勃望远镜的在轨自主维修为背景,研究了非合作目标相对姿态和角速度的估计方法。德国智能研究中心针对非合作目标的在轨服务任务提出了完整的导航、制导与控制方案。我国在非合作目标自主相对导航理论与地面试验等领域均取得了一定进展,包括位姿测量方案、非合作目标的运动建模和相对导航滤波器设计等。当前的位姿测量方法仍依赖于预先获取非合作目标的部分结构特征或观测重构的目标模型,其对形态各异非合作目标的适应性还有待提高,需进一步研究目标表面特征识别感知技术。同时,为实现空间测量的实时性和精确性,还需开展在轨的实时自主导航滤波技术和多传感器组合导航技术研究。

3.2　柔性绳网展开和抓捕过程的接触碰撞机理研究

在空间非合作目标的抓捕阶段,需保证柔性绳网装置顺利展开,不发生缠绕和断裂等安全问题。为此,国内外学者在绳网展开动力学和抓捕过程中绳网与目标接触动力学等方面进行了大量深入研究。Benvenuto 团队详细研究了绳网和目标接触全过程动力学,包括网和绳的建模、碎片建模、碰撞检测、接触动力学、收口机制等。Botta 等采用质量弹簧模型研究了绳网的旋转展开动力学,使用接触力线性连续模型和摩擦模型研究了绳网机器人的接触动力学,并开展了微重力和真空条件下圆柱形碎片的捕获模拟。此外,ESA 通过抛物线飞行试验成功验证了绳网的展开和目标捕获能力。国防科技大学杨乐平教授团队深入研究了绳网的展开动力学和绳网抓捕后组合体的动力学与控制并进行了相应地面试验。

3.3　绳系组合体的消旋、振动抑制和轨道机动控制

由于非合作目标大多失控,往往呈现出复杂的旋转运动,因而需考虑抓捕后组合体的消旋稳定问题,将组合体转速降至安全范围内以进行下阶段的轨道机动操作。对此,国内外学者相继开展了绳系组合体消旋研究。NASA 提出限制过度旋转的无权重集合和网络抓取(Weightless Rendezvous And Net Grapple to Limit Excess Rotation,WRANGLER)概念,通过系绳释放一个微小质量块以增大组合体的转动惯量,进而降低其自旋角速度。Aslanov 等提出了一种改进绳系 yo-yo 装置实现了三维空间目标的消旋。绳系自主清除非合作目标最后阶段是通过绳系服务航天器将目标送入坟墓轨道或者将空间碎片送入大气层销毁,其本质是大尺度刚柔耦合航天器系统的轨道机动问题。在机动过程中受空间摄动力、太阳光压等因素影响,会引起系绳的缠绕、碰撞、振动等复杂问题。为使系绳张力平滑地顺应变轨推力的变化,Jasper 等提出了推力输入整形技术保证了绳系两端有足够的安全距离。Wen 等考虑张力约束采用系绳张力调节绳长变化来解决绳系拖曳过程的摆动抑制问题。非合作目标捕获后的组合体机动属于典型的欠驱动系统控制,且存在非合作目标的对抗博弈,其控制难度远高于传统航天器。

综上所述,我国的空间非合作目标绳系清除技术研究尚处于起步阶段,大部分研究集中于概念设计、理论分析以及数值仿真阶段,少量研究进行了初步试验验证,但未考虑天-地动力学等效一致性。此外,空间系绳在严峻太空环境中的生存问题也是后续应重点关注的难点。因而,为清除数量庞大、外形不规则的空间非合作旋转目标,需进一步探索科学可靠的绳系系统结构化设计,提出组合式测量与控制一体化方案,有效提高空间非合作目标清除过程中在轨捕获测量与控制的稳定性、精准性和自主性。

主要参考文献

[1] C Bonnal,J M Ruault,M C Desjean. Active Debris Removal:Recent Progress and Current Trends[J]. Acta Astronautica. 2013,85:51-60.

[2] 郭吉丰,王班,谭春林,等.空间非合作目标物柔性捕获技术进展[J].宇航学报,2020,41(2):125-135.

[3] 刘海涛,张青斌,杨乐平,等.空间绳网系统展开动力学特性分析[J].国防科技大学学报,2015(3):68-77.

[4] 甄明,杨乐平,张青斌.空间飞网地面碰撞试验与仿真[J].国防科技大学学报,2018,40(5):171-176.

[5] Benvenuto R,Salvi S,Lavagna M. Dynamics Analysis and GNC Design of Flexible Systems for Space Debris Active Removal[J]. Acta Astronautica,2015,110:247-265.

[6] Robert P Hoyt,J Karsten. WRANGLER:Nanosatellite Architecture for Tethered De-Spin of Massive Asteroids[C]. AIAA SPACE 2015 Conference and Exposition. 2015.

[7] 孙永军,王钤,刘伊威,等.空间非合作目标捕获方法综述[J].国防科技大学学报,2020,42(3):74-90.

[8] Jasper L,Schaub H. Input Shaped Large Thrust Maneuver with a Tethered Debris Object [J]. Acta Astronautica,2014,96:128-137.

[9] 陈辉,文浩,金栋平,等.绳系卫星在轨试验及地面物理仿真进展[J].力学进展,2013,43(1):174-184.

[10] H Wen,Z H Zhu,D Jin,et al. Constrained Tension Control of a Tethered Space-Tug System with Only Length Measurement[J]. Acta Astronautica,2016,119:110-117.

撰稿人:金栋平(南京航空航天大学) 文浩(南京航空航天大学)

康俊杰(南京航空航天大学) 陈提(南京航空航天大学)

王晓宇(中国航天科技集团有限公司第五研究院)

巨行星探测的多任务轨道规划问题

Multi-task orbital planning for giant planet exploration

1 科学问题概述

随着科学技术的发展和人们对世界认识的加深,人类聚焦生命是如何诞生的以及宇宙是如何演化这两方面上。而对气态巨行星的研究，有望对这两个问题进行回答。

巨行星是指不以岩石或其他固体为主要成分的大行星，太阳系拥有 4 颗巨行星，目前发现的很多系外行星也是巨行星，虽然其中有巨行星质量大、体积大、相比岩质行星更好发现的因素，但这也表明巨行星是一种较为常见的行星类型。对太阳系巨行星的研究可以帮助我们更好地理解恒星系演化的过程。目前，太阳系 4 颗巨行星中的木星、土星是深空探测的热门方向，已有三个木星探测任务计划在十年内陆续实施。天王星、海王星因为距离地球过于遥远，探测难度相比木星、土星更大，但针对它们的深空探测任务也在各国规划中。

我国在成功执行月球、火星探测后，目光也投向了木星和太阳立体探测等更遥远的深空探测。针对木星和太阳立体探测任务，探测器面临着空间环境模型复杂、多体引力混沌效应等科学问题，需针对这些科学问题进行研究，为我国深空探测任务提供基础。

2 科学问题背景

根据组成成分，太阳系的巨行星可分为两类：主要由氢、氦组成的气巨行星——包括木星和土星，以及主要由水、氨、甲烷组成的冰巨行星——包括天王星和海王星。在太阳系中，同一类巨行星具有相似的环境特点，面临的科学问题也类似。

在太阳系中，气巨行星磁场相比冰巨行星磁场强度更强，致使周围空间辐射更大，导致在探测器轨道设计过程中辐射防护问题更为突出，其中，尤以木星为甚。为了分析探测器所受辐射强度，最简单的方法是不考虑辐射影响直接进行轨道设计，在轨道设计结束后引入辐射模型计算探测器所受辐射。这种方法有可能让探测器频繁出入高辐射带，造成探测器所受辐射剂量很高。相比之下更好也更常用的方法是先对辐射环境进行定性分析，在轨道设计时采取不进入高辐射带等措施降低辐射剂量。这种方法能避免探测所受辐射剂量过高，但没有评价标准、难以比较各方案优劣。

在太阳系中，气巨行星的卫星数量远多于冰巨行星，气巨行星的大质量卫星的数量也远多于冰巨行星：木星具有 4 颗大质量卫星、土星具有 7 颗、天王星 1 颗、海王星 1 颗，这导致了巨行星周围复杂的多体引力环境。气巨行星也比冰巨行星离太阳更近，太阳引力摄动更为明显。因此，气巨行星的多体引力环境比冰巨行星更为复杂。当探测器在距离巨行星较远的位置环绕巨行星运行时，太阳引力摄动是主要影响因素。例如在木星捕获轨道上，太阳引力摄动会降低捕获轨道近木点高度。当探测器在巨行星卫星中转移时，太阳和卫星都会对探测器轨道产生影响。当探测器环绕卫星运行时，巨行星引力摄动是主要影响因素。

3　科学问题研究进展

3.1　木星空间环境表征与环木飞行轨道规划问题

人类到目前为止已经发射了若干颗探测器造访木星。1973 年"先驱者 10 号"在距离木星 13000km 处穿过木星云层时拍摄了首张木星照片,1977 年 8 月和 9 月发射的美国"旅行者 1 号"和"旅行者 2 号"也对木星进行了观测。第 1 个专门用于木星探测的航天器是 1989 年 10 月 18 日发射的"伽利略号"探测器,由轨道器和撞击器组成,轨道器共环绕木星飞行 11 圈,其间以飞越的方式探测了木星的 3 颗卫星。"伽利略号"探测器首次获得了木星大气的数据并发现木星的卫星上存在地下海洋。

木星探测也是未来深空探测的热点之一,美国、欧洲、俄罗斯和日本的未来木星探测任务都在进行或论证中。2030 年之前,美国的"JEO"和"JGO"木星探测计划、欧洲的"Laplace"木星探测计划和俄罗斯的"Europa-Lander"本卫二登陆计划将陆续实施。

国外对木星探测轨道设计的研究已开展多年。美国喷气推进实验室(Jet Propulsion Laboratory,JPL)在"伽利略号"木星探测器的设计过程中,对木星探测轨道的设计进行了系统研究。近年来,JPL 也在组织科研人员对木卫二探测轨道方法进行研究,Olds 等研究了利用行星引力辅助飞向外太阳系行星的轨道设计问题。国内也有针对行星际探测轨道的研究,张旭辉等研究了火星探测轨道设计和行星借力飞行技术,乔栋等研究了给予 C3 匹配的行星借力飞行轨道设计方法,尚海滨等研究了结合引力辅助与小推力技术的行星探测轨道设计方法。

然而需要注意的是,上述设计方法中尚缺乏对木星磁场的认识。木星磁场强度远高于地球磁场,致使周围空间环境的辐射强度远高于地球轨道,探测器轨道规划时必须考虑辐射防护问题,增大了轨道规划难度。为此需要解决星空间环境表征的难题,在此基础上,建立一种空间环境量化的评价标准,并与轨道规划技术相结合,探寻一条既适应空间辐射环境,又满足木星引力特征的环木飞行轨道。

3.2　多体系统动力学问题

目前多体系统动力学的研究主要应用经典的圆形限制性三体问题(CRTBP)及其不变流形理论。随着 1978 年 ISEE-3 探测器第一次进入日地 L1 点的 Halo 轨道,开启了利用 CRTBP 中周期轨道和流形理论进行轨道设计的热潮,后续一系列平动点任务(SOHO、ACE、MAP、Genesis、Herchel、Plank 和 GAIA 等)的成功实施更是将这一技术的研究推向高潮。最近,以 NASA 的 Goddard 飞行控制中心为牵引,普渡大学 Howell 教授的课题组已经开始从理论研究转向面向工程任务的工作,探索将日地和地月 CRTBP 下的理论成果系统性地直接结合到工程设计中,并开发了一系列专用软件。从已发表的相关文献中判断,这项工作已相对成熟。Haapala 等人研究了展示 CRTBP 平点附近的全局解的方法,从而能够实现对给定能量下所有可靠解的快速判断。Folta 等人在多体环境下针对地月转移轨道设计开发了集成化工具,Cox 等人在更广泛的意义下设计了基于多体动力学环境的交互式轨道设计软件。这些研究表明一个新的研究趋势,基于 CRTBP 的轨道理论研究基本成熟,已经开始直接对接于实际任务中的轨道设计,不再仅仅局限于初步的任务设计。

太阳系、木星系等系统都具有多颗卫星,探测器在系统中运动的力学环境极为复杂,受行星/木卫等天体影响,探测器飞行轨迹混沌效应明显,需要深入研究探测器在多体引力系统中的动力学行为特性,开展低能转移、循环轨道的动力学模型和设计方法的研究。

主要参考文献

[1] Campagnola S,Buffington B B,Lam T,et al. Tour Design Techniques for the Europa Clipper Mission[J]. Journal of Guidance,Control,and Dynamics,2019,42(12):2615-2626.

[2] JUICE Science Working Team. JUICE,JUpiter ICy moons Explorer,Exploring the emergence of habitable worlds around gas giants[R]. ESA/SRE,2014.

[3] Lynam A E,Longuski J M. Interplanetary Trajectories for Multiple Satellite-Aided Capture at Jupiter[C]//Aiaa/aas Astrodynamics Specialist Conference. 2010

[4] Olds A D,Kluever C A,Cupples M L. Interplanetary mission design using differential evolution[J]. Journal of Spacecraft and Rockets,2007,44(5):1060-1070.

[5] 乔栋,崔平远,徐瑞. 星际探测借力飞行轨道的混合设计方法研究[J]. 宇航学报,2010(3):655-661.

[6] 尚海滨,崔平远,徐瑞,等. 结合行星借力飞行技术的小推力转移轨道初始设计[J]. 宇航学报,2011,32(1):29-38.

[7] Haapala A F,Howell K C,Folta D C. Incorporating the evolution of multi-body orbits into the trajectory trade space and design process[J]. Acta Astronautica,2015,112:1-18.

[8] Folta D C,Webster C M,Bosanac N et al. Trajectory Design Tools for Libration and Cis-Lunar Environments[C]//International Conference on Astrodynamics Tools and Techniques (ICATT).2016 (GSFC-E-DAA-TN29962).

撰稿人:高博宇(北京空间飞行器总体设计部)
　　　　田百义(北京空间飞行器总体设计部)
　　　　周文艳(北京空间飞行器总体设计部)
　　　　高峰(北京空间飞行器总体设计部)

空间碎片的在轨自主识别、捕获与清除问题

Autonomous identification，capture and removal of space debris

1 科学问题概述

随着人类航天活动的日益频繁，在轨的失效航天器数量持续增加，伴随而来的是空间碎片数量呈指数性增长，对空间安全造成直接威胁。截至 2017 年 1 月，美国空间目标监视网（U. S. Space Surveillance Network，SSN）估计有超过 75 万个直径超过 1cm 的空间目标在轨运行，直径在 1cm 以下空间碎片数量则超过 1 亿。历史上已发生多次空间碎片撞击事件，如 2013 年厄瓜多尔的第一颗卫星与 1985 年苏联发射的火箭残骸碰撞，造成卫星解体；2021 年 11 月 15 日，一颗苏联时期废弃的重 2t 的电子侦察卫星"宇宙-1408 号"突然发生爆炸，产生了超过 1500 块可观测的碎片，另外还有几十万块微小碎片。为了规避可能的碰撞风险，航天器需要进行额外的轨道机动，严重影响了在轨工作效率和工作寿命。2021 年 11 月 11 日，国际空间站自动预警系统发现一块空间碎片高速抵近，导致任务中断，执行上升规避动作保证安全。目前我国尚无对空间碎片的在轨自主识别、捕获与清除问题的切实解决方案，应对方式依然是被动防护和机动规避，既耗费大量发射成本，又无法从源头上解决空间碎片威胁问题，未来将制约重大航天装备的建设与国家发展战略的实施。

针对未来日益增长的空间碎片威胁，面向不同尺寸、质量、形状的碎片清除需求，围绕空间碎片环境感知与预示、形状及运动状态识别、空间碎片清除策略与方案，着力解决空间碎片环境预示及演化建模，空间非合作目标形貌及运动状态多维自主感知理论与方法，强适应性空间碎片新型捕获系统设计方法，形状不规则自由翻滚空间碎片的捕获策略与优化方法，含章动自由翻滚空间碎片柔顺消旋及捕获动力学与控制，空间碎片清除与离轨系统设计方法与离轨策略优化，空间飞网、飞矛、机械臂等空间碎片清除系统设计与控制，强适应性空间碎片清除系统强鲁棒高可靠柔顺控制理论与方法等科学问题，揭示此类科学问题背后的深层次共性问题，为空间碎片及非合作目标的清除提供理论支撑和系统方案设计，有助于我国掌握该领域的领先技术，进一步提升我国的航天大国地位。

2 科学问题背景

针对空间碎片开展主动的自主识别、捕获与清除问题研究立足国家重大任务需求，承担着我国赶超世界其他国家航天技术的重大历史责任，肩负对未来空间技术发展趋势的探索使命。在我国现有的在轨技术水平基础上，深入发掘和解决空间碎片主动清除领域的深层次根本难题，创新性地提出空间碎片主动清除系统解决方案，突破国外在这一领域

的领先优势,提升我国空间碎片主动清除系统的有效性可靠性水平,最终形成一套对空间碎片在轨自主识别、捕获与清除的设计理论方法体系。空间碎片的自主识别、捕获与清除不仅事关我国空间领域的发展,也影响着全人类未来对空间环境的利用效率和安全,有助于实现在空间领域构建"人类命运共同体"的伟大目标。然而,现有的对空间碎片的自主识别、捕获与清除研究中,仍存在以下难题亟待解决。

空间碎片的自主感知与捕获系统设计难度大,主要体现在:①空间碎片的自主识别、捕获与清除系统所面对的空间碎片形状大小、材料属性以及各项动力学参数均不同,这要求捕获系统具有很强的适应性和鲁棒性,而且能够根据不同的目标合理地进行捕获清除策略的自主规划,从而对各类空间碎片进行有效的捕获转移和清除。②伴随空间碎片的自主识别、捕获与清除任务的多样化与复杂化,新型捕获和清除系统如柔性绳网、灵巧捕获装置等,属于典型的刚柔耦合航天器范畴,动力学机理尚未被完全掌握,难以对系统设计进行有效指导。③太空环境是一个多物理场耦合作用的环境,精确感知的干扰大、噪声强,如何实现复杂环境中的自主精确感知,实现精确的捕获及操控仍然亟待解决。

3 科学问题研究进展

空间碎片的在轨自主识别、捕获与清除是多学科融合技术,涉及空间碎片自主识别与建模、高效捕获和柔顺控制等多个领域,在系统层面偏向于方案和关键技术研究,涉及的科学问题研究主要集中在单项技术的研究和突破。

在空间碎片自主识别与建模方面,对于非合作空间目标识别,中科院学者提出在分析目标空间图像特征的基础上,结合离散小波变换、奇异值分解和核主成分分析,最后使用K最近邻分类器进行空间目标分类。英国吉尔福德萨里大学萨里航天中心提出采用尺度不变特征变换(Scale-invariant Feature Transformation, SIFT)描述子提取特征,完成图像匹配和目标识别。上述两种算法都属于传统的基于人工设计特征值的方式,虽然对空间目标识别具有一定的效果,但是其迁移性和鲁棒性仍然有待提高。北京邮电大学学者等采用6D-ICP算法来完成基于双目立体视觉的非合作目标三维重建和状态估计,该方法是将光流法应用到目标图像的特征匹配中,使用Harris检测器进行特征提取,对连续帧的特征点在两个摄像机之间进行匹配,并生成目标航天器相应的三维点云结构。总体而言,现有的研究依然采用了较传统的识别构建方法,存在精度较低且误检率高、缺少自主性和智能性等问题。

在空间碎片高效捕获方式方面,传统的以机械臂为代表的捕获系统存在碰撞安全性隐患、非合作目标通常没有专门用于机械臂抓捕的对接部件等问题。目前强适应性空间碎片新型捕获系统设计方法在已有的研究中主要分为空间绳系手爪系统、空间绳系飞网系统两类。空间绳系手爪系统是由空间绳系卫星系统逐步发展而来的,其通过控制连接两个航天器的柔性系绳实现对组合体状态的控制。空间绳系手爪系统的末端执行器仍然属于刚性接触抓捕的范畴,捕获失稳自旋目标时会产生较大的碰撞力,且对捕获精度要求较高,容易造成捕获失败。空间绳系飞网系统将末端执行器设计成柔性网袋,增大了捕获面积,降低了对捕获精度的要求,从而增加了捕获的成功率。总而言之,以绳系飞网作为捕获机构的方式具有更加广泛的应用前景,但目前该方法的研究和实际应用都相对较少,技术成熟度较低。

在空间机器人柔顺控制方面,随着柔性航天器应用得越来越多,系统参数的不确定以及复杂的刚柔耦合特性都对空间机器人的高精度控制提出挑战,使得其控制问题更加复杂,传统比例-积分-微分(Proportion Integration Differentiation,PID)控制器已不能满足其在轨任务的需求,需要设计强鲁棒性和高精度的控制器完成对空间机器人的操纵。针对帆板驱动不平稳引起的卫星姿态耦合干扰,有学者提出了一种卫星姿态稳定自抗扰控制方法。结合人工智能算法,有学者提出了机器分析模式,使得对柔顺控制学习过程的智能方法研究成为可能。基于这种模式实现的神经网络控制可以在存在空间环境未知扰动和系统参数不确定等情况下,实现对空间机械臂的高精度实时控制。为了实现航天器高精度姿态控制,需要对空间机器人柔顺控制方法进行更深层次的研究。

3.1　空间碎片环境预示及演化建模

空间碎片多由发射事故、太空武器试验等事件导致,一般由大量碎片以"碎片云"的形态存在于近地轨道空间。在此过程中,空间碎片云历经初态产生、动态演进、终态稳定的演化过程,其包络范围和影响空间不断变化,对正常航天活动构成严重威胁,因此亟待建立空间碎片云的演化模型并建立其预警机制。

空间碎片云的演化一般通过单碎片模型和多碎片群模型进行预示。单碎片模型以轨道根数作为演化计算变量,通过建立精确的力学模型确定碎片的运动状态,运动轨迹的预测精度较高,但由于计算资源的限制,无法支持大规模碎片云的长期演化预测。多碎片群模型追踪碎片云的宏观状态,例如碎片分布密度、碎片数量等,利用解析或数值方法得到碎片环境的长期演化规律,对计算资源的要求较低,但是难以建立高精度演化模型。为追踪并预测空间碎片状态,需要对碎片云的混沌态、有序态、精确态进行模型解耦与综合,从而对大数量、多密度、多模态碎片云的长期演化过程进行精确建模。

3.2　空间非合作目标形貌及运动状态多维自主感知理论与方法

准确快速识别空间碎片等非合作目标的形貌是进行碎片捕获与清除的前提,空间非合作目标形貌复杂,运动状态差异较大,需要使用多种测量方式与辨识模型进行重构。多种测量信号包含大量干扰,会降低目标形貌的测量与感知的准确性和精度。

基于空间多传感器数据融合方法,对不同距离的空间非合作目标进行测量,使用分层递阶观测方式获取其三维特征数据。利用遥感测量方法对中远距离目标的类型进行估计,并测算其运动状态;利用激光雷达或视觉系统对近距离目标的形貌点云数据进行提取。基于目标的形貌和运动状态数据,使用自主感知方法匹配目标特征,从而为空间非合作目标的捕获策略选择、捕获过程优化、捕获结果评估提供技术支持。空间非合作目标形貌及运动状态感知过程中,需要解决空间目标特征粒度选择、多维数据挖掘与融合、目标自主感知决策等多种关键技术,同时克服深空环境干扰、快速图形图像计算、大数据滤波等难点,实现对强噪声环境下高速复杂动态目标的高精度识别与感知。

3.3 强适应性空间碎片新型捕获系统设计方法

强适应性空间碎片新型捕获系统设计方法,旨在针对物理属性各异的空间碎片目标提出一套具有强适应性的新型空间碎片捕获系统设计方法,克服传统机械臂捕获系统存在的碰撞安全性低、目标适应性差等问题。

强适应空间碎片捕获系统,面向空间碎片的柔顺捕获,目前多使用绳索(网)结构、充气结构等大柔性体与目标进行接触式捕获,具有柔顺接触、目标适应性强的特点,但是系统可控性较差,难以对目标进行有效回收利用。新型空间碎片捕获系统应面向多形貌特征、多尺寸规模、高动态特性的空间目标捕获任务,通过合理布局作动、传动结构,增加系统的可控性,基于柔顺捕获要求,开发捕获刚度自适应调节机构。在此过程中需要对空间目标自适应捕获机构参数优化方法、刚-柔-软结构接触碰撞动力学建模方法、空间碎片可靠回收装置设计等关键技术进行研究。通过建立新型捕获系统控制研究的理论框架,对柔顺捕获、空间摩擦碰撞、目标收集与存储等问题进行深入研究,开展新型强适应性捕获系统的捕获效能评估与评价方法研究,完善空间碎片捕获装置的科学设计体系。

3.4 形状不规则自由翻滚空间碎片的捕获策略与优化方法

形状不规则自由翻滚空间碎片的捕获策略与优化方法的提出旨在面向形状不规则自由翻滚空间碎片,分析其在多物理场耦合作用下的运动机理,针对不同运动模式,如自旋章动等,研究制定合理的捕获策略和优化方法。

空间翻滚碎片捕获策略的研究内容包括捕获方式、捕获流程、操作位置、回收方式等。依据目标的形状、尺寸、质量、成分等物理属性,基于捕获成功率、操作耗时、操作经济性等指标,确定捕获操作机构类型,例如机械臂捕获、飞网捕获等。基于目标的质量特性和运动参数,对操作航天器的抵进、消旋、捕获、回收等过程的时间参数和空间参数进行设计,从而对捕获任务参数进行优化。捕获机构基于柔顺操作、快速捕获等技术要求,对目标捕获操作部位和操作点进行评估,例如选择星箭对接环、发动机喷管等部位,实现对捕获操作力、操作时间、操作能耗等指标的优化。依据任务类型,综合考虑安全性和经济性指标,确定对捕获目标的后处理方式,例如回收利用、大气层焚毁、变轨处理等。通过对空间翻滚碎片捕获流程和参数的优化,提高空间碎片的捕获成功率。

3.5 含章动自由翻滚空间碎片柔顺消旋及捕获动力学与控制

空间消旋机构在对空间碎片进行消旋操作的过程中,由于非合作目标的运动状态信息难以准确获知,消旋碰撞过程中动力学耦合特性极其复杂,动力学无法精确建模,系统模型参数和内外部干扰的不确定性等因素,都对消旋及捕获控制器设计提出了严峻挑战。因此研究针对含章动的自由翻滚空间碎片的柔顺消旋方法,设计新型的柔顺消旋机构有效地对高速失稳目标物进行消旋,并设计合理的消旋捕获策略,以降低捕获过程的难度,保证捕获过程的安全性,为后续空间碎片的拖曳、变轨和消除提供基础。

空间机器人柔顺消旋需要针对空间碎片的翻滚机理、空间翻滚目标参数辨识、消旋过程的动量交换和能量传递机理、空间碎片捕获碰撞模型等内容进行深入研究。基于绳驱机构、充气展开机构等装置,设计柔性捕获装置,利用柔顺机构和柔顺控制方法实现捕获过程的主动刚度调节。在此过程中需要突破空间碎片自适应捕获机构设计、空间碎片捕获刚度建模与优化、空间碎片智能捕获控制技术等难题,从而通过力位协同操作实现空间碎片的柔性捕获。

3.6 空间碎片离轨清除系统设计方法与离轨策略优化

空间碎片离轨清除系统设计方法与离轨策略优化这一子问题的提出,旨在针对拖曳空间碎片进行变轨机动继而清除这一过程,研究高轨和低轨碎片目标在环境摄动作用下动力学机理,分别建立空间碎片在化学推力离轨和电动绳系清除方案下的拖曳动力学过程以及空间碎片离轨策略优化问题,实现空间碎片的快速离轨清除。

空间碎片离轨系统清除通过外加推力将空间碎片从原轨道移除,在此过程中,需要解决绳索拖曳振动抑制、碎片离轨姿态控制、拖曳能量优化等问题。离轨策略优化主要针对碎片离轨的过程参数进行优化,包括离轨拖曳方式、离轨拖曳绳长、碎片收放装置等。通过离轨策略优化保证碎片在存在环境摄动、系统不确定性扰动情况下能够顺利进入大气层销毁或进入坟墓轨道。

3.7 空间飞网、飞矛、机械臂等空间碎片清除系统设计与控制

空间飞网、飞矛、机械臂等空间碎片清除装置通过接触式捕获将空间碎片进行清除,在此过程中存在大量摩擦、振动、碰撞等现象,对机构的可靠性要求较高。清除机构的操作特性需要与目标参数(质量、形状等)匹配,满足可靠捕获与清除条件。

空间飞网、飞矛、机械臂等空间碎片清除系统设计与控制这一子问题的提出,旨在研究空间飞网、飞矛、机械臂等空间碎片清除系统的清除方案和清除效果,针对不同的碎片分布情况,研究不同的清除方案的效率及策略,包括清除过程中碎片与主动清除系统的碰撞机理,空间飞网、飞矛、机械臂等空间碎片清除系统的构型设计及优化、主动清除系统的刚柔耦合动力学特性分析,清除系统的精准控制机理等问题的研究。

3.8　强适应性空间碎片清除系统强鲁棒高可靠柔顺控制理论与方法

空间碎片清除过程中存在大量不确定性因素,例如模型不确定性(摩擦、碰撞、振动等)、参数不确定性、摄动干扰等,会对控制稳定性产生较大的影响,因此需要设计具备高稳定性、高鲁棒性的空间碎片捕获控制系统。

强适应性空间碎片清除系统强鲁棒高可靠柔顺控制理论与方法这一子问题的提出,旨在要求:①研究一种强鲁棒高可靠柔顺控制理论,具有适应性和鲁棒性,同时能够根据不同的目标合理地进行捕获清除策略的自主规划;②面向各类新型刚柔耦合航天器,所设计的控制系统具有一定的自适应能力,能够通过自学习的方法推理控制各类目标;③实现复杂空间环境中的抗干扰控制,设计控制系统具有鲁棒性与准确性,实现精确柔顺的控制。

主要参考文献

[1] 魏承,谭春林,赵阳,等.空间机器人在轨操作动力学与控制[M].北京:科学出版社,2021.

[2] 鄂薇,魏承,王典军,等.基于星箭对接环同心圆结构的卫星姿态估计方法[J].航天器工程,2018,27(2):41-46.

[3] Forshaw J L,Aglietti G S,Salmon T,et al. Final payload test resul ts for the Remove Debris active debris removal mission[J]. Acta Astronautica,2017,138:326-342.

[4] He Y,Liang B,He J. Non-cooperative spacecraft pose tracking based on point cloud feature [J]. Acta Astronautica,2017,139:213-221.

[5] Zhang F,Huang P,Meng Z,et al. Dynamics Analysis and Controller Design for Maneuver-able Tethered Space Net Robot[J]. Journal of Guidance,Control,and Dynamics,2017,40 (11):2828-2843.

[6] 谢朝毅,田金文,张钧.基于单目悬停相机的定轴慢旋空间非合作目标三维表面重建[J].舰船电子工程,2018,38(3):85-88,93.

[7] 王晓海.空间碎片及探测防护与减缓清除技术发展[J].卫星与网络,2016(9):62-69.

[8] 翟光,张景瑞.空间非合作目标快速姿态跟踪导航方法研究[J].宇航学报,2013,3:

362-368.

[9]　NASA. Space Mission & Sat Box Scores[J]. Orbital Debris Quarterly News, 2019, 23 (1&2):13-14.

[10]　Dudziak R, Tuttle S, Barraclough S. Harpoon technology development for the active removal of space debris[J]. Advances in Space Research, 2015, 56(3):509-527.

撰稿人:魏承(哈尔滨工业大学)　潘冬(北京空间飞行器总体设计部)
　　　　田强(北京理工大学)　张海博(北京控制工程研究所)
　　　　梁曦(中国航天科技集团有限公司第一研究院)

在轨空间柔性舱体超高速撞击防护设计问题

Protection design of flexible space capsule in-orbit structures subjected to hypervelocity impact

1　科学问题概述

伴随着人类航天事业的发展,太空环境中不可避免地产生了大量的空间碎片,这些空间碎片与太空中的微流星体共同存在于航天器或卫星轨道上。由于这些空间碎片和微流星体具有很高的速度或动能,当其与航天器发生撞击时会严重威胁到航天器和空间站舱体的在轨运行及航天员的生命安全。空间碎片主要来源于失效而被丢弃的航天器,主要包括运载火箭末级、航天活动在操作过程中丢弃的一些物体等。空间碎片主要分布在2000km 以下的轨道区域,其平均密度为 $2.80g/cm^3$,与航天器的平均撞击速度高达 10km/s。其中,撞击速度为 10km/s 的 1mm 铝质空间碎片能够击穿约 2mm 厚的铝合金板,其穿孔直径可达 4mm。微流星体通常是指发源于彗星和小行星带,并在太空中高速运动的固态粒子。根据形成特点,微流星体具有较大的密度变化范围,平均密度是 $1.00g/cm^3$,平均速度是 20km/s。其中,10mm 的空间碎片能够击穿约 20mm 厚的铝合金板,其穿孔直径近 50mm。

随着航天技术的不断发展,航天器的结构越来越复杂,但受运载工具有限空间的限制,传统航天器结构在研制和发射方面都遇到了巨大瓶颈,如何在有限运载能力的条件下充分提高航天器的效能是在航天研制领域的一个重要发展方向。传统的航空航天材料或结构主要包括以轻合金为代表的金属结构材料、先进的聚合物基复合材料、先进的金属基及无机非金属基复合材料等。近年来,由柔性材料及柔性复合结构构建而成的大型柔性结构在发射前可以折叠包装,在入轨后又可以利用充气或弹开的方式展开,充分节省了发射空间,在载人航天、深空探测、大型太空望远镜、高分辨率对地观测及空间大型光电转换收集等航天任务中得到充分应用,航天领域对空间大型柔性结构的应用提出了迫切需求。

如何保证大型柔性结构在发射前能轻松折叠,在入轨展开后又坚固到能抵御空间碎片和微流星的撞击已经成为柔性结构应用的关键技术瓶颈。与传统的刚性防护结构相比,大型柔性结构的新型防护机制及结构特性在超高速撞击条件下会产生新的力学问题。同时,超高速撞击不仅是航天器防护结构设计的关键问题,也是冲击动力学的一个基础问题。超高速撞击是指撞击所产生的冲击压力远大于弹丸或靶板强度的一类碰撞现象,即 P/Y 远大于 10(P 为冲击压力,Y 为材料屈服强度)。超高速撞击与低速、高速冲击物理现象截然不同,所带来的力学问题也有显著区别。在超高速撞击过程中,弹靶材料会发生大变形、碎裂以及由应力波作用导致的层裂破坏现象,形成碎片云。当碰撞速度很高时,弹靶材料的压力和温度极高,碎片云会发生熔化、汽化甚至形成离子体等新物理现象。当撞击区能量累积速度过快时,会发生气化爆炸,在撞击过程中会发生材料的非弹性大变形、相变、裂纹萌生、扩展、碎裂等现象,属于高度非线性动力学问题,对其力学分析带来了极大挑战。

2 科学问题背景

未来空间探测、月球基地、火星基地等发展对长期有人驻留、短期出舱活动的大型密封舱体的需求不断增大。基于薄膜材料、柔性复合材料等制造的充气展开密封舱具有重量轻、折叠效率高、展开方式可靠、工程实施方便等优势,可充分利用现有运载发射能力,将更大的舱体运送至更远的轨道或地外星球,为人类航天活动提供保障。

在航天器工程设计中,传统 Whipple 防护结构的前面板通常由单一均匀金属材料制作,这种结构在 1947 年由 Whipple 首次提出。这种单一均匀的金属前板在保证航天器结构强度的同时,能有效降低航天器的质量,从而降低发射成本。但是,作为防护结构,选用密度、强度、硬度等更高的材料(如新型金属陶瓷、非晶合金等),通常更有利于破碎空间碎片,但完全使用此类材料也往往意味着发射成本及材料生产成本的提高。因此,需要将不同类型材料的优势结合起来,在基本不提高防护结构密度也不占用更多空间的同时,提升防护性能。

充气式舱体结构打破了刚性金属舱体的垄断地位,使全柔性太空舱、柔性空间站成为可能。随着人类探索太空逐渐深入,对长期有人驻留、短期出舱活动的大尺寸密封舱体的需求不断加大,集工作、起居、饮食、锻炼、娱乐、私人空间于一体的多功能大型太空舱、地外星球基地已成为一种趋势。在运载火箭发射质量和包络尺寸的瓶颈面前,充气式舱体在未来航天器发展中将担当重要角色。空间柔性充气密封舱作为未来载人航天和深空探测任务中超大型、长期在轨运行的航天器结构,其对空间碎片/微流星超高速撞击的防护性能将直接影响整个任务期在轨运行的可靠性和安全性。

3　科学问题研究进展

NASA 将金属防护结构的后板撞击损伤分成六种类型,每种损伤类型又分成不同的级别。其中:类型 A 为单撞击坑损伤形式,弹丸保持完整,撞击速度较低;类型 B 为单撞击坑损伤形式,弹丸保持完整,撞击速度较高;类型 C 为多撞击坑损伤形式,弹丸破碎成较大和较小的碎片,撞击速度较高;类型 D 为中心多撞击坑损伤形式,弹丸破碎成较小的碎片,撞击速度较高;类型 E 为环形多撞击坑损伤形式,弹丸破碎成非常小的碎片,撞击速度较高;类型 F 为非粒子冲击载荷损伤形式,弹丸液化或汽化,撞击速度较高。国内外对碎片云的研究可分为 4 类:碎片云形成过程研究、碎片云分布特性研究、碎片云模型研究和碎片云侵彻性能研究。

Whipple 提出的双层板防护结构的基本思想是在航天器舱壁前一定距离处设置缓冲屏,空间碎片/微流星超高速撞击缓冲屏形成碎片云,动能被高度分散并部分耗散,实现对航天器的有效保护。随着防护结构研究的不断深入,近年来提出了多种新型防护结构,如多冲击防护结构、铝网双防护屏防护结构、填充防护结构以及柔性防护结构,但都是对 Whipple 防护结构的升级,基本思想未改变。防护结构最外层的缓冲屏与碎片发生撞击后,实际是撞击产生的碎片云侵彻舱壁,因此航天器防护的研究离不开超高速撞击碎片云的研究。从航天器防护角度考虑,在确定环境下碎片云的分布特性决定碎片云的侵彻性能,进而决定防护效果及航天器安全。碎片云中碎片的形状、大小、速度分布都不均匀,还可能发生碎片材料相变,这些因素会影响碎片云的侵彻性能。从物理过程考虑,弹丸和薄板撞击的各类相关参数,包括弹瓦和薄板的材料、尺寸,弹丸的形状、撞击角度、撞击速度以及环境因素等,它们决定了碎片云的分布特性。在工程方面,需要提出碎片云模型或撞击极限方程,以描述碎片云侵彻性能、指导工程设计。

以美国 NASA 为代表的研究机构经过数十年的论证,可充气式居住舱的设计思想逐渐得到了广泛的认同,成为目前最具应用前景的空间舱体设计方案。其外蒙皮由气密层、增强层、微流星体和空间碎片防护层、辐射保护层以及热控层组成。2016 年,美国 BEAM 充气式密封舱已在国际空间站成功完成展开测试,是该技术投入工程应用的重要标志。

在此背景下,柔性纤维编制复合材料因其独特的性能越来越受到重视。编织纤维增强复合材料利于进行序向设计以实现各向异性的防护性能,同时还具有较高的横向力学性能和层间剪切强度、耐高温、耐腐蚀和稳定持久等优点,与单一的金属相比,具有重量轻、膨胀系数小、高强度、高刚度和耐疲劳等优点,比弹性模量一般为工业合金的 2 ~ 3 倍。在众多种类纤维中,Kevlar 纤维因其重量轻、强度高(2.6 ~ 3.4GPa)、模量高(70 ~

120GPa)、耐高温、绝缘性能好和纺织性能好等优点,被广泛应用于轻质防护领域。在相同面密度条件下,纤维增强复合材料的防破片性能更佳。其防护机理是,破片与靶板碰撞的前期阶段,破片挤压纤维材料使纤维和基体在高应变率条件下产生压、剪破坏,在碰撞后期破片出靶时,由于靶体剩余部分剪切、压缩刚度降低,破片与靶面挤压作用减弱,使靶板背面纤维与破片接触部分为拉伸端,形成拉伸破坏。破片在侵彻纤维的过程中,有拉伸纤维断裂吸能、层间树脂层裂吸能、纤维拔脱吸能等吸能形式。防破片纤维材料所特有的柔韧性,使破片在侵彻纤维复合材料时,主要的吸能形式是纤维拔脱,导致纤维材料层间分层而形成较大的变形,进而形成鼓包。相较于传统的刚性结构,柔性材料及其复合结构在空间防护撞击过程中必然会带来如下所列的一些新的力学问题。

3.1　考虑宏微观特性的柔性复合材料及其结构精细化建模问题

复合材料的失效通常会受到多种损伤机制的共同影响,各种损伤机制主要依赖于复合材料的微观结构及其属性。复合材料损伤机理的研究,对于改善其结构设计和整体性能起到了关键作用。因此,建立复合材料失效问题的分析和预测模型具有非常重要意义。与传统刚性金属材料及结构相比,柔性复合材料通常采用纤维编织的形式制成,存在大量微观、细观结构,建立合理的三维编织复合材料结构模型,对其力学性能的分析具有重要影响,在建模过程中面临巨大的挑战。

3.2　针对超高速撞击作用下的柔性复合材料及其结构损伤行为高保真模拟问题

超高速撞击试验要求高、成本高,限制了其发展,目前数值模拟技术已成为分析超高速撞击问题中柔性材料的力学特性和损伤机制等问题的重要手段,建立准确有效的数值模拟模型对研究柔性编织材料及其复合结构的超高速撞击特性有重要的科学意义和工程应用价值。传统刚性金属材料及结构损伤分析比较容易,其损伤或断裂判据主要由失效应变、失效应力等所决定,但是柔性复合材料由于宏观、微观结构的存在,会产生各种各样的损伤,包括基体开裂、纤维拉伸断裂、分层、纤维挤压失效等,给力学分析带来极大的困难。

3.3　太空真实环境下考虑温度效应的柔性材料性能劣化问题

空间环境是一个微重力、高真空、超高和超低温交替、强辐射和等离子的恶劣复杂环境。特别是空间的温度环境,变化尤为剧烈,在太阳直射面温度会达到近200℃高温,随着航天器运行至地球阴影面,温度又骤降至－180℃。即使是在太阳直射面,航天器的表面温度也并不均匀,不同部位的温度也相差甚大。在如此恶劣的温度环境中,材料和结构的性能势必会有较大变化,会出现提前老化、变脆、断裂甚至降解等现象。作为航天器最外层的防护结构显然首当其冲。目前,大多数防护材料结构的超高速撞击试验是在室温下开展的,关于温度对防护材料防护性能影响的研究却很少。现有的防护结构的弹道极限方程也以室温下高速撞击试验所取得的试验参数为基础得出。显然,这种常温下的撞击曲线方程并不能适合在轨运行航天器防护结构真实的高速撞击特性,更不能作为设计的基础和评估防护结构性能的标准。

3.4　考虑超高速撞击作用下应变率效应的柔性复合材料损伤特性问题

传统刚性金属材料及其结构往往对应变率并不敏感,或者应变率效应比较明确,但柔性复合材料应变率特性研究尚不完备,而不同载荷作用下,应变率效应对柔性复合材料影响明显,对力学试验及仿真分析带来了很大挑战。不同的复合材料力学性能在超高应变率下随应变率变化呈现不同的变化规律;对于不同应变率下材料的动态力学性能,复合材料的压缩模量与应变率没有明显的相关性,而与基体相关的响应,如剪切强度、模量都与应变率密切相关;屈服强度随应变率的增大而提高,并有明显的应变率效应,达到屈服以后,都有明显的软化效应,且在高应变率下有一明显的屈服段。

3.5　超高速撞击下柔性复合材料及其结构大变形及相变特性分析问题

超高速撞击问题不仅是航天器防护结构设计的关键问题,也是冲击动力学的一个基础问题。超高速撞击过程中弹靶材料会发生大变形、碎裂以及应力波作用导致的层裂破坏现象,形成碎片云。当碰撞速度很高时,弹靶材料的压力和温度极高,碎片云会发生熔化、汽化甚至形成离子体等新物理现象。因而,碎片云的结构演化、质量/动量分布、碎片云热力学状态和相分布等碎片云特性成为航天器超高速撞击和防护的研究重点和难点。Kevlar、Nextel、Basalt 等高性能纤维编织材料,因其质轻并具有良好的力学性能,逐渐被应用到防护结构设计中,并进行了大量超高速撞击试验。学者已经评估了 Nextel 和 Kevlar 纤维编织材料防护屏的穿孔特性,建立了弹道极限方程,研究了不同柔性纤维编织材料对铝弹丸的破碎能力,并与金属网及铝板材料进行对比,对填充纤维编织材料在不同弹丸材料、不同环境温度下进行了超高速撞击试验研究。但是并未对不同纤维编织材料构成的多屏防护结构进行撞击试验,也没有探究造成不同纤维编织材料防护性能差异的原因。在纤维增强复合材料毁伤机理研究方面,越来越多的关注点集中于纤维增强复合材料的微观毁伤机理。

从国内外的研究动态来看,基于弹丸爆炸毁伤效应的复合材料与结构的研究越来越活跃,也受到各军事强国的高度重视。国内外学者一方面针对陶瓷、金属、高强度纤维、高冲击液体等防破片材料以及陶瓷/金属材料、陶瓷/纤维复合材料等复合防破片结构的力学特征、吸能方式、损伤机理等问题进行了重点研究。另一方面,针对多孔材料、高分子泡沫塑料、高分子填充泡沫金属结构等典型冲击波防护材料以及夹芯防护结构、蜂窝夹层板泡沫结构、增强薄壁结构等典型防冲击波复合结构的设计方法、防护性能、耗能机制等问题展开了重点研究。防护复合材料与结构的设计、制备及应用是一个复杂的系统工程，从各种材料防破片与冲击波的机理、研发制备到防护材料的应用，都有待进一步研究。对复合材料结构在有限空间防护领域中的应用研究和功能化设计具有重要的科学意义和应用价值。

为了应对未来复杂多样的航天任务需求，目前应针对以下几方面开展重点研究：①需对纤维增强复合材料和结构在超高速撞击载荷和冲击侵彻共同作用下的破坏模式和失效机理开展研究，深入探索材料的力学性能和结构的破坏响应对能量吸收的作用机理和影响机制，以求在材料微观力学性能研究和结构优化设计上有所创新，推广多层夹芯复合材料在轻质防护领域中的应用，进一步实现空间舱体、基地的超高速撞击安全防范。②在研究方法上，目前关于纤维增强复合材料的研究更偏重数值计算、试验研究以及在试验基础上的半经验理论分析，相关理论研究还有待完善，而对于纤维增强复合材料在冲击载荷下的细观结构破坏和毁伤机理的研究亦不够系统和深入，综合采用理论、试验和数值方法研究纤维增强复合材料在冲击载荷下的力学性能，对材料及结构的设计具有重要意义。

主要参考文献

［1］ Whipple F L. Meteorites and space travel［J］. The Astronomical Journal, 1947, 52 (5):131.

［2］ 包为民. 全球航天运输革命时代正在到来［J］. 高科技与产业化, 2019, 283(12): 12-15.

［3］ Anderson Jr C E, Trucano T G, Mullin S A. Debris cloud dynamics［J］. International Journal of Impact Engineering. 1990, 9(1):89-113.

［4］ Lu G, Yu T X. Energy absorption of structures and materials［M］. London:Elsevier, 2003.

［5］ 周建平. 我国空间站工程总体构想［J］. 载人航天, 2013, 19(2):1-10.

［6］ Cour-Palais B G. Hypervelocity impact in metals, glass and composites［J］. International Journal of Impact Engineering. 1987, 5(1-4):221-37.

［7］ Capaccioni F, Cerroni P, Coradini M, et al. Shapes of asteroids compared with fragments from hypervelocity impact experiments［J］. Nature. 1984, 308(5962):832-4.

［8］ 叶培建, 邹乐洋, 王大轶, 等. 中国深空探测领域的发展及展望［J］. 科学中国人, 2019 (1):42-45.

［9］ 韩增尧, 庞宝君. 空间碎片防护研究最新进展［J］. 航天器环境工程, 2012, 29(4):

369-378.

[10] 龚自正,韩增尧,庞宝君.空间碎片防护研究现状与国内发展建议[J].航天器环境工程,2010,27(1):24-31,5.

撰稿人:张大海(东南大学)　费庆国(东南大学)

　　　　郭其威(上海航天技术研究院)　胡迪科(上海航天技术研究院)

　　　　吴松(上海航天技术研究院)

耐深空环境轻质碳泡沫热防护材料问题

Lightweight carbon foam thermal protective material technology for deep space environment

1　科学问题概述

深空探测能帮助人类研究太阳系及宇宙的起源、演变和现状,进一步认识地球环境的形成和演变,认识空间现象和地球自然系统之间的关系。深空资源的开发利用对人类科学进步、技术创新具有深远的意义。其中,太阳探测是一项正在进行的重要空间探索任务,旨在对从未观测的日光层区域进行全面测量。探测器将脱离地球引力场,直接坠入日冕层,到达一个航天器从未到过的区域,其目的是能够追踪日冕和太阳风的能量流,探索高能粒子的加速机制,研究太阳风源头处磁场和等离子体的结构以及动力学特征。在这种条件下,太阳探测器会面临高温、质子轰击、真空紫外辐射等极端严酷的太空环境,需要通过在探测器上安装热防护系统,使之始终面对太阳来保护探测器,阻止恶劣的太空环境对探测器产生破坏。因此,探测器热防护系统是航天器在高温环境服役下所必需的关键部件。目前常用的氧化铝、莫来石、氧化硅等热防护材料虽具备优异的性能,但它们承受温度均达不到2000℃,其在高温环境下容易变成熔融态,高温稳定性较差,无法长时间在太空环境中使用。轻量化碳泡沫防热材料在真空环境下具有优异的性能,比如耐高温性能(可达到3000℃),是深空环境的首选防热材料。因此,针对耐深空环境轻量化碳基热防护材料的研究是当前必须要面对的重大问题,发展该类材料研究,既能保证深空探测器的安全使用,又能促进相关材料技术的创新发展。

面向我国航空航天方向重大战略需求,探究耐深空环境轻量化碳泡沫热防护材料技术,重点解决轻量化碳泡沫材料稳定调控技术及大尺寸成型实现技术、碳泡沫复合材料表面封装、深空环境的多场耦合性能考核评价技术等急需突破的瓶颈问题,为国家航空航天重大任务需求提供理论和技术支撑。

2　科学问题背景

近年来，虽然探测器在太空探索任务中总会遇到恶劣的太空环境，但是各国均不断增加对太阳日冕层的探索，确定太阳日冕磁场的结构和动力学，理解日冕的加热原理、太阳风的加速原理以及高能粒子的产生机制和它们分布的演变情况。在近日探测中，太阳探测器随着探测器到太阳表面的距离逐渐减小，探测器将面临 2000～2400K 的高温、巨大的太阳通量(高达 700kW/m^2)、太阳风和真空紫外(Vacuum Ultra-Violet, VUV)辐射。探测器的大底和侧壁等部位将遭受高热流密度、高焓值和长时间的气动加热，对探测器的热防护材料提出了更高的要求。在此情况下，用作探测器防护罩外层的材料必须具有以下三个特征：①太阳吸收率 α 与总半球发射率 ε 的比值较低，以便将距太阳一定位置处的温度降至最低；②能够同时承受高温、太阳风的离子轰击和真空紫外线辐射；③在近太阳环境中有较低的质量损失率。

因此，耐深空环境轻量化碳泡沫热防护技术的研究具有重大应用前景，不仅可以实现科学技术的突破创新，更可以实现人类对宇宙未知的探索。

3　科学问题研究进展

为了实现对太阳日冕层的探索，NASA 和欧洲航天局均提出了近日探测任务，NASA 率先提出了太阳探测器附加(Solar Probe Plus, SPP)任务，该任务是 Living with a Star (LWS)计划的一部分，首次提出将太阳探测器发射到日冕，对日冕进行采样，以揭示日冕的加热机理、太阳风和太阳粒子的加速机理。执行 SPP 任务的"帕克号"航天器防护罩为碳基材料，其中面向太阳的最外层为碳/碳(C/C)复合材料(碳纤维及其织物增强的碳基体复合材料)，内层防护层由碳泡沫制成。两防护层选择碳基材料是由于其具有轻质性、真空中的高温稳定性。而较为重要的则是碳泡沫层，碳泡沫可凭借其较低的热导率，有效降低主防护层传递到航天器表面的有效载荷，从而降低探测器表面温度，达到保护探测器的目的。2018 年 7 月"帕克号"航天飞行器成功发射投入使用，且在太空中服役近四年时间，充分证明轻量化碳基热防护材料能够经受住严酷的太空环境，耐深空环境轻量化碳基热防护材料技术的研究具有极大的价值意义。

为进一步提升耐深空环境轻量化碳基热防护材料的稳定性、隔热以及力学性能，国内外多家研究机构和高校开展并设计了耐深空环境轻量化碳基热防护材料相关的研究和试验。具体的研究内容可以分为：调整优化工艺，制备高孔隙率、均匀致密的碳泡沫，降低碳泡沫的收缩率；低成本、大尺寸高强隔热碳泡沫材料的制备；碳基面板/碳泡沫一体化复合结构材料的原位制备等。相关的研究进展具体如下。

3.1　碳泡沫微结构可控调控及力热性能提升方法

耐深空环境轻量化碳基热防护材料中碳泡沫是关键。虽然碳泡沫材料的尺寸稳定性较高,但是其机械性能较差,压缩性能较低,较大程度地限制了碳泡沫材料在工程领域上的应用。针对该问题,研究机构通过选择不同的前驱体、调整发泡的工艺,以制备高强度的碳泡沫材料。李四中等以中间相炭微珠(MCMBs)和中间相沥青的混合物为原料,经过发泡、碳化和石墨化,利用自烧结 MCMBs 制备了密度高、强度高、抗热振性好、质轻的碳/石墨材料。李翠等以中间相沥青作为前驱体,甲苯作为发泡剂,使用超临界发泡法成功制备出孔径为 $10 \sim 25\mu m$ 的碳泡沫,研究了超临界发泡的条件对碳泡沫孔洞形成及结构的影响。王斌等采用固化碳化法,以中空酚醛树脂和酚醛树脂为原料,制备得到具有封闭中空球结构的树脂基碳泡沫材料。研究结果表明,中空微球在改善碳泡沫的压缩断裂韧性和降低热导率方面发挥了重要作用,其压缩断裂韧性和热导率分别为 10.93MPa 和 $0.907W/(m \cdot K)$。王新颖等对煤焦油基中间相沥青与蒙脱土进行热处理,制备了一种高强度、极低导热率的新型碳泡沫。当黏土的添加量为 2wt%、5wt% 和 10 wt%(wt% 为重量百分比)时,抗压强度分别提高了 64%、96% 和 100%。由于黏土的高绝热性和层状结构,碳泡沫的导热系数从 $2W/(m \cdot K)$ 降低到 $0.25 W/(m \cdot K)$。史亚春等采用溶胶-凝胶法制备 SiO_2 气凝胶,与中间相沥青混合后进行发泡和碳化工艺制备 SiO_2 气凝胶/碳泡沫复合材料。当 SiO_2 气凝胶含量为 11wt% 时,复合材料的导热系数最小为 $0.254W/(m \cdot K)$。余明等采用梯度分离法制备出一种特制煤焦油沥青(Coal Tar Pitch,CTP)前驱体。利用 $340 \sim 460℃$ 的低温煤焦油制备可控 CTP。结果表明,采用梯度选择性分离的方法可以制备出合适的 CTP 的化学成分,降低 CTP 的黏度,促进碳泡沫的生长,提高抗氧化隔热性能。

3.2　轻量化碳泡沫材料稳定调控技术及大尺寸成型实现技术

考虑到探测器防护罩需整面覆盖轻量化碳基热防护材料,如何低成本制备出所需尺寸且保持泡沫稳定性不发生弯折、开裂的碳泡沫材料成为亟须解决的问题。美国约翰霍普金斯大学应用物理实验室建造了一个直径2.4m、厚度10cm的平板防护罩,并成功应用于"帕克号"深空探测器。Jalalian 等使用泡沫模板法制备出多孔酚醛泡沫,其形状可随模板变化,将酚醛泡沫碳化制备出残碳率为 48% 的碳泡沫,该方法已经被用来生产尺寸为 $400mm \times 400mm \times 50mm$ 的大孔酚醛泡沫板。

3.3　耐高温涂层技术

由于近日探测器直接暴露于太阳强辐照之下,其热平衡温度会达到一个相当高的水平,表面温度高达1400℃(与涂层特性有关),因此高温涂层选型应首先关注其耐高温特性。平衡温度与α/ε有关(α为吸收率,ε为发射率),为了降低平衡温度,涂层α/ε应尽可能低。涂层的α越低、ε越高,通过辐射散热效果越理想,传入系统内部的热量越小。因此,低吸收、高发射率的高温涂层是辐射热防护系统的关键。耐高温涂层具有耐高温、密度低、耐腐蚀、高强度、高模量、热膨胀系数低等特点,具体表现为:①能够提供有效的防护屏障,以阻止原子氧在材料外界面和组织结构内部的扩散,即具有较低的原子氧渗透率。②涂层与基体材料之间具有良好的化学与物理相容性和稳定性。③涂层不能对氧化反应有催化作用。④涂层具有低的挥发性,以防止材料在高速气流中或高温条件下工作时,涂层因过度损耗而失效。⑤涂层不能影响C/C或SiC/C复合材料原有的优秀机械性能。⑥涂层与基体材料之间具有良好的热膨胀系数匹配和结合能力,不易剥落。⑦涂层致密,具有高温自愈合能力。除了抗氧化性能,涂层还应在太空环境中太阳风以及紫外辐射等极端条件下,具有较小的质量损失率。

3.4 耐深空环境测试-分析评价技术

探测器长时间处于高温环境中,性能退化或演变将直接影响探测器的性能及寿命,高温试验一般比较昂贵,很难直接完成在轨几年的试验考核,需要研究性能加速考核及验证方法。探索材料、涂层等随着温度、时间演变的规律,推导出敏感因素叠加温度实现加速考核的机制,制定在测试基础上结合分析的考核评价规范。

轻量化碳泡沫材料虽然在多个领域具有广阔的应用前景,但是国内对碳泡沫材料大尺寸制备技术研究鲜有报道,尤其对耐极端深空环境研究较少,而且研究重点主要集中在基础领域,在碳泡沫深空应用方面的研究较少。因此,用于制备碳泡沫材料前驱体的选择与调变、技术的优化、表面封装,耐深空环境测试评价等新方法均有待进一步研究,应在碳泡沫基础研究所取得成果的基础上,加大对碳泡沫材料应用方面的研究力度,使碳泡沫材料更多地应用到国民生产生活领域中,产生更多经济和社会价值。

主要参考文献

[1] Fox,Nicola. Solar Probe Plus:A NASA Mission to Touch the Sun[C]//Aerospace Conference. IEEE,2014.

[2] Gloeckler G,Suess S T,Habbal S R,et al. Solar probe:A mission to the sun and the inner core of the heliosphere[M]. America:American Geophysial Union,1998.

[3] BroduE,Balat-Pichelin,et al. Emissivity of Boron Nitride and Metals for the Solar Probe Plus Mission[J]. Journal of spacecraft and rockets,2016,53(6):1119-1127.

［4］ 李四中,宋燕,史景利,等.高强度中间相沥青基泡沫碳的制备及性能［J］.宇航材料工艺,2009,39(6):5.

［5］ 李娟,张翠翠,王灿,等.超临界发泡制备泡沫炭及其泡孔形成机理［J］.材料科学与工程学报,2010,(4):5.

［6］ Wang B,Li H J,Li Y Y,et al. Preparation and Characterization of Resin-Derived Carbon Foams Containing Hollow Microspheres［J］. Advanced Materials Research,2014,318-323.

［7］ Wang X,Zhong J,Wang Y,et al. A study of the properties of carbon foam reinforced by clay［J］. Carbon,2006,44(8):1560-1564.

［8］ 史亚春,李铁虎,王习林,等.SiO_2气凝胶/中间相沥青基泡沫炭复合材料的制备与表征［J］.功能材料,2013,44(20):3049-3052.

［9］ Yu M,Li C,Ao X,et al. Fabrication of coal tar pitch-derived reticulated carbon foam as oxidation-resistant thermal insulation［J］. Journal of Analytical and Applied Pyrolysis,2019,141(8):104643.

［10］ Jalalian M,Jiang Q,Coulon A,et al. Mechanically whipped phenolic froths as versatile templates for manufacturing phenolic and carbon foams［J］. Materials & Design,2019 168:107658.

撰稿人:马彬(北京空间飞行器总体设计部)　高峰(北京空间飞行器总体设计部)
黄文宣(北京空间飞行器总体设计部)

面向在轨服务的大型航天器精细装配姿轨柔一体化控制

Integrated orbit-attitude-vibration control of large-scale spacecraft fine assembly for on-orbit servicing

1　科学问题概述

大型航天器是未来空间资源利用、宇宙奥秘探索、长期在轨居住的重大战略性航天装备,无法通过单次发射和入轨展开方式进行构建,常需要多次发射和在轨装配进行建造。在轨服务过程中,大型航天器大尺度与构型变化会导致装配过程中质量特性难以精确已知,且自带的大型结构与空间环境作用产生振动与非线性耦合效应,使得大型航天器难以精细装配,甚至导致任务失败。因此,面向在轨服务的大型航天器精细装配姿轨柔(轨道-姿态-振动)一体化控制技术成为2035年前后我国航天工程科技发展需要优先开展的基础研究方向。

大型航天器结构振动与姿轨稳定控制问题实质上是由多源复杂扰动所致。尽管存在可以预见的和建模过程中随机出现的环境扰动以及模型不确定性，大型航天器仍需要满足和保持较高的鲁棒性及高精度稳定要求。英国媒体于 2021 年 6 月 1 日报道太空垃圾击伤国际空间站机械臂。随着发射活动和轨道卫星数量的增加，环绕地球的太空垃圾越来越多。虽然传统在轨服务技术可以利用小型航天器实现故障维修、碎片清除、在轨加注等任务，但功能单一、效率低下，无法满足面向未来空间复杂任务的精细化需求，亟须发展大型航天器在轨精细装配一体化控制技术。然而，多源复杂扰动如外界干扰、模型参数不确定性、测量误差等都会影响航天器的性能，且大型航天器姿轨运动与弹性变形呈现较强的运动耦合性，进一步加大了一体化建模与控制的难度，因而面向大型航天器在轨精细装配的轨道-姿态-振动一体化控制是亟待解决的科学问题，极具挑战性。

此外，执行机构故障、输入受限或饱和以及输入时滞等都会使大型航天器轨道-姿态-振动一体化控制问题变得更加复杂，并且控制器的一些行为也会影响其他子系统的正常运行。虽然控制系统对少量时滞具有一定鲁棒性，但分系统部件失效或其他影响因素会导致时滞时长不断累积，使轨道-姿态-振动控制系统性能下降甚至失稳。此外，外部激励可能会诱导航天器内部的有效载荷产生多种周期性干扰，使执行机构产生结构性摄动或不确定性，在影响效果上可等价于控制器增益摄动，导致姿态控制器的脆弱性。因此，在现有姿轨一体化建模与控制技术的基础上，亟须引入面向在轨服务的大型航天器轨道-姿态-振动一体化建模与控制方法，解决在轨精细装配一体化建模与稳定控制科学难题，为大型空间基础设施的建造与服务奠定理论和技术基础。

2　科学问题背景

大型航天器系统面临的多源复杂扰动相互之间影响机理难以辨析，在轨服务过程中燃料消耗、构型变化等因素导致航天器质量特性难以精确已知，且存在着大型结构振动非线性动态耦合效应等，使得姿轨一体化建模困难，若无法建立精确动力学模型，会进一步造成大型航天器稳定控制困难。在轨精细装配受窗口限制，若无法在有限时间内达到轨道-姿态-振动一体化控制，必须重新选择服务窗口，这必然导致空间资源浪费，严重影响在轨服役寿命。此外，若服务窗口重新选择，在轨装配进度将会滞后，导致大型航天器重新规划装配路径，进一步增加星载计算机工作负载，造成星载资源浪费。只有保证多源复杂扰动下大型航天器轨道-姿态-振动快速有限时间稳定控制，才能在质量特性未知的前提下成功实现大型航天器在轨精细装配与服务。此外，在实际在轨装配与服务过程中，还需要充分考虑执行结构不确定性的影响，作用效果上等同于控制器摄动，若不加以处理则会使得设计的控制器作用范围受限，无法满足复杂条件下任务要求。在质量特性参数未知前提下,为避免参数辨识进而降低算法计算复杂度,需要设计观测器,而观测器与控制器之间相互影响,进一步增加了求解难度。因此,面向复杂在轨服务,必须开展大型航天器精细装配的轨道-姿态-振动一体化建模与稳定控制研究,进而完成大型空间基础设施的建造。

3　科学问题研究进展

航天器姿轨一体化建模方法可分为三类。第一类是将航天器的轨道和姿态运动分开描述,然后再组合形成姿轨一体化动力学模型,但是模型中没有充分考虑姿轨耦合特性,不能完整地表征航天器的运动特性。为此,国内外考虑姿轨耦合影响,利用修正罗德里格参数描述姿态运动、类 C-W 方程描述轨道运动,建立了姿轨一体化动力学模型,并基于此思想,分别用四元数和修正罗德里格参数描述航天器姿态运动,面向非合作航天器在轨服务的控制问题建立了姿轨一体化动力学模型。然而,采用类 C-W 方程描述轨道运动降低了模型精度,且设计的控制器需要轨道与姿态运动间进行复杂的混合运算。第二类为基于对偶四元数建模,国内外利用对偶四元数分别针对航天器交会对接和火星探测器着陆问题建立了姿轨一体化动力学模型,但对偶四元数存在退绕问题,即姿态与四元数之间并非一一对应,两个实部相反的四元数表示相同的姿态,会导致航天器仅需一个小角度姿态机动时却需要旋转一个大角度,浪费星载资源。第三类为基于 Lie 群 SE(3) 指数坐标建模 [SE(3) 为欧式变换],该群可以在三维空间中无奇异的一体化描述刚体的转动和平动。国内外用该建模方法描述了刚体的六自由度运动,基于该建模思想,分别针对航天器交会对接和深空探测器绕飞小行星建立了姿轨一体化动力学模型,但是建立的模型却未充分考虑航天器在轨服务过程中受多源复杂扰动影响这一问题。此外,就理论而言,姿轨一体化建模仍需考虑结构振动的影响,否则无法充分凸显大型航天器在轨精细装配与服务过程中轨道-姿态-振动相互耦合的动力学特性,致使因动力学耦合机理不清难以实现一体化控制或者无法满足任务需求。

航天器姿轨一体化控制器设计可分为两类:一类是分别设计轨道与姿态控制器,再组合得到姿轨一体化控制器,如设计自适应轨道控制器和姿态控制器,解决非合作目标交会对接问题;另一类是基于得到的姿轨一体化动力学模型设计控制器,这可以把在姿态或轨道控制领域成熟的算法直接用于解决姿轨一体化控制问题,被国内外研究人员大量采用。然而,上述控制器只能保证闭环系统的渐近稳定性,对于需要大型航天器模块快速机动、快速稳定的在轨装配任务来说,需要在有限时间内实现控制目标。国内外研究人员为了解决上述问题,采用有限时间控制,如利用基于快速终端滑模控制理论、一致性控制理论分别设计姿轨一体化有限时间控制器。但上述研究成果保守性过高,需要通过调整控制参数取值来保证系统状态在预设时间之前收敛至目标状态,会导致航天器高速运转,并过多地消耗控制输入,造成有限空间燃料的浪费。

　　航天器姿轨一体化控制器设计可参考柔性航天器姿态稳定控制方式：一类是基于主动振动抑制的姿态稳定控制,如使用压电材料,这类执行机构由黏合到柔性附件表面的压电材料薄膜组成,它们由于具有固有的分布特性,在某些方面似乎比一些局部制动器能够更好地消除振动影响。国内外研究者将脉冲宽度脉冲频率调制器和具有正位置反馈的智能材料用于柔性航天器的主动振动抑制,其中嵌入的压电陶瓷贴片既被用作传感器又被用作执行器,以检测和抑制振动。此外,相关学者还提出一种基于主动振动抑制的动态控制器,带有分布式压电执行器,可以减弱干扰/参数变化的影响,并抑制非期望振动,但其主要缺点是能耗高。此外,输入成型技术对于削弱柔性系统的残余振动也是非常有效的,但该方法不能保证模态坐标的收敛性,这可能会恶化姿态控制系统的稳态性能；另一类是基于被动振动抑制的姿态稳定控制,国内外提出一种采用分流式压电传感器的被动振动抑制方法,将黏合到柔性元件上的压电传感器连接到电路上,使得振动能量一旦转换成电能,就被传递并部分消散到电路中。但是,压电传感器的一些压电材料需要防潮措施,并且输出的直流响应很差,因此常常需要高输入阻抗电路或电荷放大器。

　　对于大型航天器而言,在轨服务与装配过程中大尺度与构型变化导致质量特性难以精确已知,极易引发结构振动问题,而姿轨稳定控制与大型结构振动非线性耦合效应进一步造成大型航天器精细装配的困难,解决上述问题的有效方法是实现轨道-姿态-振动一体化建模与稳定控制,消除外界干扰、模型参数不确定性、测量误差、执行机构故障、输入受限或饱和以及输入时滞等多源复杂扰动带来的不利影响,建立轨道-姿态-振动一体化模型并实现高精高稳控制。此外,相比姿轨一体化建模与控制、姿态-振动一体化控制,面向在轨服务的大型航天器轨道-姿态-振动一体化建模与稳定控制具备显著优势：①大型航天器轨道-姿态-振动一体化建模方法能够充分考虑三者之间的耦合效应,便于分析动力学特性并精确建模,进而产生更好的控制效果；②大型航天器控制系统设计充分考虑多源复杂扰动,使得航天器轨道-姿态-振动一体化控制鲁棒性更强、组装过程更可靠,进而显著提升在轨装配与服务效率；③大型航天器控制系统设计过程无须对未知质量特性进行参数辨识,仅需通过观测器对综合扰动进行估计,使得所设计的控制器具有自抗扰特性与更好的容错性及非脆弱性。因此,在大型航天器在轨服务过程中进行轨道-姿态-振动一体化建模与稳定控制是有效的途径,且无须质量特性参数辨识使得所提出的控制方法更具有通用性与可拓展性,在工程应用方面大大优于针对质量特性已知航天器提出的稳定控制方法,可有效填补大型航天器在轨装配与服务过程质量特性不断变化导致的控制理论短板,是解决大型航天器快速精细装配与稳定控制难题的研究方向之一。另外,中国工程科技2035发展战略航天与海洋领域报告明确指出,要提出关键技术、关键共性技术、颠覆性技术以及基础研究方向,提出重大工程和重大科技项目建议,描绘我国航天工程科技发展路线图。提出面向在轨服务的大型航天器精细装配的轨道-姿态-振动一体化建模与稳定控制关键技术,契合我国的发展战略,必将显著提升我国航天技术的国际竞争力和影响力。

虽然轨道-姿态-振动一体化建模与控制技术可以有效解决面向在轨服务的大型航天器精细装配与鲁棒控制的难题,但此关键技术仍旧存在以下难点需逐渐攻克。

3.1　多源复杂扰动激励对大型航天器结构振动的影响机理及其动态变化与姿轨运动相互作用机制

多源复杂扰动持续激励将引发大型结构振动特性以及姿轨运动的动态演变,如何获取多源扰动激励下振动动态演变特性、建立大型航天器轨道-姿态-振动一体化精确模型,并分析振动特性变化与姿轨运动的相互作用机制,是大型航天器轨道-姿态-振动一体化建模关键技术的难点之一。

3.2　多源复杂扰动下大型航天器轨道-姿态-模态信息观测与综合扰动估计方法

多源复杂扰动以及在轨装配与服务过程载荷变化均对大型航天器系统动力学特性产生明显影响,尤其在航天器尺寸以及构型变化综合作用下,航天器动力学响应特性以及姿轨运动的物理机制将发生显著变化,如何构造观测器结构实现轨道-姿态-模态信息观测与综合扰动估计,进而获取动力学特性跨度改变后航天器状态与综合扰动信息,是大型航天器轨道-姿态-振动一体化控制关键技术的难点之一。

3.3　多源复杂扰动与内在信息缺失下大型航天器快速一体化有限时间多目标优化控制

面向在轨服务的大型航天器精细装配过程涉及姿态运动、轨道运动、结构振动以及快速有限时间稳定等,且大型航天器在轨装配与服务过程受多源复杂扰动以及内在信息缺失的影响,对星载燃料优化提出了不同要求。因此,提出多源复杂扰动与内在信息缺失下轨道-姿态-振动一体化控制与机动快速性、有限时间稳定性、燃耗最少之间的多目标寻优方案,是大型航天器轨道-姿态-振动一体化控制关键技术的难点之一。

3.4　多源复杂扰动下大型航天器快速组装的工程实现技术

大型航天器在轨精细装配对轨道-姿态-振动一体化控制的高精、高稳、快速程度提出了严苛要求,如何实现鲁棒控制器与执行机构实时传递的高可靠性设计,是大型航天器轨道-姿态-振动一体化控制关键技术的难点之一。此外,轨道-姿态-振动一体化控制器在工作状态下将承受大尺寸航天器构型时变,进而引发拓扑变化、执行机构方位变化等。因此,如何实现在轨装配过程中拓扑优化与控制分配及其工程实现技术,是大型航天器轨道-姿态-振动一体化控制关键技术的难点之一。

主要参考文献

[1] 罗建军,张博,袁建平,等. 航天器协同飞行动力学与控制(航天科技图书出版基金资助出版)[M]. 北京:中国宇航出版社,2016.

[2] Wei Y,Li Q,Xu F. Orbit-attitude-vibration coupled dynamics of tethered solar power satellite[J]. Advances in Space Research,2021,67(1):393-400.

[3] Lee U,Mesbahi M. Constrained autonomous precision landing via dual quaternions and model predictive control[J]. Journal of Guidance,Control,and Dynamics,2017,40(2):292-307.

[4] Huang Y,Jia Y. Adaptive fixed-time six-DOF tracking control for noncooperative spacecraft fly-around mission[J]. IEEE Transactions on Control Systems Technology,2019,27(4):1796-1804.

[5] Sun L,Zheng Z. Adaptive relative pose control for autonomous spacecraft rendezvous and proximity operations with thrust misalignment and model uncertainties[J]. Advances in Space Research,2017,59:1861-1871.

[6] Lee D,Vukovich G. Adaptive finite-time control for spacecraft hovering over an asteroid [J]. IEEE Transactions on Aerospace and Electronic Systems, 2016, 52(3):1183-1196.

[7] 孙亮,霍伟. 航天器逼近自由翻滚目标的自适应相对运动控制[J]. 系统科学与数学,2014,34(11):1319-1330.

[8] 刘闯,岳晓奎. 空间非合作航天器抓捕后姿态抗干扰控制[J]. 航空学报,2021,42(10):524289.

[9] Gui H,Vukovich G. Finite-time output-feedback position and attitude tracking of a rigid body[J]. Automatica,2016,74:270-278.

[10] Li Q,Deng Z. Coordinated Orbit-Attitude-Vibration Control of a Sun-Facing Solar Power Satellite[J]. Journal of Guidance,Control,and Dynamics,2019,42(8):1863-1869.

撰稿人:刘闯(西北工业大学)　代洪华(西北工业大学)

张剑桥(上海卫星工程研究所)　岳晓奎(西北工业大学)

空间翻滚目标的在轨柔顺操控问题

The problem of on orbit flexible operation for tumbling space targets

1 科学问题概述

近年来,随着空间科技的发展,全球航天发射任务逐年增加,在轨运行的航天器数量与日俱增,越来越多的航天器因机械故障或燃料耗尽而处于失效状态,成为了主要的大型太空垃圾。失效航天器不仅占据宝贵的地球轨道资源,而且对正常航天器构成严重的安全威胁,因此对失效航天器的在轨维修/清除任务十分重要且需求迫切。而在轨服务和空间垃圾清理的关键便是要掌握对失效航天器的柔顺操控技术。

失效航天器是一个典型的空间非合作目标,其特点是目标航天器不能提供自身状态信息,因此需要服务航天器去主动测量目标航天器的运动状态和参数信息。由于非合作目标具有外形与动力学参数的先验信息少、控制系统失效、信息层面不沟通、机动行为不配合等特点,使得对其在轨捕获非常困难。非合作目标多处于姿态失控甚至翻滚状态,传统思路是让服务航天器直接起旋或外围绕飞至与目标同步状态,然后实施逼近和抓捕。该方法只适用于一般的慢旋目标,对于快旋目标或处于复杂翻滚运动的目标而言,服务航天器起旋或绕飞的代价很大,消耗大量能源。若能在抓捕前对非合作目标进行消旋处理,使其运动状态相对稳定,将非常有利于目标安全捕获及开展后续在轨服务任务。因此,关于空间非合作翻滚目标的消旋与在轨柔顺操控问题有极大的研究价值。

2 科学问题背景

目前,地球周围的太空垃圾越来越多,位于近地轨道且直径大于10cm的物体中,约86%为空间碎片。其中,故障卫星、废弃卫星等为主要的大型太空垃圾,与其他空间碎片发生碰撞后,会产生大量的小型空间碎片,严重污染近地轨道环境。例如,"鑫诺二号"通信卫星发射入轨后,出现技术故障,致使太阳帆板二次展开和通信天线展开未能完成,最终沦为太空垃圾。因此,故障卫星在轨维修、卫星在轨燃料加注、废弃卫星清理等成为在轨服务的重要任务,近年来受到各国广泛关注,且成为航天大国的重要竞争领域。美国已率先实现了相关在轨技术验证,2020年2月25日,美国Northrop Grumman公司在轨服务卫星MEV-1成功地与国际通信卫星组织Intelsat-901通信卫星对接,通过提供轨道保持服务将延长该卫星五年的使用寿命。

对于因故障和燃料耗尽而处于失效状态的卫星,多为姿态失控甚至翻滚状态的非合作目标,难以直接捕获,严重阻碍在轨服务任务的开展,对其先进行消旋稳定处理进而安全抓捕是目前公认的可行手段。而对该类目标的相关操控技术研究大多以理论研究和单项技术验证为主，对翻滚状态的失效卫星处理至今仍未见有在轨实验。由于非合作目标的运动状态复杂，如何安全高效地实施消旋是一大技术难题。柔顺接触式操控技术是一种高效可行的解决方案，通过柔性接触来避免硬接触对目标造成损害，柔顺的操控过程保证了目标可以达到较为稳定的状态，对于安全捕获及捕获后的故障维修、燃料加注等提供了理想条件。

3　科学问题研究进展

安全捕获是对空间非合作目标实施在轨操作的前提，而目前面临的主要难题是目标在处于复杂的运动状态情况下难以实施抓捕。正因如此，消旋技术得到越来越多的关注，以尝试解决这一瓶颈问题。当前，主要消旋操作技术可以分为非接触式消旋和接触式消旋两类。非接触式消旋方式依靠发动机羽流、静电力、电磁力等产生作用力矩，达到减小目标角度的目的。其中，羽流消旋方法采用服务航天器携带高压气瓶或设计特定发动机喷管，在靠近目标后，调整位姿，对目标特定部位喷射羽流，产生作用力。静电、电磁消旋方法较为类似，通过服务航天器携带特定设备，在靠近目标后，制造静电场或电磁场，使运动目标在场力作用下消耗角动量，从而逐渐趋于稳定。该类方法往往需要较大的设备，且产生的操作力不够明显，消旋效率较低；接触式消旋方法采用绳网、毛刷等工具通过直接与目标发生物理接触的方式产生消旋力矩。对于垃圾清除任务，用绳网类工具消旋捕获是一种可行方案，而对于在轨维修等任务，使用毛刷类工具消旋更利于目标二次利用。接触式方法可以提供可观的作用力矩，能够有效提高操作效率，并且绳网、毛刷等工具可以实现柔顺操作，进一步提高了安全性。然而，当前国内外的相关研究仍停留在理论研究和技术论证阶段。

对空间非合作目标实施柔顺接触式操控，是一项具有挑战性的技术。该项挑战技术包含有刚柔耦合精确动力学建模、高效高精度导航算法及强鲁棒性控制算法等多方面的共性难题，需逐渐攻克。

3.1　大柔性航天器精确动力学建模方法

现有多体动力学建模理论缺乏对包含柔性大变形附件及接触碰撞过程的复杂刚柔耦合系统的精确建模方法。由于接触式操作方式不可避免地发生柔性大变形及接触碰撞，精确的动力学模型是进行柔顺操作仿真以及服务航天器控制器设计的基础，如何精确描述复杂刚柔耦合系统动力学，并尽可能地降低模型复杂度，是柔顺操控技术面临的难点之一。

3.2　面向空间非合作目标近距操作的高效高精度导航算法

现有的导航滤波方法大多仍是基于扩展卡尔曼滤波器等对非线性问题线性化近似的

传统算法,而常用的非线性滤波方法在本质上也没有与非线性系统本身的状态预测方法有机结合,导致滤波算法受限于预测精度低、性能不稳定、计算步长小等问题,无法满足柔顺操控任务对于精确度和实时性的高要求。如何在星载计算资源受限下实现高效高精度导航,是开展柔顺操控任务的难点之一。

3.3　强非线性干扰作用下的服务航天器高可靠强鲁棒控制方法

由于接触式操作实施过程中,服务航天器与非合作目标发生物理接触,在对目标施加操作力的同时,服务航天器同样受到反作用力干扰,相较于常规姿态控制算法中考虑的微扰动效应,该干扰力表现为高强度、强时变、强非线性,这对于服务航天器的稳定控制增加了难度。如何设计高可靠强鲁棒的控制器,在强干扰下保证服务航天器稳定控制,是实施柔顺操控技术的难点之一。

3.4　空间非合作目标柔顺操控技术地面验证试验

为验证空间操作任务的相关理论,开展必要的地面验证试验是不可或缺的关键测试手段,但在地面模拟空间失重环境极其困难。如何在地面设计微重力试验,科学合理地对各项关键技术进行验证,保证空间非合作目标柔顺操控技术的可靠性是一大难点。

综上所述,解决柔顺接触式操控问题,需要首先进行理论体系研究,突破精确动力学建模方法,研究技术消旋操作过程的动力学特性,深入理解服务航天器面临的扰动、机动、稳定问题,以及刚性目标、大柔性目标的动力学演化规律。在此基础上,基于现有导航与控制理论,针对柔顺操控技术特性进行理论创新突破及应用拓展研究,以解决消旋任务面临的导航与控制难题。由于空间试验高成本的特点,对上述理论研究开展地面试验验证是必要手段。地面微重力试验系统可采用递进式策略,先在三自由度空间目标模拟器上进行初步验证,之后基于五自由度卫星模拟器进行全方位理论验证。

主要参考文献

[1] 陈小前,袁建平,姚雯,等. 航天器在轨服务技术[M]. 北京:中国宇航出版社,2009.

[2] Flores-Abad A,Ma O,Pham K,et al. A review of space robotics technologies for on-orbit servicing[J]. Progress in Aerospace Sciences,2014,68:1-26.

[3] Mark C,Kamath S. Review of active space debris removal methods[J]. Space Policy,2019,47:194-206.

[4] Nishida S,Kawamoto S. Strategy for capturing of a tumbling space debris[J]. Acta Astronautica,2011,68:113-120.

[5] Shan M,Guo J,Gill E. Review and comparison of active space debris capturing and removal

methods[J]. Progress in Aerospace Sciences,2016,80:18-32.

[6] 路勇,刘晓光,周宇,等.空间翻滚非合作目标消旋技术发展综述[J].航空学报,2018,39(1):021302.

[7] Nakajima Y,Mitani S,Tani H,et al. Detumbling space debris via thruster plume impingement [C]//AIAA/AAS Astrodynamics Specialist Conference. 2016.

[8] Gómez N,Walker S. Eddy currents applied to de-tumbling of space debris:Analysis and validation of approximate proposed methods[J]. Acta Astronautica,2015,114:34-53.

[9] Liu Y,Yu Z,Liu X,et al. Active detumbling technology for high dynamic non-cooperative space targets[J]. Multibody System Dynamics,2019,47(1):21-41.

[10] Wang X,Zhou Z,Chen Y,et al. Optimal contact control for space debris detumbling and nutation damping[J]. Advances in Space Research,2020,66(4):951-962.

撰稿人:代洪华(西北工业大学)   靳永强(上海宇航系统工程研究所)
魏春玲(北京控制工程研究所)   岳晓奎(西北工业大学)
魏才盛(中南大学)

模块化大型空间结构智能变拓扑在轨搭建

Variable-topology in-orbit construction of modular large space structures

1 科学问题概述

尺寸达千米量级的超大型航天器是未来高精度观测、大容量通信、空间资源利用、长期在轨居住的重大战略性航天装备。例如,为了实现高效、持续的太阳能发电,美国学者Glaser 于 1968 年在 *Science* 首次提出了建立空间太阳能电站的设想,拟通过超大的空间太阳能电站为地球提供源源不断的电能。基本思路是先通过大型太阳能电池阵列在太空中将太阳能转化成电能;再将电能转换为微波,通过微波发射天线将能量传输到地面的接收天线;最后地面接收天线将接收到的微波转化为电能,输入电网供用户使用。Glaser 设想的太阳能电池阵列、微波发射天线和地面接收天线的直径分别为 6km、2km 和 3km,系统运行的轨道是地球同步轨道。由于微波能量传输基本不受天气的影响,即使在暴雨天也能保证 94% 的能量传输效率,所以空间太阳能电站可以实现持续向地面供电。对于如此巨大的空间结构体,只有借助于在轨组装空间机器人来完成模块化的在轨搭建。

但是目前面向在轨组装的空间机器人技术仍面临诸多挑战,需重点解决基于弱操控能力的超大型结构在轨组装方案、超大型空间结构模块化设计理论、结构模块协同运送控制、组装过程的变拓扑复杂交互机理与精准柔顺控制、大尺寸挠性结构型面调节与精度控制等科学难题,探索理论分析-数值仿真-试验验证相互印证的大尺度复杂构型结构在轨组装方法体系,解决模块化大型空间结构智能变拓扑在轨搭建这一科学问题,为我国超大型空间结构搭建技术提供理论基础和技术支撑。

2　科学问题背景

未来的高精度观测、大容量通信、空间资源利用等航天任务迫切需要大口径望远镜、大口径相机、大口径天线、巨型太阳能阵列、太阳能电站和太阳光子推进帆等大型空间结构。在火箭运载能力、整流罩外形和结构复杂度等条件限制下,大型空间结构无法通过单次发射和入轨展开来实现,只能将其分解成单元模块并分多次发射入轨,再由空间机器人完成在轨组装。与入轨展开方式不同,基于空间机器人技术的在轨组装方式具备以下优势:①空间结构的尺度不再受火箭运载能力、整流罩外形和结构复杂度等条件的限制;②模块化组装方式使得空间结构具备可在轨改变构型的能力,能灵活适应不同的任务场景;③故障模块易更换,提高系统可靠性。

以空间太阳能电站、百米口径天线、大口径望远镜等为代表的大模块、多接口、高刚度协同组装任务往往涉及多种复杂操作,包括组装工位持续迁移、模块堆栈大范围搬运、机器人高精度柔顺操作、模块间多接口协同连接等,其操作难度远远超出了当前太空机构与机器人的操控能力,严重制约了大型空间结构在轨组装技术的成熟与应用。因此,一方面需要发展基于弱操控能力的大型空间结构在轨自适应组装方法,另一方面需要提高在轨组装机器人的技术水平。

3　科学问题研究进展

目前美国、欧洲、加拿大、日本、中国等都在进行面向在轨组装的空间机器人技术的研发,进行了多次在轨试验,验证并积累了多项核心技术,形成了完整的发展规划。根据是否有人为参与,可将在轨组装大致分为有人在轨组装和自主在轨组装两类。有人在轨组装主要是指,在组装任务过程中需要利用地面遥控或航天员在轨提供支持,这是早期在轨组装的主要形式。人的参与虽然给组装带来了较高的自主性和灵活性,但是运行成本高昂,航天员的生命安全难以保障,很难用于对强度和精度要求较高且有较高危险性的在轨组装任务。自主在轨组装主要包括两种形式:①利用特定的空间机器人来自主地实现在轨组装中的抓取及组装等操作;②利用航天器的交会对接来实现在轨组装任务。相比于有人在轨组装,自主在轨组装避开了人的介入,减少了运行成本,可应对复杂的大型空间结构的构建,是未来空间操作领域的主流方法。近年来,自主在轨组装技术在大型空间结构的构建方面已经取得了显著的进展,可以在降低成本的同时大幅提高未来空间应用的性能。其中,基于空间机器人的自主在轨组装技术在大尺寸天线、高分辨率太空望远镜、可组装航天器等领域展现出巨大潜力,在降低结构部署风险、组装大型空间结构、修理和升级设备等方面都起着重要的作用。

在空间太阳能电站、载人航天以及天基观测等任务需求推动下,学术界和工程界对大型空间结构在轨自主组装及操作问题进行了大量探索。例如,Coppa 详细介绍了大型桁架结构组装的整个过程,包含所使用的组装机器人和桁架结构的具体连接等细节。Cheng 等提出了一种对称分布的大型空间太阳能电站概念,并详细介绍了电站的组装序列及相关的控制策略和能量消耗等。Miller 等基于自主交会对接和模块化航天器思想,提出了模块化大型光学望远镜组装(ALMOST)方案,由空间机器人取运部件并逐步拼接出大型反射镜面。美国国家航空航天局(NASA)在 2015 年启动了如图 1 所示的 Space Assembly of Large Structural System Architectures(SALSSA) 项目,旨在实现大型模块化结构系统在太空中的自动装配、服务保障、翻新、重构以及重用。在依靠空间机器人实施的模块化大型空间结构智能变拓扑在轨搭建的这项科学问题上,仍存在诸多要解决的难点,如空间机器人与结构模块组合体刚柔耦合动力学、结构模块高效运送规划与控制、结构模块柔顺装配控制等,具体的研究进展如下。

图 1　SALSSA 项目概念图

3.1　空间机器人与结构模块组合体刚柔耦合动力学

空间机器人是典型的空间多体链式系统,基座与机械臂之间存在动力学耦合,整个系统相比地面机器人系统具有更强的非线性与耦合性。空间机器人的主流动力学模型在形式上大致可以分为两大类,一类是基于 Newton-Euler 方法推导得到的迭代形式动力学方程,具有计算效率高的优点,主要用于空间机器人动力学仿真环境的搭建;一类是基于 Lagrange 方法推导得到的闭式动力学方程,消除了中间作用力的影响,形式更加简洁,便于利用该动力学模型进行运动控制和力控制算法的开发。

3.2 结构模块运送规划与控制

为了高效率、低成本完成空间结构自主组装任务,需要对多空间机器人将结构模块运送到待组装空间结构附近的快速运动进行规划和控制,使空间机器人在高效率、低能耗前提下完成运送任务,并避免发生任何碰撞。Alonso-Mora 等针对动态障碍环境下的多机器人编队协同运送规划,在全局规划器中对复杂障碍域空间进行采样,生成编队协同运动路径。在运动控制方面,由于协同运送任务中空间机器人数目增加、空间环境复杂性和卫星机载通信、传感、计算能力限制,传统的集中式优化控制策略在空间有限的计算资源下难以奏效,通过分布式方法实现传统集中式控制成为主流。目前,空间机器人的分布式控制研究主要针对自由编队飞行系统的协同控制。例如,Bandyopadhyay 等研究了一种新型航天器集群制导算法,在障碍物环境中以分布式的方式将航天器群重新配置为理想编队,每个航天器求解各自的序列凸优化问题,生成局部最优轨迹,同时考虑燃料最优与避障问题。Chen 设计了一种基于势能的在轨组装协同控制律,可顺利引导多个带挠性附件的航天器在挠性附件端部进行对接。

3.3 结构模块装配控制

将结构模块运送到待组装空间结构(或目标航天器)附近后,如何高效、安全、可靠地完成装配工作是空间结构装配过程中的一大挑战。针对空间机械臂装配技术,国内外已开展了许多相关研究。日本宇宙航空研究开发机构(Japan Aerospace Exploration Agenly,JAXA)发射的 ETS-VII 追踪卫星率先用固定基座机械臂成功抓取 410kg 的目标卫星,然后又用机械臂完成了 2m 口径天线的在轨组装。2016 年,我国通过利用"天宫二号"上的机械臂开展遥控操作试验,验证了空间遥控机器人装配的相关技术。She 等人研究了大型空间望远镜的在轨装配任务规划问题,提出了考虑机械手工作空间覆盖的机器人装配概念。艾海平和陈力研究了漂浮基空间机器人双臂夹持捕获航天器过程的冲击效应及其后镇定运动的力/位置控制问题,建立了捕获操作完成后两者形成的闭链混合体系统动力学方程,提出了一种基于无源性理论的模糊控制方案。在超大型航天器的组装过程中,主航天器、待装配模块与同/异构机器人之间的交互耦合动力学特性十分复杂,构成了超大型闭链式动力学系统,加剧了柔顺控制难度。此外,考虑到超大型航天器空间组装的渐增式构型特征与大规模组装需求,以及在线控制过程对数据存储与计算量的限制,还需发展基于分散式/分布式思想与一致性理论的新型主动柔顺控制策略。

3.4 地面试验方案

为了降低研制过程的风险、节约研究的成本,在进行代价高昂的空间结构在轨自主组装任务太空飞行试验前,需对航天器研制的不同阶段进行地面试验研究,以检测设计方案是否合理、控制参数是否准确、分系统功能是否正确可靠。如何在地面试验中模拟空间微重力环境是开展空间任务地面试验研究中亟须研究和解决的一个关键问题。基于实现原理不同可以将地面上微重力模拟系统分为三大类:基于特定运动产生微重力环境、基于力平衡原理实现微重力环境、基于硬件在环仿真原理实现微重力环境模拟与仿真。国内外众多研究团队基于该类型试验系统开展了大量研究。为验证远距离抓取及操纵机械臂(Tendon-Actuated Lightweight In-Space MANipulator,TALISMAN)、精确抓取及定位机械臂(Intelligent Precision Jigging Robot,IPJR)这两项技术在兆瓦级太阳能电动拖船自主组装任务中的可行性及操作能力,兰利研究中心建立了基于平面气浮的试验系统,实现了状态感知和数据交互。Jiang 等基于所搭建的地面试验系统完成了模块化空间望远镜副镜侧向模块与中心模块的组装任务。南京航空航天大学针对在轨组装地面试验也做了若干研究,Lu 等人设计了一系列用于大型空间结构装配的协同模块化组件并开发了基于摄像机视觉测量的自动装配策略来完成装配任务,Yang 等人研制了双臂空间机器人气浮模拟器,通过基于动量守恒原理的运动控制策略进行实现双臂协同组装两个模块化零件,并通过气浮试验平台对所提出的运动控制策略开展了地面试验验证。目前,基于气浮原理建立的航天器地面试验系统是使用最为普遍的一种微重力试验方法。

综上所述,面向在轨组装的空间机器人技术的研究面临诸多挑战,例如空间机器人与空间结构的高精度低维相对运动机理描述、空间机器人与结构模块组合体的刚柔耦合动力学、空间机器人快速机动过程轨迹规划与碰撞规避、空间机器人群体智能协同运输控制、结构模块的低冲击柔顺对接与装配控制、高可靠性全物理仿真试验、复杂环境因素对组装过程的影响机理分析等。面向在轨组装的空间机器人技术与力学、宇航科学与技术、智能控制、信息交互、材料、制造等密切相关,是一项具有综合性、系统性、挑战性的航天工程,对航天工业技术的新发展和新应用具有重大意义。

主要参考文献

[1] Badawy A,McInnes C R. On-orbit assembly using superquadric potential fields[J]. Journal of Guidance Control and Dynamics,2008,31(1):30-43.

[2] Saunders C,Lobb D,Sweeting M,et al. Building large telescopes in orbit using small satellites[J]. Acta Astronautica,2017,141:183-195.

[3] Rekleitis G,Papadopoulos E. On-orbit cooperating space robotic servicers handling a passive object[J]. IEEE Transactions on Aerospace and Electronic Systems,2015,51(2):802-814.

[4] Meng Y,Chen Q,Rahmani A. A decentralized cooperative control scheme for a distributed

space transportation system[J]. Robotics and Autonomous Systems,2018,101:1-19.

[5] Kawai Y,Endo T,Matsuno F. Cooperative control of large flexible space structure by two planar robots[J]. IET Control Theory & Applications,2020:1-13.

[6] Yang S,Wen H,Hu Y,et al. Coordinated motion control of a dual-arm space robot for assembling modular parts[J]. Acta Astronautica,2020,177:627-638.

[7] 刘福寿,金栋平.环形桁架结构径向振动的等效圆环模型[J].力学学报,2016,48 (5):1184-1191.

[8] Foust R C,Lupu E S,Nakka Y K,et al. Autonomous in-orbit satellite assembly from a modular heterogeneous swarm[J]. Acta Astronautica,2020,169:191-205.

撰稿人:田强(北京理工大学)　文浩(南京航空航天大学)

　　　　陈提(南京航空航天大学)

　　　　王晓宇(中国航天科技集团有限公司第五研究院)

空间大型结构在轨组装与自愈

In-orbit assembly and self-healing of large space structures

1　科学问题概述

2020 年中国航天大会将超大型空间光学装置在轨组装和维护技术列为宇航领域十大科学问题和技术难题之一。超大型空间光学装置的在轨组装和维护技术是实现超大型空间光学装置的唯一途径。该项技术将突破运载器包络及推进能力的限制,抢占引领后续超大型光学遥感器乃至弹性可重构光学遥感系统跨越式发展,为我国卫星遥感技术发展和在轨服务打下技术基础。现阶段的在轨展开技术能有效搭建几十米量级的空间结构,但是对于百米甚至千米尺度的空间结构,需要采用在轨组装技术。

面向大型空间系统构建与长时间在轨运行的需求,需探索大型空间结构在轨组装与自愈关键动力学、规划与控制问题,重点解决计入弱冲击对接机构多点接触碰撞动力学、计入柔性变形的防碰撞规划与分布式智能控制算法、大型空间结构分布式自主振动抑制、结构模块故障自主诊断与替换、模块化智能航天器在轨参数辨识等瓶颈科学难题,探索在轨组装与结构自愈结合的理念体系,助力我国超大型空间结构技术再上新台阶。

2　科学问题背景

航天大国正加快军事太空系统能力建设,以夺取太空战略优势。超大型空间太阳能电站、太阳光子推进帆、大口径天线等超大型空间结构在未来深空探测、高精度观测、大容量通信等国家战略工程方面将发挥重要作用。受火箭运载能力和整流罩包络限制，该类超大型空间结构通常无法通过折叠收拢发射入轨、在轨展开的方式搭建。根据工作模式不同，在轨组装可分为两类：一类是使用空间机器人完成部件的抓取、运送和组装；另一类是具有自主机动能力的模块化智能航天器快速交会对接完成结构组装。相比于第一类，第二类组装模式能更快速实现失效模块的自主替换，完成大型结构故障自愈，并利于完成组装后超大型空间结构的分布式振动抑制。国际空间站的搭建过程成功验证了第二类组装技术，但是历时 15 年、耗资 1000 亿美元。这种在轨组装技术难以满足未来超大型结构搭建需求，因此，高效率、低成本的在轨自主组装技术是我国航天科技迫切需要发展的领域之一。

模块化智能航天器可进行批量化制造，具备在复杂太空环境中自主感知、自主快速决策以及自适应控制的能力。因此可作为基础平台支撑结构模块，实现组装模块的自主飞行，完成高效率、低成本的在轨自主组装与模块替换。此外，在任务设计过程中，复杂超大型空间结构通常需要分解为几类组装模块，有些模块会带有充气管、太阳帆板、固面天线、网面天线等柔性部件。大型空间结构在轨运营期间，由于具有高成本、高风险的特点，一旦入轨后个别模块发生严重故障将会造成巨大损失。为完成大型空间结构在轨组装任务，亟须解决异构航天器相对运动和姿态动力学建模、组装和重构过程的任务规划与碰撞规避、多模块多轴协同组装控制、组装后超大型结构的分布式振动抑制等关键科学问题。在轨自愈技术旨在完成模块故障自主诊断与替换，从而大大降低大型空间结构的全寿命周期成本，使得不可维护的高可靠性工业产品变成可维护的工业产品；同时还将引起传统空间结构设计理念的变化，即航天器设计向低冗余度、低成本和高可维护性方向发展。

3 科学问题研究进展

近些年，学者们提出了多种自主组装概念和方法。例如，美国加州理工学院的 Lee 等设计了一种基于在轨展开、空间机器人和编队飞行技术的 100m 模块化空间望远镜架构。除了概念方案设计外，传统航天大国已经布局或开展了在轨组装太空试验。虽然我国在轨组装技术研究起步较晚，但是近十年也提出了一系列任务概念和在轨组装规划。例如，哈尔滨工业大学崔乃刚、郭继峰团队提出了两级递阶智能规划等若干种算法，设计了空间在轨装配任务序列。钱学森空间技术实验室和哈尔滨工业大学联合提出了一种模块化巨型空间太阳能电站搭建概念。南京航空航天大学胡海岩院士团队对柔性航天器的组装过程进行了动力学分析与控制器设计，并基于气浮平台验证了与目标航天器的快速交会对接技术。微小卫星具有低成本、高度模块化等特点，被认为是结构模块的理想支撑平台，因此,受到在轨组装领域的关注。英国萨瑞大学、美国加州理工学院和印度空间科学研究所联合提出了自主组装可重构天基望远镜(Autonomous Assembly of a Reconfigurable Space Telescope,AAReST)计划。

概括来说,大型空间结构搭建与自愈问题需要依次解决异构柔性模块化智能航天器的相对运动动力学机理描述、计入柔性变形的防碰撞规划与分布式控制算法、大型空间结构分布式振动抑制、模块故障自主诊断与替换、模块化智能航天器在轨参数辨识等关键问题,具体如下。

3.1　异构柔性航天器模块的相对运动动力学

部分模块化智能航天器通常会带有一些柔性部件。如图1所示,AAReST计划中的核心纳星带有可展开充气管。在轨组装/重构过程中的模块机动、对接及分离等操作均可能引起柔性部件的振动,反过来,柔性振动会影响在轨操作精度,甚至导致组装重构任务的失败。另一方面,基于此类智能航天器集群的在轨组装与自愈问题均属于异构多智能体协同工作范畴。为完成组装与重构任务,首先需要建立异构航天器的相对动力学模型和柔性航天器的姿态动力学模型。Sullivan等全面地总结和评述各类刚性航天器相对运动动力学的适用范围。带柔性附件航天器的建模问题已经得到充分研究,现阶段主要的建模方式包含基于绝对坐标系和浮动坐标系两大类。基于绝对节点坐标法的多柔体系统动力学建模方法能够精确描述柔性航天器的运动过程,但是该类模型维度高、计算量大,难以用于运动规划和控制器设计;浮动坐标系模型自由度低,但是该模型仅适用于经历低速运动和小变形的多柔体系统。但从目前的研究进展来看,缺乏对柔性航天器-刚性航天器相对动力学建模研究,特别是柔性振动对传统相对动力学模型的影响分析工作很少见到。

图1　可重构卫星自主组装演示系统 AAReST

3.2 计入柔性变形的防碰撞规划与分布式智能控制算法

不同于传统的卫星编队飞行，具有自主机动能力的模块化航天器在近距离操作过程中，避免碰撞是必须要考虑的问题。目前，针对无人机、机器人系统的避撞成果较为丰富，面向在轨组装与自愈的航天器的避撞规划研究相对较少。Badawy 和 McInnes 使用超二次曲面描述了组装模块与障碍物，为完成避撞任务，基于径向欧几里得距离定义了排斥势能场，将最终的组装构型对应于吸引势能场的最小值点，基于势能负梯度给出了控制算法。除了基于势能函数的避撞规划方法外，避撞问题可以转化为一个带有复杂约束条件的最优问题。但随着待组装模块个数增加，系统维数骤增，最优化求解效率会大大降低，传统最优算法难以保证规划问题在轨实时快速高效求解，越来越多的研究人员开始采用分布式结构的智能算法求解最优问题。传统研究都把航天器视为刚体，针对包含柔性航天器的组装问题，Chen 等将柔性航天器简化为二维中心刚体 + 柔性梁系统，基于假设模态法描述了柔性附件的变形，在小变形假设的前提下，分别提出了考虑避撞的输出一致控制器和基于势能场的避撞组装控制策略。以多个异构刚性卫星集群为研究对象，Foust 等提出了一种分布式导航与控制策略驱动卫星集群拼装成一个大型卫星结构，并使用加州理工学院的航天器模拟实验平台验证了所提出的算法。现有研究通常忽略结构变形，采用保守的规划策略，为提高组装效率，需要设计考虑柔性部件低阶振动的分布式避撞策略。为降低航天器集群的通信负担，需要采用分布式控制策略，现有研究大多针对同构多智能体，缺乏对异构航天器系统(尤其是包括柔性和刚性两类航天器的系统)的深入研究，各组装模块的不同动力学模型为协同控制策略设计带来了巨大挑战。

3.3 大型空间结构分布式自主振动抑制

为实现组装模块的柔顺组装，通常需要采用较柔软对接接口，在对接与解锁过程中，涉及对接装置的接触碰撞及柔性变形、对接分离过程中柔性对接装置与刚性卫星间的耦合作用等复杂动力学行为。对接锁定与分离解锁过程中系统会产生多个接触或碰撞点，使系统变拓扑动力学更加复杂。此外，由于对接接口柔性和可能存在的间隙，组装完成的超大型空间结构或者部件模块拼接后形成的大尺度空间结构必然存在低频振动模态。重力梯度、热冲击或者剩余模块对接碰撞等因素可使大型空间结构产生不希望的结构振动，而且一旦出现结构振动，则很难在短时间内衰减，此时，组装模块上的作动装置，比如动量轮和冷气推进等，可以作为分布式作动器，实现结构振动的主动控制。王恩美等研究了面向分布式控制的在轨组装结构动力学建模，并指出在轨组装结构随着组装过程的进行，一阶频率会越来越低。穆瑞楠等分析了重力梯度对超大型空间结构动力学行为的影响。Jia 和 Shan 设计了一种基于神经网络的自适应滑模控制策略解决了陀螺柔性体的振动抑制问题。组装完成的超大型空间结构的柔性响应主要来源于对接接口柔性和间隙及一些柔性附件,其建模方式必然不同于传统的空间柔性结构,现阶段缺乏对对接接口的动力学特性分析及相应的分布式控制策略研究。

3.4　组装模块故障自主诊断与替换

大型空间结构在轨长期稳定运行对组装模块的可靠性也提出了更高的要求,当个别模块系统发生故障时,需要及时检测故障并进行修复或模块替换。开展模块故障自动检测与自主替换技术对于保持大型空间结构长时间运行具有重要的意义。现阶段,在公开报道中,并未见到面向在轨组装所搭建空间大型结构的模块故障自动检测与自主替换技术,可通过尝试借鉴卫星故障诊断与在轨维修技术开展相关研究。

3.5　模块化智能航天器在轨参数辨识

对于普通的航天器,可以通过地面试验和建模计算等手段获得这些参数。而对于在轨智能自主运行的模块化航天器,其在轨服务所涉及的任务操作(如空间对接、在轨加注、在轨更换、在轨装配等)可能引起航天器在构型、模块化结构和载荷工况方面的变化,需要通过在轨参数辨识技术标定变化后的系统动力学参数。Su 等提出了一种无陀螺航天器质量特性估计算法,利用互补性氧化金属半导体先进照片系统(Complementary Metal Oxide Semiconductor-Advanced Photo System,CMOS-APS)跟踪器,设计了含姿态和无姿态估计算法。Ni 等提出了一种基于投影近似子空间跟踪(Projection Approximation Subspace Tracking,PAST)算法的时变惯量参数的辨识,利用姿态信息和振动信号解算系统状态参数。这些辨识技术都局限于动量守恒定理,对于实际中外力普遍存在的情况,越来越多的研究人员开始利用智能算法如深度学习等,开展参数寻优和参数辨识,以应对在轨组装过程中复杂的动力学环境和海量的系统参数数据。

综上所述,国内外的相关研究大多停留在概念设计和验证阶段,异构航天器集群任务优化、高可靠性高效率分布式组装控制、组装模块故障自主诊断与替换、模块化智能航天器在轨参数辨识、轻量化可重复使用的解锁机构等核心科学技术问题仍有待攻关,在轨飞行试验处于基础积累阶段。综上所述,大型空间结构搭建与自愈是一个具有重要科研价值和工程意义的研究领域,对交通与运载工程学科提出了新的挑战。

主要参考文献

[1] Xue Z,Liu J,Wu C,et al. Review of In-Space Assembly Technologies[J]. Chinese Journal of Aeronautics,2021,34(11):21-47.

[2] 王明明,罗建军,袁建平,等. 空间在轨装配技术综述[J]. 航空学报,2021,42

（1）:523913.

［3］ 沈晓凤,曾令斌,靳永强,等.在轨组装技术研究现状与发展趋势［J］.载人航天,2017, 23(2):228-235.

［4］ 郭继峰,王平,崔乃刚.空间在轨装配任务规划［M］.北京:国防工业出版社,2014.

［5］ Cheng Z,Hou X,Zhang X,et al. In-orbit Assembly Mission for the Space Solar Power Station［J］. Acta Astronautica,2016,129:299-308.

［6］ 陈提.柔性航天器状态一致与自主组装控制［D］.南京:南京航空航天大学,2017.

［7］ Wei Z,Wen H,Hu H,et al. Ground Experiment On Rendezvous and Docking with a Spinning Target Using Multistage Control Strategy［J］. Aerospace Science and Technology, 2020,104:105967.

［8］ 王恩美,邬树楠,吴志刚.在轨组装空间结构面向主动控制的动力学建模［J］.力学学报,2020,52(3):805-816.

［9］ Underwood C,Pellegrino S,Lappas V J,et al. Using CubeSat/micro-satellite Technology to Demonstrate the Autonomous Assembly of a Reconfigurable Space Telescope (AAReST)［J］. Acta Astronautica,2015,114:112-122.

［10］ 曹印国.空间超大型组合体动力学与分布式控制研究［D］.北京:北京理工大学,2017.

撰稿人:陈提(南京航空航天大学)　文浩(南京航空航天大学)
　　　　曾令斌(上海航天技术研究院)　田强(北京理工大学)